D1674118

Ralf Leinemann   Die Vergabe öffentlicher Aufträge

4. Auflage

Die Vergabe öffentlicher Aufträge

VOB/A · VOL/A · VOF · VgV · GWB
Nachprüfung von Vergabeverfahren
Vergabestrafrecht, Korruptionsprävention

Von

Dr. Ralf Leinemann
Rechtsanwalt in Berlin
Lehrbeauftragter für Baurecht
an der Fachhochschule für Wirtschaft Berlin

unter Mitarbeit von

Dr. Eva-Dorothee Ebert, LL.M.
Rechtsanwältin in Berlin

Dr. Thomas Kirch
Rechtsanwalt in Berlin

4., neu bearbeitete und erweiterte Auflage

Werner Verlag

Bibliografische Information der Deutschen Nationalbibliothek
Die Deutsche Nationalbibliothek verzeichnet diese Publikation in der Deutschen Nationalbibliografie; detaillierte bibliografische Daten sind im Internet über http://dnb.d-nb.de abrufbar.

ISBN 978-3-8041-4763-8

1.–3. Auflage erschien 1999/2001/2004 in Carl Heymanns Verlag KG, Köln

www.leinemann-partner.de
www.werner-verlag.com

Alle Rechte vorbehalten.
Werner Verlag – eine Marke von Wolters Kluwer Deutschland GmbH.
© 2007 by Wolters Kluwer Deutschland GmbH, Luxemburger Straße 449, 50939 Köln.
Das Werk einschließlich aller seiner Teile ist urheberrechtlich geschützt.
Jede Verwertung außerhalb der engen Grenzen des Urheberrechtsgesetzes ist ohne Zustimmung des Verlages unzulässig und strafbar. Das gilt insbesondere für Vervielfältigungen, Übersetzungen, Mikroverfilmungen und die Einspeicherung und Verarbeitung in elektronischen Systemen.
Satz: Stahringer Satz GmbH, Grünberg
Umschlaggestaltung: Ruers, futurweiss kommunikationen, Wiesbaden
Druck: Drukkerij Wilco, NL-Amersfort
Gedruckt auf säurefreiem, alterungsbeständigem und chlorfreiem Papier

Vorwort

Das Vergaberecht ist in ständiger Bewegung. Nur wenige Rechtsgebiete erweisen sich als so stark rechtsprechungsgeprägt wie das Recht der Vergabe öffentlicher Aufträge. Der Gesetzgeber kann – oder will? – mit den rasanten Entwicklungen, die gerichtliche Entscheidungen auf nationaler wie europäischer Ebene nehmen, nicht Schritt halten. Alle wesentlichen vergaberechtlichen Vorgaben, Problemstellungen und Paradigmenwechsel der letzten Jahre sind durch die Rechtsprechung initiiert und bis heute nur teilweise durch Gesetze, Verordnungen und Verdingungsordnungen aufgenommen und/oder präzisiert worden. Mit dem 01.11.2006 sind die Neufassungen von VOB/A, VOL/A, VOF und VgV in Kraft getreten. Die nächsten gesetzgeberischen Aktivitäten sind angekündigt – man wird sehen, was davon tatsächlich in Kraft treten wird.

Obwohl die Vorauflage schon seit einigen Monaten vergriffen war, musste mit der Publikation dieser Auflage so lange abgewartet werden, bis der Gesetzgebungsstand 01.01.2007 abgeschlossen war und erläutert werden konnte. Mehr denn je will das Buch dem Anspruch gerecht werden, den Vergabepraktikern ebenso wie Vergabekammern und Gerichten sowie den bei der Auftragsvergabe tätigen Beratern eine umfassende Darstellung des geltenden Vergaberechts anzubieten. Rechtssicherheit bei der Auftragsvergabe ist das Gebot der Stunde. Die Darstellung orientiert sich an den Bedürfnissen der Praxis und ist daher betont anwendungs- und umsetzungsorientiert gehalten. Der immer größeren Bedeutung der Nachprüfungsverfahren wird durch vielfältige Bezüge Rechnung getragen.

Systematisch folgt nach der Erläuterung von VgV und GWB die Kommentierung der VOB/A in besonderer Ausführlichkeit. Bei den Erläuterungen zur VOL/A und VOF wird auf solche Themen, die bereits im Kapitel zur VOB/A besondere Beachtung fanden, jeweils vertiefend verwiesen. Damit werden Doppelungen vermieden.

Meine Anwaltskollegen und Mitredakteure der Zeitschrift »VergabeNews«, Frau Rechtsanwältin Dr. Eva-Dorothee Ebert und Herr Rechtsanwalt Dr. Thomas Kirch, haben mich intensiv bei der Erarbeitung der 4. Auflage unterstützt. Besonderer Dank für engagierte Mitarbeit gebührt ferner den Herren Rechtsanwälten Dr. Ingo Franzius und Bastian Haverland, die gleichfalls viel Zeit und Mühe in die inhaltliche Aktualisierung investiert haben. Frau Silke Flohr danke ich für die Erledigung der umfangreichen Schreibarbeit und die Zusammenstellung des Literaturverzeichnisses.

Berlin, im Februar 2007

Ralf Leinemann

Inhalt

1	**Grundsätze des Vergabeverfahrens – Das deutsche Vergaberecht – Entwicklung und grundlegende Prinzipien**	1
1.1	Das Wettbewerbsprinzip	2
1.2	Der Grundsatz der transparenten Verfahrensführung	4
1.3	Grundsatz der Gleichbehandlung	5
1.3.1	Allgemeine Grundsätze	5
1.3.2	Die Behandlung staatlicher Beihilfen	6
1.3.3	Mitwirkung von Sachverständigen und Projektanten	7
1.3.4	Mitwirkungsverbote nach § 16 VgV	10
1.4	Die Vergabeverordnung	13
1.4.1	Schwellenwerte für die verschiedenen Auftragsarten	14
1.4.2	Die Schätzung der Auftragswerte gem. § 3 VgV	16
1.4.3	Ausnahmen nach § 100 GWB	19
1.4.4	Keine Ausdehnung des Rechtsschutzes auf Vergaben unterhalb der Schwellenwerte	20
1.4.5	Dienstleistungsaufträge	22
1.4.6	Vergabe von freiberuflichen Dienstleistungen und Bauleistungen, §§ 5, 6 VgV	24
1.4.7	Aufträge und Tätigkeiten im Sektorenbereich, §§ 7 und 8 VgV	25
1.4.8	Ausnahmen im Sektorenbereich nach § 9 VgV	26
1.4.9	Freistellungen und Ausnahmen nach §§ 10–12 VgV	26
1.4.10	Die Vorab-Informationspflicht	27
1.4.11	Bekanntmachungen, § 14 VgV	31
1.4.12	Elektronische Angebotsabgabe	32
1.4.13	Angabe der Vergabekammer	33
1.4.14	Die Zuständigkeit der Vergabekammern, § 18 VgV	33
1.4.15	Bescheinigungsverfahren nach § 19 VgV	33
1.4.16	Europäisches Schlichtungsverfahren	34
1.4.17	Korrekturmechanismus der Kommission	34
1.4.18	Statistik	35
1.5	Anspruch des Bieters auf Einhaltung der Vergabebestimmungen nach § 97 Abs. 7 GWB	37
1.6	Dem Nachprüfungsverfahren unterliegende Auftraggeber	38
1.6.1	Gebietskörperschaften	39
1.6.2	Juristische Personen	39
1.6.2.1	Beherrschender Einfluss staatlicher Stellen	42
1.6.2.2	Erfüllung im Allgemeininteresse liegender Aufgaben	43
1.6.2.3	Aufgaben nichtgewerblicher Art	45
1.6.3	Verbände	47
1.6.4	Sektorenauftraggeber	48
1.6.5	Subventionierte private Auftraggeber	48

Inhalt

1.6.6	Baukonzessionäre	49
1.7	Begriff der öffentlichen Aufträge, § 99 GWB	49
1.8	In-House-Vergaben	52
1.9	Vergabearten	55
2	**Die Überprüfung von Vergabeverfahren nach §§ 102 ff. GWB**	**57**
2.1	Das Nachprüfungsverfahren vor der Vergabekammer	57
2.1.1	Vergabekammern und Vergabeprüfstellen	57
2.1.2	Ausschließliche Zuständigkeit der Vergabekammer	57
2.1.3	Die Organisation der Vergabekammern	58
2.1.4	Abgrenzung der Zuständigkeit	61
2.1.5	Antrag und Antragsbefugnis	62
2.1.5.1	Antragsbefugte Beteiligte	62
2.1.5.2	Drohender Schaden	63
2.1.6	Keine Nachprüfung nach wirksamer Zuschlagserteilung	66
2.1.7	Unzulässige Anträge und Präklusion	68
2.1.8	Der Antrag auf Nachprüfung	74
2.1.9	Die Verfahrensbeteiligten	76
2.1.10	Zustellung und Verfahrensbeginn	76
2.1.11	Die Erforschung des Sachverhalts durch die Vergabekammer	78
2.1.12	Einsichtsrecht in die Vergabeakten	81
2.1.13	Folge des Antrags: Aussetzung der Vergabe	85
2.1.13.1	Der automatische Suspensiveffekt	85
2.1.13.2	Folgen für die Vergabeentscheidung	85
2.1.13.3	Ausnahmsweise: Vorabgestattung des Zuschlags	87
2.1.13.4	Rechtsmittel gegen die Zuschlagsgestattung oder -ablehnung	89
2.1.14	Andere Eingriffsmöglichkeiten der Vergabekammer	90
2.1.15	Die mündliche Verhandlung vor der Vergabekammer	91
2.1.16	Kompetenz der Vergabekammer	92
2.1.17	Die zwischenzeitliche Erledigung	94
2.1.18	Die Entscheidung der Vergabekammer	95
2.2	Die sofortige Beschwerde gegen Entscheidungen der Vergabekammern	96
2.2.1	Systematische Einordnung der Zuständigkeit	96
2.2.2	Die sofortige Beschwerde zum OLG	97
2.2.3	Sofortige Beschwerde bei Untätigkeit oder Verzug der Vergabekammer	98
2.2.4	Die Beschwerdebegründung	99
2.2.5	Vertretung durch einen Rechtsanwalt	101
2.2.6	Ausnahme vom Anwaltszwang	101
2.2.7	Die aufschiebende Wirkung der sofortigen Beschwerde	102
2.2.8	Der Entfall der aufschiebenden Wirkung	102
2.2.9	Die Verlängerung der aufschiebenden Wirkung	102
2.2.10	Verfahrensbeteiligte	104
2.2.11	Verfahren vor dem Vergabesenat	105
2.2.12	Amtsermittlungsgrundsatz	106

2.2.13	Das Recht auf Akteneinsicht	106
2.2.14	Die Vorabentscheidung über den Zuschlag	107
2.2.14.1	Zwischenentscheidung über den Zuschlag	108
2.2.14.2	Kriterien für die Zuschlagsgestattung	108
2.2.14.3	Antragstellung	109
2.2.14.4	Verfahren über die Vorabentscheidung	110
2.2.14.5	Verfahrensbeendigung, wenn der Zuschlag vorab nicht gestattet wird	110
2.2.14.6	Praktische Auswirkungen dieser Regelungen	111
2.2.15	Die Entscheidung in der Hauptsache	112
2.2.15.1	Aufhebung der Entscheidung der Vergabekammer	112
2.2.15.2	Feststellung der Rechtswidrigkeit	113
2.2.15.3	Verwerfen der Beschwerde	113
2.2.16	Kostenentscheidung	113
2.2.17	Die Vorlage zum BGH	114
2.2.18	Bindungswirkung der Entscheidungen	115
2.2.19	Missbrauch des Vergaberechtsschutzes	116
2.2.19.1	Die Schadensersatzpflicht des Bieters gegenüber dem Auftraggeber	116
2.2.19.2	Tatbestände des Rechtsschutzmissbrauchs	117
2.2.19.3	Praktische Bedeutung	119
2.2.19.4	Schadensumfang	119
2.2.20	Schadensersatzansprüche des Bieters wegen Verletzung seiner Rechte	119
2.2.20.1	Schadensersatzpflicht des Auftraggebers	119
2.2.20.2	Fortbestehende Ansprüche außerhalb des GWB	121
2.2.20.3	Schadensersatzansprüche des Bieters	121
2.2.20.3.1	Ansprüche aus Verschulden bei Vertragsschluss	121
2.2.20.3.2	Ansprüche aus unerlaubter Handlung	126
2.2.21	Kosten des Nachprüfungsverfahrens	127
2.2.21.1	Vergabekammern und Vergabesenat	127
2.2.21.2	Anspruch auf Kostenerstattung	130
2.2.21.3	Anwaltsgebühren im Nachprüfungsverfahren	133
3	**Die Vergabe- und Vertragsordnung für Bauleistungen, Teil A (VOB/A) »Ausgabe 2006«**	**135**
3.1	Einführung	135
3.2	Anpassung der VOB/A an die geänderten europarechtlichen Vorgaben 2006	135
3.3	Aufbau der VOB/A	137
3.4	Anwendungsbereich der Abschnitte 1 bis 4	137
3.4.1	Abschnitt 1 – Basisparagrafen	138
3.4.2	Abschnitt 2 – Basisparagrafen mit zusätzlichen Bestimmungen nach der EG-Baukoordinierungsrichtlinie (»a-Paragrafen«)	138
3.4.3	Abschnitt 3 – Basisparagrafen mit zusätzlichen Bestimmungen nach der EG-Sektorenrichtlinie (»b-Paragrafen«)	139

Inhalt

3.4.4	Abschnitt 4 – Vergabebestimmungen nach der EG-Sektorenrichtlinie	139
3.5.	Ausnahmevorschriften	139
3.6	Rechtsnatur der VOB/A	140
3.6.1	Nationale Vergaben	140
3.6.2	Vergaben oberhalb der Schwellenwerte	140
3.7	Die Wahl der »richtigen« Vergabeordnung	141
3.8	Die Wahl des »richtigen« Vergabeverfahrens	142
3.8.1	Die Vergabearten	142
3.8.2	Vergaben unterhalb des Schwellenwertes – Abschnitt 1 der VOB/A	143
3.8.2.1	Öffentliche Ausschreibung	143
3.8.2.2	Beschränkte Ausschreibung	144
3.8.2.3	Freihändige Vergabe	145
3.8.3	Vergaben oberhalb des Schwellenwertes nach Abschnitt 2 und 3 VOB/A	146
3.8.3.1	Offenes Verfahren	146
3.8.3.2	Nichtoffenes Verfahren	147
3.8.3.3	Verhandlungsverfahren	147
3.8.3.3.1	Verhandlungsverfahren ohne öffentliche Vergabebekanntmachung/ Aufruf zum Wettbewerb	152
3.8.3.3.2	Nach öffentlicher Vergabebekanntmachung/Aufruf zum Wettbewerb	156
3.8.3.4	Der »Wettbewerblicher Dialog« als neue Verfahrensart	157
3.9	Zulässigkeit der Parallelausschreibung	160
3.10	Das Verfahren bis zur Submission	161
3.10.1	Vorinformation und Bekanntmachung	161
3.10.2	Anträge auf Teilnahme bei der öffentlichen Ausschreibung/ dem Offenen Verfahren	163
3.10.3	Auswahl der Teilnehmer bei den anderen Verfahrensarten	164
3.10.3.1	Bei der beschränkten Ausschreibung	164
3.10.3.2	Beim Nichtoffenen Verfahren, dem Verhandlungsverfahren und dem Wettbewerblichen Dialog	165
3.10.4	Die Vergabeunterlagen	166
3.10.4.1	Das Anschreiben (Aufforderung zur Angebotsabgabe)	167
3.10.4.2	Die Verdingungsunterlagen	170
3.10.4.2.1	Vertragsbedingungen	170
3.10.4.2.2	Die Leistungsbeschreibung	171
3.10.4.2.3	Auslegung von Leistungsverzeichnissen	177
3.10.4.2.4	Leistungsbeschreibung mit Leistungsverzeichnis	178
3.10.4.2.5	Leistungsbeschreibung mit Leistungsprogramm	183
3.10.5	Grundsätze der Ausschreibung und der Informationsübermittlung	188
3.10.6	Bekanntmachung sowie Angebots- und Bewerbungsfrist	189
3.10.7	Die Angebotsabgabe	191
3.10.7.1	Übersicht Ausschreibungsfristen	191
3.10.7.2	Form und Inhalt der Angebote	192

3.10.7.3	Änderungsvorschläge und Nebenangebote	195
3.10.8	Zurückziehen von Angeboten	199
3.11	Das Verfahren von der Angebotseröffnung bis zum Zuschlag	200
3.11.1	Der Eröffnungstermin	200
3.11.2	Beginn und Dauer der Zuschlags- und Bindefrist	203
3.11.3	Folgen der Fristverlängerung – Vergabeverfahrensrisiko	205
3.11.4	Die vier Stufen der Prüfung und Wertung der Angebote	208
3.11.4.1	1. Stufe: Die formelle und sachliche Angebotsprüfung	208
3.11.4.1.1	Formelle Prüfung	208
3.11.4.1.2	Sachliche Angebotsprüfung	216
3.11.4.1.2.1	Rechnerische Überprüfung	216
3.11.4.1.2.2	Technische Überprüfung	218
3.11.4.1.2.3	Wirtschaftliche Überprüfung	218
3.11.4.1.3	Ergänzung der Niederschrift nach Angebotsprüfung	219
3.11.4.1.4	Aufklärung des Angebotsinhalts / Nachverhandlungsverbot	219
3.11.4.2	2. Stufe: Überprüfung der Eignung der Bieter	223
3.11.4.2.1	Allgemeine Grundsätze	223
3.11.4.2.2	Eignungsprüfung bei Bietergemeinschaften	231
3.11.4.2.3	Ausschluss wegen Unzuverlässigkeit	235
3.11.4.2.4	Die Zulässigkeit von Vergabesperren für unzuverlässige Bieter	236
3.11.4.3	Eignung bei der Einschaltung Dritter, insbesondere Generalübernehmervergabe	239
3.11.4.4	3. Stufe: Ermittlung der in die engere Wahl fallenden Angebote	242
3.11.4.5	4. Stufe: Auswahl des wirtschaftlichsten Angebots	246
3.11.4.5.1	Wertungskriterien und Ermessen	247
3.11.4.5.2	Die Wertung von Preisnachlässen	250
3.11.4.5.3	Die Wertung von Nebenangeboten	250
3.11.4.5.4	Schadensersatz bei Vergabeverstößen	253
3.11.5	Der Zuschlag	254
3.11.6	Die Vertragsurkunde	256
3.11.7	Information der nicht berücksichtigten Bieter	257
3.11.8	Weiterverwendung nicht berücksichtigter Angebote und Ausarbeitungen	257
3.11.9	Der Vergabevermerk	258
3.11.10	Bekanntmachung der Auftragserteilung sowie Melde- und Berichtspflichten des Auftraggebers	260
3.12	Aufhebung der Ausschreibung	260
3.12.1	Zulässige Gründe einer Aufhebung	262
3.12.2	Rechtsfolgen der unzulässigen Aufhebung einer Ausschreibung	265
3.12.3	Verfahren nach Aufhebung einer Ausschreibung	267
3.12.4	Anspruch auf Aufhebung bei Mängeln aller Angebote	268
3.13	Besonderheiten des Verfahrens bei Vergaben nach dem 4. Abschnitt der VOB/A	270

4	Öffentlich-private Partnerschaften im Vergaberecht	273
4.1	Begriffsgrundlagen	273
4.2	Institutionalisierte/vertragliche ÖPP	274
4.3	Finanzierungsformen	275
4.4	Vertragsmodelle	276
4.4.1	Hochbau	277
4.4.1.1	Mietkaufmodell – BOOT	277
4.4.1.2	Leasingmodell – BLT	277
4.4.1.3	Mietmodell – BOO	277
4.4.1.4	Inhabermodell	277
4.4.1.5	Energiesparcontracting	278
4.4.2	Straßenbau	278
4.4.2.1	A-Modell	278
4.4.2.2	F-Modell	278
4.5	Besonderheiten im Vergabeverfahren	279
4.5.1	Bedarfsermittlung	279
4.5.2	ÖPP-Eignungstest	280
4.5.3	Beschaffungsvariantenvergleich	280
4.5.4	Investorenmodelle als öffentliche Aufträge	281
4.5.5	Die Vergabe von Konzessionen	282
4.5.5.1	Baukonzessionen	283
4.5.5.2	Dienstleistungskonzession	283
4.5.5.3	Baukonzessionäre als öffentliche Auftraggeber	284
4.5.6	Veräußerung von Gesellschaftsanteilen	284
4.5.7	Wahl der richtigen Verfahrensart	286
4.5.8	Wirtschaftlichkeitsvergleich	288
5	Die Verdingungsordnung für Leistungen, Teil A (VOL/A)	291
5.1	Einführung	291
5.2	Die vier Abschnitte der VOL/A	293
5.2.1	Parallele zur VOB/A	293
5.2.2	Die Einteilung der VOL/A nach Auftragswert	293
5.2.3	Abschnitt 1 – Die Basisparagrafen der VOL/A	295
5.2.3.1	Zur Anwendung verpflichtete Auftraggeber	295
5.2.3.2	Sachlicher Anwendungsbereich	295
5.2.4	Abschnitt 2 – Anwendung oberhalb von 211.000 EUR Auftragswert	296
5.2.4.1	Zur Anwendung verpflichtete Auftraggeber	296
5.2.4.2	Sachlicher Anwendungsbereich	296
5.2.4.3	Geringere Anforderungen für Dienstleistungen nach Anhang I B	297
5.2.4.4	Ausnahmen vom Anwendungsbereich	298
5.2.5	Abschnitt 3 – Aufträge öffentlicher Sektorenauftraggeber ab 422.000 EUR	299
5.2.5.1	Zur Anwendung verpflichtete Auftraggeber	299
5.2.5.2	Sachlicher Anwendungsbereich	299

5.2.5.3	Geringere Anforderungen für Dienstleistungen nach Anhang I B	299
5.2.5.4	Ausnahmen vom Anwendungsbereich	299
5.2.6	Abschnitt 4 – Aufträge privater und »staatsferner« Sektorenauftraggeber	301
5.2.6.1	Zur Anwendung verpflichtete Auftraggeber	301
5.2.6.2	Sachlicher Anwendungsbereich	302
5.2.6.3	Geringere Anforderungen für Dienstleistungen nach Anhang I B	303
5.2.6.4	Ausnahmen vom Anwendungsbereich	303
5.2.7	Die Grundsätze der Vergabe nach VOL/A	303
5.2.7.1	Vergabe nach den Basisparagrafen	304
5.2.7.1.1	Grundsatz der öffentlichen Ausschreibung	304
5.2.7.1.2	Beschränkte Ausschreibung	305
5.2.7.1.3	Freihändige Vergabe	305
5.2.7.2	Vergabe von Aufträgen oberhalb des EU-Schwellenwerts	306
5.2.7.2.1	Das Offene Verfahren	306
5.2.7.2.2	Das Nichtoffene Verfahren	307
5.2.7.2.3	Das Verhandlungsverfahren	308
5.2.7.2.4	Der Wettbewerbliche Dialog	312
5.2.7.2.5	Rahmenvereinbarungen	312
5.2.8	Bewerberkreis und Teilnehmer am Wettbewerb	315
5.2.8.1	Basisparagrafen – Abschnitt 1 der VOL/A	315
5.2.8.2	Oberhalb des EU-Schwellenwerts: Abschnitte 2–4 der VOL/A	316
5.2.8.3	Das Präqualifikationssystem	318
5.2.8.4	Vergabe nach Losen	318
5.2.9	Leistungsbeschreibung, Vergabeunterlagen	319
5.2.10	Ausführungsfristen, Vertragsstrafen, Sicherheitsleistungen	321
5.2.10.1	Ausführungsfristen	321
5.2.10.2	Vertragsstrafen	322
5.2.10.3	Mängelansprüche	322
5.2.10.4	Sicherheitsleistungen	322
5.2.11	Verfahrensablauf nach den Basisparagrafen (Abschnitt 1 der VOL/A)	323
5.2.11.1	Bekanntmachung	323
5.2.11.2	Form und Frist der Angebote	323
5.2.11.3	Elektronische Angebotsabgabe	323
5.2.11.4	Zuschlags- und Bindefrist	324
5.2.11.5	Angebotsunterlagen, Kosten und Formvorschriften	324
5.2.11.6	Die Öffnung der Angebote	325
5.2.12	Wertung der Angebote in vier Stufen und Zuschlag	326
5.2.12.1	1. Stufe: Die formelle und sachliche Angebotsprüfung	326
5.2.12.2	2. Wertungsstufe: Eignungsprüfung	328
5.2.12.3	3. Stufe: Ermittlung der in die engere Wahl fallenden Angebote	330
5.2.12.4	4. Stufe: Auswahl des wirtschaftlichsten Angebots	331
5.2.12.5	Der Zuschlag	332
5.2.13	Die Aufhebung der Ausschreibung, § 26 VOL/A	332

5.2.14	Besonderheiten im Verfahren oberhalb der EU-Schwellenwerte (Abschnitte 2 und 3 VOL/A)	334
5.2.14.1	Bekanntmachung	334
5.2.14.2	Form und Frist der Angebote	335
5.2.14.3	Inhalt, Öffnung und Prüfung der Angebote	336
5.2.14.4	Wertung der Angebote	336
5.2.14.5	Mitteilung über den Verzicht auf die Vergabe	337
5.2.14.6	Mitteilung an nicht berücksichtigte Bieter	337
5.2.14.7	Bekanntmachung über die Auftragserteilung	338
5.2.15	Verfahrensablauf nach der VOL/A – SKR (Abschnitt 4 der VOL/A)	338
5.2.15.1	Bekanntmachung	338
5.2.15.2	Angebotsfrist, Bewerbungsfrist	339
5.2.15.3	Wertung der Angebote	340
5.2.15.4	Mitteilungspflichten gegenüber Bewerbern und Bietern	340
5.2.15.5	Bekanntmachung der Auftragserteilung	341
5.2.15.6	Sonstige Regelungen	341
6	**Die Verdingungsordnung für freiberufliche Leistungen (VOF)**	**343**
6.1	Einführung	343
6.2	Institutioneller Anwendungsbereich der VOF, Ausnahmen	343
6.3	Sachlicher Anwendungsbereich der VOF	345
6.3.1	Freiberufliche Leistungen	345
6.3.2	Eingrenzung nach Anhang I Teil A und Teil B der VOF	346
6.3.3	Nicht eindeutig und erschöpfend beschreibbare Leistung	346
6.3.3.1	Definition nach klassischer Auslegungsmethode	347
6.3.3.2	Kritik	349
6.4	Die Pflicht zur Anwendung der VOF	349
6.4.1	Die Bestimmung des Schwellenwerts	349
6.4.2	Das Umgehungsverbot	350
6.4.3	Rechtsfolgen der Nichtbeachtung	351
6.4.4	Berechnung bei Zeithonorar	351
6.4.5	Vorrangige und nachrangige Dienstleistungen	352
6.4.6	Grundsätze der Vergabe	352
6.4.7	Elektronische Kommunikationsmittel	353
6.5	Das Vergabeverfahren nach der VOF	354
6.5.1	Die Anwendung des Verhandlungsverfahrens	354
6.5.2	Fristen	354
6.5.3	Auskunftspflichten der Bewerber	355
6.5.4	Bekanntmachungen	356
6.6	Die Beschreibung der Aufgabenstellung	357
6.6.1	Bezugnahme auf technische Vorschriften	357
6.6.2	Leistungs- und Funktionsanforderung	357
6.7	Die Eignung der Bewerber	359
6.7.1	Fachliche Eignung	359
6.7.2	Der Nachweis der finanziellen Leistungsfähigkeit der Bieter	360

6.7.3.	Antizipierte Eignungsprüfung	361
6.8	Der Ausschluss von Bewerbern	362
6.9	Die Auswahl der Bewerber	364
6.10	Die Bewertung der Angebote	365
6.11	Der Vergabevermerk und Benachrichtigung der Bieter	368
6.12	Wettbewerbe	368
6.13	Besondere Vorschriften zur Vergabe von Architekten- und Ingenieurleistungen	369
6.14	Die Nachprüfung eines Vergabeverfahrens nach der VOF	372
7	**Vergabestrafrecht und Ordnungswidrigkeiten**	**373**
7.1	Verstöße gegen den Wettbewerb	373
7.2	Eintragung ins Gewerbezentralregister	375
7.3	Die Strafbarkeit der Preisabsprache als Betrug	375
7.4	Strafbarkeit von Absprachen nach § 298 StGB	377
7.5	Straflosigkeit bei tätiger Reue und Konkurrenzen	380
7.6	Strafwürdiges Verhalten auf Auftraggeberseite	382
7.6.1	Bestechlichkeit und Bestechung	382
7.6.2	Erfasste Personen	383
7.6.3	Besonders schwere Fälle	386
7.6.4	Strafantrag und öffentliches Interesse	386
7.6.5	Vermögensstrafe und Anordnung des Verfalls	387
7.7	Die Verhängung von Geldbußen neben der Strafverfolgung	387
7.7.1	Die Geldbuße nach dem OWiG	387
7.7.2	Bußgelder gegen Personen und Unternehmen	390
7.7.3	Die Verfolgung von Kartellordnungswidrigkeiten	391
7.7.4	Die Verjährungsfristen und Höhe der Geldbuße	392
7.7.5	Die Kronzeugenregelung des Bundeskartellamtes	393
8	**Korruptionsbekämpfung und das Vergaberecht**	**395**
8.1	Möglichkeiten der Korruptionsprävention	395
8.1.1	Sensibilisierung und Verhaltenskodex	395
8.1.2	Personalrotation	395
8.1.3	Einhaltung des »Mehr-Augen-Prinzips«	396
8.1.4	Sponsoring und Geschenkannahme	396
8.1.5	Zentrale Vergabestelle und Kontrolle, Trennung der Organisationseinheiten	396
8.1.6	Ausnutzen des Wettbewerbs und Bieterdatei	397
8.1.7	»Anti-Korruptions-Beauftragter«	397
8.1.8	Interessenkollision in der Verwaltung	398
8.1.9	Zuverlässigkeitserklärungen	398
8.1.10	Elektronische Vergabe und EDV-Kontrollwesen	398
8.1.11	Dokumentation im Vergabevermerk	399
8.2	Ausschluss von öffentlichen Aufträgen	400
8.2.1	Ausschluss wegen schwerer Verfehlung	400

Inhalt

8.2.2	Vorliegen einer schweren Verfehlung	400
8.2.3	Nachweis der schweren Verfehlung	401
8.2.4	Überprüfung der Auswahlentscheidung durch die Vergabekammer	402
8.2.5	Die Geltung der Unschuldsvermutung im Vergaberecht	403
8.2.6	Zwingender Ausschluss nach § 8 a Nr. 1 VOB/A	404
8.2.7	Ausnahmetatbestände des § 8 a Nr. 1 Abs. 3 VOB/A	405
8.2.8	Vergabesperre	405
8.2.9	Durchführung der Selbstreinigung	407
8.2.10	Integritätsklausel	407
8.3	Landesrechtliche Regelungen	408
9	**Anhang**	**411**
9.1	GWB – Gesetz gegen Wettbewerbsbeschränkungen	413
9.2	VgV – Verordnung über die Vergabe öffentlicher Aufträge (Vergabeverordnung)	421
9.3	Gebührentabelle	430
9.4	VOB/A – Allgemeine Bestimmungen für die Vergabe von Bauleistungen – Teil A	431
9.5	VOB/B – Allgemeine Vertragsbedingungen für die Ausführung von Bauleistungen	474
9.6	VOL/A – Allgemeine Bestimmungen für die Vergabe von Leistungen	486
9.7	VOF – Verdingungsordnung für freiberufliche Leistungen	539
9.8	Übersicht über die geltenden Landesvergabegesetze	555

Abkürzungen 557

Literatur 559

Sachregister 567

1 Grundsätze des Vergabeverfahrens
– Das deutsche Vergaberecht –
Entwicklung und grundlegende Prinzipien

Mit der durch das Vergaberechtsänderungsgesetz[1] zum 01.01.1999 vorgenommenen Einfügung eines neuen, vierten Teils in das GWB, der das Recht der öffentlichen Auftragsvergabe einschließlich des Nachprüfungsverfahrens regelt, wurden erstmals wesentliche vergaberechtliche Vorschriften gesetzlich kodifiziert. Das GWB wurde mit den §§ 97–129 GWB um einen neuen Abschnitt »Vergabe öffentlicher Aufträge« erweitert. Damit war die Reformierung des Rechtsschutzes bei der Vergabe öffentlicher Aufträge allerdings noch nicht abgeschlossen. Es hat dann noch einmal zwei Jahre gedauert, bis von der bereits in § 127 GWB enthaltenen Ermächtigung zum Erlass einer neuen Vergabeverordnung (VgV) Gebrauch gemacht wurde. Die VgV ist schließlich am 01.02.2001 in Kraft getreten und seitdem bereits mehrfach geändert worden.[2] Die VgV regelt die Schwellenwerte und das Inkrafttreten der VOF sowie der 2.–4. Abschnitte von VOB/A und VOL/A für die oberhalb der Schwellenwerte liegenden Vergabeverfahren. Sie enthält auch Ausführungen zur elektronischen Vergabe, besondere Regelungen für Sektoren-Aufträge und einige Verfahrensregeln, auf die im Verlauf der nachfolgenden Erläuterungen noch näher eingegangen wird. Einige interessante Änderungen – u. a. das neue Vergabeverfahren des wettbewerblichen Dialogs – brachte bereits das »ÖPP-Beschleunigungsgesetz« vom 01.09.2005.[3] Zuletzt sind im Jahr 2006 alle Vergabe- und Vertragsordnungen überarbeitet und neu veröffentlicht worden.

1

Das Vergaberecht ist damit in Deutschland seit November 2006 auf eine aktualisierte rechtliche Grundlage gestellt. Inwieweit die gegenwärtigen Regelungen von Dauer sein werden, dürfte nicht zuletzt davon abgängig sein, wie sich die weiteren Reformbestrebungen entwickeln. Die noch vom damaligen Bundeswirtschaftsminister Clement angekündigte konzeptionelle Reform, für die 2005 bereits ein Gesetzentwurf erarbeitet war, ist von der neu gewählten Bundesregierung nicht mehr weiter verfolgt worden. Damit sind die damals erörterten Bestrebungen zur Abschaffung der VOL/A, evtl. auch der VOB/A und der Schaffung einer umfassenden Vergabeverordnung mit materiellen Vorschriften für alle Vergaben oberhalb der Schwellenwerte vom Tisch.[4] Mittlerweile hat die Bundesregierung am 26.06.2006 einen Beschluss über die Schwerpunkte bei der Vereinfachung des Vergaberechts im bestehenden System gefasst,[5] in dessen Umsetzung zur Jahreswende 2006/07 ein neuer Gesetzentwurf vorgelegt werden sollte, was aber nicht gelang. Die Verfassungsbeschwerde gegen einen Beschluss des OLG Saarbrücken, die sich gegen die Versagung des Rechtsschutzes durch die

2

---

1 BGBl. 1998 I, S. 2512.
2 Zuletzt zur Einführung der Fassung 2006 von VOB, VOL und VOF, BGBl. I, S. 2334.
3 BGBL. I, S. 2676.
4 Kritisch zum damaligen Entwurf Leinemann/Ebert, VergabeNews 2004, S. 112 ff.
5 online einsehbar unter www.leinemann-partner.de, Quicklink-Nr. 1080601.

Nachprüfungsinstanzen unterhalb der Schwellenwerte richtete, wurde zwar mittlerweile abgewiesen.[6] Dennoch bestehen weiterhin zahlreiche Entscheidungen von Verwaltungs-, Oberverwaltungs- und Landgerichten, die je nach Gerichtsbezirk völlig unterschiedlich den Verwaltungs- oder Zivilrechtsweg für solche Vergaben bejahen oder verneinen.[7] Die Entscheidung des BVerfG schließt einen derartigen Rechtsschutz der Bieter jedenfalls nicht aus.[8] Dennoch entzieht sich die Politik diesem Thema noch immer, so dass sich auch in Reformankündigungen nichts zum Thema des Rechtsschutzes unterhalb der Schwellenwerte findet. Das ist ein trauriges Beispiel dafür, wie sich die Bundesregierungen nun schon traditionell im Vergaberecht von der Rechtspraxis treiben lassen, anstatt die klar erkennbaren, notwendigen Schritte zu tun. Das Bundesland Sachsen ist hier mit dem Sächsischen Vergabegesetz[9] und der zugehörigen Durchführungsverordnung beispielhaft vorangegangen und hat eine praktikable und anerkannte Lösung für die Behandlung von Vergaben unterhalb der Schwellenwerte geschaffen, die gut umgesetzt und angenommen worden ist.[10] Es bleibt zu hoffen, dass die mittlerweile bereits eingetretene Rechtszersplitterung alsbald Anlass dazu gibt, einen bundeseinheitlichen Rechtsschutz unterhalb der Schwellenwerte gesetzlich einzuführen.

1.1 Das Wettbewerbsprinzip

3   Einige Grundprinzipien, die jedem Vergabeverfahren zugrundeliegen müssen, sind durch die europäische wie auch die deutsche Rechtsprechung mittlerweile fest verankert und damit auch stets Grundlage für die Beurteilung vergaberechtlicher Fallgestaltungen. Das GWB hat diese Grundsätze in § 97 GWB übernommen.

4   Nach § 97 Abs. 1 GWB beschaffen öffentliche Auftraggeber Waren, Bau- und Dienstleistungen nach Maßgabe der §§ 97 ff. GWB im Wettbewerb und im Wege transparenter Vergabeverfahren. Die Begriffe »Wettbewerb« und »Transparenz« haben damit Eingang ins Gesetz gefunden. Allerdings gilt diese Maßgabe nur für öffentliche Auftraggeber, mithin denjenigen Adressatenkreis, den § 98 GWB näher definiert. Private Auftraggeber – soweit sie nicht § 98 Nr. 4 bis 6 GWB unterfallen – müssen ihre Vergaben hingegen weder transparent noch im Wettbewerb tätigen. Auch ein privater Auftraggeber kann sich allerdings an die Regeln für öffentliche Auftragsvergaben binden, z.B. an die VOB/A. Dann ist er vertraglich verpflichtet, diese Regeln auch einzuhalten.[11] Weitere Einschränkungen für den Geltungsbereich des förmlichen Vergaberechts finden sich in § 100 Abs. 2 GWB für eine ganze Reihe von besonderen Vergaben.

5   Auch vor In-Kraft-Treten des vierten Teils des GWB galt bereits das Wettbewerbsprinzip, das allerdings seinerzeit noch in den Verdingungsordnungen auf der Basis von §§ 57 a bis 57 c HGrG[12] und der seinerzeitigen Nachprüfungsverordnung verankert

---

6 BVerfG, Beschl. v. 13.06.2006, Az. 1 BvR 1160/03, VergabeNews 2006, S. 108 f.
7 Dazu Franzius, VergabeNavigator 2006, 16.
8 Ebensowenig BVerwG, Beschl. v. 08.08.2006, 6 B 65.06, VergabeNews 2006, S. 106.
9 Sächs. GVBl. 02, S. 218.
10 So im Vergabebericht Sachsen für 2005 nachzulesen, VergabeNews 2006, S. 74.
11 BGH. Urt. v. 21.02.2006, X ZR 39/03; Franzius, VergabeNavigator 4/2006, S. 17.
12 Die Vorschriften wurden durch das VergRÄndG zum 01.01.1999 aufgehoben.

1.1 Das Wettbewerbsprinzip

war. Auf europäischen wie auch auf amerikanischen Druck ist es letztlich zurückzuführen, dass in der Bundesrepublik schließlich eine gesetzliche Grundlage, insbesondere für die Nachprüfung von Vergabeverfahren, geschaffen wurde.[13] Die vor 1999 bestehende, so genannte haushaltsrechtliche Lösung in der Bundesrepublik war nicht mehr haltbar, nachdem der Europäische Gerichtshof mit Urteil vom 11.08.1995 entschieden hatte, dass den Bietern auf diese Weise keine gerichtlich durchsetzbaren subjektiven Rechte gewährt würden und damit ein Verstoß gegen Gemeinschaftsrecht vorliege.[14]

Trotz all dieser Begleitumstände ist jedenfalls das Wettbewerbsprinzip im deutschen Vergaberecht nichts Neues. Es ist bereits in § 2 Nr. 1 S. 2 VOB/A enthalten. Die Vorschrift enthält sogar noch einen weiteren Programmsatz, wonach ungesunde Begleiterscheinungen, wie z. B. wettbewerbsbeschränkende Verhaltensweisen, zu bekämpfen sind.

6

Das Wettbewerbsprinzip bedeutet, dass möglichst vielen Unternehmen die Möglichkeit zu Teilnahme an einem Vergabeverfahren gegeben wird.[15] Es gilt für Auftraggeber und Bieter gleichermaßen[16] und ist in allen Phasen eines Vergabeverfahrens zu beachten.[17] Ein Verzicht auf Wettbewerb ist nur dort möglich, wo aufgrund von Ausschließlichkeitsrechten oder einer besonderen Stellung eines bisherigen Auftragnehmers ohnehin nur ein Bieter in Betracht kommt.[18] Ausfluss des Wettbewerbsgrundsatzes ist es beispielsweise, dass das Offene Verfahren (§ 101 Abs. 2 und Abs. 5 GWB) Vorrang vor dem Verhandlungsverfahren hat und die Ausnahmen für die Zulässigkeit der Durchführung eines Verhandlungsverfahrens eng auszulegen sind.[19] Bei dem zwischen den Bietern zu führenden Wettbewerb geht es darum, durch eigene Leistung, deren Qualität oder Preis besser ist als die Leistung anderer Unternehmen, den öffentlichen Auftraggeber zum Abschluss eines Vertrages zu bestmöglichen Konditionen zu veranlassen. Wettbewerblich nicht begründete Dumpingangebote, die zur gezielten Verdrängung von Wettbewerbern abgegeben werden, müssen daher trotz günstigen Preises ausgeschieden werden.[20] Ebenfalls verstößt es gegen das Wettbewerbsprinzip, wenn der öffentliche Auftraggeber die Anforderungen an die Bieter so hoch steckt, dass nur ein

7

---

13 In einem Bericht des amerikanischen Handelsbeauftragten vom April 1996 wurde der Umstand, dass die amerikanischen Unternehmen General Electric und Westinghouse bei Vergabeverfahren von Kraftwerksbauten der VEAG nicht zum Zuge kamen, zum Anlass genommen, von gravierender Behinderung amerikanischer Unternehmen bei der Auftragsvergabe in Deutschland zu sprechen. Die Bundesregierung wurde unter Androhung von Sanktionen durch die amerikanische Regierung aufgefordert, konkrete Maßnahmen zur Herstellung eines fairen Wettbewerbs bis 30.09.1996 vorzulegen. Der Gesetzentwurf für das Vergaberechtsänderungsgesetz wurde erstmals am 25.09.1996 vorgelegt, so FAZ vom 25.09.1996.
14 EuGH, NVwZ 1996, 367.
15 Stickler, in: Reidt/Stickler/Glahs, § 97 GWB Rn. 5; Waldner, S. 95.
16 Hailbronner, in: Byok/Jaeger, § 97 GWB Rn. 134.
17 OLG Stuttgart, VergabeR 2004, 384, 385; BayObLG, VergabeR 2003, 187, 189; OLG Celle, VergabeR 2002, 299, 301; OLG Düsseldorf, VergabeR 2002, 169, 170; OLG Frankfurt, VergabeR 2001, 299, 302.
18 Mestmäcker/Schweitzer, Europäisches Wettbewerbsrecht, S. 993.
19 Jaeger, NZBau 2001, 427, 433; Stickler, in: Reidt/Stickler/Glahs, § 97 GWB Rn. 6. Auch § 30 HGrG begründet das Erfordernis einer öffentlichen Ausschreibung.
20 KG, VergabeR 2002, 95 ff.; OLG Düsseldorf, VergabeR 2001, 128.

ganz kleiner Kreis von Bietern für Verhandlungen in Frage kommt.[21] Allerdings kann eine besonders schwierige Baumaßnahme im Interesse der Gefahrenabwehr im Ausnahmefall auch eine starke Beschränkung des Bieterkreises rechtfertigen, was freilich sorgfältiger Begründung bedarf.[22] Unverzichtbares Kennzeichen einer Auftragsvergabe im Wettbewerb ist der zwischen den an der Ausschreibung teilnehmenden Bietern bestehende Geheimwettbewerb.[23] Nur dann, wenn jeder Bieter die ausgeschriebene Leistung in Unkenntnis der Angebote, Angebotsgrundlagen und Angebotskalkulationen seiner Mitbewerber um den Zuschlag anbietet, ist ein echter Bieterwettbewerb möglich.

1.2 Der Grundsatz der transparenten Verfahrensführung

8   Das Gebot zur Durchführung transparenter Vergabeverfahren ist notwendiger Ausfluss des Wettbewerbsgedankens. Dazu gehören nach Möglichkeit die Durchführung offener und nicht hinsichtlich des Bieterkreises beschränkter Verfahren sowie die möglichst weitgehende Streuung von Vergabeankündigung und Verdingungsunterlagen. Ein transparentes Verfahren schützt auch vor Absprachemöglichkeiten nur weniger Beteiligter. Ausfluss dieser Transparenz sind daher gerade auch die Publizitätsvorschriften in den Verdingungsordnungen, die subjektive Rechte der Bieter begründen.[24] Zum Transparenzgebot gehört auch, dass ein öffentlicher Auftraggeber von selbst aufgestellten Vergabekriterien nach ihrer Bekanntmachung bei der späteren Angebotsprüfung nicht abweichen kann.[25] Spätestens mit der In-Kraft-Setzung von § 97 Abs. 1 GWB ist daher der maßgebliche Zweck der förmlichen Vergabeverfahren nicht mehr allein in einer möglichst wirtschaftlichen und sparsamen Verwendung öffentlicher Gelder zu sehen, sondern es geht auch darum, den am Wirtschaftsleben teilnehmenden Unternehmen faire und transparente Wettbewerbsbedingungen zu schaffen.

9   Die Transparenz des Vergabeverfahrens ist wesentliche Voraussetzung für die Herstellung der Chancengleichheit der Bieter und die Schaffung eines funktionierenden Wettbewerbs.[26] In den europäischen Vergaberichtlinien ist das Transparenzprinzip vor allem in den Publizitätsvorschriften umgesetzt, während im nationalen Recht § 97 Abs. 1 GWB das Transparenzgebot bei der Beschaffung von Waren, Bau- und Dienstleistun-

---

21 VK Bund, VergabeR 2002, 72 m. Anm. Zdzieblo; Müller-Wrede, in: Ingenstau/Korbion, VOB, § 97 GWB Rn. 17. Weitere Beispiele für Verstöße gegen das Wettbewerbsprinzip bei Dreher, in: Immenga/Mestmäcker, GWB, § 97 Rn. 19 ff.
22 OLG Düsseldorf, Beschl. v. 22.09.2005, VII Verg 49/05 und 50/05 (Beschl. nach § 118 Abs. 1 S. 3 GWB; danach Rücknahme der sofortigen Beschwerde).
23 Zum Geheimwettbewerb vgl. OLG Naumburg, Beschl. v. 30.07.2004 – 1 Verg 10/04; OLG Jena, Beschl. v. 19.04.2004 – 6 Verg 3/04; OLG Düsseldorf, Beschl. v. 27.07.2006, Verg 23/06 und VergabeR 2003, 690; Franzius/Ebert, VergabeNews 2006, 42 ff.; Gröning, in: Motzke/Pietzcker/Prieß, VOB, Syst IV, Rn. 57.
24 EuGH Urt. vom 20.09.1988 – Rs. 31/87, Slg. 1988, 4652 (Beentjes), EuGH, VergabeR 2002, 31, 35.
25 OLG Frankfurt, VergabeR 2001, 299, 304; OLG Düsseldorf, Beschl. v. 25.02.2004, Verg 77/03, VergabeR 2004, 537, 540 m. Anm. Leinemann; OLG Düsseldorf, BauR 2000, 1603, 1606; vgl. auch BGH, NJW 1998, 3644, 3646.
26 Kulartz/Niebuhr, NZBau 2000, 6, 12; Hailbronner, in: Byok/Jaeger, § 97 GWB Rn. 135.

gen ausdrücklich regelt.²⁷ Das Transparenzgebot verpflichtet die öffentlichen Auftraggeber dazu, die von ihnen beabsichtigte Auftragsvergabe in geeigneter Art und Weise bekannt zu machen.²⁸ Eine grundlegende Änderung der zu vergebenden Leistung ist selbst im Verhandlungsverfahren nicht möglich.²⁹ Letztlich soll durch ein transparentes Verfahren verhindert werden, dass bestimmte Bieter oder Bewerber bevorzugt werden und dadurch ein echter Wettbewerb verhindert würde. Ausfluss des Transparenzgrundsatzes ist daher auch die Vorabinformationspflicht nach § 13 VgV und das Erfordernis eines ausführlichen und nachvollziehbaren Vergabevermerks, § 30 VOL/A bzw. § 30 VOB/A.³⁰

1.3 Grundsatz der Gleichbehandlung

1.3.1 Allgemeine Grundsätze

Nach § 97 Abs. 2 GWB sind die Teilnehmer an einem Vergabeverfahren gleich zu behandeln, es sei denn, eine Benachteiligung sei aufgrund des Gesetzes ausdrücklich geboten oder gestattet. Europarechtlich wird der Gleichbehandlungsgrundsatz auch als Diskriminierungsverbot gem. Art. 12 EGV bezeichnet. Das Gebot der Gleichbehandlung und der Chancengleichheit der Bieter ist ein zentrales Prinzip des europäischen Vergaberechts.³¹ Von einem fairen Wettbewerb kann nur gesprochen werden, wenn sich alle Bieter sicher sein können, dass kein Teilnehmer aus irgendwelchen Gründen benachteiligt oder bevorzugt, also ohne ausreichenden Grund anders als andere Teilnehmer behandelt wird.³² Das Gleichbehandlungsgebot erfordert es, dass ein gerechtes und faires Vergabeverfahren nach objektiven Maßstäben zu gestalten ist.³³

10

Schon vor In-Kraft-Treten des GWB hatten sich Gerichte und Vergabeüberwachungsausschüsse mit Verstößen gegen das Diskriminierungsverbot zu befassen. Ein immer wieder vorkommender Fall liegt darin, dass einem Bewerber Informationen vorenthalten, verspätet oder unvollständig übermittelt werden, die anderen Bewerbern bereits vorliegen.³⁴ Ausländer und Inländer, große und kleine Unternehmen müssen grundsätzlich gleich behandelt werden. Der Gleichbehandlungsgrundsatz ist auch verletzt, wenn die Vergabestelle zunächst einen vor dem Eröffnungstermin liegenden Tag zur Angebotsabgabe benannt hat, dann aber die Angebotsfrist bis zum Eröffnungstermin verlängert, ohne alle Bieter hiervon zu unterrichten.³⁵ Setzt ein öffentlicher Auftraggeber eine Frist für die Abgabe von Angeboten, so können die Bieter aus Gründen

11

---

27 Kämper/Heßhaus, NZBau 2003, 305, 306.
28 EuGH (»Wallonische Busse«), Slg. 1996, I-2043; Boesen, GWB, § 97 Rn. 16; Waldner, S. 95.
29 OLG Dresden, ZfBR 2004, 303; Schütte, ZfBR 2004, 237, 240.
30 Dreher, in: Immenga/Mestmäcker, GWB, § 97 Rn. 30; Kulartz/Niebuhr, NZBau 2000, 6, 12; vgl. Kapitel 4, B. IX. 1 und 2.
31 EuGH (»SIAC«), Slg. 2001, I – 7725; (»Wallonische Busse«), Slg. 1996, I – 2043, 2085.
32 Gröning, in: Motzke/Pietzcker/Prieß, VOB, Syst IV, Rn. 55; Waldner, S. 96.
33 Prieß, Hdb. d. europäischen Vergaberechts, S. 125.
34 VÜA Bund, WuW/E VergAB 42, 48.
35 OLG Dresden, BauR 2000, 1591, 1594.

der Gleichbehandlung verlangen, dass verfristete Angebote ausgeschlossen werden.[36] Einen Verstoß stellt es auch dar, wenn der Auftraggeber es unterlässt, jedem Beteiligten am Verfahren wesentliche Änderungen der Angebotsunterlagen unverzüglich bekannt zu geben.[37] Gleichbehandlungs- und Transparenzgrundsatz sind verletzt, wenn die Vergabestelle bei der Endauswahl in ihrer Bewertung höhere Anforderungen stellt, als es nach den Verdingungsunterlagen zu erwarten war.[38] Hat der öffentliche Auftraggeber von seiner Befugnis zur Verfahrensgestaltung – unabhängig von der Wahl des Vergabeverfahrens – Gebrauch gemacht, ist er bereits aus Gründen der Gleichbehandlung strikt an die selbst gesetzten Vorgaben gebunden.[39]

12 Bieter dürfen nicht aufgrund sachfremder Erwägungen aus dem Verfahren ausgeschlossen werden.[40] Setzt der Auftraggeber Eignungs- und Zuschlagskriterien fest, so können die Bieter aus Gründen der Gleichbehandlung verlangen, dass der Auftraggeber seine Entscheidung über den Zuschlag nach den vorab bekannt gemachten Kriterien zu treffen hat.[41] Darüber hinaus liegt eine Verletzung des Gleichbehandlungsgrundsatzes vor, wenn Angebote in der weiteren Wertung berücksichtigt werden, die im Zeitpunkt der Angebotsabgabe nicht die in den Verdingungsunterlagen geforderten Mindestanforderungen erfüllen.[42]

1.3.2 Die Behandlung staatlicher Beihilfen

13 Eine Ungleichbehandlung von Bietern könnte auch dadurch gegeben sein, dass ein einzelner Bieter für seinen Geschäftsbetrieb oder sogar für den konkreten Auftrag staatliche Beihilfen in Anspruch nehmen kann, während dies anderen Bietern nicht (mehr) möglich ist. Fest steht zunächst, dass die Erteilung eines öffentlichen Auftrags für sich genommen keine Beihilfe im Sinne von Art. 87 Abs. 1 EG-Vertrag darstellt. Es liegt jedenfalls dann keine Begünstigung vor, wenn sich Zahlungen der öffentlichen Hand oder auch die Nichterhebung von Abgaben tatsächlich als Gegenleistung für eine erbrachte Leistung darstellen.[43]

14 Aber auch wenn ein Vergabeverfahren durchgeführt wird und verschiedene Bieter ihre Angebote im Wettbewerb überreichen, könnte eine unzulässige Wettbewerbsverzerrung

---

36 OLG Düsseldorf, VergabeR 2002, 169; VK Münster, Beschl. v. 09.04.2003 – VK 05/03.
37 BGH, BauR 1997, 636.
38 KG, BauR 2000, 565, 566.
39 OLG Düsseldorf, VergabeR 2002, 169; Schütte, ZfBR 2004, 237, 240; Müller-Wrede, in: Ingenstau/Korbion, VOB, § 3 a VOB/A Rn. 32.
40 OLG Stuttgart, Beschl. v. 18.7.2001 – 1 VK 12/01, Grund des Ausschlusses des Bieters war eine Stellungnahme des Betriebsrates, die offensichtlich nicht beweisbar war, da sie lediglich ein subjektives Stimmungsbild widerspiegelte. Daher war der Ausschluß als willkürlich bewertet worden und es lag ein Verstoß gegen § 97 Abs. 2 GWB vor.
41 OLG Düsseldorf, ZfBR 2004, 202; OLG Frankfurt, VergabeR 2001, 299, 302; weiter zu gleichbehandlungswidrigen Vergabepraktiken vgl. Dreher, in: Immenga/Mestmäcker, GWB, § 97 Rn. 49ff.
42 EuGH, Urt. v. 28.11.2002 – Rs. T 40/01; VK Bund, Beschl. v. 25.05.2004 – VK 1-51/04; VK Münster, Beschl. v. 09.04.2003 – VK 05/03.
43 EuGH, Rs. C-53/00, Ferring, Rn. 29; Rs. C-280/00, Altmark Trans, Rn. 87 ff.; Prieß, S. 26.

dadurch entstehen, dass ein einzelner Bieter durch die vorherige Gewährung von Beihilfen eine unzulässige Begünstigung erfährt, die gegebenenfalls korrigiert werden müsste oder zum Ausschluss dieses Bieters führen könnte. Im Grundsatz hat allerdings der EuGH bereits entschieden, dass die Zulassung von Bietern, die öffentliche Zuwendungen gleich welcher Art erhalten, unbedenklich ist, auch wenn die Zuwendungen es den Bietern ermöglichen, deutlich günstigere Preise gegenüber den Mitbewerbern anzubieten.[44] Allerdings kommt ein Ausschluss eines Bieters dann in Betracht, wenn er eine unzulässige Beihilfe erhalten hat und seine Leistungsfähigkeit durch die drohende Verpflichtung, diese zurückzuzahlen, gefährdet ist.[45] Es wäre daher nicht zulässig, den Preis eines Bieters etwa um die unzulässig erhaltene Beihilfe zu vermindern. Ein Ausschluss kommt lediglich dann in Betracht, wenn ein ungewöhnlich niedriger Preis angeboten wird, § 25 Nr. 2 Abs. 3 VOL/A bzw. § 25 Nr. 3 Abs. 1 VOB/A.[46] Die Vergabe- und Vertragsordnungen 2006 enthalten nunmehr in § 25 a Nr. 2 VOL/A und § 25 a Nr. 2 VOB/A die ausdrückliche Regelung, dass Angebote, die aufgrund einer staatlichen Beihilfe ungewöhnlich niedrig sind, von den Auftraggebern nur zurückgewiesen werden dürfen, wenn das Unternehmen nach Aufforderung innerhalb einer vom Auftraggeber festzulegenden ausreichenden Frist nicht nachweisen kann, dass die betreffende Beihilfe rechtmäßig gewährt wurde. Eine entsprechende Regelung enthalten § 25 b Nr. 2 VOB/A, § 25 b Nr. 2 Abs. 3 VOL/A, § 11 Nr. 2 Abs. 3 VOB/A-SKR sowie § 11 Nr. 2 Abs. 3 VOL/A-SKR.

1.3.3 Mitwirkung von Sachverständigen und Projektanten

Ein Ausfluss des Grundsatzes des fairen Wettbewerbs sind auch § 7 Nr. 1 VOB/A und § 6 Nr. 3 VOL/A, wonach Sachverständige, die der Auftraggeber zur Mitwirkung beim Vergabeverfahren einschaltet, weder unmittelbar noch mittelbar an der betreffenden Vergabe beteiligt sein dürfen. Trotz eines leicht unterschiedlichen Wortlautes der beiden Vorschriften bestehen keine inhaltlichen Unterschiede. Besondere Bedeutung hat das Mitwirkungsverbot der Sachverständigen bei Ingenieurbüros, die im Auftrag eines Auftraggebers die planerischen Vorleistungen für die auszuschreibende Leistung erbringen (sog. Projektanten).[47] Projektanten sind solche Unternehmen, die zwar nicht Sachverständige im engeren Sinne des § 7 VOB/A bzw. § 6 VOL/A sind, aber dennoch für den öffentlichen Auftraggeber Vorarbeiten für das Vergabeverfahren geleistet haben.[48] Die wettbewerbsrechtliche Problematik liegt darin, dass der Projektant gegenüber den anderen Bewerbern einen Informationsvorsprung besitzt, so dass eine Chancengleichheit im Wettbewerb fraglich wird.[49] Eine Beteiligung von

---

44 EuGH, Rs. C-94/99, ARGE Gewässerschutz, Rn. 32, 38.
45 EuGH, a. a. O., Rn. 30; OLG Düsseldorf, Beschl. v. 26.07.2002, Verg 22/02.
46 OLG Düsseldorf, Beschl. v. 26.07.2002, Verg 22/02, NZBau 2002, 634; Pünder, NZBau 2003, 530, 536 f.
47 Zur Projektantenproblematik vgl. Kirch/Ebert, VergabeNews 2005, 62 ff.
48 Heiermann/Riedl/Rusam-Rusam, § 8 VOB/A, Rn. 34 ff, § 7 VOB/A, Rn. 9; Kulartz/Niebuhr, NZBau 2000, 6, 11; Voppel, VergabeR 2003, 580, 581.
49 Daub/Eberstein-Zbzieblo, § 97 GWB, Rn. 27; Kapellmann/Messerschmidt-Glahs, § 8 VOB/A, Rn. 19; Niebuhr/Kulartz/Portz-Niebuhr, § 97 GWB, Rn. 26; Kulartz/Niebuhr, NZBau 2000, 6, 11.

1 Grundsätze des Vergabeverfahrens

Projektanten auf Bieterseite kann nach der Rechtsprechung des EuGH dennoch nicht per se als unzulässig bewertet werden,[50] sondern der Bieter muss sich hinsichtlich einer potentiell vorliegenden Wettbewerbsverfälschung entlasten können. Das wird möglich sein, wenn allen Bewerbern die gleichen Informationen zugänglich gemacht werden können und so ein Ausgleich des zunächst bestehenden Vorsprungs erzielt wird.[51] Eine entsprechende Regelung ist durch das ÖPP-Beschleunigungsgesetz seit September 2005 in § 4 Abs. 5 VgV bzw. § 6 Abs. 3 VgV geschaffen worden. Eine einfache Erklärung des betroffenen Bieters dürfte freilich noch nicht ausreichend sein.[52] Vielmehr muss der Projektant/Bieter darlegen, dasss er keine überlegenen Kenntnisse hat und auch im übrigen ausgeschlossen ist, dass die Ausschreibung durch seine Mitwirkung auf ihn als Bieter zugeschnitten ist.

16 So dürfte ein vom OLG Düsseldorf entschiedener Fall auch jetzt noch problematisch sein: Dort hatte ein Planungsbüro für die Vergabestelle im Rahmen der Erstellung der Ausschreibung umfangreiche Leistungen erbracht. Der geschäftsführende Gesellschafter dieses Planungsbüros war zugleich Geschäftsführer einer Bauunternehmung, die sich in Bietergemeinschaft mit anderen um den später ausgeschriebenen Bauauftrag bewarb, für den die Planungsleistungen als Grundlage der Ausschreibung erbracht worden waren.[53] Nichts anderes würde nach § 6 Nr. 3 VOL/A für die Vergabe von Dienstleistungen zu gelten haben. Interessant ist die Entscheidung des OLG Düsseldorf aber auch über den konkreten Fall hinaus. Das Gericht geht nämlich auch für den Fall der Nichtanwendbarkeit von § 7 VOB/A von einer Anwendung dieser Grundsätze als »Ausprägung des allgemeinen Wettbewerbsgrundsatzes« aus. Im dortigen Fall war auch streitig, ob die Vergabestelle nach dem 2. oder nach dem 4. Abschnitt der VOB/A auszuschreiben hatte. Wäre das Vergabeverfahren nach dem 4. Abschnitt, der VOB/A-SKR, einzustufen gewesen, hätte § 7 VOB/A keine Anwendung finden können, da die Vorschriften des 4. Abschnittes anders gefasst sind und keine vergleichbare Regelung aufweisen. Nach Auffassung des OLG Düsseldorf ist jedoch der in § 7 Nr. 1 2. Halbsatz VOB/A zum Ausdruck kommende Rechtsgedanke, dass nämlich im Interesse eines fairen Bieterwettbewerbs derjenige, der den öffentlichen Auftraggeber sachverständig beraten und unterstützt hat, sich nicht als Bieter oder Bewerber an der von ihm betreuten Ausschreibung beteiligen darf, im gesamten Vergaberecht anwendbar.[54] Mit Geltung von § 4 Abs. 5 VgV bzw. § 6 Abs. 3 VgV hat sich dies nicht grundsätzlich geändert, so dass die Grundsätze nach wie vor Anwendung finden. Allerdings kann – und sollte – sich ein Bieter vor Angebotsabgabe entlasten, wenn ein Projektant an seinem Angebot mitwirkt.

---

50 EuGH, Urt. v. 03.03.2005, Rs. C-120/03.
51 OLG Düsseldorf, Beschl. v. 25.10.2005, Verg 67/05; Heiermann/Riedl/Rusam-Rusam, § 8 VOB/A, Rn. 34; Ingenstau/Korbion-Schranner, § 8 VOB/A, Rn. 45 f.; Kapellmann/Messerschmidt-Glahs, § 8 VOB/A, Rn. 19; a. A. VK Lüneburg, Beschl. v. 21.01.2003, 203. VgK-30/2002, allein die Tatsache, dass ein Bieter im Vorfeld mitgewirkt hat, reicht für die Annahme einer Wettbewerbsverzerrung nicht aus. Es müssen vielmehr konkrete Verletzungen einzelner Vergabebestimmungen hinzukommen.
52 Leinemann/Kirch, VergabeNavigator 1/2006, S. 28, 30.
53 OLG Düsseldorf, VergabeR 2004, 236, 237 f.; ähnl. VÜA Bund, WuW/E VergAB 79 ff.
54 OLG Düsseldorf, VergabeR 2004, 236, 238.

1.3 Grundsatz der Gleichbehandlung

Bewirbt sich eine Gesellschaft, an der der Auftraggeber beteiligt ist, um einen von diesem Auftraggeber ausgeschriebenen Auftrag, stellt sich ebenfalls die Frage nach der Verletzung der Chancengleichheit. Noch ist freilich ungeklärt, wie tiefgreifend die Beziehungen zwischen einem am Wettbewerb teilnehmenden Unternehmen und demjenigen sein müssen, der bei der Vorbereitung des Vergabeverfahrens tätig war.[55] Ein Wettbewerbsverstoß kann wohl erst dann bejaht werden, wenn deutliche Hinweise auf vergaberechtswidriges Verhalten und die entsprechende Erlangung von Wettbewerbsvorteilen bestehen.[56] Wie auch der Rückschluss aus § 16 Abs. 1 Nr. 3 letzter Halbsatz VgV ergibt, ist für die Beurteilung eines Mitwirkungsverbotes nicht etwa ausschließlich darauf abzustellen, ob eine abstrakte Möglichkeit für wettbewerbsverzerrende Informationsflüsse besteht. Die Darlegungs- und Beweislast liegt auf Seiten desjenigen, der sich auf ein vergaberechtswidriges Verhalten beruft. Der EuGH hat sich erst vor kurzem ebenfalls zur Frage der Mitwirkungsverbote geäußert.[57] Die dazu aufgestellten Leitsätze lauten dahingehend, dass es unzulässig ist, eine Person, die mit Forschungs-, Erprobungs-, Planungs- oder Entwicklungsarbeiten für Bauleistungen, Lieferungen oder Dienstleistungen betraut war, von der Angebotsabgabe auszuschliessen, ohne die Möglichkeit zum Nachweis zu geben, dass nach den Umständen des Einzelfalls die Vorbefassung den Wettbewerb nicht hat verfälschen können. Das gilt auch für ein Unternehmen, dass mit einer derart vorbefassten Person verbunden ist. Der neue § 4 Abs. 5 VgV trägt diesem Gedanken Rechnung. In jedem Fall muss im Vergabevermerk entsprechend dokumentiert werden, dass und weshalb eine Wettbewerbsverfälschung trotz Mitwirkung einer evtl. vorbefassten Person nicht stattfinden kann.

17

Es ist unbedenklich, wenn ein Bieter, der bereits zuvor Vertragspartner des öffentlichen Auftraggebers gewesen ist, an einer Ausschreibung um die erneute Vergabe derselben Leistung für weitere Jahre wiederum teilnimmt. Das Vergaberecht sieht gerade kein »Rotationsprinzip« vor, wonach immer wieder andere Auftragnehmer beauftragt werden müssten. So ist es auch keine Aufgabe des Vergaberechts, Marktungleichheiten zu korrigieren. Es gibt demzufolge auch kein Neutralitätsgebot im eigentlichen Sinne.[58] Es kommt nur darauf an, dass die Wettbewerbsgrundsätze und das Diskriminierungsverbot beachtet werden.

18

Etwas anderes ergibt sich auch nicht aus einer Entscheidung des OLG Jena aus dem Jahr 2003.[59] Auch diese Entscheidung ist zum Mitwirkungsverbot für Sachverständige ergangen, wobei es dort um freiberufliche Leistungen ging und somit § 6 Abs. 2 VOF in Rede stand. Dort war der betreffende Architekt schon im Rahmen der Erstellung der Ausschreibungsunterlagen von der Vergabestelle hinzugezogen worden, was seine spätere Beteiligung auf Bieterseite verunmöglichte.

19

---

55 Schranner, VergabeR 2004, 238, 239.
56 Ingenstau/Korbion-Müller-Wrede, 15. Aufl. 2004, § 97 GWB, Rn. 6.
57 EuGH, Urteil vom 03.03.2005 – Rs. C-21/03.
58 Ingenstau/Korbion-Müller-Wrede, 15. Aufl. 2004, § 97 GWB, Rn. 12; die abweichende Auffassung von Heiermann/Riedl/Rusam-Kullack, § 97, Rn. 29, beruft sich fälschlich auf die noch vor Inkrafttreten von § 16 VgV ergangene Entscheidung des OLG Brandenburg im Großflughafen Berlin-Brandenburg international, BauR 1999, 1175, 1179 mit Anmerkung Leinemann.
59 OLG Jena, Beschl. v. 08.04.2003, Az.: 6 Verg 9/02, VergabeR 2003, 577, 578.

20 Dementsprechend besteht auch kein grundsätzliches Mitwirkungsverbot für Personen, die Mitarbeiter des Auftraggebers sind, wenn diese auch auf Bieterseite tätig sind, solange sichergestellt ist, dass diese Personen nicht in das Vergabeverfahren involviert sind.

1.3.4 Mitwirkungsverbote nach § 16 VgV

21 Ein spezieller Fall der Diskriminierung ist die Interessenkollision einzelner Verfahrensbeteiligter. § 4 Nr. 5 VgV betrifft nur die Mitwirkung von Personen, die vor Einleitung des Vergabeverfahrens für den Auftraggeber tätig waren, danach aber nicht mehr. Das Gleichbehandlungsgebot ist aber auch dann verletzt, wenn entgegen dem aus § 20 VwVfG resultierenden Rechtsgedanken bei einer Vergabeentscheidung auf Seiten des Auftraggebers Personen mitwirken, die Aufsichtsfunktionen in an einem Bieterkonsortium beteiligten Gesellschaften ausüben oder ausübten und so das Neutralitätsgebot verletzen.[60] Nachdem das OLG Brandenburg diesem Grundsatz erstmals in der Entscheidung zum Großflughafen Berlin-Brandenburg zum Durchbruch verholfen hatte, sieht nun § 16 der Vergabeverordnung diesbezüglich eine gesonderte Regelung zur Absicherung des Diskriminierungsverbots vor. Die Vorschrift lautet:

> (1) Als Organmitglied oder Mitarbeiter eines Auftraggebers oder als Beauftragter oder als Mitarbeiter eines Beauftragten eines Auftraggebers dürfen bei Entscheidungen in einem Vergabeverfahren für einen Auftraggeber als voreingenommen geltende natürliche Personen nicht mitwirken, soweit sie in diesem Verfahren
>
> 1. Bieter oder Bewerber sind,
>
> 2. einen Bieter oder Bewerber beraten oder sonst unterstützen oder als gesetzlicher Vertreter oder nur in dem Vergabeverfahren vertreten,
>
> 3. (a) bei einem Bieter oder Bewerber gegen Entgelt beschäftigt oder bei ihm als Mitglied des Vorstandes, Aufsichtsrats oder gleichartigen Organs tätig sind, oder
>
> (b) für ein in das Vergabeverfahren eingeschaltetes Unternehmen tätig sind, wenn dieses Unternehmen zugleich geschäftliche Beziehungen zum Auftraggeber und zum Bieter oder Bewerber hat,
>
> es sei denn, dass dadurch für die Personen kein Interessenkonflikt besteht oder sich die Tätigkeit nicht auf die Entscheidungen in dem Vergabeverfahren auswirken.
>
> (2) Als voreingenommen gelten auch die Personen, deren Angehörige die Voraussetzungen nach Abs. 1 Nr. 1 bis 3 erfüllen. Angehörige sind der Verlobte, der Ehegatte, Lebenspartner, Verwandte und Verschwägerte grader Linie, Geschwister, Kinder der Geschwister, Ehegatten und Lebenspartner der Geschwister und Geschwister der Ehegatten und Lebenspartner, Geschwister der Eltern sowie Pflegeeltern und Pflegekinder.

---

60 OLG Brandenburg, BauR 1999, 1175, 1179 m. Anm. Leinemann.

Ob die VgV mit dieser Regelung dem angestrebten Ziel gerecht geworden ist, darf bezweifelt werden. Problematisch erscheinen bereits die umfangreiche Aufzählung der ausgeschlossenen Personen und die in Abs. 1 letzter Halbsatz folgende Neutralisierung, nach deren Wortlaut diese Personen dennoch das Verfahren begleiten können, »wenn sich die Tätigkeiten nicht auf die Entscheidungen in dem Vergabeverfahren auswirken«. Unzutreffend dürfte die Ansicht des OLG Koblenz sein, dass im Fall einer Auftragsvergabe im Offenen Verfahren der Bekanntmachung vorausgehende Entscheidungen der Vergabestelle nicht dem Anwendungsbereich des § 16 VgV unterfallen.[61] Gerade durch den Zuschnitt der Leistungsbeschreibung besteht die Möglichkeit, eine Ausschreibung von vornherein zugunsten eines künftigen Bieters zu beeinflussen und so bereits im Vorfeld auf die Entscheidung der Vergabestelle Einfluss zu nehmen. Richtigerweise hat daher das OLG Hamburg die Mitwirkung eines Mitarbeiters eines Beauftragten der Vergabestelle, der zugleich Angestellter des Bieters ist, im Rahmen der Erarbeitung der Ausschreibungsunterlagen als Verstoß gegen § 16 Abs. 1 Nr. 3 a VgV gewertet.[62]

22

Bei der Prüfung des durch die Vorschrift auszuschließenden Interessenkonflikts ist zunächst jeweils auf eine einzelne Person abzustellen und sodann nach § 16 Abs. 1 Nr. 3 b) zu prüfen, ob diese Person für ein eingeschaltetes Unternehmen tätig ist, das geschäftliche Beziehungen zum Auftraggeber und Bieter zugleich hat. Die Mitwirkung von Unternehmen, bei denen die betreffenden Personen beschäftigt sind, soll nach der amtlichen Begründung zu § 16 VgV unbedenklich sein, wenn ein Unternehmen durch geeignete organisatorische Maßnahmen den durch diese Konstellation scheinbaren Interessenkonflikt ausgeräumt hat. Dabei wird verwiesen auf die aus § 33 Abs. 1 Nr. 2 Wertpapierhandelsgesetz bekannten Maßnahmen zur Schaffung unabhängiger Vertraulichkeitsbereiche (sog. »chinese walls«).[63]

23

Diese Ansicht erscheint allerdings sehr bedenklich und nicht praktikabel. Der Verweis auf Gepflogenheiten des Wertpapierhandels und dortige gesetzliche Regelungen kann kaum auf das Vergabewesen übertragen werden. Die Vertraulichkeit von Informationen bildet hier schon wegen der unübersehbaren Vielzahl von Beteiligten keinen dem Bank- und Börsengeschäft vergleichbaren Maßstab. Im Vergabewesen wird es regelmäßig um die Mitwirkung von Planungsbüros, beratenden Ingenieuren, Forschungseinrichtungen, Investmenthäusern, Rechtsanwälten, Steuerberatern und Wirtschaftsprüfern gehen, die untereinander und mit einer teilweise erheblichen Zahl von Dienststellen und Mitarbeitern auf Auftraggeberseite in Kontakt stehen. Um die Gefahr einer Interessenkollision z. B. einer großen Beratungsgesellschaft, die – auch über andere Niederlassungen und/oder Beteiligungsgesellschaften – sowohl für den Auftraggeber im laufenden Verfahren wie auch für einen Bieter bzw. ein Bieterkonsortium (wenn auch in anderer Sache) tätig ist, zu vermeiden, muss verlangt werden, dass eine der beteiligten Seiten auf diese Beratungsgesellschaft verzichtet.[64] Das bedeutet auch, dass eine Landesbank bei einem Projekt ihres Bundeslandes nicht für einen der Bieter

24

---

61 OLG Koblenz, VergabeR 2002, 617, 621; ebenso Ingenstau/Korbion-Müller-Wrede, § 16 VgV, Rn. 6.
62 OLG Hamburg, VergabeR 2003, 40, 42.
63 Vorschläge bei Müller in Byok/Jaeger, § 16 VgV, Rn. 1689.
64 Die Entscheidung des OLG Stuttgart, NZBau 2000, 301, 304, würde dem Maßstab des § 16 VgV daher nicht standhalten, da ein Fall des § 16 Abs. 1 Nr. 2 und Nr. 3 b VgV vorlag.

die Finanzierung anbieten kann, wenn ihr Aufsichtsgremium mit Landesvertretern besetzt ist, die irgendwie – selbst oder durch Gremien, denen sie angehören – an der Vergabeentscheidung mitwirken. Je größer die Unternehmen der beteiligten Berater und Begleiter eines Vergabeverfahrens sind, umso höher ist die Wahrscheinlichkeit einer Interessenkollision unter Verstoß gegen § 16 VgV. Zwar bietet § 16 Abs. 1 letzter Halbsatz VgV eine Ausnahmeregelung, wenn die Tätigkeit der Personen für das Verfahren nicht entscheidungsrelevant ist. Schon wegen der Formulierung liegt die Beweislast hierfür jedoch beim Auftraggeber. Der Anschein einer Kollision wird aber nur schwer zu widerlegen sein.

25 Die Gefahr, durch den Einsatz möglicherweise befangener Personen und/oder Beratungsgesellschaften die Durchführung eines Nachprüfungsverfahrens zu riskieren und dort den Entlastungsbeweis führen zu müssen, wird die Vergabestellen zu vorsorglichen Vereinbarungen mit den von ihnen eingeschalteten Beratern zwingen. Es empfiehlt sich die mit Vertragsstrafe bewehrte Vereinbarung, dass diese Berater keinerlei Beziehungen zu späteren Bietern aufnehmen und ihnen angetragene Aufträge mit möglicher Berührung zum fraglichen Vergabeverfahren sofort ablehnen werden. Den Bietern wiederum ist in den Verdingungsunterlagen abzuverlangen, dass sie mit den Beratern des Auftraggebers oder deren Beteiligungsgesellschaften während des laufenden Vergabeverfahrens keinerlei Geschäftsbeziehung aufnehmen werden. Jeder Vergabestelle muss bewusst sein, dass allein schon die Einschaltung eines Beraters, in dessen Person oder Unternehmen die Gefahr einer Interessenkollision liegen kann, zur Rechtswidrigkeit des Vergabeverfahrens führen kann.[65]

26 Die Problematik der Vorschrift liegt auch darin, dass sie selbst keine Sanktion anordnet. Damit überlässt der Gesetzgeber dies der Vergabestelle, die einen Verstoß gegen § 16 VgV feststellt, oder der Vergabekammer bzw. den Vergabesenaten.[66] Nach Ansicht des OLG Hamburg ist die Mitwirkung einer mutmaßlich voreingenommenen Person am Vergabeverfahren gleich schwerwiegend wie die in § 26 Nr. 1 VOL/A VOB/A aufgezählten Gründe.[67] § 16 VgV postuliert ein Mitwirkungsverbot des Beraters und führt damit bei Verstößen evtl. zur Aufhebung der Ausschreibung. Demgegenüber hat die Beteiligung eines vorbefassten Sachverständigen entgegen § 7 Nr. 1 VOB/A oder der Parallelvorschriften (nur) den Ausschluss desjenigen Bieters zur Folge, auf dessen Seite ein solcher Sachverständiger mitgewirkt hat.

27 Für Vergabeverfahren unterhalb der Schwellenwerte gilt § 16 VgV zwar nicht; allerdings ist nicht erkennbar, weshalb für Aufträge unterhalb von 5,278 Millionen EUR Auftragsvolumen insoweit andere Maßstäbe gelten sollten, zumal die VgV lediglich die Anforderung von § 20 VwVfG im Vergabeverfahren konkretisiert.[68]

---

65 OLG Brandenburg, BauR 1999, 1175, 1179 m. Anm. Leinemann; s. a. Danckwerts, NZBau 2001, 242 ff.
66 OLG Koblenz, VergabeR 2002, 617, 622 f.
67 OLG Hamburg, VergabeR 2002, 40, 43.
68 In diesem Sinne fordert der Österr. VfGH in der Entscheidung vom 30.11.2000, Az.: G 110/99, VergabeR 2001, 32 ff. u. a. generell die Erstreckung der Rechtsschutzregelungen auch auf Vergaben unterhalb der Schwellenwerte, was das deutsche BVerfG allerdings jüngst für die im Wesentlichen gleiche verfassungsrechtliche Regelung in Deutschland gegenteilig beurteilt hat, BVerfG, Beschl. v. 13.06.2006, 1 BvR 1160/03, VergabeNews 2006, S. 108 f.

§ 97 Abs. 2 GWB gestattet nur Abweichungen vom Diskriminierungsverbot, die aufgrund des GWB ausdrücklich geboten oder gestattet sind. Eine solche Abweichung kann in dem in § 97 Abs. 3 GWB enthaltenen Gebot zur Berücksichtigung mittelständischer Interessen gesehen werden.[69]

Die Förderung mittelständischer Interessen kommt weiterhin auch dadurch zum Ausdruck, dass im Bereich der VOB/A nach § 9 Nr. 11 VOB/A die Leistung i. d. R. in Form eines Leistungsverzeichnisses ausgeschrieben werden soll, während nur im absoluten Ausnahmefall eine so genannte funktionale Ausschreibung nach § 9 Nr. 15 VOB/A in Betracht kommt, bei der der Bieter bereits im Rahmen der Angebotsbearbeitung umfangreiche planerische Aufgaben durchzuführen hat. Letzteres wird nur großen Unternehmen möglich sein.

Durch den Einschub des Wortes »vornehmlich« lässt § 97 Abs. 3 GWB die Auslegung offen, dass mittelständische Interessen auch auf andere Weise Berücksichtigung finden können. Hierzu fehlt es allerdings an weiteren Anhaltspunkten. Unbestritten ist, dass die Zugehörigkeit eines Unternehmens zum – wie auch immer definierten – »Mittelstand« kein zulässiges Vergabekriterium sein kann.[70]

1.4 Die Vergabeverordnung

Nach § 97 Abs. 6 GWB ist die Bundesregierung zum Erlass einer Vergabeverordnung ermächtigt. Die Vergabe- und Vertragsordnungen sind nach den §§ 4 bis 7 VgV bei Vergaben oberhalb der Schwellenwerte anzuwenden, und zwar in der Fassung, die sie im November 2006 erhalten haben.[71]

Die Vergabeverordnung enthält nur sehr wenige Bestimmungen, die konkret die Ausgestaltung eines Vergabeverfahrens regeln. § 1 VgV enthält nähere Bestimmungen über das bei der Vergabe öffentlicher Aufträge einzuhaltende Verfahren sowie über die Zuständigkeit und das Verfahren bei der Durchführung von Nachprüfungsverfahren für Aufträge oberhalb der Schwellenwerte. §§ 2 und § 3 VgV befassen sich mit den Schwellenwerten und ihrer Ermittlung, während die §§ 4 bis 12 regeln, welche Auftraggeber bei der Vergabe welcher Aufträge welche Verfahrensordnung anzuwenden haben. Nur die §§ 13 bis 16 VgV regeln spezielle Fragen des Vergabeverfahrens, namentlich zur Bieterinformation (§ 13 VgV) und Mitwirkungsverbote für bestimmte Personen (§ 16 VgV). Schliesslich enthalten die §§ 17 bis 22 VgV einige Vorschriften zur Nachprüfung durch Vergabekammern und das in der Praxis kaum relevante Schlichtungs-/Beanstandungsverfahren bei der EU-Kommission.

---

69 Dazu einschränkend VK Bund, WuW/E Verg 424, 426.
70 Bechtold-Otting, § 97 GWB, Rn. 18.
71 VOB/A in der Fassung vom 18. 05. 2006, BAnz. 2006, Nr. 94 a; VOL/A in der Fassung vom 30. 05. 2006, BAnz. 2006, Nr. 100 a; VOF in der Fassung vom 13. 05. 2006, BAnz. 2006, Nr. 91 a; jeweils in Kraft getreten am 01. 11. 2006.

1 Grundsätze des Vergabeverfahrens

1.4.1 Schwellenwerte für die verschiedenen Auftragsarten

33 Die Vorschriften der Vergabe- und Vertragsordnungen (VOB/A, Abschnitt 2–4 und VOL/A, Abschnitt 2–4, sowie VOF) gelten infolge gesetzlicher Anordnung nach §§ 100 Abs. 1, 97 Abs. 6 GWB erst ab Überschreitung bestimmter Auftragsvolumina, die im Einzelnen in §§ 2 ff. der VgV festgelegt sind. Die Abschnitte 1 von VOB/A und VOL/A, die sog. Basisparagrafen, gelten infolge haushaltrechtlicher Bestimmungen bzw. werden durch ministerielle Einführungserlasse von Bund und Ländern in Kraft gesetzt. Die Schwellenwerte stellen sich wie folgt dar:

- ➢ Für Liefer- und Dienstleistungsaufträge im Bereich der Trinkwasser- oder Energieversorgung oder im Verkehrsbereich EUR 422.000
- ➢ Dito, jedoch von obersten u. oberen Bundesbehörden (vgl. näher § 2 Nr. 2 VgV) EUR 137.000
- ➢ Für alle anderen Liefer- und Dienstleistungsaufträge EUR 211.000
- ➢ Für Bauaufträge EUR 5.278.000

34 Die Schwellenwerte werden anhand der geschätzten Netto-Auftragssumme ohne Umsatzsteuer berechnet (§ 1 VgV). Die Schätzung ist anhand von objektiven Kriterien vorzunehmen.[72] Es gilt den Wert zu ermitteln, den ein umsichtiger und sachkundiger Auftraggeber nach sorgfältiger Prüfung des relevanten Marktsegments und auf den Boden einer betriebswirtschaftlichen Finanzplanung veranschlagen würde.[73] Nur der durch eine ordnungsgemäße Schätzung ermittelte Wert kann über die Geltung oder Nichtgeltung des Vergaberechts bestimmen. Entscheidend ist, wie sich der Wert der Leistung nach der Leistungs- und Aufgabenbeschreibung unter Berücksichtigung des objektiven Empfängerhorizonts darstellt.[74] Ob der Gesamtauftragswert bei Einleitung des Vergabeverfahrens ordnungsgemäß geschätzt wurde, lässt sich später vor allem anhand der Angebotspreise der Bieter überprüfen, soweit diese realistisch und plausibel erscheinen.[75]

35 Die weiteren Ausdifferenzierungen nach § 2 VgV können der nachfolgenden Schwellenwerttabelle entnommen werden.

---

72 Kirch, VergabeNews 2005, 112 ff.
73 OLG Düsseldorf, Beschl. v. 30.07.2003, Verg 5/03; Beschl. v. 08.05.2002, Verg 5/02, VK Südbayern, Beschl. v. 03.08.2004, 43–06/04.
74 OLG Schleswig, Beschl. v. 30.03.2004, 6 Verg 1/03.
75 VK Brandenburg, Beschl. v. 11.11.2005, 2 VK 68/05; VK Darmstadt, Beschl. v. 24.03.2004 69 d-Vk-09/2004.

1.4 Die Vergabeverordnung

Auftragsart	Schwellenwert Netto
Bauauftrag (VOB/A)	➢ 5,278 Mio. EUR ➢ Für Lose von Bauaufträgen mit Gesamtvolumen von 5,278 Mio EUR: 1 Mio. EUR pro Los; ➢ bei Losen von weniger als 1 Mio. EUR deren addierter Wert ab 20 % des Gesamtwerts aller Lose (gilt nicht im Sektorenbereich).
Dienstleistung (VOL/A)	
Trinkwasser- und Energieversorgung, Verkehrsbereich	➢ 422.000 EUR für Liefer- und Dienstleistungsaufträge; ➢ bei Aufträgen der obersten und oberen Bundesbehörden sowie vergleichbarer Bundeseinrichtungen (außer Forschungs- und Entwicklungs-Dienstleistungen) 137.000 EUR. ➢ Im Verteidigungsbereich nur bei Lieferungen gem. Anhang II der Richtlinie 93/36/EWG
Übrige Dienstleistungen	➢ 211.000 EUR
Lose von Dienstleistungsaufträgen	➢ 80.000 EUR oder bei Losen von weniger als 80.000 EUR deren addierter Wert ab 20 % des Gesamtwerts aller Lose (gilt nicht im Sektorenbereich)
Auslobungsverfahren, die zu Dienstleistungsaufträgen führen sollen	➢ Maßgeblich ist der Schwellenwert des zu vergebenden Dienstleistungsauftrags
Übrige Auslobungsverfahren	➢ Wert, der für Dienstleistungsaufträge gilt
Freiberufliche Leistung (VOF)	➢ 211.000 EUR

Bei einer Vergabe in Teillosen muss auch jedes einzelne Teillos eines Bauauftrags europaweit ausgeschrieben werden, wenn es mehr als 1 Mio. EUR netto Schätzwert hat. Eine Besonderheit stellt die Privilegierung der Vergabe kleinerer Teillose unter 1 Mio. EUR netto dar. Solange diese Kleinlose in Summe nicht 20 % der geschätzten Gesamtvergütung der Maßnahme erreichen, können sie national ausgeschrieben werden. Ansonsten müssen auch kleine Teillose europaweit ausgeschrieben werden, so dass immer mindestens 80 % des geschätzten Gesamtvolumens eines wertmäßig über den Schwellenwerten liegenden Projekts dem Kartellvergaberecht unterliegen.[76] Hinweise auf eine erfolgte Zuordnung zum sog. 20 %-Kontingent können z. B. das gewählte Ausschrei-

36

---

76 Kühnen, in Byok/Jaeger, § 2 VgV, Rn. 1492.

bungsverfahren, Angaben in der Bekanntmachung und in den Vergabeunterlagen über die Vergabeart und über die für die Nachprüfung von Vergabeverstößen zuständige Stelle bilden.[77]

37   Die Vergabestelle ist nicht verpflichtet, bei sukzessiver Ausschreibung und Vergabe von Losen zunächst 80 % des Gesamtauftragswertes EU-weit auszuschreiben und zu vergeben, bevor sie Lose unter 1 Mio. EUR nach nationaler Ausschreibung vergibt[78] Ist aber eine EU-weite Ausschreibung erfolgt, so kann sich die Vergabestelle in einem späteren Nachprüfungsverfahren nicht mehr darauf berufen, das streitgegenständliche Los falle unter ihr 20 %-Kontingent, sodass der Rechtsweg zur Vergabekammer nicht eröffnet sei.[79]

38   Für Lose von Dienstleistungsaufträgen gilt entsprechendes, allerdings mit den entsprechend niedrigeren Wertgrenzen: Dort sind nach § 2 Nr. 8 VgV auch Lose ab 80.000,– EUR europaweit auszuschreiben, Teillose unterhalb von 80.000,– EUR nur dann, wenn sie in Summe 20 % des Gesamtauftrags erreicht haben. Im Sektorenbereich gilt diese Regel jedoch ausdrücklich nicht (§ 2 Nr. 8 letzter Hs. VgV), so dass dort auch Teillose unter EUR 80.000,– geschätztem Wert national ausgeschrieben werden können, wenn sie mehr als 20 % der Gesamtauftragssumme ausmachen.

39   Die Schwellenwerte für die Teillosvergabe sind durch die Vergabekoordinierungsrichtlinie unverändert geblieben.[80]

1.4.2 Die Schätzung der Auftragswerte gem. § 3 VgV

40   Die Schätzung des Auftragswerts richtet sich gem. § 3 Abs. 1 VgV nach der geschätzten Gesamtvergütung für die vorgesehene Leistung. Mit der Überarbeitung der VgV im Jahr 2006 wurde noch im Rahmen der Umsetzung der EU-Richtlinie ergänzt, dass bei der Ermittlung der Gesamtvergütung auch etwaige Prämien und Zahlungen an Bewerber oder Bieter hinzugerechnet werden müssen.[81] Um zu vermeiden, dass durch gezielte Aufteilungen des Auftrags der Schwellenwert unterschritten wird, ist es nach § 3 Abs. 2 VgV untersagt, den Auftragswert in der Absicht zu schätzen, dass er den Schwellenwert unterschreiten soll, z. B. bei Dienstleistungsaufträgen durch Angabe einer künstlich verkürzten Laufzeit, obwohl tatsächlich eine Beschaffung für einen längeren Zeitraum beabsichtigt ist.[82] Bei Bauaufträgen kommt die Ausschreibung eines unvollständigen Baukörpers in Betracht, für den die Notwendigkeit einer Ergänzung oder Vervollständigung auf der Hand liegt. Wird die Auftragssumme erst nach Einleitung des Vergabeverfahrens reduziert, kann sogar die Annahme einer unzulässigen Scheinaufhebung in Betracht kommen.[83]

---

77   BayObLG, VergabeR 2002, 510, 512.
78   BayObLG, VergabeR 2002, 61, 62.
79   BayObLG, VergabeR 2002, 64, 66.
80   Art. 9 Abs. 5 RL 2004/18/EG.
81   Art. 17 Abs. 1, 2. Unterabs der RL 2004/17/EG und Art. 9 Abs. 2, 2. Unterabs. der RL 2004/18/EG, eingefügt als § 3 Abs. 1 VgV.
82   Dazu etwa OLG Düsseldorf, VergabeR 2002, 665, 666.
83   Leinemann/Kirch, S. 62; OLG München, Beschl. v. 12.07.2005, Verg 8/05.

1.4 Die Vergabeverordnung

Über Lieferaufträge mit einer Laufzeit von bis zu 12 Monaten sowie Dienstleistungsaufträge mit bis zu 48 Monaten Laufzeit, für die kein Gesamtpreis angegeben wird, ist bei der Ermittlung des Auftragswertes der Gesamtwert für die Laufzeit des Vertrages zugrunde zu legen. Bei unbefristeten Verträgen folgt der Vertragswert aus der monatlichen Zahlung, multipliziert mit dem Faktor 48. § 3 Abs. 4 VgV enthält weitere Vorgaben für regelmäßige Aufträge oder Daueraufträge über Lieferungen oder Dienstleistungen.

41

Nach § 3 Abs. 5 VgV müssen bei der Schätzung alle Lose berücksichtigt werden, wenn die zu vergebenden Aufträge aus mehreren Losen bestehen, für die jeweils ein gesonderter Auftrag vergeben wird. Wird beispielsweise ein neues Wohngebiet erschlossen oder eine neue Autobahn gebaut, führt allein die Aufteilung in Lose, die jeweils unter 5 Millionen EUR geschätzter Auftragssumme liegen, nicht dazu, dass das Vorhaben nur nach den Basisparagrafen der VOB/A ausgeschrieben werden müsste. Zunächst ist der Wert der Gesamtleistungen für das Gesamtprojekt zu ermitteln. Liegt dieser Wert oberhalb von 5,278 Millionen EUR, ist es unerheblich, ob einzelne Lose der Gesamtmaßnahme später unterhalb dieser Schwelle liegen; sie sind unter Berücksichtigung des § 2 Nr. 7 VgV gleichwohl nach den Abschnitten 2 oder 3 VOB/A auszuschreiben, wenn der Wert des Einzelloses 1 Million EUR überschreitet oder das Los unterhalb von 1 Million liegt, jedoch das 20 %-Kontingent bereits überschritten ist.

42

Allerdings sind Fallgestaltungen denkbar, bei denen ein grosses Projekt so gestreckt ausgeführt wird, dass einzelne Lose nur mit ihrer pro Los geschätzten Auftragssumme als Einzelauftrag anzusehen sind. So hat das OLG Brandenburg für den Bau einer Umgehungsstraße in mehr als zehn Losen über einen Zeitraum von neun Jahren jedes Los als Einzelvergabe angesehen.[84] Dabei war noch nicht einmal die lange Zeitdauer für die getrennte Betrachtung maßgeblich. In dem dort entschiedenen Fall besaßen die einzelnen Bauabschnitte einer Entlastungsstraße eine selbstständige Erschließungsfunktion; jedes Teilstück konnte eigenständig genutzt werden. Für das Bestehen eines einheitlichen Bauvorhabens kommt es somit maßgeblich darauf an, ob der jeweilige Bauabschnitt eine eigene wirtschaftliche und technische Funktion erfüllt. Das ist nicht der Fall, wenn einzelne Abschnitte – für sich betrachtet – nicht sinnvoll sind bzw. keinen Zweck erfüllen, wie z. B. eine Brücke ohne Anschluss oder eine Rampe ohne anschließende Brücke.[85]

43

Ein enger zeitlicher Zusammenhang in der Ausführung kann keine Voraussetzung für die Bejahung eines Gesamtprojekts sein. Insbesondere müssen nicht sämtliche Lose eines Auftrags zeitgleich abgewickelt werden. Ansonsten würden einzelne Bauabschnitte einer Straßenbaumaßnahme für Autobahnen, Bundesstraßen und Ortsumgehungen – zeitlich verzögert – stets in einem nationalen Ausschreibungsverfahren vergeben werden. Folgerichtig ist von einer in Lose unterteilten Gesamtmaßnahme auch dann auszugehen, wenn die Lose zeitversetzt über einen Zeitraum von sieben Jahren realisiert werden.[86] Für das Vorliegen einer Gesamtmaßnahme reicht es aus,

44

---

84 Beschl. v. 20.08.2002, Verg W 4/02.
85 OLG Brandenburg, Beschl. v. 20.08.2002, Verg W 4/02; VK Düsseldorf, Beschl. v. 14.08.2006, Az. VK-32/2006-B.
86 VK Baden-Württemberg, Beschl. v. 22.10.2002, Az. 1 VK 51/02.

wenn der Auftraggeber die Realisierung der weiteren Abschnitte bereits konkret ins Auge gefasst hat und mit den Arbeiten in absehbarer Zeit begonnen wird.[87] Bei Liefer- und Dienstleistungen gilt nichts anderes. Nur weil z. B. die EDV-Umrüstung einer Verwaltung sukzessive etagen- oder abteilungsweise durchgeführt wird, handelt es sich nicht um getrennte Aufträge, sondern stets um Teillose einer Gesamtmaßnahme.

45 Werden dagegen völlig unterschiedliche Baumaßnahmen ausgeschrieben, die nicht in einzelne Lose oder Bauabschnitte unterteilt sind und fehlt ein zeitlicher Zusammenhang, so ist auch die Unterhaltsbaggerung eines Binnenkanals und der beabsichtigte Wasserstraßenausbau (desselben Kanals) nicht als einheitliches Vorhaben zu bewerten.[88] Das galt im konkret vom OLG Düsseldorf entschiedenen Fall auch deshalb, weil die Realisierung des Wasserstraßenausbaus zum Zeitpunkt der Ausschreibung der Unterhaltsbaggerung gänzlich ungewiss war.

46 Im Fall von Lieferaufträgen gilt die Regel des § 3 Abs. 5 VgV nur für Lose über gleichartige Lieferungen. Es kommt darauf an, ob ein innerer Zusammenhang besteht. Sollen demnach Gegenstände, die zwar für sich genommen nicht gleichartig sind, dennoch für einen gemeinsamen Zweck verwendet werden, kann diese Zweckbindung die Gleichartigkeit der Lieferaufträge begründen.[89]

47 Bisweilen sehen Vergabestellen vor, dass über den vergebenen Auftrag hinaus noch Optionsrechte gewährt werden sollen. Damit wäre es denkbar, den ausgeschriebenen Auftrag unterhalb des Schwellenwerts zu halten, durch eine spätere Option aber de facto ein Gesamtvolumen oberhalb des Schwellenwertes zu erreichen. § 3 Abs. 6 VgV schreibt daher vor, dass bei Liefer- und Dienstleistungsaufträgen der voraussichtliche Vertragswert unter Einbeziehung der Optionsrechte aufgrund des größtmöglichen Auftragswerts zu schätzen ist. Die spätere Ausübung einer bereits im ausgeschriebenen Vertrag vorgesehenen Option stellt keine erneute Vergabe dar.[90] Die Regelung gilt entsprechend auch für Bauaufträge,[91] z. B. in Fällen, wo im Bauvertrag bereits eine Option für einen späteren Bauabschnitt oder eine Erweiterung vorgesehen ist (optionaler Mieterausbau, Aussenanlagen, Zusatzgeschosse etc.). Eine Option in diesem Sinne ist auch dann zu bejahen, wenn der abzuschließende Vertrag nicht automatisch nach Ende des Beauftragungszeitraums endet, sondern eine Fortsetzungsklausel enthält, wonach er sich verlängert, wenn er nicht gekündigt wird. Die bloße Nichtkündigung kommt der Ausübung einer Verlängerungsoption gleich.

48 Bei der Schätzung von Bauleistungen ist außer dem Auftragswert der Bauaufträge der geschätzte Wert der Lieferungen zu berücksichtigen, die für die Ausführung der Bauleistungen erforderlich sind und vom Auftraggeber zur Verfügung gestellt werden. Damit ist nicht nur der voraussichtliche Vertragswert mit dem Bauunternehmen maßgeblich, sondern auch der Wert aller bauseits beigestellten Leistungen. Bei der Ermittlung

---

87 Ingenstau/Korbion-Müller-Wrede, 15. Aufl. 2004, § 3 VgV Rn. 5; Motzke/Pietzcker/Prieß-Kemper, § 1 a VOB/A, Rn. 33.
88 OLG Düsseldorf, Beschl. v. 31.03.2004, Verg 74/03.
89 Leinemann/Kirch, S. 62.
90 OLG Celle, Beschl. v. 04.05.2001, 13 Verg 5/00, WuW/E Verg 509, 511 = VergabeR 2001, 325, 326.
91 OLG Stuttgart, NZBau 2002, 292, 293; Kühnen in: Byok/Jaeger, § 3 VgV, Rn. 1504.

des Gesamtauftragswerts bleiben indes die Grundstückskosten, die Baunebenkosten sowie die Kosten für nicht zur Errichtung gehörende Leistungen wie Einrichtungsgegenstände außer Acht.[92] Abgaben und Gebühren, Honorare der Planer und Ingenieure[93] sowie Kosten der Einrichtungsgegenstände eines Bauwerks oder der Kaufpreis des Baugrundstücks bleiben bei der Schwellenwertermittlung ebenfalls unberücksichtigt, es sei denn, diese Leistungen wären vom Bieter ebenfalls mit anzubieten. Demgegenüber sind die (beim Auftraggeber entstehenden) Kosten der Bauüberwachung bei der Ermittlung des Gesamtauftragswerts zu berücksichtigen; auch muss eine Vergabestelle bei der Schätzung des Auftragswerts einen Zuschlag für Unvorhergesehenes vornehmen.[94]

Für Rahmenvereinbarungen regelt § 3 Abs. 8 VgV, dass deren Wert auf der Grundlage des geschätzten Höchstwertes aller für diesen Zeitraum geplanten Aufträge zu berechnen ist. Die Vorschrift enthält auch eine Definition der Rahmenvereinbarung: Es handelt sich um eine Vereinbarung mit einem oder mehreren Unternehmen, in der die Bedingungen für Einzelaufträge festgelegt werden, die im Laufe eines bestimmten Zeitraumes vergeben werden sollen, insbesondere über den in Aussicht genommenen Preis und ggf. die in Aussicht genommene Menge.

49

Der maßgebliche Zeitpunkt für die Schätzung des Auftragswerts ist der Tag der Absendung der Bekanntmachung der beabsichtigten Auftragsvergabe oder die sonstige Einleitung des Vergabeverfahrens, § 3 Abs. 10 VgV. Eine nachweislich fehlende förmliche Schätzung führt nicht zur Öffnung des Anwendungsbereiches des 4. Teils des GWB.[95] Nur wenn der Bieter nachweist, dass bei pflichtgemäßer Schätzung der Schwellenwert überschritten wäre oder dass die Ausschreibung sachwidrig so gestaltet wurde, dass der Schwellenwert nicht erreicht wird, kann durch die Nachprüfungsinstanz die Nachholung der Schätzung des Auftragswerts aufgegeben werden.[96]

50

1.4.3 Ausnahmen nach § 100 GWB

Nach § 100 GWB gilt das Gesetz nur für solche in der VgV genannten Aufträge, die die o. g. Schwellenwerte erreichen bzw. überschreiten. Insbesondere für Arbeitsverträge[97] und weitere, in § 100 Abs. 2 GWB ausdrücklich benannte Verträge sind allerdings noch weitere Ausnahmen gemacht. Diese Verträge unterliegen nicht dem Nachprüfungsverfahren nach GWB. Bei derartigen Beschaffungsmaßnahmen kann ein Bieter Rechtsschutz – je nach Bundesland – nur vor Verwaltungs- oder Zivilgerichten erhalten. Daran ändert auch die Entscheidung des BVerfG[98] nichts, weil dort lediglich ein

51

---

92 OLG Celle, 14.11.2002, 13 Verg 8/02; Ingenstau/Korbion-Müller-Wrede, § 3 VgV, Rn. 7; Heiermann/Riedl/Rusam, § 1 a VOB/A, Rn. 12.
93 So auch das VHB, dort Ziff. 1 zu § 1 a VOB/A.
94 VK Südbayern, Beschl. v. 03.08.2004, 43-06/04.
95 OLG Düsseldorf, Beschl. v. 30.07.2003, Verg 5/03.
96 OLG Düsseldorf, Beschl. v. 30.07.2003, Verg 5/03.
97 OLG Düsseldorf, Beschl. v. 08.05.2002, Verg 8-15/01, IBR 2003, 599.
98 BVerfG, Beschl. v. 13.06.2006, 1 BvR 1160/03, VergabeNews 2006, S. 108.

Zwang verneint wird, dass der Gesetzgeber das Nachprüfungsverfahren auch auf Vergaben unterhalb der Schwellenwerte erstrecken müsste.

Der Katalog ist abschließend, d. h. nur die dort genannten Vertragsarten fallen nicht unter den Rechtsschutz nach GWB.[99] Für Ausnahmen bei Aufträgen, die besondere Sicherheitsmaßnahmen erfordern oder wenn der Schutz wesentlicher Interessen der Sicherheit des Staates es gebietet, hat das OLG Düsseldorf den Anwendungsbereich des Ausnahmetatbestandes eng gezogen.[100] Die Sicherheitsinteressen müssen es konkret erfordern, dass die Vergabevorschriften des GWB nicht angewendet werden, was nur bei einer objektiv gewichtigen Beeinträchtigung der Sicherheitslage der Fall sein kann. Bei der Beschaffung von Kampfstiefeln für die Bundeswehr ist dies nicht ohne weiteres der Fall.[101] Im Rahmen der Verhältnismäßigkeitsprüfung ist auch zu untersuchen, ob ein sicherheitsrelevanter Teil der Ausschreibung abgetrennt und der nicht sensible Bereich ausgeschrieben werden kann.[102]

52 Bauaufträge der alliierten Truppen sind zwar vordergründig solche, die entsprechend § 100 Abs. 2 a) GWB aufgrund eines internationalen Abkommens im Zusammenhang mit der Stationierung von Truppen, namentlich des Zusatzabkommens zum NATO-Truppenstatut (ZA NTS), vergeben werden. Werden solche Aufträge aber durch deutsche Behörden ausgeschrieben und durchgeführt, gelten aufgrund ausdrücklicher Anordnung von Art. 49 Abs. 2 ZA NTS die »deutschen Rechts- und Verwaltungsvorschriften« und damit auch das deutsche Vergaberecht einschließlich der §§ 97 ff. GWB.[103] Nur wenn die ausländischen Streitkräfte ihre Baumaßnahmen selbst durchführen, gilt deutsches Vergaberecht nicht.

1.4.4 Keine Ausdehnung des Rechtsschutzes auf Vergaben unterhalb der Schwellenwerte

52 a Mit Beschluss vom 13.06.2006[104] hat das Bundesverfassungsgericht (BVerfG) über eine Verfassungsbeschwerde entschieden, die sich gegen die Beschränkung des Primärrechtsschutzes im Vergaberecht auf Entscheidungen über die Vergabe von Aufträgen oberhalb der Schwellenwerte richtet. Die Verfassungsbeschwerde wurde abgewiesen.

Der Entscheidung liegt der folgende Sachverhalt zu Grunde: In einem unterhalb der Schwellenwerte liegenden Verfahren wurde ein Bieter vom Wettbewerb ausgeschlossen, wogegen er um Rechtsschutz bei der Vergabekammer nachgesucht hatte, die sich

---

99 EuGH, Slg. 1993, 5923 (Kommission ./. Spanien); a. A. OLG Brandenburg, Beschl. v. 02.09.2003, Verg W 3/03 (SPNV).
100 OLG Düsseldorf, Beschl. v. 30.04.2003, Verg 61/02, VergabeNews 2003, 54 = IBR 2003, 1117.
101 Anders bei Planungsleistungen für den Neubau des BND-Dienstgebäudes in Berlin, vgl. OLG Düsseldorf, Beschl. v. 20.12.2004, Verg 101/04.
102 VK Bund, Beschl. v. 28.05.1999, VK 28/99, für den Umzug des Auswärtigen Amtes; VK Bund, Beschl. v. 14.07.2005, VK 3-55/05, für Digitalfunksystem für Behörden mit Sicherheitsaufgaben.
103 VK Bund, Beschl. v. 20.12.2005, VK 2 159/05 und 156/05, bestätigt von OLG Düsseldorf, Beschl. v. 12.04.2006, VII Verg 4/06.
104 BVerfG, Beschl. v. 13.06.2006, Az. 1 BvR 1160/03, VergabeNews 2006, S. 108 f.

– ebenso wie das OLG – für unzuständig erklärte und den Antrag verwarf. Mit der Verfassungsbeschwerde rügte der ausgeschlossene Bieter eine Verletzung der Grundrechte aus Art. 3 Abs. 1 und Art. 19 Abs. 4 GG. Der Primärrechtsschutz sei für Vergabeverfahren ober- und unterhalb der Schwellenwerte ohne sachlichen Grund unterschiedlich ausgestaltet.

Nach Auffassung des BVerfG steht einem Bieter nur ein subjektives Recht auf Gleichbehandlung aus Art. 3 Abs. 1 GG zu, welches im Rahmen des allgemeinen Justizgewährungsanspruchs gerichtlich geltend gemacht werden kann. Der Justizgewährungsanspruch erfordere keine schlichte Maximierung der Rechtsschutzmöglichkeiten des Einzelnen, so dass es nicht zu beanstanden sei, dass sich der Rechtsschutz der Bieter möglicherweise auf Schadensersatz- oder Feststellungsklage beschränke. Der erfolglose Bieter sei durch die Auftragsvergabe in einer bloßen Umsatzchance, nicht in seiner persönlichen Rechtsstellung betroffen. Die Umsatzchance kann der Bieter aber durch einen Schadensersatzanspruch ausgleichen. Die Ungleichbehandlung unterhalb der Schwellenwerte sei sachlich gerechtfertigt. Der Gesetzgeber durfte danach den Zugang zum Nachprüfungsverfahren vom Erreichen des Schwellenwerts abhängig machen, auch wenn dieser Wert eine bloße Bagatellgrenze übersteigt.

Unterhalb des Schwellenwertes steht den Bietern um öffentliche Aufträge das Nachprüfungsverfahren nach § 102 ff. GWB nicht zur Verfügung. In der Vergangenheit wurde den Bietern auch kein anderweitiger Primärrechtsschutz gewährt.[105] Nach einer Entscheidung des Oberverwaltungsgerichts Rheinland-Pfalz[106] ist jedoch ein gerichtlicher Rechtsschutz vor den Verwaltungsgerichten gegeben. Die Erteilung öffentlicher Aufträge müsse nach der Zwei-Stufen-Theorie beurteilt werden. Die erste Stufe sei öffentlich-rechtlich ausgestaltet, da hier über die Durchführung des Ausschreibungs- und Vergabeverfahrens entschieden werde. Jedenfalls über das Gleichheitsgebot des Art. 3 Grundgesetz könne der Bieter die Einhaltung der maßgeblichen für die öffentliche Hand geltenden Regelungen der vergaberechtlichen Vorschriften erzwingen. Dem haben sich andere Oberverwaltungsgerichte angeschlossen.[107] Das Bundesverwaltungsgericht[108] hat im einstweiligen Rechtsschutzverfahren die Zulässigkeit der weiteren Beschwerde gegen die Entscheidung des Oberverwaltungsgerichts Berlin-Brandenburg,[109] dass die Eröffnung des Verwaltungsrechtsweges verneinte und die ordentlichen Gerichte für zuständig hielt,[110] abgelehnt. Die Klärung des Rechtswegs bei Klagen gegen Vergabeentscheidungen für öffentliche Aufträge unterhalb der Schwellenwerte musste in diesem Fall einer Entscheidung in der Hauptsache vorbehalten bleiben.

53

---

105 OLG Stuttgart, VergabeR 2002, 374; OLG Saarbrücken, VergabeR 2003, 429.
106 OVG Rheinland-Pfalz, Beschl. v. 25.05.2005, 7 B 10365/05, DVBl. 2005, 988.
107 OVG Münster, Beschl. v. 20.09.2005, 15 E 1188/05; OVG Münster, Beschl. v. 11.08.2006, 15 E 880/06; OVG Bautzen, Beschl. v. 13. 4. 2006 – 2 E 270/05 –; OVG Münster, Beschl. v. 04.05. 2006 – 15 E 453/06.
108 BVerwG, Beschl. v. 08.08.2006 , 6 B 65.06, VergabeNews 2006, S. 106.
109 OVG Berlin-Brandenburg, Beschl. v. 28.07.2006 – 1 L 59/06; so auch OVG Niedersachsen, Beschl. v. 14.07.2006 – 7 OB 105/06 (nicht rechtskräftig).
110 So auch VG Karlsruhe, Beschl. v. 14.06.2006, 8 K 1437/06

1 Grundsätze des Vergabeverfahrens

54 Die Frage des effektiven Bieterrechtsschutzes unterhalb der Schwellenwerte bedarf aus Sicht der Praxis zur Vermeidung der Rechtswegzersplitterung und der damit verbundenen Unsicherheiten dringend einer Beantwortung durch den Gesetzgeber.[111] Die Lösung ist durch das Bundesverfassungsgericht nicht vorgegeben worden. Der Österreichische Verfassungsgerichtshof fordert demgegenüber generell die Erstreckung der Rechtsschutzregeln auch auf Vergaben unterhalb der Schwellenwerte.[112]

Die Entscheidung des BVerfG vom 13. 06. 2006 bestätigt lediglich den status quo dahingehend, dass der Gesetzgeber für Vergaben unterhalb der Schwellenwerte keine Zuständigkeit der Vergabekammern herstellen muss. Der Hinweis des BVerfG auf die Anwendung privatrechtlicher und zivilprozessualer Normen bezieht sich allein auf die vom Gericht erörterten Schadensersatzansprüche. Damit ist nichts zu der Frage gesagt, ob Bieter in Unterschwellenverfahren Verwaltungs- oder Zivilgerichte im Wege einstweiliger Rechtsschutzverfahren mit Vergaben befassen können. Die immer zahlreicher werdenden Entscheidungen vor allem der Verwaltungsgerichte bleiben damit richtig und vor allem auch nach der Entscheidung des BVerfG zulässig. Die Entwicklung zeigt, dass ein geregeltes Rechtsschutzverfahren für Vergaben unterhalb der Schwellenwerte dringend erforderlich ist. Der ebenso hartnäckige wie unverständliche Widerstand der Bundesministerien wie gerade auch der kommunalen Verbände gegen eine gebotene, rechtsstaatliche Fortentwicklung des Rechtsschutzsystems hat zu einer Rechts- wie Rechtswegzersplitterung geführt, die alles andere als wünschenswert ist. Nicht nur die Regelungen in Österreich, auch in Deutschland existierende Mechanismen zeigen, dass den Bedürfnissen der Bieter durch einfache Maßnahmen ohne den befürchteten Verzögerungseffekt Rechnung getragen werden kann. Zugleich wird damit ein effizienter Mechanismus zur Korrektur vergaberechtlicher Verstöße auf Auftraggeberseite geschaffen.

55 In Sachsen wurde durch das seit 01.01.2003 geltende Vergabegesetz mit Vergabedurchführungsverordnung eine Bieterinformationspflicht für Unterschwellenvergaben eingeführt. Danach muss die Vergabestelle bei Bauaufträgen ab 150.000 EUR und Liefer- und Dienstleistungsaufträgen ab 50.000 EUR 7 Kalendertage vor Vertragsschluss die nicht berücksichtigten Bieter informieren. Beanstandet ein Bieter die Nichteinhaltung der Vergabevorschriften bei der Nachprüfungsbehörde, so darf der Zuschlag nur dann erteilt werden, wenn die Nachprüfungsbehörde nicht innerhalb von 10 Kalendertagen nach Unterrichtung das Vergabeverfahren mit Begründung beanstandet. Dadurch ist auch unterhalb der Schwellenwerte erstmals ein vereinfachter aber trotzdem effektiver Rechtsschutz innerhalb eines Verwaltungsverfahrens möglich.[113]

1.4.5 Dienstleistungsaufträge

56 § 4 VgV bestimmt im Einzelnen, welche öffentlichen Auftraggeber bei der Vergabe von Liefer- und Dienstleistungsaufträgen sowie bei der Durchführung von Auslobungsver-

---

111 Siehe auch Krämer, VergabeNavigator 2006, 5, 6 f.; Franzius, VergabeNavigator 2006, 16.
112 Österr. VfGH, VergabeR 2001, 32 ff.
113 Sächsisches Vergabegesetz vom 08.07.2002 (GVBl. S. 218) und Sächsische Vergabedurchführungsverordnung vom 17.12.2003 (GVBl. S. 378).

1.4 Die Vergabeverordnung

fahren, die zu Dienstleistungsaufträgen führen sollen, die Bestimmungen des 2. Abschnitts der VOL/A anzuwenden haben. Dabei handelt es sich um alle Auftraggeber, die § 98 Nr. 1 bis 3 GWB unterfallen. Auftraggeber nach § 98 Nr. 5 GWB (solche, die mehr als 50 % öffentliche Mittel für ihr Vorhaben erhalten) unterliegen denselben Anforderungen für die Vergabe von Dienstleistungsaufträgen und für Auslobungsverfahren, die zu Dienstleistungen führen sollen.

Nach § 4 Abs. 3 VgV gilt eine besondere Privilegierung für schienengebundenen Personennahverkehr. Die Verkehrsart ist in § 2 Abs. 5 AEG gesetzlich definiert. Schienenpersonennahverkehr (SPNV) liegt vor, wenn in der Mehrzahl der Beförderungsfälle eines Zuges die gesamte Reichweite 50 km oder die gesamte Reisezeit eine Stunde nicht übersteigt. Alle anderen Verkehrsarten werden von § 4 Abs. 3 VgV nicht erfasst. 57

Mit der ersten Verordnung zur Änderung der Vergabeverordnung vom 07.11.2002 wurde die Anwendung des § 4 VgV, wonach öffentliche Auftraggeber bei der Vergabe von Liefer- und Dienstleistungsaufträgen die VOL/A anzuwenden haben, für den Bereich der SPNV-Leistungen erheblich eingeschränkt.[114] Vorausgegangen waren von Konkurrenzunternehmen der Deutschen Bahn AG erfolgreich eingeleitete Nachprüfungsverfahren, in denen die Nichteinhaltung der Vorschriften der VOL/A bei der Vergabe von Verkehrsdienstleistungen beanstandet wurden.[115] Nunmehr können Verträge über Verkehrsdienstleistungen für einzelne Schienenpersonennahverkehrslinien mit einer Laufzeit von bis zu drei Jahren einmalig freihändig vergeben werden. Bei längerfristigen Verträgen ist eine freihändige Vergabe ohne sonstige Voraussetzungen im Rahmen des § 15 Abs. 2 des Allgemeinen Eisenbahngesetzes (AEG) zulässig, wenn ein wesentlicher Teil der durch den Vertrag bestellten Leistungen während der Vertragslaufzeit ausläuft und anschließend im Wettbewerb vergeben wird. Die Laufzeit des Vertrages soll zwölf Jahre nicht überschreiten (§ 4 Abs. 3 Nr. 2 VgV). Es wäre damit auch zulässig, den »wesentlichen Teil« der Leistungen erst am Ende der Gesamtlaufzeit europaweit auszuschreiben.[116] Wann das Merkmal »wesentlich« erfüllt ist, bleibt offen; sicher muss es – entgegen manch anderer Ansichten – mehr als 50 % der Gesamtleistung umfassen, da der wesentliche Teil eines Ganzen wohl nur dann vorliegt, wenn es sich um mehr als die Hälfte handelt.[117] 58

Mit der Gestattung einer freihändigen Vergabe wurde das Vorrangprinzip der Vergabe im Wege des Offenen Verfahrens bzw. des Nichtoffenen Verfahrens nach § 3a VOL/A ausgehebelt. Es wurde sogar eine Vergabeart eingeführt, die oberhalb der Schwellenwerte unbekannt ist, denn dort dürfte in begründeten Ausnahmefällen allenfalls auf das Verhandlungsverfahren zurückgegriffen werden.[118] 59

---

114 Erste Verordnung zur Änderung der Vergabeverordnung vom 07.11.2002 (BGBl. I S. 4338).
115 VK Magdeburg, Beschl. v. 06.06.2002, 33-32571/07 VK 05/02 MD; OLG Düsseldorf, VergabeR 2002, 607; OLG Koblenz, VergabeR 2002, 617.
116 Zirbes, VergabeR 2004, 133, 157; Kühnen, in: Byok/Jaeger, § 4 VgV, Rn. 1530.
117 A. A. Reidt/Stickler/Glahs, § 4 VgV Rn. 7; Kühnen in Byok/Jaeger, § 4 VgV Rn. 1529 (35 %); Prieß/Pukall, VergabeR 2003, 11, 15 halten noch kleinere Anteile für »wesentlich«.
118 Weiterführend: Zirbes, VergabeR 2004, 133, 156; Kühnen, Jahrb. BauR 2003, 237, 239 f.; Schaffner/Köhler/Glowienka, VergabeR 2003, 281; Trautner/Dittmar, VergabeR 2002, 343; Goodarzi, VergabeR 2002, 566; Prieß/Pukall, VergabeR 2003, 11.

60 Nach Ansicht des OLG Brandenburg ist der 4. Teil des GWB wegen der speziellen Regelung des § 15 Abs. 2 AEG nicht zwingend auf gemeinwirtschaftliche Leistungen im SPNV anzuwenden.[119] Es stehe dem Aufgabenträger frei, nach pflichtgemäßem Ermessen öffentlich auszuschreiben oder ohne formell-rechtliches Vergabeverfahren die Leistung frei mit Eisenbahnverkehrsunternehmen zu vereinbaren. Der neue § 4 Abs. 3 VgV könne den Anwendungsbereich des GWB nicht erweitern und könne rechtskonform nur dahin gehend ausgelegt werden, dass ein sich zur Ausschreibung entschließender Aufgabenträger des SPNV den Vergaberechtsvorschriften einschließlich des § 4 Abs. 3 VgV unterliegt.[120] Soweit ein Auftraggeber sich aber im Rahmen seiner Ermessensentscheidung für die Durchführung eines förmlichen Vergabeverfahrens entscheidet, unterliegt dieses den Regelungen der §§ 97 ff. GWB und damit gegebenenfalls auch den Überprüfungsmöglichkeiten vor den Nachprüfungsinstanzen.[121] Das gilt auch für die Vergabe von SPNV-Leistungen.[122] Nachprüfbar ist auch der Umstand, ob tatsächlich die Tatbestandsvoraussetzungen für eine Privilegierung nach § 4 Abs. 3 VgV vorliegen.[123]

61 Der Bund hat als Alleinaktionär der Deutschen Bahn AG und gleichzeitig als Verordnungsgeber mit § 4 Abs. 3 VgV die Privilegierung »seines« Bahnunternehmens vom Vergaberecht durchgesetzt. Ob dies letztlich einer Überprüfung durch die EU-Kommission standhalten wird, bleibt abzuwarten.[124] Jedenfalls sind auf diese Weise milliardenschwere Aufträge für Leistungen im SPNV, die von den Bundesländern vergeben und letztlich wiederum vom Bund finanziert werden, einer an sich gebotenen Vergabe im Wettbewerb entzogen worden. Die neue Rechtsprechung der Oberverwaltungsgerichte legt es zudem nahe, dass auch freihändige SPNV-Vergaben einer Rechtskontrolle durch die Verwaltungsgerichte unterliegen. Da das OVG Koblenz[125] bereits ausdrücklich vom Kartellvergaberecht freigestellte Militärvergaben einer verwaltungsgerichtlichen Überprüfung zugänglich gemacht hat, ist nicht davon auszugehen, dass SPNV-Vergaben der Bundesländer anders beurteilt würden.[126]

1.4.6 Vergabe von freiberuflichen Dienstleistungen und Bauleistungen, §§ 5, 6 VgV

62 Durch § 5 VgV wird der Anwendungsbereich der VOF bestimmt. Sie ist von allen Auftraggebern nach § 98 Nr. 1 bis 3 und Nr. 5 GWB anzuwenden, wenn Dienstleistungen vergeben werden, die im Rahmen einer freiberuflichen Tätigkeit erbracht oder im Wettbewerb mit freiberuflichen Leistungen angeboten werden, sowie bei Auslobungsverfahren, die zu solchen Dienstleistungen führen sollen. Allerdings regelt § 5 S. 3 VgV

---

119 OLG Brandenburg, Beschl. v. 02.09.2003, Verg W 3/03, anders noch VK Magdeburg, Beschl. v. 06.06.2002, 33-32571/07 VK 05/02 MD.
120 OLG Brandenburg, Beschl. v. 02.09.2003, Verg W 3/02.
121 VK Hessen, Beschl. v. 02.12.2004, 69 d-VK-72/2004.
122 Kirch/Leinemann, VergabeNews 2005, 72, 73.
123 Kühnen, in: Byok/Jaeger, § 4 VgV, Rn. 1524; Prieß/Pukall, VergabeR 2003, 11, 12.
124 Dem Vernehmen nach hat sich die EU-Kommission des Vorgangs angenommen.
125 OVG Koblenz, Beschl. v. 25.05.2005, 7 B 10356/05, VergabeNews 2005, 68.
126 Kirch/Leinemann, VergabeNews 2005, 72, 74.

ausdrücklich, dass Aufträge im Sektorenbereich nicht unter diese Regelung fallen, d. h. Sektorenauftraggeber haben die VOF nicht anzuwenden.

Die Vergabe von Bauleistungen wird in § 6 VgV geregelt. Der 2. Abschnitt der VOB/A, d. h. die Basisparagrafen mit den a-Paragrafen, ist von Auftraggebern nach § 98 Nr. 1 bis 3, Nr. 5 und Nr. 6 GWB anzuwenden, soweit Bauaufträge oder Baukonzessionen vergeben werden sollen. Ein Baukonzessionär ist nach § 98 Nr. 6 GWB gleichfalls wie ein öffentlicher Auftraggeber zu behandeln; er hat jedoch den Abschnitt 2 der VOB/A nur insoweit anzuwenden, als dessen Bestimmungen auf Baukonzessionäre Bezug nehmen. Auch für § 6 VgV wird ausdrücklich geregelt, dass er auf Aufträge im Sektorenbereich keine Anwendung findet.

63

1.4.7 Aufträge und Tätigkeiten im Sektorenbereich, §§ 7 und 8 VgV

Nachdem in den vorangehenden Vorschriften der VgV regelmäßig festgelegt war, dass sie für Aufträge im Sektorenbereich nicht gelten, wird in §§ 7 und 8 VgV nunmehr positiv geregelt, welchen Regeln die Sektorenvergaben unterworfen sind. § 7 und § 8 VgV sind dabei inhaltlich verzahnt, weil sowohl nach der Art der Auftraggeber, wie auch nach der Art ihrer Tätigkeit differenziert wird. Die Vorschriften nehmen eine »Sortierung« der Auftraggeber danach vor, ob sie den 3. Abschnitt der VOB/A bzw. VOL/A anzuwenden haben, oder ob sie nur den vereinfachten Regelungen der VOB/A-SKR bzw. VOL/A-SKR, also dem 4. Abschnitt, unterliegen. Für die Komplexität des zu beachtenden Regelwerks ist dieser Unterschied von großer Bedeutung, weil der 3. Abschnitt der Vergabe- und Vertragsordnungen noch immer die volle Geltung aller Basisparagrafen mit sich bringt, die lediglich um die b-Paragrafen ergänzt werden, während im 4. Abschnitt lediglich die 14 Paragrafen der VOB/A-SKR bzw. die 16 Paragrafen der VOL/A-SKR anzuwenden sind. Die VOF gilt ohnehin im Sektorenbereich nicht.

64

Abschnitt 3 der VOB/A bzw. VOL/A ist von Sektorenauftraggebern auf dem Gebiet der Trinkwasserversorgung, der See- und Binnenhäfen sowie der Schienennetzbetreiber und von Busunternehmen im öffentlichen Personenverkehr anzuwenden. Dabei kommt es nicht darauf an, dass sich der Auftraggeber ausschließlich auf diesem Gebiet bewegt; abgestellt wird gemäß § 7 Abs. 1 VgV auf alle dort genannten Kategorien von Auftraggebern (d. h. auch klassische Gebietskörperschaften), die »eine Tätigkeit nach § 8 Nr. 1 ...« ausüben. Es ist also zunächst zu prüfen, ob der fragliche Auftraggeber in die Kategorie des § 98 Nr. 1 bis 3 GWB fällt und ob er darüber hinaus eine entsprechende Tätigkeit gemäß § 7 Abs. 1 VgV ausübt.

65

Dadurch, dass Sektorenauftraggeber von den Regelungen über die Vergabe freiberuflicher Leistungen ausgenommen sind, entsteht die Situation, dass für diese Leistungen weder die VOF, noch die VOL/A Anwendung findet. Deshalb wird die Sektorenrichtlinie mit den darin enthaltenen, materiell-vergaberechtlichen Vorschriften unmittelbar anzuwenden sein.[127]

66

---

[127] Dreher in: Immenga/Mestmäcker, § 98 GWB, Rn. 92; Boesen, VergabeR, § 99, Rn. 174; Reidt/Stickler/Glahs, § 5 VgV, Rn. 4.

1 Grundsätze des Vergabeverfahrens

67 § 7 Abs. 1 VgV trifft Regelungen für die »klassischen« öffentlichen Auftraggeber nach § 98 Nr. 1 bis 3 GWB. Diese Vorschrift führt dann zur Anwendbarkeit des 3. Abschnittes von VOB/A und VOL/A. Demgegenüber erfasst § 7 Abs. 2 VgV auch Auftraggeber nach § 98 Nr. 4 GWB, d. h. vor allem natürliche oder juristische Personen des privaten Rechts, welche aufgrund ausschließlicher Rechtsgewährung auf dem Gebiet der Trinkwasser- oder Energieversorgung oder des Verkehrs oder der Telekommunikation tätig sind. Für diese so genannten »privaten Sektorenauftraggeber« verweist § 7 Abs. 2 VgV in den dort aufgezählten Fällen auf die Anwendung der Regelungen des 4. Abschnitts VOB/A bzw. VOL/A.

68 Die DB Netz AG ist nach gefestigter Entscheidungspraxis der Vergabekammern des Bundes als öffentliche Auftraggeberin nach § 98 Nr. 2 GWB einzuordnen und hat nach § 7 Abs. 1 Nr. 2 i. V. m. § 8 Nr. 4 c VgV den 3. Abschnitt der VOB/A anzuwenden.[128] In Anbetracht der Tatsache, dass die DB Netz AG für die Baumaßnahmen am Schienennetz Bundesmittel in durchschnittlicher Höhe von 90 % erhält, ist allerdings die Frage aufzuwerfen, ob hier nicht das Merkmal der überwiegenden öffentlichen Finanzierung nach § 98 Nr. 5 GWB Vorrang beanspruchen und daher § 6 VgV Anwendung finden müsste, der dazu führen würde, dass die DB Netz AG die Bestimmungen des 2. Abschnitts der VOB/A anzuwenden hätte.[129]

1.4.8 Ausnahmen im Sektorenbereich nach § 9 VgV

69 Verschiedene Tätigkeiten nicht staatlicher Sektorenauftraggeber sollen dem Kartellvergaberecht nicht unterworfen werden. Diese Ausnahmen regelt § 9 VgV in einer entsprechenden Aufzählung. Insoweit kann auf den ausführlichen Text der Vorschrift verwiesen werden. Unternehmen, die Trinkwasser gewinnen, Strom und/oder Wärme erzeugen und Gaserzeuger erfahren hier eine Privilegierung. Nach § 9 Abs. 2 VgV haben diese Unternehmen das Vergaberecht auch nicht bei solchen Aufträgen anzuwenden, die anderen Zwecken als der Durchführung der in § 8 genannten Tätigkeiten dienen. § 9 Abs. 3 VgV enthält ferner eine Gebietsausnahme für Tätigkeiten außerhalb des räumlichen Bereichs der EU. Die Beschaffung von Trinkwasser durch Wasserversorgungsunternehmen ist ebenso vergaberechtsfrei wie Tätigkeiten zur Beschaffung von Energie und Brennstoffen zum Zwecke der Energieerzeugung. Letzteres Kriterium ist nur dann erfüllt, wenn das Unternehmen selbst mit dem beschafften Brennstoff die Energie erzeugt.[130] Diese Vorschrift soll es dem Auftraggeber lediglich ermöglichen, seinen Brennstoffbedarf zur Energieerzeugung ohne Beachtung der Ausschreibungsregularien zu beschaffen.

1.4.9 Freistellungen und Ausnahmen nach §§ 10–12 VgV

70 Die §§ 10–12 VgV enthalten Privilegierungen bestimmter Vergabesituationen im Sektorenbereich, die überwiegend schon seit vielen Jahren bestehen.

---

128 VK Bund, Beschl. v. 21.01.2004, VK 2-126/03; Beschl. v. 11.03.2004, VK 1-151/03; s. a. unten Rn. 116.
129 Zur Vorrangregelung vgl. BayObLG, Beschl. v. 05. 11. 2002, Verg 22/02.
130 Marx/Prieß, Das Recht der Auftragsvergabe, S. 31 f.

1.4 Die Vergabeverordnung

Die bedeutendste Freistellung ist diejenige von verbundenen Unternehmen. Die Ermächtigungsgrundlage dazu findet sich in § 127 Nr. 3 GWB. Bei Sektorenauftraggebern im Dienstleistungsbereich gilt nach § 10 VgV, dass diese die Vorschriften des 3. und 4. Abschnitts der VOL/A nicht anzuwenden haben, wenn sie Dienstleistungsaufträge an verbundene Unternehmen vergeben oder der Auftrag von einem Gemeinschaftsunternehmen, das mehrere Auftraggeber zur Durchführung von Tätigkeiten im Sinne des § 8 VgV gegründet haben, an eine seiner Muttergesellschaften vergeben werden soll. Das auftraggebende Unternehmen muss Sektorenauftraggeber sein, das auftragnehmende Unternehmen hingegen nicht. Die Kriterien für das Vorliegen eines verbundenen Unternehmens werden in § 10 Abs. 2 VgV in Anlehnung an § 290 Abs. 1 HGB näher definiert.

71

Diese Privilegierung gilt allerdings nur, wenn in den letzten drei Jahren in der EU mindestens durchschnittlich 80 % des Umsatzes des auftragnehmenden Unternehmens aus der Erbringung von Dienstleistungen für die mit ihm verbundenen Unternehmen stammt. Damit kann ein – z. B. zu einem Stadtwerke-Konzern gehörendes – Unternehmen durchaus in einem von drei Geschäftsjahren wettbewerblich aktiv positioniert sein, aber gleichwohl einen öffentlichen Dienstleistungsauftrag ohne Ausschreibung erhalten, solange innerhalb von drei Jahren nur 20 % des Umsatzes mit Dritten getätigt wurde. Existiert das Unternehmen noch keine drei Jahre, greift die Vorschrift gleichwohl, wenn eine entsprechende Quote für die ersten drei Jahre zu erwarten ist. Ausgeschlossen wird nur die Geltung von § 7 VgV, so dass die allgemeinen Regeln des § 4 VgV nach wie vor auch bei Auftragsvergaben an verbundene Unternehmen gelten.

72

§ 11 VgV regelt Privilegierungen für Auftraggeber nach dem Bundesberggesetz und gilt damit vornehmlich für inländische Kohlebergbauunternehmen sowie Unternehmen der Öl- und Gasförderung. Diese Auftraggeber haben aufgrund dieser Vorschrift die Vergabe- und Vertragsordnungen bei der Auftragsvergabe nicht zu beachten. Sie müssen lediglich den Gleichbehandlungs- und den Wettbewerbsgrundsatz wahren. Potenziellen Bietern müssen daher ausreichende Informationen zur Verfügung gestellt werden und die Vergabe muss anhand objektiver Kriterien erfolgen.

73

§ 12 VgV enthält die sogenannte Drittlandsklausel, die nur für Sektorenauftraggeber gilt. Diese können danach gemäß § 8 VgV bei Lieferaufträgen Angebote zurückweisen, bei denen der Warenanteil zu mehr als 50 % aus Ländern stammt, die nicht Vertragspartei des Abkommens über den europäischen Wirtschaftsraum sind. Die praktische Bedeutung dieser Vorschrift ist gering.[131]

74

1.4.10 Die Vorab-Informationspflicht

§ 13 VgV stellt ein Kernstück der Regelungen zur Erreichung eines effektiven Rechtsschutzes der Bieter im Vergabeverfahren dar. Danach hat der Auftraggeber diejenigen Bieter, deren Angebote nicht berücksichtigt werden sollen, über den Namen des Bieters, dessen Angebot angenommen werden soll, und über den Grund der vorgesehe-

75

---

131 Byok/Jaeger-Kühnen, § 12 VgV, Rn. 1561.

nen Nichtberücksichtigung ihres Angebotes zu benachrichtigen. Die Information ist schriftlich spätestens 14 Kalendertage vor dem Vertragsschluss und damit vor dem Zuschlag abzugeben.[132] Ein Vertrag darf vor Ablauf der Frist oder ohne dass die Information erteilt worden und die Frist abgelaufen ist, nicht geschlossen werden. Wird unter Verstoß gegen diese Vorschrift gleichwohl ein Zuschlag erteilt, kann kein wirksamer Vertrag zustande kommen; § 13 VgV ordnet die Nichtigkeit des Vertrags an. Die Nichtigkeitsfolge des § 13 VgV gilt auch dann, wenn die Ausschreibung trotz objektiver Überschreitung der Schwellenwerte nach § 2 VgV nur national bekannt gemacht wurde. Daher kann sich auch ein Bieter, der die Notwendigkeit der europaweiten Bekanntmachung nicht rechtzeitig gerügt hat, im Nachprüfungsverfahren auf die Nichtigkeit des Vertrags berufen.[133]

76 Mit der Schaffung der Bieterinformationspflicht nach § 13 VgV ist einer Forderung des Europäischen Gerichtshofs Rechnung getragen worden, wonach die Mitgliedstaaten verpflichtet sind, die dem Vertragsschluss vorangehende Entscheidung des Auftraggebers darüber, mit welchem Bieter eines Vergabeverfahrens er den Vertrag schließt, in jedem Fall einem Nachprüfungsverfahren zugänglich gemacht werden muss.[134] Der Verordnungsgeber war zum Erlaß der getroffenen Regelung durch § 97 Abs. 6 GWB auch ermächtigt, sie steht nicht im Gegensatz zu § 114 Abs. 2 GWB, nach dem ein bereits erteilter Zuschlag nicht aufgehoben werden kann.[135] Die Vergabekammern des Bundes haben in Anwendung dieses Gedankens bereits im Jahr 1999 die Pflicht staatlicher Vergabestellen zur Vorabinformation der nicht berücksichtigten Bieter abgeleitet.[136] Diese Vorgabe hat aber die Praxis der meisten Vergabestellen nicht beeinflusst und wurde ignoriert. Die Vergabekammern des Bundes haben zudem zu einer Befolgung ihrer Vorgabe wenig beigetragen, da sie die Einleitung eines Nachprüfungsverfahrens stets für unzulässig erachtet haben, wenn der Zuschlag bereits vor Einleitung erfolgt war, obwohl die Vergabestelle die Bieter nicht vorab unterrichtet hatte. Damit war klar, dass ohne eine ausdrückliche Regelung des Gesetz- bzw. Verordnungsgebers ein effektiver Bieterrechtsschutz nicht geschaffen werden konnte. Dieses Defizit hat erst im Jahr 2001 die Vergabeverordnung beseitigt.

77 Vor In-Kraft-Treten der zweiten Verordnung der Änderung der Vergabeverordnung sprach sich sowohl die Rechtsprechung[137] als auch die Literatur[138] vermehrt dafür aus, für die Fristberechnung nach § 13 S. 2 VgV auf den Zugang der Information beim letzten, nicht berücksichtigten Bieter abzustellen. Diese Auffassung ist seit In-Kraft-Treten des § 13 S. 6 VgV für Verfahren, die nach dem 15.02.2003 begonnen haben, nicht mehr haltbar.[139] Nunmehr kommt es bei Vergabeverfahren für die Fristberechnung auf den Tag der Absendung an. Voraussetzung für den Fristlauf ist aber, dass die Bieter-

---

132 Vgl. Kirch/Ebert, VergabeNews 2005, 102 ff.
133 Unzutreffend daher KG, VergabeR 2003, 50, 51.
134 EuGH, Rs. C-81/98, ZVgR 2000, 9 ff. (alcatel austria AG).
135 BGH, VergabeR 2004, 201, 204.
136 VK Bund, WuW/E Verg. 218 ff.
137 KG, VergabeR 2002, 235, 239; OLG Jena, VergabeR 2002, 631, 633; OLG Rostock, Beschl. v. 20.08.2003, 17 Verg 9/03, VergabeNews 2003, 76.
138 Reidt/Stickler/Glahs-Glahs, § 13 VgV, Rn. 23.
139 Zweite Verordnung zur Änderung der Vergabeverordnung vom 11.02.2003 (BGBl. I S. 168).

information überhaupt zugegangen ist, was im Zweifel die Vergabestelle zu beweisen hat. Nicht ausreichend für den Beginn der 14-Tagesfrist ist es dem entsprechend, wenn die Vorabinformation einer Zweigstelle des Bieters übermittelt wird, die weder Empfangsstelle noch Empfangsbevollmächtigte ist. In einem solchen Fall läuft die Frist aber jedenfalls ab Zugang beim Bieter.[140] Bei einer Übermittlung durch Telefax – die zulässig ist – kommt es auf den Fax-Ausdruck am Empfangsgerät an; der OK-Vermerk am Sendegerät stellt noch keinen Zugangsnachweis dar.[141] Allerdings reicht ein bloßes Bestreiten des Zugangs seitens des Bieters nicht aus, wenn das Sendegerät einen ordnungsgemäßen Sendebericht erstellt hat.[142] Für eine Vergabestelle ist es damit von erheblicher Bedeutung, dass im Vergabevermerk eine ausdrückliche Notiz über den Tag der Absendung der Information aufgenommen wird. Sie hat zudem den unverzüglichen Zugang sicherzustellen, regelmäßig durch Vorab-Telefax, wobei die Sendeberichte zur Akte genommen werden müssen. Ein Rückdatieren der Bieterbenachrichtigung ist in jedem Fall unzulässig; wird ein solches Verhalten offenbar, kann nur das vom Bieter dargelegte Zugangsdatum maßgeblich sein.

Wenn die Vergabeverordnung regelt, dass der Vertragsschluss nicht vor Ablauf der Frist von 14 Tagen erfolgen darf, so ist dies gleichbedeutend mit der Zuschlagserteilung. Die Erteilung des Zuschlags ist gleichbedeutend mit dem Vertragsschluss.[143] Dies kann nur in solchen Fällen anders beurteilt werden, wo beispielsweise noch eine notarielle Beurkundung als konstitutives Element erforderlich ist.

78

An den Inhalt der Benachrichtigung sind keine allzu hohen Anforderungen zu stellen. Die Norm gestattet es dem Auftraggeber, sich kurz zu fassen. Eine Begründung, die einer Wiedergabe des Vergabevermerks gleichkommt oder die Anforderungen an die Begründung eines Verwaltungsakts erfüllt, ist nicht geboten. Vielmehr kann der Auftraggeber auch vorformulierte Schreiben verwenden.[144] Der Bieter muss aufgrund der Bieterinformation ansatzweise nachvollziehen können, welche konkreten Erwägungen für die Vergabestelle bei der Nichtberücksichtigung seines Angebotes ausschlaggebend waren.[145] Allerdings darf erwartet werden, dass dem Bieter die Wertungssumme seines Angebots, diejenige des bevorzugten Bieters und die Zahl der jeweils gewerteten Nebenangebote mitgeteilt wird,[146] damit dieser eine Basis für die Überprüfung hat, ob er Anlass für eine Vergabenachprüfung sieht.[147]

79

Probleme hinsichtlich der Wirksamkeit eines Vertragsschlusses können sich aus der Anordnung der Nichtigkeit eines vorzeitig erteilten Zuschlags bzw. eines Zuschlags trotz unterlassener Information der Bieter ergeben. Nach einer Entscheidung des Bay-

80

---

140 OLG Naumburg, VergabeR 2004, 634, 639.
141 BGH, NJW 1995, 665.
142 OLG Jena, Beschl. v. 09.09.2002, 6 Verg 4/02.
143 Vgl. Reidt/Stickler/Glahs-Reidt, § 111 GWB Rn. 25 m. w. N.
144 OLG Düsseldorf, Beschl. v. 06.08.2001, Verg 28/01, VergabeR 2001, 429, 430; BayObLG, VergabeR 2002, 383, 384; BayObLG, VergabeR 2002, 637, 638; Kirch/Ebert, VergabeNews 2005, 102 f.
145 KG, VergabeR 2002, 235, 238; OLG Koblenz, VergabeR 2002, 384, 386.
146 So das Muster für die Bieterbenachrichtigung nach § 13 VgV für den Bereich des Bundesfernstraßenbaus, Allgemeines Rundschr. BMVBW Nr. 15/2003.
147 Zu den Folgen der unzureichenden Information vgl. auch Rn. 163.

ObLG kann ein Nachprüfungsverfahren jedenfalls dann zulässigerweise eingeleitet werden, wenn ein Auftraggeber eine ausschreibungspflichtige Leistung freihändig vergeben will und damit eine Ausschreibung rechtswidrig unterbleibt.[148]

81 Noch problematischer ist die Frage, ob ein nach rechtswidrig unterbliebener Ausschreibung sodann abgeschlossener Vertrag selbst nach bereits begonnener Vertragsabwicklung noch durch ein Unternehmen angefochten werden kann und ob ein solcher Vertrag als nichtig zu bewerten wäre. Nach Ansicht des OLG Dresden könnte sich bei bloßer Verletzung der Vorabinformationspflicht nach § 13 VgV ein an der Ausschreibung teilnehmender Bieter auf diesen Verstoß auch nach Zuschlagserteilung noch berufen und ein Nachprüfungsverfahren einleiten.[149] Konsequenterweise müsste dann auch der Zuschlag als nichtig qualifiziert werden. Der BGH hält eine entsprechende Anwendung von § 13 VgV trotz unterlassener Ausschreibung für geboten, wenn es bei der Beschaffung zur Beteiligung mehrerer Unternehmen gekommen ist, die Angebote abgegeben haben, und die Vergabestelle eine Auswahl unter ihnen trifft.[150] Bei gänzlichem Fehlen einer Ausschreibung würde dies wohl bedeuten, dass ein Rechtsschutzinteresse zu verneinen wäre, weil ein Unternehmen ohne jegliche Bieterstellung nicht unter den Schutzbereich des § 13 VgV fiele.[151] Das OLG Düsseldorf erweitert den Anwendungsbereich auf Antragsteller, denen der Bieterstatus aus Gleichbehandlungsgründen hätte eingeräumt werden müssen.[152] In einer nachfolgenden Entscheidung hat es jedoch die Anwendung von § 13 VgV in einem Fall verneint, in dem gar kein Vergabeverfahren durchgeführt, sondern der (öffentliche) Auftrag sogleich an nur einen angefragten Auftragnehmer vergeben wurde (De-facto-Vergabe).[153] Nach den dortigen Erwägungen soll es erforderlich sein, dass mindestens ein Auswahlverfahren zwischen mehreren Unternehmen stattfindet, um § 13 VgV überhaupt anwenden zu können, da es ansonsten an »Bietern« fehle, die zu benachrichtigen sind. Es begegnet jedoch gravierenden Bedenken, wenn gerade der krasseste Fall eines Vergabeverstoßes, nämlich das gänzliche Unterlassen einer Ausschreibung, von dem ansonsten als umfassend konzipierten System des effektiven Vergaberechtsschutzes ausgespart bliebe. Die EU-Kommission plant daher, im Rahmen der Überarbeitung der Rechtsmittelrichtlinie einen effektiven Rechtsschutz auch für Direktvergaben einzuführen.[154] Bei unterbliebener Ausschreibung ist auch die zwingend durchzuführende Benachrichtigung nach § 13 VgV unterblieben, was die Rechtsfolge der Nichtigkeit nach sich ziehen muss.[155]

---

148 BayObLG, Beschl. v. 22.01.2002, Verg 18/01, IBR 2002, 206.
149 OLG Dresden, VergabeR 2002, 138, 139.
150 BGH, Beschl. v. 01.02.2005, X ZB 27/04; VergabeNews 2005, 37, 38; so auch OLG Düsseldorf, Beschl. v. 23.02.05, Verg 87/04; OLG Düsseldorf, Beschl. v. 24.02.05, Verg 88/04.
151 OLG Dresden, VergabeR 2002, 138, 139; OLG Jena, Beschl. v. 28.1.04, 6 Verg 11/03; Reidt/Stickler/Glahs-Glahs, § 13 VgV, Nr. 9.
152 OLG Düsseldorf, Beschl. v. 30.04.2003, Verg 67/02, VergabeR 2003, 435, 444.
153 OLG Düsseldorf, Beschl. v. 03.12.2003, VII Verg 37/03, VergabeR 2004, 216, 220; krit. Ebert, GPR 2003–2004, 148, 149; Kirch/Ebert VergabeNews, 2005, 102, 104.
154 Vgl. Entwurf der Rechtsmittelrichtlinie, abrufbar über www.leinemann-partner.de, Quicklink 1060602.
155 VK Bund, Beschl. v. 20.05.2003, VK 1-35/03, IBR 2003, 491; Müller-Wrede, VergabeR 2002, 7 f.; Heuvels/Kaiser, NZBau 2001, 480 dagegen Portz, VergabeR 2002, 211, 217; OLG Düsseldorf, Beschl. v. 03.12.2003, Verg 37/03.

1.4 Die Vergabeverordnung

Fraglich kann allenfalls sein, ob auch der Bieter selbst, der den Zuschlag unter Verstoß gegen die Vorabinformationspflicht erhalten hat, sich gegenüber dem Auftraggeber später auf eine Nichtigkeit nach § 13 S. 6 VgV berufen könnte. Dies dürfte wegen Treuwidrigkeit unbeachtlich sein. Nach Auffassung des BGH ist § 13 S. 6 VgV einschränkend auszulegen.[156] Die Nichtigkeit soll nur dann eintreten, wenn ein unterlegener Bieter die Verletzung seiner Informationsrechte geltend macht.

Die Gerichte prüfen daher bei Durchführung eines Vergabeverfahrens ohne jeden Wettbewerb die Nichtigkeit des Vertrages wegen Sittenwidrigkeit nach § 138 BGB. Danach ist ein Vertragsschluss nichtig, wenn die Vergabestelle bewusst gegen ihre Pflicht zur Ausschreibung verstoßen oder sich mutwillig einer solchen Erkenntnis verschlossen hat und auch mit dem Verhandlungspartner zur Umgehung des Vergaberechtsregimes kollusiv zusammen gewirkt hat.[157] Mittlerweile liegt auch eine erste zivilgerichtliche Entscheidung vor, die sich mit der Rückabwicklung eines vergaberechtswidrigen, nichtigen Vertragsschlusses befasst.[158]

82

Bezogen auf § 13 Satz 4 VgV sind die Folgen einer zwar erfolgten, aber unzureichenden Bieterinformation offen. Mit Blick auf den Schutzzweck der Norm, einen effektiven Primärrechtsschutz zu ermöglichen, ist es ausreichend, die Nichtigkeitsfolge entsprechend dem Wortlaut der Regelung nur anzuwenden, wenn kein Informationsschreiben abgesandt wurde. Denn im Fall einer unzureichenden Bieterinformation steht dem Bieter nach erfolgter Rüge die Einleitung eines Nachprüfungsverfahrens und somit der Primärrechtsschutz offen.[159]

83

§ 13 VgV ist von seinen Folgen her nicht hinreichend durchdacht und stellt insbesondere hinsichtlich der zivilrechtlichen Konsequenzen eine unzureichende Regelung dar. Die Vorschrift bedarf der Ergänzung und Überarbeitung. Sie ist offensichtlich nur im Hinblick auf die Erhaltung der Möglichkeiten der Bieter zur Einleitung eines Nachprüfungsverfahrens konstruiert worden, während man weitere, daraus resultierende Konsequenzen übersehen oder nicht bedacht hat. Es empfiehlt sich, einen Zeitraum von zwei bis drei Monaten nach Zuschlagserteilung vorzusehen, währenddessen ein unter Verstoß gegen § 13 VgV abgeschlossener Vertrag schwebend unwirksam ist, während im Interesse der Rechtssicherheit für einen späteren Zeitpunkt mindestens von einer Heilung ausgegangen werden sollte. Alternativ könnte de lege lata von einer Verwirkung des Rechtsschutzinteresses unterlegener Bieter ausgegangen werden.

84

1.4.11 Bekanntmachungen, § 14 VgV

Für die Sicherstellung einer Gleichbehandlung aller europäischen Bieter ist es auch von Bedeutung, dass gewisse Standards eingehalten werden, die überall gleich verstan-

85

---

156 BGH, Bschl. v. 22.02.2005, KZR 36/06, VergabeR 2005, 339.
157 OLG Düsseldorf, Beschl. v. 25.01.2005, Verg 93/04; KG Beschl. v. 11.11.2004, Verg 16/04, VergabeR 2005, 236.
158 LG München I, Urt. v. 20.12.2005, 33 O 16465/05 (nicht rechtskräftig).
159 So auch OLG Koblenz, VergabeR 2002, 384, 386; a. A. OLG Düsseldorf, Beschl. v. 06.08.2001, Verg 28/01, VergabeR 2001, 429, 430.

den werden können. Deswegen ist das »Common Procurement Vocabulary«, kurz CPV, zu verwenden. In der Europäischen Union ist die Verwendung der CPV-Klasifikation ab dem 1. Februar 2006 obligatorisch. Die Soll-Formulierung in § 14 VgV stellt daher ein zwingendes Erfordernis dar (Soll = Muss).

86   Die CPV-Nomenklatur besteht aus einem Hauptteil, der den Auftragsgegenstand der Sache nach und anhand seiner wesentlichen Charakteristika definiert, und einem Zusatzteil zur Ergänzung weiterer qualitativer Angaben. Der Hauptteil enthält Codes von bis zu 9 Ziffern (einen Code aus 8 Ziffern plus eine Prüf-Ziffer), denen eine Bezeichnung zugeordnet ist, die die Art der auftragsgegenständlichen Lieferungen, Bauarbeiten oder Dienstleistungen beschreibt. Das CPV ist sowohl von der EU, wie auch vom Bundesministerium für Wirtschaft und Arbeit veröffentlicht.[160] Die öffentlichen Auftraggeber müssen versuchen, den Code zu finden, der so präzise wie möglich dem Beschaffungvorhaben entspricht. Auch wenn öffentliche Auftraggeber gelegentlich mehrere Codes auswählen müssen, ist es wichtig, dass sie einen einzigen Code für den Titel der Auftragsbekanntmachung auswählen. Falls die CPV-Nomenklatur nicht präzise genug ist, muss der öffentliche Auftraggeber sich auf die Abteilung, Gruppe, Klasse oder Kategorie beziehen, die dem beabsichtigten Beschaffungvorhaben am ehesten entspricht.

87   Die CPV-Nomenklatur kann zur Suche nach Geschäftsmöglichkeiten in der ganzen EU verwendet werden, da die EU-weit bekanntgemachten Ausschreibungen anhand der CPV-Nummern recherchiert werden können.

1.4.12 Elektronische Angebotsabgabe

88   § 15 VgV gestattet es dem Auftraggeber, die Abgabe der Angebote auch in anderer Form als schriftlich per Post zuzulassen, nämlich insbesondere auf elektronischem Wege.[161] Allerdings ist § 15 VgV nur insoweit anwendbar, als die Verdingungsordnungen selbst nicht bereits Regelungen zur elektronischen Angebotsabgabe enthalten. Durch § 21 Nr. 1 Abs. 1 S. 4 VOB/A wird für den Bereich der Vergabe von Bauleistungen dem Auftraggeber bereits gestattet, mit digitaler Signatur im Sinne des Signaturgesetzes versehene digitale Angebote zuzulassen, die verschlüsselt eingereicht werden müssen. In der VOB/A scheidet damit ein Rückgriff auf § 15 VgV aus. Die Neufassung der VOL/A enthält nur für den Bereich unterhalb der Schwellenwerte in § 21 Nr. 1 Abs. 2 S. 3 VOL/A die Möglichkeit, dass Angebote auch auf andere Weise als schriftlich per Post oder direkt übermittelt werden können, sofern sichergestellt ist, dass der Inhalt der Angebote erst mit Ablauf der für ihre Einrichtung festgelegten Frist zugänglich wird. Im Übrigen enthalten die Neufassungen der VOL/A und der VOF keine entsprechenden Regelungen. Gleichwohl ist auch bei der Vergabe von Leistungen oberhalb des Schwellenwertes und bei freiberuflichen Leistungen die Zulassung einer digitalen Angebotsabgabe möglich, sofern die Vorgaben des § 15 VgV eingehalten werden. Digitale Angebote sind mit Signatur im Sinne des Signaturgesetzes zu versehen

---

160 BAnz Nr. 33a vom 18.02.2004 oder über http://simap.europa.eu
161 Malmendier, VergabeR 2001, 178.

und zu verschlüsseln; die Verschlüsselung ist bis zum Ablauf der für die Einreichung der Angebote festgelegten Frist aufrechtzuerhalten.[162]

1.4.13 Angabe der Vergabekammer

Nach § 17 VgV hat der Auftraggeber schon in der Bekanntmachung, aber auch in den Vergabeunterlagen nicht nur die Vergabekammer, sondern auch deren Anschrift anzugeben. Relevant ist die Frage, wie ein Bieter zu behandeln ist, wenn er eine zwar in der Bekanntmachung angegebene Vergabekammer anruft, diese jedoch objektiv gar nicht entscheidungsbefugt wäre, weil tatsächlich eine andere Vergabekammer zuständig ist. In solchen Fällen muss die Vergabekammer auf die anderweitige Zuständigkeit verweisen können, ohne dass der Rechtsschutz des Bieters durch ihre (an sich falsche) Anrufung beeinträchtigt würde. Auch die Anrufung einer vom Auftraggeber bekanntgegebenen, aber tatsächlich unzuständigen Vergabekammer muss die Suspensivwirkung des § 115 Abs. 1 GWB auslösen, nachdem der Nachprüfungsantrag bei diesem Auftraggeber zugestellt wurde. § 115 GWB knüpft nicht daran an, welche Vergabekammer den Nachprüfungsantrag beim Auftraggeber zugestellt hat. Die Kammer ist bei diesem Sachverhalt auch zur unverzüglichen Zustellung verpflichtet, wenn sie erkennt, dass ihre Anrufung auf einem Verstoß des Auftraggebers gegen § 17 VgV beruht.[163] Danach ist die Sache an die zuständige Kammer zu verweisen; ggf. kommt auch eine Rücknahme durch den Antragsteller in Betracht, nachdem ein erneuter Nachprüfungsantrag durch die zuständige Vergabekammer beim Auftraggeber zugestellt wurde.

89

1.4.14 Die Zuständigkeit der Vergabekammern, § 18 VgV

S. dazu die Ausführungen im folgenden Kapitel unter Ziff. 2.1.2 f., Rn. 145 ff.

90

1.4.15 Bescheinigungsverfahren nach § 19 VgV

Nach § 19 VgV können Sektorenauftraggeber ihre Vergabeverfahren und -praktiken regelmäßig von einem Prüfer untersuchen und sich eine Bescheinigung über die Rechtskonformität mit den §§ 97–101 GWB, 7–16 VgV erteilen lassen. Die Bescheinigung muss von einem beim Bundesamt für Wirtschaft akkreditierten Prüfer nach der Europäischen Norm EN 45503 erteilt werden.

91

---

162 Vgl. Einführungserlass zur Vergabeverordnung und den Verdingungsordnungen des Bundesministeriums für Verkehr, Bau- und Wohnungswesen v. 17.01.2001, BS 11-0-1082-000.
163 Byok/Jaeger-Kühnen, § 17 VgV, Rn. 1717, 1718; Motzke/Pietzcker/Prieß-Marx, §§ 107, 108 GWB, Rn. 5; VK Münster, Beschl. v. 09.08.2001, VK 19/01; abl. Ingenstau/Korbion-Müller-Wrede, § 17 VgV Rn. 5

1.4.16 Europäisches Schlichtungsverfahren

92 Nach § 20 Abs. 1 VgV kann jeder Beteiligte an einem Vergabeverfahren von Sektorenauftraggebern im Sinne von § 98 GWB oder jeder, dem im Zusammenhang mit einem solchen Vergabeverfahren durch einen Rechtsverstoß ein Schaden entstanden ist oder zu entstehen droht, ein eigens geregeltes Schlichtungsverfahren in Anspruch nehmen. Dieses Verfahren war bereits in Kapitel 4 der Sektorenüberwachungsrichtlinie enthalten.[164] Dieses Schlichtungsverfahren ist durch Antrag an das Bundesministerium für Wirtschaft und Technologie einzuleiten; von dort wird der Antrag an die Kommission der Europäischen Gemeinschaften weitergeleitet. Auf das Vergabeverfahren selbst hat das Schlichtungsverfahren jedoch keinen Einfluss. Die Kommission informiert den Auftraggeber und bittet ihn, an dem Schlichtungsverfahren teilzunehmen. Das Verfahren kommt nicht zur Durchführung, falls der Auftraggeber nicht beitritt. Anderenfalls wird nach § 20 Abs. 4 VgV durch die Kommission ein unabhängiger Schlichter vorgeschlagen, über dessen Akzeptanz sich die Parteien erklären müssen. Jede der Parteien benennt dann einen weiteren Schlichter. Die Verfahrensbeteiligten haben das Recht, sich mündlich oder schriftlich zu äußern. Antragsteller und Auftraggeber können allerdings jederzeit das Schlichtungsverfahren beenden; die Kosten hat jede Seite selbst zu tragen, die Verfahrenskosten, d. h. insbesondere die Kosten des Schlichters, sind hälftig zu tragen, § 20 Abs. 6 VgV.

93 Die Einleitung eines Nachprüfungsverfahrens nach § 107 GWB hat nach § 20 Abs. 7 VgV keinen Einfluss auf ein bereits zuvor eingeleitetes Schlichtungsverfahren. Dies gilt auch im umgekehrten Fall. Insbesondere aus diesem Grund hat das Schlichtungsverfahren der VgV in der Praxis keinerlei Bedeutung erhalten. Weder die Europäische Kommission noch der Bundeswirtschaftsminister noch der Schlichter haben das Recht, den Gang des Vergabeverfahrens konkret zu beeinflussen. Auch in zeitlicher Hinsicht kann das Schlichtungsverfahren allenfalls dann relevant werden, wenn die zugrundeliegenden Rechtsfragen so streitig sind, dass die Beteiligten des Vergabeverfahrens durch die Schlichtung eine verbindliche Regelung erwarten und damit auch weitere Nachprüfungsverfahren vermeiden können. Die Kommission beabsichtigt im Rahmen der Überarbeitung der Rechtsmittelrichtlinie das Bescheidungs- und Schlichtungsverfahren für die unter die Sektorenrichtlinie fallenden Bereiche abzuschaffen, da die Verfahren nicht genutzt wurden.[165]

1.4.17 Korrekturmechanismus der Kommission

94 Von größerer praktischer Relevanz als das Schlichtungsverfahren könnte die in § 21 VgV vorgesehene Interventionsmöglichkeit der Europäischen Kommission sein. Die Kommission kann danach der Bundesregierung im Laufe eines Vergabeverfahrens noch vor Abschluss des Vertrages eine Mitteilung übermitteln, dass sie der Auffassung ist, dass ein klarer und eindeutiger Verstoß gegen das Gemeinschaftsrecht im Bereich der öf-

---

164 Art. 9 bis 11 der Richtlinie 92/13/EWG vom 25.02.1992, ABl. L 076 vom 23.03.1992, S. 14–20.
165 Vgl. Entwurf der Rechtsmittelrichtlinie abrufbar über www.leinemann-partner.de, Quicklink 1060602.

fentlichen Aufträge vorliegt, der zu beseitigen ist. Adressat einer solchen Mitteilung ist der Bundeswirtschaftsminister. Der Auftraggeber ist in einem solchen Fall verpflichtet, innerhalb von 14 Kalendertagen nach Eingang dieser Mitteilung dem Bundesministerium für Wirtschaft zur Weitergabe an die Kommission eine Stellungnahme zu übermitteln, die insbesondere die Angaben enthält, dass

1. der Verstoß beseitigt wurde oder
2. der Verstoß nicht beseitigt wurde, wobei die Nichtbeseitigung zu begründen ist und ggf. darauf hinzuweisen ist, dass bereits ein Nachprüfungsverfahren nach dem 4. Teil des GWB eingeleitet ist; oder
3. das Vergabeverfahren ausgesetzt wurde.

Soweit das Vergabeverfahren Gegenstand eines Nachprüfungsverfahrens ist oder ausgesetzt wurde, ist der Auftraggeber verpflichtet, den Bundeswirtschaftsminister zur Weiterleitung an die Kommission unverzüglich über den Ausgang des Verfahrens zu informieren.

Auch nach § 21 VgV steht der Kommission der Europäischen Gemeinschaften kein unmittelbares Interventionsrecht in ein Vergabeverfahren zu, sondern es handelt sich nur um ein Informationsrecht. Es dürfte aber zu erwarten sein, dass in einem solchen Fall auch die Bundesregierung wie die vorgesetzten Dienststellen des Auftraggebers ein Interesse daran haben werden, das Vergabeverfahren in Gemäßheit zu den von der Kommission für anwendbar gehalten Europäischen Richtlinien durchzuführen und abzuschließen.

1.4.18 Statistik

Nach § 22 VgV haben die Vergabekammern und die Oberlandesgerichte das Bundesministerium für Wirtschaft und Technologie unaufgefordert bis zum 31.01. eines jeden Jahres über die Anzahl der Nachprüfungsverfahren des Vorjahres und deren Ergebnisse zu unterrichten. Aufgrund dieser Regelung ist es möglich, eine Statistik über die Anzahl der durchgeführten Nachprüfungsverfahren und deren Ausgang zu erhalten.

1 Grundsätze des Vergabeverfahrens

	1999	2000	2001	2002	2003	2004	2005
Anzahl der Anträge insgesamt	**395**	**728**	**953**	**1092**	**1275**	**1493**	**1348**
VOL	109	175	311	376	456	664	549
VOB	234	310	507	567	658	663	651
VOF	25	46	94	137	112	132	136
Rücknahme	120	325	358	369	442	592	539
Unzulässigkeit	51	97	86	148	169	175	119
Sachentscheidung	95	217	230	384	386	414	412
zugunsten öff. AG	45	78	35	134	256	294	247
zugunsten ASt	41	86	68	153	136	160	166
sonstige Erledigung	15	24	136	137	136	171	200
Verlängerung der Entscheidungsfrist § 113 I GWB	22	35	98	165	273	383	367
Anträge auf Vorabgestattung des Zuschlags § 115 II GWB	**10**	**32**	**59**	**40**	**31**	**47**	**36**
davon stattgegeben	1	1	12	7	7	2	9
Beschwerde bei OLG lt. VK	53	83	111	187	197	223	200
Sofortige Beschwerden insgesamt (einschl. Kostenbeschw.)	45	149	126	176	300	314	286
überwiegend erfolgreich	11	24	22	26	82	46	59
Zurückgenommen	11	40	37	65	81	93	91
Erledigung durch Vergleich	3	3	3	0	1	4	2
Zurückgewiesen	17	42	32	39	89	88	58
überwiegend zurückgewiesen	1	4	4	8	11	12	14
Anzahl der Anträge nach § 118 I 3 GWB	**13**	**31**	**35**	**46**	**108**	**135**	**113**
davon stattgegeben	8	18	19	18	42	40	47
Anzahl Vorabentscheidung § 121 GWB	**5**	**3**	**2**	**2**	**7**	**16**	**8**
davon stattgegeben	1	1	1	1	3	6	1
Anzahl der Vorlagen beim BGH	0	3	3	1	2	3	5
Anzahl der Vorlagen beim EuGH	0	1	0	2	1	0	0

1.5 Anspruch des Bieters auf Einhaltung der Vergabebestimmungen nach § 97 Abs. 7 GWB

Die Abkehr des deutschen Rechts von der haushaltsrechtlichen Lösung hin zu einem effektiven Rechtsschutz unter Gewährung subjektiver Rechte der Bieter wird vor allem in § 97 Abs. 7 GWB deutlich. Die Formulierung, dass die Unternehmen Anspruch auf die Einhaltung der Bestimmungen über das Vergabeverfahren haben, bedeutet, dass dieser Anspruch vor Gericht oder mindestens in einem gerichtsähnlichen Verfahren durchgesetzt werden kann. Dieses Verfahren ist durch die §§ 102 ff. GWB geschaffen worden. Es besteht nun eine unabhängige Überprüfungsmöglichkeit von Vergabeverfahren durch Vergabekammern, die als gerichtsähnliche Spruchkörper anerkannt werden; die Beschwerdeinstanz führt den Bieter unmittelbar zu einem Gericht, nämlich zu den Vergabesenaten der Oberlandesgerichte. Bei den »Bestimmungen über das Vergabeverfahren« handelt es sich vorrangig um die Vorschriften in den jeweiligen Verdingungsordnungen. Die Vorschrift muss (auch) den Schutz wohlberechtigter Interessen von am Vergabeverfahren teilnehmenden oder an der Teilnahme interessierten Unternehmen bezwecken.[166] Vorschriften z. B. in Kommunalordnungen, die die Durchführung öffentlicher Aufträge, nicht aber das Vergabeverfahren betreffen, gehören nicht zu den Vergabebestimmungen, deren Einhaltung gem. § 97 Abs. 7 GWB verlangt werden kann.[167] Allerdings ist auch nicht jede einzelne Vorschrift der Verdingungsordnungen mit Schutzzweck zugunsten des Bieters geschaffen. Bloße Ordnungsvorschriften lösen keinen Anspruch auf Einhaltung aus, sondern nur solche, die zumindest auch den Bieterschutz zum Ziel haben.[168] Der Mehrzahl der Vorschriften der Verdingungsordnungen wird zumindest inzident eine gewisse Schutzwirkung zugunsten der Bieter zukommen, da sie regelmäßig Ausfluss des Wettbewerbs- und Transparenzprinzips sowie des Diskriminierungsverbots sind.[169] Die Vielzahl der bereits ergangenen Entscheidungen in Nachprüfungsverfahren seit In-Kraft-Treten des vierten Teils des GWB belegt, dass Bieterrechte nach § 97 Abs. 1 bis 5 GWB vielfach durch Missachtung der Regeln der Verdingungsordnungen beeinträchtigt sein können. So wird man einen Schutzzweck zugunsten der Bieter durchweg bei allen Frist- und Publizitätsvorschriften,[170] wie auch bei den Wertungsvorschriften §§ 19, 21 bis 28 VOB/A zugestehen müssen.[171] Dasselbe gilt für § 8 und insbesondere § 9 VOB/A[172] (jeweils einschließlich der a/b-Paragrafen). Auch die Vorschriften über die Wahl der Verfahrensart sind bieterschützend. Auch § 11 VOL/A ist im Hinblick auf eine unangemessene Lieferfrist bieterschützend.[173] Umstritten ist nach wie vor, ob die Vorschrift des § 25 Nr. 3 Abs. 1

98

---

166 BGH, VergabeR 2003, 313, 314 f.
167 OLG Düsseldorf, Beschl. v. 09.04.2003, Verg. 66/02.
168 Vgl. die Gesetzesbegründung in BT-Drucks. 13/9340, S. 14, zu § 106 Abs. 6 GWB-Entwurf; ebenso BGH, VergabeR 2003, 313, 314 f.
169 Ebenso BayObLG, VergabeR 2004, 644, 648; Byok/Jaeger-Hailbronner, § 97 GWB, Rn. 279; Reidt/Stickler/Glahs, § 97 GWB, Rn. 44.
170 EuGH, Slg. 1988, 4653, 4662 (Beentjes).
171 Vgl. BGH, VergabeR 2003, 313, 314 für §§ 26 Nr. 1, 26 a VOB/A.
172 OLG Brandenburg, BauR 1999, 1175, 1180; s. a. Ingenstau/Korbion-Müller-Wrede, 15. Aufl. 2004, § 126 GWB, Rn. 2.
173 OLG Düsseldorf, VergabeR 2002, 378, 380.

1 Grundsätze des Vergabeverfahrens

VOB/A, die dem Zweck dient, den Auftraggeber vor einem Zuschlag auf ein Angebot mit einem unangemessen niedrigen Preis zu schützen, zugleich bieterschützend ist.[174] Richtigerweise wird man einen Bieterschutz grundsätzlich bejahen müssen, weil nur so eine diskriminierungsfreie Vergabe möglich erscheint. Allerdings bleibt der Auftraggeber nachweispflichtig für die Feststellung, dass der Preis unangemessen niedrig bzw. hoch sei und muss dem Bieter hierzu zunächst ein Aufklärungsersuchen zukommen lassen.[175] Es besteht keine Verpflichtung der Bieter, durchweg auskömmliche (Einheits-) Preise anzubieten.[176] Wenn dann plausible Erklärungen zur Preisbildung abgegeben werden, dürfte ein Ausschluss des betroffenen Bieters in der Praxis meist nur schwer möglich sein.

1.6 Dem Nachprüfungsverfahren unterliegende Auftraggeber

99 Diejenigen Auftraggeber, für die die Vorschriften des vierten Teils des GWB maßgeblich sind, werden in § 98 GWB aufgezählt. Die Aufzählung ist abschließend.

100 Öffentliche Auftraggeber sind danach:

1) Gebietskörperschaften und deren Sondervermögen,

2) andere juristische Personen des öffentlichen und privaten Rechts, wenn sie aus Gebietskörperschaften und deren Verbänden bestehen oder von ihnen überwiegend finanziert werden oder wenn sie über sonstige Steuerungsmechanismen von diesen beaufsichtigt oder sonst wie bestimmt werden;

3) Verbände, deren Mitglieder unter Nr. 1 oder 2 fallen;

4) natürliche oder juristische Personen des privaten Rechts, die auf dem Gebiet der Trinkwasser- oder Energieversorgung oder des Verkehrs oder der Telekommunikation aufgrund von besonderen staatlichen Lizenzen tätig sind (so genannte Sektorenauftraggeber);

5) Privatunternehmen, die für Tiefbaumaßnahmen, die Errichtung von Krankenhäusern, Sport-, Schul- und Verwaltungsgebäuden, von Stellen, die unter die Nr. 1–3 fallen, mit mehr als 50 % Mittel erhalten;

6) natürliche oder juristische Personen des privaten Rechts, die mit Stellen, die unter die Nr. 1–3 fallen, ein Vertrag über eine Baukonzession abgeschlossen haben.

---

174 Bejahend OLG Celle, VergabeR 2004, 397, 405 f.; BauR 2000, 405, 406; OLG Jena, BauR 2000, 396, 401; OLG Saarbrücken, Beschl. v. 29.10.2003 – 1 Verg 2/03, NZBau 2004, 117, 118; offen lassend BayObLG, VergabeR 2004, 743, 745; OLG Düsseldorf, Beschl. v. 23.03.2005, Verg 77/04, bejahend hingegen, wenn daneben auch ungesunde Begleiterscheinungen des Wettbewerbs behauptet werden, VergabeR 2001, 128; OLG Bremen, Beschl. v. 24.05.2006 – Verg 1/2006; verneinend BayObLG VergabeR 2002, 637, 640; BayObLG VergabeR 2001, 65.
175 OLG Bremen, Beschl. v. 24.05.2006 – Verg 1/2006.
176 OLG Naumburg, VergabeR 2005, 779, 784 unter Verweis auf BGH, Beschl. v. 18.05.2004, X ZB 7/04.

1.6.1 Gebietskörperschaften

Gebietskörperschaften und deren Sondervermögen nach Ziffer 1 stellen den klassischen Fall des öffentlichen Auftraggebers dar. Dabei handelt es sich um den Bund, die Länder, Städte und Gemeinden, Landkreise, Zweckverbände und in Nordrhein Westfalen auch die Landschaftsverbände. Sondervermögen sind insbesondere auch kommunale Eigenbetriebe, die nicht als eigene juristische Personen in Erscheinung treten, sondern mit ihren Ausgaben und Einnahmen in den Haushaltsplänen der Körperschaften aufgeführt sind.

101

1.6.2 Juristische Personen

Zu den anderen juristischen Personen des öffentlichen und privaten Rechts nach § 98 Nr. 2 GWB gehören solche, die zumindest mit einem Teil – auch einem untergeordneten – ihrer betrieblichen Aktivitäten der Erfüllung klassischer staatlicher Aufgaben dienen, wie etwa in Österreich die dortige Staatsdruckerei.[177] Die Vergabekoordinierungsrichtlinie 2004/18/EG enthält in Anhang III ein nicht erschöpfendes Verzeichnis der Einrichtungen, die die Kriterien des funktionalen Auftraggeberbegriffs erfüllen.[178] Bei den dort genannten Einrichtungen kann davon ausgegangen werden, dass sie zu den öffentlichen Auftraggebern nach § 98 Nr. 2 GWB zählen. Eine unmittelbar konstitutive Wirkung kommt dem Anhang zur Vergabekoordinierungsrichtlinie allerdings nicht zu. Öffentliche Auftraggeber im Sinne der Richtlinie – und damit entsprechend § 98 Nr. 2 GWB – sind insbesondere folgende Stellen:

102

2.1 juristische Personen des öffentlichen Rechts: die bundes-, landes- und gemeindeunmittelbaren Körperschaften, Anstalten und Stiftungen des öffentlichen Rechts, insbesondere in folgenden Bereichen:

2.1.1 Körperschaften

- ➢ wissenschaftliche Hochschulen und verfasste Studentenschaften
- ➢ berufsständische Vereinigungen (Rechtsanwalts-, Notar-, Steuerberater-, Wirtschaftsprüfer-, Architekten-, Ärzte- und Apothekerkammern)
- ➢ Wirtschaftsvereinigungen (Landwirtschafts-, Handwerks-, Industrie- und Handelskammern, Handwerksinnungen, Handwerkerschaften
- ➢ Sozialversicherungen (Krankenkassen,[179] Unfall- und Rentenversicherungsträger)
- ➢ Kassenärztliche Vereinigungen
- ➢ Genossenschaften und Verbände

---

177 EuGH, WuW/E Verg 23; ergänzend dazu EuGH, WuW/E Verg 161 (Gemeente Arnhem).
178 ABl. Nr. L 134, v. 30.04.2004, S. 114.
179 Anders für die AOK Bayern BayObLG, VergabeR 2004, 629, 631; dazu krit. OLG Düsseldorf, VergabeR 2006, 893, 898.

1 Grundsätze des Vergabeverfahrens

2.1.2 Anstalten und Stiftungen

Die der staatlichen Kontrolle unterliegenden und im Allgemeininteresse tätig werdenden Einrichtungen nichtgewerblicher Art, insbesondere in folgenden Bereichen:

- ➤ rechtsfähige Bundesanstalten;
- ➤ Vorsorgungsanstalten und Studentenwerke;
- ➤ Kultur-, Wohlfahrts- und Hilfsstiftungen;

2.2 juristische Personen des Privatrechts:

Die der staatlichen Kontrolle unterliegenden und im Allgemeininteresse tätig werdenden Einrichtungen nichtgewerblicher Art, einschließlich der kommunalen Versorgungsunternehmen:

- ➤ Gesundheitswesen, (Krankenhäuser, medizinische Forschungseinrichtungen, Kurmittelbetriebe, Untersuchungs- und Tierkörperbeseitigungsanstalten);
- ➤ Kultur, (öffentliche Bühnen, Orchester, Museen, Bibliotheken, Archive, Zoologische und Botanische Gärten);
- ➤ aus dem Bereich des Sozialen: Kindergärten, Kindertagesstätten, Erholungseinrichtungen, Kinder- und Jugendheime, Freizeiteinrichtungen, Gemeinschafts- und Bürgerhäuser, Frauenhäuser, Altersheime und Obdachlosenunterkünfte;
- ➤ Sport: Schwimmbäder, Sportanlagen und Einrichtungen;
- ➤ Sicherheit: Feuerwehren und Rettungsdienste;
- ➤ Bildung: Volkshochschulen, Bildungseinrichtungen für Umschulung, Aus- und Fortbildung;
- ➤ aus dem Bereich der Wissenschaft, Forschung und Entwicklung: Großforschungseinrichtungen, wissenschaftliche Gesellschaften und Vereine, Wissenschaftsförderung;
- ➤ Entsorgung: Straßenreinigung, Abfall- und Abwasserbeseitigung;
- ➤ aus dem Bereich Bauwesen und Wohnungswirtschaft: Stadtplanung, Stadtentwicklung, Wohnungsunternehmen, soweit im Allgemeininteresse tätig, Wohnraumvermittlung;
- ➤ Wirtschaftsförderungsgesellschaften;
- ➤ Friedhofs- und Bestattungswesen;
- ➤ Stellen für die Zusammenarbeit mit Entwicklungsländern, (Finanzierung, technische Zusammenarbeit, Entwicklungshilfe und Ausbildung.

103 Schon der – inhaltlich praktisch identische – Vorgänger des Anhangs II der Vergabekoordinierungsrichtlinie, der Anhang I der Baukoordinierungsrichtlinie war zwar nicht Bestandteil des GWB; es kann jedoch davon ausgegangen werden, dass bei Er-

lass des GWB und Umsetzung der EU-Richtlinien dieser Anhang und sein definitorischer Gehalt bekannt war und gesetzgeberisch gebilligt wurde, so dass im Zweifelsfalle davon auszugehen ist, dass Auftraggeber, die unter die Kategorien des Anhangs I zur Baukoordinierungsrichtlinie fallen, auch öffentliche Auftraggeber im Sinne von § 98 Nr. 2 GWB sein sollen.[180] Gleichwohl ist es stets von Bedeutung, die einzelnen Merkmale von § 98 Nr. 2 GWB auf den jeweiligen Fall anzuwenden und anhand dessen festzustellen, ob eine öffentliche Auftraggebereigenschaft konkret bejaht werden kann.[181]

Wird eine juristische Person des Privatrechts, die staatlicher Kontrolle unterliegt, im Allgemeininteresse tätig, ist diese Tätigkeit aber nicht im Katalog der Vergabekoordinierungsrichtlinie aufgeführt, so ist die Nichtgewerblichkeit gesondert zu prüfen. Der EuGH vertritt die Ansicht, dass eine zwar ohne Gewinnerzielungsabsicht, aber gem. Satzung an Leistungs-, Effizienz- und Wirtschaftlichkeitskriterien gebundene Messegesellschaft, die das Risiko ihrer Tätigkeit selbst trägt und die in einem wettbewerblich geprägten Umfeld sich betätigt, gewerblich tätig und damit kein öffentlicher Auftraggeber ist.[182] Dem ist nur unter der Voraussetzung zuzustimmen, dass die Messegesellschaft tatsächlich einem Wettbewerb ausgesetzt ist[183] und ihr kein Mechanismus zum Ausgleich etwaiger finanzieller Verluste zur Verfügung steht. Entsprechend hat das Kammergericht den Status der Messe Berlin GmbH als öffentlicher Auftraggeber konkret überprüft und bejaht,[184] insbesondere weil das Gewicht der wettbewerblichen Aspekte insgesamt hinter wettbewerbsuntypischen Aspekten, namentlich dem fehlenden Risiko für die eigene unternehmerische Betätigung zurückbleibe. Die Messe sei öffentlicher Auftraggeber, weil sich das Land dieses von ihm mit 99,7 % der Geschäftsanteile beherrschten Unternehmens aus Gründen des Allgemeininteresses bediene und seine Existenz durch Zuwendungen beständig und unabhängig von der betriebswirtschaftlichen Rentabilität finanziere. Der Betrieb der Messegesellschaft diene deshalb generell der Förderung der Wirtschaft in der Region, was auch die Satzung zu Ausdruck bringe, wenn dort von der Stärkung des regionalen Messeplatzes im In- und Ausland die Rede sei.[185] Diese Erwägungen dürften für die meisten deutschen Messegesellschaften gelten.

Nicht im Anhang III erfasste juristische Personen sind noch die staatlich anerkannten Religionsgemeinschaften,[186] die öffentlich-rechtlichen Rundfunkanstalten[187] und die öffentlich-rechtlichen Sparkassen.[188]

---

180 Ingenstau/Korbion-Müller-Wrede, 15. Aufl. 2004, § 98 GWB, Rn. 8.
181 KG, VergabeR 2003, 355, 356 ff.; KG, VergabeR 2005, 236 (Öffentliche Wohnungsbauunternehmen).
182 EuGH, Urt. v. 10.05.2001, C-223/99 und C-266/99 (Agorà) WuW/E VergR 443 = VergabeR 2001, 281.
183 Ingenstau/Korbion-Müller-Wrede, § 98 GWB, Rn. 32.
184 Beschl. v. 27.07.2006, 2 Verg 5/06.
185 KG, Beschl. v. 27.07.2006, 2 Verg 5/06; VergabeNews 2006, 97; vgl. Leinemann/Kirch, VergabeNews 2005, 42 ff.
186 Vgl. dazu VK Hessen, Beschl. v. 26.04.2006, 69 dVK-15/2006.
187 Dazu jetzt die Vorlageentscheidung des OLG Düsseldorf, Beschl. v. 21.07.2006, VII Verg 13/06, VergabeR 2006, 893.
188 Dazu näher Byok/Jaeger-Werner, § 97 GWB, Rn. 392, 397, 419.

1.6.2.1 Beherrschender Einfluss staatlicher Stellen

106 Es kommt dabei entscheidend auf die Frage an, ob eine *staatliche Stelle einen beherrschenden Einfluss* ausüben kann. Nach § 98 Nr. 2 GWB liegt dies insbesondere vor, wenn staatliche Stellen einzeln oder gemeinsam durch Beteiligung oder auf sonstige Weise den Auftraggeber überwiegend finanzieren oder über die Leitung die Aufsicht ausüben oder mehr als die Hälfte der Mitglieder eines ihrer zur Geschäftsführung oder zur Aufsicht berufenen Organe bestimmt haben. Öffentliche Auftraggeber sind danach Unternehmen, deren Kapital zu mehr als 50 % bei einer staatlichen Körperschaft oder deren Sondervermögen liegt, so auch Gemeinschaftsunternehmen, von denen der Staat mehr als 50 % des Kapitals hält oder deren Tätigkeit er zu mehr als 50 % finanziert.[189] Das Erfordernis der überwiegenden Finanzierung der juristischen Person bezieht sich auf diese juristische Person selbst. Zahlungen, denen eine konkrete Gegenleistung gegenübersteht, zählen nicht zur Finanzierung.[190] Auch die überwiegende Finanzierung lediglich einzelner Aufgabenbereiche der juristischen Person genügt nicht.[191]

107 Ob für den Begriff der Beherrschung auf § 17 Aktiengesetz zurückgegriffen werden kann, ist streitig.[192] Die Vorschrift taugt als Anhaltspunkt; maßgeblich können jedoch allein die Merkmale des § 98 Nr. 2 GWB sein. Für den beherrschenden Einfluss stellt es daher ein weiteres entscheidendes Merkmal dar – alternativ zur Kapitalbeteiligung bzw. Finanzierung –, ob eine Körperschaft die Aufsicht über die Leitung des Unternehmens ausübt. Entscheidend soll sein, ob die Form der Aufsicht es der öffentlichen Hand ermöglicht, die Entscheidung der Einrichtung in Bezug auf öffentliche Aufträge zu beeinflussen.[193] Auch eine gemeinsame Beherrschung des Unternehmens, etwa zusammen mit einem »echten« privaten Gesellschafter und dem öffentlichen Auftraggeber, reicht aus, um den Anwendungsbereich des Kartellvergaberechts zu indizieren.[194] Das gilt auch, wenn die gemeinsame Gesellschaft z. B. Aufgaben für die Bundeswehr erfüllt.[195] Eine bloße nachprüfende Kontrolle erfüllt nicht das Tatbestandsmerkmal der Aufsicht über die Leitung i. S. d. § 98 Nr. 2 GWB (Abs. 1 b Unterabs. 2, dritter Gedankenstrich der Richtlinie 93/96.)[196] Kontrolliert die öffentliche Hand nicht nur die Jahresabschlüsse der betreffenden Einrichtung, sondern auch ihre laufende Verwaltung mit Blick auf die ziffernmäßige Richtigkeit, Ordnungsmäßigkeit, Sparsamkeit, Wirtschaftlichkeit und Zweckmäßigkeit und ist die öffentliche Hand berechtigt, die Betriebsräume zu besichtigen und über das Ergebnis der Prüfung einer mittelbar an dieser Einrichtung beteiligten Gebietskörperschaft zu berichten, so ist das Kriterium des Ausübens der Aufsicht über die Leitung erfüllt.[197] Eine Beherrschung liegt ebenfalls vor, wenn entweder die

---

189 Byok/Jaeger-Werner, § 98, Rn. 262; EuGH, Urt. v. 03.10.2000, Rs. C-380/98 (Univ. of Cambridge) WuW/E Verg. 371 = VergabeR 2001, 111.
190 EuGH, Urt. v. 03.10.2000, Rs C-380/98; Immenga/Mestmäcker-Dreher, § 98 GWB, Rn. 45; Byok/Jaeger-Werner, § 98 GWB, Rn. 352.
191 BayObLG, VergabeR 2003, 94, 96 (Rotes Kreuz).
192 Dafür: VÜA Bund, Beschl. v. 12.04.1995, 1VÜ 1/95.
193 EuGH, Urt. v. 01.02.2001; Rs. C-237/99, VergabeR 2001, 118.
194 Byok/Jaeger-Werner, § 98 GWB, Rn. 358.
195 OLG Düsseldorf, Beschl. v. 30.04.2003, Verg 67/02 (Kampfstiefel).
196 Sreitig, ob Rechtsaufsicht ausreicht: wohl dafür: OLG Düsseldorf, Beschl. v. 06.07.2005, Verg 22/05; dagegen BayObLG, VergabeR 2004, 629.
197 EuGH, VergabeR 2003, 296, 304; OLG Düsseldorf, VergabeR 2003, 435, 440 f.

Geschäftsführung oder die zur Aufsicht berufenen Organe zu mehr als 50 % von einer Gebietskörperschaft oder deren Sondervermögen bestimmt werden. Damit dürften unter § 98 Nr. 2 GWB insbesondere auch öffentlich rechtliche Rundfunkanstalten fallen,[198] während durch den Wegfall des Gewährsträgerhaftung im Bereich der Sparkassen wohl von einer regulären Wettbewerbssituation ausgegangen werden kann.[199]

1.6.2.2 Erfüllung im Allgemeininteresse liegender Aufgaben

Neben diesen Kriterien gehört zur Bejahung der öffentlichen Auftraggebereigenschaft im Sinne von § 98 Nr. 2 GWB auch das Merkmal, dass die Einrichtung *im Allgemeininteresse liegende Aufgaben* nichtgewerblicher Art zu erfüllen hat. Dabei bezieht sich die Nichtgewerblichkeit auf die zu erfüllende, im Allgemeininteresse liegende Aufgabe und nicht auf die jeweilige Person.[200] Der Wortlaut des § 98 Nr. 2 GWB spricht davon, dass die juristische Person zu dem besonderen Zweck gegründet wird, im Allgemeininteresse liegende Aufgaben nichtgewerblicher Art zu erfüllen. Dieses aus den europarechtlichen Vorgaben übernommene Kriterium wurde bereits vom EuGH dahin gehend relativiert, dass eine Einrichtung, die zwar nicht zu dem besonderen Zweck gegründet wurde, die jedoch später solche Aufgaben übernommen hat und diese seither tatsächlich wahrnimmt, auch dieses Tatbestandsmerkmal erfüllt.[201] Dabei wird man in der Regel davon ausgehen können, dass das Handeln in öffentlich-rechtlicher Rechtsform einem Allgemeininteresse dient. Bei privatrechtlicher Rechtsform gilt dieser Ausgangspunkt nicht mehr; greifbare Kriterien sind in der Literatur und Rechtsprechung bislang nicht entwickelt worden, so dass jeweils im Einzelfall entschieden wurde. Darüber hinaus ist das Merkmal der Nichtgewerblichkeit heranzuziehen, da eine gewerbliche Tätigkeit ohnehin nicht dem Vergaberecht unterliegen soll und regelmäßig Gemeinden schon durch die Gemeindeordnung gehindert sind, Wirtschaftsunternehmen zu gründen, wenn sie einem rein kommerziellen Zweck dienen sollen.[202] Das Tatbestandsmerkmal des Allgemeininteresses wird durch das Merkmal der Nichtgewerblichkeit konkretisiert.[203] Dabei ist ein wichtiges Kriterium die Absicht, durch die Erfüllung der im Allgemeininteresse liegenden Aufgabe Gewinn zu erzielen. Diese Absicht kann allerdings nicht schon angenommen werden, wenn ein Unternehmen entsprechend seiner kommerziellen Wettbewerber organisiert ist. Auch das Angebot solcher Leistungen durch andere private Anbieter ist noch kein sicheres Indiz.[204] Darüber hinaus muss generell in dem Marksegment Wettbewerb vorliegen. Auch das Kriterium der Nichtgewerblichkeit ist daher letztlich nur ein Anhaltspunkt für die Ermittlung der Auftraggeberschaft im Einzelfall.

108

Werden gesetzlich bestimmte »öffentliche Aufgaben« als Staatsaufgaben wahrgenommen, so dürfe dies eine im Allgemeininteresse liegende Aufgabe nichtgewerblicher Art

109

---

198 Das ist allerdings hoch streitig, vgl. Bechtoldt, § 98 GWB, Rn. 16, 17.
199 OLG Rostock, VergabeR 2005, 629.
200 OLG Düsseldorf, Beschl. v. 30.04.2003, Verg 67/02 (Tochtergesellschaft der LH Bundeswehr Bekleidungs GmbH).
201 EuGH, VergabeR 2003, 141, 149.
202 So z. B. § 107 Gemeindeordnung Nordrhein Westfalen.
203 EuGH, Slg. 1998, I-73; Slg. 1998, I-6821.
204 EuGH, Slg. 1998, I-6821; EuGH, VergabeR 2003, 296, 303.

1 Grundsätze des Vergabeverfahrens

darstellen, so etwa bei der Bestellung gemeinwirtschaftlicher Verkehre durch die Aufgabenträger im öffentlichen Personennahverkehr. Diese Verkehrsdienste stellen eine gesetzlich zugewiesene Aufgabe der Daseinsvorsorge nach § 1 Abs. 1, § 4 PBefG dar. Generell wird ein Handeln in öffentlicher Rechtsform im Bereich der Daseinsvorsorge die Vermutung nach sich ziehen, dass es dem Allgemeininteresse diene.[205] Das führt konsequent zu der Annahme, dass juristische Personen des öffentlichen Rechts (Körperschaften, Anstalten und Stiftungen des öffentlichen Rechts) regelmäßig unter den funktionalen öffentlichen Auftraggeberbegriff fallen.

Auch die öffentliche Hand hat im Rahmen ihrer Verwaltungstätigkeit (mit Ausnahme der Eingriffsverwaltung) eine Freiheit hinsichtlich der Rechtsform ihres Handelns zur Aufgabenerfüllung. Diese kann auch durch privatrechtliche Gesellschaften erfolgen. Das Handeln einer privatrechtsförmigen Gesellschaft (etwa GmbH, AG) führt aber gemäß § 98 Nr. 2 GWB nicht aus dem Vergaberecht hinaus, wenn die jeweilige Gesellschaft nach ihrem Gründungszweck nichtgewerbliche Aufgaben im Allgemeininteresse wahrnimmt. Hier kommt es wiederum auf den Einzelfall an. Im Bereich der Bereitstellung von Verkehrs- und oder kommunalen Infrastrukturen wie Abwassernetzen oder ÖPNV-Dienstleistungen kann in Anbetracht der historischen Entwicklung auf diesem bis vor kurzem gänzlich kommunal dominierten Sektor vom Vorliegen einer Aufgabe im Allgemeininteresse ohne weiteres ausgegangen werden. Soweit die öffentliche Hand neue Tätigkeitsfelder besetzt und eine entsprechende Zuordnung schwierig ist, wird grundsätzlich eine Vermutung für die Wahrnehmung von Aufgaben im Allgemeininteresse anzunehmen sein. Ein Rückschluss von der privaten Rechtsform auf gewerbliches Handeln ist wegen der umfassenden Verpflichtung der öffentlichen Hand auf das Gemeinwohl nicht zulässig.[206]

110 Kommunale Wirtschaftsunternehmen müssen nach den einschlägigen Vorschriften der jeweiligen Gemeindeordnungen durch eine öffentliche Zwecksetzung gerechtfertigt sein. Kommunales Wirtschaftsengagement ist demnach letztlich zweckgebundene Verwaltungstätigkeit, die auf die Verwirklichung des Gemeinwohls gerichtet sein muss. Grundsätzlich muss ein öffentlicher Zweck das jeweilige Unternehmen rechtfertigen, die wirtschaftliche Tätigkeit in angemessenem Verhältnis zur Leistungsfähigkeit der Gemeinde stehen und der verfolgte Zweck nicht durch andere besser oder ebenso gut erfüllt werden können.[207] Ob rein gewinnorientierte Unternehmen, deren Leistungen nur über die Erträge mittelbar den Bürgern zugute kommen, durch einen öffentlichen Zweck gerechtfertigt, sind, ist umstritten.[208] Grundsätzlich ist aber auch bei öffentlichen Unternehmen in privatrechtlicher Organisationsform davon auszugehen, dass sie jedenfalls Aufgaben im Allgemeininteresse wahrnehmen, da andernfalls ihre öffentlich-rechtliche Zulässigkeit in Frage steht.

---

205 OLG München, Beschl. v. 07.06.2005, Verg 4/05, VergabeR 2005, 620, 623.
206 So auch *Reidt/Stickler/Glahs-Stickler*, GWB, § 98, Rn. 20.
207 So genannte Schrankentrias. Die Vorgaben können nach Maßgabe der jeweiligen Gemeindeordnung divergieren.
208 Dagegen etwa: BVerfGE 61, 82, 107; *Badura*, DÖV 1998, 818, 821; *Ehlers*, DVBl. 1998, 497, 499; *Löwer*, DVBl. 2000, 1757; *Papier*, DVBl. 2003, 686, 688 f. Dafür etwa *Britz*, NVwZ 2001, 380, 383; *Cremer*, DÖV 2003, 921, 930.

1.6.2.3 Aufgaben nichtgewerblicher Art

Die im Allgemeininteresse liegende Aufgabenerfüllung muss des Weiteren nichtgewerblicher Art sein. Die Nichtgewerblichkeit dient der Konkretisierung des Tatbestandmerkmals der Allgemeininteressen.[209] Zur Bestimmung der Nichtgewerblichkeit kommt es nicht auf den Gewerbebegriff des nationalen Gewerberechts an. Dieses Merkmal ist vielmehr nach dem Ziel der Vergaberichtlinien, Hemmnisse für den freien Waren- und Dienstleistungsverkehr abzubauen, auszulegen. Das Vergaberecht soll eine Diskriminierung von Unternehmen bei Beschaffungsvorgängen durch Auftraggeber, die nicht den Kräften des Marktes ausgesetzt sind und durch diese zu einem Verhalten nach Wirtschaftlichkeitskriterien veranlasst sind, verhindern. Damit kommt es im Kern darauf an, ob sich ein Auftraggeber von wirtschaftlichen Überlegungen leiten lässt. So kann das Vorliegen eines entwickelten Wettbewerbs, in welchem das fragliche Unternehmen tätig ist, und das Bestehen einer Konkurrenzsituation,[210] eine an Leistungs-, Effizienz- und Wirtschaftlichkeitskriterien ausgerichtete Geschäftsführung sowie das Tragen des wirtschaftlichen Risikos zur vergaberechtlichen Gewerblichkeit einer Tätigkeit führen und damit die Auftraggebereigenschaft entfallen lassen.[211]

111

Hier ist allerdings zu beachten, dass allein das Vorhandensein eines entwickelten Wettbewerbs nicht den Schluss zulässt, dass keine im Allgemeininteresse liegende Aufgabe nichtgewerblicher Art vorliegt. Das Vorliegen eines wettbewerblich geprägten Umfelds ist nur einer von mehreren Bausteinen, die die fehlende Auftraggebereigenschaft indizieren.[212] Es ist unter Berücksichtigung aller rechtlichen und tatsächlichen Umstände, unter anderem der Umstände, die zur Gründung der betreffenden Einrichtung geführt haben und der Voraussetzung, unter der sie ihre Tätigkeiten ausübt, zu beurteilen, ob eine derartige Aufgabe vorliegt.[213]

112

Eine nichtgewerbliche Tätigkeit im Sinne des Vergaberechts kann zu verneinen sein, wenn die Geschäftsführung einer privatrechtsförmigen Gesellschaft nach der Satzung an Leistungs-, Effizienz- und Wirtschaftlichkeitskriterien auszurichten ist. Fehlt ein Mechanismus zum Ausgleich etwaiger finanzieller Verluste und trägt das Unternehmen selbst das wirtschaftliche Risiko seiner Tätigkeit, so kann es an der Nichtgewerblichkeit fehlen, auch wenn das Unternehmen keine Gewinnerzielungsabsicht verfolgt. Nicht allein das Streben nach Gewinn, sondern erst die Übernahme des aus der Tätigkeit folgenden Risikos führt dazu, dass das Verhalten eines Unternehmens tatsächlich von wirtschaftlichen Überlegungen geleitet wird.

113

Nur wenn ein Unternehmen die erwirtschafteten Verluste selbst tragen muss, wird es innerhalb marktmäßiger Mechanismen tätig, die eine Anwendung des Regimes des europäischen Vergaberechts obsolet werden lassen.[214] Die Wahrnehmung einer Aufgabe nichtgewerblicher Art kann damit vor allem bei – praktisch bisher nicht relevanten –

114

---

209 EuGH, Urt. v. 10.11.1998 – C-360/96, Rn. 32.
210 EuGH, Urt. v. 10.11.1998 – C-360/96, Rn. 49.
211 EuGH, Urt. v. 10.05.2001 – C-223/99, C-266/99 – »Ente Fiera«, VergabeR 2001, 281 ff.
212 Siehe EuGH, Urt. v. 10.05.2001 – C-223/99, C-266/99 – »Ente Fiera«, VergabeR 2001, 281 ff.
213 EuGH, Urt. v. 27.02.2003 – C-373/00 – »Truley«, VergabeR 2003, 296 ff.
214 OLG München, Beschl. v. 07.06.2005, Verg 4/05, VergabeR 2005, 620, 623 – nichtgewerblich, da Verluste aus dem Stiftungsvermögen ausgeglichen werden.

1 Grundsätze des Vergabeverfahrens

gemischtwirtschaftlichen Unternehmen im Zusammenhang mit Konzessionsvereinbarungen fraglich sein.

115 Hinsichtlich einer Orientierung der Geschäftsführung von öffentlichen Unternehmen an Effizienz- und Wirtschaftlichkeitskriterien ist auch zu berücksichtigen, dass das Erfordernis einer öffentlichen Zwecksetzung bei kommunalen Wirtschaftsunternehmen rein gewinnorientierte Unternehmen nicht zulässt. Zwar ist eine Gewinnmitnahme unproblematisch. Die Frage, ob und unter welchen Voraussetzungen ein öffentliches Unternehmen in den Markt expandieren und rein wettbewerblich tätig werden kann, ist aber noch unbeantwortet.[215] Ein Unternehmen, welches voll im Markt steht und die gleichen Leistungen wie die Wettbewerber anbietet, wird sich nur noch schwerlich über einen öffentlichen Zweck rechtfertigen lassen. Eine »gewerbliche« Tätigkeit im Sinne des Kartellvergaberechts kann also dazu führen, dass zwar vergaberechtlich die öffentliche Auftraggebereigenschaft entfällt. Kommunalwirtschaftsrechtlich führt dies aber zu Zweifeln an der Zulässigkeit der Tätigkeit.

116 Nach den vorstehenden Ausführungen dürfte es nicht überraschen, dass die meisten Auftraggeber, die in irgendeiner Weise staatliche Beteiligungen aufweisen oder durch staatliche Mittel finanziert werden, Argumentationen entwickelt haben, warum gerade sie nicht unter § 98 Nr. 2 GWB fallen. Hier haben sich besonders die Deutsche Bahn AG und die im Rahmen der Aufspaltung entstandenen Konzerngesellschaften DB Netz AG und DB Station und Service AG hervorgetan. Das Kapital des Konzerns liegt nicht nur zu 100 % bei der Bundesrepublik Deutschland, sondern im Baubereich werden zudem alle wesentlichen Bauaktivitäten unmittelbar durch das Bundesministerium für Verkehr zu einem großen Teil finanziert. Die Deutsche Bahn AG und ihre Konzerngesellschaften haben naturgemäß ein erhebliches Interesse daran, nicht als öffentlicher Auftraggeber im Sinne von § 98 Nr. 2 GWB zu gelten, sondern die freizügigeren Möglichkeiten eines Sektorenauftraggebers nach § 98 Nr. 4 in Anspruch nehmen zu können, insbesondere nach Belieben die Auftragsvergabe im Verhandlungsverfahren durchzuführen, das für Auftraggeber nach § 98 Nr. 2 GWB regelmäßig ausscheidet. Jedenfalls für den Baubereich ist festzustellen, dass die DB Netz AG quasi Monopolist bei der Durchführung von nicht nur untergeordneten Gleis- und Streckenbauarbeiten in Deutschland ist und dass die Aufrechterhaltung der Eisenbahn-Verkehrsinfrastruktur im politischen Raum zur Wahrung des Allgemeininteresses allerhöchste Priorität besitzt, was nicht zuletzt die heftige Diskussion um Stilllegungen selbst kleinster Nebenstrecken und Bahnhöfe belegt. Bau und Erhaltung von Eisenbahnstrecken dienen damit nicht nur dem Allgemeininteresse, sondern können offenbar auch nicht gewerblich betrieben werden, da es nicht nur kaum je gelungen ist, in diesem Bereich einen Gewinn zu erzielen, sondern die Gewinnerzielung mittlerweile auch auf absehbare Zeit nicht mehr realistisch erwartet wird. Allenfalls der Betrieb von Eisenbahnverkehr kann – zumindest in kleinem Maßstab – die Vermutung einer Gewinnerzielungsabsicht für sich in Anspruch nehmen. Richtigerweise hat bereits der Vergabeüberwachungsausschuss des Bundes für den Bereich Fahrweg die Qualifizierung als öffentliches Unternehmen im Sinne des heutigen § 98 Nr. 2 GWB bejaht.[216] Dem sind die Vergabe-

---

215 Siehe etwa *Kirch*, Mitwirkungsverbote bei Vergabeverfahren, S. 37 m. w. N.
216 VÜA-Bund, WuW/E Verg 64, 67; ebenso Schlenke/Thomas, BauR 1997, 413, 414 f.

kammern des Bundes gefolgt.[217] Damit steht auch nach Durchführung der Bahnreform jedenfalls für die DB Netz AG, aber auch für die DB Station und Service AG die Auftraggebereigenschaft nach § 98 Nr. 2 GWB feststehen.[218]

Öffentlicher Auftraggeber im Sinne von § 98 Nr. 2 GWB ist ferner die Deutsche Post AG, jedenfalls soweit sie im Bereich des Postdienstes auf der Basis der ihr erteilten ausschließlichen Lizenz tätig ist.[219] Die Deutsche Telekom AG fällt wie die übrigen Telekommunikationsunternehmen nicht unter § 98 Nr. 2 GWB, ebenso wenig wie die Deutsche Postbank AG. Aufgrund des wirtschaftsfördernden Charakters der Messegesellschaften sind diese richtigerweise als öffentliche Auftraggeber nach § 98 Nr. 2 GWB zu klassifizieren.[220] Im Bereich des Beschaffungswesens ist zudem nicht zu erkennen, weshalb Religionsgemeinschaften bei konventioneller Beschaffungstätigkeit keine Auftraggeber nach § 98 Nr. 2 GWB sein sollten.[221] Auch die Träger der gesetzlichen Unfallversicherung sind öffentliche Auftraggeber im Sinn von § 98 Nr. 2 GWB.[222]

117

1.6.3 Verbände

Öffentliche Auftraggeber sind gemäß § 98 Nr. 3 GWB auch *Verbände*, deren Mitglieder unter § 98 Nr. 1 oder Nr. 2 GWB fallen. Das betrifft insbesondere kommunale Zweckverbände, die keine immanent eigenen Rechte haben, sondern über die Hoheitsrechte ihrer Mitgliedskörperschaften ableiten.[223] Auch eine Gesellschaft bürgerlichen Rechts ist ein »Verband« im Sinne von § 98 Nr. 3 GWB. Die dem Vergaberecht eigene funktionale Betrachtungsweise führt zu einer weiten Auslegung dieses Begriffs. Er umfasst Zusammenschlüsse aller Art, ungeachtet der jeweiligen Rechtsform.[224]

118

---

217 VK Bund, Beschl. v. 21.01.2004, VK 2-126/03; Beschl. v. 11.03.2004, VK 1-151/03.
218 Ingenstau/Korbion-Müller-Wrede, § 98 GWB, Rn. 38; Jasper, DB 1997, 915, 917; Möschel, WuW 1997, 120, 123; Ingenstau/Korbion, Vergaberechtsänderungsgesetz, § 98 Rn. 22; Reidt/Stickler/Glahs, § 98 GWB, Rn. 38 f., jedoch nicht für die Tochtergesellschaften; Dreher in Immenga-Mestmäcker, § 98 GWB, Rn. 62, jedoch nur für DB Netz AG; a. A. Rechtsberater der DB AG, so Heiermann, BauR 1996, 443; ZVgR 1999, 173 f.; aber auch Bechtoldt, § 98 GWB, Rn. 19; Byok/Jaeger-Werner, § 98 GWB, Rn. 323, der meint, dass die DB Netz AG im »Intermodalen Wettbewerb« stünde; noch offen gelassen OLG Düsseldorf, Beschl. v. 08.05.2002, Verg 8-15/01.
219 Meinungsstand bei Byok/Jaeger-Werner, § 98 GWB, Rn. 300 ff.
220 KG, Beschl. v. 27.07.2006, 2 Verg 5/06, VergabeNews 2006, 97, für die Messe Berlin; Ingenstau/Korbion/Müller-Wrede, § 98 GWB, Rn. 32.
221 Byok/Jaeger-Werner, § 98 GWB, Rn. 319. Werden kirchliche Maßnahmen zu mehr als 50 % durch öffentliche Mittel subventioniert, ist die Auftraggebereigenschaft nach § 98 Nr. 5 GWB begründet, Ingenstau/Korbion-Müller-Wrede, § 98 GWB, Rn. 24. Anders VK Hessen, Beschl. v. 26.04.2006, 69 d VK – 15/2006 wenn eine Religionsgemeinschaft überwiegend kirchliches Eigentum nutzt und verwaltet.
222 OLG Düsseldorf, Beschl. v. 06.07.2005, Verg 22/05.
223 BayObLG, Beschl. v. 12.04.2000, Verg 1/00; Leinemann/Kirch, S. 41; Byok/Jaeger-Werner, § 98 GWB, Rn. 301.
224 OLG Düsseldorf, Beschl. v. 06.07.2005, Verg 22/05.

1.6.4 Sektorenauftraggeber

119 *Sektorenauftraggeber* sind nach § 98 Nr. 4 GWB solche natürlichen und juristischen Personen des privaten Rechts, die auf dem Gebiet der Trinkwasser- oder Energieversorgung oder des Verkehrs oder der Telekommunikation aufgrund von besonderen staatlichen Lizenzen tätig sind oder wenn Auftraggeber nach § 98 Nr. 1 bis 3 GWB auf solche Unternehmen einzeln oder gemeinsam einen beherrschenden Einfluss ausüben können. Es reicht damit das Vorliegen eines der beiden Merkmale, also entweder der beherrschende Einfluss des Staates oder die Tätigkeit aufgrund vom Staat verliehener, besonderer oder ausschließlicher Rechte. Hinsichtlich des Kriteriums des beherrschenden Einflusses fehlt es an einer ähnlich umrissenen Definition wie in § 98 Nr. 2 GWB. Inhaltlich kann die Frage für Nr. 4 jedoch nicht anders beantwortet werden, so dass auf die obigen Ausführungen verwiesen werden kann. Vielfach wird eine Kategorisierung sowohl in Nr. 4 wie auch in Nr. 2 in Betracht kommen. In diesen Fällen bildet § 98 Nr. 2 die speziellere Norm gegenüber § 98 Nr. 4 GWB.[225]

120 In § 8 VgV sind die Tätigkeiten der Sektorenunternehmen näher geschildert; Unternehmen mit diesen Aktivitäten sind regelmäßig öffentliche Auftraggeber nach § 98 Nr. 4 GWB. Ausnahmen sind in § 9 VgV geregelt und betreffen im Wesentlichen die Rechtegewährung für überwiegenden Eigengebrauch sowie Fälle, wo Auftraggeber Gas und Wärme nur zwangsläufig als Produkt ihrer darauf nicht gerichteten gewerblichen Tätigkeit erzeugen und diese Erzeugung im Mittel der letzten drei Jahre nicht mehr als 20 % des Gesamtumsatzes ausgemacht hat (§ 9 Abs. 1 Nr. 3 und 4 VgV). Weitere Ausnahmetatbestände sind in § 9 Abs. 2 bis 5 VgV geregelt.[226]

1.6.5 Subventionierte private Auftraggeber

121 Schließlich ist es für eine Einstufung als öffentlicher Auftraggeber im Sinne von § 98 Nr. 5 GWB ausreichend, wenn natürliche oder juristische Personen des privaten Rechts für die in der Vorschrift abschließend aufgezählten Tiefbaumaßnahmen, die Errichtung von Krankenhäusern, Sport-, Erholungs- oder Freizeiteinrichtungen, Schul-,[227] Hochschul- oder Verwaltungsgebäude oder für damit in Verbindung stehende Dienstleistungs- und Auslobungsverfahren von Auftraggebern, die unter § 98 Nr. 1 bis 3 fallen, *mehr als 50 % der Finanzierungsmittel* erhalten. Die Vorschrift findet bei sog. Drittvergaben im Falle eines der angeführten Bauvorhaben Anwendung. Sie soll verhindern, dass sich der Staat seinen vergaberechtlichen Verpflichtungen durch Zwischenschaltung von durch ihn subventionierten Auftraggebern entzieht. Eine analoge Anwendung der Regelung auf den Bereich von Dienstleistungsaufträgen nach der VOL/A scheidet aus.[228] Die Bestimmung erfasst allerdings neben der Errichtung einer der be-

---

[225] Ansonsten wären Sektorenauftraggeber allein wegen ihrer Tätigkeit auf einem bestimmten Sektor gegenüber den übrigen öffentlichen Auftraggebern privilegiert, weil für sie dann weniger strenge Vergabevorschriften gelten würden, vgl. Bechtoldt, § 98 GWB, Rn. 27; BayOblG, Beschl. v. 05.11.2002, Verg 22/02, ZfBR 2003, 70.
[226] S. dazu oben, Rn. 62–69.
[227] Dazu zählen auch Berufsschulen, vgl. BayObLG, VergabeR 2005, 74, 75.
[228] VK Bund, Beschl. v. 08.06.2006, VK 2-114/05.

nannten Einrichtungen auch deren Modernisierung oder Instandhaltung.[229] Die Finanzierung umfasst nicht nur so genannte verlorene Zuschüsse, sondern auch andere Formen, wie beispielsweise ein zinsloses Darlehen oder Staatsgarantien, die anders nicht zu erhalten wären. Entscheidend ist, dass der Zuwendungsempfänger direkt von einem öffentlichen Auftraggeber nach § 98 Nr. 1–3 GWB subventioniert wird, indem er zur Förderung eines im öffentlichen Interesse liegenden Zwecks eine einmalige oder wiederkehrende Geldzuwendungen ohne marktgerechte Gegenleistung erhält.[230]

1.6.6 Baukonzessionäre

Schließlich führt auch die Gewährung einer so genannten *Baukonzession* nach § 98 Nr. 6 GWB zur Eigenschaft des Konzessionärs als öffentlicher Auftraggeber.[231] Baukonzessionen liegen dann vor, wenn der Auftragnehmer das Bauwerk auf seine Kosten errichtet und im Gegenzug die Möglichkeit erhält, dieses zu nutzen. Darunter fällt beispielsweise die Errichtung von Verkehrsbauwerken, die später vom Konzessionär betrieben werden und für deren Befahrung/Nutzung eine Gebühr zu entrichten ist. § 6 der VgV regelt dies noch einmal ausdrücklich.

122

Der Abschluss von Verträgen über Dienstleistungskonzessionen fällt hingegen nicht unter §§ 98, 99 GWB.[232] Dienstleistungskonzessionen sind Verträge, bei denen die übertragene Dienstleistung im öffentlichen Interesse liegt, der Staat sich also bei Übertragung dieser Pflichten auf den Dritten von einer Aufgabe entlastet und die Gegenleistung für die Erbringung des Auftrags nicht in einem vorher festgelegten Entgelt, sondern in dem Recht besteht, die zu erbringende Leistung zu nutzen oder entgeltlich zu verwerten. Der Konzessionär trägt dabei ganz oder zum überwiegenden Teil das wirtschaftliche Nutzungsrisiko.[233]

123

1.7 Begriff der öffentlichen Aufträge, § 99 GWB

Öffentliche Aufträge sind nach § 99 Abs. 1 GWB entgeltliche Verträge zwischen öffentlichen Auftraggebern und Unternehmen, die Liefer-, Bau- oder Dienstleistungen zum Gegenstand haben, und Auslobungsverfahren, die zu Dienstleistungsaufträgen führen sollen. In der Begriffsdefinition folgt § 99 GWB den entsprechenden EG-Richtlinien. Solche Leistungen, die ihren Rechtsgrund in Gesetzen und Verordnungen haben, stellen daher schon begrifflich keine öffentlichen Aufträge im Sinne des § 99 GWB dar.[234] Ein entgeltlicher Vertrag setzt keine Geldzahlung voraus. Nach der Rechtsprechung ist der Entgeltbegriff im Vergaberecht möglichst weit zu fassen. Er umfasst

124

---

229 Siehe OLG Jena, Beschl. v. 30.05.2002, 6 Verg 3/02.
230 BayObLG, VergabeR 2005, 74, 76.
231 OLG Brandenburg, BauR 1999, 1175, 1177; zur Definition BayObLG, WuW/E Verg 422.
232 EuGH, Urt. v. 07.12.2000, C-324/98, WuW/E Verg. 385; OLG Brandenburg, VergabeR 2002, 45, 48; BayObLG, VergabeR 2002, 55, 57 f., vgl. auch Kirch, VergabeNews 2006, 62 ff.
233 OLG Brandenburg, VergabeR 2002, 45, 48.
234 Bechtold, § 99 GWB, Rn. 1.

jede Art von Vergütung, die einen geldwerten Vorteil bedeutet.[235] Entscheidend ist zudem, ob es sich im weitesten Sinne um einen der öffentlichen Hand zuzuordnenden Beschaffungsvorgang handelt, so dass der Begriff des öffentlichen Auftrags in einem funktionalen Sinn verstanden werden muss.[236] Damit ist in der Regel verbunden, dass die beschafften Leistungen aus eigenen oder zugewiesenen Haushaltsmitteln des öffentlichen Auftraggebers zu bezahlen sind. Das ist auch dann der Fall, wenn die Leistungen nicht zur Wahrnehmung im Allgemeininteresse liegender Aufgaben dienen, jedoch zur Erfüllung der dem Auftraggeber gesetzten eigenen Aufgaben erforderlich sind.[237] Nicht unter das Vergaberecht fällt hingegen die Vergabe von Subventionen, wenn der jeweilige Vertrag keine Gegenleistung konstitutiv festsetzt.[238] Der Begriff des Vertrages in § 99 Abs. 1 GWB ist richtlinienkonform dahin auszulegen, dass er auch öffentlich-rechtliche Verträge und Zweckvereinbarungen umfasst.[239] Zwar sollten nach der Begründung des Regierungsentwurfes zu § 99 GWB öffentlich-rechtliche Verträge nicht unter den Begriff des entgeltlichen Vertrages fallen.[240] Insbesondere vor dem Hintergrund, dass die zugrundeliegende EG-Richtlinie 92/50/E-WG zur Vergabe öffentlicher Dienstleistungsaufträge in Art. 1 a nur von »schriftlichen entgeltlichen Verträgen« spricht, war es jedoch nicht durchsetzbar, allein auf die Form des Vertrages abzustellen.[241] Vielmehr kommt es darauf an, ob die Funktion des Vertrages die Beschaffenheit von Marktleistungen oder die Ausübung öffentlicher Gewalt zum Gegenstand hat.[242] Eine dem Vergaberecht unterliegende Beschaffungsmaßnahme liegt auch dann vor, wenn die Vergabestelle diese in die Form eines öffentlich-rechtlichen (Beleihungs-) Vertrages kleiden will[243] oder einen öffentlich-rechtlichen Erschließungsvertrag abschließt.[244] Entscheidend ist letztlich, dass rein tatsächlich ein Beschaffungsvorgang vorliegt. Das ist nicht immer schon dann gegeben, wenn eine an sich als öffentlicher Auftraggeber zu qualifizierende Stelle einen Vertrag über Lieferungen oder Leistungen abschließt. Wird z. B. eine hundertprozentige Tochtergesellschaft einer Kommune als Vertragspartnerin der Duales System Deutschland GmbH (DSD) tätig und vergibt sie

---

235 OLG Naumburg, Beschl. v. 03.11.2005 – 1 Verg 9/05, VergabeR 2006, 88; OLG Düsseldorf, Beschl. v. 12.01.2004, VII-Veg 71/03; OLG Celle, Beschl. v. 05.02.2004, 13 Verg 26/03; OLG düsseldorf, Beschl. v. 05.05.2004, VII-Verg 78/03; OLG Frankfurt, Beschl. v. 07.09.2004, 11 Verg 11/04; OLG Koblenz, Beschl. v. 06.11.2000, NZBau 2001, S. 283, 284; EuGH, Urteil vom 12.07.2001, Rs. C-399/98; EuGH, Urteil vom 26.04.1994, Rs. C-272/91); BayObLG, VergabeR 2003, 329 (Pachtvertrag mit beschaffungsrechtlichem Bezug); BGH, Beschl. v. 01.02.2005, XZB 27/04 zur Vorlagefrage des OLG Düsseldorf, Beschl. v. 27.10.2004, Verg 41/04, VergabeR 2005, 90 zur Entgeltlichkeit der Verwertung von gegen Entgelt überlassenen Altpapier.
236 EuGH, WuW/E Verg 311, 314 f. – Teckal –; BGH NZBau 2001, 517, 519.
237 OLG Düsseldorf, Beschl. 28.04.2004, VII-Verg 2/04.
238 OLG Karlsruhe, Beschl. v. 13.07.2005, 6 W 35/05 (Verg.).
239 Vgl. EuGH, Urt. v. 12.07.2001 – Rs C 399/98, VergabeR 2001, 380, 387; OLG Naumburg, Beschl. v. 03.11.2005 – 1 Verg 9/05, VergabeR 2006, 88; OLG Düsseldorf, Beschl. v. 05.05. 2004, VII Verg 78/03, OLGR 2004, 301, 303; BayObLG, VergabeR 2003, 56, 565; Graef, VergabeR 2004, 166, 168 f. m.w. N.
240 BT-Drucks. 13/9340, S. 15.
241 Niebuhr/Kulartz/Kus/Portz-Eschenbruch, § 99 Rd. 20; Reidt/Stickler/Glahs-Stickler, Vorbem. Zu §§ 97–101 GWB, Rn. 14–17; Dreher in Immenga/Mestmäcker § 99 GWB Rn. 7.
242 OLG Naumburg, VergabeR 2001, 134, 136.
243 OLG Düsseldorf, VergabeR 2002, 404, 413, m. zutr. Anm. Reuber.
244 EuGH, Urt. v. 12.07.2001, Rs. C-399/98, VergabeR 2001, 380 mit zust. Anm. Müller-Wrede.

Teile der von ihr gegenüber dem DSD übernommenen Leistungen an einen Nachunternehmer, so liegt in diesem Vertragsschluss kein öffentlicher Auftrag.[245] Eine solche Auftragsvergabe stellt keinen öffentlichen Beschaffungsvorgang dar, sondern der Auftraggeber bedient sich eines Nachunternehmers zur Erfüllung einer rein privatrechtlichen, aus seinem Vertrag mit dem DSD bestehenden Verpflichtung und erfüllt keinen eigenen, originären Leistungsbedarf. Er erhält für seine Leistungen zudem kein öffentliches Geld, sondern eine vertragliche Vergütung aus Eigenmitteln seines Auftraggebers (hier des DSD). Auch nach diesen Grundsätzen bleibt es somit dabei, dass die Wahrnehmung originär öffentlicher Aufgaben auch dann im Wege eines öffentlichen Auftrags erfolgt, wenn sie durch eine privatrechtliche Gesellschaft ausgeübt bzw. vergeben wird.

125 Die folgenden Absätze des § 99 GWB definieren die unterschiedlichen Vertragsarten, nämlich Lieferaufträge (Abs. 2), Bauaufträge (Abs. 3) und Dienstleistungsaufträge (Abs. 4). Leasingverträge fallen gleichfalls unter den Begriff des Lieferauftrags, wobei allerdings zu berücksichtigen ist, dass Immobilien-Leasingverträge durchaus auch als Bauaufträge nach § 99 Abs. 3 GWB qualifiziert werden können, weil die Vorschrift auch die Erbringung einer Bauleistung »durch Dritte« erwähnt.[246] Ein Bauauftrag hingegen ist immer ein Werkvertrag im Sinne der §§ 631 ff. BGB. Der Begriff des Dienstleistungsauftrags stellt schließlich einen Auffangtatbestand dar und erfasst alle übrigen Vertragsarten.[247]

126 Schließlich gehören zu den öffentlichen Aufträgen nach § 99 Abs. 5 GWB auch noch Auslobungsverfahren, die dem Auftraggeber aufgrund vergleichender Beurteilung durch ein Preisgericht mit oder ohne Verteilung von Preisen zu einem Plan verhelfen sollen. Damit sind insbesondere die klassischen Wettbewerbe im Bereich der Stadtplanung und Architektur erfasst.[248]

127 Hinsichtlich der Abgrenzung bei gemischten Verträgen ist jeweils auf deren Schwerpunkt abzustellen.[249] Dies regelt der mit dem ÖPP-Beschleunigungsgesetz[250] neu eingefügte Absatz 6 zu § 99 GWB mittlerweile ausdrücklich. Danach gilt als Dienstleistungsauftrag ein öffentlicher Auftrag, der sowohl den Einkauf von Waren als auch die Beschaffung von Dienstleistungen zum Gegenstand hat, wenn der Wert der Dienstleistungen den Wert der Waren übersteigt. Ein Auftrag, der sowohl Dienstleistungen als auch Bauleistungen umfasst, die im Verhältnis zum Hauptgegenstand Nebenleistungen sind, gilt als Dienstleistungsauftrag.

128 Auch die Prolongation eines bereits bestehenden (Dienstleistungs-) Vertrages kann in ihren rechtlichen und wirtschaftlichen Auswirkungen dem Neuabschluss gleichstehen und unterfällt damit dem Vergaberecht.[251]

---

245 OLG Düsseldorf, Beschl. v. 28.04.2004, VII-Verg 2/04; anders die Konstellation bei KG, Beschl. v. 27.07.2006 – 2 Verg 5/06.
246 Bechtold, § 99 GWB, Rn. 3, 4.
247 Noch, BauR 1998, 941 ff.
248 Zu den Besonderheiten vgl. Franzius/Ebert, VergabeNews 2006, 82 und 92.
249 OLG Brandenburg, BauR 1999, 1175, 1177; OLG Düsseldorf, Beschl. v. 12.03.2003, Verg 49/02, VergabeNews 2003, S. 37.
250 ÖPP-Beschleunigungsgesetz vom 01.09.2005, BGBl. Teil I Nr. 56 vom 07.09.2005.
251 OLG Düsseldorf, VergabeR 2001, 210, 211 mit zust. Anm. Erdl; OLG Düsseldorf, VergabeR 2001, 329, 330; s. dazu auch oben, Rn. 47 zu Optionen.

1.8 In-House-Vergaben

129 Nicht jede Auftragserteilung unterliegt zwingend den Vergabevorschriften. Bleibt die Leistung quasi im Hause des Auftraggebers, indem sie z. B. von einer eigenen Dienststelle oder Abteilung oder auch einer eigens zu diesem Zweck gegründeten, 100 %-Tochtergesellschaft erbracht wird, liegt keine Auftragserteilung an Dritte vor (sog. In-House-Vergabe).[252] Umstritten war bislang die Frage, ob auch die Beauftragung eines sog. gemischt-wirtschaftlichen Unternehmens, d. h. einer Gesellschaft mit Mehrheitsbeteiligungen eines öffentlichen Auftraggebers und Beteiligung eines Privaten, dem Vergaberecht unterliegt.

130 Der EuGH hatte in dem Urteil vom 18.11.1999[253] zum ersten Mal Gelegenheit, zum »In-House-Geschäft« Stellung zu nehmen. Dabei stellte das Gericht folgende Grundsätze für das vergabefreie »In-House-Geschäft« auf:

- Der öffentliche Auftraggeber muss einen Vertrag mit einem selbständigen Rechtsträger schließen,

- der öffentliche Auftraggeber muss über den selbständigen Rechtsträger »eine Kontrolle ausüben, wie über eine eigene Dienststelle«, d. h. der selbständige Rechtsträger darf keine eigene Entscheidungsgewalt besitzen, und

- der selbständige Rechtsträger muss seine Tätigkeit im Wesentlichen für den öffentlichen Auftraggeber verrichten.

131 Der EuGH hatte jedoch nicht näher erläutert, was unter einer »Kontrolle wie über eine eigene Dienststelle« sowie unter einer »Tätigkeit im Wesentlichen für den öffentlichen Auftraggeber« zu verstehen ist. Die Kriterien sind daher im jeweiligen Einzelfall präzisierungsbedürftig. Vielfach taugen allgemeine Vorgaben nur eingeschränkt, da in der jeweiligen konkreten Situation eine Vielzahl von Fallgestaltungen denkbar sind. Vehement diskutiert wurde daher auch, ob jede mögliche Einflussnahme privater Mitbeteiligter auf den »Auftragnehmer« schon die notwendige Kontrolle des Auftraggebers ausschließt oder ob für die Kontrolle ein umfassendes Weisungsrecht allein im Hinblick auf die Entscheidungen zum Vertragsschluss und zur Leistungserbringung genügt. Das BayObLG[254] hat die Auffassung vertreten, dass von einem vergaberechtsfreien »In-House-Geschäft« dann nicht gesprochen werden kann, wenn wesentliche Entscheidungen innerhalb des gemischt-wirtschaftlichen Unternehmens nur einstimmig getroffen werden können. Den (privaten) Minderheitsgesellschaftern seien damit Blockaderechte eingeräumt, so dass von einem umfassenden Weisungsrecht nicht mehr die Rede sein konnte. Auch die Formulierung »eine Tätigkeit im Wesentlichen für den öffentlichen Auftraggeber« ist vage und unbestimmt. Die Formulierung »im Wesentlichen« lässt Spielräume für Aktivitäten auch außerhalb des organisatorischen Bereiches zu. Es besteht daher die potentielle Gefahr der Wettbewerbsverfäl-

---

252 Vgl. Ebert/Hoffmann, VergabeNews 2005, 22 ff.
253 EuGH, Urt. v. 18.11.1999, Rs. C-107/99, »Teckal«, NZBau 2000, 90; im Anschluss daran EuGH, v. 07.12.2000, Rs. C-94/99 »ARGE Gewässerschutz« VergabeR 2001, 28; BGH, VergabeR 2001, 286.
254 BayObLG, VergabeR 2002, 244.

1.8 In-House-Vergaben

schung sowie Diskriminierung, da begünstigte Tochtergesellschaften außerhalb des organisationsinternen Bereichs Leistungen am Markt ohne Wettbewerbsdruck anbieten können.

Der EuGH hat die Voraussetzungen für ein vergabefreies In-House-Geschäft inzwischen konkretisiert.[255] Auftragsvergaben an gemischt-wirtschaftliche Gesellschaften, an denen ein Privater beteiligt ist, sind keine In-House-Geschäfte und folglich nicht von der Anwendung des Vergaberechts freigestellt. Jede (auch noch so geringe) minderheitliche Beteiligung eines privaten Unternehmens am Kapital einer Gesellschaft, an der der öffentliche Auftraggeber mittelbar oder unmittelbar beteiligt ist, schließt ein vergabefreies In-House-Geschäft mit dieser Gesellschaft aus. Solche Aufträge müssen immer ausgeschrieben werden.

132

Zunächst hebt auch der EuGH praxisgerecht hervor, dass der öffentliche Auftraggeber die Möglichkeit nutzen muss, die im Allgemeininteresse liegenden Aufgaben mit seinen eigenen administrativen, technischen und sonstigen Mittel zu erfüllen, ohne gezwungen zu werden, externe Einrichtungen in Anspruch zu nehmen. Somit bleibt es dabei, dass in Fällen der formalen Privatisierung (auch Organisationsprivatisierung genannt), d. h. der formalen Ausgliederung von Funktions- oder Betriebseinheiten des öffentlichen Auftraggebers, die materiell mithin vollständig in seinem Bereich verbleiben, die vergaberechtlichen Vorschriften auch weiterhin nicht zur Anwendung kommen.

133

Hingegen müssen die vergaberechtlichen Vorschriften bei der Beauftragung einer gemischt-wirtschaftlichen Gesellschaft bereits deshalb angewandt werden, weil sich private und öffentliche Interessen widersprechen. Das Hauptziel der Gemeinschaftsvorschriften über das öffentliche Auftragswesen ist die Öffnung für einen unverfälschten Wettbewerb in allen Mitgliedstaaten. Jede Ausnahme von der Geltung dieser Verpflichtung muss daher eng ausgelegt werden, um den Zielen der Richtlinie zu ihrer vollen Wirksamkeit zu verhelfen.[256] Kämen die vergaberechtlichen Vorschriften bei gemischt-wirtschaftlichen Gesellschaften nicht zur Anwendung, so widerspräche dies dem Ziel eines freien und unverfälschten Wettbewerbs und dem Grundsatz der Gleichbehandlung der Interessenten wegen des Vorteils, den das gemischt-wirtschaftliche Unternehmen gegenüber anderen privaten Unternehmen erhält.

134

Danach dürfte geklärt sein, dass die Vergabe eines öffentlichen Auftrags an ein gemischt-wirtschaftliches Unternehmen, völlig unabhängig von der Höhe der Beteiligung der privaten Gesellschafter, von vornherein nicht die Voraussetzungen eines vergaberechtsfreien In-House-Geschäfts erfüllt.

135

Nach dieser Entscheidung lässt sich keinesfalls die Auffassung vertreten, dass nun immer dann von einem vergaberechtsfreien In-House-Geschäft auszugehen ist, wenn an dem »Auftragnehmer« kein Privater beteiligt ist. Im Lichte der EuGH-Entscheidung ist das Vergaberecht vielmehr auch dann anzuwenden, wenn »Auftragnehmer« eine

136

---

255 EuGH Urt. v. 11.01.2005, Rs. C-26/03, »Stadt Halle«, VergabeR 2005, 44; EuGH, Urteil vom 10.11.2005, Rs. C-29/04; so auch OLG Köln, Urteil vom 15.07.2005, 6 U 17/05; VergabeR 2006, 105.
256 So ständige Rechtsprechung EuGH, z. B. Urt. v. 13.01.2005, Rs. C-84/03.

1 Grundsätze des Vergabeverfahrens

Gesellschaft ist, an der der öffentliche Auftraggeber und eine andere Gebietskörperschaft (z. B. Nachbargemeinde) beteiligt sind.[257]

137 Eine Ausschreibung und damit Beachtung der für die Vergabe geltenden Regelungen ist also nur dann erforderlich, wenn der Auftraggeber sich dafür entscheidet, die Leistung nicht selbst mit eigenen Kräften auszuführen, sondern durch Drittfirmen ausführen zu lassen, auf die er keinen maßgeblichen Einfluss ausüben kann. Dies gilt auch, wenn eine Kommune die ihr obliegende Sammlung und Beseitigung von Altpapier von einer Nachbarkommune durchführen lassen möchte. Eine solche Maßnahme hat »Marktbezug« und ist auch bei einer öffentlich-rechtlichen Vereinbarung nicht unter dem Deckmantel einer Rekommunalisierung vom Vergaberecht befreit. Die leistungserbringende Kommune stellt sich hier bei funktionaler Betrachtung als wirtschaftlich, gegen Entgelt handelndes Unternehmen dar, welches auch nicht als Tochtergesellschaft der Auftraggeberin zuzurechnen wäre. Damit fehlte es in diesem Fall an einem rein internen Organisationsakt.[258]

137 a Die sog. interkommunale Zusammenarbeit ist nicht etwa per se vergaberechtsfrei. Nicht ausschreibungspflichtig ist die Gründung eines Zweckverbandes, der die öffentlich-rechtliche Zuständigkeit der Zweckverbandsmitglieder zur Aufgabenerfüllung übernimmt und so die Kommunen in diesem Rahmen von eigenen öffentlich-rechtlichen Handlungspflichten entlastet.[259] Die Übertragung von Zuständigkeiten auf eine Zweckverband ist als In-House-Geschäft einzuordnen, auch wenn nicht jedes einzelne Mitglied des Zweckverbands in der Lage ist, diesen allein wie eine eigene Dienststelle zu kontrollieren.[260] Mit dieser Begründung wies das OLG Düsseldorf den Nachprüfungsantrag eines Entsorgungsunternehmens als unzulässig ab, das die Entsorgungsdienstleistungen zuvor im Auftrag einer Kommune erbracht hatte, die sich dann einem Zweckverband anschloss und diesem die Entsorgung übertrug. Das OLG hob indes gleichzeitig hervor, das damit nicht gesagt sei, dass andere, vom GKG NRW zugelassene Ausgestaltungen interkommunaler Zusammenarbeit ebenfalls vergaberechtsfrei sein könnten. So dürften alle Bereiche, die den Gemeinden nicht öffentlich-rechtlich zugewiesen sind, auch von Zweckverbänden oder sonstigen kommunalen Zusammenschlüssen nur aufgrund einer vorherigen Ausschreibung übernommen werden können.

138 Noch weitgehend ungeklärt ist die Frage des Fortbestandes der bereits abgeschlossenen Verträge mit gemischt-wirtschaftlichen Unternehmen, die im Vertrauen auf das In-House-Privileg ohne Ausschreibung vergeben wurden. Zwar erkennt das EG-Vergaberecht den Grundsatz an, dass auch vergaberechtswidrig geschlossene Verträge wirksam sind (Art. 2 Abs. 6 Rechtsmittelrichtlinie). Dennoch führt dies nicht dazu, dass das Verhalten eines öffentlichen Auftraggebers in jedem Fall im Rahmen einer Vertragsverletzungsklage vor dem EuGH als gemeinschaftsrechtskonform anzusehen ist.[261] Der Verstoß gegen das Gemeinschaftsrecht kann vielmehr noch andauern. Stellt der EuGH einen solchen Verstoß fest, so muss der betroffene Mitgliedstaat die Maßnahmen er-

---

257 EuGH, Urt. v. 13.01.2005, Rs. C-84/03.
258 OLG Düsseldorf, VergabeR 2004, 619, 621 f.
259 OLG Düsseldorf, Beschl. v. 21.06.2006, VII Verg 17/06. VergabeNews 2006, S. 74 f.
260 So OLG Düsseldorf, Beschl. v. 21.06.2006, VII Verg 17/06, VergabeNews 2006, S. 74 f.
261 EuGH, Urt. v. 09.09.2004, Rs. C-125/03; Urt. v. 10.04.2003, Rs. C-20/01 und C-28/01.

greifen, die sich aus dem Urteil ergeben.[262] Für eine solche Situation hat das LG München ein vertraglich verankertes, außerordentliches Kündigungsrecht des öffentlichen Auftraggebers zur Beseitigung es Rechtsverstoßes bejaht.[263] In der Literatur wird eine Kündigung vergaberechtswidrig geschlossener Verträge für zwingend gehalten.[264] Dem kann allerdings die europarechtlich ausdrücklich vorgesehenen Möglichkeit, die (potentiellen) Bieter nach Vertragsschluss auf Schadensersatzansprüche zu verweisen, entgegengehalten werden. Diesbezüglich bleibt die weitere Rechtsentwicklung und Entscheidungspraxis der Gerichte abzuwarten. Möglicherweise drohen hier erhebliche Konsequenzen für bereits vergaberechtswidrig geschlossene Verträge mit gemischtwirtschaftlichen Unternehmen.[265]

Nach nahezu einheitlicher Ansicht liegt kein öffentlicher Auftrag i. S. von § 99 Abs. 1 GWB vor, wenn der öffentliche Auftraggeber die Leistung in eigenen Dienststellen oder Abteilungen oder in eigens zu diesem Zweck gegründeten, 100 %-igen Tochtergesellschaft erbringen lässt. Aus Sicht des Vergaberechts handelt es sich dann nicht um einen entgeltlichen Beschaffungsvorgang, sondern um eine bloße interne Organisationsmaßnahme ohne Wettbewerbsrelevanz. Dies rechtfertigt es daher, das europäische Vergaberecht nicht anzuwenden. 139

Für sog. Enkel- und Urenkelgesellschaften des öffentlichen Auftraggebers ist noch nicht entschieden, wann trotz 100 %iger Eigentümerschaft keine Kontrolle wie über eine eigene Dienststelle mehr ausgeübt wird. 140

1.9 Vergabearten

In § 101 GWB werden die vier Vergabearten (offenes, nicht offenes, Verhandlungsverfahren und wettbewerblicher Dialog) definiert, die im Einzelnen in den Vergabe- und Vertragsordnungen näher erläutert und ausgeformt sind. § 101 Abs. 5 GWB stellt klar, dass Sektorenauftraggeber gem. § 98 Nr. 4 GWB zwischen offenem, nicht offenen und Verhandlungsverfahren frei auswählen können, was in diesem Bereich regelmäßig zur Durchführung des Verhandlungsverfahrens.[266] führt. Die Vergabearten und ihre Besonderheiten werden in diesem Buch detailliert im Kapitel zur VOB/A dargestellt. 141

---

262 EuGH, Urt. v. 03.03.2005, Rs. C-414/03.
263 LG München, Urt. v. 20.10.2005, 33 O 16465/05 (nicht rechtskräftig).
264 Etwa Weyand, ibr-online Kommentar Vergaberecht, Stand. 02.01.2007, § 104, 13.2.1.2.2.
265 Zum Ganzen vgl. näher auch die Erläuterungen zu § 13 VgV oben, Rn. 81 f.
266 Zum Verhandlungsverfahren vgl. Ebert, Möglichkeiten und Grenzen im Verhandlungsverfahren, S. 91 ff.

2 Die Überprüfung von Vergabeverfahren nach §§ 102 ff. GWB

2.1 Das Nachprüfungsverfahren vor der Vergabekammer

2.1.1 Vergabekammern und Vergabeprüfstellen

Nach § 102 GWB unterliegt die Vergabe öffentlicher Aufträge der Nachprüfung durch die Vergabekammern. Vergabekammern sind seit dem 01.01.1999 eingerichtete, gerichtsähnliche Spruchkörper, denen eine erstinstanzliche Überprüfung der Vergabeverfahren nach den §§ 107 ff. GWB zugewiesen ist. Nach § 17 VgV haben die Auftraggeber bereits in der Vergabebekanntmachung und in den Vergabeunterlagen die Anschrift der Vergabekammer anzugeben, die für die Nachprüfung des betreffenden Vergabeverfahrens zuständig ist. 142

Daneben können nach § 103 GWB noch Vergabeprüfstellen bestehen, denen vor In-Kraft-Treten des 4. Teils des GWB die erstinstanzliche Nachprüfung oblag. Diese formelle Bedeutung haben die Vergabeprüfstellen inzwischen verloren, so dass sie auch überwiegend abgeschafft worden sind. In einzelnen Verwaltungsbereichen hat man jedoch an den Vergabeprüfstellen festgehalten. Nach § 103 Abs. 2 GWB können Vergabeprüfstellen daher auch jetzt noch die Einhaltung anzuwendender Vergabevorschriften überprüfen. Sie haben auch die Kompetenz, die Vergabestelle zu verpflichten, rechtswidrige Maßnahmen aufzuheben und rechtmäßige Maßnahmen zu treffen. Gegen eine Entscheidung der Vergabeprüfstelle kann nach § 103 Abs. 3 GWB nur die Vergabekammer angerufen werden. Die Vergabeprüfstelle ist damit eine freiwillige Einrichtung, die unterhalb der Vergabekammer angesiedelt ist. Die Anrufung der Vergabekammer nach § 103 Abs. 2 GWB kommt allerdings nur in Betracht, wenn auch die Schwellenwerte erreicht sind. Ansonsten besteht kein förmlicher Rechtsbehelf gegen Entscheidungen der Vergabeprüfstelle. 143

Die Vergabeprüfstellen wurden inzwischen in den Ländern Baden-Württemberg, Bayern, Berlin, Hamburg, Hessen, Mecklenburg-Vorpommern, Niedersachsen, Nordrhein-Westfalen, Saarland, Sachsen-Anhalt und Thüringen abgeschafft. 144

2.1.2 Ausschließliche Zuständigkeit der Vergabekammer

Der formelle Anspruch auf Einhaltung der Bestimmungen des Vergabeverfahrens nach § 97 Abs. 7 GWB kann unter Zugrundelegung des Verfahrens der §§ 107 ff. GWB nur vor den Vergabekammern und dem Beschwerdegericht geltend gemacht werden. Das GWB hat damit einen eigenen, ausschließlichen Rechtsweg geschaffen und insoweit die Zuständigkeit der ordentlichen Gerichte oder anderer Gerichtszweige ausgeschlossen.[267] 145

---

[267] BT-Drucks. 13/9340, S. 17 zu § 114; OLG Schleswig, BauR 2000, 1046.

Die Zuständigkeit der ordentlichen Gerichte bleibt nur insoweit unberührt, als aus einer Verletzung des Vergabeverfahrens resultierende Schadensersatzansprüche nach wie vor nur dort geltend gemacht werden können. Ein Vergabenachprüfungsverfahren kann daher nicht allein mit dem Ziel geführt werden, von der Vergabestelle Schadensersatz zu erlangen.[268] Die Feststellung der Rechtswidrigkeit des Vergabeverfahrens mit der daraus folgenden Bindungswirkung nach § 124 GWB ist – wenn nicht das Verfahren durch Zuschlag an den Beschwerdeführer abgeschlossen wird – der äußerste Erfolg im Nachprüfungsverfahren. Ein vollstreckungsfähiger Zahlungstitel kann nach wie vor nur vor dem ordentlichen Gericht erlangt werden. Zugleich steht damit fest, dass die Inanspruchnahme der ordentlichen Gerichte etwa durch einen Antrag auf Erlass einer einstweiligen Verfügung zur Erzwingung bestimmter Verhaltensweisen im Vergabeverfahren oberhalb der Schwellenwerte nicht zulässig ist.

146   Der Fall einer Kollision mit einem Verfahren vor der Vergabeprüfstelle ist gesetzlich nicht geregelt; infolge des Vorranges der Vergabekammer wird davon auszugehen sein, dass auch in einem Verfahren vor der Vergabeprüfstelle jederzeit die Anrufung der Vergabekammer möglich ist mit der Folge, dass die Vergabeprüfstelle das Verfahren abzugeben hat.[269]

147   Unterhalb der Schwellenwerte findet ein so genannter Primärrechtsschutz vor der Vergabekammer nicht statt. Hier bleibt dem Bieter nur die Anrufung einer vorgesetzten Dienststelle bzw. die Einschaltung der Aufsichtsbehörden, deren Tätigkeit aber nicht erzwungen werden kann, da die Gewährung subjektiver Rechte durch § 97 Abs. 7 GWB auf Vergabeverfahren oberhalb der Schwellenwerte beschränkt ist.[270]

148   Eine Zuständigkeit der Vergabekammern kann sich infolge des eindeutigen Wortlauts des § 100 Abs. 1 GWB nicht daraus ergeben, dass z. B. eine nicht nach § 98 GWB als öffentlicher Auftraggeber einzuordnende Vergabestelle die Vergabekammer als Nachprüfungsstelle angibt oder ihre Ausschreibung europaweit im EU-Amtsblatt bekannt macht. Der Rechtsweg ins Vergabenachprüfungsverfahren nach §§ 102 ff. GWB kann nicht im Wege einer »Selbstbindung der Verwaltung« eröffnet werden, wenn objektiv-rechtlich eine der Voraussetzungen für die Durchführung des Nachprüfungsverfahrens fehlt, etwa weil kein öffentlicher Auftrag nach § 99 GWB, kein öffentlicher Auftraggeber nach § 98 GWB oder keine Überschreitung des Schwellenwerts nach § 2 VgV vorliegt.[271]

2.1.3 Die Organisation der Vergabekammern

149   Die Vergabekammern sind gerichtsähnlich besetzt, nämlich mit einem Vorsitzenden und zwei Beisitzern, von denen einer als ehrenamtlicher Beisitzer tätig wird, § 105 Abs. 2 GWB. Die Vergabekammer kann das Verfahren dem Vorsitzenden oder dem hauptamtlichen (nicht dem ehrenamtlichen) Beisitzer ohne mündliche Verhandlung zur

---

268 BGH, VergabeR 2001, 71, 73.
269 Byok/Jaeger-Noch, § 106, Rn. 915.
270 Zum Rechtsschutz unterhalb der Schwellenwerte vgl. Abschnitt 1.4.4.
271 OLG Stuttgart, VergabeR 2003, 101.

2.1 Das Nachprüfungsverfahren vor der Vergabekammer

alleinigen Entscheidung übertragen. Diese Möglichkeit ist allerdings auf einfachere Fälle beschränkt. Die Mitglieder der Kammer werden für eine Amtszeit von 5 Jahren bestellt, was die erwünschte Kontinuität und Rechtssicherheit im Vergabewesen sichern soll.[272]

Die Vergabekammern sind als unabhängige Spruchkörper organisiert und nicht weisungsgebunden; sie sind damit gerichtsähnlich organisiert. 150

Für den Bund sind drei Vergabekammern beim Bundeskartellamt mit Sitz in Bonn eingerichtet. Bei den Ländern sind Vergabekammern wie nachstehend eingerichtet:[273] 151

1., 2. und 3. Vergabekammer des Bundes beim Bundeskartellamt Kaiser-Friedrich-Straße 16 53113 Bonn	Tel.: 0228-9499-0 Fax: 0228-9499-163 o. -400
Vergabekammer Baden-Württemberg beim Regierungspräsidium Karlsruhe Schlossplatz 1–3 76247 Karlsruhe	Tel.: 0721-926-4049 Fax: 0721-926-3985
Regierung von Oberbayern, Vergabekammer Südbayern Bayerstr. 30 80335 München	Tel.: 089-5143-647 Fax: 089-5143-767
Regierung von Mittelfranken, Vergabekammer Nordbayern Promenade 27 (Schloss) 91522 Ansbach	Tel.: 0981-53-1277 Fax: 0981-53-1837
Vergabekammer des Landes Berlin Martin-Luther-Straße 105 10825 Berlin	Tel.: 030-9013-8316 Fax: 030-9013-7613
Vergabekammer des Landes Brandenburg beim Ministerium für Wirtschaft Heinrich-Mann-Allee 107 14473 Potsdam	Tel.: 0331-866-1617 Fax: 0331-866-1652
Vergabekammer der Freien Hansestadt Bremen beim Senator für Bau, Umwelt und Verkehr Ansgaritorstraße 2 28195 Bremen	Tel.: 0421-361-6704 Fax: 0421-496-6704
Vergabekammer bei der Behörde für Stadtentwicklung und Umwelt Hamburg Neuer Wall 88 20354 Hamburg	Tel.: 040-42840-2503 Fax: 040-42840-2496

---

272 BT-Drucks. 13/9340, S. 17 zu § 115.
273 Die Zersplitterung der Kammern in Hamburg ist eine eklatante Organisationsschwäche und beeinträchtigt den effektiven Rechtsschutz der Bieter.

2 Die Überprüfung von Vergabeverfahren nach §§ 102 ff. GWB

Vergabekammer bei der Behörde für Wirtschaft und Arbeit Hamburg Alter Steinweg 4 20459 Hamburg	Tel.: 040-42841-1377 Fax: 040-42841-2841 o. -2825
Vergabekammer bei der Finanzbehörde Hamburg Rödingsmarkt 2 20459 Hamburg	Tel.: 040-42823-1448 o. -1816 Fax: 040-42823-2020
Landesbetrieb Krankenhäuser Hamburg, Vergabekammer Alphonsstraße 14, Haus A 22043 Hamburg	Tel.: 040-181883-4421 Fax: 040-181883-4442
Hamburger Stadtentwässerung, Vergabekammer Bankstraße 4-6 20097 Hamburg	Tel.: 040-3498-50310 Fax: 040-3498-50399
Stadtreinigung Hamburg, Vergabekammer Bullerdeich 19 20537 Hamburg	Tel.: 040-2576-1008 Fax: 040-2576-1000
Hamburger Wasserwerke GmbH, Vergabekammer Billhorner Deich 2 20539 Hamburg	Tel.: 040-7888-2206 Fax: 040-7888-2418
Vergabekammer der Hamburger Hochbahn AG Bereich Recht, Steuern und Grundstücke (ZR) Steinstraße 20 20095 Hamburg	Tel.: 040-3288-2775 Fax: 040-3288-4556
Vergabekammer des Landes Hessen beim Regierungspräsidium Darmstadt, Derzernat III 31.4 Luisenplatz 2 64283 Darmstadt	Tel.: 06151-12-6036 o. -6348 Fax: 06151-12-5816 o. -6834
Vergabekammer bei dem Wirtschaftsministerium Mecklenburg-Vorpommern Johannes-Stelling-Straße 14 19053 Schwerin	Tel.: 0385-58858-14 Fax: 0385-58858-47
Vergabekammer bei der Oberfinanzdirektion Hannover Waterloostraße 4 30169 Hannover	Tel.: 0511-101-2966 o. -2503 Fax: 0511-101-2499
Vergabekammer beim Niedersächsischen Ministerium für Wirtschaft, Arbeit und Verkehr – Regierungspräsidium Lüneburg Auf der Hude 2 21339 Lüneburg	Tel.: 04131-15-2340 Fax: 04131-15-2943
Vergabekammer bei der Bezirksregierung Arnsberg Seibertzstraße 1 59821 Arnsberg	Tel.: 02931-82-2197 Fax: 02931-82-40067

— 2.1 Das Nachprüfungsverfahren vor der Vergabekammer —

Vergabekammer bei der Bezirksregierung Detmold Hornsche Straße 44 32756 Detmold	Tel.: 05231-71-6112 Fax: 05231-71-82-6112
Vergabekammer bei der Bezirksregierung Düsseldorf Fischerstraße 2 40474 Düsseldorf	Tel.: 0211-475-3131 o. 3133 Fax: 0211-475-3989
Vergabekammer bei der Bezirksregierung Köln Zeughausstraße 2–10 50667 Köln	Tel.: 0221-147-2310 Fax: 0221-147-2889
Vergabekammer bei der Bezirksregierung Münster Domplatz 6–7 48128 Münster	Tel.: 0251-411-1691 Fax: 0251-411-2165
Vergabekammer Rheinland-Pfalz Stiftstraße 9 55116 Mainz	Tel.: 06131-16-2234 Fax: 06131-16-2213
Vergabekammern 1 bis 3 bei dem Ministerium für Wirtschaft Am Stadtgraben 6–8 66111 Saarbrücken	Tel.: 0681-501-4684 Fax: 0681-501-4299
Vergabekammer des Freistaates Sachsen beim Regierungspräsidium Leipzig Braustraße 2 04107 Leipzig	Tel.: 0341-977-3421 Fax: 0341-977-3099
Vergabekammer beim Landesverwaltungsamt Halle Willi-Lohmann-Straße 7 06114 Halle (Saale)	Tel.: 0345-514-1544 Fax: 0345-514-1115
Vergabekammer des Landes Schleswig-Holstein bei dem Ministerium für Wirtschaft Arbeit und Verkehr Düsternbrooker Weg 104 24105 Kiel	Tel.: 0431-988-4566 Fax: 0431-988-4252
Thüringer Landesverwaltungsamt Vergabekammer des Freistaats Thüringen Weimarplatz 4 99423 Weimar	Tel.: 0361-3773-7254 Fax: 0361-3773-9354

2.1.4 Abgrenzung der Zuständigkeit

Ob für ein Nachprüfungsverfahren die Vergabekammer des Bundes oder eines Landes zuständig ist, wird anhand von § 18 VgV festgestellt. Bei überwiegender Beherrschung, Aufsicht oder Finanzierung einer Vergabestelle durch den Bund ist dessen Vergabekammer zuständig; dies gilt analog nach § 18 Abs. 7 VgV für die Länder. Die Einzelheiten sind in § 18 Abs. 1–7 VgV geregelt. Bei Zuständigkeit mehrerer Hoheitsträ-

152

ger können diese sich auch auf die Zuständigkeit einer bestimmten Vergabekammer vereinbaren. Im Fall einer gemeinsamen Ausschreibung durch in verschiedenen Bundesländern ansässige Auftraggeber ist – auch zur Gewährung eines effektiven Rechtsschutzes – die Vergabekammer eines jeden in Frage kommenden Landes zuständig.[274] Nach § 18 Abs. 8 VgV gilt in allen übrigen Fällen die Zuständigkeit der Vergabekammer nach dem Sitz des Auftraggebers, z. B. für Kommunen die Kammer des jeweiligen Bundeslandes.

2.1.5 Antrag und Antragsbefugnis

153 Ein Nachprüfungsverfahren wird nur auf Antrag eingeleitet, nicht etwa von Amts wegen. Mündliche Informationen sind wegen § 108 Abs. 1 S. 1 GWB nicht ausreichend. Es bedarf eines Schreibens, worin die Überprüfung des (noch laufenden) Vergabeverfahrens beantragt wird. Daraufhin muss sich die Vergabekammer mit der Sache unverzüglich befassen. Sie wird zunächst ihre Zuständigkeit überprüfen und dann der Zulässigkeit des Antrags nachgehen. Beendet wird das Verfahren durch Beschluss, und zwar auch dann, wenn der Nachprüfungsantrag zurückgenommen wurde. Der Beschluss enthält dann (nur) noch die Kostenentscheidung.

2.1.5.1 Antragsbefugte Beteiligte

154 Antragsbefugt ist nach § 107 Abs. 2 S. 1 GWB jedes Unternehmen, das ein Interesse am Auftrag hat und eine Verletzung in seinen Rechten nach § 97 Abs. 7 GWB durch Nichtbeachtung der Vergabevorschriften geltend macht. Ein Interesse am Auftrag hat jeder am Vergabeverfahren teilnehmende Bieter und darüber hinaus auch solche Unternehmen, die rechtswidrig von der Teilnahme ferngehalten wurden. Kein Interesse am Auftrag hat ein Bieter, der die Aufhebung eines Vergabeverfahrens betreibt, an dem er nicht teilnimmt, weil er der Ansicht ist, er sei mit den (neu) ausgeschriebenen Leistungen bereits beauftragt.[275] Die Antragsbefugnis nach § 107 Abs. 2 GWB ist auch gegeben, wenn der Antragsteller keine Bewerbung oder kein Angebot abgegeben hat, aber gerade der gerügte Verstoß (z. B. zu kurze Angebotsfrist, der zu große Loszuschnitt) einer Angebotsabgabe entgegenstand.[276] Gleiches gilt, wenn die Vergabestelle nach Angebotsabgabe im Rahmen eines Verhandlungsverfahrens den Auftragsinhalt ändert und ein »aliud« ohne erneute Ausschreibung verwirklichen will.[277] In diesen Fällen kann aber das Interesse am Auftrag entfallen, wenn das Unternehmen, welches sich an der Abgabe eines Angebotes gehindert sieht, nicht zeitnah gegen die diskriminierende Vergabebestimmung vorgeht, sondern den Abschluß des Vergabeverfahrens abwartet.[278] Ausdrücklich ist in der Gesetzesbegründung hervorgehoben, dass die Vergabekammer

---

274 OLG Koblenz, VergabeR 2002, 617, 621; Reidt/Stickler/Glahs-Reidt, § 104 GWB, Rn. 7, 8.
275 OLG Brandenburg, VergabeR 2005, 138, 139.
276 OLG Düsseldorf, Beschl. v. 28.02.2002, Verg 40/01, IBR 2002, 326 = NZBau 2003, 173, 174; OLG Düsseldorf, NZBau 2001, 155, 157; KG, NZBau 2000, 1579, 1580; OLG Koblenz, NZBau 2000, 445, 446; OLG Rostock, VergabeR 2002, 193, 194; BayObLG, VergabeR 2003, 345; OLG Düsseldorf, VergabeR 2005, 107, 108.
277 OLG Dresden, VergabR 2004, 225, 227 f.
278 EuGH, VergabeR 2004, 315, 319 (»Grossmann«).

auch dann angerufen werden kann, wenn der Auftraggeber gar kein Vergabeverfahren durchgeführt hat, obwohl eine Ausschreibung hätte erfolgen müssen.[279] In diesem Ausnahmefall muss zur Begründung eines Rechtsschutzinteresses die Behauptung ausreichen, dass man sich an der durchzuführenden Ausschreibung als Bieter habe beteiligen wollen. Allerdings greift dieser Fall nach dem Willen des Gesetzgebers nur dann, wenn die Vergabe noch nicht abgeschlossen ist,[280] er wird deshalb die seltene Ausnahme bleiben.

Antragsbefugt sind typischerweise alle an dem Vergabeverfahren beteiligten Bewerber, Bieter bzw. Bietergemeinschaften,[281] nicht jedoch (im Fall der Auftragserteilung vorgesehene) Nachunternehmer oder Lieferanten solcher Bieter, da diese nur mittelbar betroffen sind.[282] Angesichts des klaren Wortlauts der Vorschrift besteht auch für Verbände, denen einzelne Bieter angehören, kein Antragsrecht. Bietergemeinschaften müssen einen Antrag entweder gemeinschaftlich oder durch das bevollmächtigte Mitglied der Bietergemeinschaft stellen.[283]

155

Die bei Angebotsabgabe einzureichende Vollmacht für das federführende Mitglied der Bietergemeinschaft erstreckt sich auch auf den Antrag zur Durchführung eines Nachprüfungsverfahrens,[284] da auch ein solcher Schritt in Erfüllung der Federführungspflicht liegt, wonach die Bietergemeinschaft zum Auftrag geführt werden soll. Der Antrag eines einzelnen Gesellschafters – möglicherweise sogar gegen den Willen der übrigen – wäre unzulässig, da stets die gesamte Bietergemeinschaft Verfahrensbeteiligte sein muss.

156

Antragsgegner ist die Vergabestelle. Das ist diejenige Stelle, für deren Namen und Rechnung der Auftrag erteilt werden soll. Das ist bedeutsam, wenn das Vergabeverfahren selbst nicht von dem (künftigen) Auftraggeber, sondern z.B. von einer Steuerungsgesellschaft betrieben wird, die dann aber nicht selbst Auftraggeber wird.[285] Maßgeblich sind die Angaben in der Bekanntmachung zur Person des Auftraggebers, nicht zu dessen bevollmächtigten Vertretern. Fehlerhafte Benennungen in der Bekanntmachung muss sich der Auftraggeber jedoch zurechnen lassen.

157

2.1.5.2 Drohender Schaden

Zur Antragsbefugnis muss ferner dargelegt werden, dass dem Unternehmen ein Schaden droht. Dies kann nicht erst dann der Fall sein, wenn der Antragsteller mit einiger Sicherheit den Zuschlag an sich erwarten darf. Auch ein mit seiner Angebotssumme eher im Mittelfeld liegender Bieter hat ein Recht darauf, dass das Vergabeverfahren rechtmäßig und sachgerecht durchgeführt wird, so dass auch eine Platzierung auf dem

158

---

279 BT-Drucks. 13/9340, S. 17, zu § 117.
280 BT-Drucks. 13/9340, S. 17, zu § 117, 2. Abs. S. 3; BGH, VergabeR 2001, 71, 73.
281 EuGH, VergabeR 2002, 155, 162.
282 OLG Rostock, BauR 2000, 1586, 1587.
283 Bestätigt vom EuGH, VergabeR 2005, 748, 751.
284 BayObLG, NZBau 2000, 49 a. A. anscheinend VK Sachsen, Beschl. v. 01.06.2006, 1/SVK/045-06.
285 OLG Düsseldorf, Beschl. v. 26.07.2002, Verg 28/02, VergabeR 2003, 87; BayObLG, Beschl. v. 01.07.2003, Verg 3/03.

4. oder 5. Platz eines Submissionsspiegels nicht stets zur Verneinung des Merkmals einer möglichen Schadensentstehung führt. Immerhin ist es denkbar, dass weiter vorn platzierte Bieter wegen Lücken im Angebot, nicht wertbarer Nachlässe und Skonti oder aus anderen Gründen von der Vergabe ausgeschlossen oder jedenfalls mit Teilen ihres Angebots nicht gewertet werden, so dass auch nachfolgende Bieter durchaus noch Chancen auf einen Zuschlag haben. Außerdem ist zu bedenken, dass die Entscheidung eines Bieters zur Teilnahme an einem Vergabeverfahren nicht nur durch ein Interesse am konkreten Auftrag begründet werden kann. Ebenso gut ist es möglich, dass der Bieter seine Marktpräsenz erhöhen oder Kompetenz bei bestimmten Auftragsarten durch Teilnahme an möglichst vielen Ausschreibungen dieser Art belegen will. Die Möglichkeit eines Schadenseintritts wird daher nur dann zu verneinen sein, wenn sich die Position des Bieters im Wettbewerb unter keinem denkbaren Gesichtspunkt verschlechtert hat und ihm daher kein Nachteil entstanden sein kann noch eine Zuschlagserteilung an diesen Bieter in Betracht kommen kann.[286] Für dem Zuschlag vorgelagerte Fragen wie den Ausschluss eines Bieters von der Angebotsabgabe nach dessen Qualifikation in einem öffentlichen Teilnahmewettbewerb[287] oder die Wahl einer unzutreffenden Vergabeart[288] dürften – jedenfalls vor Angebotsabgabe – sämtliche am Verfahren teilnehmenden Bieter auch ein Rechtsschutzinteresse haben, da ihr Schaden darin bestehen könnte, vergebliche Aufwendungen zur Angebotsbearbeitung gemacht zu haben. Behauptet der Antragsteller, zu Unrecht vom Vergabeverfahren ausgeschlossen worden zu sein, so kann der Nachprüfungsantrag nicht als unzulässig abgewiesen werden, weil der Antragsteller keine Aussicht habe, den Zuschlag zu erhalten. Dies ist vielmehr eine Frage der Begründetheit.[289]

159 An die Antragsbefugnis dürfen keine überhöhten Anforderungen gestellt werden. So verstößt es nach Ansicht des EuGH gegen die Rechtsmittelrichtlinie, wenn die zuständige Nachprüfungsinstanz wegen von ihr selbst festgestellten zwingenden Ausschlussgründen dem Antragsteller den Zugang zum Nachprüfungsverfahren verwehrt.[290] Dem hat sich der BGH angeschlossen.[291] Auch das Bundesverfassungsgericht (BVerfG), das sich erstmals mit dem Nachprüfungsverfahren nach dem 4. Abschnitt des GWB beschäftigt hat,[292] betont, dass an die Voraussetzung der Gewährung gerichtlichen Rechtsschutzes, insbesondere soweit es um das Verhindern der Schaffung vollendeter Tatsachen geht, keine überspannten Anforderungen zu stellen sind. Für die Antragsbefugnis reicht es aus, wenn ein Schadenseintritt im Sinne des § 107 Abs. 2 Satz 2 GWB nicht offensichtlich ausgeschlossen ist. Ist ein Angebot zwingend auszuschließen, so kann die Antragsbefugnis nur verneint werden, wenn der gerügte Vergaberechtsverstoß in der Sache materiellrechtlich bereits im Rahmen der Zulässigkeit geprüft wird.[293] Soweit ein

---

286 VK Bund, Beschl. v. 30.03.2000, VK2-2/00.
287 OLG Düsseldorf, WuW/E Verg 223.
288 OLG Saarbrücken, Beschl. v. 15.10.1999, 5 Verg 2/99.
289 KG, VergabeR 2001, 392, 393.
290 EuGH, Beschl. v. 19.06.2003, Rs. C-249/01, VergabeNews 07/2003, 63 = VergabeR 2003, 541, 544 »Hackermüller«; Gröning, VergabeR 2003, 638 ff.
291 BGH, VergabeR 2004, 473, 476.
292 BVerfG, VergabeR 2004, 597, 599.
293 Siehe OLG Frankfurt, VergabeR 2004, 754, 759; so auch OLG Düsseldorf, VergabeR 2005, 195, 198; OLG Düsseldorf, VergabeR 2005, 207, 208.

2.1 Das Nachprüfungsverfahren vor der Vergabekammer

Antragsteller geltend macht, dass überhaupt kein wertbares Angebot eingegangen ist, so dass die Beschaffung gegebenenfalls abgebrochen und neu ausgeschrieben werden müßte, ist seine Antragsbefugnis jedenfalls insoweit zu bejahen, als dass ihm in diesem Fall die Chance eröffnet wird, ein konkurrenzfähiges neues Angebot zu erstellen.[294]

Auch der für den Zuschlag vorgesehene Bieter kann Rechtsschutz vor der Vergabekammer suchen und in seinen Rechten verletzt sein. Die Antragsbefugnis kann einem Unternehmen nur dann fehlen, wenn offensichtlich keine Rechtsbeeinträchtigung vorliegt.[295] Ausreichend ist daher die Berufung auf die Verletzung von subjektiven Rechten, weil der Auftraggeber Bestimmungen über das Vergabeverfahren nicht eingehalten hat oder einhält.[296] § 107 Abs. 2 GWB verlangt vom Antragsteller lediglich die Darlegung eines entstandenen oder drohenden Schadens, für den die behauptete Verletzung von Vergabevorschriften kausal ist.[297] Dabei geht es gerade nicht nur um den »nicht für den Zuschlag vorgesehenen Antragsteller«, wie sich auch aus der Gesetzesbegründung ergibt. Das wäre eine Auslegung contra legem (vgl. die Gegenäußerung der Bundesregierung, Anlage 3 zur BT-Drucks. 13/9340 vom 03.12.1997, wo es heißt: *»Es wäre weder mit den EG-Richtlinien noch mit dem Rechtsstaatsprinzip nach Art. 20 Abs. 3 des Grundgesetzes vereinbar, den Rechtsschutz so zu verengen, dass nur derjenige antragsbefugt wäre, der den Zuschlag bekommen hätte oder bekommen würde.«*)

159 a

Die in § 97 Abs. 7 GWB verankerten subjektiven Bieterrechte sind weit auszulegen. Da das Vergabeverfahren auf den Abschluss eines zivilrechtlichen Vertrages gerichtet ist, finden die Vorschriften nach §§ 145 ff. BGB über den Vertragsabschluss uneingeschränkt Anwendung. Auch die Vorschriften der §§ 146 bis 148 BGB sind zu beachten,[298] ebenso wie die Auslegungsregelungen der §§ 133, 157 BGB, die sowohl auf die Ausschreibungsunterlagen als auch auf die Erklärungen und Angebote des Bieters Anwendung finden.[299] Zu beachten sind auch die Vorschriften über Verstöße gegen gesetzliche Verbote, § 134 BGB und die guten Sitten, § 138 BGB.[300]

Alle Bieter eines Vergabeverfahrens haben Anspruch auf die Einhaltung allgemeiner rechtsstaatlicher Verfahrensgrundsätze.[301] Dazu zählen das Gebot der Verfahrensfairness sowie als allgemeiner Rechtsgedanke im Vergaberecht der Grundsatz von Treu

---

294 BGH, Beschl. v. 26.09.2006, X ZB 14/06; OLG Düsseldorf, Beschl. vom 07.03.2006 – Verg 98/05; OLG Düsseldorf, Beschl. v. 27.04.2005, VII Verg 23/05, VergabeR 2005, 483, 485 m.w.N; OLG Düsseldorf, VergabeR 2005, 195, 198; OLG Frankfurt, VergabeR 2005, 487, 489; OLG Frankfurt, VergabeR 2006, 212, 218; Ebenso, wenn das Vergabeverfahren an einem so schwerwiegenden Fehler leidet, dass es aufgehoben werden muss: KG, VergabeR 2004, 762, 765. Nach der Entscheidung des BGH überholt die anderen Ansichten des OLG Jena, VergabeR 2005, 492, 498 und OLG Naumburg, VergabeR 2006, 209, 211; vgl. dazu auch Ebert/Kirch, VergabeNews 2006, 102 ff.
295 BGH, Beschl. v. 26.09.2006, X ZB 14/06.
296 BGH, Beschl. v. 26.09.2006, X ZB 14/06.
297 BGH, Beschl. v. 26.09.2006, X ZB 14/06.
298 BGH, ZfBR 2004, 290 f.
299 Prieß, NZBau 2004, 20.
300 KG, Beschl. v. 11.11.2004, 2 Verg 16/04; KG, Beschl. v. 12.04.2000, Kart Verg 91/99.
301 So auch Pietzcker, AöR 107 (1982) 61, 63, 74; Gröning, NZBau 2003, 86, 92.

und Glauben nach § 242 BGB.[302] Aus Treu und Glauben ist es der Vergabestelle verwehrt, ihre formale Rechtsstellung als öffentlicher Auftraggeber dahingehend zu missbrauchen, dass sie beispielsweise in Kenntnis eines im Angebot enthaltenen Übertragungsfehlers den Zuschlag ohne Korrektur dieses Fehlers erteilen will.[303] Offenkundige Fehler bei den Preiseintragungen führen daher auch bei dem für den Zuschlag vorgesehenen Bieter zu einem Anspruch auf Preiskorrektur nach §§ 133, 157 BGB, und zwar sogar noch nach Vertragsschluss,[304] und damit erst recht im noch nicht abgeschlossenen Vergabeverfahren.

Das OLG Naumburg hat dies prägnant wie folgt dargestellt:[305]

»Wenn der Auftraggeber aber – wie im vorliegenden Fall – vor der Auftragserteilung durch den Bieter auf den konkreten Kalkulationsfehler hingewiesen wird, so darf er diesen nicht in den Auftrag zwingen (vgl. OLG Nürnberg, NJW-RR 1998, 595). Tut er es trotzdem und verweigert der Bieter daraufhin die Ausführung, so kann er grundsätzlich keinen Schadensersatz wegen der Mehraufwendungen bei Übertragung der Bauleistung an einen anderen Bieter verlangen (vgl. BGH, NJW 1980, 180; OLG Köln, NJW 1985, 1475; Heiermann/Riedl/Rusam, § 25 VOB/A, Rn. 42). Dies gilt auch im vorliegenden Fall. Die Klägerin kannte den Kalkulationsirrtum der Beklagten vor der Auftragsvergabe, da sie ausdrücklich darauf hingewiesen hat. Die Klägerin konnte auch ohne weiteres erkennen, dass der Einheitspreis für die Position 12. 03. 0012 (Naturschiefer) unangemessen niedrig war.«

2.1.6 Keine Nachprüfung nach wirksamer Zuschlagserteilung

160 Mit dem Antrag ist darzulegen, dass dem Unternehmen durch die behauptete Verletzung der Vergabevorschriften ein Schaden entstanden ist oder zu entstehen droht, § 107 Abs. 2 GWB. Nach der auch vom BGH bestätigten Rechtsprechung der Oberlandesgerichte kommt ein Nachprüfungsverfahren daher nicht mehr in Betracht, wenn der Zuschlag bereits vor Einleitung des Verfahrens erfolgt ist.[306] Spätestens dann nämlich soll das nach § 107 Abs. 2 S. 1 GWB erforderliche Interesse am Auftrag entfallen sein, da durch die bereits erfolgte Auftragserteilung für den übergangenen Bieter keinerlei Aussichten mehr bestehen.[307]

161 Nach Zuschlagserteilung können die zuvor ggf. begangenen Verstöße gegen Bestimmungen über das Vergabeverfahren nicht mehr geheilt werden, so dass ohnehin nur

---

302 Vgl. OLG Frankfurt, Beschl. v. 20. 07. 2004, 11 Verg 6/04; OLG Düsseldorf, Beschl. v. 28. 05. 2003, Verg 9/03; OLG Düsseldorf, VergabeR 2003, 594, 597; OLG Düsseldorf, Beschl. v. 20. 03. 2003, Verg 8/03; OLG Düsseldorf, Beschl. v. 04. 12. 2002, Verg 45/01; OLG Jena, NZBau 2001, 39, 40; OLG Frankfurt, VergabeR 2001, 299, 302; Rittner, ZHR 152 (1988) 318, 327; Gröning NZBau 2003 92.
303 Palandt-Heinrichs, BGB, § 242 Rn. 49.
304 OLG Bamberg, BauR 2000, 1749 ff.; OLG Schleswig, Urt. v. 19. 12. 2003 W4 U 63/03, IBR 2004, 672.
305 Urt. v. 22. 11. 2004, 1 U 56/04.
306 BGH, VergabeR 2001, 71, 73; s. aber oben, Rn. 81 f. zur de facto-Vergabe.
307 OLG Düsseldorf, Verg 1/99, WuW/E Verg 223; BGH, VergabeR 2001, 71, 73.

noch Schadensersatzansprüche in Betracht kommen. Für die Überprüfung von Schadensersatzansprüchen ist nach § 13 GVG allein der ordentliche Rechtsweg gegeben, eine Zuständigkeit der Vergabekammern ist nicht eröffnet. Sie sind nur im Ausnahmefall noch zur Entscheidung berufen, nämlich wenn der Zuschlag *während* des bereits eingeleiteten Nachprüfungsverfahrens erteilt wird (vgl. § 114 Abs. 2 S. 2 GWB).

Die lange streitige Frage, ob auch die Entscheidung zur Aufhebung einer Ausschreibung im Nachprüfungsverfahren überprüfbar ist, kann nach Entscheidungen des EuGH[308] und des BGH[309] als geklärt angesehen werden. Die Aufhebung kann angefochten werden und ist überprüfbar, weil der Bieter durch die Nichtbeachtung der die Aufhebung der Ausschreibung betreffenden Vergabevorschriften in seinen Rechten nach § 97 Abs. 7 GWB verletzt sein kann. Folglich ist auch die Absicht der Aufhebung einer Ausschreibung den Bietern so rechtzeitig mitzuteilen, dass diese in der Lage sind, die beabsichtigte Aufhebung noch in einem Nachprüfungsverfahren überprüfen zu lassen. Das steht zwar bislang noch nicht in der VgV, ergibt sich aber aus dem am 18.06.2002 ergangenen Urteil des Europäischen Gerichtshofs.[310] Wegen Art. 1 Abs. 1 der Rechtsmittelrichtlinie[311] hält der EuGH es für zwingend, dass die Aufhebung einer Ausschreibung überprüft und gegebenenfalls wieder aufgehoben werden kann.[312] Den Vergabestellen ist zu empfehlen, bei beabsichtigter Aufhebung eine Bieterbenachrichtigung analog § 13 VgV vorzunehmen, solange die VgV diesbezüglich noch keine ausdrücklichen Regelungen enthält.

162

Ein entgegen § 13 VgV erteilter Zuschlag ist nichtig, so dass ein Nachprüfungsverfahren ohne weiteres zulässig ist, wenn der Zuschlag ohne vorherige Benachrichtigung der Bieter ergangen ist. Allerdings kann eine nur unzureichende Benachrichtigung eines Bieters nicht dem Unterbleiben einer Nachricht gleichgesetzt werden. Solange der Bieter rechtzeitig darüber informiert wird, dass er den Zuschlag nicht erhält, kann er mindestens den unzureichenden Charakter dieser Information als Verstoß gegen § 13 VgV rügen und ggf. ein Nachprüfungsverfahren einleiten, noch bevor ein Zuschlag erteilt ist.[313]

163

Schließlich erscheint es denkbar, bereits *vor förmlichen Beginn eines Vergabeverfahrens* einen Nachprüfungsantrag zu stellen. Derartige Fallgestaltungen könnten beispielsweise in Betracht kommen, wenn schon sicher feststeht, dass ein Beschaffungsbedarf be-

164

---

308 EuGH, Urt. v. 18.06.2002, Rs. C-92/00 (Hospital Ingenieure gg. Stadt Wien), VergabeR 2002, 361 ff.; EuGH, VergabeR 2005, 472, 475.
309 BGH, VergabeR 2003, 313, 314 ff.; so auch OLG Koblenz, VergabeR 2003, 448, 451; OLG München, VergabeR 2005, 802, 804; OLG Naumburg, Beschl. v. 13.10.2006, 1 Verg 6/06, VergabeNews 2006, 117; OLG Schleswig, Beschl. v. 08.09.2006, 1 Verg 6/06, VergabeNews 2006, 98; vgl. dazu Kirch, VergabeNews 2006, 72 ff.
310 EuGH, Urt. v. 18.06.2002, Rs. C-92/00 (Hospital Ingenieure gg. Stadt Wien), VergabeR 2002, 361 ff.
311 Richtlinie 89/665/EWG des Rates vom 21.12.1989 in der Fassung der Dienstleistungskoordinierungsrichtlinie 92/50/EWG des Rates vom 18.06.1992
312 Dem folgend: OLG Düsseldorf, VergabeR 2005, 374, 375; OLG Frankfurt, VergabeR 2006, 126, 127; OLG Frankfurt, VergabeR 2006, 131, 134; OLG Naumburg, Beschl. v. 13.10.2006, 1 Verg 6/06, VergabeNews 2006, 117.
313 OLG Koblenz, VergabeR 2003, 448, 451; OLG Jena, VergabeR 2002, 543, 544; OLG Jena, VergabeR 2002, 631, 634; BayObLG, VergabeR 2002, 637, 638.

steht aber nicht nach den Abschnitten 2 bis 4 der VOB/A bzw. VOL/A ausgeschrieben werden soll (z. B. durch entsprechenden Beschluss eines Gemeinderats und noch vor Veröffentlichung der Ausschreibung).[314]

2.1.7 Unzulässige Anträge und Präklusion

165 Der Gesetzgeber hat Vor- und Nachteile der durch die §§ 102 ff. GWB geschaffenen Rechtsschutzmöglichkeiten gründlich gegeneinander abgewogen. Den erweiterten Rechtsschutzmöglichkeiten der Bieter stehen als Nachteil die daraus evtl. resultierenden, u. U. erheblichen Verzögerungen bei der Vergabe und damit der Projektrealisierung gegenüber. Auch steigen durch die gleichfalls geschaffenen Schadenersatzvorschriften und den bindenden Charakter der Entscheidung der Vergabekammer im späteren Schadensersatzprozess nach § 124 GWB die Risiken für die Vergabestellen. Man war daher neben der Schaffung effektiven Rechtsschutzes bestrebt, schnelle Rechtssicherheit für die Vergabestellen zu schaffen und zugleich taktische Möglichkeiten zum Missbrauch des Rechtsschutzes gering zu halten.[315] Diese Erwägungen liegen den Präklusionsvorschriften des § 107 GWB zugrunde.

166 Ein zu langes Abwarten mit der Einleitung eines Nachprüfungsverfahrens kann zur Unzulässigkeit eines Antrags führen. Hat nämlich der Antragsteller den gerügten Verstoß gegen Vergabevorschriften bereits im Vergabeverfahren (während der Angebotsbearbeitungsfrist) erkannt und gegenüber dem Auftraggeber nicht unverzüglich gerügt, ist sein Antrag nach § 107 Abs. 1 S. 3 GWB unzulässig (nicht etwa erst unbegründet). Mit dieser sog. Präklusionsregelung soll vermieden werden, dass Bieter Verfahrensverstöße aus taktischen Gründen erst dann rügen, wenn sie befürchten oder erkennen, dass sie nicht den Zuschlag erhalten werden.[316] Der »taktischen Nachprüfung« des Vergabeverfahrens – etwa zu Verschleppungszwecken – soll ein Riegel vorgeschoben werden. Die Objektivität des Nachprüfungsverfahrens gebietet es, denjenigen Bieter mit seinem Vorbringen auszuschließen, der Verstöße erkennt, diese aber nicht rügt, solange das Verfahren zu seinen Gunsten zu verlaufen scheint. Nicht erforderlich ist es dagegen, dass ein Bieter möglicherweise erst demnächst eintretende Verfahrensverstöße rügt. Zu einer Rügepflicht kann es erst dann kommen, wenn der gerügte Verstoß sich bereits in einer Verfahrenshandlung der Vergabestelle manifestiert hat.[317] So muss beispielsweise eine Vergabestelle nicht darauf hingewiesen werden, dass sie ein verspätet eingegangenes oder nicht verschlossenes Angebot nicht werten darf, allein weil es in der Niederschrift des Eröffnungstermins aufgeführt wird. Eine Rüge muss erst dann erteilt werden, wenn deutlich wird, dass die Vergabestelle dieses Angebot tatsächlich in der Wertung belässt. Einem Bieter ist nicht zuzumuten, das Verhältnis zur Vergabestelle durch Verdachtsrügen zu belasten.[318]

---

314 Richtig Byok/Jaeger-Byok, § 107 GWB, Rn. 967; s. a. OLG Jena, VergabeR 2001, 52, 54.
315 BT-Drucks. 13/9340, S 17, zu § 117 GWB, 3. Abs.
316 BT-Drucks. 13/9340, S. 17, zu § 117 GWB, 3. Abs.
317 OLG Düsseldorf, Beschl. v. 09.01.2003, Verg 57/02 sowie VergabeR 2002, 528, 530.
318 OLG Düsseldorf, Beschl. v. 30.04.2002, Verg 3/02, VergabeR 2002, 528, 530.

Es besteht auch keine Verpflichtung zur Rüge, dass Nebenangebote nicht gewertet werden dürfen, weil keine Kriterien zur Nebenangebotswertung bekannt gemacht werden, nur weil bei der Submission deutlich wird, dass einige Bieter dennoch Nebenangebote abgegeben haben. Erst durch die tatsächliche – vergaberechtswidrige – Wertung von Nebenangeboten, die in der Bieterbenachrichtigung ersichtlich wird, liegt ein erkennbarer Vergaberechtsverstoß vor, was die Rügepflicht auslöst.[319] Jedenfalls derjenige Bieter, der kein Nebenangebot abgegeben hat, ist nicht schon zu einem früheren Zeitpunkt zur Erhebung einer Rüge verpflichtet. Nichts anderes dürfte für die Rüge eines Bieters gelten, der selbst ein Nebenangebot eingereicht hat, weil auch er sich über die Zulässigkeit der Nebenangebotswertung zum Abgabezeitpunkt noch nicht notwendigerweise rechtliche Gedanken gemacht haben muss, sondern erst nach erfolgter Wertung eine entsprechende – möglicherweise gar externe – Prüfung veranlasst hat.

166 a

Erwartungsgemäß ist die Frage der Rüge von Fehlern schon in der Angebotsphase zu einem bedeutenden Thema der Auseinandersetzung im frühen Stadium von Nachprüfungsverfahren geworden, nämlich bei der Entscheidung über die Zulässigkeit des Antrags. Die nicht unverzügliche Rüge führt zur Unzulässigkeit des Nachprüfungsantrages nach § 107 Abs. 3 GWB.[320] Eine erhebliche Anzahl von Nachprüfungsverfahren scheitert an der unterlassenen, rechtzeitigen Rüge.

167

Im laufenden Vergabeverfahren darf daher ein Bieter nicht etwa Verstöße erkannt, aber nicht gerügt haben. Alternativ kommt noch in Betracht, dass Verstöße gegen Vergabevorschriften, *die aufgrund der Bekanntmachung erkennbar sind*, nicht bis zum Submissionstermin gerügt werden.

168

Erkennbare Verstöße nach § 107 Abs. 3 S. 2 GWB sind eher selten praxisrelevant, da sich die Erkennbarkeit nur aus der Bekanntmachung, nicht etwa aus den Verdingungsunterlagen ergeben soll. Hier kommen daher praktisch nur grobe Fehler z. B. bei der Wahl der Vergabeart[321] oder die Nichtangabe von Wertungskriterien in den Vergabeunterlagen in Betracht. Wiederum sind nicht die Maßstäbe des vergaberechtlich kompetenten Fachanwalts anzulegen, sondern es ist auf einen durchschnittlichen Bieter abzustellen, der in der Regel eine Ausbildung als Ingenieur haben wird. Nach der Rechtsprechung des BayObLG gilt die Präklusionsvorschrift des § 107 Abs. 3 GWB nicht, wenn der öffentliche Auftraggeber überhaupt kein Vergabeverfahren durchführt.[322] Um den Rechtsschutz nicht zu weit einzuengen, ist zudem bei der Ermittlung der Rügepflicht ein zurückhaltender Maßstab anzulegen.[323] Selbst Zweifel an

169

---

319 OLG Koblenz, Beschl. v. 31.05.2006, 1 Verg 3/06, VergabeNews 2006, S. 96 f.
320 KG, BauR 2000, 563, 564; KG, BauR 2000, 1620, 1621.
321 Wird die Wahl der nur nationalen an Stelle einer europaweiten Ausschreibung nicht bis zum Ablauf der Angebotsfrist beanstandet, erfasst die Präklusionswirkung nach Ansicht des Kammergerichts die spätere Nichteinhaltung von Bestimmungen, die nur bei gemeinschaftsweiter Ausschreibung einzuhalten sind. Vgl. KG, VergabeR 2003, 50; OLG Brandenburg, VergabeR 2004, 773, 774 – wenn Antragsteller nicht schutzwürdig; a. A. wohl OLG Düsseldorf, VergabeR 2003, 329, 330.
322 BayObLG, VergabeR 2002, 244; BayObLG, VergabeR 2003, 329, 330. Dagegen: OLG Naumburg, VergabeR 2006, 406, 409.
323 Byok/Jaeger-Byok, § 107 GWB, Rn 982, OLG Düsseldorf, VergabeR 2001, 419, 421.

der Rechtslage führen noch nicht dazu, dass ein Verstoß erkennbar wäre;[324] es müsste sich beim Bieter mindestens die Überzeugung bilden, dass ein Verstoß vorliegt. Würde man einen strengeren Maßstab anlegen, führte dies zu einer umfassenden, allgemeinen Überprüfungspflicht der Bekanntmachung des Auftraggebers, was potenzielle Bieter unbillig belasten und letztlich die Sorgfalt der Vergabestellen nicht fördern würde.[325] Erkennbare Verstöße sind nach dem Wortlaut des Gesetzes spätestens bis zum Ablauf der in der Bekanntmachung benannten Frist zur Angebotsabgabe zu rügen, so dass für diese Verstöße die Unverzüglichkeit relativiert ist. Eine Rüge bei Angebotsabgabe ist stets noch rechtzeitig, auch wenn der Verstoß vielleicht schon vier Wochen zuvor erkennbar gewesen wäre.

170 Im weiteren Verlauf des Vergabeverfahrens verengen sich die Voraussetzungen für eine Rügepflicht des Bieters. Im laufenden Vergabeverfahren, d. h. allen der Bekanntmachung nachfolgenden Schritten, besteht eine Rügepflicht des Bieters nur noch hinsichtlich solcher Verstöße, die er tatsächlich erkannt hat. Dass eine derartige positive Kenntnis vorgelegen hat, die zur Unzulässigkeit des Antrags führen würde, muss dem Antragsteller nachgewiesen werden,[326] was nicht immer leicht fallen dürfte. In dieser Phase des Verfahrens kommt es auf ein »Erkennenkönnen« nicht mehr an; nur die tatsächliche Kenntnis ist entscheidend.[327] Das belegen die unterschiedlichen Formulierungen in § 107 Abs. 3 S. 1 gegenüber S. 2 GWB. Während in S. 1 von »erkannt und ... gerügt hat« die Rede ist, bezieht sich S. 2 auf Verstöße, die »erkennbar sind«. Auch in diesem Zusammenhang besteht keine Rügepflicht hinsichtlich nur möglicher Verstöße oder bei Zweifeln an der Rechtslage.[328] Eine Ausnahme von diesen Grundsätzen ist nur dann geboten, wenn der Kenntnisstand des Bieters in tatsächlicher und rechtlicher Hinsicht einen solchen Grad erreicht hat, dass seine Unkenntnis vom Vergaberechtsverstoß nur als ein mutwilliges Sich-Verschließen vor der Erkenntnis dieses Rechtsverstoßes verstanden werden kann.[329]

171 Die Rüge kann formlos, d. h. auch mündlich oder telefonisch erfolgen.[330] Es genügt, wenn der Bieter in seiner Rüge seine Beanstandung des Vergabeverfahrens aufzeigt. Er muss nicht die Inanspruchnahme von Rechtsschutz bei Nichtabhilfe androhen.[331] Wie die Rüge bezeichnet wird, ist unerheblich. Entscheidend ist, dass sich aus der Erklärung des Bieters ergibt, dass die Vergabestelle gegen vergaberechtliche Vorschriften verstößt bzw. verstoßen hat. Die Rüge muss nicht unmittelbar gegenüber dem Auftraggeber, sondern kann auch bei dem von ihm beauftragten Ingenieurbüro erhoben werden.[332] Da die Rüge gem. § 107 Abs. 3 S. 1 GWB an keine Form gebunden ist, er-

---

324 OLG Saarbrücken, Beschl. v. 24.11.1999, 5 Verg 1/99.
325 A. A. offenbar Reidt/Stickler/Glahs-Reidt, § 107 GWB, Rn. 34.
326 Byok/Jaeger-Byok, § 107 GWB, Rn. 982; OLG Düsseldorf, VergabeR 2005, 364, 367.
327 VÜA Lüneburg, Beschl. v. 04.08.1999, 203 VgK-6/1999.
328 Ingenstau/Korbion-Müller-Wrede, 15. Aufl., § 107 GWB, Rn. 11; Byok/Jaeger-Byok, § 107 GWB, Rn. 983.
329 OLG Düsseldorf, VergabeR 2005, 364, 367.
330 OLG Brandenburg, NZBau 2001, 226, 227.
331 KG, VergabeR 2001, 392, 394.
332 OLG Jena, BauR 2000, 1617, 1619.

füllt auch ein Antrag auf Erlass einer einstweiligen Verfügung nebst Begründung, der der Vergabestelle zugegangen ist, die Funktion des Rügebeschreibens.[333]

Der Bieter muss grundsätzlich seine Rüge selbst oder durch von ihm bevollmächtigte Personen, z. B. seine Rechtsanwälte, vorbringen. Es genügt nicht, ohne Namensnennung Beanstandungen zu erheben oder erheben zu lassen.[334] Die Vergabestelle kann sich im Nachprüfungsverfahren nicht darauf berufen, die anwaltliche Rüge sei nicht wirksam, weil eine Originalvollmacht nicht beigefügt war. Die zivilrechtliche Vorschrift des § 174 BGB ist auf das verwaltungsrechtlich ausgestaltete Vergabeverfahren nicht anwendbar.[335] Die Rüge eines Verbandes, der etwa im Namen seiner Mitglieder bestimmte Defizite einer Ausschreibung als fehlerhaft rügt, erfüllt nicht die Erfordernisse des § 107 Abs. 3 GWB. Da ein Verband auch nicht Antragsteller eines Nachprüfungsverfahrens sein kann, steht ihm auch keine Rügebefugnis i. S. v. § 107 Abs. 3 GWB zu (Unzulässigkeit der Verbandsrüge).[336] Von diesen Grundsätzen wird eine Ausnahme zugelassen, wenn ein Dritter bereits eine Rüge erhoben, die Vergabestelle ihr nicht abgeholfen hat und dies dem Antragsteller bekannt ist. Dann wäre es unnötige Förmelei, von einem Antragsteller zu erwarten, dass er die Rüge wiederholt. Die Rüge soll nämlich dem Auftraggeber ermöglichen, der Beanstandung abzuhelfen und so unnötige Nachprüfungsverfahren zu vermeiden. Diese Funktion kann auch die Rüge eines Dritten erfüllen.[337] So gelten Rügen, die eine Vergabestelle vor Submission nebst den zugehörigen Antworten an alle Bieter (anonymisiert) verschickt, für sämtliche Bieter.

172

Die Rüge einer Bietergemeinschaft wird durch ihren bevollmächtigten Vertreter ausgesprochen. Dessen Bevollmächtigung für die Bietergemeinschaft erstreckt sich auch auf die Erhebung von Verfahrensrügen. Er handelt auch dann für die Bietergemeinschaft, wenn er der Rüge auf eigenen Briefbogen und nicht ausdrücklich für die Bietergemeinschaft erhebt.[338] Maßgeblich ist, wie die Vergabestelle diese Rüge objektiv verstehen konnte.

172 a

Das Merkmal der Unverzüglichkeit einer Rüge ist für den Einzelfall zu prüfen, insbesondere am Zweck der Vorschrift, der Vergabestelle noch eine Heilung des Fehlers zu ermöglichen (sofern dies noch in Betracht kommt). Erkannte Vergabefehler sind binnen einiger Tage zu rügen;[339] in Zweifelsfällen stehen längstens 2 Wochen für die Prüfung und fachliche Unterstützung bei der Rüge von Vergabeverstößen zur Verfü-

173

---

333 OLG Düsseldorf, Beschl. v. 30.04.2003, Verg 67/02, VergabeR 2003, 435, 445.
334 OLG Celle, VergabeR 2005, 809, 810.
335 VK Bund, VergabeR 2002, 296, 297 – für Anwendung § 14 Abs. 1 Satz 3 VwVfG, bestätigt: OLG Düsseldorf, Beschl. v. 30.08.2001, Verg 32/01.
336 Unzutreffend daher VK Brandenburg, Beschl. v. 23.07.2002, VK 37/02, wo eine allgemein und nicht für einen bestimmten Bieter erhobene Verbandsrüge für ausreichend erachtet wird, weil die spätere Antragstellerin zum Rügezeitpunkt Verbandsmitglied gewesen sei, aufgehoben vom OLG Brandenburg, VergabeR 2003, 242, 245 f. m. Anm. Leinemann.
337 OLG Celle, Beschl. v. 15.12.2005, 13 Verg 14/05.
338 VK Nordbayern, Beschl. v. 12.10.2006, 21 VK 3194-25/06.
339 Nach OLG Schleswig, VergR 2001, 214, 216, und OLG Koblenz, Beschl. v. 18.09.2003, 1 Verg 4/03, sind ein bis drei Tage anzusetzen, was zu kurz erscheint; schon wegen notwendiger Prüfungen und Abstimmungen erscheinen fünf bis sieben Tage als Mindestfrist angemessen.

gung.³⁴⁰ Es ist empfehlenswert, nicht länger als eine Woche bis zur Rüge verstreichen zu lassen.³⁴¹ Ein Zeitraum von einem Monat ist regelmäßig als nicht mehr unverzüglich anzusehen.³⁴² Zur Vermeidung einer schuldhaften Verzögerung sollte die Rüge nicht (nur) per Post abgesetzt werden, sondern soweit die entsprechenden Daten des Auftraggebers bekannt sind, auch ein schnelleres Medium (Telefax, Email) gewählt werden.³⁴³

174 Zwar soll eine Rüge von ihrer Intention her schon vor der Stellung eines Nachprüfungsantrags erhoben werden. Allerdings sind Fälle denkbar, etwa wenn die Vergabeentscheidung unmittelbar bevorsteht, wo eine Rüge vor Antragstellung nicht mehr sinnvoll oder erfolgversprechend oder wenn der Fehler ohnehin nicht mehr korrigierbar ist und der Zuschlag unter Einbeziehung des fehlerhaften Kriteriums befürchtet werden muss. In solchen Fällen wäre es bloße Förmelei, das Vorliegen einer Rüge vor Verfahrenseinleitung zu fordern. Es ist daher ohne weiteres zulässig, kurz vor oder zusammen mit dem Nachprüfungsantrag eine Rüge auszusprechen.³⁴⁴ Müsste die Zuschlagserteilung vor Zustellung des Nachprüfungsantrags an die Vergabestelle befürchtet werden, so gebietet es das Erfordernis effektiven Bieterrechtsschutzes sogar, die Zulässigkeit des Antrags auch ohne vorherige Rüge zu bejahen.³⁴⁵

175 Stellt sich erst während eines bereits anhängigen Nachprüfungsverfahrens heraus, dass es weitere Verstöße gegeben hat, besteht diesbezüglich für den Antragsteller keine Rügeobliegenheit mehr, zumal für die Vergabekammer ohnehin nach § 110 GWB der Amtsermittlungsgrundsatz gilt.³⁴⁶ Entsprechendes gilt, wenn behauptete Verstöße erst im Beschwerdeverfahren entdeckt werden.³⁴⁷ Wurde das Verfahren möglicherweise auf Grund eines nicht unverzüglich i. S. d. § 107 Abs. 3 S. 1 GWB gegenüber der Vergabestelle gerügten Verstoßes eingeleitet, ist unter Umständen ausnahmsweise zu fordern, dass der erst im laufenden Nachprüfungsverfahren erkannte Verstoß in entsprechender Anwendung von §§ 107 Abs. 3 S. 1, 108 Abs. 1 S. 1 Abs. 2 GWB unverzüglich auch im Nachprüfungsverfahren gerügt werden muss.³⁴⁸ Durch eine unterbliebene Rüge ergeben sich möglicherweise negative Kostenfolgen, analog § 93 ZPO, wenn die Vergabestelle nach Einleitung des Nachprüfungsverfahrens das beanstandete Verhalten unverzüglich abstellt.³⁴⁹

176 Erst im Nachprüfungsverfahren erkannte Vergaberechtsverstöße können vom Antragsteller auch dann zum Gegenstand des Nachprüfungsverfahrens gemacht werden,

---

340 OLG Düsseldorf, WuW/E Verg 223; BayObLG, WuW/E Verg 239; OLG Brandenburg, NZBau 2001, 226, 227; OLG Schleswig, VergR 2001, 214, 216; OLG Dresden, VergabeR 2004, 609, 611.
341 OLG Dresden, VergabeR 2004, 609, 611.
342 Nach KG, BauR 2000, 563, 564, sind auch 23 Tage schon zu lang.
343 OLG Naumburg, VergabeR 2005, 667, 668.
344 VK Bund, Beschl. v. 04.08.1999, VK 2-16/99; OLG Bremen, Beschl. v. 31.07.2006, Verg 2/2006, VergabeNews 2007, 7.
345 Byok/Jaeger-Byok, § 107 GWB, Rn. 993.
346 OLG Düsseldorf, Beschl. v. 14.03.2001, Verg 19/00, NZBau 2001, 106, 111; OLG Düsseldorf, Beschl. v. 13.06.2001, Verg 2/01, VergabeR 2001, 415, 416; OLG Celle, Beschl. v. 12.05.20054, 13 Verg 5/05; OLG Celle, VergabeR 2001, 252, 253; OLG Frankfurt, VergabeR 2001, 300, 307.
347 OLG Frankfurt, VergabeR 2004, 754, 757 f.
348 OLG Celle, VergabeR 2001, 252, 253.
349 OLG Frankfurt/Main, BauR 2000, 1595, 1597.

wenn dieses aufgrund eines nicht den Zulässigkeitserfordernissen des § 107 Abs. 2, 3 GWB genügenden Antrags eingeleitet wurde. Ein »nachgeschobener« Nachprüfungsgegenstand verhilft hier zwar nicht den ursprüngliche geltend gemachten Rügen über die Zulässigkeitsschwelle, der Antrag kann aber hinsichtlich des neuen Vorbringens zulässig werden. So widerspräche es dem im Nachprüfungsverfahren geltenden Beschleunigungsgebot, den Bieter hinsichtlich der erst während des Nachprüfungsverfahrens erkannten Vergaberechtsverstöße auf ein neues Nachprüfungsverfahren zu verweisen, wenn die Rügen vor der Vergabekammer im übrigen zulässig, insbesondere so rechtzeitig vorgebracht worden sind, dass sie im laufenden Verfahren ohne Verzögerung beschieden werden können.[350] Damit können auch Zufallsfunde etwa aus der Akteneinsicht einem eigentlich unzulässigen Nachprüfungsantrag zum Erfolg verhelfen. Dies setzt allerdings voraus, dass der Antrag nicht offensichtlich unzulässig ist, wie es bei völlig vagen und pauschalen Behauptungen einer Rechtsverletzung der Fall sein wird.[351] Ein solcher Antrag wird dem Antragsgegner gem. § 110 Abs. 2 GWB schon nicht zugestellt und kann damit eine Zuschlagshemmung nicht auslösen.

177 Will sich ein anderer Bieter als der Antragsteller in einem neuen Nachprüfungsverfahren (II) auf Verfahrensverstöße berufen, die in einem Nachprüfungsverfahren (I) aufgedeckt werden, muss er dies gegenüber der Vergabestelle zuvor rügen. Es wäre mit dem Grundsatz von Treu und Glauben nicht vereinbar, wenn der betreffende Bieter erst den Ausgang des Nachprüfungsverfahrens I abwartet, um danach zu entscheiden, ob er nun seinerseits Verfahrensverstöße bekämpft.

178 Die Erfahrung nach acht Jahren der Durchführung von Nachprüfungsverfahren hat gezeigt, dass viele Auftraggeber, die sich bei Anrufung der Vergabekammer eines Verstoßes bewusst werden, ihre Abwehrstrategie zunächst auch darauf stützen, dass der beschwerdeführende Bieter den Vergabeverstoß hätte erkennen können bzw. erkannt hat und frühzeitiger hätte rügen müssen. Dringt dieser Einwand des Auftraggebers durch, endet das Nachprüfungsverfahren wegen Unzulässigkeit des Antrags und der Vergabe steht nichts im Wege, wenn nicht andere Aspekte hinzutreten. Man wollte den Auftraggeber vor einem Missbrauch des Nachprüfungsverfahrens schützen, hat es damit aber zugleich ermöglicht, dass auch gravierende Vergabeverstöße folgenlos bleiben können, nur weil Bieter diese (vielleicht) hätten erkennen können, sie aber nicht gerügt haben. Um dem Rechtsschutz im Vergabeverfahren durch rigorose Anwendung der Präklusionsvorschrift keinen Bärendienst zu erweisen, müssen auch in Zukunft strenge Anforderungen an die Feststellungen zur Erkennbarkeit von Vergabeverstößen gestellt werden.

179 Der Bieter kann das aus § 107 Abs. 3 S. 2 GWB resultierende Risiko allerdings minimieren. Zunächst sollten alle aus der Bekanntmachung erkennbaren Verstöße sogleich – noch vor Angebotsabgabe – gerügt werden. Darüber hinaus empfiehlt es sich, bei Angebotsabgabe den Auftraggeber in einem Begleitschreiben auf nach Ansicht des

---

350 OLG Celle, Beschl. v. 12.05.2005, 13 Verg 5/05, VergabeNews 2005, 67.
351 Siehe OLG Düsseldorf, Beschl. v. 23.02.2005, Verg 92/04, wo das Gericht aber davon ausgeht, dass andere Vergaberechtsverletzungen nur dann zum Gegenstand eines Nachprüfungsverfahrens gemacht werden können, wenn eine den Maßstäben des § 107 Abs. 2 GWB genügende Darlegung der Verletzung von Bieterrechten das Nachprüfungsverfahren erfolgt ist.

Bieters bestehende Verstöße gegen Vergabevorschriften aufmerksam zu machen. Wer als Bieter so verfährt, muss sich über die Maßstäbe der Erkennbarkeit bzw. Unverzüglichkeit keine Gedanken mehr machen, wird allerdings der Vergabestelle psychologisch durch seine »Vorsorgerügen« lästig sein. Auch bei erkannten Verfahrensverstößen besteht indes keine über eine Rüge hinausgehende Verpflichtung des Bieters etwa dahin gehend, auch die Vergabekammer mit seinen Erkenntnissen zu befassen. Der Bieter wahrt seine Rechte nach § 107 Abs. 3 GWB durch den Hinweis gegenüber der Vergabestelle. Damit kann das Vergabeverfahren weitergeführt werden, wenn der Auftraggeber nicht seinerseits aus den mitgeteilten Hinweisen des Bieters Konsequenzen zieht. Auch auf diese Weise kann trotz erkennbarer (und erkannter) Verstöße ein Vergabeverfahren zum Abschluss gebracht werden. Ein Auftraggeber ist seinerseits nicht verpflichtet, anderen Bietern die Rügen von Verfahrensbeteiligten mitzuteilen.

180 Eine Frist zwischen Rüge und Zeitpunkt der Stellung eines Nachprüfungsantrags kennt das GWB nicht.[352] Dies ist auch deshalb sinnvoll, weil andernfalls ein Bieter ohne Kenntnis der weiteren Entwicklung des Vergabeverfahrens gezwungen wäre, ein Nachprüfungsverfahren einzuleiten, um seine Rechte zu wahren. Eine Flut von Anträgen wäre wohl die Folge. Es ist grundsätzlich möglich, einen Nachprüfungsantrag auf einen bereits in frühem Stadium des Vergabeverfahrens gerügten Verfahrensverstoß (z. B. falsche Verfahrensart) zu stützen.[353] Die Grenze bildet hier der Aspekt der Verwirkung, der aus dem in der gesamten Rechtsordnung geltenden, Grundsatz von Treu und Glauben hergeleitet wird.[354] Ein Zeitraum von vier Monaten zwischen Rüge und Stellung des Nachprüfungsantrages lässt das Rechtsschutzinteresse noch nicht entfallen.[355]

2.1.8 Der Antrag auf Nachprüfung

181 Der Antrag auf Durchführung des Nachprüfungsverfahrens muss schriftlich abgefasst sein. Er muss nicht im selben Schriftstück, gleichwohl aber unverzüglich begründet werden. Die Vergabekammer veranlasst die Zustellung, wenn der Antrag so hinreichend begründet ist, dass er nicht schon als offensichtlich unzulässig oder offensichtlich unbegründet angesehen werden muss.[356] Schon im Antrag soll ein bestimmtes Begehren genannt werden, z. B. die Ausschreibung aufzuheben, bestimmte Unterlagen allen Bietern zugänglich zu machen oder bestimmte Forderungen aus den Verdingungsunterlagen zu streichen. Hat der Antragsteller keinen Wohnsitz oder keine Niederlassung in Deutschland, muss er einen hiesigen Empfangsbevollmächtigten benennen.

182 Die Antragsbegründung muss enthalten:

> ➢ die Bezeichnung des Antragsgegners;

> ➢ eine Beschreibung der behaupteten Rechtsverletzung mit Sachverhaltsdarstellung;

---

352 Die zweiwöchige Antragsfrist des österr. Bundesvergabegesetzes wurde vom EuGH gebilligt (EuGH, VergabeR 2003, 141, 150 f.). Die Bestrebungen der alten Bundesregierung im Rahmen der Novellierung des Vergaberechts eine solche Frist einzuführen, liegen derzeit auf Eis.
353 OLG Düsseldorf, VergabeR 2005, 107, 108.
354 OLG Naumburg, VergabeR 2006, 88, 91; OLG Düsseldorf, VergabeR 2005, 343, 344.
355 VK Bund, VergabeR 2001, 143, 144.
356 Reidt/Stickler/Glahs-Reidt, § 108 GWB, Rn. 11.

2.1 Das Nachprüfungsverfahren vor der Vergabekammer

> ➤ die Bezeichnung der verfügbaren Beweismittel;
> ➤ die Darlegung, dass die Rüge gegenüber dem Auftraggeber erfolgt ist, § 108 Abs. 2 GWB.[357]
> ➤ Ferner sollen – soweit bekannt – die übrigen Beteiligten benannt werden.

Die Verletzung der vorstehenden Anforderungen über den Mindestinhalt der Verfahrensschriftsätze führt zur Unzulässigkeit des Antrags, soweit nicht nur Soll-Vorschriften missachtet wurden.[358] Unzulässig ist auch ein Antrag ohne verständliche Sachverhaltsschilderung oder ohne Darstellung einer konkreten Rechtsverletzung.[359] **183**

Soweit Beweismittel zu bezeichnen sind, dürfen die Anforderungen gleichfalls nicht überspannt werden. Die Vorlage von Schreiben und Aktennotizen des Auftraggebers reicht sicher aus, ebenso die Benennung von Zeugen. Die praktische Erfahrung zeigt indes, dass vielfach Hinweise über unzulässige Bewertungen der Angebote, beabsichtigte Ausschlüsse und/oder Bevorzugungen lediglich auf inoffiziellen Wegen zu den übrigen Bietern gelangen. Solche, aus dem Bereich des Auftraggebers »herausgesickerten« Informationen haben in der Vergangenheit häufig zur Einleitung von Nachprüfverfahren geführt, auch ohne dass der Informant genannt werden konnte. Das wird auch nach Schaffung von § 108 GWB nicht anders zu beurteilen sein. Zu Überlegungen und Gedankenspielen, die beim Auftraggeber hinsichtlich der Vergabeentscheidung angestellt werden, gibt es oft keine Beweise außer Hörensagen. Auch das reicht zur Anrufung der Vergabekammer aus, zumal im laufenden Vergabeverfahren meist nur wenige Tage Zeit bleiben, um durch Ergreifung von Rechtsschutzmöglichkeiten eine evtl. rechtswidrige Zuschlagserteilung zu verhindern. Hier können nicht aufwendig vorab Beweise ermittelt und gesichert werden. **184**

Die Grenze der einzuführenden Informationen und Beweismittel zur Begründung des Nachprüfungsantrages ist dort zu ziehen, wo der Bieter bewusst fremdes – möglicherweise strafrechtlich relevantes – Fehlverhalten ausnutzt. Dies hat das OLG Brandenburg[360] für den Extremfall entschieden, dass ein Bieter zur Begründung seines Nachprüfungsantrages das ihm zugespielte, komplette Angebot des Konkurrenten vorlegt und auswertet. **185**

Die Vergabekammer ist zudem nicht an die benannten Beweise gebunden, sondern kann sich aller Beweismittel bedienen, die sie nach pflichtgemäßem Ermessen zur Ermittlung des Sachverhalts für erforderlich hält.[361] Eine Überreichung der Beweismittel muss nicht mit der Antragsbegründung erfolgen; sie können nachgereicht werden. **186**

---

357 Vgl. dazu die einschränkenden Ausführungen oben zu Abschnitt 3 und OLG Frankfurt/Main, BauR 2000, 1595, 1597.
358 Die Anforderungen sind §§ 253 Abs. 2 ZPO, 82 VwGO nachgebildet; vgl. BT-Drucks. 13/9340, S. 18, zu § 118.
359 OLG Koblenz, Beschl. v. 22.03.2001, Verg 9/00, VergabeR 2001, 407, 408 f.
360 OLG Brandenburg, Beschl. v. 06.10.2005, Verg W 7/05, VergabeNews 2005, 116.
361 Byok/Jaeger-Byok, § 108 GWB, Rn. 1005.

2.1.9 Die Verfahrensbeteiligten

187 Nach § 109 GWB sind Verfahrensbeteiligte am Nachprüfungsverfahren der Antragsteller, der Auftraggeber und diejenigen Unternehmen, deren Interessen durch die Entscheidung schwerwiegend berührt werden und die deswegen von der Vergabekammer beigeladen werden. Durch ihre Beteiligung bzw. Beiladung soll sichergestellt werden, dass die zu treffende Entscheidung alle betroffenen Interessen berücksichtigt und alle Argumente gehört werden.[362] Die Entscheidung über eine Beiladung ist unanfechtbar, d. h. ein nicht beigeladener Mitbieter kann seine Teilnahme am Verfahren nicht erzwingen.[363]

188 Beigeladen wird daher regelmäßig der Bieter, der von der Vergabestelle für den Zuschlag vorgesehen ist. Greift der Antragsteller mit seinem Nachprüfungsantrag namentlich benannte weitere Bieter an, sind auch diese beizuladen, damit sie ihre subjektiven Rechte wahrnehmen können. Es ist offen, ob beispielsweise ein fünftplatzierter Bieter zu dem vom Zweitplatzierten eingeleiteten Nachprüfungsverfahren beizuladen wäre. Maßgeblich ist, ob seine Interessen »schwerwiegend berührt« sind. Mit der Wahl dieses Begriffs wollte man den Entscheidungsorganen bewusst einen Spielraum einräumen. Maßgeblich soll nach der Gesetzesbegründung sein, ob das Angebot eines Bieters »in die engere Wahl« gekommen sei; das soll insbesondere dann gelten, wenn es im Submissionsspiegel vor dem Angebot des Antragstellers liege.[364] Das wäre im Beispielsfall des Fünftplatzierten nicht der Fall. Gleichwohl kann aber auch der Fünfte aus einer Submissionsliste noch gute Chancen im Hinblick auf eine Auftragserteilung haben, wenn nämlich die genaue Nachprüfung der eingereichten Angebote aufgrund von Rechenfehlern etc. zu einer Verschiebung der Reihenfolge führt oder Nebenangebote berücksichtigt werden. Liegen solche Umstände vor, die auch einen nachrangig platzierten Bieter zu konkreten Auftragsaussichten verhelfen, ist dessen Beiladung angezeigt. Schon aus Gründen der Verfahrensökonomie empfiehlt es sich indes, die Zahl der Beigeladenen gering zu halten.

189 Die Beigeladenen können in derselben Weise am Verfahren teilnehmen wie Antragsteller und Antragsgegner, d. h. sie können Schriftsätze einreichen, die Vergabeakten einsehen, Anträge stellen und an Verhandlungsterminen teilnehmen. Die Vergabekammer übersendet ihnen Ablichtungen der Schriftsätze der übrigen Beteiligten sowie ihrer Entscheidungen, Ladungen und Verfügungen. Die Beiladung kann auch erst im sofortigen Beschwerdeverfahren durch das OLG erfolgen, auch wenn dies im Gesetz nicht ausdrücklich vorgesehen ist. Ansonsten könnte das gesamte Nachprüfungsverfahren an einem Bieter, dessen Interessen schwerwiegend berührt werden, vorbeilaufen.[365]

2.1.10 Zustellung und Verfahrensbeginn

190 Die Zustellung des Nachprüfungsantrags durch die Vergabekammer hat schon wegen der Wirkungen nach § 115 Abs. 1 GWB allerhöchste Priorität und muss von dieser so-

---

362 BT-Drucks. 13/9340, S. 18, zu § 119 GWB.
363 OLG Frankfurt, VergabeR 2006, 144.
364 BT-Drucks. 13/9340, S. 18, zu § 119 GWB.
365 OLG Düsseldorf, VergabeR 2001, 59, 60.

fort veranlasst werden. Allein die offensichtliche Unzulässigkeit oder die offensichtliche Unbegründetheit entbinden die Vergabekammer von der Pflicht zur sofortigen Zustellung. Die Vergabekammer ist gehalten, die Zustellung noch am Tag des Eingangs des Nachprüfungsantrags zu veranlassen.

Die Zustellung des Nachprüfungsantrags kann – und sollte – auch per Telefax erfolgen, um dem Bedürfnis des effektiven Rechtsschutzes durch eine schnelle Zustellung Rechnung zu tragen. Die Telefax-Übermittlung reicht gem. § 5 Abs. 4 VwZG aus.[366] Auch wenn der öffentliche Auftraggeber keine Behörde, Körperschaft, Anstalt oder Stiftung des öffentlichen Rechts ist, soll die Zustellung per Telefax erfolgen. Gemäß § 110 Abs. 2 GWB, der in der aktuellen Fassung auch auf § 61 GWB verweist, ist die Faxzustellung bei allen öffentlichen Auftraggebern im Sinne von § 98 GWB zulässig und auch wirksam.

191

Darüber hinaus wird von der Vergabekammer zu verlangen sein, dass sie bis zur erfolgten Zustellung den Eingang des Nachprüfungsantrags keiner der am Vergabeverfahren beteiligten Parteien offenbart. Insbesondere darf der Vergabestelle – beispielsweise auf vorsorgliche telefonische Anfragen – keine Auskunft darüber erteilt werden, ob Nachprüfungsanträge eingegangen sind, deren Zustellung bislang nicht erfolgt ist.[367] Es liegt auf der Hand, dass solche vorsorglichen Erkundigungen dazu führen könnten, die Vergabestelle zu einer schnellen Zuschlagserteilung zu veranlassen, bevor ein möglicherweise schon bei der Vergabekammer liegender Antrag zugestellt worden ist und damit das Zuschlagsverbot nach § 115 Abs. 1 GWB eintritt.

192

Der eingegangene Nachprüfungsantrag wird von der Vergabekammer zunächst daraufhin überprüft, ob er offensichtlich unzulässig ist. Damit endet aber die Vorprüfung noch nicht, denn die Erstüberprüfung erstreckt sich auch auf eine offensichtliche Unbegründetheit. Wird die offensichtliche Unzulässigkeit und/oder Unbegründetheit bejaht, ist der Antrag zurückzuweisen, ohne dass irgendein anderer möglicher Beteiligter zuvor informiert wurde. Weil so ein Nachprüfungsverfahren »auf kaltem Wege« sehr schnell beendet werden kann, darf von dieser Möglichkeit nur in seltenen Ausnahmefällen Gebrauch gemacht werden. Gerade in dem sich noch ausformenden Rechtsgebiet des Vergaberechts wird es häufig sehr unterschiedliche Ansichten darüber geben, ob die Unbegründetheit einer bestimmten Rechtsposition – hier: der eines Bieters – »offensichtlich« ist. Offensichtlichkeit kann nur dann in Betracht kommen, wenn nach Ansicht aller verständigen, mit Vergabesachen befassten Personen die aufgeworfene Frage nur entgegen der Ansicht des Bieters entschieden werden kann und keinerlei abweichende Gründe auch nur ersichtlich sein können. In allen anderen Fällen ist das Verfahren durchzuführen und die Richtigkeit der behaupteten Rechtsansicht durch Entscheidung der Vergabekammer zu ermitteln. Das Merkmal der Offensichtlichkeit kann nur erfüllt sein, wenn schon bei erster und einfacher Durchsicht des Antrags Zulässigkeit und/oder Begründetheit verneint werden müssten.[368] Auch kommt in Betracht, dass der durch eine Rüge vorgewarnte Auftraggeber eine soge-

193

---

366 Byok/Jaeger-Byok, § 110 GWB, Rn. 1022.
367 Bechtold, § 110, Rn. 5.
368 Vgl. OLG Celle, Beschl. v. 21.03.2001, 13 Verg 4/01, zu der Abwägung im Rahmen des § 115 Abs. 2 GWB, VergabeR 2001, 388, 340.

nannte Schutzschrift bei der Vergabekammer hinterlegt hat, in der er die offensichtliche Unzulässigkeit des Nachprüfungsantrages z. B. wegen Nichterreichens des Schwellenwertes aufzeigt.[369] Es wäre unangemessen, für diese Prüfung mehr als einen Tag einzuräumen, denn allein eine verlängerte Prüffrist müsste schon bedeuten, dass die Unzulässigkeit und/oder Unbegründetheit jedenfalls nicht offensichtlich wäre.

194 Ergibt sich die offensichtliche Unzulässigkeit oder Unbegründetheit aus Formfehlern im Nachprüfungsantrag, möglicherweise vergessenen Angaben oder sonstigen Versäumnissen des Antragstellers, die heilbar erscheinen, kann und sollte die Vergabekammer die antragstellende Partei darauf telefonisch hinweisen, um ggf. eine kurzfristige Ergänzung des Antrags zu ermöglichen. Es wäre in solchen Fällen unangemessen, sogleich den Nachprüfungsantrag zurückzuweisen.[370]

195 Lehnt die Vergabekammer gleichwohl die Befassung mit einem Antrag wegen offensichtlicher Unbegründetheit ab, so bleibt dem Antragsteller wegen dieser Entscheidung noch die sofortige Beschwerde zum Oberlandesgericht gem. § 116 GWB, da auch die Ablehnung der Sache nach § 110 Abs. 2 S. 1 GWB eine rechtsmittelfähige Entscheidung darstellt. Das angerufene Oberlandesgericht kann die Zuschlagssperre des § 115 Abs. 1 GWB von sich aus herbeiführen, indem es erstmalig die Zustellung des Nachprüfungsantrages an den Antragsgegner veranlasst.[371]

196 Weigert sich die Vergabekammer, eine Zustellung vorzunehmen, ohne dass ein entsprechender Beschluss erlassen wird, ist die sofortige Beschwerde analog § 116 Abs. 2 GWB gegeben.[372]

197 Nach manchen Geschäftsordnungen der Vergabekammern wird für die Zustellung die Einzahlung eines Kostenvorschusses zur Voraussetzung erhoben.[373] Diese Voraussetzung wird einem Bieter, der noch nie ein Nachprüfungsverfahren durchgeführt hat, regelmäßig nicht bekannt sein und daher die Zustellung seines Antrags unbillig verzögern. Es ist daher in jedem Fall als ausreichend zu erachten, wenn die Verfahrensbevollmächtigten des Antragstellers sich für die spätere Einzahlung der Verfahrenskosten stark sagen. Eine Verzögerung der Zustellung wegen fehlenden Einzahlungsnachweises wäre verfahrensfehlerhaft, zumal auch einstweiliger Rechtsschutz vor ordentlichen Gerichten zur Wahrung der Effektivität des Rechtsschutzes keiner vorherigen Einzahlung von Gerichtskosten bedarf. Die Vergabekammer muss den Antragsteller sofort auf evtl. geforderte Kostenvorschüsse hinweisen, um seinen Rechtsschutz nicht zu gefährden.

2.1.11 Die Erforschung des Sachverhalts durch die Vergabekammer

198 Im Vergabe-Nachprüfungsverfahren gilt nach § 110 GWB der Grundsatz der Ermittlung von Amts wegen. Es kommt daher – anders als im Zivilprozess – nicht darauf an,

---

369 OLG Jena, VergabeR 2003, 108; Erdl, VergabeR 2001, 270, 274.
370 OLG Jena, Beschl. v. 20.12.2001, 1 Verg 12/01.
371 BayObLG, VergabeR 2005, 126, 127.
372 A. A. OLG Dresden, VergabeR 2002, 544; Gröning, VergabeR 2002, 435, 438 »Schwachstelle« des GWB.
373 So z. B. § 4 GeschO VergK des Bundes.

ob der Vortrag der Verfahrensbeteiligten streitig oder unstreitig ist und ob alle Beweismittel angeboten werden. Die Kammer kann auch über das Parteivorbringen hinaus den Sachverhalt ermitteln. Bleiben dann noch Unklarheiten, wirkt sich dies zu Lasten derjenigen Partei aus, die sich zur Rechtfertigung ihrer Position darauf beruft.[374] Die Vergabekammer hat allerdings ausdrücklich darauf zu achten, dass sie den Ablauf des Vergabeverfahrens nicht unangemessen beeinträchtigt. Dies bindet die Amtsermittlung durch die Vergabekammer insofern, als nur solche Aufklärungen vorgenommen werden sollen, die zur Entscheidung über den Vorgang von einer gewissen Bedeutung sind.

Bei der Amtsermittlung nach § 110 Abs. 1 GWB orientiert sich die Kammer zunächst am Vorbringen des Antragstellers, geht aber auch darüber hinaus, wenn es für die Entscheidung relevant ist und sich im Verlauf des Verfahrens weitere Anhaltspunkte ergeben. **199**

Im Zuge der Amtsermittlung fordert die Vergabekammer nach § 110 Abs. 2 S. 1 GWB die Akten bei der Vergabestelle an. Für die weiteren Ermittlungen ist nach § 110 Abs. 2 S. 4 GWB ausdrücklich die Anwendbarkeit der §§ 57 bis 59 GWB geregelt. Diese Vorschriften lauten wie folgt: **200**

§ 57 GWB Erhebung von Beweisen **201**

(1) Die Kartellbehörde kann alle Ermittlungen führen und alle Beweise erheben, die erforderlich sind.

(2) Für den Beweis durch Augenschein, Zeugen und Sachverständigen sind § 372 Abs. 1, §§ 376, 377, 378, 380 bis 387, 390, 395 bis 397, 398 Abs. 1, §§ 401, 402, 404, 404a, 406 bis 409, 411 bis 414 der Zivilprozessordnung sinngemäß anzuwenden; Haft darf nicht verhängt werden. Für die Entscheidung über die Beschwerde ist das Oberlandesgericht zuständig.

(3) Über die Zeugenaussage soll eine Niederschrift aufgenommen werden, die von dem ermittelnden Mitglied der Kartellbehörde und, wenn ein Urkundsbeamter zugezogen ist, auch von diesem zu unterschreiben ist. Die Niederschrift soll Ort und Tag der Verhandlung sowie die Namen der Mitwirkenden und Beteiligten ersehen lassen.

(4) Die Niederschrift ist dem Zeugen zur Genehmigung vorzulesen oder zur eigenen Durchsicht vorzulegen. Die erteilte Genehmigung ist zu vermerken und von dem Zeugen zu unterschreiben. Unterbleibt die Unterschrift, so ist der Grund hierfür anzugeben.

(5) Bei der Vernehmung von Sachverständigen sind die Bestimmungen der Absätze 3 und 4 entsprechend anzuwenden.

(6) Die Kartellbehörde kann das Amtsgericht um die Beeidigung von Zeugen ersuchen, wenn sie die Beeidigung zur Herbeiführung einer wahrheitsgemäßen Aussage für notwendig erachtet. Über die Beeidigung entscheidet das Gericht.

---

374 Bechtold, § 110 GWB, Rn. 1.

2 Die Überprüfung von Vergabeverfahren nach §§ 102 ff. GWB

202 § 58 GWB Beschlagnahme von Beweismitteln

(1) Die Kartellbehörde kann Gegenstände, die als Beweismittel für die Ermittlung von Bedeutung sein können, beschlagnahmen. Die Beschlagnahme ist dem davon Betroffenen unverzüglich bekannt zu machen.

(2) Die Kartellbehörde hat binnen drei Tagen die richterliche Bestätigung des Amtsgerichts, in dessen Bezirk die Beschlagnahme vorgenommen ist, nachzusuchen, wenn bei der Beschlagnahme weder der davon Betroffene noch ein erwachsener Angehöriger anwesend war oder wenn der Betroffene und im Fall seiner Abwesenheit ein erwachsener Angehöriger des Betroffenen gegen die Beschlagnahme ausdrücklich Widerspruch erhoben hat.

(3) Der Betroffene kann gegen die Beschlagnahme jederzeit die richterliche Entscheidung nachsuchen. Hierüber ist er zu belehren. Über den Antrag entscheidet das nach Absatz 2 zuständige Gericht.

(4) Gegen die richterliche Entscheidung ist die Beschwerde zulässig. Die §§ 306 bis 310 und 311 a der Strafprozessordnung gelten entsprechend.

203 § 59 GWB Verlangen von Auskünften

(1) Soweit es zur Erfüllung der in diesem Gesetz der Kartellbehörde übertragenen Aufgaben erforderlich ist, kann die Kartellbehörde

1. von Unternehmen und Vereinigungen von Unternehmen Auskunft über ihre wirtschaftlichen Verhältnisse sowie die Herausgabe von Unterlagen verlangen;

2. bei Unternehmen und Vereinigungen von Unternehmen innerhalb der üblichen Geschäftszeiten die geschäftlichen Unterlagen einsehen und prüfen;

3. von Wirtschafts- und Berufsvereinigungen Auskunft über die Satzung, über die Beschlüsse sowie über Anzahl und Namen der Mitglieder verlangen, für die die Beschlüsse bestimmt sind.

(2) Die Inhaber der Unternehmen und ihre Vertretung, bei juristischen Personen, Gesellschaften und nicht rechtsfähigen Vereinen die nach Gesetz oder Satzung zur Vertretung berufenen Personen sowie die gem. § 13 Abs. 2 S. 1 zur Vertretung bestellten Personen sind verpflichtet, die verlangten Unterlagen herauszugeben, die verlangten Auskünfte zu erteilen, die geschäftlichen Unterlagen zur Einsichtnahme und Prüfung vorzulegen und die Prüfung dieser geschäftlichen Unterlagen sowie das Betreten von Geschäftsräumen und -grundstücken zu dulden.

(3) Personen, die von der Kartellbehörde mit der Vornahme von Prüfungen beauftragt werden, dürfen die Räume der Unternehmen und Vereinigungen von Unternehmen betreten. Das Grundrecht des Artikels 13 des Grundgesetzes wird insoweit eingeschränkt.

(4) Durchsuchungen können nur auf Anordnung des Amtsrichters, in dessen Bezirk die Durchsuchung erfolgen soll, vorgenommen werden. Auf die Anfechtung dieser Anordnung finden die §§ 306 bis 310 und 311 a der Strafprozessordnung entsprechende Anwendung. Bei Gefahr im Verzuge können die in Absatz 3

bezeichneten Personen während der Geschäftszeit die erforderlichen Durchsuchungen ohne richterliche Anordnung vornehmen. An Ort und Stelle ist eine Niederschrift über die Durchsuchung und ihr wesentliches Ergebnis aufzunehmen, aus der sich, falls keine richterliche Anordnung ergangen ist, auch die Tatsachen ergeben, die zur Annahme einer Gefahr im Verzuge geführt haben.

(5) Zur Auskunft Verpflichtete können die Auskunft auf solche Fragen verweigern, deren Beantwortung sie selbst oder Angehörige, die in § 383 Abs. 1 Nr. 1 bis 3 der Zivilprozessordnung bezeichnet sind, der Gefahr strafgerichtlicher Verfolgung oder eines Verfahrens nach dem Gesetz über Ordnungswidrigkeiten aussetzen würde.

Neben den in §§ 57 ff. GWB geregelten Beweisarten bleibt selbstverständlich auch der Beweis durch Urkunden zulässig; er dürfte sogar in einem die Vertraulichkeit respektierenden Vergabeverfahren besonders bedeutsam sein.[375] Der konkrete Gang der Beweiserhebung richtet sich nach den einschlägigen Vorschriften der ZPO, auf die § 57 Abs. 2 GWB verweist. Zeugenvernehmungen vor der Vergabekammer ähneln daher denjenigen vor dem Zivilgericht. Die Vergabekammer darf allerdings Zeugen nicht vereidigen, sondern muss, wenn die Vereidigung beantragt wird und sie dies für sinnvoll hält, die Vereidigung durch einen Richter beim Amtsgericht durchführen lassen. Ferner sind die Vorschriften des § 376 ZPO über die Vernehmung von Richtern und Beamten zu beachten, wonach regelmäßig eine Aussagegenehmigung vorliegen muss, wenn die Vernehmung sich auf Umstände erstreckt, auf die sich ihre Pflicht zur Amtsverschwiegenheit bezieht. Die Zeugen sind ferner ordnungsgemäß zu laden. Ihnen steht ein Zeugnisverweigerungsrecht nach §§ 383, 384 ZPO zu. Die Verhängung von Haft ist ausgeschlossen.

204

Ferner kann die Vergabekammer analog § 58 GWB Gegenstände, die als Beweismittel für die Ermittlung von Bedeutung sein können, beschlagnahmen, und zwar ohne richterliche Anordnung, soweit keine Durchsuchung erforderlich ist und die Gegenstände freiwillig herausgegeben werden.

205

Schließlich ist aufgrund des analog anwendbaren § 59 Abs. 1 bis 5 GWB der Vergabekammer auf ihr Verlangen hin auch umfassend Auskunft zu erteilen. Die Auskunftspflicht erstreckt sich nicht nur auf den Antragsteller, sondern auch auf die Vergabestelle und die Beigeladenen.

206

2.1.12 Einsichtsrecht in die Vergabeakten

Nach § 111 Abs. 1 GWB können die Beteiligten die Akten bei der Vergabekammer einsehen und sich Kopien auf eigene Kosten anfertigen lassen. Das in dieser Weise geschaffene gesetzliche Akteneinsichtsrecht der Beteiligten in einem Nachprüfungsverfahren geht deutlich über die sich aus den Verdingungsordnungen ergebenden Akteneinsichtsrechte hinaus. Der Gesetzgeber hat sich damit der Erkenntnis geöffnet, dass eine effektive Überprüfung insbesondere der Anwendung der Kriterien für die Bewertung der Angebote nur möglich ist, wenn den Beteiligten eine entsprechende Einsicht

207

---

375 Ingenstau/Korbion-Müller-Wrede, 15. Aufl., § 110 GWB, Rn. 13.

gewährt wird. Anerkannt ist, dass das Akteneinsichtsrecht in dem Umfang besteht, wie es zur Durchsetzung der subjektiven Interessen des betreffenden Verfahrensbeteiligten erforderlich ist.[376] Eine Akteneinsicht scheidet nur dann aus, wenn schon vor Einleitung des Nachprüfungsverfahrens der Zuschlag wirksam erteilt war.[377]

208 Im Gesetz ist nur von den »Akten« die Rede. Dazu gehören sämtliche bei der Vergabestelle vorhandenen Akten, die das jeweilige Vergabeverfahren betreffen, so auch vorbereitende Gutachten, Unterlagen betreffend die Entscheidung über die Wahl des Vergabeverfahrens und der Vergabeart, hierzu eingeholte Stellungnahmen der Behörde etc. Grundsätzlich gehören zu den Vergabeakten auch die Angebote von Mitbietern einschließlich der Nebenangebote. Daneben ist vom Aktenbegriff auch der von der Vergabestelle mit Bietern und in dem Verfahren beteiligten Dritten gewechselte Schriftverkehr umfasst. Darüber hinaus gehören zu den Akten – je nach Verfahrensstand – auch Akten aus anderen Nachprüfungsverfahren und ggf. auch anderer Behörden und Gerichte. Der Begriff der »Akten« ist daher umfassend auszulegen, was mit Blick auf das Transparenzgebot im Vergabeverfahren zu rechtfertigen ist.[378]

209 Die Akteneinsicht kann von allen Beteiligten, aber auch nur von diesen, beantragt werden. Beteiligte sind Antragsteller, Antragsgegner und Beigeladene.

210 Infolge der Pflicht der Vergabekammern zur Entscheidung innerhalb von fünf Wochen bleibt nicht viel Zeit für eine Akteneinsicht. Die Vergabekammer wird daher i. d. R. die Akten nicht versenden, sondern Einsichtnahme in ihren Diensträumen gestatten. Dabei ist den Einsichtnehmenden auch die Anfertigung von Ablichtungen auf ihre Kosten zu gestatten. Vielfach hat sich die Praxis eingebürgert, dass die Vergabekammern den Verfahrensbeteiligten anbieten, die von ihnen für relevant gehaltenen Aktenauszüge per Telefax zu übersenden. Organisatorische Schwierigkeiten der Vergabekammer dürfen kein Grund für die Verweigerung der Akteneinsicht sein; den Verfahrensbevollmächtigten der Beteiligten muss auch gestattet werden können, die Akten nach Dienstschluss der Vergabekammer mitzunehmen, vervielfältigen zu lassen und sie am nächsten Morgen wieder zurückzubringen.

211 Erhebliche praktische Probleme hat die in § 111 Abs. 2 GWB enthaltene Möglichkeit verursacht, die Einsicht in die Unterlagen zu versagen, soweit dies aus wichtigen Gründen, insbesondere des Geheimnisschutzes oder der Wahrung von Fabrikations-, Betriebs- oder Geschäftsgeheimnissen geboten ist. Einige Vergabekammern sind hier mit überzogenen Anforderungen zum Geheimnisschutz aufgefallen, die letztlich dazu geführt haben, dass den Verfahrensbeteiligten die Ausführung ihrer Rechte im Nachprüfungsverfahren in rechtswidriger Weise beschnitten wurde. Immer wieder wird von Verfahren berichtet, wo den Beteiligten beispielsweise die Einsichtnahme in alle Nebenangebote mit pauschalem Hinweis auf deren Geheimhaltungsbedürftigkeit verweigert wurde.[379] Selbst von einer Vergabekammer vorgenommene Schwärzungen in Schriftsätzen von Verfahrensbeteiligten vor deren Zustellung an andere Verfahrensbeteiligte sind vorgekommen. Die regelmäßig auftretenden Probleme aufgrund einer ex-

---

376 OLG Jena, 6 Verg 5/01, VergabeR 2002, 305.
377 BayObLG, VergabeR 2001, 55, 58.
378 VÜA Brandenburg, Beschl. v. 18.05.1999, 1 VÜA 1/99.
379 So auch KG, VergabeR 2005, 201, 202.

trem restriktiven Gewährung der Akteneinsicht durch die Vergabekammern verdeutlichen das Bedürfnis einer ausführlichen Befassung der Gerichte mit dieser Thematik.

Zunächst regelt schon die Systematik des § 111 GWB einige wesentliche Voraussetzungen für die Akteneinsicht. Nach § 111 Abs. 3 GWB hat nämlich jeder Beteiligte mit Übersendung seiner Akten oder Stellungnahme auf die in § 111 Abs. 2 GWB genannten Geheimnisse hinzuweisen und diese in den Unterlagen entsprechend kenntlich zu machen. Nach § 111 Abs. 3 S. 2 GWB kann die Vergabekammer von der Zustimmung eines Beteiligten zur Einsichtnahme in diejenigen Teile der von ihm übersandten Schriftstücke ausgehen, die nicht als Geheimnisse gekennzeichnet sind. Eine Vergabekammer ist daher gehalten, grundsätzlich Einsicht in all diejenigen Teile der Vergabeakten zu gewähren, die von den Bietern und/oder der Vergabestelle nicht bereits als geheimhaltungsbedürftig gekennzeichnet sind. Nur in besonders zu begründenden, gewichtigen Ausnahmefällen kann es daher überhaupt in Betracht kommen, dass eine Vergabekammer aufgrund eigener Erkenntnisse oder eigener Überprüfung zu einer Versagung der Akteneinsicht gelangt, weil Betriebsgeheimnisse eines Dritten betroffen sein könnten. Durch § 111 Abs. 3 S. 2 GWB findet insoweit eine drastische Reduzierung des Ermessens der Vergabekammer statt, und zwar dahin gehend, dass nicht als geheimhaltungsbedürftig gekennzeichnete Unterlagen grundsätzlich zur Akteneinsicht offen stehen müssen. Nur in seltenen Ausnahmefällen kommt die Möglichkeit in Betracht, dass die Vergabekammer aufgrund einer ergänzenden, eigenen Prüfung nach § 111 Abs. 2 GWB dazu gelangt, die Einsicht in nicht gekennzeichnete Unterlagen zu verweigern. Insoweit ist dem OLG Jena zuzustimmen, wonach es im Interesse eines effektiven Rechtsschutzes hinzunehmen ist, dass dem die Akteneinsicht nehmenden Bieter dadurch möglicherweise Rückschlüsse auf Betriebsgeheimnisse eines anderen Bieters ermöglicht würden.[380] Unter Umständen muss im Interesse der Effektivität des Rechtsschutzes und der Transparenz des Vergabeverfahrens auch die Kalkulation der Mitbieter und deren Betriebsinterna aufgedeckt werden.[381] Die Akteneinsicht kann sich auch auf die Nebenangebote eines anderen Bieters erstrecken, wenn es auf deren Beurteilung für die Entscheidung maßgeblich ankommt.[382] Will die Vergabekammer die Akteneinsicht versagen, muss die nach § 111 Abs. 2 GWB vorgesehene Interessenabwägung mit einem gravierenden, ausführlich zu begründenden Übergewicht der schutzwürdigen Interessen eines anderen Bieters gegenüber den Verfahrensgrundrechten des Beantragenden enden.[383] Dazu ist es unerlässlich, dass nicht pauschal ein Geheimhaltungsinteresse behauptet wird, sondern dass konkrete Gründe dargelegt werden, weshalb Teile der Angebotsunterlagen nicht zugänglich gemacht werden dürften.[384] Wenn Vergabeverfahren objektiviert überprüfbar sein sollen, müssen behauptete Geheimhaltungsansprüche, mit denen Beteiligte erfahrungsgemäß schnell bei der Hand sind, in weit höherem Maße hinter dem wesentlichen Verfahrensrecht der Akteneinsicht zurückstehen, als dies in anderen Verwaltungsverfahren der Fall sein mag.[385] Eine

212

---

380 OLG Jena, BauR 2000, 95 ff.; OLG Naumburg, Beschl. v. 11.10.1999, 10 Verg 1/99, OLGR Naumburg 2000, 108.
381 OLG Jena, BauR 2000, 95 ff.; Griem, WuW 1999, 1182, 1188; Gröning, NZBau 2000, 366.
382 OLG Frankfurt, Beschl. v. 28.02.2002, 11 Verg 3/01, IBR 2002, 440.
383 KG, VergabeR 2005, 201, 202.
384 OLG Celle, VergabeR 2002, 82, 83; OLG Jena, VergabeR 2003, 248.
385 Ebenso Byok/Jaeger-Byok, § 111 GWB, Rn. 1043; Kus, VergabeR 2003, 129, 134 f.

Verweigerung der Einsicht wegen möglicher Verletzung von Geschäftsgeheimnissen scheidet insbesondere dann aus, wenn die einem Nebenangebot zugrundeliegende Technik gängig und bekannt ist oder schriftsätzlich im Verfahren bereits erörtert wurde.[386] Für einschränkende Textpassagen im Nebenangebot, z. B. dessen Befristung oder die Bedingung einer Geltung nur bei Gesamtvergabe mehrerer Lose o. ä. kann generell kein Geheimhaltungsbedürfnis anerkannt werden, da die Kenntnis solcher Angaben den Betrieb des Bieters in keiner Weise beeinträchtigt. Entsprechendes gilt auch für das Setzen technischer oder rechtlicher Rahmenbedingungen oder die Einräumung von Änderungs- oder Teilungsmöglichkeiten bezüglich des Leistungsumfangs des Nebenangebots, was im Übrigen generell unzulässig wäre, da es an einem hinreichend konkreten Angebotsumfang fehlt.

213 Die pauschale Kennzeichnung aller eingereichten Angebotsunterlagen als geheimhaltungsbedürftig ist rechtsmissbräuchlich und als irrelevant zu bewerten. Sie kann nur dem Zweck dienen, eventuelle Akteneinsichtsrechte zu erschweren. Derart gekennzeichnete Angebote können daher nur so behandelt werden, als wären sie nicht gekennzeichnet. Die Vergabekammer wird in solchen Fällen allerdings nach § 111 Abs. 2 GWB den Bieter entsprechend zu belehren haben und ihm mit einer Frist von 1 oder 2 Tagen aufgeben können, die wirklich geheimhaltungsbedürftigen Teile seines Angebots nachträglich zu benennen. Fehlerhaft ist es, wenn eine Vergabekammer von sich aus den Auftraggeber bittet, geheimhaltungsbedürftige Aktenbestandteile zu kennzeichnen. Diese Kennzeichnung können nur betroffene Bieter vornehmen und die Vergabekammer hat darüber im Zweifelsfall zu entscheiden. Die Rückfrage bei der Vergabestelle ist unzulässig und bevorteilt – weil die Vergabestelle Verfahrenspartei ist – die Auftragsgegnerin in unzulässiger Weise.

214 Inwieweit eine Entscheidung des Bundesverfassungsgerichts[387] hier als Korrektiv gelten muss, bleibt abzuwarten. Danach sind Betriebs- und Geschäftsgeheimnisse nicht nur dann geschützt, wenn ihre Offenlegung nachhaltige oder gar existenzbedrohende Nachteile besorgen lässt. Als Betriebs- und Geschäftsgeheimnisse werden alle auf ein Unternehmen bezogenen Tatsachen, Umstände und Vorgänge verstanden, die nicht offenkundig, sondern nur einem begrenzten Personenkreis zugänglich sind und an deren Nichtverbreitung der Rechtsträger ein berechtigtes Interesse hat. Betriebsgeheimnisse umfassen im Wesentlichen technisches Wissen im weitesten Sinne; Geschäftsgeheimnisse betreffen vornehmlich kaufmännisches Wissen. Zu derartigen Geheimnissen werden etwa Umsätze, Ertragslagen, Geschäftsbücher, Kundenlisten, Bezugsquellen, Konditionen, Marktstrategien, Unterlagen zur Kreditwürdigkeit, Kalkulationsunterlagen, Patentanmeldungen und sonstige Entwicklungs- und Forschungsprojekte gezählt, durch welche die wirtschaftlichen Verhältnisse eines Betriebs maßgeblich bestimmt werden können. Die Vergabekammer hat bei ihrer abwägenden Prüfung der Verhältnismäßigkeit zu berücksichtigen, dass die Gewährung von Akteneinsicht in die Unterlagen eines Konkurrenten zu einem Eingriff in die Berufsfreiheit führen kann; die Nichtoffenlegung kann das Grundrecht des Wettbewerbers auf effektiven Rechtsschutz beeinträchtigen.

---

386 OLG Frankfurt, Beschl. v. 28.02.2002, 11 Verg 3/01, IBR 2002, 440.
387 BVerfG, WuW/E 538, DE-R 1715 (2006, 769).

2.1 Das Nachprüfungsverfahren vor der Vergabekammer

Gegen die Verweigerung der Akteneinsicht gibt es nach § 111 Abs. 4 GWB kein eigenes Rechtsmittel; sie kann nur im Zusammenhang mit der sofortigen Beschwerde in der Hauptsache angegriffen werden. Zweifelhaft erscheint es auch, ob einem Bieter dann, wenn seiner Meinung nach zu Unrecht Einsicht in von ihm als geheimhaltungsbedürftig bewertete Aktenteile gewährt wird, eine Beschwerdemöglichkeit zugestanden werden kann.[388] 215

Den Bietern ist jedenfalls zu raten, bei Abgabe ihrer Angebote jeweils darauf zu achten, ob und welche Teile als geheimhaltungsbedürftig zu bezeichnen sind. Werden große Teile für geheimhaltungsbedürftig erachtet, sollte in einem kurzen Vermerk begründet werden, dass nicht nur eine pauschale Kennzeichnung erfolgt ist, sondern dass gute Gründe hierfür vorgelegen haben. 216

2.1.13 Folge des Antrags: Aussetzung der Vergabe

2.1.13.1 Der automatische Suspensiveffekt

Eines der wichtigsten Mittel für einen effektiven Bieterrechtsschutz stellt das Zuschlagsverbot dar. Nach § 115 Abs. 1 GWB führt die Zustellung eines Antrags auf Nachprüfung beim Auftraggeber dazu, dass dieser vor einer Entscheidung der Vergabekammer und dem Ablauf der Beschwerdefrist den Zuschlag nicht mehr erteilen darf. Es tritt somit im noch schwebenden Vergabeverfahren ein Suspensiveffekt mit der Antragszustellung bei der Vergabestelle ein.[389] Sie darf nach diesem Zeitpunkt nur noch Vorbereitungen für die Fortsetzung der Vergabe treffen, aber weder Teilleistungen vorab oder gar anderweitig vergeben noch sonstige Tatsachen schaffen, die das weitere Verfahren zu Lasten eines der Beteiligten erschweren könnten. Die Vergabestelle kann auch noch nach Antragstellung behauptete Fehler beheben. Dies führt dann zur (Teil-)erledigung. Es ist fraglich, ob ein Bieter eine während eines laufenden Nachprüfungsverfahrens vorgenommene Neuwertung im gleichen Nachprüfungsverfahren beanstanden kann. Das BayObLG hält dies unter Verweis auf §§ 263, 264 ZPO für eine zulässige Antragsänderung und will den Antragsteller nicht auf ein neues Nachprüfungsverfahren verweisen.[390] 217

2.1.13.2 Folgen für die Vergabeentscheidung

Nach dem Willen des Gesetzgebers stellt § 115 Abs. 1 GWB ein gesetzliches Verbot i. S. v. § 134 BGB dar.[391] Dies hat zur Folge, dass ein Zuschlag, der nach Zustellung des Antrags zur Durchführung eines Nachprüfungsverfahrens erteilt wurde, dennoch nichtig ist.[392] Da der Zuschlag auf das unveränderte Angebot eines Bieters erst nach Zugang des Zuschlagsschreibens beim Bieter wirksam wird (§ 130 Abs. 1 BGB), führt die Zustellung des Nachprüfungsantrages bei der Vergabestelle nach Absendung, aber 218

---

388 Dafür Byok/Jaeger-Byok, § 111 GWB, Rn. 1051.
389 OLG Schleswig, WuW/E Verg 259.
390 BayObLG, VergabeR 2005, 121, 123.
391 BT-Drucks. 13/9340, S. 20, zu § 125 GWB, zu Abs. 1.
392 Reidt/Stickler/Glahs-Reidt, § 115 GWB, Rn. 23; Ingenstau/Korbion-Müller-Wrede, 15. Aufl., § 115 GWB Rn. 2.

vor Zugang des Zuschlagschreibens beim Bieter dazu, dass der Zuschlag unwirksam ist. Ähnlich des Verlusts der Verfügungsbefugnis nach Eröffnung eines Insolvenzverfahrens[393] fehlt der Vergabestelle im Zeitpunkt des Wirksamwerdens der Zuschlagserteilung die Befugnis, diesen erteilen zu dürfen. Ein Vertragsschluss kann damit nicht mehr wirksam erfolgen. Diese Unwirksamkeitsfolge besteht jedoch nicht, wenn anstelle der Vergabekammer die (fortbestehende) Vergabeprüfstelle angerufen wird, was nach § 103 GWB weiterhin im Ermessen eines Bieters steht. Deren Anrufung löst nicht den Suspensiveffekt nach § 115 Abs. 1 GWB aus, da der Eingriff in das Vergabeverfahren lediglich in ihrem Ermessen steht, aber nicht zwingend angeordnet ist. Damit dürfte auch der Verstoß gegen eine Anordnung der Vergabeprüfstelle, wonach der Zuschlag auszusetzen ist, nicht die Folge des § 134 BGB nach sich ziehen. Daraus folgt, dass ein Bieter, der die Gefahr einer rechtswidrigen Zuschlagserteilung bannen will, nur den Weg zur Vergabekammer, nicht jedoch zur Vergabeprüfstelle wählen sollte. Die Sicherheit, dass der Zuschlag blockiert wird, kann nur eine Anrufung der Vergabekammer bieten.

219 Mit dem Ende des Nachprüfungsverfahrens erlischt auch das Verbot des Zuschlags. Dabei ist insbesondere zu berücksichtigen, dass das Zuschlagsverbot trotz Fortführung des Nachprüfungsverfahrens mittels der sofortigen Beschwerde endet, wenn nicht nach § 118 Abs. 1 S. 3 GWB beim Oberlandesgericht ein Antrag auf Verlängerung der aufschiebenden Wirkung der sofortigen Beschwerde gestellt und dieser positiv beschieden wird.

220 Ein Zuschlag unter aufschiebender Bedingung ist nicht möglich, insbesondere auch deshalb, weil de facto bereits eine Bindung des Bieters entstünde, was von § 115 Abs. 1 GWB gerade verhindert werden soll.[394]

221 Ein Zuschlag unter einer auflösenden Bedingung stellt regelmäßig ein neues Angebot dar und bedarf zur Wirksamkeit der Annahmeerklärung des Bieters. Ob damit der Rahmen des § 28 Nr. 2 Abs. 2 VOB/A überschritten wird, bedarf stets gesonderter Prüfung.

222 Der gesetzlich angeordnete Suspensiveffekt führt nicht zu einer automatischen Verlängerung der Bindefrist für die Bieter. Der Auftraggeber eines vor der Vergabekammer nachzuprüfenden Vergabeverfahrens ist daher gut beraten, wenigstens mit den in die engere Wahl kommenden Bietern eine Verlängerung der Bindefrist zu vereinbaren. Die Bieter sind allerdings nicht verpflichtet, der Verlängerung der Bindefrist zuzustimmen. Die Einleitung eines Nachprüfungsverfahrens kann daher durchaus eine Gelegenheit für die Bieter sein, ihr Angebot nach Verstreichen der Bindefrist zurückzuziehen. Aber auch der antragstellende Bieter ist nicht dazu verpflichtet, sich nach Abschluss des Verfahrens an seinem Angebotspreis festhalten zu lassen, wenn zwischenzeitlich die Bindefrist abläuft.[395]

223 Das allgemeine Risiko des erfolgreichen Abschlusses eines Vergabeverfahrens, auch unter Berücksichtigung möglicherweise durchzuführender Nachprüfungsverfahren,

---

393 BGHZ 27, 366.
394 Unzutreffend insoweit Reidt/Stickler/Glahs-Reidt, § 115 GWB, Rn. 25.
395 OLG Jena, Beschl. v. 30. 10. 2006, 9 Verg 4/06; Kirch/Franz, VergabeNews 2006, 112 ff.

trägt die Vergabestelle, sog. Vergabeverfahrensrisiko.[396] Die Bieter sind daher nicht mehr an ihre Preise gebunden, wenn während eines Nachprüfungsverfahrens die Bindefrist ausläuft. Ist dies bei allen beteiligten Bietern geschehen, wird die Vergabestelle vor einer endgültigen Entscheidung über den Zuschlag die in der engeren Wahl befindlichen Bieter nochmals zu befragen haben, ob sie nach wie vor zu ihrem Angebotspreis stehen. In jedem Fall wird der während des Nachprüfungsverfahrens verstrichene Zeitraum dazu führen, dass die Bauzeit dem inzwischen eingetretenen Zeitverlust Rechnung trägt und in angemessener Weise angepasst wird.[397] Führt dies dazu, dass sich die Bauzeit erheblich verlängert und/oder in eine ungünstigere Jahreszeit mit entsprechenden finanziellen Auswirkungen verschoben wird, muss den Bietern nicht nur eine Anpassung der Bauzeit, sondern auch eine Anpassung des Preises gewährt werden, und zwar auch dann, wenn der Abschluss des Nachprüfungsverfahrens noch innerhalb der von einem oder mehreren Bietern zugestandenen Bindefristverlängerung stattfindet.[398] Es handelt sich dabei nach überwiegender Ansicht um einen Fall der analogen Anwendung von § 2 Nr. 5 VOB/B aufgrund der vor Zuschlagserteilung eingetretenen Verzögerung, die sich dann mit dem Zuschlag als Quasi-Anordnung einer neuen Bauzeit auch kalkulatorisch und damit preislich auswirkt.[399] Dogmatisch zutreffender – bei gleichem Resultat – erscheint die Annahme eines Wegfalls der Geschäftsgrundlage, da der Bieter seinen Preis nicht unter Berücksichtigung eines längeren Nachprüfungsverfahrens oder einer sonstigen Verzögerung vor Zuschlagserteilung kalkuliert hatte.[400] Andererseits ist ein aussichtsreich platzierter Bieter mit Interesse an dem Auftrag geradezu zur Verlängerung der Bindefrist gezwungen, da die Nichtverlängerung sonst dazu führen könnte, dass ein anderer Bieter den Zuschlag erhielte. Zudem würde das Verlangen des Auftraggebers nach – infolge des Nachprüfungsverfahrens – mehrmonatiger Verschiebung der Bauzeit auch unter normalen Umständen eine unzulässige Nachverhandlung bedeuten, wenn gleichzeitig der Preis gleich bleiben müsste.

2.1.13.3 Ausnahmsweise: Vorabgestattung des Zuschlags

Nach § 115 Abs. 2 GWB kann die Vergabekammer dem Auftraggeber auf seinen Antrag hin gestatten, den Zuschlag vorab zu erteilen, wenn nach einer ausführlichen Interessenabwägung die nachteiligen Folgen einer Verzögerung der Vergabe bis zum Abschluss der Nachprüfung die damit verbundenen Vorteile überwiegen. Allerdings kann in der nächsten Instanz durch das Beschwerdegericht das Verbot des Zuschlags wieder hergestellt werden, wenn er bis dahin nicht bereits erfolgt ist. Andererseits: Gestattet die Vergabekammer den Zuschlag auf Antrag nicht, kann das Beschwerdegericht auf Antrag des Auftraggebers dieserhalb angerufen werden und gleichwohl den sofortigen Zuschlag gestatten.

224

---

396 Siehe dazu auch die Ausführungen unter Abschnitt 3.11.3 unten, Rn. 594 f.
397 OLG Jena, BauR 2000, 1611, 1614; BayObLG, VergabeR 2002, 534, 539; OLG Jena, BauR 2005, 1161, 1164 f.; LG Potsdam, Urteil v. 26.5.2006, 1 O 364/05.
398 BayObLG, VergabeR 2002, 534, 539; jetzt auch OLG Jena, NZBau 2005, 341.
399 Statt vieler OLG Jena, BauR 2005, 1161, 1164 ff. m. w. N.
400 Ähnl. Erwägung bei OLG Koblenz, Beschl. v. 15.03.2001, Verg 1/01, VergabeR 2001, 445, 450; s. a. unten, Abschnitt 3.10.3.

225 Die Gestattung des Zuschlags vorab nach § 115 Abs. 2 S. 1 GWB muss gesondert vom Auftraggeber beantragt werden. Der Antrag führt dazu, dass ein Zwischenverfahren vor der Vergabekammer stattfindet, in dem es nur um die Frage geht, ob bei Abwägung aller möglicherweise geschädigten Interessen sowie des Interesses der Allgemeinheit an einem raschen Abschluss des Vergabeverfahrens die nachteiligen Folgen einer Verzögerung der Vergabe bis zum Abschluss der Nachprüfung die damit verbundenen Vorteile überwiegen. Anträge auf Vorabgestattung des Zuschlags bieten sich beispielsweise an, wenn Baumaßnahmen durchgeführt werden, die zu bestimmten Terminen fertiggestellt sein müssen, wie beispielsweise die Errichtung oder die Sanierung eines Stadions für die bereits terminierte Fußball-Weltmeisterschaft. Der Antrag kann während des gesamten Verfahrens vor der Vergabekammer formlos, d. h. auch in der mündlichen Verhandlung, gestellt werden. Hat jedoch die Vergabekammer im Zeitpunkt des Erlasses der Hauptsacheentscheidung über einen zuvor zulässig gestellten Antrag auf vorzeitige Gestattung des Zuschlags noch nicht entschieden, so erledigt sich dieser. Entscheidet die Vergabekammer trotzdem über den Antrag, hebt das gegen die Vorabgestattung angerufene OLG die Entscheidung wieder auf und verweist den Antragsgegner auf die nur zweiwöchige aufschiebende Wirkung einer sofortigen Beschwerde bzw. die in § 121 GWB vorgesehenen Möglichkeiten, eine Vorabgestattung zu erlangen.[401]

226 Bei der Entscheidung über den Antrag sind die möglicherweise geschädigten Interessen der übrigen Bieter mit dem Interesse der Allgemeinheit an einem raschen Abschluss des Vergabeverfahrens abzuwägen. Zwar werden die Erfolgsaussichten des Nachprüfungsantrags nicht ausdrücklich erwähnt; es dürfte jedoch auf der Hand liegen, dass offenkundig geringe Erfolgsaussichten durchaus ein gewichtiges Argument dafür darstellen können, einen Zuschlag vorab zu gestatten.[402] Bei den Interessen der Allgemeinheit an einem raschen Abschluss des Vergabeverfahrens können nicht alle beliebigen Beschleunigungsgesichtspunkte Eingang finden. So dürfte es beispielsweise den Regelfall darstellen, dass die zu vergebende Leistung im öffentlichen Interesse liegt und hinsichtlich ihrer Terminierung nicht völlig frei ist. Gleichwohl ist zu bedenken, dass eine Vergabestelle diese Aspekte auch im vorhinein berücksichtigen kann und zu berücksichtigen haben wird. Dasselbe gilt für fiskalische Erwägungen, beispielsweise den Ablauf eines Haushaltsjahres. Die Gestattung eines Zuschlags vorab ohne gründliche Überprüfung der gerügten Defizite des Vergabeverfahrens kann daher nur in Betracht kommen, wenn im konkreten Fall von der Vergabestelle außergewöhnliche Gründe vorgetragen werden, die eine Vorwegnahme der Hauptsache – nichts anderes ist die Vorabgestattung des Zuschlags – ausnahmsweise rechtfertigen können. Hat die Vergabestelle in irgendeiner Weise den entstandenen Termindruck selbst (mit-)verursacht, was beispielsweise an einer überlangen Vorbereitungszeit des Vergabeverfahrens oder einer knappen Terminierung der Vergabeentscheidung vor Ablauf des Haushaltsjahres ablesbar wäre, wird dies regelmäßig dazu führen, dass der Zuschlag

---

401 BayObLG, VergabeR 2005, 141, 142; OLG Düsseldorf, Beschl. v. 28.07.2005, VII-Verg 49/05.
402 OLG Celle, Beschl. v. 21.03.2001, VergabeR 2001, 338, 340 mit Anm. Hilgers, 13 Verg 4/01; OLG Jena, BauR 2000, 95; Ingenstau/Korbion-Müller-Wrede, 15. Aufl., § 115 GWB, Rn. 6; OLG Celle, VergabeR 2003, 367, 368; Gröning, VergabeR 2003, 290 ff.

vorab jedenfalls wegen terminlicher Nöte nicht gestattet werden kann.[403] Wenn ein ohnehin sich noch über längere Zeit erstreckender Realisierungsfortgang vorgesehen ist, fällt eine regelmäßig zu erwartende Verzögerung aufgrund eines Vergabenachprüfungsverfahrens von einigen Monaten weniger ins Gewicht.[404] Ein schlichter Vermögensnachteil wird i. d. R. ebenfalls nicht geeignet sein, einen Interessensvorrang der Auftraggeberseite zu begründen.[405] Werden durch eine Verzögerung des Zuschlags drohende Schäden geltend gemacht, müssen diese eine ganz außergewöhnliche Belastung des Auftraggebers darstellen, um eine Vorabgestattung rechtfertigen zu können; sie sind ferner konkret darzulegen und glaubhaft zu machen; hypothetische oder abstrakte Schadensfolgen sind nicht ausreichend.[406] Immerhin ist es nach dem ausdrücklichen Willen des Gesetzgebers bei der zu treffenden Abwägung gestattet und geboten, auch öffentliche Interessen in die Waagschale zu werfen; insofern unterscheidet sich die Abwägung von derjenigen nach §§ 940 ff. ZPO.

Nur bei offensichtlich unzulässigen oder offensichtlich unbegründeten Anträgen kann die Kammer – wenn sie nicht bereits deren Zurückweisung beschlossen hat – wegen der fehlenden Erfolgsaussichten die Gestattung des Zuschlags vorab beschließen. Im Zweifel wird man zugunsten der auf Bieterseite Beteiligten des Verfahrens zu entscheiden haben und die Gestattung des Zuschlags ablehnen müssen.[407]

2.1.13.4 Rechtsmittel gegen die Zuschlagsgestattung oder -ablehnung

Gestattet die Vergabekammer vorab die Erteilung des Zuschlags, so kann der beschwerdeführende Bieter, aber auch jeder Beigeladene beim OLG (Beschwerdegericht) beantragen, das Verbot des Zuschlags wiederherstellen zu lassen. Dabei handelt es sich wegen § 115 Abs. 2 S. 5 GWB nicht um eine sofortige Beschwerde i. S. v. § 116 GWB, sondern um ein spezielles Rechtsmittelverfahren nur für diesen Fall.[408] Allerdings kann ein bereits erteilter Zuschlag nicht wieder aufgehoben werden, § 115 Abs. 2 S. 2 GWB. Der Zuschlag muss aber, um wirksam zu bleiben, in einem Zeitraum erteilt werden bzw. worden sein, wo er bereits nach § 115 Abs. 1 S. 1 GWB von der Vergabekammer gestattet war, da er ansonsten wegen § 115 Abs. 1 GWB nichtig wäre. Die nachträgliche Heilung eines nichtigen Zuschlags ist nicht möglich. Wurde der Zuschlag zur Unzeit erteilt, muss er nach Gestattung ggf. wiederholt werden.

Gegen die Gestattung der Zuschlagserteilung schon vor Abschluss des Nachprüfungsverfahrens kann nur innerhalb von zwei Wochen nach Bekanntgabe dieser Zwischenentscheidung das Beschwerdegericht angerufen werden, um den Zuschlag noch sicher zu unterbinden. Allerdings ist im Gesetz nicht vorgesehen, dass der entsprechende Antrag an das OLG Suspensiveffekt hat. Dem unterliegenden Bieter bleiben daher nur zwei Wochen, um gem. § 115 Abs. 2 S. 2 GWB eine Wiederherstellung des Verbots des

---

403 OLG Celle, Beschl. v. 21.03.2001, 13 Verg 4/01, VergabeR 2001, 338, 340 m. Anm. Hilgers; OLG Celle, VergabeR 2003, 367, 368.
404 OLG Jena, VergabeR 2002, 165, 168.
405 OLG Dresden, VergabeR 2001, 342, 344.
406 OLG Celle, VergabeR 2001, 338, 342; OLG Dresden, Beschl. v. 14.06.2001, WVerg 4/01, VergabeR 2001, 342, 344 f.; BayObLG, VergabeR 2003, 368, 370.
407 Byok/Jaeger-Jaeger, § 118 GWB, Rn. 1169.
408 Reidt/Stickler/Glahs-Reidt, § 115 GWB, Rn. 47 ff.

Zuschlags zu erreichen, nachdem die Vergabekammer dem Auftraggeber die Erteilung des Zuschlags vorab gestattet hat. Allerdings wird man analog § 118 Abs. 1 S. 3 GWB auch zulassen müssen, dass das OLG im Verfahren nach § 115 Abs. 1 S. 2 GWB die aufschiebende Wirkung bis zum Ergehen seiner Entscheidung verlängert.[409] Der Antrag ist unmittelbar an das Beschwerdegericht zu richten, muss schriftlich gestellt und sogleich begründet werden. Das Gericht hat unverzüglich zu entscheiden – schneller noch als in der Fünf-Wochen-Frist des § 121 Abs. 3 GWB – und zugleich eine Kostenentscheidung zu treffen, da in diesem Zwischenverfahren auch besondere Kosten entstehen.[410]

230 Erteilt die Vergabestelle aufgrund eines Beschlusses der Vergabekammer in diesem Zwischenverfahren zulässigerweise den Zuschlag, endet damit das Nachprüfungsverfahren als solches nicht. Der Nachprüfungsantrag ist nach Zuschlagserteilung im laufenden Verfahren nach § 114 Abs. 2 S. 2 GWB in einen Feststellungsantrag umzustellen.

231 Gestattet dagegen die Vergabekammer den Zuschlag trotz eines Antrags des Auftragnehmers nicht, so kann auch der Auftraggeber das Beschwerdegericht nach § 115 Abs. 2 S. 3 GWB anrufen. Das OLG kann dann sogar den Zuschlag »sofort« gestatten, d. h. ohne dass es noch einer Karenzfrist bedürfte. Im Übrigen gelten die gleichen Abwägungsprinzipien wie für den Antrag nach § 115 Abs. 2 S. 1 GWB.[411]

232 Weil es sich bei dem Vorabgestattungsverfahren nur um ein Zwischenverfahren handelt und § 115 Abs. 2 S. 4 GWB nur auf § 121 Abs. 2 S. 1 und 2 GWB verweist, gilt § 122 GWB für diesen Fall nicht. Der Antrag auf Vorabgestattung des Zuschlags nach § 115 Abs. 2 GWB, mit dem auf die Beschwerde eines der Beteiligten sodann das Beschwerdegericht befasst wird, führt daher auch im Fall seiner Abweisung nicht dazu, dass das Vergabeverfahren als beendet gilt. Das Hauptsacheverfahren wird – ggf. mit einem nach § 114 Abs. 2 S. 2 GWB umgestellten Antrag – weitergeführt.

2.1.14 Andere Eingriffsmöglichkeiten der Vergabekammer

233 Weil es denkbar ist, dass nicht nur ein drohender Zuschlag Rechte des Antragstellers nach § 97 Abs. 7 GWB gefährdet, hat die Vergabekammer nach § 115 Abs. 3 GWB die Möglichkeit, auf besonderen Antrag mit weiteren vorläufigen Maßnahmen in das Vergabeverfahren einzugreifen. Dieser sehr weit gefasste Spielraum der Vergabekammer kann es ihr beispielsweise ermöglichen, Maßnahmen gegen drohende Schutzrechtsverletzungen eines Bieters zu ergreifen, einen Submissionstermin zu verschieben[412] oder aber der Vergabestelle aufzugeben, bestimmte Vorbereitungshandlungen zur späteren Durchführung des Auftrags zu unterlassen, weil dadurch indirekt Bieterrechte beeinträchtigt werden. Ein Beschluss der Vergabekammer nach § 115 Abs. 3 GWB kommt auch in Betracht, wenn der Zuschlag selbst noch gar nicht bevorsteht, aber beispielsweise Bietern die nachträgliche Einreichung oder Änderung von Angeboten

---

409 Reidt/Stickler/Glahs-Reidt, § 115 GWB, Rn. 49; Byok/Jaeger-Jaeger, § 118 GWB, Rn. 1175.
410 Vgl. Kostenverzeichnis (Anlage 1 zum GKG), Nr. 1222.
411 OLG Jena, VergabeR 2002, 165, 166.
412 OLG Naumburg, Beschl. v. 9. 8. 2006, 1 Verg 11/06.

ermöglicht wird oder unzulässige Verhaltensweisen der Vergabestelle z. B. durch Veränderung des Auftragsumfangs in einem laufenden Verhandlungsverfahren oder durch nachträgliche Risikoverschiebungen in Auftragsverhandlungen abzustellen sind. Auch die ungerechtfertigte Aufhebung der Ausschreibung kann durch einen Beschluss nach § 115 Abs. 3 GWB verhindert werden.[413]

Die diesbezüglich getroffene Entscheidung der Vergabekammer ist nicht selbstständig anfechtbar; sie kann vom Beschwerdegericht erst dann überprüft werden, wenn der gesamte Beschluss der Vergabekammer dort überprüft werden soll. 234

2.1.15 Die mündliche Verhandlung vor der Vergabekammer

Die Verhandlung der Vergabekammer ist ähnlich einer Gerichtsverhandlung ausgestaltet. Sie ist allerdings nicht öffentlich, da Öffentlichkeit nicht ausdrücklich vorgeschrieben wurde.[414] Auch die Medien haben daher kein Teilnahmerecht als Zuhörer. Die Kammer entscheidet aufgrund einer mündlichen Verhandlung, die sich allerdings auf einen einheitlichen Termin beschränken soll. Es bleibt aber möglich, auch mehrere Verhandlungstermine durchzuführen.[415] Allen Beteiligten ist Gelegenheit zur Stellungnahme zu gewähren. 235

Mit Zustimmung der Beteiligten[416] *oder* bei Unzulässigkeit *oder* bei offensichtlicher Unbegründetheit des Antrages kann nach Lage der Akten, d. h. ohne mündliche Verhandlung, entschieden werden. Die Vergabekammer kann auch dann entscheiden, wenn einzelne oder alle Beteiligte im Verhandlungstermin nicht erscheinen. Anträge auf Terminsverlegung können nur in Ausnahmefällen in Betracht gezogen werden. Das Verfahren ist erkennbar straff ausgestaltet, damit eine rasche Entscheidung innerhalb der knappen Fünf-Wochen-Frist erreicht werden kann. Unter Berücksichtigung der Besonderheiten der Amtsermittlung hat sich die Vergabekammer als gerichtsähnliche Instanz an den Verfahrensvorschriften der ZPO zu orientieren[417] und den Beteiligten im Rahmen von Art. 103 Abs. 1 GG rechtliches Gehör zu gewähren.[418] 236

Die Beschleunigungsvorschrift des § 113 Abs. 1 GWB dient der zügigen Verfahrensdurchführung, denn danach trifft und begründet die Vergabekammer ihre Entscheidung schriftlich innerhalb einer Frist von 5 Wochen ab Eingang des Antrags. Die Vergabekammern sind zunächst mit dieser knappen Zeitvorgabe gut zurechtgekommen. Inzwischen wird bei mehr als 25 % der Nachprüfungsverfahren von der Ausnahmeregelung Gebrauch gemacht, wonach bei Vorliegen besonderer tatsächlicher oder rechtlicher Schwierigkeiten der Vorsitzende der Kammer vor Ablauf der Fünf-Wochen-Frist 237

---

413 Boesen, § 115 GWB, Rn. 56.
414 Boesen, § 112 GWB Rn. 5; Byok/Jaeger-Byok, § 112 GWB Rn. 1055.
415 BT-Drucks. 13/9340, S. 19, zu § 122 GWB.
416 Hier wird man eine ausdrückliche Zustimmung vorab fordern müssen; die Vorschrift ist an § 128 Abs. 2 ZPO angelehnt, vgl. BT-Drucks. 13/ 9340, S. 19, zu § 122 GWB.
417 So auch Korbion, Vergaberechtsänderungsgesetz, § 112 Rn. 2; anders Boesen, § 112 Rn. 2: GWB, VwGO und ZPO sind anzuwenden; Byok/Jaeger-Byok, § 112 Rn. 1055 und Reidt/Stickler/Glahs-Reidt, § 112 Rn. 7: VwVfG ist anzuwenden.
418 OLG Koblenz, VergabeR 2001, 407, 408.

die Frist durch Mitteilung an die Beteiligten um den erforderlichen Zeitraum verlängert. Die Verfügung des Vorsitzenden der Vergabekammer zur Verlängerung bedarf für ihre Wirksamkeit nicht der Verkündung oder des Zugangs bei allen Verfahrensbeteiligten. Es reicht aus, dass die Fristverlängerung vom Vorsitzenden überhaupt innerhalb der Frist verfügt worden und diese Verfügung ordnungsgemäß in den Geschäftsgang gelangt ist.[419] Die Erforderlichkeit des Verlängerungszeitraums bestimmt der Vorsitzende nach seinem Ermessen; er muss jedoch eine schriftliche Begründung für die Verlängerung abfassen. Die Verlängerungsverfügung des Vorsitzenden ist vor dem OLG nicht überprüfbar.[420] Eine Terminbestimmung auf einen Zeitpunkt nach Ablauf der Fünfwochenfrist impliziert keine Fristverlängerung i. S. d. § 113 Abs. 1 S. 2 GWB.[421] Eine nach Ablauf der nicht verlängerten Fünfwochenfrist getroffene Entscheidung der Vergabekammer ist gleichwohl zulässig.[422] Eine Entscheidung kann nicht mehr ergehen, wenn das zuständige Oberlandesgericht aufgrund einer sofortigen Beschwerde nach § 116 Abs. 2 GWB gegen die fiktive Ablehnungsentscheidung in der Sache entschieden hat.

238 Nach § 113 Abs. 2 GWB haben die Beteiligten an der Aufklärung des Sachverhalts mitzuwirken, was auch die Pflicht beinhaltet, innerhalb der ihnen gesetzten, möglicherweise kurzen Stellungnahmefristen umfassend vorzutragen.[423] § 113 Abs. 2 S. 2 GWB ermöglicht es der Vergabekammer ausdrücklich, Sachvortrag, der nach Ablauf hierfür gesetzter Fristen übermittelt wird, unbeachtet zu lassen.[424] Im Hinblick auf das ohnehin bereits kurze Verfahren wird allerdings diese Präklusionsregel nur mit äußerster Zurückhaltung anzuwenden sein. Die Nichtberücksichtigung verspäteten Parteivorbringens wird i. d. R. nur in Betracht kommen, wenn dieses Vorbringen nach Schluss der mündlichen Verhandlung erfolgt ist oder in der mündlichen Verhandlung oder in ihrem unmittelbaren Vorfeld mit der Folge vorgebracht wird, dass den Verfahrensbeteiligten bis zum Schluß der mündlichen Verhandlung, auf die Entscheidung der Nachprüfungsinstanz ergeht, eine Erwiderung unter zumutbaren Bedingungen nicht möglich ist.

239 In Anwendung der entsprechenden Prinzipien des gerichtlichen Verfahrens kann die Vergabekammer ihre Entscheidung nicht auf Umstände stützen, die nicht Gegenstand der mündlichen Verhandlung waren, wozu auch Gutachten von Sachverständigen und andere Unterlagen gehören.

2.1.16 Kompetenz der Vergabekammer

240 Die Vergabekammer ist in ihrer Entscheidung nicht an die Anträge der Parteien gebunden; sie kann auch unabhängig davon auf die Rechtmäßigkeit des Vergabeverfah-

---

419 KG, VergabR 2004, 253, 254.
420 OLG Brandenburg, VergabeR 2005, 99, 101.
421 OLG Düsseldorf, VergabeR 2001, 329.
422 OLG Rostock, 17 W 18/90, VergabeR 2002, 85, 86; KG, KartVerg 8/01, VergabeR 2002, 95, 97; dagegen OLG Düsseldorf, VergabeR 2001, 329, 330.
423 Die Verfahrensbeteiligten trifft eine Verfahrensförderungspflicht, BT-Drucks. 13/9340, S. 19 zu § 123 Abs. 2 GWB.
424 OLG Düsseldorf, Beschl. v. 19. 11. 2003, VII – Verg 22/03.

rens einwirken, § 114 Abs. 1 GWB. Es ist daher denkbar, dass die gerügten Verstöße allesamt unerheblich waren, das Vergabeverfahren aber für rechtswidrig gehalten wird, weil die Vergabekammer einen anderen, bislang unbekannten und gravierenden Verstoß aufgedeckt hat. Solche Verstöße müssen sich nicht auf das GWB beschränken, sondern können auch aus anderen Gesetzen resultieren.[425] Die Vorschrift findet ihre Rechtfertigung vor allem darin, dass die kurze Verfahrensdauer es häufig nicht ermöglicht, durch Austausch von Schriftsätzen und Erörterungen in mehreren mündlichen Verhandlungen den Diskussionsstand zwischen den Verfahrensbeteiligten so zu verdichten, dass eine völlig korrekte Antragstellung nicht von jedem Antragsteller erwartet werden kann.

Begrenzt wird diese weitgehende Kontrollkompetenz von den Vergabesenaten dahin gehend, dass die Vergabekammer im Rahmen von § 114 Abs. 1 S. 2 GWB nur dazu ermächtigt ist, vom Antragsteller zur Begründung seines Nachprüfungsantrages zwar nicht herangezogene, ihn aber belastende Rechtsverstöße der Kammerentscheidung zugrunde zu legen.[426] Dabei ist die Vergabekammer nicht grundsätzlich daran gehindert, Umstände, auf die der Antragsteller wegen unterbliebener Rüge nach § 107 Abs. 3 GWB seinen Antrag nicht stützen konnte, gleichwohl heranzuziehen, solange der Antrag nur aus anderen Gründen zulässig ist.[427] Allerdings kann keine allgemeine Rechtskontrolle durchgeführt werden.[428] Es soll lediglich ermöglicht werden, in zweckmäßigerer als der beantragten Weise zu entscheiden.[429] § 114 Abs. 1 S. 2 GWB ist nicht das Instrument für die Vergabekammer, um über notwendige Rügepflichten nach § 107 Abs. 3 GWB hinwegzukommen und auf der Grundlage präkludierten Vorbringens, durch das ein Vergabeverfahren nicht mehr angegriffen werden könnte, gleichwohl das Vergabeverfahren zum Scheitern zu bringen.

241

In der Gesetzesbegründung zu § 114 Abs. 1 S. 2 heißt es dazu, dass die Vergabekammer die Möglichkeit erhalten soll, in den bei ihr anhängigen Verfahren nicht nur die gerügten Verstöße, sondern auch solche Regelwidrigkeiten abzustellen, die zwar nicht benannt sind, das Vergabeverfahren aber später belasten und zu einem weiteren Antrag führen könnten.[430]

242

Allerdings kann die Vergabekammer einen bereits erteilten Zuschlag nicht aufheben (§ 114 Abs. 2 S. 1 GWB), weil durch den Zugang des Zuschlagsschreibens beim Begünstigten der Vertrag über die ausgeschriebene Leistung rechtsverbindlich zustande gekommen ist. Das gilt nur dann nicht, wenn der Auftraggeber entgegen § 13 VgV die Vorabbenachrichtigung der Bieter unterlassen oder verspätet vorgenommen hat. In

243

---

425 BT-Drucks. 13/9340, S. 19, zu § 124 GWB, zu Abs. 1.
426 OLG Dresden, VergabeR 2001, 311, 313; OLG Dresden, VergabeR 2003, 333, 336; OLG Düsseldorf, Beschl. v. 15.06.2005, Verg 5/05, VergabeNews 2005, 77.
427 OLG Jena, VergabeR 2002, 488, 490; OLG Düsseldorf, Beschl. v. 22.08.2000, Az. Verg 9/00; OLG Dresden, VergabeR 2003, 333, 336; Reidt/Stickler/Glahs-Reidt, § 114 GWB, Rn. 13; Motzke/Pietzcker/Prieß-Marx, § 114 GWB, Rn. 5.
428 OLG Dresden VergabeR 2004, 609, 615; OLG Düsseldorf, VergabeR 2005, 670, 671; jetzt auch OLG Naumburg, Beschl. vom 26.10.2005, 1 Verg 12/05.
429 Vgl. BT-Drucks. 13/9340, S. 36, 40 und S. 50 zu Nr. 27; Byok/Jaeger-Byok, § 114, Rn. 1073; Bechtold, § 114 Rn. 1.
430 BT-Drucks. 13/10328, S. 29, zu § 124 Abs. 1 S. 2.

diesem Fall bleibt der Handlungsspielraum für die Vergabekammer eröffnet, da der unter Verstoß gegen § 13 VgV erteilte Zuschlag keine Rechtswirksamkeit entfaltet.

244 Unter den »geeigneten Maßnahmen«, die die Vergabekammer ergreifen kann, sind alle Maßnahmen bis zur Aufhebung des Vergabeverfahrens denkbar, die eine Rechtsverletzung der Verfahrensbeteiligten heilen oder ihr vorbeugen können. So ist es möglich, ein Verfahren in einen früheren Verfahrensstand zurückzuversetzen, um eine Wertungsstufe wiederholen zu lassen. Auch kommt die Wiederaufnahme zuvor ausgeschlossener Bieter in den Bewerberkreis oder in die engere Wahl in Betracht, die Aufhebung der Aufhebung, das Fallenlassen von Wertungskriterien, die für unzulässig oder untauglich befunden wurden, die Streichung eines Verfahrensschritts, die Wertung oder Nichtwertung bestimmter Nebenangebote, etc. Insbesondere kann der Vergabestelle aufgegeben werden, den Wertungsvorgang unter Beachtung bestimmter, von der Vergabekammer präzisierter Kriterien zu wiederholen. Bei dieser Wiederholung ist auf den Stand des ursprünglichen Wertungszeitpunkts abzustellen, wobei aber auch Wertungsfehler, die nicht Gegenstand des Nachprüfungsverfahrens waren, zu beseitigen sind. Ein Vertrauen der Bieter auf Beibehaltung einer vergaberechtswidrigen Wertung ist rechtlich nicht schützenswert.[431] Nur in Ausnahmefällen kommt eine Anweisung zur Zuschlagserteilung in Betracht.[432]

245 Bei ihrer Entscheidung nach § 114 Abs. 1 S. 1. GWB, welche Maßnahmen sie trifft, um eine festgestellte Rechtsverletzung zu beseitigen und eine Schädigung der betroffenen Bieterinteressen zu verhindern, unterliegt die Vergabekammer dem Grundsatz der Verhältnismäßigkeit.[433] Eine Verpflichtung zur Aufhebung kommt nur in Betracht, wenn keine milderen Maßnahmen zur Verfügung stehen.

2.1.17 Die zwischenzeitliche Erledigung

246 Hat sich das Nachprüfungsverfahren durch Zuschlagserteilung nach seiner Einleitung oder durch Aufhebung und Einstellung in sonstiger Weise erledigt, stellt die Vergabekammer nach § 114 Abs. 2 S. 2 GWB auf Antrag eines Beteiligten fest, ob das Verfahren ordnungsgemäß durchgeführt wurde und eine Rechtsverletzung des Bieters gegeben ist.[434] Eine Erledigung in sonstiger Weise liegt beispielsweise vor, wenn der öffentliche Auftraggeber, der ursprünglich eine Direktvergabe vornehmen wollte, nach Einleitung des Nachprüfungsverfahrens von der Auftragsvergabe endgültig Abstand nimmt.[435] Der Feststellungsantrag nach § 114 GWB, der auch hilfsweise gestellt werden kann,[436] setzt als ungeschriebenes Tatbestandsmerkmal ein Feststellungsinteresse voraus. Hierfür genügt die Möglichkeit von Schadensersatzansprüchen des Bieters gegen die Vergabestelle.[437] Dazu muss der Bieter zumindest darlegen, dass ihm durch die behauptete

---

431 OLD Düsseldorf, VergabeR 2004, 232, 234.
432 OLG Naumburg, Beschl. v. 13.10.2006, 1 Verg 6/06 VergabeNews 2006, S. 117.
433 OLG Düsseldorf, Beschl. v. 30.04.2003, Verg 64/02.
434 OLG Jena, VergabeR 2003, 600, 602.
435 OLG Naumburg, VergabeR 2006, 406, 408.
436 OLG Düsseldorf, VergabeR 2004, 657, 659.
437 OLG München, VergabeR 2006, 238, 239.

Rechtsverletzung ein Schaden entstanden ist oder zu entstehen droht. Entgegen der Ansicht des OLG Frankfurt[438] sind an die Darlegung des Feststellungsinteresses nicht die gleichen Voraussetzungen zu knüpfen wie an § 107 Abs. 2 Satz 2 GWB. Der Bieter muss nicht darlegen, dass sich seine Chancen auf den Zuschlag durch den behaupteten Vergaberechtsverstoß verschlechtert haben. Ausreichend ist auch die Darlegung eines erlittenen Vertrauensschadens, z. B. in Höhe der Angebotsbearbeitungskosten, weil der Bieter auf die Einhaltung der Vergabevorschriften vertraut hat. Auf Grundlage der Feststellung von Vergaberechtsverletzungen kann ein benachteiligter Bieter später ggf. vor einem Zivilgericht auf Schadensersatz klagen, weil die Feststellungen im Nachprüfungsverfahren wegen § 124 Abs. 1 GWB Bindungswirkung für den späteren Schadensersatzprozess entfalten. Bei der Feststellung ist die Kammer nicht mehr an die kurze 5-Wochen-Frist des § 113 Abs. 1 GWB gebunden, da nach Erteilung des Zuschlags das Verfahren die beabsichtigte Investition nicht mehr blockieren kann und somit der Grund für die kurzen Bearbeitungsfristen weggefallen ist.[439]

2.1.18 Die Entscheidung der Vergabekammer

Die Vergabekammer fällt keine Urteile, weil sie kein Gericht im Sinne des Gerichtsverfassungsgesetzes darstellt. Sie trifft daher »Entscheidungen«, die sich rechtlich nach § 114 Abs. 3 GWB als Verwaltungsakt qualifizieren. Damit sind die Entscheidungen der Vergabekammer vollstreckbar, wobei die Regelungen der Verwaltungsvollstreckungsgesetze (VwVG) von Bund oder Ländern sowie § 61 GWB Anwendung finden.[440] Allerdings dürfte die Notwendigkeit der Vollstreckung wohl nur in seltenen Ausnahmefällen entstehen. Eine Vollstreckung kommt insbesondere in Betracht, wenn eine Vergabestelle, der durch die Vergabekammer die Zuschlagserteilung untersagt wurde, gleichwohl den Zuschlag erteilt oder Teile der ausgeschriebenen Arbeiten – etwa aus Terminnot – ausführen lässt und damit das in einem Beschluss titulierte Gebot umgeht.[441] Ein solches Verhalten verstieße gegen § 118 Abs. 3 GWB, der einer sofortigen Beschwerde der vor der Vergabekammer unterlegenen Vergabestelle keine aufschiebende Wirkung beimisst. Die Vollstreckung erfolgt durch die Androhung und nachfolgende Festsetzung von Zwangsgeld durch die Vergabekammer, ungeachtet des Übergangs des Hauptsacheverfahrens in den Beschwerderechtszug. Gegen angeordnete Zwangsvollstreckungsmaßnahmen kann um vorläufigen Rechtsschutz beim zuständigen OLG nachgesucht werden (analog § 80 Abs. 5 VwGO, Antrag auf Anordnung der aufschiebenden Wirkung).[442]

247

Wegen dem gerichtsähnlichen Charakter der Vergabekammer gilt auch dort der Grundsatz des rechtlichen Gehörs gem. Art. 103 Abs. 1 GG.[443] Ergeht eine Entscheidung einer Vergabekammer, ohne dass das Vorbringen Berücksichtigung findet, das nicht

248

---

438 OLG Frankfurt, Beschl. v. 05.08.2003, 11 Verg 1/02, VergabeR 2003, 725, 726.
439 BT-Drucks. 13/9340, S. 19, zu § 124 GWB, zu Abs. 2.
440 KG, VergabeR 2002, 100, 101.
441 Vgl. OLG Düsseldorf, VergabeR 2001, 62, 63 m. Anm. Leinemann; OLG Düsseldorf, VergabeR 2002, 105, 107.
442 OLG Naumburg, VergabeR 2005, 635, 637.
443 OLG Koblenz, Beschl. v. 22.03.2001, Verg 9/00, VergabeR 2001, 407, 408.

nach § 113 Abs. 2 S. 2 GWB zulässigerweise präkludiert war, ist diese Entscheidung fehlerhaft und der Beschluss in der sofortigen Beschwerde aufzuheben.[444]

249 Trotz ihrer Qualifikation als Verwaltungsakt sind Rechtsmittel gegen Entscheidungen der Vergabekammern nicht vor den Verwaltungsgerichten zu suchen, sondern ausschließlich durch sofortige Beschwerde gem. § 116 Abs. 3 GWB vor dem Oberlandesgericht (OLG). Die Vergabekammer muss ihrer Entscheidung eine Rechtsmittelbelehrung beifügen. Verwaltungsgerichte besitzen keinerlei Zuständigkeit im Vergabeverfahren oberhalb der Schwellenwerte, was sinnvoll ist, da das Vergaberecht auch bisher durch die Zivilgerichte ausgeformt wurde und die Relevanz der Vorschriften im Fall von Verstößen sich vorwiegend im Schadensersatzprozess zeigt, für den ohnehin die Zivilgerichte zuständig sind.

250 Nach richtiger Ansicht des OLG Celle können Entscheidungen der Vergabekammer materielle Rechtskraft entfalten.[445] Eine einmal erhobene Vergaberüge, die durch einen rechtskräftigen Beschluss der Vergabekammer zurückgewiesen wurde, kann nicht erneut Gegenstand eines nachfolgenden Nachprüfungsverfahrens sein.

251 Auch nach Ergehen des Beschlusses der Vergabekammer kann die Vergabekammer erneut mit einem Antrag nach § 115 Abs. 3 GWB befasst werden, wenn die Vergabestelle entgegen dem Beschlusstenor handelt oder Zuschlagsverbote und/oder sonstige Auflagen zu umgehen versucht.[446]

252 Mängel des Beschlusses der Vergabekammer können dazu führen, dass das Nachprüfungsverfahren vor der Vergabekammer nicht zum Abschluss kommt mit der Folge, dass der Nachprüfungsantrag nach dem Gesetz als abgelehnt gilt (§ 116 Abs. 2 GWB). Für die Notwendigkeit der Unterzeichnung des Beschlusses durch alle Mitglieder der Vergabekammer kommt es auf die jeweilige Geschäftsordnung der Vergabekammer an, die auf der Grundlage des § 106 Abs. 2 S. 1 GWB erlassen wird.[447]

2.2 Die sofortige Beschwerde gegen Entscheidungen der Vergabekammern

2.2.1 Systematische Einordnung der Zuständigkeit

253 Vergabekammern sind keine Gerichte, sondern verfahren lediglich ähnlich wie ein Gericht. Daher ist als Rechtsmittel gegen ihre Entscheidungen nicht etwa – wie beim ordentlichen Gericht – die Berufung vorgesehen, sondern die sog. »sofortige Beschwerde«. Diese für den Nichtjuristen etwas eigentümlich erscheinende Bezeichnung eines

---

444 OLG Koblenz, Beschl. v. 22.03.2001, Verg 9/00, VergabeR 2001, 407, 408.
445 OLG Celle, Beschl. v. 05.09.2003, 13 Verg 19/03; so auch OLG Dresden, Beschl. v. 28.03.2006, WVerg 4/06.
446 Anders OLG Düsseldorf, VergabeR 2001, 62, 63 m. Anm. Leinemann, wonach dann stets nur ein Fall der Vollstreckung nach § 114 Abs. 3 GWB gegeben sein soll, was aber allenfalls bei unmittelbarem Verstoß gegen den Beschlusstenor der Fall wäre.
447 BGH, VergabeR 2001, 286, 289; OLG Düsseldorf, VergabeR 2001, 154, 155; BayObLG, VergabeR 2001, 256; OLG Naumburg, Beschl. v. 13.10.2006, 1 Verg 6/06.

2.2 Die sofortige Beschwerde gegen Entscheidungen der Vergabekammern

Rechtsmittels resultiert daher, dass man in der Terminologie gewisse Parallelen zur Zivilprozessordnung ziehen wollte. Dort ist beispielsweise in § 577 ZPO für die sofortige Beschwerde geregelt, dass sie innerhalb einer Notfrist (d. h. einer nicht verlängerbaren Frist) von 2 Wochen beim Beschwerdegericht einzulegen ist. Entsprechend ist auch die Regelung in § 117 Abs. 1 GWB. Ferner sollte wegen der Einordnung des Vergaberechtsschutzes in das GWB auch der dort vorgesehene Rechtsmittelweg für die vergaberechtliche Materie Geltung erlangen. So ist nach § 63 GWB gegen Verfügungen der Kartellbehörden die Beschwerde zulässig, über die nach § 63 Abs. 4 GWB ausschließlich das für den Sitz der Kartellbehörde zuständige OLG entscheidet.[448]

Zur Entscheidung über die sofortige Beschwerde ist nach § 116 Abs. 3 GWB das für den Sitz der Vergabekammer zuständige Oberlandesgericht (OLG) berufen. Seit dem 01.01.1999 wurden bei allen Oberlandesgerichten so genannte Vergabesenate gebildet, welche die Zuständigkeit zur Entscheidung über derartige Fragen nach dem GWB haben. Für die sofortigen Beschwerden gegen Entscheidungen der Vergabekammern des Bundes ist das OLG Düsseldorf zuständig. 254

Da nach § 91 GWB auch für Kartellsachen bei den OLG's ein Kartellsenat besteht, wird dieser – je nach Geschäftsverteilung der Gerichte – u. U. mit dem Vergabesenat identisch sein. Zur Bündelung der Verfahren haben die für die Organisation der Justizverwaltung zuständigen Landesregierungen die Möglichkeit, nach § 116 Abs. 4 GWB einzelne Oberlandesgerichte über ihren Bezirk hinaus mit der Zuständigkeit für sofortige Beschwerden aus Vergabesachen zu betrauen. Für die Zuständigkeiten der Kartellsenate nach § 91 GWB besteht eine entsprechende Ermächtigung, von der einige Länder, auf deren Gebiet mehrere OLG's eingerichtet sind, Gebrauch gemacht haben.[449] 255

2.2.2 Die sofortige Beschwerde zum OLG

Innerhalb einer Notfrist[450] von zwei Wochen nach Zustellung der Entscheidung der Vergabekammer kann hiergegen die sofortige Beschwerde erhoben werden (§§ 117, 116 GWB). Die Frist läuft nur, wenn die Entscheidung der Vergabekammer mit einer ordnungsgemäßen Rechtsmittelbelehrung versehen ist.[451] Der Beschwerde unterliegen alle 256

---

448 BT-Drucks. 13/9340, S. 20. Ob die Parallele zum Verfahren nach §§ 63 ff. GWB überzeugend begründet ist, darf bezweifelt werden. Dort ist keine sofortige, sondern die einfache Beschwerde vorgesehen, und die Frist beträgt nicht zwei Wochen, sondern einen Monat, vgl. § 66 Abs. 1 GWB. Gleichwohl ist es richtig, die gerichtliche Überprüfung nicht den Verwaltungsgerichten, sondern den ordentlichen Gerichten zu überantworten, da die Vergabe eine zivilrechtliche Willenserklärung in Richtung auf einen Vertragsschluss ist, dessen Zustandekommen und Abwicklung sich nach BGB beurteilen; so auch BT-Drucks. 13/9340, S. 20, zu III.
449 Nordrhein-Westfalen (OLG Düsseldorf), Bayern (OLG München) und Niedersachsen (OLG Celle); vgl. von Gamm, § 94 GWB, Rn. 3.
450 Die Notfrist ist eine nicht verlängerbare Frist; sie beginnt mit Zustellung der Entscheidung der Vergabekammer zu laufen.
451 Ansonsten gilt eine Frist von einem Jahr analog § 58 VwGO, Byok/Jaeger-Jaeger, § 117, Rn. 1148.

2 Die Überprüfung von Vergabeverfahren nach §§ 102 ff. GWB

Entscheidungen der Vergabekammer, mit denen die Instanz abgeschlossen wird sowie die Kostenentscheidung.[452] Beschwerdebefugt sind alle Beteiligten nach § 109 GWB, also auch die Beigeladenen. Auch wenn eine beigeladene Partei vor der Vergabekammer keine Anträge gestellt hat, ist sie jedenfalls dann beschwerdebefugt, wenn sie durch die Entscheidung der Kammer materiell beschwert ist, so etwa durch eine Beeinträchtigung ihrer Chancen, den Zuschlag zu erhalten.[453] Nicht beigeladene Parteien können keine Beschwerde einlegen.

257 In Anlehnung an die Verfahrensgrundsätze im Kartellrecht können auch einzelne Nebenbestimmungen der Entscheidung der Vergabekammer isoliert angefochten werden, wenn die Entscheidung auch ohne diese Bestand haben kann.[454]

258 Beschwerdefähig ist auch die Feststellungsentscheidung der Vergabekammer nach § 114 Abs. 2 S. 2 GWB.

259 Legt einer der Beteiligten sofortige Beschwerde zum OLG ein, können andere Beteiligte des Vergabeverfahrens, sofern sie ebenfalls von der Entscheidung der Vergabekammer in irgend einer Weise beschwert sind, auch noch nach Ablauf der Frist für die Einlegung der sofortigen Beschwerde eine unselbständige sofortige Anschlussbeschwerde einlegen.[455] So ist es aufgrund der gegenläufigen Rechtsschutzziele auch zulässig, dass sich der Antragsteller der sofortigen Beschwerde der Beigeladenen anschließt, wenn beide durch die Entscheidung der Vergabekammer beschwert sind.[456]

2.2.3 Sofortige Beschwerde bei Untätigkeit oder Verzug der Vergabekammer

260 Rechtsschutz muss für einen Bieter auch dann bestehen, wenn er die Vergabekammer angerufen hat, diese aber nicht oder nicht fristgerecht entscheidet.[457] Maßgeblich ist die Fünf-Wochen-Frist nach § 113 Abs. 1 GWB. Läuft diese ab, ohne dass eine Entscheidung der Vergabekammer getroffen und begründet war – die Zustellung kann auch später noch erfolgen[458] – oder der Kammervorsitzende eine Verlängerung verfügt hat, gilt gem. § 116 Abs. 2 GWB der Antrag auf Nachprüfung des Vergabeverfahrens als abgelehnt. Nachlässige Arbeit der Vergabekammer geht daher zu Lasten des Bieters, der die Nachprüfung beantragt, so dass auch seitens des Antragstellers im Nachprüfungsverfahren eine Fristenkontrolle vorgenommen werden muss, um Rechtsverlust durch bloßen Zeitablauf zu vermeiden. Zwangsmittel gegen die Vergabekammer

---

452 Byok/Jaeger-Jaeger, § 116 GWB, Rn. 1116.
453 OLG Naumburg, Beschl. v. 05.05.2004, 1 Verg 7/04; OLG Saarbrücken, Beschl. v. 29.05.2002, 5 Verg 1/01; OLG Dresden, VergabeR 2001, 41, 42.
454 Reidt/Stickler/Glahs-Stickler, § 116 GWB Rn. 6 a.
455 OLG Jena, BauR 2000, 1629; OLG Dresden, BauR 2000, 1582; OLG Frankfurt, NZBau 2001, 101; BayOLG, VergabeR 2003, 186, 193; a. A. OLG Naumburg, Beschl. v. 20.12.2001, 1 Verg 12/01 für Kostenbeschwerden.
456 OLG Jena, Beschl. v. 05.12.2001, 6 Verg 4/01, VergabeR 2002, 256; dagegen Motzke/Pietzcker/Prieß-Gröning, § 116 GWB Rn. 118; OLG Naumburg, Beschl. v. 20.12.2001, 1 Verg 12/01.
457 So die Erwägung des Gesetzgebers, BT-Drucks. 13/9340, S. 20, zu § 126 Abs. 2 GWB; demnach ist § 116 Abs. 2 GWB angelehnt an die Verpflichtungsbeschwerde nach § 63 Abs. 3 GWB n. F.
458 Korbion, § 113 GWB, Rn. 2; Immenga/Mestmäcker-Stockmann, § 116 GWB Rn. 6.

zur Beschleunigung bzw. Aufnahme ihrer Tätigkeit bestehen nicht; alleinige Abhilfe bietet in solchen Fällen die sofortige Beschwerde. Eine wirksame Verlängerung der Entscheidungsfrist der Vergabekammer nach § 113 Abs. 1 GBW hängt nicht von einer Verkündung oder Zustellung ab, es reicht aus, wenn sie ordnungsgemäß in den Geschäftsgang der Vergabekammer gelangt ist.[459] Aus Gründen der Rechtssicherheit kommt es auch nicht auf eine dem Gesetzeswortlaut entsprechende inhaltliche Begründung an.[460]

Da es in diesem Fall der Untätigkeit kein Zustelldatum einer Entscheidung gibt, an das die Fristberechnung hinsichtlich der Beschwerdefrist anknüpfen könnte, beginnt die Zwei-Wochen-Frist mit dem Zeitpunkt, zu dem die Entscheidung spätestens hätte ergehen müssen.[461] Die Beschwerdefrist beginnt demnach fünf Wochen nach Eingang des Nachprüfungsantrags bei der Vergabekammer zu laufen oder, wenn der Vorsitzende die Bearbeitungsfrist verlängert hatte, mit dem Ablauf des letzten Tages des Verlängerungszeitraums. Auch aus diesem Grund empfiehlt es sich für den Antragsteller, sich bei Stellung des Nachprüfungsantrags ein Empfangsbekenntnis erteilen zu lassen, um den Fristablauf sicher berechnen zu können.

261

Die sofortige Beschwerde kann sich auch gegen eine nach Ablauf der Fünf-Wochen-Frist getroffene Entscheidung der Vergabekammer richten. Für die Zulässigkeit ist es nicht erforderlich, dass der Bieter auch gegen die fiktive Ablehnungsentscheidung sofortige Beschwerde nach § 116 Abs. 2 GWB eingelegt hat.[462] Die fiktive Ablehnungsentscheidung darf jedoch noch nicht bestandskräftig sein.[463] Der Anwendungsbereich des § 116 Abs. 2 GWB ist nach dem Sinn und Zweck der Norm jedoch nicht in Kostenangelegenheiten eröffnet.[464]

262

2.2.4 Die Beschwerdebegründung

Die sofortige Beschwerde ist nicht nur innerhalb einer Frist von zwei Wochen einzureichen, sondern sie ist nach § 117 Abs. 2 GWB *zugleich* mit ihrer Einlegung zu begründen. Das ist für die Erarbeitung einer Begründung eine ungewöhnlich kurze Frist, die man aber gleichwohl gewählt hat, um das Verfahren nicht weiter in die Länge zu ziehen – immerhin hat sich zuvor schon die Vergabekammer mit der Sache befasst und die Zuschlagserteilung bleibt ausgesetzt.

263

Die Beschwerdebegründung muss im Wesentlichen zwei Elemente enthalten, nämlich

264

➢ die Erklärung, inwieweit die Entscheidung der Vergabekammer angefochten und eine abweichende Entscheidung beantragt wird,

➢ die Angabe der Tatsachen und Beweismittel, auf die sich die Beschwerde stützt.

---

459 KG, VergabeR 2004, 253, 254.
460 OLG Brandenburg, VergabeR 2005, 99, 101.
461 BT-Drucks. 13/9340, S. 21, zu § 127 Abs. 1 GWB.
462 OLG Rostock, VergabeR 2002, 85, 86.
463 OLG Dresden, VergabeR 2005, 812, 813.
464 OLG Dresden, VergabeR 2005, 546, 547.

2 Die Überprüfung von Vergabeverfahren nach §§ 102 ff. GWB

265 Durch diese Erfordernisse soll der Streitstoff sogleich in einer die Entscheidungsfindung erleichternden Weise aufbereitet werden. Der Beschwerdeführer soll nicht mit dem Zurückhalten von entscheidungsrelevantem Vorbringen taktieren und/oder das Verfahren verzögern können. Es reicht daher nicht aus, pauschal auf das Vorbringen im Verfahren vor der Vergabekammer zu verweisen.[465] Bei der Erklärung, inwieweit die Entscheidung der Vergabekammer angefochten wird, kann es zudem auch um andere Aspekte gehen als die Vergabeentscheidung selbst, z. B. die Herausgabe von Unterlagen, die Verwendung geschützter Daten, Verfahren, Gebrauchsmuster etc., und zwar gerade auch dann, wenn der beschwerdeführende Bieter den Umstand, dass der Zuschlag nicht an ihn erteilt wurde, nicht (mehr) angreift.

266 Der Beschwerdeführer muss mit der Einlegung der sofortigen Beschwerde beim Oberlandesgericht die übrigen Beteiligten des Verfahrens vor der Vergabekammer durch Übermittlung einer Ausfertigung der Beschwerdeschrift unterrichten, § 117 Abs. 4 GWB. Das soll den Verfahrensgang beschleunigen und allen Beteiligten eine zügige Reaktion ermöglichen.

267 Fraglich ist, ob eine unterlassene – zeitgleiche – Zustellung an die Beteiligten die Folge haben kann, dass trotz fristgerechter Einlegung der sofortigen Beschwerde am letzten Tag der Frist per Telefax beim Oberlandesgericht der nicht unterrichtete Antragsgegner wirksam am nächsten Tag den Zuschlag erteilen kann.[466] Dem wird wohl nicht zu folgen sein, da durch eine bloße Information über die Einlegung der sofortigen Beschwerde – wobei unstreitig keine förmliche Zustellung gefordert wird – kein gesetzliches Verbot begründet oder verlängert werden kann. Vielmehr ist vom Wortlaut des § 115 Abs. 1 GWB auszugehen. Danach kann ein Auftraggeber vor einer Entscheidung der Vergabekammer und dem Ablauf der Beschwerdefrist nach § 117 Abs. 1 GWB den Zuschlag nicht erteilen. Dies ist dahingehend auszulegen, dass der Auftraggeber gem. § 115 Abs. 1 GWB vor einer rechtskräftigen Entscheidung der Vergabekammer den Zuschlag nicht erteilen kann. Durch die fristgerechte Einlegung der sofortigen Beschwerde wird die Entscheidung der Vergabekammer aber nicht rechtskräftig. Voraussetzung für die wirksame Einlegung des Rechtsmittels ist nur die Einlegung und nicht die Zustellung der Beschwerde an die Vergabestelle. Die Aufrechterhaltung des Zuschlagsverbots durch Einlegung der sofortigen Beschwerde wird erst durch die Regelung des § 118 Abs. 1 Satz 2 GWB wieder zeitlich begrenzt. Danach entfällt die aufschiebende Wirkung zwei Wochen nach Ablauf der Beschwerdefrist. Ein zuvor erteilter Zuschlag ist unwirksam. Es kommt nicht darauf an, ob die Vergabestelle von der Einlegung der Beschwerde Kenntnis hat.

268 Die unterlassene rechtzeitige Zustellverpflichtung löst somit keine Sanktion aus;[467] unter Rechtsanwälten dürfte jedoch von berufsrechtlich bedenklichem Verhalten auszu-

---

465 OLG Koblenz, VergabeR 2001, 445, 446; OLG Koblenz, Beschl. v. 05.04.2006, 1 Verg 1/06.
466 OLG Naumburg, NZBau 2000, 96; OLG Naumburg, Beschl. v. 16.01.2003, 1 Verg 10/02, VergabeR 2003, 360, 362 ff.; dagegen OLG Dresden, Beschl. v. 17.04.2003 – W Verg 0003/03; OLG Frankfurt, Beschl. v. 20.02.2003, 11 Verg 1/02, IBR 2003, 446; OLG Dresden, VergabeR 2005, 812, 813; Immenga/Mestmäcker-Stockmann, § 118 GWB Rn. 5; zum Streitstand. VergabeNews 07/2003, 60 ff.
467 OLG Düsseldorf, BauR 1999, 751, 754 f.; OLG Stuttgart, NZBau 2000, 301, 302.

2.2 Die sofortige Beschwerde gegen Entscheidungen der Vergabekammern

gehen sein. Unabhängig davon hat das Gericht wegen § 210 a ZPO eigenständig die Zustellung zu veranlassen.

2.2.5 Vertretung durch einen Rechtsanwalt

Für das Verfahren vor dem Vergabesenat des OLG gilt nach § 117 Abs. 3 GWB Anwaltszwang. Eine Partei muss sich durch einen Rechtsanwalt vertreten lassen, der bereits die Beschwerdeschrift unterzeichnen muss. Damit will der Gesetzgeber sicherstellen, dass der Streitstoff kompetent und den juristischen Erfordernissen entsprechend vorgetragen wird, zumal grundsätzlich vor Oberlandesgerichten nicht ohne Anwalt verhandelt werden kann.[468] Auch wenn in § 117 Abs. 3 GWB nur davon die Rede ist, dass die Beschwerdeschrift von einem zugelassenen Rechtsanwalt unterschrieben werden muss, so ist davon auszugehen, dass auch die übrigen Beteiligten sich anwaltlich vertreten lassen müssen, um vor dem OLG auftreten zu können.

269

Die Art der Zulassung eines Rechtsanwalts im Übrigen spielt keine Rolle. Es ist also nicht erforderlich, dass der Rechtsanwalt bzw. die Rechtsanwältin, von der sich ein Beteiligter vertreten lässt, beim OLG zugelassen ist. Die Vertretung kann nach § 120 Abs. 1 GWB jeder Rechtsanwalt übernehmen, der »bei einem deutschen Gericht zugelassen« ist. Die Vertretung können daher sämtliche in Deutschland zugelassenen Rechtsanwälte übernehmen, gleich, ob sie bei einem Landgericht, OLG oder dem BGH zugelassen sind.

270

Angestellte Rechtsanwälte einer beteiligten Partei dürfen jedoch nicht für ihren Arbeitgeber vor Gericht auftreten; diese generell für Syndikusanwälte geltende Beschränkung gilt selbstverständlich auch hier.

271

2.2.6 Ausnahme vom Anwaltszwang

Der Anwaltszwang gilt allerdings nicht für die juristischen Personen des öffentlichen Rechts, d. h. die klassischen öffentlichen Auftraggeber nach § 98 Nr. 1 und Nr. 2 GWB. Das ist eine Besonderheit des Vergaberechts, die der Handhabung vor den Verwaltungsgerichten entspricht. Offenbar wollte man den öffentlichen Auftraggebern hier Kosten einer anwaltlichen Vertretung ersparen. Dennoch besteht selbstverständlich auch für diese Beteiligten die Möglichkeit, sich kompetenten anwaltlichen Beistandes zu versichern.

272

Von der öffentlichen Hand kontrollierte Unternehmen privatrechtlicher Form, wie beispielsweise Stadtwerke GmbHs, Verkehrs-AGs und sonstige privatisierte kommunale Betriebe, die in Rechtsformen des Privatrechts organisiert sind, müssen sich jedoch gleichfalls eines Rechtsanwalts bedienen. Ganz ohne Juristen kommen aber auch die juristischen Personen des öffentlichen Rechts vor den Vergabesenaten nicht aus: Nach § 120 Abs. 1 GWB müssen sie sich durch Beamte oder Angestellte mit Befähigung zum Richteramt, d. h. mit dem zweiten juristischen Staatsexamen, vertreten lassen.

273

---

468 BT-Drucks. 13/9340, S. 21, zu § 127 Abs. 3 GWB.

2.2.7 Die aufschiebende Wirkung der sofortigen Beschwerde

274 In Anlehnung an § 115 Abs. 1 GWB hat auch die Anrufung des OLG als 2. Überprüfungsinstanz einen Suspensiveffekt. Sie bewirkt, dass die Entscheidung der Vergabekammer – gleich, wie sie ausgefallen ist – noch nicht sofort rechtskräftig wird.

275 Hat die Vergabekammer beispielsweise den Antrag auf Nachprüfung als unbegründet abgelehnt, so wäre theoretisch der Weg für die Zuschlagserteilung frei. Wird nun aber rechtzeitig die sofortige Beschwerde zum Oberlandesgericht erhoben, so wird nach § 118 Abs. 1 GWB die Entscheidung der Vergabekammer erneut suspendiert und der Zuschlag kann vorerst auch weiterhin nicht erteilt werden. Das Verfahren bleibt noch in der Schwebe, um das OLG in der Beschwerdeinstanz nicht vor vollendete Tatsachen zu stellen.[469]

276 Hat die Vergabekammer dem Nachprüfungsantrag stattgegeben, bleibt es hingegen bei der Aussetzung des Zuschlags, bis das OLG entschieden hat. Insoweit hat die sofortige Beschwerde wegen § 118 Abs. 3 GWB keine aufschiebende Wirkung.[470] Das Zuschlagsverbot bleibt in Kraft, bis das OLG entweder den Zuschlag nach § 121 GWB vorab gestattet oder das Verfahren insgesamt nach § 123 GWB abgeschlossen hat.

2.2.8 Der Entfall der aufschiebenden Wirkung

277 Wurde der Nachprüfungsantrag durch die Vergabekammer zurückgewiesen, ist der Suspensiveffekt bei Durchführung des Beschwerdeverfahrens nach § 118 Abs. 1 S. 1 GWB zunächst zeitlich begrenzt: Er entfällt nach § 118 Abs. 1 S. 2 GWB automatisch zwei Wochen nach Ablauf der Beschwerdefrist, d. h. vier Wochen nach Zustellung der Entscheidung der Vergabekammer beim (potenziellen) Beschwerdeführer. Diese Frist muss vom Beschwerdeführer sorgfältig überwacht werden, da sie gesetzlich angeordnet und nicht verlängerbar ist. Auf diese Weise werden für das zu vergebende Gesamtprojekt möglicherweise schädliche zeitliche Verzögerungen auf das unbedingt Notwendige beschränkt.

278 Auch wenn über einen Antrag nach § 118 Abs. 1 S. 3 GWB nicht entschieden wird, entfällt nach Ablauf der Zwei-Wochen-Frist der gesetzliche Suspensiveffekt.[471]

2.2.9 Die Verlängerung der aufschiebenden Wirkung

279 Die weitere Suspendierung des Zuschlags kann der Antragsteller/Beschwerdeführer nur dann sicher erreichen, wenn er die nach § 118 Abs. 1 S. 3 GWB vorgesehene Entscheidung des OLG über die Verlängerung der aufschiebenden Wirkung herbeiführt. Zu diesem Zweck ist eigens ein Antrag an das OLG zu stellen, wonach es durch Be-

---

469 BT-Drucks. 13/9340, S. 21, zu § 128 GWB.
470 OLG Düsseldorf, VergabeR 2001, 62, 63 m. Anm. Leinemann.
471 BayOLG, VergabeR 2002, 305, 306 – über den einen Tag vor Ablauf der Zwei-Wochen-Frist gestellten Antrag nach § 118 Abs. 1 S. 3 GWB wurde nicht entschieden. Dadurch entfiel der Suspensiveffekt.

2.2 Die sofortige Beschwerde gegen Entscheidungen der Vergabekammern

schluss die aufschiebende Wirkung der sofortigen Beschwerde verlängern möge. Schon wegen der knappen Fristen ist es dringend zu empfehlen, einen solchen Antrag gleich mit der sofortigen Beschwerde selbst zu stellen. Ein von der Vergabestelle gestellter Antrag auf Verlängerung der aufschiebenden Wirkung ist unstatthaft.[472] In entsprechender Anwendung des § 118 Abs. 1 S. 3 GWB ist der Antrag des Beigeladenen, die aufschiebende Wirkung seiner sofortigen Beschwerde bis zur Hauptsacheentscheidung zu verlangen, statthaft, wenn die Entscheidung der Vergabekammer in seine Rechte eingreift.[473]

Bei seiner Entscheidung über den Fortbestand der aufschiebenden Wirkung hat das OLG im Rahmen einer summarischen Prüfung auch die Erfolgsaussichten der Beschwerde abzuwägen. Eine derartige, vorläufige Entscheidung ähnlich derjenigen im einstweiligen Rechtsschutzverfahren ist geboten, weil das OLG – anders als die Vergabekammer – nicht gehalten ist, das Verfahren innerhalb von fünf Wochen zum Abschluss zu bringen. Zwar gilt auch hier der Grundsatz eines beschleunigten Verfahrens, jedoch wollte man dem OLG die außergewöhnlich kurze Fünf-Wochen-Entscheidungsfrist nicht zumuten. Sie wäre für die in jener Instanz angestrebte, endgültige Rechtsfindung wohl auch zu kurz. 280

In der Regel wird das Gericht, um effektiven Rechtsschutz des beschwerdeführenden Bieters zu gewährleisten, zu einer Verlängerung der aufschiebenden Wirkung gelangen müssen. Nur im Ausnahmefall wird es den Verlängerungsantrag zurückweisen, nämlich wenn »unter Berücksichtigung aller möglicherweise geschädigten Interessen sowie des Interesses der Allgemeinheit an einem raschen Abschluss des Vergabeverfahrens die nachteiligen Folgen einer Verzögerung der Vergabe bis zur Entscheidung über die Beschwerde die damit verbundenen Vorteile überwiegen«, so § 118 Abs. 2 S. 2 GWB.[474] Diese Formulierung entspricht derjenigen in § 115 Abs. 2 S. 1 GWB, wo es um die vorzeitige Gestattung des Zuschlags durch die Vergabekammer geht. Schon dort war diese Möglichkeit der Zuschlagserteilung vor Abschluss des Nachprüfungsverfahrens nur als Ausnahmefall geregelt, mit dem ausdrücklichen Hinweis in der Gesetzesbegründung, dass hiergegen die Anrufung des Gerichts wegen drohenden Rechtsverlustes möglich sein müsse.[475] Verlängert das OLG die aufschiebende Wirkung nicht, würde mit der dann folgenden Zuschlagserteilung der Rechtsverlust endgültig, so dass nur in Ausnahmefällen ein Verlängerungsantrag zurückgewiesen werden kann, insbesondere bei gänzlichem Fehlen von Erfolgsaussichten.[476] Auch wenn das zuständige OLG die sofortige Beschwerde für aussichtslos hält, mit einer solchen Entscheidung aber von einer Entscheidung eines anderen OLG abweichen würde, sodass es zur Vorlage an den BGH verpflichtet wäre (§ 124 Abs. 2 GWB), ist die Verlängerung der aufschiebenden Wirkung regelmäßig anzuordnen.[477] 281

---

472 OLG Stuttgart, Beschl. v. 28.06.2001, 2 Verg 2/01, VergabeR 2001, 451.
473 OLG Naumburg, Beschl. v. 05.05.2004, 1 Verg 7/04; OLG Koblenz, VergabeR 2003, 699; OLG Jena, VergabeR 2001, 104, 105; Reidt/Stickler/Glahs-Stickler, § 118 GWB Rn. 8. A. A. unter Hinweis auf das Zuschlagsverbot nach § 118 Abs. 3 GWB OLG Düsseldorf, VergabeR 2004, 663.
474 So auch BayObLG, WuW/E Verg 329, 330; BayObLG, VergabeR 2001, 131.
475 BT-Drucks. 13/9340, S. 20, zu § 125 Abs. 2 GWB.
476 OLG Naumburg, ZVgR 2000, 68, 69.
477 OLG Jena, VergabeR 2002, 488, 491.

282 Es empfiehlt sich daher für den das Verfahren betreibenden Bieter in jedem Fall, mit der sofortigen Beschwerde zum OLG auch den Antrag auf Verlängerung der aufschiebenden Wirkung bis zur Entscheidung über die Beschwerde nach § 118 Abs. 1 S. 3 GWB zu stellen, wenn der Zuschlag noch nicht erteilt ist. Diesen Antrag kann das Oberlandesgericht separat bescheiden, ohne in der Sache selbst schon eine Entscheidung zu treffen oder etwas vorwegzunehmen. Allerdings muss der Antrag innerhalb von zwei Wochen nach Ablauf der Beschwerdefrist beim OLG eingehen, da er nicht etwa als automatisch mit der Beschwerde gestellt gelten kann.[478] Da mit Ablauf der Zwei-Wochen-Frist die aufschiebende Wirkung der sofortigen Beschwerde nach § 118 Abs. 1 S. 2 GWB entfällt, ist ein später gestellter Verlängerungsantrag unzulässig.[479]

283 Da § 118 GWB keine Frist enthält, innerhalb der das Beschwerdegericht über den rechtzeitig gestellten Antrag auf Verlängerung der aufschiebenden Wirkung zu entscheiden hat, ist es auch zulässig, noch über den Antrag zu entscheiden und die »Fortdauer« der Zuschlagsuntersagung nach Entfall des gesetzlichen Suspensiveffekts anzuordnen, sofern nicht bereits wirksam der Zuschlag erteilt wurde. Die »Verlängerung« der aufschiebenden Wirkung setzt nicht voraus, dass die gesetzliche Suspensivwirkung noch fortdauert. Systematisch muss es dem Beschwerdegericht möglich sein, selbst ein Zuschlagsverbot bis zur abschließenden Entscheidung über die sofortige Beschwerde auszusprechen.

284 Die bei einigen Oberlandesgerichten entstandene Praxis, trotz Fehlens einer entsprechenden Regelung durch sog. »Schiebebeschluss« eine einstweilige Verlängerung der aufschiebenden Wirkung anzuordnen, ist bedenklich. Da ohnehin eine Verlängerung auszusprechen ist, wenn nicht sehr klare Gründe gegen die Zulässigkeit und/oder Begründetheit der Beschwerde sprechen, ist für eine »einstweilige« Entscheidung kein Raum. Es muss dann vielmehr die Verlängerung der aufschiebenden Wirkung bis zur Entscheidung entweder nach § 121 GWB oder bis zur Hauptsacheentscheidung ausgesprochen werden.

285 Die Vergabestelle ist hingegen durch § 118 Abs. 3 GWB auf einen Antrag nach § 121 GWB beschränkt, wenn sie nach Unterliegen vor der Vergabekammer den Abschluss des Verfahrens vor dem OLG nicht abwarten und zuvor vergeben will. Das Zuschlagsverbot gilt insbesondere auch dann, wenn keine sofortige Beschwerde durch die Vergabestelle eingelegt wird; der Zuschlag muss dann – in der von der Vergabekammer beanstandeten Weise – endgültig unterbleiben.[480]

2.2.10 Verfahrensbeteiligte

286 Auch in der Beschwerdeinstanz bleiben die Beteiligten dieselben wie vor der Vergabekammer; insbesondere müssen auch die Beigeladenen nicht erneut beigeladen werden, selbst wenn sie dem Verfahren nicht beigetreten sind. In der Gesetzesbegründung wird diesbezüglich auch auf die Beteiligtenregelung nach § 66 GWB (a. F. = § 67 GWB n. F.)

---

478 OLG Düsseldorf, WuW/E 399, 400.
479 OLG Düsseldorf, VergabeR 2001, 162, 163.
480 Byok/Jaeger-Jaeger, § 118 GWB, Rn. 1195.

im dortigen Beschwerdeverfahren verwiesen.[481] Das OLG kann im sofortigen Beschwerdeverfahren auch eine Partei beiladen, die vor der Vergabekammer noch nicht beigeladen war, da ansonsten das gesamte Nachprüfungsverfahren an einem Bieter, dessen Interessen schwerwiegend berührt werden, vorbeilaufen könnte.[482] Das ist gerade dann von Bedeutung, wenn sich die Gründe für eine Interessenberührung erst im Beschwerdeverfahren herausstellen. Zudem besteht im Verfahren vor der Vergabekammer kein Anspruch auf Beiladung und diesbezügliche Entscheidungen nach § 109 GWB sind unanfechtbar. Anderenfalls könnten die Interessen eines Bieters erkennbar beeinträchtigt werden, ohne dass seine Beiladung noch erfolgen könnte, was dessen Rechtsschutz unzumutbar verkürzen würde. Es ist ebenso denkbar, dass ein zunächst nicht beizuladender Bieter im Verlauf des Verfahrens – z. B. wegen Ablauf der Bindefristen und Ausscheiden anderer, besser platzierter Bieter – doch noch für den Zuschlag in Betracht kommen könnte und daher auch nach § 109 GWB beizuladen wäre. Auch muss es möglich sein, eine fehlerhafte Nichtbeiladung durch die Vergabekammer vor dem OLG noch zu heilen.

2.2.11 Verfahren vor dem Vergabesenat

Das Verfahren vor dem Senat regelt sich wie in den sonstigen Kartellbeschwerdeverfahren, wie sich aus dem Verweis in § 120 Abs. 2 GWB ergibt.[483] Die dortige Auflistung von Verfahrensvorschriften ist nicht abschließend, Bestimmungen anderer Beschwerdeverfahren können analog angewandt werden, soweit dies sachdienlich ist.[484] Danach hat eine mündliche Verhandlung stattzufinden, auf die nur im Einverständnis mit den Beteiligten nach § 69 Abs. 1 GWB verzichtet werden kann. Auch die Beigeladenen müssen daher ggf. verzichten. Nur im Vorabgestattungsverfahren nach § 121 Abs. 3 S. 2 GWB besteht kein Zwang zur mündlichen Verhandlung. Das gilt auch bei Unzulässigkeit in Analogie zu § 519 b ZPO.[485] Ebenso wie nach § 112 Abs. 2 GWB kann auch vor dem OLG in Abwesenheit einzelner Beteiligter verhandelt werden, wenn diese ordnungsgemäß geladen wurden, § 69 Abs. 2 GWB. Ein Versäumnisurteil wie im ordentlichen Zivilprozess kann hingegen nicht ergehen. Die mündliche Verhandlung ist öffentlich, § 169 GVG.

287

Das OLG kann den Beteiligten Fristen zur Abgabe von Erklärungen, Beibringung von Unterlagen, Bezeichnung von Beweismitteln und/oder deren Vorlage setzen, § 70 Abs. 3 GWB. Es kann bei fruchtlosem Verstreichen solcher Fristen nach Lage der Sache ohne Berücksichtigung der nicht beigebrachten Beweismittel entscheiden.

288

Zur Wahrung des Grundsatzes des rechtlichen Gehörs hat das OLG ergänzend auf Antrag Akteneinsicht zu gewähren, insbesondere solchen Beteiligten, denen die Ein-

289

---

481 BT-Drucks. 13/9340, S. 21, zu § 129 GWB. Damit sind in Anwendung von § 13 Abs. 2 S. 2 VwVfG all diejenigen zu benachrichtigen und beizuladen, für die das Verfahren rechtsgestaltende Wirkung hat; KG WuW/E 3217, 3219; E 2247, 2257 – Parallellieferteile –.
482 OLG Düsseldorf, VergabeR 2001, 59, 60, OLG Düsseldorf, VergabeR 2002, 671, 672.
483 BT-Drucks. 13/9340, S. 21, zu § 130 Abs. 2 GWB.
484 OLG Frankfurt, VergabeR 2004, 754, 757.
485 OLG Düsseldorf, WuW/E Verg 319, 321.

sicht nach § 111 GWB zuvor von der Vergabekammer verwehrt wurde. Dieser Aspekt ist deshalb von besonderer Bedeutung, weil die Versagung der Akteneinsicht nicht gesondert, sondern nach § 111 Abs. 4 GWB nur im Zusammenhang mit der sofortigen Beschwerde in der Hauptsache angreifbar ist.

2.2.12 Amtsermittlungsgrundsatz

290 Im Verfahren gilt nach § 120 Abs. 2 GWB der Amtsermittlungsgrundsatz, jedoch ergänzt um die Mitwirkungspflicht der Parteien, § 70 GWB. Das Gericht hat den Sachverhalt selbstständig zu ermitteln und seine Entscheidung nicht nur auf den Vortrag der Beteiligten zu stützen.[486] Der Vorsitzende hat nach § 70 Abs. 2 GWB darauf hinzuwirken, dass Formfehler und Unklarheiten beseitigt, fehlende Angaben und Unterlagen nachgeholt, alle wesentlichen Erklärungen abgegeben und Anträge richtig gestellt werden.[487] Die Oberlandesgerichte begrenzen den Umfang ihrer Prüfungspflicht im Beschwerdeverfahren auf den Beschwerdegegenstand, nämlich die Entscheidung der Vergabekammer. Neu gerügte Verstöße können nicht zum Erfolg der Beschwerde führen, weil sie von vornherein nicht vom Verfahrensgegenstand umfasst sind.[488] Das BayObLG hat diese Rechtsprechung ausdrücklich aufgegeben.[489] Danach kann der Beschwerdegegenstand auch durch neue, erst in der Beschwerdeinstanz vorgebrachte Rügen erweitert werden, soweit ihnen die Verspätungsregeln der §§ 107 Abs. 3, 113 Abs. 2 S. 2 GWB nicht entgegenstehen oder soweit sie Verfahrensverstöße der Vergabekammern betreffen.[490] Entsprechendes gilt für neuen Sachvortrag des Beschwerdeführers.[491] Der Untersuchungsgrundsatz geht aber niemals so weit, allen denkbaren Vergaberechtsverstößen von Amtswegen nachzugehen, auch wenn der Vortrag der Beteiligten dazu keine Veranlassung gibt.[492]

2.2.13 Das Recht auf Akteneinsicht

291 Hinsichtlich der Regelung der Akteneinsicht wird in § 120 Abs. 2 GWB auf §§ 72 und 111 GWB verwiesen.[493] § 72 GWB lautet wie folgt:

> (1) Die in § 67 Abs. 1 Nr. 1 und 2 und Abs. 2 bezeichneten Beteiligten können die Akten des Gerichts einsehen und sich durch die Geschäftsstelle auf ihre Kosten Ausfertigungen, Auszüge und Abschriften erteilen lassen. § 299 Abs. 3 der Zivilprozessordnung gilt entsprechend.

---

486 OLG Düsseldorf, VergabeR 2001, 419, 426.
487 Diese Hinweispflicht entspricht derjenigen des § 139 ZPO bzw. § 86 Abs. 3 VwGO; von Gamm, § 69 GWB, Rn. 3.
488 BayObLG, VergabeR 2001, 65; OLG Dresden, BauR 2000, 1640; OLG Jena, BauR 2000, 396; BayObLG, VergabeR 2001, 438, 442 mit krit. Anm. Horn.
489 BayObLG, Beschl. v. 28.05.2003, Verg 6/03, IBR 2003, 492.
490 BayObLG, Beschl. v. 28.05.2003, Verg 6/03, IBR 2003, 492.
491 OLG Frankfurt, VergabeR 2004, 754, 757.
492 OLG Düsseldorf, VergabeR 2001, 267, 273 f.
493 Vgl. die Ausführungen zur Akteneinsicht in Verfahren vor der Vergabekammer, Rn. 207 ff.

2) Einsicht in Vorakten, Beiakten, Gutachten und Auskünfte ist nur mit Zustimmung der Stellen zulässig, denen die Akten gehören oder die die Äußerung eingeholt haben. Die Kartellbehörde hat die Zustimmung zur Einsicht in die ihr gehörenden Unterlagen zu versagen, soweit dies aus wichtigen Gründen, insbesondere zur Wahrung von Fabrikations-, Betriebs- oder Geschäftsgeheimnissen, geboten ist. Wird die Einsicht abgelehnt oder ist sie unzulässig, dürfen diese Unterlagen der Entscheidung nur insoweit zugrunde gelegt werden, als ihr Inhalt vorgetragen worden ist. Das Beschwerdegericht kann die Offenlegung von Tatsachen oder Beweismitteln, deren Geheimhaltung aus wichtigen Gründen, insbesondere zur Wahrung von Betriebs- oder Geschäftsgeheimnissen, verlangt wird, nach Anhörung des von der Offenlegung Betroffenen durch Beschluss anordnen, soweit es für die Entscheidung auf diese Tatsachen oder Beweismittel ankommt, andere Möglichkeiten der Sachaufklärung nicht bestehen und nach Abwägung aller Umstände des Einzelfalls die Bedeutung der Sache für die Sicherung des Wettbewerbs das Interesse des Betroffenen an der Geheimhaltung überwiegt. Der Beschluss ist zu begründen. In dem Verfahren nach Satz 4 muss sich der Betroffene nicht anwaltlich vertreten lassen.

(3) Den in § 67 Abs. 1 Nr. 3 bezeichneten Beteiligten kann das Beschwerdegericht nach Anhörung des Verfügungsberechtigten Akteneinsicht in gleichem Umfang gewähren.

Wegen der Spezialität des § 111 GWB gelten die weitergehenden Beschränkungen der Akteneinsicht nach § 72 GWB nicht im Nachprüfungsverfahren.[494] Aus § 72 Abs. 2 S. 3 GWB ergibt sich, dass Aktenbestandteile, die nicht eingesehen werden konnten, bei der Entscheidung nur berücksichtigt werden dürfen, wenn ihr Inhalt vorgetragen wurde und sie Gegenstand der mündlichen Verhandlung waren. Das Gericht kann die Offenlegung auch von als geheimhaltungsbedürftig gekennzeichneten Unterlagen nach § 72 Abs. 2 S. 3 GWB anordnen. Nach § 73 GWB finden die Vorschriften des Gerichtsverfassungsgesetzes (GVG) und der Zivilprozessordnung (ZPO) Anwendung, nicht jedoch § 227 Abs. 3 ZPO, d. h. die Vorschriften über das Vertagungsrecht während der Ferienzeit vom 01.07. bis 31.08. eines Jahres. Der Vergabesenat tagt auch zur Urlaubszeit, was sowohl gerichtsintern als auch seitens der Beteiligten Verfahrensbevollmächtigten eine entsprechende Organisation erfordert.

2.2.14 Die Vorabentscheidung über den Zuschlag

Obwohl § 118 Abs. 3 GWB regelt, dass ein von der Vergabekammer untersagter Zuschlag auch für die Zeit des Beschwerdeverfahrens vor dem OLG zu unterbleiben hat, sah der Gesetzgeber das Bedürfnis, in Einzelfällen eine Möglichkeit zur vorzeitigen Gestattung des Zuschlags trotz laufenden Verfahrens und Obsiegens des Antragstellers in der ersten Instanz vorzusehen. Insbesondere sollte »unerträglichen Verzögerungen der Vergabeverfahren« vorgebeugt werden.[495] Der Antrag nach § 121 GWB ist auch zulässig, wenn der Auftraggeber vor der Vergabestelle obsiegt hat, das Oberlan-

---

494 Ingenstau/Korbion-Müller-Wrede, 15. Aufl., § 120 GWB, Rn. 20.
495 BT-Drucks. 13/9340, S. 21, zu § 131 GWB Abs. 1.

desgericht aber dem Antrag des Beschwerdeführers nach § 118 Abs. 1 Satz 3 GWB auf Verlängerung der aufschiebenden Wirkung der Beschwerde nach § 118 GWB Abs. 1 Satz 3 GWB stattgegeben hat.[496] Da die Fünf-Wochen-Frist für Verfahren vor der Vergabekammer in der Beschwerdeinstanz vor dem OLG nicht gilt, soll im Interesse einer zügigen Vergabeentscheidung ein besonderes gerichtliches Eilverfahren über die Zuschlagserteilung stattfinden können. Dieses Verfahren stellt § 121 GWB bereit; es ist den einstweiligen Rechtsschutzverfahren der §§ 940 ZPO und 123 VwGO nachgebildet. Bisher wurde von der Antragsmöglichkeit nur restriktiv Gebrauch gemacht.[497]

2.2.14.1 Zwischenentscheidung über den Zuschlag

294 Das Gericht kann demnach (nur) auf Antrag des Auftraggebers trotz noch laufenden Beschwerdeverfahrens den Fortgang des Vergabeverfahrens (z. B. Fortsetzung der Verhandlungen im Verhandlungsverfahren) und den Zuschlag gestatten. Die Voraussetzungen sind der Formulierung nach exakt dem Fall des § 118 Abs. 2 S. 2 GWB nachgebildet, wo es um die Verlängerung der aufschiebenden Wirkung der sofortigen Beschwerde geht. Insofern kann grundsätzlich auf die Ausführungen hierzu verwiesen werden.[498] Am Rechtsschutzinteresse fehlt es, wenn die Vergabestelle keinem Zuschlagsverbot (mehr) unterliegt, weil sie den von der Vergabekammer angeordneten Maßnahmen nach § 114 Abs. 1 Satz 1 GWB nachgekommen ist.[499] Die Erfolgsaussichten der Beschwerde sind bei der Entscheidung über den Antrag nach § 121 GWB vorrangig zu berücksichtigen.[500]

2.2.14.2 Kriterien für die Zuschlagsgestattung

295 Eine Gestattung des Zuschlags kann nur in Betracht kommen, wenn nicht nur keine Anhaltspunkte für ein rechtswidriges Verhalten des Auftraggebers vorgetragen, sondern auch nach eigener Prüfung des Senats nicht zu erkennen sind. Alternativ kann der Zuschlag dann vorab gestattet werden, wenn ausgeschlossen erscheint, dass der beschwerdeführende Bieter – trotz erkennbarer Rechtsverletzung – auch nur in die engere Wahl derjenigen Bieter gelangen kann, die für eine Zuschlagserteilung in Betracht kommen.[501] Die Erfolgsaussichten der sofortigen Beschwerde sind daher wichtige Abwägungskriterien.[502] Ist eine Verletzung des Antragstellers in seinen Rechten mit überwiegender Wahrscheinlichkeit zu verneinen, so ist das Verfahren für den Zuschlag freizugeben. Eine Interessenabwägung nach § 121 Abs. 1 S. 2 GWB findet nur statt, wenn der Zuschlag nicht schon auf Grund der Erfolgsaussichten des Rechtsmittel gestattet ist.[503]

296 Mit dieser Regelung soll missbräuchlicher Inanspruchnahme des Nachprüfungsverfahrens durch »missgünstige« Bieter ein Riegel vorgeschoben werden. Ein Bieter, der

---

496 Reidt/Stickler/Glahs-Stickler, § 121 GWB Rn. 4; Immenga/Mestmäcker-Stockmann, § 121 GWB Rn. 5.
497 S. Rn. 97 Statistik.
498 Siehe oben Abschnitt 2.2.7.
499 OLG Düsseldorf, VergabeR 2006, 424, 425.
500 OLG Düsseldorf, Beschl. v. 01.08.2005, VII-Verg 41/05, VergabeNews 2005, 107, 108.
501 BT-Drucks. 13/9340, S. 22, zu § 131 GWB, Abs. 1; Byok/Jaeger-Jaeger, § 121 GWB, Rn. 1215.
502 BayObLG, VergabeR 2001, 402, 404.
503 BayObLG, VergabeR 2004, 530, 532; OLG Dresden, VergabeR 2004, 724.

2.2 Die sofortige Beschwerde gegen Entscheidungen der Vergabekammern

selbst keine Aussichten hat, im Vergabeverfahren als künftiger Auftragnehmer in Betracht zu kommen, soll auch nicht ein vermeintliches Allgemeininteresse an der Einhaltung von Vergabevorschriften geltend machen können. Ob dies geboten erscheint, liegt allein im Ermessen des OLG, das den Zuschlag vorab gestatten kann, aber selbst bei Beschwerden aussichtsloser Bieter nicht zwingend gestatten muss.

Der Gesetzgeber hat die Bedeutung dieser Vorabentscheidung als Vorwegnahme der Hauptsache selbst sehr deutlich erkannt, was die Gesetzesbegründung belegt, wenn es dort heißt:

297

> *»In den meisten Fällen wird sich nach einer Entscheidung über den Antrag nach § 121[504] der Streit teilweise erledigen. Obsiegt als Antragstellerin die Vergabestelle, so wird der Zuschlag erteilt. Der Beschwerdeführer kann das Beschwerdeverfahren dann noch zur Klärung von Vorfragen eines Schadensersatzprozesses weiterbetreiben. Unterliegt dagegen die antragstellende Vergabestelle, wird sie sinnvollerweise die gerichtliche Feststellung eines unkorrekten Verhaltens gegen sich gelten lassen und nicht darauf vertrauen, dass dasselbe Gericht nach weiterer Prüfung auch in der Hauptsache zu einem anderen Ergebnis kommt. Die in dem Eilverfahren unterlegene Vergabestelle wird den ihr vom Oberlandesgericht vorgehaltenen Fehler unverzüglich korrigieren und das Vergabeverfahren auf dieser neuen Grundlage fortsetzen oder gar beenden. § 122 Abs. 2 GWB hält die Vergabestelle zu einem solchen Verhalten an.«*

Auch hier muss indessen die Priorität der Gewährung effektiven Rechtsschutzes zugunsten der Bieter beachtet werden. Bloße Verzögerungen des Vergabeverfahrens und damit verbundene Kosten und/oder Unannehmlichkeiten vermögen eine Vorabgestattung des Zuschlags nicht zu rechtfertigen. Dass das Verstreichen von Zeit gerade im Bereich des Bauwesens auch mit Kosten verbunden ist, dürfte allgemein bekannt sein und kann sicher keine Ausnahmeentscheidung begründen. Unbeachtlich ist sicher auch ein Zeitdruck, der letztlich durch die Vergabestelle selbst geschaffen wurde.[505] Immerhin ist es nach dem ausdrücklichen Willen des Gesetzgebers bei der zu treffenden Abwägung gestattet und geboten, auch öffentliche Interessen in die Waagschale zu werfen; insofern unterscheidet sich die Abwägung von derjenigen nach §§ 940 ff. ZPO.

298

2.2.14.3 Antragstellung

Der Auftraggeber muss seinen Antrag schriftlich stellen und gleichzeitig begründen, § 121 Abs. 1 S. 1 GWB. Dieser Antrag ist nicht fristgebunden, d. h. er muss nicht bereits zu Beginn des Beschwerdeverfahrens vor dem OLG gestellt werden. Längeres Zuwarten wird es allerdings problematisch erscheinen lassen, später noch die erforder-

299

---

504 Im Originaltext werden noch die alten Nummern der Vorschriften des Gesetzentwurfs genannt; zur Erleichterung sind in diesem Zitattext bereits die Nrn. des endgültigen Gesetzestextes genannt.
505 Das kann hier nicht anders sein als im materiellen Vergaberecht, wo selbstgeschaffener Zeitdruck es auch nicht rechtfertigt, z.B. statt des offenen Verfahrens ein Verhandlungsverfahren durchzuführen, vgl. EuGH, Urt. v. 10.03.1987 – Rs. 199/85, Slg. 1987, 1039; Urt. v. 02.08.1993 – Rs. C-107/92, Slg. 1993, I-4655; Urt. v. 28.03.1996 – Rs. C-318/94, Slg. 1996, I-1949.

liche Eilbedürftigkeit zu begründen. Die Glaubhaftmachung und Begründung wird strengen Anforderungen – wegen der Vorwegnahme der Hauptsache durch die evtl. Zuschlagsgestattung – genügen müssen. Die Glaubhaftmachung wird in der Regel nur durch Vorlage von Urkunden oder durch eidesstattliche Versicherungen möglich sein, nicht durch das Angebot von Zeugen oder Einholung von Sachverständigengutachten; bereits vorliegende Gutachten können allerdings zur Glaubhaftmachung Verwendung finden. Im Rahmen der Glaubhaftmachung muss kein Beweis zur vollen Überzeugung des Gerichts geführt werden. Es bedarf jedoch der Feststellung, dass die Richtigkeit der glaubhaft gemachten Tatsachen einen hohen Wahrscheinlichkeitsgrad hat. Das Gericht ist – schon wegen der Bedeutung der Zuschlagsentscheidung – aufgrund des Amtsermittlungsgrundsatzes gehalten, selbst zur Sachaufklärung beizutragen und sich ggf. auch eigenständig über die behaupteten Tatsachen zu erkundigen.[506]

300 Bis zur Entscheidung über den Antrag kann das Beschwerdeverfahren im Übrigen ausgesetzt werden. Das Verfahren ist unabhängig davon zulässig, ob bereits vor der Vergabekammer ein Antrag nach § 115 Abs. 2 GWB gestellt wurde oder nicht.[507] Ergeht die Entscheidung über die sofortige Beschwerde noch vor der Befassung mit dem Antrag nach § 121 GWB, so wird letzterer gegenstandslos.[508]

2.2.14.4 Verfahren über die Vorabentscheidung

301 Nach § 121 Abs. 3 GWB hat das OLG zur Entscheidung darüber, ob der Zuschlag vorab gestattet werden kann, maximal fünf Wochen Zeit. Nur bei besonderen Schwierigkeiten kommt eine Fristverlängerung durch den Senatsvorsitzenden in Betracht, die gegenüber den Parteien zu begründen ist.

302 Nach § 121 Abs. 4 GWB ist gegen die Entscheidung über den Zuschlag kein Rechtsmittel zulässig; sie ist endgültig. Trotz dieser gravierenden Konsequenz kann das Gericht sie auch ohne vorherige mündliche Verhandlung treffen. Damit wollte der Gesetzgeber dem OLG eine gewisse Flexibilität ermöglichen.[509] Ob diese Erwägung trägt, ist indes zweifelhaft. Gerade angesichts der Tragweite dieser Entscheidung ist eine vorausgehende mündliche Verhandlung darüber angebracht. Wo immer möglich, sollten die Vergabesenate auch entsprechend verfahren. Alternativ kann der Vergabesenat auch im Rahmen eines Hinweises auf die Antragsrücknahme hinwirken, wenn der Antrag nach § 121 GWB wegen fehlender Eilbedürftigkeit der Zuschlagserteilung sonst zurückzuweisen wäre.

303 In jedem Fall ist die Entscheidung über den Antrag, auch wenn sie ohne mündliche Verhandlung ergangen ist, nach § 121 Abs. 3 S. 3 GWB ausführlich zu begründen.

2.2.14.5 Verfahrensbeendigung, wenn der Zuschlag vorab nicht gestattet wird

304 Es gibt einen guten Grund für den Auftraggeber, möglicherweise von einem Antrag auf Vorabgestattung des Zuschlags nach § 121 Abs. 1 abzusehen: Entscheidet das OLG

---

506 Ingenstau/Korbion-Müller-Wrede, 15. Aufl., § 121 GWB, Rn. 13; Boesen, § 121 GWB, Rn. 23.
507 Boesen, § 121 GWB, Rn. 6, 25; Byok/Jaeger-Jaeger, § 121 GWB, Rn. 1213.
508 OLG Düsseldorf, VergabeR 2001, 226, 232 mit Anm. Leinemann; OLG Rostock, Beschl. v. 20.08.2003, 17 Verg 9/03.
509 BT-Drucks. 13/9340, S. 22, zu § 131 GWB, Abs. 3.

2.2 Die sofortige Beschwerde gegen Entscheidungen der Vergabekammern

nämlich gegen ihn, ist das Vergabeverfahren möglicherweise gescheitert, es sei denn, dass durch die vorherige Entscheidung über die sofortige Beschwerde der Antrag nach § 121 GWB gegenstandslos würde.[510] Das ergibt sich aus § 122 GWB: Ist danach der Auftraggeber vor dem Beschwerdegericht mit seinem Antrag auf Vorabgestattung des Zuschlags unterlegen, dann gilt das Vergabeverfahren nach Ablauf von 10 Tagen nach Zustellung der Entscheidung als beendet. Ein Zuschlag kann endgültig nicht mehr erteilt werden und der Auftraggeber muss ein neues Vergabeverfahren einleiten, unter Berücksichtigung der festgestellten Verstöße.

Dies gilt nur dann nicht, wenn der Auftraggeber innerhalb von zehn Tagen diejenigen Maßnahmen zur Herstellung der Rechtmäßigkeit des Verfahrens (noch) ergreifen kann, die sich aus der Entscheidung ergeben. Der Auftraggeber ist dann verpflichtet, diese Maßnahmen zu ergreifen. Das wird beispielsweise bei der Gewichtung von Bewertungskriterien hinsichtlich der abgegebenen Angebote der Fall sein. In aller Regel wird das Vergabeverfahren jedoch beendet sein, da die meisten Fehler nachträglich nicht mehr korrigierbar sind. Bei fehlender Korrekturmöglichkeit darf das Verfahren definitiv nicht fortgeführt werden. Der Auftraggeber kann diesen schwerwiegenden Folgen entgehen, wenn er in der mündlichen Verhandlung – etwa aufgrund eines Hinweises des Senats – die geringen Erfolgsaussichten seines Antrags erkennt und ihn vor der Entscheidung zurücknimmt. Die Möglichkeit eines raschen Zuschlags ist damit indes gleichfalls dahin. 305

Der Gesetzgeber hat die Regelung in der Annahme für vertretbar gehalten, dass bei dieser Fallkonstellation in der Regel der Auftraggeber bereits vor der Vergabekammer unterlegen sein dürfte und das OLG – in summarischer, aber gründlicher Prüfung (!) – den Zuschlag ebenfalls unter Bestätigung der Entscheidung der Vergabekammer ablehnt.[511] Die theoretisch mögliche Fortsetzung des Verfahrens mit dem Ziel einer gegenteiligen Entscheidung wurde erwogen, aber nicht ermöglicht, weil man einen Wechsel der Rechtsauffassung des OLG nach der Verweigerung der Zuschlagsgestattung für sehr unwahrscheinlich hielt. Der Auftraggeber hat damit nur noch die Möglichkeit, feststellen zu lassen, ob der beschwerdeführende Bieter durch ihn in seinen Rechten verletzt wurde, vgl. § 123 S. 3 GWB.[512] 306

2.2.14.6 Praktische Auswirkungen dieser Regelungen

Der Gesetzgeber wollte mit dem aufgezeigten Rechtsweg ein Instrumentarium schaffen, das einerseits effektiven Rechtsschutz gewährleistet, andererseits aber Vergabeverfahren nicht so weit blockieren kann, dass die öffentliche Verwaltungstätigkeit nachhaltig beeinträchtigt wird. Das Eilverfahren nach § 121 GWB vor dem OLG ist schon wegen der auftraggeberseits zu berücksichtigenden Gefahr des endgültigen Scheiterns des Vergabeverfahrens eher die Ausnahme. Der Auftraggeber wird einen Antrag auf Vorabgestattung des Zuschlags nach § 121 Abs. 1 GWB nur dann an das OLG richten, wenn der Zeitdruck zur Vergabe in der Beschwerdeinstanz übergroß und es damit erforderlich wird, trotz weiterlaufenden Verfahrens die Vergabe abschließen zu können. 307

---

510 OLG Düsseldorf, VergabeR 2001, 226, 232 mit Anm. Leinemann.
511 BT-Drucks. 13/9340, S. 16, zu § 111 GWB, Abs. 2.
512 BT-Drucks. 13/9340, S. 16, zu § 111 GWB, Abs. 6 u. 7.

So können die ersten Wochen nach Einlegung einer sofortigen Beschwerde für die Beteiligten von einer gewissen Hektik gekennzeichnet sein, da es regelmäßig für Beschwerdeführer wie Vergabestelle vorrangig um die Frage der Zuschlagserteilung bzw. die Wiederherstellung der aufschiebenden Wirkung gehen dürfte. Schon wegen der Möglichkeit der schnellen Entscheidung des OLG ohne mündliche Verhandlung hat jeder der Beteiligten de facto nur einmal die Chance, sein Anliegen in einem Schriftsatz vorzutragen, der dann alle Argumente und Rechtsausführungen enthalten sollte. Ein ausführlicherer Austausch von Standpunkten wird in der kurzen Frist kaum möglich sein. Wenn dann das OLG entscheidet, soll dies nach § 121 Abs. 4 GWB abschließenden Charakter haben; ein Rechtsmittel gibt es danach nicht mehr; das Vergabeverfahren ist wegen § 122 GWB für die Vergabestelle endgültig gescheitert, es sei denn, die Rechtmäßigkeit des Verfahrens wäre noch wiederherzustellen. Zugleich bedeutet die Kombination der §§ 121 Abs. 1 und 122 GWB, dass in der Beschwerdeinstanz das Verfahren ohne eine mündliche Verhandlung allein dadurch abgeschlossen werden kann, dass der Zuschlag entgegen dem Antrag des Auftraggebers nicht vorab gestattet wird, obwohl eine Hauptsacheentscheidung im eigentlichen Sinne gar nicht vorliegt.

2.2.15 Die Entscheidung in der Hauptsache

2.2.15.1 Aufhebung der Entscheidung der Vergabekammer

308 Hält das Gericht die Beschwerde für begründet, hebt es nach § 123 GWB die Entscheidung der Vergabekammer auf.[513] Das OLG entscheidet dann entweder in der Sache selbst oder spricht die Verpflichtung der Vergabekammer aus, unter Berücksichtigung der Rechtsauffassung des Oberlandesgerichts über die Sache erneut zu entscheiden. Diese Regelung ist misslungen. Da das OLG Rechtsfragen wie Tatsachen überprüft, hat es selbst eine Sachentscheidung zu treffen. Die Zurückverweisung ist ein Instrument aus dem Berufungsverfahrensrecht, dessen Heranziehung hier unpraktikabel ist. Eine Zurückverweisung kann allein in Betracht kommen, wenn die Vergabekammer rechtsirrtümlich die offensichtliche Unzulässigkeit des Nachprüfungsantrags nach § 110 Abs. 2 S. 1 GWB angenommen hat.[514] Über Fälle der Unzulässigkeit nach § 107 Abs. 3 GWB sollte das OLG dagegen selbst und abschließend entscheiden, und zwar auch dann, wenn der Antrag zulässig war, weil ansonsten eine überlange Verfahrensdauer entstünde.[515] Es darf nicht die Situation entstehen, dass allein wegen einer Zurückverweisung die Notwendigkeit entstünde, einen Antrag auf Vorabgestattung des Zuschlags nach § 121 Abs. 1 GWB zu stellen oder die Ausschreibung aufzuheben. Das Rechtsschutzverfahren selbst darf nie der Grund dafür sein, vorab den Zu-

---

513 Immer beachten: Das OLG überprüft nicht das Vergabeverfahren, sondern lediglich die Entscheidung der Vergabekammer und damit nur inzident das Vergabeverfahren.
514 In Anlehnung an § 538 Abs. 1 Nr. 2 ZPO.
515 Ein Negativbeispiel ist die Ausschreibung der Polizeihochschule Oranienburg: von der Aufhebung des Beschlusses der VK Brandenburg vom 23.07.2002, VK 37/02 und Zurückverweisung durch Beschluss des OLG Brandenburg, vom 28.11.2002, Verg W 8/02, VergabeR 2003, 242 über die notwendige erneute Beschwerdeentscheidung des OLG Brandenburg vom 19.09. 2003, Verg W 4/03 hat das Verfahren über ein Jahr gedauert, was bei Sachentscheidung des OLG schon im ersten Durchgang hätte vermieden werden können.

schlag zu gestatten, denn damit würde die Zielsetzung des Rechtsschutzes durch das Verfahren selbst konterkariert.[516]

Das OLG überprüft sämtliche Aspekte des Vergabeverfahrens, auch soweit sie bereits vor der Vergabekammer Prüfungsgegenstand waren.[517] Der Vergabesenat ist gem. §§ 123, 114 Abs. 1 S. 1 GWB verpflichtet, geeignete Maßnahmen zu treffen, um eine Rechtsverletzung zu beseitigen. Dabei ist das OLG wie auch die Vergabekammer an die Anträge nicht gebunden (§§ 123, 114 Abs. 1 S. 2 GWB) und kann unabhängig davon auf die Rechtmäßigkeit des Vergabeverfahrens einwirken. Dies kann auch dazu führen, dass der Vergabesenat über die von der Vergabekammer erwogenen Maßnahmen hinausgeht und auf die Aufhebung des Vergabeverfahrens hinwirkt.[518] 309

2.2.15.2 Feststellung der Rechtswidrigkeit

Das OLG kann auch auf Antrag feststellen, ob das Unternehmen, das die Nachprüfung beantragt hat, durch den Auftraggeber in seinen Rechten verletzt ist. Dieser Ausspruch kann von Bedeutung sein, wenn der Zuschlag nach Einleitung des Nachprüfungsverfahrens erfolgte, der das Nachprüfungsverfahren anstrengende Bieter aber aus diesem Grund noch Schadensersatzansprüche geltend machen will. Der Antrag wäre aber auch dann – als »Zwischenfeststellungsantrag« – zulässig, wenn noch kein Zuschlag erteilt wurde, weil § 123 GWB die für das Verfahren vor der Vergabekammer bestehende Beschränkung des § 114 Abs. 2 S. 2 GWB nicht aufweist.[519] Der Antrag kann auch von beigeladenen Bietern gestellt werden. Umgekehrt kann auch der Auftraggeber ein Feststellungsinteresse haben: Wurde ihm die Zuschlagserteilung nach § 121 Abs. 1 GWB ermöglicht, kann er durch eine Feststellung, dass das Vergabeverfahren rechtmäßig war, evtl. Schadensersatzansprüchen des Bieters vorbeugen. 310

2.2.15.3 Verwerfen der Beschwerde

Die unzulässige oder unbegründete Beschwerde wird durch Beschluss verworfen, was zur Bestandskraft der Entscheidung der Vergabekammer führt. 311

2.2.16 Kostenentscheidung

In Ermangelung einer ausdrücklichen Regelung über die Kostentragung hat das OLG anhand der §§ 91 ff. ZPO über die Kosten des Verfahrens zu entscheiden,[520] was sich auch aus einer analogen Anwendung des § 128 Abs. 3 GWB ergäbe. Eine Analogie zu § 78 GWB kommt nicht in Betracht, da diese Vorschrift in § 120 Abs. 2 GWB gerade nicht für anwendbar erklärt wurde. Die Kostenentscheidung des OLG erfasst auch die 312

---

516 So auch Byok/Jaeger-Jaeger, § 123 GWB, Rn. 1233.
517 BayObLG, Verg 7/99, NZBau 2000, 211, 213; OLG Düsseldorf, Verg 3/99, NZBau 2000, 155, 157.
518 OLG Celle, VergabeR 2002, 154, 157.
519 Ingenstau/Korbion-Müller-Wrede, 15. Aufl., § 123 GWB, Rn. 5 (anders noch in der 14. Aufl., Rn. 11); Byok/Jaeger-Jaeger, § 123 GWB, Rn. 1237.
520 BGH, VergabeR 2001, 71; OLG Dresden, BauR 2000, 1582, 1585 f.; OLG Jena, BauR 2000, 95, 98; unzutreffend noch für eine Analogie zu § 78 GWB OLG Celle, NZBau 2000, 98, 99.

Kosten des Verfahrens vor der Vergabekammer.[521] Hinsichtlich der Beigeladenen fehlt es gleichfalls an einer Kostenregelung; nach OLG Düsseldorf sollen die Kosten analog § 162 Abs. 3 VwGO nach einem Billigkeitsmaßstab festgesetzt werden.[522] So wird die unterliegende Partei auch die Kosten einer beigeladenen zu tragen haben, die den Zuschlag ursprünglich erhalten sollte und an die nach Abschluss des Verfahrens der Zuschlag zu erteilen war. Es erscheint allerdings sachgerecht, auch insoweit die §§ 100 ff. ZPO analog anzuwenden. Nimmt der Antragsteller seinen Nachprüfungsantrag zurück, sind von ihm die Verfahrenskosten zu tragen.[523] Das Kostenfestsetzungsverfahren erfolgt nach §§ 103 ff. ZPO.[524]

2.2.17 Die Vorlage zum BGH

313 Zur Vermeidung einer regional unterschiedlichen Vergaberechtspraxis sieht § 124 Abs. 2 GWB eine Vorlage an den Bundesgerichtshof (BGH) vor. Grundsätzlich entscheidet das OLG in Vergabesachen nach §§ 97 ff. GWB als letzte Instanz abschließend. Eine »weitere« oder »außerordentliche« Beschwerdemöglichkeit zum BGH besteht nicht, auch wenn eine Partei die Verletzung rechtlichen Gehörs rügt.[525] Dann besteht nur gemäß §§ 120 Abs. 2, 71 a GWB die Möglichkeit zur Gehörsrüge zum OLG.[526] Will aber ein OLG von einer Entscheidung eines anderen OLG oder des BGH in einem Vergabenachprüfungsverfahren[527] abweichen, so legt es die Sache dem BGH vor. Hält das Oberlandesgericht eine Vorlage für erforderlich, so muss es in einer mündlichen Verhandlung oder in sonstiger geeigneter Weise den Beteiligten Gelegenheit geben, sich zu den dafür ausschlaggebenden Umständen zu äußern.[528] Solange eine Rechtsfrage noch nicht entschieden ist, kann ein OLG nach eigenem Ermessen entscheiden. Voraussetzung für das Abweichen von einer Entscheidung ist, dass eine entscheidungserhebliche Rechtsfrage bei einem im wesentlichen gleich oder vergleichbar gelagerten Sachverhalt anders beurteilt werden soll.[529] Das vorlegende Gericht muss als tragende Begründung seiner Entscheidung einen Rechtssatz zu Grunde legen wollen, der mit einem die Entscheidung eines anderen OLG oder des BGH tragenden Rechtssatz nicht übereinstimmt.[530] Bei nicht vergleichbaren Sachverhalten ist eine Divergenzvorlage aber nicht veranlaßt.[531] Hat schon ein anderes OLG zu einem entscheidungsrelevanten Aspekt Stellung genommen, will das mit der Sache befasste OLG diesen

---

521 OLG Celle, NZBau 2000, 98, 99; OLG Düsseldorf, NZBau 2000, 155, 158; andere Praxis z. B. in Sachsen und Mecklenburg-Vorpommern, wo die Kostenfestsetzung getrennt zu beantragen ist.
522 OLG Düsseldorf, NZBau 2000, 155, 158.
523 OLG Naumburg, Beschl. v. 29.05.2001, 1 Verg 5/01; OLGR Naumburg 2001, 419; OLG Dresden, Beschl. v. 30. 11. 2006, WVerg 0016/06.
524 BayObLG, NZBau 2000, 397, 398.
525 BGH, VergabeR 2004, 62, 62, auch BGH, VergabeR 2004, 255, 256.
526 Voraussetzung für eine Verfassungsbeschwerde.
527 OLG Hamburg, VergabeR 2003, 40, 44.
528 BGH, VergabeR 2003, 426, 427.
529 KG, VergabeR 2002, 398, 402; OLG Düsseldorf, VergabeR 2005, 90, 91.
530 BGH, VergabeR 2004, 473, 475.
531 OLG Jena, VergabeR 2004, 106, 111.

2.2 Die sofortige Beschwerde gegen Entscheidungen der Vergabekammern

Aspekt jedoch abweichend beurteilen, so verliert es seine Kompetenz und muss die Sache an den BGH abgeben, der dann selbst die Sachentscheidung trifft und nicht etwa nur die vorgelegte Frage klärt.[532] Dies hat die seltene Folge, dass der BGH u. U. auch eine Beweiswürdigung vornehmen muss, denn eine Zurückverweisungsmöglichkeit ist in § 124 Abs. 2 GWB nicht vorgesehen, vielmehr ersetzt der BGH insoweit das ursprünglich zur Entscheidung berufene OLG.[533] Die Entscheidung des BGH kann auch ohne mündliche Verhandlung ergehen. Ist die Vorlagefrage nach Ansicht des BGH nicht zulässig, verweist es die Sache an das OLG zurück. In dieser Entscheidung können obiter dictum Hinweise für den Vergabesenat enthalten sein.[534]

Die Anrufung des BGH ist allerdings nicht möglich im Verfahren über die Verlängerung der aufschiebenden Wirkung nach § 118 Abs. 1 GWB und im Verfahren über die Vorabgestattung des Zuschlags nach § 121 GWB. Der BGH wird daher nie Gelegenheit zu einer Äußerung über eine der bedeutendsten Fragen im Vierten Teil des GWB erhalten, nämlich wann »unter Berücksichtigung aller möglicherweise geschädigten Interessen sowie des Interesses der Allgemeinheit an einem raschen Abschluss des Vergabeverfahrens die nachteiligen Folgen einer Verzögerung der Vergabe bis zur Entscheidung über die Beschwerde die damit verbundenen Vorteile überwiegen«. Es steht zu befürchten, dass damit gerade bei dieser wichtigen Frage regionale Unterschiede der Rechtsprechung entstehen werden. 314

Die Vorlagepflicht erstreckt sich nach überwiegender Ansicht der Vergabesenate auch nicht auf Entscheidungsdivergenzen in kostenrechtlichen Fragen.[535] 315

Das OLG muss auch prüfen, ob es mit seiner Entscheidung in entscheidungserheblicher Weise von der Rechtsprechung des EuGH abweicht oder die nationale Vorschrift offensichtlich gegen Gemeinschaftsrecht verstößt. Dabei kommt dem OLG ein Beurteilungsspielraum zu.[536] Daraus kann sich eine Vorlagepflicht nach Art. 234 EG-Vertrag für das OLG als letztinstanzliches Gericht ergeben.[537] 316

2.2.18 Bindungswirkung der Entscheidungen

Eines der großen praktischen Probleme in der Handhabung des Vergaberechtsschutzes bis Ende 1998 bestand darin, dass die Entscheidungen der Vergabeprüfstelle und des Vergabeüberwachungsausschusses zwar möglicherweise zugunsten eines Bieters ausfielen, jedoch keinerlei Bindungswirkung im Hinblick auf später geltend gemachte Schadensersatzansprüche entfalteten. Wer im Nachprüfungsverfahren obsiegte, hatte damit noch nicht automatisch seinen Schadensersatzanspruch gesichert, da die Gerichte 317

---

532 BGH, VergabeR 2001, 71, 72.
533 BGH, VergabeR 2001, 71, 72.
534 BGH, VergabeR 2003, 313, 314.
535 BayObLG, VergabeR 2003, 371, 372; OLG Düsseldorf, Beschl. v. 11.12.2002, Verg 42/01; OLG Dresden, WuWE Verg 497, 498; vgl. Rn. 265; offen gelassen: BGH, VergabeR 2003, 426. Der BGH entscheidet gleichwohl auch in Kostenfragen: vgl. BGH, Beschl. v. 25.10.2005 – X ZB 22/05, X ZB 24/05 bis X ZB 26/05, VergabeR 2006, 79 mit Anm. Herrmann.
536 BVerfG, Beschl. v. 6.12.2006, 1 BvR 2085/03 zu SPNV-Leistungen in Berlin-Brandenburg.
537 BVerfG, VergabeR 2004, 597, 601.

an die Entscheidungen der Vergabeprüfstelle bzw. des Vergabeüberwachungsausschusses nicht gebunden waren. Diesem Defizit wurde durch § 124 GWB abgeholfen.

318 Ein später über die Schadensersatzklage eines Bieters entscheidendes Gericht ist an die bestandskräftige Entscheidung der Vergabekammer und die Entscheidung des Oberlandesgerichts nach § 124 Abs. 1 GWB gebunden. Was im vergaberechtlichen Nachprüfungsverfahren für rechtmäßig oder rechtswidrig gehalten wurde, kann später von einem Landgericht, dem OLG oder auch dem BGH (!) nicht mehr abweichend beurteilt werden. Die Bindungswirkung erstreckt sich nur auf die festgestellten Vergabeverstöße und die zugrundeliegenden Tatsachenfeststellungen, nicht jedoch auf die Frage, ob ein ersatzfähiger Schaden entstanden ist.[538] Nicht am Nachprüfungsverfahren beteiligte Bieter können sich nicht zu ihren Gunsten auf die Bindungswirkung berufen. Die im Nachprüfungsverfahren gewonnenen Erkenntnisse können in den Prozess eingeführt und vom Gericht der Entscheidung zugrunde gelegt werden.[539]

319 Keine Bindung dürfte bestehen, soweit (nur) Eilentscheidungen nach §§ 118 Abs. 1 S. 2 bzw. 121 Abs. 1 GWB in Rede stehen, auch wenn die Entscheidung des OLG nach § 121 GWB zu begründen ist. Diese Eilentscheidungen unterliegen auch nicht der Vorlagepflicht zum BGH. Der Gesetzgeber hat hier divergierende Ergebnisse durchaus in Kauf genommen, hat aber zugleich darauf verwiesen, dass sich eventuelle Divergenzen durch gerichtliche Entscheidungen nach § 123 S. 2 GWB oder im späteren Schadensersatzprozess auflösen dürften.[540] Damit ist deutlich gemacht, dass in beiden Alternativen diese nachlaufenden Verfahren zu anderen Ergebnissen gelangen können als der Vergabesenat in seinen Eil- oder Zwischenverfahren; hier besteht demnach die Bindungswirkung des § 124 Abs. 1 GWB nicht.

2.2.19 Missbrauch des Vergaberechtsschutzes

2.2.19.1 Die Schadensersatzpflicht des Bieters gegenüber dem Auftraggeber

320 Gerade durch die automatische Aussetzung des Vergabeverfahrens nach Antragstellung bei der Vergabekammer und die auch im weiteren Verfahrensverlauf in der Regel gegebene Blockierung der Zuschlagserteilung besteht die Gefahr missbräuchlicher Inanspruchnahme des Vergaberechtsschutzes, zumal auf Bieterseite oft erhebliche wirtschaftliche Interessen auf dem Spiel stehen.[541] Wenn sich nach Abschluss des Verfahrens herausstellt, dass ein Antrag auf Nachprüfung nach § 107 GWB oder die sofortige Beschwerde nach § 116 GWB *von Anfang an ungerechtfertigt* war, so ist der missbräuchlich handelnde Antragsteller oder der Beschwerdeführer zum Schadensersatz verpflichtet. Dabei ist nicht nur der Schaden des Auftraggebers, sondern auch der übrigen Beteiligten zu ersetzen, der diesen durch den Missbrauch des Antrags- oder Beschwerderechts entstanden ist. Nach dem Willen des Gesetzgebers stellt diese Schadensersatzvorschrift eine spezielle Ausprägung der sittenwidrigen Schädigung nach § 826 BGB und des Prozessbetrugs nach § 823 Abs. 2 BGB i. V. m. § 263 StGB dar.[542]

---

538 BayObLG, BB 1999, 1893 = BayObLG, NZBau 2000, 49, 53.
539 OLG Dresden, VergabeR 2004, 500, 502.
540 BT-Drucks. 13/9340, S. 22, § 133 GWB.
541 BT-Drucks. 13/9340, S. 22, § 134 GWB.
542 BT-Drucks. 13/9340, S. 22, § 134 GWB.

2.2 Die sofortige Beschwerde gegen Entscheidungen der Vergabekammern

Mit dieser Regelung soll der befürchteten missbräuchlichen Inanspruchnahme des Vergaberechtsschutzes entgegengewirkt werden.

2.2.19.2 Tatbestände des Rechtsschutzmissbrauchs

Nach § 125 Abs. 1 GWB liegt ein Missbrauch des Rechtsschutzes vor, wenn sich der Antrag als von vornherein ungerechtfertigt erweist. Auch von der Formulierung her ist hier eine Parallele zu § 945 ZPO zu sehen. Für die Aussichtslosigkeit des Rechtsmittels ist auf den Zeitpunkt der Antragstellung abzustellen. Diese Feststellung wird anhand von objektiven Maßstäben vorzunehmen sein. Der Begriff des »Missbrauchs« impliziert aber auch eine subjektive Komponente. Nur wenn der Antragsteller bzw. Beschwerdeführer in Kenntnis der materiellen Aussichtslosigkeit seines Antrags gleichwohl die Nachprüfung bzw. die sofortige Beschwerde eingeleitet hat, kann ein gegen Treu und Glauben verstoßender Rechtsmissbrauch angenommen werden.[543] Dies kann beispielsweise der Fall sein, wenn sich ein Bieter die zeitlichen Zwänge der Vergabestelle zunutze macht in der Hoffnung, trotz materieller Aussichtslosigkeit werde der Auftraggeber allein aus Zeitgründen zumindest den Versuch einer vergleichsweise Erledigung des Nachprüfungsverfahrens zum Vorteil des Antragstellers/Beschwerdeführers suchen.

321

Drei wesentliche Fälle des Missbrauchs sind in § 125 Abs. 2 GWB beispielhaft definiert:

322

1) die Aussetzung oder die weitere Aussetzung des Vergabeverfahrens durch vorsätzliche oder grob fahrlässig vorgetragene Angaben zu erwirken,
2) die Überprüfung mit dem Ziel zu beantragen, das Vergabeverfahren zu behindern oder Konkurrenten zu schädigen,
3) einen Antrag in der Absicht zu stellen, ihn später gegen Geld oder andere Vorteile zurückzunehmen.

Dies dürften die drei typischen Missbrauchstatbestände sein. Interessant ist, dass die missbräuchliche Stellung eines Antrags nach § 107 oder § 116 GWB allein schon ausreicht, um einen Schadensersatzanspruch zu begründen, obwohl der Antragsteller doch lediglich von einem ihm gesetzlich eingeräumten Recht Gebrauch macht. Aus diesem Grund wird man mit der Variante des § 125 Abs. 2 Nr. 1 GWB außerordentlich vorsichtig umgehen müssen. Da ein Bieter in einem laufenden Vergabeverfahren vielfach auch auf Informationen vom Hörensagen angewiesen ist, wenn es z. B. um die Heranziehung unzulässiger Erwägungen bei der Wertung der Angebote geht, wird man nicht allein deshalb von grob fahrlässig falschen Angaben ausgehen können, weil sich die Besorgnisse des Antragstellers später nicht verifizieren lassen.

323

Realistischer erscheint die Schadensersatzpflicht wegen Einleitung eines Nachprüfungsverfahrens aus reinen Obstruktionsgründen nach Ziff. 2. Die Behinderung tritt vor allem durch das Zuschlagsverbot nach § 115 Abs. 1 GWB ein. Erforderlich ist jedoch, dass diese Behinderung der Vergabe gerade das Ziel des Antragstellers oder Beschwerdeführers war. Hier werden sich vermutlich Beweisprobleme ergeben. Es dürfte kaum ausreichen, einen Schadensersatzanspruch darauf zu stützen, dass der Antragsteller keinen ersichtlichen Vorteil aus der Durchführung des Nachprüfungsverfahrens haben

324

---

543 Ingenstau/Korbion-Müller-Wrede, 15. Aufl., § 125 GWB, Rn. 4.

konnte, zumal subjektive Überlegungen z. B. der Marktpräsenz oder die Demonstration der Bereitschaft, Vergabeverstöße den zuständigen Stellen zur Kenntnis zu bringen, zulässige Motive bleiben müssen und dürfen, wenn die sonstigen Zulässigkeitsvoraussetzungen gegeben sind.

325 Bei der Absicht der Schädigung von Konkurrenten können vor allem falsche Angaben über deren Leistungsfähigkeit und Qualifikation ausschlaggebend sein.

326 Ziffer 3 schließlich enthält einen nachvollziehbaren Missbrauchsgrund. Ähnliche Verhaltensweisen sind aus umwelt- und atomrechtlichen Großverfahren bekannt, wo nicht nur einzelne Betroffene und Bürgerinitiativen, sondern bisweilen auch Gebietskörperschaften Obstruktionspolitik gegen missliebige Vorhaben durch Widersprüche und Anfechtungsklagen betrieben haben, die später gegen die Zusage von allerlei Wohltaten zurückgenommen wurden. In manchen Fällen sollen die (zulässigen) Rechtsmittel nur eingelegt worden sein, um später für ihre Rücknahme Geld oder andere Vorteile zu erhalten. Gleiches ist von Anfechtungsklagen von Minderheitsaktionären gegen Hauptversammlungsbeschlüsse bekannt. Diese Taktik macht sich die durch die Verfahren unausweichlich entstehenden Verzögerungen zunutze. Die Dauer eines Nachprüfungsverfahrens kann für eine Vergabestelle durchaus Anlass genug sein, einen Antragsteller durch die Zahlung eines Geldbetrages zur Antragsrücknahme zu veranlassen. Solche Geschäfte sind aber nicht im gesetzgeberischen Interesse, vergaberechtlich unbedenklich dürften sie indes sein, schon weil ein Vergleich unter Verfahrensbeteiligten einen zulässigen Interessenausgleich schafft und Nichtbeteiligte ihre Rechte entweder durch einen eigenen Nachprüfungsantrag wahren könnten oder kein Interesse am Verfahren bzw. keine Aussicht auf einen Zuschlag haben. Selbst Zahlungen der beteiligten Bieter untereinander mit dem Ziel der Antragsrücknahme dürften unbedenklich sein, da die Geheimhaltung der Angaben im Vergabeverfahren durch das Nachprüfungsverfahren im Umfang des Akteneinsichtsrechts erledigt ist und auch § 298 f. StGB nicht mehr einschlägig sein können.

327 Problematisch ist es nur, wenn das Nachprüfungsverfahren von Anfang an nur deshalb eingeleitet wurde, um den daraus entstehenden zeitlichen Druck in einen finanziellen Vorteil des Antragstellers in Form einer Abstandszahlung umzusetzen. Da sie bereits einen Schadensersatzanspruch begründen können, sind in solcher Absicht gezahlte Beträge als sittenwidrig zu qualifizieren und können auch als ungerechtfertigte Bereicherung wieder herausverlangt werden, und zwar auch dann, wenn der Auftraggeber in Kenntnis der Situation gezahlt hat. Für vergaberechtliche Fragestellungen ist weiter zu bedenken, dass als Kompensation für eine Antragsrücknahme keine Bevorzugungen bei künftigen Vergabeverfahren versprochen werden können, da dies einen Verstoß gegen den Grundsatz der Gleichbehandlung der Bieter darstellen würde, der selbst unterhalb der EU-Schwellenwerte Gültigkeit hat.

328 Der Missbrauchskatalog des § 125 Abs. 2 GWB ist nicht abschließend; auch weitere Gründe für einen Missbrauch sind denkbar.[544] Sie müssen jedoch mindestens ebenso gravierend sein.

---

544 Ingenstau/Korbion-Müller-Wrede, 15. Aufl., § 125 GWB, Rn. 9; Reidt/Stickler/Glahs-Glahs, § 125 GWB Rn. 10.

2.2 Die sofortige Beschwerde gegen Entscheidungen der Vergabekammern

Die Schadensersatzpflicht des Antragstellers tritt auch dann ein, wenn sich die von der Vergabekammer entsprechend einem besonderen Antrag nach § 115 Abs. 3 GWB getroffenen vorläufigen Maßnahmen als von Anfang an ungerechtfertigt erweisen und dem Auftraggeber daraus ein Schaden entsteht, § 125 Abs. 3 GWB. Diese Vorschrift ist § 945 ZPO nachgebildet.[545]

329

2.2.19.3 Praktische Bedeutung

Es wird abzuwarten sein, wie handhabbar die Missbrauchskriterien sind. Bislang sind keine Schadensersatzverfahren nach § 125 GWB bekannt geworden.[546] Die Vertraulichkeit des Vergabeverfahrens und die bei korrekter Anwendung nur sehr geringen Möglichkeiten der Bieter, Informationen über die Meinungsbildung hinsichtlich der Angebotsbewertung auf Auftraggeberseite zu erhalten, machen es im Vorhinein für die Bieter sehr schwer, bei Beantragung des Nachprüfungsverfahrens hieb- und stichfeste Belege für Verfahrensverstöße zu präsentieren. Die Vorschriften des § 125 GWB dürfen daher keinesfalls dahin gehend ausgelegt werden, dass schon dann eine missbräuchliche Inanspruchnahme des Vergaberechtsschutzes vorliegt, wenn sich später herausstellt, dass die vorgetragenen, mutmaßlichen Verfahrensverstöße allesamt nicht nachweisbar waren. Die Gerichte werden zu beachten haben, dass zu strenge Anforderungen an die Substantiierung und Glaubhaftmachung von Vergaberechtsverstößen de facto dazu führen müssen, dass der Rechtsschutz verkürzt wird. Das allerdings kann nicht im Interesse des Gesetzgebers sein, für den die Effektivität des Vergaberechtsschutzes an oberster Stelle stand. In praktischer Hinsicht ist jedoch die Hürde der Darlegungs- und Beweislast zu überwinden, die beim Anspruchsteller liegt.

330

2.2.19.4 Schadensumfang

Zu ersetzen ist sämtlicher Schaden, der durch den Missbrauch des Antrags- oder Beschwerderechts entstanden ist, § 125 GWB, also auch z. B. erhöhte Finanzierungskosten wegen der Verzögerung der Auftragserteilung, aber auch daraus resultierende höhere Baukosten, die längere Bauzeit und damit verbundene Folgekosten. Ersatzberechtigt sind nach § 125 Abs. 1 GWB nur die »Beteiligten«, womit nur die Beteiligten des Nachprüfungsverfahrens gemeint sind. Nicht beigeladenen Bietern kann kein Anspruch aus § 125 GWB zustehen.[547]

331

2.2.20 Schadensersatzansprüche des Bieters wegen Verletzung seiner Rechte

2.2.20.1 Schadensersatzpflicht des Auftraggebers

Das GWB hat nicht nur einen Schadensersatzanspruch des Auftraggebers geschaffen, wenn Bieter zu unrecht Rechtsschutz in Anspruch nehmen. Nach einer eigens durch § 126 GWB geschaffenen Anspruchsgrundlage kann auch der in seinen Rechten ver-

332

---

545 BT-Drucks. 13/9340, S. 22, zu § 134 Abs. 3 GWB.
546 Zur Unzulässigkeit des Nachprüfungsantrages wegen Rechtsmissbräuchlichkeit vgl. VK Brandenburg, Beschl. v. 20.12..2005, 1 VK 75/05.
547 Boesen, § 125 GWB, Rn. 17.

letzte Bieter vom Auftraggeber Schadensersatz für die Kosten der Vorbereitung des Angebots und/oder der Teilnahme an dem Vergabeverfahren verlangen. Voraussetzung ist, dass der Auftraggeber gegen eine den Schutz von Unternehmen (= Bietern) bezweckende Vorschrift verstoßen hat und der Bieter bei der Wertung der Angebote ohne diesen Verstoß eine echte Chance gehabt hätte, den Zuschlag zu erhalten. Damit wird dem beschwerdeführenden Bieter ein Anspruch auf Ersatz des negativen Interesses gewährt, d. h. er ist so zu stellen, wie er gestanden hätte, wenn er an dem Vergabeverfahren nicht teilgenommen hätte.

333 Ein schuldhafter Verstoß des Auftraggebers ist nach dem Gesetzeswortlaut nicht erforderlich; es kommt nur auf die objektive Verletzung bieterschützender Normen an.[548] Solchen Charakter haben etwa in der VOB/A die §§ 2, 2 b, 3, 3 a, 3 b, 4, 8, 8 a, 8 b, 9, 9 a, 9 b, 10, 10 a, 10 b, 11, 12, 14 16, 17, 17 a, 17 b, 18, 18 a, 18 b, 19–25, 25 a, 25 b, 26, 26 a, 27, 27 a, 28, 28 a, 28 b, 30, 30 a, 30 b, 31, 32.[549]

334 Allgemein wird man allen Vorschriften in den Verdingungsordnungen drittschützenden Charakter zumessen müssen, die nicht reine Ordnungsvorschriften darstellen oder nur haushaltsrechtliche Bedeutung haben.

335 Streitig ist allerdings, wann eine »echte Chance« auf den Zuschlag besteht.[550] In der ursprünglichen Entwurfsfassung war als Formulierung vorgesehen, dass der Bieter »in die engere Wahl« hätte gelangen müssen.[551] Aufgrund einer Initiative des Bundesrats wurde diese Formulierung zur heutigen Gesetzesfassung verändert. Erwägung war, dass mit der Formulierung »echte Chance« nur ein kleinerer Kreis anspruchsberechtigt sein sollte als bei dem für zu weitgehend befundenen Maßstab der »engeren Wahl«.[552] In die engere Wahl können eine ganze Reihe von Bietern gelangen, eine echte Chance dürften allenfalls zwei oder drei Bieter haben, die vergleichbar günstige Angebote abgegeben haben und deren übrige Bewertungskriterien gleichfalls positiv sind. Erforderlich für einen Schadensersatzanspruch nach § 126 GWB ist, dass der Bewerber zu der engeren Spitzengruppe der Bieter gehört und dass die Erteilung des Zuschlags an ihn innerhalb des Bewertungsspielraums des Auftraggebers läge.[553] Allerdings kann dies nicht dazu führen, dass ein Bieter, der in einem Frühstadium des Verfahrens bereits ausgeschlossen wurde oder aufgrund des Verfahrensfehlers kein Angebot abgegeben hat, allein deshalb nicht mehr anspruchsberechtigt ist.[554]

336 Steht fest, dass ein Anspruch dem Grunde nach gegeben ist, kann der Höhe nach nur der Ersatz des negativen Interesses verlangt werden, d. h. Ersatz der Kosten der Angebotsbearbeitung und der Teilnahme am Vergabeverfahren. Weiterreichende Ansprüche werden nicht ausgeschlossen, können aber nicht über § 126 GWB realisiert werden.

---

548 Reidt/Stickler/Glahs-Glahs, § 126 GWB, Rn. 24 d.
549 Nachweise bei Ingenstau/Korbion-Müller-Wrede, 15. Aufl., § 126 GWB, Rn. 2; Byok/Jaeger-Gronstedt, § 126 GWB, Rn. 1285; für einzelne Vorschriften bereits OLG Brandenburg, BauR 1999, 1175 ff. m. Anm. Leinemann; für § 26 und 26 a VOB/A BGH, VergabeR 2003, 313, 315.
550 Zum Streitstand vgl. Reidt/Stickler/Glahs-Glahs, § 126 GWB, Rn. 18 ff.
551 BT-Drucks. 13/9340, S. 9, § 135 GWB.
552 BR-Drucks. 646/97, S. 23, zu Ziff. 37.
553 KG, VergabeR 2004, 496.
554 Ingenstau/Korbion-Müller-Wrede, 15. Aufl., § 126 GWB, Rn. 4.

2.2.20.2 Fortbestehende Ansprüche außerhalb des GWB

§ 126 S. 2 GWB lässt ausdrücklich weiterreichende Ansprüche auf Schadensersatz unberührt. Der »vereinfachte Schadensersatzanspruch«[555] des § 126 S. 1 GWB steht daher neben den bisher schon von der Rechtsprechung herausgearbeiteten Ansprüchen aus der Verletzung vergaberechtlicher Vorschriften. Für denjenigen Bieter, der ohne die Verletzung seiner Rechte den Zuschlag hätte erhalten müssen, umfasst der Schadensersatzanspruch auch den entgangenen Gewinn aus dem Auftrag (sog. positives Interesse).

337

2.2.20.3 Schadensersatzansprüche des Bieters

2.2.20.3.1 Ansprüche aus Verschulden bei Vertragsschluss

Nach der Rechtsprechung des BGH besteht ein Anspruch auf Schadensersatz nicht schon dann, wenn sich der Bieter aufgrund eines Verstoßes gegen die Vorschriften der Verdingungsordnung (VOB/A, VOL/A, VOF) bei der Erteilung des Zuschlags rechtswidrig übergangen fühlt. Neben dem objektiven Verstoß gegen Vergabevorschriften muss dem Auftraggeber ein Verschulden bei Vertragsschluss gem. § 311 Abs. 2 i.V.m. § 280 Abs. 1 BGB vorgeworfen werden können. Zwar stellt die Verletzung von Verfahrensvorschriften einer Verdingungsordnung anerkanntermaßen einen Verstoß gegen solche vorvertraglichen Pflichten dar, da der Bieter grundsätzlich auf die Einhaltung dieser Vorschriften vertrauen darf. Der Auftraggeber muss diese Verfahrensfehler jedoch schuldhaft, d. h. vorsätzlich oder fahrlässig verursacht haben. Daran fehlt es, wenn ein Bieter den Verfahrensfehler erkannt hatte oder hätte erkennen können. Dann besteht schon kein schutzwürdiges Vertrauen des Bieters auf die Einhaltung der Vorschriften der Verdingungsordnung, so dass deren Verletzung auch keinen Schadensersatzanspruch nach sich zieht. Denn nur das enttäuschte Vertrauen stellt den Rechtsgrund für die Haftung aus Verschulden bei Vertragsschluss dar. So besteht kein Schadensersatzanspruch des Bieters, wenn die Ausschreibungsunterlagen zwar entgegen § 9 VOB/A unvollständig sind, z. B. weil ein öffentlicher Auftraggeber nur das Wort »Wasserhaltung« bei der entsprechenden Position angeführt hat, denn der Bieter kann die Unvollständigkeit der Ausschreibungsunterlagen in einem solchen Fall problemlos selbst erkennen.[556] Unabhängig davon liegt in der Verwendung solcher Klauseln durch den Auftraggeber ein Verstoß gegen § 9 Nr. 1 und 2 VOB/A, der – rechtzeitige Rüge vorausgesetzt – zur Bejahung eines Verstoßes gegen Bieterrechte nach § 97 Abs. 7 GWB und damit zur Rechtswidrigkeit des Vergabeverfahrens führt.[557] Nach Ansicht des BGH entfällt ein schutzwürdiges Vertrauen dann, wenn der Bieter bei der ihm im jeweiligen Fall zumutbaren Prüfung erkannt hat oder hätte erkennen müssen, dass der Auftraggeber von den für ihn geltenden Regeln abweicht.[558] Darüber hinaus verdiene er auch keinen Vertrauensschutz, wenn sich die Gefahr eines Regelverstoßes aufdrängen müsse, ohne dass die Abweichung bereits sicher erscheine.[559] Das soll etwa der Fall sein, wenn eine

338

---

555 So die Formulierung des Bundesrats in BR-Drucks. 646/97, S. 23, zu Ziff. 37; vgl. auch BGH, NJW 1993, 520, 521.
556 BGH, BauR 1992, 759, 760. Siehe auch KG, VergabeR 2004, 496, 497.
557 Grundsätzlich OLG Brandenburg, BauR 1999, 1175, 1180 m. Anm. Leinemann.
558 BGH, NJW 2001, 3698; BGHZ 124, 64, 70.
559 BGH, Urt. v. 03.06.2004, X ZR 30/03, VergabeR 2004, 604, 607.

Vergabestelle erkennbar anfallende, aber nicht zum Vergabekriterium erhobene Kosten vergaberechtswidrig nachträglich doch berücksichtigt.[560] Diese Beschränkung des Vertrauensschutzes durch den BGH erscheint fraglich, weil sie dem Bieter eine Prognose über das Wertungsverhalten des Auftraggebers abfordert, die dieser allenfalls bei genauester Kenntnis der Umstände der Ausschreibung haben kann, mit deren Behauptung die Vergabestelle aber leicht bei der Hand sein könnte. Richtigerweise können allenfalls ganz krasse, für jedermann leicht erkennbare Fehler das Vertrauen eines Bieters auf eine ausschreibungskonforme Vergabepraxis des Auftraggebers erschüttern.

339 Die Rechtsprechung verneint einen Schadensersatzanspruch auch dann, wenn der Bieter den Mangel einer Ausschreibung erkennen konnte und er einen möglichen Hinweis darauf oder eine Nachfrage unterlassen hat.[561] Dem Bieter obliegt es bei einer derartigen Konstellation, den Auftraggeber aufzufordern, die Ausschreibungsunterlagen entsprechend zu ergänzen.[562] Bei Unterlassen eines derartigen Hinweises verneint die Rechtsprechung das Vorliegen eines enttäuschten Vertrauens des Bieters auf die Richtigkeit des Inhalts des Angebotsblanketts. Den Bieter trifft in solchen Fällen der Vorwurf, »frivol kalkuliert« und die Auseinandersetzung über die Mehrkosten bewusst in Kauf genommen zu haben.

340 Das Verschulden des öffentlichen Auftraggebers entfällt nicht dadurch, dass er nicht wusste, dass er sich vergaberechtswidrig verhält. »Rechtsblindheit« lässt das Verschulden nicht entfallen.[563]

341 Als weitere Voraussetzung eines Anspruches aus Verschulden bei Vertragsschluss muss eine Kausalität zwischen Pflichtverletzung und Schaden bestehen.

342 Hebt der Auftraggeber eine Ausschreibung ohne zureichende Gründe auf, führt auch dies zu einem Schadensersatzanspruch der Bieter. Der Auftraggeber hat grundsätzlich Schadensersatz zu leisten, wenn die Voraussetzungen des § 26 VOB/A nicht vorliegen, die Ausschreibung aber gleichwohl aufgehoben wird. Die Höhe des Schadensersatzes ist jedoch begrenzt auf die Kosten für die Bearbeitung des Angebotes. Ausnahmsweise kann jedoch auch der entgangene Gewinn beansprucht werden, wenn die Gründe, die zur Aufhebung der Ausschreibung geführt haben, von dem Auftraggeber schuldhaft herbeigeführt worden sind und der Bieter mit hinreichender Wahrscheinlichkeit den Zuschlag hätte erhalten müssen.[564] Selbst wenn diese Voraussetzungen vorliegen, besteht nach Ansicht des BGH kein Anspruch auf Ersatz des positiven Interesses, wenn der Auftraggeber gänzlich von der Vergabe Abstand nimmt oder wenn der später erteilte Auftrag nicht den gleichen Gegenstand bzw. Umfang hat, wie der ursprünglich ausgeschriebene Auftrag.[565] Es kommt dann nicht darauf an, ob die Aufhebung der Ausschreibung rechtmäßig war.

---

560 BGH, Urt. v. 03.06.2004, X ZR 30/03, VergabeR 2004, 604, 607.
561 OLG Brandenburg, Urt. v. 20.04.2004, 6 U 116/03, mit allerdings nicht durchweg zutreffenden Erwägungen.
562 BGH, BauR 1988, 388, 340.
563 Palandt-Heinrichs, BGB, § 276, Rn. 11.
564 OLG Düsseldorf, BauR 1999, 741; 1996, 107, 109; vgl. dazu der BGH, BauR 1998, 1232 ff.
565 BGH, VergabeR 2003, 163, 166; BGH, VergabR 2004, 480, 482.

2.2 Die sofortige Beschwerde gegen Entscheidungen der Vergabekammern

Weil der eingetretene Schaden nur auf der Verletzung des Vertrauenstatbestands beruhen kann, muss der Bieter seinerseits alle Voraussetzungen erfüllt und z. B. ein formgültiges Angebot abgegeben haben. Der BGH verneint daher einen Anspruch auf Schadensersatz mit der Begründung fehlenden Verschuldens bei Vertragsschluss durch den Auftraggeber, wenn dieser zu Recht ein Angebot des Bieters gem. § 25 Nr. 1 Abs. 1 lit. b) VOB/A i.V.m. § 21 Nr. 1 Abs. 2 VOB/A aus formellen Gründen von der Wertung ausschließt.[566] Ein Bieter, der anstelle des in der Ausschreibung geforderten ortsfesten Gerüstes eine fahrbare Arbeitsbühne und diese auch nur mit beschränkter Nutzungsdauer von fünf Tagen – und nicht wie gefordert auch für die Zeit länger andauernder Nachfolgegewerke – anbietet, verstößt gegen § 21 Nr. 1 Abs. 2 VOB/A wonach Änderungen an den Verdingungsunterlagen unzulässig sind. Ein Verstoß gegen § 21 Nr. 1 Abs. 2 VOB/A führt zwingend zu einem Ausschluss des Angebots des Bieters von der Wertung. Bei § 25 Nr. 1 Abs. 1 lit. b) VOB/A handelt es sich nach Ansicht des BGH um eine zwingende Vorschrift. Sie dient dem Schutz des konkreten Wettbewerbs, vor allem der redlichen Mitbieter, die Angebote entsprechend der Ausschreibung abgegeben haben. Gleiches gilt, wenn das Angebot des Bieters gem. § 25 Nr. 1 Abs. 1 VOB/A hätte ausgeschlossen werden müssen, die Vergabestelle das Angebot aber aus anderen Gründen nicht berücksichtigt.[567] Gegen die Kausalität kann der Auftraggeber einwenden, dass selbst bei rechtmäßigem Handeln (sog. Rechtmäßiges Alternativverhalten) der Schaden ganz oder zumindest zum Teil eingetreten wäre. Dies ist z. B. der Fall, wenn der Auftraggeber beweisen kann, dass er bei Kenntnis der Pflichtwidrigkeit die Ausschreibung nach § 26 Nr. 1 VOB/A aufgehoben und daher der Bieter den Zuschlag nicht erhalten hätte. Voraussetzung dafür ist, dass dem Auftraggeber nach Beginn der Ausschreibung ein schwerwiegender Grund nach § 26 Nr. 1 c VOB/A bekannt wurde und die Aufhebung der Ausschreibung nicht rechtsmissbräuchlich war.[568]

343

Der BGH verneint einen Schadensersatzanspruch bei Vorliegen eines der Aufhebungsgründe nach § 26 Nr. 1 VOB/A.[569] Die hierauf beruhende Aufhebung einer Ausschreibung löst keine Ersatzansprüche für die am Verfahren teilnehmenden Bietern aus. Eine Ersatzpflicht der Vergabestelle aus den Grundsätzen des Verschuldens bei Vertragsschluss gem. § 311 Abs. 2 i.V.m. § 280 Abs. 1 BGB findet ihren Grund in der Verletzung des Vertrauens auf die Einhaltung der Vergabevorschriften, insbesondere unter Beachtung der VOB/A. Dies bedeutet aber nur, dass die Bieter darauf vertrauen dürfen, dass der mit der Erstellung des Angebots und der Teilnahme am Verfahren verbundene Aufwand nicht von vornherein nutzlos ist. Hierzu stellte der BGH fest, dass das Vertrauen der Bieter jedoch nur in dem Umfang geschützt ist, in dem es auf die Einhaltung der Vorschriften des Vergaberechts gerichtet ist. Die Vorschrift des § 26 VOB/A ermöglicht es jedoch dem Auftraggeber, die Ausschreibung aufzuheben. Daher müsse jeder Bieter von vornherein mit der Möglichkeit rechnen, dass sich die durch diese Vorschrift eröffnete Möglichkeit der Aufhebung des Verfahrens verwirkliche.[570]

344

---

566 BGH, BauR 1998, 1249, 1251.
567 BGH, VergabeR 2002, 463, 465.
568 BGH, BauR 1993, 214, 216.
569 BGH, BauR 1998, 1238, 1240.
570 BGH, BauR 1998, 1238, 1240.

2 Die Überprüfung von Vergabeverfahren nach §§ 102 ff. GWB

345 Der BGH bejaht hingegen einen Schadenersatzanspruch des Bieters für den Fall einer unberechtigten Aufhebung einer Ausschreibung bei Fehlen der Voraussetzungen des § 26 VOB/A, begrenzt diesen Anspruch allerdings auch für den günstigsten Bieter auf das negative Interesse, wenn der Auftrag nach der Aufhebung überhaupt nicht mehr vergeben wird.[571] Einer solchen Nichtvergabe steht es gleich, wenn der Auftraggeber statt neu zu vergeben dabei bleibt, die Leistung so durchzuführen, wie dies vor Durchführung der Ausschreibung bereits geschah oder zu dieser Durchführungsart zurückkehrt. Das soll nach Ansicht des BGH auch dann gelten, wenn – möglicherweise in vergaberechtswidriger Weise – zur ursprünglichen Leistungserbringung zurückgekehrt wird, wenn darin die Erteilung eines anderen als des ausgeschriebenen Auftrags liegt.[572] Dem Bieter, der bei Fortsetzung des Verfahrens und Vergabe des Auftrags den Zuschlag erhalten hätte, stehe grundsätzlich ein Anspruch auf Ersatz der mit der Teilnahme am Verfahren verbundenen Aufwendungen zu. Ein weitergehender Anspruch auf Ersatz des entgangenen Gewinns soll jedoch grundsätzlich eine tatsächliche Erteilung des Auftrags voraussetzen. Diese Beschränkung begegnet jedoch erheblichen Bedenken, weil sie einem Auftraggeber stets die »Flucht in die Aufhebung« als kostengünstige Alternative auch dann eröffnet, wenn keine Aufhebungsgründe vorliegen oder ausschließlich vom Auftraggeber selbst verschuldet wurden. Für den Zurechnungszusammenhang zwischen schädigendem Verhalten und Schaden kann es nicht darauf ankommen, wie sich der Schädiger im Nachhinein verhält, also ob er den Auftrag noch vergibt oder nicht. Der Geschädigte muss vielmehr stets so gestellt werden, wie er stünde, wenn der Vergabeverstoß nicht stattgefunden hätte – dann aber hätte er das positive Interesse realisiert.[573]

346 Gibt hingegen eine Vergabestelle das Vorhaben auf, sei es ersatzlos oder indem sie ein anderes Vorhaben verwirklicht, entfällt gleichfalls der Anspruch auf ein positives Interesse eines nicht zum Zuge gekommenen Bieters.[574] Wir der Auftrag hingegen nach Aufhebung eines Vergabeverfahrens erteilt – gleich, ob unverändert oder mit Änderungen, die die wirtschaftliche und technische Identität wahren[575] –, besteht ein Anspruch auf Schadensersatz in Höhe des positiven Interesses für den wirtschaftlichsten Bieter. Das gilt unabhängig davon, ob der Auftraggeber den Zuschlag nach Ablauf der Bindefrist oder nach die Ausschreibung ändernden rechtswidrigen Verhandlungen freihändig oder gar ganz außerhalb eines Vergabeverfahrens erteilt hat[576]

347 Ein Schadensersatzanspruch in Höhe des entgangenen Gewinns steht auch einem Bieter zu, der in einem offenen Verfahren das preislich niedrigste Angebot abgegeben hatte, in die engere Wahl gekommen war, von der Vergabestelle aber mit der Begründung übergangen wurde, der beauftragte Zweitplatzierte habe langjährige Erfahrung bei der Errichtung entsprechender Anlagen.[577] Bereits in den Ausschreibungsunterlagen waren

---

571 BGH, Urt. v. 16.12.2003, X ZR 282/02; BGH, BauR 1998, 1232, 1236.
572 BGH, Urt. v. 16.12.2003, X ZR 282/02.
573 OLG Düsseldorf, VergabeR 2002, 326, 328; so auch Ingenstau/Korbion-Portz, § 26 VOB/A Rn. 64 ff.
574 OLG Dresden, Beschl. v. 08.03.2004, 20 U 1544/03.
575 BGH, BauR 2003, 240, 242; OLG Dresden, VergabeR 2004, 484, 487.
576 OLG Dresden, VergabeR 2004, 484, 487.
577 BGH, BauR 1998, 1246, 1248.

die Angabe der Jahresumsätze der durchgeführten Bauleistungen und die Benennung von Referenzen bei vergleichbaren Bauwerken gefordert.

Da bei der Vergabeentscheidung gem. § 25 Nr. 3 Abs. 3 Satz 2 VOB/A nach Bejahung der generellen Eignung der in die engere Wahl gekommenen Bieter ein »Mehr an Eignung« eines Bieters nicht als entscheidendes Kriterium für den Zuschlag zu seinen Gunsten berücksichtigt werden darf, sah der BGH in der Erteilung des Zuschlages an die nächstrangige Bieterin einen Verstoß gegen § 25 Nr. 3 Abs. 3 Satz 2 VOB/A.[578] Der Zuschlag hätte vielmehr dem Erstplatzierten erteilt werden müssen.

348

Ist der Bieter für geeignet befunden, wird erst in einem zweiten Schritt das Angebot selbst gewertet. Bei der Bewertung des Angebots bleibt die Eignung des betreffenden Unternehmens dann außen vor. Gegen diesen Grundsatz hatte die Vergabestelle verstoßen, so dass sie durch die Nichterteilung des Auftrages gegenüber dem Bieter in Höhe des positiven Interesses zum Schadensersatz verpflichtet war.

349

War die Vergabe an den Mitbieter rechtswidrig, weil ein nach den Ausschreibungsbedingungen nicht wertbares Nebenangebot berücksichtigt wurde und hat der Bieter unter den zulässigen Angeboten das preisgünstigste Angebot abgegeben, ist zu seinen Gunsten anzunehmen, dass er ohne den Vergabeverstoß der Vergabestelle mit an Sicherheit grenzender Wahrscheinlichkeit den Zuschlag hätte erhalten müssen und auch erhalten hätte. In diesem Fall umfasst der Schadenersatzanspruch auch den Ersatz des entgangenen Gewinns.[579]

350

Der Bieter kann im Normalfall »lediglich« den Vertrauensschaden (sog. negatives Interesse) und damit seine Aufwendungen für die Angebotserstellung verlangen. Das (positive) Erfüllungsinteresse kann der Bieter nur geltend machen, wenn er beweist, dass der Vertrag ohne Pflichtverletzung des Auftraggebers ordnungsgemäß mit ihm zustande gekommen wäre.[580] Ein Anspruch auf Ersatz des Erfüllungsinteresses, d. h. auf den entgangenen Gewinn und die allgemeinen Geschäftskosten (AGK), setzt voraus, dass der Bieter infolge der Teilnahme an dem Ausschreibungsverfahren darauf vertrauen durfte, dass dieses mit der Erteilung des Auftrages und damit mit der Vergabe des Auftrages an ihn endet.[581]

351

Für diesen, nach allgemeinen Rechtsgrundsätzen neben § 126 GWB stehenden Schadensersatzanspruch ist es nicht ausreichend, lediglich darzulegen, dass man das niedrigste Angebot abgegeben hat, sondern der Bieter muss belegen, dass sein Angebot nach allen wesentlichen Umständen des § 25 Abs. 1 Nr. 3 Satz 2 VOB/A das Annehmbarste gewesen ist. Dabei muss er sowohl Vergleiche zum Zuschlagsangebot als auch bezüglich des zu errichtenden Werkes ziehen. Wegen dieser Schwierigkeiten, einen schlüssigen Klageanspruch aufzubauen, empfiehlt es sich, jedenfalls das negative Interesse hilfsweise geltend zu machen.[582] Allerdings muss der Anspruchsteller nicht beweisen, dass er mit an Sicherheit grenzender Wahrscheinlichkeit den Zuschlag erhalten hätte; hat er den

352

---

578 BGH, BauR 1998, 1246, 1248.
579 BGH, VergabeR 2002, 369, 372; OLG Düsseldorf, VergR 2001, 345, 347.
580 BGH, BauR 1993, 214.
581 BGH, ZVgR 1998, 578, 582.
582 OLG Celle, BauR 1994, 627, 628.

günstigsten Preis angeboten, durfte die Zuschlagserteilung an ihn erwartet werden, wenn nicht noch andere Wertungskriterien zulässigerweise Eingang in die Wertung gefunden haben.[583] Der niedrigste Preis ist dann ausschlaggebend, wenn die auf eine öffentliche Ausschreibung eingereichten Angebote hinsichtlich der für die Vergabeentscheidung nach den Vergabebedingungen maßgebenden Kriterien sachlich und im Hinblick auf den Inhalt des Angebots in technischer, gestalterischer und funktionsbedingter Hinsicht gleichwertig sind.[584] Das Schleswig-Hosteinische OLG[585] geht noch weiter: Steht fest, dass die Vergabestelle gegen Vergabevorschriften verstoßen hat, trägt sie die Darlegungs- und Beweislast dafür, dass der Bieter, der deshalb Schadensersatz in Form des positiven Interesses beansprucht, den Zuschlag ohne diesen Verstoß nicht erhalten hätte.

353 Bei der Darlegung der Schadenshöhe kommen dem übergangenen Bieter die Beweiserleichterungen des § 252 BGB a. F. und § 287 ZPO zugute.[586] Bei der Höhe des entgangenen Gewinns werden entsprechend § 649 (2. Halbsatz) BGB ersparte Aufwendungen und anderweitige Erwerbsmöglichkeiten mit zu berücksichtigen sein.[587] Als die Baupreisverordnung noch galt, wurden z. B. pauschal 5 % entgangener Gewinn als Schaden zugesprochen.[588]

354 Neben dem entgangenen Gewinn stehen einem Bieter im Rahmen des auf das positive Interesse gerichteten Ersatzanspruchs auch die Erstattung der infolge des entgangenen Auftrags nicht erwirtschafteten Geschäftskosten i. S. d. anteiligen Deckungsbeitrages zu.[589]

355 Grundlage der Schadensberechnung ist die Angebotskalkulation des Bieters. Auch Risikozuschläge, z. B. für Wagnis, finden Berücksichtigung.[590]

356 Bei Zugestehung von Schadensersatz in Höhe des positiven Interesses besteht jedoch kein zusätzlicher Anspruch auf Ersatz des negativen Interesses (Angebotskosten). Denn wenn der Bieter den Auftrag erhalten hätte, hätte er seine Angebotskosten auch nicht ersetzt bekommen.

2.2.20.3.2 Ansprüche aus unerlaubter Handlung

357 Dem Auftragnehmer können gegen den Auftraggeber des Weiteren Schadensersatzansprüche aus unerlaubter Handlung gem. § 823 Abs. 2 BGB zustehen. Dies setzt die schuldhafte Verletzung eines Schutzgesetzes im Sinne des § 823 Abs. 2 BGB durch den Auftraggeber voraus.

358 Der BGH hat z. B. in seiner sog. »Kammerschleusen-Entscheidung«[591] angenommen, dass ein Schadensersatzanspruch gem. § 823 Abs. 2 in Verbindung mit § 26 GWB (jetzt

---

583 OLG Celle, BauR 1996, 860, 861; s. auch OLG Düsseldorf, BauR 1999, 741.
584 BGH, VergabeR 2002, 369, 372.
585 Vgl. Schleswig-Holsteinisches OLG, VergabeR 2002, 316.
586 BGH, VergabeR 2002, 369, 373.
587 Vgl. Schleswig-Holsteinisches OLG, VergabeR 2002, 316.
588 Vgl. LG Darmstadt, BauR 1990, 601.
589 BGHZ 107, 67, 70; Schnorbus, BauR 1999, 77, 91; Leinemann-Reister/Silbe, VOB/B Kommentar, § 6 Rn. 161.
590 Vgl. Kapellmann/Schiffers, Vergütung, Nachträge, Band I, Rn. 16, 537 f., 561, 1005; Leinemann/Schirmer, VOB/B-Kommentar, § 8, Rn. 50.
591 BGH, NJW 1997, 61, 62.

§ 20 GWB) daraus hergeleitet werden könne, dass ein Auftraggeber unter Ausnutzung einer marktbeherrschenden Stellung dem Auftragnehmer missbräuchliche Vertragsbestimmungen zumutet.[592] Die marktbeherrschende Stellung öffentlicher Auftraggeber in bestimmten Sektoren, wie z. B. Fernstraßenbau und Eisenbahnbau, kann bei wettbewerbsbeschränkenden Verhaltensweisen daher zu Schadensersatzansprüchen führen.[593]

Da aber der Bieterschutz durch § 97 Abs. 7 GWB nunmehr gesetzlich verankert ist, ist ihm auch über § 823 Abs. 2 BGB schadensersatzrechtliche Bedeutung zuzumessen.[594] Die im Vergabeverfahren nach dem GWB einzuhaltenden Vorschriften stellen Schutzgesetze i. S. von § 823 Abs. 2 BGB dar. Eine vergaberechtswidrige Auftragsvergabe ohne Durchführung einer öffentlichen Ausschreibung kann potentielle Wettbewerber in ihren Rechten verletzten und Schadensersatzansprüche auslösen.[595] Die Durchsetzung eines danach möglichen Anspruchs wird aber regelmäßig an der Darlegung eines entstandenen Schadens scheitern. Ein solcher entsteht nach dem allgemeinem Schadensrecht nämlich nur bei jenem potentiellen Wettbewerbsteilnehmer, der bei Durchführung eines Vergabeverfahrens den Zuschlag erhalten hätte. Ein diesbezüglicher Nachweis wird aber kaum je möglich sein.[596]

359

2.2.21 Kosten des Nachprüfungsverfahrens

2.2.21.1 Vergabekammern und Vergabesenat

Anders als bei den früheren Vergabeprüfstellen werden für Amtshandlungen der Vergabekammern Kosten zur Deckung des Verwaltungsaufwandes gem. § 128 Abs. 1 GWB unter Anwendung des Verwaltungskostengesetzes erhoben. Die Gebühr soll nach § 128 Abs. 2 GWB mindestens EUR 2.500 betragen; der Betrag kann jedoch aus Gründen der Billigkeit bis auf EUR 250 ermäßigt werden. Die Gebühr soll den Betrag von EUR 25.000 nicht überschreiten, kann aber auch hier im Einzelfall bis auf EUR 50.000 erhöht werden. Die Vorschrift ist insoweit an § 80 Abs. 2 S. 3 und 4 GWB angelehnt.[597]

360

Auch wenn sich starre Bemessungsgrundsätze verbieten,[598] hat sich doch die Orientierung an den Angebotssummen der beteiligten Bieter durchgesetzt. Dies entspricht allgemeinen gebührenrechtlichen Grundsätzen, wonach zunächst die Bedeutung der gebührenpflichtigen Handlung zugrunde zu legen und sodann der sachliche und per-

361

---

592 BGH, NJW 1997, 61, 62.
593 So auch Niebuhr/Kulartz/Kus/Portz, § 126 GWB, Rn. 44.
594 So auch Boesen, § 126 GWB, Rn. 78; Ingenstau/Korbion-Müller-Wrede, 15. Aufl., § 126 GWB, Rn. 11; Niebuhr/Kulartz/Kus/Portz, § 126 GWB, Rn. 42; OLG Düsseldorf, BauR 1999, 241, 246 aber ausdrücklich nur oberhalb der Schwellenwerte; so auch Reidt/Stickler/Glahs-Glahs, § 126 GWB, Rn. 56; anders Byok/Jaeger-Gronstedt, § 126 GWB, Rn. 1324 f.
595 KG, VergabeR 2004, 490, 491.
596 KG, VergabeR 2004, 490, 492. Siehe hierzu auch die insoweit differenzierende Anmerkung von Diercks, VergabeR 2004, 494 f.
597 Entspricht § 80 Abs. 3 GWB a. F.; vgl. BT-Drucks. 13/9340, S. 23, zu § 137 GWB, Abs. 1.
598 Byok/Jaeger-Noelle, § 128 GWB, Rn. 1347.

sonelle Aufwand zu berücksichtigen ist.[599] Auf die individuelle Bedeutung der Sache für die Verfahrensbeteiligten hingegen ist – über das Kriterium der Angebotssumme hinaus – nicht abzustellen.

362 Die Vergabekammern des Bundes haben in Anlehnung an die obigen Grundsätze eine Gebührenstaffel entwickelt, die zum 01.01.2003 überarbeitet wurde. Danach werden für die Praxis dieser Kammern der regelmäßigen Höchstgebühr von 25.000 EUR Auftragssummen im Wert von 70.000.000 EUR und der Mindestgebühr von 2.500 EUR Aufträge im Wert von bis zu 80.000 EUR zugeordnet.[600] Bei Angebotssummen von 5 Mio. EUR ergeben sich damit üblicherweise Verfahrenskosten der Kammer von EUR 4.100, bei 10 Mio. entstehen ca. EUR 5.700, bei 25 Mio. entstehen ca. EUR 10.500, bei 50 Mio. entstehen ca. EUR 18.500,–, bei 100 Mio. EUR 25.000,– an Kosten für die Tätigkeit der Vergabekammer.[601] Bei der Berechnung der Angebotssumme für Kostenzwecke werden stets die Bruttobeträge herangezogen.[602]

363 Eine abschreckende Wirkung der Verfahrenskosten ist vom Gesetzgeber ausdrücklich nicht beabsichtigt,[603] so dass es unzulässig wäre, etwa für offensichtlich unzulässige oder unbegründete Anträge hohe oder gar höhere Gebühren als üblich festzusetzen. Vielmehr haben sich die Verfahrenskosten am Verwaltungsaufwand zu orientieren, der schon aufgrund der Kürze der Verfahren deutlich geringer ist als der eines normalen Rechtsstreites vor einem Gericht. Es ist ferner in § 128 Abs. 3 S. 3 GWB gesetzlich vorgeschrieben, die Gebühren bei Antragsrücknahme oder anderweitiger Erledigung (z. B. bei Einleitung nach Zuschlagserteilung) auf 50 % herabzusetzen. Eine Herabsetzung wird auch vorzunehmen sein, wenn die Kammer ohne mündliche Verhandlung entscheiden kann, z. B. bei offensichtlicher Unzulässigkeit oder Verzicht der Beteiligten auf eine mündliche Verhandlung. Hier kann aus Billigkeitsgründen eine Reduzierung auf 10 % in Anwendung von § 128 Abs. 3 S. 4 GWB zur Anwendung kommen.[604] Erfolgt eine Antragsrücknahme, ohne dass die Vergabekammer sich inhaltlich – über die Offensichtlichkeitsprüfung hinaus – mit der Sache befassen musste, ist ein Verzicht auf die Gebührenerhebung angemessen und geboten.

364 Die Vergabekammern der Länder orientieren sich überwiegend an der Praxis des Bundeskartellamts.[605] Auch die Neufassung der Gebührentabelle der Vergabekammer des Bundes wurde von den Ländervergabekammern übernommen.[606] Es wird im Einzelfall zu überprüfen sein, ob die Tätigkeit der Vergabekammern richtigerweise annähernd dieselben Gebühren verursachen darf wie ein Gericht, zumal für die Vergabe-

---

599 Byok/Jaeger-Noelle, § 128 GWB, Rn. 1347.
600 VK Bund, Beschl. v. 16.03.2000, VK-2 32/99.
601 Genaue Wertetabelle im Anhang.
602 OLG Düsseldorf, Beschl. v. 10.05.2000, Verg 5/00; VK Bund, Beschl. v. 12.12.2000, VK 1-23/00.
603 BT-Drucks. 13/9340, S. 23, zu § 137 GWB, Abs. 2; problematisch daher die Erwägungen von OLG Düsseldorf, Beschl. v. 07.01.2004, VII Verg 55/02, VergabeR 2004, 266, 270.
604 Byok/Jaeger-Noelle, § 128 GWB, Rn. 1371 ff.
605 Byok/Jaeger-Noelle, § 128 GWB, Rn. 1355.
606 Statt vieler: VK Arnsberg, Beschl. v. 15.07.2003 – VK 3-16/2003.

kammer nach dem gesetzlichen Tatbestand nur eine Antragsrücknahme zwingend eine Gebührenermäßigung auslöst.[607]

Infolge der ausdrücklichen Anwendbarkeit des Verwaltungskostengesetzes kann eine Kostenentscheidung entweder zusammen mit der Sachentscheidung oder aber selbstständig angefochten werden. 365

Die Gerichtsgebühren für das Oberlandesgericht richten sich nach dem Gerichtskostengesetz (GKG), dessen Kostenverzeichnisse zum 01.07.2004 neu gefasst wurden.[608] Maßgeblich ist nunmehr für Verfahren nach dem GWB das Kostenverzeichnis Teil 1, Nr. 1220, 1222, 1640 und Nr. 1641.[609] 366

Der Streitwert beträgt gem. § 50 GKG 5 % der Bruttoangebotssumme und wird vom Oberlandesgericht festgesetzt. 367

In § 3 Abs. 3 VgV ist geregelt, wie sich der Auftragswert bei längeren Laufzeiten von Liefer- und Dienstleistungsaufträgen ermittelt. Danach kommt es bei Verträgen mit einer Laufzeit von mehr als zwölf Monaten auf den Gesamtwert für die tatsächlich vorgesehene Vertragslaufzeit (ohne Option) an.[610] Bei unbefristeten Verträgen oder bei nicht absehbarer Vertragsdauer folgt der Vertragswert aus der monatlichen Zahlung multipliziert mit 48. Einige Vergabesenate ermitteln generell so auch den Auftragswert bei Laufzeiten von mehr als vier Jahren (z. B. Zehnjahresverträgen).[611] Bei der Ermittlung des Streitwerts im Rahmen der Gebührenfestsetzung gelten auch dann keine anderen Regelungen, wenn es (noch) nicht um den Zuschlag, sondern etwa um die Klärung vergaberechtlicher Vorfragen geht.[612] 368

Liegen noch keine Angebote vor, muss für die Streitwertermittlung der von der Vergabestelle vorab geschätzte Auftragswert zugrundegelegt werden.[613] Wenn eine Schätzung des Auftragswertes im Sinne der vergaberechtlichen Vorschriften unterblieben ist, kann auch der mit dem ausersehenen Geschäftspartner ausgehandelte Preis zugrunde gelegt werden.[614] Teilweise wird der Betrag um einen angemessenen Refinanzierungszins (5 % des Gesamtwertes) vermindert.[615] Für die Kosten des einzelnen Bieters kann immer nur von seinem Angebotspreis ausgegangen werden; beantragen mehrere Bieter die Durchführung des Verfahrens, muss bei der Berechnung des Kostenerstattungsanspruchs nach den einzelnen Angebotssummen unterschieden und der Erstattungsanspruch für jeden Bieter individuell festgesetzt werden. 369

---

607 OLG Düsseldorf, Beschl. v. 06.10.2003, VII Verg 33/03, hat die Anwendung der neuen Gebührentabelle der VK Bund durch die VK Arnsberg nicht beanstandet; ebenso OLG Düsseldorf, Beschl. v. 07.01.2004, VII Verg 55/02, VergabeR 2004, 266, 267.
608 Vgl. Rojahn, VergabeR 2004, 454 ff.
609 Ebert/Leinemann, VergabeNews 2004, 62, 63.
610 OLG Düsseldorf, Beschl. v. 03.07.2003, Verg 29/00.
611 OLG Jena, VergabeR 2002, 202, 204; OLG Stuttgart, NZBau 2000, 599.
612 OLG Jena, VergabeR 2002, 202, 203.
613 OLG Jena, VergabeR 2002, 202, 203.
614 OLG Düsseldorf, Beschl. v. 03.07.2003, Verg 29/00; OLG Brandenburg, VergabeR 2004, 777, 778.
615 BayObLG, Beschl. v. 18.11.2994 – Verg 22/04.

2 Die Überprüfung von Vergabeverfahren nach §§ 102 ff. GWB

370 Den Streitwerten sind in der Anlage 2 zu § 34 GKG die Gerichtsgebühren zugeordnet. Bei einer Auftragssumme von EUR 5 Mio. ergeben sich Gerichtskosten für ein sofortiges Beschwerdeverfahren mit einer Entscheidung über einen Antrag nach § 118 Abs. 1 Satz 3 GWB in Höhe von bis zu EUR 8.780 (5 Gebühren à EUR 1.756).[616]

371 Die Bundesrepublik Deutschland und die bundesunmittelbaren juristischen Personen des öffentlichen Rechts, deren Ausgaben ganz oder teilweise aufgrund gesetzlicher Verpflichtungen aus dem Haushalt des Bundes getragen werden, die Länder und die juristischen Personen des öffentlichen Rechts, die nach den Haushaltsplänen eines Landes für Rechnung eines Landes verwaltet werden und die Gemeinden und Gemeindeverbände, sofern die Amtshandlungen nicht ihre wirtschaftlichen Unternehmen betreffen, sind von den Gebühren der Vergabekammer gem. § 8 Verwaltungskostengesetz befreit. Gemäß § 2 GKG gilt die Kostenfreiheit auch vor dem Oberlandesgericht für den Bund und die Länder sowie die nach Haushaltsplänen des Bundes oder eines Landes verwalteten öffentlichen Anstalten und Kassen.

2.2.21.2 Anspruch auf Kostenerstattung

372 Derjenige, der im Verfahren unterliegt, hat nach § 128 Abs. 3 GWB die Kosten zu tragen. Beantragen mehrere Bieter das Nachprüfungsverfahren und werden die Anträge zurückgewiesen, tragen sie die Verfahrenskosten als Gesamtschuldner. Die Kostentragungspflicht des Antragstellers der seinen Nachprüfungsantrag zurücknimmt, hat der BGH[617] auf vier Vorlagefragen des OLG Düsseldorf[618] hin bezogen auf die den Beteiligten entstandenen Aufwendungen verneint, sofern es zu keiner Entscheidung der Vergabekammer kommt. Das OLG Koblenz sieht für die »obsiegenden« Beigeladenen auch dann keinen Erstattungsanspruch, wenn die Vergabekammer zwar über den Nachprüfungsantrag entschieden hat, der Beschluss und die darin enthaltene Kostengrundentscheidung aber durch spätere Rücknahme des Nachprüfungsantrages in der Beschwerdeinstanz wirkungslos geworden ist.[619] Dem kann nicht gefolgt werden, da der Antragsteller i. S. v. § 128 Abs. 4 GWB nach einer Entscheidung der Vergabekammer unterlegen ist. Dass der Antragsteller diese Entscheidung durch die Rücknahme formell wieder beseitigt, ändert für den Beigeladenen nichts, da er darauf keinen Einfluss hat. Der Fall ist eben nicht gleichzusetzen mit den vom BGH entschiedenen Fällen, in denen die Vergabekammer vor der Rücknahme noch keine Entscheidung getroffen hatte.[620] Im Verfahren vor den bayerischen Vergabekammern kann ein Beteiligter gem. § 128 Abs. 4 Satz 3 GWB, Art. 80 Abs. 1 Satz 2, Abs. 2 Satz 2 BayVwVwVfG auch bei Rücknahme des Nachprüfungsantrags Erstattung seiner notwendigen Auf-

---

616 Ebert/Leinemann, VergabeNews 2004, 62, 63.
617 BGH, Beschl. v. 25.10.2005 – X ZB 22/05, X ZB 24/05 bis X ZB 26/05, VergabeR 2006, 79 mit Anm. Herrmann
618 OLG Düsseldorf, 27.07.2005 – Verg 103/04 u. a.; vgl. Kirch/Krüger-Illner, VergabeNews 2006, 32 ff.
619 OLG Koblenz, Beschl. v. 08.06.2006, 1 Verg 4 und 5/06; OLG Koblenz, Beschl. v. 23.08. 2006, 1 Verg 8/06; OLG Koblenz, Beschl. v. 15.08.2006, 1 Verg 7/06; a. A. OLG Dresden, Beschl. v. 30. 11. 2006, WVerg 0016/06.
620 So auch OLG Dresden, Beschl. v. 30. 11. 2006, WVerg 0016/06.

2.2 Die sofortige Beschwerde gegen Entscheidungen der Vergabekammern

wendungen im Rahmen der Billigkeit verlangen.[621] Bei Nachprüfungsverfahren in Rheinland-Pfalz gibt es nur einen Erstattungsanspruch für den Antragsgegner.[622] Bei Rücknahme der sofortigen Beschwerde hat der Beschwerdeführer die Kosten des Beschwerdeverfahrens zu tragen und die notwendigen Auslagen der übrigen Beteiligten zu erstatten. Dies folgt aus einer analogen Anwendung von § 516 Abs. 3 ZPO.[623] Bei teilweisem Obsiegen und Unterliegen sind die Kosten verhältnismäßig zu teilen.[624]

373 Zu den vom Auftraggeber nach für ihn negativer Entscheidung der Vergabekammer an den antragstellenden Bieter zu erstattenden Kosten des Verfahrens gehören auch die »zur zweckentsprechenden Rechtsverfolgung notwendigen Aufwendungen«, so § 128 Abs. 4 S. 1 GWB. Das sind vor allem Rechtsanwaltskosten. Die Hinzuziehung eines vergaberechtlich kompetenten Anwalts wird im Regelfall unerlässlich sein, zumal es sich bei dem Nachprüfungsverfahren um ein gerichtsähnlich ausgestaltetes, aber wegen der extrem kurzen Fristen auch materiell sehr anspruchsvolles Verfahren handelt.[625] Zu erstatten sind auch die Kosten des obsiegenden Beigeladenen.[626]

374 Stellt der Beigeladene keine Anträge, hat er seine Kosten vor der Vergabekammer selbst zu tragen[627] und auch keinen Kostenanteil im Falle des Obsiegens des Antragstellers zu übernehmen. Das vergaberechtliche Beschwerdeverfahren ist anders als das erstinstanzlich vor der Vergabekammer durchzuführende Nachprüfungsverfahren ein streitiges Verfahren vor einem ordentlichen Gericht.[628] Das hat zur Folge, dass auch ein von der Vergabekammer gemäß § 109 GWB beigeladener Bieter, der die durch § 119 GWB begründete Stellung als Beteiligter am Beschwerdeverfahren auch nutzt, indem er beim Beschwerdegericht Schriftsätze einreicht, an einer mündlichen Verhandlung vor diesem Zivilgericht teilnimmt oder sich sonstwie in außergerichtliche Kosten verursachender Weise am Beschwerdeverfahren beteiligt, die Grundsätze in Anspruch nehmen kann, die für dieses Prozessverfahren hinsichtlich der Kostentragung gelten. Da sich gemäß § 120 Abs. 1 GWB Beteiligte, die nicht juristische Personen des öffentlichen Rechts sind, vor dem Beschwerdegericht durch einen bei einem deutschen Gericht zugelassenen Rechtsanwalt vertreten lassen müssen, gehören zu den zur zweckentsprechenden Rechtsverteidigung im Beschwerdeverfahren notwendigen Kosten die insoweit aufzu-

---

621 OLG München, VergabeR 2006, 428, 429.
622 OLG Koblenz, Beschl. v. 08.06.2006, 1 Verg 4 und 5/06.
623 OLG Düsseldorf, VergabeR 2006, 425, 426; OLG Koblenz, Beschl. v. 08.06.2006, 1 Verg 4 und 5/06.
624 OLG Rostock, Beschl. v. 16.05.2001, 17 W 1/01 und 17 W 2/01, VergabeR 2001, 315, 319.
625 Im Ergebnis ebenso OLG Düsseldorf, Beschl. v. 20.07.2000, Verg 1/00, NZBau 2000, 486, 487; zuvor schon Korbion, VergRÄG, § 128 GWB, Rn. 15; Niebuhr/Kulartz/Kus/Portz, § 128 GWB, Rn. 15; Reidt/Stickler/Glahs-Glahs, § 128 GWB, Rn. 23; Byok/Jaeger-Noelle, § 128 GWB, Rn. 1437.
626 OLG Düsseldorf, Beschl. v. 15.05.2002, Verg 10/02; OLG Düsseldorf, NZBau 2001, 165, 166; OLG Düsseldorf, NZBau 2000, 155, 158, hieran anschließend auch OLG Stuttgart, VergabeR 2004, 265.
627 BayObLG, Beschl. v. 15.07.2002, Verg 15/02; BayObLG, VergabeR 2002, 534, 540; OLG Brandenburg, VergabeR 2002, 417.
628 BGHZ 146, 202, 216.

wendenden Gebühren des von dem Beigeladenen hinzugezogenen Rechtsanwalts, ohne dass dies eines besonderen Ausspruchs bedürfte.[629]

375 Umgekehrt sind dem Auftraggeber dessen Kosten zu erstatten, sofern einer der auf Bieterseite beteiligten Antragsteller – ebenso wie dem Verfahren auf der unterlegenen Seite beigetretene Beigeladene – unterliegt. Unproblematisch ist die Kostenerstattung für Reisekosten zum Termin und Vervielfältigungskosten. Personalkosten für Mitarbeiter des Auftraggebers, die mit der Erarbeitung von Schriftsätzen im Nachprüfungsverfahren betraut waren, sind dagegen nicht erstattungsfähig.[630]

376 Kosten, die der Vergabestelle durch die Einschaltung eines Projektsteuerers oder eines anderen, externen Ingenieurbüros während eines Nachprüfungsverfahrens entstanden sind, werden nicht als erstattungsfähig angesehen.[631] Eine Vergabestelle muss ihr Vergabeverfahren selbst organisieren und steuern. Das gilt auch und insbesondere für die Angebotswertung und andere Fragen, die für ein Nachprüfungsverfahren relevant sind, einschließlich der technischen Bearbeitung. Weil der Eigenaufwand der beteiligten eines Nachprüfungsverfahrens grundsätzlich nicht erstattungsfähig ist,[632] kann nichts anderes gelten, wenn eine Vergabestelle Teile ihrer Aufgaben von Dritten erledigen oder sich von Dritten unterstützen lässt.[633]

377 Fotokopierkosten sind im Nachprüfungsverfahren nur dann erstattungsfähig, wenn es auf die präzise Darstellung der fotokopierten Vorlage ankommt,[634] ggf. auch bei einer ungewöhnlich großen Personenzahl auf Seiten der Verfahrensbeteiligten. Ansonsten handelt es sich um Schreibauslagen, die mit der Kostenpauschale abgedeckt sind.

378 Hat der Auftraggeber einen Rechtsanwalt eingeschaltet, so kommt es für die Erstattungsfähigkeit des Anwaltshonorars im Obsiegensfall darauf an, ob die Hinzuziehung eines anwaltlichen Vertreters notwendig war oder nicht. Bei der Beurteilung dieser Frage ist eine differenzierte Betrachtungsweise geboten, bei der der Gegenstand des Nachprüfungsverfahrens, das verfügbare juristische Personal beim Auftraggeber, die Bedeutung des konkreten Auftrags sowie die kurzen Fristen im Nachprüfungsverfahren zu berücksichtigen sind.[635] Eine Vergabestelle, die häufig Ausschreibungen oberhalb der Schwellenwerte vornimmt und eine eigene Rechtsabteilung unterhält, die auch vergaberechtlich berät, kann nicht damit rechnen, dass die Hinzuziehung von

---

629 BGH, Beschl. v. 09.02.2004, X ZB 44/03; a. A: OLG Schlewsig, Beschl. v. 10.03.2006 – 1 (6) Verg 13/05.
630 OLG Celle, Beschl. v. 16.06.2003, 13 Verg 10/02.
631 OLG Bremen, Beschl. v. 02.09.2004, Verg3/2003; OLG Düsseldorf, Beschl. v. 25.02.2004, Verg 9/02.; OLG Jena, VergabeR 2004, 262, 263; OLG München, VergabeR 2006, 291, 292.
632 BayObLG, VergabeR 2002, 415 f.
633 OLG Bremen, Beschl. v. 02.09.2004, Verg3/2003; OLG Jena, VergabeR 2004, 262, 264; a. A. KG, VergabeR 2005, 408.
634 OLG Bremen, Beschl. v. 02.09.2004, Verg3/2003; OLG Bremen, Beschl. v. 17.01.2002, Verg 1/2002
635 OLG Düsseldorf, VergabeR 2002, 197, 198; OLG Dresden, VergabeR 2002, 314, 315; OLG Düsseldorf, VergabeR 2002, 378, 381; OLG Düsseldorf, Beschl. v. 26.09.2003 – VII Verg 31/01.

externen Rechtsanwälten für erforderlich erklärt wird.[636] Beschäftigt ein Verfahrensbeteiligter kein juristisches Personal, das eine Einarbeitung in die anstehenden vergaberechtlichen Fragen und deren Beantwortung in einem umfassenden und verlässlichen Maß erlaubt, ist die Hinzuziehung von Rechtsanwälten erforderlich.[637] Eine Vergabestelle muss keinen Rechtsanwalt hinzuziehen, wenn schlichte auftragsbezogene Sach- und Rechtsfragen einschließlich der dazugehörigen Vergaberegeln streitgegenständlich sind.[638] Analog § 80 Abs. 2 VwVfG ist aber wegen der besonderen Materie des Vergaberechts auch dem Auftraggeber in der Regel zur zweckentsprechenden Rechtsverfolgung i. S. v. § 128 Abs. 4 S. 2 GWB die Inanspruchnahme anwaltlicher Kompetenz mit der Folge der Erstattungsfähigkeit des Honorars zu gestatten, soweit er nicht – insbesondere in seiner Rechtsabteilung – eigene, vergaberechtliche Fachkompetenz besitzt. Hinsichtlich der Notwendigkeit der Hinzuziehung eines Rechtsanwalts auf Seiten des Auftraggebers ist auch der Gedanke der Waffengleichheit bei einem anwaltlich vertretenen Antragsteller zu berücksichtigen.[639]

Die Kostentragung vor dem OLG richtet sich nach den Grundsätzen des § 128 GWB. Infolge der ausdrücklichen Anwendbarkeit des Verwaltungskostengesetzes ist eine Kostenentscheidung der Vergabekammer entweder zusammen mit der Sachentscheidung oder aber selbständig durch die sofortige Beschwerde zum OLG anfechtbar.[640] Bestätigt das OLG die Entscheidung der Vergabekammer, bleibt deren Kostenentscheidung bestehen und das OLG entscheidet nur noch über die Kosten der Beschwerdeinstanz.[641] Gegen eine Kostenentscheidung des Oberlandesgerichts ist kein Rechtsmittel möglich. Hier besteht nur die Möglichkeit der Rechtsbeschwerde gemäß §§ 120 Abs. 2, 71 a GWB. Dies wäre auch Voraussetzung für eine Verfassungsbeschwerde.

379

2.2.21.3 Anwaltsgebühren im Nachprüfungsverfahren

Bei der Berechnung des Kostenrisikos sind für alle Beteiligten die Anwaltshonorare die entscheidende Größe. Im Unterliegensfall sind nämlich die Kosten der eigenen Anwälte und die der obsiegenden Partei(en) zu tragen. Da die Vergütung der Rechtsanwälte gesetzlich geregelt ist, lässt sich das Risiko prognostizieren. Für den Gebührenstreitwert gilt § 50 Abs. 2 GKG entsprechend.[642] Gemäß Nr. 3200 des RVG Vergütungsverzeichnisses (RVG VV 3200) entsteht für ein sofortiges Beschwerdeverfahren eine 1,6 Verfahrensgebühr und für die Wahrnehmung des Termins zur mündlichen Verhandlung eine weitere 1,2 Terminsgebühr (RVG VV 3202). Für ein Verfahren über einen Eilantrag nach §§ 115, 118 Abs. 1 Satz 3 oder § 121 GWB fallen 2,3 Verfahrens-

380

---

636 VK Bund, Beschl. v. 30.01.2002, VK 01 01/02; OLG Düsseldorf, BauR 2000, 1626, 1629 (z. B. Deutsche Bahn AG/DB Netz AG).
637 OLG Düsseldorf, Beschl. v. 14.04.2004, VII-Verg 66/03.
638 OLG Düsseldorf, Beschl. v. 07.01.2004, VII Verg 55/02, VergabeR 2004, 266, 270.
639 BayObLG, VergabeR 2004, 259; OLG Naumburg, Beschl. v. 06.10.2004, 1 Verg 12/04.
640 OLG Düsseldorf, Beschl. v. 20.07.2000, Verg 1/00, NZBau 2000, 486, 487 unter Verweis auf § 22 Abs. 1 VwKostG; BayObLG, NZBau 2000, 99.
641 OLG Düsseldorf, NZBau 2001, 165, 166.
642 Vgl. Rn. 367.

gebühren (RVG VV 3300) an.[643] Anwaltsgebühren im Verfahren vor der Vergabekammer werden nach neuem RVG-Vergütungsrecht als außergerichtliche Vertretung mit maximal einer 2,5 Geschäftsgebühr abgegolten (RVG VV 2300).[644] Eine Anrechnung für eine dem eigentlichen Nachprüfungsverfahren vorangehende anwaltliche Tätigkeit (z. B. im Rahmen der Angebotserstellung für den Bieter oder während des Vergabeverfahrens für die Vergabestelle) findet nicht statt.[645] Bei einer Auftragssumme von EUR 5 Mio. ergibt sich ein Anwaltshonorar für das Verfahren vor der Vergabekammer in Höhe von bis zu EUR 5.130 und für das sich anschließende sofortige Beschwerdeverfahren mit einem Antrag nach § 118 Abs. 1 Satz 3 GWB, über den ohne mündliche Verhandlung verhandelt entschieden wird in Höhe von bis zu EUR 10.465.[646]

---

[643] OLG Düsseldorf, VergabeR 2006, 425, 426; OLG Rostock, Beschl. v. 04.08.2005, 17 Verg 9/05; a. A. KG, VergabeR 2005, 402, 403; BayObLG, Beschl. v. 19.01.2006, Verg 22/04: VV 3300 (RVG) sei zu weit gefasst. Die Gebühr vermindere sich im Wege einer teleologischen Reduktion von 2,3 auf 0,7.
[644] BayObLG, VergabeR 2005, 406, 407.
[645] OLG München, Beschl. v. 16.11.2006, Verg 14/06, VergabeNews 2007, 9.
[646] Ebert/Leinemann, VergabeNews 2004, 62, 64.

3 Die Vergabe- und Vertragsordnung für Bauleistungen, Teil A (VOB/A) »Ausgabe 2006«

3.1 Einführung

Die Vergabe- und Vertragsordnung für Bauleistungen, Teil A (VOB/A) bildet das Kernstück des Vergaberechts im Bauwesen. Ihrer Überschrift zufolge stellt sie »allgemeine Bestimmungen für die Vergabe von Bauleistungen« bereit. Der BGH präzisiert den damit umrissenen Regelungsinhalt wie folgt: Die Ausschreibung nach VOB/A ist ein den Vertragsschluss regelndes Vorbereitungs- und Abschlussverfahren, bei dem von den beteiligten Kreisen zu erwarten ist, dass sie die Regeln des Verfahrens kennen und sich auf sie als Grundlage der Vertragsverhandlungen einstellen.[647]

381

3.2 Anpassung der VOB/A an die geänderten europarechtlichen Vorgaben 2006

Mit In-Kraft-Treten der 3. Änderungsverordnung zur Verordnung über die Vergabe öffentlicher Aufträge (Vergabeverordnung/VgV)[648] wurde aufgrund der dort vorgesehenen Verweisung das bereits zuvor vom Vergabe- und Vertragsausschuss für Bauleistungen (DVA) verabschiedete »*Sofortpaket zur Anpassung der Vergabe- und Vertragsordnung für Bauleistungen (VOB/A) an zwingende Änderungen durch neue EU-Vergaberichtlinien (2004/17/EG und 2004/16/EG) und das ÖPP-Beschleunigungsgesetz*« wirksam. Hintergrund ist, dass bereits am 31.03.2004 auf europäischer Ebene als so genanntes Legislativpaket neue Vergabekoordinierungsrichtlinien in Kraft getreten sind.[649] Ziel der neuen Richtlinien ist, das Vergaberecht unter Berücksichtigung der Rechtsprechung des EuGH zu vereinfachen und zu modernisieren. Die neuen Vorgaben waren von den Mitgliedsstaaten bis zum 31.01.2006 in das jeweilige nationale Recht umzusetzen.

382

Ursprünglich wollte der deutsche Gesetzgeber die erforderlichen Anpassungen dazu nutzen, das deutsche Kartellvergaberecht grundsätzlich zu reformieren und seiner Ansicht nach effektiver zu gestalten. Bürokratische Hindernisse sollten abgebaut werden. Es war geplant, das Vergaberecht durch einen Entfall der Kaskade GWB – Vergabeverordnung – Verdingungsordnung zumindest optisch zu vereinfachen. Unter anderem wegen der Neuwahlen im Herbst 2005 konnte dieses Reformvorhaben aber nicht zeitgerecht umgesetzt werden. Zur Förderung von öffentlich-privaten Partnerschaften (ÖPP) wurde lediglich das ÖPP-Beschleunigungsgesetz verabschiedet, mit dem unter

383

---

647 BGH, NJW RR 1993, 1109 ff.
648 Die VgV ist abgedruckt im Textanhang.
649 RL 2004/17/EG, ABl. L 134/1 v. 30.04.2004; RL 2004/18/EG, ABl. L 134/114 v. 30.04.2004; dazu Leinemann/Maibaum, VergabeR 2004, 275 ff.

anderem die vergaberechtlichen Rahmenbedingungen für derartige Modelle durch die Einführung eines neuen, im europäischen Legislativpaket angelegten Vergabeverfahrens, dem wettbewerblichen Dialog, verbessert werden sollen.[650] Die umfassende Umsetzung insbesondere von zwingenden Vorgaben aus Brüssel erfolgte aber zunächst nicht. Vor diesem Hintergrund erarbeitete der Deutsche Vergabe- und Vertragsausschuss für Bauleistungen (DVA) bereits am 29.11.2005 einen ersten Vorschlag für ein Sofortpaket zur Anpassung der VOB/A an zwingende Änderungen durch die neuen EU-Vergaberichtlinien und das ÖPP-Beschleunigungsgesetz. Ziel war es nicht, eine mögliche Vergaberechtsreform zu präjudizieren, sondern zur Schaffung von Rechtssicherheit für Vergabestellen und Bieter im Hinblick auf die zwingenden Inhalte der Vergaberichtlinien deren Umsetzung zu erreichen. Auch sollte die Gelegenheit genutzt werden, um die Vorgaben des ÖPP-Beschleunigungsgesetzes zu berücksichtigen.

384 Nachdem zunächst als Zielvorgabe für die (verspätete) Umsetzung des EU-Legislativpakets inklusive der angestrebten Vereinfachung in einem Schritt der 30.06.2006 verlautbart war, wurden die Änderungen nach dem Sofortpaket schließlich durch Erlass der entsprechend überarbeiteten Vergabeverordnung am 01.11.2006 rechtswirksam.[651]

385 Die »VOB 2006« enthält gegenüber der bisherigen Fassung eine Reihe von Änderungen, die den materiellen Gehalt des Vergaberechts und die Anforderungen an Vergabeverfahren unmittelbar betreffen. Nicht nur wird die mit dem ÖPP-Beschleunigungsgesetz in § 6a VgV eingefügte neue Verfahrensart des wettbewerblichen Dialogs als Verfahren zur Vergabe komplexer öffentlicher Aufträge – etwa bei ÖPP-Vorhaben – nun auch in § 3a VOB/A als weiteres Verfahren neben dem Offenen, Nichtoffenen Verfahren und dem Verhandlungsverfahren berücksichtigt. Weitere grundlegende Änderungen betreffen unter anderem die Strukturierung des Teilnahmewettbewerbs bei einer Beschränkung des Teilnehmerkreises, die nunmehr nur noch nach entsprechender Bekanntmachung anhand mitgeteilter Kriterien erfolgen darf (§ 8a Nr. 6 VOB/A), die Zulässigkeit der Generalübernehmervergabe oberhalb der Schwellenwerte (§ 8a Nr. 10 VOB/A) sowie die Bekanntmachung der Wertungskriterien einschließlich ihrer Gewichtung (§ 10a lit. a VOB/A). Die neuen Vorgaben sind bereits in der überarbeiteten Fassung des »Handbuch für die Vergabe und Ausführung von Bauleistungen im Straßen- und Brückenbau« (HVA B-StB Stand 3/2006) berücksichtigt worden. Die einzelnen Änderungen in der VOB/A werden im Folgenden jeweils in ihrem systematischen Zusammenhang berücksichtigt und Themen bezogen vorgestellt.

Die VOB/A 2006 gilt ab 01.11.2006 und ist auf alle Vergabeverfahren anzuwenden, die ab diesem Zeitpunkt begonnen werden. Bereits laufende Verfahren unterliegen weiterhin dem alten Recht, so § 23 VgV.

---

650 Gesetz zur Beschleunigung der Umsetzung von Öffentlich Privaten Partnerschaften und zur Verbesserung gesetzlicher Rahmenbedingungen für Öffentlich Private Partnerschaften (ÖPP-Beschleunigungsgesetz) v. 01.09.2005, BGBl. I 2676.
651 Dritte Verordnung zur Änderung der Vergabeverordnung vom 23.10.2006, BGBl. I, 2334.

3.3 Aufbau der VOB/A

An der Unterteilung der VOB/A in vier verschiedene Abschnitte, deren Anwendung jeweils davon abhängt, ob und in welchem Bereich die Vergabe den Regelungen der EG-Vergaberichtlinien unterfällt, hat sich nach kurzer Diskussion, ob nicht der Dritte Abschnitt gestrichen werden könnte, durch die VOB 2006 nichts geändert: **386**

> Abschnitt 1   enthält die Basisparagrafen, die für nationale Vergaben von Bauaufträgen unterhalb des neuen Schwellenwertes von 5.278.000 EUR liegen. Die hier enthaltenen Einzelregelungen bilden das Grundgerüst der VOB/A und sind gleichlautend auch Bestandteile der Abschnitte 2 und 3.
>
> Abschnitt 2   enthält neben den Basisparagrafen zusätzliche, als »a-Paragrafen« bezeichnete Bestimmungen der EG-Baukoordinierungsrichtlinie (BKR) und setzt das Überschreiten des Schwellenwertes von 5.278.000 EUR voraus.
>
> Abschnitt 3   enthält neben den Basisparagrafen zusätzliche Bestimmungen nach der EG-Sektorenrichtlinie (SKR), die als »b-Paragrafen« kenntlich gemacht sind; auch hier wird ein Überschreiten des Schwellenwertes von 5.278.000 EUR vorausgesetzt.
>
> Abschnitt 4   enthält Vergabebestimmungen ausschließlich nach der EG-Sektorenrichtlinie; auf die Basisparagrafen kann nur eingeschränkt zurückgegriffen werden (VOB/A-SKR). Auch für diesen Abschnitt wird ein Überschreiten des Schwellenwertes von 5.278.000 EUR vorausgesetzt.

3.4 Anwendungsbereich der Abschnitte 1 bis 4

Ausgangspunkt für die Beurteilung der Frage, ob neben den Basisparagrafen des Abschnitts 1 der VOB/A die Bestimmungen der EG-Baukoordinierungsrichtlinie (a-Paragrafen des Abschnitts 2 der VOB/A) bzw. der EG-Sektorenrichtlinie (b-Paragrafen des Abschnitts 3 oder Abschnitt 4-SKR bei privaten Sektorenauftraggebern) angewendet werden müssen, ist der Gesamtauftragswert der Baumaßnahme bzw. des Bauwerks. Dieser Schwellenwert ist durch § 2 Nr. 4 VgV einheitlich auf EUR 5.278.000,00 ohne Umsatzsteuer festgesetzt und in den §§ 1, 1 a und 1 b der VOB/A umgesetzt. Erreicht der Gesamtauftragswert gem. der Kostenschätzung vor Bekanntmachung den Schwellenwert oder übersteigt er ihn, so kommt je nach Auftraggeber die Anwendung der in den Abschnitten 2, 3 oder 4 enthaltenen Bestimmungen in Betracht.[652]   **387**

---

[652] Im Textanhang sind die Abschnitte 1–3 der VOB/A zusammenhängend abgedruckt. Bei Anwendung von Abschnitt 2 gelten neben allen Basisparagrafen zusätzlich die »a-Paragrafen«, bei Abschnitt 3 die Basisparagrafen und zusätzlich die »b-Paragrafen«. Abschnitt 4 der VOB/A ist als VOB/A-SKR separat abgedruckt. Allerdings ist grundsätzlich zu beachten, dass die gewählte Darstellung lediglich der Übersichtlichkeit dient und die Basisparagrafen unter Umständen in den einzelnen Abschnitten geringfügig divergieren können.

3.4.1 Abschnitt 1 – Basisparagrafen

388 Die 32 Basisparagrafen gelten für die Vergabe von Bauaufträgen unterhalb der Schwellenwerte nach § 2 VgV für solche Auftraggeber, die durch die Bundeshaushaltsordnung, die Landeshaushaltsordnungen und die Gemeindehaushaltsverordnungen oder sonstigen Regelungen der betreffenden Körperschaften zur Anwendung der VOB/A verpflichtet sind. Die VgV regelt die verbindliche Geltung der VOB/A gem. §§ 6, 7 VgV nur für die Auftragsvergabe oberhalb der Schwellenwerte und setzt so europarechtliche Vorgaben insbesondere aus der Vergabekoordinierungsrichtlinie um. Der Begriff der Bauleistung wird in § 1 VOB/A einheitlich für sämtliche Abschnitte definiert. Hiernach sind Bauleistungen Arbeiten jeder Art, durch die eine bauliche Anlage hergestellt, in Stand gehalten, geändert oder beseitigt wird. Auftraggeber, die durch ihre Haushaltsordnungen zur Anwendung der VOB verpflichtet sind, sind im Wesentlichen die Länder, die Landkreise, die Gemeinden, die kommunalen Verbände sowie die kommunalen und kommunalverwaltenden Stiftungen. Außerdem sind solche Auftraggeber erfasst, die durch öffentliche Mittel geförderte Bauvorhaben durchführen, weil die Förderbedingungen meist die Geltung der VOB fordern. Oberhalb des Schwellenwertes müssen sämtliche Auftraggeber gem. §§ 6, 7 VgV – je nach Tätigkeitsfeld – entweder nach Abschnitt 2, 3 oder 4 der VOB/A verfahren; welcher dieser Abschnitte einschlägig ist, hängt vom persönlichen Geltungsbereich des jeweiligen Abschnitts und vom Tätigkeitsfeld des Auftraggebers ab.[653]

3.4.2 Abschnitt 2 – Basisparagrafen mit zusätzlichen Bestimmungen nach der EG-Baukoordinierungsrichtlinie (»a-Paragrafen«)

389 Die Bestimmungen des zweiten Abschnitts der VOB/A (a-Paragrafen) sind zusätzlich zu den Basisparagrafen des Abschnitts 1 für solche Bauaufträge anzuwenden,

> bei denen der geschätzte Gesamtauftragswert der Baumaßnahme bzw. des Bauwerks (alle Bauaufträge für eine bauliche Anlage) mindestens dem Gegenwert von 5.278.000,00 EUR ohne USt. entspricht und

> es sich um Auftraggeber im Sinne von § 98 Nr. 1–3, 5 und 6 des Gesetzes gegen Wettbewerbsbeschränkungen (GWB) handelt, so § 1 a Nr. 1 Abs. 1 VOB/A i. V. m. § 6 VgV.

390 Die Bestimmungen der a-Paragrafen finden keine Anwendung auf Bauaufträge der unter § 98 Nr. 1 GWB genannten Auftraggeber auf dem Gebiet der Trinkwasser- oder Energieversorgung sowie des Verkehrswesens; hierfür gelten ggf. die Abschnitte 3 und 4.

Die Einzelheiten der Ermittlung der Auftragswerte und der erfassten Aufträge und Auftraggeber ergeben sich aus der VgV und den §§ 98, 99 GWB.[654]

---

653 Vgl. dazu die Erläuterungen zu §§ 98, 99 GWB oben Ziff. 1.8.
654 Vgl. dazu die Erläuterungen unter 1.8 und 1.10.

3.4.3 Abschnitt 3 – Basisparagrafen mit zusätzlichen Bestimmungen nach der EG-Sektorenrichtlinie (»b-Paragrafen«)

Die Bestimmung der diesem Abschnitt unterworfenen öffentlichen (Sektoren-)Auftraggeber ergibt sich unmittelbar aus § 98 Nr. 1–3 GWB i.V. m. § 7 Abs. 1 Nr. 2, § 8 Nr. 1, 4 b) und c) VgV. Erfasst sind hiernach die in § 98 Nr. 1–3 GWB genannten öffentlichen Auftraggeber, soweit sie in Sektorenbereichen der Trinkwasserversorgung oder im Verkehrswesen tätig sind (sog. öffentliche Sektorenauftraggeber). Ausdrücklich ausgenommen sind die Sektorenbereiche Elektrizitäts-, Gas- und Wärmeversorgung. In sachlicher Hinsicht ist auch hier Voraussetzung, dass der zu vergebende Gesamtauftragswert den Schwellenwert von 5.278.000,00 EUR erreicht bzw. übersteigt. 391

3.4.4 Abschnitt 4 – Vergabebestimmungen nach der EG-Sektorenrichtlinie

Für die Anwendung des Abschnitts 4 der VOB/A (VOB/A-SKR) ist Voraussetzung, 392

> dass der geschätzte Gesamtauftragswert der Baumaßnahme bzw. des Bauwerks mind. dem Gegenwert von 5.278.000,00 EUR ohne USt. entspricht und

> es sich um Auftraggeber handelt, die zur Anwendung der Vergabebestimmungen nach §§ 7–9 VgV, 99 GWB verpflichtet sind.

Abweichend vom Anwendungsbereich des Abschnitts 3 werden vom Abschnitt 4 – SKR – neben den klassischen öffentlichen Auftraggebern im Sinne des § 98 Nr. 1–3 GWB insbesondere auch natürliche und juristische Personen des privaten Rechts erfasst, die in einem der in § 98 Nr. 4 GWB genannten Sektorenbereiche tätig sind (sog. private Sektorenauftraggeber). Für die öffentlichen Auftraggeber ist die Anwendbarkeit von Abschnitt 4 der VOB/A auf die in § 7 Abs. 2 i.V. m. § 8 Nr. 2–4 a) VgV genannten Fälle beschränkt, ansonsten haben sie Abschnitt 3 anzuwenden. Von Abschnitt 3 ausdrücklich ausgenommen sind die Bereiche der Elektrizitäts-, Gas- und Wärmeversorgung sowie des Luftverkehrs. In diesen Bereichen gilt auch für öffentliche Sektorenauftraggeber der Abschnitt 4 – SKR, der sonst nur für private Sektorenauftraggeber Geltung beanspruchen kann. 393

Bei der Anwendung der Abschnitte 2–4 der VOB/A sind außerdem die generellen Ausnahmen nach § 100 Abs. 2 GWB zu beachten. 394

3.5. Ausnahmevorschriften

§ 100 Abs. 2 GWB nimmt bestimmte, katalogartig aufgezählte Aufträge und Auftraggeber von der Anwendung der Vergabevorschriften der VOB/A aus. Die Ausnahmen betreffen im Wesentlichen Beschaffungen, für die internationale Regeln/Zuständigkeiten bestehen, Aufträge, die Geheimhaltungsvorschriften unterliegen, sowie verbundene Unternehmen im Sektorenbereich. Aber: Selbst bei Beschaffungsvorhaben im Verteidigungsbereich ist jeweils zu prüfen, ob der spezifische Vorgang eine Beschränkung des Wettbewerbs durch Nichtanwendung der vergaberechtlichen Vorschriften konkret er- 395 fordert. Das ist nur dann der Fall, wenn die Beeinträchtigung der staatlichen Sicherheitsinteressen so schwerwiegend ist, dass demgegenüber die Bieterinteressen an einem förmlichen Vergabeverfahren zurücktreten müssen.[655] § 100 Abs. 2 d GWB ist daher nicht einschlägig bei der Vergabe eines Auftrags für Lufttransporte von Versorgungsgütern für Truppen der Bundeswehr im Ausland. Zu Berücksichtigen ist auch, dass weder das NATO-Truppenstatut noch die Grundsätze für Auftragsbauten (ABG 1975) ein eigenes Regelwerk zur Auftragsvergabe enthalten, das die Anwendbarkeit der Vorschriften des GWB und der VgV gem. § 100 Abs. 2 lit. a) GWB ausschließen könnte. Von der deutschen Bauverwaltung durchgeführte Baumaßnahmen, die der Erweiterung von Stützpunkten alliierter Streitkräfte in Deutschland dienen, unterfallen den deutschen Vergaberechtsvorschriften daher auch dann, wenn sie aus Mitteln der ausländischen Streitkräfte endfinanziert werden.[656]

3.6 Rechtsnatur der VOB/A

396 Hinsichtlich der Rechtssatzqualität der VOB/A ist zwischen Vergabeverfahren mit nationaler Publizität und den oberhalb der Schwellenwerte liegenden Verfahren mit europaweiter Publizität zu differenzieren.

3.6.1 Nationale Vergaben

397 Bei der Anwendung der ausschließlich die nationalen Vergaben regelnden Bestimmungen des Abschnittes 1 der VOB/A ist von einer rein verwaltungsinternen Geltung auszugehen, da unterhalb der Schwellenwerte auch nach In-Kraft-Treten des vierten Teils des GWB der Ausgangspunkt des nationalen öffentlichen Vergaberechts nach wie vor nur das Haushaltsrecht der öffentlichen Auftraggeber ist, so dass es bei der lediglich haushaltsrechtlichen Verpflichtung des öffentlichen Auftraggebers zur Einhaltung der VOB/A bei der Ausschreibung und Vergabe von Bauleistungen bleibt.[657]

3.6.2 Vergaben oberhalb der Schwellenwerte

398 Anders liegt es bei Vergabeverfahren oberhalb der Schwellenwerte (Abschnitte 2–4 der VOB/A). Hier wurde die von Anfang an umstrittene, bis Ende 1998 geltende haushaltsrechtliche Lösung durch die neuen Bestimmungen des vierten Teils des GWB (§§ 97–129 GWB) und die Vergabeverordnung durch Vorschriften ersetzt, die der VOB/A zumindest teilweise Rechtsverordnungs- und damit Rechtsnormcharakter zusprechen. Das wird durch § 97 Abs. 7 GWB besonders deutlich. Hier wird erstmals ein subjektiver Anspruch der Bieter darauf anerkannt, dass der Auftraggeber bei Vergaben oberhalb der Schwellenwerte die Bestimmungen über das Vergabeverfahren (Abschnit-

---

655 OLG Düsseldorf, Beschl. v. 30.04.2003, Verg 61/02, VergabeNews 2003, 46, IBR 2003, 1117.
656 VK Bund, Beschl. v. 20.12.2005, VK 2-159/05.
657 Ingenstau/Korbion-Vygen, Einleitung, Rn. 45 ff.; BGH, BauR 1994, 236 und BGH, BauR 1992, 221 für die Rechtslage vor 1999.

te 2–4 VOB/A) beachtet. Daraus folgt im Umkehrschluss, dass jedenfalls diejenigen Bestimmungen der VOB/A, die (auch) dem Bieterschutz zu dienen bestimmt sind, durch die §§ 97 ff. GWB und die Vergabeverordnung Rechtsnormcharakter erhalten haben und von den Vergabestellen zwingend einzuhalten sind.[658] Dies geschieht rechtstechnisch durch den Verweis der Vergabeverordnung auf die Verdingungsordnungen, die hierdurch gleichsam den Rang einer Rechtsverordnung erhalten.

3.7 Die Wahl der »richtigen« Vergabeordnung

Die von der VOB/A erfassten Bauleistungen werden in § 1 VOB/A für alle Abschnitte einheitlich als Arbeiten jeder Art, durch die eine bauliche Anlage hergestellt, in Stand gehalten, geändert oder beseitigt wird, definiert. Im Anwendungsbereich des Abschnitts 1 der VOB/A findet sich jedoch keine Feststellung darüber, wie bei Mischverträgen (etwa beim Werklieferungsvertrag nach § 651 BGB) zu verfahren ist. Lediglich § 1 VOL/A stellt klar, dass Leistungen, die unter die VOB fallen, keine Lieferungen und Leistungen im Sinne der VOL sind. Zur Abgrenzung bietet es sich mangels ausdrücklicher Anknüpfungspunkte daher unterhalb der Schwellenwerte an, einheitlich auf den Schwerpunkt des Auftrags abzustellen.[659]

399

Im Anwendungsbereich der Abschnitte 2 bis 4 der VOB/A finden sich demgegenüber zumindest ansatzweise Regelungen. So sind die aus den EG-Vergaberichtlinien herrührenden Definitionen der Bauaufträge, Lieferaufträge und Dienstleistungsaufträge in § 99 GWB aufgenommen worden. Als öffentliche Aufträge definiert die Vorschrift entgeltliche Verträge zwischen öffentlichen Auftraggebern und Unternehmen, die Liefer-, Bau- oder Dienstleistungen zum Gegenstand haben, und Auslobungsverfahren, die zu Dienstleistungsaufträgen führen sollen (§ 99 Abs. 1 GWB). In § 99 Abs. 3 GWB ist hierzu weiter bestimmt, dass Bauaufträge auch die gleichzeitige Planung der Ausführung umfassen können. Ferner können Lieferungen gem. § 1 a Nr. 2 VOB/A dem zweiten Abschnitt der VOB/A unterfallen, wenn das Verlegen und Anbringen lediglich eine Nebenarbeit darstellt. Maßgeblich für die Wahl der Verdingungsordnung ist grundsätzlich, wo der Schwerpunkt des Auftrags liegt.[660] Treffen aber Dienstleistungen und Bauleistungen in einem Auftrag zusammen, so gilt dieser nach § 99 Abs. 6 GWB als Dienstleistungsauftrag, wenn die Bauleistungen im Verhältnis zum Hauptgegenstand Nebenarbeiten sind. Eine Ausschreibung nach der VOB/A ist regelmäßig gerechtfertigt, wenn die Bauaufgabe in der Vertragsgesamtheit nicht nur von untergeordneter Bedeutung ist, und zwar auch dann, wenn nach § 3 Abs. 3 und 9 VgV der Dienstleistungswert höher ist als die Bauleistung.[661] Maßgeblich ist das wirtschaftliche Gepräge unter Berücksichtigung auch der auf die Einzelleistungen entfallenden Anteile des gesamten Auftragsvolumens. Ein fester Wertansatz würde allerdings

400

---

658 Ingenstau/Korbion-Vygen, Einleitung, Rn. 45.
659 Detailliert zur Abgrenzung des Begriffs »Bauleistung« Ingenstau/Korbion, § 1 VOB/A, Rn. 4 ff.; OLG Düsseldorf, Beschl. v. 12.03.2003 – Verg 49/02, VergabeNews 2003, S. 37.
660 EuGH, Urt. v. 19.04.1994 »Gran Casino«, Slg. 1994 I, 1331, 1343; OLG Brandenburg, BauR 1999, 1175.
661 OLG Brandenburg, BauR 1999, 1175, 1177 f.; Noch, BauR 1998, 941, 948 f.

nicht allen denkbaren Fällen gerecht. Ist eine abschließende rechtliche Einordnung des Gesamtauftrags anhand der auf die einzelnen Vertragstypen entfallenden (Teil-) Auftragssummen beim Zusammentreffen von Bau- und Dienstleistungselementen nicht möglich, so gewinnen die übrigen den Auftrag prägenden Elemente an Bedeutung. Hierzu gehört insbesondere die Risikoverteilung.[662]

3.8 Die Wahl des »richtigen« Vergabeverfahrens

3.8.1 Die Vergabearten

401 Nach § 3 VOB/A bestehen unterhalb EU-Schwellenwerte drei Arten der Vergabe:

- ➢ Die öffentliche Ausschreibung,
- ➢ die beschränkte Ausschreibung und
- ➢ Die freihändige Vergabe.

402 Im Rahmen dieser Verfahren soll die Leistung entsprechend den Grundsätzen der Vergabe[663] an fachkundige, leistungsfähige und zuverlässige Bewerber zum günstigsten Gebot vergeben werden. Dabei stellt der Kreis der zu beteiligenden Bieter das prägende Unterscheidungsmerkmal dieser drei Verfahren dar.

403 Im europäischen Recht ist diese Systematik aufgegriffen und nun um die Verfahrensart des Wettbewerblichen Dialogs erweitert worden. In Übereinstimmung mit den diesbezüglichen Vorgaben nach § 101 GWB sieht § 3 a VOB/A die folgenden Verfahrensvarianten vor:

- ➢ Das Offene Verfahren
- ➢ Das Nichtoffene Verfahren
- ➢ Den Wettbewerblichen Dialog
- ➢ Das Verhandlungsverfahren

(§ 101 Abs. 1 GWB; so auch § 3 a/b VOB/A). Das Offene Verfahren entspricht der öffentlichen Ausschreibung, das Nichtoffene Verfahren der beschränkten Ausschreibung und das Verhandlungsverfahren der freihändigen Vergabe, während der Wettbewerbliche Dialog mit keinem Vergabeverfahren unterhalb der Schwellenwerte unmittelbar korrespondiert. Er kann aber als Unterfall eines besonders vorstrukturierten Verhandlungsverfahrens begriffen werden.

404 Trotz der unterschiedlichen Begriffsbestimmungen bei den europaweiten und den nationalen Vergabeverfahren handelt es sich im Übrigen um im Wesentlichen vergleichbare Vergabearten. Einheitlich ist jeweils der Grundsatz, dass die öffentliche Ausschreibung/das Offene Verfahren als richtige Verfahrensart zu wählen ist, wenn nicht

---

662 OLG Düsseldorf, Beschl. v. 12.03.2003, Verg 49/02.
663 Zu den Grundsätzen der Vergabe vgl. unter 1.1. bis 1.5.

die anderen Verfahrensarten ausnahmsweise zulässig sind. Die Voraussetzungen, wann abweichend von diesem Grundsatz eine andere Vergabeart angewandt werden darf, bei der der Wettbewerb aufgrund der Begrenzung auf eine geringere Zahl von Bietern eingeschränkt ist, werden in § 3 VOB/A für Vergaben unterhalb der Schwellenwerte und in §§ 3 a und 3 b VOB/A oberhalb der Schwellenwerte abschließend geregelt.

3.8.2 Vergaben unterhalb des Schwellenwertes – Abschnitt 1 der VOB/A

3.8.2.1 Öffentliche Ausschreibung

Die öffentliche Ausschreibung hat vor allen anderen Vergabearten Vorrang. Mit ihr wendet sich der Auftraggeber an eine unbeschränkte Zahl von Unternehmen mit der Aufforderung, im vorgeschriebenen Verfahren Angebote für Bauleistungen einzureichen (§ 3 Nr. 1 Abs. 1 VOB/A). Der Begriff des vorgeschriebenen Verfahrens meint einen bestimmten Verfahrensgang, der in den weiteren Vorschriften des Abschnitts 1 niedergelegt ist. Er umfasst neben allgemein gültigen und für alle Vergabearten geltenden Vorschriften grundlegender Art die eigentlichen »Verfahrensvorschriften«, die entweder für alle Vergabearten oder speziell nur für die öffentliche Ausschreibung gelten.[664] Dadurch, dass grundsätzlich jedes Unternehmen teilnehmen kann, das sich gewerbsmäßig mit der Ausführung von Leistungen der ausgeschriebenen Art befasst (§ 8 Nr. 2 VOB/A), wird dem Wettbewerbsprinzip in besonderem Maße Geltung verschafft.

405

Nach § 3 Nr. 2 VOB/A *muss* eine öffentliche Ausschreibung stattfinden, wenn nicht die Eigenart der Leistung oder besondere Umstände eine Abweichung rechtfertigen. Die öffentliche Ausschreibung stellt daher den Regelfall dar, von dem nur ausnahmsweise abgewichen werden darf, was stets gesondert begründet werden muss. Der Wunsch nach einer vereinfachten, raschen Vergabeentscheidung oder nach der erneuten Beauftragung eines bereits als bewährt (z. B. aus einem Vorauftrag) bekannten Auftragnehmers stellt keine tragfähige Begründung für ein beschränktes Verfahren oder eine freihändige Vergabe dar.[665] Eine Abweichung kann jedoch insbesondere dann zulässig sein, wenn die technischen und wirtschaftlichen Voraussetzungen, die Anforderungen sowie die rechtlichen Voraussetzungen der zu erbringenden Leistung nur von bestimmten Bewerbern erfüllt werden können.[666]

406

Die Aufforderung zur Teilnahme an der öffentlichen Ausschreibung erfolgt im Wege der Bekanntmachung der beabsichtigten Auftragsvergabe. Gemäß § 17 Nr. 1 VOB/A hat dies unter Zuhilfenahme allgemeiner Medien wie beispielsweise Tageszeitungen, amtliche Veröffentlichungsblätter oder Fachzeitschriften zu geschehen. Insgesamt handelt es sich um ein streng formalisiertes Verfahren, dass den größtmöglichen Wettbewerb und die Gleichbehandlung aller potenzieller Bewerber gewährleisten soll.[667] Aus diesem Grund sind etwa Angebote, die die Verdingungsunterlagen än-

407

---

664 Zu den jeweiligen Einzelheiten unten ab 3.8.
665 Auch § 55 BHO fordert eine öffentliche Ausschreibung.
666 Heiermann/Riedl/Rusam, § 3 VOB/A, Rn. 14.
667 Zu den Einzelheiten unten ab 3.8.

dern, vom Vergabewettbewerb auszuschließen. Da andernfalls die Vergleichbarkeit der Angebote litte, müssen Änderungen an den Verdingungsunterlagen ausgeschlossen werden.[668]

3.8.2.2 Beschränkte Ausschreibung

408 Bei der beschränkten Ausschreibung handelt es sich in den Grundzügen um ein der öffentlichen Ausschreibung vergleichbares Verfahren. Der wesentliche Unterschied liegt darin, dass von vornherein lediglich eine beschränkte Anzahl von Unternehmen zur Abgabe von Angeboten in Betracht gezogen wird (§ 3 Nr. 1 Abs. 2 VOB/A). Im Allgemeinen sollen nur 3 bis 8 Teilnehmer aufgefordert werden, wobei bei Ausschreibungen, die vom Bewerber umfangreiche Vorarbeiten verlangen, der Bewerberkreis noch weiter eingeschränkt werden kann (§ 8 Nr. 2 Abs. 2 VOB/A).

409 Da die öffentliche Ausschreibung vor allen anderen Vergabearten Vorrang hat, werden in § 3 Nr. 3 VOB/A diejenigen Fälle, in denen eine beschränkte Vergabe zulässig ist, konkret – wenn auch nicht abschließend – aufgeführt. Es ist zwischen der »schlichten« Beschränkten Ausschreibung und einer Beschränkten Ausschreibung nach öffentlichem Teilnahmewettbewerb zu unterscheiden. Erstere ist zulässig, wenn

➢ die öffentliche Ausschreibung für den Auftraggeber oder die Bewerber einen Aufwand verursachen würde, der zu dem erreichbaren Vorteil oder dem Wert der Leistung im Missverhältnis stehen würde,

➢ eine öffentliche Ausschreibung kein annehmbares Ergebnis gehabt hat,

➢ die öffentliche Ausschreibung aus anderen Gründen (z. B. Dringlichkeit, Geheimhaltung) unzweckmäßig ist.

410 Eine Kombination der Verfahren der Beschränkten und der Öffentlichen Ausschreibung wird praktisch durch einen vorgeschalteten öffentlichen Teilnahmewettbewerb nach § 3 Nr. 3 Abs. 2 VOB/A erreicht. Teilnahmeanträge können – wie bei öffentlicher Ausschreibung – von allen interessierten, potenziellen Bietern eingereicht werden. Der Auftraggeber wählt dann daraus nach pflichtgemäßem Ermessen die zur Angebotsabgabe bei beschränkter Ausschreibung aufzufordernden Bieter aus. Der öffentliche Teilnahmewettbewerb wird vorgeschaltet, um einem unbeschränkt großen Kreis an Interessenten die Möglichkeit zu geben, sich um die Beteiligung an der Ausschreibung zu bewerben. Dies kann insbesondere bei Bauvorhaben sinnvoll sein, bei denen die Voraussetzungen der beschränkten Ausschreibung an sich zwar gegeben sind, der Auftraggeber jedoch nicht weiß, ob, wo, und vor allem wie viele geeignete Interessenten es für die zu bewältigende Bauaufgabe auf dem verfügbaren Markt gibt.

411 Der öffentliche Teilnahmewettbewerb ist ein selbstständiges förmliches Verfahren, das mit der Bekanntmachung nach § 17 Nr. 2 VOB/A beginnt und mit dem Ablauf der Frist für die Einreichung von Teilnahmeanträgen endet. Nach Ablauf der Frist wählt der Auftraggeber aus dem Kreis der Interessenten unter Beachtung der Kriterien von Fachkunde, Leistungsfähigkeit und Zuverlässigkeit sowie ausreichender technischer und wirtschaftlicher Mittel in Bezug auf den konkreten Auftrag diejenigen Bewerber aus, die der

---

668 BGH, BauR 1998, 1249.

konkreten Leistungsaufgabe am ehesten entsprechen. Die so ausgewählten Unternehmen, die sog. Blankettträger, werden dann zur Angebotsabgabe aufgefordert (§ 8 Nr. 4 VOB/A), ohne dass hierdurch die Verpflichtung zur Abgabe eines Angebots entsteht.

Eine beschränkte Ausschreibung nach vorangegangenem öffentlichem Teilnahmewettbewerb ist gem. § 3 Nr. 3 Abs. 2 VOB/A zulässig, wenn **412**

> ➢ die Leistung nach ihrer Eigenart nur von einem beschränkten Kreis von Unternehmern in geeigneter Weise ausgeführt werden kann, besonders wenn außergewöhnliche Zuverlässigkeit oder Leistungsfähigkeit (z. B. Erfahrung, technische Einrichtung oder fachkundige Arbeitskräfte) erforderlich sind,
>
> ➢ die Bearbeitung des Angebots wegen der Eigenart der Leistung einen außergewöhnlich hohen Aufwand erfordert.

Anwendungsfälle, sowohl unter dem einen wie auch unter dem anderen Gesichtspunkt sind komplizierte Bauvorhaben, wie beispielsweise die Verlegung von Gas- oder Hochdruckleitungen sowie Spezialarbeiten aller Art, für die ohnehin nur ein eng begrenzter Kreis von Bietern in Betracht kommt, die z. B. besondere Zulassungen oder spezielle Geräte besitzen müssen. Bei Überschreiten der Schwellenwerte ist die Vergabe im der beschränkten Ausschreibung strukturell entsprechenden Nichtoffenen Verfahren durchzuführen. Ein solches Vorgehen kommt auch bei ÖPP-Vorhaben in Betracht, bei denen der Leistungsgegenstand zumindest funktional bereits abschließend beschreibbar ist. **413**

3.8.2.3 Freihändige Vergabe

Bei der freihändigen Vergabe erfolgt die Auftragsvergabe ohne ein vorgeschriebenes förmliches Verfahren (§ 3 Nr. 1 Abs. 3 VOB/A). Sie ist gegenüber der öffentlichen Ausschreibung und der beschränkten Ausschreibung subsidiär und daher nur ausnahmsweise zulässig, wenn die anderen Ausschreibungsarten »unzweckmäßig« sind (§ 3 Nr. 4 VOB/A). **414**

Ob eine »Unzweckmäßigkeit« gegeben ist, hat der Auftraggeber im konkreten Einzelfall jeweils pflichtgemäß zu prüfen. Fälle, in denen eine solche Unzweckmäßigkeit gegeben ist und damit eine freihändige Vergabe durchgeführt werden kann, sind beispielhaft in § 3 Nr. 4 a)–f) VOB/A genannt: **415**

> ➢ für die Leistung kommt aus besonderen Gründen (z. B. Patentschutz, besondere Erfahrung oder Geräte) nur ein bestimmter Unternehmer in Betracht;
>
> ➢ die Leistung ist nicht eindeutig beschreibbar;
>
> ➢ eine kleine Leistung lässt sich von einer bereits vergebenen größeren Leistung nicht ohne weiteres trennen;
>
> ➢ die Leistung ist besonders dringlich;
>
> ➢ eine erneute Ausschreibung nach Aufhebung einer öffentlichen oder beschränkten Ausschreibung verspricht kein annehmbares Ergebnis;
>
> ➢ die auszuführende Leistung unterliegt der Geheimhaltung.

3 Die Vergabe- und Vertragsordnung für Bauleistungen, Teil A (VOB/A)

416 Auch wenn die einzelnen Fälle nur beispielhaft genannt sind und damit ein gewisser Beurteilungsspielraum vorhanden ist, bildet die Vorgabe des § 3 Nr. 2 VOB/A, nach der ein Abweichen von der öffentlichen Ausschreibung nur zulässig ist, wenn die Eigenart der Leistung oder besondere Umstände dies rechtfertigen, eine zwingend zu beachtende Schranke. Nur in seltenen Ausnahmefällen wird daher eine freihändige Vergabe in Betracht kommen. Der Hauptanwendungsfall liegt nach einer Aufhebung einer vorangehenden Ausschreibung oder in der Anschlussvergabe nach vorheriger Kündigung eines zuvor beauftragten Auftragnehmers. In der Praxis ist zu beobachten, dass insbesondere eine Dringlichkeit von den Vergabestellen vielfach zu schnell angenommen wird. In Analogie zu der Rechtsprechung betreffend Eilanträgen nach §§ 115 Abs. 2, 121 Abs. 1 GWB kann eine Dringlichkeit nur aufgrund äußerer Umstände entstehen, die von der Vergabestelle nicht rechtzeitig berücksichtigt werden konnten.[669] Dabei werden auch Planungs- und Genehmigungsvorlaufzeiten zu Lasten der Vergabestelle zu berücksichtigen sein. Politische Motive (Eröffnung durch einen Minister, Wahltermine etc.) sind nicht berücksichtigungsfähig. Bezüglich der Verfahrensweise gelten alle Vorschriften des ersten Abschnitts der VOB/A ebenso wie im Fall der VOL/A unmittelbar auch für die Freihändige Vergabe, es sei denn, aus den Regelungen selbst ergäbe sich etwas Abweichendes.[670] Entsprechendes gilt für das inhaltlich nicht abweichend geregelte Verhandlungsverfahren nach den Abschnitten 2–4 der VOB/A.

3.8.3 Vergaben oberhalb des Schwellenwertes nach Abschnitt 2 und 3 VOB/A

417 Für Vergaben oberhalb der Schwellenwerte nach den Abschnitten 2 und 3 VOB/A ergeben sich folgende Besonderheiten aus den neben den Basisparagrafen zusätzlich geltenden a- bzw. b-Paragrafen.[671]

3.8.3.1 Offenes Verfahren

418 Das gem. § 101 Abs. 2 GWB, §§ 3a Nr. 1 a), 3b Nr. 1 a) VOB/A für Vergaben oberhalb des Schwellenwertes anzuwendende Offene Verfahren entspricht, wie sich aus dem uneingeschränkten Verweis auf § 3 Nr. 1 Abs. 1 VOB/A ergibt, der öffentlichen Ausschreibung, soweit aus den a- und b-Paragrafen nichts anderes folgt. Ebenso wie die öffentliche Ausschreibung ist es anzuwenden, wenn nicht die Eigenart der Leistung oder besondere Umstände eine Abweichung rechtfertigen. Es kann insoweit auf die Ausführungen zur öffentlichen Ausschreibung verwiesen werden.

419 Unterschiede bestehen in Bezug auf die Veröffentlichung.[672] Abweichend von der für die öffentliche Ausschreibung getroffenen Regelung verlangt der für Vergaben nach dem 2. Abschnitt der VOB/A geltende § 17a Nr. 1 VOB/A in bestimmten Fällen eine

---

669 Vgl. OLG Celle, VergabeR 2003, 367, 368; VergabeR 2001, 338; BayObLG, VergabeR 2003, 368, 370; KG, VergabeR 2003, 355, 358.
670 OLG Düsseldorf, Beschl. v. 28.04.2004, VII Verg 2/04 (für die VOL/A).
671 Im Folgenden wird nur auf die Vergabearten nach dem 2. und 3. Abschnitt der VOB/A eingegangen. Ausführungen zur Vergabe nach der 4. Abschnitt der VOB/A (VOB/A-SKR) finden sich unter Rn. 747 ff.
672 Hierzu auch noch näher unten, Rn. 539 ff.

3.8 Die Wahl des »richtigen« Vergabeverfahrens

der eigentlichen Bekanntmachung vorgeschaltete Vorinformation über die zu vergebenden Aufträge. Außer den Angaben nach § 17 Nr. 1 Abs. 2 sind beim Offenen Verfahren zusätzliche Informationen bekannt zu machen, insbesondere die Wertungskriterien für die Auftragserteilung nebst Gewichtung und der Tag der Absendung der Bekanntmachung (§ 17 a Nr. 3 Abs. 1 VOB/A). Ferner ist in Abweichung von § 17 Nr. 1 Abs. 1 VOB/A vorgesehen, dass die Bekanntmachung im Supplement zum Amtsblatt der Europäischen Gemeinschaften zu erfolgen hat; dabei darf die Bekanntmachung 650 Wörter nicht überschreiten, § 17 a Nr. 2 Abs. 2 VOB/A. Dieses Publikationsmedium ist zwingend vorgeschrieben. Nach § 17 a Nr. 2 Abs. 5 VOB/A können die Bekanntmachungen auch inländisch veröffentlicht werden, jedoch nicht vor Absendung an das Amt für amtliche Veröffentlichungen der EU und nur mit demselben Inhalt. Um einem europaweiten Kreis von Bewerbern die Teilnahme am Offenen Verfahren zu ermöglichen, gelten schließlich längere Fristen als im Rahmen einer nationalen öffentlichen Ausschreibung (vgl. §§ 18, 18 a VOB/A). Fristverkürzungen sind in begründeten Fällen unter den dort genannten Voraussetzungen möglich.

3.8.3.2 Nichtoffenes Verfahren

Dem Nichtoffenen Verfahren gem. § 101 Abs. 3 GWB, §§ 3 a Nr. 1 b), 3 b Nr. 1 b) VOB/A ist stets ein öffentlicher Teilnahmewettbewerb vorzuschalten. Es entspricht damit der beschränkten Ausschreibung nach öffentlichem Teilnahmewettbewerb (§ 3 Nr. 1 Abs. 2 VOB/A) für Verfahren unterhalb des Schwellenwerts. Ein der beschränkten Ausschreibung ohne öffentlichen Teilnahmewettbewerb entsprechendes Verfahren kennen die Abschnitte 2 und 3 der VOB/A nicht.

420

Analog zu der Hierarchie der nationalen Vergabearten ist das Nichtoffene Verfahren gegenüber dem Offenen Verfahren nachrangig. Wie auch die beschränkte Ausschreibung mit vorgeschaltetem öffentlichem Teilnahmewettbewerb ist das Nichtoffene Verfahren zulässig, wenn die Voraussetzungen des § 3 Nr. 3 VOB/A vorliegen, also die Eigenart der Leistung oder besondere Umstände eine Abweichung vom Grundsatz der öffentlichen Ausschreibung rechtfertigen (vgl. § 3 a Nr. 3 1. Halbsatz, § 3 b Nr. 1 b) VOB/A). Wie sich aus § 3 a Nr. 3 2. Halbsatz VOB/A ergibt, ist unabhängig davon das Nichtoffene Verfahren abweichend von der beschränkten Ausschreibung des Weiteren auch dann zulässig, wenn (kumulativ)

421

➢ ein vorausgegangenes Offenes Verfahren oder auch Nichtoffenes Verfahren aufgehoben worden und

➢ ein Verhandlungsverfahren nicht zulässig ist.

Im Übrigen kann auf die Ausführungen zur beschränkten Ausschreibung verwiesen werden.

422

3.8.3.3 Verhandlungsverfahren

Das dritte in der VOB/A für Vergaben oberhalb des Schwellenwerts vorgesehene Verfahren ist das Verhandlungsverfahren gem. § 101 Abs. 4 GWB, §§ 3 a Nr. 1 d), 3 b Nr. 1 c) VOB/A. Mit ihm wendet sich der Auftraggeber an ausgewählte Unternehmen und verhandelt mit einem oder mehreren dieser Unternehmen über die Auftragsbedingungen. Darüber, wann mit einem oder mehreren Bietern verhandelt werden soll, enthält

423

die VOB/A keine Regelungen. Aus dem Gesamtzusammenhang geht jedoch hervor, dass stets mehrere Bewerber zur Angebotsabgabe aufgefordert werden sollen.[673] Eine Beschränkung des Teilnehmerkreises ist wie beim Nichtoffenen Verfahren nach den Änderungen der VOB/A im Jahr 2006 nur noch möglich, wenn hierauf in der Vergabebekanntmachung unter gleichzeitiger Angabe der diesbezüglichen Auswahlkriterien hingewiesen wurde (§ 8a Nr. 6 VOB/A).[674]

424 Das Verhandlungsverfahren stellt eine außerordentlich starke Einschränkung des Wettbewerbs dar, da es im Ermessen des Auftraggebers liegt, mit wem er Verhandlungen führt.[675] Zudem kann er den Inhalt der Verhandlungen in für die Bieter nicht antizipierbarer Weise bestimmen. Insbesondere die Gleichbehandlung der Bieter ist im Verhandlungsverfahren gefährdet, was auch in der Praxis verstärkt gerügt wird. Die Sachverhalte der wenigen, zum Verhandlungsverfahren ergangenen Entscheidungen der Gerichte bestätigen diesen Eindruck.[676] In vielen Fällen erscheint zudem die Wahl des Verhandlungsverfahrens fehlerhaft, da es nur bei Vorliegen der in § 3a Nr. 4/5 VOB/A genannten Sonderfälle angewandt werden kann. Bei Wahl des falschen Verfahrens aber kann schon eine nach § 107 Abs. 3 GWB rechtzeitig erhobene Rüge eines Bieters die gesamte Vergabe gefährden, zumindest aber empfindlich verzögern. Auftraggeber sind daher gut beraten, sich im Zweifel gegen die Durchführung eines Verhandlungsverfahrens zu entscheiden. So sind die Gründe für die Wahl eines Verhandlungsverfahrens als Ausnahmeregelungen eng auszulegen, die Beweislast für ihr Vorliegen trägt derjenige, der sich darauf beruft.[677] Dies wird regelmäßig der öffentliche Auftraggeber sein, der die Gründe für die Wahl des Verhandlungsverfahrens sorgfältig dokumentieren muss.

425 Ebenso wie im Fall der VOL/A,[678] wird auch in den Abschnitten 2 und 3 der VOB/A zwischen zwei Varianten des Verhandlungsverfahrens unterschieden. Das Verhandlungsverfahren nach vorheriger öffentlicher Vergabebekanntmachung/vorherigem Aufruf zum Wettbewerb stellt den Regelfall des ohnehin nur ausnahmsweise zulässigen Verhandlungsverfahrens dar, während nur in Einzelfällen Bekanntmachung/Aufruf auch unterbleiben können. Sowohl die öffentliche Vergabebekanntmachung nach § 17a VOB/A als auch der in § 17b VOB/A näher ausgestaltete Aufruf zum Wettbewerb sind anders als das Verhandlungsverfahren selbst förmliche Verfahren. Sie sollen potenziellen Auftragsinteressenten die Möglichkeit geben, sich um die Teilnahme am Verhandlungsverfahren zu bemühen.

426 Beim Verhandlungsverfahren ist der Leistungsgegenstand nicht bereits in der Ausschreibung in allen Einzelheiten festgeschrieben. Insbesondere können Angebote noch abgeändert werden, nachdem sie abgegeben worden sind.[679] Nach Ablauf der Angebotsfrist sind die Angebote nicht nur noch nach einem für alle einheitlichen Maßstab

---

673 Ebert, Möglichkeiten und Grenzen im Verhandlungsverfahren, S. 110 f.; Heiermann/Riedl/Rusam, § 3a VOB/A, Rn. 8.
674 Siehe näher hierzu unten, Rn. 473.
675 Eingehend Ebert, Möglichkeiten und Grenzen im Verhandlungsverfahren, S. 113 f.
676 Vgl. die Sachverhalte z.B. bei OLG Düsseldorf, VergabeR 2002, 169, 170; OLG Brandenburg, BauR 1999, 1175, 1179 f., und VK Bund, Beschl. v. 10.12.2002, VK 1-93/02.
677 EuGH, VergabeR 2004, 710, 713.
678 Vgl. unter Rn. 870 ff.
679 OLG Celle, VergabeR 2002, 299, 301.

3.8 Die Wahl des »richtigen« Vergabeverfahrens

zu bewerten; es beginnt vielmehr ein dynamischer Prozess, in dem sich durch Verhandlungen sowohl auf Nachfrage – als auch auf Angebotsseite Änderungen ergeben können.[680] Diese dürfen nur nicht dazu führen, dass letztlich andere Leistungen beschafft werden als angekündigt.[681] »Verhandeln« heißt in diesem Zusammenhang, dass Auftraggeber und potenzielle Auftragnehmer den Auftragsinhalt und die Auftragsbedingungen so lange besprechen, bis klar ist, wie die Leistung ganz konkret beschaffen sein soll, zu welchen Konditionen der Auftragnehmer diese liefert und insbesondere auch, zu welchem Preis geliefert wird. Ein Vertrag wird am Ende des Verhandlungsprozesses mit dem Unternehmen geschlossen, mit dem bis zuletzt verhandelt wurde, bzw. dessen Angebot nach den abschließenden Verhandlungsrunden nach den bekannt gemachten Wertungskriterien vorne lag.

Der Verhandlungsprozess kann in Stadien ablaufen, nach deren jeweiligem Ende der Kreis der partizipierenden Unternehmen beschränkt wird. Ist ein solches Vorgehen beabsichtigt, so sind die Bieter hierüber vorab in Kenntnis zu setzen. Die Zahl der Angebote ist anhand der mitgeteilten Zuschlagskriterien zu reduzieren, was durch eine vorläufige Wertung mit Aufstellung einer entsprechenden Rangfolge geschieht. Auch in der Schlussphase des Verhandlungsverfahrens muss allerdings noch echter Wettbewerb gewährleistet sein (§ 3 a Nr. 7 Abs. 2 VOB/A). Hieraus folgt aber nicht, dass bis zum Schluss mit mehr als einem Bieter verhandelt werden muss, wenn eine Beschränkung der Verhandlungen auf einen *preferred bidder* sachlich gerechtfertigt ist. **427**

In der Praxis lassen sich zwei Verhandlungsstrategien unterscheiden. Bei der so genannten parallelen Strategie führt eine Vergabestelle mit mehreren Bietern oder Bewerbern bis zur Vergabeentscheidung Verhandlungen, wodurch ein ständiger Konkurrenzkampf auch in der Verhandlungssituation gewährleistet ist. Es ist aber auch möglich, Verhandlungen so zu führen, dass Offerten, die preislich oder inhaltlich hinter dem Angebot/Vorschlag eines anderen Bieters zurückbleiben, frühzeitig ausgesondert werden. Bei einem solchen Vorgehen bleibt am Ende nur noch ein Unternehmen, der so genannten *preffered bidder*, übrig (sog. lineare Strategie).[682] Die lineare und parallele Strategie können in einem gestuften Verhandlungsverfahren auch miteinander kombiniert werden. Es ist aus Flexibilitäts- und Kostengründen sogar zu empfehlen, *»eine Abwicklung des Verfahrens in sukzessiven Phasen vorzusehen, sodass die Anzahl der Angebote, die noch Gegenstand des Dialogs oder der Verhandlungen sind, auf der Grundlage von vorher angegebenen Zuschlagskriterien schrittweise reduziert wird«*.[683] Dem entsprechend kann es sich etwa bei komplexen und umfangreichen ÖPP-Projekten anbieten, die ersten Verhandlungsrunden zunächst parallel zu führen, um nach einer hinreichenden Spezifizierung des Leistungsinhalts den Bewerber- und Bieterkreis in abgeschichteten Verhandlungsrunden zu begrenzen, so dass am Ende die abschließenden Vertragsverhandlungen nur noch mit dem Bestbieter geführt werden. Mit dem verbleibenden Bewerberkreis finden keine weiteren Gespräche mehr statt, wenn diese Verhandlungen zu einem Vertragsschluss führen. Sollte dies nicht der Fall sein, **428**

---

680 OLG Celle, VergabeR 2002, 299, 301.
681 OLG Dresden, Beschl. v. 03.12.2003, WVerg 15/03, VergabeR 2004, 225, 229.
682 Siehe BMVBW, Gutachten PPP, Band II, S. 314 ff.; eingehend Ebert, Möglichkeiten und Grenzen im Verhandlungsverfahren, S. 132 ff.
683 RL 2004/18EG, 41. Erwägungsgrund.

wird der Verhandlungsprozess mit dem restlichen Bewerberkreis wieder aufgenommen und fortgeführt.

429 Der Ablauf des Verhandlungsverfahrens lässt sich danach wie folgt skizzieren:[684]

Möglichkeiten der Verhandlungsführung

Modifizierte lineare Strategie	Modifizierte parallele Strategie

I. Aufforderung zur Angebotsabgabe
  1. Angebotsaufforderung („request for proposals")
  2. Abgabe indikativer Angebote
  3. Angebotsprüfung
  4. ggf. Aufklärung
  5. Ausschluss von nicht wertbaren Angeboten und Angeboten, die für den Zuschlag nicht in Frage kommen
	I. Aufforderung zur Angebotsabgabe
	  1. Angebotsaufforderung („request for proposals")
	  2. Abgabe indikativer Angebote
	  3. Angebotsprüfung
	  4. ggf. Aufklärung
	  5. Ausschluß von nicht wertbaren Angeboten und Angeboten, die für den Zuschlag nicht in Frage kommen

II. Verhandlungen mit dem Ziel, die Vergleichbarkeit der Angebote herzustellen
  1. Verhandlungen mit allen verbliebenen Bietern
  2. Aufforderung zur Abgabe modifizierter Angebote mit der Ankündigung, auf dieser Basis den preferred bidder auszuwählen
  3. Wertung/Rangfolge („short list")
	II. Verhandlungen mit dem Ziel, die Vergleichbarkeit der Angebote herzustellen
	  1. Verhandlungen mit allen verbliebenen Bietern
	  2. Aufforderung zur Abgabe modifizierter Angebote mit der Ankündigung, auf dieser Basis den Bieterkreis zu verkleinern
	  3. Wertung/Rangfolge („short list")

III. Verhandlungen mit dem Ziel des Zuschlags auf das Angebot des preferred bidder (Nr. 1 auf der „short list"	III. ggf. weitere „Runden" nach Verengung des Bieterkreises (wie II.)

IV. Bei Scheitern: Rückgriff auf das zweitbeste Angebot aus der „short list" (ggf. weitere „Runde" wie I.)	IV. Letzte Runde – „Last call"
	  - Aufforderung zur Abgabe letztes, verbindliches Angebot unter Berücksichtigung der Verhandlungsergebnisse der vorhergehenden „Runden"
	  - Abgabe letztes verbindiches Angebot
	  - Angebotsprüfung und Wertung
	  - Auswahl bestes Angebot und Zuschlagsentscheidung

V. Entscheidung und Zuschlagsverhandlungen	
VI. Information an nicht berücksichtigte Bieter	V. Information an nicht berücksichtigte Bieter
VI. Zuschlag	VI. Zuschlag

---

684 Nach Ebert, Möglichkeiten und Grenzen im Verhandlungsverfahren, S. 150.

3.8 Die Wahl des »richtigen« Vergabeverfahrens

Auch innerhalb eines Verhandlungsverfahrens kann der Auftraggeber den Bietern Fristen z. B. zur Überarbeitung der Angebote nach Verhandlung setzen. Nach Ansicht des OLG Düsseldorf passen die Vorschriften des VwVfG über Fristverlängerungen/Wiedereinsetzung nicht auf solche Fristen aus dem Vergabeverfahren.[685] Ob diese Ansicht zutreffend ist, kann letztlich dahinstehen, denn auch das OLG Düsseldorf hält eine – geringfügige – Fristüberschreitung dann für entschuldbar, wenn ansonsten eine Ungleichbehandlung der Bieter befürchtet werden müsste. So muss der Auftraggeber bei kurzen Fristen mit deren vollständiger Ausnutzung durch die Bieter rechnen und vorsorglich z. B. zwei Telefax-Anschlüsse empfangsbereit halten. Geschieht dies nicht, ist ein um ca. 15–30 Minuten verspätet eingehendes Angebot wegen besetzten Fax-Anschlusses gleichwohl zu werten.[686] Im Übrigen gilt grundsätzlich, dass fristgebundene Handlungen – wie etwa die Vorlage von Unterlagen mit einem Angebot – nicht nachgeholt werden können.

430

Der Wettbewerbsgrundsatz gebietet es, dass der Auftraggeber grundsätzlich mit mehreren Bietern verhandeln muss. Ist eine sukzessive Beschränkung der verhandelten Angebote nicht bekannt gegeben worden, sind sogar alle ausgewählten Bieter in das Verfahren einzubeziehen. Auch im Verhandlungsverfahren ist der Auftraggeber verpflichtet, die Bieter gleich zu behandeln und den Transparenzgrundsatz zu beachten. Er muss also allen Bietern die gleichen Informationen zukommen lassen und ihnen die Chance geben, bei gleichen Fristen und zu gleichen Anforderungen ein Angebot abzugeben. Die Vergabestelle darf nicht nur einem Bieter einseitig ermöglichen, sein Angebot technisch nachzubessern, sondern muss vielmehr auch bei einem strukturiertem Verhandlungsverfahren allen nicht ausgeschiedenen Bietern die Problematik ihres jeweiligen Angebots aufgezeigt haben und die Möglichkeit zur Nachbesserung gegeben haben, wovon die Bieter Gebrauch machen können. Einen Rechtssatz, wonach immer mit drei Bietern verhandelt werden müsste, gibt es allerdings nicht.[687] Es ist lediglich »echter« Wettbewerb sicherzustellen.

431

Das Verhandlungsverfahren ist freilich kein Weg, unzulässige Angebote und/oder Nebenangebote zu heilen oder ihnen zur Wertung zu verhelfen. Verstößt das in einem Verhandlungsverfahren abgegebene Angebot gegen zwingende Vorgaben der Ausschreibung, muss eine Wertung unterbleiben.[688] Das gilt auch dann, wenn ein Bieter in seinem Angebotsbegleitschreiben erklärt, dass er sich in Anbetracht der ausgeschriebenen Produkte und Leitfabrikate eine »teilweise Material- und Fabrikatsfreigabe« vorbehalte. Derartige Vorbehalte führen auch im Verhandlungsverfahren als Abweichungen von Vorgaben der Ausschreibung zum Ausschluss dieses Angebots.[689] Der Auftraggeber kann auch nicht das Verhandlungsverfahren wählen, um Defizite in seiner Leistungsbeschreibung auf Kosten der Bieter zu lösen. So wäre etwa eine erst im Verhandlungsstadium vorgenommene Präzisierung unklarer Angaben der Leistungsbeschreibung oder die »Nachreichung« kalkulationserheblicher Unterlagen jedenfalls dann unzulässig, wenn dadurch die Wettbewerbsstellung der Bieter untereinander in unterschiedlicher

432

---

685 OLG Düsseldorf, VergabeR 2002, 169, 171 m. Anm. Leinemann.
686 OLG Düsseldorf, VergabeR 2002, 169, 171.
687 OLG Frankfurt, VergabeR 2001, 299, 302, sowie Anm. Leinemann, S. 310.
688 Motzke/Pietzcker/Prieß-Brinker, § 10 SKR Rn. 10; BayObLG, NZBau 2000, 259, 261.
689 OLG Stuttgart, Beschl. v. 15.09.2003, 2 Verg 8/03, VergabeNews 2003, 84.

Weise beeinflusst würde. Das gälte erst recht, wenn durch die nachträglichen Angaben ein Angebot, das wegen unzulässiger Änderungen an den Ausschreibungsunterlagen auszuschließen gewesen wäre, nunmehr doch ausschreibungskonform würde. Unzulässig wäre es schließlich, von dem ausgeschriebenen Gesamtleistungsumfang einen Leistungsteil in eine Option umzuwandeln und zunächst nur ein Teillos zu vergeben.[690] Im Übrigen gelten für das Verhandlungsverfahren dieselben Grundsätze wie für die beiden übrigen Verfahrensarten. So muss auch hier dem Zuschlag eine Benachrichtigung der Bieter nach § 13 VgV vorangehen.[691]

3.8.3.3.1 Verhandlungsverfahren ohne öffentliche Vergabebekanntmachung/ Aufruf zum Wettbewerb

433 Das Verhandlungsverfahren ohne öffentliche Vergabebekanntmachung/Aufruf zum Wettbewerb entspricht im Prinzip der freihändigen Vergabe, mit dem Unterschied, dass die Aufzählung der Anwendungsfälle der freihändigen Vergabe beispielhaft ist, während die in § 3a Nr. 6, § 3b Nr. 2 VOB/A aufgeführten Fälle des Verhandlungsverfahrens ohne öffentliche Vergabebekanntmachung bzw. ohne Aufruf zum Wettbewerb einen abschließenden Katalog darstellen.[692] Ein Beurteilungsspielraum hinsichtlich der Anwendung des Verhandlungsverfahrens ohne öffentliche Vergabebekanntmachung bzw. Aufruf zum Wettbewerb besteht deshalb im Gegensatz zur freihändigen Vergabe nicht. Die in § 3a Nr. 6 und § 3b Nr. 2 VOB/A genannten Fälle sind, trotz zum Teil abweichenden Wortlauts, inhaltlich weitgehend identisch. Der Entfall einer Vergabebekanntmachung und des damit einhergehenden Teilnahmewettbewerbs führt zu einer Verkürzung und Verbilligung des Verfahrens, da die Auswertung der Teilnahmeanträge entfällt. Wegen der eingeschränkten Transparenz dieses Verfahrens und dem nur eingeschränkt gegebenen Wettbewerb ist es nur in spezifischen Ausnahmefällen zulässig.[693]

434 Nach § 3a Nr. 6a) VOB/A ist ein Verhandlungsverfahren ohne vorhergehende öffentliche Vergabebekanntmachung zulässig, wenn bei einem zuvor durchgeführten Offenen oder Nichtoffenen Verfahren keine annehmbaren Angebote abgegeben worden sind und beim nunmehr beabsichtigten Verhandlungsverfahren die Verdingungsunterlagen nicht grundlegend geändert werden. Ein Angebot ist dann nicht annehmbar, wenn es sich für eine wirtschaftliche Vergabe nicht eignet, es also entsprechend § 25 Nr. 3 Abs. 1 VOB/A einen unangemessen hohen oder niedrigen Gesamtpreis aufweist. Gegenstand des Verhandlungsverfahrens werden dementsprechend der Leistungszuschnitt – in den Grenzen einer nicht grundlegenden Änderung der Verdingungsunterlagen – und vor allem die Preise der Bieter sein. Allerdings kann dieser Weg nicht schon dann beschritten werden, wenn die abgegebenen Angebote zwar das Vergabebudget überschreiten, dies aber nur deshalb der Fall ist, weil die vorausgegangene Kostenermittlung fehlerhaft zu niedrig war.[694] Zudem muss die vorangegangene Ausschreibung aus schwerwiegenden Gründen nach § 26 Nr. 1c) VOB/A in rechtmäßiger Weise

---

690 OLG Dresden, Beschl. v. 03.12.2003, WVerg 15/03, VergabeR 2004, 225, 230.
691 OLG Dresden, VergabeR 2002, 142, 144; OLG Düsseldorf, VergabeR 2003, 435, 442f.
692 Ingenstau/Korbion-Müller-Wrede, § 3a VOB/A, Rn. 8.
693 Siehe auch Leinemann/Franzius, VergabeNavigator 4/2006, 29ff.
694 BGH, BauR 2003, 240, 241 (für einen Sachverhalt unterhalb der Schwellenwerte, daher nur teilweise übertragbar); BGH, BauR 1998, 1238, 1241; OLG Düsseldorf, BauR 1999, 741, 742f.

aufgehoben worden sein.[695] Kommt es zur Aufhebung, weil die Verdingungsunterlagen grundlegend geändert werden müssen (§ 26 Nr. 1 b VOB/A), ist anschließend nur ein Offenes oder Nichtoffenes Verfahren zulässig, nicht aber das Verhandlungsverfahren.

Für das sich einer Aufhebung anschließende Verhandlungsverfahren enthält § 3 a Nr. 6 a) VOB/A die zusätzliche Voraussetzung, dass in das Verfahren alle geeigneten Bieter aus dem vorangegangenen Offenen bzw. Nichtoffenen Verfahren einzubeziehen sind. Einen Beurteilungsspielraum wie bei der freihändigen Vergabe nach § 3 Nr. 4 oder dem Verhandlungsverfahren nach § 3 b Nr. 2 VOB/A dahin gehend, dass etwa nur diejenigen Bieter am erneuten Wettbewerb beteiligt werden, die beim vorausgegangenen Offenen bzw. Nichtoffenen Verfahren preislich günstiger lagen, hat der Auftraggeber nicht.

435

Die Durchführung eines Verhandlungsverfahrens ist nach § 3 a Nr. 6 a) VOB/A ferner möglich, wenn bei einem Offenen oder Nichtoffenen Verfahren keine oder nur nach § 25 Nr. 1 VOB/A auszuschließende Angebote eingegangen sind.[696] Dieser Regelung entspricht im dritten Abschnitt § 3 b Nr. 2 a) VOB/A, wonach ein Verfahren ohne vorherigen Aufruf zum Wettbewerb durchgeführt werden kann, wenn im Rahmen eines Verfahrens mit Wettbewerbsaufruf keine oder keine geeigneten Angebote oder Bewerbungen eingegangen sind und die ursprünglichen Bedingungen des Auftrags nicht grundlegend geändert werden. Anders als bei der zuvor vorgestellten Regelung nach Buchstabe a des § 3 a Nr. 6 VOB/A findet sich hier keine Einschränkung dahingehen, dass alle geeigneten Bieter des vorangegangenen Verfahrens zu beteiligen sind. Hieraus kann abgeleitet werden, dass auch Bieter, deren Eignung etwa wegen formal unvollständiger Eignungsnachweise nicht positiv festgestellt werden konnte, an Verhandlungen, die sich dann allein auf die Aufklärung der Eignung beziehen, beteiligt werden können. Da nach der öffentlichen Submission die Preise der Bieter bekannt sind, folgt aus dem vergaberechtlichen Gleichbehandlungs- und Wettbewerbsgebot, dass bei einem Übergang ins Verhandlungsverfahren nach dieser Bestimmung bei lediglich aus formalen Gründen auszuschließenden Angeboten Preisverhandlungen nicht statthaft sein können. Insbesondere sind Gespräche mit dem Ziel, die Preise eines Bieters zu drücken oder womöglich die Bieterreihenfolge zu verändern, unzulässig. Die Verhandlungen sind vielmehr darauf zu beschränken, die Mängel des jeweils verhandelten Angebots wenn möglich zu beheben. Zur Wahrung des Gebots der Gleichbehandlung und Wettbewerb bedeutet dies, dass zunächst mit dem nach den Zuschlagskriterien besten Bieter über die Lücken und Fehler seines Angebots zu verhandeln ist. Nur wenn danach ein Zuschlag weiterhin nicht erteilt werden kann, kann auch aus Transparenzgründen mit dem nächstplatzierten Bieter fort gefahren werden. Angesichts der restriktiven Rechsprechung zu den Folgen formal unvollständiger Angebote[697] kann das Verhandlungsverfahren unter Rückgriff auf diese Bestimmung durchaus Praxisrelevant sein. Zu beachten ist allerdings, dass es mit dem gesetzlich verankerten Wettbewerbsgebot grundsätzlich unvereinbar wäre, auch Bieter, die in Bezug auf die Ausschreibung eine unzulässige wettbewerbsbeschränkende Abrede getroffen haben (§ 25 Nr. 1 Abs. 1 c) VOB/A), in die Verhandlungen mit einzubeziehen.

436

---

695 Ingenstau/Korbion-Müller-Wrede, § 3 a VOB/A, Rn. 36.
696 Zu diesem Ausschlussgrund unten, Rn. 597 ff.
697 Siehe hierzu unten, Rn. 599.

437 § 3 b Nr. 2 b) VOB/A sieht vor, dass ein Verfahren ohne vorhergehenden Aufruf zum Wettbewerb auch dann durchgeführt werden darf, wenn ein Auftrag nur zum Zweck von Forschungen, Versuchen, Untersuchungen oder Entwicklungen und nicht mit dem Ziel der Gewinnerzielung oder der Deckung der Forschungs- und Entwicklungskosten vergeben wird. Wie auch im Fall des parallel gestalteten § 3 a Nr. 5 b) VOB/A[698] kommen solche Bauvorhaben in der Praxis indes nur selten vor.

438 Nach den §§ 3 a Nr. 6 c) und 3 b Nr. 2 c) VOB/A besteht die Möglichkeit, ein Verhandlungsverfahren ohne öffentliche Vergabebekanntmachung/Aufruf zum Wettbewerb vorzusehen, wenn die Arbeiten aus technischen oder künstlerischen Gründen oder aufgrund des Schutzes von Ausschließlichkeitsrechten nur von einem bzw. mehreren bestimmten Unternehmen durchgeführt werden können. Das ist z. B. dann gegeben, wenn aufgrund vorhandener Systemkomponenten nur der Lieferant dieses Systems dessen Erweiterung bzw. Modifizierung ohne Verlust von Gewährleistungsrechten vornehmen kann. Gleiches gilt bei Investorenmaßnahmen, für die das Grundstück bereits feststeht im Hinblick auf den Grundstückseigentümer.[699]

439 Außerdem kann ein Verhandlungsverfahren ohne öffentliche Vergabebekanntmachung/Aufruf zum Wettbewerb durchgeführt werden, wenn dringliche Gründe im Zusammenhang mit Ereignissen, die der Auftraggeber nicht voraussehen konnte, es nicht zulassen, die im Offenen, Nichtoffenen oder Verhandlungsverfahren vorgesehenen Angebots- und Bewerbungsfristen einzuhalten (§ 3 a Nr. 6 d), § 3 b Nr. 2 d) VOB/A). Dabei müssen die zwingenden Gründe kausal auf dem nicht vorhersehbaren Ereignis beruhen.[700] Bei Beurteilung der Frage, ob ein Fall der besonderen Dringlichkeit gegeben ist, sind strenge Maßstäbe anzulegen; eine rein subjektive Dringlichkeit genügt nicht. Die Beweislast dafür, dass die außergewöhnlichen Umstände, die die Ausnahme rechtfertigen, tatsächlich vorliegen, trägt derjenige, der sich auf sie berufen will.[701]

440 Nach § 3 a Nr. 6 e), § 3 b Nr. 2 e) VOB/A ist ein Verhandlungsverfahren ohne Vergabebekanntmachung/Aufruf zum Wettbewerb weiter dann zulässig, wenn an einen Unternehmer zusätzliche Leistungen vergeben werden sollen, die zur Ausführung der im Hauptauftrag beschriebenen Leistung erforderlich sind. Anwendungsvoraussetzung dieser Regelung ist, dass bereits ein Vertrag mit einem Auftragnehmer besteht, die zu vergebende Zusatzleistung jedoch weder im bisherigen Vertrag noch in dem diesem zugrunde liegenden Entwurf enthalten, aber wegen eines unvorhergesehenen Ereignisses zur Ausführung des Auftrags erforderlich sind. Für Vergaben nach dem zweiten Abschnitt der VOB/A stellt § 3 a Nr. 5 e) VOB/A die zusätzliche Voraussetzung auf, dass sich die zu vergebenden zusätzlichen Leistungen aus technischen oder wirtschaftlichen Gründen nicht ohne wesentliche Nachteile für den Auftraggeber vom Hauptauftrag trennen lassen oder für die Verbesserung der im Hauptauftrag beschriebenen Leistung unbedingt erforderlich sind. Ferner darf die geschätzte Vergütung für diese

---

698 Vgl. dazu unten 3.7.4.3.2, Rn. 373.
699 Vgl. Otting, NZBau 2004, 469, 470.
700 Vgl. dazu EuGH, Urt. v. 10.03.1987 – Rs. 199/85, Slg. 1987, 1039; EuGH, Urt. v. 18.03.1992 – Rs. C-24/91, Slg. 1992, I-1989; EuGH, Urt. v. 02.08.1993 – Rs. C-107/92, Slg. 1993, I-4655; EuGH, Urt. v. 28.03.1996 – Rs. C-318/94, Slg. 1996, I-1949.
701 EuGH, Urt. v. 18.05.1995 – Rs. C-57/94, Slg. 1995, I-1249.

zusätzlichen Leistungen die Hälfte der Vergütung der Leistungen nach dem Hauptauftrag nicht überschreiten. Soweit der Schwellenwert für eine Losvergabe nach dem 2. Abschnitt der VOB/A nicht erreicht wird, kann allerdings eine freihändige Vergabe erfolgen.[702]

Auch bei wiederholter Vergabe von gleichartigen Bauleistungen durch den selben Auftraggeber an den bereits mit dem ersten Abschnitt beauftragten Unternehmer ist das Verhandlungsverfahren ohne öffentliche Vergabebekanntmachung/Aufruf zum Wettbewerb zulässig (§ 3 a Nr. 6 f), 3 b Nr. 2 f) VOB/A). Dabei muss die neu zu vergebende Bauleistung jedoch einem Grundentwurf entsprechen, der bereits Grundlage eines der in § 3 a bzw. § 3 b VOB/A genannten Verfahren war. Ferner muss auch auf die beabsichtigte Vergabe solcher »angehängten« Aufträge schon bei der Ausschreibung des ersten Bauabschnitts hingewiesen worden sein. Der Auftragswert der Wiederholungsleistung ist bei der Schwellenwertberechnung nach § 1 a bzw. 1 b VOB/A für den ersten Bauabschnitt zu berücksichtigen. Im Übrigen sind solche »angehängten« Vergaben nur bis drei Jahre nach Erstvergabe zulässig. Für Vergaben nach dem zweiten Abschnitt der VOB/A gilt dabei wie schon bei § 3 a Nr. 6 e) VOB/A die zusätzliche Einschränkung, dass der Folgeauftrag den Schwellenwert von 1.000.000 EUR erreichen muss;[703] liegt der Auftragswert darunter, ist eine freihändige Vergabe möglich.[704]

441

Nach § 3 a Nr. 6 g) VOB/A ist der Verzicht auf eine öffentliche Vergabebekanntmachung ferner dann zulässig, wenn Leistungen zur Erneuerung von gelieferten Waren oder Einrichtungen oder zur Erweiterung von Lieferungen oder bestehenden Einrichtungen zu erbringen sind, und der Auftrag dem ursprünglichen Auftragnehmer übertragen werden soll. Auch hier muss eine Neubeauftragung innerhalb von drei Jahren erfolgen. Die Vorschrift gilt bereits bei einem Schwellenwert solcher Zusatzleistungen ab 137.000/211.000 EUR (vgl. § 3 a Nr. 6 a. E. VOB/A). Ihre Anwendungsfälle liegen dort, wo der Auftraggeber Waren mit unterschiedlichen technischen Merkmalen kaufen müsste und dies eine technische Unvereinbarkeit oder unverhältnismäßige technische Schwierigkeiten beim Gebrauch, Betrieb oder Wartung mit sich bringen würde.

442

Die vorstehende Regelung findet im Katalog des § 3 b Nr. 2 VOB/A keine Entsprechung. Hier ist abweichend von § 3 a Nr. 6 g) VOB/A in § 3 b Nr. 2 g) VOB/A bestimmt, dass ein Verfahren ohne vorherigen Aufruf zum Wettbewerb bei Aufträgen durchgeführt werden kann, die aufgrund einer Rahmenvereinbarung vergeben werden sollen, sofern die in § 5 b Nr. 2 VOB/A genannte Bedingung erfüllt ist, d. h. die Rahmenvereinbarung ihrerseits in einem Verfahren nach § 3 b Nr. 1 VOB/A abgeschlossen wurde. Ist die Rahmenvereinbarung nicht nach Maßgabe des § 3 b Nr. 1 VOB/A zustande gekommen, so kann auch der jetzt vergebene Einzelauftrag nur nach vorherigem Aufruf zum Wettbewerb vergeben werden.

443

---

702 Das ergibt sich aus dem in § 3 a Nr. 5 VOB/A am Ende enthaltenen Verweis auf den Schwellenwert des § 1 a Nr. 1 Abs. 2 VOB/A.
703 Vgl. § 3 a Nr. 6 a. E. VOB/A.
704 Für die Geltung der Schwellenwerte nach § 2 VgV hingegen Ingenstau/Korbion-Müller-Wrede, § 3 a VOB/A, Rn. 48.

3.8.3.3.2 Nach öffentlicher Vergabebekanntmachung/Aufruf zum Wettbewerb

444 Die Fälle, in denen dem Verhandlungsverfahren im Anwendungsbereich des 2. Abschnitts der VOB/A eine öffentliche Vergabebekanntmachung vorausgehen muss, sind in § 3 a Nr. 5 a) bis c) VOB/A abschließend genannt.

445 Nach Nr. 5 a ist das zunächst dann der Fall, wenn nach vorheriger Durchführung eines Offenen oder Nichtoffenen Verfahrens kein annehmbares Angebot abgegeben wurde. Zur Beurteilung der Frage, ob bereits durchgeführte Verfahren zu keinem annehmbaren Ergebnis geführt haben, ist es unerheblich, ob die Nichtannehmbarkeit in der fehlenden Eignung der Bieter, unangemessenen Preisen oder sonstigen Umständen, beispielsweise technischer Art, begründet ist.[705] Die Nichtannehmbarkeit des Angebots ist vielmehr nach dem Maßstab des § 25 Nr. 3 VOB/A zu bewerten, wonach der Zuschlag nur auf solche Angebote erteilt werden soll, die unter Berücksichtigung aller Gesichtspunkte, wie z. B. Preis, Ausführungsfrist, Betriebs- und Folgekosten, Gestaltung, Rentabilität und technischem Wert als wirtschaftlich erscheinen.[706] Voraussetzung für die Anwendung des Verhandlungsverfahrens nach Vergabebekanntmachung ist gem. § 3 a Nr. 5 a) VOB/A außerdem, dass die ursprünglichen Verdingungsunterlagen, d. h. insbesondere die Leistungsbeschreibung nicht geändert worden sind; allenfalls geringfügige Anpassungen sind zulässig. Sind erhebliche Veränderungen erforderlich, muss erneut ein Offenes/Nichtoffenes Verfahren durchgeführt werden. Daher kann z. B. ein »Abspecken« des Leistungsumfangs einer Ausschreibung, nachdem zunächst nur über dem Vergabebudget liegende Angebote eingegangen sind, nicht ohne Neuausschreibung erfolgen, wenn nicht nur geringfügige Änderungen vorgenommen werden.[707] Dies ergibt sich aus § 24 Nr. 3 VOB/A, wonach nur unumgängliche technische Änderungen geringen Umfangs verhandel- bzw. veränderbar sind, ohne die die sachgerechte Durchführung des Bauvorhabens nicht möglich wäre.[708] Muss ein Angebotsteil überarbeitet werden, der wertmäßig etwa ein Drittel der Gesamtsumme ausmacht, kann nicht mehr von einem geringen Umfang gesprochen werden.[709]

446 Nach Nr. 5 b ist ein Verhandlungsverfahren nach öffentlicher Vergabebekanntmachung ferner dann zulässig, wenn es sich um Bauvorhaben zu Forschungs-, Versuchs- oder Entwicklungszwecken handelt. Da als zusätzliche Voraussetzung festgeschrieben ist, dass die betreffenden Vorhaben nicht mit dem Ziel der Rentabilität oder Deckung der anfallenden Entwicklungskosten durchgeführt werden dürfen, hat diese Variante nur geringe praktische Bedeutung.

447 Nach Nr. 5 c darf ein Verhandlungsverfahren nach Vergabebekanntmachung außerdem dann durchgeführt werden, wenn die zu erbringenden Leistungen nach Art und Um-

---

705 Vgl. VÜA Bayern, Beschl. v. 03.03.1999, VÜA 4/98.
706 Heiermann/Riedl/Rusam, § 3 a VOB/A, Rn. 10.
707 Vgl. VK Berlin, Beschl. v. 21.05.2000, VK B2 15/00 (Olympiastadion); VÜA Bayern, Beschl. v. 03.03.1999, VÜA 4/98; VK Düsseldorf, IBR 2001, 696; Kapellmann/Messerschmidt-Külpmann, § 3 a VOB/A, Rn. 103 f.; Motzke/Pietzcker/Prieß-Jasper, § 3 a VOB/A, Rn. 37; vgl. auch KG, BauR 2000, 565, 567.
708 KG, BauR 2000, 565, 567; s. a. Franke/Kemper/Zanner/Grünhagen-Franke/Grünhagen, § 24 VOB/A, Rn. 165.
709 VK Bund, Beschl. v. 26.08.1999, VK2–20/99, ZVgR 1999, 258, 264; ebenso bei funktionaler Ausschreibung, VÜA Bayern, ZVgR 1998, 362; VÜA Saarland, IBR 1998, 184.

fang oder wegen der damit verbundenen Wagnisse nicht eindeutig und so erschöpfend beschrieben werden können, dass eine einwandfreie Preisermittlung zwecks Vereinbarung einer festen Vergütung möglich ist. Grundlegende Voraussetzung allerdings ist, dass der Auftraggeber vorweg alles ihm planerisch zumutbare tut, um eine eindeutige und erschöpfende Leistungsbeschreibung zu erreichen. Dieser Tatbestand kann in der Praxis vor allem für ÖPP-Vergaben einschlägig sein.[710]

Nach den Regelungen des 3. Abschnitts ist die Durchführung eines Verhandlungsverfahrens ohne ein vorangegangenes förmliches Verfahren, dem Aufruf zum Wettbewerb (§ 17b VOB/A), nur ausnahmsweise zulässig. Anders als in § 3a Nr. 4 VOB/A findet sich in § 3b VOB/A jedoch keine abschließende Aufzählung derjenigen Fälle, in denen dem Verhandlungsverfahren ein Aufruf zum Wettbewerb vorzuschalten ist. Dieser ist dem Verhandlungsverfahren vielmehr »gegebenenfalls« vorzuschalten (§ 3b Nr. 1c VOB/A), d. h. immer dann, wenn keiner der in § 3b Nr. 2 VOB/A abschließend genannten Gründe für die Durchführung eines Verhandlungsverfahrens ohne vorherigen Aufruf zum Wettbewerb gegeben ist.

448

3.8.3.4 Der »Wettbewerblicher Dialog« als neue Verfahrensart

Der Wettbewerbliche Dialog wurde im Rahmen der Modernisierung der europarechtlichen Grundlagen des Vergaberechts mit dem so genannten Legislativpaket in Art. 29 der neuen Vergabekoordinierungsrichtlinie RL 2004/18/EG als neues selbstständiges Vergabeverfahren eingeführt.[711] Dieses Verfahren steht strukturell zwischen einer formalisierten Ausschreibung mit der Abgabe von verbindlichen Angeboten und dem weitestgehend formfreien Verhandlungsverfahren. Nach Durchführung eines Teilnahmewettbewerbs führt der Auftraggeber mit den zugelassenen Bewerbern einen Dialog, um eine oder mehrere seinen Bedürfnissen entsprechende Lösungen herauszuarbeiten, auf deren Grundlage bzw. Grundlagen die ausgewählten Bewerber zur Angebotsabgabe aufgefordert werden.[712] Der Wettbewerbliche Dialog wurde bereits Ende 2005 mit dem ÖPP-Beschleunigungsgesetz in das Kartellvergaberecht implementiert.

449

Diese neue Verfahrensart richtet sich nach § 101 Abs. 5 GWB an staatliche Auftraggeber. Dies meint die öffentlichen Auftraggeber nach § 98 Nr. 1 bis 3 GWB.[713] Von einer Implementierung in die die Sektorenauftraggeber betreffenden Abschnitte 3 und 4 VOB/A und VOL/A wurde daher systemgerecht abgesehen.[714] Der wettbewerbliche Dialog kann als umgekehrtes Verhandlungsverfahren begriffen werden. Mit den nach dem Teilnahmewettbewerb ausgewählten Bietern wird ein auf die Lösung des komplexen Beschaffungsbedarf gerichteter Dialog geführt, an dessen Ende die Ausarbeitung von grundsätzlich zuschlagsfähigen Angeboten steht. Nach Einreichung der Angebo-

450

---

710 Hierzu näher unten, Rn. 752 ff.
711 Hierzu auch Leinemann/Kirch, VergabeNavigator 1/2006, 25 ff.
712 Art. 1 Abs. 11 lit. c RL 2004/18/EG.
713 Siehe Pünder/Franzius, ZfBR 2006, 20, 21; Ollmann, VergabeR 2005, 685, 687; Weber/Schäfer/Hausmann-Hausmann/Mutschler-Siebert, PPP, S. 265.
714 Da Sektorenauftraggeber in der Wahl der Verfahrensart ohnehin frei sind, bleibt es diesen aber unbenommen, auf den wettbewerblichen Dialog als spezielle Ausformung des Verhandlungsverfahrens zurück zu greifen. Siehe so auch die Gesetzesbegründung BT-Drucks. 15/5668, S. 11.

te im Wettbewerblichen Dialog dürfen diese nur noch sehr eingeschränkt verhandelt werden. Dem gegenüber erfolgen im Verhandlungsverfahren die Verhandlungen vielfach bereits auf der Grundlage konkreter Angebote.

451 Der wettbewerbliche Dialog ist gem. § 101 Abs. 5 GWB ein Verfahren zur Vergabe besonders komplexer Aufträge. Nach § 6 a Abs. 1 Vgv kann gleichlautend mit § 3 a Nr. 4 Abs. 1 VOB/A auf dieses Verfahren zurückgegriffen werden kann, wenn der Auftraggeber wahlweise objektiv nicht in der Lage ist,

➢ die technischen Mittel anzugeben, mit denen seine Bedürfnisse und Ziele erfüllt werden können, oder

➢ die rechtlichen oder finanziellen Konditionen des Vorhabens anzugeben.

452 Nur wenn eine dieser Tatbestandsalternativen erfüllt ist, liegt ein besonders komplexer öffentlicher Auftrag vor. Liegt ein Fall einer der angeführten Unmöglichkeit vor, so bedarf es keiner weiteren Prüfung der »besonderen« Komplexität.[715] Diesbezüglich kommt es allerdings nicht darauf an, dass ein Auftraggeber einen Auftragsgegenstand lediglich für besonders schwierig zu erfassen hält. Maßgeblich muss vielmehr eine objektive Betrachtung unabhängig von der Leistungsfähigkeit der einzelnen Vergabestelle sein.[716] Gegebenenfalls muss der öffentliche Auftraggeber zur Ermittlung seines Beschaffungsbedarfs und der Umstände der Leistungserfüllung auf Sachverständige zurückgreifen, wenn seine eigenen personellen Ressourcen zur Anfertigung einer inhaltsgenauen Leistungsbeschreibung nicht ausreichen.[717] Nur wenn auch dies nicht dazu führt oder führen würde, dass der Auftraggeber in der Lage wäre, die technischen Mittel zur Befriedigung seines Bedarfs oder die rechtlichen oder finanziellen Konditionen des Vorhabens anzugeben, kann auf den wettbewerblichen Dialog zurückgegriffen werden. Abzustellen ist auf den Einzelfall.[718]

453 Ein öffentlicher Auftraggeber kann auch mittels des Wettbewerblichen Dialogs nicht die ihn treffende Pflichten zur Ermittlung und Präzisierung seines Beschaffungsbedarfs auf den Wettbewerb verlagern. Auch bei diesem Verfahren muss das Projekt bereits vergabereif sein. So dürfen etwa die bei einer Ausschreibung von ÖPP-Projekten vorgelagerten grundsätzlichen Fragestellungen der Machbarkeits- und Wirtschaftlichkeitsvergleiche verschiedener typischer Vertragsgestaltungen nicht dem Wettbewerb zur Beantwortung überlassen werden. Diese Fragen muss der Auftraggeber gegebenenfalls unter Inanspruchnahme externer Berater zunächst selbst klären, bevor er den Wettbewerb um konkrete Lösungsvorschläge eröffnet. Insbesondere wenn die Kosten der Spezifizierung des Auftragsgegenstand beträchtlich sind, darf der diesbezügliche Aufwand nicht für die Vergabestelle kostenfrei dem Wettbewerb überantwortet werden.[719]

---

715 Ähnlich Heiermann, ZfBR 2005, 766, 767. A. A. Ollmann, VergabeR 2004, 669, 680; Knauff, NZBau 2005, 249, 254.
716 Ebenso Heiermann, ZfBR 2005, 766, 770.
717 Siehe Daub/Eberstein-Zdieblo, § 8 VOL/A Rn. 26.
718 Pünder/Franzius, ZfBR 2006, 20, 21.
719 Dies verkennen Pünder/Franzius, ZfBR 2006, 20, 22, die die Zulässigkeit des wettbewerblichen Dialogs von der »Zumutbarkeit« des eigenen finanziellen Aufwands des Auftraggebers abhängig machen möchten. Ähnlich Ollmann, VergabeR 2005, 685, 688.

3.8 Die Wahl des »richtigen« Vergabeverfahrens

Für einen Rückgriff auf den Wettbewerblichen Dialog kommt es darauf an, dass der Auftraggeber objektiv nicht in der Lage sein darf, seinen Beschaffungsbedarf derart zu konkretisieren, dass er auf ein Offenes oder Nichtoffenes Verfahren hinsichtlich seiner Bedarfsbefriedigung zurückgreifen könnte. Das Erstellen einer inhaltsgenauen Leistungsbeschreibung, auf die inhaltlich objektiv vergleichbare Angebote eingehen, muss unmöglich sein, da der Beschaffungsgegenstand oder die zu Grunde liegenden vertraglichen oder finanziellen Strukturen noch nicht hinreichend konkret ermittelbar sind. Diese Unmöglichkeit darf dem Auftraggeber nicht anzulasten sein.[720]

454

Die Verfahrensart des Wettbewerblichen Dialogs soll für die Vergabe von ÖPP-Vorhaben besonders geeignet sein.[721] Tatsächlich wird die Tatbestandsalternative des § 3 a Nr. 4 Abs. 1 lit. b VOB/A bei der Vergabe von ÖPP-Projekten oftmals gegeben sein.[722] Die Details der rechtlichen und finanziellen Bedingungen lassen sich meist erst gemeinsam mit den jeweiligen Unternehmen auf Grundlage ihrer spezifischen Situation ermitteln. Ein öffentlicher Auftraggeber wird aufgrund der umfassenden Vertragsstrukturen und der im Vorfeld meist noch nicht eindeutig bestimmbaren Risikoverteilung zwischen öffentlicher Hand und Privatem kaum in der Lage sein, die Konditionen des Vorhabens bei der Einleitung des Vergabeverfahrens bereits derart abschließend festzulegen, dass die Wettbewerber auf Basis einer Leistungsbeschreibung verbindliche Angebote abgeben könnten, die einerseits den Bedarf des Auftraggebers voll abdecken und andererseits auch in einem transparenten Wertungsprozess miteinander verglichen werden können. Die Erstellung einer inhaltsgenauen Leistungsbeschreibung wird meistens nicht möglich sein, so dass ein Rückgriff auf das Offene oder Nichtoffene Verfahren weder zielführend, noch tatsächlich möglich ist.

455

Dem gegenüber spielt die in § 3 a Nr. 4 Abs. 1 lit. a VOB/A angeführte Tatbestandsalternative, nach der auf den wettbewerblichen Dialog als Vergabeverfahren zurückgegriffen werden kann, wenn die technischen Mittel zur Bedarfsbefriedigung vom Auftraggeber nicht angegebene werden können, bei der Vergabe von ÖPP-Leistungen nur eine untergeordnete Rolle. Schwierigkeiten, den Auftragsgegenstand der Sache nach zu bestimmen, bilden hier den Gestattungsgrund für einen Rückgriff auf den wettbewerblichen Dialog. Zu denken ist insbesondere an Beschaffungen im Bereich großer Computernetzwerke oder auch bei integrierten Verkehrsinfrastrukturen,[723] bei denen der Auftraggeber angesichts verschiedener im Markt befindlicher Systeme und Lösungsmöglichkeiten im vorhinein objektiv nicht feststellen kann, wie er seinen Bedarf optimal befriedigen kann. Auch aufwendige Bauvorhaben mit erheblichem Innovationsbedarf können einen Rückgriff auf den Wettbewerblichen Dialog rechtfertigen.[724] Dies mag etwa bei lang gespannten Brücken- oder auch Deichbauwerke der Fall sein, bei denen nicht auf herkömmliche Technologien zurückgegriffen werden kann. Hier vermag der Auftraggeber regelmäßig die technischen Mittel zur Bedarfsbefriedigung nicht anzugeben, so dass der Rückgriff auf den wettbewerblichen Dialog möglich ist. Im Einzelfall stets zu prüfen ist aber, ob das Beschaffungsziel nicht auch

456

---

720 Weber/Schäfer/Hausmann-Hausmann/Mutschler-Siebert, PPP, S. 266.
721 Kommission, Grünbuch PPP, S. 7.
722 Siehe etwa Pünder/Franzius, ZfBR 2006, 20, 21; Heiermann, ZfBR 2005, 766, 767.
723 Siehe RL 2004/18/EG, Erwägungsgrund 31.
724 Heiermann, ZfBR 2005, 766, 768.

über eine funktionale Leistungsbeschreibung und damit im Offenen oder Nichtoffenen Verfahren erreicht werden kann.

3.9 Zulässigkeit der Parallelausschreibung

457 Es stellt einen Verstoß gegen die insoweit bieterschützende Norm[725] des § 16 VOB/A dar, wenn die zu errichtende Leistung in mehreren Varianten dergestalt ausgeschrieben wird, dass jede Variante alternativ auch für sich vergeben werden könnte.[726] Allerdings wird es für zulässig erachtet, eine Ausschreibung nach dem sog. A/B/C-Modell durchzuführen, d. h. drei Lose zu bilden, wovon Los A den reinen Bau, Los B die reine Finanzierung und Los C Bau und Finanzierung umfasst.[727] Gleichwohl ist nicht zu verkennen, dass diese Art der Ausschreibung erst die Grundlage für eine Entscheidung schaffen soll, ob ein »Eigenbau« des Auftraggebers erfolgen oder aber ein (privat) finanziertes Modell – ggf. als »public private partnership« – zur Umsetzung kommen soll. Der öffentliche Auftraggeber benötigt aus haushaltsrechtlichen Gründen meist den Nachweis, dass der Eigenbau gegenüber der finanzierten Lösung nicht billiger wäre. Eine Zulässigkeit dieses Verfahrens kann nur dann in Betracht kommen, wenn der Auftraggeber belegen kann, dass er tatsächlich auch den Eigenbau mit bereitstehenden Mitteln durchführen könnte und damit eine echte Wahlmöglichkeit besteht. Würde die A/B/C-Ausschreibung nur durchgeführt, um den erhofften Nachweis zu erhalten, dass das Modell C beziehungsweise die Kombination A und B günstiger wird und die Ausschreibung dann aber aufgehoben, nachdem sich das Gegenteil herausgestellt hat, läge darin ein Verstoß gegen § 16 VOB/A.[728] Eine Parallelausschreibung zu Zwecken der Markterkundung und Wirtschaftlichkeitsberechnung verschiedener Verfahren dient vergabefremden Zwecken und ist unzulässig.[729] Dieser Vergaberechtsverstoß kann auch nicht vorausschauend dadurch geheilt werden, dass die Bieter auf das Nichtvorhandensein von Haushaltsmitteln in der Ausschreibung hingewiesen werden.[730] Unter Berücksichtigung des Verbots der Ausschreibung zu vergabefremden Zwecken ist die Sinn- und Zweckhaftigkeit einer Ausschreibung keineswegs nur von haushaltsrechtlicher Bedeutung, so dass eine mehrfache Ausschreibung, wenn ein zur Ausführung kommender Vertrag nur einmal geschlossen werden kann, vergaberechtlich als unzulässig zu betrachten ist.[731] Dem entsprechend verletzt die Einleitung eines neuen Vergabeverfahrens über einen identischen Beschaffungsgegenstand vor Abschluss eines vorherigen Vergabeverfahrens die

---

725 OLG Düsseldorf, Beschl. v. 05.10.2000, Verg 14/00.
726 Zur Parallelausschreibung vgl. Ingenstau/Korbion-Portz/Schranner, § 16 VOB/A, Rn. 35 ff.; Motzke/Pietzcker/Prieß-Sterner, § 16 VOB/A, Rn. 21, 27; Kapellmann/Messerschmidt-Planker, § 16 VOB/A, Rn. 23 ff.
727 KG, VergabeR 2001, 392, 395; vgl. aber OLG Celle, VergabeR 2002, 154, 156; kritisch OLG Saarbrücken, NZBau 2000, 158; OLG Bremen, IBR 2002, 33; Prieß, VergabeR 2001, 400.
728 Richtig Prieß, VergabeR 2001, 400 f.; generell ablehnend Kapellmann/Messerschmidt-Planker, § 16 VOB/A, Rn. 23 ff.
729 VK Lüneburg, Beschl. v. 08.03.2004, 203-VgK-03/2004 = BauR 2004, 1051 (Ls.).
730 So aber Franke/Kemper/Zanner/Grünhagen-Franke-Grünhagen, § 16 VOB/A, Rn. 40.
731 A. A. OLG Naumburg, Beschl. v. 17.05.2006, 1 Verg 3/06, wonach eine mehrfache Ausschreibung nach VOF in die Risikosphäre des öffentlichen Auftraggebers fällt.

vergaberechtlichen Grundsätze des fairen Wettbewerbs und der Gleichbehandlung der Bieter.[732] Der Wettbewerb der Bieter darf immer nur innerhalb desselben Vergabeverfahrens stattfinden; erst nach einer zulässigen Aufhebung eines solchen Verfahrens kommt die erneute Ausschreibung derselben Leistung in Betracht. Nichts anderes kann aber gelten, wenn ein einheitlicher Beschaffungsbedarf von Anfang an in verschiedenen Varianten zeitgleich ausgeschrieben wird.

Umstritten ist auch, ob es zulässig ist, eine Maßnahme einerseits in Einzelgewerken und parallel dazu zur Vergabe an einen Generalunternehmer auszuschreiben; überwiegend wird dies befürwortet, obwohl letztlich auch hier nur eine Markterkundung zur Ermittlung der günstigsten Variante durchgeführt wird.[733]

458

3.10 Das Verfahren bis zur Submission

3.10.1 Vorinformation und Bekanntmachung

Ziel der VOB/A ist es, den Wettbewerb zu fördern. Das gilt sowohl im Bereich nationaler als auch im Bereich europaweiter Vergaben (vgl. § 2 Nr. 1 VOB/A, § 97 Abs. 1 GWB). Diese Forderung nach Wettbewerb ist nur zu erfüllen, wenn möglichst viele der in Betracht kommenden Bewerber von der Absicht eines öffentlichen Auftraggebers erfahren, eine Ausschreibung durchzuführen. Diesem Umstand tragen die §§ 17, 17 a und 17 b VOB/A Rechnung, in dem sie bestimmen, dass die Absicht, einen Bauauftrag zu vergeben, öffentlich bekannt zu machen ist.

459

Freilich erfassen diese Vorschriften nicht alle Vergabearten, sondern nur diejenigen, bei denen eine Bekanntmachung erforderlich ist. Dies sind die öffentliche Ausschreibung/ das Offene Verfahren, die beschränkte Ausschreibung nach öffentlichem Teilnahmewettbewerb/das Nichtoffene Verfahren, das Verhandlungsverfahren nach öffentlicher Vergabebekanntmachung bzw. Aufruf zum Wettbewerb und den Wettbewerblichen Dialog.

460

Im Bereich nationaler Vergaben ist die Absicht, einen Bauvertrag zu vergeben, in Tageszeitungen, amtlichen Veröffentlichungsblättern und Fachzeitschriften bekannt zu machen (§ 17 Nr. 1 Abs. 1 VOB/A). Bei der Auswahl der Medien ist darauf zu achten, dass nicht gegen das Diskriminierungsgebot verstoßen wird. Durch die Ausschreibung soll ein möglichst weiter Kreis von Bewerbern angesprochen werden; eine nur in regional begrenzten Medien erfolgte Bekanntmachung genügt diesen Voraussetzungen nicht (§ 8 Nr. 1 VOB/A). Außerdem muss die Vergabebekanntmachung die in § 17 Nr. 1 Abs. 2 VOB/A genannten Mindestangaben enthalten. Sie muss so umfassend und eindeutig sein, dass keine Zweifel über das abzugebende Angebot bestehen bleiben. Sofern es die Art der zu vergebenden Bauleistung verlangt, sind über die Mindestan-

461

---

732 OLG Naumburg, Beschl. v. 13.10.2006, 1 Verg 11/06.
733 Bejahend Ingenstau/Korbion-Schranner, § 4 VOB/A, Rn. 14; Heiermann/Riedl/Rusam, § 4 VOB/A, Rn. 26; BayObLG, VergabeR 2001, 131; verneinend Kapellmann/Messerschmidt-Planker, § 16 VOB/A, Rn. 25.

forderung hinausgehende, für die Bewerber wichtige Informationen aufzunehmen, wie z. B. Angaben dazu, ob der zu vergebende Auftrage spezielle Kenntnisse, Erfahrungen und/oder eine besondere Leistungsfähigkeit verlangt (vgl. § 9 VOB/A).

462 Abweichend hiervon verlangen die Vorschriften des Abschnitts 2 der VOB/A zunächst die Bekanntmachung einer »Vorinformation« über die zu vergebenden Aufträge (§ 17 a Nr. 1 VOB/A). Vorgeschriebenes Publikationsmedium ist das Amtsblatt der Europäischen Gemeinschaften. Die Vorinformation ist zwingend, wenn der Auftraggeber die Frist für den Eingang der Angebote – die grundsätzlich 52 Kalendertage beträgt, im Einzelfall aber auf minimal 22 Kalendertage verkürzt werden kann (§ 18 a Nr. 1 und 2 VOB/A) – verkürzt. Ziel dieser Regelung ist es, die Chancengleichheit der ausländischen Bieter mit inländischen Bietern dadurch zu verbessern, dass sie so früh wie möglich in groben Zügen Kenntnis von einem beabsichtigten Bauprojekt erlangen können.

463 Auch auf die nach den Abschnitten 3 und 4 der VOB/A zu vergebenden Aufträge findet das Prinzip der »Vorinformation« Anwendung; nur werden sie hier als »regelmäßige Bekanntmachungen« bezeichnet (§ 17 b Nr. 2 Abs. 3 VOB/A, § 9 Nr. 1 VOB/SKR). Ist eine Vorinformation/regelmäßige Bekanntmachung erfolgt, ist es möglich, die Angebotsfrist zu verkürzen (§ 18 a Nr. 1 Abs. 2, § 18 b Nr. 1 Abs. 2 VOB/A).

464 Sowohl Vorinformation als auch regelmäßige Bekanntmachung erlauben jedoch nur einen ersten Überblick über den zu vergebenden Auftrag. Im Anwendungsbereich des 2. Abschnitts der VOB/A sind die Auftraggeber daher verpflichtet, die Unternehmer für das konkret zu vergebende Projekt noch einmal separat durch Bekanntmachung aufzufordern, ihre Teilnahme am Wettbewerb zu beantragen (§ 17 a Nr. 2 Abs. 1 VOB/A), und zwar für alle Verfahrensarten nach dem im Anhang II abgedruckten Muster (§ 17 a Nr. 2 VOB/A). Im Anwendungsbereich des 3. Abschnitts der VOB/A hat ein Aufruf zum Wettbewerb regelmäßig durch Veröffentlichung einer Bekanntmachung nach Anhang I/SKR zu erfolgen. Er kann auch erfolgen durch Veröffentlichung einer regelmäßigen Bekanntmachung nach Anhang III/SKR oder durch Veröffentlichung einer Bekanntmachung über das Bestehen eines Prüfsystems nach § 8 b Nr. 9 VOB/A. Diese weitere Bekanntmachung ist nun unter Beachtung der für »abschließende« Bekanntmachungen geltenden Vorschriften[734] zu fassen, d. h. derart detailliert, dass die Bewerber ohne weiteres aufgrund der hier gemachten Angaben erkennen können, ob der Auftrag für ihr Unternehmen von Interesse und eine Bewerbung sinnvoll ist. In Abweichung von § 17 Nr. 1 Abs. 1 VOB/A ist dabei vorgesehen, dass sie nicht in allgemeinen Medien, sondern im Amtsblatt der Europäischen Gemeinschaften zu erfolgen hat (§ 17 a Nr. 2 Abs. 4, § 17 b Nr. 2 Abs. 2 VOB/A). In § 14 VgV ist dazu ergänzend bestimmt, dass die Auftraggeber die Bezeichnungen des gemeinsamen Vokabulars für das öffentliche Auftragswesen (Common Procurement Vocabulary-CPV), das vom Bundesministerium für Wirtschaft und Technologie im Bundesanzeiger bekannt gegeben wird,[735] zur Beschreibung des Auftragsgegenstandes verwenden sollen.

---

734 §§ 17 Nr. 1 Abs. 2, 17 Nr. 2 Abs. 2, 17 a Nr. 3, 17 b Nr. 2 VOB/A.
735 BAnz. Nr. 183 a vom 29.09.1999, 1 ff. und im Internet unter http://simap.eu.int; für die EU veröffentlicht im ABl. EG 1996, S. 169, 1.

Nach § 8 Nr. 3 Abs. 4 VOB/A sind bei der öffentlichen Ausschreibung erst in der Aufforderung zur Angebotsabgabe die Nachweise zu bezeichnen, deren Vorlage mit dem Angebot oder Teilnahmeantrag verlangt wird. Die Benennung der verlangten Nachweise in der Vergabebekanntmachung ist dem entsprechend nach § 17 Nr. 1 Abs. 2 lit. s VOB/A nicht zwingend. Dies soll nach Auffassung des *OLG Schleswig* auch im Offenen Verfahren oberhalb der Schwellenwerte gelten, so dass einem Bieter das Fehlen von erst in der Aufforderung zur Angebotsabgabe benannten Nachweisen entgegengehalten werden können soll.[736] Allerdings verlangt § 17 a Nr. 3 Abs. 1 VOB/A für das Offene und Nichtoffene Verfahren, dass die europaweite Bekanntmachung außer den Angaben nach § 17 Nr. 1 Abs. 2 bzw. Nr. 2 Abs. 2 VOB/A bestimmte weitere Angaben enthalten muss. Hieraus folgt, dass die für Verfahren unterhalb der Schwellenwerte nur möglichen Inhalte der Vergabebekanntmachung nach den letztgenannten Vorschriften bei europaweiten Ausschreibungen zwingend anzugeben sind.[737] Dies entspricht der Rechtslage nach der VOL/A, wo § 7 a Nr. 3 bestimmt, dass bereits in der Vergabebekanntmachung die geforderten Eignungsnachweise anzuführen sind. Damit ist hinsichtlich der Vollständigkeit der geforderten Eignungsnachweise zunächst nur auf die Vergabebekanntmachung abzustellen, was grundsätzlich auch gilt, wenn in der Aufforderung zur Angebotsabgabe weitere Nachweise gefordert werden. Da die Interessenten bereits aufgrund der Bekanntmachung und vor der Veranlassung eigener Aufwendungen erkennen können sollen, ob für sie eine Bewerbung in Betracht kommt, ist zum Schutz des Wettbewerbs in so einem Fall allein auf den Inhalt der europaweiten Bekanntmachung abzustellen. Eine vollständige und verbindliche Angabe der verlangten Nachweise ist den Vergabestellen zumutbar.[738] Von den Bietern können weder zusätzliche noch andere Belege verlangt werden. Eben sowenig ist ihnen die Vorlage anderer Nachweise gestattet. Beides liefe dem Gebot der Transparenz (§ 97 Abs. 1 GWB) und dem Grundsatz der Gleichbehandlung aller Bewerber (§ 97 Abs. 2 GWB) zuwider.[739] Verringert ein öffentlicher Auftraggeber allerdings die gestellten Nachweiserfordernisse im Rahmen der mit den Verdingungsunterlagen übermittelten Bewerbungsbedingungen und unterlässt ein Bieter deshalb die Vorlage eines ursprünglich geforderten Nachweises, so wird ihm eine Unvollständigkeit seines Angebots nicht entgegengehalten werden können. Wegen widersprüchlicher Anforderungen muss dies aus Transparenzgründen zu Lasten des öffentlichen Auftraggebers gehen.[740]

465

3.10.2 Anträge auf Teilnahme bei der öffentlichen Ausschreibung/ dem Offenen Verfahren

Unternehmen, die beabsichtigen, an dem bekannt gemachten Vergabeverfahren teilzunehmen, müssen einen Teilnahmeantrag stellen. Der Antrag richtet sich bei der öffentlichen Ausschreibung und dem Offenen Verfahren auf Übersendung der Verga-

466

---

736 OLG Schleswig, Beschl. v. 22.05.2006, 1 Verg 5/06.
737 VK Bund, Beschl. v. 23.06.2006, VK 2–26/02; VK Düsseldorf, Beschl. v. 07.10.2005, VK-22/2005-B; siehe auch VK Münster, Beschl. v. 21.12.2005, VK 25/05.
738 Siehe zur VOL/A OLG Naumburg, VergabeR 2004, 387;
739 Für die VOL/A OLG Düsseldorf, Beschl. v. 25.11.2002, Verg 56/02.
740 VK Münster, Beschl. v. 21.12.2005, VK 25/05,

beunterlagen, die alle Angaben enthalten, die zur Ausarbeitung eines Angebotes notwendig sind (§§ 10, 10 a, 10 b VOB/A). Die Vergabestelle hat allen Bewerbern daraufhin die Vergabeunterlagen in kürzestmöglicher Frist und geeigneter Weise zu übermitteln (§ 17 Nr. 4 Abs. 1 VOB/A).

467 Nach § 17 Nr. 3 VOB/A ist der Antrag auf Teilnahme grundsätzlich auch dann zu berücksichtigen, wenn er durch Telefon, Telefax oder in sonstiger Weise elektronisch übermittelt wird, sofern die sonstigen Teilnahmebedingungen erfüllt sind. Mit »sonstigen Teilnahmebedingungen« sind die nach einigen Vergabearten vorausgesetzten besonderen Eignungsvoraussetzungen der Bewerber angesprochen. Lediglich bei einem Offenen Verfahren erhält jedes interessierte Unternehmen die Vergabeunterlagen. Im Fall der beschränkten Ausschreibung/des Nichtoffenen Verfahrens erfolgt bereits in dieser Phase die Eignungsprüfung der Bewerber.

468 Zudem soll jeder Bewerber, der zusätzliche, sachdienliche Auskünfte über die Vergabeunterlagen erbittet, diese Auskünfte unverzüglich erhalten (§ 17 Nr. 7 Abs. 1 VOB/A). Auch hier ist der Gleichbehandlungsgrundsatz zu beachten. Werden einem Bieter wichtige Aufklärungen über die geforderten Leistungen oder Grundlagen der Preisermittlung gegeben, so sind diese Informationen auch den anderen Bewerbern unverzüglich mitzuteilen, soweit sie diesen nicht bereits bekannt sind (§ 17 Nr. 7 Abs. 2 VOB/A). Typischerweise geschieht dies durch Rundschreiben an alle Bieter. Eine Rechtsverletzung von Bietern liegt auch vor, wenn eine Vergabestelle zunächst entgegen § 18 Nr. 2 VOB/A als Termin der Angebotsabgabe ein vor dem Eröffnungstermin liegendes Datum genannt hat, dann aber die Angebotsfrist bis zum Eröffnungstermin verlängert, ohne alle Bieter hiervon zu informieren.[741]

469 In § 107 Abs. 3 Satz 2 GWB ist bestimmt, dass Teilnehmer des Vergabeverfahrens ihr Recht auf Einleitung eines Nachprüfungsverfahrens dann verlieren, wenn sie Verstöße gegen Vergabevorschriften, die aufgrund der Bekanntmachung erkennbar sind, nicht spätestens bis zum Ablauf der in der Bekanntmachung benannten Frist zur Angebotsabgabe oder zur Bewerbung gegenüber dem Auftraggeber rügen.[742] Bei Unklarheiten innerhalb der Verdingungsunterlagen, die nicht durch konforme Auslegung nach dem Maßstab eines durchschnittlich verständigen und fachkundigen Bieters[743] geklärt werden können, muss der Bieter die Vergabestelle daher im Bereich oberhalb der Schwellenwerte um Aufklärung bitten, will er seine Rechtsschutzmöglichkeiten nicht verlieren.

3.10.3 Auswahl der Teilnehmer bei den anderen Verfahrensarten

3.10.3.1 Bei der beschränkten Ausschreibung

470 Liegen die Voraussetzungen einer beschränkten Ausschreibung ohne Teilnahmewettbewerb vor, hat der Auftraggeber die Auswahl derjenigen Unternehmen, die zur Einreichung von Angeboten aufgefordert werden, nach pflichtgemäßem Ermessen unter Beachtung des Diskriminierungsverbots vorzunehmen. Eine Ausprägung dieses Dis-

---

741 OLG Dresden, BauR 2000, 1591, 1594.
742 Vgl. KG, BauR 2000, 1620, 1622 bei Verstoß gegen das Prinzip der Fachlosvergabe.
743 Zu diesem Maßstab OLG Düsseldorf, Beschl. v. 15.05.2002, Verg 4/01, IBR 2002, 634.

kriminierungsverbots ist das in § 8 Nr. 2 Abs. 3 VOB/A geregelte Gebot, bei der beschränkten Vergabe unter den Bewerbern möglichst zu wechseln.

Die Auswahl der zur Angebotsabgabe aufzufordernden Bieter erweist sich in der Praxis bisweilen als problematisch. Die Besorgnis, dass bei der Auswahl der Bewerber sachfremde Interessen eine Rolle spielen, ist eine oft anzutreffende Befürchtung. Auch sind gelegentlich Klagen von Bietern laut geworden, dass sie wiederholt bei beschränkten Ausschreibungen trotz erwiesener Qualifikation nicht zur Angebotsabgabe aufgefordert worden seien. Wegen des zugunsten des Auftraggebers nunmehr nur noch unterhalb der Schwellenwerte angenommenen Auswahlermessens ist es jedoch sehr schwierig für einen Bieter, seine Beteiligung an einer beschränkten Ausschreibung geltend zu machen. Erfolgt die Nichtzulassung jedoch willkürlich, läge ein rechtswidriges Handeln des Auftraggebers vor. Die Auswahl geeigneter Bieter durch Auslosung (auch nach öffentlichem Teilnahmewettbewerb) wird gelegentlich praktiziert, ist aber nicht völlig bedenkensfrei. Das Vergaberecht will die Auswahl der Bewerber nicht dem Zufall überlassen. Einige im 1. Abschnitt der VOB/A enthaltene Regelungen setzen eine an Sachkriterien orientierte Entscheidung des Auftraggebers voraus, so etwa die Verpflichtung, unter den Bewerbern möglichst zu wechseln (§ 8 Nr. 2 Abs. 3 VOB/A), das Verbot, den Wettbewerber aus bestimmten Regionen und Orten zu beschränken (§ 8 Nr. 1 VOB/A), und das aus § 4 Nr. 2 VOB/A abgeleitete Gebot der Berücksichtigung mittelständiger Unternehmen sowie die Prüfung der Zuverlässigkeit der Bewerber. Erst nachdem vom öffentlichen Auftraggeber unter Beachtung des Gleichheitsgrundsatzes diese »Vorauswahl« als bewusste Sachentscheidung getroffen worden ist, dürfte daher unter den verbleibenden Bewerbern eine Auslosung der zur Angebotsabgabe aufzufordernden Unternehmen unproblematisch zulässig sein.

471

Der Teilnahmewettbewerb dient dazu, die sonst erst im Rahmen der Angebotswertung vorzunehmende Prüfung der Eignung der sich bewerbenden Unternehmen vorab vorzunehmen, so dass nur Angebote von fachkundigen, leistungsfähigen und zuverlässigen Bietern eingereicht werden. Hierzu sind die diesbezüglich geforderten Eignungsnachweise bereits mit dem Teilnahmeantrag vorzulegen (§§ 8 Nr. 3 Abs. 4 S. 2, 17 Nr. 2 Abs. 2 p VOB/A). Nach Ablauf der Bewerbungsfrist wählt der Auftraggeber aus dem Kreis der Interessenten unter Beachtung ihrer Eignung in Bezug auf den konkreten Auftrag diejenigen Bewerber aus, die der konkreten Leistungsaufgabe am ehesten entsprechen. Die so ausgewählten Unternehmen, die sog. Blankettträger, werden dann zur Angebotsabgabe aufgefordert (§ 8 Nr. 4 VOB/A), ohne dass hierdurch die Verpflichtung zur Abgabe eines Angebots entsteht. Bestehen mehr Unternehmen die Eignungsprüfung, als der Auftraggeber zur Angebotseinreichung auffordern will, so muss dieser wie auch bei der beschränkten Ausschreibung ohne Teilnahmewettbewerb eine Auswahl nach pflichtgemäßem Ermessen treffen. Sachlich nicht gerechtfertigte Ungleichbehandlungen sind nicht zulässig.

472

3.10.3.2 Beim Nichtoffenen Verfahren, dem Verhandlungsverfahren und dem Wettbewerblichen Dialog

Hinsichtlich der Auswahl der zur Angebotsabgabe aufzufordernden Teilnehmer statuiert § 8 a Nr. 6 VOB/A seit der Vergaberechtsreform 2006 besondere Anforderungen, die beim Nichtoffenen Verfahren, dem Verhandlungsverfahren und beim wettbewerb-

473

lichen Dialog zu beachten sind. Will ein Auftraggeber die Zahl der Teilnehmer bei einem dieser Verfahren im Rahmen der Prüfung der Teilnahmeanträge begrenzen, so ist dies gemeinsam mit den entsprechenden objektiven und nicht diskriminierenden Kriterien der Auswahl, der vorgesehenen Mindestzahl und gegebenenfalls auch der Höchstzahl der einzuladenden Bewerbern bereits in der Vergabebekanntmachung anzugeben. Ohne eine derartige Ankündigung in der Vergabebekanntmachung sind künftig bei europaweiten Vergabeverfahren alle nach den eingereichten Teilnahmeanträgen geeigneten Bewerber zwingend in das weitere Vergabeverfahren einzubeziehen. Die bisher auch oberhalb der Schwellenwerte praktizierte, nach freiem Ermessen durchgeführte Auswahl unter den geeigneten Bewerbern führt zur Rechtswidrigkeit des Verfahrens. Will ein Auftraggeber nach einem europaweit durchgeführten Teilnahmewettbewerb nicht alle nach den von ihm gestellten Anforderungen geeigneten Bewerber am weiteren Verfahren beteiligen, so muss er eine Beschränkung des Teilnehmerkreises anhand bekannt gemachter Kriterien vornehmen. Die Auswahl des Teilnehmerkreises ist danach zweistufig vorzunehmen. Nach der Prüfung der grundsätzlichen Eignung ist die Frage eines »*Mehr an Eignung*« beim Teilnahmewettbewerb zu berücksichtigen, wenn die Bewerber hierauf hingewiesen wurden. Neben den allgemeinen Eignungskriterien als Mindestanforderungen muss der Auftraggeber in der Vergabebekanntmachung hierfür angeben, nach welchen Anforderungen er eine Auswahl aus den geeigneten Bewerbern treffen will, wenn sich mehr geeignete Unternehmen beworben haben, als er zur Angebotseinreichung auffordern will. Diesbezüglich ist zu berücksichtigen, dass – bei einer entsprechend großen Zahl geeigneter Bewerber – nach § 8 a Nr. 3 VOB/A mindestens 5 Unternehmen zur Angebotseinreichung aufgefordert werden müssen. Die vom Auftraggeber getroffene Auswahlentscheidung kann gegebenenfalls zum Gegenstand eines Nachprüfungsverfahrens gemacht werden.

3.10.4 Die Vergabeunterlagen

474 Für die Gestaltung der im Rahmen des Vergabeverfahrens an die Bieter zu übersendenden Vergabeunterlagen enthalten die §§ 9 bis 15 VOB/A Grundzüge, welche der Auftraggeber zu beachten hat und deren Verletzung zu einem Schadensersatzanspruch des Auftragnehmers führen kann.[744]

475 Gemäß § 10 Nr. 1 Abs. 1 VOB/A müssen die Vergabeunterlagen folgende Bestandteile enthalten:

> ➤ das Anschreiben (Aufforderung zur Angebotsabgabe) sowie gegebenenfalls die Bewerbungsbedingungen (§ 10 Nr. 5 VOB/A) und

> ➤ die Verdingungsunterlagen.

Im Bereich der öffentlichen Verwaltung finden sich nähere Angaben hierzu in den Vergabehandbüchern bzw. eingeführten Formularmustern. Dabei ist zu beachten, dass die verwendeten Vordrucke vorformulierte Vertragsbedingungen nach §§ 305 ff. BGB dar-

---

[744] BGH, NJW 2000, 662; BGH, BauR 1998, 1232; 1999, 23; Heiermann/Riedl/Rusam, § 9 VOB/A, Rn. 43–45.

stellen, so dass sie auch gegenüber Kaufleuten nur dann wirksam sind, wenn sie den Bieter/Auftragnehmer nicht unangemessen benachteiligen, § 307 BGB.

3.10.4.1 Das Anschreiben (Aufforderung zur Angebotsabgabe)

Für die Versendung der Verdingungsunterlagen ist gem. § 10 Nr. 5 Abs. 1 VOB/A ein Anschreiben zu verfassen, das alle Angaben enthält, die außer den Verdingungsunterlagen für den Entschluss zur Abgabe eines Angebotes notwendig sind. Näheres regelt § 10 Nr. 5 Abs. 2 VOB/A. Das bedeutet jedoch nicht, dass der Auftraggeber verpflichtet ist, die Leistung im Anschreiben in allen Einzelheiten zu beschreiben; dies ist dem Leistungsverzeichnis vorbehalten. Vielmehr ist dafür Sorge zu tragen, dass das Anschreiben diejenigen Angaben enthält, die nach der Erfahrung notwendig sind, um den Bewerbern einen allgemeinen Überblick über die Ausführung der Bauleistung zu vermitteln.

476

Das Anschreiben enthält die Aufforderung zur Angebotsabgabe, § 10 Nr. 5 Abs. 1 VOB/A. Nach § 10 Nr. 5 Abs. 3 VOB/A kann der Auftraggeber fordern, dass die Bieter in ihrem Angebot diejenigen Leistungen angeben, die sie an Nachunternehmer zu vergeben beabsichtigen. Nachunternehmerleistungen stellen alle Tätigkeiten Dritter im Auftrag und auf Rechnung des Auftragnehmers dar, wozu aber Teilleistungen, die sich wie etwa Speditionsleistungen oder Gerätemieten auf reine Hilfsfunktionen beschränken, nicht zählen.745 Wird eine Nachunternehmererklärung vom Bieter verlangt, so sind die betroffenen Leistungen genau und grundsätzlich unter Angabe der jeweiligen Ordnungsziffer des Leistungsverzeichnisses bereits im Angebot zu bezeichnen, wofür regelmäßig auf entsprechende vom Auftraggeber gestellte Formblätter zurückzugreifen ist. Das Fehlen der geforderten Angaben oder widersprüchliche Angaben führen grundsätzlich zum Ausschluss des Angebots vom Vergabewettbewerb.

477

Nach Ziffer 7 der Bewerbungsbedingungen der im März 2006 aktualisierten Fassung des Handbuchs für die Vergabe und Ausführung im Straßen- und Brückenbau (HVA B-StB) muss ein Bieter, der beabsichtigt, sich bei der Erfüllung eines Auftrags der Fähigkeiten anderer Unternehmen zu bedienen, dem Auftraggeber hinsichtlich der Eignung nachweisen, dass ihm die erforderlichen Mittel zur Verfügung stehen. Er hat – allerdings nur, wenn diese Vorgabe Teil der Ausschreibung ist – bereits mit dem Angebot entsprechende Verpflichtungserklärungen der Nachunternehmer vorzulegen. Hierzu wird regelmäßig auf entsprechende Mustererklärungen des Auftraggebers, die mit den Angebotsunterlagen versandt werden, zurückzugreifen sein. Der jeweilige Nachunternehmer muss sich verpflichten, für den konkret benannten Bieter im Auftragsfall mit den erforderlichen Mitteln für die benannten Leistungen tätig zu werden. Fehlende oder unverbindliche Angaben führen zur Unvollständigkeit und damit zum Ausschluss des jeweiligen Angebots, so dass dieses regelmäßig überzogene Nachweiserfordernis in Frage zu stellen ist. Nicht nur wird den Bietern durch die bedingungslose Festlegung auf bestimmte verpflichtete Nachunternehmer die Möglichkeit abgeschnitten, nach Zuschlagserteilung noch gleich qualifizierte, aber günstigere Nachunternehmer zu beauftragen und einen echten Wettbewerb bei der NU-Vergabe zu gewährleisten. Das Verlangen von Verpflichtungserklärungen stellt auch eine weite-

478

---

745 OLG Naumburg, Beschl. v. 26.01.2005, 1 Verg 21/04.

3 Die Vergabe- und Vertragsordnung für Bauleistungen, Teil A (VOB/A)

re formale Hürde und damit eine wettbewerbsfeindliche Fehlerquelle bei der Angebotserstellung dar, die für die öffentliche Hand kaum einen Vorteil darstellen kann. Ein sachlich gerechtfertigter Grund für die Übergabe von Verpflichtungserklärungen mit dem Angebot ist meist nicht erkennbar und lässt sich insbesondere auch nicht aus der zum Generalübernehmereinsatz ergangenen Rechtsprechung des EuGH ableiten.[746] So reicht es für die Festlegung eines Bieters auf einen bestimmten Nachunternehmer aus, dass er diesen einseitig im Angebot benennt. Ein späterer Austausch ist dann nur mit Zustimmung des Auftraggebers möglich. Der Auftraggeber darf diese Zustimmung jedoch nach § 4 Nr. 8 Abs. 1 S. 2 VOB/B nicht unbillig verweigern. Wird vom Auftragnehmer ein anderer Nachunternehmer benannt, als im Angebot aufgeführt war, kann die Zustimmung des Auftraggebers verlangt werden, wenn der neue Nachunternehmer als gleichermaßen geeignet anzusehen ist. Die Zustimmung wird – soweit die Bedingungen des Auftraggebers dies fordern – regelmäßig zu erteilen sein, wenn es sich um die Untervergabe von Leistungen handelt, auf deren Erbringung der Betrieb des Auftragnehmers nicht eingerichtet ist, weil dort der Nachunternehmereinsatz und § 4 Nr. 8 Abs. 1 S. 3 VOB/B an sich gar nicht zustimmungspflichtig wäre.

479 Wünscht der Auftraggeber bei evtl. Streitigkeiten im Verlauf der Vertragsdurchführung die Erledigung nicht durch das staatliche Gerichtswesen, sondern durch ein Schiedsgericht, so ist dies nach § 10 Nr. 6 VOB/A vorzusehen. Ohne eine ausdrückliche Schiedsvereinbarung, die von beiden Parteien unterzeichnet werden muss, bleiben die staatlichen Gerichte allein zuständig. Das Schiedsgerichtsverfahren richtet sich nach §§ 1025 ff. ZPO, daneben kann aber auch eine Schiedsgerichtsordnung vereinbart werden. Im Baubereich wird überwiegend die »Schiedsgerichtsordnung für das Bauwesen« (SGO Bau) vereinbart,[747] die vom Deutschen Beton- und Bautechnikverein gemeinsam mit der Deutschen Gesellschaft für Baurecht betreut wird. Alternativ werden gelegentlich noch die Schiedsordnung der Deutschen Institution für Schiedsgerichtsbarkeit (DIS-Schiedsordnung) oder die Schiedsordnung der ARGE Baurecht im Deutschen Anwaltverein (SO Bau) vereinbart. Bei internationalen Verträgen ist es üblich, die Schlichtungs- und Schiedsordnung der Internationalen Handelskammer in Paris (ICC) zu vereinbaren.

480 Bei Vergabeverfahren oberhalb des Schwellenwerts schreibt § 10 a und § 10 b VOB/A ausdrücklich vor, dass das Anschreiben – sofern nicht schon in der Bekanntmachung angegeben – die maßgebenden Wertungskriterien im Sinne von § 25 Nr. 3 VOB/A enthalten muss. Das betrifft insbesondere gestalterische und funktionsbedingte Gesichtspunkte, Nutzungsdauer und Ausführungsfrist, und zwar grundsätzlich unter Angabe ihrer Gewichtung. Allein die Durchführung einer funktionalen Ausschreibung bedeutet noch nicht, dass gestalterische/ästhetische Kriterien Berücksichtigung bei der Wertung finden können, wenn diese nicht nach § 10 a VOB/A mitgeteilt wurden.[748] Spätestens in der Aufforderung zur Angebotsabgabe sind die Wertungskriterien vollständig und erschöpfend anzugeben. Wird es versäumt, sie den Bietern bekannt zu machen,

---

746 Siehe hierzu noch unten, Rn. 674 ff.
747 Abgedruckt bei Leinemann/Maibaum, S. 132 ff. mit Muster-Schiedsklausel.
748 OLG Frankfurt, VergabeR 2001, 299, 302.

gibt im Zweifelsfall allein der Preis den Ausschlag, da die Bieter sich auf andere Kriterien nach den Vergabeunterlagen nicht einstellen konnten.⁷⁴⁹

481 Nach der bis zum 31.01.2006 geltenden Rechtslage waren die Wertungskriterien lediglich »möglichst« in der Reihenfolge der ihnen zuerkannten Bedeutung bekannt zu geben. Es war bis dato in der Rechtsprechung der Nachprüfungsinstanzen anerkannt, dass es den Auftraggebern möglich war, erst im Laufe des Wertungsprozesses und damit in Ansehung der vorliegenden Angebote ein konkretes Wertungssystem zu entwickeln. Etwas anderes galt lediglich, soweit ein Auftraggeber eine Bewertungsmatrix mit Gewichtung der einzelnen Wertungskriterien tatsächlich bereits vor Einreichung der Angebote aufgestellt hatte.⁷⁵⁰ Nur in diesem Fall sollte der Auftraggeber aus Transparenzgründen verpflichtet sein, diese Regeln in der Auftragsbekanntmachung oder in den Ausschreibungsunterlagen anzugeben. Ein entsprechendes Vorgehen ist mit Ablauf der Umsetzungsfrist für die neue Vergabekoordinierungsrichtlinie regelmäßig nicht mehr möglich. Im Einklang mit Art. 53 Abs. 2 RL 2004/18/EG bestimmt nun § 10a lit. a VOB/A, dass auch die Gewichtung der einzelnen Kriterien in der Vergabebekanntmachung oder Aufforderung zur Angebotsabgabe anzugeben ist. Nur wenn die Gewichtung aus nachvollziehbaren Gründen nicht angegeben werden kann, sind die Kriterien in der absteigenden Reihenfolge ihrer Bedeutung bekannt zu machen. Diese Ausnahme kann allenfalls bei der Vergabe komplexer Leistungen wie etwa bei ÖPP-Vorhaben greifen. Den Bietern wird damit grundsätzlich ein gegebenenfalls in einem Nachprüfungsverfahren durchsetzbarer Anspruch darauf, dass ihnen die Gewichtung der Wertungs- und Zuschlagskriterien mitgeteilt wird, eingeräumt. Die Nichtangabe der Wertungskriterien ist dabei allerdings gem. § 107 Abs. 3 GWB fristgerecht zu rügen. Damit ist es den Vergabestellen verwehrt, ein Wertungssystem erst nach Einreichung der Angebote zu entwickeln. Sie sind vielmehr grundsätzlich gezwungen, sich bereits bei der Erstellung der Vergabeunterlagen Gedanken darüber zu machen, welche Bedeutung sie den Anforderungen zur Ermittlung des für sie besten und damit wirtschaftlichsten Angebots zukommen lassen.

482 Dazu, in welcher Form die Gewichtung anzugeben ist, äußert sich die VOB/A nicht. Neben einer prozentualen Gewichtung kann daher auch an die Verteilung von Wertungspunkten zu denken sein. Nach den Vorgaben des Art. 53 Abs. 2 RL 2004/18/EG ist es auch möglich, die Gewichtung mittels einer Marge anzugeben werden, deren größte Bandbreite angemessen sein muss. Die Angabe, dass ein Wertungsmerkmal mit einer Prozentzahl zwischen X und Y in der Wertung berücksichtigt werden soll, ist demnach zulässig. Allerdings muss die Differenz zwischen X und Y angemessen sein. Die Bandbreite muss einerseits zu einer effektiven Beschaffung der Vergabestelle geeignet sein und ihr ausreichend Spielraum lassen, um ihr Beschaffungsziel zu erreichen. Andererseits muss gegenüber den Bietern die Transparenz und Vorhersehbarkeit der Vergabeentscheidung gewahrt bleiben, um nicht die praktische Wirksamkeit des Erfordernisses der Angabe der Gewichtung der Wertungskriterien zu vereiteln. Zumindestens die Schwerpunktbildung der Bewertung muss daher erkennbar sein. Aus

---

749 BayObLG, VergabeR 2001, 65, 67; VK Nordbayern, Beschl. v. 02.06.2003, IBR 2003, 436; Heiermann/Riedl/Rusam-Rusam, § 25a VOB/A, Rn. 3.
750 OLG Düsseldorf, Beschl. v. 16.11.2005, Verg 59/05; Beschl. v. 16.02.2005, Verg 74/04, Beschl. v. 29.10.2003, Verg 43/03; OLG Celle, Beschl. v. 02.09.2004, 13 Verg 14/04.

Transparenzgründen sollte von der Angabe von Margen nur zurückhaltend Gebrauch gemacht werden. Ist die Transparenz der Wertungsentscheidung durch die Margenangaben gefährdet, so ist den Bietern zu einer entsprechenden Rüge zu raten.

483 Den Bietern sind vor Ablauf der Angebotsfrist die Wertungskriterien vollständig bekannt zu geben. Dies erfasst auch Unterkriterien, jedenfalls soweit sie im Voraus aufgestellt wurden.[751] Im Übrigen dürfen nur Unterkriterien verwendet werden, die sich aus den bekannt gemachten Zuschlagskriterien ergeben. Überraschende Unterkriterien sind unzulässig und führen zur Rechtswidrigkeit der Wertungsentscheidung. Die Unterkriterien müssen unter das jeweilige Oberkriterium subsumierbar sein.[752] Parallel hierzu dürfen bekannt gemachte Unterkriterien auch nur dann besonders gewichtet werden, wenn dies die Zuschlagskriterien selbst nicht ändert, die Gewichtung nichts enthält, was, wenn es bei der Vorbereitung der Angebote bekannt gewesen wäre, diese Vorbereitung hätte beeinflussen können, und die Gewichtung keinen Bieter diskriminieren kann.[753] Auch bei der Wahl und Bewertung von Unterkriterien ist damit die Transparenz des Vergabeverfahrens umfassend sicher zu stellen. Die Bieter müssen zum Zeitpunkt der Erarbeitung ihrer Angebote alle Kriterien kennen, die bei der Bestimmung des wirtschaftlich günstigsten Angebots berücksichtigt werden.

484 Beim Nichtoffenen Verfahren und beim Verhandlungsverfahren muss das Anschreiben zusätzlich einen Hinweis auf die Veröffentlichung der Bekanntmachung enthalten sowie bei allen Vergabearten generell die Angabe, dass die Angebote in deutscher Sprache abzufassen sind. Entsprechende Musterschreiben finden sich in den Vergabehandbüchern.[754]

3.10.4.2 Die Verdingungsunterlagen

485 Die Verdingungsunterlagen selbst bestehen aus den Vertragsbedingungen und der Leistungsbeschreibung.

3.10.4.2.1 Vertragsbedingungen

486 Gemäß § 10 Nr. 1 Abs. 2 VOB/A ist in den Verdingungsunterlagen vorzuschreiben, dass die Allgemeinen Vertragsbedingungen für die Ausführung von Bauleistungen (VOB/B) und die Allgemeinen Technischen Vertragsbedingungen für Bauleistungen (VOB/C) Bestandteil des Vertrages werden. Das gilt auch für etwaige Zusätzliche, insbesondere Technische Vertragsbedingungen, soweit sie Bestandteil des Vertrages werden sollen. Der Inhalt der Zusätzlichen und Besonderen Vertragsbedingungen ist in § 10 Nr. 4 VOB/A geregelt, wobei die dort zu findende Aufzählung nicht abschließend ist. Dementsprechend sehen die Vergabehandbücher hierzu umfangreiche BVB- und ZVB-Muster vor. Diese Muster stellen allerdings vorformulierte Vertragsbedingungen i. S. d. §§ 305 ff. BGB dar und tragen so auch das Risiko der Unwirksamkeit einzelner Klauseln in sich. Das gilt insbesondere dann, wenn sich entsprechende Änderungen der Rechtsprechung ergeben, wie etwa im Frühjahr 2003 zur Unwirksamkeit von Vertrags-

---

751 OLG Düsseldorf, Beschl. v. 16.11.2005, Verg 59/05, Beschl. v. 23.03.2005, Verg 77/04.
752 VK Bund, Beschl. v. 04.05.2005, VK 3-25/05
753 EuGH, Urt. v. 24.11.2005, C-331/04.
754 Das VHB des Bundes ist einsehbar unter www.BMVBS.de.

strafeklauseln mit einer Obergrenze von mehr als 5 % der Auftragssumme.[755] Die Verwendung der EVM-Formulare des VHB schützt weder vor einer Unwirksamkeit einzelner Klauseln noch vor dem Einwand, die VOB sei nicht »als Ganzes« vereinbart.[756] Abweichende Regelungen für Vergaben oberhalb der Schwellenwerte bestehen nicht.

3.10.4.2.2 Die Leistungsbeschreibung

Das zentrale Dokument der Verdingungsunterlagen stellt die in § 9 VOB/A geregelte Leistungsbeschreibung dar. Durch sie werden Art und Umfang der vom Auftragnehmer anzubietenden und nach Vertragsschluss zu erbringenden Leistung konkretisiert. Der Auftraggeber hat mit der Leistungsbeschreibung die zu erbringende Leistung eindeutig und so erschöpfend zu beschreiben, dass alle Bewerber die Beschreibung im gleichen Sinn verstehen müssen und ihre Preise sicher und ohne umfangreiche Vorarbeiten berechnen können, § 9 Nr. 1 VOB/A. Diese Vorschrift hat bieterschützenden Charakter, so dass ihre Verletzung eine Beeinträchtigung von Bieterrechten nach § 97 Abs. 7 GWB zur Folge hat.[757] Sie verpflichtet den Auftraggeber zur Angabe aller kalkulationsrelevanten Umstände, soweit sie ihm bekannt sind. Unzulässig sind auch z. B. Positionen mit erkanntermaßen falschen Mengenansätzen, mit denen etwa mehr Haushaltsmittel gefordert werden könnten.[758] Unternimmt der Auftraggeber Vorerkundungen, auf die er die Ausschreibung stützt, so muss er auf alle gefundenen Ergebnisse hinweisen, auch wenn er sie möglicherweise nicht für relevant hält.[759] Auch das Zurückhalten ihm vorliegender Bodengutachten oder sonstiger, vergaberelevanter Unterlagen verpflichtet den Auftraggeber zum Schadensersatz aus Verschulden bei Vertragsschluss bzw. § 311 Abs. 2 i. V. m. § 280 Abs. 2 BGB, wenn diese Unterlagen zur sicheren Preisbildung bei Angebotsbearbeitung erforderlich gewesen wären.[760]

487

Ebenso wenig darf dem Bieter ein ungewöhnliches Wagnis überbürdet werden, § 9 Nr. 2 VOB/A. Dabei handelt es sich nicht um die üblichen, mit der Bautätigkeit verbundenen Wagnisse, sondern um nicht beeinflussbare und preislich nicht im Voraus abschätzbare Ereignisse und Umstände, die außerhalb der vertragstypischen Risikoverteilung liegen. Dazu gehört sicher eine Haftung für das Handeln oder Unterlassen Dritter[761] (z. B. Nachbarn, Drittunternehmer), die Übernahme von nur durch Bezugnahme auf nicht überreichte Urkunden beschriebenen Risiken (z. B. Endnutzer-/Investorenrisiken), Haftungs- und/oder Vertragsübernahmen für nicht kontrollierte Partner und Leistungen,[762] aber auch die pauschale Übernahme längerer Pufferzeiten für Behinderungen und Schlechtwetter, nicht beauftragte Betreiber- und Finanzierungsrisiken wie auch – bei Altsubstanz – die Verantwortung für den Zustand von Ge-

488

---

755 BGH, BauR 2003, 870 ff.
756 Zur VOB als Ganzes vgl. Leinemann, VOB/B Kommentar, § 16 VOB/B, Rn. 110 ff.
757 OLG Dresden, BauR 2000, 1582, 1585; OLG Brandenburg, BauR 1999, 1175, 1180 f., m. Anm. Leinemann.
758 Ingenstau/Korbion-Kratzenberg, § 9 VOB/A, Rn. 27.
759 Siehe OLG Naumburg, Urt. v. 15.12.2005, 1 U 5/05 zum Verschweigen eines besonders hoch belasteten Testfelds bei Munitionsräumungen.
760 Näheres zu diesen Ansprüchen oben Abschnitt 2.2.20.2 und Leinemann-Schoofs, § 2 VOB/B, Rn. 136 ff. m. w. N.
761 BGH, MDR 1969, 655 = BGH, DB 1969, 1058.
762 Ingenstau/Korbion-Kratzenberg, § 9 VOB/A, Rn. 30.

3 Die Vergabe- und Vertragsordnung für Bauleistungen, Teil A (VOB/A)

bäudeteilen, die nicht näher beschrieben und einer Überprüfung des Bieters bei Angebotsbearbeitung entzogen waren.[763] Nicht als ungewöhnlich i. S. des § 9 Nr. 2 VOB/A sind hingegen regelmäßig Risiken zu betrachten, auf die der Auftraggeber ausdrücklich hinweist, so dass sich der Bieter entscheiden kann, ob er sie übernehmen möchte, oder gegen die er sich finanziell – etwa durch Risikozuschläge – absichern kann.[764]

489 Nach einer Entscheidung des KG soll der Bieter sich nicht darauf einlassen müssen, Verbrauchskosten, Telefongebühren, Bürokosten und -einrichtung für den Auftraggeber zu übernehmen, deren Höhe entgegen § 9 Nr. 2 VOB/A nicht zuverlässig abgeschätzt werden kann.[765] Sind in einer Ausschreibung solche Positionen enthalten, soll der Bieter sie streichen können, ohne gegen § 21 Nr. 1 Abs. 2 VOB/A zu verstoßen.[766] Bietern ist allerdings zu raten, die entsprechende Regelung rechtzeitig gegenüber dem Auftraggeber zu rügen. Dies gilt im Übrigen für alle vergaberechtswidrigen oder als vorformulierte Vertragsbedingungen der Unwirksamkeit verfallenden Klauseln der Ausschreibungsunterlagen.

490 Stellt der Auftraggeber fest, dass die Leistungsbeschreibung nicht alle die Preisermittlung beeinflussenden Umstände enthält, ist zu entscheiden, ob sie nach § 26 VOB/A aufgehoben werden muss oder ob eine Ergänzung möglich ist. Evtl. vorgenommene Änderungen und Ergänzungen sind dann allen Bewerbern unverzüglich mitzuteilen.

491 Urheberrechtlichen Schutz genießt eine Leistungsbeschreibung regelmäßig nicht.[767] Anderes kann für Architektenpläne und besondere Konstruktionszeichnungen gelten, die den Ausschreibungsunterlagen beigefügt sind.

492 Die Einzelheiten einer erschöpfenden Leistungsbeschreibung werden in § 9 Nr. 3 VOB/A und der dort in Bezug genommenen DIN 18 299 ff. geregelt. Ziel dieser Regelung ist es, spätere Unzulänglichkeiten oder gar Rechtsstreitigkeiten zu vermeiden. Nur bei Kenntnis aller die Leistung beeinflussenden Umstände ist dem Auftragnehmer eine einwandfreie Preisermittlung möglich. Ohne zwingende Notwendigkeit dürfen daher nach § 9 Nr. 1 S. 2 und 3 VOB/A auch keine Bedarfspositionen oder angehängte Stundenlohnarbeiten in die Leistungsbeschreibung aufgenommen werden, da diese letztlich entgegen § 9 Nr. 1 VOB/A ein Abweichen von der grundsätzlich abschließend zu beschreibenden Leistung ermöglichen.[768] Nichts anderes wird für so genannte Alternativ- oder auch Wahlpositionen[769] zu gelten haben, auch wenn sie in der Vorschrift nicht ausdrücklich erwähnt werden. Die Verwendung von Wahlpositionen tangiert die Transparenz des Vergabeverfahrens, weil sie den öffentlichen Auftraggeber in die Lage versetzt, vermöge seiner Entscheidung für oder gegen eine Wahlposition das Wertungsergebnis aus vergaberechtsfremden Erwägungen zu beeinflussen. Aus diesem Grund

---

763 Leinemann, § 6 VOB/B, Rn. 38.
764 OLG Naumburg, Urt. v. 15.12.2005, 1 U 5/05.
765 KG, VergabeR 2001, 392, 397.
766 KG, VergabeR 2001, 392, 397.
767 BGH, BauR 1984, 423.
768 Näher dazu unten, Ziff. 3.10.4.2.4.; zur Neufassung von § 9 Nr. 1 VOB/A bereits durch die VOB 2000 Leinemann/Maibaum, Die VOB 2000, 2. Aufl., S. 111.
769 Vgl. zu Eventual-/Alternativpositionen OLG Dresden, BauR 2000, 1582, 1583 ff.; OLG Schleswig, NZBau 2000, 207.

kommt der Ansatz von Wahlpositionen nur in Betracht, wenn und soweit ein berechtigtes Bedürfnis des öffentliche Auftraggebers besteht, die zu beauftragende Leistung in den betreffenden Punkten einstweilen offen zu halten.[770] Der Ansatz von Wahlpositionen steht zudem unter dem Vorbehalt, dass der öffentliche Auftraggeber durch die Gestaltung seiner Ausschreibungsbedingungen soweit wie möglich die Transparenz des Vergabeverfahrens wahrt und einer Manipulation der Vergabeentscheidung vorbeugt. Wird z. B. die Ausführung einer Fassadenverkleidung in zwei Varianten (Einfach- oder Doppelfassade) als auch das zum Einbau vorgesehene Fassadenmaterial in drei Alternativen (Weissglas, Floatglas, Blechverkleidung) und der vorgesehene Sonnenschutz wahlweise in fünf verschiedenen Versionen ausgeschrieben und umfassen die Wahlpositionen damit insgesamt drei vollständige – und zudem wesentliche – Leistungsbereiche des ausgeschriebenen Auftrags, so ist dies jedenfalls unzulässig.[771]

Sind Alternativpositionen zulässigerweise in die Ausschreibung aufgenommen, müssen sie auch ausgefüllt werden, da ansonsten ein unvollständiges Angebot vorliegt, das auszuschließen ist[772] Hierbei sind gegebenenfalls die technischen Mindestanforderungen nach dem Leistungsverzeichnis zu beachten, so dass ein Angebot, welches zur Wahlposition ein Produkt ohne die geforderte CE-Kennzeichnung anbietet, hier nicht berücksichtigt werden kann.[773] Die Wahlpositionen müssen von den Bietern bepreist werden. Andernfalls ist das Angebot wegen des Fehlens von Preisangaben zwingend aus der Wertung auszuscheiden.[774]

493

Vor diesem Hintergrund sind in der Leistungsbeschreibung gem. § 9 Nr. 3 Abs. 2 VOB/A erforderlichenfalls auch der Zweck und die vorgesehene Beanspruchung der fertigen Leistung anzugeben, sowie gem. § 9 Nr. 3 Abs. 3 VOB/A die für die Ausführung der Leistung wesentlichen Verhältnisse der Baustelle. Die VOB/A führt hier beispielhaft die Boden- und Wasserverhältnisse an, die erfahrungsgemäß eine erhebliche Rolle für die Bauausführung spielen. Aus Abschnitt 0 der DIN 18299 (VOB/C) ergibt sich, welche Angaben zu der Baustelle gemacht werden müssen.[775] Stimmen die tatsächlichen Bau- und Wasserverhältnisse mit der Ausschreibung nicht überein, so trägt hierfür der Auftraggeber grundsätzlich das Risiko.[776] Nach Vertragsschluss kommt es nur noch darauf an, ob der Auftragnehmer gem. § 13 Nr. 3 VOB/B die Mängel der Leistungsbeschreibung erkennen konnte und darauf gem. § 4 Nr. 3 VOB/B hinzuweisen hatte. Auch die Entsorgung von schadstoffbehafteten Abfällen und Abwässern nach dem KrWG/AbfG gehört in das grundsätzlich dem Auftraggeber zufallende Bauherrenrisiko und ist daher in der Leistungsbeschreibung zu regeln. Keines Hinwei-

494

---

770 OLG Düsseldorf, Beschl. v. 2. 8. 2002, Verg 25/02.
771 OLG Düsseldorf, Beschl. v. 24.03.2004, Verg 7/04, VergabeR 2004, 517; OLG München, Beschl. v. 27.01.2006, Verg 1/06.
772 OLG Naumburg, Beschl. v. 05.05.2004, 1 Verg 7/04.
773 OLG München, Beschl. v. 27.01.2006, Verg 1/06.
774 Siehe OLG Düsseldorf, Beschl. v. 19.10.2005, Verg 38/05. Diese zur VOL/A ergangene Rechtsprechung ist unter Berücksichtigung von § 25 Nr. 1 Abs. 1 lit. b VOB/A auf Bauvergaben zu übertragen.
775 Dazu näher Ingenstau/Korbion-Kratzenberg, § 9 VOB/A, Rn. 59 ff.
776 BGH, NJW 1994, 850; BauR 1994, 236; LG Köln, BauR 1980, 368; LG Tübingen, BauR 1980, 67; OLG Düsseldorf, BauR 1991, 219, 220.

ses bedarf es lediglich bei Offenkundigkeit oder nachweislich bestehender genauer Kenntnis des Geländes durch die Bewerber.

495 Die sich aus der Sphärentheorie zum Eigentum sowie dem Rechtsgedanken aus § 645 BGB (»von dem Besteller gelieferten Stoffes«)[777] ergebende Verpflichtung des Auftraggebers zur vollständigen und jedenfalls dem eigenen Kenntnisstand entsprechenden Ausschreibung begründet die in § 9 Nr. 1–3 VOB/A enthaltene Pflicht zur grundlegenden Ermittlung der zur vollständigen Leistung erforderlichen Angaben und Arbeiten. Besondere Beachtung erfordern dabei die aus der Eigentumssphäre des Auftraggebers resultierenden typischen Unwägbarkeiten. Dazu zählen insbesondere die Erkundung des Baugrunds sowie – bei vorhandenem Altbestand – die Prüfung und Analyse der vorhandenen Substanz auf Erschwernisse oder Risiken, die dem Baugrundwagnis vergleichbar sind, wie etwa Altlasten und der zu sanierenden Bausubstanz.[778] Unzulässig ist es daher auch, das Bodenrisiko (Baugrundrisiko)[779] durch vorformulierte Vertragsbedingungen auf den Auftragnehmer abzuwälzen. Eine solche Klausel verstößt gegen § 307 BGB und ist unwirksam, weil sie entgegen der gesetzlichen Risikoverteilung (§ 644, 645 BGB) dem Auftragnehmer das Baugrundrisiko überbürdet.[780]

496 Gemäß § 9 Nr. 4 VOB/A sind bei der Beschreibung der Leistung die verkehrsüblichen Bezeichnungen zu beachten. In einem neuen Untertitel »technische Spezifikationen« werden in § 9 Nr. 5 bis 10 VOB/A die diesbezüglich zu beachtenden Vorgaben geregelt. Unter technischen Spezifikationen sind technische Regelwerke, Normen, gegebenenfalls auch allgemeine Eigenschafts- und Funktionsbeschreibungen zu verstehen, nicht jedoch individuelle auf das Bauvorhaben bezogene Vorgaben.[781] Oberster Grundsatz ist, dass die technischen Anforderungen allen Bietern gleich zugänglich sein müssen und den Wettbewerb nicht in unzulässiger Weise behindern dürfen (§ 9 Nr. 5 VOB/A). Hinsichtlich der Vorgabe von technischen Spezifikationen unterscheidet § 9 Nr. 6 VOB/A zwischen drei Möglichkeiten, die sich den unterschiedlichen Typen der Leistungsbeschreibung – mit Leistungsverzeichnis oder Leistungsprogramm – zuordnen lassen:

497 (1) Es können unter Rückgriff auf entsprechende Normungen konkrete Anforderungen aufgestellt werden. Die technischen Spezifikationen werden in diesem Fall unter Bezugnahme auf den Anhang TS formuliert, wobei eine genau bezeichnete Rangfolge der einschlägigen Normen zu beachten ist. Es gilt, dass europäische Normungen jeweils Vorrang gegenüber nationalen Vorgaben haben (§ 9 Nr. 6 Abs. 1 VOB/A). Durch die Verwendung von gemeinschaftsrechtlichen technischen Spezifikationen soll gewährleistet werden, dass die Ausschreibung im gemeinsamen Markt gleich verstan-

---

777 Dazu Kapellmann/Schiffers, Band 1, 4. Aufl., Rn. 707 ff.
778 OLG Hamm, BauR 2003, 406, 408 f; OLG Karlsruhe, IBR 1999, 150.
779 Mit Baugrundrisiko ist die Gefahr umschrieben, dass sich trotz einer den allgemein anerkannten Regeln der Technik entsprechenden Erkundung des Baugrundes unvorhergesehenen Erschwernisse durch eine nicht erwartete und von keinem Vertragspartner zu vertretende Gestaltung des Baugrundes ergeben; m. w. N. Ingenstau/Korbion-Kratzenberg, § 9 Nr. 3 VOB/A, Rn. 54.
780 Leinemann-Schoofs, § 2 VOB/B, Rn. 133 f.; Heiermann/Riedl/Rusam-Heiermann, § 9 VOB/A, Rn. 15.
781 OLG München, VergabeR 2006, 119 (zu § 21 Nr. 2 VOB/A).

den werden kann. Die Bezugnahme auf eine nationale Norm, für die bereits europäische Normen bestehen, wird als Diskriminierung und damit als Verstoß gegen den EG-Vertrag gewertet.[782] Jede Bezugnahme ist daher mit dem Zusatz »oder gleichwertig« zu versehen (§ 9 Nr. 6 Abs. 1, a. E. VOB/A). Bei einem solchen Vorgehen darf ein Angebot daher nicht mit der Begründung abgelehnt werden, dass es den herangezogenen Spezifikationen nicht entspräche, wenn der Bieter mit seinem Angebot nachweist, dass die vorgeschlagene Lösung den Vorgaben gleichermaßen entspricht. Hierzu kann eine technische Beschreibung des Herstellers oder ein Prüfbericht einer anerkannten Stelle ein geeignetes Mittel darstellen (§ 9 Nr. 7 VOB/A). Von den Bietern ist zu beachten, dass die Gleichwertigkeit bereits mit dem Angebot nachzuweisen ist.

(2) Oder die technischen Spezifikationen werden lediglich in Form von Leistungs- oder Funktionsanforderungen, die so genau zu fassen sind, dass sie den Unternehmen ein klares Bild vom Auftragsgegenstand vermitteln und dem Auftraggeber die Erteilung des Zuschlags ermöglichen, vorgegeben (§ 9 Nr. 6 Abs. 2 VOB/A). Hier wird nicht die Leistung als solche genau spezifiziert, sondern die an sie gestellten Anforderungen Output-orientiert vorgegeben. In diesem Fall kann ein Angebot dann nicht zurückgewiesen werden, wenn es einer Normierung nach § 9 Nr. 6 Abs. 1 lit. a bis d VOB/A entspricht und diese Normierung die geforderten Leistungs- oder Funktionsanforderungen betrifft. Es ist Aufgabe des Bieters, bereits in seinem Angebot nachzuweisen, dass die der Norm entsprechende Leistung den Anforderungen des Auftraggebers entspricht. Öffentliche Auftraggeber werden daher hinsichtlich der Beschreibung der geforderten Leistung nicht durch vorhandene technische Spezifikationen beschränkt. Zum Nachweis der Übereinstimmung eines Angebots kann der Bieter auch hier auf eine technische Beschreibung des Herstellers oder einen Prüfbericht einer anerkannten Stelle als geeignete Nachweismittel zurückgreifen.

498

(3) Schließlich sind auch Mischformen zwischen diesen beiden Grundtypen der Vorgabe technischer Anforderungen möglich (§ 9 Nr. 6 Abs. 3 VOB/A).

499

Hinsichtlich der Vorgabe von Umwelteigenschaften enthält § 9 Nr. 9 VOB/A klarstellende Sonderregelungen. Hieraus ergibt sich, dass das Tragen eines bestimmten Umweltgütezeichens nicht zur zwingenden Voraussetzung für die nachgefragte Leistung gemacht werden darf. Grundsätzlich ist es möglich, Spezifikationen aus europäischen, multinationalen oder anderen Umweltzeichen zu verwenden, wenn sich die Spezifikation zur Definition des Auftragsgegenstands eignet, die Anforderungen des Umweltgütezeichens auf der Grundlage von wissenschaftlich abgesicherter Information ausgearbeitet wurde und die interessierten Kreis am Verfahren des Erlasses des Zeichens teilnehmen konnten. Darüber hinaus muss das Umweltgütezeichen für alle Betroffenen zugänglich und verfügbar sein (§ 9 Nr. 9 lit. a bis d VOB/A). Genügt ein Umweltzeichen diesen Anforderungen, so kann der Auftraggeber in den Verdingungsunterlagen angeben, dass bei Leistungen, die mit dem Umweltzeichen ausgestattet sind, vermutet wird, dass sie den Vorgaben der Leistungsbeschreibung entsprechen. Eine gesonderten Prüfung bedarf es dann nicht mehr. Allerdings muss der Auftraggeber auch jedes geeignete Beweismittel, wie etwa technische Unterlagen des Herstellers

500

---

782 EuGH, Urt. v. 22.09.1988, Rs. 98/87, EuGHE 1988, 4929–4966.

oder Prüfberichte anerkannter Stellen, akzeptieren. Dies gilt auch für Bescheinigungen aus anderen Mitgliedstaaten, die von einer dort ansässigen anerkannten Stelle stammen. Anerkannte Stellen sind Prüf- und Eichlaboratorien sowie Inspektions- und Zertifizierungsstellen, die mit den anwendbaren europäischen Normen übereinstimmen.

501 Auf eine bestimmte Produktion, Herkunft, ein bestimmtes Verfahren oder auf Marken, Patente oder Typen eines bestimmten Ursprungs oder einer bestimmten Produktion darf nicht zurückgegriffen, wenn dadurch bestimmte Unternehmen oder Produkte begünstigt oder ausgeschlossen werden und ein solches Vorgehen nicht durch den Auftragsgegenstand gerechtfertigt ist (§ 9 Nr. 10 S. 1 VOB/A). Ziel der Regelung ist es, Wettbewerbsbeschränkungen durch die Vorgabe bestimmter Produkte möglichst zu vermeiden. Sie ist zugleich auch Ausdruck des Grundsatzes, dass es Aufgabe der Bieter ist, die für die Ausführung der Leistungen notwendigen Erzeugnisse oder Verfahren nach der ihnen zur Verfügung stehenden Sach- und Fachkunde auszuwählen. Dieser Grundsatz korrespondiert mit der Regelung des § 4 Nr. 2 VOB/B, wonach der Auftragnehmer die Leistung unter eigener Verantwortung eigenständig und selbstständig auszuführen hat. Wann der Ausnahmetatbestand des § 9 Nr. 10 VOB/A gegeben ist und demzufolge der Auftraggeber bestimmen darf, welche Erzeugnisse oder Verfahren benutzt sowie welche Ursprungsorte und Bezugsquellen in Anspruch genommen werden müssen, lässt sich nicht generell, sondern nur im Einzelfall beurteilen. Als Gründe für eine Vorgabe kommen insbesondere technische und gestalterische Gesichtspunkte in Betracht.[783] Eine solche Beschränkung wäre VOB-widrig, weil sie nicht durch die Art der geforderten Leistung gerechtfertigt ist.[784]

502 Derartige Verweise sind ausnahmsweise zulässig, wenn der Auftragsgegenstand nicht hinreichend genau und allgemein verständlich beschrieben werden kann. Die Vorgabe bestimmter Erzeugnisse oder Verfahren muss durch die Art der geforderten Leistung gerechtfertigt sein, wobei den öffentlichen Auftraggebern hier ein Beurteilungsspielraum zukommen soll.[785] Entscheidend ist, ob aufgrund der vom Auftraggeber geltend gemachten besonderen Umstände des jeweiligen Einzelfalls ein legitimes Interesse anzuerkennen ist, ein bestimmtes Produkt vorzuschreiben. Ein solches anzuerkennendes Interesse kann insbesondere aus technischen Zwängen, gestalterischen Erwägungen oder der Zweckmäßigkeit einer einheitlichen Wartung folgen. Auch Kostengründe können eine Rolle spielen. Der Ausschluss von Schnittstellenrisiken rechtfertigt die Vorgabe bestimmter Produkte.[786] Vor der Ausschreibung muss sich allerdings der Auftraggeber einen möglichst breiten Überblick über die in Betracht kommenden Lösungsvarianten verschaffen, was in der Vergabeakte zu dokumentieren ist.[787]

503 Entsprechende Verweise sind stets mit dem Zusatz »oder gleichwertig« zu versehen (§ 9 Nr. 10 S. 2 VOB/A). Die Gleichwertigkeit ist in erster Linie an dem in der Leis-

---

783 Siehe Ingenstau/Korbion-Kratzenberg, § 9 Nr. 5 VOB/A, Rn. 83.
784 Heiermann/Riedl/Rusam, § 9 VOB/A, Rn. 16; zur Parallelvorschrift § 8 Nr. 3 Abs. 3 VOL/A OLG Düsseldorf, Beschl. v. 30.04.2003, Verg 67/02, VergabeR 2003, 435.
785 OLG Düsseldorf, Beschl. v. 06.07.2005, Verg 26/05.
786 So zur VOL/A OLG Frankfurt, Beschl. v. 28.10.2003 – 11 Verg 9/03.
787 OLG Jena, Beschl. v. 26.06.2006, 9 Verg 2/06.

tungsbeschreibung zum Ausdruck gekommenen Auftraggeberwillen zu messen.[788] Auch mit dieser Regelung wird dem Gedanken des Wettbewerbs, wie er sich aus § 2 Nr. 1 Satz 2 VOB/A ergibt, Rechnung getragen und verhindert, dass bestimmte Erzeugnisse oder Verfahren bevorzugt verwendet werden.

Die Ausschreibung einer Leistung zur Vergabe nach einem GMP-Vertrag[789] verstößt gegen § 9 Nr. 1 VOB/A,[790] soweit Art und Umfang der zu vergebenden [Nachunternehmer-]Leistungen noch nicht erschöpfend feststehen, da der Rückgriff auf Nachunternehmer für den GMP-Vertrag gerade typisch ist. Ob ein Verstoß auch bei vollständiger Leistungsbeschreibung anzunehmen wäre, könnte evtl. anders beurteilt werden, weil dann die NU-Vergabe nur noch einen – allerdings vorher vereinbarten – Preisänderungsmechanismus in Gang setzt, der jedenfalls nicht zu größeren Kostenbelastungen des Auftragnehmers führt. Hier wird das jeweilige Vertragsmodell den Ausschlag geben.[791]   504

3.10.4.2.3 Auslegung von Leistungsverzeichnissen

Für das Verständnis der Leistungsbeschreibung bei Vergabeverfahren nach der VOB/A ist der objektive Empfängerhorizont, also die Sicht der potentiellen Bieter, maßgebend.[792] Sofern Unklarheiten über die Beschreibung bestehen, ist eine Auslegung aus der Sicht der Bieter vorzunehmen; es kommt weder darauf an, wie der Auftraggeber seine Ausschreibung verstanden hat,[793] noch auf das mögliche Verständnis einzelner Bieter.[794] Auch Leistungsverzeichnisse sind einer Auslegung nach allgemeinen Grundsätzen zugänglich.[795] Dabei kommt dem Wortlaut eine vergleichsweise große Bedeutung zu.[796] Es ist zu hinterfragen, wie ein durchschnittlich verständiger und fachkundiger Auftragnehmer die Beschreibung auffassen würde; Besonderheiten aus dem Bereich des einzelnen Erklärungsempfängers, wie sie bei einem Einzelvertragsschluss von Bedeutung sein können, sind nicht zu berücksichtigen, weil der Empfängerkreis einer Ausschreibung nur abstrakt bestimmt ist.[797] Für fachliche Texte und Begriffe, für die ein entsprechender, fachlicher Sprachgebrauch existiert, ist dieser entscheidend, wenn die beteiligten Fachkreise, vor allem die Bieter, die verwendete Terminologie üblicherweise in diesem Sinn verstehen.[798] Es gibt auch keinen Vorrang des Leistungsverzeichnisses vor den Vorbemerkungen. Vielmehr sind die Vergabeunterlagen als sinnvolles Ganzes auszulegen, wobei letztlich entscheidend ist, an welcher Stelle für den   505

---

788 BayObLG, VergabeR 2002, 504, 505, zugleich zur Abkürzung »o. glw.«.
789 GMP = Garantierter Maximal Preis, vgl. dazu Thierau, FS Jagenburg, S. 895; Biebelheimer/Wazlawik, BauR 2001, 1639; Oberhauser, BauR 2000, 1397.
790 Heiermann/Riedl/Rusam-Heiermann, § 9 VOB/A, Rn. 12.
791 Undifferenziert Franke/Kemper/Zanner/Grünhagen-Franke-Grünhagen, § 9 VOB/A, Rn. 25.
792 Etwa BGH, Urt. v. 23. 1. 2003, VII ZR 10/01.
793 BGH, BauR 1999, 897, 899.
794 OLG Koblenz, Beschl. v. 26.10.2005, 1 Verg 4/05; OLG Düsseldorf, Beschl. v. 23.03.2005, Verg 2/05.
795 OLG Düsseldorf, Beschl. v. 15.05.2002, Verg 4/01, VergabeR 2002, 634; BGH, BauR 1999, 595, 596; BauR 1993, 595, 596; OLG Brandenburg, BauR 1999, 1175, 1181.
796 BGH, BauR 1997, 466.
797 BGH, BauR 1993, 595, 596.
798 BGH, BauR 1997, 466, 467; BauR 1994, 625.

konkreten Einzelfall die präzisere Angabe enthalten ist.[799] Die speziellere Beschreibung hat stets Vorrang vor allgemeinen Ausführungen, so etwa eine objektbezogene Beschreibung in den Vorbemerkungen gegenüber Positionsbeschreibungen im LV, die lediglich vorformulierten Texten aus einem Standardleistungsbuch entnommen sind. Gegebenfalls kann etwa auf die Eigenschaften eines angegebenen Leitfabrikats abzustellen sein, um die gestellten Anforderungen zu ermitteln.[800] Der Bieter darf eine Leistungsbeschreibung im Zweifelsfall so auslegen, dass deren Anforderungen zur VOB/A konform und i. S. v. § 9 Nr. 1 und 2 VOB/A hinreichend eindeutig sind.[801] Dabei findet auch die Annahme Berücksichtigung, dass der Auftraggeber dem Auftragnehmer kein ungewöhnliches Wagnis auferlegen will.[802]

506 Widersprechen sich Angaben im Leistungsverzeichnis mit Planunterlagen der Ausschreibung, so liegt ein Verstoß gegen § 9 Nr. 1 VOB/A vor.[803] Es gilt also nicht etwa automatisch ein Vorrang des Textes vor der Zeichnung, wenn die Vergabeunterlagen dies nicht ausdrücklich vorsehen.

3.10.4.2.4 Leistungsbeschreibung mit Leistungsverzeichnis

507 In § 9 Nr. 11–14 VOB/A ist geregelt, dass die Verdingungsunterlagen in der Regel neben der allgemeinen Darstellung der Bauaufgabe (Baubeschreibung) ein in Teilleistungen gegliedertes Leistungsverzeichnis (LV) enthalten sollen. Die Leistungsbeschreibung mit LV ist damit bei der Vergabe nach VOB/A der Normalfall. Nur in Ausnahmefällen, wenn es nach Abwägen aller Umstände zweckmäßig ist, kann abweichend hiervon nach § 9 Nr. 15 VOB/A zusammen mit der Bauausführung auch der Entwurf für die Leistung dem Wettbewerb unterstellt werden, um die technisch, wirtschaftlich und gestalterisch beste sowie funktionsgerechteste Lösung der Bauaufgabe zu ermitteln.[804]

508 Detaillierte Angaben dazu, welchen Inhalt ein LV haben soll, enthält die VOB/A nicht. Es muss jedoch § 9 Nr. 3 VOB/A entsprechen, d. h. eine einwandfreie Preisermittlung ermöglichen und zu diesem Zweck die Leistung eindeutig und erschöpfend beschreiben (§ 9 Nr. 1 VOB/A). Das Vergabehandbuch des Bundes (VHB) enthält in seinen Erläuterungen zu § 9 VOB/A einige Hinweise betreffend die Gliederung in Baubeschreibung und LV, das wiederum aus den Vorbemerkungen und der Beschreibung der Teilleistungen besteht. Während die Baubeschreibung allgemeine Angaben wie Nutzung, Zweck und Art der baulichen Anlage, örtliche Verhältnisse und parallel laufende Arbeiten enthält, erfassen die besonderen Vertragsbedingungen Angaben zu Fristen, Preis und Zahlung und die Vorbemerkungen des LV nur technische Regelungen (und keine anderen, insbesondere vertraglichen Klauseln).[805]

509 § 9 Nr. 14 Satz 1 VOB/A enthält die wichtige Bestimmung, dass die Leistung im LV derart aufzugliedern ist, dass unter je einer Ordnungszahl (Position) nur solche Leistungen aufgenommen werden, die nach ihrer technischen Beschaffenheit und für die

---

799 BGH, BauR 1999, 897, 898.
800 OLG Naumburg, Beschl. v. 08.02.2005, 1 Verg 20/04.
801 BGH, BauR 1999, 897, 898; BauR 1997, 466, 467.
802 BGH, BauR 1994, 236, indirekt auch BGH, BauR 1999, 897, 899.
803 VÜA Bayern, Beschl. v. 03.03.1999, IBR 1999, 352.
804 Vgl. dazu Abschnitt 3.10.4.2.5.
805 VHB des Bundes, Ziff. 2.2.1 ff. zu § 9 VOB/A.

Preisbildung als in sich gleichartig anzusehen sind. Ungleichartige Leistungen sollen demgegenüber unter einer Ordnungszahl (Sammelposition) nur zusammengefasst werden, wenn eine Teilleistung gegenüber einer anderen für die Bildung eines Durchschnittspreises ohne nennenswerten Einfluss ist (§ 9 Nr. 14 Satz 2 VOB/A).

Wann die Zusammenfassung ungleichartiger Leistungen gem. § 9 Nr. 14 Satz 2 VOB/A gerechtfertigt ist, ist im Einzelfall zu entscheiden. Vom Fehlen eines nennenswerten Einflusses einer Teilleistung gegenüber einer anderen für die Bildung eines Einheitspreises wird man allerdings nur sprechen können, wenn die zu den einzelnen Teilleistungen gehörenden Einzelpreise im Wesentlichen gleichartig sind und lediglich im geringen Maße voneinander abweichen, so dass der durch den Durchschnittspreis ausgedrückte Mittelwert die für die jeweilige Teilleistung geltende Preissituation im Wesentlichen richtig wiedergeben kann.[806] Grundsätzlich aber sind Sammel- und Mischpositionen in den seltensten Fällen zulässig, weil der Bieter sie kaum kalkulieren kann und sie damit gegen § 9 Nr. 1 Satz 1 VOB/A verstoßen. In der Regel ist das Standardleistungsbuch bei der Formulierung zugrunde zu legen. 510

Neben dem Erfordernis, dass die Leistung im Regelfall durch ein in Teilleistungen gegliedertes LV beschrieben werden soll, verlangt § 9 Nr. 12 VOB/A zusätzlich, dass die Leistung erforderlichenfalls zeichnerisch oder durch Probestücke dargestellt oder anders erklärt wird, z. B. durch Hinweise auf ähnliche Leistungen, durch Mengen oder statistische Berechnungen. Dabei stellen die in § 9 Nr. 12 VOB/A aufgezählten Beispiele Ergänzungsmöglichkeiten, die nach den (technischen) Vertragsbedingungen oder der gewerblichen Verkehrssitte zu der geforderten Leistung gehören, im LV nicht gesondert aufgeführt werden. Sie sind als sog. Nebenleistungen im Sinne des Abschnitts 4.1 der VOB/C (DIN 18 299) grundsätzlich durch den vereinbarten Preis abgegolten und anders als die Besonderen Leistungen daher nicht gesondert zu vergüten. Dabei steht es den Vertragsparteien frei, auch bestimmte Besondere Leistungen zu Nebenleistungen zu erklären mit der Folge, dass sie nunmehr gegebenenfalls ohne gesonderte Vergütung zum vertraglichen Leistungsumfang gehören.[808] 511

– nicht belegt – 512

Für die Einordnung einer Leistung als Nebenleistung kommt es nicht darauf an, ob sie besonders umfangreich oder kostenintensiv ist. So sind, wie sich aus der in § 9 Nr. 3 Abs. 4 VOB/A in Bezug genommenen DIN 18 299 ff. ergibt, das Einrichten und Räumen der Baustelle unabhängig von Umfang und Kosten als Nebenleistung zu qualifizieren. Allerdings soll z. B. das Einrichten und Räumen der Baustelle unter einer besonderen Ordnungszahl im LV aufgeführt werden, um eine ordnungsgemäße Preisermittlung zu ermöglichen.[809] Demgegenüber sind Besondere Leistungen nur dann vom Vertrag mitumfasst, wenn sie in der Leistungsbeschreibung gesondert erwähnt sind. Was unter eine Besonderen Leistung zu verstehen ist, regelt die DIN 18 299 ff. beispielhaft, keinesfalls aber abschließend. Genannt werden dort die Beaufsichtigung von Leistungen anderer Unternehmer, Sicherungsmaßnahmen zur Un- 513

---

806 Ingenstau/Korbion-Kratzenberg, § 9 Nr. 9 VOB/A, Rn. 107.
808 OLG Düsseldorf, BauR 1999, 412; eine allgemeine Überwälzung der Besonderen Leistungen auf den AN durch Allgemeine Geschäftsbedingungen dürfte allerdings unwirksam sein.
809 VHB Bund, Ziff. 3.1.1 zu § 9 VOB/A.

fallverhütung, besondere Schutzmaßnahmen gegen Witterungsschäden, Hochwasser und Grundwasser, die Versicherung der Leistung bis zur Abnahme oder Versicherung eines außergewöhnlichen Haftpflichtwagnisses usw. Werden Besondere Leistungen, die in der Leistungsbeschreibung nicht enthalten sind, nachträglich erforderlich, so stellen sie zusätzliche Leistungen i. S. v. § 1 Nr. 4 S. 1 VOB/B dar, für die dem Auftragnehmer ein Anspruch auf zusätzliche Vergütung gem. § 2 Nr. 6 VOB/B zusteht. Es wäre unzulässig, das Risiko einer unvollständigen Ausschreibung durch eine Vertragsklausel, nach der dem Auftragnehmer die Erbringung auch nicht beschriebener Leistungen ohne Mehrkosten auferlegt wird, zu übertragen, weil die so geschuldete Leistung nicht bestimmt werden kann, vom Auftraggeber bei pflichtgemäßer Wahrnehmung seiner Aufgaben nach § 9 Nr. 1–3 VOB/A jedoch bestimmt werden müsste.[810]

514   In der Praxis enthält das LV in der Regel neben einer kurzen Vorbemerkung eine Auflistung der im Einzelnen zu erbringenden Leistungspositionen. Üblicherweise werden in der ersten Spalte die Nummern der Positionen, in der zweiten Spalte die Menge der Teilleistungen (Vordersätze), in der dritten Spalte die Beschreibung der Teilleistung (Leistungstext), in der vierten Spalte der Einheitspreis und in der fünften Spalte der Gesamtpreis aufgeführt. Im Unterschied zu den einzelnen Leistungspositionen ist die Vorbemerkung keine zwingende Voraussetzung des LV und kann daher, muss jedoch nicht, im LV enthalten sein. Weder der Leistungstext noch die Vorbemerkungen dürfen Angaben mit rechtlichem Regelungscharakter haben, wie etwa Aussagen zu Fristen, Haftung, Vergütung oder Risikoübernahmen.[811] Anderenfalls könnte es sich um unwirksame, weil überraschende Regelungen nach § 305c Abs. 1 BGB handeln. Für die Aufstellung des LV und die Bildung der einzelnen Positionen bietet das Standardleistungsbuch[812] und die RB Bau[813] eine wichtige Orientierung mit vereinheitlichten Formulierungen.

515   Eine weitere Unterteilung der einzelnen Positionen in Grundpositionen, Wahlpositionen, Bedarfs-, Eventual oder auch Zuschlagspositionen ist möglich.[814] Grundpositionen stellen solche Positionen dar, für die die Vergütung abschließend als Festpreis vom Bieter im LV anzugeben ist. Von ihnen ist regelmäßig auszugehen, wenn zu den Positionen keine weiteren Angaben gemacht werden.

516   Bedarfs- oder Eventualpositionen sind dadurch gekennzeichnet, dass sich bei Erstellung des Ausschreibungstextes noch nicht sicher festlegen lässt, ob diese Leistungen überhaupt anfallen werden. Sie sind quasi vorsorglich aufgenommen für den Fall, dass solche Arbeiten erforderlich werden sollten. Im LV werden sie üblicherweise mit dem Zusatz »nur auf Anordnung« gekennzeichnet. Wegen der Bedenken im Hinblick auf das Gebot einer eindeutigen und erschöpfenden Leistungsbeschreibung dürfen Wahl-

---

[810] Kapellmann/Schiffers, Bd. 2, Rn. 480; Kleine-Möller/Merl/Oelmaier, § 2, Rn. 205; Leinemann-Schliemann, § 2 VOB/B, Rn. 282.
[811] Ingenstau/Korbion-Kratzenberg, § 9 VOB/A, Rn. 90.
[812] StLB-Bau, Standardleistungsbuch für das Bauwesen.
[813] Richtlinien für die Durchführung von Bauaufgaben des Bundes im Zuständigkeitsbereich der Finanzbauverwaltungen.
[814] Vgl. zu Eventual-/Alternativpositionen OLG Dresden, BauR 2000, 1582, 1583 ff.; OLG Schleswig, NZBau 2000, 207.

und Bedarfspositionen nur ausnahmsweise in die Leistungsbeschreibung aufgenommen werden. Der durch die VOB 2000 neu eingefügte § 9 Nr. 1 Satz 2 VOB/A stellt dies im Hinblick auf die Bedarfsposition ausdrücklich klar. Ihre Verwendung ist nur noch im Ausnahmefall und nur mit schriftlicher Begründung für jede Position zulässig.[815] In das LV dürfen sie nach § 9 Nr. 1 S. 1 VOB/A nur ausnahmsweise aufgenommen werden. Nur solche Positionen, bei denen trotz Ausschöpfung aller örtlichen und technischen Erkenntnismöglichkeiten im Zeitpunkt der Ausschreibung objektiv nicht feststellbar ist, ob und in welchem Umfang Leistungen zur Ausführung gelangen, dürfen als Eventualpositionen ausgeschrieben werden.[816] Nach den früheren Regelungen des VHB[817] soll der Wert von Bedarfspositionen in der Regel 10 % des Auftragsvolumens nicht übersteigen; dann sollen sie auch bei der Wertung Berücksichtigung finden können. Dagegen bestehen aber im Hinblick auf § 9 Nr. 1–3 VOB/A erhebliche Bedenken.[818] Die so vorgenommene Korrelation zu § 2 Nr. 3 VOB/B passt hier nicht, weil es um die Sicherheit der Kalkulationsbasis geht, während § 2 Nr. 3 VOB/B Mengenänderungen einzelner Positionen erfasst. Bedarfspositionen sollten daher 5 % der Auftragssumme nicht überschreiten oder sollten nur mit dem geringstmöglichen Vordersatz in ein Leistungsverzeichnis aufgenommen werden. Eine absolute, keine Ausnahme mehr zulassende Obergrenze wird jedenfalls bei 15 % anzusetzen sein.[819] Eventualpositionen in einer Anzahl und/oder Gewicht, dass sie keine sichere Beurteilung mehr erlauben, welches Angebot das wirtschaftlichste ist, sind ebenso unzulässig. Dies gilt insbesondere, wenn diese Bestandteile der Ausschreibung ein solches Gewicht in der Wertung erhalten sollen, dass sie der Bedeutung der Haupt- und Grundpositionen für die Zuschlagserteilungen gleichkommen.[820] Solange nicht klar ist, ob und in welchem Umfang Bedarfspositionen zur Ausführung gelangen, kann ihre Wertung kaum in Betracht kommen, weil dies für den Bieter nicht einschätzbar ist. Das gilt auch dann, wenn sie mit Vordersätzen im LV enthalten sind und bei der Errechnung der Angebotssumme mitzählen sollen. Auch dann bleibt erweiterter Raum für Spekulationen der Bieter, ob und in welchem Umfang diese Positionen beauftragt werden, was allein im Gutdünken des Auftraggebers stünde. Sieht der Auftraggeber allerdings ausdrücklich die Wertung der Bedarfspositionen in der Angebotsaufforderung vor, so kann ein Bieter, der nicht rechtzeitig gerügt hat, dies nicht mehr mit einem Nachprüfungsverfahren angreifen.[821] In der letzten Überarbeitung des VHB (Stand: 01.11.2006) wird wohl aus dieser Erkenntnis heraus vorgegeben, dass Wahl- und Bedarfspositionen grundsätzlich nicht mehr verwendet werden sollen (VHB, Ziff. 4.2 zu § 9 VOB/A).

517 Alternativ- oder Wahlpositionen kommen anstelle der alternativ im LV aufgeführten Hauptpositionen (Grundpositionen) zur Ausführung. Solche Positionen werden bisweilen gebildet, wenn der Auftraggeber bei Erstellung der Ausschreibung noch nicht

---

815 Einführungserlass des BMVBS zur VgV und den Verdingungsordnungen vom 30.10.2006 im Internet unter http://www.bmvbs.de.
816 BGH, Urt. v. 23.1.2003, VII ZR 10/01; OLG München, Beschl. v. 15.07.2005, Verg 14/05.
817 VHB, Ziff. 4.2 zu § 9 VOB/A.
818 Ebenso Kapellmann/Messerschmidt-Kapellmann, § 9 VOB/A, Rn. 17; ähnlich OLG Saarbrücken, NZBau 2000, 158, 162.
819 VK Bund, Beschl. v. 14.07.2005, VK 1–50/05.
820 OLG Celle, Beschl. v. 18.12.2003, 13 Verg 22/03.
821 OLG München, Beschl. v. 15.07.2005, Verg 14/05.

weiß, ob eine bestimmte Leistung in der einen oder der anderen Art und Weise erbracht werden kann.[822] Der Auftraggeber kann sich für eine Alternative entscheiden und so die jeweils andere Position verdrängen. Entscheidet sich der Auftraggeber bereits bei der Auftragserteilung, so kommt der Vertrag mit dieser Alternative zustande. Ordnet der Auftraggeber die Ausführung der Alternative erst später an, so handelt es sich um eine Änderung des Bauentwurfs mit der Vergütungsfolge des § 2 Nr. 5 VOB/B.

518 Wahl- bzw. Alternativpositionen widersprechen dem Bestimmtheitserfordernis nach § 9 Nr. 1 VOB/A bzw. § 8 Nr. 1 VOL/A.[823] In geringem Umfang kann eine Aufnahme solcher Positionen in Betracht kommen, nicht jedoch dann, wenn die Wahlpositionen im Vergleich zu den Grundleistungen ein erhebliches Gewicht bekommen.[824]

519 Bedarfs- ebenso wie Wahlpositionen dürfen nicht verwandt werden, um Unsicherheiten bzw. Unzulänglichkeiten z. B. bei der Mengenermittlung des Auftraggebers auf den Bieter abzuwälzen,[825] da die Feststellung der Grundlagen der Ausschreibung zu den vornehmsten Aufgaben des Auftraggebers gehört. Auch darf die Schaffung solcher Positionen dem Auftraggeber im Vergabeverfahren nicht die Möglichkeit geben, die Bieterreihenfolge nach seinem Gutdünken zu beeinflussen und/oder zu verändern, indem preisverändernde Positionsalternativen nachträglich gezogen werden, die schon vor der Submission hätten festgelegt und an die Bieter mitgeteilt werden können.[826] In jedem Fall steht einem Auftragnehmer ein Anspruch auf verlängerte Bauzeit und deren Vergütung zu, wenn aus der späteren Ausführung von Wahl- oder Bedarfspositionen ein erhöhter Aufwand entsteht.[827] Bedarfspositionen müssen zwar grundsätzlich nicht zur Beauftragung kommen, da sie nur eine Option für den Auftraggeber darstellen. Wenn diese Optionsleistungen jedoch zur Ausführung kommen, so muss der Auftraggeber sie bei seinem Vertragspartner abrufen, es sei denn, er entzieht ihm den Auftrag.[828] Unter Beibehaltung des geschlossenen Bauvertrages kann der Auftraggeber nicht etwa ein drittes Unternehmen mit der Ausführung solcher Leistungen beauftragen, die in der ursprünglichen Ausschreibung schon als Bedarfspositionen enthalten waren, z. B. weil sie inzwischen zu günstigeren Marktpreisen erhältlich sind.[829]

520 Schließlich kann eine Unterteilung der Leistungen in Zulagepositionen erfolgen. Hierbei handelt es sich um Positionen, die eine zusätzliche Vergütung unter der aufschiebenden Bedingung vorsehen, dass die von der Zulage erfassten Voraussetzungen, z. B. bestimmte Erschwernisse, vorliegen. Zulagepositionen sind dann zulässig, wenn zu einer in einer Grundposition beschriebenen Leistung eine Erschwernis oder eine besondere Ausführung hinzutritt, die durch eine auf die Grundposition bezogene Zulage

---

822 Ingenstau/Korbion-Kratzenberg, § 9 VOB/A, Rn. 17 ff.
823 OLG Düsseldorf, Beschl. v. 02.08.2002, Verg 25/02, IBR 2003, 216; vgl. zu Eventual-/Alternativpositionen auch OLG Dresden, BauR 2000, 1582, 1583 ff.; OLG Schleswig, NZBau 2000, 207.
824 OLG Düsseldorf, Beschl. v. 02.08.2002, Verg 25/02, IBR 2003, 216.
825 So auch VHB Bund, zu § 9 VOB/A Nr. 4.
826 OLG Saarbrücken, NZBau 2000, 158, 162 f.
827 Ingenstau/Korbion-Kratzenberg, § 9 VOB/A, Rn. 18.
828 OLG Hamburg, Urt. v. 07.11.2003, 1 U 108/02.
829 Zum vertraglichen Rechtscharakter der Bedarfsposition vgl. Vygen/Schubert/Lang, 4. Aufl., Rn. 188 ff.; Kapellmann/Schiffers, Bd. 1 , 5. Aufl. Rn. 581.

abgegolten werden kann und soll. Allerdings kann es regelmäßig nur eine Zulage (nicht mehrere) zu einer Grundposition geben, da durch die ansonsten entstehende Vielzahl der Kombinationsmöglichkeiten eine sichere Kalkulation der Leistung entgegen § 9 Nr. 1 VOB/A nicht mehr möglich wäre. So kann z. B. eine Grundposition für Schalung bis 4 m Höhe nicht beliebig mit Zulagen für höhere Oberflächenqualität, Krümmung, große Höhe, Neigung, Schachtinnenseite, mit Konsole etc. versehen werden, da mit diesem Zulagenkombinationssystem auch komplizierteste Formen mit größten Höhen, aber auch schlichte Wände herzustellen wären. Es kann daher kein »Baukasten-LV« geschaffen werden, das eine beliebige Zahl von frei kombinierbaren Zulagepositionen zu einer Grundposition enthält, weil die daraus entstehenden Kombinationsmöglichkeiten kalkulativ nicht mehr sicher erfasst werden können.

3.10.4.2.5 Leistungsbeschreibung mit Leistungsprogramm

Anstelle einer Leistungsbeschreibung mit LV kann auch eine solche mit Leistungsprogramm in Betracht gezogen werden. Diese Technik der Leistungsbeschreibung, die einen Ausnahmefall darstellt, wird auch als »funktionale Ausschreibung« bezeichnet. Sie setzt voraus, dass der Bieter auch planerische Aufgaben übernimmt.

521

Nach § 9 Nr. 15 VOB/A ist eine funktionale Ausschreibung zulässig, wenn es nach Abwägen aller Umstände zweckmäßig ist, abweichend von § 9 Nr. 11 VOB/A zusammen mit der Bauausführung auch den Entwurf für die Leistung dem Wettbewerb zu unterstellen, um die technisch, wirtschaftlich und gestalterisch beste sowie funktionsgerechteste Lösung der Bauaufgabe zu ermitteln. Damit arbeitet der Bieter letztlich auch wesentliche Teile der Angebotsunterlagen selbst aus, nämlich insbesondere Pläne derjenigen Bauleistungen, die er später selbst zu erbringen beabsichtigt. Hierzu bestimmt Ziff. 7.1.3 des Vergabehandbuchs für die Durchführung von Bauaufgaben des Bundes (VHB), dass durch den Auftraggeber jeweils sorgfältig zu prüfen ist, ob die durch die Übertragung von Planungsaufgaben auf die Bieter entstehenden Kosten in angemessenem Verhältnis zum Nutzen stehen, und ob für die Ausarbeitung der Pläne und Angebote leistungsfähige Unternehmer in so großer Zahl vorhanden sind, dass ein wirksamer Wettbewerb gewährleistet ist. Eilbedürftigkeit allein ist kein Grund für die Wahl dieser Beschreibungsart. Zudem führt die Wahl einer funktionalen Ausschreibung noch nicht per se zu einer Erweiterung der Wertungskriterien, etwa auf planerische und/oder ästhetische Gesichtspunkte, wenn solche Kriterien in der Bekanntmachung (§ 10 a/b VOB/A) oder den Vergabeunterlagen (§ 25 a/b VOB/A), insbesondere im Anschreiben, nicht genannt werden.[830]

522

Das Leistungsprogramm umfasst eine Beschreibung der Bauaufgabe, aus der die Bewerber alle für die Entwurfsbearbeitung und das Angebot maßgebenden Bedingungen und Umstände erkennen können. Es sind sowohl der Zweck der fertigen Leistungen als auch die an sie gestellten Anforderungen anzugeben sowie gegebenenfalls ein Musterleistungsverzeichnis, in dem die Mengenangaben ganz oder teilweise offen gelassen sind (§ 9 Nr. 16 Abs. 1 VOB/A). Die Nummern 12–14 des § 9 VOB/A zu Ergänzungsmöglichkeiten und Gliederung des LV gelten gem. § 9 Nr. 16 Abs. 2 VOB/A für das Leistungsprogramm sinngemäß.[831]

523

---

830 OLG Frankfurt, VergabeR 2001, 299, 304.
831 Franke/Kemper/Zanner/Grünhagen-Franke/Grünhagen, § 9 VOB/A, Rn. 191.

524 Ob tatsächlich im konkreten Einzelfall abweichend von dem Regelfall des § 9 Nr. 11 VOB/A eine Leistungsbeschreibung mit Leistungsprogramm zweckmäßig ist, muss stets sorgfältig unter Abwägung aller Umstände, insbesondere dem Gedanken der Wirtschaftlichkeit, geprüft werden. Ein Auftraggeber kann sich nicht etwa frei entscheiden, ob eine funktionale Ausschreibung durchgeführt werden soll.[832]

525 Zweckmäßig kann eine funktionale Ausschreibung unter anderem dann sein, wenn es unterschiedliche technische Lösungen für einen bestimmten Leistungserfolg gibt und der Auftraggeber seine Entscheidung unter dem Gesichtspunkt der Wirtschaftlichkeit und Funktionsgerechtigkeit aufgrund der Angebote treffen will.[833] Eine Ausschreibung durch Leistungsbeschreibung mit Leistungsprogramm kommt nach VHB ferner dann in Betracht, wenn mehrere technische Lösungen möglich sind, die nicht im einzelnen neutral beschrieben werden können und der Auftraggeber seine Entscheidung unter dem Gesichtspunkt der Wirtschaftlichkeit und Funktionsgerechtigkeit erst aufgrund der Angebote treffen will. Eine Leistungsbeschreibung mit Leistungsprogramm wird daher immer dann vorteilhaft sein, wenn die funktionalen Anforderungen an ein Bauwerk genau angegeben werden können, so dass jeder Bieter feststellen kann, ob das von ihm entwickelte Baukonzept hierauf angewendet werden kann oder nicht. Vor allem Bauten des Massenbedarfs wie etwa Krankenhäuser oder Schulen usw. sind daher für die funktionale Ausschreibung geeignet, weil es hier auf Einzelvorgaben für zahlreiche Details – z. B. Art der Fassade, der Fenster, Fertigteil- oder Ortbetonbauweise etc. – meist nicht ankommt. Je mehr Vorgaben für die Leistungserbringung gemacht werden, umso weniger kommt eine funktionale Ausschreibung in Betracht.

526 Neben diesen inhaltlichen Voraussetzungen ist auch zu prüfen, ob die Durchführung einer funktionalen Ausschreibung im Einzelfall mit anderen vergaberechtlichen Grundsätzen kollidieren kann. So kann eine funktional beschriebene Leistung praktisch sinnvoll nur zu einem Pauschalpreis vergeben werden. Zwar wäre auch eine Vergabe zu Einheitspreisen denkbar; eine Vergleichbarkeit der Angebote wird jedoch in der Regel auch durch EP-LVs der Bieter kaum hergestellt werden können, da die Art und Weise der Leistungserbringung sich u. U. stark unterscheidet. Hier kann nur auf den angebotenen Leistungserfolg abgestellt werden. Zudem will der Auftraggeber für die von ihm nicht einmal vorgegebene Detailausführung der Leistung sicher nicht auch noch ein Mengenrisiko übernehmen. Die Vergabe zu einem Pauschalpreis bedarf jedoch nach § 5 Nr. 1 b) VOB/A einer gesonderten Prüfung und ist nur im Ausnahmefall zulässig,[834] nämlich wenn die Leistung nach Ausführungsart und Umfang genau bestimmt ist und mit einer Änderung bei der Ausführung nicht zu rechnen ist.

527 Meist wird die Entscheidung für eine funktionale Ausschreibung zudem gleichbedeutend sein mit einer Generalunternehmervergabe.[835] Würden Einzelgewerke jeweils funktional ausgeschrieben, entstünden durch die den Bietern weitgehend überlasse-

---

[832] Heiermann/Riedl/Rusam-Heiermann, 9. Aufl., § 9 VOB/A, Rn. 36.
[833] So auch das VHB, § 9 VOB/A, Ziff. 7.1.3; Franke/Kemper/Zanner/Grünhagen-Franke/Grünhagen, § 9 VOB/A, Rn. 191.
[834] Ingenstau/Korbion-Keldungs, § 5 VOB/A, Rn. 13; Leinemann, § 2 VOB/B, Rn. 161.
[835] Leinemann, § 2 VOB/B, Rn. 161.

ne Planung Schnittstellen, die nicht annähernd vorhersehbar und damit auch nicht ausschreibungsfähig wären. Ist beispielsweise nicht klar, welche Komponenten in der Haustechnik zum Einsatz kommen, so sind weder die Schlitz- und Durchbruchsplanung beim Rohbau, noch das Gewerk Elektroarbeiten, u. U. auch nicht der Doppelboden, Trockenbau, Brandschutz etc. beschreibbar. Es kann daher nur sinnvoll sein, einen Generalunternehmer mit einem Gesamtplaner vorzusehen. Dem steht aber der Grundsatz der Teil- und Fachlosvergabe aus § 4 Nr. 2/3 VOB/A entgegen. Die funktionale Ausschreibung bedarf daher eines mehrfachen Begründungsaufwands für den – öffentlichen – Auftraggeber, zumal sie tendenziell große Unternehmen als Bieter bevorteilt, weil diese eher in der Lage sind, die erforderlichen Generalunternehmerangebote einschließlich Planung über zahlreiche Gewerke in kurzer Zeit zu erstellen.[836]

Da bei einer funktionalen Ausschreibung auch der Entwurf dem Wettbewerb unterstellt ist, steht die konkret zu erbringende Einzelleistung zum Zeitpunkt der Vergabe häufig noch nicht in jedem Detail fest. Manche Elemente der ausgeschriebenen Leistung werden erst während der Ausführung deutlich, wenn die Planung des Auftragnehmers konkretisiert wird. Das liegt im Wesen der funktionalen Ausschreibung und verstößt nicht etwa gegen § 5 Nr. 1 b) VOB/A.[837] Da nach § 9 Nr. 15 VOB/A auch der Entwurf, d. h. die Planung, dem Wettbewerb unterliegt, bleibt es dem Bieter und späteren Auftragnehmer überlassen, in welcher Tiefe er – natürlich unter Einhaltung der Vorgaben der Ausschreibung – seine Planungsleistung bei Vertragsschluss erstellt. Es handelt sich auch nicht etwa um eine »gemeinsame Planung« von Auftraggeber und Bieter/Auftragnehmer.[838] Vielmehr erstellt der Auftraggeber lediglich das Leistungsprogramm und die damit ggf. vorgelegten Planunterlagen. Darauf baut – bei Angebotsbearbeitung und erst recht nach Vertragsschluss – sodann der Bieter/Auftragnehmer auf, wobei er keine neuen oder weiteren Vorgaben des Auftraggebers im Sinne einer »gemeinsamen« Vervollständigung der Planung aufnehmen und erfüllen, sondern zunächst nur das durch das Leistungsprogramm gem. § 9 Nr. 15–17 VOB/A vorgegebene Leistungssoll erbringen muss. Im Rahmen der Aufklärungsverhandlungen vor Zuschlagserteilung kann der Auftraggeber Auskunft über von ihm für wichtig erachteten und geforderten Details der bieterseitigen Planung und der vorgesehenen Produkte verlangen. Allerdings kann nicht verlangt werden, dass ein Bieter sofort alle Angaben präsent hat, wenn dies nicht schon in der Leistungsbeschreibung gefordert bzw. angekündigt war. Hier sind ggf. einige Tage Zeit zu gewähren, um dem Bieter entsprechende Festlegungen zu ermöglichen. Wurde jedoch ein angekündigter Aufklärungstermin abgehalten, so können später nachgereichte Lösungen wegen Verspätung in der Wertung unberücksichtigt bleiben.[839] Der Auftraggeber darf aber bis zum Zuschlag nur Konkretisierungen der im Funktionalbeschrieb aufgeführten Leistung verlangen und nicht über den Ausschreibungsinhalt hinausgehen. Der Auftraggeber sollte allerdings exakt beschreiben, welche inhaltlichen Anforderungen er an die Angebote stellt.

528

---

836 Leinemann, § 2 VOB/B, Rn. 161.
837 So wohl irrtümlich angenommen von Franke/Kemper/Zanner/Grünhagen-Franke/Grünhagen, § 9 VOB/A, Rn. 194.
838 So aber Franke/Kemper/Zanner/Grünhagen-Franke/Grünhagen, § 9 VOB/A, Rn. 192 ff.
839 So für den Fall eines Bemusterungstermins im Rahmen der VOL/A OLG Dresden, VergabeR 2004, 748, 751.

So können nach einer durchaus kritisch zu bewertenden Entscheidung des OLG Brandenburg auch bei Durchführung einer funktionalen Ausschreibung vom Bieter keine Planungen bzw. sich erst aus der Ausführungsplanung ergebenden Angaben erwartet werden, wenn dies in den Verdingungsunterlagen nicht ausdrücklich gefordert wurde.[840] An dieser Ansicht ist sicher zutreffend, dass Bietern nur Angaben abverlangt werden sollen, von deren Erforderlichkeit sie auch ausgehen konnten. Falsch wäre es hingegen, als Reaktion auf eine funktionale Ausschreibung ein »funktionales Angebot« zu billigen, das mit Hinweis auf die erst nach Zuschlag zu erstellende Ausführungsplanung keine Detailangaben z. B. über Fassadengestaltung, Innenausstattung, Abdichtung und andere Ausführungsdetails zulässt. Es dürfte gerade das Wesen dieser Ausschreibungsart darstellen, dass der Auftraggeber von den Bietern die Lösung der Details verlangt, über die er sich im Aufklärungsgespräch auch informieren kann, um festzustellen, ob die Angebote vergleichbar sind. Die erwähnte Entscheidung des OLG Brandenburg[841] stellt somit kein geeignetes Präjudiz dar.

529 Neue und geänderte Planungsideen des Auftraggebers führen nach Auftragserteilung zu Vergütungsansprüchen des Auftragnehmers nach § 2 Nr. 5 und Nr. 6 VOB/B. Dies findet seine Grundlage in der durch die funktionale Leistungsbeschreibung stattfindenden Übertragung der Planungsverantwortung auf den Bieter/Auftragnehmer. In Ermangelung entsprechender Festlegungen des Auftraggebers bei Vertragsschluss steht dem Auftragnehmer ein Leistungsbestimmungsrecht nach § 315 BGB zu.[842] Diese Norm hat folgenden Wortlaut:

> (1) Soll die Leistung durch einen der Vertragschließenden bestimmt werden, so ist im Zweifel anzunehmen, dass die Bestimmung nach billigem Ermessen zu treffen ist.
>
> (2) Die Bestimmung erfolgt durch Erklärung gegenüber dem anderen Teile.
>
> (3) Soll die Bestimmung nach billigem Ermessen erfolgen, so ist die getroffene Bestimmung für den anderen Teil nur verbindlich, wenn sie der Billigkeit entspricht. Entspricht sie nicht der Billigkeit, so wird die Bestimmung durch Urteil getroffen; das Gleiche gilt, wenn die Bestimmung verzögert wird.

530 Eine Bestimmung entspricht dem billigen Ermessen, wenn sie dem Interesse beider Parteien und dem in vergleichbaren Fällen Üblichen entspricht. Dass sich bei einer derartigen Definition erhebliche Auslegungsspielräume ergeben, liegt auf der Hand. Der Auftraggeber kann aber dann nicht eine Ausführung nach seinen Vorstellungen verlangen, sondern muss – mangels eigener Vorgaben bei Vertragsschluss – der Leistungsbestimmung des Auftragnehmers folgen.[843] Alle abweichenden Festlegungen des Auftraggebers, zu denen er nach § 1 Nr. 3 und Nr. 4 VOB/B befugt ist, stellen Änderungsanordnungen mit den daraus ggf. resultierenden Kostenfolgen dar. Es bedarf häufig des Rats eines Sachverständigen, wenn festgelegt werden muss, was üblich und/ oder angemessen ist, um die rein funktionalen Vorgaben der Leistungsbeschreibung zu erfüllen. Darin liegt das typische Streit- und Risikopotenzial einer funktionalen Aus-

---

840 OLG Brandenburg, Beschl. v. 19.09.2003, Verg W 4/03, VergabeNews 2003, 95.
841 OLG Brandenburg, Beschl. v. 19.09.2003, Verg W 4/03, VergabeNews 2003, 95.
842 Leinemann, § 2 VOB/B, Rn. 163; Kapellmann/Schiffers, Bd. 2, Rn. 454.
843 Kapellmann/Schiffers, Bd. 2, Rn. 645.

schreibung, weil auch hier globale Vorgaben einer Vertragsseite durch die andere Partei auszufüllen sind und dabei nicht selten unausgesprochene, unterschiedliche Vorstellungen bei Vertragsschluss vorgelegen haben. Durch angemessene Ausübung des Leistungsbestimmungsrechts seitens des Auftragnehmers wird die damit getroffene Entscheidung zum verbindlichen, vertraglichen Bausoll.

Selbstverständlich ist der Auftraggeber auch bei Durchführung einer funktionalen Ausschreibung an die übrigen Prinzipien des § 9 VOB/A gebunden, insbesondere § 9 Nr. 1 und Nr. 2 VOB/A. Durch eine Leistungsbeschreibung mit Leistungsprogramm können also nicht etwa zusätzliche Risiken, wie etwa das Baugrundrisiko oder das Risiko der grundsätzlichen Genehmigungsfähigkeit eines Vorhabens auf den Auftragnehmer abgewälzt werden.[844] Ungewöhnliche Wagnisse dürfen Auftragnehmern auch auf Basis funktionaler Ausschreibungen nicht überbürdet werden. Kann das Bauvorhaben auch durch das Leistungsprogramm nur unzureichend beschrieben werden, bleibt die funktionale Ausschreibung unzulässig, wird sie gleichwohl durchgeführt und realisieren sich später ungewöhnliche Wagnisse, kann der Auftraggeber schadensersatzpflichtig sein. 531

Schließlich hat der im Rahmen einer funktionalen Ausschreibung von den Bietern verlangte Planungsaufwand zur Folge, dass wegen der Kosten der Angebotsbearbeitung wie auch der planerischen Kompetenz regelmäßig nur große Bauunternehmen als Bieter in Frage kommen. Kleinere und mittlere Unternehmen unterhalten regelmäßig keine Planungsbüros, die die notwendigen Architektur- und Ingenieurleistungen ausführen können. Zur Milderung dieses Kostenrisikos bestimmt § 20 Nr. 2 Abs. 1 VOB/A, dass jeder Bieter, der ein der Ausschreibung entsprechendes Angebot mit den geforderten Unterlagen rechtzeitig eingereicht hat, Anspruch auf eine angemessene Entschädigung für die Kosten der Angebotsbearbeitung hat. Häufig finden sich in den Ausschreibungsunterlagen aber keine derartigen Entschädigungsregelungen oder eine Entschädigung wird sogar ausdrücklich ausgeschlossen. Darin liegt allerdings ein Verstoß gegen bieterschützende Regelungen der VOB/A mit der Folge, dass im Fall der Einleitung eines Nachprüfungsverfahrens die Rechtswidrigkeit der unterlassenen Entschädigung festzustellen wäre.[845] Zur Geltendmachung dieses Verfahrensmangels muss ein Bieter allerdings spätestens bei Angebotsabgabe eine entsprechende Verfahrensrüge erheben, um nicht später nach § 107 Abs. 3 GWB präkludiert zu sein. 532

Für die Vergabeverfahren nach dem Abschnitt 3 der VOB/A bestimmt § 9 b VOB/A, dass die Auftraggeber lediglich auf Anfrage eines interessierten Unternehmens die technischen Spezifikationen mitteilen müssen, die regelmäßig in ihren Bauaufträgen genannt oder bei der Beschaffung im Zusammenhang mit nicht verbindlichen Bekanntmachungen nach § 17 b Nr. 2 VOB/A benutzt werden. Stehen die diesbezüglich relevanten Unterlagen dem interessierten Unternehmen bereits zur Verfügung, so genügt von Seiten des Auftraggebers die bloße Bezugnahme auf diese Unterlagen. 533

---

844 Leinemann, § 2 VOB/B, Rn. 162; ebenso Franke/Kemper/Zanner/Grünhagen-Franke/Grünhagen, § 9 VOB/A, Rn. 191.
845 So jetzt auch Heiermann/Riedl/Rusam-Heiermann, § 9 VOB/A, Rn. 138.

3.10.5 Grundsätze der Ausschreibung und der Informationsübermittlung

534 § 16 Nr. 1 VOB/A postuliert den wichtigen Grundsatz, dass erst ausgeschrieben werden soll, wenn das Projekt »vergabereif« ist. Eine Ausschreibung soll erst dann vorgenommen werden, wenn alle Verdingungsunterlagen fertig gestellt sind und innerhalb der angegebenen Fristen mit der Ausführung begonnen werden kann. Hieraus folgt unter anderem, dass eine Ausschreibung nur bei gesicherter Finanzierung erfolgen darf. Stehen die für die Durchführung des Vorhabens nötigen finanziellen Mittel nicht zur Verfügung, so kann dieser Mangel aber – in der Natur der Sache liegend – nicht durch eine Entscheidung der Vergabekammer behoben werden. In ihrer Erwartung enttäuschte Bieter sind daher von vornherein auf die Geltendmachung von Schadensersatz angewiesen, wenn die Vergabestelle nicht auf die fehlende Finanzierung hingewiesen hat.[846]

535 Daneben bestimmt § 16 Nr. 2 VOB/A, dass Ausschreibungen für vergabefremde Zwecke unzulässig sind. Beispielhaft ist insoweit die Ausschreibung für Ertragberechnungen angeführt. Des Weiteren zählen hierzu alle Fälle, in denen ein Auftraggeber seinen im Vorfeld der Ausschreibung bestehenden Pflichten etwa zur Markterkundung und Wirtschaftlichkeitsermittlungen nicht nachkommt, und diese eigenen Vorleistungen den Bietern auferlegt.[847] Auch eine Parallelausschreibung kann einen Fall einer Ausschreibung zu vergabefremden Zwecken darstellen.[848]

536 In zahlreichen Regelungen werden verstärkt die Möglichkeiten der elektronischen Kommunikation (E-Mail, Internet) berücksichtigt. So bestimmt etwa § 16 Nr. 3 Abs. 1 VOB/A, dass die Kommunikation nach Wahl des Auftraggebers per Post, per Telefax, auf elektronischem Weg oder durch eine Kombination dieser Kommunikationsmittel erfolgen kann. Das gewählte Kommunikationsmittel ist vom Auftraggeber in der Bekanntmachung oder den Verdingungsunterlagen anzugeben. Für die elektronische Übermittlung ist lediglich erforderlich, dass das gewählte Netz allgemein verfügbar sein muss. Die verwendeten Programme dürfen nicht dazu führen, dass Bewerber oder Bieter diskriminiert werden (§ 16 Abs. 3 Nr. 2 VOB/A).

537 Bei Verfahren oberhalb der Schwellenwerte ist des Weiteren ausdrücklich bestimmt, dass unabhängig von der gewählten Form der Informationsübermittlung die Integrität und Vertraulichkeit der übermittelten Anträge auf Teilnahme am Vergabeverfahren auf geeignete Weise zu gewährleisten ist (§ 16 a, b VOB/A). Per Post oder direkt übermittelte Anträgen sind in einem verschlossenen, gekennzeichneten Umschlag einzureichen und bis zum Ablauf der Teilnahmefrist unter Verschluss zu halten. Für elektronische Teilnahmeanträge ist dies entsprechend etwa durch Verschlüsselung sicherzustellen. Es wird klargestellt, dass Teilnahmeanträge auch per Telefax oder telefonisch gestellt werden können, wobei die Anträge dann vor Ablauf der Teilnahmefrist durch Übermittlung per Post, direkt oder auf elektronischem Weg zu bestätigen sind (§§ 16 a, b Nr. 2 VOB/A).

538 Die §§ 11–15 VOB/A enthalten Einzelvorgaben für bestimmte Vertragsklauseln. Hier kann auf dem Wortlaut der Vorschriften verwiesen werden.

---

846 KG, Beschl. v. 22. 8. 2001, KartVerg 3/01.
847 VK Thüringen, Beschl. v. 20. 3. 2001, 216-4003.20-001/01-SHL-S.
848 Siehe bereits oben, Rn. 457 ff.

3.10.6 Bekanntmachung sowie Angebots- und Bewerbungsfrist

§ 17 VOB/A enthält die Vorgaben für eine Bekanntmachung der Ausschreibung. Oberhalb der Schwellenwerte sind die Bekanntmachungsmuster des Anhangs II zu den Abschnitten 2 und 3 VOB/A europaweit einheitlich zu verwenden. Sie sind im Amtsblatt der Europäischen Gemeinschaften zu veröffentlichen und an das Amt für amtliche Veröffentlichungen der Europäischen Gemeinschaften zu übersenden.[849] In § 17 a Nr. 2 Abs. 6 VOB/A ist jetzt die Bekanntmachung über das Internetportal des Amtes für amtliche Veröffentlichungen der europäischen Gemeinschaft vorgesehen. Elektronische Bekanntmachungen über das Internetportal des Amtes für amtliche Veröffentlichungen der Europäischen Gemeinschaften werden beschleunigt spätestens fünf Kalendertage nach ihrer Absendung veröffentlicht und bieten damit für Auftraggeber die Möglichkeit der Verfahrensstraffung. Als Regelverfahren ist damit die Nutzung von Webpages als Kommunikationsplattform zu empfehlen, was angesichts der ohnehin computergestützten Datenverarbeitung in der Verwaltung sachgerecht erscheint und hier den Bearbeitungsaufwand reduzieren wird.

539

Der Bieter, der ein Angebot abgeben will, ist dabei terminlich nicht frei. Angebote, die nach Fristablauf eingereicht werden, dürfen bei der Vergabe des Auftrags grundsätzlich keine Berücksichtigung finden (§§ 22 Nr. 2 und Nr. 5, 25 Nr. 1 a) i. V.m. § 18 Nr. 2 VOB/A) Die zu beachtende Angebots- und Bewerbungsfristen sind in den §§ 18, 18 a und 18 b VOB/A abschließend geregelt.

540

Gemäß § 18 VOB/A ist bei Vergaben unterhalb des Schwellenwertes für die Bearbeitung und Einreichung der Angebote eine ausreichende Angebotsfrist vorzusehen, die auch bei Dringlichkeit nicht unter 10 Kalendertagen liegen darf. Dabei ist insbesondere der zusätzliche Aufwand für die Besichtigung von Baustellen oder die Beschaffung von Unterlagen für die Angebotsbearbeitung zu berücksichtigen (§ 18 Nr. 1 Satz 2 VOB/A). Die nach diesen Regeln zu bemessende Angebotsfrist hat zwei entscheidende Funktionen: Zum einen gibt sie den Zeitraum an, der dem Bieter zur Verfügung steht, um die vom Auftraggeber übergebenen Ausschreibungsunterlagen zu prüfen und zu bearbeiten sowie ein gegebenenfalls abgegebenes Angebot ohne rechtliche Auswirkungen zurückzuziehen. Zum anderen handelt es sich bei dieser Frist um eine Ausschlussfrist, da Angebote, die nach Fristablauf eingereicht werden, bei der Vergabe des Auftrags grundsätzlich keine Berücksichtigung finden dürfen (§§ 22 Nr. 2 und Nr. 5, 25 Nr. 1 a) i. V.m. § 18 Nr. 2 VOB/A).

541

Die Angebotsfrist beginnt, sobald ein Auftraggeber seine Absicht, eine Bauleistung ausführen zu lassen, gem. den für die gewählte Vergabeart geltenden Bestimmungen bekannt gemacht hat. Sie endet, sobald der Verhandlungsleiter im Eröffnungstermin mit der Öffnung der Angebote beginnt (§ 18 Nr. 2 VOB/A). Da Angebote häufig erst in letzter Minute abgegeben oder abgesandt werden, ist nicht nur das Datum des Eröffnungstermins, sondern auch die Uhrzeit, zu welcher mit der Eröffnung der Angebote begonnen wird, anzugeben.[850] Angebote, die erst nach Ablauf der exakt angegebenen Angebotsfrist vorliegen, finden unabhängig von dem jeweiligen Verspätungsgrund kei-

542

---

849 Adresse: 2, Rue Mercier, L-2985 Luxembourg 1.
850 Heiermann/Riedl/Rusam-Heiermann, § 18 VOB/A, Rn. 4.

ne Berücksichtigung mehr. Einzige Ausnahme stellen solche Angebote dar, die dem Auftraggeber vor Ablauf der Angebotsfrist nachweislich zugegangen waren und aus Gründen, die der Bieter nicht zu vertreten hat, dem Verhandlungsleiter bei Eröffnung des ersten Angebots nicht vorgelegen haben (§ 22 Nr. 6 VOB/A).

543 Für die Angemessenheit der Frist ist ausschlaggebend, wie viel Zeit es in Anspruch nehmen wird, ein Angebot sorgfältig zu erstellen. § 18 Nr. 1 Satz 2 VOB/A zählt nur beispielhaft die hierbei zu berücksichtigenden Umstände auf. Bei der Bemessung der notwendigen Bearbeitungszeiten müssen alle Handlungen berücksichtigt werden, die nach den jeweils gegebenen Umständen vom Bewerber zu erwarten sind. Zum Ablauf der Frist legen die Regelungen des Vergabehandbuchs des Bundes ferner fest, dass sie nicht an einem Werktag vor einem Sonn- oder Feiertag enden soll. Schließlich sind allgemeine Urlaubszeiten wie Weihnachten, Ostern oder Pfingsten zu berücksichtigen.

544 Bis zum Ablauf der Angebotsfrist hat der Bieter die Möglichkeit, sein Angebot zurückzunehmen (§ 18 Nr. 3 VOB/A). Erst nach Ablauf der Angebotsfrist ist er an sein Angebot gebunden. Macht der Bieter von der Möglichkeit der Angebotsrückziehung Gebrauch, so muss dies in Textform geschehen, was auch die Übermittlung der Angebotsrücknahme per Telefax oder e-mail mitumfasst.

545 In § 18 Nr. 4 VOB/A ist die Bewerbungsfrist bei beschränkter Ausschreibung nach öffentlichem Teilnahmewettbewerb geregelt. Denn auch hier handelt es sich um ein dem Wettbewerb unterstelltes Verfahren. Um gleiche Wettbewerbsbedingungen zu schaffen, insbesondere um auszuschließen, dass vorinformierte Bewerber einen ungerechtfertigten Wettbewerbsvorteil erhalten, ist daher eine »ausreichende«, d. h. für die Ausarbeitung des Angebots genügende Bewerbungsfrist vorzugeben.

546 Hinsichtlich europaweiter Vergaben nach den Abschnitten 2 und 3 der VOB/A treffen die §§ 18a und 18b VOB/A spezielle Regelungen. Für das Offene Verfahren besteht eine verlängerte Angebotsfrist von mindestens 52 Kalendertagen, gerechnet vom Tag nach Absendung der Bekanntmachung an das Amt für amtliche Veröffentlichungen der EU; das Datum ist vom Auftraggeber gem. § 17a Nr. 2 Abs. 3 VOB/A nachzuweisen; (§ 18a Nr. 1 Abs. 1, § 18b Nr. 1 Abs. 1 VOB/A). Nach einer Vorinformation gem. § 17a Nr. 1, Nr. 3 Abs. 1, Sp. 1 VOB/A bzw. einer regelmäßigen Bekanntmachung gem. § 17b Nr. 2 Abs. 2 VOB/A ist eine Verkürzung auf 36 Kalendertage zulässig. Erfolgt die Vergabebekanntmachung über das Internetportal des Amtes für amtliche Veröffentlichungen der Europäischen Gemeinschaften, so können die genannten Fristen um 7 Kalendertage verkürzt werden (§ 18a, b Nr. 1 Abs. 4 VOB/A), wobei eine nochmalige Verkürzung um 5 Kalendertage möglich ist, wenn auch die Verdingungsunterlagen und alle zusätzlichen Unterlagen auf elektronischem Weg frei, direkt und vollständig verfügbar gemacht werden (§ 18a Nr. 1 Abs. 5 VOB/A). Die Einstellung der Verdingungsunterlagen auf einer frei zugänglichen Webpage kann daher nochmals zu einer Verfahrensverkürzung führen. Entsprechende Verkürzungsmöglichkeiten bestehen auch im Nichtoffenen Verfahren.

547 Beim Nichtoffenen Verfahren beträgt die Frist für den Eingang der Teilnahmeanträge (Bewerbungsfrist) mindestens 37 Kalendertage, wiederum gerechnet vom Tag nach Absendung der Bekanntmachung oder der Aufforderung (§ 18a Nr. 2 Abs. 1, § 18b Nr. 2 Abs. 1 a) VOB/A). Sie kann wegen Dringlichkeit auf bis zu 15 Kalendertage verkürzt werden. Die Angebotsfrist beträgt gem. § 18a Nr. 2 Abs. 3 VOB/A mindes-

tens 40 Kalendertage mit Verkürzungsmöglichkeit auf 26 Kalendertage nach Vorinformation und mindestens 10 Kalendertage bei Dringlichkeit. Im Anwendungsbereich der b-Paragrafen sieht die Regelung des § 18 b Nr. 2 Abs. 1 c) VOB/A vor, dass die Angebotsfrist zwischen dem Auftraggeber und den ausgewählten Bewerbern einvernehmlich festgelegt werden kann, sofern allen Bewerbern dieselbe Frist für die Erstellung und Einreichung der Angebote eingeräumt wird. Ist eine einvernehmliche Festlegung der Angebotsfrist nicht möglich, setzt der Auftraggeber im Regelfall eine Frist von mindestens 24 Kalendertagen (§ 18 b Nr. 2 Abs. 1 d) VOB/A). Kürzere Fristen sind möglich, sie dürfen jedoch keinesfalls 10 Kalendertage unterschreiten. Bei der Festlegung dieser Frist sind die in § 18 b Nr. 3 VOB/A genannten Faktoren zu berücksichtigen, vor allem also der für die Erstellung eines Angebots erforderliche Aufwand.

Beim Verhandlungsverfahren mit Vergabebekanntmachung/vorherigen Aufruf zum Wettbewerb gelten dieselben Bewerbungsfristen wie im Nichtoffenen Verfahren (§ 18 a Nr. 3, § 18 b Nr. 2 Abs. 1 VOB/A). 548

3.10.7 Die Angebotsabgabe

Der Bieter hat sein Angebot fristgerecht abzugeben. Aus seiner Sicht handelt es sich bei dem Angebot um das wichtigste Dokument des gesamten Vergabeverfahrens: Wird der Zuschlag rechtzeitig und ohne Abänderungen erteilt, so kommt der Vertrag dadurch mit dem im Angebot enthaltenen Inhalt ohne weitere Verhandlung zustande (§ 28 Nr. 2 Abs. 1 VOB/A).[851] 549

3.10.7.1 Übersicht Ausschreibungsfristen

Alle Fristen sind Kalendertage 550

1. Angebotsfrist, Bewerbungsfrist (Regelfristen)

Art der Frist	Frist, gerechnet	Offenes Verfahren	Nichtoffenes Verfahren		Verhandlungsverfahren/Wettbewerbl. Dialog		VOB/A
		Regelfrist	Regelfrist	Beschl. Verfahren	Regelfrist	Beschl. Verfahren	
Bewerbungsfrist	Vom Tag nach Absendung der Bekanntmachung	–	37	15	37	15	§ 18 a Nr. 2/ Nr. 3
Angebotsfrist	Vom Tag nach Absendung der Bekanntmachung	52	–	–	–	–	§ 18 a Nr. 1
	Vom Tag nach Absendung der Aufforderung zur Angebotsabgabe	–	40	10	–	–	§ 18 a Nr. 2

---

851 Oberhalb der Schwellenwerte ist ergänzend die Benachrichtigungspflicht gem. § 13 VgV zu beachten.

2. Verkürzte Angebotsfrist bei Vorinformation

Angebotsfrist bei Vorinformation	Vom Tag der Absendung der Bekanntmachung	36 (Soll) 22 (mind.)	–	–	–	–	§ 18a Nr. 1
Angebotsfrist bei Vorinformation	Vom Tag nach Absendung der Aufforderung zur Angebotsabgabe	–	26	10	–	–	§ 18a Nr. 2

3. Verkürzung der Angebots-/Bewerbungsfrist bei Rückgriff auf das Internet

Angebotsfrist	Vom Tag der Absendung der Bekanntmachung	-7 / -5	–	–	–	–	§ 18a Nr. 1
Angebotsfrist	Vom Tag nach Absendung der Aufforderung zur Angebotsabgabe	–	-7 / -5	-7 / -5	-7 / -5	-7 / -5	§ 18a Nr. 2

4. Übersendung der Vergabeunterlagen und zusätzlicher Unterlagen, wenn nicht per Internet verfügbar, Auskunftserteilung

Übersendung der Unterlagen	Vom Tag nach Eingang des Antrags	6	–	–	–	–	§ 17a Nr. 5
Auskunftserteilung	Tage vor Ablauf der Angebotsfrist	6	6	4	6	4	§ 17a Nr. 6

3.10.7.2 Form und Inhalt der Angebote

551 Die Form und der notwendige Inhalt der Angebote sind in § 21 VOB/A geregelt. Nach dieser Bestimmung obliegt es dem Auftraggeber festzulegen, in welcher Form die Angebote einzureichen sind. In Betracht kommen schriftliche Angebote, was das klassische Angebot in Papierform meint, oder »elektronische« Angebote, die als Computerdatei übermittelt werden (§ 21 Nr. 1 Abs. 1 VOB/A).

552 Schriftliche Angebote sind nach § 21 Nr. 1 Abs. 1 S. 2 VOB/A bei Verfahren unterhalb der Schwellenwerte immer zuzulassen, wobei diese Einschränkung der Wahlfreiheit der öffentlichen Auftraggeber für Verfahren oberhalb der Schwellenwerte aber nicht gilt (§§ 21a und b VOB/A). Schriftliche Angebote müssen jedenfalls unterzeichnet sein. Das Erfordernis der Unterschrift hat zur Folge, dass bei Bietergemeinschaften Vertreter aller Partnerfirmen unterschreiben müssten. Es ist aber zulässig, dass die Partnerfirmen der Bietergemeinschaft ein Mitglied (den Federführer) mit ihrer Vertretung bevollmächtigen. Dieser ist dann befugt, in Vertretung aller Gesellschafter der Bietergemeinschaft rechtsverbindliche Erklärungen abzugeben, die die ganze Bietergemeinschaft binden. Die Möglichkeit einer solchen Vertretung ergibt sich aus § 21 Nr. 5 Abs. 1 VOB/A, wonach Bietergemeinschaften eines ihrer Mitglieder als bevollmächtigten Vertreter für den Abschluss und die Durchführung des zu schließenden Vertrages zu bezeichnen haben. Selbstverständlich müssen sie diese Bevollmächtigung auf Verlangen nachweisen, zweckmäßiger Weise durch Einreichung einer Vollmacht. Angebote, die keine Unterschrift aufweisen, werden von der Wertung ausgeschlossen, da es sich bei § 21 Nr. 1 Abs. 1 Satz 3 um eine zwingende Vorschrift handelt. Die fehlende Unterschrift kann jedoch bis zur Eröffnung der Angebote im Eröffnungstermin nachgeholt werden.[852] Während bis zur Fassung 1998 eine »rechtsverbindliche« Unterschrift gefordert war, hat man seit der VOB 2000 diese Formstrenge gelockert.[853] Es reicht nun, wenn die unterschreibende Person für dieses Angebot unterschriftsbefugt ist, was sich nicht aus dem Handelsregister ergeben muss, sondern später noch – auch nach Angebotsabgabe – belegt werden kann.[854] So reicht bei einer GmbH, für die zwei gesamtvertretungsberechtigte Geschäftsführer bestellt sind, die Unterschrift durch einen Geschäftsführer aus, wenn dieser durch den anderen zur alleinigen Unterzeichnung des Angebots bevollmächtigt war.[855]

Gemäß § 21 Nr. 1 Abs. 1 Satz 3 VOB/A sind digitale Angebote nach Wahl des Auftraggebers entweder mit einer fortgeschrittenen oder einer qualifizierten Signatur nach dem Signaturgesetz[856] zu versehen. Bei jeder Form der Angebote ist – wie auch bei Teilnahmeanträgen oberhalb der Schwellenwerte, §§ 16 a und b VOB/A – die Integrität und Vertraulichkeit der Daten auf geeignete Art zu gewährleisten. Bei elektronischen Angeboten ist dies durch entsprechende technische Lösungen sicher zu stellen. **553**

Etwas versteckt ist in der VOB 2006 nun mehr die Forderung des § 21 Nr. 1 Abs. 2 Satz 5 VOB/A untergebracht, wonach die Angebote nur die Preise und die geforderten Erklärungen enthalten sollen. Mit dieser Vorgabe ist letztlich nichts anderes gesagt, als dass das Vertragsangebot klar, vollständig und jeder Hinsicht zweifelsfrei sein soll. Angesichts der nach der Rechtsprechung schweren Folgen der Unvollständigkeit eines Angebots, die im Rahmen der Angebotswertung nach § 25 Nr. 1 Abs. 1 lit. b VOB/A zwingend zum Ausschluss führt, darf die Bedeutung der Vollständigkeit eines Angebots nicht unterschätzt werden. Die insoweit gestellten Anforderungen werden später noch im Zusammenhang der formalen Angebotsprüfung näher erläutert.[857] **554**

In der Praxis unterscheiden sich die Angebote der Bieter regelmäßig von einer Leistungsbeschreibung mit LV nur dadurch, dass die kalkulierten Preise eingesetzt und die geforderten Erklärungen unterzeichnet worden sind. Dabei ist es erforderlich, dass der Bieter im Angebot neben dem Gesamtpreis auch die jeweils geforderten Einzelpreise nennt. Auch ist es nicht zulässig, eine Leistung, die in einer eigenen Position ausgewiesen ist und für die deshalb eine eigene Preisangabe gefordert wird, in den Preis für eine andere Leistungsposition in Form einer Mischkalkulation »hineinzurechnen«. Wird die aufgegliederte Angabe von Einheitspreisen verlangt, so muss der Bieter auch dieser Forderung nachkommen. Fehler im Angebot gehen grundsätzlich zu Lasten des Bieters, wenn nicht eine Korrekturmöglichkeit gem. § 23 Nr. 3 VOB/A besteht. Zudem gilt, dass geforderte Angaben nicht nachgereicht werden dürfen, da hierin eine unzulässige Änderung des Angebots liegen soll.[858] **555**

---

852 Ingenstau/Korbion-Kratzenberg, § 21 VOB/A, Rn. 3.
853 Leinemann/Maibaum, 2. Aufl., S. 112; Motzke/Pietzcker/Prieß-Prieß, § 21 VOB/A, Rn. 9 ff., 14.
854 OLG Düsseldorf, VergabeR 2003, 466, 467; OLG Dresden, Urteil. v. 08.03.2004, 20 U 1544/03.
855 OLG Koblenz, Beschl. v. 22.03.2001, Verg 9/00, VergabeR 2001, 407, 411.
856 Siehe auch die zu Grunde liegende Signaturrichtlinie 1999/93/EG, ABl. der EG Nr. L 13 v. 19.01.1999.
857 Siehe unten, Rn. 597 ff.
858 OLG Düsseldorf, Beschl. v. 26.01.2006, Verg 92/05; siehe ferner etwa OLG Jena, VergabeR 2003, 339, 341; OLG Jena, VergabeR 2002, 256, 258 m. Anm. Leinemann; BayObLG, VergabeR 2002, 182, 184.

556 Fehlende Preisangaben führen grundsätzlich zum Angebotsausschluss.[859] Das gilt auch für Preisangaben bei (zulässigen) Alternativpositionen.[860] Ausnahmsweise kann im Einzelfall dann kein zwingender Ausschlussgrund vorliegen, wenn sich der fehlende Einzelpreis aus der Differenz zwischen dem angegebenen Gesamtpreis und der Addition aller übrigen, vollständig angegebenen Einzelpreise errechnet und sich mit dem bei einer inhaltsgleichen Position eines anderen Titels derselben Ausschreibung deckt.[861]

557 Andere geforderte Erklärungen sind insbesondere die Unterlagen zum Nachweis der Eignung des Bieters. Sie sind stets beizufügen, da andernfalls eine Prüfung der Eignung gem. § 25 Nr. 2 Abs. 1 S. 2 VOB/A nicht möglich ist.[862] In Betracht kommen auch besondere Erklärungen für das konkrete Vergabeverfahren, wie die Bereitschaft, gemeinsame Gesellschaften zu gründen, Sonderleistungen (Koordinierung etc.) zu übernehmen und andere Rahmenbedingungen zu erfüllen. Geforderte Erklärungen, die der Auftraggeber nicht in wirksamer Weise fordern darf, z. B. weil die Forderung als vorformulierte Vertragsbedingung gegen §§ 305 ff. BGB verstößt oder diskriminierend wirkt, muss der Bieter nicht abgeben.[863] Das gilt etwa für die Akzeptanz unwirksamer Vertragsstrafeklauseln und anderer Vertragsklauseln, die gegen § 307 BGB (früher: § 9 AGBG) verstoßen und insbesondere auch die Abgabe von Erklärungen zu unzulässigen, vergabefremden Aspekten, wenn diese nicht auf gesetzlicher Grundlage gem. § 97 Abs. 4 GWB beruhen.[864]

558 § 21 Nr. 1 Abs. 3 VOB/A bestimmt, dass Änderungen an den Verdingungsunterlagen unzulässig sind. Mit Änderungen sind sowohl Streichungen als auch Ergänzungen gemeint. Angebote, die eine – wenn auch nur geringfügig – andere als die ausgeschriebene Leistung anbieten, sind jedenfalls als Hauptangebot nicht zuschlagsfähig. Nicht jede zusätzliche Erklärung führt jedoch zum Ausschluss von der Ausschreibung. Unzulässig ist es, wenn z. B. in einem Begleitschreiben zum Angebot Einschränkungen des Angebotstextes vorgenommen werden, die über eine zulässige Auslegung der Verdingungsunterlagen hinausgehen, etwa weil sie unzulässige Annahmen oder Einschränkungen enthalten. Auch ein Hinweis auf eigene Allgemeine Geschäftsbedingungen des Bieters führt zum Angebotsausschluss, wenn etwa hierdurch die vom Auftraggeber vorgesehenen Zahlungsmodalitäten geändert werden. Ebenso sind gegebenenfalls die Allgemeinen Geschäftsbedingungen des Auftraggebers zwingend anzuerkennen.[865] Modifikationen des Angebots sind unzulässig und führen zum Ausschluss von der Wertung, weil anderenfalls die übrigen Teilnehmer an der Ausschreibung einen Wettbewerbsnachteil erleiden,[866] da sie einschränkungslos im angefragten Umfang anbieten. Wird die Änderung oder Ergänzung übersehen und erhält der Bieter den Zuschlag, so wird sein Angebot zwar Vertragsbestandteil, die vorgenommene Änderung oder Er-

---

859 OLG Dresden, VergabeR 2002, 174, 175.
860 OLG Naumburg, Beschl. v. 05.05.2004, 1 Verg 7/04.
861 OLG Dresden, VergabeR 2002, 174, 176.
862 Etwa OLG Düsseldorf, Beschl. v. 01.02.2006, Verg 83/05.
863 KG, VergabeR 2001, 392, 397; Motzke/Pietzcker/Prieß-Prieß, § 21 VOB/A, Rn. 29.
864 Motzke/Pietzcker/Prieß-Prieß, § 21 VOB/A, Rn. 29–35 m. w. N.
865 VK Schleswig-Holstein, Beschl. v. 17.03.2006, VK-SH 02/06.
866 BGH, BauR 1998, 1249, 1251.

gänzung jedoch nicht.⁸⁶⁷ Allerdings können die Angaben eines Bieters in seiner Angebotskalkulation, die keinen Eingang in den Angebotstext gefunden haben, eine Änderung der Verdingungsunterlagen nicht bewirken.⁸⁶⁸

Zu prüfen ist jedoch dann, wenn in der Ausschreibung die Unterbreitung von Nebenangeboten zugelassen wurde, ob das (Einschränkungen enthaltende) Hauptangebot des Bieters als Nebenangebot gewertet werden kann.⁸⁶⁹ Dagegen spricht nicht, dass nach § 21 Nr. 3 VOB/A die Zahl der Nebenangebote vom Bieter angegeben werden muss.⁸⁷⁰ § 21 Nr. 3 VOB/A ist nämlich in § 25 Nr. 1 VOB/A nicht als Ausschlussgrund aufgeführt. Allerdings kann keine pauschale Regel zur Wertung als Nebenangebot aufgestellt werden, sondern es bedarf der Prüfung im Einzelfall, ob die Abweichung noch eine Nebenangebotswertung zulässt oder unweigerlich ein Verstoß gegen zwingende Vorgaben der Ausschreibung vorliegt.

559

Etwas anderes gilt lediglich hinsichtlich der in der Leistungsbeschreibung vorgegebenen technischen Spezifikationen, sofern die abweichende Leistung mit dem geforderten Schutzniveau in Bezug auf Sicherheit, Gesundheit und Gebrauchstauglichkeit gleichwertig ist (§ 21 Nr. 2 VOB/A). Der diesbezügliche Nachweis muss dem Auftraggeber vom Bieter zusammen mit dem Angebot vorgelegt werden.

560

Schließlich müssen auch Änderungen eines Bieters an seinen eigenen Angaben, die bis zum Submissionstermin möglich sind, zweifelsfrei sein (§ 21 Nr. 1 Abs. 2 S. 6 VOB/A). Allein die Möglichkeit von Manipulationen kann einen Ausschluss aber nicht rechtfertigen. Verwendet ein Bieter Korrekturband, welches nicht ohne Beschädigung des darunter befindlichen Papiers ablösbar ist und sind die handschriftlichen Eintragungen mit dokumentenechter Flüssigkeit von der Person geschrieben, die auch die Angaben im unkorrigierten Angebotsvordruck gemacht hat, ist für Zweifel an der Authentizität kein Platz. Etwaige Manipulationen im eigenen Herrschaftsbereich nach der Angebotseinreichung kann die Vergabestelle im Übrigen dadurch überprüfen, indem sie vom Bieter die Vorlage eines dort regelmäßig vorhandenen Angebotdoppels verlangt.⁸⁷¹

561

3.10.7.3 Änderungsvorschläge und Nebenangebote

Dem Bieter steht es zudem frei, Änderungsvorschläge oder Nebenangebote gem. § 21 Nr. 3 VOB/A zu unterbreiten, sofern sie in den Vergabeunterlagen nicht ausdrücklich ausgeschlossen und damit von der späteren Wertung ausgenommen sind (vgl. § 10 Nr. 5 Abs. 4, § 25 Nr. 1 Abs. 1 d) VOB/A). Die Begriffe werden synonym gebraucht und sind rechtlich gleichzusetzen.⁸⁷²

562

---

867 OLG Düsseldorf, ZVgR 1997, 173.
868 OLG Naumburg, VergabeR 2005, 779. Siehe auch OLG Koblenz, Beschl. v. 26.10.2005, 1 Verg 4/05.
869 Heiermann/Riedl/Rusam-Rusam, § 21 VOB/A, Rn. 11; Ingenstau/Korbion-Kratzenberg, § 25 VOB/A, Rn. 18.
870 So aber Motzke/Pietzcker/Prieß-Prieß, § 21 VOB/A, Rn. 41.
871 OLG Schleswig, Beschl. v. 11.08.2006, 1 Verg 1/06.
872 Motzke/Pietzcker/Prieß-Schäfer, § 22 VOB/A, Rn. 37.

563 Nach der Rechtsprechung des EuGH müssen Auftraggeber die Mindestanforderungen erläutern, die Nebenangebote erfüllen müssen. Aus Gründen der Transparenz ist eine genaue Beschreibung der Mindestforderungen notwendig, um den Grundsatz der Gleichbehandlung aller Bieter zu gewährleisten. Nicht ausreichend ist ein Hinweis auf eine nationale Rechtsvorschrift, die (nur) vorsieht, dass die Erbringung einer mit der ausgeschriebenen Leistung gleichwertigen Leistung sichergestellt sein muss.[873] Dieser Rechtsprechung haben sich mittlerweile die Vergabesenate der deutschen Oberlandesgerichte angeschlossen.[874] Oberhalb der Schwellenwerte bestimmt nun auch § 25 a Nr. 3 VOB/A, dass nur Nebenangebote in der Wertung berücksichtigt werden, die die gestellten Mindestanforderungen erfüllen. Es muss daher in den Ausschreibungsunterlagen angegeben werden, welche Anforderungen ein Nebenangebot mindestens erfüllen muss.

564 Es ist noch nicht abschließend geklärt, welche Anforderungen an den Inhalt von Mindestanforderungen zu stellen sind. Wie die einzelnen Mindestanforderungen festzulegen sind, lässt der EuGH offen. Die Nachprüfungsinstanzen beantworten diese Frage bisher uneinheitlich, wobei Klarheit allein insoweit herrscht, als dass die an Nebenangebote gestellten Formerfordernisse keine Mindestanforderungen im materiellen Sinn darstellen. Einige Oberlandesgerichte lassen die Wertung eines zugelassenen Nebenangebots nicht zu, wenn der Auftraggeber weder in der Vergabebekanntmachung noch in den Verdingungsunterlagen erläutert, welche Kriterien die Nebenangebote erfüllen müssen. Es soll beispielsweise nicht genügen, die Anforderungen aus dem Leistungsverzeichnisses heranzuziehen, da sich dieses in der Regel nur mit Vorgaben, welche an das Hauptangebot zu stellen sind, befasst.[875] Nach Auffassung des OLG Düsseldorf sind Mindestbedingungen ausreichend bekannt gegeben, wenn die Leistungsbeschreibung eingehend auf (konkret) anzuwendende Richtlinien und Erlasse verweist. Solche Verweisungen sind danach immer dann ausreichend, wenn es sich nicht um eine abstrakte, für die konkrete Ausgestaltung eines Nebenangebots »inhaltsleere Bestimmung« handelt.[876]

565 Sehr weitgehend meint hingegen das OLG Schleswig, dass sogar auf eine solche Verweisung verzichtet werden kann, wenn die Anforderungen durch allgemein zugängliche technische Normen (z. B. DIN-Vorschriften) oder durch die allgemeine bauaufsichtliche Zulassung festgelegt sind. Nur dort, wo Nebenangebote eine Anordnung betreffen, die nicht schon aus dem Kontext der Verdingungsunterlagen bestimmbar sind, sei die Angabe von Mindestbedingungen erforderlich.[877] In die gleiche Richtung tendieren einige Vergabekammern, die das Erfordernis von technischen Bedingungen gänzlich verneinen und darauf abstellen, ob ein fachkundiger Bieter erkennen kann, anhand welcher Maßstäbe sein Nebenangebot gemessen wird und anhand welcher Kriterien er die Gleichwertigkeit seines Nebenangebotes nachweisen muss. Ausreichend soll es sein, wenn Nebenangebote auf einer besonderen Anlage kenntlich ge-

---

873 EuGH, Urt. v. 16.10.2003, Rs. C-421/01, »Traunfellner«.
874 OLG Düsseldorf, Beschl. v. 07.01.2005, VII-Verg 106/04; OLG Schleswig, Beschl. v. 05.04.2005, 6 Verg 1/05.
875 Siehe BayObLG, NZBau 2006, 626, 627; OLG Rostock, Beschl. v. 24.11.2004, 17 Verg 6/04.
876 OLG Düsseldorf, Beschl. v. 07.01.2005, Verg 106/04.
877 OLG Schleswig, Beschl. v. 05.04.2005, 6 Verg 1/05.

macht werden, deutlich gekennzeichnet sein und eine eindeutige und erschöpfende Beschreibung enthalten müssen. Ferner müsse das Nebenangebot so beschaffen sein, dass es der Auftraggeber bei Abgabe des Angebotes als gleichwertig beurteilen kann.[878]

566 Die Auffassung, die Nebenangebote auch ohne einen ausdrücklichen Verweis auf technische Regelwerke für wertungsfähig hält, ist nach der Vergabekoordinierungsrichtlinie kritisch zu beurteilen (Art. 24 Abs. 3 RL 2004/18/EG). Bei einem europaweiten Ausschreibungsverfahren kann nicht ohne weiteres erwartet werden, dass ausländische Bieter die Anforderungen aus bestimmten nationalen Richtlinien oder technischen Normen kennen oder auch nur auffinden können. Aus Gleichbehandlungs- und Transparenzgründen sollten den am Auftrag interessierten Unternehmen die erforderlichen Informationen unter gleichzeitiger Benennung der Wertungskriterien zugänglich gemacht werden. Verweise auf andere Rechtsvorschriften sind zulässig, soweit sie konkrete Angaben für die Gestaltung der Leistung enthalten und für die Bieter allgemein zugänglich sind. Dazu bedarf es grundsätzlich keiner Festlegung von Mindestbedingungen in Form eines Schattenleistungsverzeichnisses. Denn Sinn der Nebenangebote ist es gerade, dem Auftraggeber die Kenntnis von alternativen, von ihm möglicherweise nicht bedachten Ausführungsvarianten zu vermitteln.[879] Ein öffentlicher Auftraggeber ist nicht verpflichtet, positiv alle möglichen Gesichtspunkte aufzuführen, die von einem Nebenangebot erfüllt werden sollen. Abgesehen davon, dass eine Vergabestelle hierzu nicht in der Lage ist, würde dies dazu führen, dass die Bieter keine innovativen Vorschläge zum Amtsentwurf mehr machen könnten. Eine »Negativabgrenzung«, aus der sich Besonderheiten oder Mindestanforderungen für Nebenangebote ergeben, reicht aus.[880]

567 Fehlt es an der Benennung der Mindestanforderungen, so ist eine Wertung von Nebenangeboten nicht möglich. Sind Nebenangebote nicht ausgeschlossen und fehlt es an der Vorgabe der Mindestbedingungen, muss ein Bieter, der Nebenangebote abgeben möchte, daher den Auftraggeber vor Angebotsabgabe zur Benennung der entsprechenden Anforderungen auffordern.[881] Ein Bieter, der ohnehin keine Nebenangebote abgibt, musste sich mit den diesbezüglichen Vorgaben hingegen nicht auseinandersetzen, so dass er allein auf Grund der Verdingungsunterlagen regelmäßig keine positive Kenntnis vom Verstoß gegen die Pflicht zur Benennung der Mindestkriterien hatte. Er kann daher gegen die aus der Vorabinformation ersichtliche unzulässige Zuschlagserteilung auf ein Nebenangebot vorgehen, ohne bereits präkludiert zu sein.[882]

568 Werden Änderungsvorschläge und/oder Nebenangebote unterbreitet, ist ihre Zahl nach § 21 Nr. 3 VOB/A an einer vom Auftraggeber in den Verdingungsunterlagen bezeichneten Stelle aufzuführen.[883] Ziel dieses Formerfordernisses ist es, die Transparenz des

---

878 VK Schleswig-Holstein, Beschl. v. 03.11.2004, VK SH 28/04, VK Lüneburg, Beschl. v. 22.03.2006, VgK-05/2006; VK Baden-Württemberg, Beschl. v. 18.10.2005, 1 VK 62/05.
879 OLG Celle, Beschl. v. 21.08.2003, 13 Verg 13/3.
880 VK Münster, Beschl. v. 21.12.2005, VK 25/05.
881 OLG Schleswig, Beschl. v. 12.02.2005, 6 Verg 6/04.
882 OLG Koblenz, Beschl. v. 31.05.2006, 1 Verg 3/06.
883 Zu Nebenangeboten und Änderungsvorschlägen im Nachprüfungsverfahren vgl. BayObLG, BauR 2001, 92.

Vergabeverfahrens und insbesondere des Eröffnungstermins zu erhöhen.[884] Außerdem müssen etwaige Änderungsvorschläge und/oder Nebenangebote auf besonderen Anlagen unterbreitet und als solche deutlich gekennzeichnet werden. Dies wird in der Praxis regelmäßig durch vom Hauptangebot getrennte, für sich aufgestellte und unterschriebene Schriftstücke sichergestellt, die die deutlich lesbare Überschrift »Änderungsvorschlag« bzw. »Nebenangebot« tragen. Dabei ist das in § 21 Nr. 3 VOB/A aufgestellte Erfordernis einer klaren Trennung des angeforderten Hauptangebotes von den Sondervorschlägen letztlich im Interesse beider Seiten. Während dem Bieter daran gelegen ist, dass seine Änderungsvorschläge und/oder Nebenangebote nicht versehentlich bei der Angebotswertung unbeachtet bleiben, muss der Auftraggeber gem. § 22 Nr. 3 Abs. 2 Satz 3 VOB/A im Eröffnungstermin bekannt geben, ob und von wem Nebenangebote eingereicht worden sind. Dieser Forderung kann der Auftraggeber nur nachkommen, wenn Änderungsvorschläge oder Nebenangebote für ihn klar erkennbar sind. Außerdem ist in § 25 Nr. 1 Abs. 2 VOB/A ausdrücklich bestimmt, dass Angebote, die § 21 Nr. 3 Satz 2 VOB/A nicht entsprechen, von der Wertung ausgeschlossen werden können (aber nicht müssen). Fehlt lediglich die Angabe der Zahl der unterbreiteten Nebenangebote, führt dies nicht zum Ausschluss.

569 Der Bieter hat die Änderungsvorschläge und Nebenangebote zusätzlich zum Hauptangebot zu unterzeichnen. Eine solche zusätzliche Unterschrift ist nur dann entbehrlich, wenn sich zweifelsfrei ergibt, dass sich die Unterschrift des Hauptangebotes auch auf die Änderungsvorschläge bzw. Nebenangebote erstreckt. Dies kann beispielsweise durch einen entsprechenden Hinweis im Begleitschreiben geschehen.

570 Nebenangebote können nicht einen beliebigen Inhalt aufweisen, insbesondere müssen sie gleichwertig zur ausgeschriebenen Leistung sein. Sie müssen die gestellten Mindestanforderungen an die Leistung erfüllen. Naturgemäß ist keine Identität zu fordern, da ein Nebenangebot schon begrifflich zwingend von der Ausschreibung abweicht.[885] Gleichwertigkeit liegt vor, wenn die Ausführung mit dem geforderten Schutzniveau in Bezug auf Sicherheit, Gesundheit und Gebrauchstauglichkeit gleichwertig ist und der Auftraggeber funktional das gleiche Ergebnis wie mit der ausgeschriebenen Leistung erhält.[886] Nebenangebote dürfen nicht von zwingenden Vorgaben der Ausschreibung abweichen, an die sich andere Bieter wegen des Ausschreibungstextes gehalten haben, von denen diese aber auch hätten abweichen können, wenn Abweichungen zugelassen worden wären.[887] Das ist etwa relevant bei Abweichungen, die eine Änderung der Baugenehmigung oder eines Planfeststellungsbeschlusses erfordern, sowie z. B. bei Abweichungen von ausgeschriebenen Lastannahmen, Kapazitäten oder sonstigen technischen Kennwerten bzw. Mindestanforderungen. Zudem können die Verdingungsunterlagen vorsehen, dass Nebenangebote nach Mengenansätzen und Einheitspreisen aufzugliedern sind.[888] Diese Anforderung ist rechtmäßig, denn sie verhindert, dass Nebenangebote in die Wertung gelangen, die Unklarheiten hinsichtlich der Einzelheiten ihrer Ausführung beinhalten,

---

884 Ingenstau/Korbion-Kratzenberg, § 21 Nr. 3 VOB/A, Rn. 30.
885 OLG Celle, BauR 2000, 405, 408; BayObLG, VergabeR 2002, 286, 287.
886 BayObLG, VergabeR 2002, 286, 287.
887 Motzke/Pietzcker/Prieß-Prieß, § 21 VOB/A, Rn. 53.
888 So vorgeschrieben etwa in den HVA – StB-Bewerbungsbedingungen/E1 (12/02), Ziff. 4.1. bis 4.4; ebenso die EVM (B) BwB/E, Ziff. 4.1–4.5 (VHB 2002).

z. B. die Menge des einzubauenden Stahls und/oder Betons bei Sondervorschlägen für Brückenkonstruktionen.[889] Beschränkt sich ein Nebenangebot seinem Inhalt nach auf eine Pauschalierung ausgeschriebener Leistungen oder Leistungsteile, muss unzweifelhaft erkennbar sein, auf welchen Leistungsumfang sich die Pauschalierung erstreckt.[890] Solche Unzulänglichkeiten eines Nebenangebots sind auch nicht in einem Aufklärungsgespräch auszuräumen; vielmehr verstößt eine nachträgliche Klarstellung des Pauschalierungsumfangs gegen das Nachverhandlungsverbot des § 24 Nr. 3 VOB/A.

Der Hinweis, dass dann das Mengenrisiko beim Bieter liege, hilft nicht bei der Wertung des Nebenangebots, da das Fehlen konkreter Mengenangaben dem Auftraggeber die Prüfung auf technische Gleichwertigkeit und Ausführbarkeit verunmöglicht. Entsprechende Erwägungen gelten für das Fehlen statischer Nachweise z. B. bei veränderten Konstruktionen. Diese Nachweise müssen bei Angebotsabgabe vorliegen. Änderungsvorschläge und Nebenangebote sind so zu werten, wie sie abgegeben wurden und können nicht erst durch – unzulässige – Nachforderung von für deren Beurteilung wesentlichen Unterlagen wertbar gemacht werden.[891] In einem Nebenangebot können auch Bedenken gegen die in der Ausschreibung enthaltene technische Lösung geäußert werden. Solche Bedenken stellen keinen unzulässigen Vorbehalt gegen die Ausschreibung dar und verschaffen dem Bieter bei Beauftragung auch keinen Wettbewerbsvorteil.[892] Dabei ist zu berücksichtigen, dass nach Vertragsschluss vom Auftragnehmer jederzeit Bedenken nach § 4 Nr. 3 VOB/B angemeldet werden können, so dass auch eine frühzeitigere Bedenkenäußerung einen Bieter nicht bevorteilen kann.

571

Ist die Unterbreitung von Nebenangeboten nicht ausdrücklich ausgeschlossen und sind die erforderlichen Mindestkriterien für ihre Wertung angegeben, muss der Auftraggeber die Nebenangebote prüfen und – sofern sie gleichwertig sind – bei der Wertung berücksichtigen.[893]

572

3.10.8 Zurückziehen von Angeboten

Nach § 18 Nr. 2 und 3 VOB/A haben die Bieter die Möglichkeit, bis zum Ende der Angebotsfrist ihre Angebote zurückzuziehen. Hierfür ist lediglich die Textform gefordert, so dass etwa auch ein Fax zur Zurückziehung ausreicht. Die Angebotsfrist läuft ab, wenn der Verhandlungsleiter im Eröffnungstermin mit der Öffnung des ersten Angebotes beginnt.

573

---

889 OLG Frankfurt, VergabeR 2002, 389, 390 f. m. Anm. Leinemann.
890 OLG Brandenburg, Beschl. v. 12.11.2002, Verg W 16/02.
891 OLG Frankfurt, VergabeR 2002, 389, 391.
892 OLG Bremen, Beschl. v. 08.09.2003, Verg 5/2003, VergabeNews 2003, 85.
893 BayObLG, VergabeR 2002, 286, 287.

3 Die Vergabe- und Vertragsordnung für Bauleistungen, Teil A (VOB/A)

3.11 Das Verfahren von der Angebotseröffnung bis zum Zuschlag

3.11.1 Der Eröffnungstermin

574 Im Eröffnungstermin werden die im Rahmen der Ausschreibung eingegangenen Angebote geöffnet und verlesen (Eröffnung), § 22 Nr. 1 VOB/A. Mit dem Eröffnungstermin läuft die Angebotsfrist ab, wenn der Verhandlungsleiter mit der Öffnung des ersten Angebotes beginnt (§ 18 Nr. 2 VOB/A), zum anderen beginnt ab diesem Zeitpunkt die Zuschlagsfrist (§ 19 Nr. 1 VOB/A). Der Eröffnungstermin darf daher nicht vorverlegt werden, nur ausnahmsweise kommt eine Verschiebung nach hinten in Betracht.[894]

575 Da ein Eröffnungstermin nach dem Normtext nur bei Ausschreibungen abzuhalten ist, ist seine Durchführung nur bei der öffentlichen und beschränkten Ausschreibung bzw. dem Offenen und Nichtoffenen Verfahren Pflicht. Bei der freihändigen Vergabe, im Verhandlungsverfahren und beim Wettbewerblichen Dialog ist die Durchführung eines Eröffnungstermins nicht vorgesehen, kann aber dennoch erfolgen.

576 Mit dem Begriff »Öffnung« ist das Aufschneiden des Briefumschlages gemeint. Nur Angebote, die vor diesem Zeitpunkt eingegangen sind, sind bei der Wertung zu berücksichtigen (§ 22 Nr. 2 VOB/A). Der Öffnung der Angebote geht gem. § 22 Nr. 1 Satz 2 VOB/A die Verpflichtung voraus, die auf direktem Weg oder per Post schriftlich zugegangenen Angebote bei ihrem Eingang auf dem ungeöffneten Umschlag mit Datum und Uhrzeit des Eingangs zu versehen und bis zum Eröffnungstermin unter Verschluss zu halten; Näheres regelt Ziff. 1.1 VHB zu § 22 VOB/A. Sofern ein Umschlag versehentlich geöffnet wird, ist dieser unverzüglich wieder zu verschließen und auf dem Umschlag unter Angabe von Datum und Uhrzeit zu vermerken, dass er versehentlich geöffnet und danach wieder verschlossen wurde. Entsprechend ist zu verfahren, wenn ein Angebot unverschlossen eingegangen ist. Zweck dieser Regelung ist es, im Interesse der Gleichbehandlung der Bieter und der Transparenz des Vergabeverfahrens zu vermeiden, dass Unbefugte vom Angebotsinhalt vor der Eröffnung Kenntnis erhalten, um ihn für ein eigenes Angebot zu verwerten oder an Dritte weiterzugeben. Ein Auftraggeber, der diese Vorschriften nicht befolgt und hierbei schuldhaft handelt, kann sich wegen Bruchs des Vertrauensverhältnisses zu den Bietern schadensersatzpflichtig machen.[895]

577 Aus dem Erfordernis der Kennzeichnung der in einem »ungeöffneten Umschlag« per Post schriftlich zugegangenen Angebote (§ 22 Nr. 1 Satz 2 VOB/A) ergibt sich zugleich, dass Angebote, die fernschriftlich, fernkopiert oder fernmündlich übermittelt wurden, beispielsweise weil aus zeitlichen Gründen die Zustellung des Originalangebotes nicht mehr möglich war, nicht zur Eröffnung zuzulassen sind. Anders hingegen elektronische Angebote, soweit sie vom Auftraggeber zugelassen sind (§ 21 Nr. 1 Abs. 1 VOB/A). Die Anforderungen des § 22 Nr. 1 Satz 2, 1. Halbsatz VOB/A hinsichtlich Kennzeichnung und Verwahrung der eingegangenen Angebote gelten hier entsprechend. Die elektronischen Dokumente sind zu kennzeichnen und, wie § 22 Nr. 1

---

[894] Motzke/Pietzcker/Prieß-Schäfer, § 22 VOB/A, Rn. 16.
[895] Ingenstau/Korbion-Kratzenberg, § 22 VOB/A, Rn. 11.

3.11 Das Verfahren von der Angebotseröffnung bis zum Zuschlag

Satz 2, 2. Halbsatz VOB/A präzisiert, verschlüsselt aufzubewahren, d. h., auf geeignete Weise zu speichern und gegen eine versehentliche oder manipulative Öffnung des Dokuments und damit die Kenntnisnahme des Angebotsinhalts zu sichern.

Bei der Öffnung und Verlesung der Angebote im Eröffnungstermin dürfen zudem nur die an dem Verfahren beteiligten Bieter und ihre Bevollmächtigten anwesend sein (§ 22 Nr. 1 Satz 1 VOB/A). Ihnen gegenüber besteht die erste Handlung des Verhandlungsleiters in der Feststellung, ob der Verschluss der schriftlichen Angebote unversehrt ist bzw. bei digitalen Angeboten, ob diese verschlüsselt sind (§ 22 Nr. 3 Abs. 1 VOB/A). Auch nicht ordnungsgemäß verschlossene bzw. verschlüsselte Angebote sind jedoch zur Öffnung zuzulassen und in die spätere Prüfung und Wertung einzubeziehen. Denn die §§ 23 Nr. 1 und 25 Nr. 1 VOB/A sehen den Ausschluss solcher Angebote nicht vor. Der Verhandlungsleiter hat die fehlende »Unversehrtheit« der Angebote lediglich bekannt zu geben und in der Niederschrift über den Eröffnungstermin zu vermerken. 578

Sodann werden die geöffneten Angebote in allen wesentlichen Teilen gekennzeichnet (§ 22 Nr. 3 Abs. 2 Satz 1 VOB/A). Die Kennzeichnung soll so erfolgen, dass eine nachträgliche Änderung nicht mehr möglich ist, um Fälschungen zu verhindern bzw. zumindest zu erschweren. Darüber, wie die Angebote zu kennzeichnen sind, existieren keine Vorschriften. Die Wahl der Kennzeichnungsart ist daher dem Auftraggeber überlassen. Bei größeren Auftraggebern ist es beispielsweise üblich, das Datum in die gesamten Angebotsunterlagen mittels eines sog. Lochstempels einzulochen, um die Angebotsunterlagen insgesamt zu kennzeichnen und die Auswechslung einzelner Blätter zu verhindern. Alternativ oder zusätzlich kann eine Paginierung der eingereichten Angebotsunterlagen erfolgen. Um Manipulationen zu verhindern, muss die Kennzeichnung während des Eröffnungstermins und vor den Augen der anwesenden Bieter erfolgen. Allerdings sind nicht sämtliche Angebotsunterlagen hiervon betroffen. Es genügt, dass alle »wesentlichen Teile« gekennzeichnet werden, also diejenigen Dokumente, welche die Preise, die geforderten ergänzenden Erklärungen sowie die Unterschriften enthalten. Lediglich ausnahmsweise, nämlich dann, wenn die Kennzeichnung wegen sehr umfangreicher Angebotsunterlagen und Nichtvorhandenseins eines Lochstempels einen für die Bieter unzumutbar langen Zeitraum in Anspruch nehmen würde, lässt sich eine Kennzeichnung im unmittelbaren Anschluss an den Eröffnungstermin diskutieren.[896] Um Manipulationsvorwürfen der Bieterseite in einem solchen Fall vorzugreifen, ist hierbei jedoch zwingend zu fordern, dass bei einer solchen nachträglichen Kennzeichnung Zeugen vorhanden sind. Zudem muss es allen Bietern möglich sein, an ihr teilzunehmen, so dass es erforderlich ist, dass alle Bieter von einem nachträglichen Kennzeichnungstermin, der unverzüglich nach dem Eröffnungstermin stattzufinden hat, informiert werden.[897] 579

Aus den Angeboten sind Name und Wohnort der Bieter sowie die Endbeträge der Angebote oder ihrer einzelnen Abschnitte sowie andere, den Preis betreffende Angaben vom Verhandlungsleiter zu verlesen (§ 22 Nr. 3 Abs. 2 Satz 2 VOB/A). Zwingend verlesen werden müssen auch die Endbeträge einzelner Lose.[898] Keinesfalls zu verlesen sind 580

---

896 Offen gelassen vom VÜA des Bundes, ZfBR, 1996, 210.
897 Vgl. VÜA des Bundes, Beschl. v. 03.04.1996, ZfBR 1996, 219 = WuW/E VergAB 73, 76.
898 Heiermann/Riedl/Rusam-Rusam, § 22 VOB/A, Rn. 22.

die Preise einzelner Positionen. Einzelbeträge, die eine bestimmte, fachlich abgegrenzte Leistung betreffen, können, müssen aber nicht verlesen werden; entscheidend ist die einzelfallabhängig zu beurteilende Zweckmäßigkeit ihrer Bekanntgabe.[899]

581 Nach § 22 Nr. 3 Abs. 2 Satz 2, 2. Halbsatz VOB/A sind ferner »andere den Preis betreffende Angaben« zu verlesen. Zu solchen Angaben zählen etwa Preisabstriche bei der Vergabe mehrerer Lose an einen Bieter oder globale Preisnachlässe und Skonti.[900] Der Verhandlungsleiter muss also bei Verlesung der Angebote genau auf solche zusätzlichen Angaben in den einzelnen Angeboten achten. Um dies im Interesse der Gleichbehandlung der Bieter und der Transparenz des Vergabeverfahrens zu ermöglichen, sind vom Auftraggeber vorgegebene Formulare auszufüllen und derartige Angaben an den dort vorgesehenen Stellen auszuweisen.

582 Darüber hinaus ist gem. § 22 Nr. 3 Abs. 2 Satz 3 bekannt zu geben, ob und von wem Nebenangebote in welcher Anzahl eingereicht wurden.[901] Lediglich die Tatsache ist dabei mitzuteilen; Art und Inhalt, insbesondere Preisangaben, sind nicht zu verlesen.

583 Andere, als die vorstehend umrissenen Inhalte der Angebote sollen im Eröffnungstermin gem. § 22 Nr. 3 Abs. 2 Satz 4 VOB/A nicht mitgeteilt werden. Da jedoch die Angebote im Eröffnungstermin vollständig vorzuliegen haben, müssen nach § 22 Nr. 3 Abs. 3 VOB/A die zugehörigen Proben und Muster »zur Stelle«, d. h., im Raum, in dem der Eröffnungstermin stattfindet, präsent sein.

584 Schließlich ist in § 22 Nr. 4 Abs. 1 VOB/A bestimmt, dass über den Eröffnungstermin eine Niederschrift zu fertigen ist. Alle wesentlichen Daten, Vorgänge und Sachverhalte der Eröffnungsverhandlung sind hierin zu vermerken. Im Vergabehandbuch des Bundes sind für die Niederschrift besondere Formblätter vorgesehen, die für alle einschlägigen Daten und Vorgänge Eintragungsmöglichkeiten enthalten.[902] Sie ist gem. § 22 Nr. 4 Abs. 2 VOB/A vom Verhandlungsleiter zu unterschreiben und geeignet, als Beweismittel für die Ordnungsgemäßheit des Verfahrens zu fungieren.

585 Angebote, die bei der Eröffnung des ersten Angebotes nicht vorgelegen haben, sind in der Niederschrift oder in einem Nachtrag besonders aufzuführen (§ 22 Nr. 5 Satz 1 VOB/A). Dabei sind die Eingangszeiten und die etwa bekannten Gründe, aus denen die Angebote nicht vorgelegen haben, zu vermerken. Der Umschlag und andere Beweismittel sind aufzubewahren (§ 22 Nr. 5 Satz 2 und 3 VOB/A). Hintergrund dieser Regelungen bildet die Bestimmung des § 22 Nr. 6 Abs. 1 VOB/A, wonach ein Angebot, das dem Verhandlungsleiter aus nicht vom Bieter zu vertretenden Gründen verspätet vorlag, bei der Wertung zu berücksichtigen ist. Voraussetzung jedoch ist, dass der Bieter die ordnungsgemäße Einreichung nachweist. Hier kann die Niederschrift helfen, den erforderlichen Beweis zu führen.

586 Werden zu verlesende Angaben nicht oder falsch verlesen, können daraus regelmäßig keine Konsequenzen abgeleitet werden, da es an der Kausalität für einen evtl. Schaden

---

899 Daub/Piel/Soergel, ErlZ A 22.41; Motzke/Pietzcker/Prieß-Schäfer, § 22 VOB/A, Rn. 33.
900 VÜA Bund, WuW/E VergAB 42, 47.
901 Motzke/Pietzcker/Prieß, § 22 VOB/A, Rn. 37; VÜA Bund, WuW/E VergAB 73 ff.
902 VHB, Formblätter »Verdingungsverhandlung«, EFB-Verd. 1–4.

anderer Bieter fehlt.[903] Entscheidend ist, dass das Angebot rechtzeitig und vollständig zum Eröffnungstermin vorgelegen hat. Der Auftraggeber muss evtl. im Eröffnungstermin aufgetretene Fehler unverzüglich den beteiligten Bietern schriftlich mitteilen und seine korrigierten Feststellungen als Korrektur in die Niederschrift des Eröffnungstermins eintragen.

3.11.2 Beginn und Dauer der Zuschlags- und Bindefrist

Zuschlagsfrist ist der Zeitraum, der dem Auftraggeber bis zur Zuschlagserteilung zur Verfügung steht, um von den eingereichten Angeboten das geeignetste auszuwählen, also dasjenige, auf das er den Zuschlag erteilen will. Nach § 19 Nr. 1 VOB/A beginnt die Zuschlagsfrist mit dem Eröffnungstermin. Sie korrespondiert mit dem Ablauf der Angebotsfrist gem. § 18 Nr. 2 VOB/A. Sobald daher der Verhandlungsleiter im Eröffnungstermin mit der Öffnung der Angebote beginnt, beginnt auch die Zuschlagsfrist zu laufen.[904] Ab diesem Zeitpunkt können die anwesenden Bieter ihre Angebote nicht mehr zurücknehmen oder ändern.

587

Gemäß § 19 Nr. 2 VOB/A soll die Zuschlagsfrist so kurz wie möglich und nicht länger bemessen werden, als der Auftraggeber für eine zügige Prüfung und Wertung der Angebote benötigt. Eine längere Zuschlagsfrist als 30 Kalendertage soll dabei nur in begründeten Fällen festgelegt werden (§ 19 Nr. 2 Satz 2 VOB/A). In jedem Fall aber ist das Ende der Zuschlagsfrist durch Angabe des Kalendertages zu bezeichnen (§ 19 Nr. 2 Satz 3 VOB/A). Fällt der Kalendertag auf einen Samstag, Sonn- oder Feiertag, endet die Frist nach den gesetzlichen Bestimmungen am nächsten Werktag.

588

Mit Bindefrist nach § 19 Nr. 3 VOB/A ist derjenige Zeitraum bezeichnet, innerhalb dessen ein Bieter gegenüber dem Auftraggeber an sein Angebot gebunden ist, er also weder Änderungen am Leistungsumfang, noch an den Angebotspreisen vornehmen kann. Die Angebotsbindung beginnt und endet gleichzeitig mit der Zuschlagsfrist. Während ihrer Dauer besteht allein die Möglichkeit einer Anfechtung der Angebotsabgabe wegen Irrtums, Drohung oder Täuschung (§§ 119, 123 BGB). Ein bloßer Kalkulationsirrtum berechtigt jedoch nicht zur Anfechtung; ein erkennbarer Kalkulationsirrtum verpflichtet den Auftraggeber nur ausnahmsweise zu einem Hinweis an den Bieter bzw. zum Ausschluss des Angebots von der Wertung.[905] Bieter, die ihre Angebote als »unverbindlich« oder »freibleibend« bezeichnen, um diese Wirkungen zu umgehen, sind mit ihren Angeboten von der Wertung auszuschließen, da nur verbindliche Angebote zugelassen sind.

589

§ 19 Nr. 4 VOB/A stellt klar, dass die Regelung zu Zuschlags- und Bindefrist der Nr. 1–3 bei der freihändigen Vergabe entsprechend gelten.

590

Wird ein Bieter durch die in der Ausschreibung angegebenen Zuschlags- und Bindefristen unangemessen benachteiligt, weil sie ihn entgegen §§ 9, 10 Nr. 1 AGBG (jetzt

591

---

903 Daub/Piel/Soergel, ErlZ A 22.41.
904 Heiermann/Riedl/Rusam-Heiermann, § 19 VOB/A, Rn. 1.
905 BGH, NJW 1998, 3192.

§ 308 Nr. 1 BGB n. F.) unangemessen lange an sein Angebot binden,[906] oder sind in den Verdingungsunterlagen sogar überhaupt keine Angaben zu Zuschlags- und Bindefrist enthalten, so gelten die allgemeinen gesetzlichen Regelungen, namentlich § 147 Abs. 2 BGB. Danach ist ein Bieter so lange an sein Angebot gebunden, wie mit dem Eingang der Antwort des Auftraggebers unter regelmäßigen Umständen gerechnet werden darf. Bei der Bestimmung dieses Zeitraums müssen die Übermittlung des Angebots und der Annahme sowie die erforderliche Bearbeitungs- und Bedenkzeit Berücksichtigung finden.

592 Andererseits ist die in § 19 Nr. 2 Satz 2 VOB/A geregelte Zuschlagsfrist von 30 Kalendertagen aber auch keine Maximalfrist. Sie kann überschritten werden, was dann aber einer hinreichenden Begründung bedarf.[907] Eine solche Begründung kann eine Großbaumaßnahme, für die auch Nebenangebote zugelassen waren,[908] ebenso darstellen wie der Umstand, dass die Willensbildung auf Seiten des Auftraggebers, beispielsweise aufgrund der Beteiligung von ehrenamtlichen Gremien, eine Verlängerung des Entscheidungszeitraums erfordert.[909] Eine unbegründet überlange Bindefrist kann die Nichtigkeit des späteren Zuschlags zur Folge haben.[910]

593 Auch eine nachträgliche Fristverlängerung ist möglich, beispielsweise wenn im Nachhinein erkennbar wird, dass die Frist für die Prüfung und Wertung zu kurz bemessen ist.[911] Selbst wenn durch Fristablauf ohne vorherige Verlängerung kein Bieter mehr an sein Angebot gebunden wäre, führt dies nicht zur Beendigung des Vergabeverfahrens.[912] Der Ablauf der Bindefristen rechtfertigt eine Aufhebung des Vergabeverfahrens nicht.[913] Das zivilrechtliche Erlöschen der Angebotsbindung führt auch entgegen einer Entscheidung des OLG Jena nicht dazu, dass bei einer nachträglichen Bestätigung des inhaltlich unveränderten Angebots ein neues, verspätetes Angebot vorliegt, welches zwingend auszuschließen wäre.[914] So stellt bereits § 28 Nr. 2 Abs. 2 VOB/A ausdrücklich klar, dass vergaberechtlich eine Auftragserteilung nach Ablauf der Bindefrist möglich ist.[915] Die unveränderten Angebote sind weiter zuschlagsfähig, wobei aber vor einem wirksamen Vertragsschluss eine Bestätigung des Zuschlags durch den betroffenen Bieter erfolgen muss. Voraussetzung für eine nachträgliche Verlängerung ist, dass alle Bieter hierüber informiert und zur Zustimmung aufgefordert werden, da andernfalls der Gleichbehandlungsgrundsatz der §§ 97 Abs. 2 GWB, § 8 Nr. 1 Satz 1 VOB/A

---

906 OLG Köln, Urt. v. 21.04.1982, OLGZ 1982, 753, Schaefer/Finnern/Hochstein, Rechtsprechung der Bauausführung, Nr. 4 zu § 19 VOB/A.
907 BGH, BauR 1992, 221 ff.; OLG Düsseldorf, BauR 1999, 1288, 1289, zu überlanger Binde-/Zuschlagsfrist.
908 BGH, BauR 1986, 334.
909 BGH, BauR 1992, 221; OLG Köln, BauR 1993, 123 L.
910 OLG Düsseldorf, BauR 1999, 1288, 1289; Kapellmann/Messerschmidt-Kapellmann, § 5 VOB/A, Rn. 18.
911 OLG Düsseldorf, VergabeR 2002, 261, 263. A. A.: OLG Jena, Beschl. v. 30.10.2006, 9 Verg 4/06.
912 BayObLG, VergabeR 2002, 534, 535 f.; BayObLG, VergabeR 2002, 63, 66.
913 OLG Naumburg, Beschl. v. 13.10.2006, 1 Verg 6/06.
914 OLG Jena, Beschl. v. 30.10.2006, 9 Verg 4/06. Zu dieser Entscheidung kritisch Kirch/Franz, VergabeNews 2006, 1112 ff.
915 Im Ergebnis so durch OLG Naumburg, Beschl. v. 01.09.2004, 1 Verg 11/04; OLG Frankfurt, VergabeR 2003, 725, 729; OLG Düsseldorf, VergabeR 2002, 261, 263.

verletzt ist.⁹¹⁶ Dabei ist es nicht zwingend, dass die Bieter zustimmen.⁹¹⁷ Allerdings kann nur denjenigen Bietern, die der Verlängerung der Zuschlagsfrist zustimmen und damit erklären, dass sie ihr Angebot aufrechterhalten, später unmittelbar wirksam der Zuschlag erteilt werden.⁹¹⁸ Wird hingegen die Zustimmung zur Bindefristverlängerung dazu genutzt, um einen weiteren Nachlass anzubieten und das Angebot insoweit zu ändern, so fällt das Angebot mit Ablauf der ursprünglichen Bindefrist wegen einer unzulässigen Änderung weg.⁹¹⁹ Sofern die Zustimmung zur Fristverlängerung durch keinen der Bieter erklärt wird, ist für den Fall, dass die Prüfung und Wertung nicht innerhalb der Höchstfrist von 30 Kalendertagen beendet werden kann, zu überprüfen, ob ein schwerwiegender Grund vorliegt, der eine Aufhebung der Ausschreibung rechtfertigt oder ob nach Fristablauf gleichwohl bei den Bietern abgefragt wird, ob sie noch an ihrem Angebotspreis festhalten. Dann liegt ein Fall des § 28 Nr. 2 Abs. 2 VOB/A vor, so dass ein Zuschlag nach § 150 Abs. 1 BGB zu qualifizieren ist und der Vertragsschluss erst durch die Annahme des Bieters zustande kommt. Entsprechendes gilt bei Fristablauf während eines anhängigen Nachprüfungsverfahrens gem. §§ 103 ff. GWB.⁹²⁰

3.11.3 Folgen der Fristverlängerung – Vergabeverfahrensrisiko

Die Verlängerung der Frist bis zur Erteilung des Zuschlags führt oft dazu, dass die ursprünglich ausgeschriebenen Termine für den Baubeginn und der Zeitraum für die Ausführung bis zum Fertigstellungstermin nicht mehr eingehalten werden können. Kommt dann noch ein Nachprüfungsverfahren hinzu, finden bisweilen Verschiebungen des Baubeginns von sechs Monaten und mehr statt. Immer wieder wirft das die Frage auf, wer das Zeit- und das Kostenrisiko für solche Veränderungen trägt. Nach einhelliger Auffassung hat der Bieter Anspruch auf Anpassung der Ausführungsfristen, wenn sich die Zuschlagserteilung verzögert.⁹²¹ Anzupassen ist jedoch nicht nur die Ausführungsfrist, sondern auch der Preis, da die Bauzeit als solche Bestandteil der Preiskalkulation des Bieters ist und durch eine Verschiebung des Ausführungszeitraums unmittelbar betroffen wird.⁹²² Würde der Zuschlag auf ein Angebot erteilt, das mit seinem Preis auf eine nun veränderte Ausführungsfrist unterbreitet wurde, läge darin eine nicht unerhebliche Veränderung des Leistungs- und damit des Angebotsinhalts, auf den der Bieter bei Kalkulation seines Angebots gar keinen Einfluss nehmen konnte.⁹²³ Das Risiko einer über die ursprünglich vorgesehene Zuschlagsfrist hinaus

594

---

916 OLG Dresden, BauR 2000, 1591; BayObLG, VergabeR 2002, 63, 66.
917 BayObLG, NVwZ 1999, 1138; Heiermann/Riedl/Rusam-Heiermann, § 19 VOB/A, Rn. 9; a. A. Ingenstau/Korbion-Kratzenberg, § 19 VOB/A, Rn. 17.
918 Siehe BayObLG, NZBau 2000, 49.
919 OLG Dresden, Beschl. v. 08.11.2002, W Verg 19/02.
920 BayObLG, VergabeR 2003, 63, 66.
921 Heiermann/Riedl/Rusam-Heiermann, § 19 VOB/A, Rn. 4; BayObLG, IBR 2002, 500 (Leinemann); OLG Jena, BauR 2000, 1611, 1614.
922 Das verkennt OLG Jena, BauR 2000, 1611, 1616 f.; dagegen ausführlich Gröning, BauR 2004, 199, 206 ff.; richtig jetzt OLG Jena, BauR 2005, 1161.
923 Unter Ablehnung von OLG Jena, BauR 2000, 1611 richtig erkannt von BayObLG, VergabeR 2002, 534, 537 und IBR 2002, 500.

verspäteten Zuschlagserteilung im Vergabeverfahren trägt aber der jeweilige Auftraggeber. Nur er als Veranstalter der Ausschreibung kann diese in der Vorbereitung und Durchführung autonom gestalten und beeinflussen und auch den maßgeblichen Zeitplan festlegen. Allein der Auftraggeber bestimmt bis zur Zuschlagserteilung die Parameter des Vergabeverfahrens, insbesondere dessen Dauer und die geforderte Bindefrist. Dementsprechend trägt er auch das so genannte Vergabeverfahrensrisiko unabhängig davon, ob eine Bindefristverlängerung erst aufgrund eines Nachprüfungsverfahrens oder aufgrund anderer Umstände im Zuge der Ausschreibung notwendig wird. Im einen wie im anderen Fall liegt die Verzögerung im Risikobereich des Auftraggebers.[924] Der Auftragspreis ist daher ebenso wie die Ausführungszeit anzupassen, wenn die ursprünglich ausgeschriebenen Fristen bei Zuschlagserteilung erkennbar überholt sind.[925] Nach Ansicht des BayObLG erfolgt die Anpassung der Leistungszeit nach § 6 Nr. 2 und 4 VOB/B sowie § 5 VOB/B, während die Vergütung nach § 2 Nr. 5 VOB/B zu ermitteln ist.[926] Dem hat sich nun ausdrücklich auch das OLG Jena angeschlossen. Die vorgesehenen Ausführungsfristen und die Vergütung sind von den Parteien im Rahmen der sie treffenden Kooperationspflichten an die tatsächlichen Begebenheiten anzupassen.[927] Die Anpassung ist erst nach Zuschlagserteilung vorzunehmen. Es wird ebenfalls vertreten, dass es sich um eine Variante des Wegfalls der Geschäftsgrundlage handele, was zu einer Anpassung bereits des Angebots führt und damit einen Anspruch des Bieters begründet, schon vor Zuschlagserteilung eine Preisanpassung ebenso wie eine Anpassung der Ausführungszeit verlangen zu können.[928] Da die Konsequenzen im Hinblick auf eine Preisanpassung gleich sind, kann diese dogmatische Unterscheidung für die Praxis dahinstehen.

595 Unstreitig stellt eine (vorbehaltlose) Erklärung des Bieters zur Bindefristverlängerung keine Erklärung zur veränderten Ausführungszeit und erst recht nicht die Erklärung dar, eine veränderte Ausführungszeit kostenneutral zu akzeptieren.[929] Die bloße Bitte der Vergabestelle, der Fristverlängerung zuzustimmen, enthält auch in Fällen, in denen eine derartige Verlängerung die vorgegebenen materiellen Ausführungsfristen berührt, keinerlei Erklärung zur veränderten Ausführungszeit. Spiegelbildlich stellt dann auch das erklärte Einverständnis des Bieters zur Bindefristverlängerung keine sein ursprüngliches Angebot ändernde Erklärung zur Ausführungsfrist dar. Maßgeblich für die Zuschlagserteilung ist und bleibt das Ursprungsangebot des Bieters mit den dort aufgeführten, freilich zeitlich überholten Ausführungsfristen.[930] Will ein Auftraggeber – etwa in einer vorformulierten Bindefristverlängerungserklärung – solche Erklärungs-

---

924 BayObLG, VergabeR 2002, 534, 537 f.
925 S. dazu die Ausführungen oben, Ziff. 2.1.13.2 und schon in der Vorauflage, Rn. 142; so nun auch Gröning, BauR 2004, 199, 207; Diehr, ZfBR 2002, 316, 318; Kapellmann/Messerschmidt-Planker, § 19 VOB/A, Rn. 24.
926 BayObLG, VergabeR 2002, 534, 539.
927 OLG Jena, BauR 2005, 1161, 1164 f.
928 Vgl. oben, Ziff. 2.1.13.2 und Kapellmann, NZBau 2003, 1, 5.
929 Heiermann/Riedl/Rusam-Heiermann, § 19 VOB/A, Rn. 4; BayObLG, VergabeR 2002, 534, 537 f.; Gröning, BauR 2004, 199, 208; Diehr, ZfBR 2002, 316, 318; Kapellmann, NZBau 2003 1, 5.
930 BayObLG, VergabeR 2002, 534, 537 f.; OLG Jena, Urt. v. 22.03.2005, 8 U 318/04, BauR 2005, 1161.

3.11 Das Verfahren von der Angebotseröffnung bis zum Zuschlag

inhalte verlangen, muss ein Bieter dieses Formular nicht verwenden, sondern kann eine eigene, einfache Erklärung abgeben, dass er sich für einen bestimmten Zeitraum weiter an sein Angebot gebunden hält. Das auftraggeberseitige Verlangen nach weiteren Erklärungen stellt sich angebotsmodifizierend dar und wäre damit vergaberechtswidrig.

Nach einer zivilistisch geprägten Auffassung kann sich das Zustandekommen des Vertrags auch bei eingetretener Vergabeverzögerung ausschließlich nach den zivilrechtlichen Vorschriften von Angebot und Annahme regeln.[931] Danach ist vom Vorliegen eines veränderten Angebots auszugehen, wenn die ausgeschriebenen Termine mit dem Zeitpunkt des Zuschlags nicht mehr eingehalten werden können. Dann soll es auf den Einzelfall ankommen, ob dieses veränderte Angebot dem Bieter das Recht einräumt, einen veränderten Preis für die Leistung in Anlehnung an § 2 Nr. 5 VOB/B zu verlangen. Nach Treu und Glauben müsse ein Unternehmer nicht erwarten, dass in Anbetracht verschobener Zeiträume ein Auftragnehmer am alten Angebotspreis festgehalten werde. Wenn dieses Verständnis nicht festgestellt werden könne, müsse davon ausgegangen werden, dass der Zuschlag auf neue Termine bei unverändertem Preis erfolgen solle. Der Bieter sei dann ausreichend dadurch geschützt, dass er das neue Angebot wiederum ablehnen könne. Das völlige Scheitern des Vertragsschlusses kann nach dieser Auffassung dadurch kompensiert werden, dass der wirtschaftlichste Bieter sein Vertrauen auf Zuschlagserteilung beanspruchen könne, was dazu führe, dass die Angebotspreise der neuen Leistungszeit angepasst werden könnten und aufgrund dieser Anpassung der Auftraggeber aus dem vorvertraglichen Vertrauensverhältnis verpflichtet sei, das hinsichtlich der Vergütung modifizierte Angebot anzunehmen.[932]

595 a

Diese Auffassung berücksichtigt die vergaberechtlichen Besonderheiten eines Vergabeverfahrens nach VOB/A nicht in ausreichender Weise. Schon wegen § 24 Nr. 3 VOB/A wäre es unzulässig, vor Vertragsschluss über den Auftragspreis zu verhandeln. Dazu besteht auch keine Notwendigkeit, denn § 2 Nr. 5 VOB/B bietet einen hinreichenden Mechanismus, um die gebotene Preisanpassung infolge der Vergabeverzögerung kalkulativ zu ermitteln. Deswegen ist dem vom OLG Jena[933] eingeschlagenen Weg uneingeschränkt zuzustimmen: Auch wenn sich infolge der Vergabeverzögerung die ausgeschriebenen Vertragstermine nicht mehr halten lassen, kann gleichwohl auf das nach der Angebotswertung wirtschaftlichste Angebot der Zuschlag mit der Folge erteilt werden, dass dadurch der Vertrag mit dem wirtschaftlichsten Bieter des Wettbewerbs zustande kommt. Schon wegen § 632 Abs. 2 BGB bedarf es für die Wirksamkeit eines Vertragsschlusses keiner vorherigen Einigung über die vorzunehmende Preisanpassung. Im VOB-Vertrag gilt nichts anderes. Die Anpassung der Leistungszeit selbst hat nach einhelliger Meinung in Rechtsprechung und Literatur aufgrund der tatsächlichen Gegebenheiten zu erfolgen. Die in diesem Zusammenhang gelegentlich zitierte Entscheidung des BGH vom 24.02.2005[934] trifft den Fall des Vergabeverzögerungsrisikos ohnehin nicht. Mutmaßlich betraf die Entscheidung schon gar kein Vergabeverfahren nach VOB/A; im Übrigen waren nach dem dort zitierten Sachverhalt zwischen Angebotsabgabe und Auftragserteilung schriftliche wie mündliche Verhandlungen über

---

931 Kniffka, IBR-online-Kommentar Bauvertragsrecht, § 631 BGB, Rn. 30–38 (Stand 04.01.2007).
932 Kniffka, IBR-online-Kommentar Bauvertragsrecht, § 631 BGB, Rn. 33, 34 (Stand 04.01.2007).
933 OLG Jena, BauR 2005, 564.
934 BGH, Urt. v. 24.02.2005, VII ZR 141/03; BauR 2005, 857.

Auftragsinhalt und Preis geführt worden, so dass dadurch Raum für die Annahme abweichender Vereinbarungen zwischen den Parteien geschaffen wurde. Mit einem Offenen oder Nichtoffenen Verfahren, das unter dem Verhandlungsverbot von § 24 Nr. 3 VOB/A steht, ist die dortige Konstellation daher nicht vergleichbar. Letztlich bereichert die von Kniffka[935] vertretene Auffassung die Diskussion über die dogmatische Einordnung des Mehrvergütungsanspruchs eines Bieters aufgrund verzögerter Vergabe. Im Ergebnis wird auch von dieser Ansicht uneingeschränkt der Mehrvergütungsanspruch des Bieters und späteren Auftragnehmers bejaht, und zwar auch auf der Berechnungsbasis von § 2 Nr. 5 VOB/B.

3.11.4 Die vier Stufen der Prüfung und Wertung der Angebote

596 Die Prüfung und Wertung der Angebote dient dem Zweck, das wirtschaftlichste Angebot zu bestimmen, um darauf dann gem. § 28 VOB/A den Zuschlag zu erteilen. Der öffentliche Auftraggeber kann sich hierbei der Unterstützung Sachverständiger bedienen. Er hat allerdings die Wertungsentscheidungen selbst zu treffen. Eine Wertung, die nicht der Auftraggeber selbst durchgeführt hat, ist rechtswidrig.[936] Der Vorgang erfolgt gem. § 25 VOB/A in vier Stufen:

1. Stufe: Ausschluss von Angeboten, die inhaltliche oder formelle Mängel aufweisen, § 25 Nr. 1 Abs. 1 VOB/A;

2. Stufe: Überprüfung der Eignung der Bieter in persönlicher und sachlicher Hinsicht, § 25 Nr. 2 VOB/A;

3. Stufe: Ermittlung der in die engere Wahl fallenden Angebote, § 25 Nr. 3 Abs. 1, 2 und 3 Satz 1 VOB/A;

4. Stufe: Auswahl des wirtschaftlichsten Angebots, § 25 Nr. 3 Abs. 3 Satz 2 und 3 VOB/A.

3.11.4.1 1. Stufe: Die formelle und sachliche Angebotsprüfung

3.11.4.1.1 Formelle Prüfung

597 Angebote, die im Eröffnungstermin dem Verhandlungsleiter bei Öffnung des ersten Angebots nicht vorgelegen haben, und Angebote, die den inhaltlichen Anforderungen des § 21 Nr. 1 Abs. 1 bis 3 VOB/A nicht entsprechen, braucht der Auftraggeber gem. § 23 Nr. 1 VOB/A nicht zu prüfen. Solche Angebote, die nicht rechtzeitig eingereicht wurden, sind von vornherein auszuschließen (§ 25 Nr. 1 Abs. 1 a VOB/A), es sei denn, sie sind dem Auftraggeber nachweislich vor Ablauf der Angebotsfrist zugegangen (§ 22 Nr. 6 VOB/A), wofür dieser nachweispflichtig ist,[937] wenn er das Angebot werten will. Für den rechtzeitigen Zugang beim Auftraggeber bleibt diesem gegenüber der Bieter beweisbelastet.[938]

---

935 IBR-online-Kommentar Bauvertragsrecht, § 631 BGB, Rn. 30 ff. (Stand 04.01.2007).
936 OLG München, VergabeR 2005, 799.
937 Heiermann/Riedl/Rusam-Rusam, § 22 VOB/A, Rn. 33.
938 VÜA Baden-Württemberg, Beschl. v. 16.01.1997, 1 VÜ 6/96.

Im Hinblick auf die Erfordernisse des § 21 Nr. 1 Abs. 1 bis 3 haben ferner auch solche **598** Angebote ungeprüft zu bleiben, bei denen die Unterschrift fehlt, Änderungen des Bieters an seinen Eintragungen nicht zweifelsfrei sind oder Änderungen an den Verdingungsunterlagen vorgenommen wurden. Digitale Angebote, die entgegen § 21 Nr. 1 Abs. 1 S. 2 VOB/A unverschlüsselt übermittelt wurden, fallen gleichfalls aus der Wertung. Unbeachtet bleiben auch Nebenangebote, die von Bietern eingereicht wurden, obwohl nach den Verdingungsunterlagen die Unterbreitung von Nebenangeboten ausgeschlossen war. Sind Nebenangebote hingegen nicht ausdrücklich ausgeschlossen, ist eine Vergabestelle nicht nur berechtigt, sondern verpflichtet, diese zu prüfen und – die Erfüllung der gestellten Mindestanforderungen vorausgesetzt – auch zu werten.[939]

Nach § 21 Nr. 1 Abs. 2 S. 5 VOB/A sollen die Angebote nur die Preise und die gefor- **599** derten Erklärungen enthalten. Nach einer mittlerweile überholten Auffassung wird durch die Wortwahl »sollen« deutlich, dass fehlende Preise und Erklärungen noch nicht automatisch zum zwingenden Angebotsausschluss führen.[940] Demgegenüber sieht § 25 Nr. 1 Abs. 1 lit. b VOB/A aber ausdrücklich vor, dass Angebote, die dem § 21 Nr. 1 Abs. 1 bis 3 VOB/A nicht entsprechend, auszuschließen sind. Der Vergabestelle wird kein Ermessen eingeräumt. Den hier bestehenden Konflikt zwischen § 21 Nr. 1 Abs. 2 S. 5 VOB/A und den Vorgaben zur formalen Angebotsprüfung nach § 25 Nr. 1 VOB/A hat der BGH im Sinne einer Stärkung der Formerfordernisse gelöst. Der BGH[941] und ihm folgend die meisten Vergabesenate[942] gehen davon aus, dass die die nach § 97 Abs. 2 GWB geforderte Gleichbehandlung aller Bieter nur gewährleistet ist, soweit die Angebote die geforderten Erklärungen enthalten. Nach Ansicht des BGH ist ein transparentes, auf Gleichbehandlung aller Bieter beruhendes Vergabeverfahren nur zu erreichen, wenn hinsichtlich jeder Position der Leistungsbeschreibung alle zur Kennzeichnung der insoweit angebotenen Leistung geeigneten Parameter bekannt sind und deren Angabe den Bieter nicht unzumutbar belastet. Der Ausschlusstatbestand des § 25 Nr. 1 Abs. 1 lit. b VOB/A ist ausdrücklich nicht erst dann gegeben, wenn das Angebot im Ergebnis nicht mit den anderen abgegebenen Angeboten verglichen werden kann, da ein transparentes und auf Gleichbehandlung der Bieter ausgerichtetes Vergabeverfahren nur zu erreichen ist, wenn lediglich in jeder Hinsicht vergleichbare Angebote gewertet werden. Bei der Anwendung des Ausschlusstatbestands kommt den Auftraggebern danach kein Recht zu einer wie auch immer gearteten großzügigen Handhabe zu.[943] Entschieden wurde dies zunächst am Beispiel von Leerzeilen im Leistungsverzeichnis Langtext, die vom Bieter durch Angabe des Herstellers und Typs auszufüllen waren.

---

939 BayObLG, VergabeR 2002, 286, 287.
940 Ingenstau/Korbion-Kratzenberg, § 25 VOB/A, Rn. 10; Heiermann/Riedl/Rusam-Rusam, § 21 VOB/A, Rn. 7; Franke/Kemper/Zanner/Grünhagen-Franke/Grünhagen, § 25 VOB/A, Rn. 90 ff.; OLG Saarbrücken, VergabeR 2002, 493, 496; a. A. Motzke/Pietzcker/Prieß-Prieß, § 21 VOB/A, Rn. 21, aber etwas anders bei Rn. 29; zweifelnd BayObLG, VergabeR 2002, 252, 253 und OLG Schleswig, Beschl. v. 10.03.2006, 1 (6) Verg 13/05; für zwingenden Ausschluss BGH, VergabeR 2003, 313, 317 f.
941 BGH, VergabeR 2003, 313, 317 f.
942 OLG Dresden, Beschl. v. 10.07.2003, W Verg 0016/02, VergabeNews 2003, 74, IBR 2003, 568; OLG Düsseldorf, Beschl. v. 23.07.2003, Verg 37/03, VergabeNews 2003, 75.
943 BGH, VergabeR 2003, 313, 317.

3 Die Vergabe- und Vertragsordnung für Bauleistungen, Teil A (VOB/A)

600 Diese Entwicklung der Rechtsprechung ist kritisch zu hinterfragen, da sie über das Ziel der Förderung eines fairen Vergabewettbewerbs hinausschießt. Statt des Wettbewerbs um Preis und Leistung steht bei öffentlichen Ausschreibungen seither vielfach der formale Aspekt der Vollständigkeit der Angebote im Vordergrund, ohne dass etwa durch marginale Angebotslücken der Wettbewerb verfälscht werden könnte. Insbesondere bei umfangreichen und komplexen Vergabevorhaben genügt regelmäßig nur ausnahmsweise ein Angebote in formaler Hinsicht den gestellten Anforderungen. Ob ein unvollständiges Angebot aber tatsächlich zu einer Wettbewerbsverzerrung führt und ein Ausschluss sachlich gerechtfertigt ist, ist stets eine Frage des Einzelfalls, wie die Rechtsprechung einzelner Oberlandesgerichte zutreffend betont. Kann das Fehlen einer geforderten Erklärung unter keinem denkbaren Gesichtspunkt zu einer Wettbewerbsbeeinträchtigung führen, so ist das Angebot des Bieters nicht als unvollständig zu behandeln.[944] Die strikte Anwendung der Entscheidungssätze des BGH würde dazu führen, dass auch Angebote auszuschließen wären, denen nur unbedeutende oder sich auf den Wettbewerb nicht auswirkende Erklärungen fehlen, was einen dem Wettbewerb nicht dienlichen Formalismus darstellt.[945] Die Anwendung des § 25 Nr. 1 Abs. 1 lit. b VOB/A kann sich dem entsprechend nicht in einer schematischen Vollständigkeitskontrolle erschöpfen. Es ist vielmehr zu prüfen, ob sich die Vergabestelle über die Erfüllung der maßgeblichen Kriterien hinreichende Gewissheit verschaffen kann.[946]

601 Trotzdem ist ein konsequentes Umdenken bei der Erstellung und Bearbeitung der Ausschreibungsunterlagen erforderlich, um sich sowohl als Vergabestelle als auch als Bieter vor unvollständigen Angeboten zu schützen. Denn die Vergabestelle kann kein Interesse daran haben, den sorgfältigsten Angebotsbearbeiter, aber zugleich teuersten Bieter zu beauftragen. Die Praxis hat gezeigt, dass oftmals sogar kein Angebot den strengen Kriterien des BGH genügen würde, so dass als Konsequenz nur die Aufhebung der Ausschreibung bliebe. Angebote können allerdings nicht allein deshalb ausgeschlossen werden, weil sie zusätzliche Erklärungen enthalten, wie z. B. Erläuterungen über den Angebotsinhalt.[947] Das Fehlen eines Bauzeitenplans ist in der Regel unschädlich, wenn nicht in der Ausschreibung darauf hingewiesen wird, dass dem Bauzeitenplan besondere Bedeutung zugemessen wird.[948]

602 Aus der Rechtsprechung zur Vollständigkeit der Angebote in formaler Hinsicht folgt, dass jedenfalls die Preisangaben den gestellten Anforderungen genügen müssen. Wird im Leistungsverzeichnis beispielsweise verlangt, die Preise für Türen aufgeschlüsselt nach Zarge und Türblatt anzugeben und sind entsprechend auszufüllende Leerzeilen aufgeführt, so ist ein Angebot wegen fehlender Erklärungen zwingend auszuschließen, wenn die geforderten Eintragungen fehlen. Dies gilt selbst dann, wenn der Hersteller der Türen als Lieferant des Bieters nicht zwischen dem Preis für Blatt und Zarge unterscheidet, da eine Preisangabe des Bieters gefordert ist.[949] Auch die Formblätter

---

944 BayObLG, VergabeR 2004, 736.
945 BayObLG, Beschl. v. 15.09.2004, Verg 26/03.
946 OLG Schleswig, Beschl. v. 10.03.2006, 1 (6) Verg 13/05, VergabeNews 2006, S. 36 f.
947 Heiermann/Riedl/Rusam-Rusam, § 25 VOB/A, Rn. 9.
948 BayObLG, Beschl. v. 28.05.2003, Verg 6/03, IBR 2003, 492.
949 OLG Düsseldorf, Beschl. v. 23.03.2005, Verg 2/05.

EFB-Preis sind zwingend von den Bietern auszufüllen, wenn sie eine Chance auf den Zuschlag haben wollen.⁹⁵⁰ Werden hingegen auf einem Formblatt Angaben des Bieters für den Fall der Beschäftigung ausländischer Arbeitskräfte gefordert, so liegt in der Abgabe eines nicht ausgefüllten Formblatts kein Angebotsfehler, wenn nicht festgestellt werden kann, dass der betroffene Bieter ausländische Arbeitskräfte einsetzen wollte.⁹⁵¹

Zur Vollständigkeit einer Preisangabe gehört auch, dass ein Bieter nicht Teile eines Einheitspreises in Form einer Mischkalkulation auf andere Leistungspositionen umlegt. Jeder in der Leistungsbeschreibung geforderte Preis ist vielmehr so wie gefordert und mit dem Betrag anzugeben, der für die betreffende Leistung beansprucht wird, da für geforderte Preise nicht anderes gilt, als für sonstige verlangte Erklärungen. An der erforderlichen vollständigen Preisangabe für einzelne Leistungspositionen fehlt es, wenn ein Bieter im Rahmen einer Mischkalkulation durch »Abpreisen« bestimmter ausgeschriebener Leistungen auf einen Einheitspreis von 0,01 EUR und »Aufpreisen« der Einheitspreise anderer angebotener Positionen Preise benennt, die die für die jeweiligen Leistungen geforderten tatsächlichen Preise weder vollständig noch zutreffend wiedergeben.⁹⁵² 603

Die dem zu Grunde liegende BGH Rechtsprechung ist insbesondere von der öffentlichen Hand zunächst dahingehend interpretiert worden, dass jede einzelne Leistungsposition zu einem vom Bieter nachzuweisenden auskömmlichen Preis angeboten werden müsse.⁹⁵³ Ausdrücklich hat aber schon der BGH in der getroffenen Entscheidung klargestellt, dass es für den Ausschluss nach § 25 Nr. 1 Abs. 1 lit. b VOB/A unerheblich ist, ob es sich bei dem Angebot des Bieters um ein so genanntes »Spekulationsangebot« handelt. Unerheblich ist danach auch, wie sich die Wirtschaftlichkeit der zu vergleichenden Angebote unter Berücksichtigung des Umstandes darstellt, dass es bei Angeboten mit Einheitspreisen zu Mengenänderungen kommen kann. Maßgeblich ist allein, dass der Bieter durch die erklärte Mischkalkulation schon objektiv die geforderten Erklärungen nicht vollständig abgegeben hat. Das Gericht stellt ausdrücklich klar, dass es im Verantwortungsbereich des Bieters liegt, wie er seine Preise kalkuliert und zu welchen Preisen er welche Leistungen des Leistungsverzeichnisses anbietet. Es gäbe keine vergaberechtliche Vorschrift, nach der die Vergabestellen gehalten wären, die Preiskalkulation eines Bieters auf ihre Richtigkeit oder Angemessenheit zu überprüfen und zu bewerten.⁹⁵⁴ 604

Dementsprechend hat die oberlandesgerichtliche Rechtsprechung die auf das ARS 25/2004 gestützte vergaberechtswidrige Praxis der öffentlichen Auftraggeber im Bundesfernstraßenbau korrigiert. Für die Vollständigkeit der Preisangaben ist letztlich ohne Belang, ob der vom Bieter geforderte Einheitspreis vom marktüblichen Preis abweicht oder unterhalb der Selbstkosten des Bieters liegt.⁹⁵⁵ Ob eine Preisangabe wegen Verla- 605

---

950 BGH, Urt. v. 07.06.2005, X ZR 19/02.
951 BGH, Beschl. v. 12.09.2006, X ZR 91/03.
952 BGH, VergabeR 2004, 473, 476.
953 Siehe das Allgemeine Rundschreiben Straßenbau Nr. 25/2004 vom 25.11.2004 des Bundesministeriums für Verkehr, Bau- und Wohnungswesen (ARS 25/2004).
954 BGH, VergabeR 2004, 473, 477.
955 So auch schon Leinemann/Kirch, VergabeR 2005, 563, 567 ff.

gerung von Preisbestandteilen in eine oder mehrere andere Leistungspositionen unvollständig ist, beurteilt sich vielmehr nach der internen Preisermittlung des jeweiligen Bieters. Die Prüfung der Angebote im Hinblick auf eine Mischkalkulation, die zutreffender als unzulässige Kostenverlagerung zu bezeichnen wäre, beschränkt sich daher auf einen Vergleich der Einheitspreisangaben mit den Angaben des Bieters zu seiner Preisermittlung (Kalkulation). Wird ein Widerspruch zwischen der Höhe der Einheitspreisangabe und den Angaben zur Preisermittlung festgestellt, verpflichtet dies zum Ausschluss des Angebots. Entsprechen sich Endbetrag der Preisermittlung und Einheitspreis, so liegt eine Mischkalkulation hingegen nicht vor. Maßgeblich ist allein, *dass* – und nicht *wie* – alle preisbildenden Faktoren kalkulatorisch berücksichtigt wurden.[956] Für das Vorliegen einer Mischkalkulation ist maßgeblich, dass eine konnexe Preisverlagerung zwischen einzelnen Positionen stattgefunden hat.[957] Spekulationspreise lassen die Vollständigkeit des Preisangebotes hingegen unberührt, da es keine rechtlichen Vorgaben zu einer kostendeckenden Kalkulation in Vergabeverfahren gibt.[958] Der Nachweis der Unvollständigkeit eines Angebots ist von der Vergabestelle zu führen,[959] so dass im Zweifel die Preisangaben als vollständig und zutreffend zu bewerten sind.[960] Auch eine Preisangabe von 0,00 kann vollständig sein.[961] Sind Baustellengemeinkosten in der Leistungsbeschreibung nicht ausdrücklich ausgewiesen und fehlt es an einer Aufforderung, diese an einer bestimmten Stelle zu kalkulieren, so können sie auch gesondert bei einzelnen Positionen kalkuliert werden.[962] Unter dem Eindruck dieser Entscheidungspraxis hat der Bund mittlerweile das Handbuch für die Vergabe und Ausführung von Bauleistungen im Straßen- und Brückenbau (HVA B-StB) überarbeitet und festgehalten, dass eine Prüfung und Wertung der Erklärungen eines Bieters zu seiner Kalkulation auf Wahrhaftigkeit zu unterbleiben hat und ein Ausschluss nur auf der Grundlage von Tatsachen – nicht Vermutungen – möglich ist.[963]

606 Angebote, die nicht die geforderten Angaben zu Art und Umfang des vorgesehenen Nachunternehmereinsatzes enthalten, obwohl Nachunternehmer zum Einsatz kommen sollen, sind regelmäßig als unvollständig auszuschließen. Ist nicht schon im Anschreiben, sondern in den Bewerbungsbedingungen gefordert, dass Nachunternehmerleistungen mit dem Angebot zu benennen sind, führt deren Nichtbenennung zwingend zum Ausschluss nach § 25 Nr. 1 Abs. 1 b VOB/A.[964] Eine solche Klausel ist auch nicht nach § 305 c Abs. 1 BGB unwirksam.[965] Problematisch ist es, wenn in dem Nachunternehmerverzeichnis der Eintrag »wird im Auftragsfall nachgereicht« vorgenommen wird.[966] Hier muss auf den genauen Wortlaut der Verdingungsunterlagen ab-

---

956 OLG Naumburg, VergabeR 2005, 779.
957 OLG Jena, Beschl. v. 23.01.2005, 9 Verg 8/05, VergabeNews 2006, S. 28 f.
958 OLG Brandenburg, VergabeR 2005, 770.
959 OLG Frankfurt, VergabeR 2006, 126; OLG Rostock, Beschl. v. 06.06.2005, 17 Verg 8/05; OLG Jena, Beschl. v. 23.01.2006, 9 Verg 8/05.
960 OLG Naumburg, VergabeR 2005, 779.
961 OLG Düsseldorf, Beschl. v. 05.04.2006, Verg 3/06, VergabeNews 2006, S. 68 f.
962 OLG Rostock, Beschl. v. 08.03.2006, 17 Verg 16/05, VergabeNews 2006, S. 39.
963 Ziff. 2.4 (19) HVA B-StB, Stand 03/06.
964 OLG Koblenz, Beschl. v. 07.07.2004, 1 Verg 1/04 und 2/04, VergabeNews 2004, S. 96.
965 OLG Koblenz, Beschl. v. 07.07.2004, 1 Verg 1/04 und 2/04, VergabeNews 2004, S. 96.
966 OLG Jena, VergabeR 2002, 256, 258 f.

gestellt werden. Sind vom Bieter nur dann Angaben zum Nachunternehmereinsatz zu machen, wenn »wesentliche Teile« der ausgeschriebenen Leistung untervergeben werden sollen, ist der Stempel »wird im Auftragsfall nachgereicht« auf dem Verzeichnis der Nachunternehmerleistungen unschädlich und kann keinen Ausschluss begründen.[967] Ist der Ausschreibung kein Nachunternehmerverzeichnis als Formblatt beigefügt und wird dem Bieter auferlegt, im Fall von beabsichtigten Untervergaben die betreffenden Gewerke zu benennen, so führt die Nichtbenennung zum Angebotsausschluss, wenn sich aus anderen Unterlagen des Bieters, z. B. der »Aufgliederung wichtiger Einheitspreise« ein beabsichtigter Nachunternehmereinsatz ergibt.[968] Eine nachträgliche Änderung des bei Angebotsabgabe benannten Nachunternehmers ist bis zum Abschluss des Vergabeverfahrens nicht möglich.[969] Nach Vertragsschluss bedarf es hierzu der Zustimmung des Auftraggebers.

Wird eine Nachunternehmererklärung vom Bieter verlangt, so sind die betroffenen Leistungen genau und grundsätzlich unter Angabe der jeweiligen Ordnungsziffer des Leistungsverzeichnisses bereits im Angebot zu bezeichnen, wofür regelmäßig auf entsprechende vom Auftraggeber gestellte Formblätter zurückzugreifen ist. Das Fehlen der geforderten Angaben oder widersprüchliche Angaben führen grundsätzlich zum Ausschluss des Angebots vom Vergabewettbewerb. Gleiches gilt, wenn ein Bieter zwar den Umfang des Nachunternehmereinsatzes und die Nachunternehmer selbst in seinem Angebot benennt, aber im Angebotsanschreiben entgegen den Forderungen der Vergabestelle nicht durch ein Kreuz kenntlich macht, dass er Nachunternehmer einzusetzen beabsichtigt.[970] Allerdings stellt allein die fehlende Angabe von Ordnungsziffern in der Nachunternehmererklärung keinen Ausschlussgrund dar, wenn eine hinreichend klare gegenständliche Zuordnung der »*schlagwortartig*« bezeichneten Nachunternehmerleistungen möglich ist.[971] Mit der Nachunternehmererklärung geht es der Vergabestelle um die Gewinnung von Grundlagen zur Beurteilung der Eignung und der Zuverlässigkeit des Bieters, und gegebenenfalls auch um die Feststellung der »*Selbstausführungsquote*« und der Wirtschaftlichkeit des Angebots. Werden diese Anforderungen erfüllt, sind verbleibende geringfügige Unschärfen in der Nachunternehmererklärung hinzunehmen, soweit sie nicht wesentliche Teilleistungen betreffen, da ansonsten der Angebotswertung ein dem Wettbewerb nicht dienlicher überspitzter Formalismus zu Grunde gelegt würde.[972] Fehlen die geforderten Angaben aber oder sind sie widersprüchlich, so ist das Angebot wegen Unvollständigkeit nicht zuschlagsfähig und zwingend vom Vergabewettbewerb auszuschließen.[973] Soweit verlangt, ist daher zwingend auch anzugeben, ob der Betrieb des Bieterunternehmens auf die für Nachunternehmer vorgesehenen Leistungen eingerichtet ist oder nicht.[974] Dem entsprechend sind auch geforderter Verpflichtungserklärungen der Nachunternehmer

---

967 OLG Düsseldorf, Beschl. v. 11.04.2003, Verg 9/03, 38, VergabeR 2003, 465, 466.
968 OLG Düsseldorf, Beschl. v. 30.07.2003, Verg 32/03.
969 OLG Düsseldorf, VergabeR 2004, 650, 651.
970 OLG Düsseldorf, Beschl. v. 21.12.2005, Verg 69/05.
971 Siehe OLG Schleswig, Beschl. v. 10.03.2006, 1 (6) Verg 13/05; BayObLG, ZfBR 2005, 98 ff.
972 OLG Schleswig, Beschl. v. 10.03.2006, 1 (6) Verg 13/05.
973 Siehe OLG Düsseldorf, Beschl. v. 30.07.2003, Verg 32/03; Beschl. v. 30.06.2004, Verg 22/04; OLG Dresden, Beschl. v. 11.04.2006, WVerg 6/06.
974 OLG Düsseldorf, Beschl. v. 21.12.2005, Verg 69/05, VN 2006, 26.

zwingend mit dem Angebot einzureichen. Ihr Fehlen führt zur Nichtwertbarkeit des Angebots wegen Unvollständigkeit.[975]

608 Benennt der Bieter für eine Leistung, für die sich aus dem Angebot nicht ergibt, dass sie durch Nachunternehmer ausgeführt werden soll, im weiteren Verfahren gleichwohl einen Nachunternehmer, so führt dies nach Ansicht des OLG Celle jedenfalls dann nicht zum Ausschluss, wenn der Bieter die Leistung selbst ausführen kann.[976] Dagegen will das OLG Jena in solchen Fällen einen zwingenden Ausschlussgrund annehmen.[977] Jedenfalls bei einem nur geringfügigen Teil der fraglichen Leistungen sollte der Ansicht des OLG Celle zu folgen sein, da ein Einfluss auf die Preisbildung, den Wettbewerb und die Zuverlässigkeit und Leistungsfähigkeit des Bieters daraus nicht erwächst.

609 Unzulässig und damit auszuschließen sind Angebote von Bietergemeinschaften, die sich in einem Nichtoffenen Verfahren/bei beschränkter Ausschreibung erst nach dem Teilnahmewettbewerb aus zur Angebotsabgabe aufgeforderten Einzelbietern gebildet haben.[978] Entsprechend können auch Angebote von nicht zur Angebotsabgabe aufgeforderten Einzelbietern keine Berücksichtigung finden.[979] Auch ein nachträglicher Austausch eines Mitgliedes einer am Teilnahmewettbewerb beteiligten Bietergemeinschaft gegen ein anderes, später aufgenommenes Mitglied, ist unzulässig.[980] Diese Regelungen halten auch einer Überprüfung durch den EuGH stand.[981] Unbedenklich ist es hingegen, wenn sich ein nach dem Teilnahmewettbewerb zur Angebotsabgabe aufgeforderter Bieter mit einem anderen, nicht am Teilnahmewettbewerb beteiligten Bieter zusammenschließt; es besteht dann ein Ermessen der Vergabestelle, ob sie das Angebot zulassen will.[982] Die Vergabestelle kann solche Bietergemeinschaften jedoch in ihren Verdingungsunterlagen untersagen oder unter Bedingungen stellen, die ihre Ermessensentscheidung eingrenzen. Im Offenen Verfahren können sich Bieter hingegen bis zur Angebotsabgabe sowohl untereinander als auch mit Nicht-Blankettträgern zusammentun, wenn dies nicht in wettbewerbsbeschränkender Absicht geschieht. Allein der Umstand, dass jedes der in einer Bietergemeinschaft verbundenen Unternehmen den Auftrag auch allein ausführen könnte, begründet noch keine Wettbewerbsbeschränkung.[983] Auch bei solchen Zusammenschlüssen können objektive Kriterien, wie Bindung von Kapazitäten, Risikostreuung, etc. eine Rechtfertigung zum Angebot in Form einer Bietergemeinschaft darstellen.[984] Schließen sich jedoch bei einer Leistung, die nur durch wenige Unternehmen erbracht werden kann, z. B. weil sie geschützte

---

975 OLG München, beschl. v. 06.11.2006, Verg 17/06.
976 OLG Celle, VergabeR 2002, 176, 178; ebenso KG, VergabeR 2002, 398, 402.
977 OLG Jena, VergabeR 2002, 256, 258.
978 VÜA Bund, WuW/E VergAB 79, 83, 85; Heiermann/Riedl/Rusam-Rusam, § 25 VOB/A, Rn. 108.
979 Heiermann/Riedl/Rusam, § 3 VOB/A, Rn. 24.
980 Prieß, § 8 a VOB/A, Rn. 25 und Motzke/Pietzcker/Prieß-Brinker/Ohler, § 25 VOB/A, Rn. 150.
981 EuGH, Urt. v. 23.01.2003, Rs. C-57/01, VergabeNews 2003, 12 f., VergabeR 2003, 155, 161.
982 VÜA Rheinland-Pfalz, VÜ 3/95, Fischer/Noch, IV 11.2, S. 6; dagegen Motzke/Pietzcker/Prieß-Brinker/Ohler, § 25 VOB/A, Rn. 149 f.; Ingenstau/Korbion-Schranner, § 8 VOB/A, Rn. 56.
983 OLG Frankfurt, Beschl. v. 27.06.2003, 11 Verg 2/03, IBR 2003, 1099.
984 OLG Frankfurt, Beschl. v. 27.06.2003, 11 Verg 2/03, IBR 2003, 1099.

Verfahren oder seltene Spezialgeräte besitzen, mehrere dieser Bieter zusammen, wird eine Wettbewerbsbeschränkung nahe liegen.

Unzulässig ist es auch, wenn aus einer Bietergemeinschaft heraus mehrere Angebote unterbreitet werden. Sind z. B. mehrere Lose ausgeschrieben, deren Einzelvergabe sich der Auftraggeber vorbehält, so begegnet es Bedenken, wenn die Bietergemeinschaft ein Gesamtangebot für alle Lose abgibt, zugleich aber auch einzelne oder mehrere Angehörige dieser Bietergemeinschaft noch Einzelangebote für ein oder mehrere Einzellose (zu anderen Preisen als von der Bietergemeinschaft angeboten) abgeben.[985] Die Angehörigen einer Bietergemeinschaft nutzen damit wettbewerbswidrig die Kenntnis der Angebotspreise der Gemeinschaft zum Zwecke der Unterbietung dieses Preises in den Einzellosen, wobei die Kombinationsmöglichkeiten umso größer werden, je mehr Gesellschafter die Bietergemeinschaft hat. Ein Einzelbieter hat zudem diese Möglichkeit nicht, in wechselnder Konstellation (z. B. einmal mit einem, ein anderes Mal mit zwei anderen Bietergemeinschaftspartnern) für dasselbe Einzellos anzubieten.[986] Der erforderliche Geheimwettbewerb wird auch verletzt, wenn zwei Bieter ihre Angebote in Kenntnis des jeweils anderen abgeben, so dass eine wettbewerbsbeschränkende Abrede vorliegt (§ 25 Nr. 1 Abs. 1 lit. c VOB/A).[987] Hiervon ist allerdings noch nicht auszugehen, wenn ein Bieter, der von einem anderen Wettbewerber als Nachunternehmer benannt wurde, auch selbständig ein Angebot abgibt. Dass ein Bieter vom Angebotsinhalt des anderen nach dem gewöhnlichen Verlauf Kenntnis gehabt hätte, kann nicht festgestellt werden, so dass ein Ausschluss wegen Verstoßes gegen den Geheimwettbewerb ausscheidet.[988]

610

Während die vorstehenden Gründe gem. § 25 Nr. 1 Abs. 1 a) und b) VOB/A zum zwingenden Ausschluss führen, wirkt sich das Fehlen der nach § 21 Nr. 1 Abs. 4 und 5, sowie Nr. 2–6 VOB/A ansonsten geforderten, formellen Voraussetzungen nicht automatisch derart gravierend aus. Solche Umstände sind gleichwohl festzustellen und zu vermerken. Da es sich um weniger schwerwiegende Mängel handelt, führen sie zwar nicht zum Ausschluss des Angebots von der Prüfung. Jedoch sind sie bei der nachfolgenden sachlichen Prüfung nach § 23 Nr. 2 VOB/A zu berücksichtigen und daher von Bedeutung. Um solche weniger schwerwiegenden Mängel handelt es sich, wenn beispielsweise die Verdingungsunterlagen nicht ändernde Vorbehalte gemacht werden, Abschriften oder Kurzfassungen des Leistungsverzeichnisses den gestellten Bedingungen nicht entsprechen, Muster oder Proben nicht als zum Angebot gehörig gekennzeichnet sind oder Änderungsvorschläge oder Nebenangebote nicht auf besonderen Anlagen gemacht oder nicht ordnungsgemäß gekennzeichnet wurden.

611

---

[985] VK Nordbayern, IBR 2003, 437; Leinemann, Anm. zu OLG Düsseldorf, Verg 8/03, VergabeR 2003, 467; anders Heiermann/Riedl/Rusam-Rusam, § 25 VOB/A, Rn. 152.

[986] Die wettbewerbliche Brisanz wurde zunächst verkannt von OLG Düsseldorf, Beschl. v. 28.05.2003, Verg 8/03, VergabeNews 2003, 55 u. VergabeR 2003, 465. Der dortige Sachverhalt zum Mehrfachangebot war allerdings nur am Rande entscheidungserheblich und das unterschiedliche Preisniveau der Einzelangebote gegenüber demjenigen der Bietergemeinschaft wird im Tatbestand der Entscheidung nicht erwähnt; richtig VK Nordbayern, IBR 2003, 437; jetzt auch OLG Düsseldorf, Beschl. v. 16.09.2003, Verg 52/03, VergabeNews 2003, 96.

[987] OLG Thüringen, VergabeR 2004, 520, 522.

[988] OLG Düsseldorf, Beschl. v. 13.04.2006, Verg 10/06; VergabeNews 2006, S. 65 f.

3.11.4.1.2 Sachliche Angebotsprüfung

612 Alle nicht gem. §§ 23 Nr. 1, 25 Nr. 1 Abs. 1 a) und b) VOB/A wegen formeller Mängel auszuscheidenden Angebote sind nach § 23 Nr. 2 und 3 VOB/A sachlich, d. h. rechnerisch, technisch und wirtschaftlich zu prüfen, wobei gegebenenfalls Sachverständige hinzugezogen werden dürfen. Auch diese Phase gehört zur Stufe 1 bei der Prüfung und Wertung der Angebote, auch wenn sie nicht in § 25 VOB/A, sondern in § 23 VOB/A geregelt ist, denn hier wird eine inhaltliche Überprüfung der Angebote vorgenommen, und zwar zeitlich nach der formellen Prüfung der Angebote. Allerdings kann die technische und wirtschaftliche Überprüfung bei solchen Angeboten unterbleiben, die keinesfalls Aussicht haben, bei der Wertung nach § 25 VOB/A in die engere Wahl zu gelangen; allein die rechnerische Überprüfung wird daher in der Praxis bei allen Angeboten durchgeführt, während nur aussichtsreich platzierte Angebote ergänzend technisch geprüft werden.[989]

3.11.4.1.2.1 Rechnerische Überprüfung

613 Im Rahmen der rechnerischen Überprüfung ist jedes Angebot dahin gehend zu prüfen, ob die vom Bieter eingesetzten Zahlen sowie Rechenergebnisse und Überträge richtig sind. Ziel ist es, etwaige Rechen- und Übertragungsfehler im Angebot aufzudecken. Tauchen rechnerische Fehler bei der Überprüfung auf, so sind die betroffenen Angebote nicht zwangsläufig vom weiteren Vergabeverfahren auszuschließen.[990] Vielmehr sind im Wege der Auslegung korrigierbare Rechen- und Übertragungsfehler durch den Auftraggeber zu beseitigen.[991] Dies wird jedenfalls zu gelten haben, soweit Manipulationen objektiv ausgeschlossen sind. Anders liegt der Fall bei Bietern, die durch bewusste Additionsfehler ihre Angebotspreise scheinbar erhöhen. Sie besitzen in der Regel nicht die gem. § 25 Nr. 2 Abs. 1 VOB/A erforderliche Zuverlässigkeit und können daher ohne Beseitigung ihrer Additionsfehler im Rahmen der Wertung ausgeschlossen werden. Dies ist jedoch in der nächsten Wertungsstufe, der Eignungsprüfung, zu untersuchen.

Wie die Berichtigung von Unstimmigkeiten im Einzelfall zu erfolgen hat, ist für Einheitspreisangebote in § 23 Nr. 3 VOB/A näher geregelt:

614 Entspricht der Gesamtbetrag einer Ordnungszahl (Position) nicht dem Ergebnis der Multiplikation von Mengenansatz und Einheitspreis, ist nach § 23 Nr. 3 Abs. 1 S. 1 VOB/A der Einheitspreis maßgeblich. Ist der Einheitspreis in Ziffern und in Worten angegeben und stimmen diese Angaben nicht überein, so gilt der dem Gesamtbetrag der Ordnungszahl entsprechende Einheitspreis (§ 23 Nr. 3 Abs. 1 S. 2 VOB/A). Für den Fall, dass weder der in Worten und noch der in Ziffern angegebene Einheitspreis dem Gesamtbetrag der Ordnungszahl entspricht, gilt der in Worten angegebene Einheitspreis (§ 23 Nr. 3 Abs. 1 S. 3 VOB/A). Auf diese Weise werden rechnerische Unstimmigkeiten bei Einheitspreisangeboten berichtigt.

615 Die Regelung, dass letztendlich der in Worten geschriebene Einheitspreis gilt, findet ausnahmsweise dann keine Anwendung, wenn sich der Bieter offensichtlich verschrie-

---

989 Heiermann/Riedl/Rusam-Rusam, § 23 VOB/A, Rn. 10.
990 VK Bund, 24.05.2005, VK 2-42/05.
991 Ingenstau/Korbion-Kratzenberg, § 23 VOB/A, Rn. 10.

ben hat. Wenn nämlich der Einheitspreis in einem offensichtlichen Missverhältnis zur verlangten Leistung steht, erscheint es unbillig, auf einer Bindung an das geschriebene Wort zu beharren.[992]

Häufig wird in Leistungsverzeichnissen jedoch ganz auf eine Angabe des Einheitspreises in Worten verzichtet, so dass nur Satz 1 des § 23 Nr. 2 VOB/A Anwendung findet. Ein vom Einheitspreis abweichender Gesamtbetrag muss hier entsprechend des Einheitspreises berichtigt werden und zwar im Grundsatz auch dann, wenn der Einheitspreis offensichtlich falsch ist.[993] Eine Anpassung des Einheitspreises kommt nur ganz ausnahmsweise in Betracht, nämlich dann, wenn für den Auftraggeber aus den Umständen eindeutig und völlig zweifelsfrei erkennbar ist, welcher Einheitspreis gewollt war.[994] 616

In Fällen, in denen eine Korrektur nicht möglich ist, ist eine Anfechtung der Angebotsabgabe durch den Bieter denkbar. Durch eine Anfechtung erlischt das Angebot. Hier ist jedoch darauf hinzuweisen, dass es sich bei reinen Rechenfehlern um bloße Kalkulationsirrtümer handelt, die als solche unbeachtlich sind.[995] Das Risiko einer Fehlkalkulation bei der Erstellung seines Angebotes trägt im Rahmen einer öffentlichen Ausschreibung eines Auftrages nach VOB/A grundsätzlich der Bieter. Ein Kalkulationsirrtum berechtigt den Bieter deshalb regelmäßig nicht zur Anfechtung seines Angebotes.[996] Zieht ein Bieter nach dem Eröffnungstermin innerhalb der Bindefrist sein Angebot zurück, bleibt es dem Auftraggeber unbenommen, auf das ohne rechtfertigenden Grund angefochtene Angebot den Zuschlag zu erteilen. Wenn der Auftraggeber aber vor der Auftragserteilung durch den Bieter auf den konkreten Kalkulationsfehler hingewiesen wird, so darf er diesen nicht in den Auftrag zwingen, so dass bei einer Verweigerung der Ausführung kein Schadensersatzanspruch des Auftraggebers besteht.[997] 617

Fehler bei der rechnerischen Überprüfung des Angebots gehen zu Lasten des Auftraggebers. Erteilt er einem Bieter den Auftrag, dessen Angebot nur das vermeintlich preisgünstigste ist, da es einen Rechenfehler enthält, entsteht kein Schadensersatzanspruch gegenüber dem Bieter.[998] Der Auftraggeber muss den aufgrund des Rechenfehlers höheren Preis zahlen. 618

Etwas anderes gilt bei einem Pauschalpreisangebot. Der Bieter ist hier nach § 23 Nr. 3 Abs. 2 VOB/A ohne Rücksicht auf die angegebenen Einzelpreise an die Pauschalsumme gebunden. Eine detaillierte Überprüfung der Einzelpreise findet nicht statt. Das gilt nur dann nicht, wenn der Rechenfehler so offensichtlich ist, dass er auch dem Auftraggeber bei Angebotsprüfung aufgefallen ist, so z. B. bei exorbitant hohen oder niedrigen Titelsummen einzelner Angebotstitel, die sich krass von anderen Bietern un- 619

---

992 Ingenstau/Korbion-Kratzenberg, § 23 VOB/A, Rn. 16.
993 Heiermann/Riedl/Rusam-Rusam, § 23 VOB/A, Rn. 16.
994 Dazu ausführlich mit Beispielen Heiermann/Riedl/Rusam-Rusam, § 23 VOB/A, Rn. 17 ff.
995 KG, MDR 1956, 356.
996 OLG Köln, BauR 1995, 98; OLG Naumburg, Urt. v. 22.11.2004, 1 U 56/04.
997 OLG Naumburg, Urt. v. 22.11.2004, 1 U 56/04 m. w. N.
998 BGH, NJW 1973, 752.

terscheiden oder bei Rechen- bzw. Additionsfehlern, die der Auftraggeber selbst verursacht hat bzw. ihm unterlaufen sind.[999]

620 Die Regelungen des § 23 Nr. 3 VOB/A sind nicht abschließend. Die Vorschrift schließt nicht aus, dass die abgegebenen Erklärungen jedenfalls sinngemäß nach §§ 133/157 BGB in dem von diesen Vorschriften abgedeckten Bereich ausgelegt werden, und zwar mit Blick auf die Aufrechterhaltung des Wettbewerbs.[1000] Dabei ist auch zu berücksichtigen, bei welchem Erklärungsinhalt dem Erklärenden die wenigsten Fehler unterlaufen wären.[1001]

3.11.4.1.2.2 Technische Überprüfung

621 Bei der technischen Überprüfung wird festgestellt, ob das Angebot den technischen Erfordernissen entspricht und damit geeignet ist, den ausgeschriebenen Zweck zu erfüllen. Zudem wird das Angebot auf die Einhaltung der anerkannten Regeln der Technik sowie der DIN Vorschriften überprüft. Besonderes Augenmerk wird häufig auf die von den Bietern eingereichten Änderungsvorschläge und Nebenangebote gerichtet. Herausgehobene Bedeutung kommt der technischen Überprüfung auch bei Angeboten aufgrund einer Leistungsbeschreibung mittels Leistungsprogramms zu, da sich hier die Frage der Übereinstimmung mit den gestellten technischen Anforderungen in besonderem Maße stellt. Näheres dazu ist im Vergabehandbuch in Nr. 2.2 zu § 23 VOB/A geregelt. Danach ist in diesen Fällen besonders zu prüfen, ob

 - ➢ das vorgesehene Arbeitsverfahren technisch möglich und für eine vertragsgemäße Ausführung geeignet ist,
 - ➢ die vorgesehenen Maschinen und Geräte den Arbeitsverfahren entsprechen,
 - ➢ der vorgesehene Maschinen- und Geräteeinsatz für die Ausführung der Leistung in der vorgeschriebenen Bauzeit ausreicht.

622 Angebote über Leistungen mit von der Leistungsbeschreibung abweichenden Spezifikationen sind daraufhin zu prüfen, ob sie mit dem geforderten Schutzniveau in Bezug auf Sicherheit, Gesundheit und Gebrauchstauglichkeit gleichwertig sind und die Gleichwertigkeit nachgewiesen ist.

623 Hält ein Angebot den so formulierten Anforderungen nicht stand, ist der Auftraggeber berechtigt, es von der weiteren Behandlung im Angebotsverfahren auszuschließen.

3.11.4.1.2.3 Wirtschaftliche Überprüfung

624 Die wirtschaftliche Prüfung nach § 23 Nr. 2 VOB/A bezieht sich auf die für die Beurteilung der Wirtschaftlichkeit der einzelnen Angebote maßgebenden Gesichtspunkte und wird erst im Rahmen der dritten und vierten Wertungsstufe nach § 25 Nr. 3 VOB/A ausgefüllt.[1002] Hier werden insbesondere folgende Aspekte der wirtschaftlichen Leistungsfähigkeit des Bieters – soweit einschlägig – geprüft:

---

999 Vgl. dazu und zu den Rechtsfolgen OLG Bamberg, BauR 2000, 1749 ff.
1000 Ingenstau/Korbion-Kratzenberg, § 23 VOB/A, Rn. 10; Heiermann/Riedl/Rusam, §§ 23 VOB/A, Rn. 12.
1001 OLG Bamberg, BauR 2000, 1749.
1002 Heiermann/Riedl/Rusam-Rusam, § 23 VOB/A, Rn. 23.

3.11 Das Verfahren von der Angebotseröffnung bis zum Zuschlag

- ➢ Höhe der angebotenen Preise mit Vergleich zu Erfahrungswerten aus anderen Ausschreibungen;
- ➢ Auffällige Preisabweichungen und spekulative Preise;
- ➢ Preise von Alternativ- und Bedarfspositionen;
- ➢ Preisnachlässe, Skonti und Gleitklauseln;
- ➢ ggf. kaufmännische Nebenangebote (z. B. für Vorauszahlungen);
- ➢ Nebenangebote hinsichtlich Qualität, Preis und Gleichwertigkeit;
- ➢ Auswirkungen auf Folgekosten (Betriebskosten, Wartung etc.).

Ziel ist eine zunächst lediglich überschlägige Beurteilung der Angemessenheit der einzelnen Angebote, vor allem der Angebotsendsummen.

3.11.4.1.3 Ergänzung der Niederschrift nach Angebotsprüfung

Die aufgrund dieser Prüfung errechneten Angebotsendsummen sind gem. § 23 Nr. 4 VOB/A in der Niederschrift über den Eröffnungstermin zu vermerken. Dies geschieht meist in andersfarbiger Schrift. Es handelt sich also um keine tatsächliche Korrektur, sondern lediglich um einen zusätzlichen Vermerk über die zutreffende Berechnung der Angebotsendsummen. 625

Den Bietern und ihren Bevollmächtigten ist die Einsicht in die Niederschrift sowie in deren Nachträge zu gestatten; eine Veröffentlichung der Niederschrift selbst darf nicht erfolgen (§ 22 Nr. 7 VOB/A). Sie ist ebenso wie die Angebote und ihre Anlagen geheim zu halten (§ 22 Nr. 8 VOB/A). 626

3.11.4.1.4 Aufklärung des Angebotsinhalts / Nachverhandlungsverbot

Der Vergabewettbewerb kommt im Offenen und im Nichtoffenen Verfahren mit der Angebotsöffnung im Eröffnungstermin zum Ruhen (§ 22 Nr. 2 VOB/A). Im Grundsatz sind daher Verhandlungen über eine Änderung der Angebote oder Preise im Interesse eines ordnungsgemäßen Wettbewerbes nicht gestattet. In der Praxis kann es jedoch sowohl bei der Prüfung der Angebote als auch bei der sich anschließenden Wertung notwendig sein, Gespräche mit dem Bieter zur Aufklärung des Angebotsinhaltes zu führen. Zulässigkeit und Grenzen einer etwaigen Aufklärung der Angebotsinhalte sind daher in § 24 VOB/A ausdrücklich geregelt. 627

§ 24 Nr. 3 VOB/A postuliert ein Verbot von Verhandlungen über den Angebotsinhalt, denn die im Wettbewerb erstellten Angebote müssen ohne weitere Erläuterungen wertbar und beauftragungsfähig sein. Zulässig sind lediglich sog. Aufklärungsverhandlungen, bei denen sich der Auftraggeber über die Eignung des Bieters, insbesondere seine technische und wirtschaftliche Leistungsfähigkeit, das Angebot selbst, etwaige Änderungsvorschläge und Nebenangebote, die geplante Art der Durchführung, etwaige Ursprungsorte oder Bezugsquellen von Stoffen sowie über die Angemessenheit der Preise unterrichtet (§ 24 Nr. 1 Abs. 1 VOB/A). Andere Verhandlungen, insbesondere über eine Änderung der Angebote und Preise, sind unstatthaft (§ 24 Nr. 3, 1. Halbsatz VOB/A). Bei Unklarheiten in einem Angebot soll die Vergabestelle auch keine Pflicht zur Aufklärung treffen. Sie muss deshalb ein außerhalb von zulässigen Verhandlungen 628 nachträglich durch den Bieter geändertes Angebot nicht berücksichtigen, auch wenn Nachverhandlungen über dieses Angebot möglich gewesen wären.[1003] Hiervon zu unterscheiden ist die Frage, ob es für die Vergabestelle zur Sicherstellung eines fairen und unverfälschten Wettbewerbs geboten ist, den Bestbieter zur Aufklärung aufzufordern, wenn sein Angebot an zulässigerweise aufklärbaren Unklarheiten leidet, die ohne Aufklärung zum Ausschluss führen müssten. Im Einzelfall mag sich das Aufklärungsermessen nach § 24 Nr. 1 VOB/A sogar auf Null reduzieren. Auch geht es nicht zu Lasten eines Bieters, wenn er eine unklare Antwort auf eine ihrerseits objektiv missverständlich formulierte Frage der Vergabestelle gibt. In einem solchen Fall ist es für den Auftraggeber geboten, die Unklarheiten durch eine weitere Nachfrage gegebenenfalls zu beseitigen.

629   Eine Ausnahme vom grundsätzlichen Verbot der Angebotsänderung im Rahmen der Aufklärung gilt gem. § 24 Nr. 3, 2. Halbsatz VOB/A dann, wenn bei Nebenangeboten, Änderungsvorschlägen oder Angeboten aufgrund eines Leistungsprogramms Änderungen nötig sind, um unumgängliche technische Änderungen geringen Umfangs und daraus sich ergebende Änderungen der Preise zu vereinbaren. »Unumgänglich« sind die Änderungen nur dann, wenn die sachgerechte Durchführung des Bauvorhabens anders nicht möglich wäre.[1004] Geringfügig sind die Änderungen, wenn sie nur von unwesentlichem Umfang sind. Über die technische und wirtschaftliche Leistungsfähigkeit des Bieters selbst darf nicht verhandelt werden, da ohnehin nur fachkundige, leistungsfähige und zuverlässige Bewerber zur Angebotsabgabe aufgefordert werden dürfen (§ 8 VOB/A). Zudem darf eine Preisanpassung nur dann stattfinden, wenn die technische Änderung auch ursächlich für die Preisänderung ist. Auch geringe Preisänderungen, die aber zu einer Änderung der Bieterreihenfolge führen würden, können wegen der gravierenden Folgen für den Wettbewerb nicht mehr als geringfügige Änderungen betrachtet werden. Unzulässig ist z. B. auch ein »Abspecken« des Leistungsumfangs einer Ausschreibung, nachdem zunächst nur über dem Vergabebudget liegende Angebote eingegangen sind.[1005] In solchen Fällen muss eine neue Ausschreibung erfolgen. Muss ein Angebotsteil überarbeitet werden, der wertmäßig etwa ein Drittel der Gesamtsumme ausmacht, kann nicht mehr von einem geringen Umfang der Veränderungen gesprochen werden.[1006] Tatsächlich wird man die Geringfügigkeitsschwelle noch weitaus niedriger ansetzen müssen; schon erheblich geringere Veränderungen dürften zu weitgehend sein und eine neue Ausschreibung erfordern. Sogar ein Verhandlungsverfahren erlaubt es im Übrigen nicht, im Ergebnis andere Leistungen zu beschaffen als mit der Ausschreibung angekündigt.[1007] Unzulässig ist es auch, von dem zur Vergabe ausgeschriebenen Leistungsumfang entgegen der Bekanntmachung zunächst nur ein Teillos zu vergeben und den übrigen Leistungsteil in eine Option um-

---

1003 OLG Dresden, VergabeR 2004, 748, 751.
1004 KG, BauR 2000, 565, 567; Heiermann/Riedl/Rusam-Rusam, § 24 VOB/A, Rn. 30.
1005 VK Berlin, Beschl. v. 21.05.2000, VK B2 15/00 (Olympiastadion); dazu oben. Abschnitt 3.7.4.3.2.
1006 VK Bund, Beschl. v. 26.08.1999, VK2–20/99, ZVgR 1999, 258, 264; ebenso bei funktionaler Ausschreibung, VÜA Bayern, ZVgR 1998, 362; VÜA Saarland, IBR 1998, 184; Motzke/Pietzcker/Prieß-Jasper, § 24 VOB/A, Rn. 54.
1007 OLG Dresden, Beschl. v. 03.12.2003, WVerg 15/03, VergabeR 2004, 225, 229; OLG Celle, VergabeR 2002, 299, 301.

3.11 Das Verfahren von der Angebotseröffnung bis zum Zuschlag

zuwandeln. In einem solchen Fall würde sich nämlich der Auftraggeber (nachträglich) vorbehalten, ob er für einen Teil der ausgeschriebenen Leistung den Zuschlag erteilt oder nicht, obwohl er in der Ausschreibung keine optionale Vergabe angekündigt hat.[1008]

Außerhalb des Ausnahmetatbestandes nach § 24 Nr. 3 VOB/A muss sich die Aufklärung des Angebots auf »rein informatorische« Fragestellungen beschränken.[1009] Dies ist z. B. der Fall, wenn bestimmte Fachausdrücke aufgeklärt werden sollen. Bei der Unterrichtung über die Angemessenheit des Preises kann ausnahmsweise die Einsichtnahme in die vorzulegenden Preisermittlungen (Kalkulationen) erforderlich sein. Voraussetzung jedoch ist, dass ein sachlicher Grund hierfür besteht, beispielsweise, weil objektiv der Verdacht einer wettbewerbsbeschränkenden Preisabsprache vorliegt oder bestimmte Einheitspreise stark vom ortsüblichen Niveau abweichen.

630

Unzulässige Nachverhandlungen sind insbesondere:

631

➢ nachträgliche Reduzierungen eines Einzelpreises in einem LV mit der Folge einer günstigeren Platzierung des Bieters;[1010]

➢ nachträgliche Erklärung eines Bieters, sein Nebenangebot enthalte (im Erdbau) bestimmte Ausgleichsmassen, die im Angebotstext aber keine Erwähnung finden;[1011]

➢ nachträgliche Angaben zu Leistungspositionen, Mengen und/oder Einheitspreisen, wenn das Nebenangebot erst dadurch beurteilt werden kann oder diese Angaben bereits nach den Ausschreibungsbedingungen bei Angebotsabgabe enthalten sein mussten;[1012]

➢ Bedingungen, die mit einer Nachlassgewährung verbunden sind, zurückgenommen oder verändert werden;[1013]

➢ »Berichtigungen« von falschen Preisen oder von Kalkulationsirrtümern und das Nachreichen fehlender Preisangaben;[1014]

➢ nachträgliche »Klarstellung« des Abgeltungsumfangs eines Nebenangebots zur Pauschalierung;[1015]

➢ nachträgliches Aufteilen des Auftrags in Lose und getrennte Vergabe;[1016]

➢ nicht nur unerhebliche und/oder technisch nicht gebotene Änderungen des Leistungsinhalts.[1017]

1008 OLG Dresden, Beschl. v. 03.12.2003, WVerg 15/03, VergabeR 2004, 225, 230.
1009 OLG Düsseldorf, BauR 2000, 1623, 1625.
1010 BGH, Urt. v. 06.02.2002, X ZR 185/99, VergabeR 2002, 369, 371.
1011 OLG Düsseldorf, VergabeR 2001, 226, 231 m. Anm. Leinemann.
1012 OLG Frankfurt, VergabeR 2002, 389, 392 m. Anm. Leinemann.
1013 OLG Nürnberg, BauR 1997, 825; OLG Düsseldorf, IBR 2001, 75.
1014 BGH, BauR 2002, 1082; OLG Düsseldorf, VergabeR 2001, 226.
1015 OLG Brandenburg, Beschl. v. 12.11.2002, Verg W 16/02.
1016 Kapellmann/Messerschmidt-Dähne, § 24 VOB/A, Rn. 20.
1017 KG, BauR 2000, 565, 567; Franke/Kemper/Zanner/Grünhagen-Franke/Grünhagen, § 24 VOB/A, Rn. 165.

632 Zulässig sind in der Regel Verhandlungen über die Verlängerung der Zuschlags- und Bindefrist, nicht jedoch über eine Angebotsbindung eines Bieters auch nach einer beabsichtigten Aufhebung der Ausschreibung.[1018]

633 Sofern der Bieter die geforderte Aufklärung verweigert, kann sein Angebot nach § 24 Nr. 2 VOB/A unberücksichtigt bleiben. Da es sich bei dieser Norm um eine Kann-Vorschrift handelt, liegt es grundsätzlich im Ermessen des Auftraggebers, ob er das Angebot berücksichtigt oder nicht.[1019] Voraussetzung einer auf § 24 Nr. 2 VOB/A gestützten Nichtberücksichtigung des Angebots ist stets, dass sich das Aufklärungsverlangen des Auftraggebers im Rahmen von § 24 Nr. 1 Abs. 1 VOB/A hält. Auf ein verfrühtes Aufklärungsverlangen des Auftraggebers, dessen Zielrichtung für den Bieter nicht erkennbar und das teilweise zu weit gehend ist, kann ein Ausschluss hingegen nicht gestützt werden.[1020]

634 Die Ergebnisse solcher Aufklärungsverhandlungen sind geheim zu halten (§ 24 Nr. 1 Abs. 2 Satz 1 VOB/A). Das Risiko, dass andere Bieter sich die Verhandlungsergebnisse ihrer Konkurrenten zu Nutze machen, ist zu groß. Auch gilt es grundsätzlich zu verhindern, dass Geschäfts- und Kalkulationsgeheimnisse bekannt werden. Bei Verstößen gegen dieses Geheimhaltungsgebot können Schadensersatzansprüche einzelner Bieter aus Verschulden bei Vertragsschluss, §§ 311 Abs. 2, 241 Abs. 2 BGB gegenüber dem Auftraggeber bestehen.

635 Ferner ist in § 24 Nr. 1 Abs. 2 Satz 2 VOB/A bestimmt, dass die Ergebnisse der Angebotsaufklärung schriftlich niedergelegt werden sollen. Aus der Formulierung »soll« ist zu schließen, dass die schriftliche Niederlegung nicht zwingend ist. Sie wird jedoch geboten sein, wenn das Ergebnis der Verhandlungen das Angebot ergänzt. Dies wird insbesondere bei Verhandlungen über die Änderung von Angeboten und Preisen bei Nebenangeboten, Änderungsvorschlägen und Angeboten aufgrund eines Leistungsprogramms gem. § 24 Nr. 3 VOB/A der Fall sein. Die Niederschrift ist sowohl vom Auftraggeber als auch von den Bietern rechtsverbindlich zu unterschreiben. Das Verhandlungsergebnis kann jedoch auch in einem einseitigen Schreiben fixiert werden, das dann der jeweils andere Teil anzuerkennen hat. Zweck der schriftlichen Fixierung der erzielten Verhandlungsergebnisse ist auch hier, dass die Niederschrift in einem etwaig später stattfindenden Nachprüfungsverfahren oder auch bei vertraglichen Disputen bei oder nach Ausführung als Beweismittel dienen kann.

636 Die vorstehend umrissenen Regelungen über die Zulässigkeit und Grenzen einer Aufklärung des Angebotsinhalts finden auf die freihändige Vergabe, das Verhandlungsverfahren und den Wettbewerblichen Dialog keine Anwendung. Verhandlungen sind dort im Rahmen eines lauteren Wettbewerbs auch über Änderungen der Angebote oder Preise ohne Einschränkungen zulässig, im wettbewerblichen Dialog allerdings nicht mehr nach Abgabe des verbindlichen Angebots. Lediglich das Gebot, die Verhandlungsergebnisse geheim zu halten (§ 24 Nr. 1 Abs. 2 Satz 1 VOB/A), ist selbstverständlich auch bei der freihändigen Vergabe, im Verhandlungsverfahren und im Wett-

---

1018 Kapellmann/Messerschmidt-Dähne, § 24 VOB/A, Rn. 29; anders, aber bedenklich, Heiermann/Riedl/Rusam, § 24 VOB/A, Rn. 33.
1019 BayObLG, ZfBR 2001, 45 = BayObLG, IBR 2000, 583.
1020 OLG Naumburg, Beschl. v. 26.09.2005, 1 Verg 8/05.

bewerblichen Dialog ebenso zu beachten wie die Grundsätze der Gleichbehandlung und der Transparenz.

3.11.4.2 2. Stufe: Überprüfung der Eignung der Bieter

3.11.4.2.1 Allgemeine Grundsätze

Auf der zweiten Wertungsstufe ist zu überprüfen, ob die Bieter die für die Erfüllung der vertraglichen Verpflichtung erforderliche Eignung in persönlicher und sachlicher Hinsicht besitzen. Bei der Angebotsprüfung ist zwischen der Prüfung der Eignung und der Wertung der Angebote streng zu unterscheiden. Eine unzulässige Vermischung der Wertungsstufen führt zur Rechtswidrigkeit des Vergabeverfahrens.[1021] Die Bieter müssen für die Erfüllung der vertraglichen Verpflichtung die notwendige Sicherheit bieten, die erforderliche Fachkunde, Leistungsfähigkeit und Zuverlässigkeit sowie ausreichende technische und wirtschaftliche Mittel aufweisen. Ob die Bieter dem entsprechend zur Auftragsausführung geeignet sind, ist anhand der mit dem Angebot vorgelegten Nachweise zu überprüfen (§ 25 Nr. 2 Abs. 1 VOB/A). 637

Fachkundig ist der Bieter, der über die für die Vorbereitung und Ausführung der jeweiligen Leistung notwendigen technischen Kenntnisse verfügt. Es handelt sich um ein personenbezogenes Kriterium. Bei schwierigen Leistungen wird in der Regel gefordert, dass der Bieter bereits nach Art und Umfang vergleichbare Leistungen ausgeführt hat. Entsprechende Referenznachweise sind in § 8 Nr. 3 lit. b VOB/A ausdrücklich vorgesehen. Von den Bietern kann der Nachweis der Ausführung von Leistungen in den letzten drei abgeschlossenen Geschäftsjahren, die mit den zu vergebenden Leistungen vergleichbar sind, verlangt werden. Damit wurde ersichtlich in Kauf genommen, dass der Marktzutritt für Newcomer erschwert werden kann, wenn der Auftraggeber von diesen Bestimmungen in zulässiger Weise Gebrauch macht.[1022] 638

Leistungsfähig ist der Bieter, der über das für die fach- und fristgerechte Ausführung notwendige Personal und Gerät verfügt und die Erfüllung seiner Verbindlichkeiten erwarten lässt. Die Leistungsfähigkeit ist sach- und betriebsbezogen zu ermitteln. Sie ist gegeben, wenn das Unternehmen über die personellen, kaufmännischen, technischen und finanziellen Mittel verfügt, um den Auftrag fachlich einwandfrei und fristgerecht ausführen zu können.[1023] 639

Ein Bieter, der seinen gesetzlichen Verpflichtungen – auch zur Entrichtung von Steuern und sonstigen Abgaben – nachgekommen ist, und der aufgrund der Erfüllung früherer Verträge eine einwandfreie Ausführung einschließlich Gewährleistung erwarten lässt, gilt als zuverlässig. 640

Während bei der öffentlichen Ausschreibung die an diesen Maßstäben orientierte Eignung der Bieter erstmals auf der zweiten Wertungsstufe des Vergabeverfahrens untersucht wird, spielt sie bei der beschränkten Ausschreibung und freihändigen Vergabe bereits für die Aufforderung zur Angebotsabgabe eine Rolle (§ 8 Nr. 4 VOB/A). Aus 641

1021 KG, VergabeR 2003, 78, 80, m. Anm. Leinemann.
1022 Siehe OLG Düsseldorf, Beschl. v. 02.01.2006, Verg 93/05.
1023 VK Bund, Beschl. v. 07.07.2005, VK 2-66/05.

diesem Grund ist zu diesen Vergabearten in § 25 Nr. 2 Abs. 2 VOB/A bestimmt, dass im Rahmen der Bewertung der Angebote nur die nach Aufforderung zur Angebotsabgabe aufgetauchten Zweifel an der Eignung eines Bieters zu berücksichtigen sind.[1024] Ging der Ausschreibung ein öffentlicher Teilnahmewettbewerb voraus, ist diese Wertungsstufe komplett im Rahmen des Teilnahmewettbewerbs zu erfüllen.[1025] Auch dann muss indessen eine erneute Prüfung vorgenommen werden, wenn die Vergabestelle erst nach Abschluss des Teilnahmewettbewerbs von gravierenden Verfehlungen erfährt, die zur Verneinung der Zuverlässigkeit führen können.[1026] Hat ein Auftraggeber im Rahmen der zweiten Wertungsstufe die Eignung des Bieters unter Ausübung seines Beurteilungsspielraums bejaht, so ist er nach ganz herrschender Ansicht der Vergabesenate daran gehindert, im weiteren Verlauf davon wieder abzurücken, ohne dass sich die Sachlage gravierend geändert hat.[1027] Nur wenn nach Bejahung der Eignung eines Bieters nachträglich noch Umstände eintreten, die eine schwere Beeinträchtigung seiner Eignung darstellen, kann eine erneute Überprüfung mit evtl. abweichendem Ergebnis stattfinden. Dies muß dann aber sorgfältig in der Vergabeakte dokumentiert und dem Bieter mitgeteilt werden.[1028] Besteht ein zwingender Ausschlussgrund, kann dieser auch in einer späteren Phase noch zum Ausschluss führen.[1029] Kommt ein tatsächlich unvollständiges Angebot in die engere Wahl, so lässt sich hieraus keine Ermessensbindung ableiten, die einem Ausschluss dieses Angebots auf der ersten Wertungsstufe entgegenstünde.[1030]

642 Ob die Eigenschaften der Fachkunde, Leistungsfähigkeit und Zuverlässigkeit erfüllt sind, entscheidet der Auftraggeber nach pflichtgemäßen Ermessen. Naturgemäß sind diesbezüglich die Vergabegrundsätze des § 2 Nr. 1 Satz 1 VOB/A von besonderer Bedeutung. Entscheidend ist, inwieweit die umfassend zu prüfenden und abzuwägenden Umstände des Einzelfalls die Prognose erlauben, dass der Bieter gerade die ausgeschriebenen und von ihm angebotenen Leistungen vertragsgerecht erbringen werde.[1031] Bei den Begriffen der Fachkunde, Leistungsfähigkeit und Zuverlässigkeit handelt es sich um unbestimmte Rechtsbegriffe, deren Anwendung nur einer eingeschränkten Kontrolle durch die vergaberechtlichen Nachprüfungsinstanzen unterliegt.[1032] Eine Überprüfung findet nur daraufhin statt, ob

- das vorgeschriebene Verfahren eingehalten,
- von einem zutreffenden und vollständig ermittelten Sachverhalt ausgegangen,
- sachwidrige Erwägungen in die Wertung einbezogen und

1024 Vgl. VÜA Bund, Beschl. v. 21.11.1994, WuW/E VergAB 21, 22.
1025 OLG Düsseldorf, Beschl. v. 04.12.2002, Verg 45/01; Beschl. v. 28.05.2003, Verg 16/03.
1026 OLG Düsseldorf, VergabeR 2005, 207 und 2001, 419, 422.
1027 OLG Düsseldorf, VergabeR 2003, 586, 587; VergabeR 2001, 419, 422; Beschl. v. 04.12.2002, Verg 45/01, IBR 2003, 153; OLG Jena, NZBau 2001, 39, 40; OLG Frankfurt, VergabeR 2001, 243, 250.
1028 OLG Frankfurt, Beschl. v. 20.07.2004, 11 Verg 6/04.
1029 OLG Düsseldorf, Beschl. v. 28.05.2003, Verg 16/03, VergabeR 2003, 586, 587.
1030 OLG Dresden, Beschl. V. 10.07.2003, WVerg 0016/02.
1031 OLG Düsseldorf, BauR 2000, 1639.
1032 Etwa OLG Düsseldorf, Beschl. v. 05.10.2005, VII-Verg 55/05; BayObLG, Beschl. v. 3.7.2002, Verg 13/02.

3.11 Das Verfahren von der Angebotseröffnung bis zum Zuschlag

- der sich im Rahmen der Beurteilungsermächtigung haltende Beurteilungsmaßstab zutreffend angewendet wurde.[1033]

Nur wenn gegen eine dieser Grenzen der Beurteilung verstoßen wurde, ist ein Verfahrensfehler gegeben und eine Korrektur der Eignungsprüfung möglich.

In § 8 Nr. 3 Abs. 1 VOB/A ist festgelegt, dass von den Bewerbern zum Nachweis ihrer Fachkunde, Leistungsfähigkeit und Zuverlässigkeit entsprechende Angaben verlangt werden dürfen. Welche Angaben der Auftraggeber verlangen kann, ist dort ebenfalls, wenn auch nicht abschließend, geregelt. Sie reichen vom Umsatz des Unternehmers über die Zahl der jahresdurchschnittlich beschäftigten Arbeitskräfte bis hin zur Angabe von Referenzen hinsichtlich der Ausführung von Leistungen, die mit der zu vergebenden Leistung vergleichbar sind. Als Bezugszeitraum dienen jeweils die letzten drei abgeschlossenen Geschäftsjahre. Dabei handelt es sich um solche abgeschlossenen Jahre, für die bereits eine testierte Bilanz vorliegt, nicht etwa das »nur« abgelaufene Kalenderjahr. Hinsichtlich der Festlegung und Gewichtung der für maßgebend erachteten Eignungsmerkmale kommt den Vergabestellen ein Ermessen zu, welches lediglich in beschränktem Umfang einer Kontrolle durch die vergaberechtlichen Nachprüfungsinstanzen zugänglich ist.[1034] Eignungsnachweise können zulässiger Weise verlangt werden, soweit sie durch den Gegenstand der Leistungen gerechtfertigt sind.[1035] Anspruchsvolle oder sicherheitsrelevante Arbeiten können entsprechend strenge Nachweiserfordernisse rechtfertigen. Überdurchschnittlich hohe Anforderungen an die Fachkunde, Erfahrung und Zuverlässigkeit sind hinzunehmen, wenn die Leistung entsprechende Besonderheiten aufweist.[1036] Sieht sich ein Bieter durch die gestellten Eignungsanforderungen ungerechtfertigt benachteiligt, so muss er die gestellten Nachweiserfordernisse gem. § 107 Abs. 3 GWB gegenüber dem Auftraggeber rügen, wenn er seine Chance auf den Zuschlag nicht von vornherein verlieren will.

643

Kann ein Unternehmer aus einem berechtigten Grund die geforderten Nachweise nicht erbringen, so kann er den Nachweis der Eignung durch Vorlage jedes anderen vom Auftraggeber als geeignet erachteten Belegs erbringen (§ 8a Nr. 7 VOB/A). Durch diese Regelung wird sichergestellt, dass Bieter oder Bewerber nicht an der Form der geforderten Nachweise scheitern können. Für öffentliche Auftraggeber besteht danach die Pflicht, gegebenenfalls andere als geeignet erachtete Belege zu benennen. Dies wird allerdings nur erforderlich sein, wenn ein Bieter oder Bewerber sich diesbezüglich an den Auftraggeber wendet und konkret darstellt, dass er den von ihm geforderten Nachweis unverschuldet oder entschuldigt nicht rechtzeitig oder überhaupt nicht beibringen kann.

644

Legt ein Bieter die geforderten Eignungsnachweise seinem Angebot nicht bei, so kann die Eignung des Bieters nicht wie von § 25 Nr. 3 Abs. 1 VOB/A vorgesehen anhand der eingereichten Nachweise überprüft werden. Die Eignung ist aus rein formalen Gründen – unabhängig von der tatsächlichen Leistungsfähigkeit eines Bieters – zu ver-

645

1033 OLG Frankfurt, Beschl. v. 30.03.2004, 11 Verg 4/04, 5/04; OLG Celle, Beschl. v. 11.3.2004, 13 Verg 3/04; OLG Düsseldorf, Beschl. v. 05.10.2005, VII-Verg 55/05.
1034 OLG Düsseldorf, Beschl. v. 05.10.2005, Verg 55/05.
1035 OLG Düsseldorf, Beschl. v. 02.01.2006, Verg 93/05.
1036 OLG Düsseldorf, Beschl. v. 05.10.2005, Verg 55/05; Beschl. v. 22.09.2005, Verg 48/05.

sagen. Der Angebotsausschluss ist zwingend, und zwar auch, wenn der betroffene Bieter in der Vergangenheit bereits Leistungen für den Auftraggeber durchgeführt hatte. Auch dies befreit den Bieter nicht davon, die im konkreten Vergabeverfahren gestellten Anforderungen an den Nachweis der finanziellen und wirtschaftlichen Leistungsfähigkeit zu erfüllen, zumal sich die früheren finanziellen und wirtschaftlichen Gegebenheiten geändert haben können.[1037] Wird etwa der Nachweis der Eintragung in das Handelsregister verlangt, so muss der beigebrachte Ausdruck lesbar sein.[1038] Auch Angebote, denen ein geforderter Gewerbezentralregisterauszug nicht beilag, sind nicht wertungsfähig und auszuschließen.[1039] Werden Angaben zu mit der ausgeschriebenen Leistung vergleichbaren Referenzen verlangt, so genügt nicht die Übergabe einer Liste über 410 ausgeführte Aufträge zu 12 Gewerken, bei denen nicht erkennbar ist, welche dieser Maßnahmen vergleichbare Leistungen erfassen. Es ist in diesem Fall einer Vergabestelle weder zumutbar noch möglich, aus der Vielzahl von Objekten diejenigen auszuwählen, die relevant sein können.[1040] Von den bekannt gegebenen Eignungskriterien kann die Vergabestelle später nicht abrücken.[1041] Wird den Bietern von der Vergabestelle schriftlich mitgeteilt, welche Eignungsnachweise (die nicht schon mit dem Angebot abzugeben waren) noch beizubringen sind, wird damit beim Bieter ein Vertrauen dahin erzeugt, dass die Unterlagen im Übrigen vollständig sind.[1042] Ein Ausschluss des Bieters wegen Unvollständigkeit infolge Fehlens anderer, nicht benannter Eignungsnachweise, kommt dann nicht in Betracht.

646 In § 8 VOB/A und damit auch für Vergabeverfahren unterhalb der Schwellenwerte ist in der VOB/A 2006 die Präqualifikation als Nachweis der Eignung vorgesehen. Die Präqualifikation stellt die vorgelagerte, auftragsunabhängige Prüfung der Eignungsnachweise entsprechend den in § 8 VOB/A definierten Anforderungen dar. Ziel ist, dass an öffentlichen Aufträgen interessierte Unternehmen künftig ihre Eignung gegenüber den öffentlichen Auftraggebern zu erheblich reduzierten Kosten nachweisen, während für die Auftraggeber eine Verfahrensverschlankung und Beschleunigung eintritt. Zuständig für die Durchführung der Präqualifikation von Bauunternehmen ist der *»Verein für die Präqualifikation von Bauunternehmen e. V.«*.[1043] Bei Präqualifikation durch diesen Verein reicht die Beifügung des Präqualifikationsnachweises zum Beleg der Eignung des Bieters regelmäßig aus. In § 8 Nr. 3 Abs. 2 S. 2 VOB/A ist klargestellt, dass auf den konkreten Auftrag bezogene zusätzliche Nachweise verlangt werden können, so dass im Einzelfall auch weitergehende und spezielle Anforderungen gestellt werden können, die im Rahmen der Präqualifikationen nicht abgeprüft wurden. Auch ist die Berücksichtigung einer Präqualifikation als Eignungsnachweis lediglich zulässig. Eine Präqualifikation kann entsprechend nicht zur Voraussetzung einer Bewerbung gemacht werden. Bieter ohne Präqualifikation können diese durch andere Nachweise ersetzen.

1037 OLG Düsseldorf, Beschl. v. 26.01.2006, Verg 92/05; Beschl. v. 01.02.2006, Verg 83/05
1038 OLG Düsseldorf, Beschl. v. 26.01.2006, Verg 92/05, VergabeNews 2006, S. 38.
1039 OLG Schleswig, Beschl. v. 22.05.2006, 1 Verg 5/06.
1040 OLG Naumburg, Beschl. v. 11.10.2005, 1 Verg 10/05.
1041 OLG Düsseldorf, Beschl. v. 14.10.2005, Verg 40/05.
1042 OLG Düsseldorf, Beschl. v. 18.10.2006, Verg 35/06.
1043 www.pq-verein.de.

3.11 Das Verfahren von der Angebotseröffnung bis zum Zuschlag

Bei der Bewertung der Eignung ist auch ein evtl. früheres, vertragswidriges Verhalten eines Bieters einzubeziehen, wie etwa Lieferverzögerungen und auch Schlechtleistungen.[1044] Diese Umstände begründen jedoch noch nicht automatisch eine Unzuverlässigkeit. Es kommt vielmehr darauf an, ob die aufgeworfenen Umstände gerade bei dem zu vergebenden Auftrag eine ordnungsgemäße und vertragsgerechte Leistungserbringung in Frage stellen können oder nicht, so dass insbesondere die Ursache für die nicht vertragsgerechte Ausführung eines anderen Auftrages zu prüfen und zu bewerten ist.[1045] Begründete Streitigkeiten über Bauzeit, Nachträge, Mängel etc. vermögen daher die Zuverlässigkeit eines Unternehmens nicht zu beeinträchtigen. Ausführungsmängel bei früheren Aufträgen sind daher grundsätzlich nicht von Relevanz, es sei denn, dass ihnen besonderes Gewicht zukäme und eine gravierende Belastung des Auftraggebers verursacht hätten.[1046] Das ergibt sich für den Bereich der Ausführung im Umkehrschluss auch aus § 18 Nr. 4 VOB/B.

647

Grundsätzlich nicht zulässig ist es jedoch bei der Vergabe eines öffentlichen Auftrags bei der Bewertung mehrerer geeigneter Bieter im Rahmen der Ermittlung des besten Angebots auf ein »Mehr an Eignung« eines einzelnen Bieters abzustellen.[1047] Entscheidend ist vielmehr, dass die Mindestanforderungen erfüllt werden und die grundsätzliche Eignung eines Bieters bejaht wird. Ist dies geschehen, kann das Eignungskriterium bei der weiteren Bewertung regelmäßig keine Rolle mehr spielen. Etwas anderes kann allenfalls gelten, wenn wegen besonderer Randbedingungen der Auftragsausführung die Fachkunde und Erfahrung mit der Leistungsausführung unter vergleichbaren Umständen von der Vergabestelle ausdrücklich zu einem vorrangigem Wertungskriterium erhoben wurden.[1048] Von der unzulässigen Berücksichtigung eines »Mehr an Eignung« im Rahmen der Ermittlung des wirtschaftlichsten Angebots zu unterscheiden ist allerdings die Begrenzung des Teilnehmerkreises beim Nichtoffenen Verfahren, Verhandlungsverfahren und Wettbewerblichen Dialog, wo gegebenenfalls aus dem Kreis der geeigneten Bewerber eine Auswahl der am besten geeigneten vor Aufforderung zur Angebotsabgabe möglich ist, wenn dies in der Vergabebekanntmachung angekündigt und die entsprechenden Auswahlkriterien mitgeteilt wurden.[1049]

648

Vielfach wird von Bietern die Abgabe von so genannten Tariftreueerklärungen mit der Angebotsabgabe verlangt. Der jeweilige Bieter verpflichtet sich, seine Mitarbeiter nicht unterhalb der regional geltenden Tariflohnsätze zu beschäftigen, und dem Auftrageber das Recht einzuräumen, die Lohnabrechnungen des Bieters bzw. seiner Nachunternehmer einzusehen,. Für das Land Berlin hat der BGH[1050] bereits festgestellt, dass eine dort geforderte Tariftreueerklärung unwirksam war.[1051] In der Folge sind nicht nur in Berlin, sondern auch in anderen Bundesländern Vergabegesetze erlassen worden, wo-

649

1044 OLG Düsseldorf, Beschl. v. 28.08.2001, Verg 27/01.
1045 OLG Düsseldorf, Beschl. v. 28.08.2001, Verg 27/01.
1046 OLG Stuttgart, Urt. v. 29.04.2003, 1 U 130/02, IBR 2003, 496.
1047 BGH, VergabeR 2002, 46; BauR 1998, 1246; OLG Düsseldorf, VergabeR 2002, 282.
1048 OLG Düsseldorf, VergabeR 2004, 537, 541.
1049 Siehe bereits oben, Rn. 473.
1050 BGH, Beschl. v. 18.01.2000, WuW/E Verg 297.
1051 So jetzt auch OLG Hamburg, VergabeR 2003, 40, 43. Näheres zur Unzulässigkeit vergabefremder Kriterien gem. § 97 Abs. 4 GWB unter 1.4.

3 Die Vergabe- und Vertragsordnung für Bauleistungen, Teil A (VOB/A)

rin man versucht hat, die Forderung nach Einhaltung des im jeweiligen Bundesland geltenden Tariflohns in Konformität zu § 97 Abs. 4 GWB zu regeln.[1052] Nach Auffassung des OLG Hamburg führt die Feststellung, dass ein Bieter nicht den am Ort verbindlich vorgeschriebenen Tariflohn einhält, zur Verneinung der Zuverlässigkeit nach § 25 Nr. 2 Abs. 1 VOB/A.[1053] Eine Bezahlung unterhalb eines für allgemeinverbindlich erklärten Tariflohns sei rechtswidrig, so dass ein dergestalt verfahrender Unternehmer sich im Wettbewerb einen sachlich nicht gerechtfertigten Vorsprung verschaffe.[1054] Im dort entschiedenen Fall war indes der Verstoß gegen den Tarifvertrag nachgewiesen und es handelte sich um ein Vergabeverfahren unterhalb der Schwellenwerte. Es bestehen nämlich Bedenken, ob solche landesgesetzlichen Tariftreueregelungen dem Grundgesetz und den europäischen Richtlinien entsprechen.[1055] Das Bundesverlassungsgericht hat zwar die Verfassungskonformität der Berliner Tariftreueregelung bestätigt.[1056] Mit Beschluss vom 03.08. 2006 hat das OLG Celle im Rahmen eines Zivilverfahrens dem EuGH die Frage zur Vorabentscheidung vorgelegt, ob im Verlangen einer Tariftreueerklärung eine nicht gerechtfertigte Beschränkung der europarechtlichen Dienstleistungsfreiheit liegt.[1057] Der Ausgang dieses Verfahrens, welches sich 2 bis 3 Jahre hinziehen kann, wird mit Spannung erwartet.

650 Einzelheiten zu Inhalt und Ablauf der Eignungsprüfung dem § 25 VOB/A lassen sich dem Vergabehandbuch des Bundes entnehmen, das in Nr. 1.3 zu § 25 VOB/A Folgendes bestimmt:

1.3 Eignung der Bieter

1.3.1 Fachkunde, Leistungsfähigkeit und Zuverlässigkeit der Bieter sind bei

- Öffentlicher Ausschreibung im Rahmen der Wertung der Angebote,
- Beschränkter Ausschreibung und Freihändiger Vergaben bereits vor Aufforderung zur Angebotsabgabe

zu prüfen.

Wenn bei Beschränkter Ausschreibung und Freihändiger Vergabe nach der Aufforderung zur Angebotsabgabe Umstände bekannt geworden sind, die

---

1052 Berliner Vergabegesetz v. 09.07.1999, GVBl. Nr. 28 S. 369; Saarländisches Bauaufträge-Vergabegesetz v. 23.08.2000, Amtsbl. 2000, S. 1846; Bayerisches Bauaufträge-VgG vom 28.06. 2000, GFBl. S. 364; Landesvergabegesetz Niedersachsen v. 02.09.2002, GVBl., S. 370; Landesvergabegesetz Bremen vom 17.12.2002, GVBl. S. 594; Vergabegesetz Sachsen vom 08.07. 2000, GVBl. S. 218; Mittelstandsförderungs- und Vergabegesetz Schleswig-Holstein vom 17.09.2003, GVOBl. S. 432; Gesetz zur tariflichen Entlohnung bei öffentlichen Aufträgen im Land NRW vom 17.12.2002, GVBl. S. 8.
1053 OLG Hamburg, Urteil v. 22.05.2003, 3 U 122/01.
1054 OLG Hamburg, a. a. O. unter Verweis auf OLG Hamburg, NJW 1987, 1651, 1652; mit ähnl. Tendenz Ingenstau/Korbion-Kratzenberg, § 25 VOB/A, Rn. 56.
1055 Heiermann/Riedl/Rusam-Rusam, § 25 VOB/A, Rn. 3; daher hat der BGH die Frage der Wirksamkeit des Berliner Vergabegesetzes dem BVerfG vorgelegt, BGH, Beschl. v. 18.01. 2000, WuW/E Verg 297.
1056 BVerfG, Beschl. v. 11.07.2006, 1 BvL 4/06, VergabeNews 2006, S. 115 f.
1057 OLG Celle, Beschl. v. 03.08.2006, 13 U 72/06, VergabeNews 2006, S. 99.

3.11 Das Verfahren von der Angebotseröffnung bis zum Zuschlag

Zweifel an der Fachkunde, Leistungsfähigkeit und Zuverlässigkeit des Bieters begründen, sind diese bei der Wertung zu berücksichtigen; siehe auch Richtlinie zu § 2 VOB/A.

Die Eignung ist bezogen auf die jeweils geforderte Leistung unabhängig von der Höhe des Angebotspreises zu beurteilen.

Für die Beurteilung sind die nach § 8 Nr. 3 VOB/A geforderten Nachweise heranzuziehen.

1.3.2 Fachkundig ist der Bieter, der über die für die Vorbereitung und Ausführung der jeweiligen Leistung notwendigen technischen Kenntnisse verfügt. Bei schwierigen Leistungen wird in der Regel zu fordern sein, dass der Bieter bereits nach Art und Umfang vergleichbare Leistungen ausgeführt hat.

Leistungsfähig ist der Bieter, der über das für die fach- und fristgerechte Ausführung notwendige Personal und Gerät verfügt und die Erfüllung seiner Verbindlichkeiten erwarten lässt. Wegen des Nachweises der Leistungsfähigkeit bei Nachunternehmern siehe Nr. 3.

Zuverlässig ist ein Bieter, der seinen gesetzlichen Verpflichtungen – auch zur Entrichtung von Steuern und sonstigen Abgaben – nachgekommen ist, und der aufgrund der Erfüllung früherer Verträge eine einwandfreie Ausführung einschließlich Gewährleistung erwarten lässt.

Zuverlässigkeit ist nicht gegeben bei Bietern, bei denen einer der in § 8 Nr. 5 Abs. 1 VOB/A genannten Gründe vorliegt.

1.3.3 Die Eignung des Bieters hängt auch davon ab, in welchem Umfang er Leistungen an Nachunternehmer übertragen will.

Nach § 4 Nr. 8 VOB/B hat der Auftragnehmer die Leistungen, auf die sein Betrieb eingerichtet ist, grundsätzlich selbst auszuführen.

Der Bieter ist nach Nr. 7 der Bewerbungsbedingungen – EVM (B)BwB/E – verpflichtet, Art und Umfang der Leistungen anzugeben, die er an Nachunternehmer zu vergeben berücksichtigt.

Ergibt sich aus den Erklärungen in Nr. 5 des Angebotsschreibens – EVM(B) Ang –, dass der Bieter Leistungen, auf die sein Betrieb eingerichtet ist, an Nachunternehmer übertragen will, ist zu prüfen, ob

- dadurch die für die Ausführung erforderliche Fachkunde, Leistungsfähigkeit und Zuverlässigkeit des Unternehmers beeinträchtigt wird und
- er wirtschaftlich, technisch und organisatorisch die Gewähr für ordnungsgemäße Vertragserfüllung, insbesondere für einwandfreie Koordinierung und Aufsicht, bietet.

651 Die personelle Leistungsfähigkeit eines Bieters ist nach einer neueren Entscheidung des OLG Düsseldorf auch bei Einsatz polnischer Arbeitskräfte für Restaurierungsarbeiten zu bejahen, die für die Ausführung der Arbeiten eine Arbeitserlaubnis benötigen. Liegt diese Erlaubnis vor oder ist nach der bisherigen Verwaltungspraxis prognostisch davon auszugehen, dass sie erteilt wird, kann die Leistungsfähigkeit nicht verneint werden, weil die Verwaltungspraxis für rechtlich bedenklich erachtet wird.[1058]

652   Gemäß § 8 Nr. 5 Abs. 1 VOB/A ist der Auftraggeber nach pflichtgemäßem Ermessen berechtigt, die Angebote solcher Bieter von der Wertung auszuschließen, über deren Vermögen das Insolvenzverfahren oder ein vergleichbares gesetzlich geregeltes Verfahren eröffnet oder die Eröffnung beantragt worden ist. Dasselbe gilt für Unternehmen, die sich in Liquidation befinden oder deren Antrag auf Eröffnung des Insolvenzverfahrens mangels Masse abgelehnt wurde. Allein die Tatsache, dass gegen einen Bieter das Insolvenzverfahren eingeleitet wurde, befreit den Auftraggeber nicht von einer Ermessensprüfung.[1059] Andernfalls läge ein Verstoß gegen § 25 Nr. 1 VOB/A vor, wo ausdrücklich zwischen zwingenden und fakultativen Ausschlussgründen unterschieden wird. Deshalb muss stets im Einzelfall entschieden werden, ob und inwieweit sich eine nachträglich eintretende Insolvenz eines Bieters auf dessen Leistungsfähigkeit nachteilig auswirkt. Es ist allgemein anerkannt, dass es einem Auftraggeber nicht verwehrt sein darf, im Falle der Insolvenz mit dem Insolvenzverwalter über die Möglichkeit zur weiteren Ausführung zu sprechen.[1060]

653   Zudem ist ein Ausschluss möglich, wenn der Bieter nachweislich eine schwere Verfehlung begangen hat, die seine Zuverlässigkeit als Bewerber in Frage stellt, wie z. B. eine wissentlich falsch abgegebene Nachunternehmererklärung, obwohl zu erkennen war, dass es dem Auftraggeber wesentlich auf den Umfang des Nachunternehmereinsatzes ankam.[1061] Ein Ausschluss kommt weiter dann in Betracht, wenn der Bieter die Verpflichtung zur Zahlung von Steuern und Abgaben sowie der Beiträge zur gesetzlichen Sozialversicherung nicht ordnungsgemäß erfüllt hat. Weiterhin kann ein Ausschluss erfolgen, wenn der Bieter im Vergabeverfahren vorsätzlich unzutreffende Erklärungen im Bezug auf seine Fachkunde, Leistungsfähigkeit und Zuverlässigkeit abgegeben hat und ebenso, wenn sich der Bieter nicht bei der Berufsgenossenschaft angemeldet, ein gefordertes Selbstzeugnis nicht eingereicht[1062] oder arbeitsrechtliche Bestimmungen nicht eingehalten hat.[1063] Schließlich kann die Zuverlässigkeit dann verneint werden, wenn ein Bieter vorsätzlich Rechenfehler in sein Angebot einbaut oder die Vielzahl der Fehler im Angebot auf Unzuverlässigkeit schließen lässt.[1064] Darüber hinaus sieht § 8 a Nr. 1 Abs. 1 VOB/A für Verfahren oberhalb der Schwellenwerte nunmehr ausdrücklich vor, dass Unternehmen von der Teilnahme an einem Vergabeverfahren wegen Unzuverlässigkeit auszuschließen sind, wenn der Auftraggeber Kenntnis davon hat,

---

1058 OLG Düsseldorf, Beschl. v. 07.07.2003, Verg 34/03, VergabeNews 2003, 65 = IBR 2003, 495.
1059 OLG Rostock, Beschl. v. 10.06.2005, 17 Verg 9/05; VK Arnsberg, Beschl. v. 22.04.2005, VK 03/04; VK Brandenburg, Beschl. v. 14.03.2005, VK 7/05; VK Bund, Beschl. v. 12.10.2004, VK 2-187/04.
1060 VK Brandenburg, Beschl. v. 14.03.2005, VK 7/05; VK Bund, Beschl. v. 12.10.2004, VK 2-187/04.
1061 OLG Frankfurt/Main, Beschl. v. 16.05.2000, BauR 2000, 1595, 1599; OLG Düsseldorf, BauR 2000, 1623, 1624.
1062 OLG Stuttgart, NZBau 2000, 543.
1063 VÜA Brandenburg, ZVgR 1998, 485.
1064 BGH, BauR 1994, 98; BGH, NZBau 2002, 344.

dass eine Person, deren Verhalten dem Unternehmen zuzurechnen ist, rechtskräftig wegen des Verstoßes gegen einen der dort angeführten Straftatbestände verurteilt worden ist. Erfasst sind bestimmte unternehmensbezogene Straftaten wie etwa Beteiligung an einer kriminellen Organisation, Geldwäsche oder Submissionsbetrug. Da diese Ausschlussregelung bei europaweiten Verfahren unmittelbar zur Anwendung kommt, wird klargestellt, dass Verstöße gegen entsprechende Strafnormen anderer Staaten einem Verstoß gegen die ausdrücklich benannten nationalen Vorschriften gleichzusetzen sind. Liegt einer der angeführten Tatbestände vor, so kann von einem Ausschluss nur abgesehen werden, wenn zwingende Gründe des allgemeinen Interesses vorliegen und andere die Leistung nicht angemessen erbringen können oder wenn aufgrund besonderer Umstände des Einzelfalls der Verstoß die Zuverlässigkeit des Unternehmens nicht in Frage stellt. Ist eine Person, deren Verhalten einem Unternehmen zuzurechnen ist, entsprechend verurteilt worden, so kann die Zuverlässigkeit des Unternehmens demnach nur noch in Ausnahmefällen bejaht werden. Eine relevante strafrechtliche Verurteilung hat damit bis zu Ihrer Tilgung nach dem Bundeszentralregistergesetz die Wirkung einer Auftragssperre. Vom Bieter- oder Bewerberunternehmen nachzuweisende effiziente und umgesetzte Selbstreinigungsmaßnahmen können das Verdikt der Unzuverlässigkeit im Einzelfall aber abwenden.[1065]

3.11.4.2.2 Eignungsprüfung bei Bietergemeinschaften

Bietergemeinschaften sind grundsätzlich nach § 21 Nr. 5 VOB/A zulässig. Mehrere Unternehmen können sich daher in zusammengeschlossener Form – eine bestimmte Rechtsform kann nur für den Auftragsfall verlangt werden, § 25 Nr. 8 VOB/A – als Bieter an einem Vergabeverfahren beteiligen. Die Bietergemeinschaft wird nach § 25 Nr. 6 VOB/A wie ein Einzelbieter behandelt, wenn die Arbeiten im Betreib der Mitglieder ausgeführt werden. Allerdings kann auch für Bietergemeinschaften nichts anderes gelten als für Einzelbieter, nämlich dass sie sich auf die Leistungsfähigkeit nicht nur der der Bietergemeinschaft angehörenden Firmen, sondern auch dritter Unternehmen bedienen können.[1066] Die Neuregelung von § 8 a Nr. 10 VOB/A in der VOB 2006 klärt dies ausdrücklich, so dass von einer Bietergemeinschaft nunmehr definitiv kein höherer Eigenleistungsanteil als von einem Einzelbieter gefordert werden kann. Gleichwohl schließt es die Rechtsprechung nicht grundsätzlich aus, dass in begründeten Fällen bestimmte Eigenleistungen von den Bietern gefordert werden.[1067] Lediglich ein generelles Verbot der Untervergabe scheidet ebenso aus wie die schematische Vorgabe einer Mindestquote ohne weitere Begründung.

654

Die Eignungsprüfung einer Bietergemeinschaft ist etwas aufwändiger als bei einem Einzelbieter. Bei der Angebotsprüfung kommt es hinsichtlich der Fachkunde und der Leistungsfähigkeit darauf an, dass die Bietergemeinschaft insgesamt die ihr zur Verfügung stehende Kapazität nachweist. Dabei liegt es gerade in der Zielrichtung einer Bietergemeinschaft, dass Unternehmen, die allein keine ausreichende Kapazität hätten, sich zu einer gemeinsamen Angebotsabgabe zusammenschließen. Deswegen sind solche Aspekte der Leistungsfähigkeit kumulativ für die Bietergemeinschaft insgesamt zu

655

1065 Siehe hierzu auch Rn. 665 ff. sowie das Schlusskapitel dieses Buches.
1066 So EuGH, Urt. v. 18.03.2004, Rs. C-314/01, VergabeR 2004, 465 ff.
1067 EuGH, VergabeR 2004, 465, 471 m. zust. Anm. Schabel.

prüfen. Bei einer Bietergemeinschaft, die gemäß § 25 Nr. 6 VOB/A 2. Abschnitt einem Einzelbieter gleichzusetzen ist, müssen die sachlichen und persönlichen Eignungsmerkmale bei denjenigen Personen vorhanden sein, unter deren technischer und wirtschaftlicher Verantwortung die angebotene Bauleistung ausgeführt werden soll. Hierzu gehört die entsprechende gerätemäßige Ausstattung der Gemeinschaftsfirmen, wie auch in personeller Hinsicht das für die Durchführung gerade des speziellen Bauvorhabens notwendige Fach- und Stammpersonal. Hinsichtlich der Fachkunde und der Leistungsfähigkeit kommt es auf die der Bietergemeinschaft in der Summe insgesamt zur Verfügung stehende Kapazität an.

656 Lediglich bei dem Merkmal der Zuverlässigkeit müssen die geforderten Voraussetzungen bei jedem Mitglied der Bietergemeinschaft einzeln vorliegen.[1068] Ist nur ein Bietergemeinschaftspartner als unzuverlässig einzustufen, wird dies in der Regel zum Ausschluss der gesamten Bietergemeinschaft führen, selbst wenn die übrigen Mitglieder zuverlässig sind und den Auftrag auch ohne den »problematischen« Partner ausführen könnten. Die Zusammensetzung einer Bietergemeinschaft darf nämlich nach Angebotsabgabe nicht mehr verändert werden,[1069] so dass der nachträgliche Ausschluss eines Bietergemeinschaftsmitglieds automatisch zu deren Ausschluss vom Wettbewerb führen müsste.

657 Ein besonderes Problem bereitet der Fall, wenn in einem laufenden Vergabeverfahren eines der einer Bietergemeinschaft angehörenden Unternehmen insolvent wird. Allein der Umstand der Einleitung eines Insolvenzverfahrens gegen ein Bietergemeinschaftsmitglied lässt die erforderliche Ermessensprüfung nicht entfallen.[1070] Es wird aber kritisch gesehen, wenn die Insolvenz zum Ausschluss des betroffenen Gesellschafters aus der Bietergemeinschaft führt, etwa weil die Gesellschafter den insolventen Partner nach § 736 BGB ausschließen. Eine Veränderung der Zusammensetzung einer Bietergemeinschaft zwischen Angebotsabgabe und Zuschlagserteilung ist nicht statthaft. Eine solche Veränderung tritt aber ein, wenn die Gesellschaft durch die Insolvenz eines Gesellschafters nach § 728 Abs. 2 BGB aufgelöst wird. Das gilt auch dann, wenn der Gesellschaftsvertrag eine Fortsetzungsklausel aufweist, weil auch in diesem Fall lediglich die ansonsten anstehende Auflösung der Gesellschaft insgesamt vermieden wird, der insolvente Gesellschafter aber gleichwohl ausscheidet. Die »Verkleinerung« einer Bietergemeinschaft durch Entfall eines insolventen Gesellschafters stellt eine unzulässige Veränderung der Zusammensetzung dar und führt zum Ausschluss.[1071] Auch kann nicht nachträglich ein Subunternehmer für einen entfallenden Bietergemeinschaftspartner benannt und so Eigenleistung durch Fremdleistung ersetzt werden.[1072]

658 Allerdings sind die gesetzlichen Regelungen zur BGB-Gesellschaft weitgehend vertragsdispositiv, d. h. sie können im Gesellschaftsvertrag abbedungen oder modifiziert werden, auch um die möglicherweise im Einzelfall als unangemessen empfundene

---

1068 OLG Düsseldorf, Beschl. v. 15.12.2004, Verg 48/04; VergabeR 2005, 107 ff.
1069 Statt vieler OLG Düsseldorf, Beschl. v. 24.05.2005, Verg 28/05.
1070 OLG Rostock, Beschl. v. 10.06.2005, 17 Verg 9/05; VK Brandenburg, Beschl. v. 14.03.2005, VK 7/05; VK Bund, Beschl. v. 12.10.2004, VK 2-187/04.
1071 OLG Düsseldorf, Beschl. v. 24.05.2005, Verg 28/05.
1072 OLG Düsseldorf, Beschl. v. 05.05.2004, VII Verg 10/04.

Auflösungsfolge des § 728 Abs. 2 BGB insbesondere bei auf längere Zeit angelegten Gesellschaften zu vermeiden. Auch der Auflösungsgrund nach § 728 Abs. 2 BGB ist abdingbar, typischerweise durch die sog. Fortsetzungsklausel.[1073] Unabhängig davon kann der Insolvenzverwalter gemeinsam mit den übrigen Gesellschaftern beschließen, die Gesellschaft (= Bietergemeinschaft) fortzusetzen, beispielsweise, weil der zu erwartende Auftrag günstige geschäftliche Erwartungen birgt. Dann liegt keine personelle Veränderung vor.

Das verbreitet verwendete Vertragsmuster des Hauptverbandes der Bauindustrie für Bieter-/Dach-Arbeitsgemeinschaften (Fassung 2005) weist in § 24.1 eine Fortführungsklausel für den Fall des Ausscheidens eines Gesellschafters auf. Eine Auflösung der Bietergemeinschaft erfolgt somit auch im Fall einer Gesellschafterinsolvenz nicht. Diese Klausel ist nicht einschlägig, wenn gar kein Ausscheiden des insolventen Gesellschafters stattgefunden hat, sondern dieser unverändert in der Gesellschaft verbleibt. Die Eröffnung des Insolvenzverfahrens über das Vermögen eines Gesellschafters ist allerdings in § 23.5 des Mustervertrages als zwingender Ausschlussgrund gegen diesen Gesellschafter vorgesehen. Im Hinblick auf die Erfordernisse der bisherigen Rechtsprechung ist zu einer Modifizierung dieser Regelung anzuraten; ein Ausschluss sollte nur nach ausdrücklichem Beschluss der Gesellschaft erfolgen, um deren Chancen im laufenden Vergabeverfahren nicht zu beeinträchtigen. 659

Das OLG Düsseldorf befasste sich in dem bekannten Teltowkanal-Fall[1074] u. a. mit der Frage, unter welchen Voraussetzungen das Angebot einer Bietergemeinschaft, bei der ein Gesellschafter insolvent geworden war, weiter fortbestehen kann. In dem entschiedenen Fall wurde die relevante Niederlassung des insolventen Mitglieds der Bietergemeinschaft im Wege des Unternehmenskaufs von einem anderen Unternehmen erworben. Die Insolvenz eines Bietergemeinschaftspartners stellte dort nach Ansicht des OLG noch keinen Ausschlussgrund dar, nachdem vor dem Senat ausdrücklich erklärt worden war, dass auch der Insolvenzverwalter an dem Angebot festhalte. In solchen Fällen ist daher von einem unveränderten Fortbestand der Bietergemeinschaft auszugehen. 660

In demselben Vergabeverfahren hatte das OLG Düsseldorf noch eine andere Fallgestaltung zu überprüfen. Bei einer Bietergemeinschaft hatte ein ihr angehörendes Unternehmen den hier relevanten Geschäftsbereich an ein drittes Unternehmen veräußert,[1075] bestand jedoch als Rechtssubjekt fort. Nach Ansicht des Senats kam es hier entscheidend darauf an, ob die Bietergemeinschaft für die Ausführung des Auftrages den uneingeschränkten Zugriff auf Personal und Gerät des ausgeschiedenen Bietergemeinschaftsmitglied behalte.[1076] Auch bei unverändert fortbestehender Bietergemeinschaft ist deren Eignung im Hinblick auf das zur Ausführung des Auftrags zur Verfügung stehende Personal und Gerät und die nach Angebotsabgabe eingetretenen Umstände (Insolvenz eines Gesellschafters) nochmals zu überprüfen. Diese Überprüfung kann 661

1073 Münchner Kommentar – Ulmer, § 728 BGB, Rn. 3.
1074 VergabeR 2005, 207
1075 Veräußerung einer Niederlassung mit Personal, Gerät, Rechten und Verpflichtungen als sog. »asset deal«.
1076 OLG Düsseldorf, VergabeR 2005, 374, 377 – Teltowkanal II – m. Anm. Leinemann.

einerseits dahin gehen, dass festzustellen ist, ob auch bei Wegfall der Kapazitäten des insolventen Bietergemeinschaftspartners noch eine ausreichende Leistungsfähigkeit der übrigen Bietergemeinschaftsmitglieder zu bejahen ist.[1077] Dabei darf allerdings nur auf die schon mit dem Angebot bzw. zulässigerweise nachgeforderten Angaben zu Gerät und Personal zurückgegriffen werden.[1078] Durch die Abgabe einer Erklärung des Übernehmers, wonach dem Bietergemeinschaftsgesellschafter nach wie vor uneingeschränkter Zugriff auf das übertragene Personal und Gerät für die Ausführung des Auftrages gewährt würde, kann sichergestellt werden, dass das durch den Unternehmenskauf personal- und gerätelos gewordene Bietergemeinschaftsmitglied leistungsfähig bleibt.[1079] Das OLG Rostock hat in Fortführung dieser Rechtsprechung festgestellt, dass allein durch die Insolvenz eines Bietergemeinschaftsmitglieds die Zuschlagserteilung nicht ausgeschlossen wird.[1080]

662 Nach einer grundlegenden Entscheidung des BGH[1081] besitzt eine Gesellschaft bürgerlichen Rechts als Außengesellschaft eine eigene (Teil-) Rechtsfähigkeit, soweit sie durch die Teilnahme am Rechtsverkehr eigene Rechte und Pflichten begründet. Davon ist für die Bietergemeinschaft als nach außen werbend auftretende Gesellschaft bürgerlichen Rechts auszugehen. Ihr müsste damit konsequent Rechtssubjektivität zuerkannt werden, auch unabhängig von der – sich möglicherweise wandelnden – Zahl ihrer Gesellschafter. Dann aber dürfte der Ausfall eines Gesellschafters wegen Insolvenz keinen Einfluss mehr auf den rechtlichen Fortbestand der mit der Gesellschaft bestehenden Rechtsverhältnisse haben. Der BGH hat gerade dies ausdrücklich als einen für die Praxis bedeutsamen Vorzug der Rechtssubjektivität der Gesellschaft bürgerlichen Rechts hervorgehoben:

> *»Ein für die Praxis bedeutsamer Vorzug der nach außen bestehenden Rechtssubjektivität der Gesellschaft bürgerlichen Rechts im oben beschriebenen Sinne besteht darin, dass danach ein Wechsel im Mitgliederbestand keinen Einfluss auf den Fortbestand der mit der Gesellschaft bestehenden Rechtsverhältnisse hat (vgl. Senat, BGHZ 79, 374, 378 f.).«*[1082]

663 Vor diesem Hintergrund erscheint es problematisch, die Bietergemeinschaft mit der BGH-Rechtsprechung zur Rechtsfähigkeit einerseits als eigene Rechtsperson zu behandeln, andererseits den Ausfall eines Gesellschafters automatisch als formale Änderung der Gesellschaft zum zwingenden Ausschlussgrund zu erheben.

664 Die maßgebliche Rechtsprechung der Vergabesenate hat sich mit der Frage der Rechtsfähigkeit der Bietergemeinschafts-GbR in diesem Zusammenhang noch nicht vertiefend befasst. In der Entscheidung vom 15.12.2004[1083] wurde die Insolvenz eines Ge-

---

1077 Zutreffend erwogen von OLG Düsseldorf, VergabeR 2005, 374, 377; konnte aber dahinstehen, da Kapazitäten infolge Erklärung des Übernehmers zur Verfügung standen.
1078 OLG Düsseldorf, Beschl. v. 25.02.2004, VII Verg 77/03, VergabeR 2004, 537, 538 – Teltowkanal I – m. Anm. Leinemann.
1079 OLG Düsseldorf, VergabeR 2005, 374 ff.
1080 OLG Rostock, Beschl. v. 10.06.2005, 17 Verg 9/05.
1081 BGH NJW 2001, 1056 f.
1082 BGH, NJW 2001, 1056, 1057.
1083 OLG Düsseldorf, Beschl. v. 15.12.2004, Verg 48/04; VergabeR 2005, 107 ff.

sellschafters der antragstellenden Bietergemeinschaft nicht weiter problematisiert, nachdem vor dem Senat der Verbleib des insolventen Gesellschafters in der Bietergemeinschaft ausdrücklich versichert wurde. Die Frage, ob der Gesellschaftsvertrag einen zwingenden Ausschluss des insolventen Gesellschafters und eine Fortführungsklausel vorsah – worauf es gesellschaftsrechtlich wohl angekommen wäre – blieb unerörtert. Das OLG Rostock hat hingegen den Nachprüfungsantrag einer Bietergemeinschaft mit einem insolventen Gesellschafter ohne weiteres als Antrag einer teilrechtsfähigen GbR für zulässig erachtet und die Insolvenz und deren Auswirkungen auf das Angebot als Frage bezeichnet, die im Rahmen der Eignung erneut zu prüfen sei.[1084] Es spricht somit manches dafür, dass die bisherigen vergaberechtlichen Entscheidungen der Oberlandesgerichte die BGH-Rechtsprechung zur Rechtsfähigkeit der BGB-Gesellschaft noch nicht vollständig rezipiert haben. Würde man – wogegen nichts spricht – auch im Vergaberecht von der Rechtsfähigkeit der Bietergemeinschaft als BGB-Gesellschaft ausgehen, käme es für die Beurteilung von deren rechtswahrender Identität nicht darauf an, ob ein insolventer Gesellschafter möglicherweise ausgeschlossen wird oder in sonstiger Weise ausscheidet. Die Gesellschaft bleibe auch in einem solchen Falle erhalten und mit der ursprünglich aus dem Teilnahmewettbewerb hervorgegangenen Bietergemeinschaft identisch, solange der Gesellschaftsvertrag eine Fortsetzungsklausel im Sinne von § 736 BGB aufweist. Es bliebe freilich bei dem Erfordernis, aufgrund des Wegfalls eines Gesellschafters noch die Eignungsprüfung zu wiederholen.

3.11.4.2.3 Ausschluss wegen Unzuverlässigkeit

Nach § 8 Nr. 5 Abs. 1 c VOB/A dürfen solche Unternehmen vom Wettbewerb ausgeschlossen werden, die nachweislich eine schwere Verfehlung begangen haben, die ihre Zuverlässigkeit als Bewerber in Frage stellt. »Nachweislichkeit« bedeutet anders als bei § 8a Nr. 1 Abs. 1 VOB/A nicht etwa, dass ein rechtskräftiger Bußgeldbescheid oder ein Urteil/Strafbefehl vorliegen müsste; ausreichend sind auch vorliegende Geständnisse, ggf. auch Untersuchungshaft gegen den Geschäftsführer eines Bewerbers bei auch im übrigen klarer Beweislage. Voraussetzung ist mindestens das Vorliegen konkreter Anhaltspunkte, während reine Verdachtsmomente nicht ausreichend sind.[1085] Das Vorliegen von Verdachtsmomenten, bloßen Verdächtigungen, unspezifizierten Vorwürfen oder Meinungsverschiedenheiten genügen nicht.[1086] Die Vergabestelle muß hier zunächst nach pflichtgemäßem Ermessen prüfen, ob sie von der gegebenen Möglichkeit eines Ausschlusses Gebrauch machen will. Zu prüfen ist, ob aufgrund des beanstandeten Verhaltens in der Vergangenheit auch für den zu vergebenden Auftrag erhebliche Zweifel an der Zuverlässigkeit des Bewerbers bestehen. Dabei ist auch zu berücksichtigen, ob glaubwürdige und erfolgversprechende Maßnahmen im Betrieb des Bewerbers ergriffen wurden, um solche Rechtsverletzungen für die Zukunft zu vermeiden (Selbstreinigung).[1087] Das Ausscheiden eines bestraften Gesellschafters und die

665

1084 OLG Rostock, Beschl. v. 10.06.2005, 17 Verg 9/05.
1085 OLG Frankfurt, Beschl. v. 20.07.2004, 11 Verg 6/04, VergabeR 2004, 642,645.
1086 OLG Düsseldorf, Beschl. v. 28.07.2005 – Verg 42/05; Motzke/Pietzcker/Prieß/Prieß, VOB/A, § 8 VOB/A, Rn. 103.
1087 Motzke/Pietzcker/Prieß-Prieß/Hausmann, § 8 VOB/A, Rn. 103; OLG Frankfurt, Beschl. v. 20.07.2004, 11 Verg 6/04, VergabeR 2004, 642,645.

Übernahme seiner Anteile durch einen Treuhänder dürfte dabei noch nicht ausreichen; vielmehr ist auch ein weitgehender Ausschluss weiterer Einflussnahmen sicher zu stellen.[1088] Vor einem Ausschluss ist dem Bewerber Gelegenheit zur Stellungnahme zu geben; eine Ausschlussentscheidung muss sodann schriftlich begründet werden.[1089] An ihr ordnungsgemäß ausgeübtes Ermessen ist die Vergabestelle gebunden, so dass ein Bieter, der nach Prüfung evtl. Wettbewerbsverstöße gleichwohl zugelassen wurde, nur dann nachträglich noch ausgeschlossen werden kann, wenn sich danach im weiteren Verfahrensverlauf neue, gravierende Nachweise ergeben.[1090] Auch dies erfordert wiederum eine gründliche Dokumentation in der Vergabeakte, eine Anhörung des Bewerbers sowie eine schriftlich begründete Ausschlussmitteilung.

666 Unzuverlässigkeit liegt auch vor, wenn eine Bietergemeinschaft trotz bereits beantragter Insolvenz eines Mitglieds gegenüber der Vergabestelle den Eindruck erweckt, als hätten sich in der Bietergemeinschaft keinerlei Veränderungen insbesondere hinsichtlich der Verfügbarkeit von Personal und Gerät ergeben.[1091] Hier ist eine alsbaldige Unterrichtung der Vergabestelle insbesondere dann angeraten, wenn Personal und Gerät nicht mehr nachweislich uneingeschränkt zur Verfügung stehen, um die Folgen des § 8 Nr. 5 Abs. 1 e) VOB/A zu vermeiden.

667 Die Unzufriedenheit des Auftraggebers mit der Tätigkeit des Bieters bei früheren oder noch laufenden Aufträgen, z. B. weil man sich dort über Ausführungsmängel streitet, reicht für einen gerechtfertigten Ausschluß nicht aus.[1092] Nach § 8 Nr. 5 Abs. 1 lit. c VOB/A muss der Auftraggeber im Rahmen seiner Prüfung zu dem Ergebnis gelangen, dass der Teilnehmer auf Grund seines Verhaltens nicht mehr die Gewähr dafür bietet, die verlangte Bauleistung in der geforderten Weise zu erbringen. Dazu muss die Vergabestelle im Einzelnen nachvollziehen, ob aufgrund des beanstandeten Verhaltens in der Vergangenheit auch für den (zukünftig) zu vergebenden Auftrag erhebliche Zweifel an der Zuverlässigkeit des Bewerbers bestehen.

Nachweispflichtig ist, wie bei allen in § 8 Nr. 5 Abs. 1 VOB/A aufgeführten Ausschlussgründen, die Vergabestelle.[1093]

3.11.4.2.4 Die Zulässigkeit von Vergabesperren für unzuverlässige Bieter

668 Manche Verhaltensweisen von Bietern werden für so gravierend erachtet, dass über einen Ausschluss vom laufenden Vergabeverfahren hinaus ein genereller Ausschluss bei einer Vielzahl von Wettbewerben über einen bestimmten Zeitraum für angemessen erachtet wird. Solche sog. Vergabesperren stellen für die betroffenen Bieter sehr schwere Sanktionen dar, da ihnen gänzlich die Möglichkeit genommen wird, sich um öffentliche Aufträge zu bewerben. Das ist insbesondere für Unternehmen im Tiefbau, Gleis-

---

1088 OLG Düsseldorf, Beschl. v. 28.07.2005, Verg 42/05.
1089 OLG Frankfurt, Beschl. v. 20.07.2004, 11 Verg 6/04, VergabeR 2004, 642, 645; Heiermann/Riedl/Rusam-Rusam, § 8 VOB/A, Rn. 58,59 f.
1090 OLG Frankfurt, Beschl. v. 20.07.2004, 11 Vereg 6/04, VergabeR 2004, 642, 646; OLG Düsseldorf, VergabeR 2003, 586, 587.
1091 OLG Düsseldorf, Beschl. v. 15.12.2004, Verg 48/04, VergabeR 2005, 207
1092 Siehe bereits oben, Rn. 647.
1093 LG Düsseldorf, Urteil vom 16.03.2005 – 12 O 225/04.

3.11 Das Verfahren von der Angebotseröffnung bis zum Zuschlag

bau und Kanalbau sehr problematisch, weil sie überwiegend von öffentlichen Aufträgen leben.

Das Gesetz zur Bekämpfung der Schwarzarbeit und illegalen Beschäftigung (SchwarzArbG) vom 23.07.2004.[1094] enthält Ausschlussgründe, die zu einer Vergabesperre führen. Das SchwarzArbG gilt nur für Bauaufträge. Nach dessen neu gefasstem § 21 SchwarzArbG droht ein Ausschluss von Ausschreibungen über Bauleistungen für bis zu drei Jahre. Das gilt für solche Bieter, deren nach Satzung oder Gesetz vertretungsberechtigte Personen eine Geldbuße von mindestens 2.500 EUR oder eine Freiheitsstrafe von mehr als drei Monaten oder eine Geldstrafe von mehr als 90 Tagessätzen wegen illegaler Beschäftigung (§§ 8–112 SchwarzArbG, § 404 ff. SGB III oder Art. 1 §§ 15 ff. AÜG) oder nach § 266 a StGB (Vorenthalten und Veruntreuen von Arbeitsentgelt) erhalten haben. Öffentliche Auftraggeber fordern bei Bauaufträgen Auskünfte des Gewerbezentralregisters nach § 150 a der Gewerbeordnung an oder verlangen vom Bewerber die Vorlage entsprechender Auskünfte aus dem Gewerbezentralregister, die nicht älter als drei Monate sein dürfen. Der Bewerber ist vor der Entscheidung über den Ausschluss zu hören Die Verfolgungsbehörden dürfen den Vergabestellen auf Verlangen die erforderlichen Auskünfte geben. Die entsprechenden Auskünfte aus dem Bundeszentralregister und dem Gewerbezentralregister sind von den Vergabestellen einzuholen oder deren Vorlage ist von den Bietern zu verlangen (§ 21 SchwarzArbG). Diese Regelungen gelten allerdings nicht für alle Arten von Straftat- und Ordnungswidrigkeitstatbeständen, sondern nur für solche im Zusammenhang mit illegaler Beschäftigung. Ein Ausschluss ist aber auch schon vor Durchführung eines Bußgeld- oder Strafverfahrens möglich, wenn die Beweislage so eindeutig ist, dass kein vernünftiger Zweifel an einer schwerwiegenden Verfehlung besteht.

669

Wird – wie z. B. im Land Berlin – ein Korruptionsregister geführt, besteht regelmäßig zugleich eine Verpflichtung für öffentliche Auftraggeber des jeweiligen Bundeslandes, vor der Vergabeentscheidung beim Register wegen einschlägiger Eintragungen des für den Zuschlag vorgesehenen Bieters nachzufragen (§ 7 KRG Berlin[1095]), was sodann zu einem Ausschluss vom Verfahren oder gar zu einer Vergabesperre nach landesrechtlichen Vorschriften (soweit existent) oder nach § 21 SchwarzArbG führen kann. In der Regel enthalten aber auch die Landesgesetze keine zwingenden Ausschlussgründe selbst für den Fall, dass Eintragungen wegen wettbewerbswidriger Straftaten oder Ordnungswidrigkeiten in den jeweiligen Registern eingetragen wären, so dass auf allgemeine Grundsätze zurückzugreifen ist.

670

Inwieweit generelle Regelungen über Vergabesperren überhaupt zulässig und wirksam sind, ist streitig. Die Verhängung einer verfahrensübergreifenden Vergabesperre stellt grundsätzlich einen betriebsbezogenen Eingriff in den eingerichteten und ausgeübten Gewerbebetrieb des von der Sperre betroffenen Unternehmens dar und ist daher als sehr gravierend anzusehen.[1096] Die bundeseinheitliche Regelung beschränkt sich auf § 21 SchwarzArbG, also vornehmlich auf Fälle illegaler Beschäftigung. Seit Inkrafttre-

671

1094 BGBl. 2004, 1842.
1095 Gesetz zur Einrichtung und Führung eines Registers über korruptionsanfällige Unternehmen in Berlin vom 19.04.2006, GVBl. Nr. 16, S. 358 f.
1096 Sterner, NZBau 2001, 423, 426.

3 Die Vergabe- und Vertragsordnung für Bauleistungen, Teil A (VOB/A)

ten der Fassung 2006 der VOB/A gilt darüber hinaus § 8 a Nr. 1 VOB/A, der allerdings keine ausdrückliche Ermächtigungsnorm für allgemeine Vergabesperren beinhaltet, sondern nur den Ausschluß *von einem Vergabeverfahren* (Singular) regelt. Einschlägige Rechtsprechung besteht daher bislang nur zur schon immer geltenden Vorschrift des § 8 Nr. 5 Abs. 1 c) VOB/A. Nach einer (noch nicht rechtskräftigen) Entscheidung des LG Berlin ist eine Vergabesperre auf der Grundlage von § 8 Nr. 5 c VOB/A zulässig, wenn eine schwere Verfehlung *nachweislich* begangen wurde.[1097] Der Verdacht muss einen gewissen Grad der Erhärtung erfahren haben.[1098] Eine bereits erfolgte gerichtliche Verurteilung des Bewerbers wird nicht für erforderlich gehalten. Der Auftraggeber könne danach den Nachweis auch mit anderen Beweismitteln führen, z. B. mit einer Anklageschrift gegen den sich bewerbenden Unternehmer. Die Entscheidung befasste sich mit den Richtlinien der Deutschen Bahn AG über Auftragssperren, die bereits zuvor durch ein Rechtsgutachten von Prof. Dr. Mestmäcker als verfassungsrechtlich problematisch bezeichnet worden waren.[1099] Die Problematik steckt in der Möglichkeit, eine Sperre bereits bei dringendem Tatverdacht auszusprechen, also durchaus in einer Phase, in der von der Täterschaft nicht sicher ausgegangen werden kann und der Auftraggeber (noch) einseitig das Vorliegen des dringenden Tatverdachts bejahen kann.

672 Im Lichte der Grundrechte erscheint es in der Tat problematisch, existenzgefährdende Massnahmen – dazu zählt sicher eine Vergabesperre für alle Vergaben – gegen ein Unternehmen zu verhängen, ohne dass eine rechtskräftige Verurteilung vorliegt. Zudem muss jedenfalls dann von einem Übermaß ausgegangen werden, wenn die Täter das Unternehmen bereits verlassen haben und durch organisatorische Maßnahmen eine Selbstreinigung angenommen werden kann, so dass die Gefahr einer Wiederholung rechtswidriger Vorgehensweisen nicht besteht. Zur Selbstreinigung von nachweislich schweren Verfehlungen muss sich ein Unternehmen unverzüglich und vollständig von den für die schweren Verfehlungen verantwortlichen Personen trennen und ihnen jeden Einfluss auf die Geschäftsführung verwehren. Schließt das Unternehmen stattdessen z. B. verdeckte Treuhandverträge zugunsten solcher Personen ab oder ermöglicht ihnen auf andere Weise, weiterhin Einfluss zu nehmen, stellt dies eine erneute schwere Verfehlung und keine Selbstreinigung dar.[1100]

673 Der Rechtsweg gegen eine allgemeine Vergabesperre führt vor das zuständige Zivilgericht, regelmäßig also das Landgericht im Bezirk des sperrenden Auftraggebers.[1101] Der Verwaltungsrechtsweg ist auch dann nicht gegeben, wenn die Vergabesperre aufgrund der Regelung eines Landesvergabegesetzes erfolgt, weil jedenfalls derartige Regelungen kein staatliches Sonderrecht sind, sondern grundsätzlich für jedermann gelten.[1102]

1097 LG Berlin, Urteil v. 22.03.2006, Az. 23 O 118/04; ähnlich bereits LG Frankfurt a. M., Urt. v. 26.11.2003, Az. 2-06 O 345/03.
1098 OLG Saarbrücken, NZBau 2004, 346.
1099 Mestmäcker, Rechtsgutachten im Auftrag des Hauptverbandes der deutschen Bauindustrie (dort zu beziehen), VergabeNews 2004, S. 35 f.
1100 OLG Düsseldorf, Beschl. v. 28.07.2005 – Verg 42/05.
1101 So auch LG Berlin, Urteil v. 22.03.2006, Az. 23 O 118/04; ähnlich bereits LG Frankfurt a. M., Urt. v. 26.11.2003, Az 2-06 O 345/03.
1102 OVG Niedersachsen, Beschl. v. 19.01.2006, 7 OA 168/05.

3.11 Das Verfahren von der Angebotseröffnung bis zum Zuschlag

Der Rechtsweg zum Landgericht ist nach § 13 GVG eröffnet, denn § 104 Abs. 2 GWB eröffnet eine ausschließliche Zuständigkeit der Vergabekammern nur für konkrete, laufende Vergabeverfahren. Demgegenüber geht es bei einer Vergabesperre vorrangig um künftige, meist noch nicht einmal bekannt gemachte Vergabeverfahren, für die das Vergabenachprüfungsverfahren nicht in Betracht kommt.[1103]

3.11.4.3 Eignung bei der Einschaltung Dritter, insbesondere Generalübernehmervergabe

Grundsätzlich wird davon ausgegangen, dass ein Bieter, soweit er nichts anderes verlautbart, alle Leistungen selbst erbringt. So bestimmt § 8 Nr. 2 Abs. 1 VOB/A, dass die Bewerber sich gewerbsmäßig mit Ausführung von Leistungen der ausgeschrieben Art befassen, während § 4 Nr. 8 VOB/B hierzu korrespondierend festlegt, dass der Auftragnehmer die Leistung im eigenen Betrieb auszuführen hat. Hieraus wird abgeleitet, dass zur Auftragsausführung grundsätzlich nur Unternehmen geeignet sind, die »selbst mit Hand anlegen«. Es sei zu fordern, dass der Unternehmer wesentliche Teile der ausgeschriebenen Leistungen selbst erbringt.[1104] Mindestens ein Drittel der ausgeschriebenen Leistungen müsse der jeweilige Bieter im eigenen Betrieb zu leisten beabsichtigen.[1105] Die Vergabe eines Auftrags an einen Generalübernehmer, der im Unterschied zum Generalunternehmer die Bauleistungen vollständig in die Hände Dritter legt, wurde daher als unzulässig betrachtet.

674

Im Zuge der Änderungen der Vergabeverordnung durch das ÖPP-Beschleunigungsgesetz ist nunmehr aber in § 6 Abs. 2 Nr. 1 VgV klargestellt, dass sich der Auftragnehmer bei der Erfüllung der Leistung der Fähigkeiten anderer Unternehmen bedienen kann. Das Erfordernis eines Eigenleistungsanteils entfällt damit bei europaweiten Vergabeverfahren. Hintergrund ist, dass der EuGH bereits mehrfach entschieden hat, dass ein Unternehmen nicht alleine deshalb von einem Verfahren zur Vergabe eines öffentlichen Auftrags ausgeschlossen werden kann, weil es zur Ausführung des Auftrags Mittel einzusetzen beabsichtigt, die es nicht selbst besitzt, sondern die einer oder mehreren anderen Einrichtungen oder Unternehmen gehören, zu denen es unmittelbare oder mittelbare Verbindungen hat, welcher Rechtsnatur diese auch sein mögen.[1106] Eine Holdinggesellschaft, die selbst keine der ausgeschriebenen Arbeiten ausführt, darf nicht von den Verfahren zur Teilnahme an öffentlichen Bauaufträgen und damit von der Aufnahme in eine offizielle Liste der zugelassenen Unternehmer ausgeschlossen werden, wenn sie nachweist, dass sie tatsächlich über die zur Ausführung des Auftrags erforderlichen Mittel ihrer Tochtergesellschaften verfügt.[1107] Wenn eine Gesellschaft hinsichtlich ihrer Leistungsfähigkeit auf die Leistungsfähigkeit solcher »Dritter« verweist, so hat sie allerdings nachzuweisen, dass sie tatsächlich über die diesen »Dritten« zustehenden Mittel, die sie nicht selbst besitzt und die zur Auftragsausführung erforder-

675

1103 OLG Naumburg, Beschl. v. 08.01.2003, 1 Verg 7/02, VergabeR 2003, 196 ff.; LG Düsseldorf, Urteil vom 16.03.2005 – 12 O 225/04.
1104 OLG Bremen, BauR 2001, 94, 97; OLG Düsseldorf, BauR 2000, 1623; OLG Frankfurt, BauR 2000, 1595, 1599.
1105 Etwa VK Hessen, Beschl. v. 25.08.2004, 69 d-VK-52/2004.
1106 EuGH, Urt. v. 02.12.1999, Rs. C-176/98, Rn. 11, Holst Italia.
1107 EuGH, Urt. v. 18.12.1997, Rs. C-5/97, Rn. 13, Ballast Nedam Groep II.

lich sind, verfügt.[1108] Diese Rechtsprechung hat der EuGH zuletzt im Jahr 2004 bestätigt.[1109] Sie ist von den Spruchkörpern nach dem Kartellvergaberecht aufgegriffen und im Detail präzisiert worden.[1110] Gegenläufige Stimmen in der Literatur konnten sich nicht durchsetzen.[1111]

676 Der Rückgriff auf andere Unternehmen zur Leistungsausführung – dies mögen Konzernunternehmen oder unverbundene Unternehmen sein – wird im Rahmen der Prüfung der Eignung eines Bieters relevant. Sind bereits im Angebot – was regelmäßig gefordert ist – die bei der Auftragsausführung verfügbaren technischen Mittel anzugeben, so soll dies dem Auftraggeber ermöglichen, mit Blick auf die Leistungsfähigkeit die Eignung eines Bieters/Bewerbers zu überprüfen. Dazu muss der Bieter aber angeben, mit welchen Personen und/oder Unternehmen es der Auftraggeber bei der Auftragsausführung zu tun haben wird.[1112] Zu beachten ist auch, dass VOB/A und VOB/B weiterhin grundsätzlich von der Eigenerbringung des Bieters/Auftragnehmers ausgehen. Weist ein Bieter erst nachträglich darauf hin, dass er bestimmte Leistungen nicht selbst, sondern durch andere Unternehmen auszuführen beabsichtigt, so stellt dies nach der Rechtsprechung eine unzulässige Änderung des Angebots[1113] oder eine unzulässige Nachverhandlung[1114] dar. Ggf. kann ein Angebot auch inhaltlich unklar sein, wenn die Leistungen eines verbundenen Unternehmens als Nachunternehmerleistungen aufgeführt sind, sie aber tatsächlich als Eigenleistungen bewertet werden sollen.[1115] Aus diesem Grund war schon bisher anerkannt, dass der Einsatz von Mitteln eines Konzernunternehmens und die Verfügbarkeit bereits vor Ablauf der Angebotsfrist gegenüber dem öffentlichen Auftraggeber darzustellen ist.[1116] Diese Darlegung wird als selbstverständliche Obliegenheit eines Bieters betrachtet.[1117]

677 In der im März 2006 aktualisierten Fassung des Handbuchs für die Vergabe und Ausführung im Straßen- und Brückenbau (HVA B-StB) findet sich in Ziff. 7 der Bewerbungsbedingungen für EU-weite Vergaben die Vorgabe, dass ein Bieter, der beabsichtigt, sich bei der Erfüllung eines Auftrags der Fähigkeiten anderer Unternehmen zu bedienen, dem Auftraggeber hinsichtlich der Eignung nachweisen muss, dass ihm die erforderlichen Mittel zur Verfügung stehen. Er hat entsprechende *Verpflichtungserklärungen* mit dem Angebot vorzulegen. Damit korrespondiert das neu geschaffene Formular »StB-EG-Unternehmerleistungen«, das anstelle des früheren Nachunternehmerverzeichnisses auszufüllen ist. Zuvor war bereits im Februar 2006 das Vergabehandbuch für die Durchführung von Bauaufgaben des Bundes im Zuständigkeitsbereich der Finanzbauverwaltungen (VHB) geändert worden.[1118] Danach hat jeder Bieter

---

1108 EuGH, Urt. v. 02.12.1999, Rs. C-176/98, Rn. 29, Holst Italia.
1109 EuGH, Urt. v. 18.03.2004, Rs. C-314/01.
1110 Zuerst OLG Düsseldorf, Beschl. v. 05.07.2000, Verg 5/99; Beschl. v. 20.11.2001, Verg 33/01.
1111 Etwa Ingenstau/Korbion-Schranner, 15. Aufl., § 8 VOB/A, Rn. 18 ff.
1112 OLG Frankfurt, NZBau 2003, 636, 637.
1113 VK Lüneburg, Beschl. v. 08.04.2005, VGK-10/05.
1114 OLG Saarbrücken, Beschl. v. 21.04.2004, 1 Verg 1/04.
1115 OLG Frankfurt, Beschl. v. 27.06.2003, 11 Verg 4/03.
1116 VK Lüneburg, Beschl. v. 08.04.2005, VGK-10/05; OLG Naumburg, VergabeR 2004, 80, 82.
1117 OLG Saarbrücken, a.a.O.; OLG Frankfurt, a.a.O.; OLG Düsseldorf, Beschl. v. 05.07.2000, Verg 5/99.
1118 Dort Ziff. 7 im EVM (B) BwB/E EG und das neu eingeführte EFB U 317 EG.

3.11 Das Verfahren von der Angebotseröffnung bis zum Zuschlag

im Angebot nicht nur darzustellen, welche Leistungen von anderen Unternehmen ausgeführt werden. Auch die die Zugriffsmöglichkeiten auf die Ressourcen des zur Einschaltung in die Auftragsausführung vorgesehenen Unternehmens sind bereits nachzuweisen, was für die Bieter auch beim allgemein anerkannten regulären Nachunternehmereinsatz eine erhebliche Mehrbelastung bedeutet. Eine derartige Verpflichtung ergibt sich mittlerweile auch aus § 8 a Nr. 10 VOB/A (2006). Hierzu ist festzustellen, dass die Normierung einer derartigen Nachweisverpflichtung keinesfalls zwingend ist, da sie sich nicht aus der Vergabeverordnung oder dem GWB ergibt. Auch europarechtlich ist sie nicht zu begründen, da sich die Rechtsprechung des EuGH allein mit Fällen der Generalübernehmer- und nicht der Generalunternehmervergabe befasst. Da zu den Nachweisverpflichtungen der Bieter auch eine entsprechende Prüfpflicht der öffentlichen Auftraggeber korrespondiert und die Vergabestelle bei der Vergabe eines Generalunternehmerauftrages meist mit Angebotsabgabe noch gar nicht von allen Bietern wissen will, wer untergeordnete Leistungen (z. B. Abbruch, Maler etc.) ausführt, sollten entsprechende Nachweispflichten nur zurückhaltend in Vergabeverfahren eingeführt werden. Die Vorlage von Verpflichtungserklärungen der Nachunternehmer wird regelmäßig nicht geboten sein und sollte daher zur Beschränkung des Arbeitsaufwands der an einer Ausschreibung Beteiligten unterbleiben, zumal hierdurch auch eine weitere Fehlerquelle für formelle Angebotsfehler ausgeschlossen wird. Bringt ein Bieter geforderte Verpflichtungserklärungen nicht bei, so ist sein Angebot als unvollständig zwingend vom Verfahren auszuschließen.[1119]

Dem gegenüber trifft allein den Generalübernehmer eine dreifache Erklärungspflicht. Er muss bereits im Angebot darstellen, welche Leistungen – als Eigenleistungen – von anderen Unternehmen ausgeführt werden. Dementsprechend sind auch die geforderten Eignungsnachweise für die tatsächlich die Leistung ausführenden Unternehmen beizubringen. Dies kann etwa Kapazitätsnachweise, Gerätelisten oder auch Referenzen betreffen. Der Generalübernehmer muss von sich aus darlegen und den Nachweis dafür antreten, welcher mit ihm unmittelbar oder mittelbar verbundener Unternehmen er sich bei der Ausführung des Auftrags in der Weise bedienen wird, dass diese Mittel als ihm tatsächlich zur Verfügung zustehend anzusehen sind und für diese Unternehmen die geforderten Eignungsnachweise beibringen.

678

Unterhalb der Schwellenwerte gelten die Vorgaben der VgV, der Vergabekoordinierungsrichtlinien und die entsprechende Rechtsprechung des EuGH nicht. Hier gilt damit grundsätzlich entsprechend § 8 Nr. 2 Abs. 1 VOB/A, § 4 Nr. 8 VOB/B das Gebot der Selbstausführung umfassend, so dass fraglich ist, ob nach wie vor der Rückgriff etwa auf Konzernunternehmen als Eigenleistung nicht möglich sein soll. Konzerngesellschaften sollen hier nach einer Ansicht als eigenständige juristische Personen nicht anders zu behandeln sein, als andere Unternehmen.[1120] Nach anderer Auffassung sollen im Ergebnis die Grundsätze, die oberhalb der Schwellenwerte gelten, auch hier herangezogen werden.[1121] Für letztere Auffassung spricht nicht nur, dass hierdurch ein Auseinanderfallen des ober- und unterhalb der Schwellenwerte anzulegenden rechtlichen Maßstabs vermieden wird. Es entspricht auch der betriebswirtschaftlichen Zielsetzung

679

1119 OLG München, Beschl. v. 06.11.2006, Verg 17/06.
1120 Ingenstau/Korbion-Schranner, § 8 VOB/A, Rn. 21 ff.
1121 Heiermann/Riedl/Rusam-Rusam, Einf. zu A § 8, Rn. 33.

eines Konzerns, dass eine Auslagerung bestimmter Unternehmenstätigkeiten auf ein Tochterunternehmen nicht zur Folge haben soll, dass die entsprechenden Leistungen als Fremdleistungen zu behandeln sind. Für eine einheitliche Behandlung verbundener Unternehmen kann ferner der Rechtsgedanke aus § 36 Abs. 2 GWB herangezogen werden. Nach dieser »Verbundklausel« sind im Rechtssinne verbundene Unternehmen als einheitliches Unternehmen anzusehen. Diese Regelung wurde in Vergabeverfahren oberhalb der Schwellenwerte im Rahmen der Loslimitierung nach § 5 Nr. 2 VOL/A nach ihrem Rechtsgedanken angewendet.[1122] Da grundsätzlich davon auszugehen ist, dass sich die wirtschaftlichen Interessen von Mutter- und Tochtergesellschaft entsprechen, sprechen daher gute Gründe dafür, – bei mit dem Angebot nachgewiesener Verfügungsgewalt über die erforderlichen Mittel – auch unterhalb der Schwellenwerte Leistungen innerhalb eines Konzerns/Unternehmensverbundes als Leistungen eines Unternehmens und damit als Eigenleistungen zu betrachten.

3.11.4.4 3. Stufe: Ermittlung der in die engere Wahl fallenden Angebote

680 Auf der 3. Wertungsstufe erfolgt die Ermittlung der in die engere Wahl fallenden Angebote durch Prüfung der Angebotspreise; sie stellt die entscheidende Phase der Wertung gem. § 25 VOB/A dar. Ziel ist es, diejenigen Angebote zu ermitteln, die angemessene Preise im Sinne von § 2 Nr. 1 Satz 1 VOB/A aufweisen und damit für einen Zuschlag in Betracht kommen (§ 25 Nr. 3 VOB/A).

681 In die engere Wahl kommen nur solche Angebote, die unter Berücksichtigung eines rationellen Baubetriebs und einer sparsamen Wirtschaftsführung eine einwandfreie Ausführung einschließlich Gewährleistung erwarten lassen, so § 25 Nr. 3 Abs. 3 Satz 1 VOB/A. Unter diesen Angeboten soll der Zuschlag auf das Angebot erteilt werden, das nach der sich anschließenden 4. Wertungsstufe unter Berücksichtigung aller Gesichtspunkte, wie z. B. Qualität, Preis, technischer Wert, Ästhetik, Zweckmäßigkeit, Umwelteigenschaften, Betriebs- und Folgekosten, Rentabilität, Kundendienst und technischer Hilfe oder Ausführungsfrist als das wirtschaftlichste erscheint (§ 25 Nr. 3 Satz 2 VOB/A und § 97 Abs. 5 GWB). Der niedrigste Angebotspreis allein ist nicht entscheidend (§ 25 Nr. 3 Abs. 3 Satz 3 VOB/A). Näheres regelt auch hier das Vergabehandbuch des Bundes

682 Auf ein Angebot mit einem unangemessen hohen oder unangemessen niedrigen Preis darf der Zuschlag nicht erteilt werden. Dabei ist die Angemessenheit des geforderten Preises jeweils aus der Sicht eines jeden Bieters zu beurteilen.

683 Zur preislichen Beurteilung im Einzelnen ist im Vergabehandbuch des Bundes (Ausgabe 2002, Stand 2/2006) unter § 25 Ziff. 1.6 Folgendes bestimmt:

> 1.6 Wertungsmaßstäbe
>
> 1.6.1 Bei der Wertung ist zu untersuchen, ob das Angebot
>
> - in sich schlüssig ist, also im Kostenaufbau und im Verhältnis der Einheitspreise zueinander eine ordnungsgemäße Kalkulation erkennen lässt; dabei ist zu berücksichtigen, dass Einzel- und Gemeinkosten nicht bei allen Betrieben gleich abgegrenzt werden,

---

1122 OLG Düsseldorf, NZBau 2000, 440, 444.

- wesentlich von den anderen in die engere Wahl gekommenen Angeboten abweicht, dabei sind etwaige Kostenunterschiede infolge der von den Bietern gewählten unterschiedlichen Arbeitsverfahren und Ausführungsarten sowie die sich daraus ergebenden Verschiebungen zwischen den einzelnen Kostengruppen (arbeits- und geräteintensive Ausführung, Verwendung vorgefertigter Bauteile oder reine Baustellenfertigung usw.) zu berücksichtigen.

1.6.2 Die Angemessenheit der Preise für Teilleistungen (Einheitspreise) ist grundsätzlich nicht für sich, sondern im Rahmen der Angebotssumme zu beurteilen. Sind jedoch die Preise für einzelne Teilleistungen erkennbar unangemessen, so kann dies Zweifel an einer sachgerechten Preisermittlung begründen. Dies macht eine Aufklärung nach § 24 VOB/A und eine Prüfung auch der Einzelansätze notwendig (siehe 1.6.4).

1.6.3 Bedarfspositionen sind unter der Voraussetzung von § 9 A Nr. 4.1 VHB im Hinblick auf ihre Auswirkungen auf die Angebotssumme grundsätzlich zu werten.[1123]

1.6.4 Bei Zweifeln an der Angemessenheit von Angebotspreisen sind die vorliegenden EFB-Preis -311/312 gesondert auszuwerten, dabei sind die Einzelansätze zu vergleichen und unter folgenden Gesichtspunkten objekt- und betriebsbezogen zu untersuchen,

die Lohnkosten darauf, ob

- der Zeitansatz pro Leistungseinheit bzw. die Gesamtstundenzahl den bautechnisch erforderlichen Ansätzen entsprechen;

- der Mittellohn sowie die Zuschläge für lohngebundene und lohnabhängige Kosten sich im Rahmen der tarifvertraglichen Vereinbarungen und der gesetzlichen Verpflichtungen halten,

die Stoffkosten darauf, ob sie den üblichen Ansätzen entsprechen,

die Baustellengemeinkosten darauf, ob ausreichende Ansätze für alle gesetzlich (z. B. Umwelt-, Arbeits- und Unfallschutz), technisch und betriebswirtschaftlich notwendige Aufwendungen enthalten sind.

Ein Angebot, das diese Anforderungen nicht erfüllt, begründet die Vermutung, dass der Bieter nicht in der Lage sein wird, seine Leistung vertragsgerecht zu erbringen. Die Vermutung kann nur dadurch widerlegt werden, dass der Bieter nachweist, dass er aus objektbezogenen, sachlich gerechtfertigten Gründen die Ansätze knapper als die übrigen Bieter kalkulieren konnte, beispielsweise deswegen, weil er rationellere Fertigungsverfahren anwendet oder über günstigere Baustoffbezugsquellen oder über Produktionsvorrichtungen verfügt, die andere Bieter nicht haben oder erst beschaffen müssen, oder weil sich sein Gerät bereits auf oder in der Nähe der Baustelle befindet.

[1123] Nach VHB, Stand 11/2006, 4.1 zu § 9 VOB/A sollen Wahl- und Bedarfspositionen nicht mehr in die Leistungsbeschreibung aufgenommen werden.

> 1.6.5 Die Prüfung der Einzelansätze hat sich ferner darauf zu erstrecken, inwieweit sich die Ansätze für die Gerätevorhaltekosten, für Allgemeine Geschäfts- und Sonderkosten (einschließlich Einzelwagnisse) im wirtschaftlich vertretbaren Rahmen halten. Niedrige Ansätze begründen aber hier nicht ohne weiteres die Vermutung eines zu geringen Preises im Sinne von § 25 Nr. 3 Abs. 3 VOB/A, weil der Bieter Anlass haben kann, auf die Ansätze teilweise zu verzichten. In diesen Fällen ist daher lediglich zu prüfen, ob dem sachgerechte Erwägungen zu Grunde liegen. Bei Fehlen eines Ansatzes für Wagnis und Gewinn ist keine weitere Aufklärung erforderlich.

684 Unangemessen hohe oder niedrige Preise, die einen Zuschlag verhindern, weisen ein grobes, augenfälliges Missverhältnis zwischen der angebotenen Leistung und dem dafür geforderten Preis auf.[1124] Insoweit ist § 25 Nr. 3 VOB/A in bestimmten Konstellationen auch bieterschützend.[1125] Zwar dient diese Regelung in erster Linie dem Schutz des Auftraggebers, der vor der Gefahr einer nicht ordnungsgemäßen Leistungserbringung bei einem Unterkostenangebot bewahrt werden soll. Die Vorschrift schützt aber auch die Mitbewerber, die erwarten dürfen, dass ihren Angeboten nicht ein unseriös kalkuliertes Angebot vorgezogen wird, bei dem eine ordnungsgemäße Vertragsdurchführung nicht sichergestellt ist.[1126] Abzustellen ist auf die Angebotsendsumme, nicht auf einzelne Positionen.[1127] Für die Beurteilung ist der prozentuale Abstand des zu prüfenden Angebots zum nächstplatzierten Bieter für sich allein nicht erheblich.[1128] Bei einem Abstand von mehr als 10 % ist allerdings regelmäßig eine Angebotsaufklärung angezeigt, ohne die ein Ausschluss von der Wertung nicht erfolgen darf.[1129] Diese Messlatte ist auch für unangemessen hohe Preise anwendbar.[1130] Dabei ist zu berücksichtigen, dass spekulative Angebotspreise nicht grundsätzlich verboten sind.[1131] Das Anbieten von Unterkostenpreisen ist grundsätzlich zulässig, sofern es wettbewerblich begründet und nicht zur gezielten planmäßigen Verdrängung von Wettbewerbern geschieht.[1132] So würde es einen Verstoß gegen die europarechtlichen Vorgaben bedeuten, wenn öffentliche Auftraggeber dazu verpflichtet wären, nur auskömmliche oder kostendeckende Preise der Bieter zu akzeptieren. Es ist öffentlichen Auftraggebern nicht verwehrt Unterkostenangebote anzunehmen, sofern sie nach einer Prüfung zu dem

---

1124 OLG Celle, BauR 2000, 405; Beschl. v. 23.03.2000, 13 Verg 1/99; VK Sachsen, Beschl. v. 26.07.2001, 1/SVK/73-01; VK Lüneburg, Beschl. v. 08.06.2001, 203-VgK 08/2001; VK Nordbayern, Beschl. v. 27.06.2001, 320. VK-3194-16/01.
1125 Str.; bejahend OLG Frankfurt, Urt. v. 22. 03. 2006, 4 U 94/05; BayObLG VergabeR 2004, 743, 745, VergabeR 2002, 637, 640; OLG Celle, Beschl. v. 18.12.2003, 13 Verg 22/03; zum Streitstand Stolz, VergabeR 2002, 219 ff.; OLG Düsseldorf, Beschl. v. 17.06.2002, Verg 18/02, VergabeR 2002, 471, 475; OLG Bremen, Beschl. v. 24.05.2006, Verg 1/2006.
1126 OLG Celle, Beschl. v. 18.12.2003, 13 Verg 22/03.
1127 BGH, VergabeR 2004, 473, 476; OLG Dresden, VergabeR 2003, 64, 67 m. Anm. Ebert, S. 69; BayObLG, ZfBR 2001, 45; OLG Celle, WuW/E Verg 554 (NZBau 2000, 105).
1128 OLG Dresden VergabeR 2003, 64, 67, m. Anm. Ebert.
1129 VK Bund, IBR 2000, 588; Motzke/Pietzcker/Prieß-Brinker/Ohler, § 25 VOB/A, Rn. 64.
1130 OLG München, Beschl. v. 02.06.2006, Verg 12/06.
1131 OLG Dresden, VergabeR 2003, 64, 67; OLG Düsseldorf, VergabeR 2001, 128; OLG Jena, VergabeR 2002, 419.
1132 OLG Düsseldorf, VergabeR 2001, 128; KG, VergabeR 2002, 95 ff.; VK Bund, NZBau 2001, 167.

3.11 Das Verfahren von der Angebotseröffnung bis zum Zuschlag

Ergebnis gelangen, dass der Anbieter zu seinem Preis zuverlässig und vertragsgerecht wird leisten können.[1133] Die Absicht eines Marktneulings/Newcomers, in einem bestimmten Markt Fuß zu fassen, kann beispielsweise einen niedrigen Angebotspreis erklären.[1134]

Dem Bieter ist gem. § 25 Nr. 3 Abs. 2 VOB/A Gelegenheit zu geben, die von ihm ermittelten Preise für die Gesamtleistung oder für Teilleistungen schriftlich zu erklären. Ergibt die Prüfung der vom Bieter vorgelegten Unterlagen keine ausreichende Erklärung seiner Preise, muss das Angebot nach § 25 Nr. 3 Abs. 1 VOB/A von der Wertung ausgeschlossen werden.[1135]

685 Ausnahmsweise können auch abgeschlossene Angebotsteile (einzelner Gewerke) betrachtet werden, wenn sich nicht aus anderen Preisen ein Ausgleich ergibt.[1136] Entgegen OLG Naumburg[1137] ist es aber nicht zulässig, nach genereller Bejahung der Eignung eines Bieters nochmals die einzelnen Positionen eines Angebots daraufhin zu prüfen, ob die Besorgnis einer nicht einwandfreien Ausführung und der Gewährleistung besteht, z. B. weil Einheitspreise von 1 Cent eingetragen sind. Dem steht die Entscheidung des BGH, wonach die Eignung, wenn sie einmal geprüft und bejaht wurde, nicht nochmals in einer zweiten Phase über Eintragungen im LV oder den Inhalt der Kalkulation überprüft werden kann, entgegen.[1138] Der Zuschlag auf ein preislich höheres Angebot könnte sich allenfalls daraus rechtfertigen, wenn eine Kalkulation von bewusst niedrigen und hohen Einheitspreise dazu führt, dass sich bei Mengenänderungen ein erhebliches Preisrisiko für den Auftraggeber ergäbe.[1139] Diese Erwägung kann freilich nur im Ausnahmefall zum Angebotsausschluss führen, da die Argumentation mit dem Risiko von Mengenänderungen nach Beauftragung mit der nach § 9 Nr. 1–3 VOB/A bestehenden Verpflichtung des AG kollidiert, so präzise auszuschreiben, dass sich gravierende Verschiebungen gerade nicht ergeben.[1140]

686 Der bislang umstrittene Punkt, wie mögliche Beihilfezahlungen an einen Bieter/Bewerber bei der Auftragsvergabe zu berücksichtigen sind, ist mit § 25 a Abs. 2 VOB/A einer Klärung zugeführt worden. Angebote, die aufgrund einer staatlichen Beihilfe ungewöhnlich niedrig sind, können aus diesem Grund nur dann zurückgewiesen werden, wenn der Bieter nicht innerhalb einer vom Auftraggeber festgelegten ausreichenden Frist nachweist, dass die betreffenden Beihilfen rechtmäßig gewährt wurden. Weist ein Auftraggeber wegen des Fehlens eines solchen Nachweises ein Angebot zurück, so muss er die Kommission der Europäischen Gemeinschaften hierüber unterrichten. Die Auffassung, dass die einem Vergabeverfahren vorgelagerte Erlangung von Beihilfen für

---

1133 OLG Düsseldorf, VergabeR 2002, 471, 475.
1134 OLG Düsseldorf, Beschl. v. 12.10.2005, Verg 37/05.
1135 VK Bund, VK A 23/99; VÜA Bund, 2 VÜ 22/98.
1136 OLG Köln, BauR 1998, 118.
1137 OLG Naumburg, Beschl. v. 07.05.2002, 1 Verg 19/01, VergabeR 2002, 520, 525.
1138 BGH, BauR 1998, 1246.
1139 Dies halten etwa OLG Brandenburg, Beschl. v. 13.09.2005, Verg W 9/05 und OLG Naumburg, Beschl. v. 22.09.2005, 1 Verg 7/05 für möglich. Siehe auch OLG Jena, VergabeR 2002, 419, 422; ähnl. OLG Dresden, VergabeR 2003, 64, 67 m. Anm. Ebert.
1140 Zutr. Weihrauch, Anm. zu OLG Jena, VergabeR 2002, 424, 425.

die Vergabe selbst keine Relevanz haben könnte,[1141] ist damit nicht mehr haltbar. Im übrigen hat der EuGH bereits im Jahr 2000 festgestellt, dass ein Bieter, der eine nicht vertragskonforme Beihilfe erhalten halt, im Rahmen eines Auswahlverfahrens ausgeschlossen werden kann, wenn der öffentliche Auftraggeber zu der Ansicht gelangt, dass die Verpflichtung zur Rückzahlung der rechtswidrig gewährten Beihilfe die finanzielle Leistungsfähigkeit des Bieters gefährdet, so dass er nicht die notwendigen finanziellen und wirtschaftlichen Sicherheiten zur Auftragsausführung bietet.[1142] Neben der dritten Wertungsstufe kann daher eine rechtswidrige Beihilfenzahlung auch die Eignung eines Bieters tangieren und in diesem Zusammenhang zu berücksichtigen sein.

3.11.4.5 4. Stufe: Auswahl des wirtschaftlichsten Angebots

687 Auf der 4. Wertungsstufe ist zu entscheiden, welches Angebot das wirtschaftlichste ist und daher den Zuschlag erhalten soll. Das wirtschaftlichste Angebot ist dasjenige Angebot, das unter Berücksichtigung aller technischen und wirtschaftlichen, gegebenenfalls gestalterischen und funktionsbedingten Gesichtspunkte als das annehmbarste Angebot erscheint (§ 25 Nr. 3 Abs. 3 Satz 2 VOB/A). Der niedrigste Angebotspreis allein ist dabei nicht entscheidend, wenn entsprechende Zuschlagskriterien den Bietern mitgeteilt wurden. Vielmehr hat der Angebotspreis für eine Vergabeentscheidung dann ausschlaggebende Bedeutung, wenn die in der engeren Auswahl stehenden Angebote in technischer, gestalterischer oder funktionsbedingter Hinsicht gleich- oder höherwertig sind.[1143] Es ist daher im Rahmen einer vergleichenden Betrachtung hinsichtlich des Inhalts und der Preise das für den Auftraggeber »günstigste« Angebot auszuwählen.

688 Orientiert sich die Vergabestelle bei der Endauswahl unter den beiden Spitzenbewerbern bei einem zentralen Bewertungskriterium an höheren Anforderungen, als es nach den Verdingungsunterlagen zu erwarten war, liegt darin eine Verletzung des vergaberechtlichen Gleichbehandlungs- und Transparenzgrundsatzes.[1144] Die bekannt gegebenen Wertungskriterien sind unverändert und wie angekündigt im Vergabeverfahren anzuwenden. Der öffentliche Auftraggeber unterliegt insoweit einer Selbstbindung.

689 Vergabefremde, nicht leistungsbezogene Umstände, wie z. B. politische Zielsetzungen, dürfen nicht berücksichtigt werden. Nach der Rechtsprechung des EuGH[1145] sind allerdings sogenannte vergabefremde Kriterien, insbesondere soziale Belange und Umweltaspekte dann berücksichtigungsfähig, wenn sie

> ➤ mit dem Gegenstand des Auftrags zusammenhängen;

> ➤ dem Auftraggeber keine uneingeschränkte Handlungsfreiheit einräumen;

> ➤ im Leistungsverzeichnis oder der Bekanntmachung des Auftrags ausdrücklich genannt werden und

> ➤ nicht gegen wesentliche Grundsätze des Gemeinschaftsrechts verstoßen.

1141 OLG Düsseldorf, VergabeR 2002, 607, 611 f.
1142 EuGH, VergabeR 2001, 28, 30 – ARGE Gewässerschutz.
1143 OLG Naumburg, Beschl. v. 22.12.1999, BauR 2000, 1636.
1144 KG, Beschl. v. 13.10.1999, BauR 2000, 565.
1145 EuGH, »Concordia Bus«, VergabeR 2002, 593 ff.

Dem entsprechend ist nun auch in § 25 Nr. 3 Abs. 3 VOB/A klargestellt, dass auch Gesichtspunkte wie Ästhetik oder Umweltschutzanforderungen bei der Auswahl des wirtschaftlichsten Angebots Berücksichtigung finden können. Dem Kriterium des Zusammenhangs mit dem Auftrag kommt besondere Bedeutung zu, da hierdurch die Anforderungen ihre »Vergabefremdheit« verlieren. Die Vergabestelle muss einen solchen Auftragszusammenhang dokumentieren und im Zweifel nachweisen. Anerkannt ist vom EuGH bisher, dass vom Bieter verlangt werden kann, einen bestimmten Anteil an Langzeitarbeitslosen bei dem Auftrag zu beschäftigen[1146] und dass bei einer Ausschreibung für Busverkehr Umweltschutzkriterien wie Stickoxyd- und Lärmemissionen bei der Wertung berücksichtigt werden können.[1147] Nach einer Entscheidung des Europäischen Gerichts Erster Instanz[1148] sind die Kriterien noch weiter zu konkretisieren: Sie müssen nicht nur

690

➢ objektiv und einheitlich zum Vergleich der Angebote angewandt werden, sondern auch

➢ eindeutig relevant für die Ermittlung des wirtschaftlich günstigsten Angebots sein.

Diese Kategorien sollten auftraggeberseits bei der Aufstellung von Wertungskriterien berücksichtigt werden. Damit dürften eher abstrakte Kriterien wie Regionalförderung, Frauenförderung, Lehrlingsausbildung und Tariftreue bei der Wertung weiterhin als problematisch gelten.[1149]

691

3.11.4.5.1 Wertungskriterien und Ermessen

Steht die Fachkunde und Zuverlässigkeit eines Bieters nach der 2. Wertungsstufe fest, kann im Rahmen der 4. Wertungsstufe auf ein *»Mehr an Eignung«* eines einzelnen Bieters nicht mehr abgestellt werden.[1150] Gibt ein Auftraggeber als Kriterium die Qualität der angebotenen Leistung an, kann er sich später nicht darauf berufen, dass es sich dabei nur um ein Eignungskriterium gehandelt habe.[1151]

692

Oft wird dem Preis ein hohes Gewicht beigemessen. Nach der Rechtsprechung soll der Preis aber mit mindestens 30 % bei der Wertung gewichtet werden müssen.[1152] Diese Quote erscheint zwar niedrig angesetzt, da die Preisbildung – einheitlicher Standard der Angebote vorausgesetzt – regelmäßig das wesentliche wettbewerbliche Element darstellt, das wohl nur in Ausnahmefällen mit weniger als 50 % in die Bewertung einfließen wird. Unter dem Eindruck der europarechtlichen Vorgaben dürfte es allerdings bei Verfahren oberhalb der Schwellenwerte zulässig sein, maßgeblich auf qualitative Anforderungen abzustellen, da es allein dem öffentlichen Auftraggeber obliegt,

693

1146 EuGH, »Beentjes«, Slg. 1988, 4635, 4657 = NVwZ 1990, 353.
1147 EuGH, »Concordia Bus«, VergabeR 2002, 593, 604.
1148 EuGH, Rs. T 4/01, Renco S.p.A. ./. Rat, Rn. 67 f.
1149 Ausf. dazu Leinemann/Ebert, VergabeNews 2003, 41 ff.; VÜA Bund, Beschl. v. 23.04.1994, 1 VÜ 3/94; Motzke/Pietzcker/Prieß-Hausmann, § 8 VOB/A, Rn. 33; Kapellmann/Messerschmidt-Glahs, § 8 VOB/A, Rn. 11–18; Müller-Wrede-Noch, § 25 VOL/A, Rn. 114.
1150 BGH, VergabeR 2002, 46; BauR 1998, 1246; OLG Düsseldorf, VergabeR 2002, 282.
1151 BayObLG, Beschl. v. 03.07.2002, Verg 13/03, VergabeR 2002, 637.
1152 OLG Dresden, VergabeR 2001, 41.

das geforderte Leistungniveau festzulegen. Soweit ein Bieter Bedenken gegen ein mitgeteiltes Wertungsschema hat, muss er dies gem. § 107 Abs. 3 GWB rügen, wenn er mit seinem Vorbringen nicht für ein etwaiges späteres Nachprüfungsverfahren präkludiert sein will. Von großer Bedeutung ist auch das Erfordernis, die Nachvollziehbarkeit der Entscheidung durch eine ordnungsgemäße Dokumentation i. S. v. § 30 VOB/A sicherzustellen. Eine bloße »Kreuzchenliste« reicht nicht aus, um ein komplexes Angebot nachvollziehbar zu bewerten.[1153]

694 Nach ständiger Rechtsprechung ist eine Bevorzugung von Bietern aus regionalen Gesichtspunkten (»ortsansässig« oder »Inländer«) ebenso unzulässig[1154] wie ein Bonus aus dem Grunde, weil er dem Auftraggeber bereits positiv bekannt ist.[1155]

695 § 25 Nr. 3 Abs. 3 VOB/A räumt dem Auftraggeber bei der Wertung einen Beurteilungsspielraum ein. Dieser wird in einem Nachprüfungsverfahren nur auf eine Überschreitung hin überprüft, die vorliegen kann,[1156]

- ➤ wenn ein vorgeschriebenes Verfahren nicht eingehalten wird,
- ➤ wenn nicht von einem zutreffenden und vollständigen Sachverhalt ausgegangen wird,
- ➤ wenn sachwidrige Erwägungen in die Wertung einbezogen werden oder
- ➤ wenn der Beurteilungsmaßstab nicht zutreffend angewandt wird.

696 Einem Auftraggeber ist anzuraten, die für ihn relevanten Kriterien so präzise wie möglich anzugeben, weil nach § 10 a VOB/A nur die dem Bieter bekannten Kriterien berücksichtigt werden können. Bei der Beschaffung der öffentlichen Hand kommt den Wertungskriterien eine zentrale Bedeutung zu. Sie stellen einerseits für die Vergabestellen neben der Bestimmung der zwingenden Mindestanforderungen an die Angebote nach der Leistungsbeschreibung einen der wichtigsten Ansatzpunkte zur Beschaffung einer optimalen Leistung dar. Andererseits erhalten die Bieter über die bekannt gegebenen Wertungskriterien in einem transparenten Vergabeverfahren die Gelegenheit, ihre Angebote an die Vorstellungen und Interessen des Auftraggebers anzupassen, um dadurch ihre Chance auf den Zuschlag zu erhöhen.[1157] Oft wird bei der Vorbereitung einer Ausschreibung die besondere Bedeutung der Wertungskriterien verkannt und ihrer Bestimmung zu wenig Aufmerksamkeit geschenkt. Nicht selten werden im Bestreben, sich bei der Wertung weite Spielräume zu eröffnen, nur sehr vage und unbestimmte Wertungskriterien bekannt gemacht. Dies kann allerdings erhebliche Risiken bergen, da bei einem nichtigen Zuschlagskriterium die Ausschreibung zu widerrufen ist, wenn die Nichtigkeit im Nachprüfungsverfahren festgestellt wird.[1158]

1153 OLG Brandenburg, BauR 1999, 1175, 1181 m. Anm. Leinemann.
1154 EuGH, Urt. v. 03.06.1992, C-360/89, Slg. 1992, I-3401.
1155 VÜA Bund, Beschl. v. 23.08.1994, WuW/E VergAB 9.
1156 Vgl. OLG Jena, BauR 2000, 396, 402; VÜA Bayern, Beschl. v. 17.02.1995, WuW/E VergAL 1 = IBR 1995, 242; VÜA Saarland, ZVgR 1997, 154.
1157 Kirch/Ebert, VergabeNews 2006, 22 f.
1158 EuGH, Urt. v. 04.12.2003, C-448/01.

3.11 Das Verfahren von der Angebotseröffnung bis zum Zuschlag

Die Ermittlung des wirtschaftlichsten Angebots muss lediglich einem sachgerechten und plausiblen Wertungssystem folgen.[1159] Es obliegt grundsätzlich dem Auftraggeber festzulegen, welcher Gegenstand mit welchen Eigenschaften im Vergabeweg beschafft werden soll.[1160] Dementsprechend fällt es auch in seine originäre Kompetenz, eine aus seiner Sicht beste Vergabe durch die nach seinem Ermessen bestimmten Wertungskriterien zu gewährleisten. Eine Wertung leistungsniveaubezogener Anforderungen ist auf der vierten Wertungsstufe aber nur dann sinnvoll möglich, wenn diese nicht schon zwingende inhaltliche Anforderungen an die Leistungserbringung nach der Leistungsbeschreibung darstellen. Wertungsrelevant kann etwa das Erbringen von ausdrücklich benannten Qualitäten sein, hinsichtlich deren Erfüllung den Bietern ein Spielraum zukommt.[1161] Dass ein Angebot die zwingenden Anforderungen der Ausschreibung beachten muss, ist selbstverständlich und kann daher eine Auswahlentscheidung im Rahmen der Wirtschaftlichkeitsprüfung nicht stützen. Das wird oft übersehen, wenn standardisierte Kriterien vorgegeben werden, wie z. B. »Bauzeit«. Die vorgegebene Bauzeit ist aber ohnehin einzuhalten, so dass für eine echte Bewertung mitzuteilen wäre, welche bauzeitrelevanten Merkmale eines Angebots (z. B. Bauzeitverkürzungsmöglichkeiten) wie bewertet werden.

697

Unter dem Eindruck der europarechtlichen Vorgaben nach Art. 53 Abs. 2 RL 2004/18/EG, bestimmt § 10a VOB/A (2006), dass nunmehr auch die Gewichtung der einzelnen Zuschlagskriterien den Bietern vorab mitzuteilen ist. Lediglich wenn die Gewichtung aus nachvollziehbaren Gründen nicht angegeben werden kann, können die Zuschlagskriterien in der absteigenden Reihenfolge ihrer Bedeutung bekannt gegeben werden. Das bisherige Vorgehen öffentlicher Auftraggeber, ein konkretes Wertungssystem erst im Laufe des Wertungsprozesses und in Ansehung der vorliegenden Angebote zu entwickeln, ist damit nicht mehr möglich. Während nach mittlerweile überholter Rechtsprechung ein Auftraggeber lediglich dann zur Bekanntgabe einer Bewertungsmatrix mit der Gewichtung einzelner Wertungskriterien verpflichtet war, wenn er diese Matrix tatsächlich bereits vor Einreichung der Angebote aufgestellt hatte,[1162] ist eine Vergabestelle nunmehr verpflichtet, ein entsprechendes Wertungssystem – gegebenen falls in Form einer Matrix – vorab zu erstellen und auch hinsichtlich der Bedeutung der einzelnen Kriterien den Bietern mitzuteilen. Da öffentliche Auftraggeber ohnehin bereits bei der Einleitung eines Vergabeverfahrens ein genaues Bild von den zu beschaffenden Leistungen haben müssen, werden sie hierdurch nicht unangemessen belastet. Auch angesichts der Budgetverpflichtung der öffentlichen Hand wird es regelmäßig möglich sein, sich bereits bei der Einleitung eines Vergabeverfahrens hinsichtlich des gewünschten Preis-Leistung-Verhältnisses festzulegen. Der Ausnahmefall, dass aus »*nachvollziehbaren Gründen*« die Wertungskriterien lediglich in absteigender Reihenfolge zu benennen sind, wird daher nur selten gegeben sein. Eine solche Ausnahme kann insbesondere nicht dadurch gerechtfertigt werden, dass der Auftraggeber sich noch kein genaues Bild über die zu beschaffende Leistung gemacht hat.

697 a

1159 Siehe VK Bund, Beschl. v. 04.05.2005, VK 3-25/05.
1160 OLG Düsseldorf, Beschl. v. 14.04.2005, Verg 93/04.
1161 Kirch/Ebert, VergabeNews 2006, 22, 23.
1162 OLG Düsseldorf, Beschl. v. 16.11.2005, Verg 950/05; Beschl. v. 16.02.2005, Verg 74/04; Beschl. v. 29.10.2003, Verg 43/03; OLG Celle, Beschl. v. 02.09.2004, 13 Verg 14/04.

697 b Da die Angabe der Gewichtung der Wertungskriterien auch dazu dient, den Bietern die Anfertigung maßgeschneiderter Angebote zu ermöglichen, haben diese einen Anspruch darauf, dass ihnen die Gewichtung mitgeteilt wird. Fehlt es hieran, so wäre dies gegenüber dem öffentlichen Auftraggeber gem. § 107 Abs. 3 GWB zu rügen und im Fall der Nichtabhilfe mit einem Nachprüfungsverfahren angreifbar. Auftraggeber, die von einer Bekanntgabe der Gewichtung der Wertungskriterien absehen, laufen daher Gefahr, aus diesem Grund das gesamte Verfahren wiederholen zu müssen.[1163]

3.11.4.5.2 Die Wertung von Preisnachlässen

698 Nach § 21 Nr. 4 VOB/A sind Preisnachlässe ohne Bedingungen an einer vom Auftraggeber in den Verdingungsunterlagen bezeichneten Stelle aufzuführen, anderenfalls dürfen sie nach § 25 Nr. 5 S. 2 VOB/A gar nicht gewertet werden.[1164] Liegt das betreffende Angebot später jedoch auch ohne diesen, nicht wertbaren Nachlass auf Platz 1, so wird der Nachlass gleichwohl bei Beauftragung Vertragsbestandteil, denn er ist nicht etwa vertragsrechtlich unbeachtlich, sondern nur nicht wertungsrelevant.[1165]

699 Preisnachlässe, die von einer Bedingung abhängen, sind lediglich dann wertbar, wenn die Bedingungen des Nachlasses vom Auftraggeber erfüllt werden können.[1166] Ist hingegen der Eintritt der Bedingungen ungewiss, so ist eine Wertung nicht möglich.[1167] Die Berücksichtigung eines unsicheren Vorteils zum Nachteil der anderen Bieter ist nicht möglich. Dem entsprechend können Skontoabzüge bei der Wertung nur berücksichtigt werden, wenn die Bedingungen für den Skontoabzug klar und vollständig sind.[1168] Sind bedingte Preisnachlässe nach den Verdingungsunterlagen aber ausgeschlossen, ist die Vergabestelle hieran gebunden.

3.11.4.5.3 Die Wertung von Nebenangeboten

700 Nebenangebote sind vom Auftraggeber bei der Wertung zu berücksichtigen, wenn sie nicht ausdrücklich ausgeschlossen waren, entsprechende Mindestanforderungen vom Auftraggeber benannt wurden[1169] und ihre Gleichwertigkeit festgestellt werden kann.[1170] Sind Nebenangebote nur in Verbindung mit einem Hauptangebot zugelassen, ist zunächst die Wertbarkeit des Hauptangebots zu prüfen. Kann das Hauptangebot nicht gewertet werden, entfällt auch das Nebenangebot für die Wertung, selbst wenn die darin angebotene Lösung nicht nur gleichwertig, sondern sogar gegenüber der ausgeschriebenen Lösung höherwertig ist.[1171] Ist ein Hauptangebot nicht zwingend gefor-

---

1163 Zur Bestimmung der Gewichtung auch bereits Rn. 481 ff.
1164 Problematisch OLG Schleswig, VergabeR 2002, 188 ff.
1165 Heiermann/Riedl/Rusam-Rusam, § 25 VOB/A, Rn. 72.
1166 VK Baden-Württemberg, Beschl. v. 31.10.2001, 1 VK 36/01.
1167 VK Brandenburg, Beschl. v. 21.10.2002, VK 55/02.
1168 VK Lüneburg, Beschl. v. 21.09.2004, 203-VgK-42/2004; VK Baden-Württemberg, Beschl. v. 15.07.2004, 1 VK 34/04 – beide zur VOL/A.
1169 Hierzu bereits oben, Rn. 563 ff.
1170 BayObLG, VergabeR 2002, 286, 287.
1171 OLG Düsseldorf, Beschl. v. 09.04.2003, Verg 69/02, VergabeNews 2003, S. 64 = IBR 2003, 1072.

dert, kann ein Bieter auch ein Nebenangebot ohne Hauptangebot abgeben, das dann zu werten ist.[1172]

Von den technischen Nebenangeboten, die andere Ausführungsvarianten enthalten, sind die sog. kaufmännischen Nebenangebote zu unterscheiden, wo z. B. Preisnachlässe bei Vorauszahlungen oder Skonti für kürzere Zahlungsfristen angeboten werden. Preisnachlässe unter bestimmten, von den Verdingungsunterlagen abweichenden Bedingungen, können als Nebenangebote gewertet werden. Dann ist zu prüfen, ob diese Bedingungen realistischerweise vom Auftraggeber eingehalten werden können.[1173] Skonti bleiben bei Auftraggebern, die das VHB Bund anwenden, nach dessen Ziff. 3.3.2. zu § 25 VOB/A unberücksichtigt. Ansonsten muss der Auftraggeber prüfen, ob er unter Beachtung seiner hausinternen Abläufe die einem Skontoangebot zugrunde liegenden, verkürzten Zahlungsfristen einhalten kann.[1174] Ein Skonto nur auf die Schlusszahlung ist zu ungewiss und daher nicht wertbar.

701

Unzulässig sind sog. Koppelungsangebote, die z. B. einen besonderen Nachlass anbieten, wenn noch ein weiterer Auftrag an diesen Bieter vergeben wird.[1175] Dasselbe gilt, wenn der Nachlass daran gekoppelt wird, dass eine nicht vorgesehene Gesamtvergabe von Losen erfolgt oder noch andere, nicht im Ausschreibungsumfang enthaltene Leistungen vergeben oder vom Auftraggeber erbracht werden.

702

Die geforderte Gleichwertigkeit eines Nebenangebots ist nicht mit einer technischen »Identität« zu verwechseln, denn ein Nebenangebot muss schon begrifflich zwingend von der Ausschreibung abweichen, etwa indem es eine andere technische Lösung oder einen anderen Bauablauf enthält.[1176] Gleichwertigkeit liegt vor, wenn die Ausführung mit dem geforderten Schutzniveau in Bezug auf Sicherheit, Gesundheit und Gebrauchstauglichkeit gleichwertig ist und der Auftraggeber funktional das gleiche Ergebnis wie mit der ausgeschriebenen Leistung erhält.[1177] Die vom Auftraggeber benannten inhaltlichen Mindestanforderungen für Nebenangebote müssen erfüllt sein. Eine technisch möglicherweise gleichwertige Lösung kann bei der Wertung nicht berücksichtigt werden, wenn sie von zwingenden Vorgaben der Ausschreibung abweicht. Eine solche Wertung wäre diskriminierend, weil andere Bieter wegen der Vorgaben des Ausschreibungstextes keine abweichenden Nebenangebote ausgearbeitet haben, dies aber möglicherweise getan hätten, wenn bekannt gewesen wäre, dass abweichende Nebenangebote bei der Wertung berücksichtigt würden.[1178] Das wird relevant, wenn der Auftraggeber Festlegungen getroffen hat, wie z. B. die Beistellung von Baumaterial durch den Auftraggeber,[1179] aber auch verbindliche Vorgaben betreffend die Beseiti-

703

1172 Ingenstau/Korbion-Kratzenberg, § 25 VOB/A, Rn. 93; Hofmann, ZfBR 1984, 259.
1173 BGH, BauR 2000, 254, 258; Heiermann/Riedl/Rusam-Rusam, § 25 VOB/A, Rn. 159 ff., 164, 165.
1174 OLG Jena, BauR 2000, 388, 395 (8 Tage für Abschlags- und 18 Tage für Schlusszahlung sind zu knapp); VÜA Bayern, Beschl. v. 08.03.1996, WuW/E VergAL 75 = IBR 1997, 223.
1175 OLG Saarbrücken, ZVgR 2000, 181; VK Sachsen, Beschl. v. 23.05.2003, 1/SVK/030-03; Heiermann/Riedl/Rusam-Rusam, § 25 VOB/A, Rn. 162.
1176 OLG Celle, BauR 2000, 405, 408; BayObLG, VergabeR 2002, 286, 287.
1177 BayObLG, VergabeR 2002, 286, 287.
1178 Motzke/Pietzcker/Prieß-Prieß, § 21 VOB/A, Rn. 53.
1179 VÜA NRW, IBR 1998, 509.

3 Die Vergabe- und Vertragsordnung für Bauleistungen, Teil A (VOB/A)

gung von Aushub- oder Abbruchmassen, Transportvorgaben, zeitliche Zwänge, Maßangaben, Lastannahmen, Kapazitäten und sonstige technische Mindestanforderungen. Solche zwingenden Vorgaben müssen sich aus dem Ausschreibungstext eindeutig ergeben.[1180] Unzulässig sind auch Nebenangebote mit Abweichungen, die eine Änderung der Baugenehmigung oder eines Planfeststellungsbeschlusses erfordern, da derartige Änderungen nicht sicher prognostizierbar sind. Ist einem Bieter von einer Fachbehörde eine erforderliche Erlaubnis erteilt worden, muss diese jedoch als gültig berücksichtigt werden, es sei denn, sie wäre offensichtlich rechtswidrig; ebenso berücksichtigungsfähig ist eine ständige Verwaltungspraxis bei der Erteilung etwa erforderlicher Genehmigungen und Erlaubnisse.[1181] Keine Abweichung liegt vor, wenn ein Bieter in seinem Nebenangebot Bedenken gegen den Amtsentwurf äußert, zumal Bedenken nach § 4 Nr. 3 VOB/B auch jederzeit nach Vertragsschluss angemeldet werden könnten.[1182]

704 Änderungsvorschläge und Nebenangebote[1183] müssen – ähnlich wie die Leistungsbeschreibung – eindeutig und erschöpfend beschrieben sein.[1184] Sie können nur in der Form und mit dem Inhalt gewertet werden, wie sie abgegeben wurden, d. h. ohne zusätzliche Erklärungen, ergänzende (aber nicht mit dem Angebot eingereichte) Unterlagen und/oder Berechnungen. Sie müssen schon zum Einreichungszeitpunkt wertbar sein.[1185] Müssten sie durch – unzulässige – Nachforderung von für die Beurteilung wesentlichen Unterlagen oder Ausräumung von »Auslegungszweifeln«, z. B hinsichtlich des Leistungsumfangs, erst wertbar gemacht werden, bleiben sie unberücksichtigt.[1186] Auch Nebenangebote, deren Gesamtpreis nicht festgestellt werden kann, sind mit anderen eingegangenen Angeboten nicht vergleichbar und daher nicht wertungsfähig.[1187] Zur Vermeidung solcher Probleme können die Verdingungsunterlagen vorsehen, dass Nebenangebote nach Mengenansätzen und Einheitspreisen aufzugliedern sind.[1188] Dadurch wird verhindert, dass Nebenangebote in die Wertung gelangen, die Unklarheiten hinsichtlich der Einzelheiten ihrer Ausführung beinhalten, z. B. die Menge des einzubauenden Stahls und/oder Betons bei Sondervorschlägen für Brückenkonstruktionen.[1189] Das gilt auch dann, wenn das Nebenangebot eine Pauschalierung der Leistung beinhaltet. Der Hinweis, dass dann das Mengenrisiko beim Bieter liege, hilft nicht bei

---

1180 Heiermann/Riedl/Rusam-Rusam, § 25 VOB/A, Rn. 87; VÜA Bayern, IBR 1995, 242 = WuW/E VergAL 1.
1181 OLG Düsseldorf, Beschl. v. 07.07.2003, Verg 34/03, VergabeNews 2003, 65 = IBR 2003, 405.
1182 OLG Bremen, Beschl. v. 08.09.2003, Verg 5/03, VergabeNews 2003, 85.
1183 Manche wollen diese Begriffe definitorisch unterscheiden, was jedoch im Hinblick auf den rechtlich gleichen Wortgebrauch in der VOB/A nicht erforderlich erscheint, vgl. Heiermann/Riedl/Rusam-Rusam, § 25 VOB/A, Rn. 74 ff.
1184 OLG Brandenburg, VergabeR 2003, 70, 71; OLG Koblenz, VergabeR 2003, 72, 73; OLG Frankfurt, VergabeR 2002, 389, 391 m. Anm. Leinemann; OLG Naumburg, OLGR 2001, 191.
1185 OLG Koblenz, VergabeR 2003, 72, 73; OLG Rostock, VergabeR 2002, 507, 508; OLG Frankfurt, VergabeR 2002, 389, 391.
1186 OLG Frankfurt, VergabeR 2002, 389, 391; OLG Düsseldorf, VergabeR 2001, 226, 231; dazu oben, 3.10.4.1.4.
1187 OLG München, VergabeR 2006, 112.
1188 So vorgeschrieben etwa in den HVA – StB-Bewerbungsbedingungen/E1 (12/02), Ziff. 4.1. bis 4.4; ebenso die EVM (B) BwB/E, Ziff. 4.1–4.5 (VHB 2002).
1189 OLG Frankfurt, VergabeR 2002, 389, 390 f. m. Anm. Leinemann.

der Wertung des Nebenangebots, da das Fehlen konkreter Mengenangaben dem Auftraggeber die Prüfung auf technische Gleichwertigkeit und Ausführbarkeit verunmöglicht. Entsprechende Erwägungen gelten für das Fehlen statischer Nachweise z. B. bei veränderten Konstruktionen. Diese Nachweise müssen bei Angebotsabgabe vorliegen.[1190] Unzulässig ist es schließlich auch, ein einheitlich unterbreitetes Nebenangebot in einen wertbaren und einen nicht wertbaren Teil zu zergliedern und nur einen Teil davon dann zu werten.[1191]

Hat ein Auftraggeber bestimmte Nebenangebote ausdrücklich gewünscht, muss er sie im Fall ihrer Unterbreitung auch werten. Das gilt z. B. für ein nach den Verdingungsunterlagen ausdrücklich erbetenes Nebenangebot zur Bauzeitverkürzung, und zwar auch dann, wenn sich Baubeginn und Gesamtbauzeit wegen Verzögerungen im Vergabeverfahren über die ausgeschriebenen Termine hinaus verschieben.[1192] 705

3.11.4.5.4 Schadensersatz bei Vergabeverstößen

Sofern der Auftraggeber gegen die vorgenannten Grundsätze der Wertung verstößt, kann ein Schadensersatzanspruch des Bieters wegen Verschuldens bei Vertragsschluss bzw. § 311 Abs. 2 i. V. m. § 280 Abs. 2 BGB (culpa in contrahendo) bestehen.[1193] Aufgrund des Vergabeverfahrens entsteht zwischen den Verfahrensbeteiligten ein vorvertragliches Vertrauensverhältnis, das bei Verletzung der Regularien der VOB/A zu einem Schadensersatzanspruch führt, wenn der Bieter in seinem Vertrauen auf eine ordnungsgemäße Verfahrensdurchführung enttäuscht wird.[1194] Das gilt im Übrigen auch, wenn ein Auftraggeber, der nicht unter § 98 GWB fällt, seinem Vergabeverfahren die VOB/A zugrunde legt.[1195] Erklärt ein privater Auftraggeber, dass er die von ihm durchgeführte Ausschreibung nach den Regeln der VOB/A durchführen werde, begründet er in gleicher Weise wie ein öffentlicher Auftraggeber, Vertrauen bei denjenigen, die sich am Ausschreibungsverfahren beteiligen, so dass er sich schadensersatzpflichtig machen kann.[1196] Bieter, die von vornherein ausgeschlossen worden oder unberücksichtigt geblieben wären, können allerdings keinen Anspruch auf Schadensersatz geltend machen.[1197] Der Schadensersatzanspruch richtet sich auf Ersatz der Aufwendungen, die im Zusammenhang mit der Angebotsbearbeitung entstanden sind.[1198] Darüber hinaus kann ein Anspruch auf Ersatz des entgangenen Gewinns und der Allgemeinen Geschäftskosten (AGK)[1199] bestehen, sofern der übergangene Bieter darle- 706

1190 OLG Koblenz, VergabeR 2003, 72, 73; OLG Frankfurt, Beschl. v. 26.03.2003, 11 Verg 3/01.
1191 OLG Dresden, VergabeR 2003, 64, 66 m. Anm. Ebert; BayObLG, VergabeR 2002, 252, 254.
1192 VK Hannover, Beschl. v. 12.06.2003, VergabeNews 2003, 66, rechtskräftig nach Rücknahme der sof. Beschwerde aufgrund Hinweises des OLG Celle, dass die Entscheidung nicht aufgehoben würde.
1193 BGH, Urt. v. 12.06.2001, X ZR 150/99, BB 2001, 1549.
1194 BGH, BauR 2002, 1082, 1083; OLG Düsseldorf, Urt. v. 12.06.2003, 5 U 109/02, IBR 2003, 566.
1195 OLG Düsseldorf, Urt. v. 12.06.2003, 5 U 109/02.
1196 BGH, Urt. v. 21.02.2006, X ZR 39/03.
1197 BGH, VergabeR 2002, 463, 464 f.
1198 BGH, BauR 1984, 631.
1199 Ebenso Kapellmann/Messerschmidt-Dähne, § 25 VOB/A, Rn. 125; OLG Jena, IBR 2002, 433.

gen und beweisen kann, dass er bei ordnungsgemäßer Durchführung des Vergabeverfahrens den Zuschlag hätte erhalten müssen.[1200] Wenn der anspruchstellende Bieter den günstigsten Preis angeboten hatte, durfte er die Zuschlagserteilung an sich erwarten, wenn nicht aufgrund anderer zulässiger Wertungskriterien auch eine andere Zuschlagsentscheidung möglich gewesen wäre.[1201] Es ist jedoch Sache des übergangenen Bieters, diese Anspruchsvoraussetzungen darzulegen, was erfahrungsgemäß nicht immer leicht fällt. Der Auftraggeber ist nicht mit dem Einwand ausgeschlossen, dass der Schaden auch bei rechtmäßigem Alternativverhalten seinerseits eingetreten wäre.[1202] Eine Kumulierung von positivem und negativem Interesse kommt nicht in Betracht,[1203] da die Angebotsbearbeitungskosten dem Bieter auch bei Auftragserteilung nicht ersetzt worden wären, sondern er diese Kosten im Rahmen des Gewinnzuschlags bei Ausführung wieder amortisiert. Näheres zu Schadensersatzansprüchen bei fehlerhafter Vergabe s. oben, Abschnitt 2.2.19.

3.11.5 Der Zuschlag

707 Zivilrechtlich ist der Zuschlag die Annahme eines Vertragsangebots gem. §§ 145 ff. BGB. Der Gebrauch des Begriffes »Zuschlag« ist nur bei der öffentlichen und beschränkten Ausschreibung üblich. Bei der freihändigen Vergabe und beim Verhandlungsverfahren wird der Begriff »Auftrag« benutzt. Auch hier aber geht es um die Herbeiführung eines Vertragsschlusses durch Angebot und Annahme gem. §§ 145 ff. BGB; Parallelen zum rechtsgeschäftlichen Begriff »Auftrag« der §§ 662 ff. bestehen nicht.

708 Gemäß § 28 Nr. 1 VOB/A ist der Zuschlag auf das annehmbarste Angebot möglichst bald, mindestens aber so rechtzeitig zu erteilen, dass dem Bieter die Erklärung noch vor Ablauf der Zuschlagsfrist, die nach § 19 VOB/A mit höchstens 30 Kalendertagen bemessen ist und nur in Ausnahmefällen verlängert werden kann,[1204] zugeht. Eine Verlängerung ist auch noch möglich, nachdem die ursprüngliche Frist bereits abgelaufen ist;[1205] ein Bieter kann jedoch nicht gegen seinen Willen nach Fristablauf an seinem Angebot festgehalten werden. Eine Zustimmung aller Bieter zur Fristverlängerung ist nicht erforderlich, solange nur alle Bieter dazu aufgefordert wurden.[1206] Deshalb ist unverzüglich nach dem Eröffnungstermin mit der Bearbeitung der Angebote zu beginnen. Ein nach Ablauf der (nicht verlängerten) Zuschlagsfrist erteilter Zuschlag hat die rechtliche Wirkung, dass der Bieter nicht mehr an sein Angebot gebunden ist. Die

---

1200 BGH, VergabeR 2002, 463 f.; BGH, BauR 1993, 214; OLG Düsseldorf, BauR 1986, 107; OLG Düsseldorf, BauR 1990, 257.
1201 OLG Celle, BauR 1996, 860, 861; OLG Düsseldorf, BauR 1999, 741.
1202 Vgl. BGH, BauR 1994, 214.
1203 OLG Düsseldorf, VergabeR 2002, 326, 328; OLG Jena, IBR 2002, 433.
1204 Vgl. Abschnitt 3.10.2; OLG Düsseldorf, BauR 1999, 1288, 1289.
1205 OLG Rostock, Beschl. v. 06.06.2005, 17 Verg 8/05; BayObLG, NVwZ 1999, 1138, 1140 = WuW/E Verg 239; OLG Düsseldorf, VergabeR 2002, 261, 263. A. A. OLG Jena, Beschl. v. 30.10.2006, 9 Verg 4/06.
1206 BayObLG, NVwZ 1999, 1138, 1141; Kapellmann/Messerschmidt-Külpmann, § 28 VOB/A, Rn. 17.

verspätete Angebotsannahme gilt nach § 150 Abs. 1 BGB als neuer Antrag des Auftraggebers, der nunmehr durch den Bieter angenommen werden muss, wenn ein wirksamer Vertrag entstehen soll. Nichts anderes stellt § 28 Nr. 2 Abs. 2 VOB/A klar. Bei einer über die ursprünglich angesetzten Bindefrist hinausgehenden Verzögerung der Ausschreibung steht dem Auftragnehmer ein Anspruch auf Anpassung der Ausführungszeit und des Preises nach § 2 Nr. 5 VOB/B zu,[1207] sog. Vergabeverfahrensrisiko.

Weiterhin ist für einen wirksamen Vertragsschluss Voraussetzung, dass der Zuschlag ohne Abänderung erteilt wird. Rechtlich unbeachtlich ist die Weigerung eines Bieters, den rechtzeitig und ohne Abänderung erteilten Zuschlag anzunehmen. Innerhalb der Bindefrist ist der Bieter an sein Angebot gebunden und kann es nicht zurückziehen.[1208] Lediglich eine Anfechtung kommt möglicherweise in Betracht. Der Bieter muss den Auftrag daher auch dann ausführen, wenn er das Interesse daran verloren hat, beispielsweise weil er zwischenzeitlich bei einer anderen Ausschreibung zum Zuge gekommen ist. Lediglich wenn mit der anderweitigen Beauftragung eine völlige Auslastung des Bieters verbunden ist und keine Möglichkeit zu einer Kapazitätserweiterung besteht, könnte es möglicherweise rechtsmissbräuchlich sein, wenn der Auftraggeber dem Bieter trotz entsprechender vorheriger Benachrichtigung den Zuschlag erteilt.[1209] Unzulässig ist auch die Beauftragung eines Bieters, nachdem dieser gegenüber der Vergabestelle einen erheblichen Fehler in seinem Angebot offenbart hat, der bei Beauftragung zu einem schweren Verlust führen würde.[1210]

709

Wird der Zuschlag unter Erweiterungen, Einschränkungen oder Änderungen erteilt, so gilt die darin enthaltene Erklärung als Ablehnung des Angebots des Bieters und damit als neues Angebot des Auftraggebers (§ 150 Abs. 2 BGB), das zugleich die Bindung des Bieters an sein ursprüngliches Angebot aufhebt.[1211] Gemäß § 28 Nr. 2 Abs. 2 VOB/A ist der Bieter in einem solchen Fall bei Erteilung des Zuschlags aufzufordern, sich unverzüglich über die Annahme zu erklären. Sofern der Bieter das neue Angebot ablehnt oder nicht innerhalb der Annahmefrist annimmt, erlischt auch das »neue« Angebot des Auftraggebers. Trifft der Bieter hingegen Vorbereitungen für die auszuführenden Bauarbeiten, so kann dies als stillschweigende Annahme anzusehen sein. Will der Auftraggeber von dem ursprünglichen Angebot des Bieters – auch nur geringfügig – abweichen, so muss er unzweideutig in seinem Zuschlagschreiben darauf hinweisen.[1212] Sofern der Bieter auf den abgeänderten Zuschlag seinerseits Änderungen oder Ergänzungen einbringt, gilt dies erneut als Ablehnung des Angebots (des Auftraggebers) in Verbindung mit einem neuen Angebot. Ein wirksamer Vertragsschluss setzt nunmehr voraus, dass der Auftraggeber dieses Angebot – gegebenenfalls konkludent, stillschweigend – annimmt. Die Annahme muss bis zu dem Zeitpunkt erfolgen, in welchem der Antragende den Eingang der Antwort unter regelmäßigen Umständen erwarten darf.

710

1207 Eingehend bereits oben, Rn. 594 ff.
1208 Vgl. oben, Abschnitt 3.11.2.
1209 Heiermann/Riedl/Rusam-Heiermann, § 19 VOB/A, Rn. 15.
1210 OLG Naumburg, Urt. v. 22. 11. 2004, 1 U 56/04; OLG Nürnberg, NJW-RR 1998, 595; BGH, NJW 1980, 180; OLG Köln, NJW 1985, 1475; dazu näher oben unter 2.1.5.2, Rn. 159 a.
1211 OLG Düsseldorf, BauR 1975, 340, 341.
1212 BGH, BauR 1983, 252.

3 Die Vergabe- und Vertragsordnung für Bauleistungen, Teil A (VOB/A)

711 Formvorschriften für die Zuschlagserteilung enthält die VOB/A nicht. Der Zuschlag kann daher grundsätzlich formlos, d. h. im Allgemeinen auch (fern)mündlich erteilt werden, es sei denn, in den Vergabeunterlagen ist eine bestimmte Form ausdrücklich vorgesehen. Die in der Ausschreibung oder in deren Verlauf vom Auftraggeber aufgestellten Verfahrensregeln sind bindend für beide Seiten und begründen einen Vertrauenstatbestand zugunsten der Bieter.[1213] Eine Zuschlagserteilung durch konkludentes Handeln kommt nicht in Betracht.[1214] Ist der Zuschlag wirksam ohne Abänderungen und bei Vergabeverfahren oberhalb der Schwellenwerte unter Berücksichtigung der Vorabinformationspflicht nach § 13 VgV erteilt, ist eine gesonderte Bestätigung des erteilten Zuschlags durch den Bieter nicht erforderlich. Für die Rechtswirksamkeit des Bauvertrages ist zudem unbeachtlich, ob in den Vergabeunterlagen vorgesehen ist, dass nach dem Zuschlag über den geschlossenen Vertrag eine urkundliche Festlegung erfolgen soll (§ 28 Nr. 2 Abs. 1 2. Halbsatz VOB/A).

712 Bei Vergabeverfahren oberhalb der Schwellenwerte ist die Zuschlagserteilung gem. §§ 28 a und b VOB/A europaweit über das Amt für Veröffentlichungen der Europäischen Gemeinschaften bekannt zu machen. Die entsprechende Frist zur Übermittlung der erforderlichen Angaben (§ 28 a Nr. 1 Abs. 3 VOB/A) beträgt bei Verfahren nach dem zweiten Abschnitt der VOB/A längstens 48 Kalendertage nach Auftragserteilung.

3.11.6 Die Vertragsurkunde

713 Einer besonderen Urkunde über den Vertrag bedarf es nach § 29 Nr. 1 VOB/A nur dann, wenn der Vertragsinhalt nicht schon durch das Angebot mit den zugehörigen Anlagen, das Zuschlagsschreiben und andere Schriftstücke eindeutig und erschöpfend festgelegt ist. Aber auch in anderen Fällen, wenn beispielsweise die Vertragsunterlagen durch eine größere Zahl von Nachtragsvereinbarungen unübersichtlich geworden sind, kann und sollte der Vertragsinhalt aus Gründen der Vertragsklarheit und Rechtssicherheit in einer Urkunde festgehalten werden. Stets dient die Beurkundung jedoch »nur« Beweiszwecken, da der Bauvertrag bereits durch Zuschlag wirksam zustande gekommen ist, es sei denn, dass z. B. notarielle Form zwingend erforderlich ist. Entsprechend kann der Auftraggeber mit Vorlage der Vertragsurkunde keine Änderung derjenigen Bedingungen verlangen, auf deren Grundlage der Zuschlag erteilt wurde. Derartige Ansinnen darf der Bieter zurückweisen, ohne dass der Auftraggeber deshalb die Vertragsdurchführung verweigern könnte.

714 § 29 Nr. 2 VOB/A greift die Regelung des § 126 Abs. 2 BGB a. F. auf, wonach bei einem Vertrag die Unterzeichnung der Parteien auf derselben Urkunde erfolgen muss. Seit der Neufassung von § 126 BGB ab dem 01.01.2002 reicht es auch aus, wenn jede Partei die für die andere Partei bestimmte Urkunde unterzeichnet. Wird das Vergabeverfahren nach den oben dargestellten Regeln (bzw. nach VHB) durchgeführt, bedarf es keines gesonderten Vertragsdokuments mehr, da das vorbehaltlose Angebot des Bieters durch Zuschlagsschreiben angenommen wird und allein dadurch der wirksame Vertragsschluss erfolgt. Zusätzlich ist in § 29 Nr. 2 VOB/A bestimmt, dass die Urkun-

---

1213 OLG München, Urt. v. 18.05.2000, NZBau 2000, 590, 592.
1214 OLG Dresden, Beschl. v. 21.07.2000, WuW/E Verg 384.

―――――― 3.11 Das Verfahren von der Angebotseröffnung bis zum Zuschlag ――――――

de doppelt auszufertigen ist und in besonderen Fällen die Beglaubigung einer Unterschrift verlangt werden kann, die grundsätzlich gerichtlich oder notariell zu erfolgen hat. Auch diese Vorschriften dienen der Rechtssicherheit bzw. Verwertbarkeit des Vertrages als Beweismittel. Ist mit dem ausgeschriebenen Vertragsschluss z. B. ein Grundstücksvertrag verbunden, tritt die Wirksamkeit des Vertrags erst mit der notariellen Beurkundung ein.[1215]

3.11.7 Information der nicht berücksichtigten Bieter

§ 27 Nr. 1 VOB/A sieht eine stufenweise, dem Fortgang des Wertungsverfahrens entsprechende Benachrichtigung der Bieter vom Ergebnis des Wertungsverfahrens vor. Danach sollen Bieter, deren Angebote ausgeschlossen worden sind (§ 25 Nr. 1 VOB/A), und solche, deren Angebote nicht in die engere Wahl gekommen sind (§ 25 Nr. 3 Abs. 3 VOB/A), »sobald wie möglich verständigt werden« (§ 27 Nr. 1 Satz 1 VOB/A). Erst in einem zweiten Schritt sind »die übrigen Bieter« zu verständigen, nämlich erst, »sobald der Zuschlag erteilt worden ist« (§ 27 Nr. 1 Satz 2 VOB/A). Während also die Benachrichtigung auf der ersten Stufe in das Ermessen des Auftraggebers gestellt ist, formuliert § 27 Nr. 1 Satz 2 VOB/A die Benachrichtigung der »übrigen« Bieter als Pflicht. Bei europaweiten Vergaben nach dem zweiten Abschnitt unterrichtet die Vergabestelle nach §§ 27a Nr. 1 VOB/A die Bieter auf ihr Verlangen hin unverzüglich, spätestens jedoch innerhalb einer Frist von 15 Kalendertagen über die Gründe für die Nichtberücksichtigung ihrer Bewerbung oder ihres Angebots. Ähnliche Anforderungen gelten für schriftliche Anfragen auch gem. § 27 b VOB/A.

715

§ 13 Satz 1 der Vergabeverordnung stellt für Vergaben oberhalb der Schwellenwerte ausdrücklich klar, dass der Auftraggeber verpflichtet ist, sämtliche Bieter, deren Angebote nicht berücksichtigt werden sollen, über den Namen des Bieters, dessen Angebot angenommen werden soll, und über den Grund der vorgesehenen Nichtberücksichtigung ihres Angebots zu informieren. Diese Bieterinformation ist schriftlich spätestens 14 Kalendertage vor dem Vertragsschluss abzugeben (§ 13 S. 2 VgV). Vor Ablauf der Frist oder ohne dass die Information erteilt worden und die Frist abgelaufen ist, darf ein Vertrag nicht geschlossen werden (§ 13 S. 3 VgV). Ein dennoch abgeschlossener Vertrag ist nichtig (§ 13 S. 4 VgV).[1216]

716

3.11.8 Weiterverwendung nicht berücksichtigter Angebote und Ausarbeitungen

Gemäß § 27 Nr. 3 VOB/A dürfen nicht berücksichtigte Angebote und Ausarbeitungen der Bieter nicht für eine neue Vergabe oder für andere Zwecke benutzt werden. Ist der Auftraggeber im Einzelfall an einer Weiterverwendung interessiert, so benötigt er dafür die Zustimmung des betroffenen Bieters. Das gilt auch für Nebenangebote.[1217] Mit dem Verbot der Weiterverwendung ist insbesondere eine der Ausschreibung eventuell nachfolgende freihändige Vergabe umfasst, bei der nicht etwa Ideen der Bieter aus

717

1215 Vgl. VK Bund, VK 1-25/99.
1216 Vgl. dazu die Erläuterungen zu § 13 VgV oben, Rn. 75 ff.
1217 OLG Düsseldorf, NJW-RR 1986, 508; VÜA Brandenburg, IBR 1998, 418.

257

der vorangegangenen, aufgehobenen Ausschreibung ohne deren vorherige Genehmigung verwendet werden dürfen. Werden Angebotsunterlagen dennoch missbräuchlich benutzt, so können Schadensersatzpflichten wegen Verschuldens bei Vertragsschluss nach §§ 311 Abs. 2, 241 Abs. 2 BGB (culpa in contrahendo) sowie nach § 826 BGB bei einem vorsätzlichen Verstoß gegen die guten Sitten entstehen. Zudem kann der Auftraggeber durch einstweilige Verfügung auf Unterlassung in Anspruch genommen werden. Hinzukommen können Ansprüche nach anderen gesetzlichen Bestimmungen, beispielsweise aus ungerechtfertigter Bereicherung (§ 812 BGB), und unter Umständen auch ein Ersatz des immateriellen Schadens, beispielsweise nach § 97 Abs. 2 UrhG.

718 Darüber hinaus sind Entwürfe, Ausarbeitungen, Muster und Proben zu nicht berücksichtigten Angeboten zurückzugeben, wenn dies im Angebot vorgesehen oder innerhalb von 30 Kalendertagen nach Ablehnung des Angebotes verlangt wird (§ 27 Nr. 4 VOB/A). Nicht zurückgegebene Unterlagen sind wie hinterlegte Sachen zu behandeln, also nur mit derjenigen Sorgfalt aufzubewahren, die der Verwahrer in eigenen Angelegenheiten anzuwenden pflegt. Der Auftraggeber haftet daher nicht in jedem Fall für die Beseitigung bzw. Vernichtung dieser Unterlagen.

3.11.9 Der Vergabevermerk

719 Über die Vergabe ist nach § 30 VOB/A ein Vermerk zu fertigen, der die einzelnen Stufen des Verfahrens, die maßgebenden Feststellungen sowie die Begründung der einzelnen Entscheidungen enthält. Im Einzelnen sind der Name und die Anschrift des Auftraggebers festzuhalten. Zudem müssen Art und Umfang der Leistung, der Wert des Auftrages, das gewählte Vergabeverfahren mit Begründung und die einzelnen Stufen des Vergabeverfahrens mit Datumsangabe angegeben werden. Ferner sind die Zahl der Bewerber bzw. Bieter, die Namen der berücksichtigten Bewerber oder Bieter und die Gründe für ihre Auswahl sowie die Namen der ausgeschlossenen Bewerber und Bieter und die Gründe für ihre Ablehnung zu vermerken. Schließlich sind die Ergebnisse der Prüfung und Wertung der Angebote, der Name des Auftragnehmers und die Gründe für die Erteilung des Zuschlags auf sein Angebot, die Anteile der beabsichtigten Nachunternehmerleistungen sowie die Gründe für eine evtl. Ausnahme von der Anwendung gemeinschaftsrechtlicher technischer Spezifikation auszuführen. Die Verwendung eines Formulars ist regelmäßig unzureichend; aus dem Vergabevermerk muss sich unter Angabe der Gründe die Abwägungs- und Wertungsentscheidung in nachvollziehbarer Weise ergeben.[1218]

720 Im Rahmen des europäischen Legislativpakets wurden die an die Verfahrensdokumentation gestellten Anforderungen bei europaweiten Vergaben näher präzisiert. Die entsprechenden Klarstellungen haben Eingang in § 30 a VOB/A gefunden. Danach muss der Vergabevermerk mindestens die folgenden Angaben enthalten:

– Name und Anschrift des Auftraggebers

– Art und Umfang der Leistung

1218 So etwa OLG Naumburg, Beschl. v. 13. 10. 2006, 1 Verg 6/06, VergabeNews 2006, 117; Franke/Kemper/Zanner/Grünhagen-Franke/Mertens, § 30 VOB/A, Rn. 11; Motzke/Pietzcker/Prieß-Schäfer, § 30 VOB/A, Rn. 12 f.

─────────── 3.11 Das Verfahren von der Angebotseröffnung bis zum Zuschlag ───────────

– Wert des Auftrags
– Namen der berücksichtigten Bewerber oder Bieter und Gründe für ihre Auswahl
– Namen der nicht berücksichtigten Bewerber oder Bieter und die Gründe für die Ablehnung
– Gründe für die Ablehnung von ungewöhnlich niedrigen Angeboten
– Name des Auftragnehmers und Gründe für die Erteilung des Zuschlags auf sein Angebot
– Anteil der beabsichtigten Unteraufträge an Dritte, soweit bekannt
– Beim Nichtoffenen Verfahren, Verhandlungsverfahren oder Wettbewerblichen Dialog Gründe für die Auswahl des jeweiligen Verfahrens
– Gegebenenfalls die Gründe, aus denen der öffentliche Auftraggeber auf die Vergabe eines Auftrags verzichtet hat.

§ 30 VOB/A ist Ausdruck der Verpflichtung zu ordnungsgemäßem Verwaltungshandeln, wonach wesentliche Feststellungen und Entscheidungen aktenmäßig festzuhalten sind.[1219] Die Vorschrift dient auch der Schaffung von Transparenz und damit der Überprüfbarkeit für die Bieter und ist somit Ausdruck eines subjektiven Rechts im Sinne von § 97 Abs. 7 GWB.[1220] Der Vergabevermerk unterliegt daher stets der Akteneinsicht im Nachprüfungsverfahren gem. § 111 GWB. 721

Nach § 30 Nr. 2 VOB/A ist im Vergabevermerk zu begründen, wenn auf die Vorlage zusätzlich zum Angebot verlangter Unterlagen und Nachweise verzichtet wird. Hiermit sind insbesondere die Unterlagen und Nachweise gemeint, die für den Nachweis der Eignung der Bieter vorgelegt wurden. Aus dieser Regelung folgt nicht, dass unvollständige Angebote, die nach § 25 Nr. 1 Abs. 1 VOB/A zwingend auszuschließen sind, in der Wertung berücksichtigungsfähig wären. Allerdings wird auch deutlich, dass entgegen verbreiteter Ansicht das Abfordern umfangreicher Unterlagen der Bieter nicht schon mit dem Angebot, sondern auch erst später – »auf Verlangen« – erfolgen kann, was die Bearbeitung von Ausschreibungen auf Bieterseite ebenso wie für die Vergabestellen erheblich vereinfachen kann und Flüchtigkeitsfehler zu vermeiden hülfe. 722

Der Vergabevermerk muss schon vor Zuschlagserteilung gefertigt werden, da er die Grundlage dieser Entscheidung darstellt; eine nachträgliche Abfassung wäre unzulässig. Dem Vermerk kommt im Nachprüfungsverfahren hinsichtlich der bei der Vergabe erforderlichen Prüfungsvorgänge auch negative Beweiswirkung zu: Enthalten die Vergabeakten über einen Vorgang keine Angaben, so ist davon auszugehen, dass er nicht stattgefunden hat.[1221] Besteht ein Dokumentationsmangel und wirkt sich dieser auf die Rechtsstellung des Bieters im Vergabeverfahren aus, so liegt eine Rechtsverletzung des Bieters i.S.v. § 97 Abs. 7 GWB vor.[1222] Kann im Rahmen eines Nachprüfungsverfahrens 723

1219 OLG Brandenburg, BauR 1999, 1175, 1181 m. Anm. Leinemann.
1220 OLG Düsseldorf, VergabeR 2003, 87, 89; OLG Brandenburg, BauR 1999, 1175, 1181.
1221 OLG Jena, Beschl. v. 26.06.2006, 9 Verg 2/06.
1222 OLG Düsseldorf, VergabeR 2003, 87, 89.

die Nachvollziehbarkeit einer Vergabeentscheidung nicht mehr hergestellt werden, soll nach einer Auffassung nur die Aufhebung des Verfahrens bleiben.[1223] Regelmäßig wird aber als milderes Mittel die Anordnung der Wiederholung der entsprechenden Verfahrensschritte unter ordnungsgemäßer Dokumentation ausreichen.

3.11.10 Bekanntmachung der Auftragserteilung sowie Melde- und Berichtspflichten des Auftraggebers

724 Bei Vergabeverfahren nach den Abschnitten 2 und 3 VOB/A ist die Auftragserteilung nach vorgegebenem Muster gem. § 28 a VOB/A vorzunehmen und die Bekanntmachung innerhalb von 48 Kalendertagen nach Auftragsvergabe dem Amt für Veröffentlichungen der EG zu übermitteln.

725 Öffentliche Sektorenauftraggeber müssen über die Auftragsvergabe nach § 28 b VOB/A innerhalb von zwei Monaten nach Vergabe der EG-Kommission mit entsprechendem Formblatt Mitteilung machen. Teile dieser Mitteilung werden dann von der Kommission im Amtsblatt der EU veröffentlicht.

726 Der Auftraggeber muss für die alle zwei Jahre fällige EU-Statistik über die vergebenen Aufträge einen Bericht erstellen. Die für die Meldung zuständige Stelle ist das Bundeswirtschaftsministerium. Die einzelnen Meldungen der Auftraggeber werden zunächst in den jeweiligen Ländern – und dort in der Regel von den Wirtschaftsministerien – gesammelt und von dort an das Bundeswirtschaftsministerium weitergereicht.

3.12 Aufhebung der Ausschreibung

727 Die Einleitung eines Vergabeverfahrens führt grundsätzlich nicht dazu, dass ein Auftraggeber verpflichtet wäre, in diesem Verfahren auch einen Zuschlag auf eines der Angebote zu erteilen. Eine Aufhebung des Verfahrens kommt zunächst in Betracht, wenn die Voraussetzungen des § 26 Nr. 1 VOB/A gegeben sind. Daneben können aber auch weitere sachliche Gründe eine Aufhebung als ultima ratio rechtfertigen, etwa wenn der Beschaffungsbedarf auf Seiten des öffentlichen Auftraggebers weggefallen ist. Hält dieser aber an seinem Beschaffungsziel unverändert fest, hat er vor einer Aufhebung jede sich bietende, rechtlich zulässige Möglichkeit, die Ausschreibung mit einem Zuschlag abzuschließen, zumindest einer ernstlichen rechtlichen Prüfung zu unterziehen. Die Aufhebungsentscheidung muss unter Berücksichtigung aller auch gegen die Aufhebung sprechenden Umstände verhältnismäßig sein.[1224]

727 a Ein »stilles Auslaufen« einer Ausschreibung ohne für die Bieter erkennbare abschließende Handlung des Auftraggebers gibt es nicht. Vielmehr verletzt derjenige Auftraggeber, der gegenüber den im Rahmen der Ausschreibung eingegangenen Angeboten untätig bleibt, seine Handlungspflicht. Dementsprechend können auch vom Auftraggeber selbst verursachte Verzögerungen der Auftragsvergabe eine Verfahrensaufhebung

---

1223 Franke/Kemper/Zanner/Grünhagen-Franke/Grünhagen, § 30 VOB/A, Rn. 19.
1224 OLG Naumburg, Beschl. v. 13. 10. 2006, 1 Verg 6/07 und 7/06, VergabeNews 2006, 117.

nicht stützen.¹²²⁵ Zwar gibt es keinen Anspruch auf Erteilung des Zuschlags, wenn der Auftraggeber auf die Vergabe des Auftrags endgültig verzichtet.¹²²⁶ Die Entscheidung über den Widerruf einer Ausschreibung gehört aber bei Verfahren oberhalb der Schwellenwerte zu den Entscheidungen, die einer Überprüfung im Nachprüfungsverfahren zugänglich sein müssen.¹²²⁷ Es kommt daher nur fallweise in Betracht, dass bei einer unberechtigten Aufhebung nicht die Fortführung des Vergabeverfahrens unter Beachtung der Rechtsauffassung der Vergabekammer angeordnet werden kann.¹²²⁸ Insbesondere in einem solchen Fall ist an Schadensersatzansprüche wegen Verschuldens bei Vertragsverhandlungen nach §§ 311 Abs. 2, 241 Abs. 2 BGB zu denken. Führt ein Auftraggeber ein eingeleitetes Vergabeverfahren nicht fort, obgleich ein Aufhebungsgrund nach § 26 Nr. 1 VOB/A nicht gegeben ist, haftet er demjenigen Bieter, der das annehmbarste Angebot abgegeben hatte, aus dem Gesichtspunkt des Verschuldens bei Vertragsverhandlungen (nach §§ 311 Abs. 2, 241 Abs. 2 BGB). Dies gilt auch dann, wenn sich der Auftraggeber auf einen sachlich-rechtfertigenden Grund für die Aufhebung stützen kann, aber die Voraussetzungen eines normierten Aufhebungstatbestands nicht erfüllt sind.¹²²⁹ Der Schadensersatzanspruch richtet sich nicht nur auf Ersatz der durch die Teilnahme an der Ausschreibung entstandenen Kosten (sog. negative Interesse), sondern auch – jedenfalls wenn der ausgeschriebene Auftrag z.B. im Wege der freihändigen Vergabe doch noch vergeben wird – auf Ersatz des entgangenen Gewinns (sog. positive Interesse).¹²³⁰ Der Auftraggeber muss sich daher grundsätzlich innerhalb der Zuschlags- und Bindefrist entscheiden, ob ein Zuschlag zu erteilen oder die Ausschreibung aufzuheben ist.

Die §§ 26, 26a VOB/A enthalten ein vergaberechtliches Gebot, ein Vergabeverfahren grundsätzlich nur aus den dort genannten Gründen aufzuheben. Dieses Gebot hat bieterschützende Wirkung mit der Folge, dass eine nicht dieser Vorschrift genügende Aufhebung im Nachprüfungsverfahren angegriffen und von der Vergabekammer rückgängig gemacht werden kann.¹²³¹ Eine entsprechende Anordnung ist zwingend, wenn die Aufhebung auch nicht durch zwingende andere sachliche Gründe gerechtfertigt ist. Ob solche sachlichen Gründe überhaupt angeführt werden können, erscheint indes fraglich. Es gibt eben keine »Vertragsautonomie einer Vergabestelle«. Wer ein förmliches Vergabeverfahren mit z.T. erheblichen volkswirtschaftlichen Kosten durchführt, kann – anders als ein Privater – nicht einfach seine Meinung ändern. Letztlich wird daher die Möglichkeit, auch wegen eines nicht aus § 26 VOB/A ableitbaren »sachlichen Grundes« eine Aufhebung rechtfertigen zu wollen, zu überdenken sein. Nicht nur, dass § 26 VOB/A hier bereits eine abschließende Regelung darstellt – auch die Konsequenzen einer Aufhebung sind viel zu gravierend, als dass weniger als schwerwiegende Gründe (§ 26 Nr. 1 lit. c) VOB/A) ausreichend sein könnten, um ein

728

1225 OLG Naumburg, Beschl. v. 13.10.2006, 1 Verg 6/07.
1226 BGH, VergabeR 2003, 313, 316.
1227 EuGH, Urt. 02,.06.2005, C-15/04; Urt. v. 18.06.2002, C-92/00.
1228 Siehe BGH, VergabeR 2003, 313, 316.
1229 OLG Naumburg, Beschl. v. 13.10.2006, 1 Verg 6/07.
1230 BGH, BauR 1998, 1232; OLG Düsseldorf, BauR 1999, 741; BauR 2002, 808, 809; Schelle, BauR 1999, 1233.
1231 BGH, VergabeR 2003, 313, 315 f.; im Anschluss dazu etwa OLG Dresden, Beschl. v. 10.07.2003, WVerg 16/02, IBR 2003, 568.

Vergabeverfahren rechtmäßig ohne Zuschlag zu beenden. Ein Nachprüfungsantrag kann auch noch nach Aufhebung der Ausschreibung gestellt werden.[1232]

3.12.1 Zulässige Gründe einer Aufhebung

729 Die Ausschreibung kann aus den in § 26 VOB/A genannten Gründen aufgehoben werden, wenn kein Angebot eingegangen ist, das den Ausschreibungsbedingungen entspricht, die Verdingungsunterlagen grundsätzlich geändert werden müssen oder andere schwerwiegende Gründe bestehen. Daraus folgt, dass der Auftraggeber bei Vorliegen dieser Voraussetzungen nicht verpflichtet ist, die Ausschreibung aufzuheben, sondern die Aufhebung in seinem Ermessen liegt. Er muss bei seiner Entscheidung die Interessen der Beteiligten abwägen und ernsthaft das vorrangig zu bewertende Interesse ermitteln.

730 § 26 VOB/A muss nach seinem Sinn und Zweck eng ausgelegt werden. Es sind strenge Anforderungen zu stellen.[1233] Die genannten Aufhebungsgründe können nach ihrer Funktion nur dann eingreifen, wenn sie erst nach Beginn der Ausschreibung eingetreten sind.[1234] Sie dürfen dem Auftraggeber auch nicht als Verschulden oder Obliegenheitsverletzung zuzurechnen sein.[1235] Gründe, die der Auftraggeber zu vertreten hat, können eine Aufhebung nicht rechtfertigen.[1236] So trifft ihn nach § 9 Nr. 1 Abs. 1–3 VOB/A die Pflicht, ein inhalts- und mengengenaues Leistungsverzeichnis aufzustellen. Eine möglicherweise fehlerhaften Planung kann daher eine Aufhebung nicht stützen.[1237]

731 Ein Aufhebungsgrund liegt vor, wenn kein Angebot eingegangen ist, das den Ausschreibungsbedingungen entspricht (§ 26 Nr. 1 a) VOB/A). In solchen Fällen kann es sich um rein formale oder auch sonst wesentliche Mängel handeln. Erforderlich ist jedoch, dass die betreffenden Angebote zwingend auszuschließen sind. Geht nur ein Angebot ein oder erweist sich nur eines von mehreren als wertungs- und zuschlagsfähig, ist ein Aufhebungsgrund nach § 26 Nr. 1 a) VOB/A nicht gegeben. Das gilt auch für eine Aufhebung nach einem Teilnahmewettbewerb.[1238] Aber auch wenn alle eingegangenen Angebote mangelhaft sind, steht die Aufhebung mit anschließender erneuter Ausschreibung im Ermessen des öffentlichen Auftraggebers. Nach Auffassung des OLG Düsseldorf kann er statt der Aufhebung auch das bereits eingeleitete Vergabeverfahren als Verhandlungsverfahren fortführen.[1239] Fraglich ist allerdings, ob nicht der Rückgriff auf das Verhandlungsverfahren, welches nach § 3 a Nr. 6 lit. b VOB/A statthaft ist, wenn keine oder nur auszuschließende Angebote eingegangen sind, die vorherige Aufhebung voraussetzt. § 3 a Nr. 5 und 6 VOB/A geht davon aus, dass es sich

---

1232 BGH, VergabeR 2003, 313, 315.
1233 Etwa OLG Düsseldorf, Beschl. v. 19.11.2003, Verg 59/03.
1234 BGH, BauR 1998, 1232, 1234.
1235 OLG Düsseldorf, Beschl. v. 08.03.2005, VII-Verg 40/04; Beschl. v. 16.02.2005, VII-Verg 72/04.
1236 OLG Düsseldorf, Urt. v. 12.06.2003, 5 U 109/02.
1237 OLG Düsseldorf, Beschl. v. 26.01.2005, Verg 45/04.
1238 Kirch/Ebert, VergabeNews 2007, S. 2 ff.
1239 OLG Düsseldorf, Beschl. v. 30.06.2004, Verg 22/04.

beim Verhandlungsverfahren um ein eigenständiges Vergabeverfahren handelt, dessen Einleitung dem entsprechend die Aufhebung einer vorherigen Ausschreibung erfordert. Statt der Annahme, dass das in § 26 Nr. 1 VOB/A eingeräumte Ermessen sich auf die Entscheidung zwischen Aufhebung oder Übergang ins Verhandlungsverfahren bezieht, liegt es daher näher, im Fall der Mangelhaftigkeit aller Angebote als gegenüber der Aufhebung milderes Mittel in Erwägung zu ziehen, ob nicht die Angebotsmängel auf andere Art und Weise beseitigt werden können. Liegen etwa gleichartige Mängel bei allen Angeboten vor, so könnte statt an den Ausschluss aller Angebote daran gedacht werden, alle Angebote unter Berücksichtigung der Gebote der Bietergleichbehandlung und Verfahrenstransparenz weiter zu werten. Das Gebot der Gleichbehandlung verpflichtet öffentliche Auftraggeber dazu, Angebote, die an dem gleichen oder einen gleichartigen Mangel leiden, vergaberechtlich gleich zu behandeln.[1240] Die Vergabestelle ist zu einem systemgerechten Vorgehen verpflichtet.[1241] Diese Erfordernisse könnten dadurch gewahrt werden, dass der gleichartige Mangel bei keinem der Angebote als Ausschlussgrund berücksichtigt wird. Da auch ein Übergang ins Verhandlungsverfahren ohne erneute Vergabebekanntmachung möglich wäre, läge ein Verstoß gegen Transparenzerfordernisse nicht vor, so dass gegebenenfalls die Fortführung der Wertung unter Beachtung der Vergabegrundsätze möglich ist.

Ein weiterer Aufhebungsgrund ist gegeben, wenn die Verdingungsunterlagen grundlegend geändert werden müssen (§ 26 Nr. 1 b) VOB/A). Erfasst sind jedoch nur solche wesentlichen Änderungsgründe, die nachträglich aufgetreten sind und nicht vorhersehbar waren. Dies folgt aus § 16 Nr. 1 VOB/A, wonach es Voraussetzung für eine Ausschreibung ist, dass alle Verdingungsunterlagen fertiggestellt sind und innerhalb der angegebenen Frist mit der Ausführung begonnen werden kann. Hat der Auftraggeber zunächst mangelhaft ausgeschrieben und bemerkt er diese Mängel im noch laufenden Vergabeverfahren, so liegt darin grundsätzlich kein zulässiger Aufhebungsgrund.[1242] Ungenauigkeiten in der Leistungsbeschreibung und ein unzureichend ermittelter Beschaffungsbedarf rechtfertigen ein Aufhebung nicht.[1243] Auch eine Änderung des technischen Konzepts, die nicht zu einer Verfremdung der Ausschreibung führt, sondern die technische Planung im Wesentlichen unverändert lässt, genügt den zu stellenden Anforderungen nicht. Ist etwa im Rahmen von umfassenden Kanalbaumaßnahmen im laufenden Vergabeverfahren beabsichtigt, eine Brücke statt zu sichern abzureißen und neu zu errichten, so stellt dies keine grundlegende Änderung der Verdingungsunterlagen dar, wenn der Anteil der Arbeiten an der Bausumme vergleichsweise gering ist. Auch die Absicht, die Bauzeit zu verlängern und ein Einzellos in zwei Teillose aufzuteilen, machen keine grundlegende Änderung der Verdingungsunterlagen erforderlich.[1244] In solchen Fällen sind den Bietern die korrigierten Angaben zur Verfügung zu stellen und die Bearbeitungsfrist ist zu verlängern. Erweisen sich nach Veröffentlichung der Ausschreibung noch zusätzliche und geänderte Leistungen als notwendig, so ist auch dies kein Aufhebungsgrund, wenn es sich nicht um grundlegende Ände-

732

1240 OLG Düsseldorf, Beschl. v. 20.01.2006 und v. 07.03.2006, Verg 98/05;
1241 OLG Schleswig, Beschl. v. 13.03.2006, 1 Verg 3/06.
1242 Vgl. Ingenstau/Korbion-Portz, § 26 VOB/A, Rn. 33.
1243 OLG Düsseldorf, Beschl. v. 16.02.2005, VII-Verg 72/04 zur VOL/A.
1244 OLG Düsseldorf, Beschl. v. 26.01.2005, Verg 45/04.

rungen handelt.[1245] Nachträgliche Mengenänderungen, die auf einer erneuten Einschätzung der bereits vorliegenden ermittelten Voraussetzungen des Baugrunds beruhen, vermögen jedenfalls bei einer Ausschreibung eines Einheitspreisvertrags eine Aufhebung nicht zu rechtfertigen. Für derartige Abweichungen bietet der VOB-Bauvertrag bereits ausreichende Instrumentarien, die nach Vertragsschluss greifen und den Interessen beider Vertragspartner gerecht werden.[1246]

733 Schließlich kann die Ausschreibung aufgehoben werden, wenn andere schwerwiegende Gründe bestehen (§ 26 Nr. 1 c VOB/A). Derartige Gründe können außerhalb der Ausschreibung liegen, in der Person des Auftraggebers begründet sein oder sich auch aus der Ausschreibung selbst ergeben. Sie müssen jedenfalls aus dem Verantwortungsbereich des Auftraggebers und nicht dem der Bieter stammen, wobei auch nicht jedes fehlerhafte Verhalten der Vergabestelle zur Begründung ausreicht. Ein Aufhebungsgrund ist anzunehmen, wenn der Fehler einerseits von so großem Gewicht ist, dass ein Festhalten des öffentlichen Auftraggebers an dem fehlerhaften Verfahren mit Gesetz und Recht schlechterdings nicht zu vereinbaren wäre und andererseits von den Bietern angesichts dessen erwartet werden kann, dass sie auf die Bindung des Auftraggebers an Gesetz und Recht Rücksicht nehmen.[1247] Nur solche Mängel, die die Durchführung des Verfahrens und die Vergabe des Auftrags selbst ausschließen, sind berücksichtigungsfähig.[1248]

734 Beispiele für schwerwiegende Gründe sind, dass keines der Angebote einen angemessenen Preis aufweist, keiner der Bieter geeignet ist oder eine illegale Preisabsprache stattgefunden hat.[1249] Eine Aufhebung mangels wirtschaftlichem Ergebnis ist möglich, wenn auch das günstigste Angebot noch 23 % über der ordnungsgemäßen Kostenschätzung des Auftraggebers liegt.[1250] Auch die Durchführung einer Ausschreibung mit dem Zweck, die Angebote der beiden erfolgreichen Unternehmen potentiellen Interessenten zu präsentieren, führt zur Aufhebung.[1251] Darüber hinaus ist als wichtiger Grund der Fall anerkannt, dass selbst das niedrigste Angebot höher liegt als die hierfür verfügbaren und sorgfältig ermittelten Finanzierungsmittel.[1252] Der Auftraggeber muss seine Finanzierung vor Ausschreibung geprüft haben, so dass lediglich nicht vorhersehbare Änderungen der Finanzierungsgrundlagen des Projekts zu einer Aufhebung der Ausschreibung führen können, ohne dass sich der Auftraggeber schadensersatzpflichtig macht.[1253] Eine fehlerhafte Ermittlung des Finanzbedarfs stellt dementsprechend keinen schwerwiegenden Grund zur Aufhebung der Ausschreibung dar, wenn

---

1245 Franke/Kemper/Zanner/Grünhagen-Franke/Grünhagen, § 26 VOB/A, Rn. 25; Ingenstau/Korbion-Portz, § 26 VOB/A, Rn. 34.
1246 Siehe OLG Naumburg, Beschl. v. 13.10.2006, 1 Verg 6/07, VergabeNews 2006, S. 117.
1247 So zur entsprechenden Regelung der VOL/A OLG München, Beschl. v. 27.01.2006, Verg 1/06.
1248 So zur entsprechenden Regelung der VOL/A OLG Düsseldorf, Beschl. v. 03.01.2005, Verg 72/04.
1249 VÜA Schleswig-Holstein, IBR 1999, 353.
1250 OLG Frankfurt, Beschl. v. 28.06.2005, 11 Verg 21/04.
1251 KG, VergabeR 2004, 762, 765 f.
1252 BGH, BauR 1998, 1238, 1241.
1253 OLG Düsseldorf, Schaefer/Finnern/Hochstein, Z 2.11, Bl. 15.

diese auf einen Fehler des Auftraggebers zurückzuführen ist.[1254] In diesem Fall macht sich der Auftraggeber schadensersatzpflichtig. Mehrere, für sich genommen nicht schwerwiegende Gründe können schließlich in ihrer Gesamtheit gleichwohl einen schwerwiegenden Grund darstellen.[1255] Keine Relevanz haben demgegenüber interne Verzögerungen bei der Vergabestelle, insbesondere verspätete Zustimmungen beteiligter Dienststellen und Behörden.[1256] Diese Abläufe liegen in der internen Organisationshoheit des Auftraggebers und stellen einen Teil seines Risikos bei der Durchführung von Vergabeverfahren dar.

Sofern die Bauleistung unter Vorbehalt der Teillosvergabe in Losen ausgeschrieben wird, kann die Ausschreibung teilweise aufgehoben werden, wenn hinsichtlich eines Loses wichtige, unverschuldete Gründe für eine Aufhebung vorliegen. 735

3.12.2 Rechtsfolgen der unzulässigen Aufhebung einer Ausschreibung

Die Aufhebung der Ausschreibung ist unzulässig, wenn kein schwerwiegender Grund im Sinne des § 26 Nr. 1 VOB/A vorliegt oder die Verfahrensbeendigung aus anderen sachlich gerechtfertigten Gründen zwingend ist. In einem solchen Fall kann ein Bieter, wenn der öffentliche Auftraggeber nicht von seiner Vergabeabsicht ganz absieht, die Aufhebungsentscheidung durch die Nachprüfungsinstanzen nach dem Kartellvergaberecht überprüfen lassen, wie sich aus den diesbezüglichen europarechtlichen Vorgaben ergibt.[1257] Auch nach der formalen Aufhebung des Vergabeverfahrens ist ein Nachprüfungsantrag, der sich darauf stützt, dass der Antragsteller durch die Nichtbeachtung der die Aufhebung der Ausschreibung betreffenden Vergabevorschriften in seinen Rechten nach § 97 Abs. 7 GWB verletzt sei, zulässig. Gegebenenfalls ist die Aufhebung der Aufhebung von der Vergabekammer anzuordnen und das Vergabeverfahren vom Auftraggeber fortzuführen. Voraussetzung für die Anordnung der Fortführung des Vergabeverfahrens ist aber, dass der Auftraggeber nach wie vor an seiner Beschaffungsabsicht weiter festhält, da er nicht gegen seinen Willen zum Vertragsschluss gezwungen werden kann, wenn er an der Beschaffung kein Interesse mehr hat.[1258] Im Übrigen besteht für öffentliche Auftraggeber Vertragsfreiheit aber nur in den durch das Kartellvergaberecht gesetzten Grenzen. Wird am Beschaffungsbedarf festgehalten, so ist er ordnungsgemäß innerhalb des eingeleiteten Vergabeverfahrens zu decken. Nach der vergaberechtswidrigen Aufhebung eines Offenen Verfahrens kann dieses fortzuführen und das im Anschluss auf die Aufhebung rechtswidrig eingeleitete Verhandlungsverfahren aufzuheben sein.[1259] Erfolgte eine Aufhebung nur zum Schein und hat der Auftraggeber den Auftrag im Anschluss an die Aufhebung freihändig vergeben, liegt hierin 736

1254 BGH, NJW 1998, 3640.
1255 Vgl. die teils durch die Rechtsprechung überholte Darstellung wichtiger Gründe bei Ingenstau/Korbion-Portz, § 26 VOB/A, Rn. 43.
1256 Unzutr. daher Franke/Kemper/Zanner/Grünhagen-Franke/Grünhagen, § 26 VOB/A, Rn. 25.
1257 Siehe EuGH, Urt. 02.06.2005, C-15/04; Urt. v. 18.06.2002, C-92/00.
1258 Siehe etwa BGH, VergabeR 2004, 480; OLG Düsseldorf, Beschl. v. 19.11.2003, Verg 59/03; OLG Koblenz, Beschl. v. 23.12.2003, 1 Verg 8/03.
1259 OLG Koblenz, VergabeR 2004, 244, 245; vgl. a. OLG Naumburg, Beschl. v. 13. 10. 2006, Verg 11/06.

eine Umgehung des Zuschlagsverbots, so dass der Zuschlag nichtig und das Verfahren ab dem Zeitpunkt der Scheinaufhebung fortzuführen ist.[1260] Ist gegen die Aufhebungsentscheidung des öffentlichen Auftraggebers bereits eine sofortige Beschwerde anhängig und schreibt der Auftraggeber dennoch die nämliche Leistung erneut aus, so ist gegen die Neuausschreibung in einem eigenen Nachprüfungsverfahren vorzugehen.[1261] In diesem kann aus Gründen der Sicherung eines effektiven Primärrechtsschutzes die Anordnung der Verschiebung des neuen Submissionstermins angezeigt sein.[1262]

737 Ist die Ausschreibung aufgehoben worden ohne dass ein Aufhebungsgrund nach § 26 VOB/A gegeben ist, so kann dies ferner Schadensersatzansprüche wegen Verschuldens bei Vertragsschluss nach §§ 311 Abs. 2, 241 Abs. 2 BGB zur Folge haben.[1263] Der Auftraggeber trägt die Darlegungs- und Beweislast dafür, dass die Aufhebung der Ausschreibung zu Recht erfolgt ist.[1264] Neben der Aufhebung der Ausschreibung ohne wichtigen Grund setzt ein solcher Anspruch voraus, dass der Schadensersatz begehrende Bieter ein der Ausschreibung entsprechendes Angebot eingereicht hat. Ferner darf das Angebot nicht schon aus anderen Gründen ausgeschieden worden sein, beispielsweise wegen des Verstoßes gegen zwingende Formanforderungen (§ 25 Nr. 1 VOB/A), wegen mangelnder Eignung des Bieters oder unangemessen hoher oder unangemessen niedriger Preise (§ 25 Nr. 2 bzw. 3 Abs. 1 VOB/A).[1265] Ferner kann ein Schadensersatzanspruch auch dann entstehen, wenn eine Fortführung des Vergabeverfahrens vom Auftraggeber nicht verlangt werden kann, aber die Situation, die zur Aufhebung geführt hat, von ihm schuldhaft herbeigeführt wurde, beispielsweise weil er sich auf eine ungesicherte Finanzierung verlassen hat.[1266]

738 Grundsätzlich kann der Bieter in solchen Fällen den Ersatz seines Vertrauensschadens verlangen.[1267] Dieser umfasst die Aufwendungen, die im Zusammenhang mit der Angebotsbearbeitung entstanden sind.[1268] Der entgangene Gewinn kann nach bisheriger Rechtsprechung des BGH nur dann beansprucht werden, wenn das zunächst ausgeschriebene Vorhaben später ausgeführt wird, ohne dass die Aufhebung auf sachliche und auf § 26 VOB/A basierende Gründe gestützt werden könnte.[1269] Dies setzt zusätzlich voraus, dass der übergangene Bieter darlegen und beweisen kann, dass er bei ordnungsgemäßer Durchführung des Vergabeverfahrens den Zuschlag hätte erhalten müssen.[1270] Dem OLG Düsseldorf ist jedoch darin beizupflichten, dass es nicht darauf ankommen kann, wie sich der Schädiger im Nachhinein verhält, ob er also den Auftrag später noch vergibt oder nicht.[1271] Die den leer ausgegangenen Bieter schädigende Handlung liegt

---

1260 OLG München, VergabeR 2005, 802 ff.
1261 OLG Naumburg, Beschl. v. 31.07.2006, 1 Verg 6/06.
1262 OLG Naumburg, Beschl. v. 22.08.2006, 1 Verg 11/06.
1263 BGH, BauR 1998, 1238; 1240; BauR 1998, 1232.
1264 BGH, BauR 1993, 214, 216; OLG Düsseldorf, Urt. v. 12.06.2003, 5 U 109/02, IBR 2003, 566.
1265 BGH, VergabeR 2002, 463, 464; vgl. dazu auch oben, Rn. 343.
1266 BGH, BauR 1998, 1238, 1241; BauR 1998, 1232.
1267 OLG Düsseldorf, BauR 2002, 808, 810.
1268 BGH, BauR 1984, 631.
1269 BGH, BauR 1998, 1238, 1245; BGH, BauR 1998, 1232, 1238.
1270 BGH, BauR 1993, 214, 215; OLG Düsseldorf, BauR 1986, 107; BauR 1989, 195; BauR 1990, 257.
1271 OLG Düsseldorf, Urt. v. 08.01.2002, 21 U 82/01, VergabeR 2002, 326, 328.

nämlich bereits in der rechtswidrigen Aufhebung der Ausschreibung, die mit einem Zuschlag an den wirtschaftlichsten Bieter hätte abgeschlossen werden müssen.

Derjenige Bieter, der den Zuschlag hätte erhalten müssen, kann maximal das positive Interesse beanspruchen, nicht daneben auch noch den Ersatz der Angebotsbearbeitungskosten als negatives Interesse.[1272] Die Kumulierung ist nicht möglich, weil der Bieter im Auftragsfall die Angebotsbearbeitungskosten auch nicht gesondert vergütet erhalten hätte. 739

Noch nicht entschieden wurde die Frage, ob Schadensersatzansprüche wegen einer unberechtigten Aufhebung einer Ausschreibung durch den Anspruch auf Aufhebung der Aufhebung beeinflusst werden. Einen Vorrang des Primärrechtsschutzes, also des Anspruchs auf Aufhebung der Aufhebung, gegenüber Schadensersatzansprüchen gibt es bislang nicht. Praktische Erwägungen können aber dafür sprechen, sich als Bieter zunächst an die Vergabekammer zu wenden. So muss ein Bieter im Nachprüfungsverfahren nicht nachweisen, dass er bei einem ordnungsgemäßen Vergabeverfahren tatsächlich den Zuschlag erhalten hätte. Auch der Umstand, dass im Nachprüfungsverfahren die Vergabekammer von Amts wegen zur Sachverhaltsaufklärung verpflichtet ist, während Schadensersatzklagen vor den Zivilgerichten vom Beibringungsgrundsatz beherrscht werden, stellt für den Bieter eine Erleichterung in seiner Verfahrensstellung dar. Sollte sich vor der den kartellvergaberechtlichen Nachprüfungsinstanzen herausstellen, dass eine Fortführung des rechtswidrig aufgehobenen Vergabeverfahrens nicht möglich ist, weil der Auftraggeber von seiner Vergabeabsicht endgültig Abstand genommen hat, so kann jedenfalls die Rechtswidrigkeit der Aufhebung festgestellt werden (§ 114 Abs. 2 GWB). Hieran wäre dann ein mit dem Schadensersatzanspruch befasstes Zivilgericht gem. § 124 Abs. 1 GWB gebunden. Im Fall einer aus Bietersicht unberechtigten Aufhebung des Vergabeverfahrens empfiehlt sich daher regelmäßig zunächst der Rechtsweg zu den Vergabekammern, zumal der Bieter hier durch die Möglichkeit der kostengünstigen Antragsrücknahme, nach der er nur die hälftigen Gebühren der Vergabekammer zu tragen hat,[1273] auch einem geringeren Kostenrisiko ausgesetzt ist. 740

3.12.3 Verfahren nach Aufhebung einer Ausschreibung

Nach der Aufhebung der Ausschreibung sind die Bieter von der Aufhebung unter Angabe der Gründe und ggf. über die Absicht, ein neues Vergabeverfahren einzuleiten, unverzüglich zu unterrichten (§ 26 Nr. 2 Satz 1 VOB/A). Insoweit genügt es nicht, dass als Grund für die Aufhebung auf das Bestehen »schwerwiegender Gründe« verwiesen wird. Es muss vielmehr zumindest stichwortartig erklärt werden, in welchem tatsächlichen Vorgang die Vergabestelle einen oder mehrere schwerwiegende Gründe erblickt. Auf Antrag eines Bewerbers bzw. Bieters muss dies auch schriftlich geschehen (§ 26 Nr. 2 Satz 2 VOB/A). 741

In den allermeisten Fällen ist in der Praxis die Aufhebung einer Ausschreibung nicht gleichbedeutend mit einem Verzicht auf die Vergabeabsicht. Vielmehr besteht diese 742

1272 OLG Düsseldorf, Urt. v. 08.01.2002, 21 U 82/01, VergabeR 2002, 326, 328.
1273 Siehe BGH, Beschl. v. 25.10.2005, X ZB 22/05, 24/05, 25/05, 26/05.

zumeist weiter. Der Auftraggeber hat in einem solchen Fall daher zu überprüfen, welches Verfahren für die »anschließende« Vergabe seines Auftrags zulässig ist. Nach § 3 VOB/A ist zu hinterfragen, ob eine öffentliche Ausschreibung, eine beschränkte Ausschreibung oder ggf. eine freihändige Vergabe möglich ist. Entsprechendes gilt für die Verfahrensarten oberhalb der Schwellenwerte. In der Regel wird eine beschränkte Ausschreibung/ein Nichtoffenes Verfahren bzw. eine freihändige Vergabe/ein Verhandlungsverfahren unter Beteiligung aller Bieter, die ein Angebot abgegeben hatten, in Betracht kommen. Soll nach der Aufhebung ein Verhandlungsverfahren ohne Vergabebekanntmachung durchgeführt werden, müssen nach § 3 a Nr. 6 a) VOB/A alle an der aufgehobenen Ausschreibung beteiligten geeigneten Bieter einbezogen werden.[1274] Bei den anderen Verfahrensarten hat keiner der Bieter, die an der vorhergehenden Ausschreibung teilgenommen haben, einen Anspruch auf Aufforderung zur Angebotsabgabe. Es bleibt vielmehr dem Auftraggeber überlassen, welche Bewerber er nach pflichtgemäßem Ermessen zu einer Angebotsabgabe auffordern will. Im Rahmen eines fairen Wettbewerbsverhaltens wird er jedoch diejenigen Bieter, die in der vorhergehenden Ausschreibung ihre Eignung nachgewiesen haben, erneut um die Abgabe eines Angebots bitten. Die in der aufgehobenen Ausschreibung bestplatzierten Bieter dürften bei ordnungsgemäßer Ermessensausübung sogar einen Anspruch darauf haben, auch an dem nachlaufenden Vergabeverfahren teilzunehmen.

3.12.4 Anspruch auf Aufhebung bei Mängeln aller Angebote

743 Einen Sonderfall im Rahmen der Thematik *»Aufhebung eines Vergabeverfahrens«* stellt die Frage dar, ob in einem Fall, in dem alle Angebote wegen des Vorliegens von Mängeln nicht zuschlagsfähig sind, ein Bieter einen durchsetzbaren Anspruch darauf hat, dass keinem Konkurrenten der Zuschlag erteilt, sondern das Vergabeverfahren aufgehoben oder anderweitig ohne Zuschlagserteilung beendet wird. Problematisch ist hier, ob in einem Fall, in dem das Angebot eines Bieters zwingend auszuschließen ist, dieser durch den Fortgang des Vergabeverfahrens in seinen Interessen berührt und in seinen Rechten verletzt sein kann. Dies wurde insbesondere vom OLG Jena und vom OLG Naumburg in Abrede gestellt. Ein rechtmäßig ausgeschlossener Bieter solle sich nicht gegen die vergaberechtswidrige Beauftragung eines anderen, gleichfalls auszuschließenden Angebots wehren können.[1275]

744 Von dem Grundsatz, dass ein rechtmäßig vom Verfahren ausgeschlossener Bieter vom weiteren Verfahrensfortgang nicht in seinen Interessen berührt sein kann, ist für den Fall, dass alle Angebote an dem beanstandeten oder einem gleichartigen Mangel leiden, eine Ausnahme zu machen, wie der BGH bestätigt hat.[1276] Ist im Nachprüfungsverfahren nicht nur das Angebot des Antragstellers auszuschließen, sondern hätten wegen mindestens gleichartiger Mängel auch sämtliche anderen Angebote vom Auftraggeber ausgeschlossen werden müssen, so kann ein Anspruch auf Gleichbehandlung geltend

---

1274 OLG Dresden, VergabeR 2002, 142, 144 f.; Franke/Kemper/Zanner/Grünhagen-Franke/Grünhagen, § 3 a VOB/A, Rn. 55.
1275 OLG Naumburg, Beschl. v. 26. 10. 2005, 1 Verg 12/05; OLG Jena, Beschl. v. 20. 06. 2005, 9 Verg 3/05.
1276 BGH, Beschl. v. 26. 09. 2006, X ZB 14/06; OLG Düsseldorf, Beschl. v. 07.03.2006, Verg 23/05; VergabeR 2005, 483 ff. m.w.Nr.; BayObLG, Beschl. v. 17.02.2005, Verg 27/04.

3.12 Aufhebung der Ausschreibung

gemacht werden. Der Auftraggeber ist nach dem Gebot der Gleichbehandlung verpflichtet, solche Angebote, die vergaberechtlich an einem gleichen oder gleichartigen Mangel leiden, vergaberechtlich auch gleich zu behandeln. Aus übereinstimmend vorliegenden Mängeln sind vergaberechtlich dieselben Konsequenzen zu ziehen.[1277] Jeder Bieter kann verlangen, dass alle Angebot nach den gleichen Grundsätzen und Maßstäben auf zwingende Ausschlussgründe geprüft werden. Die Vergabestelle ist innerhalb eines Vergabeverfahrens zu einem systemgerechten Vorgehen verpflichtet.[1278]

Soweit dem entgegengehalten wird, dass eine Aufhebung nach § 26 Nr. 1 lit. a VOB/A im Ermessen des Auftraggebers steht und die Konstellation, dass alle Angebote mangelhaft sind, dort bereits tatbestandlich erfasst ist, ist festzustellen,[1279] dass neben einem Anspruch auf Aufhebung/Beendigung des Vergabeverfahrens ohne Zuschlag auch die Möglichkeit besteht, den Gleichbehandlungsanspruch im Rahmen einer Fortsetzung des Vergabeverfahrens zu wahren.[1280] Die Annahme, dass aber einer Vergabestelle nach § 26 Nr. 1 lit. a VOB/A ein Auswahlermessen dahingehend zukommen könnte, dass sie entweder die Ausschreibung aufhebt oder unter Missachtung von Gleichbehandlung, Transparenz und Wettbewerb einem beliebigen Bieter den Zuschlag erteilen könnte, steht nicht nur mit diesen gesetzlich verankerten tragenden Grundsätzen des Vergabeverfahrens in Konflikt. Ein solches Verständnis verstößt auch gegen die diesbezüglichen europarechtlichen Vorgaben, da die Gleichbehandlung aller Wirtschaftsteilnehmer gefordert ist.[1281] Eine faktisch freie Vergabe ist auch in Fällen der Mangelhaftigkeit aller Angebote nicht möglich. Entsprechendes gilt auch für den Einwand, dass bei einem rechtmäßigen Angebotsausschluss die zwischen Vergabestelle und Bieter bestehende Sonderrechtsbeziehung erlösche und daher ein Gleichbehandlungsanspruch ausscheide.[1282] Dass die geforderte Sonderbeziehung bei einem rechtmäßigen Ausschluss entfalle, ist eine ungestützte These, der insbesondere die Tatsache, dass vor- und auch nachvertragliche Pflichten allgemein erkannt sind, entgegenzuhalten ist. Warum ein rechtmäßig ausgeschlossener Bieter nicht dagegen vorgehen können soll, dass ein anderer Bieter, dessen Angebot ebenfalls auszuschließen ist, den Zuschlag erhält, wenn das eigene Angebot möglicherweise im übrigen das wirtschaftlicher und damit annahmefähigere ist, vermag der angebliche Entfall der Sonderbeziehung nicht zu begründen. Der BGH hat ausdrücklich bestätigt, dass ein Anspruch eines Bieters auf Einhaltung der Bestimmungen über das Vergabeverfahren bis zum das Verfahren beendenden Verhalten des öffentlichen Auftraggebers besteht. Auch ein Bieter, dessen Angebot zu Recht ausgeschlossen wird, ausgeschlossen werden kann oder sogar ausgeschlossen werden muss, kann in seinen Rechten nach § 97 Abs. 7 GWB verletzt sein, wenn ein anderes Angebot unter Missachtung von Bestimmungen über das Vergabeverfahren nicht ausgeschlossen wird und den Zuschlag erhalten soll.[1283]

745

1277 BGH, Beschl. v. 26.09.2006, X ZB 14/06; OLG Düsseldorf, Beschl. v. 07.03.2006, Verg 23/05; VergabeR 2005, 483 ff. m.w. N.; BayObLG, Beschl. v. 17.02.2005, Verg 27/04.
1278 OLG Schleswig, Beschl. v. 31.03.2006, 1 Verg 3/06.
1279 OLG Naumburg, Beschl. v. 26.10.2005, 1 Verg 12/05.
1280 Siehe hierfür bereits oben, Rn. 736.
1281 Art. 2 RL 2004/18/EG.
1282 OLG Jena, Beschl. v. 20.06.2005, 9 Verg 3/05; OLG Naumburg, Beschl. v. 26.10.2005, 1 Verg 12/05.
1283 BGH, Beschl. v. 26.09.2006, X ZB 14/06.

746 Das OLG Frankfurt geht sogar noch weitergehend davon aus, dass die Bieter einen Anspruch auf Gleichbehandlung unabhängig vom Vorliegen gleichartiger Angebotsmängel haben. Eine Verletzung des Gleichbehandlungsgrundsatzes soll nicht nur gegeben sein, wenn die Angebote in vergleichbaren Punkten zum Ausschluss führende Mängel aufweisen, sondern auch, wenn sie aufgrund unterschiedlicher Mängel hätten ausgeschlossen werden müssen.[1284] Obgleich dieser Ansatz in materieller Hinsicht überzeugt, birgt er die Gefahr, dass im allein auf den Individualrechtsschutz ausgerichteten Nachprüfungsverfahren zukünftig eine umfassenden Rechtmäßigkeitskontrolle des Vergabeverfahrens durchzuführen sein wird. Gegenüber einer übermäßigen Ausweitung des Gleichbehandlungsanspruchs ist Skepsis angebracht.

3.13 Besonderheiten des Verfahrens bei Vergaben nach dem 4. Abschnitt der VOB/A

747 Besondere Verfahrensregelungen enthält das materielle Vergaberecht für die sogenannten privaten Sektorenauftraggeber, die in § 98 Nr. 4 GWB näher bezeichnet sind.[1285]

748 Nach § 7 Abs. 2 VgV sind die Bestimmungen des vierten Abschnittes der VOB/A bei privater Sektorenauftraggeber oberhalb der Schwellenwerte anzuwenden, wenn es sich um Aufträge aus den Bereichen der Trinkwasserversorgung-, Elektrizitäts-, Gas- und Wärmeversorgung sowie aus dem Verkehrsbereich handelt und sie den in § 8 VgV bezeichneten Zwecken, im Wesentlichen also der »Versorgung der Öffentlichkeit« dienen.

749 Mit der von der Sektorenrichtlinie vorgesehenen Zweckverbindung zwischen dem konkreten Bauauftrag und der »Kerntätigkeit« des Sektorenauftraggebers soll der Ausnahmecharakter der Anwendung des Vergaberechts für diese privaten Auftraggeber betont werden. Diese Sektorenauftraggeber unterliegen somit nicht für alle von ihnen vergebenen Bauaufträge dem Vergaberecht. So sind z. B. die Sektorenauftraggeber aus dem Bereich der Trinkwasserversorgung nur dann zur Anwendung des Vergaberechts verpflichtet, wenn der konkret zu vergebende und oberhalb der Schwellenwerte liegende Bauauftrag u. a. der Bereitstellung und dem Betreiben fester Netze zur Versorgung der Öffentlichkeit im Zusammenhang mit der Gewinnung, dem Transport oder der Verteilung von Trinkwasser dient (§ 9 VgV). Bei sonstigen Tätigkeiten desselben Auftraggebers, z. B. im Zusammenhang mit dem Bau eines Sozial- oder Verwaltungsgebäudes, besteht der von der Vergabeverordnung und der Sektorenrichtlinie hergestellte Zusammenhang nicht, so dass die Auftragsvergabe ohne Beachtung der Regeln des Vergaberechts erfolgen kann.

750 Im Unterschied zu den für öffentliche (Sektoren-)Auftraggeber geltenden Abschnitten 1–3 der VOB/A enthält der für private (Sektoren-)Auftraggeber geltende Abschnitt 4 der VOB/A wesentliche Unterschiede, von welchen folgende besonders zu erwähnen sind:

1284 OLG Frankfurt, Beschl. v. 06.03.2006, 11 Verg 11/05.
1285 Vgl. zu den Einzelheiten unter Rn. 119.

3.13 Besonderheiten des Verfahrens

➢ Die privaten Sektorenauftraggeber sind in der Wahl des Vergabeverfahrens grundsätzlich frei und unterliegen weder dem Grundsatz des Offenen Verfahrens noch dem Grundsatz der Fach- und Teillosvergabe (§ 3 VOB/A-SKR); in der Praxis ist daher das Verhandlungsverfahren die Regel.

➢ Ein förmlicher Eröffnungstermin ist nicht vorgesehen.

➢ Bei der Entscheidung über die Auswahl der Art und Weise der Leistungsbeschreibung unterliegen die privaten Sektorenauftraggeber nach § 6 VOB/A-SKR keiner Einschränkung. Eine funktionale Leistungsbeschreibung kann somit auch dann angewandt werden, wenn die engen Voraussetzungen des § 9 Nr. 10 VOB/A nicht vorliegen.

➢ Die für private Sektorenauftraggeber vorgesehenen Zuschlagskriterien entsprechen nunmehr den für die klassischen öffentlichen Auftraggebern geltenden Wertungskriterien (siehe § 11 Nr. 1 Abs. 1 SKR).

➢ Eine weitere Besonderheit stellt die Möglichkeit des Abschlusses einer so genannten Rahmenvereinbarung (§ 4 Nr. 3 lit. g VOB/A-SKR) dar. Hierbei handelt es sich um eine Vereinbarung mit einem oder mehreren Unternehmen, in der die Bedingungen für Einzelaufträge (insbesondere über den in Aussicht genommenen Preis und gegebenenfalls die in Aussicht genommene Menge) festgelegt werden, die im Laufe eines bestimmten Zeitraumes vergeben werden sollen. Die Rahmenvereinbarung selbst soll in einem Verfahren ausgeschrieben werden, dem ein Aufruf zum Wettbewerb vorangegangen ist. Ist dies der Fall, können die nachfolgenden Einzelaufträge ohne weiteren Aufruf zum Wettbewerb vergeben werden; anderenfalls muss der Vergabe des Einzelauftrages ein Aufruf zum Wettbewerb vorangehen. Allerdings gilt auch für den Abschluss von Rahmenvereinbarungen, dass diese nicht dazu missbraucht werden dürfen, den Wettbewerb zu verhindern, einzuschränken oder zu verfälschen (§ 4 Nr. 3 VOB/A-SKR). Vor diesem Hintergrund sind z. B. langfristige Rahmenvereinbarungen daraufhin zu überprüfen, ob sie nicht zu Wettbewerbsverzerrungen führen können.

Das Verbot der ungerechtfertigten Benachteiligung eines Bieters (§ 2 Nr. 1 VOB/A-SKR-Diskriminierungsverbot) gilt ebenso für die privaten Sektorenauftraggeber wie das Transparenzgebot. Ferner haben diese Auftraggeber – auch wenn sie bei der Auswahl des Vergabeverfahrens frei sind – die für das jeweilige Vergabeverfahren geltenden Vorschriften anzuwenden, wenn sie sich für eines dieser Verfahren entschieden haben; ein Wechsel der Vergabeverfahren innerhalb eines laufenden Verfahrens ist nicht zulässig. Die Einhaltung der Vorschriften und die Beachtung subjektiver Rechte der Bieter nach § 97 Abs. 7 GWB können auch bei Vergabeverfahren nach VOB/A-SKR Gegenstand eines Nachprüfungsverfahrens nach §§ 103 ff. GWB sein.

751

4 Öffentlich-private Partnerschaften im Vergaberecht

Public Private Partnerships (PPP) haben als öffentlich-private Partnerschaften (ÖPP) mit dem ÖPP-Beschleunigungsgesetz[1286] nicht nur Eingang in den juristischen Sprachgebrauch gefunden. Seit 2004 ist auch ein regelrechter Boom bei ÖPP-Projekten zu verzeichnen. Die Zahl der abgeschlossenen Verträge ist gegenüber den Vorjahren in 2004 und 2005 auf das doppelte gestiegen. Für 2006 und die Folgejahre wurde mit einem Investitionsvolumen von EUR 1,2 Mrd. auf Bundes- und Länderebene gerechnet.[1287] Bei öffentlich-privaten Partnerschaften handelt es sich im weitesten Sinne um die Kooperation staatlicher Stellen und privat-wirtschaftlicher Unternehmen bei der Konzeptionierung, Erstellung, Finanzierung und Erbringung bislang staatlich erbrachter öffentlicher Leistungen oder bei dem Betrieb solcher Einrichtungen. Tatsächlich verbergen sich hinter dem Stichwort ÖPP eine Vielzahl von Projekttypen und Vertragsmodellen, denen gemeinsam ist, dass durch die Einbindung privat-wirtschaftlicher Kompetenz in die Wahrnehmung öffentlicher Aufgaben diese kostengünstiger und zugleich besser erledigt werden sollen. Da es dementsprechend regelmäßig um den Einkauf von Leistungen durch die öffentliche Hand geht, unterliegen die meisten ÖPP-Vorhaben dem Vergaberechtsregime. Der private Partner ist vom öffentlichen Auftraggeber grundsätzlich unter Beachtung der entsprechenden Verfahrensanforderungen auszuwählen. Hier gilt es einige Besonderheiten zu beachten, die in der Natur von ÖPP-Projekten begründet sind. Nicht nur wird oftmals auf das Verhandlungsverfahren oder den Wettbewerblichen Dialog als Vergabeverfahrensart zurückgegriffen werden können. Im Rahmen der Bedarfsermittlung stellen ÖPP-Modelle besondere Anforderungen, die es zu berücksichtigen gilt. Neben einem der Ausschreibung vorgelagerten ÖPP-Eignungstest ist im Anschluss an das Vorliegen des Ausschreibungsergebnisses ein Beschaffungsvariantenvergleich durchzuführen. Die Besonderheiten von ÖPP-Modellen im Vergaberecht werden daher im Folgenden in ihren Grundzügen aufgezeigt.

752

4.1 Begriffsgrundlagen

Ziel einer ÖPP ist die umfassende Optimierung der Erfüllung öffentlicher Aufgaben. Wenn auch die oft angestrebten und tatsächlich realisierbaren Kosteneinsparungen in Zeiten knapper Haushaltskassen den Erfolg von ÖPP-Modellen erklären, so lassen sie sich nicht hierauf reduzieren. Eine verbesserte Leistungserbringung gegenüber dem Bürger kann und sollte gleichwertige Motivation für den Rückgriff auf eine ÖPP sein.

753

Grundsätzlich beziehen sich ÖPP-Vorhaben auf die Zusammenarbeit von öffentlichen Stellen und Privatunternehmen, die sich auf die Finanzierung, Bau, Renovierung, Be-

---

1286 Gesetz vom 07.09.2005, BGBl. I, 2676.
1287 DIFU, PPP-Bestandsaufnahme, Seite 4 f.

trieb oder Unterhaltung einer Infrastruktur oder die Bereitstellung einer Dienstleistung erstreckt. Essenziell ist die langfristig angelegte, aufgabenteilige Projektbeziehung zwischen den öffentlichen und privaten Partnern, bei der die Finanzierung des Projekts zumindest zum Teil vom Privaten getragen wird, so dass dieser einen Teil des Projektrisikos mit trägt. Hieraus resultieren die wesentlichen Effizienzvorteile von ÖPP. Ein bestehendes Risiko wird demjenigen Partner zugewiesen, der es am Besten beurteilen, kontrollieren oder beherrschen kann. Charakteristisch für ÖPP-Projekte sind entsprechend die folgenden vier Merkmale:

– Lebenszyklusansatz – es besteht eine langfristig und umfassend angelegte Projektbeziehung zwischen dem öffentlichen und privaten Partner

– Finanzierung – die Finanzierung wird zumindest zum Teil vom Privaten getragen, wobei auch eine beträchtliche Ergänzung der Finanzierung durch öffentliche Mittel dem Vorliegen eines ÖPP-Modells nicht entgegenstehen muss

– Aufgabenteilung – der private Partner spielt in den verschiedenen Phasen des Projekts (Konzeption, Durchführung, Inbetriebnahme, Finanzierung) eine wichtige Rolle, der öffentliche Partner konzentriert sich im Wesentlichen auf die Bestimmung der Ziele im Sinne des öffentlichen Interesses, der Qualität der angebotenen Dienstleistungen oder der Preispolitik und überwacht die Einhaltung dieser Ziele

– Risikotragung – wer welches Risiko trägt, hängt von der Fähigkeit der Beteiligten ab, dass jeweilige Risiko zu beurteilen, zu kontrollieren und zu beherrschen.[1288]

754 ÖPP-Vorhaben unterscheiden sich von den traditionellen Beschaffungsvorgängen der öffentlichen Hand insoweit, als dass die Vergütung des privaten Partners allein über den Betrieb/Unterhalt der zuvor errichteten oder mit laufenden Unterhaltskosten belasteten Infrastruktur erfolgt. Demgegenüber wird herkömmlicher Weise zunächst eine Infrastruktur gegen Entgeltzahlungen von einem privaten Auftragnehmer errichtet oder unterhalten und anschließend vom öffentlichen Auftraggeber selbst oder einem Dritten betrieben oder sonst genutzt. Bei ÖPP-Vorhaben wird demgegenüber nur die spätere Dienstleistung bezahlt, so dass sich die Kosten etwa der Errichtung erst über den Lebenszyklus amortisieren. Dem entsprechend sind bereits in der Konzeptionsphase und auch beim Bau die Kosten von Betrieb und Instandhaltung zu berücksichtigen, was die Betrachtung des gesamten Lebenszyklusses von essentieller Bedeutung sowohl für den öffentlichen als auch den privaten Partner macht.

4.2 Institutionalisierte/vertragliche ÖPP

755 Regelmäßig werden ÖPP-Vorhaben über eine eigens zu diesem Zweck gegründete Projektgesellschaft in Form einer institutionalisierten ÖPP realisiert. In Form eines gemischtwirtschaftlichen Unternehmens bietet die Projektgesellschaft den beteiligten Partnern den institutionellen Rahmen, indem sie gemeinsam die Aufgabeerledigung betreiben können. Vorteilhaft bei einer solchen Struktur sind insbesondere die Ein-

---

1288 Kommission, Grünbuch PPP, S. 3; Leinemann/Kirch, ÖPP-Projekte, S. 15 f.

wirkungs- und Kontrollmöglichkeiten des öffentlichen Partners im Rahmen der gesellschaftsrechtlichen Vorgaben. Wird auf die Errichtung einer Projektgesellschaft verzichtet, so muss sich der öffentliche Partner die gewünschten Kontroll- und Überwachungsmöglichkeiten auf vertraglicher Basis sichern. Da hier die Kosten der Projektgesellschaft entfallen, sind derartige ÖPP-Modelle auf Vertragsbasis geeignet, auch mittelständischen Unternehmen die Teilnahme an der Vergabe zu ermöglichen. Sie kommen insbesondere bei Projekten mit eher kleinen Auftragsvolumen in Betracht.[1289]

4.3 Finanzierungsformen

Eines der zentralen Merkmale von ÖPP ist, dass der private Partner die Vorfinanzierung erbringt. Hier lassen sich das Auftrags- und das Konzessionsmodell unterscheiden. Im Rahmen des haushaltsfinanzierten Auftragsmodells erfolgt die Refinanzierung des Privaten unmittelbar durch den öffentlichen Partner selbst, der über die Vertragslaufzeit die vereinbarte Vergütung bezahlt. Eine Anpassung der Entgeltzahlungen findet nur unter bestimmten Voraussetzungen statt. Möglich sind etwa ein vertraglich vereinbarter Inflationsausgleich, Bonus-/Malusregelungen oder auch vereinbarte Leistungsänderungen. Das Auftragsmodell entspricht damit der aus Großbritannien stammenden Private Finance Initiative (PFI). Der Private leistet die Vorfinanzierung und erhält erst über die gesamte Vertragslaufzeit seine Vergütung. Klassischer Anwendungsbereich dieser Finanzierungsformen sind Bauaufträge mit anschließender Betriebsverpflichtung. Der Auftragnehmer stundet zunächst die Vergütung für die Errichtung, um sich dann etwa über Mietzahlungen zu finanzieren. Das Auftragsmodell bietet sich bei allen ÖPP-tauglichen Vorhaben an, die keine eigenen Einnahmen erzeugen und daher von der öffentlichen Hand selbst bezahlt werden müssen. Zu denken ist vor allem an öffentlich genutzte Hochbauten, wie Schulen oder Verwaltungsgebäude. 756

Da etwa die Gemeinden bei Eigenfinanzierung auf zinsgünstige Kommunalkredite zurückgreifen können, stellt sich vielfach das Problem, dass private Vorfinanzierungen grundsätzlich teurer sein werden als die klassische Aufgabenerledigung durch die öffentliche Hand. Um dem und der damit einhergehenden Schlechterstellung des ÖPP-Modells zu entgehen, wird im Rahmen des Auftragsmodells oft auf eine Forfaitierungslösung zurückgegriffen, mittels derer dem Privaten eine Kreditaufnahme zu den Bedingungen eines Kommunalkredits möglich ist. Bei diesem so genannten Mogendorfer-Modell wendet sich die Kredit gebende Bank hinsichtlich der Darlehensrückerstattungen unmittelbar an den öffentlich-rechtlichen Partner, an dessen Bonität die Finanzierung anknüpft. Beim Urtyp des Mogendorfer-Modells vereinbarte das Land Rheinland-Pfalz mit den ausführenden Straßenbauunternehmen eine Vergütung in Raten über einen Zeitraum von 20 Jahren. Das Land erteilte dann dem Baufortschritt entsprechend so genannte Bautestate, die die vereinbarungsgemäße und mangelfreie Leistungserbringung bestätigten. Diese Testate gab das Bauunternehmen dann an die finanzierende Bank weiter und verkaufte sie unter Abtretung seiner Forderungen gegen das Land. Der Private erhielt damit unmittelbar für die Bauausführung Ent- 757

1289 Eschenbruch/Windhorst/Röwekamp/Vogt, Bauen und Finanzieren aus einer Hand, S. 39.

275

geltzahlungen durch die finanzierende Bank, die den öffentlichen Auftraggeber auf ratenweise Zahlung in Anspruch nahm.[1290] Ob das Mogendorfer-Modell als »echtes« ÖPP-Vorhaben gilt, kann damit in Frage gestellt werden, da eine ÖPP-typische Risikoverteilung und -verlagerung auf den Bauunternehmer nicht gegeben war.

758 Neben dem Auftragsmodell bieten sich insbesondere Gestaltungen, bei denen die Finanzierungen über eine Konzession gesichert werden kann, als ÖPP-Vorhaben an. Bei einer Konzession erfolgt die Finanzierung über ein von Dritten, den Nutzern, bezahltes Entgelt. Der private Partner erhält statt einer Vergütung vom Auftraggeber das Recht zur Nutzung des errichteten Bauwerks oder der von ihm erbrachten Dienstleistung. Die Entgeltzahlungen erfolgen dann durch die tatsächlichen Nutzer, die mit dem Auftraggeber nicht identisch sein dürfen. Es handelt sich um eine klassische Projektfinanzierung. Die wesentliche Sicherheit der Finanzierung stellen die künftig generierten Zahlungsströme dar. Typischer Anwendungsbereich des Konzessionsmodells sind bei Verkehrsinfrastrukturen die Mautmodelle und beim Hochbau Projekte, bei denen das Bauwerk vergleichbare Zahlungsströme erzeugen kann. Zu denken ist hier etwa an Schwimmbäder, Sporthallen oder auch Messezentren. Auch beim Konzessionsmodell sind allerdings Zuzahlungen des öffentlichen Partners an den privaten möglich und oft anzutreffen. Hierdurch soll vielfach nicht nur ein wirtschaftlicher Betrieb der Einrichtung abgesichert werden. Auch sozialpolitische Zielsetzungen wie etwa niedrige Nutzungsentgelte lassen sich so realisieren.

Hervorzuheben ist, dass sich aus der Einordnung eines ÖPP-Vorhabens in eines der dargestellten Finanzierungsmodelle noch keine zwingenden Rückschlüsse für die vergaberechtliche Beurteilung ziehen lassen. Ob vergaberechtlich eine Konzession gegeben ist, hängt nicht allein davon ab, dass dem Privaten ein Recht zur Nutzung eingeräumt wird und er sich über Entgeltzahlungen der Nutzer finanziert. Unerlässliches Merkmal für das Vorliegen einer vergaberechtlichen Konzession ist des Weiteren, dass der Konzessionär auch tatsächlich das wirtschaftliche Risiko seiner Tätigkeit zum überwiegenden Teil trägt. Maßgeblich für die diesbezügliche vergaberechtliche Einordnung eines ÖPP-Modells ist daher die konkrete Ausgestaltung des jeweiligen Finanzierungskonzepts, was einer eigenen vergaberechtlichen Untersuchung bedarf.[1291]

4.4 Vertragsmodelle

759 Mittlerweile lassen sich spezifische Standardvertragsmodelle bei ÖPP-Vorhaben im Hoch- und Straßenbau unterscheiden. Ihnen ist gemeinsam, dass sie wegen der Inanspruchnahme der Kompetenzen und Kreativität des Wettbewerbs bei der Leistungserbringung mit dem Kürzel DBFO – design, build, finance, operate (Gestalten, Bauen, Finanzieren, Betreiben) – beschrieben werden können. Dies bezeichnet die regelmäßig gegebene Aufgabenübertragung auf den privaten Partner.[1292] Eine vertrags- oder vergaberechtliche Einordnung lässt sich hieraus aber nicht ableiten.

1290 Siehe im Einzelnen den Tatbestand zu VGH Koblenz, DÖV 1997, 246 f.
1291 Siehe hierzu noch näher unten Rn. 782 ff.
1292 Siehe Kulle, ZfBR 2003, 129.

4.4.1 Hochbau

Bei Hochbauprojekten haben sich die folgenden Spielarten von ÖPP-Modellen etabliert, wobei die konkrete vertragliche Ausgestaltung jeweils von den spezifischen Besonderheiten des Einzelfalls abhängt.

760

4.4.1.1 Mietkaufmodell – BOOT

Build, Own, Operate, Transfer – Bauen, Besitzen, Betreiben, Übertragen: Diese vier Merkmale kennzeichnen das Mietkauf- oder auch Erwerbermodell. Der private Partner errichtet auf einem ihm gehörenden Grundstück ein Gebäude, welches er anschließend dem öffentlichen Auftraggeber zur Nutzung überlässt. Erst für das Ende der Vertragslaufzeit, die regelmäßig 20 bis 30 Jahre beträgt, ist eine Übertragung des Eigentums an den Auftraggeber vorgesehen. Die beim Auftragnehmer eingehenden Zahlungen decken Planung, Bau, Betrieb und je nach Vereinbarung auch den Erwerb des Gebäudegrundstücks ab. In einer Variante wird dem privaten Investor das betroffene Grundstück zuvor noch vom Auftraggeber verkauft (Sale and lease-back). Das Mietkaufmodell kann damit gegebenenfalls auch bei der Sanierung bestehender, im Eigentum des Auftragnehmers stehender Gebäude zum Einsatz kommen.

761

4.4.1.2 Leasingmodell – BLT

Build, Lease, Transfer: Auch beim Leasingmodell (auch FM Leasingmodell = Facility Management Leasing) befindet sich das Gebäude in der Betriebsphase im Eigentum des privaten Partners. Dieser errichtet ein schlüssigfertig nutzbares Gebäude als Immobilienleasing mit Übernahme auch der Betreiberverantwortung. Ein Eigentumserwerb durch den Auftraggeber ist nach Ablauf der Vertragslaufzeit von üblicherweise 20 bis 30 Jahren nicht zwingend vereinbart. Es besteht für den Auftraggeber vielmehr ein leasingtypisches Wahlrecht. Er kann den Vertrag entweder verlängern oder die Immobilie zu einem bereits bei Vertragsabschluss vereinbarten Restwert zurückkaufen.

762

4.4.1.3 Mietmodell – BOO

Build, Own, Operate: Im Gegensatz zum Leasingmodell wird beim Mietmodell der Kaufpreis für den Fall der Ausübung der Kaufoption nach Vertragsablauf noch nicht bei Vertragsschluss kalkuliert. Maßgeblich soll vielmehr der Verkehrswert der Immobilie am Ende der Vertragslaufzeit sein.

763

4.4.1.4 Inhabermodell

Beim Inhabermodell ist die öffentliche Hand Eigentümer der zu errichtenden/sanierenden Anlagen/Gebäude. Bei der Errichtung neuer Anlagen geht das Eigentum mit der Errichtung oder Installation auf den Auftraggeber als Grundstückseigentümer kraft Gesetz über. Für die Betriebsphase wird dem Auftragnehmer meist ein umfassendes Nutzung- und Besitzrecht als Nießbrauch eingeräumt. Daneben kann die In-

764

frastruktur auch kraft eines Erbbaurechts oder als bloßer Scheinbestandteil im Eigentum des Auftragnehmers verbleiben. Hauptanwendungsbereich des Inhabermodells sind Sanierungsmaßnahmen bei bestehenden Gebäuden. Es kann gegebenenfalls im Rahmen eines Gesamtpakets – etwa Errichtung neuer Verwaltungsgebäude und Sanierung der bestehenden – mit anderen Vertragstypen kombiniert werden.

4.4.1.5 Energiesparcontracting

765 Das Energiesparcontracting zielt auf bauliche oder betriebswirtschaftliche Verbesserungen an bestehenden technischen Infrastrukturen ab. Die Laufzeit des Vertrages beläuft sich meist auf nur etwa 5 bis 15 Jahre. Dem privaten Auftragnehmer wird die Verantwortung für einzelne Anlagen in einem Gebäude des öffentlichen Auftraggebers, die er zunächst eingebaut oder technisch verbessert hat und während der Vertragslaufzeit betreibt, übertragen, wodurch Einsparpotentiale realisiert werden sollen. Typischerweise werden Einsparziele vertraglich vereinbart.

4.4.2 Straßenbau

766 Nach dem Fernstraßenbauprivatfinanzierungsgesetz (FStrPrivFinG) können beim Fernstraßenbau zwei Finanzierungsmodelle Grundlage eines ÖPP-Vorhabens sein: Das A- oder das F-Modell. Gemeinsam mit der bereits flächendeckend eingeführten LKW-Maut auf Autobahnen stehen sie für einen sich abzeichnenden Paradigmenwechsel von der Haushaltsfinanzierung zur Nutzerfinanzierung.[1293]

4.4.2.1 A-Modell

767 In den Jahren 2005/2006 sind fünf Autobahnausbaumaßnahmen als Pilotprojekte im A-Modell gestartet worden. Es bezeichnet den privat finanzierten mehrstreifigen Autobahnausbau und die anschließende Erhaltung und den Betrieb des Autobahnabschnitts für 30 Jahre. Der Betreiber erhält dabei zunächst eine Anschubfinanzierung in Höhe von ca. 50 % der Gesamtkosten von der öffentlichen Hand, um sich im Übrigen durch den auf den von ihm betriebenen Autobahnabschnitt entfallenden Anteil aus der LKW-Maut zu finanzieren. Das Risiko der Auslastung des Autobahnteilstücks durch LKW trägt der Betreiber.

4.4.2.2 F-Modell

768 Das F-Modell ist ein rein mautfinanziertes Konzessionsmodell in Reinform. Der Private übernimmt den Um- oder Ausbau von Brücken, Tunnel oder Gebirgspässen oder mehrstreifigen Bundesstraßen mit getrennten Fahrbahnen für den Richtungsverkehr. Eine Anschubfinanzierung von Seiten der öffentlichen Hand ist nur in Höhe von maximal 20 % vorgesehen. Die vom Betreiber als Beliehenen unmittelbar beim Nutzer erhobenen Mautgebühren, die als öffentlich-rechtliche Gebühren oder privatrechtliche Entgelte ausgestaltet sein können,[1294] müssen sich nach den Kosten des Vorhabens

---

1293 Näher hierzu Neumann/Müller, NZBau 2003, 299 ff.
1294 § 1 Abs. 5 FStrPrivFinG.

richten.¹²⁹⁵ Das F-Modell kam bisher beim Warnowtunnel in Rostock (Eröffnung 2003) und dem Herrentunnel in Lübeck (Eröffnung 2005) in der Praxis zum Einsatz. Beide Projekte sollen bisher deutlich hinter den Erwartungen zurückgeblieben sein, was ein Grund dafür sein mag, dass weitere Projekte dieser Art derzeit nicht realisiert werden.

4.5 Besonderheiten im Vergabeverfahren

4.5.1 Bedarfsermittlung

Ein Grundproblem bei der Konzipierung von ÖPP-Projekten sind die Vorgaben der §§ 16 VOL/A bzw. VOB/A, wonach Ausschreibungen nur und erst dann erfolgen können, wenn das Projekt »vergabereif« ist. Es ist unzulässig, verschiedene Varianten am Markt abzufragen und erst nach dem Ergebnis einer Ausschreibung zu entscheiden, auf welche Art und Weise die gestellte Aufgabe erfüllt wird. Dem Ziel eines ÖPP-Vorhabens, die Art und Weise der wirtschaftlichsten Aufgabenerledigung dem Markt zu überlassen, kann dies entgegenstehen. ÖPP-Projekte bedürfen daher einer intensiven Vorbereitung, damit sie nicht an den Fallstricken des Vergaberechts scheitern. Grundsätzlich kommt hier nur eine funktionale, output-orientierte Leistungsbeschreibung in Betracht. Sinnvoll ist es meist, zur Klärung der Aufgabenstellung und der Marktmöglichkeiten ein Interessenbekundungsverfahren entsprechend § 7 Abs. 2 S. 2 BHO bzw. entsprechend den Vorschriften in den Landeshaushaltsordnungen (§ 7 Abs. 1 LHONRW)¹²⁹⁶ durchzuführen. Danach wird privaten Anbietern die Möglichkeit gegeben, darzulegen, ob und inwieweit sie eine bislang staatlich wahrgenommene Aufgabe nicht ebenso gut oder besser erbringen können. Auch in der Verwaltungsvorschrift zu Nr. 3 § 7 BHO heißt es, dass ein Vergabeverfahren durchzuführen ist, wenn das Interessenbekundungsverfahren ergibt, dass eine private Lösung voraussichtlich wirtschaftlicher ist als die unmittelbare staatliche Aufgabenwahrnehmung. Meist wird – wie im Bereich des Hochschulbaus – gefordert, dass dasjenige Vorhaben als wirtschaftlicher zu bewerten ist, das zum Vergleichsstichtag den niedrigeren Barwert (diskontiert auf diesen Stichtag) aufweist.

769

Die Art des abzuschließenden Vertrages im Rahmen eines ÖPP wird sehr projektspezifisch sein. Mustervereinbarungen existieren bislang kaum.¹²⁹⁷ Bereits die Wahl der Verdingungsordnung (VOL/A oder VOB/A) bereitet wegen der Verzahnung von Bau- und Dienstleistungen vielfach Schwierigkeiten. Hier ist eine Abgrenzung anhand der üblichen Kriterien zu suchen, d. h. Grundlage der Ausschreibung wird die VOB/A sein, wenn Bau und Errichtung nicht nur eine untergeordnete Rolle spielen, während das alleinige Betreiben und Finanzieren zur VOL/A führen wird.¹²⁹⁸ Maßgeblich für die Vertragsgestaltung ist auch die Frage, ob ein so genanntes Kooperationsmodell ge-

770

1295 Siehe §§ 3, 3 a FStrPrivFinG.
1296 Ebenso in den Haushaltsordnungen von Berlin, Brandenburg, Hamburg und Thüringen.
1297 Siehe aber etwa Leinemann/Kirch, ÖPP-Projekte, S. 133 mit Vertragsmustern zu einem Projektvertrag u. a.
1298 Siehe eingehend zur Zuordnung gemischter Verträge bereits oben, Rn. 400.

wählt wird (Gründung eines Gemeinschaftsunternehmens zur Aufgabenerfüllung), ein Betreibermodell (öffentlicher Träger bleibt leistungsverpflichtet, bedient sich der zur Aufgabenerfüllung notwendigen Leistungen jedoch eines privaten Unternehmens auf der Grundlage eines Vertrages) oder ob ein Konzessionsmodell favorisiert wird, bei dem der privatwirtschaftlich organisierte Konzessionär die Leistungen selbst gegenüber allen Dritten erbringt.

4.5.2 ÖPP-Eignungstest

771 Gleichsam zu Anfang der Projektentwicklung und vor Einleitung des Vergabeverfahrens ist ein ÖPP-Eignungstest auf Seiten des öffentlichen Auftraggebers durchzuführen. Der Beschaffungsbedarf auf Seiten der öffentlichen Hand ist darauf zu untersuchen, ob er sich überhaupt für eine Realisierung als ÖPP-Vorhaben eignet. Die Eckdaten des Projekts sind darauf zu prüfen, ob die spezifischen Voraussetzungen für die Abwicklung als öffentlich-private Partnerschaft gegeben sind:[1299]

772 Die Aufgabe muss dem privaten Partner zur Gestaltung, Errichtung, Finanzierung und Betrieb über den Lebenszyklus überlassen werden können (»DBFO-Fähigkeit«). Bei rein hoheitlichen Aufgaben, die auch nicht durch Beleihung auf einen Privaten übertragen werden können, scheidet dies aus.

773 Es darf von Seiten der öffentlichen Hand kein zwingendes Bedürfnis für detaillierte Vorgaben hinsichtlich der Art und Weise der Leistungserbringung bestehen, da hier der Private sein Know-How einbringen können muss. Das Vorhaben muss ergebnisorientiert und funktional ausschreibbar sein.

774 Zur Nutzung von Wirtschaftlichkeitspotentialen muss eine Risikoverteilung zwischen öffentlichem und privatem Partner möglich sein.

775 Eine Vereinbarung leistungsbezogener Vergütungsmechanismen und zusätzlicher Leistungsanreize muss möglich sein (Bonus-/Malusregelungen). Eine optimale Leistung des Privaten ist nur dann zu erwarten, wenn er die wirtschaftlichen Folgen einer Unterschreitung des geforderten Standards zu tragen hat.

776 Für eine effektive Vergabe im Wettbewerb bedarf es eines gewissen Marktinteresses für die in Aussicht genommene Beschaffungsvariante.

777 Das Projektvolumen ist daraufhin abzuschätzen, ob es sich für eine Durchführung als ÖPP eignet, da die Transaktionskosten von ÖPP-Vorhaben gegenüber traditionellen Beschaffungsvorgängen höher sind. Durch die zunehmende Verbreitung und Standardisierung der entsprechenden Verfahren sollten die Transaktionskosten in absehbarer Zeit aber spürbar sinken.

4.5.3 Beschaffungsvariantenvergleich

778 Aus der Verpflichtung der öffentlichen Hand zu einer wirtschaftlichen und sparsamen Haushaltsführung folgt, dass nach der Konzipierung eines ÖPP-Modells und noch vor

---

1299 Siehe näher Weber/Schäfer/Hausmann-Weber/Moß/Parzych, PPP, Seite 506 ff.; Leinemann/Kirch, ÖPP-Projekte, S. 31 f.

4.5 Besonderheiten im Vergabeverfahren

der Ausschreibung zu überprüfen ist, ob die Durchführung als ÖPP Wirtschaftlichkeitsvorteile gegenüber einer konventionellen Beschaffung erwarten lässt. Die Wahl eines ÖPP-Modells ist niemals Selbstzweck, sondern muss eine effizientere Aufgabenerledigung erwarten lassen. Das in den Blick genommene ÖPP-Vorhaben ist im Rahmen einer Prognose mit einem konventionellen Referenzprojekt, dem so genannten Public Sector Comparator (PSC), in der Entwicklung über den Lebenszyklus zu vergleichen. Als zukunftgerichtete Annahme muss sich diese Prüfung auf fundierte Kenntnisse des jetzigen Marktes stützen. Die Betrachtung muss verschiedene mögliche Entwicklungen – besten- und schlimmstenfalls – berücksichtigen und die jeweiligen Realisierungsrisiken und -chancen abwägen. In die Prüfung kann auch die Risikoverteilung einfließen, wie sich aus dem mit dem ÖPP-Beschleunigungsgesetz neu eingeführten § 7 Abs. 2 S. 2 BHO ergibt. Des weiteren sind auch qualitative Aspekte der zu erwartenden Leistungserbringung (Nutzwert) berücksichtigungsfähig.

Maßgeblich ist aber zunächst auf die zu erwartenden Gesamtkosten der jeweiligen Beschaffungsvariante abzustellen. Die zu erwartenden zukünftigen Kosten und Einnahmen sind bezogen auf einen einheitlichen Zeitpunkt auf- oder abzuzinsen (Diskontierung), um den Barwert zu ermitteln.[1300] Die Planungs-, Finanzierungs-, Errichtungs-, Betriebs- und gegebenenfalls auch die Verwertungskosten und -erlöse über den gesamten Projektlebenszyklus, sowie auch die jeweiligen Transaktionskosten sind unter Berücksichtigung auch des Nutzwerts für die Beschaffungsvarianten gegenüber zu stellen und zur Grundlage der Entscheidung des Auftraggebers über die Einleitung eines Vergabeverfahrens zu machen.[1301]

779

4.5.4 Investorenmodelle als öffentliche Aufträge

Auch ein Vertrag über die Erbringung einer Bauleistung durch Dritte gilt nach § 99 Abs. 3, 3. Var. GWB als Bauauftrag, wenn die Leistung gemäß den vom Auftraggeber genannten Erfordernissen erbracht wird. Bei den hier erfassten sog. »Investorenmodellen« überträgt der öffentliche Auftraggeber die Bauherrenfunktion auf einen Privaten und beauftragt selbst keine Werkvertragsleistungen.[1302] Der Private trägt das hieraus folgende Risiko,[1303] so dass derartige Vertragskonstellationen typischerweise bei ÖPP-Vorhaben zur Anwendungen kommen können. Wie § 1 a Nr. 1 Abs. 1 VOB/A klarstellt, zählen auch Bauträgerverträge und Mietkauf- oder Leasingverträge zu den Investorenmodellen. Für das Vorliegen eines Bauauftrags kommt es damit auf die Vereinbarung werkvertraglicher Regelungen nicht an. Auch allein daraus, dass in einem Miet-/Leasingvertrag eine Kaufoption vertraglich nicht vorgesehen ist, kann wegen der insoweit nur beispielhaften Aufzählung in § 1 a Nr. 1 Abs. 1 VOB/A nicht geschlossen werden, dass die vertragliche Beziehung nicht als Bauauftrag im Sinn des Kartellverga-

780

1300 Bremer, ÖPP Praxislexikon.
1301 Zum Wirtschaftlichkeitsvergleich weiterführend etwa Weber/Schäfer/Hausmann-Weber/Moß/Parzych, PPP, S. 499 ff.
1302 Siehe Immenga/Mestmäcker-Dreher, § 99 GWB, Rn. 38.
1303 Siehe Weyand, Praxiskommentar, Rn. 695.

berechts zu werten sei.[1304] Entscheidend ist vielmehr eine wirtschaftliche Betrachtung danach, ob sich die Bauleistungen über die Vertragslaufzeit amortisieren.

781 Soweit vertreten wird, dass »reine« Leasingmodelle keinen Bauauftrag mehr darstellen würden,[1305] ist dem entgegenzuhalten, dass die Einräumung des Eigentums oder einer eigentümerähnlichen Stellung kein Tatbestandsmerkmal für das Vorliegen eines Bauauftrags im Sinne von § 99 Abs. 3 Var. 1 und 2 GWB ist. Auch bei der unmittelbaren Bauausführung für einen öffentlichen Auftraggeber ist eine Eigentumsübertragung nicht erforderlich, so dass im Rahmen von Investorenmodellen nichts anderes gelten kann. Bei einer wirtschaftlichen Betrachtungsweise entspricht es der Vergabe eines Bauauftrags, wenn ein Dritter ein Bauwerk nach von der öffentlichen Hand als zukünftigem Mieter/Leasingnehmer oder Käufer definierten Erfordernissen errichtet. Maßgeblich ist hier nicht die Vertragsform, sondern dass die Bauleistung durch den Dritten nach den Vorgaben des Auftraggebers erbracht wird und der Vorgang in tatsächlicher Hinsicht einem Bauauftrag der öffentlichen Hand gleichkommt.[1306] Die Auswahl des privaten Investors wird gerade unter das Vergaberechtsregime gestellt, um eine Umgehung des Vergaberechts durch Investorenmodelle zu verhindern.

4.5.5 Die Vergabe von Konzessionen

782 Von den originären öffentlichen Aufträgen sind Konzessionen im Sinne des Vergaberechts zu unterscheiden. Die Konzession unterscheidet sich dadurch von einem öffentlichen Auftrag, dass die Gegenleistung für die Arbeiten oder die Dienstleistungen entweder nur in dem Recht zur Nutzung des Bauwerks oder der Dienstleistung oder in diesem Recht zuzüglich der Zahlung eines Preises besteht.[1307] Es handelt sich damit um eine Verwertungshandlung des öffentlichen Auftraggebers und nicht um einen entgeltlichen Beschaffungsvertrag. Das Vorliegen einer Konzession als Finanzinstrument bedeutet aber noch nicht zwingend, dass der zu Grunde liegende Vertrag auch vergaberechtlich als Konzession einzustufen ist. Maßgeblich für das Vorliegen einer Konzession im Sinne des Vergaberechts ist, dass dem Konzessionär auch die Verantwortung für die Nutzung übertragen wird.[1308] Konzessionen in diesem Sinn sind damit nicht mit behördlichen Genehmigung im Zusammenhang mit einer wirtschaftlichen Tätigkeit – etwa Taxi- oder Gaststättenkonzessionen – gleichzusetzen. Das Vorliegen einer Konzession nach dem Kartellvergaberecht richtet sich vielmehr nach eigenen, europarechtlich verankerten Vorgaben. Maßgeblich ist der jeweilige Inhalt der Vereinbarung und nicht das ihr angehängte Etikett. Wegen der bei ÖPP-Vorhaben angestrebten Risikoverteilung und dem häufigen Rückgriff auf eine finanztechnische Konzession ist der Ausgestaltung der jeweiligen Beziehungen bei ÖPP-Vorhaben als vergaberechtliche Konzession ein weiter Anwendungsbereich eröffnet.

1304 Otting, NZBau 2004, 469.
1305 Reidt/Stickler/Glahs-Stickler, § 99 GWB, Rn. 24.
1306 Otting, NZBau 2004, 469, 469; Motzke/Pietzcker/Prieß-Marx, § 100 GWB, Rn. 24.
1307 Kommission, Grünbuch PPP, S. 6; BayObLG, Beschl. v. 11.12.2001, Verg 15/01.
1308 Etwa OLG Düsseldorf, Beschl. v. 22.09.2005, Verg 44/04; Beschl. v. 26.07.2002, Verg 22/02.

4.5.5.1 Baukonzessionen

Nach § 98 Nr. 6 GWB, § 6 Satz 2 VgV ist eine Baukonzession gegeben, wenn bei einem Vertrag über die Erbringung von Bauleistungen die Gegenleistung für die Bauarbeiten statt in einer Vergütung in dem Recht auf Nutzung der baulichen Anlagen, gegebenenfalls zuzüglich der Zahlung eines Preises, besteht. Die Vergabe von Baukonzessionen fällt damit in den Anwendungsbereich des Kartellvergaberechts, wobei sich aus § 32 a VOB/A eine Privilegierung ergibt. Die a-Paragrafen sind – außer § 32 a VOB/A – bei Baukonzessionen nicht zu beachten, so dass nur die Basisparagraphen entsprechende Anwendung finden.[1309] Die Absicht, eine Baukonzession zu vergeben, ist europaweit bekannt zu machen. Relevant sind auch die Vergabegrundsätze nach § 97 GWB und auch der Rechtsweg zu den vergaberechtlichen Nachprüfungsinstanzen ist hinsichtlich eines Verstoßes gegen die hieraus abzuleitenden subjektiven Rechte der Bieter eröffnet.[1310] Die Vergabe einer Baukonzession hat damit in einem transparenten Verfahren im Wettbewerb zu erfolgen.

783

Maßgeblich für das Vorliegen einer Konzession ist, dass der Baukonzessionär selbst das Betriebsrisiko aus dem Konzessionsvertrag trägt. Dies ist in jedem Einzelfall gesondert zu prüfen. Zu berücksichtigen ist unter anderem der Vertragsgegenstand, die Vertragsdauer und -höhe sowie gegebenenfalls auch das Bestehen etwaiger Sicherungsmechanismen zu Gunsten des Konzessionärs/Auftragnehmers, wie etwa Verlustausgleichsregelungen und Bürgschaften.[1311] Allerdings wird das Vorliegen einer Konzession noch nicht dadurch in Frage gestellt, dass der Konzessionär neben dem Recht auf Nutzung der baulichen Anlage auch ein Entgelt vom öffentlichen Auftraggeber erhält. Für das Vorliegen einer Konzession im Sinne des Vergaberechts muss er aber dennoch das Risiko der Nutzung der Anlage durch die potentiellen Nutzer tragen. Wenden die zusätzlichen Zahlungen des öffentlichen Auftraggebers die hier bestehenden Risiken bereits ab, fehlt es hieran.

784

4.5.5.2 Dienstleistungskonzession

Auch Dienstleistungskonzessionen zeichnen sich durch die Risikoübernahme durch den Konzessionär aus. Ihm muss das Risiko für die Nutzung der von im erbrachten Dienstleistung übertragen werden. Zudem haben Dienstleistungskonzessionen üblicherweise Tätigkeiten zum Inhalt, die nach ihrer Natur, ihrem Gegenstand und nach den Vorschriften, denen sie unterliegen, in den Verantwortungsbereich des Staats fallen und die Gegenstand von ausschließlichen und besonderen Rechten sein können.[1312] Meist handelt es sich um Dienstleistungen, deren Erbringung im öffentlichen Interesse liegt. Diesem letztgenannten Merkmal kommt allerdings keine konstitutive Wirkung, zumal es – da Handeln der öffentlichen Hand stets gemeinwohlgebunden ist – regelmäßig erfüllt sein wird. Auch bei der Dienstleistungskonzession ist signifikantes Unterscheidungsmerkmal zum klassischen Dienstleistungsauftrag, dass das ganze oder das ganz überwiegende wirtschaftliche Risikos auf den Konzessionär verlagert wird.

785

1309 Heiermann/Riedl/Rusam-Heiermann, § 32 a VOB/A, Rn. 21, 27.
1310 Siehe etwa Völlink/Kehrberg-Herrmann, § 32a VOB/A, Rn. 9.
1311 Siehe Kommission, Mitteilung über Auslegungsfragen, Ziff. 2.1.2.
1312 Siehe Kommission, Mitteilung über Auslegungsfragen, Ziff. 2.2.

Eine Dienstleistungskonzession kann damit – etwa im sozialen Bereich – auch dann gegeben sein, auch wenn die Vergütung unmittelbar vom öffentlichen Auftraggeber stammt, sie aber von der tatsächlichen Inanspruchnahme der Dienste abhängen, dem Dienstleistungserbringer keine diesbezüglichen Garantien gegeben werden und er damit das finanzielle Wagnis einer ausreichenden Auslastung trägt.[1313]

786 Anders als Baukonzessionen sind Dienstleistungskonzessionen vom Anwendungsbereich des Kartellvergaberechts ausgenommen.[1314] § 98 Nr. 6 GWB erwähnt nur die Baukonzession, nicht jedoch die Dienstleistungskonzession. Da Baukonzessionen typischerweise auch Dienstleistungselemente – Betrieb, bzw. Unterhalt der Infrastruktur – enthalten, ist daher eine Abgrenzung erforderlich. Diese richtet sich nach denselben Kriterien, wie bei typengemischten öffentlichen Aufträgen,[1315] so dass auf die diesbezüglichen Ausführungen verwiesen werden kann.[1316] Errichtet der Private zunächst ein Bauwerk und finanziert sich sodann über Mieteinnahmen der Nutzer, so ist eine Baukonzession gegeben, auch wenn für die öffentliche Hand das Nutzungsinteresse und die Mietzahlungen im Fordergrund stehen mögen. Nur wenn die Ausführung der Bauarbeiten von untergeordneter Bedeutung ist oder es um die Nutzung eines bereits bestehenden Gebäudes geht, kann gegebenenfalls die Anwendung des Kartellvergaberechts nicht erforderlich sein. Trennbare Vertragsbestandteile können allerdings auch separat vergeben werden. Dann sind die für den jeweiligen Vertragstypus geltenden Regelungen des Vergaberechts anzuwenden.

4.5.5.3 Baukonzessionäre als öffentliche Auftraggeber

787 Im Zusammenhang mit der Vergabe von Konzessionen ist zu beachten, dass auch der Baukonzessionär selbst als Vertragspartner eines öffentlichen Auftraggebers nach § 98 Nr. 1–3 GWB gem. § 98 Nr. 6 GWB als öffentlicher Auftraggeber gilt. Bei der Vergabe einer Baukonzession wird damit nicht nur die Ebene Auftraggeber – Konzessionsnehmer vom Kartellvergaberecht erfasst, sondern auch die Ebene Konzessionsnehmer – Unterauftragnehmer. Der Konzessionär als »echter« Privater wird an die für öffentliche Auftraggeber geltenden Regelungen gebunden, ohne dass es darauf ankäme, dass er etwa im Rahmen einer institutionalisierten ÖPP zu den funktionalen öffentlichen Auftraggebern zählt. Die Privilegierung des § 32a VOB/A erfasst allerdings auch ihn.

4.5.6 Veräußerung von Gesellschaftsanteilen

788 Als reines Verkaufsgeschäft stellt die Veräußerung von Gesellschaftsanteilen grundsätzlich keine »Beschaffungsmaßnahme« der öffentlichen Hand dar und unterliegt regelmäßig nicht dem Vergaberecht.[1317] Auch die originäre Gründung eines gemischt-

---

1313 OLG Düsseldorf, Beschl. v. 22.09.2005, Verg 44/04.
1314 Siehe etwa OLG Stuttgart, Beschl. v. 04.11.2002, 2 Verg 4/02. EuGH, Urt. v. 07.12.2000 – C-324/38, Rn. 48 ff.; im Ergebnis bestätigend Urt. v. 21.07.2005 – C-231/03. Siehe nun auch Art. 17 RL 2004/18/EG; Leinemann/Kirch, ÖPP-Projekte, S. 54.
1315 Kommission, Mitteilung über Auslegungsfragen, Ziff. 2.3; Endler, NZBau 2002, 125, 127.
1316 Siehe oben, Rn. 400.
1317 OLG Brandenburg, NZBau 2001, 645, 646.

wirtschaftlichen Unternehmens, an dessen Kapital sich ein Privater beteiligt, ist vergaberechtsfrei möglich. Hieraus könnte der Trugschluss gezogen werden, dass auch die Eingehung einer institutionalisierten ÖPP mit der Gründung eines gemischtwirtschaftlichen Unternehmens ohne weiteres nicht unter das Vergaberecht fällt. Ist mit der Veräußerung der Gesellschaftsanteile aber eine Auftragsvergabe oder Aufgabenübertragung verknüpft, so dass sich die Veräußerung bei wirtschaftlicher Betrachtung als Beschaffung von Leistungen durch einen öffentlichen Auftraggeber darstellt, kann der gesamte Vorgang doch vergaberechtsrelevant sein. Wenn der mit der Gesellschaftsgründung oder Veräußerung von Gesellschaftsanteilen einhergehende Auftrag ausschreibungspflichtig ist, so erfasst dies den gesamten Vorgang, da Auftragsvergabe und Veräußerung untrennbar miteinander verbunden sein werden.[1318]

Negativ formuliert unterliegt die Suche und Auswahl eines privaten (Mit-)Gesellschafters nur dann nicht dem Vergaberecht, wenn mit der Veräußerung der Geschäftsanteile nicht direkt oder indirekt eine Auftragsvergabe verbunden ist.[1319] Dient die Vergabe der Gesellschaftsbeteiligung nicht nur der Kapitalbeschaffung, sondern zugleich der Vergabe von Dienstleistungen an den privaten Gesellschafter, unterliegt die Eingehung einer Kooperation auch im Rahmen einer ÖPP dem Vergaberecht.[1320] Die Vergabe einer Minderheitsbeteiligung an einer zu gründenden Service GmbH stellt etwa einen ausschreibungspflichtigen Vorgang dar, wenn Gegenstand der Servicegesellschaft die Erbringung von Dienstleistungsaufträgen (Gebäudereinigung, Hol- und Bringdienste, Speiseversorgung, Hausmeisterleistungen ...) für den Auftraggeber ist.[1321] Entsprechendes gilt, wenn die Suche nach einem Mitgesellschafter mit der Vergabe der künftigen Betriebsführung und damit mit einer Dienstleistung verbunden ist, sofern diese Betriebsführung selbst den Schwellenwert für den Anwendungsbereich des Kartellvergaberechts übersteigt.

789

Eine Umgehung des Vergaberechts ist nicht möglich.[1322] Erfolgt die Übertragung der Gesellschaftsanteile in zeitlichem Zusammenhang mit der Auftragsvergabe, stellt dies als Umgehungsgeschäft einen Verstoß gegen die Vorgaben des Kartellvergaberechts dar. Um ein Unterlaufen der praktischen Wirksamkeit der Vergaberichtlinien zu verhindern, ist unter Berücksichtigung der Gesamtheit der Schritte und ihrer Zielsetzung zu prüfen, ob die Veräußerung von Gesellschaftsanteilen eine unter das Kartellvergaberecht fallende Auftragsvergabe darstellt.[1323] Ein abgestuftes Vorgehen durch Gründung einer Eigengesellschaft, die vergaberechtsfrei als Inhouse-Geschäft einen Auftrag erhält, um anschließend einen Privaten an der Gesellschaft zu beteiligen, ist verga-

790

1318 Siehe etwa Schimanek, NZBau 2005, 304, 306; Dreher, NZBau 2002, 245, 248; Otting, VergabeR 2002, 11, 13 f.
1319 Siehe etwa Berger, ZfBR 2002, 134, 135; Leinemann/Kirch, ÖPP-Projekte, S. 58. Undifferenziert von einer Unanwendbarkeit des Vergaberechts ausgehend hingegen Wellmann, NZBau 2002, 431, 432; Hertel/Recktenwald, NZBau 2001, 538, 540.
1320 VK Sachsen, Beschl. v. 29.12.2004 – 1/SVK/123-04.
1321 VK Lüneburg, Beschl. v. 05.11.2004, 203-VgK-48/2004.
1322 Leinemann/Kirch, ÖPP-Projekte, S. 58 f.; Reidt/Stickler/Glahs-Stickler, § 99, Rn. 44. Siehe auch Koman, ZfBR 2004, 763, 767; Endler, NZBau 2002, 125, 133; Masing, ZfBR 2002, 450, 454.
1323 EuGH, Urt. v. 10.11.2005 – C-29/04. Siehe auch OLG Brandenburg, VergabeR 2002, 45, 46; Dietlein, NZBau 2004, 472, 477. Kritisch Dreher, NZBau 2002, 245, 249 f.

berechtlich unzulässig.[1324] Allerdings bedarf es einer gesonderten Ausschreibung der Gründung des gemischtwirtschaftlichen Unternehmens nicht mehr, wenn es sich hierbei lediglich um eine Bedingung oder Modalität der Leistungserbringung handelt und die Leistungsausführung bereits zuvor im Wettbewerb vergeben wurde.[1325] Ist der private Partner bereits auf Grund eines Vergabeverfahrens ausgewählt worden, so kann mit ihm vergaberechtsfrei ein gemischtwirtschafltiches Unternehmen zur Aufgabenerledigung gegründet werden, ohne dass die damit einhergehende Aufgabenübertragung auf das neue Rechtsgebilde erneut ausschreibungspflichtig wäre.

791 Auch Grundstücks- oder Immobilienverkaufsgeschäfte fallen wie der reine Verkauf von Gesellschaftsanteilen grundsätzlich nicht unter das Kartellvergaberecht. Verkaufsgeschäfte stellen keine öffentliche Beschaffung von Leistungen dar. Bei isolierter Betrachtung liegt etwa ein vergaberechtsfreies Verkaufsgeschäft vor, wenn ein öffentlicher Auftraggeber ein Grundstück auf einen Privaten überträgt, der auf dem Grundstück eine Infrastruktur für den öffentlichen Auftraggeber errichten und anschließend betreiben soll. Die Verwertung von Eigentumsrechten, insbesondere aus Grundstückseigentum, ist grundsätzlich nicht Gegenstand von Verpflichtungen nach den EG-Vergaberichtlinien und auch nicht des Kartellvergaberechts.[1326] Ist der Verkauf mit der Übernahme von Planungs- und Investitionsverpflichtung verbunden, die nur von untergeordneter Bedeutung sind und nicht zu einer Qualifizierung des Vertrags als Bauauftrag führen, gilt nichts anderes.[1327] Maßgeblich ist aber auch hier eine wirtschaftliche Gesamtbetrachtung des Vorgangs. Zu fragen ist, ob der Grundstücksverkauf mit einer Auftragsvergabe durch die öffentliche Hand dergestalt verbunden ist, dass bei einer funktionalen Gesamtbetrachtung der gesamte Vorgang als öffentlicher Auftrag zu betrachten ist.[1328] Es ist vom Vorliegen eines Bauauftrags auszugehen, wenn auf dem veräußerten Grundstück eine Infrastruktur nach den Vorgaben des »Verkäufers« errichtet werden soll, die dann von diesem selbst genutzt wird. Dies gilt auch für BOOT-Modelle. Bereits das Vorliegen einer Kaufoption kann bei wirtschaftlicher Betrachtung zum Vorliegen eines öffentlichen Auftrags führen. Entscheidend ist auch hier die Funktion des zu Grunde liegenden Geschäfts.

4.5.7 Wahl der richtigen Verfahrensart

792 ÖPP-Vorhaben betreffen regelmäßig ein komplexes Leistungsgeflecht aus Bau, Finanzierung und Betrieb, wobei die Art und Weise der Leistungserbringung weitestgehend dem Wettbewerb überlassen bleibt. Hieraus folgt, dass meist auch im Rahmen einer funktionalen Ausschreibung keine so erschöpfende Leistungsbeschreibung möglich ist, dass ein Zuschlag ohne inhaltliche Erörterungen und Verhandlungen sinnvoll erfolgen könnte. In der Regel kann daher bei ÖPP-Vorhaben auf das Verhandlungsverfahren oder den Wettbewerblichen Dialog zurückgegriffen werden. Die Wahl einer dieser Verfahrensarten bleibt aber stets rechtfertigungsbedürftig. Der öffentliche Auftragge-

---

1324 Siehe Krutisch, NZBau 2003, 650, 653.
1325 Kommission, Grünbuch PPP, S 20.
1326 VK Baden-Württemberg, NZBau 2001, 406, 407.
1327 VK Baden-Württemberg, NZBau 2001, 406, 408.
1328 Weber/Schäfer/Hausmann-Hausmann/Mutschler-Siebert, PPP, S. 246.

4.5 Besonderheiten im Vergabeverfahren

ber trägt die Beweislast dafür, dass außergewöhnliche Umstände vorliegen, die etwa einen Rückgriff auf das Verhandlungsverfahren rechtfertigen.[1329] Dass die eng auszulegenden Voraussetzungen für die Durchführung eines Verhandlungsverfahrens oder eines Wettbewerblichen Dialogs vorliegen, ist daher in jedem Einzelfall sorgfältig zu prüfen und zu dokumentieren. Ist etwa bei einem standardisierten ÖPP-Vorhaben der Rückgriff auf eine funktionale Leistungsbeschreibung möglich, wird ein Absehen vom Offenen oder Nichtoffenen Verfahren nicht möglich sein.

Meist werden bei ÖPP-Projekten aber sowohl die Voraussetzungen für die Anwendung des Verhandlungsverfahrens nach Aufruf zum Wettbewerb als auch für die Anwendung des Wettbewerblichen Dialogs gegeben sein. Der Auftraggeber kann in diesem Fall zwischen den Verfahren frei wählen und auf das im geeigneter erscheinende zurückgreifen. Sind die jeweiligen Tatbestände, die einen Rückgriff auf diese Verfahren rechtfertigen, gegeben, steht den Auftraggebern ein Wahlrecht zu.[1330]

793

Dem steht nicht entgegen, dass nach Art. 30 Abs. 1 lit. a RL 2004/18/EG das Verhandlungsverfahren zulässigerweise gewählt werden kann, wenn im Rahmen eines wettbewerblichen Dialogs keine Angebote eingegangen sind.[1331] Aus systematischen Erwägungen kann hieraus kein Vorrang des Wettbewerblichen Dialogs abgeleitete werden. Im Rahmen von Art. 28 RL 2004/18/EG ist der Vorrang des Offenen und Nichtoffenen Verfahrens gegenüber dem Wettbewerblichen Dialog und dem Verhandlungsverfahren ausdrücklich normiert worden. Wäre eine Vorrangstellung des Wettbewerblichen Dialogs gegenüber dem Verhandlungsverfahren gewollt gewesen, so wäre diese gleichfalls hier angeführt worden. Im Hinblick auf den wettbewerblichen Dialog heißt es aber lediglich, dass dieser und auch das Verhandlungsverfahren unter den in den einschlägigen Vorschriften angeführten Umständen zulässig sind. Auch nach dem Wortlaut der angeführten Bestimmung haben die öffentlichen Auftraggeber damit gegebenenfalls ein Wahlrecht zwischen diesen Verfahrensarten. Die Bestimmung des Art. 30 Abs. 1 lit. a RL 2004/18/EG, dass bei einem gescheiterten Dialog ein Verhandlungsverfahren möglich ist, bleibt hingegen auch dann sinnvoll, wenn diese beiden Verfahren gleichrangig nebeneinander stehen. Aus Art. 30 Abs. 1 lit. a UA 2 RL 2004/18/EG folgt, dass ein Verhandlungsverfahren ohne Vergabebekanntmachung möglich ist, wenn alle und nur die Bieter einbezogen werden, die im vorangegangenen, gescheiterten Verfahren ihre Eignung nachgewiesen und formal ordnungsgemäße Angebote abgegeben haben. Dieser Rückgriffsmöglichkeit auf das Verhandlungsverfahren ohne Vergabebekanntmachung kommt auch nach dem Scheitern eines Wettbewerblichen Dialogs eigene Bedeutung zu.

794

Kann ein öffentlicher Auftraggeber im Regelfall sowohl auf das Verhandlungsverfahren, als auch den Wettbewerblichen Dialog zur Vergabe komplexer ÖPP-Projekte zurückgreifen, so stellt sich die Frage, welcher Verfahrensart er den Vorzug gegeben soll.

795

1329 EuGH, Urt. v. 20.03.1996, C-318/94, Slg. 1996 I-1949.
1330 So auch Leinemann/Kirch, ÖPP-Projekte, S. 72; Uechtritz/Otting, NVwZ 2005, 1005, 1007; wohl auch Fleckenstein, DVBl 2006, 75, 78; Ollmann, VergabeR 2005, 685, 688. Anders noch Leinemann/Kirch, VergabeNavigator 1/2006, 25, 26. Für einen Vorrang des Verhandlungsverfahrens hingegen Pünder/Franzius, ZfBR 2006, 20, 24.
1331 So aber Knauff, VergabeR 2004, 287, 289.

Der wettbewerbliche Dialog wird oftmals als das Verfahren der Wahl insbesondere bei der Suche nach dem privaten Partner im Rahmen von Öffenlich-privaten Partnerschafts-Projekten verstanden.[1332] Dieses Verfahren soll für ÖPP-Projekte grundsätzlich besonders geeignet und auf bestimmte Formen von ÖPP-Vorhaben zugeschnitten sein.[1333] Ob der Wettbewerbliche Dialog aber wirklich praktisch vorteilhaft ist, kann mangels Erfahrungen mit diesem Verfahren noch nicht abgeschätzt werden. Der Wettbewerbliche Dialog und die Durchführung eines gestuften Verhandlungsverfahrens sind in inhaltlicher Hinsicht vergleichbar und ähneln sich. Beide Verfahren schließen mit der Abgabe nicht weiter verhandelbarer Angebote ab, nachdem zuvor über den Inhalt des Auftrags verhandelt oder ein Dialog geführt wurde. Der Wettbewerbliche Dialog kann daher als bereits stärker vorstrukturierte Form eines Verhandlungsverfahrens begriffen werden, dessen Vorteilhaftigkeit insbesondere in der bereits vorgegebenen Verfahrensstruktur liegt. Allerdings birgt der Wettbewerbliche Dialog auch das Risiko, dass eher als in einem strukturierten Verhandlungsverfahren Aufgaben der Vergabestelle unzulässiger Weise auf den Wettbewerb verlagert werden. Auch beim Wettbewerblichen Dialog gilt, dass das Vergabeverfahren erst eingeleitet werden darf, wenn der Beschaffungsgegenstand vergabereif ist. Die Ermittlung des Beschaffungsbedarfs obliegt allein dem öffentlichen Auftraggeber, der den Wettbewerblichen Dialog nicht dazu missbrauchen darf, diese ihn treffende Aufgabe zur kostengünstigen Erledigung auf die Dialogteilnahmer zu übertragen.

4.5.8 Wirtschaftlichkeitsvergleich

796 Wie bereits dargestellt, ist vom öffentlichen Auftraggeber im Rahmen der Bedarfsermittlung vor Einleitung des Vergabeverfahrens neben einem ÖPP-Eignungstest ein abstrakter Beschaffungsvariantenvergleich anzustellen. Es ist prognostisch zu ermitteln, ob eine Vergabe als ÖPP-Modell gegenüber einer traditionellen Beschaffung wirtschaftlich vorteilhaft erscheint. Diese Prüfung ist vor Abschluss des Vergabeverfahrens als konkreter Wirtschaftlichkeitsvergleich auf Grundlage des für den Vertragsschluss vorgesehenen Angebots zu bestätigen. Dem haushaltsrechtlichen Gebot der Wirtschaftlichkeit und Sparsamkeit folgend, wird bei ÖPP-Vorhaben gefordert, dass praktisch als »fünfte« Stufe der Angebotswertung ein konkreter Wirtschaftlichkeitsvergleich zu einer konventionellen Beschaffungsvariante anzustellen ist. Das bevorzugte ÖPP-Angebot ist an der konventionellen Beschaffungsvariante als Benchmark zu messen.[1334] Dieser Wirtschaftlichkeitsvergleich folgt aus dem haushaltrechtlichen Minimalprinzip und gewährleistet eine nachvollziehbare und transparente Aussage hinsichtlich der Vorteilhaftigkeit des ÖPP-Modells.[1335] Die konventionelle Beschaffungsvariante ist dabei entsprechend den durch die Verhandlungen/den Wettbewerblichen Dialog erfolgten Optimierungen des ÖPP-Modells zu aktualisieren. Zu berücksichtigen sind auch die bereits aufgelaufenen Verfahrenskosten und gegebenenfalls auch die Kosten eines

---

1332 Etwa Leinemann/Maibaum, VergabeR 2004, 275, 278; Kommission, Grünbuch PPP, S. 11.
1333 Kommission, Grünbuch PPP, S. 7; Weber/Schäfer/Hausmann-Hausmann/Mutschler-Siebert, PPP, S. 268; Leinemann/Kirch, ÖPP-Projekte, S. 73.
1334 Weber/Schäfer/Hausmann-Weber/Moß/Parzych, PPP, Seite 543.
1335 Jacob/Winter/Stuhr, PPP bei Schulbauten, S. 2 u. 26.

noch durchzuführenden Vergabeverfahrens für eine konventionelle Beschaffung. Der Aspekt, dass ein erneutes, zeitaufwendiges Vergabeverfahren durchzuführen wäre, kann für eine Beauftragung des ÖPP-Angebots sprechen, wenn sich das ÖPP-Vorhaben und eine konventionelle Beschaffung auf Grundlage der eingegangenen Angebote zunächst als wirtschaftlich gleichwertig darstellen.

Die Durchführung einer haushaltsrechtlich gebotenen erneuten Wirtschaftlichkeitsuntersuchung nach Eingang der Angebote kann allerdings vergaberechtlich durchaus problematisch sein. Die Tatsache, dass sich die ÖPP-Variante auf Basis der eingegangenen Angebote gegenüber einer konventionellen Beschaffung als teurer herausstellt, rechtfertigt eine Aufhebung der Ausschreibung nach §§ 26 VOB/A, VOL/A grundsätzlich nicht. Eine rechtmäßige Verfahrensaufhebung ist nur als letztes Mittel zulässig, wenn dem Auftraggeber eine Fortführung des Vergabeverfahrens nicht zumutbar ist.[1336] Eine Aufhebung außerhalb der angeführten abschließenden Rechtfertigungstatbestände führt hingegen zur Schadensersatzpflicht der Vergabestelle. Hält diese am Beschaffungsvorhaben weiterhin fest, ist sie bei einer nicht gerechtfertigte Aufhebung des Vergabeverfahrens gegenüber dem Bestbieter sogar zum Ersatz des positiven Interesses, also auch des Gewinns, verpflichtet. Obliegenheitsverletzungen des Auftraggebers oder Fehler bei der Planung eines Vorhabens können eine Aufhebung grundsätzlich nicht rechtfertigen,[1337] so dass etwaige Versäumnisse des Auftraggebers beim vor der Ausschreibung durchgeführten Beschaffungsvariantenvergleich zu seinen Lasten gehen. Der Auftraggeber ist für die Zuverlässigkeit der Kostenberechnung verantwortlich.[1338] Zwar ist grundsätzlich anerkannt, dass eine Aufhebung und Neuausschreibung möglich ist, wenn der Auftraggeber nach der Öffnung der Angebote feststellt, dass er die ausgeschriebene Leistung in der ursprünglichen Form nicht haben möchte, etwa weil die Haushaltsmittel nicht ausreichen.[1339] Bei ÖPP-Vorhaben wird der Übergang in einen traditionellen Beschaffungsprozess aber bei materieller Betrachtung die identische Leistung betreffen und damit das Festhalten am Vorhaben darstellen. Das Risiko, dass letztlich eine traditionelle Vergabe wirtschaftlich günstiger ist, fällt auch allein in die Risikosphäre des Auftraggebers, der sich mit der Ausschreibung an den Markt gewandt hat und die Wettbewerber im Ergebnis zu nutzlosen Aufwendungen ohne Zuschlagschance veranlasst hat. Bei einem Übergang in einen konventionellen Beschaffungsprozess besteht damit für den Auftraggeber die Gefahr, dass zumindest der Bestbieter aus der ÖPP-Vergabe berechtigte Schadensersatzansprüche geltend machen kann. Gegebenenfalls kann auch an die Durchsetzung der Aufhebung der Aufhebung durch die Einleitung eines Nachprüfungsverfahrens gedacht werden.[1340] Diese Risiken sind daher in den nur haushaltsrechtlich geforderten Wirtschaftlichkeitsvergleich mit einzubeziehen.

797

1336 Siehe OLG Düsseldorf, Beschl. v. 03.01.2005, Verg 72/04.
1337 Siehe OLG Düsseldorf, Beschl. v. 08.03.2005, Verg 40/04.
1338 Siehe OLG Düsseldorf, Urt. v. 12.06.2003, 5 U 109/02.
1339 Siehe VK Baden-Württemberg, Beschl. v. 15.08.2005 1 VK 47/05.
1340 Siehe grundlegend BGH, Beschl. v. 18.02.2003, X ZB 43/02.

5 Die Verdingungsordnung für Leistungen, Teil A (VOL/A)

5.1 Einführung

Die VOL stammt aus den dreißiger Jahren. Sie stellt damit nicht nur bereits erprobtes Vergaberecht dar, sondern galt in ihrer kaum veränderten Ursprungsfassung noch jahrzehntelang bis zur Neufassung der VOL/A im Jahr 1984.[1341] Die in den Folgejahren auf europäischer Ebene entstandenen Richtlinien der EU zur Koordinierung der nationalen Vorschriften über die Vergabe öffentlicher Aufträge führten dann zu einer weiteren Veränderung des deutschen Vergaberechts und damit auch der VOL. 798

Die Fassung 2000 enthielt Änderungen aufgrund normativer Vorgaben durch ein Übereinkommen über das öffentliche Beschaffungswesen (»Government Procurement Agreement« [GPA][1342]) der World Trade Organisation [WTO]). Diese GPA Bestimmungen wurden ihrerseits implementiert durch die EU-Kommission in der sog. 1. GPA Umsetzungsrichtlinie,[1343] betreffend die Bereiche der öffentliche Dienstleistungs-, Liefer- und Bauaufträge, sowie der sog. 2. GPA Umsetzungsrichtlinie[1344] betreffend die Bereiche der Sektoren Wasser-, Energie- und Verkehrsversorgung und der Telekommunikation, welche die Mitgliedstaaten zur Umsetzung in ihr Regelungswerk zum Vergabewesen verpflichtet. 799

Zuletzt führte die Umsetzung der Vorgaben aus den neuen Vergabekoordinierungsrichtlinien (sog. Legislativpaket)[1345] zu einer Anpassung der VOL/A. Die neu gefasste und am 20.05.2006 im Bundesanzeiger veröffentlichte VOL/A 2006[1346] ist oberhalb der Schwellenwerte aufgrund der Verweisungen in §§ 4–7 der VgV[1347] und unterhalb der Schwellenwerte aufgrund des Einführungserlasses der VOL/A vom 30.10.2006 seit dem 01.11.2006 anzuwenden. Zu diesem Zeitpunkt bereits begonnene Vergabeverfahren werden noch nach altem Recht abgewickelt, so § 23 VgV. Trotz intensiv geführter Diskussionen[1348] ist es weder zu einer grundlegenden Überarbeitung der VOL/A noch zu einer inhaltlichen Anpassung mit den übrigen Verdingungsordnungen gekommen. Die Neufassung beschränkt sich im Wesentlichen darauf, die europäischen Richtlinienvorgaben in das nationale Vergaberecht umzusetzen. 800

1341 BAnz. Nr. 190 vom 06.10.1984; Teil B der VOL galt noch in der alten Fassung fort.
1342 GPA vom 15.04.1994, Text in ABl. EG 1994 Nr. L 336/273.
1343 Richtlinie 97/52/EG vom 13.10.1997, ABl. EG 1997 Nr. L 328/1.
1344 Richtlinie 98/4/EG vom 16.02.1998, ABl. EG 1998 Nr. L 101/1.
1345 RL 2004/17/EG, ABl. L 134/1 v. 30.04.2004; RL 2004/18/EG, ABl. L 134/114 v. 30.04.2004. Dazu näher Leinemann/Maibaum, VergabeR 2004, 275 ff.
1346 BAnz Nr. 100a vom 30.05.2006.
1347 VgV in der 3. Änderungsfassung vom 23.10.2006, BGBl. I Nr. 48 v. 26.10.2006.
1348 Vgl. Ollmann, VergabeR 2004, S. 669 ff.

5 Die Verdingungsordnung für Leistungen, Teil A (VOL/A)

801 Zu einer wichtigen Neuregelung der VOL/A 2006 zählt das Instrument des Wettbewerblichen Dialogs, das bereits mit dem ÖPP-Beschleunigungsgesetz in § 6 a VgV als neues Verfahren zur Vergabe komplexer Aufträge eingefügt wurde (§ 3 a Nr. 1 Abs. 1 S. 3 VOL/A). Zudem betreffen die Änderungen in der neu verabschiedeten VOL/A unter anderem die Strukturierung des Teilnahmewettbewerbs beim Abschichten der Verhandlungsteilnehmer im Verhandlungsverfahren am Wettbewerblichen Dialog (§§ 3 a Nr. 1 Abs. 3, 9 a Nr. 1 Buchstabe d) VOL/A), den Abschluss von Rahmenvereinbarungen im klassischen Auftragsbereich (§ 3 a Nr. 4 VOL/A), die verbesserte Nutzung elektronischer Kommunikations- und Informationsmittel sowie die Bekanntmachung der Wertungskriterien einschließlich ihrer Gewichtung (§ 9 a Buchstabe a) VOL/A). Neu eingeführt wurde das Qualitätsnachweisverfahren / Umweltmanagement (§ 7 a Nr. 5 VOL/A), die Verwendung technischer Spezifikationen (§ 8 a VOL/A) sowie eine Regelung zur Bestimmung der Zuschlagskriterien (§ 25 a VOL/A).

802 Die Vergabekoordinierungsrichtlinien der EU gehen von drei zu unterscheidenden Auftragsarten aus, nämlich von Aufträgen für Bauleistungen, für Lieferungen (im Wesentlichen Kaufverträge) und für Dienstleistungen. Diese Differenzierung wurde in Umsetzung der Richtlinien insbesondere im Rahmen der auf Grundlage der §§ 97 Abs. 6, 127 GWB erlassenen Vergabeverordnung (VgV) und der darauf aufbauenden Verdingungsordnungen übernommen.[1349]

803 Der Anwendungsbereich der VOL/A wird dabei, wie sich aus § 1 VOL/A ergibt, grundsätzlich negativ bestimmt, nämlich in Abgrenzung zu den Bauleistungen i. S. d. VOB, den freiberuflichen Leistungen i. S. d. VOF oberhalb der in der VgV bestimmten Schwellenwerte sowie den freiberuflichen Leistungen unterhalb der Schwellenwerte. Hinsichtlich der freiberuflichen Tätigkeit wird in § 1 VOL/A auf die Definition i. S. d. § 18 Abs. 1 Nr. 1 EStG verwiesen.

804 Positiv lassen sich Lieferungen der VOL/A beschreiben als Kauf-, Miet-, Pacht- oder Leasingverträge (mit oder ohne Kaufoption) über Waren, wobei die Lieferung auch Nebenarbeiten wie z. B. das Verlegen und Anbringen umfassen kann, wie sich aus den Erläuterungen zu § 1 VOL/A bzw. aus § 99 Abs. 2 GWB ergibt. Diese Vertragstypen sind jedoch nur beispielhaft und nicht abschließend aufgeführt. Eine abschließende Bestimmung des Anwendungsbereichs wird nur für den 4. Abschnitt gem. § 1 SKR in Verbindung mit seinem Anhang I A/B gegeben.

805 Die VOL/A gilt daher zunächst grundsätzlich nur für alle Lieferleistungen, unterhalb von 211.000 EUR netto aber auch für Dienstleistungen, soweit die Vorschriften der jeweiligen Vergabestelle überhaupt die Anwendung der VOL fordern. Die VOL/A übernimmt damit insoweit die Funktion der ehemaligen Dienstleistungskoordinierungsrichtlinie und fängt im deutschen Recht sämtliche sonst nicht zuzuordnenden Leistungsarten auf.[1350] Daraus folgt, dass nach deutschem Recht – wie nach EU-Recht – alle Aufträge, die von öffentlichen Auftraggebern oder von privaten Sektorenauftraggebern erteilt werden und die EU-Schwellenwerte überschreiten, auszuschreiben sind – gleichgültig, um welche Vertrags- oder Leistungsart es sich handelt. Allerdings wird diese

---

1349 Vgl. dazu oben, Rn. 64 ff.
1350 Vgl. dazu auch die Erläuterungen im vorherigen Kapitel unter 3.7.

───────────────────────────────── 5.2 Die vier Abschnitte der VOL/A ─────────

Aussage durch die Vorschrift des § 100 Abs. 2 GWB, nach der bestimmte öffentliche Aufträge aus dem Anwendungsbereich des Kartellvergaberechts herausgenommen sind, relativiert.[1351]

5.2 Die vier Abschnitte der VOL/A

5.2.1 Parallele zur VOB/A

Die VOL/A ähnelt in vielen den Vorschriften der VOB/A, man könnte sogar von weitgehend gleich geregelten Verdingungsordnungen sprechen. Nicht umsonst gibt es immer wieder Bestrebungen, die Verdingungsordnungen abzuschaffen und alle Vergabeverfahren nach einer einheitlichen Verfahrensordnung durchzuführen.[1352] In Anwendung und Auslegung der VOL/A orientiert man sich daher sehr stark an der Vielzahl der bereits zur VOB/A ergangenen Entscheidungen von Gerichten, Vergabekammern und Vergabeüberwachungsausschüssen. Speziell zur VOL/A gibt es nur sehr wenige Entscheidungen. Wegen der inhaltlichen Übereinstimmung vieler Vorschriften sind auch die Ausführungen dieses Buchs zur VOB/A überwiegend auf die VOL/A übertragbar, so dass in einzelnen Abschnitten auf den 3. Teil des Buchs verwiesen werden kann. 806

5.2.2 Die Einteilung der VOL/A nach Auftragswert

Für Lieferaufträge, die oberhalb des in der VgV bestimmten Schwellenwerts liegen, ist das in deutsches Recht transformierte, europäische Vergaberecht anwendbar, d.h. die Abschnitte 2 bis 4 der VOL/A (sog. a-Paragrafen). Unterhalb dieser Wertgrenze ist (nur) Abschnitt 1 der VOL/A (sog. Basisparagrafen) anwendbar.[1353] 807

Mit In-Kraft-Treten der VgV im Jahre 2001 brauchten die in der alten Fassung der VOL/A von 1997 noch explizit in den einzelnen Abschnitten unter §§ 1 a, 1 b und 1 SKR beschriebenen Schwellenwerte nicht mehr aufgeführt zu werden. Dementsprechend wurden schon in der Fassung 2000 redaktionelle Streichungen bzw. Anpassungen vorgenommen. Nunmehr wird der Schwellenwert allein nach § 2 VgV bestimmt. 808

Überdies wurden schon für die Fassung 2000 die zuvor sehr differenzierend und damit eher unübersichtlich ausgestalteten Anknüpfungspunkte der Schwellenwerte im Rahmen der Neufassung der VgV vereinfacht, mit dem Resultat eines leichter nachvollziehbaren Anwendungsbereiches der VOL/A. Eine Vergabestelle hat danach die Bestimmungen der VOL/A anzuwenden, sofern der Auftragswert die Werte für Liefer- 809

1351 Vgl. oben Rn. 51.
1352 Vgl. zuletzt die nicht weiter verfolgten Referentenentwürfe des BMWA zur Neuregelung des Vergaberechts vom März 2005, veröffentlicht in NZBau 2005, Beilage zu Heft 5. Vgl. hierzu auch Ollmann, VergabeR 2004, 669.
1353 Bzgl. der Rechtsnatur dieser Vorschriften gelten die Ausführungen zur VOB/A, Kapitel 3.6, entsprechend.

5 Die Verdingungsordnung für Leistungen, Teil A (VOL/A)

und Dienstleistungen ohne Umsatzsteuer nach § 2 VgV erreicht oder übersteigt. Aufgrund der Vorgaben aus Art. 78 VKR bzw. Art. 69 SKR[1354] wurden mit der 3. Verordnung zur Änderung VgV am 01. 11. 2006 die bisherigen Schwellenwerte leicht angehoben:

810 Für Sektorenauftraggeber, d. h. solche, die Abschnitt 3 oder Abschnitt 4 der VOL/A anzuwenden haben, liegt der Schwellenwert gem. § 2 Nr. 1 VgV bei 422.000 EUR. Für Liefer- und Dienstleistungsaufträge oberer/oberster Bundesbehörden und vergleichbarer Einrichtungen – mit engen, abschließend benannten Ausnahmen – gilt gem. § 2 Nr. 2 VgV ein Schwellenwert von 137.000 EUR. Schließlich besteht gem. § 2 Nr. 3 VgV für alle übrigen Liefer- und Dienstleistungsaufträge der öffentlichen Auftraggeber ein Schwellenwert von 211.000 EUR. Ob der Schwellenwert überschritten ist, richtet sich nach dem Auftragswert ohne Umsatzsteuer. Grundlage der Berechnung des Auftragswerts ist die im Voraus geschätzte Gesamtvergütung.

811 Eine Umgehung der zwingenden Anwendung der Vorschriften für europaweite Vergaben durch eine Aufteilung der Aufträge, auch durch Losvergabe, ist unzulässig. Bei der Berechnung des Schwellenwerts ist vielmehr der geschätzte Gesamtwert aller Lose zugrunde zu legen. Bei Daueraufträgen errechnet sich der Schwellenwert in der Regel aus dem geschätzten Gesamtwert des Auftrages.

812 Die Abschnitte der VOL/A unterscheiden sich im Einzelnen wie folgt:

> Abschnitt 1 mit den Basisparagrafen ist rein nationales Vergaberecht ohne EU-Vorschriften. Der Abschnitt enthält die wesentlichen Grundzüge des Vergabeverfahrens und stellt damit die Grundlage auch für die folgenden Abschnitte 2 und 3 dar.
>
> Abschnitt 2 besteht aus den Basisparagrafen und enthält zusätzlich als »a-Paragrafen« die EU-Regeln aus der Lieferkoordinierungsrichtlinie, der Baukoordinierungsrichtlinie und der Dienstleistungsrichtlinie.
>
> Abschnitt 3 enthält Basisparagrafen und die Regeln der EU-Sektorenrichtlinie, die als »b-Paragrafen« übernommen sind.
>
> Abschnitt 4 umfasst nur die Regeln der Sektorenrichtlinie ohne Basisparagrafen.

813 Die Einteilung der VOL/A in vier Abschnitte soll der Vereinfachung der Anwendung der Verdingungsordnung bei den Auftraggebern dienen. Einschlägig ist stets nur einer dieser Abschnitte, je nachdem, in welche Anwendungskategorie der Auftraggeber bzw. der Auftrag fällt. Unterhalb des Schwellenwerts gilt Abschnitt 1 mit den Basisparagrafen. Daneben kommen bei Überschreitung der Schwellenwerte entweder die a-Paragrafen nach Abschnitt 2 oder die b-Paragrafen nach Abschnitt 3 zur Anwendung. Dieses sogenannte Kaskadenprinzip trägt dazu bei, dass das deutsche Vergaberecht zu einer für den Laien undurchschaubaren Materie geworden ist. Das wird immer wieder

---

1354 Vgl. die hierzu ergangene Verordnung (EG) Nr. 2083/2005 vom 19.12.2005 zur Änderungen der Richtlinien 2004/17/EG und 2004/18/EG des Europäischen Parlamentes und des Rates im Hinblick auf die Schwellenwerte für die Anwendung auf Verfahren zur Auftragsvergabe, ABl. EG 05 Nr. L 333, S. 28.

kritisiert,¹³⁵⁵ auch wenn bislang noch keine überzeugenden Vereinfachungsvorschläge vorgelegt wurden.

Im Textanhang dieses Buches sind die Abschnitte 1 bis 3 der VOL/A zusammenhängend abgedruckt. Abschnitt 4 der VOL/A ist als VOL/A-SKR separat abgedruckt. Allerdings existieren einige geringfügige textliche Abweichungen der Basisparagrafen in den Abschnitten 2 und 3 der VOL/A. Der Übersichtlichkeit halber – und wegen der eher untergeordneten Bedeutung – ist dies im Textanhang nicht dargestellt, sondern die Basisparagrafen sind in der Fassung des Abschnitts 1 wiedergegeben. Im nachfolgenden Erläuterungstext wird jedoch bei den betroffenen Passagen jeweils auf die Abweichung und ihre Bedeutung eingegangen. 814

5.2.3 Abschnitt 1 – Die Basisparagrafen der VOL/A

5.2.3.1 Zur Anwendung verpflichtete Auftraggeber

Abschnitt 1 betrifft diejenigen öffentlichen Auftraggeber, die nach nationalen haushaltsrechtlichen Vorschriften zur Anwendung der VOL verpflichtet sind.¹³⁵⁶ Es handelt sich dabei also insbesondere um Bundes-, Landes- oder Kommunalbehörden und Einrichtungen, aber auch um die staatlichen Zuwendungsempfänger.¹³⁵⁷ Die Anwendungsverpflichtung ergibt sich aus einschlägigen Verordnungen, die dem haushaltsrechtlichen Grundsatz der sparsamen Haushaltsführung Geltung verschaffen sollen.¹³⁵⁸ 815

5.2.3.2 Sachlicher Anwendungsbereich

Abschnitt 1 gilt für die Vergabe von Dienstleistungsaufträgen, deren geschätzter Auftragswert den Schwellenwert von 211.000 EUR nicht erreicht. Die VOL/A ist in diesem Bereich immer dann anwendbar, wenn: 816

➢ Die Anwendung der VOL für diese Vergabestelle vorgeschrieben ist,

➢ keine Bauleistung vorliegt und die VOB/A deshalb nicht einschlägig ist (§ 1, 1. Spiegelstrich) und

➢ keine Leistungen im Rahmen einer freiberuflichen Tätigkeit erbracht oder im Wettbewerb mit freiberuflich Tätigen von Gewerbebetrieben angeboten werden (§ 1, 2. Spiegelstrich), soweit nicht eine vorab eindeutig und erschöpfend beschreibbare Leistung oberhalb der Schwellenwerte gem. § 2 Nr. 2 und Nr. 3 VgV vorliegt (§ 1, 3. Spiegelstrich, § 5 VgV).

Um dem Anwender die Zuordnung der einschlägigen Verdingungsordnung zu erleichtern, wurde mittels einer Fußnote auf die Beschreibung der freiberuflichen Tätigkeit in § 18 Abs. 1 Nr. 1 EStG verwiesen. Ein solcher Verweis war für die Beschreibung einer 817

1355 Franzius, Verhandlungen im Verfahren der Auftragsvergabe, S. 20.
1356 Erläuterung zur VOL/A, II, 1. Spiegelstrich.
1357 Vgl. Anlage 1 und 2 zur Vorl. VV Nr. 5.1 zu § 44 BHO.
1358 Für den Bund § 30 HGrG bzw. § 55 Abs. 1 BHO sowie Einführungserlass des BMVBS vom 30. 10. 2006, B 150-1095-524, ähnlich in den Ländern und den Kommunen.

Bauleistung nicht möglich, so dass es diesbezüglich bei einer Erläuterung zu § 1 Spiegelstrich 1 VOL/A blieb.[1359]

818 Mit Abschnitt 1 soll eine »Normalfassung« der VOL/A zur Verfügung stehen, die für die Mehrzahl der Vergabefälle, nämlich denjenigen unter der Wertgrenze von 211.000 EUR gilt. Dies soll vor allem auch die Handhabung der VOL/A im kommunalen Bereich erleichtern.

5.2.4 Abschnitt 2 – Anwendung oberhalb von 211.000 EUR Auftragswert

5.2.4.1 Zur Anwendung verpflichtete Auftraggeber

819 § 1 a VOL/A enthält keine Angaben darüber, welche Auftraggeber Abschnitt 2 anzuwenden haben. Dies ist § 98 GWB i.V.m. § 4 Abs. 1 und 2 der VgV zu entnehmen. § 98 Nr. 1–3, 5 GWB greift im Wesentlichen die bereits bekannten Definitionen der öffentlichen Auftraggeber des HGrG auf.

5.2.4.2 Sachlicher Anwendungsbereich

820 Anders als in seiner ursprünglichen Fassung enthält § 1 a VOL/A keine Bestimmungen mehr bezüglich der Schwellenwerte, der Ausnahmen vom Anwendungsbereich, der Schätzung des Auftragswertes und des Begriffs des Liefer- und Dienstleistungsauftrages. Dies wird durch §§ 2 und 3 VgV bzw. das GWB geregelt.

821 Nach § 1 a Nr. 1 Abs. 1 VOL/A in Verbindung mit § 2 VgV gilt Abschnitt 2 grundsätzlich für die Vergabe von Dienstleistungsaufträgen, deren geschätzter Auftragswert ohne Umsatzsteuer den Schwellenwert von 211.000 EUR erreicht bzw. überschreitet. Soweit innerhalb eines Auftrages sowohl Lieferungen als auch Dienstleistungen erbracht werden, gelten gemäß dem neu eingefügten § 99 Abs. 6 S. 1 GWB die Regelungen desjenigen Auftragsbestandteils, dessen Wert überwiegt. Ist eine Differenzierung zwischen Liefer- und Dienstleistungsauftrag nicht möglich, gelten die »a-Paragrafen« sowohl für Liefer- als auch für Dienstleistungsaufträge.

822 Der Wert der jeweiligen Teilleistung allein ist nicht ausschlaggebend, wenn der öffentliche Auftrag neben Dienstleistungen auch Bauleistungen umfasst. Maßgeblich ist hier der Hauptgegenstand des Auftrages. Der neu eingefügte § 99 Abs. 6 S. 2 GWB erklärt die VOL/A in den Fällen für anwendbar, in denen die Bauleistung im Verhältnis zum Hauptgegenstand des Auftrages Nebenabreden sind. Danach kommt es nicht nur auf den wirtschaftlichen, sondern auch auf den qualitativen Schwerpunkt des Vertrages an. Allerdings lässt sich der Vorschrift nicht entnehmen, wann eine Nebenabrede anzunehmen ist bzw. welchen Umfang Nebenabreden erreichen dürfen, um noch als Nebenabrede qualifiziert werden zu können. Allgemein wird man mit Blick auf die Schwerpunkttheorie davon ausgehen müssen, dass solche Nebenabreden bei Betrachtung des Gesamtauftrages nur eine untergeordnete Rolle spielen dürfen, während der Schwerpunkt des Auftrags auf die Beschaffung der Dienst- bzw. Lieferleistung liegt.[1360] Im

---

1359 Erläuterung zur VOL/A, III, 1. Abschnitt.
1360 Siehe auch die Erläuterungen zu Kapitel 3.7.

Übrigen wird man bei klar trennbaren, nicht akzessorischen Leistungen von verschiedenen Vertragstypen ausgehen müssen, mit der Folge, dass diese auch vergaberechtlich getrennt zu behandeln sind, d. h. Bau- und Dienstleistungen werden dann jeweils nach unterschiedlichen Verdingungsordnungen vergeben.

5.2.4.3 Geringere Anforderungen für Dienstleistungen nach Anhang I B

Nach § 1 a Nr. 2 VOL/A gelten die Vorschriften des Abschnitts 2 nicht für alle Arten von Dienstleistungsaufträgen. Insoweit finden sich zwei Anhänge zu Abschnitt 2, die hinsichtlich der Regelungstiefe differenzieren. Nur bei den Dienstleistungsaufträgen des Anhangs I A ist Abschnitt 2 der VOL/A vollständig anzuwenden. Fällt der Auftrag hingegen unter Anhang I B, so gelten lediglich die Basisparagrafen sowie die §§ 8 a und 28 a dieses zweiten Abschnitts der VOL/A. 823

Die Unterscheidung aus den beiden Anhängen stellt sich wie folgt dar: 824

Anhang I A:

1. Instandhaltung und Reparatur
2. Landverkehr einschließlich Geldtransport und Kurierdienst ohne Postverkehr
3. Fracht- und Personenbeförderung im Flugverkehr ohne Postverkehr
4. Postbeförderung im Landverkehr sowie Luftpostbeförderung
5. Fernmeldewesen
6. Finanzielle Dienstleistungen
   a) Versicherungsleistungen
   b) Bankleistungen und Wertpapiergeschäfte
7. Datenverarbeitung und verbundene Tätigkeiten
8. Forschung und Entwicklung
9. Buchführung, -haltung, und -prüfung
10. Markt- und Meinungsforschung
11. Unternehmensberatung und verbundene Tätigkeiten
12. Architektur, Technische Beratung und Planung; integrierte technische Leistungen; Stadt- und Landesplanung; zugehörige wissenschaftliche und technische Beratung; technische Versuche und Analysen
13. Werbung
14. Gebäudereinigung und Hausverwaltung
15. Verlegen und drucken gegen Vergütung oder aufgrund vertraglicher Grundlagen
16. Abfall- und Abwasserbeseitigung; sanitäre und ähnliche Dienstleistungen

Anhang I B:

1. Gaststätten und Beherbergungsgewerbe
2. Eisenbahnen
3. Schifffahrt
4. Neben- und Hilfstätigkeiten des Verkehrs
5. Rechtsberatung
6. Arbeits- und Arbeitskräftevermittlung
7. Auskunfts- und Schutzdienste (ohne Geldtransport)
8. Unterrichtswesen und Berufsausbildung
9. Gesundheits-, Veterinär- und Sozialwesen
10. Erholung, Kultur und Sport
11. sonstige Dienstleistungen

825　Aus dem aufgeführten Katalog ergibt sich, dass der Begriff der Dienstleistung hier ein anderer ist, als er in § 611 BGB zugrunde gelegt wird. Die im BGB gezogene Trennlinie zwischen Dienst- und Werkvertrag spielt bei dem Dienstleistungsbegriff der VOL jedenfalls keine Rolle. Das versteht sich vor dem Hintergrund, dass in den verschiedenen Mitgliedstaaten der EU unterschiedliche Definitionen für den Begriff der Dienstleistung einerseits und der Werkleistung andererseits bestehen. Bei der Gestaltung der Dienstleistungskoordinierungsrichtlinie hat die EU-Kommission versucht, den unterschiedlichen Begriffsbildungen in verschiedenen Mitgliedstaaten Rechnung zu tragen. Nach § 99 Abs. 4 GWB sind Dienstleistungsaufträge im vergaberechtlichen Sinn solche Verträge über Leistungen, die nicht Liefer- oder Bauaufträge darstellen und keine Auslobungsverfahren sind. Der Begriff der *Dienstleistungsaufträge* stellt damit bei der Rechtsanwendung in Deutschland einen Auffangtatbestand dar.

5.2.4.4 Ausnahmen vom Anwendungsbereich

826　In § 100 Abs. 2 GWB sind die Fälle aufgeführt, die eine Ausnahme von der grundsätzlichen Ausschreibungspflicht vorsehen. Diese für die Praxis nicht unbedeutenden Freistellungen gelten einheitlich für Liefer-, Dienstleistungs- und Bauverträge, so dass diesbezüglich auf die Erläuterungen oben zu § 100 GWB verwiesen werden kann.[1361]

827　Keine Anwendung findet der 2. Abschnitt der VOL/A ferner dann, wenn Aufträge die Tätigkeiten in den Bereichen der Trinkwasser-, Energie- oder Verkehrsversorgung betreffen. Für diese Sektoren gilt Abschnitt 3 der VOL/A.

828　Für den Telekommunikationssektor ergab sich mit der Neufassung der VOL/A 2000 für den 2. und 3. Abschnitt eine Freistellung allein aus § 100 Abs. 2 Buchstabe k GWB.

1361 Siehe oben Rn. 51.

Aufgrund der umfassenden und von der Europäischen Kommission bestätigten[1362] Liberalisierung des Telefondienstleistungsmarktes mit der Konsequenz eines effektiven Wettbewerbs braucht dieser Sektorenbereich gem. Artikel 8 der Richtlinie 93/38 EWG grundsätzlich nicht mehr dem Vergaberechtsregime unterstellt zu werden. Dementsprechend wurden die betreffenden Regelungen der VOL/A bereits mit Neufassung der VOL/A im Jahre 2000 gestrichen. Der Regelung in § 98 Nr. 4 GWB, die den Telekommunikationssektor immer noch dem Sektorenauftraggeberbereich unterstellt, kommt daher keine praktische Bedeutung mehr zu.

5.2.5 Abschnitt 3 – Aufträge öffentlicher Sektorenauftraggeber ab 422.000 EUR

5.2.5.1 Zur Anwendung verpflichtete Auftraggeber

Die Bestimmung der diesem Abschnitt unterworfenen öffentlichen Auftraggeber ergibt sich mangels Angaben in den VOL/A allein aus § 98 Nr. 1–3 GWB i.V.m. § 7 Abs. 1 Nr. 1 VgV. Demnach handelt es sich um Auftraggeber, die eine Tätigkeit auf den in § 8 Nr. 1, Nr. 4 Buchstabe b) oder c) VgV benannten Gebieten ausüben. Der 3. Abschnitt der VOL/A ist daher – zusammengefasst – von den klassischen öffentlichen Auftraggebern anzuwenden, soweit sie in Sektorenbereichen der Trinkwasserversorgung bzw. des Verkehrs – mit Ausnahme des Luftverkehrs – tätig sind.

829

5.2.5.2 Sachlicher Anwendungsbereich

Nach § 1 b Nr. 1 Abs. 1 VOL/A in Verbindung mit § 2 Nr. 1 VgV gilt Abschnitt 3 grundsätzlich für die Vergabe von Dienstleistungsaufträgen, deren geschätzter Auftragswert ohne Umsatzsteuer den Schwellenwert von 422.000 EUR erreicht bzw. überschreitet. Soweit innerhalb eines Auftrages sowohl Lieferungen als auch Dienstleistungen erbracht werden, gelten, wie auch im 2. Abschnitt, die Regelungen desjenigen Auftragsbestandteiles, dessen Wert überwiegt. Ist eine Differenzierung zwischen Liefer- und Dienstleistungsauftrag nicht erfolgt, gelten die »b-Paragrafen« sowohl für Liefer- als auch für Dienstleistungsaufträge.

830

5.2.5.3 Geringere Anforderungen für Dienstleistungen nach Anhang I B

Ebenso wie im 2. Abschnitt der VOL/A gilt auch der 3. Abschnitt gem. § 1 b Nr. 2 VOL/A in vollständiger Form nur für solche Dienstleistungsaufträge, die der Kategorisierung des Anhangs I A entsprechen. Fällt der Auftrag hingegen unter Anhang I B, so gelten lediglich die Basisparagrafen sowie die §§ 8 b und 28 b dieses dritten Abschnitts der VOL/A. Hinsichtlich der Inhalte dieser Anhänge darf auf die entsprechenden Ausführungen zum 2. Abschnitt verwiesen werden.

831

5.2.5.4 Ausnahmen vom Anwendungsbereich

Ebenso wie in Abschnitt 2 sind auch im Abschnitt 3 bestimmte Auftragsarten dem Anwendungsbereich entzogen. Wie dort gelten auch hier die Freistellungen gem. § 100

832

1362 Mitteilung der Europäischen Kommission vom 03.06.1999, ABl. EG Nr. C 156/03; kritisch Monopolkommission, Sondergutachten 29; dazu Koenig/Kühling, BauR 2000, 596 ff.

Abs. 2 GWB.[1363] Darüber hinaus sehen jedoch auch §§ 9, 10 und 12 VgV explizite und im Vergleich zum 2. Abschnitt weitergehende Ausnahmen vor. Im Wesentlichen handelt es sich hierbei um folgende Tatbestände:

➢ Für Auftraggeber i. S. d. § 98 Nr. 4 GWB, wenn die Tätigkeit i. S. d. § 8 VgV nicht öffentlichen Zwecken dient, vgl. § 9 Abs. 1 Nr. 1–4 VgV.

➢ Für Aufträge, die nicht der Durchführung des in § 8 VgV genannten Zwecks zur Bedarfsdeckung dienen, soweit es hierdurch nicht zu einer Einordnung des Auftraggebers nach § 98 Nr. 3 GWB kommt, vgl. § 9 Abs. 2 VgV.

➢ Für Aufträge zur Bedarfsdeckung i. S. d. § 8 VgV in sog. Drittländern außerhalb der EG, vgl. § 9 Abs. 3 VgV.

➢ Für Aufträge zum Zwecke der Weiterveräußerung oder -vermietung, vgl. § 9 Abs. 4 VgV.

➢ Für Aufträge zur Beschaffung von Wasser, Energie oder Brennstoffen, vgl. § 9 Abs. 5 VgV.

➢ Für Aufträge an bestimmte verbundene oder gemeinsame Unternehmen i. S. d. § 8 VgV sowie an Tochterunternehmen i. S. d. § 290 Abs. I HGB, vgl. § 10 VgV (In-House-Vergabe).

➢ Für Lieferaufträge mit über 50 % Warenanteil aus bestimmten Drittländern, vgl. § 12 VgV.

833 Abschnitt 3 der VOL/A findet gem. § 5 Satz 3 VgV auch Anwendung auf sonst üblicherweise der VOF unterliegende freiberufliche Leistungen oberhalb der Schwellenwerte, ohne dass es – im Gegensatz zum 1. bzw. 2. Abschnitt – einer vorab eindeutigen und erschöpfenden Beschreibung bedarf. § 5 Satz 1 VgV – und damit die VOF – soll demnach ausdrücklich keine Anwendung finden. Dieses ergibt sich konsequent auch aus der eindeutigen und abschließenden Regelung im Basisparagrafen zum 3. Abschnitt: § 1, 2. Spiegelstrich VOL/A sieht vor, dass eine Leistung im Sinne der VOL/A im Rahmen einer freiberuflichen oder im Wettbewerb dazu stehenden Tätigkeit nur insoweit ausgenommen werden muss, wie deren Auftragswert die in der VgV bestimmten Schwellenwerte nicht erreicht. Im Umkehrschluss ist oberhalb der Schwellenwerte der 3. Abschnitt auch im Rahmen freiberuflicher Tätigkeiten unmittelbar[1364] anzuwenden.[1365] Demzufolge erforderte es auch keiner den vorstehenden Abschnitten unter § 1, 3. Spiegelstrich bzw. § 1 a, 3. Spiegelstrich VOL/A entsprechenden Regelung. Die Vorschrift des § 7 Abs. 1 Nr. 1 Satz 2 VgV, die diesem Ergebnis entgegensteht, kann insoweit nur auf einem Redaktionsversehen beruhen.

834 Bitte beachten: Der im Anhang abgedruckte § 1 VOL/A ist im Rahmen des 3. Abschnitts hinsichtlich Spiegelstrich 2 Halbsatz 2 und Spiegelstrich 3 nicht anwendbar.

1363 S. dazu oben Rn. 51 f.
1364 A. A. Müller in Daub/Eberstein, § 1 b, Rn. 24; Müller-Wrede-von Baum, § 1 b Rn. 46.
1365 Im Ergebnis gleich, jedoch mit anderer Begründung: Müller in Daub/Eberstein, § 1 b, Rn. 24.

5.2.6 Abschnitt 4 – Aufträge privater und »staatsferner« Sektorenauftraggeber

5.2.6.1 Zur Anwendung verpflichtete Auftraggeber

Ebenso wie die VOB/A erfasst auch die VOL/A mit ihrem 4. Abschnitt nicht mehr nur die »klassischen« öffentlichen Auftraggeber i. S. d. § 98 Nr. 1–3 GWB, sondern gerade auch Privatunternehmen, die sich auf einem der als vergaberechtlich besonders relevant empfundenen Geschäftsfelder betätigen. Es handelt sich um die in § 98 Nr. 4 GWB beschriebenen Sektorenauftraggeber, d. h. »natürliche oder juristische Personen des privaten Rechts, die auf dem Gebiet der Trinkwasser- oder Energieversorgung oder des Verkehrs oder der Telekommunikation tätig sind, wenn diese Tätigkeiten auf der Grundlage von besonderen oder ausschließlichen Rechten ausgeübt werden (...)«. – Die Vorschriften im 4. Abschnitt haben schließlich auch öffentlichen Auftraggeber zu beachten, die auf dem Gebiet der Energie- und Luftverkehrsbeförderung tätig sind (sogenannte staatsferne Sektorenauftraggeber). 835

Die Verpflichtung zur Anwendung des 4. Abschnitts ergibt sich aus § 7 Abs. 2 Nr. 1 VgV, wodurch auch hier die frühere, unübersichtliche Darstellung aus der VOL/A gestrichen werden konnte. Ebenso lassen sich – wie in den übrigen Abschnitten – die Regelungen bzgl. der Schwellenwerte, der Schätzung des Auftragswertes, der Begriff des Liefer- und Dienstleistungsauftrages, die Ausnahmebereiche sowie die einschlägigen Tätigkeitsfelder unmittelbar aus der VgV heranziehen. 836

Zur Anwendung des Abschnitts 4 grundsätzlich verpflichtete Sektorenauftraggeber sind gem. § 7 Abs. 2 Nr. 1 VgV und § 98 Nr. 4 GWB insbesondere folgende Unternehmen des privaten Rechts:[1366] 837

➢ Wasserversorgungsunternehmen,

➢ Energieversorger gem. § 2 Abs. 3 Energiewirtschaftsgesetz,

➢ Gas- und Fernwärmeversorgungsunternehmen,

➢ Schienenverkehrsunternehmen nach AEG und PersBefG,

➢ Flughafen-, See- und Hafenbetreiber.

Ferner haben diesen Abschnitt öffentliche Auftraggeber anzuwenden, sofern sie eine der folgenden Tätigkeiten ausführen:

➢ Elektrizitäts- und Gasversorgung

➢ Wärmversorgung

➢ Luftverkehrsbeförderung

Eine detaillierte Aufzählung für alle EU-Mitgliedstaaten findet sich in Art. 8 i. V. m den Anhängen I–X der Sektorenkoordinierungsrichtlinie.[1367] 838

1366 Näheres Daub/Eberstein, § 1 SKR, Rn. 15.
1367 2004/17/EG, ABl. EG Nr. L 134 vom 30.04.2004.

5 Die Verdingungsordnung für Leistungen, Teil A (VOL/A)

Die Frage, ob ein Sektorenauftraggeber den dritten oder vierten Abschnitt der VOL/A anwenden muss, hat für die Ausgestaltung des Vergabeverfahrens eine große praktische Bedeutung. Während Aufträge nach dem jeweiligen vierten Abschnitt der VOL/A und VOB/A in Übereinstimmung mit der Sektorenkoordinierungsrichtlinie stets im Verhandlungsverfahren zu vergeben sind, müssen Sektorenauftraggeber nach den dritten Abschnitt den Grundsatz vom Vorrang des Offenen Verfahrens beachten, d. h. sie können das Verhandlungsverfahren nur durchführen, wenn sie sich auf die in § 3 b Nr. 1 Buchstabe c VOL/A bzw. § 3 b Nr. 2 VOL/A aufgeführten Ausnahmetatbestände berufen können. Diese Unterscheidung basiert auf der Überlegung, den öffentlich-rechtlich organisierten Auftraggeber die vollständige Privilegierung der Sektorenkoordinierungsrichtlinie zu versagen, da sie eher wie »herkömmliche« öffentliche Auftraggeber agieren und nur einem sehr geringen Wettbewerbsdruck ausgesetzt sind.[1368]

5.2.6.2 Sachlicher Anwendungsbereich

839 Nach § 2 Nr. 1 VgV gilt für Aufträge in den Bereichen Wasser-, Energie- und Verkehrsversorgung ein Schwellenwert von 422.000 EUR.

840 In der Bundesrepublik unterliegen alle Unternehmen auf den oben genannten Sektoren der VOL/A, da ihre Tätigkeit in jenen Bereichen stets staatlicher Erlaubnis bedarf.[1369] Keine Anwendung finden die Vorschriften der Abschnitte 3 und 4 indessen auf solche Tätigkeiten der Sektorenauftraggeber, die nicht die Sektoren Trinkwasser, Energie und Verkehr betreffen oder die zwar deren Bestandteil sind, aber auf Märkten ohne Zugangsbeschränkungen unmittelbar dem Wettbewerb unterliegen.

841 Problematisch ist jedoch, ob die VOL/A-SKR auch dann zur Anwendung kommt, wenn die zu vergebende Dienstleistung im Rahmen einer freiberuflichen Tätigkeit erbracht oder im Wettbewerb dazu angeboten wird. Eine eindeutige Zuordnung wie in den Basisparagrafen zum 3. Abschnitt (vgl. die Ausführungen zu 5.2.5.4) findet sich im 4. Abschnitt nicht. Insofern ist zunächst auf die Regelungen in der VgV zurückzugreifen.

842 Für Sektorenauftraggeber i. S. d. § 98 Nr. 1–3 GWB sieht diese gem. § 5 Satz 3 i. V. m. Satz 1 VgV ausdrücklich vor, dass die VOF nicht anwendbar sein soll. Die Anwendbarkeit der Regelungen des 4. Abschnitts ist für diese Auftraggeber bei Aufträgen i. S. d. § 5 Satz 1 VgV ebenfalls ausgeschlossen gem. § 7 Abs. 2 Nr. 1 Satz 2 i. V. m. § 5 VgV. Gleiches gilt für die Regelungen des 2. Abschnitts wegen dessen ausdrücklichen Ausschlusses für Aufträge i. S. d. § 5 Satz 1 VgV gem. § 4 Abs. 1 Satz 2 i. V. m. Satz 1 VgV. Es bliebe demnach grundsätzlich denkbar, die Regelungen zum 1. Abschnitt heranzuziehen, welche jedoch, wenn man dem Wortlaut nach § 1, 3. Spiegelstrich Halbsatz 1 folgt, ebenso – jedenfalls für nicht vorab eindeutig und erschöpfend beschreibbare Leistungen – nicht anwendbar sind. Demnach verbietet sich die Anwendung jeglicher Verdingungsordnung. Dieses würde jedoch einen Verstoß gegen die Umsetzung der Sektorenrichtlinie bedeuten, was jedenfalls für öffentliche Auftraggeber i. S. d. § 98 Nr. 1–3 GWB die unmittelbare Anwendbarkeit der Richtlinie zur Folge hat.[1370]

1368 Begründung zum Reg. Entw. zum VgRÄG, BT-Drucks. 13/9340, S. 15 f.
1369 Zutreffend Riese, S. 79 f.
1370 Siehe auch VOF-Kapitel.

5.2 Die vier Abschnitte der VOL/A

Für private Auftraggeber i. S. d. § 98 Nr. 4 GWB sind bei Aufträgen i. S. d. § 5 VgV die 843
Regelungen des 4. Abschnitts der VOL/A gem. § 7 Abs. 2 Nr. 1 Satz 2 VgV nicht anwendbar. Abschnitte 3 und 2 gelten ebenfalls nicht gem. § 7 Abs. 1, § 4 VgV für Auftraggeber i. S. d. § 98 Nr. 4 GWB. Gleiches gilt für die unmittelbare Anwendbarkeit der VOL/A, 1. Abschnitt und der VOF, welche ebenso nur an öffentliche Auftraggeber, nicht jedoch an private Sektorenauftraggeber gerichtet sind. Da gem. Art. 2 Abs. 2 Buchstabe b) der Sektorenkoordinierungsrichtlinie auch private Auftraggeber i. S. d. § 98 Nr. 4 GWB ausdrücklich erfasst werden, sind deren Vergabevorschriften jedenfalls dann für private Sektorenauftraggeber unmittelbar heranzuziehen, wenn nicht rechtlich und tatsächlich genügende Wettbewerbsverhältnisse bestehen.[1371] Letzteres wurde bisher nur für den Telekommunikationsbereich festgestellt.[1372]

5.2.6.3 Geringere Anforderungen für Dienstleistungen nach Anhang I B

Ebenso wie im 2. und 3. Abschnitt der VOL/A gilt auch der 4. Abschnitt gem. § 1 Abs. 2 844
VOL/A-SKR in vollständiger Form nur für solche Dienstleistungsaufträge, die der Kategorisierung des Anhangs I A entsprechen. Fällt der Auftrag hingegen unter Anhang I B, so gelten gem. § 1 Abs. 3 VOL/A-SKR lediglich die §§ 6 und 12 der VOL/A-SKR, d. h. die Regelungen zur Leistungsbeschreibung und Mitteilungspflicht.

5.2.6.4 Ausnahmen vom Anwendungsbereich

Einige Tätigkeiten der Auftraggeber im Sektorenbereich werden durch § 9 VgV von 845
der Ausschreibungspflicht ausgenommen.[1373] So sind Aktivitäten der Beschaffung von Wasser, Energie oder Brennstoffen, z. B. Unternehmen zur Öl- und Gasgewinnung, Kohle und anderer Festbrennstoffe gem. BBergG, gem. § 9 Abs. 5 Nr. 1 und 2 VgV ausdrücklich nicht mehr vom Anwendungsbereich der VOL/A-SKR erfasst. Aufgrund der oben bereits erwähnten Feststellung eines intensiven Wettbewerbs im Telekommunikationssektor[1374] sind auch die auf diesem Gebiet tätigen Unternehmen, insbesondere die Deutsche Telekom AG, vom Anwendungsbereich ausgenommen.

Schließlich gelten auch hier die bereits für den 3. Abschnitt benannten Ausnahmen 846
gem. § 100 Abs. 2 GWB sowie solcher gem. §§ 9, 10 und 12 VgV.[1375]

Zum Schienenpersonennahverkehr (SPNV) wird auf die Ausführungen oben zur VgV (Rn. 57 ff.) verwiesen.

5.2.7 Die Grundsätze der Vergabe nach VOL/A

Abschnitt 1 der VOL/A enthält die sog. Basisparagrafen als Grundgerüst der Vergabe 847
nach VOL/A. Sie gelten bei allen Vergaben öffentlicher Auftraggeber, auch oberhalb der Schwellenwerte, dort ergänzt und gegebenenfalls modifiziert durch die »a-Paragra-

---

1371 EuGH Rs. C-392/93, Slg. 1996 I, S. 1631 ff.
1372 Mitteilung der Europäischen Kommission vom 03.06.1999, ABl. EG Nr. C 156/03.
1373 Vgl. dazu die Erläuterungen zu § 98 GWB.
1374 Mitteilung der Europäischen Kommission vom 03.06.1999, ABl. EG Nr. C 156/03.
1375 Vgl. dazu die Erläuterungen zu § 98 GWB.

fen« in Abschnitt 2 der VOL/A bzw. die »b-Paragrafen« in Abschnitt 3 der VOL/A für die Vergabe von Sektorenaufträgen.

848 Im Vorschriftenanhang zu diesem Buch wurden daher die Abschnitte 1 bis 3 der VOL/A zusammenhängend abgedruckt, so dass nicht für jeden Abschnitt die stets gültigen Basisparagrafen neu wiedergegeben wurden. Dort, wo a- und b-Paragrafen eingefügt wurden, sind diese hinter den jeweiligen Basisparagrafen aufgeführt.

849 Die allgemeinen Grundsätze der Vergabe sind einheitlich für alle Vergabeverfahren in § 97 GWB geregelt. Nähere Erläuterungen hierzu finden sich im Anfangskapitel dieses Buchs. § 2 VOL/A bleibt jedoch weiterhin maßgeblich, soweit er die Regelungen des § 97 GWB ergänzt. Als Grundsätze der Vergabe nennt § 2 VOL/A den Leistungswettbewerb, die Nichtdiskriminierung der Unternehmer, die Bekämpfung wettbewerbsbeschränkender und unlauterer Verhaltensweisen sowie die Leistungsvergabe an fachkundige, leistungsfähige und zuverlässige Bewerber zu angemessenen Preisen. Inhaltlich kann insoweit auf die zu § 97 GWB erläuterten Grundsätze verwiesen werden, da sich diese Begrifflichkeiten nicht unterscheiden. In anderen Punkten jedoch, etwa bei der Begründung von verfahrensrechtlichen Ansprüchen der Bieter, geht § 97 GWB über § 2 VOL/A deutlich hinaus.

5.2.7.1 Vergabe nach den Basisparagrafen

850 Die VOL/A sieht unterhalb der EU-Schwellenwerte in § 3 wie die VOB/A drei Arten von Vergabeverfahren vor, nämlich die *öffentliche Ausschreibung*, die *beschränkte Ausschreibung* und die *freihändige Vergabe*. Diese Verfahren unterscheiden sich in der Auswahl der Bieter und der Bindung an einen vorgegebenen Verfahrensablauf.

5.2.7.1.1 Grundsatz der öffentlichen Ausschreibung

851 Die öffentliche Ausschreibung ist für einen unbeschränkten Bieterkreis vorgesehen, die beschränkte Ausschreibung und die freihändige Vergabe sind teilweise durch vorgeschaltete Teilnahmewettbewerbe nach § 3 Nr. 1 Abs. 4 VOL/A auf einen beschränkten, zuvor ausgewählten Bieterkreis ausgerichtet. Während bei der öffentlichen und beschränkten Ausschreibung Form und Ablauf des Verfahrens in zahlreichen Einzelbestimmungen der VOL/A festgelegt sind, bestehen bei der freihändigen Vergabe keine detaillierten Verfahrensvorschriften. Gleichwohl gilt auch für dieses Verfahren die VOL/A, jedoch enthält sie im Einzelfall im Text bzw. in Überschriften Ausnahmen für die freihändige Vergabe, so dass nicht etwa beliebig mit Bietern verhandelt werden kann.[1376]

852 Die VOL fordert den Wettbewerb als Regel in Form der öffentlichen Ausschreibung. Fälle, in denen keine öffentliche Ausschreibung stattfindet, sollen erkennbar gering gehalten werden.[1377] Dementsprechend muss grundsätzlich öffentlich ausgeschrieben werden, wenn nicht aus besonderen Gründen abgewichen werden darf. Verfahrensgrundsätze sollen gewährleisten, dass eine leistungsgerechte Vergabe selbst bei fehlendem oder geringem Wettbewerb erreicht wird. So soll die beschränkte Ausschreibung nur stattfinden bei Vorliegen der in § 3 Nr. 3 VOL/A aufgeführten Tatbestände, die grund-

---

1376 Daub/Eberstein, § 3 VOL/A, Rn. 10.
1377 Vgl. dazu auch die Ausführungen zur VOB/A, Rn. 405 ff.

sätzlich abschließend sind. Noch strenger verhält es sich im Fall der freihändigen Vergabe nach § 3 Nr. 4 VOL/A, die nur im Ausnahmefall zulässig ist. Der Wunsch nach einer vereinfachten, raschen Vergabeentscheidung oder nach der erneuten Beauftragung eines bereits als bewährt (z. B. aus einem Vorauftrag) bekannten Auftragnehmers stellt keine tragfähige Begründung für eine beschränkte Ausschreibung oder eine freihändige Vergabe dar.[1378]

5.2.7.1.2 Beschränkte Ausschreibung

Eine beschränkte Ausschreibung kommt in Betracht, wenn keine öffentliche Ausschreibung durchgeführt werden muss und bevor ein Verhandlungsverfahren erwogen wird. Sie kann nach § 3 Nr. 3 VOL/A stattfinden,

➢ wenn die Leistung in ihrer Eigenart nur von einem beschränkten Kreis von Unternehmen ausgeführt werden kann;
➢ wenn die öffentliche Ausschreibung für den Auftraggeber oder die Bewerber einen übermäßigen Aufwand verursachen würde;
➢ wenn eine öffentliche Ausschreibung kein wirtschaftliches Ergebnis erbracht hat;
➢ wenn eine öffentliche Ausschreibung aus anderen Gründen (z. B. Dringlichkeit, Geheimhaltung) unzweckmäßig ist.

853

Auch einer beschränkten Ausschreibung soll regelmäßig ein öffentlicher Teilnahmewettbewerb vorangehen, § 3 Nr. 1 Abs. 4 VOL/A.

854

5.2.7.1.3 Freihändige Vergabe

Die freihändige Vergabe stellt die große Ausnahme im Vergabeverfahren dar. Anders als im Bauvergaberecht ist für sie ein abschließender Fallkatalog in § 3 Nr. 4 VOL/A normiert. Nur wenn einer der dort aufgeführten 15 Zulassungsgründe einschlägig ist, kann ein Auftrag freihändig vergeben werden. Ein wichtiger Anwendungsfall ist § 3 Nr. 4 n), »wenn nach Aufhebung einer öffentlichen oder beschränkten Ausschreibung eine erneute Ausschreibung kein wirtschaftliches Ergebnis verspricht«. Darüber hinaus ist in jedem Fall aktenkundig zu machen, warum im Einzelfall von einer öffentlichen oder beschränkten Ausschreibung abgesehen worden ist, § 3 Nr. 5 VOL/A. Abweichend von der VOB/A soll nach § 3 Nr. 1 Abs. 4 VOL/A aus Gründen der Zweckmäßigkeit auch vor einer freihändigen Vergabe ein öffentlicher Teilnahmewettbewerb stattfinden. Zweckmäßig ist ein Teilnahmewettbewerb, wenn der Kreis der potenziellen Anbieter nicht bestimmbar ist. Dabei sind als Orientierungshilfe die Regelungen heranzuziehen, die für die Wahl des Verhandlungsverfahrens mit Teilnahmewettbewerb existieren (§ 3 a Nr. 1 Abs. 5 VOL/A).[1379]

855

Ziel der VOL/A ist es, den Wettbewerb und die Transparenz bei der Vergabe sicherzustellen, indem möglichst der Bewerberkreis nicht eingeengt, das Verfahren förmlich streng und damit in seinen einzelnen Schritten nachvollziehbar und kontrollierbar

856

1378 Auch § 55 BHO fordert eine öffentliche Ausschreibung; vgl. auch Ingenstau/Korbion-Müller-Wrede, § 3 VOB/A, Rn. 14 f.
1379 Franzius, Verhandlungen im Verfahren der Auftragsvergabe, S. 176.

gehandhabt wird. Bezüglich der Verfahrensweise gelten alle Vorschriften des ersten Abschnitts der VOL/A ebenso wie im Fall der VOB/A unmittelbar auch für die freihändige Vergabe, es sei denn, aus den Regelungen selbst ergäbe sich etwas Abweichendes.[1380]

5.2.7.2 Vergabe von Aufträgen oberhalb des EU-Schwellenwerts

857 Im europaweiten Verfahren ändern sich die Bezeichnungen der Vergabearten. Außerdem wurde mit dem Wettbewerblichen Dialog eine weitere Verfahrensart hinzugefügt.

858 Oberhalb der Schwellenwerte spricht man vom

> ➢ Offenen Verfahren
>
> ➢ Nichtoffenen Verfahren
>
> ➢ Wettbewerblichen Dialog
>
> ➢ Verhandlungsverfahren

(vgl. § 101 Abs. 1 GWB; so auch § 3 a/b VOL/A). Das Offene Verfahren entspricht der öffentlichen Ausschreibung, das Nichtoffene Verfahren der beschränkten Ausschreibung und das Verhandlungsverfahren der freihändigen Vergabe, so ausdrücklich § 3 a Nr. 1 Abs. 1 S. 1 VOL/A. Der Wettbewerbliche Dialog ähnelt zwar dem Verhandlungsverfahren, gleichwohl handelt es sich um eine eigenständige Verfahrensart.[1381] Zu beachten ist, dass dieses Verfahren gemäß § 101 Abs. 5 GWB i. V. m. § 6 a VgV nur staatlichen Auftraggebern, d. h. den klassischen öffentlichen Auftraggeber im Sinne von § 98 Nr. 1 bis 3 GWB zur Verfügung steht. Private Sektorenauftraggeber (§ 98 Nr. 4 GWB) können ebenso wenig auf dieses Verfahren zurückgreifen, wie die staatlich subventionierten und die als Baukonzessionäre agierenden Auftraggeber (§ 94 Nr. 5 u. 6 GWB).[1382]

859 Bei der praktischen Anwendung des 2. Abschnitts der VOL/A ist zu beachten, dass dessen Bestimmungen zum Teil Liefer- und zum Teil Dienstleistungsaufträge betreffen. Die Vorschriften dieses Abschnitts gelten daher für beide Auftragsarten gleichermaßen, soweit keine ausdrückliche Unterscheidung zwischen Liefer- und Dienstaufträgen erfolgt.

5.2.7.2.1 Das Offene Verfahren

860 Das Offene Verfahren entspricht gem. § 3 a Nr. 1 Abs. 1 VOL/A und § 3 b Nr. 1 a) VOL/A dem Verfahren der öffentlichen Ausschreibung gem. § 3 Nr. 2 VOL/A. Sofern sich aus den a/b-Paragrafen nichts anderes ergibt, finden daher für das offene Verfahren alle Regelungen Anwendung, die nach Abschnitt 1 für die Öffentliche Ausschreibung gelten. Das gilt zum Beispiel für die §§ 22 bis 24 VOL/A, also die Vorschriften über die Öffnung und Prüfung der Angebote sowie die Unzulässigkeit der Verhandlungen mit Bietern auch im Offenen Verfahren.

1380 OLG Düsseldorf, Beschl. v. 28.04.2004, VII Verg 2/04.
1381 Leinemann/Maibaum, VergabeR 2004, S. 275, 278 Knauff, VergabeR 2004, 669, 679; kritisch hierzu Pünder/Franzius, ZfBR 2006, 20; Leinemann/Kirch, VergabeNavigator 2006, S. 25 ff.
1382 Ollmann, VergabeR 2005, 685, 687; Pünder/Franzius, ZfBR 2006, 20, 21.

Nach § 3 a Nr. 1 Abs. 1 VOL/A hat das Offene Verfahren Vorrang vor dem Nichtoffenen, dem Verhandlungsverfahren und dem Wettbewerblichen Dialog. Das bedeutet, dass Aufträge grundsätzlich im Rahmen eines Offenen Verfahrens zu vergeben sind. Die anderen Verfahrensarten dürfen nur in begründeten Ausnahmefällen angewandt werden. Insoweit unterscheidet sich der 2. Abschnitt der VOL/A von den Regelungen der Vergabekoordinierungsrichtlinie, wo das Offene und das Nichtoffene Verfahren als gleichrangig geregelt sind. Im Fall des § 3 b VOL/A ergibt sich die Vorrangigkeit des Offenen Verfahrens aus § 101 Abs. 6 GWB bzw. aus der prinzipiellen Anwendbarkeit des § 3 VOL/A.[1383]

861

5.2.7.2.2 Das Nichtoffene Verfahren

Nach § 3 a Nr. 1 Abs. 1 bzw. § 3 b Nr. 1 b) VOL/A entspricht das Nichtoffene Verfahren dem in § 3 Nr. 1 Abs. 4 und Nr. 3 VOL/A geregelten Verfahren der Beschränkten Ausschreibung mit Öffentlichem Teilnahmewettbewerb. Für das Nichtoffene Verfahren greifen daher auch die für die Beschränkte Ausschreibung geltenden Vorschriften – z. B. §§ 22–24 VOL/A –, soweit die a/b-Paragrafen keine davon abweichende Regelung enthalten.

862

Das Nichtoffene Verfahren gliedert sich im Wesentlichen in zwei Phasen:

863

Phase 1 Die beabsichtigte Auftragsvergabe ist nach § 17 a/17 b VOL/A (zwingend) im Amtsblatt der EU (Supplement) nach vorgeschriebenem Muster[1380] bekannt zu machen. Nach Bekanntmachung des Auftrages kann jedes interessierte Unternehmen seine Teilnahme am Verfahren beantragen.

Phase 2 Aufgrund der bereits zu Beginn des Verfahrens festgelegten und in der Bekanntmachung mitgeteilten Auswahlkriterien wählt der Auftraggeber aus dem Bewerberkreis diejenigen Unternehmen aus, die er zur Angebotsabgabe auffordert.

Geeignete Bewerber sind grundsätzlich alle zur Angebotsabgabe aufzufordern. Der Auftraggeber kann allerdings nach § 3 a Nr. 1 Abs. 2 VOL/A in der Bekanntmachung eine Höchstzahl von Unternehmen bestimmen, die ein Angebot abgeben sollen. In diesen Fällen hat er die Möglichkeit, aus dem Kreise der geeigneten Bewerber diejenigen auszuwählen, die nach seiner Ansicht die Qualifikationskriterien am ehesten erfüllen. Mindestens fünf Bewerber sind zur Angebotsabgabe nach Abschnitt 2 der VOL/A im Nichtoffenen Verfahren aufzufordern, während § 3 b VOL/A hierzu keine Angaben enthält, so dass hier gem. § 7 Abs. 2 Nr. 2 VOL/A mindestens drei Bewerber aufzufordern sind. Solche Bewerber, die die erforderliche Qualifikation nicht nachweisen können, werden zur Angebotsabgabe nicht zugelassen.

864

Wegen des zugunsten des Auftraggebers bestehenden Auswahlermessens, welchen Bieter er zur Angebotsabgabe auffordert, ist es schwierig für einen nicht aufgeforderten Bieter, seine Beteiligung am Nichtoffenen Verfahren auf dem Rechtsweg durchzusetzen. Erfolgt die Nichtzulassung jedoch willkürlich, läge ein rechtswidriges Handeln des Auftraggebers vor. Wurde ein aus dem Teilnahmewettbewerb als geeignet erachte-

865

1383 Daub/Eberstein, § 3 b VOL/A, Rn. 6.
1380 Die Form der Bekanntmachung ergibt sich aus § 17 a/17 b VOL/A.

ter Bieter jedoch zur Angebotsabgabe aufgefordert, kann er später bei der Wertung nach § 25/25 b VOL/A nicht wegen fehlender Eignung außer Betracht bleiben.[1385]

866 Gemäß § 3 a Nr. 1 Abs. 1 VOL/A ist das Nichtoffene Verfahren nur in begründeten Fällen zulässig. Der Wortlaut von § 3 a VOL/A gibt allerdings keine weiteren Anhaltspunkte dafür, wann ein solcher begründeter Fall vorliegt. Insoweit kann nur die ergänzend anzuwendende Regelung des § 3 Nr. 3 VOL/A zum Verfahren der beschränkten Ausschreibung herangezogen werden. Danach wäre das Nichtoffene Verfahren in folgenden Fällen zulässig:

- ➢ der Bieterkreis ist beschränkt;
- ➢ der Aufwand für ein Offenes Verfahren wäre unverhältnismäßig hoch;
- ➢ ein vorangegangenes Offenes Verfahren hat kein wirtschaftliches Ergebnis gebracht;
- ➢ ein Offenes Verfahren ist aus anderen Gründen unzweckmäßig, z.B. wegen Dringlichkeit, Geheimhaltung etc.

867 Dieser Fallkatalog ist jedoch – wie sich aus dem Wortlaut des § 3 Nr. 3 VOL/A entnehmen lässt – nicht abschließend. Deshalb kann das Nichtoffene Verfahren auch dann gewählt werden, wenn keines der aufgeführten Fallbeispiele vorliegt. Da jedoch diese Verfahrensart nur ausnahmsweise durchgeführt werden darf, sollten die Gründe für die Wahl des Nichtoffenen Verfahrens ebenso bedeutsam sein, wie die in § 3 Nr. 3 VOL/A aufgeführten Fälle. Taktische Erwägungen oder andere, außerhalb der Ausschreibung liegende Gründe dürfen daher keine Berücksichtigung finden. Außerdem müssen die Gründe für die Nichtdurchführung eines Offenen Verfahrens aktenkundig zu machen, § 3 a Nr. 3 VOL/A.

868 Im Offenen wie im Nichtoffenen Verfahren besteht das Verbot, mit den Bietern über den Auftrag inhaltlich zu verhandeln ebenso wie bei der Öffentlichen und Beschränkten Ausschreibung des Abschnitts 1 der VOL/A.

869 Ein zweistufiges Verfahren wird durch die Kombination der Verfahren wird praktisch durch einen vorgeschalteten öffentlichen Teilnahmewettbewerb nach § 3 a Nr. 1 Abs. 3 VOL/A geschaffen. Teilnahmeanträge können – wie bei öffentlicher Ausschreibung – von allen interessierten, potenziellen Bietern eingereicht werden. Der Auftraggeber wählt dann daraus nach pflichtgemäßem Ermessen die zur Angebotsabgabe bei beschränkter Ausschreibung aufzufordernden Bieter aus. Ein öffentlicher Teilnahmewettbewerb wird vorgeschaltet, um einem unbeschränkt großen Kreis an Interessenten die Möglichkeit zu geben, sich um die Beteiligung an der Ausschreibung zu bewerben.

5.2.7.2.3 Das Verhandlungsverfahren

870 Die Abschnitte 2 und 3 der VOL/A unterscheiden zwischen zwei Varianten des Verhandlungsverfahrens, nämlich demjenigen nach vorheriger Öffentlicher Vergabebekanntmachung und demjenigen ohne Bekanntmachung.

1385 BGH, BB 1998, 2180 zu § 25 VOB/A.

5.2 Die vier Abschnitte der VOL/A

Beide Spielarten des Verhandlungsverfahrens dürfen nur in den in § 3 a/3 b VOL/A abschließend aufgeführten Fällen angewendet werden. Die dort genannten Ausnahmetatbestände sind nach der Rechtsprechung des EuGH eng auszulegen.[1386] Außerdem trägt der Auftraggeber die Beweislast dafür, dass die Ausnahmetatbestände auch tatsächlich vorliegen und er deshalb kein Nichtoffenes Verfahren hätte durchführen müssen.[1387] **871**

Anders als der 2. Abschnitt sieht der 3. Abschnitt der VOL/A für die Wahl des Verhandlungsverfahrens mit Vergabebekanntmachung keine vergleichbaren Zulassungsvoraussetzungen vor. Es wird hier lediglich bestimmt, dass das Verhandlungsverfahren »an die Stelle der freihändigen Vergabe tritt« (§ 3b Nr. 1 c) VOL/A). Entgegen einer zum Teil vertretenen Ansicht kann hieraus nicht gefolgert werden, der Anwendungsbereich des Verhandlungsverfahrens entspreche der einer freihändigen Vergabe.[1388] Damit dem Anwendungsvorrang des Offenen Verfahrens optimal Rechnung getragen werden kann, müssen auch Sektorenauftraggeber den in § 3 a Nr. 1 Abs. 4 VOL/A normierten Fallkatalog beachten. Auf diese Weise lässt sich zudem sicherstellen, dass oberhalb der Schwellenwerte die Wahl der Verfahrensart von einheitlichen Kriterien abhängt.[1389] **872**

Bei einem Verhandlungsverfahren mit Vergabebekanntmachung leitet der Auftraggeber zunächst einen Teilnahmewettbewerb ein, indem er interessierte Unternehmen im Wege der Bekanntmachung dazu auffordert, Teilnahmeanträge zu stellen. Aus dem Kreise der interessierten Bewerber wählt er dann diejenigen Unternehmen aus, mit denen er Verhandlungen aufnimmt. Nach § 3 a Nr. 1 Abs. 4 VOL/A sind bei einer hinreichend großen Zahl geeigneter Bewerber mindestens drei Unternehmen zur Verhandlung zuzulassen. Mit Veröffentlichung der Vergabebekanntmachung, spätestens jedoch mit der Versendung der Vergabeunterlagen, hat der Auftraggeber anzugeben, ob das Verfahren in verschiedenen aufeinander folgenden Phasen abgewickelt werden soll, um so den Kreis der teilnehmenden Unternehmen zu verringern. Dabei hat er darauf zu achten, dass auch noch in der Schlussphase ein echter Wettbewerb gewährleistet ist (§ 3 a Nr. 1 Abs. 3 VOL/A).[1390] **873**

Das Verhandlungsverfahren mit Vergabebekanntmachung ist nach § 3 a Nr. 1 Abs. 4 a) VOL/A bei Dienst- und Lieferaufträgen nur zulässig, wenn im Rahmen eines vorangegangen Offenen oder auch Nichtoffenen Verfahrens nur fehlerhafte Angebote im Sinne von § 23 Nr. 1 oder § 25 Nr. 1 VOL/A abgegeben wurden. Wenn dann über den Auftrag das Verhandlungsverfahren durchgeführt werden soll, dürfen die ursprünglichen Bedingungen des Auftrages nicht mehr grundlegend verändert werden. Eine solche grundlegende Änderung tritt bereits dann ein, wenn dem nachfolgenden Auftrag andere Wertungskriterien zugrunde gelegt werden. Darüber hinaus wird man auch dann von einer grundlegenden Änderung ausgehen müssen, wenn das nachfolgende Vergabeverfahren einen anderen Bieterkreis anspricht. In diesem Fall besteht ein Be- **874**

1386 Näher Ebert, Möglichkeiten und Grenzen im Verhandlungsverfahren, S. 113 f.
1387 Vgl. etwa EuGH, Urteil vom 2. 6. 2005, Rs. C-394/02.
1388 So aber Daub/Eberstein, § 3 b VOL/A, Rn. 6; zur VOB/A: Ingenstau/Korbion-Müller-Wrede, § 3 b VOB/A Rn. 6.
1389 Franzius, Verhandlungen im Verfahren der Auftragsvergabe, S. 172 f.
1390 Vgl. dazu oben Rn. 426 ff. sowie Ebert, Möglichkeiten und Grenzen im Verhandlungsverfahren, S. 132 ff.

dürfnis an der Durchführung eines Offenen Verfahrens, das gegenüber dem Verhandlungsverfahren die wettbewerbsintensivere Verfahrensart ist.[1391]

875 Anders als in der VOB/A sind die Voraussetzungen, unter denen in das Verhandlungsverfahren gewechselt werden kann, hier enger gefasst worden. Während § 3 a Nr. 4 lit. a VOB/A darauf abstellt, ob im vorausgegangenen Verfahren keine annehmbare Angebote abgegeben worden sind, erfasst der Tatbestand in § 3 a Nr. 1 Abs. 4 a) VOL/A nur solche Angebote, die aus rein formalen Gründen fehlerhaft sind. Scheitert also eine Ausschreibung von Dienst- bzw. Lieferleistungen allein daran, dass die Bieter ungeeignet sind oder nur unwirtschaftliche Angebote vorgelegt haben, kann der Auftrag im Anschluss daran nicht im Verhandlungsverfahren vergeben werden.

876 In zwei besonders erwähnten Sonderfällen ist die Vergabe von Dienstleistungsaufträgen im Verhandlungsverfahren mit Vergabebekanntmachung zulässig, so § 3 a Nr. 1 Abs. 4 b) und c) VOL/A. Während § 3 a Nr. 1 Abs. 4 b) VOL/A auf die mangelnde Preisbestimmung abstellt, verlangt § 3 a Nr. 2 Abs. 4 c) VOL/A, dass keine hinreichende vertragliche Spezifizierung vorgenommen werden kann. Die beiden Zulassungstatbestände überschneiden sich. Ein Dienstleistungsauftrag, der keine vertragliche Spezifizierung zulässt, wird regelmäßig auch nicht in preislicher Hinsicht zu konkretisieren sein. Der Anwendungsbereich der Vorschriften ist vor allem bei der Beschaffung von komplexen Dienstleistungen eröffnet, deren Inhalt im Vorfeld einer Ausschreibung nicht hinreichend beschrieben werden können. Hierzu zählen beispielsweise Dienstleistungen, die im Rahmen eines zwischen der öffentlichen Hand und einem privaten Unternehmen gebildeten Kooperationsmodells beschafft werden. Zu beachten ist jedoch, dass sich diese Beschaffungsvorgänge mittlerweile am Markt etabliert haben und daher nicht automatisch von einer fehlenden Beschreibbarkeit des Auftragsgegenstandes ausgegangen werden kann. Wurden beispielsweise Entsorgungsdienstleistungen durch eine zu gründende gemischt-wirtschaftliche Gesellschaft zunächst für derart komplex gehalten, dass solche Leistungen nur im Verhandlungsverfahren vergeben werden können,[1392] dürfte diese Betrachtungsweise mit der zunehmenden Verfestigung dieser Ausschreibungsform mittlerweile überholt sein. Zunehmende Erfahrungen mit solchen Ausschreibungsmodellen und der in diesem Bereich entstehende Wettbewerb führen dazu, dass diese Leistungen nicht zwangsläufig im Verhandlungsverfahren vergeben werden müssen. Schließlich steht den Auftraggeber mit der Einführung des Wettbewerblichen Dialogs ein weiteres Instrument zur Verfügung, komplexe Dienstleistungen außerhalb des Verhandlungsverfahrens zu vergeben. Auch dies führt dazu, dass die praktische Relevanz der Ausnahmetatbestände sehr gering ist.

877 Das Verhandlungsverfahren ohne Vergabebekanntmachung ist nur in wenigen Ausnahmefällen zulässig. Es entspricht der freihändigen Vergabe des Abschnitts 1 der VOL/A. Ob im Einzelfall ein solcher Ausnahmefall vorliegt, ist anhand strenger Kriterien zu ermitteln. Zulässig wäre ein Verhandlungsverfahren ohne Vergabebekanntmachung nach § 3 a Nr. 2 a) bis j) VOL/A nur dann, wenn

---

1391 Müller-Wrede-Fett, VOL/A, § 3 a Rn. 89.
1392 VÜA Baden-Württemberg, Beschl. v. 28.05.1999, 1 VÜ 7/99.

5.2 Die vier Abschnitte der VOL/A

➤ Angebote im Offenen/Nichtoffenen Verfahren ausbleiben oder unwirtschaftlich sind;

➤ die Waren nur für Forschungs- und Versuchszwecke hergestellt werden;

➤ zum Schutz von Ausschließlichkeitsrechten;

➤ aus technischen oder künstlerischen Gründen;

➤ bei zwingender Dringlichkeit;

➤ bei zusätzlichen Lieferungen des ursprünglichen Auftragnehmers;

➤ unvorhergesehenen, angehängten Leistungen;

➤ bei Vergaben im Anschluss an einen Wettbewerb i. S. v. § 31 a Nr. 1 Abs. 1 VOL/A;

➤ beim Erwerb von börsennotierten Waren;

➤ beim Kauf zu besonderes günstigen Bedingungen.

Im Fall einer Aufhebung und nachfolgenden Durchführung eines Verhandlungsverfahrens ist der Auftraggeber verpflichtet, alle geeigneten Bieter aus dem vorangegangenen Vergabeverfahren zu berücksichtigen.[1393] Zwar gestattet der Wortlaut des § 3 a Nr. 2 a) VOL/A die Wahl des Verhandlungsverfahrens ohne vorherige Vergabebekanntmachung bereits dann, wenn im vorangegangen Verfahren keine wirtschaftlichen Angebote eingegangen sind. In solchen Konstellation verlangt jedoch Art. 30 Abs. 1 a) VKR, dass alle geeigneten Bieter mit formal gültigen Angeboten aus dem aufgehobenen Verfahren in das Verhandlungsverfahren einbezogen werden. Die Vorschrift des § 3 a Nr. 2 a) VOL/A muss in diesem Sinne europarechtskonform ausgelegt werden.

878

Das Verhandlungsverfahren stellt eine außerordentlich starke Einschränkung des Wettbewerbs dar.[1394] Der Auftraggeber bestimmt allein den Inhalt der Verhandlungen in für die Bieter nicht nachvollziehbarer Weise. Insbesondere die Gleichbehandlung der Bieter ist im Verhandlungsverfahren gefährdet, was auch in der Praxis verstärkt gerügt wird. Die Sachverhalte der (wenigen), zum Verhandlungsverfahren ergangenen Entscheidungen der Gerichte bestätigen diesen Eindruck.[1395] In vielen Fällen erscheint zudem die Wahl des Verhandlungsverfahrens fehlerhaft, da es nur bei Vorliegen der in § 3 a Nr. 4 VOL/A genannten Sonderfälle angewandt werden kann. Bei Wahl des falschen Verfahrens aber kann schon eine nach § 107 Abs. 3 GWB rechtzeitig erhobene Rüge eines Bieters die gesamte Vergabe gefährden, zumindest aber empfindlich verzögern. Auftraggeber sind daher gut beraten, sich im Zweifel gegen die Durchführung eines Verhandlungsverfahrens zu entscheiden.[1396] Näheres zum Verhandlungsverfahren bei den Erläuterungen zur VOB/A, Abschnitt 3.8.3.3.

879

1393 OLG Dresden, VergabeR 2002, 142, 144 f.; entsprechend, aber ausdrücklich so geregelt in § 3 a Nr. 5 Abs. 1 a) VOB/A.
1394 Ebert, Möglichkeiten und Grenzen im Verhandlungsverfahren, S. 113.
1395 Vgl. etwa die Sachverhalte z.B. bei OLG Stuttgart, VergabeR 2004, 384; OLG Düsseldorf, VergabeR 2002, 169, 170; OLG Brandenburg, BauR 1999, 1175, 1179 f. und VK Bund, Beschl. v. 10.12.2002, VK 1–93/02.
1396 So auch EuGH, VergabeR 2004, 710, 713.

880 Zusätzlich kann eine Vergabebekanntmachung nach § 3 a Nr. 1 Abs. 4 a) zweiter Unterabsatz unterbleiben, wenn alle Bieter aus dem vorherigen fruchtlos gebliebenen Offenen oder Nichtoffenen Verfahren in das Verhandlungsverfahren einbezogen werden.

881 Die vorgenannten Gründe sind abschließend. Die in § 3 Nr. 4 VOL/A genannten Ausnahmetatbestände, nach denen eine Freihändige Vergabe zulässig wäre, greifen für das Verhandlungsverfahren ohne Vergabebekanntmachung nicht.

882 Nach § 3 a Nr. 3 VOL/A ist aktenkundig zu machen, weshalb ein Offenes bzw. Nichtoffenes Verfahren nicht durchgeführt wurde.

5.2.7.2.4 Der Wettbewerbliche Dialog

883 Der Wettbewerbliche Dialog ist ein Verfahren zur Vergabe besonders komplexer Aufträge. Nach § 6 a Abs. 1 Nr. 1 VgV darf auf das Verfahren zurückgegriffen werden, wenn der Auftraggeber objektiv nicht in der Lage ist, die technischen Mittel anzugeben, mit denen seine Bedürfnisse und Ziele erfüllt werden können. Nach § 6 a Abs. 1 Nr. 2 VgV ist der Wettbewerbliche Dialog zulässig, wenn die rechtlichen oder finanziellen Konditionen eines Vorhaben nicht angegeben werden können. Die Grundzüge des Verfahrensablaufs sind in § 6 a Abs. 2 bis 6 VgV normiert. Die Wahl und die Durchführung des Verfahrens richten sich im Übrigen nach denselben Vorgaben, die auch bei der Vergabe von Bauleistungen zu beachten sind.[1397]

5.2.7.2.5 Rahmenvereinbarungen

884 Mit Neufassung der VOL/A 2006 sind die Regelungen über den Abschluss von Rahmenvereinbarungen auf den klassischen Auftraggeberbereich ausgedehnt wurden. Bislang konnten ausschließlich Sektorenauftraggeber mit einem oder mehreren Unternehmen Rahmenvereinbarungen abschließen, in denen die Bedingungen für Einzelaufträge festgelegt werden, die im Laufe eines bestimmten Zeitraums vergeben werden sollen (§ 5 b VOL/A u. § 4 SKR-VOL/A). Nunmehr steht diese Möglichkeit auch öffentlichen Auftraggebern nach dem 2. Abschnitt der VOL/A zu. Hierfür sind die auf Art. 32 VKR basierenden Vorgaben in § 3 a Nr. 4 VOL/A umgesetzt worden. Die systematische Einordnung in § 3 a VOL/A ist ungenau, denn bei der Vergabe von Rahmenvereinbarungen handelt es sich nicht um eine besondere Verfahrensart.[1398] Obwohl die Vergabekoordinierungsrichtlinie den Anwendungsbereich von Rahmenvereinbarungen nicht auf bestimmte Aufträge beschränkt, wurden im 2. Abschnitt der VOB/A keine entsprechenden Bestimmungen aufgenommen. Die neu gefassten Verdingungsordnungen sehen den Abschluss von Rahmenvereinbarungen nur bei Liefer- und Dienstleistungsaufträgen sowie im Sektorenauftragsbereich vor. Nach der Legaldefinition in § 3 a Abs. 1 Nr. 4 VOL/A sind Rahmenvereinbarungen öffentliche Verträge, die an ein oder mehrere Unternehmen vergeben werden sollen, um die Bedingungen für Einzelaufträge, die während eines bestimmten Zeitraums vergeben werden sollen, festzulegen.

885 Beschaffungen mittels Rahmenvereinbarungen vollziehen sich in zwei Stufen. Die wesentlichen Vertragsbedingungen durch Abschluss des Rahmenvertrages werden auf der

---

[1397] Vgl. hierzu die Erläuterungen zur VOB/A, Abschnitt 3.8.3.4., Rn 449 ff.
[1398] Vgl. hierzu Knauff, VergabeR 2006, 24, 25.

ersten Stufe festgelegt. Dazu gehören neben der Laufzeit der Vereinbarung insbesondere der in Aussicht genommene Preis und das Auftragsvolumen. Auf der zweiten Stufe werden bei entsprechendem Bedarf des Auftraggebers die betreffenden Güter und Leistungen durch Einzelaufträge abgerufen. Da die Beschaffung gebündelt wird, sind Auftraggeber bei einer solchen Vorgehensweise mit einem geringeren Ausschreibungsaufwand konfrontiert. Rahmenvereinbarungen können zudem zu niedrigen Preisen führen, u. a. auch deshalb, weil nachträgliche Preisanpassungen möglich sind.[1399] Besonderes häufig werden Rahmenvereinbarungen bei der bedarfsorientierten Beschaffung wiederkehrender Leistungen abgeschlossen, insbesondere bei der Vergabe von Transport- oder Versorgungsdienstleistungen. Ein weiteres Einsatzgebiet ist die Beschaffung von Dienst- und Lieferleistungen, die angesichts des fortschreitenden technischen Fortschritts regelmäßig angepasst werden müssen.

Bei der Bestimmung des Leistungsgegenstands hat der Auftraggeber darauf zu achten, dass die wesentlichen Vertragsbestandteile in der Rahmenvereinbarung enthalten sind. Die Positionen müssen im Einzelnen nicht feststehen (§ 3 a Nr. 4 Abs. 1 VOL/A). So reicht es hinsichtlich des in Aussicht genommenen Preises aus, wenn die Berechnungsgrundlage offengelegt oder eine Preisgleitklausel vereinbart wird.[1400] 886

Unzulässig ist es, mehrere Rahmenvereinbarungen für die dieselbe Leistungen zu vergeben (§ 3 a Nr. 4 Abs. 1 S. 2 VOL/A). Das Verbot gilt auch dann, wenn die Leistung abweichend von der getroffenen Rahmenvereinbarung auf andere Weise vergeben werden soll. Der Vertragspartner einer Rahmenvereinbarung kann wegen des verbindlichen Charakters dieses Rechtsinstituts vom Auftraggeber verlangen, dass dieser die Einzelaufträge bei einem entsprechenden Beschaffungsbedarf auch in dem vorgesehenen Verfahren vergibt.[1401] Auch wenn seitens der Auftraggeber keine Plicht zur Auftragserteilung besteht, tritt bezüglich des gewählten Vergabeverfahrens eine Selbstbindung ein. 887

Die Laufzeit der Rahmenvereinbarung ist nach § 3 a Nr. 4 Abs. 8 VOL/A auf maximal vier Jahre beschränkt, es sei denn der Auftragsgegenstand oder andere besondere Umstände rechtfertigen eine Ausnahme. Der Auftragswert wird nach der unverändert geltenden Bestimmung des § 3 Abs. 8 VgV nach dem Höchstwert aller innerhalb der Laufzeit der Rahmenvereinbarung vergebenen Einzelaufträge ermittelt. 888

Das Vergabeverfahren richtet sich im Übrigen nach den allgemeinen Regeln der VOL/A. Als allgemeine Grundregel gilt, dass der Auftraggeber das Instrument der Rahmenvereinbarung nicht missbräuchlich oder in einer Weise anwendet, die den Wettbewerb behindert, einschränkt oder verfälscht (§ 3 a Nr. 4 Abs. 2 VOL/A). Auch bei der Rahmenvereinbarung müssen die wesentlichen Bedingungen der künftig zu vergebenden Einzelaufträge bekannt gegeben werden. Die Unternehmen müssen schon aufgrund der Vergabebekanntmachung in die Lage versetzt werden, Angebote zu unterbreiten, die prinzipiell auch als Einzelauftrag zuschlagsfähig wären.[1402] Ebenfalls ist bei der Wahl der Verfahrensart der Grundsatz vom Vorrang des Offenen Verfahrens zu beachten. Die Bestimmungen in § 3 a Nr. 1 b) und c) VOL/A, die ausnahmsweise eine Ver- 889

1399 Gröning, VergabeR 2005, 156, 157.
1400 VK Bund, Beschl. v. 20.05.2003, VK 1 35/03.
1401 A. A. Knauff, VergabeR 2006, 24, 30.
1402 Knauff, VergabeR 2006, 24, 29.

gabe im Verhandlungsverfahren gestatten, sind hier nicht allein deshalb anzuwenden, weil in Hinblick auf den Leistungsgegenstand noch regelungsbedürftige Fragen offen sind. Zum wesentlichen Bestandteil einer Rahmenvereinbarung gehört es, dass die konkreten Auftragsbedingungen zum Zeitpunkt des Vertragsschluss nicht feststehen. Allein dieser Umstand rechtfertigt jedoch noch nicht die Wahl des Verhandlungsverfahrens.[1403]

890 Soll eine Rahmenvereinbarung nur mit einem Unternehmen abgeschlossen werden, findet der Vergabewettbewerb abschließend bereits auf der ersten Stufe statt. Vor der Vergabe des Einzelauftrages kann das bezuschlagte Unternehmen vom Auftraggeber nach § 3 a Nr. 4 Abs. 4 VOL/A schriftlich aufgefordert werden, sein Angebot zu vervollständigen. Wie im herkömmlichen Vergabeverfahren gilt auch der Grundsatz, dass nur noch Aufklärungsverhandlungen statthaft sind. Die Parteien dürfen nachträglich keine grundlegenden Veränderungen mehr an den Bedingungen der Rahmenvereinbarung vornehmen (§ 3 a Nr. 4 Abs. 3).

891 Wird eine Rahmenvereinbarung mit mehreren Wirtschaftsteilnehmern geschlossen, so müssen mindestens drei Unternehmen beteiligt sein, sofern eine ausreichend große Anzahl von Unternehmen die Eignungskriterien und eine ausreichend große Zahl von zulässigen Angeboten die Zuschlagskriterien erfüllt (§ 3 a Nr. 4 Abs. 5 VOL/A).

892 Die Entscheidung, ob mit einem oder mehreren Unternehmen eine Rahmenvereinbarung abgeschlossen werden soll, bestimmt der Auftraggeber aus Gründen der Zweckmäßigkeit.[1404] Jedoch müssen aus Gründen der Transparenz bereits entsprechende Angaben in der Vergabebekanntmachung enthalten sein.[1405]

893 Welches Verfahren bei der Vergabe der Einzelaufträge einzuhalten ist, richtet sich nach dem Inhalt der Rahmenvereinbarung.

894 Sind die Vertragsbedingungen bereits in der abgeschlossenen Rahmenvereinbarung enthalten, können die Einzelaufträge ohne erneuten Aufruf zum Wettbewerb an die an der Rahmenvereinbarung beteiligten Unternehmen vergeben werden (§ 3 a Abs. 6 a) VOL/A). Obwohl die Vorschrift nur dann gelten soll, wenn die Rahmenvereinbarung mit mehreren Unternehmen abgeschlossen wurde, gilt entsprechendes auch in den Fällen, in denen nur ein einziges Unternehmen an der Rahmenvereinbarung beteiligt ist.[1406] Die Durchführung eines weiteren Vergabeverfahrens erübrigt sich, wenn bereits ein abschließender Vergaberechtswettbewerb stattgefunden hat und die Einzelaufträge zu den Konditionen der Rahmenvereinbarung vergeben werden. Dabei macht es keinen Unterschied, mit wie vielen Unternehmen die Rahmenvereinbarung abgeschlossen wurde. Voraussetzung für den Verzicht eines erneuten Vergabewettbewerbs ist jedoch, dass die Bedingungen der Rahmenvereinbarung mit denen des Einzelauftrages übereinstimmen.

895 Sind nicht alle Bedingungen in der Rahmenvereinbarung enthalten oder sollen die Einzelaufträge zu anderen, in den Vergabeunterlagen genannten Bedingungen vergeben

---

1403 Grönig, VergabeR 2005, 156, 159.
1404 Für die Sektorenauftragsvergabe nach VOB/A, Ingenstau-Korbion-Keldungs, § 5b VOB/A, Rn. 2.
1405 Grönig, VergabeR 2005, 156, 157; Knauff, VergabeR 2006, 24, 31.
1406 Mader, EuZW 2004, 425; Haak/Degen, VergabeR 2005, 164, 166.

5.2 Die vier Abschnitte der VOL/A

werden, muss ein erneuter Aufruf zum Wettbewerb erfolgen (§ 3 a Abs. 6 b) VOL/A). Anders als im Sektorenauftragsbereich ist das Verfahren zur Vergabe des Einzelauftrages hier ausführlich in § 3 a Abs. 7 VOL/A geregelt. Zunächst hat der Auftraggeber sich bei den beteiligten Unternehmen zu vergewissern, ob sie zur Ausführung des Auftrages in der Lage sind. Im Anschluss daran wird den Unternehmen zur Abgabe eines Angebots eine Frist gesetzt. Diese haben ihre Angebote in der vom Auftraggeber genannten Form innerhalb der festgesetzten Angebotsfrist einzureichen, wobei der Angebotsinhalt bis zum Ablauf der Angebotsfrist geheim zu halten ist. Die Vergabe erfolgt an diejenigen Bieter, die auf Grundlage der in den Verdingungsunterlagen der Rahmenvereinbarung aufgestellten Zuschlagskriterien das wirtschaftlichste Angebot vorgelegt haben.

nicht besetzt   896

5.2.8 Bewerberkreis und Teilnehmer am Wettbewerb

5.2.8.1 Basisparagrafen – Abschnitt 1 der VOL/A

Einer beschränkten Ausschreibung bzw. einer freihändigen Vergabe ist in der Regel – anders als im Rahmen einer Vergabe nach der VOB/A – nach § 4 Nr. 2 VOL/A ein Teilnahmewettbewerb i. S. v. § 3 Nr. 1 Abs. 4 VOL/A vorzuschalten. Daneben ist in § 4 Nr. 1 VOL/A eine Erkundung des Bewerberkreises durch den Auftraggeber – falls er keine Erkundung des Bewerberkreises ausreichende Marktübersicht besitzt – sowie gegebenenfalls durch Auftragsberatungsstellen vorgesehen. Solche Auftragsberatungsstellen sind in jedem Bundesland eingerichtet; sie werden beratend und unterstützend, z. B. durch Markterkundungen tätig.[1407] Eine Vergabestelle, die einen Teilnahmewettbewerb zur Gewinnung der Marküberischt durchführt, muss jedoch einen festen Willen zur Angebotseinholung besitzen. Andernfalls verstößt sie gegen § 16 Nr. 2 VOL/A, die eine Markterkundung ohne Ausschreibungsreife ausdrücklich untersagt. Einen Anspruch auf Beteiligung an einer beschränkten Ausschreibung kann ein Bieter jedoch nicht geltend machen, selbst wenn er mehrfach nicht zur Angebotsabgabe aufgefordert wurde. Eine Vergabestelle verstößt jedoch auch hier gegen die Verpflichtung zur ordnungsgemäßen Erkundung des relevanten Marktes, wenn sie ein qualifiziertes Fachunternehmen, das mehrfach um die Zusendung von Angebotsunterlagen gebeten hat, dennoch nicht in den Wettbewerb einbezieht. Dann wäre das Einschreiten der Aufsichtsbehörde geboten. Weitergehende Ansprüche bzw. Rechtsschutzmöglichkeiten dürfte auch §§ 102 ff. GWB nicht eröffnen.   897

Bei der beschränkten Ausschreibung sollen gem. § 7 Nr. 2 Abs. 2 VOL/A mehrere, im Allgemeinen mindestens drei Bewerber zur Angebotsabgabe aufgefordert werden. Bei der freihändigen Vergabe sollen möglichst Angebote im Wettbewerb eingeholt werden, § 7 Nr. 2 Abs. 3 VOL/A. Wettbewerbsgesichtspunkte haben daher auch bei diesen beiden Vergabearten Eingang gefunden. Darüber hinaus sind bei mehreren Vergabeverfahren unterschiedliche Bewerber zu beteiligen.   898

Regionale Bieter dürfen nach § 7 Nr. 1 Abs. 1 VOL/A nicht bevorzugt werden; es gibt also keine Präferenz für ortsansässige Unternehmen, auch wenn entsprechender poli-   899

[1407] Näheres bei Daub/Eberstein, § 4 VOL/A, Rn. 11 ff.

315

tischer Druck bestehen sollte. Alle – auch weit entfernte – Bieter sind gleich zu behandeln. Der Zusammenschluss zu Bietergemeinschaften ist zulässig, § 7 Nr. 1 Abs. 2 VOL/A. Die Form des Zusammenschlusses kann nach einer Entscheidung des EuGH nationalen rechtlichen Regelungen überlassen bleiben.[1408]

900   Nach § 7 Nr. 4 VOL/A kann der Auftraggeber von den Bewerbern Nachweise über ihre Fachkunde, Leistungsfähigkeit und Zuverlässigkeit, vor allem Angaben über Umsätze und Arbeitnehmer sowie Referenzen verlangen, soweit es durch den Gegenstand des Auftrags gerechtfertigt ist. Welche Nachweise im Einzelfall geeignet sind, hat der Auftraggeber nach pflichtgemäßen Ermessen zu entscheiden. Seine Entscheidung unterliegt dem Grundsatz der Verhältnismäßigkeit; insbesondere sollen keine unangemessenen Nachweise von Bewerbern verlangt werden, deren Fachkunde, Leistungsfähigkeit und Zuverlässigkeit bekannt sind. Betriebsgeheimnisse müssen nicht offenbart werden.

901   Nach § 7 Nr. 5 VOL/A ist auch der Ausschluss von Bewerbern von der Teilnahme am Wettbewerb möglich, falls einer der beschriebenen fünf Einzeltatbestände auf sie zutrifft. Dabei handelt es sich im Wesentlichen um Insolvenz, Rückstände von Steuern und Abgaben, Täuschungsversuche und strafbare Handlungen, welche die Zuverlässigkeit fraglich erscheinen lassen. Im Gegensatz zu § 8 Nr. 5 Abs. 2 und 3 VOB/A ist in der VOL/A keine ausdrückliche Regelung darüber vorgesehen, mit welchen Mitteln die Vergabestelle das Vorliegen von Ausschlussgründen überprüfen kann. Die Vorschriften der VOB/A sind daher grundsätzlich entsprechend heranzuziehen.

902   Der Ausschluss ist allerdings nicht zwingend vorgeschrieben, auch hier hat eine Ermessensentscheidung zu erfolgen, die wegen § 97 Abs. 7 GWB gerichtlich überprüfbar ist. Zweifelhaft bleibt jedoch, ob es einen Anspruch anderer Bieter geben kann, einen Mitbieter wegen Vorliegens von Tatbeständen nach § 7 Nr. 5 VOL/A nicht zu berücksichtigen.

Schließlich sind Bewerber einer in § 7 Nr. 6 VOL/A aufgezählten öffentlichen Einrichtung vom Vergabewettbewerb auszuschließen. Mit dieser obligatorischen Ausschlussregelung soll verhindert werden, dass private Unternehmen vom Markt durch Einrichtungen verdrängt werden, die öffentlich finanziert und gefördert werden. Als Ausnahmevorschrift ist § 7 Nr. 6 VOL/A eng auszulegen und einer Analogie nicht zugänglich. Erfasst werden ausschließlich Einrichtungen der öffentlichen Hand. Private Unternehmen fallen auch dann nicht unter den Geltungsbereich der Vorschrift, wenn sie aufgrund ihrer Gemeinnützigkeit steuerliche Vorteile genießen.[1409]

5.2.8.2 Oberhalb des EU-Schwellenwerts: Abschnitte 2–4 der VOL/A

903   Bei Überschreitung der EU-Schwellenwerte gelten § 7a, § 7b VOL/A bzw. § 5 VOL/A-SKR, wo sich noch ergänzende Regelungen finden. Danach sind Bewerber, die wegen eines in § 7a Nr. 2 Abs. 1 VOL/A (§ 7b Nr. 1 Abs. 3 VOL/A) aufgeführten Straftatbestandes rechtskräftig verurteilt sind, wegen Unzuverlässigkeit zwingend vom Vergabeverfahren ausgeschlossen. Nur unter den in § 7a Nr. 2 Abs. 2 und 3 VOL/A genannten

---

1408 EuGH, Urt. v. 23.01.2003, Rs. C-57/01, VergabeNews 2003, 12f., VergabeR 2003, 155, 161.
1409 OLG Düsseldorf, Beschl. v. 14.07.2004, Verg 33/04; zur Vereinbarkeit der Vorschrift mit dem Grundgesetz vgl. OLG Düsseldorf, Beschl. v. 17.11.2004, Verg 46/04.

Voraussetzungen kann die Unzuverlässigkeit widerlegt werden. In § 7 a Nr. 3 Abs. 1 VOL/A ist vorgesehen, dass bestimmte Nachweise betreffend die Leistungsfähigkeit des Bieters verlangt werden können, wie beispielsweise

➢ Vorlage entsprechender Bankauskünfte,

➢ Vorlage von Bilanzen oder Bilanzauszügen des Bieters;

➢ Erklärung über den Gesamtumsatz des Unternehmens sowie den Umsatz bezüglich der besonderen Leistungsart, die Gegenstand der Vergabe ist, jeweils bezogen auf die letzten 3 Geschäftsjahre.

Eine wortgleiche Regelung findet sich in § 7 b Nr. 1 Abs. 4 und 5 VOL/A bzw. in § 5 Nr. 1 Abs. 4 und 5 VOL/A-SKR wieder.

Auch in technischer bzw. fachlicher Hinsicht können bestimmte Referenzen aus den letzten drei Jahren und weitere Angaben verlangt werden, die sich im Einzelnen aus § 7 a Nr. 3 Abs. 2 a)–g) VOL/A ergeben. Die gewünschten Nachweise müssen schon in der Bekanntmachung bezeichnet und mit dem Angebot vorgelegt werden; sie können nicht später »nachgefordert« werden.[1410] 904

Bietergemeinschaften sind auch im europaweiten Vergabeverfahren zulässig. Es kann zudem verlangt werden, dass eine Bietergemeinschaft eine bestimmte Rechtsform annimmt, wenn dies für die ordnungsgemäße Durchführung des Auftrags notwendig ist (§ 7 a Nr. 3 Abs. 6 VOL/A und § 7 b Nr. 4 VOL/A). Dieses gilt jedoch erst im Fall der Zuschlagserteilung.[1411] 905

Unabhängig davon, ob ein Bewerber allein oder in einer Bietergemeinschaft am Vergabeverfahren teilnimmt, kann er sich zur Erfüllung seiner Leistungspflichten der Fähigkeiten anderer Unternehmen (Nachunternehmer) bedienen. Der Bewerber kann sich nach der Neufassung der VOL/A hierbei nicht mehr darauf beschränken, dem Auftraggeber bei Angebotsabgabe den geplanten Nachunternehmereinsatz anzuzeigen. Nach der Neuregelung in § 7 a Nr. 3 Abs. 6 bzw. § 7 b Nr. 5 VOL/A muss er dem Auftraggeber gegenüber nachweisen, dass ihm die erforderlichen Mittel bei der Erfüllung des Auftrages zur Verfügung stehen, indem er beispielsweise eine Verpflichtungserklärung des vorgesehenen Nachunternehmer vorlegt. Die Nachweiserbringung beim Nachunternehmereinsatz bewirkt einen zusätzlichen Arbeitsaufwand bei der Erstellung des Angebots, denn der vorgesehene Nachunternehmer muss sich bereits vor Zuschlagserteilung verpflichten, für den Bewerber im Auftragsfalle unter den genannten Bedingungen tätig zu werden. Es müssen somit vom Bewerber bindende Nachunternehmerangebote vorgelegt werden. Auf der anderen Seite ist der Einsatz von Nachunternehmer durch die Änderungen der VgV insoweit erleichtert worden, als dass vom Hauptunternehmer nicht mehr die Erbringung eines bestimmten Eigenleistungsanteils gefordert werden kann. Die durch das ÖPP-Beschleunigungsgesetz neu eingefügte Vorschrift des § 4 Abs. 4 VgV, mit dem der Auftragnehmer sich bei der Erfüllung seiner Leistung der Fähigkeiten anderer Unternehmen bedienen kann, wird in Übereinstim- 906

1410 Motzke/Pietzcker/Prieß-Prieß, § 8 a VOB/A, Rn. 34.
1411 EuGH, Urt. v. 23.01.2003, Rs. C-57/01, VergabeNews 2003, 12 f., VergabeR 2003, 155, 161.

mung mit der Rechtsprechung des EuGH[1412] so verstanden, dass der Rückgriff auf Drittunternehmen in uneingeschränktem Umfang möglich ist.[1413] Ausführliche Erläuterungen hierzu finden sich im Abschnitt 3.11.4.3 oben, Rn. 674 ff.

Will eine Vergabestelle im Rahmen der Eignungsprüfung die Erfüllung bestimmter Qualitätsanforderungen überprüfen, muss sie nach der Neufassung der VOL/A 2006 auf europäische Zertifizierungsnormen (DIN EN 150 9000 ff.) Bezug nehmen (§ 7 a Nr. 5 Abs. 1 bzw. § 7 b Nr. 13 Abs. 1, 2 VOL/A). Neu eingeführt wurde zudem die Möglichkeit der Abfrage der Erfüllung von Umweltmanagementstandards als Teil der technischen Leistungsfähigkeit (§ 7 a Nr. 5 Abs. 2 bzw. § 7 b Nr. 13 Abs. 3 VOL/A).

5.2.8.3 Das Präqualifikationssystem

907 Die Einrichtung eines Systems zur Prüfung von Unternehmen (Präqualifikationsverfahren) ist nur für Sektorenaufträge nach den Abschnitten 3 und 4 der VOL/A vorgesehen (§ 7 b Nr. 6 VOL/A und § 5 Nr. 6 VOL/A-SKR). Anders als die VOB/A 2006 sieht die neue VOL/A eine Präqualifikation im klassischen Auftragsbereich nicht vor. Eine Präqualifikation im Sektorenauftragsbereich kann mit dem Ziel einer generellen Qualifizierung von Bietern für bestimmte Vergabearten, aber auch einzelvergabebezogen erfolgen. Nach § 7 b Nr. 9 VOL/A sind als qualifiziert anerkannte Unternehmen in ein Verzeichnis aufzunehmen, so dass aus dieser Regelung erkennbar wird, dass grundsätzlich an ein generalisiertes Präqualifikationssystem gedacht wurde. Der Auftraggeber muss hierzu ein System mit gegebenenfalls mehreren Qualifikationsstufen unter Heranziehung geeigneter europäischer Normen entwickeln. Die Qualifizierungsregeln und -kriterien sowie deren Fortschreibung müssen den interessierten Unternehmen übermittelt werden. Wird die Qualifikation eines Unternehmens abgelehnt, muss dies unter Angabe von Gründen mitgeteilt werden. Einem objektivierbaren und nachvollziehbaren Verfahren kommt höchste Priorität zu. Entsprechende Regelungen finden sich in § 5 Nr. 5 VOL/A-SKR.

5.2.8.4 Vergabe nach Losen

908 Entsprechend § 4 VOB/A, aber im Gegensatz zur VOF gilt bei der VOL/A das nachdrückliche Gebot der Losvergabe gem. § 5 VOL/A. Aufteilbare Leistungen sind danach in Losen zu vergeben, um auch kleineren und mittleren Unternehmen eine Wettbewerbsteilnahme zu ermöglichen. Damit haben mittelstandspolitische Zielsetzungen in die VOL/A Eingang gefunden.[1414]

909 Etwaige Vorbehalte zur Losvergabe gehören bereits in die Bekanntmachung, so § 5 Nr. 2 VOL/A. Eine zunächst als einheitlich vorgesehene Vergabe darf nicht nachträglich in Lose aufgeteilt werden; dies wäre erst nach vorheriger Aufhebung der Ausschreibung möglich, was aber nicht wegen der beabsichtigten Losvergabe erfolgen dürfte, sondern nur wegen der in § 26 VOB/A aufgeführten Gründe.

1412 EuGH, VergabeR 2004, 465.
1413 Ollmann, VergabeR 2006, 685, 691, a. A. zur alten Rechtslage Daub/Eberstein, § 7 Rn. 40.
1414 Lampe-Helbig-Wörmann, Rn. 72 (2. Aufl.).

Wann eine Losvergabe geboten ist, lässt sich nur im Einzelfall beantworten. Den Begriff des »Fachloses« wie in § 4 Nr. 3 VOB/A kennt die VOL nicht.[1415] Es kommt daher eine Aufteilung nach Mengenteilen ebenso in Betracht wie nach verschiedenen Bestandteilen des Beschaffungsauftrags, wobei ein günstiger Beschaffungspreis für eine Großbestellung ebenso eine zulässige Erwägung darstellt wie die Möglichkeit einer einheitlichen Gewährleistung anstelle einer Aufteilung auf mehrere Auftragnehmer. Von einer Losaufteilung kann eine Vergabestelle absehen, wenn überwiegende Gründe für eine einheitliche Auftragsvergabe sprechen. Im Rahmen einer Interessenabwägung hat sie zu prüfen, welche Kostennachteile einer Losvergabe entgegenstehen. Dabei reicht es grundsätzlich nicht aus, auf die allgemeinen Vorteile einer Gesamtvergabe in Gestalt eines geringen Koordinierungsaufwandes bei der Verfahrensdurchführung oder der späteren Durchsetzung von Gewährleistungsgründen zu verweisen.[1416] Es bleibt unbefriedigend, dass handhabbare Kriterien, wann eine Losvergabe vorzunehmen ist, nicht entwickelt sind. Es empfiehlt sich eine Anlehnung an die zur VOB/A bestehenden Grundsätze, die aber ebenfalls nur wenig mehr Orientierung bieten können.

910

5.2.9 Leistungsbeschreibung, Vergabeunterlagen

§ 8 VOL/A regelt die Leistungsbeschreibung als wesentliches Element der Vergabeunterlagen. § 8 Nr. 1 VOL/A fordert ebenso wie § 9 VOB/A eine eindeutige und erschöpfende Leistungsbeschreibung, sowie dass dem Auftragnehmer kein ungebührliches Wagnis aufgebürdet wird für Umstände und Ereignisse, auf die er keinen Einfluss hat und deren Einwirkung auf die Preise und Fristen er nicht im Voraus schätzen kann. Die Beschreibung muss daher klar, unmissverständlich, gründlich und vollständig abgefasst werden.[1417] Schon in der Mehrdeutigkeit einer Leistungsbeschreibung liegt ein Vergabefehler.[1418] Ein ungewöhnliches Wagnis liegt auch dann vor, wenn eine bestimmte Kapazität vorgehalten werden muss, der Auftraggeber aber allenfalls eine Gesamtauslastung von 70% zusagt, ohne aber eine zeitliche Kontinuität (z.B. monatliche Mindestauslastung) zuzusichern.[1419] Wegen der Einzelheiten kann auf die Ausführungen zum weitgehend wortgleichen § 9 Nr. 1–3 VOB/A verwiesen werden.[1420] Bei wiederkehrenden Aufträgen müssen die Bieter in den Kenntnisstand gesetzt werden, den der bisherige Auftragnehmer hatte, da dieser ansonsten einen erheblichen Wettbewerbsvorsprung hätte.[1421]

911

Hier wie auch im Fall der VOB/A ergibt sich ein Schadensersatzanspruch, falls Bietern aufgrund einer mangelhaften Leistungsbeschreibung ein Schaden entsteht.[1422] Voraussetzung des Anspruchs ist allerdings, dass dem Bieter die Fehlerhaftigkeit der Leistungsbeschreibung nicht erkennbar war.[1423]

912

1415 Motzke/Pietzcker/Prieß-Hertwig, § 4 VOB/A, Rn. 24.
1416 OLG Düsseldorf, VergabeR 2005, 107.
1417 OLG Celle, Beschl. v. 12.05.2005, 13 Verg 6/05; Daub/Eberstein, § 8 VOL/A, Rn. 29.
1418 OLG Düsseldorf, Beschl. v. 28.01.2004, VII Verg 35/03.
1419 OLG Düsseldorf, Beschl. v. 09.06.2004, VII Verg 18/04, VergabeNews 2004, S. 95.
1420 S. oben Abschnitt 3.10.4.2.2.
1421 VK Bund, Beschl. v. 19.09.2001, VK 1-33/01, VergabeR 2001, 72, 75.
1422 BGH, DB 1994, 777.
1423 BGH, BauR 1994, 236, 238.

5 Die Verdingungsordnung für Leistungen, Teil A (VOL/A)

913 Nach § 8 Nr. 2 VOL/A bestehen zwei Möglichkeiten der Leistungsbeschreibung, nämlich einerseits

> ➢ durch eine Darstellung des Zwecks der Leistung, ihrer Funktion sowie der an sie gestellten sonstigen Anforderungen (Funktionale Leistungsbeschreibung)
> ➢ Beschreibung nach ihren wesentlichen Merkmalen und konstruktiven Einzelheiten (Konstruktive Leistungsbeschreibung).

914 Anders als im Fall von § 9 VOB/A stehen im Bereich der VOL die Arten der Leistungsbeschreibung gleichrangig nebeneinander. Der Auftraggeber wählt die ihm am zweckmäßigsten erscheinende Beschreibungsart. Die Funktionale Leistungsbeschreibung hat den Nachteil, dass ein größerer Aufwand für die Bearbeitung der Verdingungsunterlagen sowie für die technische Prüfung der Angebote notwendig ist.[1424] Andererseits kann die Funktionale Leistungsbeschreibung nicht bedeuten, dass Aufgaben der Projektklärung auf die Bieter verlagert werden. Ein nicht vergabereifes Projekt muss der Auftraggeber zunächst in ein ausschreibungsfähiges Stadium bringen.[1425] Zur Funktionalen Leistungsbeschreibung vgl. die Ausführungen zu § 9 VOB/A oben, 3.10.4.2.5.

915 Darüber hinaus können die Techniken der Leistungsbeschreibung kombiniert und auch durch weitere Aspekte erweitert werden, z. B. die Herstellung von Probestücken etc.

916 Die Vorgabe bestimmter Erzeugnisse, Verfahren, Ursprungsorte oder Bezugsquellen z. B. für Komponenten des angebotenen Lieferumfangs stellt einen Verstoß gegen § 8 Nr. 3 Abs. 3 VOL/A dar, wenn dafür nicht eine besondere Rechtfertigung aus der Art zu vergebenden Leistung gefunden werden kann. So kann bei der Beschaffung von Kampfschuhen nicht vorgegeben werden, die Sohlen bei einem zuvor von der Vergabestelle bestimmten, dritten Auftragnehmer zu beziehen.[1426]

917 Oberhalb der Schwellenwerte sind stets auch die europäischen Spezifikationen einzuhalten, vgl. § 8 a/8 b VOL/A, sowie § 6 VOL/A-SKR. Zu den Neuregelungen hinsichtlich der Verwendung von technischen Spezifikationen vgl. oben Rn. 496 ff.

918 Die Vergabeunterlagen bestehen aus dem Anschreiben und den Verdingungsunterlagen, § 9 Nr. 1 VOL/A. Es ist vorzusehen, dass die VOL/B Vertragsbestandteil wird. Zusätzliche und Besondere Vertragsbedingungen sind zulässig, dürfen aber nach § 9 Nr. 2 S. 2 VOL/A nicht wesentlich von der VOL/B abweichen.

919 § 9 a/9 b VOL/A enthalten noch einige zusätzliche Anforderungen an den Inhalt der Verdingungsunterlagen, wie die Angabe aller Zuschlagskriterien, Zulassung/Ausschluss von Nebenangeboten und die Benennung beabsichtigter Nachunternehmervergaben. Analog der Rechtsprechung zu § 10 a VOB/A können bei der Wertung nur solche Kriterien Berücksichtigung finden, die in der Bekanntmachung oder den Verdingungsunterlagen aufgeführt waren.[1427] Wird es versäumt, sie den Bietern bekannt zu machen, gibt im Zweifelsfall allein der Preis den Ausschlag, da die Bieter sich auf andere Kri-

---

1424 Daub/Eberstein, § 8 VOL/A, Rn. 46.
1425 Daub/Eberstein, § 8 VOL/A, Rn. 47.
1426 OLG Düsseldorf, Beschl. v. 30.04.2003, Verg 67/02, VergabeR 2003, 435, 444.
1427 OLG Frankfurt, VergabeR 2001, 299, 302.

terien nach den Vergabeunterlagen nicht einstellen konnten.[1428] Im Übrigen müssen alle Wertungskriterien einschließlich deren Gewichtung in der Vergabebekanntmachung, den Verdingungsunterlagen oder in dem Aufforderungsschreiben zur Angebotsabgabe enthalten sein. Existiert schon vor Bekanntmachung der Ausschreibung eine interne Bewertungsmatrix für die Gewichtung der unterschiedlichen Wertungskriterien, so muss sie mindestens im Anschreiben den Bietern mitgeteilt werden.[1429] Nur wenn eine Gewichtung aus nachvollziehbaren Gründen nicht angegeben werden kann, ist ein Auftraggeber nach § 25 a Nr. 1 Abs. 1 S. 4 VOL/A berechtigt, die Zuschlagskriterien lediglich in absteigender Reihenfolge ihrer Bedeutung festzulegen.

In dem neu gefassten § 21 Nr. 1 Abs. 2 VOL/A sind die Anforderungen enthalten, die bei der elektronischen Auftragsvergabe zu beachten sind. Zur Sicherstellung der Integrität und Vertraulichkeit der elektronisch übermittelten Daten müssen Angebote zumindest mit einer fortgeschrittenen elektronischen Signatur im Sinne von § 2 Nr. 2 des Signaturgesetzes versehen werden. Der Auftraggeber kann auch verlangen, dass Angebote zwingend mit einer sogenannten qualifizierten elektronischen Signatur zu versehen sind. Dieses Formerfordernis verfügt über die höchste Sicherheitsstufe und kommt bei besonders sensiblen Auftragsvergaben, bei denen Angebotsdaten einem besondern Schutz unterliegen, zur Anwendung. Die Entscheidung, ob neben elektronisch auch schriftlich verfasste Angebote am Vergabeverfahren zuzulassen sind, steht im Ermessen des Auftraggebers. Anders als bei § 21 VOB/A soll es dem Auftraggeber im unterschwelligen Auftragsbereich nach § 21 Nr. 1 Abs. 2 VOL/A sogar möglich sein, ausschließlich elektronische Angebote zulassen.[1430] Hiergegen spricht, dass weder öffentliche Auftraggeber noch die anbietenden Unternehmen auf ein elektronisches Vergabeverfahren eingestellt sind. Der Ausschluss einer schriftlichen Angebotsabgabe dürfte sich vor diesem Hintergrund daher regelmäßig als ermessensfehlerhaft erweisen. 920

5.2.10 Ausführungsfristen, Vertragsstrafen, Sicherheitsleistungen

5.2.10.1 Ausführungsfristen

Gemäß § 11 VOL/A kann der Auftraggeber für die Ausführung der vertraglichen Leistungspflichten des Auftragnehmers Ausführungsfristen festlegen. In § 11 werden Grundsätze für die Bemessung bzw. Festlegung von Fristen aufgestellt. In Nr. 1 Satz 1 ist zwingend vorgeschrieben, dass Ausführungsfristen ausreichend zu bemessen sind. Dies bestimmt sich nach Art und Umfang der gewünschten Leistung im Einzelfall. 921

Der zeitliche Maßstab, nach dem die Vertragspartner die Fristen berechnen sollen, ist in § 11 nicht geregelt. Es steht deshalb den Parteien frei, ob sie die Fristen in Tagen, Wochen, Monaten oder in anderer, geeigneter Weise festlegen. 922

1428 Vgl. BayObLG, VergabeR 2001, 65, 67; VK Nordbayern, Beschl. v. 02.06.2003, IBR 2003, 436; Heiermann/Riedl/Rusam-Rusam, § 25 a VOB/A, Rn. 3.
1429 Vgl. bereits EuGH, Urt. v. 12.12.2002, C-470/99, VergabeNews 2003, 4 = VergabeR 2003, 141; anders – aber noch zur alten Rechtslage – OLG Dresden, Beschl. v. 06.04. 2004, WVerg 1/04, das es für zulässig hält, ein Wertungssystem erst im Verlauf des Wertungsprozesses zu entwickeln. S. auch oben, Abschnitt 3.11.4.5.1.
1430 Dippel/Herborn-Lauf, VergabeNavigator 2006, S. 29.

5 Die Verdingungsordnung für Leistungen, Teil A (VOL/A)

923 Einzelfristen für Teilleistungen sind nur bei erheblichem Interesse des Auftraggebers vorzusehen.

5.2.10.2 Vertragsstrafen

924 § 12 VOL/A bestimmt, dass nur in Ausnahmefällen Vertragsstrafen und auch dann nur für die Überschreitung von Ausführungsfristen vereinbart werden sollen. Es erscheint daher zweifelhaft, wenn auch für andere Pflichtverstöße Vertragsstrafen vereinbart werden, wie z.B. unentschuldigtes Fehlen bei der Projektbesprechung, Verstöße gegen AÜG, AFG usw. Die Höhe der Vertragsstrafe kann grundsätzlich frei festgesetzt werden. Nach § 11 Abs. 2 VOL/B (2003) soll eine Vertragsstrafe max. 8 % des Wertes des nicht nutzbaren Leistungsteils betragen.[1431] § 12 bestimmt jedoch zwingend, dass die Strafe in »angemessenen Grenzen« zu halten ist. Nach § 343 BGB kann ein Gericht eine für unangemessen hoch gehaltene Vertragsstrafe angemessen reduzieren. Hier sollte auch die Rechtsprechung zur Unwirksamkeit bestimmter, vorformulierter Vertragsstrafeklauseln Berücksichtigung finden.[1432]

925 Anders als § 12 VOB/A enthält § 12 VOL/A keine Regelung zu Beschleunigungsvergütungen, die aber gleichwohl auch nach VOL/A bei Ausschreibung und Vertragsschluss vorgesehen werden können.[1433]

5.2.10.3 Mängelansprüche

926 Die Verjährung der Mängelansprüche soll grundsätzlich den gesetzlichen Vorschriften entsprechen, § 13 Nr. 1 VOL/A. Allerdings wird es ausdrücklich ermöglicht, in bestimmten Wirtschaftszweigen verbreitete Regelungen zugrunde zu legen, wie z.B. die VDMA-Bedingungen oder andere, branchenspezifische Klauselwerke.[1434]

5.2.10.4 Sicherheitsleistungen

927 Die Vergabestelle ist verpflichtet, jeweils zu prüfen, ob Sicherheitsleistungen ausnahmsweise erforderlich sind, um die verlangte Leistung sach- und fristgemäß durchzuführen. Anders als § 14 VOB/A versteht die VOL/A die Sicherheitsleistung als seltenen Ausnahmefall.

928 Dabei dürfen sie jedoch nicht schematisch gefordert werden und sollen auf bestimmte Vergaben beschränkt werden, bei denen nach der Art und Leistung (z.B. VOB ähnliche Leistung) Mängel erfahrungsgemäß auftreten können. Allerdings hat eine vergleichbare Regelung zu § 14 Nr. 1 Satz 2 VOB/A, nach der bei Beschränkter Ausschreibung und Freihändiger Vergabe eine Sicherheit in der Regel nicht gefordert werden kann, in die VOL/A keinen Eingang gefunden.

929 Die Sicherheit soll auch bei Vergaben nach der VOL/A 5 % der Auftragssumme nicht übersteigen, § 14 Nr. 2 VOL/A. Eine Differenzierung nach Erfüllungs- und Gewährleistungssicherheit wie in § 14 Nr. 2 Satz 2 VOB/A wurde jedoch nicht getroffen.

1431 Kritisch zur Höhe VergabeNews 2003, 82.
1432 BGH, BauR 2003, 870; Leinemann-Hafkesbrink, VOB-Kommentar, § 11 VOB/B, Rn. 19 ff.
1433 Motzke/Pietzcker/Prieß-Motzke, § 12 VOB/A, Rn. 110.
1434 Daub/Eberstein-Zdzieblo, § 13 VOL/A, Rn. 25.

5.2.11 Verfahrensablauf nach den Basisparagrafen (Abschnitt 1 der VOL/A)

5.2.11.1 Bekanntmachung

Gemäß § 17 VOL/A sind die Ausschreibungen bekannt zu machen. Dort ist auch geregelt, wo und mit welchem Inhalt die Bekanntmachung erfolgen soll. Eine öffentliche Bekanntmachung im eigentlichen Sinne erfolgt nur bei der öffentlichen Ausschreibung. Bei der beschränkten Ausschreibung und der freihändigen Vergabe ist zwar ebenfalls eine Bekanntmachung vorgesehen, bei dieser handelt es sich jedoch nicht um eine Aufforderung zur Angebotsabgabe, sondern um die Aufforderung, sich um die Teilnahme am Wettbewerb zu bemühen. 930

Die Bekanntmachung einer öffentlichen Ausschreibung soll gem. § 17 Abs. 2 Nr. 1 VOL/A die dort genannten Einzelangaben enthalten. Im Vergleich zur VOB/A sind hier insbesondere ausdrücklich Angaben zur möglichen Nichtberücksichtigung bestimmter Bewerber gem. § 17 Nr. 1 Abs. 2 o), Nr. 2 Abs. 2 k) und Nr. 3 Abs. 2 q) VOL/A zu machen. 931

Bei dem öffentlichen Teilnahmewettbewerb als Vorstufe für eine beschränkte Ausschreibung bzw. eine freihändige Vergabe werden durch Bekanntmachung Unternehmen öffentlich aufgefordert, Anträge auf Beteiligung, sogenannte Teilnahmeanträge, zu stellen. Damit soll auch bei diesen Ausschreibungsarten für eine größere Publizität und Transparenz gesorgt werden. Aus den eingehenden Teilnahmeanträgen wählt der Auftraggeber eine angemessene Zahl aus und fordert dann diese Bewerber zur Angebotsabgabe im Rahmen einer beschränkten Ausschreibung oder freihändigen Vergabe auf. Der in der VOL/A vorgegebene Inhalt der Veröffentlichungen sichert den Wettbewerb durch gleichmäßige und ausreichende Informationen aller Bieter. 932

Oberhalb der Schwellenwerte gilt nach § 17 a VOL/A das Bekanntmachungsmuster nach Anhang II der Verordnung EG Nr. 1564/2005, das an das Amt für amtliche Veröffentlichungen der Europäischen Gemeinschaften zu übersenden ist.[1435] 933

5.2.11.2 Form und Frist der Angebote

Nach § 18 Nr. 1 Abs. 1 VOL/A sind für die Bearbeitung und Abgabe der Angebote ausreichende Fristen vorzusehen. Lediglich bei der freihändigen Vergabe kann von der Festlegung einer Angebotsfrist abgesehen werden, § 18 Nr. 1 Abs. 2 VOL/A. 934

Angebote, etwaige Änderungen und Berichtigungen sollen, sofern man sie schriftlich übermittelt, in einem verschlossenen Umschlag dem Auftraggeber zugestellt werden, und die Angebote sollen als solche gekennzeichnet sein. Dies gilt jedoch nur für die öffentliche und beschränkte Ausschreibung. Für die freihändige Vergabe wird dies in das Ermessen des Auftraggebers gestellt, § 18 Nr. 2 Abs. 2 VOL/A. 935

5.2.11.3 Elektronische Angebotsabgabe

Bei der elektronischen Angebotsabgabe sind die zuvor genannten Formschriften nicht oder nur beschränkt anwendbar. Dementsprechend wurde in allen Abschnitten bei 936

1435 Adresse: 2, Rue Mercier, L-2985 Luxembourg 1.

den Basisparagrafen in § 18 Nr. 2 Abs. 1 ein Satz 2 angefügt, der im Fall einer elektronischen Angebotsabgabe – anders als im Verfahren nach der VOB/A – vorschreibt, dass der Inhalt solcher Angebote erst mit Ablauf der für ihre Einreichung festgelegten Frist zugänglich wird.

937 Mit Aufnahme elektronischer Angebote mussten auch die Regelungen zum Inhalt der Angebote gem. § 21 VOL/A und die Voraussetzungen zur Öffnung der Angebote bei Ausschreibungen gem. § 22 VOL/A entsprechend angepasst werden: In allen Abschnitten wurde demnach der Basisparagraf § 22 Nr. 1 Satz 3 mit der Verpflichtung der Auftraggeber eingeführt, dass elektronische Angebote ebenfalls entsprechend zu kennzeichnen und unter Verschluss zu halten sind.

938 Die Möglichkeit zur Abgabe digitaler Angebote formuliert § 21 Nr. 1 Abs. 2 VOL/A nur als Option. Der Ausschluss der schriftlichen Angebotsabgabe ist – anders als es § 21 a VOB/A formuliert – nicht möglich.

5.2.11.4 Zuschlags- und Bindefrist

939 Gemäß § 19 Nr. 1 VOL/A beginnt die Zuschlagsfrist mit dem Ablauf der Angebotsfrist und damit anders als im Rahmen der VOB/A nicht mit dem Eröffnungstermin. Sie soll so kurz wie möglich und nicht länger bemessen werden, als der Auftraggeber für eine zügige Prüfung und Wertung der Angebote benötigt.

940 Eine präzise Festlegung der Dauer der Zuschlagsfrist, wie sie die VOB/A vorsieht, fehlt damit in der VOL/A. Grund ist die mit dem Baubereich nicht vergleichbare Vielfalt der möglichen Arten von Lieferungen und Leistungen und deren Besonderheiten.

Bis zum Ablauf der Zuschlagsfrist sind die Bieter nach § 19 Nr. 3 VOL/A an ihr Angebot gebunden (Bindefrist). Verzögert sich die Zuschlagserteilung, etwa durch die Einleitung eines Nachprüfungsverfahrens oder durch sonstige verwaltungsinterne Gründe, hat ein Auftraggeber die betroffenen Unternehmen zur Verlängerung der Bindefrist aufzufordern. Wird der Bindefristverlängerung verspätet zugestimmt, kann das Angebot des Bieters nicht mehr gewertet werden, da es zivilrechtlich erloschen ist. Dies soll nach Ansicht des OLG Jena selbst dann gelten, wenn der Bieter nach Ablauf der Bindefrist von der Vergabestelle zur Fristverlängeurng aufgefordert wird.[1436] Hiergegen spricht, dass die Verdingungsordnungen einer einvernehmlichen Verlängerung der Binde- und Zuschlagsfrist nach Bindefristablauf nicht entgegenstehen.[1437]

941 Zu den Fragen der Fristbemessung, Fristverlängerung und des Widerrufs von Angeboten während der Frist vgl. auch die Ausführungen oben zur VOB/A, Abschnitt 3.11.

5.2.11.5 Angebotsunterlagen, Kosten und Formvorschriften

942 Die Bestimmungen der §§ 21 ff. VOL/A bilden den Kern des Vergabeverfahrens. Sie reichen von dem Inhalt der Angebote, über die Eröffnung, die Prüfung der Angebote, die Verhandlung mit den Bietern und die Wertung der Angebote bis zum Zuschlag.

1436 OLG Jena, Beschluss vom 30. 10. 2006, 9 Verg 4/06.
1437 Vgl. dazu Kirch/Franz VergabeNews 2006, 112 ff., sowie zum Ganzen oben, Abschnitt 3.11.3, Rn. 594 ff.

Nach § 20 VOL/A dürfen bei einer öffentlichen Ausschreibung für die Verdingungsunterlagen die Vervielfältigungskosten gefordert werden. Bei beschränkter Ausschreibung und freihändiger Vergabe sind die Unterlagen dagegen unentgeltlich abzugeben, § 20 Nr. 1 Abs. 2 VOL/A. Eine Ausnahme darf – anders als bei § 20 Nr. 1 Abs. 2 VOB/A – nur bei unverhältnismäßig hohen Vervielfältigungskosten gemacht werden. 943

Nach § 20 Nr. 2 VOL/A werden grundsätzlich für die Bearbeitung des Angebots keine Kosten erstattet. Dies ist jedoch anders, wenn der Auftraggeber verlangt, dass der Bieter Entwürfe, Pläne, Zeichnungen, Berechnungen oder andere Unterlagen ausarbeitet, insbesondere im Fall einer funktionalen Leistungsbeschreibung. Dann ist einheitlich für alle Bieter in der Ausschreibung eine angemessene Kostenerstattung festzusetzen, § 20 Nr. 2 Abs. 1 VOL/A. 944

Die Vorschrift enthält keine Regelung darüber, was zu gelten hat, wenn der Auftraggeber nach § 20 Nr. 2 VOL/A die Kosten erstatten müsste, hierüber jedoch keine Regelung in die Ausschreibungsunterlagen aufnimmt. Der materielle Kostenerstattungsanspruch der Bieter dürfte dadurch jedoch nicht beeinträchtigt werden, so dass auch bei fehlender Regelung die Angebotsbearbeitungskosten zu erstatten sind. 945

Nach § 21 Nr. 1 Abs. 1 VOL/A müssen die Angebote die Preise sowie die geforderten Angaben und Erklärungen enthalten. Ferner müssen die Angebote gem. § 21 Nr. 1 Abs. 2 VOL/A rechtsverbindlich unterschrieben sein. Elektronisch übermittelte Angebote müssen zumindest mit einer gültigen digitalen Signatur im Sinne des Signaturgesetzes versehen werden. 946

Nach § 22 Nr. 6 Abs. 3 VOL/A darf der Auftraggeber Auftragsunterlagen und die in den Angeboten enthaltenen eigenen Vorschläge des Bieters nur für die Prüfung und Wertung der Angebote verwenden. Eine darüber hinausgehende Verwendung bedarf der vorherigen schriftlichen Vereinbarung, in der auch die Entschädigung zu regeln ist. Sondervorschläge eines Bieters können daher nicht ohne dessen vorherige Zustimmung anderweitig verwendet werden. 947

Hier ist zu beachten, dass Angebote von Bietergemeinschaften, die lediglich von einem Bieter (dem Federführer) unterschrieben sind, eine entsprechende Vollmacht der Angehörigen der Bietergemeinschaft aufweisen müssen, worin der Federführer der Bietergemeinschaft entsprechend ermächtigt wird. Hat eine Bietergemeinschaft es versäumt, ein bevollmächtigtes Mitglied zu bezeichnen, muss diese Angabe vor der Zuschlagserteilung beigebracht werden (§ 21 Nr. 4 VOL/A). 948

Nach § 21 Nr. 2 VOL/A müssen etwaige Nebenangebote und Änderungsvorschläge in besonderer Anlage unterbreitet und als solche deutlich gekennzeichnet sein. 949

5.2.11.6 Die Öffnung der Angebote

Nach § 22 Nr. 1 VOL/A sind die Angebote auf dem ungeöffneten Umschlag mit Eingangsvermerk zu versehen und bis zum Zeitpunkt der Öffnung unter Verschluss zu halten. Den Eingangsvermerk sollte ein an der Vergabe nicht beteiligter Dritter anbringen, um Manipulationsmöglichkeiten einzuschränken. Mit Aufnahme der Möglichkeit elektronischer Angebote wurde § 22 Nr. 1 VOL/A entsprechend angepasst: Elektronische Angebote sind demnach zu kennzeichnen und unter Verschluss zu halten. 950

5 Die Verdingungsordnung für Leistungen, Teil A (VOL/A)

951 Im Bereich der VOL/A findet die Angebotsöffnung – die unverzüglich nach Ablauf der Angebotsfrist stattfinden soll – nicht in Anwesenheit der Bieter statt, § 22 Nr. 2 Abs. 3 VOL/A. Einen Eröffnungstermin im Sinne der VOB/A kennt das Vergabeverfahren nach der VOL/A nicht. Der Ausschluss der Bieter gilt dem Wortlaut nach auch für Vergaben oberhalb der EU-Schwellenwerte, dürfte allerdings gegen das Transparenzgebot des § 97 Abs. 1 GWB verstoßen, so dass gegen die Wirksamkeit dieser Regelung Bedenken bestehen. Über die Verhandlung zur Öffnung der Angebote ist eine Niederschrift zu fertigen, die den Namen und Wohnort der Bieter und die Endbeträge der Angebote, sowie andere den Preis betreffende Angaben enthalten muss. Die Niederschrift umfasst auch Angaben darüber, ob und von wem Nebenangebote und Änderungsvorschläge eingereicht worden sind, § 22 Nr. 4 VOL/A. In die Niederschrift ist insbesondere auch aufzunehmen, ob Angebote ordnungsgemäß verschlossen und äußerlich gekennzeichnet und bis zum Ablauf der Angebotsfrist eingegangen waren.

952 Nach § 22 Nr. 5 VOL/A darf die Niederschrift weder dem Bieter noch der Öffentlichkeit zugänglich gemacht werden; sie dient allerdings als Beweismittel für den Fall einer Überprüfung des Vergabeverfahrens.

5.2.12 Wertung der Angebote in vier Stufen und Zuschlag

953 Die Prüfung und Wertung der Angebote dient dem Zweck, das wirtschaftlichste Angebot zu bestimmen, um darauf dann gem. § 28 VOB/A den Zuschlag zu erteilen. Der Vorgang erfolgt gem. §§ 21, 23 und 25 VOL/A in vier Stufen:

1. **Stufe:** Ausschluss von Angeboten, die inhaltliche oder formelle Mängel aufweisen, § 25 Nr. 1 Abs. 1 VOL/A;

2. **Stufe:** Überprüfung der Eignung der Bieter in persönlicher und sachlicher Hinsicht, § 25 Nr. 2 VOL/A;

3. **Stufe:** Ermittlung der in die engere Wahl fallenden Angebote, § 25 Nr. 2 VOL/A;

4. **Stufe:** Auswahl des wirtschaftlichsten Angebots, § 25 Nr. 3 VOL/A.

5.2.12.1 1. Stufe: Die formelle und sachliche Angebotsprüfung

954 Verspätet oder nicht ordnungsgemäß eingegangene Angebote werden nach § 23 Nr. 1 a) VOL/A nicht überprüft, es sei denn, es lägen hinreichende Entschuldigungsgründe vor. Es fehlt demnach eine dem § 22 Nr. 6 VOB/A entsprechende ausdrückliche Regelung, dass Angebote berücksichtigt werden müssen, die nachweislich vor Ablauf der Angebotsfrist aus vom Bieter nicht zu vertretenden Gründen dem Verhandlungsleiter nicht vorgelegen haben. Im Verfahren nach der VOL/A wird dieses jedoch entsprechend gelten.

955 Nicht geprüft werden ferner Angebote, die nicht unterschrieben sind, bei denen Änderungen des Bieters an seinen Eintragungen nicht zweifelsfrei und bei denen Änderungen oder Ergänzungen an den Verdingungsunterlagen vorgenommen worden sind.[1438]

1438 Zu Änderungen mittels eines Korrekturbandes vgl. OLG Schleswig, Beschl. v. 11.08.2006, 1 Verg 1/06.

Ein Bieter sollte daher tunlichst darauf achten, dass er sein Angebot exakt im Rahmen der Ausschreibungsunterlagen hält. Veränderungen können allenfalls alternativ als sogenanntes Nebenangebot eingereicht werden.

Angebote von Bietergemeinschaften, die sich in einem Nichtoffenen Verfahren/bei beschränkter Ausschreibung erst nach dem Teilnahmewettbewerb aus zur Angebotsabgabe aufgeforderten Einzelbietern gebildet haben, werden ausgeschlossen.[1439] Dasselbe gilt für Angebote von nicht zur Angebotsabgabe aufgeforderten Einzelbietern.[1440] Auch der nachträgliche Austausch eines Mitglieds einer am Teilnahmewettbewerb beteiligten Bietergemeinschaft gegen ein anderes, später aufgenommenes Mitglied, ist unzulässig.[1441] Schließt sich ein nach dem Teilnahmewettbewerb zur Angebotsabgabe aufgeforderter Bieter mit einem anderen, nicht am Teilnahmewettbewerb beteiligten Bieter zusammen; besteht ein Ermessen der Vergabestelle, ob sie das Angebot zulassen will.[1442]

956

Bei der nachfolgenden rechnerischen Überprüfung gem. § 23 Nr. 2 VOL/A ist jedes Angebot dahin gehend zu prüfen, ob die vom Bieter eingesetzten Zahlen sowie Rechenergebnisse und Überträge richtig sind. Tauchen Rechen- und Übertragungsfehler im Angebot auf, so sind die betroffenen Angebote nicht zwangsläufig vom weiteren Vergabeverfahren auszuschließen. Vielmehr sind im Wege der Auslegung korrigierbare Rechen- und Übertragungsfehler durch den Auftraggeber zu beseitigen.[1443]

957

Nach § 24 Nr. 1 und 2 VOL/A gilt ein striktes Nachverhandlungsverbot. Nach Öffnung der Angebote bis zur Zuschlagserteilung darf mit den Bietern nur über ihre Angebote verhandelt werden, soweit dies erforderlich ist, um Zweifel über die Angebote oder die Bieter zu beheben. Anders als im Verfahren nach der VOB/A werden Verhandlungsmöglichkeiten über etwaige Nebenangebote, die geplante Art der Durchführung, Ursprungsorte oder Bezugsquellen nicht zugelassen. Allerdings ist es streitig, ob diese Abweichung des Wortlauts gegenüber § 24 Nr. 1 Abs. 1 VOB/A auch inhaltlich solche Aufklärungen ausschließen soll.[1444] Insbesondere über Änderungen der Angebote oder Preise darf keinesfalls verhandelt werden. Wegen eines Nebenangebots oder bei einem Angebot aufgrund funktionaler Leistungsbeschreibung darf nach § 24 Nr. 2 Abs. 2 VOL/A allein mit dem Bieter des wirtschaftlichsten Angebotes über notwendige technische Änderungen geringen Umfangs verhandelt werden. Dies kann jedoch nur angebotsspezifische Aspekte bezogen auf den einzelnen Bieter betreffen; mit weiteren Bietern darf nicht verhandelt werden.

958

Auf der ersten Wertungsstufe sind nach § 25 Nr. 1 Abs. 1 VOL/A solche Angebote auszuschließen,

959

1439 VÜA Bund, WuW/E VergAB 79, 83, 85; Heiermann/Riedl/Rusam-Rusam, § 25 VOB/A, Rn. 108.
1440 Heiermann/Riedl/Rusam-Rusam, § 3 VOB/A, Rn. 24.
1441 OLG Düsseldorf, Beschl. v. 24.05.2005, Verg 28/05; Motzke/Pietzcker/Prieß-Prieß, § 8 a VOB/A, Rn. 25 und Motzke/Pietzcker/Prieß-Brinker/Ohler, § 25 VOB/A, Rn. 150.
1442 VÜA Rheinland-Pfalz, VÜ 3/95, Fischer/Noch, IV 11.2, S. 6; Ingenstau/Korbion-Schranner, § 8 VOB/A, Rn. 41; dagegen Motzke/Pietzcker/Prieß-Brinker/Ohler, § 25 VOB/A, Rn. 149f.
1443 Ingenstau/Korbion-Kratzenberg, § 23 VOB/A, Rn. 12.
1444 Dafür: Daub/Eberstein-Kulartz, § 24 VOL/A Rn. 4; dagegen: Motzke/Pietzcker/Prieß-Schäfer, § 24 VOB/A, Rn. 69.

- für deren Wertung wesentliche Preisangaben fehlen;
- die nicht rechtsverbindlich unterschrieben sind;
- in denen Änderungen des Bieters an seinen Eintragungen nicht zweifelsfrei sind;
- bei denen Änderungen oder Ergänzungen an den Verdingungsunterlagen vorgenommen sind;
- die verspätet eingegangen sind, ohne dass dies durch Umstände verursacht worden wäre, die vom Bieter zu vertreten sind;[1445]
- bei denen Bieter in Bezug auf die Vergabe eine unzulässige, wettbewerbsbeschränkende Abrede getroffen haben;
- Nebenangebote und Änderungsvorschläge, soweit der Auftraggeber diese nach § 17 Nr. 3 Abs. 5 VOL/A ausgeschlossen hat.

960 Außerdem können nach § 25 Nr. 1 Abs. 2 VOL/A Angebote ausgeschlossen werden,

- die nicht die geforderten Angaben und Erklärungen gem. § 21 Nr. 1 Abs. 1 Satz 1 VOL/A enthalten;
- die von Bietern stammen, welche von der Teilnahme am Wettbewerb nach § 7 Nr. 5 VOL/A ausgeschlossen werden können;
- Nebenangebote und Änderungsvorschläge, die nicht als besondere Anlage gemacht wurden oder als solche nicht kenntlich gemacht worden sind, vgl. § 21 Nr. 2 VOL/A.

5.2.12.2 2. Wertungsstufe: Eignungsprüfung

961 Auf der zweiten Wertungsstufe erfolgt im Offenen Verfahren und im Nichtoffenen Verfahren ohne vorherigen Teilnahmewettbewerb die Überprüfung der Bieter auf Fachkunde, Leistungsfähigkeit und Zuverlässigkeit (Eignungsprüfung). Ging der Ausschreibung ein öffentlicher Teilnahmewettbewerb voraus, ist die Eignungsprüfung bereits komplett im Rahmen des Teilnahmewettbewerbs durchzuführen.[1446] Auch in solchen Fällen muss indessen eine erneute Prüfung vorgenommen werden, wenn die Vergabestelle erst nach Abschluss des Teilnahmewettbewerbs von gravierenden Verfehlungen erfährt, die zur Verneinung der Zuverlässigkeit führen können.[1447] Hat ein Auftraggeber im Rahmen der zweiten Wertungsstufe die Eignung des Bieters unter Ausübung seines Beurteilungsspielraums bejaht, so ist er daran gehindert, im weiteren Verlauf davon wieder abzurücken, ohne dass sich die Sachlage gravierend geändert hat.[1448] Besteht aber ein zwingender Ausschlussgrund, kann dieser auch in einer späteren Phase noch zum Ausschluss führen.[1449] Ein Bieter, der die geforderten Nachweise zur Zuver-

---

[1445] Der Bieter ist insoweit beweisbelastet, VÜA Baden-Württemberg, Beschl. v. 16.01.1997, 1 VÜ 6/96.
[1446] Hertwig, Rn. 112.
[1447] OLG Düsseldorf, VergabeR 2001, 419, 422.
[1448] OLG Düsseldorf, VergabeR 2001, 419, 422; Beschl. v. 04.12.2002, Verg 45/01, VergabeR 2003, 153; OLG Jena, NZBau 2001, 39, 40; OLG Frankfurt, VergabeR 2001, 243, 250.
[1449] OLG Düsseldorf, Beschl. v. 28.05.2003, Verg 16/03.

5.2 Die vier Abschnitte der VOL/A

lässigkeit mit Angebotsabgabe nicht vorlegt, ist mit seinem Angebot von der Wertung zwingend auszuschließen. Ein nach dem Wortlaut des § 25 Nr. 1 Abs. 2 a VOL/A eröffnetes Ausschlussermessen ist in einem solchen Fall regelmäßig auf Null reduziert.[1450] Nach anderer Auffassung sollen die fehlenden Eignungsnachweise zum Ausschluss nach § 25 Nr. 2 Abs. 1 VOL/A führen. Danach sind Angebote ebenfalls zwingend aus der Wertung zu nehmen, ohne dass es auf ein Ausschlussermessen des Auftraggebers ankomme.[1450a]

Im Übrigen kann auf die eingehenden Ausführungen zur Eignungsprüfung im Abschnitt 3.11.4.2 zur VOB/A verwiesen werden, die sinngemäß auch für die VOL/A gelten. 962

Das Fehlen von in den Verdingungsunterlagen geforderten Erklärungen führt grundsätzlich dann zum Ausschluss des Angebots, wenn die Ergänzung der fehlenden Angaben die Wettbewerbsstellung des betreffenden Bieters verändern würde.[1451] Angebote können allerdings nicht allein deshalb ausgeschlossen werden, weil sie zusätzliche Erklärungen enthalten, wie z. B. Erläuterungen über den Angebotsinhalt.[1452] Zwingende Ausschlussgründe liegen nicht bereits dann vor, wenn z. B. Preisangaben in Einzelpositionen mit 0,00 EUR angegeben werden mit der Bemerkung »enthalten«.[1453] Unerheblich ist es auch, wenn geforderte Erklärungen zum Angebot fehlen, die ohne Einfluss auf das Wettbewerbsergebnis sind.[1454] Hat jedoch eine Vergabestelle erklärt, dass bestimmte Unterlagen unbedingt mit Angebotsabgabe vorzulegen sind, ist sie aus Gründen der Gleichbehandlung verpflichtet, an dieser Voraussetzung zwingend festzuhalten. Ihr ist es daher verwehrt, fehlende Unterlagen nachzufordern. Vielmehr bleibt ihr nichts anderes übrig, als unvollständige Angebote von der Wertung nach § 25 Nr. 1 Abs. 2 VOL/A auszuschließen.[1454a] 963

Gemäß § 7 Nr. 5 lit a VOL/A ist der Auftraggeber berechtigt, die Angebote solcher Bieter von der Wertung auszuschließen, über deren Vermögen das Insolvenzverfahren oder ein vergleichbares gesetzlich geregeltes Verfahren eröffnet oder die Eröffnung beantragt worden ist. Dasselbe gilt für Unternehmen, die sich in Liquidation befinden oder deren Antrag auf Eröffnung des Insolvenz- oder Vergleichsverfahrens mangels Masse abgelehnt wurde. 964

Bewerber, die nachweislich eine schwere Verfehlung begangen haben, die ihre Zuverlässigkeit in Frage stellen, dürfen nach § 7 Nr. 5 c VOL/A vom Vergabeverfahren ausgeschlossen werden. Im Einzelfall kann sich das Ermessen auf Null reduzieren. Unspezifische Vorwürfe, vage Vermutungen können einen Ausschluss nicht rechtferti-

---

1450 OLG Dresden, Beschl. v. 17.10.2006, W Verg 15/06.
1450a OLG Düsseldorf, VergabeR 2005, 222; VergabeR 2006, 547.
1451 OLG Celle; VergabeR 2002, 176, 178; OLG Jena, BauR 2000, 388, 392; OLG Jena, VergabeR 2002, 256, 258; BayObLG, NZBau 2000, 211, 213 f.; OLG Frankfurt, Beschl. v. 27.06.2003, 11 Verg 3/03; vgl. auch OLG Celle, BauR 1994, 627.
1452 Heiermann/Riedl/Rusam-Rusam, § 25 VOB/A, Rn. 9.
1453 OLG Düsseldorf, Beschl. v. 08.02.2005, 7 Verg 100/04; Beschl. v. 30.04.2002, Verg 3/02, VergabeR 2002, 528, 532.
1454 Heiermann/Riedl/Rusam-Rusam, § 25 VOB/A, Rn. 11 und 125 ff.
1454a BayObLG, Beschl. v. 22.07.2004, Verg 15/04; VK Schleswig-Holstein, Beschl. v. 17.03.2006, VK-SH 2/06; VK Bund, Beschl. v. 09.02.2005, VK 2-03/05.

5 Die Verdingungsordnung für Leistungen, Teil A (VOL/A)

gen.[1455] Andererseits erfordert der Nachweis der Unzuverlässigkeit keine rechtmäßige Verurteilung. Ein Ausschluss nach § 7 Nr. 5 c VOL/A kommt auch dann in Betracht, wenn nach der Aktenlage ein konkreter Tatverdacht besteht.[1456]

5.2.12.3 3. Stufe: Ermittlung der in die engere Wahl fallenden Angebote

965 Auf der 3. Wertungsstufe erfolgt die Ermittlung der in die engere Wahl fallenden Angebote durch Prüfung der Angebotspreise; sie stellt die entscheidende Phase der Wertung gem. § 25 VOL/A dar. Ziel ist es, diejenigen Angebote zu ermitteln, die angemessene Preise im Sinne von § 2 Nr. 3 VOL/A aufweisen und damit für einen Zuschlag in Betracht kommen (§ 25 Nr. 3 VOL//A).

966 Auf Angebote, deren Preise in offenbarem Missverhältnis zur Leistung stehen, darf der Zuschlag gem. § 25 Nr. 2 Abs. 3 VOL/A nicht erteilt werden. Es muss sich um ein grobes, augenfälliges Missverhältnis zwischen der angebotenen Leistung und dem dafür geforderten Preis handeln.[1457] Insoweit ist § 25 Nr. 2 Abs. 3 VOL/A ebenso wie die Parallelvorschrift des § 25 Nr. 3 VOB/A bieterschützend.[1458] Abzustellen ist auf die Angebotsendsumme, nicht auf einzelne Positionen.[1459] Für die Beurteilung ist der prozentuale Abstand des zu prüfenden Angebots zum nächstplatzierten Bieter für sich allein nicht erheblich.[1460] Bei einem Abstand von mehr als 10 % ist allerdings schon wegen § 25 Nr. 2 Abs. 2 VOL/A regelmäßig eine Angebotsaufklärung erforderlich, ohne die ein Ausschluss von der Wertung nicht erfolgen darf.[1461] Ein schriftliches Aufklärungsverlangen schreibt die VOL/A anders als § 25 Nr. 3 Abs. 2 VOB/A nicht vor; der Bieter hat jedoch nach § 25 Nr. 2 Abs. 2 VOL/A die erforderlichen Belege einzureichen. Bei der Bewertung ist zu berücksichtigen, dass spekulative Angebotspreise nicht grundsätzlich verboten sind.[1462] Das Anbieten von Unterkostenpreisen ist grundsätzlich zulässig, sofern es wettbewerblich begründet und nicht zur gezielten planmäßigen Verdrängung von Wettbewerbern geschieht.[1463] Ergibt die Prüfung einen unangemessen niedrigen (oder hohen) Preis, muss das Angebot nach § 25 Nr. 2 Abs. 3 VOL/A von der Wertung ausgeschlossen werden.[1464]

1455 OLG Düsseldorf, Beschl. v. 28.07.2005 Verg 42/05.
1456 OLG Saarbrücken, Beschl. v. 29.12.2003, 1 Verg 4/03.
1457 OLG Celle, BauR 2000, 405; Beschl. v. 23.03.2000, 13 Verg 1/99, OLGR Celle 2001, 55; VK Sachsen, Beschl. v. 26.07.2001, 1/SVK/73-01; VK Lüneburg, Beschl. v. 08.06.2001, 203-VgK 08/2001; VK Nordbayern, Beschl. v. 27.06.2001, 320.VK-3194–16/01.
1458 Str. instruktiv hierzu OLG Bremen, Beschl. v. 24.05.2006, Verg 1/2006; Stolz, VergabeR 2002, 219 ff.; differenzierend OLG Düsseldorf, VergabeR 2002, 471.
1459 OLG Dresden, VergabeR 2003, 64, 67 m. Anm. Ebert, S. 69; BayObLG, ZfBR 2001, 45; OLG Celle, WuW/E Verg 554 (NZBau 2000, 105).
1460 OLG Dresden VergabeR 2003, 64, 67, m. Anm. Ebert.
1461 OLG München, Beschl. v. 02.06.2006 Verg 12/06; VK Bund, IBR 2000, 588; Motzke/Pietzcker/Prieß-Brinker/Ohler, § 25 VOB/A, Rn. 64.
1462 OLG Dresden, VergabeR 2003, 64, 67; OLG Düsseldorf, VergabeR 2001, 128; OLG Jena, VergabeR 2002, 419.
1463 OLG Düsseldorf, Beschl. v. 08.02.2005, 7 Verg 100/04; OLG Düsseldorf, VergabeR 2001, 128; KG, VergabeR 2002, 95 ff.; VK Bund, NZBau 2001, 167.
1464 VK Bund, VK A 23/99; VÜA Bund, 2 VÜ 22/98.

Vergabefremde, nicht leistungsbezogene Umstände, wie z.B. politische Zielsetzungen, dürfen nicht berücksichtigt werden. Nach der Rechtsprechung des EuGH[1465] sind allerdings vergabefremde Kriterien, insbesondere soziale Belange und Umweltaspekte in eingeschränktem Umfang berücksichtigungsfähig, vgl. dazu näher oben, Abschnitt 3.11.4.5.

967

5.2.12.4 4. Stufe: Auswahl des wirtschaftlichsten Angebots

Hinsichtlich des Zuschlags heißt es in § 25 Nr. 3 VOL/A:

968

»*Der Zuschlag ist auf das unter Berücksichtigung aller Umstände wirtschaftlichste Angebot zu erteilen. Der niedrigste Angebotspreis allein ist nicht entscheidend.*«

Auf der 4. Wertungsstufe ist zu entscheiden, welches Angebot das wirtschaftlichste ist und daher den Zuschlag erhalten soll. Das wirtschaftlichste Angebot ist dasjenige Angebot, das unter Berücksichtigung aller technischen und wirtschaftlichen, gegebenenfalls gestalterischen und funktionsbedingten Gesichtspunkte als das annehmbarste Angebot erscheint. Der niedrigste Angebotspreis allein ist dabei nicht entscheidend. Vielmehr hat der Angebotspreis für eine Vergabeentscheidung nur dann ausschlaggebende Bedeutung, wenn die in der engeren Auswahl stehenden Angebote in technischer, gestalterischer oder funktionsbedingter Hinsicht gleich- oder höherwertig sind.[1466] Es ist daher im Rahmen einer vergleichenden Betrachtung hinsichtlich des Inhalts und der Preise das für den Auftraggeber »günstigste« Angebot auszuwählen.

969

Steht die Fachkunde und Zuverlässigkeit eines Bieters nach der 2. Wertungsstufe fest, kann im Rahmen der 4. Wertungsstufe ein auf ein »Mehr an Eignung« eines einzelnen Bieters nicht mehr abgestellt werden.[1467] Gibt ein Auftraggeber als Kriterium die Qualität der angebotenen Leistung an, kann er sich später nicht darauf berufen, dass es sich dabei nur um ein Eignungskriterium gehandelt habe.[1468] Nach gefestigter Ansicht der Rechtsprechung kann die Entscheidung über den Zuschlag nur auf Kriterien gestützt werden, die bei der Aufforderung zur Abgabe von Angeboten bekannt gemacht worden sind.[1469] Dies entspricht der Handhabung im Bereich der VOB nach § 25 Nr. 3 Abs. 3 VOB/A.

970

Von großer Bedeutung ist auch das Erfordernis, die Nachvollziehbarkeit der Entscheidung durch eine ordnungsgemäße Dokumentation i.S.v. § 30 VOL/A sicherzustellen. Das ist für § 30 VOB/A bereits feststehende Rechtsprechung,[1470] dürfe aber wegen der inhaltlich gleichen Vorschrift ebenso für den Bereich der VOL/A gelten. § 30 VOL/A ebenso wie § 30 VOB/A ist Ausdruck der Verpflichtung zu ordnungsgemäßem Verwaltungshandeln, wonach wesentliche Feststellungen und Entscheidungen aktenmäßig festzuhalten sind. Die Vorschrift dient auch der Schaffung von Transparenz und damit der Überprüfbarkeit für die Bieter und ist somit Ausdruck eines

971

1465 EuGH, »Concordia Bus«, VergabeR 2002, 593 ff.
1466 OLG Naumburg, Beschl. v. 22.12.1999, BauR 2000, 1636.
1467 BGH, VergabeR 2002, 46; BauR 1998, 1246; OLG Düsseldorf, VergabeR 2002, 282.
1468 BayObLG, Beschl. v. 03.07.2002, Verg 13/03, VergabeR 2002, 637, 639.
1469 BGH, BauR 1999, 736 ff.; Vk Bund, BauR 2000, 1286 ff.
1470 OLG Brandenburg, BauR 1999, 1175, 1181 m. Anm. Leinemann.

subjektiven Rechts im Sinne von § 97 Abs. 7 GWB.[1471] Eine bloße »Kreuzchenliste« reicht nicht aus, um ein komplexes Angebot nachvollziehbar zu bewerten.[1472] Einer Vergabestelle ist es zudem aus Gründen der Transparenz verwehrt, Gründe für eine Losvergabe entgegen § 30 Nr. 1 VOL/A nicht zeitnah in der Vergabeakte zu dokumentieren, sondern erst im Nachprüfungsverfahren vorzutragen.[1473] Der Vergabevermerk unterliegt stets der Akteneinsicht im Nachprüfungsverfahren gem. § 111 GWB.

972   Zudem ist auch nach einer Aufteilung in Teillose weiterhin an die Bieter mit dem günstigsten Angebot zu vergeben. Ist die Ausschreibung berechtigterweise in Lose aufgeteilt, muss ein Angebot, das lediglich ein »Gesamtpaket« enthält und eine Vergabe einzelner Lose ausschließt, ausgeschlossen[1474] oder – je nach Vorgabe der Ausschreibungsunterlagen – als Nebenangebot gewertet werden. Die jeweiligen Gründe für den Zuschlag sind dabei in den Akten zu vermerken, § 25 Nr. 5 VOL/A, wobei hierzu allein der Hinweis auf die Wirtschaftlichkeit nicht genügen kann.

973   Nach § 25 Nr. 4 VOL/A sind Nebenangebote, die der Auftraggeber bei der Ausschreibung gewünscht oder ausdrücklich zugelassen hat, ebenso zu werten wie die Hauptangebote.

5.2.12.5 Der Zuschlag

974   Der Zuschlag führt gem. § 28 VOL/A den rechtswirksamen Vertragsschluss herbei. Die Gründe für die Zuschlagserteilung sind nach § 25 Nr. 5 VOL/A in den Akten zu vermerken. Im Gegensatz zum Verfahren nach der VOB/A ist eine schriftliche Mitteilung über den Zuschlag an den oder die Bieter grundsätzlich nicht erforderlich, aus Beweisgründen jedoch dringend anzuraten und üblich. Ist der Zuschlag erfolgt, kann der Vertragsschluss nicht mehr rückgängig gemacht werden; es bleibt dann allenfalls noch die Kündigung gem. § 8 VOL/B.

5.2.13 Die Aufhebung der Ausschreibung, § 26 VOL/A

975   Die Ausschreibung kann aufgehoben werden, wenn entweder kein Angebot eingegangen ist, das den Ausschreibungsbedingungen entspricht, die Grundlagen der Ausschreibung sich wesentlich geändert haben, die Ausschreibung kein wirtschaftliches Ergebnis gebracht hat oder andere schwerwiegende Gründe bestehen, vgl. § 26 Nr. 1 VOL/A.

976   Im Vergleich zur VOB/A wird dort in § 26 Nr. 1 b) darauf abgestellt, dass als Aufhebungsgrund der Nachweis erforderlich ist, dass die Verdingungsunterlagen grundlegend geändert werden müssten. Zwar bedeutet dieses materiell-rechtlich keinen Unterschied zur Voraussetzung der Änderung der Grundlagen zur Ausschreibung i. S. d. § 26 Nr. 1 b) VOL/A.[1475] Allerdings dürfte die Voraussetzung nach der VOB/A leichter

---

1471 OLG Düsseldorf, VergabeR 2003, 87, 89; OLG Brandenburg, BauR 1999, 1175, 1181.
1472 OLG Brandenburg, BauR 1999, 1175, 1181 m. Anm. Leinemann.
1473 OLG Düsseldorf, Beschl. v. 08.04.2004, 7 Verg 8/04; Beschl. v. 08.09.2004, VII Verg 38/04.
1474 OLG Frankfurt/Main, VergabeR 2002, 394, 395.
1475 Vgl. auch Daub/Eberstein, § 26, Rn. 7; Motzke/Pietzcker/Prieß-Jasper, § 26 VOB/A, Rn. 76.

zu beweisen und überprüfen sein, da die Verdingungsunterlagen allen Verfahrensbeteiligten vorliegen und objektiv beurteilt werden können. Gegenüber der VOB/A kennt § 26 Nr. 1 c) VOL/A noch den Grund, dass die Ausschreibung kein wirtschaftliches Ergebnis gehabt hat.

Wegen der Parallelität der Regelungen zu den Aufhebungsgründen kann hier auf die ausführliche Darstellung zur VOB/A unter Abschnitt 3.12 verwiesen werden. 977

Mit der Aufhebung eines Vergabeverfahrens durch die Vergabestelle wird auch dann die Beendigung des Verfahrens bewirkt, wenn keiner der Aufhebungsgründe i. S. d. § 26 VOL/A vorliegt.[1476] Die Bieter sind unverzüglich über eine Aufhebung zu verständigen. Eine neue Ausschreibung oder eine freihändige Vergabe ist nach § 26 Nr. 5 VOL/A nur zulässig, wenn die vorhergehende Ausschreibung über denselben Gegenstand ganz oder teilweise aufgehoben worden ist. 978

Die §§ 26, 26 a VOL/A enthalten ebenso wie die inhaltsgleichen Regelungen der VOB/A das vergaberechtliche Gebot, ein Vergabeverfahren nur aus den dort genannten Gründen aufzuheben. Dieses Gebot hat bieterschützende Wirkung mit der Folge, dass eine nicht dieser Vorschrift genügende Aufhebung im Nachprüfungsverfahren angegriffen und von der Vergabekammer rückgängig gemacht werden kann.[1477] Ein Nachprüfungsantrag kann auch noch nach Aufhebung der Ausschreibung gestellt werden.[1478] 979

Ist die Ausschreibung ohne hinreichenden Grund aufgehoben worden, so kann dies einen Schadensersatzanspruch wegen Verschuldens bei Vertragsschluss nach §§ 311 Abs. 2, 241 Abs. 2 BGB (culpa in contrahendo) zur Folge haben.[1479] Der Auftraggeber trägt die Darlegungs- und Beweislast dafür, dass die Aufhebung der Ausschreibung zu Recht erfolgt ist.[1480] Zu Schadensersatzansprüchen vgl. die Ausführungen zur VOB/A oben, Abschnitt 3.11.4.5.4. 980

Bei Überschreiten der Schwellenwerte ist nach § 26 a VOL/A der Verzicht über die Vergabe im Amtsblatt der Europäischen Gemeinschaften bekannt zu geben. Auf schriftlichen Antrag teilt der Auftraggeber den Bietern die Gründe für seine Entscheidung mit. Für Verfahren im Rahmen des 3. Abschnitts gilt diese Bekanntmachungspflicht jedoch nicht. 981

Oberhalb der Schwellenwerte gilt nach § 13 VgV, dass an die Bieter 14 Tage vor Zuschlagserteilung eine Nachricht über den beabsichtigten Zuschlag und die Gründe der Nichtberücksichtigung abgegeben werden muss. Ohne eine solche Benachrichtigung ist ein dennoch erteilter Zuschlag nichtig. 982

Das gilt indes nicht für Vergaben unterhalb der Schwellenwerte nach den Basisparagrafen. Bei diesen Verfahren wird denjenigen Bietern, die nicht berücksichtigte Angebote eingereicht haben, dies auf schriftlichen Antrag hin nach Zuschlagserteilung mitgeteilt. 983

1476 OLG Dresden, Beschl. v. 13.07.2000, ZVgR 2000, 222.
1477 BGH, VergabeR 2003, 313, 315 f.; im Anschluss dazu jetzt OLG Dresden, Beschl. v. 10.07. 2003, WVerg 16/02.
1478 BGH, VergabeR 2003, 313, 315.
1479 BGH, BauR 1998, 1238; 1240; BauR 1998, 1232.
1480 BGH, BauR 1993, 214, 216; OLG Düsseldorf, Urt. v. 12.06.2003, 5 U 109/02.

Der Antrag auf Mitteilung kann bereits bei der Abgabe des Angebots gestellt werden, § 27 Nr. 1 S. 3 VOL/A. Die Mitteilung hat auch die Gründe für die Ablehnung zu enthalten, ebenso die Anzahl der eingegangenen Angebote und den niedrigsten und höchsten Angebotspreis, § 27 Nr. 2 VOL/A. Diese Angaben müssen allerdings nicht gemacht werden, wenn der Zuschlagspreis unter EUR 5.000 liegt, weniger als 8 Angebote eingegangen sind oder der Aufforderung zur Angebotsabgabe eine funktionale Leistungsbeschreibung zugrunde gelegt hat. Ebenso müssen keine Angaben gemacht werden, wenn das Angebot des nachfragenden Bieters ausgeschlossen wurde oder nicht berücksichtigt werden konnte, § 27 Nr. 3 VOL/A.

5.2.14 Besonderheiten im Verfahren oberhalb der EU-Schwellenwerte (Abschnitte 2 und 3 VOL/A)

984 Grundsätzlich gelten im Vergabeverfahren auch oberhalb der EU-Schwellenwerte die Vorschriften der Basisparagrafen, allerdings nur insoweit, als sie nicht von den a/b-Paragrafen modifiziert werden. Nachfolgend werden daher nur die wesentlichen Abweichungen dargestellt, die bei europaweiten Vergabeverfahren nach Abschnitten 2 und 3 der VOL/A zu berücksichtigen sind.

5.2.14.1 Bekanntmachung

985 Die Bekanntmachung der Ausschreibung erfolgt nach § 17 a bzw. 17 b VOL/A durch Veröffentlichung im Amtsblatt der Europäischen Gemeinschaften gem. dem Muster in Anhang II der Verordnung EG Nr. 15. 1564/2005. Die Vergabestelle muss die Bekanntmachung unverzüglich auf elektronischem und auf anderem Wege dem Amt für amtliche Veröffentlichung der Europäischen Gemeinschaft übermitteln. Die Bekanntmachung wird unentgeltlich im Amtsblatt in der jeweiligen Originalsprache veröffentlicht. Außerdem ist eine Zusammenfassung der wichtigsten Bestandteile in anderen Amtssprachen der Gemeinschaft zu veröffentlichen. Dabei ist nur der Wortlaut der Originalsprache verbindlich.

Mit der VOL/A 2006 ist ein weiteres Publikationsinstrument eingeführt worden. Die Vorschriften der § 17 a Nr. 2, § 17 b Nr. 4 Abs. 4 VOL/A eröffnen den Auftraggebern die Möglichkeit, ein sogenanntes Beschaffungsprofil im Internet einzurichten. Dieses Instrument zielt u. a. darauf ab, die am Auftrag interessierten Unternehmen über geplanten Auftragsvergaben eines Auftraggebers zu informieren. So können beispielsweise im Beschaffungsprofil die unverbindlichen Bekanntmachungen (Vorinformationen) veröffentlicht werden, § 17 a Nr. 3 Abs. 2 VOL/A.

986 Nach § 17 b Nr. 2 VOL/A kann ein Aufruf zum Wettbewerb erfolgen durch:

> ➢ Veröffentlichung einer Bekanntmachung nach Anhang V der Verordnung EG Nr. 1564/2005;
>
> ➢ durch Veröffentlichung einer regelmäßigen unverbindlichen Bekanntmachung über die in den nächsten zwölf Monaten geplanten Vergaben nach § 17 b Nr. 1 VOL/A;
>
> ➢ durch Veröffentlichung einer Bekanntmachung über das Bestehen eines Prüfsystems nach § 7 b Nr. 5 VOL/A.

5.2 Die vier Abschnitte der VOL/A

Erfolgt der Aufruf zum Wettbewerb durch Veröffentlichung einer regelmäßigen unverbindlichen Bekanntmachung, so muss in der Bekanntmachung der Inhalt des zu vergebenden Auftrages nach Art und Umfang genannt sein. Außerdem muss die Bekanntmachung den Hinweis enthalten, dass dieser Auftrag im Nichtoffenen Verfahren oder Verhandlungsverfahren ohne spätere Veröffentlichung eines Aufrufs zur Angebotsabgabe vergeben wird, § 17 b Nr. 3 b) VOL/A. Zudem müssen gem. § 17 b Nr. 3 c) VOL/A die Auftraggeber später alle Bewerber zur Bestätigung ihres Interesses am Auftrag auffordern, bevor mit der Auswahl begonnen werden kann. 987

Besteht ein Prüfsystem, müssen Bewerber aufgefordert werden, die im Rahmen des Systems eine Qualifikation erlangt haben, § 17 b Nr. 4 VOL/A. 988

Auch in Fällen des § 17 b VOL/A ist eine Zusammenfassung der wichtigsten Angaben in den übrigen Amtssprachen der Gemeinschaften zu veröffentlichen. Allerdings ist nur der Wortlaut in der Originalsprache verbindlich. 989

5.2.14.2 Form und Frist der Angebote

Bei Vergabeverfahren nach Abschnitt 2 und 3 der VOL/A beträgt die Frist für den Eingang der Angebote beim Offenen Verfahren mindestens 52 Kalendertage, § 18 a/b Nr. 1 Abs. 1 VOL/A. Sie kann auf 36 Tage verkürzt werden. Demnach ist gem. § 18 a Nr. 1 Abs. 2 a) VOL/A zunächst ein formgemäße Vorinformation erforderlich bzw. gem. § 18 b Nr. 1 Abs. 2 a) eine formgemäße Bekanntmachung an das Amtsblatt der EG zu machen. Nach § 18 a/b Nr. 1 Abs. 2 b) VOL/A darf durch die Fristverkürzung die Möglichkeit der Bieter zur Angebotsabgabe nicht unterbunden werden. Dazu ist insbesondere eine Mindestfrist von 22 Tagen einzuhalten. Die Angebotsfristen können nach § 18 a Nr. 1 Abs. 4 VOL/A um weitere 7 Tage verkürzt werden, wenn die Bekanntmachung elektronisch erstellt und übermittelt wurde. 990

Beim Nichtoffenen Verfahren, Wettbewerblichen Dialog und im Verhandlungsverfahren nach vorheriger Bekanntmachung ist eine Frist für den Antrag auf Teilnahme von mindestens 37 Tagen, nur im Nichtoffenen und Verhandlungsverfahren ist bei besonderer Dringlichkeit (beschleunigtes Verfahren) eine Frist von mindestens 15 Tagen – bei elektronischer Übermittelung von mindestens 10 Tagen – einzuhalten, wobei die Frist vom Tag der Absendung der Bekanntmachung an berechnet wird, § 18 a Nr. 2 Abs. 1 VOL/A. Nach § 17 a Nr. 1 und § 17 b Nr. 4 VOL/A muss der Auftraggeber den Tag der Absendung zur Bekanntmachung nachweisen können, um die Fristberechnung zu ermöglichen. 991

Nach § 18 b Nr. 2 VOL/A gelten bei öffentlichen Sektorenauftraggebern für das Nichtoffene Verfahren und das Verhandlungsverfahren mit vorherigem Aufruf zum Wettbewerb etwas andere Fristen. Die Frist für den Eingang von Teilnahmeanträgen beträgt grundsätzlich mindestens 37 Tage, mindestens jedoch 15 Tage. Bei Vergabeverfahren nach Abschnitt 3 der VOL/A kann die Angebotsfrist zwischen dem Auftraggeber und den ausgewählten Bewerbern auch einvernehmlich festgelegt werden, vorausgesetzt, dass allen Bewerbern dieselbe Frist für die Erstellung und Einreichung von Angeboten eingeräumt wird, § 18 b Nr. 2 b) VOL/A. Ist eine einvernehmliche Festlegung der Angebotsfrist nicht möglich, setzt der Auftraggeber im Regelfall ein Frist von mindestens 24 Tagen, § 18 b Nr. 2 c) VOL/A. Die absolute Mindestfrist beträgt 10 Tage. 992

993 Beim Nichtoffenen Verfahren nach Abschnitt 2 der VOL/A beträgt die Angebotsfrist mindestens 40 Tage und kann lediglich in Fällen besonderer Dringlichkeit auf nicht weniger als 10 Tage verkürzt werden, § 18 a Nr. 2 Abs. 2 und 3 VOL/A. Auch hier ist eine Vorinformation erforderlich.

5.2.14.3 Inhalt, Öffnung und Prüfung der Angebote

994 Hinsichtlich der Zuschlags- und Bindefrist (§ 19), der Kosten (§ 20), des Inhaltes der Angebote (§ 21), der Öffnung der Angebote bei der Ausschreibung und dem Grundsatz der Vertraulichkeit (§ 22), der Prüfung der Angebote (§ 23) sowie der Verhandlungen mit Bietern bei Ausschreibungen (§ 24) enthalten der 2. und 3. Abschnitt der VOL/A gegenüber den Basisparagrafen – abgesehen von den bereits erwähnten Abweichungen – keine besonderen Regelungen.

5.2.14.4 Wertung der Angebote

995 Soweit es der Auftragsgegenstand rechtfertigt, können nach § 25 a, § 25 b VOL/A neben der Qualität, Preis und technischer Wert folgende Zuschlagkriterien bei der Angebotswertung berücksichtigt werden:

- ➢ Ästhetik
- ➢ Zweckmäßigkeit
- ➢ Umwelteigenschaften
- ➢ Betriebskosten
- ➢ Rentabilität
- ➢ Kundendienst und technische Hilfe
- ➢ Lieferzeitpunk und Lieferungs- oder Ausführungsfrist
- ➢ Verpflichtungen hinsichtlich der Ersatzteile und Versorgungssicherheit (§ 25 b VOL/A)

996 Dieser Katalog von Zuschlagskriterien hat keinen abschließenden Charakter. Der Auftraggeber hat zudem darauf zu achten, dass die Zuschlagskriterien durch den Auftragsgegenstand gerechtfertigt sein müssen. Diese Vorgabe ist unter Berücksichtigung von Art. 53 Abs. 1 VKR dahingehend zu verstehen, dass beschaffungsfremde Kriterien, die in keinem Zusammenhang mit dem Auftrag stehen, auch weiterhin nicht angewendet werden dürfen.

997 Eine Neuerung der VOL/A 2006 besteht in der Bekanntmachung der Zuschlagskriterien. Wie in der VOB/A werden Auftraggeber dazu angehalten, alle vorgesehenen Zuschlagskriterien einschließlich deren Gewichtung in der Bekanntmachung, der Aufforderung zur Angebotsabgabe oder in den Verdingungsunterlagen zu benennen, §§ 9 a, 9 b VOL/A. Die Gewichtung kann mit einer angemessenen Marge erfolgen. Auf eine Bekanntmachung der Gewichtung kann nach § 25 a Nr. 1 Abs. 1 S. 4, 25 b Nr. 1 Abs. 1 S. 4 VOL/A nur verzichtet werden, wenn eine Angabe aus nachvollziehbaren Gründen nicht möglich ist. In einem solchen Fall müssen die Zuschlagskriterien lediglich in der

absteigenden Reihenfolge der ihnen zuerkannten Bedeutung festgelegt werden.[1481] Der Gleichbehandlungs- und Transparenzgrundsatz macht es erforderlich, dass auch die im Voraus aufgestellten Unterkriterien in der Vergabebekanntmachung bzw. in den Verdingungsunterlagen bekannt zu geben sind.[1482]

Angebote, die aufgrund einer staatlichen Beihilfe ungewöhnlich niedrig sind, dürfen nach §§ 25 a Nr. 2, 25 b Nr. 2 Abs. 3 VOL/A vom Auftraggeber nur zurückgewiesen werden, wenn der Bieter nach Aufforderung innerhalb einer vom Auftraggeber festzulegenden Frist nicht nachweisen kann, dass die betreffende Beihilfe rechtmäßig ist. Schließt der Auftraggeber ein Angebot wegen des Verdachts einer unrechtmäßigen Beihilfe aus, hat er dies der Europäischen Kommission mitzuteilen. 998

Abschnitt 3 der VOL/A enthält in 25 b Nr. 2 VOL/A die Besonderheit, dass der Auftraggeber bei Angeboten, die im Verhältnis zur Leistung als ungewöhnlich niedrig anzusehen sind, vor deren Ablehnung schriftlich Aufklärung über die Einzelposten der Angebote verlangen muss, soweit er das für angezeigt hält. Die anschließende Prüfung hat unter Berücksichtigung der eingegangenen Begründung zu erfolgen. Kann der niedrige Preis nicht nachvollziehbar gerechtfertigt werden, führt dies zum Ausschluss des betroffenen Angebots. Es gibt allerdings keinen Zwang zum Ausschluss nicht auskömmlich kalkulierter Angebote.[1483] 999

5.2.14.5 Mitteilung über den Verzicht auf die Vergabe

§ 26 a VOL/A enthält abweichende Regelungen zu § 26 der Basisparagrafen. 1000

Danach hat der Auftraggeber das Amt für amtliche Veröffentlichungen der Europäischen Gemeinschaften zu unterrichten, wenn er auf die Vergabe eines dem EG-weiten Wettbewerb unterstellten Auftrages verzichten möchte. Auf Antrag hat der Auftraggeber den Bewerbern oder Bietern die Gründe seiner Entscheidung dafür mitzuteilen, warum er auf die Vergabe verzichtet bzw. warum er das Verfahren nicht erneut einleiten möchte. 1001

5.2.14.6 Mitteilung an nicht berücksichtigte Bieter

Nach § 13 VgV hat der Auftraggeber die Bieter, deren Angebot nicht berücksichtigt werden soll, über den Namen des Bieters, dessen Angebot angenommen werden soll und über den Grund der vorgesehenen Nichtberücksichtigung der jeweiligen übrigen Bieter zu unterrichten. Die Information ist 14 Kalendertage vor Vertragsschluss, d.h. vor Zuschlagserteilung, abzusenden. Ein entgegen § 13 VgV erteilter Zuschlag ist nichtig. 1002

Der Auftraggeber hat nach § 27 a/b Nr. 1 VOL/A den nicht berücksichtigten Bewerbern oder Bietern auf Antrag innerhalb von 15 Tagen die Gründe für die Ablehnung ihrer Bewerbung oder ihres Angebotes sowie ggf. den Namen des erfolgreichen Bieters mitzuteilen. Ausdrücklich formuliert wurde in 27 a/b VOL/A Nr. 2 ein Zurück- 1003

1481 Anders noch zur alten Rechtslage OLG Dresden Beschl. v. 06.04.2004, WVerg 0001/04.
1482 OLG Düsseldorf, Beschl. vom 16.11.2005, Verg 59/05; OLG Frankfurt, Beschl. vom 28.02.2006, 11 Verg 16/05 zur VOF.
1483 OLG Düsseldorf, Beschl. v. 19.12.2000, Verg 28/00, VergabeR 2001, 128, 128.

haltungsrecht bei solchen Informationen, deren Weitergabe den Gesetzesvollzug vereiteln oder gegen berechtigte öffentliche oder private Interessen verstoßen. Der Umfang bzw. die Abgrenzung dieser Interessen von denen der Bieter wurde jedoch nicht weiter präzisiert, wodurch hier ein erhebliches Konfliktpotenzial eröffnet werden dürfte.

5.2.14.7 Bekanntmachung über die Auftragserteilung

1004   Nach § 28 a VOL/A hat der Auftraggeber im Verfahren nach dem 2. Abschnitt der VOL/A binnen 48 Tagen seit der Vergabe dem Amt für amtliche Veröffentlichungen der Europäischen Gemeinschaften Mitteilung über den vergebenen Auftrag zu machen. Bei Rahmenvereinbarungen umfasst die Bekanntmachung nur den Abschluss der Rahmenvereinbarungen, nicht aber die Einzelaufträge, die aufgrund der Rahmenvereinbarung vergeben wurden, § 28 a Nr. 1 Abs. 3 VOL/A.

1005   Bei öffentlichen Sektorenauftraggebern hat die Mitteilung nach § 28 b Nr. 1 VOL/A gegenüber der Kommission der Europäischen Gemeinschaften innerhalb von zwei Monaten nach der Vergabe des Auftrages zu erfolgen. Nach § 28 a Nr. 1 Abs. 2 kann der Auftraggeber dem Amt für amtliche Veröffentlichungen im Fall der Vergabe von Aufträgen über Dienstleistungen nach Anhang I B mitteilen, ob er mit der Veröffentlichung einverstanden ist. Gleiches gilt nach § 28 b Nr. 3 Abs. 2. In den übrigen Fällen findet regelmäßig eine Veröffentlichung über die Vergabe im Amtsblatt der Europäischen Gemeinschaften statt. Bei der Veröffentlichung ist allerdings der Tatsache Rechnung zu tragen, dass es sich bei den Angaben im Fall von Anhang VI der Verordnung (EG) Nr. 1564/2005 um in geschäftlicher Hinsicht empfindliche Angaben handelt, die regelmäßig nicht zu veröffentlichen sind.

5.2.15 Verfahrensablauf nach der VOL/A – SKR (Abschnitt 4 der VOL/A)

5.2.15.1 Bekanntmachung

1006   Nach § 9 Nr. 1 VOL/A-SKR haben die Auftraggeber mindestens einmal jährlich Bekanntmachungen zu veröffentlichen, die Angaben über alle für die nächsten zwölf Monate beabsichtigen Aufträge, deren nach der Vergabeverordnung geschätzter Wert jeweils mindestens 750.000 EUR beträgt, enthalten. Die Bekanntmachungen sind gem. § 9 Nr. 1 Abs. 2 VOL/A-SKR nach dem im Anhang V der Verordnung (EG) Nr. 1564/2005 enthaltenen Muster zu erstellen und dem Amt für amtliche Veröffentlichungen der Europäischen Gemeinschaften zu übermitteln.

1007   Nach § 9 Nr. 2 Abs. 1 VOL/A-SKR kann ein Aufruf zum Wettbewerb erfolgen durch Veröffentlichung einer Bekanntmachung nach Anhang V der Verordnung (EG) Nr. 1564/2005, durch Veröffentlichung einer regelmäßigen unverbindlichen Bekanntmachung nach § 9 Nr. 1 VOL/A-SKR oder durch Veröffentlichung einer Bekanntmachung über das Bestehen eines Prüfsystems nach § 5 Nr. 6 VOL/A-SKR. Erfolgt der Aufruf zum Wettbewerb durch Veröffentlichung einer regelmäßigen unverbindlichen Bekanntmachung, ist nach § 9 Nr. 3 VOL/A-SKR in der Bekanntmachung der Inhalt des zu vergebenden Auftrages nach Art und Umfang zu nennen. Die Bekanntmachung muss den Hinweis enthalten, dass dieser Auftrag im Nichtoffenen Verfahren oder Verhandlungsverfahren ohne spätere Veröffentlichung eines Aufrufes zur Angebotsabgabe vergeben wird. Er muss weiterhin die Aufforderung an interessierte Unternehmen enthalten, ihr Interesse schriftlich mitzuteilen.

Außerdem muss der Auftraggeber später alle Bewerber auf der Grundlage von genaueren Angaben über den Auftrag auffordern, ihr Interesse zu bestätigen, bevor mit der Auswahl der Bieter oder der Teilnehmer an einer Verhandlung begonnen wird. Schließlich dürfen zwischen der Veröffentlichung der Bekanntmachung und dem Zeitpunkt der Zusendung der Aufforderung an den Bewerber höchstens zwölf Monate vergangen sein. 1008

Erfolgt ein Aufruf zum Wettbewerb durch Veröffentlichung einer Bekanntmachung über das Bestehen eines Prüfsystems, so werden nach § 9 Nr. 4 VOL/A-SKR die Bieter in einem Nichtoffenen Verfahren oder die Teilnehmer an einem Verhandlungsverfahren unter den Bewerbern ausgewählt, die sich im Rahmen eines solchen Systems qualifiziert haben. Nach § 9 Nr. 5 Abs. 3 VOL/A-SKR dürfen die Veröffentlichungen nur die dem Amt für amtliche Veröffentlichungen der Europäischen Gemeinschaften übermittelten Angaben enthalten. Die Bekanntmachung wird ungekürzt binnen spätestens zwölf Tagen nach der Absendung im Supplement zum Amtsblatt der Europäischen Gemeinschaften in der Originalsprache veröffentlicht. Bei elektronischen erstellten und übersandten Bekanntmachung erfolgt nach § 9 Nr. 5 Abs. 2 VOL/A-SKR die Veröffentlichung spätestens nach fünf Tagen. Eine Zusammenfassung der wichtigsten Angaben wird in den übrigen Amtssprachen der Gemeinschaften veröffentlicht. Dabei ist ausschließlich der Wortlaut in der Originalsprache verbindlich. 1009

Von den Bietern angeforderte Vergabeunterlagen sind in kürzestmöglicher Frist zu übermitteln, im Nichtoffenen Verfahren bzw. Verhandlungsverfahren mit vorherigem Wettbewerbsaufruf bereits am selben Tag, § 9 Nr. 8 VOL/A-SKR. 1010

5.2.15.2 Angebotsfrist, Bewerbungsfrist

Die Frist für den Eingang der Angebote beträgt bei einem Offenen Verfahren mindestens 52 Kalendertage, § 10 Nr. 1 Abs. 1 VOL/A-SKR. Sie kann auf 36 Tage verkürzt werden, wenn eine Bekanntmachung im Amtsblatt der EU veröffentlicht war und hierbei bestimmte weitergehende Voraussetzungen – wie z.B. das Veröffentlichungsmuster – eingehalten wurden, § 10 Nr. 1 Abs. 2 VOL/A-SKR. 1011

Beim Nichtoffenen Verfahren beträgt die Frist für den Antrag auf Teilnahme nach § 10 Nr. 2 a) VOL/A-SKR grundsätzlich mindestens 37 Tage. Sie darf auf keinen Fall kürzer sein als 22 Tage, wenn die Bekanntmachung nicht auf elektronischen Wege oder per Telefax zur Veröffentlichung übermittelt wurde, bzw. nicht kürzer als 15 Tage, wenn sie auf solchem Wege übermittelt wurde. Die Angebotsfrist kann allerdings zwischen dem Auftraggeber und den ausgewählten Bewerbern einvernehmlich festgelegt werden, vorausgesetzt, dass allen Bewerbern dieselbe Frist für die Erstellung und Einreichung von Angeboten eingeräumt wird. Falls eine einvernehmliche Festlegung der Angebotsfrist nicht möglich ist, setzt der Auftraggeber in den Regelfällen eine Frist von mindestens drei Wochen fest. Diese Frist darf allerdings unter keinen Umständen kürzer als zehn Tage sein. 1012

Bei elektronisch erstellten und übermittelnden Bekanntmachungen können nach § 10 Nr. 4 Abs. 1 S. 1 VOL/A-SKR die Fristen für den Eingang der Teilnahmeanträge im 1013

5 Die Verdingungsordnung für Leistungen, Teil A (VOL/A)

Nichtoffenen Verfahren und Verhandlungsverfahren und die Fristen für den Eingang der Angebote im Offenen Verfahren um 7 Tage verkürzt werden. Unter bestimmten Voraussetzungen kann die Angebotsfrist um weitere 5 Tage verkürzt werden, § 10 Nr. 4 Abs. 1 S. 2 VOL/A-SKR.

5.2.15.3 Wertung der Angebote

1014 Nach § 11 Nr. 1 Abs. 1 VOL/A-SKR ist der Auftrag auf das wirtschaftlich günstigste Angebot unter Berücksichtigung der auftragsbezogenen Kriterien über Lieferfrist, Ausführungsdauer, Betriebskosten, Rentabilität, Qualität, Ästhetik und Zweckmäßigkeit, technischer Wert, Umwelteigenschaften, Kundendienst und technische Hilfe, Verpflichtungen hinsichtlich der Ersatzteile, Versorgungssicherheit und Preis zu erteilen.

1015 Bei der Wertung der Angebote dürfen nur Kriterien berücksichtigt werden, die in der Bekanntmachung oder in den Vergabeunterlagen genannt sind. Eine Auswahl unter maßgeblicher Berücksichtigung anderer als der genannten Merkmale wäre als Vergabeverstoß zu qualifizieren.

1016 Die Zuschlagskriterien einschließlich ihrer Gewichtung müssen vorher bekannt gegebenen werden. Nach § 11 Nr. 1 Abs. 1 S. 2 VOL/A-SKR kann die Gewichtung mit einer angemessenen Marge erfolgen. Nur unter den in Satz 3 genannten Voraussetzungen, wonach eine Gewichtung aus nachvollziehbaren Gründen nicht angegeben werden kann, ist ein Auftraggeber berechtigt, die Zuschlagskriterien in der absteigenden Reihenfolge ihrer Bedeutung festzulegen.

1017 Erscheint das Angebot im Verhältnis zur Leistung als ungewöhnlich niedrig, hat der Auftraggeber nach § 11 Nr. 2 Abs. 1 VOL/A-SKR vom Bieter vor der Ablehnung schriftlich Aufklärung über die Einzelposten der Angebote zu verlangen, wo er dies für angezeigt hält. Die anschließende Prüfung erfolgt unter Berücksichtigung der eingegangenen Belege.

1018 Angebote die aufgrund einer staatlichen Beihilfe ungewöhnlich niedrig sind, dürfen nach § 11 Nr. 2 Abs. 3 VOL/A-SKR von den Auftraggebern nur zurückgewiesen werden, wenn diese den Bieter darauf hingewiesen haben und dieser nicht den Nachweis liefen konnte, dass die Beihilfe der Kommission der Europäischen Gemeinschaften gemeldet oder von ihr genehmigt wurde.

5.2.15.4 Mitteilungspflichten gegenüber Bewerbern und Bietern

1019 Seit der Neufassung 2000 der VOL/A-SKR wurden auch Auftraggebern in den Sektoren gem. § 12 VOL/A-SKR Mitteilungspflichten gegenüber den Bewerbern und Bietern auferlegt. Wie in den Abschnitten 2 und 3 gem. § 27 a/b VOL/A haben diese Auftraggeber auch hier nach § 13 VgV 14 Tage vor Vertragsschluss die Gründe für die Nichtberücksichtigung eines Bewerbers sowie den Namen des erfolgreichen Bieters schriftlich mitzuteilen. Unterbleibt diese Mitteilung, ist ein gleichwohl erteilter Zuschlag gem. § 13 VgV nichtig.

5.2.15.5 Bekanntmachung der Auftragserteilung

Nach § 13 Nr. 1 VOL/A-SKR sind die Ergebnisse des Vergabeverfahrens für jeden vergebenen Auftrag binnen zwei Monaten auch der Kommission der Europäischen Gemeinschaft mitzuteilen. Die Angaben werden im Amtsblatt der Europäischen Gemeinschaft veröffentlicht. Dabei trägt die Kommission der Europäischen Gemeinschaften der Tatsache Rechnung, dass es sich bei den Angaben gem. Anhang VI der Verordnung (EG) Nr. 1564/2005 um in geschäftlicher Hinsicht empfindliche Angaben handelt, wenn der Auftraggeber dies bei der Übermittlung dieser Angaben geltend macht. Auftraggeber, die Dienstleistungsaufträge der Kategorie 8 des Anhangs I A vergeben, die nur zum Zweck von Forschungen, Versuchen, Untersuchungen oder Entwicklungen und nicht für die gezielte Gewinnerzielungsabsicht vergeben werden, können sich auf die Angabe der Hauptbezeichnung des Auftragsgegenstandes beschränken. Bei der Vergabe von Dienstleistungsaufträgen gem. Anhang I B können die Auftraggeber angeben, ob sie mit einer Veröffentlichung einverstanden sind.

1020

5.2.15.6 Sonstige Regelungen

Sektorenauftraggeber haben gem. § 14 Nr. 2 und 3 VOL/A-SKR die Verpflichtung, bestimmte Daten in Hinblick auf die jährlich vergebenen Aufträge an die Bundesregierung zu übermitteln. Diese Verpflichtung erstreckt sich auch auf Vergabe unterhalb der Schwellenwerte.

1021

Die bereits für die von Abschnitt 2 der VOL/A betroffenen Auftraggeber vorgeschriebene Melde- und Berichterstattungspflicht wurde gem. § 30 a Nr. 2 VOL/A einem kürzeren Intervall von einem Jahr und grundsätzlich der neuen sog. CPV Nomenklatur unterworfen.

1022

§ 15 VOL/A-SKR regelt die eher seltenen Fälle der Veranstaltung eines Wettbewerbs im Dienstleistungsbereich. Anders als beispielsweise in den GRW sind nur wenige Vorgaben gemacht, so etwa die Sicherstellung einer ausreichenden Anzahl von Teilnehmern, die vorherige Festlegung nichtdiskriminierender Auswahlkriterien und die Bestellung eines unabhängigen Preisgerichts. Die Absicht der Wettbewerbsdurchführung ist nach dem im Anhang XII der Verordnung EG Nr. 1564/2005 enthaltenen Muster mitzuteilen, das Ergebnis nach dem Muster gem. Anhang XIII.

1023

6 Die Verdingungsordnung für freiberufliche Leistungen (VOF)

6.1 Einführung

Die Verdingungsordnung für freiberufliche Leistungen (VOF) ist erstmals 1997 in Kraft getreten, seit 1. Februar 2001 in einer Neufassung in Kraft gesetzt worden und gilt nunmehr in der Fassung vom 13.05.2006.[1484] Sie ist aufgrund der Verweisungen in §§ 4–7 VgV oberhalb der Schwellenwerte anzuwenden. Die VOF diente in ihrer ursprünglichen Fassung der Umsetzung der ehemaligen Dienstleistungskoordinierungsrichtlinie (DLR) der EG[1485] und schloss damit eine Lücke, die bis 1997 in Deutschland bestanden hatte. Mit den aktuellen Änderungen in der VOF werden die Vorgaben aus den Vergabekoordinierungsrichtlinien[1486] umgesetzt. Diese Änderungen sind seit Inkrafttreten der auf die VOF verweisenden Neufassung der VgV am 01.11.2006 wirksam.[1487] Die Neuregelungen in der VOF betreffen insbesondere eine verbesserte Nutzung elektronischer Kommunikations- und Informationsmittel,[1488] Vorgaben zur Aufgabenbeschreibung,[1489] zum Eignungsnachweis[1490] sowie zur Ausgestaltung des Vergabeverfahrens.[1491] Wie in den übrigen Verdingungsordnungen sind die Anhänge über die Bekanntmachungsmuster auch hier entfallen. Stattdessen verweist die VOF auf die Muster der jeweiligen Anhänge der Verordnung EG Nr. 1564/2005.[1492]

1024

6.2 Institutioneller Anwendungsbereich der VOF, Ausnahmen

Zur Anwendung der VOF sind gem. § 5 Satz 1 VgV alle in § 98 Nr. 1 bis 3 und 5 GWB genannten Auftraggeber verpflichtet. Dabei handelt es sich zunächst um die »klassischen öffentlichen Auftraggeber«, von ihnen kontrollierte Tochtergesellschaften und ihre Verbände. Zudem sind auch private Auftraggeber verpflichtet, die VOF anzuwenden, wenn das Vorhaben Dienstleistungsaufträge oder Wettbewerbe, die zu Dienstleistungs-

1025

1484 BAnz Nr. 91 a vom 13.05.2006.
1485 Richtlinie des Rates vom 18.06.1992, Nr. 92/50/EWG; ABl. Nr. 209 vom 20.07.1992, zuletzt geändert durch Richtlinie 97/52/EG vom 13.10.1997, ABl. Nr. L 328 vom 28.11.1997, S. 1.
1486 Richtlinien des Rates vom 31.03.2004 Nr. 2004/18/EG, ABl. Nr. L 134 vom 30.4.2004, S. 114 ff. und vom 30.04.2004, Nr. 2004/17/EG, ABl. Nr. L 134, S. 1.
1487 VgV in der 3. Änderungsfassung vom 23.10.2006, BGBl. I Nr. 48 vom 26.10.2006, 2334.
1488 §§ 4 Abs. 6 bis 11, 9 Abs. 4, 5 VOF
1489 § 8 Abs. 2 VOF
1490 § 10 Abs. 3, § 11, 12 Abs. 3 u. 4, 12 VOF.
1491 § 5 Abs. 1, 16 VOF.
1492 Verordnung (EG) Nr. 1564/2005 der Kommission vom 07.09.2005 zur Einführung von Standardformularen für die Veröffentlichung von Vergabebekanntmachungen im Rahmen von Verfahren zur Vergabe öffentlicher Aufträge gemäß der Richtlinie 2004/17/EG.

aufträgen führen sollen betrifft, die in Verbindung mit Tiefbaumaßnahmen oder mit Baumaßnahmen zur Errichtung von Krankenhäusern, Sport-, Erholungs- oder Freizeiteinrichtungen, Schul-, Hochschul- oder Verwaltungsgebäuden stehen und von den oben genannten Stellen zu mehr als 50 % finanziert werden.

1026 Nicht anwendbar ist die VOF für öffentliche Auftraggeber, wenn sie ihre Tätigkeiten auf den Gebieten der Trinkwasser- oder Energieversorgung oder des Verkehrs- oder Fernmeldewesens ausüben, d. h. wenn es sich um so genannte Sektorenauftraggeber handelt. Dies ist nunmehr ausdrücklich in § 5 Satz 3 VgV geregelt. Für die Vergabe freiberuflicher Leistungen im Sinne der VOF besteht daher eine Regelungslücke, die durch eine unmittelbare Anwendung der einschlägigen europäischen Vorschriften zu schließen ist.[1493] Teilweise wird erwogen, bei der Vergabe freiberuflicher Leistungen durch Sektorenauftraggeber die Regeln im 4. Abschnitt der VOL/A entsprechend anzuwenden.[1494] Die Heranziehung der VOL/A hat den Vorteil, dass es für einen Sektorenauftraggeber einfacher ist, bereits existierende nationale Umsetzungsvorschriften anzuwenden. Auch den Bewerbern dürften die Vorgaben aus den Verdingungsordnungen vertrauter sein, da diese – anders als die EG-Vergaberichtlinien – ihnen gegenüber unmittelbare Wirkung entfalten. Anderseits wird es auch bei der Anwendung der Vorschriften aus der Sektorenkoordinierungsrichtlinie kaum Unterschiede in der Bekanntmachung, im Ablauf des Verfahrens sowie bei der Auswertung der Angebote geben, da die Richtlinienbestimmungen mit denen aus der VOL/A-SKR – sofern diese die europäischen Vorgaben vollständig übernimmt – praktisch identisch sind.

1027 Ferner wird durch § 100 Abs. 2 a–d GWB die Anwendbarkeit verneint für Liefer-, Dienstleistungs- und Bauaufträge sowie die Durchführung von Wettbewerben, die zu Dienstleistungen führen sollen,

> ➢ die aufgrund eines internationalen Abkommens im Zusammenhang mit der Stationierung von Truppen vergeben werden und für die besondere Verfahrensregeln gelten,

> ➢ die aufgrund eines internationalen Abkommens zwischen der Bundesrepublik Deutschland und einem oder mehreren Staaten, die nicht Mitglied der EU sind, für ein von den Unterzeichnerstaaten gemeinsam zu verwirklichendes und zu tragendes Projekt, für das andere Verfahrensregeln gelten, vergeben werden;

> ➢ die aufgrund des besonderen Verfahrens einer internationalen Organisation vergeben werden

> ➢ oder in Übereinstimmung mit den Rechts- und Verwaltungsvorschriften der Bundesrepublik Deutschland für geheim erklärt werden oder deren Ausführung nach diesen Vorschriften besondere Sicherheitsmaßnahmen erfordert oder wenn der Schutz wesentlicher Interessen der Sicherheit des Staates es gebietet.

1028 Darüber hinaus unterfallen weder Aufträge über die Ausstrahlung von Sendungen, Schiedsgerichts- und Schlichtungsleistungen und bestimmte finanzielle Dienstleistun-

---

1493 Müller-Wrede, VOF-Kommentar, § 2 Rn. 80.
1494 VK Hessen, Beschl. v. 08.11.2005, 69 d-VK-67/2005; Boesen, GWB, 2000, § 99 GWB, Rn. 173 ff.

gen den Vergaberechtsvorschriften. Gleiches gilt für Aufträge über Forschungs- und Entwicklungsdienstleistungen, es sei denn, ihre Ergebnisse werden ausschließlich Eigentum des Auftraggebers für seinen Gebrauch bei der Ausübung seiner eigenen Tätigkeit und die Dienstleistung wird vollständig durch den Auftraggeber vergütet. § 100 Abs. 2 GWB sieht weitere Ausnahmen vor, die jedoch für den Bereich der freiberuflichen Leistungen im Sinne der VOF nicht von Interesse sind.

6.3 Sachlicher Anwendungsbereich der VOF

Gestaltet sich die vollzogene Definition der Anwendungssubjekte zwar unübersichtlich, jedoch im Ergebnis in den meisten Fällen eindeutig, so ist die Klärung, welche Berufstypen und welche Tätigkeitsfelder von der VOF erfasst werden, wesentlich schwieriger. 1029

6.3.1 Freiberufliche Leistungen

Gemäß § 1 VOF findet die VOF auf die Vergabe von (Dienst-) Leistungen Anwendung, die im Rahmen einer freiberuflichen Tätigkeit erbracht oder im Wettbewerb mit freiberuflich Tätigen angeboten werden. Es ist demnach in jedem Fall die Frage zu beantworten, ob die betreffende Tätigkeit typischerweise als solche eines freien Berufes erbracht wird.[1495] Hierbei ist entscheidend, ob das bestimmte Tätigkeitsfeld generell einem Freiberufler zuzuordnen ist und nicht, ob sich dort auch tatsächlich Angehörige freier Berufe betätigen.[1496] 1030

Eine ausdrückliche Definition der Freien Berufe findet sich in § 1 Abs. 2 des Partnerschaftsgesellschaftsgesetzes (PartGG). Danach haben die Freien Berufe im Allgemeinen auf der Grundlage besonderer beruflicher Qualifikation oder schöpferischer Begabung die persönliche, eigenverantwortliche und fachlich unabhängige Erbringung von Dienstleistungen höherer Art im Interesse der Auftraggeber und der Allgemeinheit zum Inhalt. Der EuGH versteht unter freiberuflichen Tätigkeiten solche, die u. a. einen ausgesprochen intellektuellen Charakter haben, eine hohe Qualifikation verlangen und gewöhnlich einer genauen und strengen berufsständischen Regelung unterliegen. Bei der Ausübung einer solchen Tätigkeit habe das persönliche Element besondere Bedeutung und die Ausübung setze jedenfalls eine große Selbständigkeit bei der Vornahme der beruflichen Handlung voraus.[1497] 1031

Ergänzend kann bei der Definition des freien Berufes analog VOL/A Abschnitt 1 auf § 18 Abs. 1 Nr. 1 Satz 2 Einkommensteuergesetz zurückgegriffen werden, wonach zu einer freiberuflichen Tätigkeit 1032

➢ die selbstständig ausgeübte wissenschaftliche, künstlerische, schriftstellerische, unterrichtende oder erzieherische Tätigkeit,

---

1495 Schabel/Ley, VOF und VOL/A, S. 19.
1496 Schabel/Ley, VOF und VOL/A, S. 20.
1497 EuGH, Urt. v. 11.10.2001, Rs C-267/99.

> die selbstständige Berufstätigkeit der Ärzte, Zahnärzte, Tierärzte, Rechtsanwälte, Notare, Patentanwälte, Vermessungsingenieure, Ingenieure, Architekten, Handelschemiker, Wirtschaftsprüfer, Steuerberater, beratenden Volks- und Betriebswirte, vereidigten Buchprüfer (vereidigten Bücherrevisoren), Steuerbevollmächtigten, Heilpraktiker, Dentisten, Krankengymnasten, Journalisten, Bildberichterstatter, Dolmetscher, Übersetzer, Lotsen und ähnlicher Berufe gehört.

1033 Vor allem durch den Zusatz »... und ähnliche Berufe ...« wird deutlich, dass die Aufzählung nicht vollständig ist und über den Begriff der freiberuflichen Leistungen keine abschließende Eingrenzung des Anwendungsbereichs der VOF vollzogen werden kann.

6.3.2 Eingrenzung nach Anhang I Teil A und Teil B der VOF

1034 § 2 Abs. 1 Satz 1 der VOF sieht zudem vor, dass ihre Bestimmungen nur auf die Vergabe von Leistungen anzuwenden sind, die im Anhang I Teil A und Teil B genannt werden. Die unter Kategorie 12 genannten Dienstleistungen bilden den Schwerpunkt der von öffentlichen Auftraggebern nachgefragten Dienstleistungen. Die Vergabe von Architekten- und Ingenieurleistungen unterliegt in der Regel dem sachlichen Anwendungsbereich der VOF. Soweit keine der in den Anhängen genannten Kategorien 1–26 auf die konkret zu überprüfende freie Dienstleistung zutreffen, dient die Kategorie 27 des Anhangs I Teil B als Auffangtatbestand. Hier sind alle »sonstigen Dienstleistungen« erfasst. Somit ist auch nach dem Begriffsystem des Anhangs I der Anwendungsbereich der VOF relativ weit und flexibel gestaltet. Dies ist auch sinnvoll, da sich ständig neue Berufe bilden und auf dem Markt etablieren und die VOF nur mit einem flexiblen, abstrakt gefassten Anwendungsbereich solche Innovationen aufnehmen kann.

6.3.3 Nicht eindeutig und erschöpfend beschreibbare Leistung

1035 Das wichtigste Kriterium, welches innerhalb der dienstleistenden freien Berufe den Anwendungsbereich der VOF vor allem im Hinblick auf die Abgrenzung zur VOL festlegt, ist das Tatbestandsmerkmal der »nicht eindeutig und erschöpfend beschreibbaren Leistung«. Bereits § 5 Satz 2 VgV macht deutlich, dass die VOF solche Dienstleistungen, deren Gegenstand eine Aufgabe ist, deren Lösung vorab eindeutig und erschöpfend beschrieben werden kann, nicht erfasst. Solche freiberuflichen Leistungen sind gem. § 4 Abs. 1 VgV nach der VOL zu vergeben.[1498]

1036 Die beiden genannten Verdingungsordnungen geben diese in der VgV wiedergegebenen Abgrenzungskriterien nur noch entsprechend wieder (vgl. § 2 Abs. 2 Satz 2 VOF und § 1, 3. Spiegelstrich VOL/A). Vor allem im Hinblick auf Architekten- und Ingenieurleistungen macht die Zuordnung zu der einschlägigen Verdingungsordnung große Probleme und hat demzufolge auch schon zur intensiven Diskussion dieses Problems in der vergaberechtlichen Literatur geführt.[1499]

1498 Maibaum, S. 22.
1499 Vgl. Maibaum, S. 21; Schabel, VgR Nr. 4/1997, 40 ff.; Schabel/Ley, VOF und VOL/A, S. 22; Müller-Wrede, BauR 1998, 470 ff.

6.3 Sachlicher Anwendungsbereich der VOF

Wie wichtig die Abgrenzung der Anwendbarkeit von VOL und VOF ist, ergibt sich daraus, dass nach der VOL/A der Wettbewerb grundsätzlich durch das Offene bzw. Nichtoffene Verfahren der Ausschreibung zu realisieren ist, während Leistungen nach der VOF ohne Weiteres im Verhandlungsverfahren vergeben werden können. Der Grund hierfür liegt darin, dass es nur dann sinnvoll ist, eine Leistung öffentlich auszuschreiben, wenn sie so beschrieben werden kann, dass alle Wettbewerber sie im gleichen Sinne verstehen können und es auf die Individualität der konkreten Form der Ausführung nicht in entscheidendem Maße ankommt.[1500]

1037

Das Merkmal, dass die Leistung vorab nicht eindeutig und erschöpfend beschreibbar ist, ist dem Europarecht entlehnt. Nach Art. 11 Abs. 2 lit. c der ehemaligen Dienstleistungskoordinierungsrichtlinie (jetzt Art. 30 Abs. 1 lit. c VKR) können solche Leistungen im Verhandlungsverfahren vergeben werden. Auf diese Weise soll sichergestellt werden, dass der Auftrag nach Abschluss der Verhandlungen in der notwendigen Eindeutigkeit und Bestimmtheit erteilt werden kann. Die europäischen Vorgaben veranlassten den deutschen Gesetzgeber dazu, die Vergabe von freiberuflichen Leistungen einem eigenständigen Regelwerk zu unterstellen, das – anderes als die VOL/A – nur das Verhandlungsverfahren als Verfahrensart kennt.

1038

Da bisher noch keine verdichtete Rechtsprechung zur Definition von eindeutig und erschöpfend beschreibbaren Leistungen und den Streitigkeiten darüber, welche Unterkriterien unter Umständen heranzuziehen sind, ergangen ist, besteht in der Literatur bisher Uneinigkeit über die Anwendungsbereiche von VOL und VOF. Die Bandbreite der Meinungen reicht etwa im Bereich des Architekten- und Ingenieurrechts von der Bejahung einer überwiegenden Anwendbarkeit der VOL[1501] bis zu der Ansicht reicht, dass überwiegend die VOF zur Anwendung kommen wird.[1502]

1039

6.3.3.1 Definition nach klassischer Auslegungsmethode

Nach einer in der Literatur vertretenen Ansicht gebe die am Wortsinn orientierte Auslegung wenig her. Die historische Auslegung, in der die Absichten des Verordnungsgebers untersucht werden, führe hingegen allein zu dem Ergebnis, dass die Normgeber die klassische »Unbeschreibbarkeit« der Architektenleistung vor Augen hatten.[1503] Die teleologische Interpretation des Erfordernisses der eindeutigen und erschöpfenden *Beschreibbarkeit* führe hingegen zu dem Ergebnis, dass das Vergabeverfahren nach der VOF nur angewandt werden dürfe, wenn wegen objektiver Schwierigkeiten einer hinreichend präzisen Beschreibung eine Wettbewerbsvergabe nach VOL ausscheide.[1504]

1040

Nach dem Wortlaut der Vergabekoordinierungsrichtlinie scheidet eine Beschreibbarkeit der Leistung aus, wenn die zu erbringende Dienstleistung so beschaffen ist, dass vertragliche Spezifikationen nicht hinreichend genau festgelegt werden können, um den Auftrag durch die Wahl des besten Angebotes in Übereinstimmung mit den Vorschriften über das Offene oder Nichtoffene Verfahren vergeben zu können (vgl. Art. 30

1041

1500 Maibaum, S. 22; Müller-Wrede, BauR 1998, 470 ff.; Schabel/Ley, VOF und VOL/A, S. 22.
1501 Quack, BauR 1997, 902, 903.
1502 Müller-Wrede, VOF-Kommentar, § 2 Rn. 74.
1503 Quack, BauR 1997, 900.
1504 Quack, BauR 1997, 902.

Abs. 1 lit. c VKR). Vor dem Hintergrund, dass Abweichungen vom Vorrang des Offenen Verfahrens im Gemeinschaftsrecht restriktiv ausgelegt werden,[1505] müssen auch im Rahmen von § 2 Abs. 2 S. 2 VOF hohe Anforderungen an eine fehlende Leistungsbeschreibung gestellt werden.[1506]

1042 Nach einer anderen Auffassung sollen zur Unterscheidung die jeweiligen Leistungsphasen der HOAI heranzuziehen sein, wobei in der Leistungsphase 6 des § 15 Abs. 2 HOAI jedenfalls die Möglichkeit einer Unterteilung liege.[1507] Gerade hier seien Angaben enthalten, welche die Leistungsbilder der genannten Berufe genau beschreiben. Der werkvertragliche Erfolg der geistig-schöpferischen Dienstleistung[1508] der Architekten und Ingenieure entziehe sich der vorherigen Festlegung.[1509] Nur soweit es um die technische Ausarbeitung gefundener Entwurfslösungen und nicht mehr um den kreativen Gehalt eines Planungsvorhabens gehe, wie beispielsweise die Umsetzung des Entwurfs in Leistungsverzeichnisse oder die weitere Abwicklung eines Bauvorhabens, sei die Leistung und ihr Erfolg beschreibbar und unterfalle deshalb nicht der VOF.[1510] Eine vorab eindeutig und erschöpfend beschreibbare Leistung i. S. v. § 2 Abs. 2 Satz 2 VOF soll etwa vorliegen, wenn Leistungen zur Bauüberwachung oder zur Übernahme einer Bauoberleitung vergeben werden.[1511]

1043 Eine dritte Ansicht in der juristischen Literatur wendet sich gerade gegen diese Abgrenzung von Leistungen der HOAI.[1512] Richtigerweise könne anhand der HOAI eine Abgrenzung nicht gefunden werden, da diese lediglich ein Preisrecht für Architekten- und Ingenieurleistungen darstelle, in ihrem Rechtscharakter darüber aber nicht hinausgehe.[1513] Die planerische Umsetzung stelle die geistig-schöpferische Leistung dar, die individuell vom Planer erbracht wird und entsprechend nicht im Vorhinein eindeutig und erschöpfend beschrieben werden kann.[1514] Dies soll selbst dann gelten, wenn Leistungen zur Objektüberwachung ausgeschrieben werden. Derartige Leistungen seien wegen ihrer Unkalkulierbarkeit nicht »vorab eindeutig und erschöpfend zu beschreiben«, weil einem Auftragnehmer eine gewisse Entscheidungsfreiheit bzw. ein Beurteilungsspielraum bei der Leistungsausführung zugestanden werde.[1515]

1505 Siehe etwa EuGH, Urteil vom 13.01.2005, VergabeR 2005, S. 175 ff.
1506 Müller-Wrede, VOF-Kommentar, § 2 Rn. 65.
1507 Schabel, VgR Nr. 4/1997, 42.
1508 Hergeleitet aus Artikel 30 Abs. 1 lit. c Vergabekoordinierungsrichtinie.
1509 Zur Planung und Durchführung städtebaulicher Sanierungsmaßnahmen vgl. VK Brandenburg, Beschl. v. 23.11.2004, VK 58/04.
1510 Schabel/Ley, VOF und VOL/A, S. 22; dagegen Müller-Wrede, VOF-Kommentar, § 2 Rn. 68.
1511 VK Schleswig-Holstein, Beschl. v. 11.12.2004, VK-SH 30/04; VK Sachsen, Beschl. v. 29.06.2001, 1 VK 31/01.
1512 Franzius, Verhandlungen im Verfahren der Auftragsvergabe, S. 133; Müller-Wrede, BauR 1998, 474 ff.
1513 Müller-Wrede, BauR 1998, 474, 475, der sich auf BGH, BauR 1997, 154 bezieht.
1514 Müller-Wrede, BauR 1998, 476, 478.
1515 VK Südbayern, Beschl. v. 31.10.2002, 42–10/02.

6.3.3.2 Kritik

Die drei genannten Auffassungen machen deutlich, dass die Abgrenzung, ob bei einer Architekten- und Ingenieurleistung eine eindeutig und erschöpfend beschreibbare Leistung vorliegt oder nicht, letztendlich nur von Fall zu Fall vorgenommen werden kann.[1516]   1044

Andere denkbare Ansätze, wie zum Beispiel die entsprechende Heranziehung der Rechtsprechung zu § 9 Nr. 1 VOB/A, wo gleichfalls von einer eindeutigen und erschöpfenden Leistungsbeschreibung die Rede ist, erscheinen problematisch. Hier sind sehr deutliche Tendenzen gerade auch in der Rechtsprechung erkennbar, die dortigen Anforderungen an die Leistungsbeschreibung immer weiter abzusenken. So soll nach einer Entscheidung des BGH eine Bauleistung bereits eindeutig und erschöpfend beschrieben sein, wenn der Vertragsinhalt hinreichend bestimmbar ist.[1517] Eine solche Abgrenzung ist jedoch für die Zwecke der VOF untauglich.[1518] Die bloße »Bestimmbarkeit« kann schon deshalb nicht ausreichend sein, weil hiergegen der Wortlaut der eindeutig und erschöpfend beschriebenen Leistung der VOL/A steht und gerade dies bei Planungsleistungen kein Abgrenzungskriterium sein kann. Zwar wird in einem Vergabeverfahren jedes der vorgelegten Angebote in irgendeiner Weise zu dem letztlich angestrebten Planungsziel führen; die einzelnen Entwurfsbestandteile dürften jedoch – und sollen zumeist auch – erheblich voneinander abweichen. Dies gilt zumal dann, wenn die Ausschreibung in weiten Teilen auch hinsichtlich des Planungsziels funktionalen Charakter hat. Mit anderen Worten: Würde man hier das Merkmal der Bestimmbarkeit ausreichen lassen, wäre die Erreichung des Zwecks der Abgrenzung gefährdet, wonach das Vergabeverfahren nach der VOF nur anzuwenden ist, wenn wegen der objektiven Schwierigkeit einer hinreichend präzisen Beschreibung die Vergabe nach VOL ausscheidet.   1045

Regelmäßig muss gerade für Architekten- und Ingenieurleistungen davon ausgegangen werden, dass diese tendenziell eher dem Anwendungsbereich der VOF als demjenigen der VOL/A unterliegen, auch wenn es gegenteilige Stimmen in der Fachliteratur gibt. In der vergaberechtlichen Entscheidungspraxis ist bereits anerkannt worden, dass sich die freiberuflichen Leistungen von Architekten und Ingenieuren als geistig-schöpferische Leistungen in der Regel nicht abschließend beschreiben lassen.[1519]   1046

6.4 Die Pflicht zur Anwendung der VOF

6.4.1 Die Bestimmung des Schwellenwerts

Die Bestimmungen der VOF sind gem. § 2 Abs. 2 Satz 1 VOF anzuwenden, sofern der Auftragswert die Werte für Dienstleistungen oder Wettbewerbe ohne Umsatzsteuer   1047

1516 So nunmehr auch OLG München, Beschl. v. 28.04.2006, Verg 6/06.
1517 BGH, BauR 1997, 126 (»Kammerschleuse«); ebenso BGH, NJW 1997, 1772 (»Karrengefängnis«) für die funktionale Ausschreibung nach § 9 Nr. 10 VOB/A.
1518 Ebenso Franke/Höfler, ZVgR 1997, 281; Müller-Wrede, BauR 1998, 476.
1519 VÜA Thüringen als Vergabekammer, Beschl. v. 15.06.1999, Az. 2 VÜ 3/99.

nach § 2 VgV erreicht oder übersteigt. Dieser Wert beträgt mindestens 137.000 EUR für Aufträge der Bundesministerien einschließlich Geschäftsbereich oder mindestens 211.000 EUR für alle anderen Dienstleistungsaufträge. Grundlage der Berechnung des Auftragswertes ist nach § 3 Abs. 1 Satz 1 VOF die »geschätzte Gesamtvergütung für die vorgesehene Auftragsleistung«. Sie bestimmt sich dann, wenn gesetzliche Gebühren- oder Honorarordnungen vorliegen, nach diesen Verordnungen.[1520] Dies ist insbesondere im Planungsrecht der HOAI der Fall. Nur wenn eine derartige Vergütung nicht feststellbar ist, ist entweder nach einer im Geschäftsverkehr üblichen Vergütung zu suchen, ansonsten ist der Auftragswert unter Berücksichtigung der maßgeblichen Umstände zu schätzen.

6.4.2 Das Umgehungsverbot

1048 Die VOF weist in ihrem § 3 Abs. 2 eine Vorschrift auf, die einer Umgehung vorbeugen soll. So darf insbesondere keine Aufteilung des Auftrags mit dem Ziel stattfinden, ihn dem Anwendungsbereich der VOF zu entziehen. Gleichwohl ist es nicht selten der Fall, dass eine Leistung in mehrere Teilaufträge unterteilt wird. In diesem Fall sind nach § 3 Abs. 3 Satz 1 VOF die Werte der einzelnen Teilaufträge bei der Berechnung des geschätzten Gesamtwertes zu addieren. Das ist aber nur der Fall, wenn es sich um »mehrere Teilaufträge derselben freiberuflichen Leistungen« handelt. Dies erfordert eine Differenzierung zwischen den einzelnen zu erbringenden Leistungen. Werden beispielsweise Architektenplanung und TGA-Planung desselben Bauvorhabens an unterschiedliche Büros in verschiedenen Verträgen vergeben, dürfte es sich nicht mehr um dieselbe Leistung handeln.[1521] Unzulässig wäre es gleichwohl, einen Gesamtplanungsauftrag vergeben zu wollen, infolge der Aufteilung der verschiedenen Leistungsbilder jeweils unter den Schwellenwert zu gelangen, dann aber sämtliche Aufträge an denselben Auftraggeber zu vergeben. Darin dürfte wiederum eine Umgehung gem. § 3 Abs. 2 VOF liegen.

1049 Von der Anwendung der VOF sieht die sog. Bagatellklausel in § 3 Abs. 3 S. 2 VOF eine Ausnahme vor, wenn die geschätzte Vergütung für Teile des Auftrages unter 80.000 EUR liegen. In diesem Fall kann der Teilauftrag außerhalb der VOF bis zu einem Teil von 20 v. H. der geschätzten Gesamtvergütung der Summe aller Auftragsanteile vergeben werden.

1050 Nach § 3 Abs. 4 VOF sind noch besondere Regelungen für Fälle aufgestellt, in denen Daueraufträge bzw. regelmäßig wiederkehrende Aufträge nach Art eines Rahmenvertrages vergeben werden. In diesen Fällen wird das Honorarvolumen über einen bestimmten Zeitraum, regelmäßig für die Gesamtlaufzeit des Vertrages, berechnet. Sind mit der Auftragsvergabe auch Optionen auf weitere Aufträge verbunden, müssen nach § 3 Abs. 6 VOF auch die Optionsrechte wertmäßig in den Gesamtwert der Vergabe für die Ermittlung des Schwellenwertes einbezogen werden.[1522]

1520 Vgl. Stemmer/Wierer, VergabeR 2006, 7, 9.
1521 Maibaum, S. 26; Franke/Höfler, ZVgR 1997, 277, 281; Müller-Wrede, BauR 1998, 470, 473.
1522 Müller-Wrede, VOF-Kommentar, § 3, Rn. 42.

6.4 Die Pflicht zur Anwendung der VOF

Dienstleistungen von Freiberuflern unterhalb der Schwellenwerte unterliegen grundsätzlich nicht der VOF, sondern sind – je nach den verwaltungsinternen Regelungen – gegebenenfalls nach VOL zu vergeben.

1051

6.4.3 Rechtsfolgen der Nichtbeachtung

Sofern der Auftraggeber trotz eines Auftragswertes oberhalb der Schwellenwerte bei der Vergabe des Auftrages nicht nach der VOF vorgeht, können Bewerber eine Nachprüfung nach §§ 102 ff. GWB durch die Vergabekammer beantragen. Wenn der Auftraggeber irrtümlich nach der VOF vorgeht, obwohl der Schwellenwert nicht erreicht ist, scheidet allerdings ein Nachprüfungsverfahren aus. Ein solches Verfahren setzt nämlich voraus, dass die VOF objektiv anwendbar ist, was wiederum voraussetzt, dass der Schwellenwert erreicht ist.[1523] An dieser rechtlichen Einschätzung ändert sich auch nichts dadurch, dass in solchen Fällen gem. § 21 VOF regelmäßig in der Bekanntmachung und der Aufgabenbeschreibung die zuständige Vergabekammer angegeben sein wird. Durch eine Anwendung der VOF außerhalb ihres Anwendungsbereiches, kann nicht die Zuständigkeit der Vergabekammer begründet werden.[1524] Sowohl im ersten als auch im letzteren Fall steht übergangenen Bewerbern jedoch die Geltendmachung von Schadensersatzansprüchen gegen den Auftraggeber vor den ordentlichen Gerichten wegen schuldhafter Verletzung eines vorvertraglichen Vertrauensverhältnisses offen.

1052

Ein Nachprüfungsverfahren wird schließlich auch dann vielfach erfolglos bleiben, wenn eine Vergabestelle einen Auftrag nach der VOF vergibt, obwohl er dem Anwendungsbereich der VOL/A unterliegt. Ein hierauf gerichteter Nachprüfungsantrag wird regelmäßig unzulässig sein. Zunächst wird es häufig an der Erhebung einer rechtzeitigen Rüge fehlen; solche Verstöße sind bereits nach Erhalt der Ausschreibungsunterlagen erkennbar und müssen daher noch vor Angebotsabgabe gerügt werden. Aber auch bei einer rechtzeitigen Rüge wird es einem Bewerber nicht möglich sein, im Rahmen der Antragsbefugnis plausibel darzulegen, weshalb er bei Anwendung der VOL/A ein anderes, aussichtsreicheres Angebot vorgelegt hätte.[1525]

1053

6.4.4 Berechnung bei Zeithonorar

In den Fällen, in denen Aufträge nach Zeitaufwand honoriert werden, wie z. B. bei Projektbetreuungsleistungen oder Beratungsleistungen, ist gem. § 3 Absatz 1 und 4, 2. Spiegelstrich VOF die voraussichtliche Gesamtvergütung für die Bemessung des Schwellenwertes zugrunde zu legen. Werden Aufträge ohne zeitliche Begrenzung vergeben, sind sie mit dem 4-fachen der Jahresvergütung zu berechnen. Ergänzend gelten die Regelungen nach § 3 VgV.

1054

1523 Hartmann, VOF Verdingungsordnung für freiberufliche Leistungen, § 3 Rn. 4.
1524 VK Bund, Beschl. v. 11.11.2004, VK 1-207/04; Hartmann, VOF Verdingungsordnung für freiberufliche Leistungen, § 3 Rn. 4.
1525 OLG Thüringen, Beschl. v. 16.01.2002, 6 Verg 7/01.

6.4.5 Vorrangige und nachrangige Dienstleistungen

1055 Die VOF unterscheidet zwei verschiedene Leistungskategorien, nämlich solche, auf die die VOF in Gänze angewandt wird (so genannte vorrangige Dienstleistungen) und andere, für die lediglich § 8 Abs. 2 und § 17 VOF Geltung beanspruchen. Die »vorrangigen« Dienstleistungen sind in Anhang I Teil A der VOF angegeben. Weitere Dienstleistungen finden sich in Anhang I Teil B der VOF; für diese sind nur eingeschränkte Regelungen zu beachten.

1056 Bei der Vergabe der (»nachrangigen«) Dienstleistungen gem. Anhang I B können auch öffentliche Auftraggeber nahezu frei verfahren. Sie müssen nach § 8 Abs. 2 VOF lediglich bei der Aufgabenstellung die technischen Anforderungen und Bezugnahme auf europäische Spezifikationen festlegen und über jeden vergebenen Auftrag – sofern er oberhalb des Schwellenwertes liegt – eine Mitteilung an die Europäische Kommission richten. Dienstleistungen gem. Anhang I Teil B zur VOF können daher hier außer Betracht bleiben. Insbesondere Dienstleistungen aus dem Bereich der Rechtsberatung können somit nach wie vor frei vergeben werden; allerdings besteht die Mitteilungspflicht nach § 17 VOF gegenüber der Kommission. Nach § 2 Abs. 4 VOF werden Aufträge, deren Gegenstand Dienstleistungen sowohl des Anhangs I Teil A als auch des Anhangs I Teil B sind, nach den Regelungen für diejenigen Dienstleistungen vergeben, deren Wert anteilsmäßig überwiegt. In dieser Regelung kommt das allgemeine Schwerpunktprinzip zum Ausdruck, das beispielsweise auch bei der Vergabe von gemischten Leistungen nach der VOB/A und der VOL/A Anwendung findet.[1526]

1057 Das gleiche gilt, wenn eine Vergabestelle freiberufliche Leistungen zusammen mit nichtfreiberuflichen Leistungen, Liefer- oder Bauleistungen vergeben möchte. Da ein einheitlicher Auftrag nicht nach verschiedenen Verdingungsordnungen vergeben werden kann, ist in einem solchen Fall zu prüfen, auf welchem Leistungsteil der Schwerpunkt liegt. Regelmäßig kann dies anhand des Wertes der Leistung beurteilt werden. Die gewichtigste Leistung gibt den Ausschlag, welche Verdingungsordnung anzuwenden ist.[1527] Daneben ist auch die getrennte Vergabe der einzelnen Leistungsbereiche möglich.

6.4.6 Grundsätze der Vergabe

1058 Die Gleichbehandlung der Bewerber, die Unzulässigkeit unlauterer und wettbewerbsbeschränkender Verhaltensweisen sowie die Durchführung des Wettbewerbs unabhängig von Ausführungs- und Lieferinteressen sind Grundsätze der Vergabe nach § 4 VOF. Mittelstandspolitisch wurde in § 4 Abs. 5 VOF die Formulierung aufgenommen, dass kleinere Büroorganisationen und Berufsanfänger angemessen beteiligt werden sollen. Weitere Angaben hierzu enthält die VOF nicht, so dass es sich letztlich um einen Programmsatz handelt.[1528] Im Übrigen gilt ohnehin übergeordnet § 97 GWB mit den dort niedergelegten Vergabegrundsätzen, die selbstverständlich auch im Geltungsbereich der VOF greifen.

1526 Siehe oben Rn. 399.
1527 OLG München, Beschl. v. 28.04.2006, Verg 6/06.
1528 Müller-Wrede-Marx, VOF-Kommentar, § 4, Rn. 25.

6.4 Die Pflicht zur Anwendung der VOF

§ 4 Absatz 1 VOF legt fest, dass der Bewerber »soweit erforderlich befugt« zu sein hat. Da dieses Tatbestandsmerkmal dem deutschen Vergaberecht bisher unbekannt war, also weder in den bekannten Verdingungsordnungen VOB/A bzw. VOL/A wiederzufinden ist und auch in der Vergabekoordinierungsrichtlinie nicht aufgeführt wird, erscheint seine Bedeutung klärungsbedürftig. Grundsätzlich kann sich das Erfordernis der Befugnis nur auf öffentlich-rechtliche Beschränkungen, welche mit der Erbringung der Leistung verknüpft sind, beziehen. So ist zum Beispiel nach dem Rechtsberatungsgesetz eine rechtliche Beratung (Kategorie 21 – Anhang 1 Teil B zur VOF) nur dem zugelassenen Rechtsanwalt oder demjenigen erlaubt, welcher eine spezielle Ausnahmeerlaubnis zur Besorgung fremder Rechtsangelegenheiten nach dem Rechtsberatungsgesetz hat; nur ein Architekt ist zwecks Beantragung einer Baugenehmigung bauvorlageberechtigt.

1059

Aus § 4 Absatz 4 VOF ergibt sich, dass eine Leistung nicht an einen Bieter vergeben werden soll, der abhängig von Ausführungs- und Lieferinteressen ist. Hierdurch sollen etwaige Interessenkollisionen des Auftragnehmers vermieden werden, welche für die Unzulässigkeit einer Vergabe an einen solchen Bieter sprechen. Da es sich bei der Vorschrift jedoch um eine so genannte Soll-Vorschrift handelt, kommt ihr nicht viel mehr als eine Warnfunktion zu, da der Auftraggeber mit einer entsprechenden Begründung gleichwohl an einen interessengerichteten Bewerber vergeben kann.[1529]

1060

6.4.7 Elektronische Kommunikationsmittel

Die neu gefasste VOF unterstützt – ebenso wie VOL/A und VOB/A – die Verwendung sogenannter elektronischer Kommunikationsmittel (E-Mail, Internet). Nach § 4 Abs. 6 VOF kann der Auftraggeber wählen, ob der Informationsaustausch per Post, per Telefax, elektronisch oder in Kombination dieser Mittel erfolgen soll. Die Verwendung elektronischer Kommunikation setzt voraus, dass der Netzzugang allgemein verfügbar ist und die zu verwendenden Programme mit ihren technischen Merkmalen nicht diskriminierend, allgemein zugänglich und mit anderen Erzeugnissen kompatibel sind, § 4 Abs. 7 VOF. Werden Angebote elektronisch abgegeben, sind diese nach § 4 Abs. 9 VOF mit einer fortgeschrittenen elektronischen Signatur im Sinne von § 2 Nr. 2 des Signaturgesetzes zu versehen. Einem Auftraggeber ist es jedoch verwehrt, die Bewerber zu einer elektronischen Angebotsabgabe zu zwingen. Zwar wird in § 4 VOF – anders als in § 21 Abs. 1 VOB/A – nicht ausdrücklich darauf hingewiesen, dass schriftliche Angebote immer zuzulassen sind. Hieraus kann jedoch noch nicht geschlossen werden, dass die am Auftrag interessierten Bewerber allgemein auf die elektronische Angebotsabgabe vorbereitet sind. Die Hürde zur Abgabe elektronischer Angebote ist gegenwärtig noch hoch. Bewerber können nicht verpflichtet werden, die Vorgaben aus § 2 Nr. 2 Signaturgesetz zu befolgen. Daher muss die schriftliche Angebotsabgabe noch weiterhin möglich sein.

1061

1529 Hartmann, VOF Verdingungsordnung für freiberufliche Leistungen, Teil IV/3, § 4, Rn. 9.

6 Die Verdingungsordnung für freiberufliche Leistungen (VOF)

6.5 Das Vergabeverfahren nach der VOF

6.5.1 Die Anwendung des Verhandlungsverfahrens

1062 Nach § 5 Abs. 1 VOF sind Aufträge über freiberufliche Leistungen im Verhandlungsverfahren mit vorheriger Vergabebekanntmachung zu vergeben. Ein Offenes oder Nichtoffenes Verfahren wie nach der VOB/A oder VOL/A ist nicht vorgesehen. Eine Abweichung von dem vorgeschriebenen Verhandlungsverfahren würde einen Vergabeverstoß darstellen, der zur Rechtswidrigkeit des Verfahrens und seiner Aufhebung führen kann.[1530] Das Verhandlungsverfahren entspricht der freihändigen Vergabe i. S. d. VOL/A. Der Auftraggeber hat die Absicht der Auftragsvergabe bekannt zu machen (§ 9 Abs. 2), eine Auswahl unter den Bewerbern zu treffen (§ 10) und schließt dann mit dem Bewerber den Vertrag, der die bestmögliche Leistung erwarten lässt.

1063 Die vorherige Vergabebekanntmachung kann entfallen, wenn einer der Ausnahmetatbestände des § 5 Abs. 2 VOF vorliegt, also ein Geheimhaltungsbedürfnis besteht, der Auftrag an den Preisträger eines Wettbewerbs nach §§ 20, 25 VOF vergeben werden muss, Dringlichkeit gegeben ist, ein mit dem Ursprungsauftrag zusammenhängender Nachauftrag vorliegt oder aber die Vergabe eines weiteren Auftrages aus technischen oder künstlerischen Gründen nur an die Person erfolgen kann, welche den Ursprungsauftrag ausgeführt hat. Die Aufzählung unter § 5 Abs. 2 VOF orientiert sich an Art. 31 Nr. 1, Nr. 3 u. 4 Vergabekoordinierungsrichtlinie. Sie ist abschließend, so dass weitere Gründe für den Verzicht auf die Bekanntmachung nicht anzuerkennen sind.[1531] Jedoch werden die Auftraggeber durch § 5 Abs. 2 VOF nicht gezwungen, von einer vorherigen Vergabebekanntmachung abzusehen. Dies ergibt sich aus dem Wortlaut der Vorschrift (»... können in folgenden Fällen ... ohne vorherige Bekanntmachung ...«) sowie daraus, dass die Veröffentlichung einer Vergabebekanntmachung der vergaberechtlichen Zielvorstellung von einem diskriminierungsfreien und transparenten Wettbewerb am ehesten entspricht.[1532]

6.5.2 Fristen

1064 Nach § 14 Abs. 1 VOF muss den Bewerbern mindestens 37 Tage (= Kalendertage) Zeit gegeben werden, um sich zur Teilnahme am Vergabeverfahren zu bewerben. Wird die Vergabebekanntmachung auf elektronischem Weg[1533] übermittelt, kann diese Frist um 7 Tage verkürzt werden. In Fällen besonderer Dringlichkeit kann nach § 14 Abs. 2 VOF eine Reduktion auf mindestens 15 Tage bzw. bei elektronischer Bekanntmachung auf 10 Tage erfolgen, wobei die Frist jeweils vom Tag der Absendung der Bekanntmachung an gerechnet wird. Die Vorschrift ist mit § 18 a Nr. 2 Abs. 1 Satz 1 VOL/A identisch.

1530 Müller-Wrede, BauR 1998, 470, 478.
1531 Müller-Wrede, VOF-Kommentar, § 5, Rn. 48; Hartmann, VOF Verdingungsordnung für freiberufliche Leistungen, Teil IV/3, § 5, Rn. 2; Prieß, Handbuch des Europäischen Vergaberechts, S. 212 f.
1532 Franzius, Verhandlungen im Verfahren der Auftragsvergabe, S. 145.
1533 Siehe oben Rn. 539.

Umstritten ist, unter welchen Voraussetzungen von einer besonderen Dringlichkeit ausgegangen werden kann. Zum Teil wird unter Hinweis auf den Ausnahmecharakter der Vorschrift darauf abgestellt, die Fristverkürzung erfordere im Zeitpunkt der Entscheidung der Vergabestelle eine nach objektiven Gesichtspunkten festzustellende Eilbedürftigkeit des Beschaffungsvorhabens.[1534] Der EuGH hat demgegenüber in zwei bauvergaberechtlichen Urteilen entschieden, dass das beschleunigte Verfahren sogar dann zulässig sei, wenn die Dringlichkeit vorhersehbar bzw. durch den Auftraggeber zu vertreten war.[1535] Danach können u. U. auch subjektive Gründe für eine Dringlichkeit in Betracht kommen. Die Anerkennung der besonderen Dringlichkeit soll zwar die Ausnahme bleiben. Die Vorschrift ist im Ergebnis jedoch nicht so restriktiv zu handhaben wie bei dem Ausnahmetatbestand, der für Verfahren ohne Vergabekanntmachung von der Vergabekoordinierungsrichtlinie und von § 5 Abs. 2 d) VOF umrissen wird.[1536] Sofern der Auftraggeber eine Verkürzung der Frist vorsieht, sind allerdings die Gründe für diese Anordnung in der Bekanntmachung anzugeben.

1065

Der Auftraggeber muss rechtzeitig angeforderte zusätzliche Auskünfte über die Aufgabenstellung spätestens 6 Tage vor Ablauf der Frist für den Eingang der Bewerbungen, in Fällen besonderer Dringlichkeit spätestens 4 Tage vor Ablauf der Bewerbungsfrist erteilen, § 14 Abs. 3 VOF. Die Berechnung der Fristen ist nicht in der VOF geregelt. Hierzu ist die Verordnung (EWG/Euratom) Nr. 1182/71 vom 03.06.1971 heranzuziehen.[1537] Danach beginnt z. B. eine nach Tagen bemessene Frist am Anfang der ersten Stunde des ersten Tages und endet mit Ablauf der letzten Stunde des letzten Tages der Frist.[1538]

1066

6.5.3 Auskunftspflichten der Bewerber

Als Bewerber kommen einzelne oder mehrere natürliche oder juristische Personen in Betracht, die freiberufliche Leistungen anbieten. Sie können nach § 7 Abs. 2 VOF verpflichtet werden, Auskünfte darüber zu geben,

1067

> ➢ ob und auf welche Art sie wirtschaftlich mit Unternehmen verknüpft sind,
>
> ➢ ob und auf welche Art sie auf den Auftrag bezogen in relevanter Weise mit anderen zusammenarbeiten.

Diese Auskünfte sind allerdings dann nicht zu verlangen, wenn dem berufsrechtliche Vorschriften entgegenstehen würden, insbesondere Verschwiegenheitsgebote aus einem Mandatsverhältnis. Stets ist jedoch das nach § 16 VgV bestehende Verbot der Mitwirkung möglicherweise voreingenommener Personen zu beachten.

1068

1534 OLG Düsseldorf, Beschl. v. 01.08.2005, VII – Verg 41/05; OLG Düsseldorf, Beschl. v. 17.7. 2002, VergabeR 2003, 55, 56 zur insoweit rechtsähnlichen Bestimmung in der VOL/A. Vgl. auch Hartmann, VOF Verdingungsordnung für freiberufliche Leistungen, Teil IV/3, § 14, Rn. 2, der sich dafür ausspricht, an die besondere Dringlichkeit einen scharfen Maßstab anzulegen.
1535 EuGH, BauR 1992, 547; EuGHE 1993, 4655.
1536 Müller-Wrede, VOF-Kommentar, § 14, Rn. 19 ff.; Schabel/Ley, VOF und VOL/A, S. 25.
1537 ABl. EG 1971, Nr. L 124, 1.
1538 VO Nr. 1182/71, Art. 3 Abs. 2 b).

6 Die Verdingungsordnung für freiberufliche Leistungen (VOF)

1069 Problematisch kann insbesondere die Auskunft über eine »relevante Zusammenarbeit mit anderen« sein. Zum einen ist unklar, wann eine Relevanz i. S. d. VOF anzunehmen ist, zum anderen soll diese Auskunftspflicht nach einer Literaturmeinung sogar »unanwendbar« sein, da sie gegen höherrangiges Recht verstoße.[1539] Dies vor allem, weil sie Wettbewerbsbeschränkungen i. S. d. Art. 59 EG-Vertrag, welche der Dienstleistungsfreiheit widersprächen, auferlege. Dieser Rechtsauffassung ist zuzustimmen, zumal die abschließenden Regelungen der Art. 44 ff. Vergabekoordinierungsrichtlinie einen solchen Nachweis durch den Bewerber nicht kennen. Es dürfte damit problematisch sein, Bieter nicht zuzulassen, weil sie ihre Auskunftspflicht nach § 7 Abs. 2 VOF nicht vollständig erfüllen.

1070 Soll der Auftrag an mehrere Bewerber gemeinsam vergeben werden, kann verlangt werden, dass bei Auftragserteilung eine bestimmte Rechtsform eingegangen wird, beispielsweise eine Gesellschaft bürgerlichen Rechts in Form einer Arbeitsgemeinschaft, so dass die Bewerber der gesamtschuldnerischen Haftung unterliegen (§ 7 Abs. 4 VOF). Diese Vorgabe ist jedoch auf den Auftragsfall beschränkt. Es bedeutet nicht, dass Bewerber schon in der Angebotsphase eine bestimmte Rechtsform eingehen müssen oder dass der Auftraggeber Bewerber gar zurückweisen kann, weil sie sich nicht zu einer Bietergemeinschaft zusammengeschlossen haben.[1540]

6.5.4 Bekanntmachungen

1071 Die Auftraggeber sollen nach Beginn eines Haushaltsjahres nach § 9 Abs. 1 VOF eine unverbindliche Bekanntmachung über den vorgesehenen Gesamtwert der Aufträge für freiberufliche Leistungen, die in den folgenden 12 Monaten vergeben werden sollen, herausgeben, sofern der nach § 3 VOF geschätzte Wert mindestens 750.000 EUR beträgt. Für diese sog. Vorinformation schreibt § 9 Abs. 1 VOF i. V. m. Anhang I A der der Verordnung (EG) Nr. 1564/2005 die Verwendung eines Musterformulars vor.

1072 Die konkrete Absicht zur Vergabe eines bestimmten Auftrags wird durch Bekanntgabe mitgeteilt. Nach Übermittlung an das Amt für amtliche Veröffentlichungen der Europäischen Gemeinschaften wird diese spätestens 12 Tage nach ihrer Absendung im Amtsblatt der Europäischen Gemeinschaften veröffentlicht. In der nationalen Presse bzw. den Amtsblättern im Land des Auftraggebers darf eine solche Bekanntmachung nicht vor dem Tag der Absendung an das Amt für die amtlichen Veröffentlichungen der Europäischen Gemeinschaften veröffentlicht werden. Gemäß § 9 Abs. 2 VOF hat der Auftraggeber die Absicht, einen Auftrag im Verhandlungsverfahren mit vorheriger Vergabebekanntmachung vergeben zu wollen, durch (Vorab-)Bekanntmachung mitzuteilen. Die Vorabbekanntmachung muss formell dem Muster des Anhangs II der Verordnung EG Nr, 1564/2005 entsprechen und entfällt, wenn einer der Ausnahmetatbestände des § 5 Abs. 2 VOF gegeben ist.

1073 Für die Erstellung und Übermittlung der Bekanntmachung können sich Auftraggeber einer elektronischen Übertragungsform bedienen. In einem solchen Fall wird gemäß

1539 Hartmann, VOF Verdingungsordnung für freiberufliche Leistungen, Teil IV/3, § 7, Rn. 2.
1540 EuGH, Urt. v. 23.01.2003, Rs. C-57/01, VergabeNews 2003, 12 f.; Hartmann, VOF Verdingungsverordnung für freiberufliche Leistungen, Teil IV/3, § 7, Rn. 4.

§ 9 Abs. 4 S. 1 VOF die Bekanntmachung bereits fünf Tage nach ihrer Absendung im Amtsblatt veröffentlicht. Beruft sich der Auftraggeber auf eine besondere Dringlichkeit im Sinne von § 14 Abs. 2 VOF muss die Bekanntmachung mittels Telefax oder auf elektronischem Weg übermittelt werden, § 9 Abs. 4 S. 3 VOF.

6.6 Die Beschreibung der Aufgabenstellung

Aufgrund der bereits eingangs diskutierten Unterscheidung zwischen den nach VOF und VOL/A auszuschreibenden Leistungen kann bei der Ausschreibung freiberuflicher Leistungen kaum erwartet werden, dass eine Leistungsbeschreibung bzw. ein Leistungsverzeichnis im klassischen Sinne vorgelegt wird. Nach § 8 Abs. 1 VOF ist eine Aufgabenstellung so zu beschreiben, dass sie von allen Bewerbern im gleichen Sinne verstanden werden kann. 1074

Die Vorschrift des § 8 Abs. 2 VOF – die auch für »nachrangige Dienstleistungen« nach Anhang I Teil B der VOF gilt – schreibt vor, dass technische Anforderungen einheitlich zu formulieren sind. Eine ähnliche Bestimmung ist in der VOL/A und VOB/A enthalten.[1541] Dem Auftraggeber stehen hierzu mehrere Möglichkeiten zur Verfügung: 1075

6.6.1 Bezugnahme auf technische Vorschriften

Zunächst kann sich der Auftraggeber gemäß § 8 Abs. 2 Nr. 1 VOF darauf beschränken, auf die im Anhang TS definierten technischen Spezifikationen mit dem Zusatz »oder gleichwertig« zu verweisen. Zugleich regelt die Vorschrift auf welche technischen Normen und Spezifikationen zurückgegriffen werden können. Allgemein handelt es sich hierbei um Regelwerke, die sämtliche technischen Anforderungen an ein Material, ein Erzeugnis, oder eine Lieferung enthalten mit deren Hilfe die Leistung so bezeichnet werden kann, dass sie den durch den Auftraggeber festgelegten Verwendungszweck erfüllt. An dieser Stelle ist darauf hinzuweisen, dass insbesondere die große Anzahl bereits ergangener europäischer Normen des CEN und des CENELEC, welche hierzulande vom Deutschen Institut für Normen e.V. veröffentlicht wurden, zu berücksichtigen sind.[1542] 1076

6.6.2 Leistungs- und Funktionsanforderung

Ergänzend hierzu sieht die VOF 2006 als weitere Möglichkeit nach § 8 Abs. 2 Nr. 2 VOF vor, dass Auftraggeber ihren Bedarf durch Leistungs- und Funktionsanforderungen bestimmen können, sofern diese so genau verfasst werden, dass sie den Unternehmen ein klares Bild vom Auftragsgegenstand vermitteln und dem Auftraggeber die Erteilung des Zuschlags ermöglichen. § 8 Abs. 2 Nr. 3 VOF erlaubt es, diese Aufgabenbeschreibungsmethode mit der herkömmlichen Bezugnahme auf technische Vorschrif- 1077

1541 Siehe Rn. 487, 911.
1542 Schabel/Ley, VOF und VOL/A, S. 24.

ten zu kombinieren. Hinter dieser Neuregelung steht der Gedanke, dass Auftraggeber ihren Bedarf häufig nicht mit Hilfe von technischen Spezifikationen optimal bestimmen können, da diese entweder fehlen oder technisch überholt sind.[1543]

1078 Als weitere Neuerung betont die VOF 2006 das Recht des Auftraggebers, Umwelteigenschaften vorzuschreiben. Wird ein Auftrag in Form von Leistungs- und Funktionsanforderungen beschrieben, kann gem. § 8 Abs. 5 VOF auf Umweltspezifikationen aus europäischen, multinationalen oder anderen Umweltgütezeichen zurückgegriffen werden, wenn das jeweilige Gütezeichen bestimmte Anforderungen erfüllt. In einem solchen Fall kann der Auftraggeber in den Vergabeunterlagen angeben, dass bei Dienstleistungen, die mit einem Umweltzeichen ausgestattet sind, eine Vermutung dafür besteht, dass sie der Leistungsbeschreibung entsprechen. Er darf aber das Tragen des Umweltzeichens nicht zum alleinigen Maßstab machen, sondern muss auch jedes andere geeignete Beweismittel akzeptieren.

1079 Weist ein Bewerber in seinem Angebot nach, dass die von ihm vorgeschlagenen Lösungen den technischen Anforderungen entsprechen, so darf sein Angebot nicht mit der Begründung abgelehnt werden, die angebotene Leistung entspreche nicht den Vorgaben, § 8 Abs. 3 u. 4 VOF. Als geeignete Nachweise nennt § 8 Abs. 6 VOF die technische Beschreibung des Herstellers oder den Prüfbericht einer anerkannten Stelle, wie etwa Prüf- und Eichlaboratorien, Inspektions- und Zertifizierungsstellen.

1080 Die Verpflichtung zur Erstellung einer einheitlichen und verständlichen Aufgabenbeschreibung korrespondiert mit dem Verbot, in den Vergabeunterlagen auf eine bestimmte Produktion, Herkunft oder auf ein besonders Verfahren zu verweisen, wenn dadurch bestimmte Unternehmen oder Produkte begünstigt oder ausgeschlossen werden, § 8 Abs. 7 S. 1 VOF. Die Abgrenzung zwischen unzulässiger Verwendung eines Markennamens und unumgänglichen technischen Voraussetzungen kann durchaus fließend sein. Für den Fall, dass der Auftragsgegenstand nicht hinreichend genau und allgemein verständlich beschrieben werden kann, erlaubt § 8 Abs. 7 S. 2 VOF ausnahmsweise den Verweis auf bestimmte Erzeugnisse und Verfahren. Allerdings sind solche Verweise nur zulässig, wenn der Angabe der Zusatz »oder gleichwertig« beigefügt wird.

1081 Schließlich findet sich in Anlehnung an § 9 Nr. 2 VOB/A bzw. § 8 Nr. 1 Abs. 3 VOL/A auch in § 8 Abs. 8 VOF eine Vorschrift, wonach alle die Erfüllung der Aufgabenstellung beeinflussenden Umstände anzugeben sind, insbesondere solche, die dem Auftragnehmer ein ungewöhnliches Wagnis aufbürden, auf die er keinen Einfluss hat oder deren Einwirkung auf die Honorare oder Preise und Fristen er nicht im Voraus einschätzen kann.

1082 Konsequenterweise dürfte sich bei fehlerhaften Vergabeunterlagen auch im Rahmen der VOF ein Schadensersatzanspruch zugunsten eines Bieters begründen lassen, der erst nach der Auftragsvergabe feststellen muss, dass Mehrleistungen erforderlich werden, deren Notwendigkeit aus den Vergabeunterlagen in keiner Weise erkennbar war. Eine Haftung des Auftraggebers kann aus § 311 Abs. 2 i. V. m. § 280 Abs. 2 BGB (Verschulden bei Vertragsschluss) gegeben sein, nach denen als Rechtsgrund für einen Anspruch auf Schadensersatz das enttäuschte Vertrauen des Auftragnehmers herangezo-

---

1543 Prieß, Handbuch des europäischen Vergaberechts, S. 242.

gen wird.¹⁵⁴⁴ Aus diesem Grunde ist ein Schadensersatzanspruch des Auftragnehmers nur anzunehmen, wenn er tatsächlich bei sorgfältiger Erstellung seiner Kalkulation durch die unrichtigen bzw. unvollständigen Angaben des Auftraggebers zur Abgabe seines Angebotes veranlasst wurde. Der Anspruch ist demzufolge zu verneinen, wenn dem Bieter die Lückenhaftigkeit der Auftragsbeschreibung erkennbar war, und weitere Umstände vorliegen, aus denen sich ergibt, dass der Bieter ersichtlich das Risiko übernommen hat, welches sich aus der unvollständigen Auftragsbeschreibung ergibt.¹⁵⁴⁵

6.7 Die Eignung der Bewerber

6.7.1 Fachliche Eignung

Nach § 13 VOF kommen nur fachlich geeignete Bewerber für eine Vergabe in Betracht. Der Nachweis der Eignung kann durch einen Ausbildungsnachweis erbracht werden, sofern nicht eine Berufszulassung erforderlich und nachgewiesen ist. Als Eignungsnachweise kommen nach § 13 Abs. 2 VOF ferner näher spezifizierte Referenzlisten, Angaben über die technische Leitung, Erklärungen zu den Beschäftigten, der technischen Ausstattung und den Maßnahmen des Qualitätsmanagements sowie ggf. entsprechende Kontrollen des Auftraggebers in Betracht. Auch der Umfang des vorgesehenen Eigenleistungsanteils kann im Rahmen der Eignungsprüfung berücksichtigt werden. Die Aufzählung in § 13 VOF ist nicht abschließend; es können auch andere Belege eingereicht werden,¹⁵⁴⁶ welche geeignet sind, die in dieser Vorschrift genannten Nachweise zu substituieren. Dies bedeutet jedoch nicht, dass der Auftraggeber berechtigt ist, andere, nicht in § 13 VOF genannte Nachweise vom Bieter zu verlangen.¹⁵⁴⁷ Einem solchen Verhalten des Auftraggebers stünden Art. 40 Abs. 5 d und Art. 47 f. der Vergabekoordinierungsrichtlinie entgegen. Einem Auftraggeber ist indes nicht dazu zu raten, schematisch alle in § 13 VOF aufgelisteten Nachweise zu verlangen.¹⁵⁴⁸ In solchen Fällen werden Newcomer und Berufsanfänger regelmäßig vom Wettbewerb fern gehalten und es besteht die Gefahr, einen interessanten Bieter allein deshalb nach § 11 Abs. 4 e) VOF ausschließen zu müssen, weil er die Beifügung eines der vielen Nachweise vergessen und damit ein unvollständiges Angebot eingereicht hat. Zudem darf ein Auftraggeber solche Nachweise und Auskünfte nicht verlangen, die vom Auftragsgegenstand her nicht gerechtfertigt sind bzw. die berechtigten Schutzinteressen der Bewerber beeinträchtigen.¹⁵⁴⁹ 1083

Wie in dem Verfahren nach der VOL/A oder VOB/A können auch bei der Vergabe freiberuflicher Leistungen im Rahmen der Eignungsprüfung die Erfüllung bestimmter Qualitätsanforderungen überprüft werden. In einem solchen Fall gibt der Auftraggeber in der Bekanntmachung an, dass die Bewerber Bescheinigungen von unabhängigen 1084

1544 BGH, BauR 1994, 238.
1545 BGH, BauR 1994, 238; BGH, NJW-RR 92, 1046.
1546 Franke/Höfler, ZVgR 1997, 277, 283.
1547 Hartmann, VOF Verdingungsordnung für freiberufliche Leistungen, Teil IV/3, § 13, Rn. 1.
1548 Maibaum, S. 60.
1549 Müller-Wrede-Kularz, VOF-Kommentar, § 11, Rn. 9.

Qualitätsstellen vorzulegen haben. Es handelt sich hierbei um ein sog. Qualitätssicherungsnachweisverfahren, welches den einschlägigen europäischen Normen entspricht und von entsprechenden Stellen zertifiziert ist, § 10 Abs. 3 S. 2 VOF. Der Auftraggeber ist jedoch dazu verpflichtet, andere gleichwertige Bescheinigungen von Stellen aus anderen EG-Mitgliedsstaaten sowie andere Nachweise für Qualitätssicherungsmaßnahmen anzuerkennen.

1085 Auch die Eignungskriterien dürfen keine wettbewerbsbeschränkende Wirkung haben, was sich aus § 4 Abs. 2 VOF ergibt. Ebenso wie auch im Vergaberecht nach VOB/A beispielsweise nicht die ausschließliche Verwendung eines bestimmten Produkts eines bestimmten Herstellers verlangt werden kann, kann in der VOF beispielsweise nicht die Mitgliedschaft in einer bestimmten Vereinigung (Ausnahme: Pflichtmitgliedschaften) oder die Beschäftigung bestimmter Personen verlangt werden.

1086 Seit dem Urteil des BGH vom 12.03.1992 zum arglistigen Verschweigen eines Baumangels durch den ausführenden Unternehmer[1550] geht die überwiegende Rechtsprechung davon aus, dass den Auftragnehmer im Werkvertragsrecht eine Offenbarungspflicht hinsichtlich der von ihm verursachten Mängel trifft, der er sich nicht durch die Vorgabe eigener Unwissenheit entziehen kann. Der Auftragnehmer hat vielmehr für die sorgfältige Organisation der Überwachung und Prüfung seines Werkes einzustehen und unterliegt bei der Verletzung dieser Pflichten de facto einer Sachmängelgewährleistung von 30 Jahren.

1087 Weiterhin hat der BGH in der zitierten Entscheidung klargestellt, dass in den Fällen des »Organisationsverschuldens« die Darlegungs- und Beweislast des Auftraggebers erleichtert wird. Grundsätzlich genügt der Auftraggeber seiner Darlegungslast, wenn er Tatsachen vorträgt, nach denen entweder der Auftragnehmer selbst oder aber Gehilfen (z. B. Nachunternehmer), derer er sich zur Erfüllung seiner Organisationspflicht bedient hat, einen erkannten Mangel nicht offenbart haben. Hierbei kann die Art des Mangels ein so überzeugendes Indiz für ein Organisationsverschulden des Auftragnehmers sein, dass weitere Darlegungen nicht erforderlich sind.[1551] Da diese Rechtsprechung mittlerweile auf die Beurteilung von Architekten- und Ingenieurleistungen übertragen wurde,[1552] werden auch Bieter unter dem Regime der VOF verstärkt auf eine sorgfältige Organisation der Überwachung der Mangelfreiheit ihrer Leistung zu achten haben und der Auftraggeber wird berechtigterweise auf den Nachweis einer entsprechenden Organisation insistieren.[1553]

6.7.2 Der Nachweis der finanziellen Leistungsfähigkeit der Bieter

1088 Auch hinsichtlich der finanziellen und wirtschaftlichen Leistungsfähigkeit der Bewerber können Nachweise verlangt werden. Dies sind

---

1550 BGHZ 117, 318; BGH, ZfBR 1992, 168 = BGH, BauR 1992, 500.
1551 BGH, BauR 1992, 501.
1552 Vgl. z. B. OLG Celle, NJW-RR 1995, 1486.
1553 Vgl. Hartmann, VOF Verdingungsordnung für freiberufliche Leistungen, Teil IV/3, § 13, Rn. 7.

> Vorlage einer Bankerklärung;

> Nachweis einer Berufshaftpflichtversicherungsdeckung:

> Vorlage von Bilanzen oder Bilanzauszügen, falls deren Veröffentlichung nach dem Gesellschaftsrecht vorgeschrieben ist;

> Erklärung über den Gesamtumsatz des Bewerbers und seinem Umsatz für entsprechende Dienstleistungen in den letzten drei Geschäftsjahren.

Nach § 12 Abs. 2 kann der Bewerber seine finanzielle und wirtschaftliche Leistungsfähigkeit auch durch andere vom Auftraggeber für geeignet erachtete Belege nachweisen, wenn er aus einem wichtigen Grund die Nachweise nicht beibringen kann.

1089

Die VOF 2006 übernimmt die Vorgaben, die der EuGH[1554] und die neu Vorschrift des Art. 47 Abs. 2 Vergabekoordinierungsrichtlinie an die Zurechnung von Kapazitäten anderer Unternehmen stellt. Nach § 12 Abs. 3 VOF kann sich ein Bewerber hinsichtlich seiner eigenen Leistungsfähigkeit der Kapazität anderer Unternehmen ungeachtet des rechtlichen Charakters der zwischen ihm und diesem Unternehmen bestehenden Verbindung bedienen, sofern er nachweist, dass ihm die erforderlichen Mittel zur Verfügung stehen, in dem er beispielsweise eine entsprechenden Verpflichtungserklärung des Dritten vorlegt.[1555]

6.7.3. Antizipierte Eignungsprüfung

Wird der Auftrag im Verhandlungsverfahren mit vorheriger Vergabebekanntmachung vergeben, findet die Eignungsprüfung im durchzuführenden Teilnahmeverfahren statt. Kann eine Vergabestelle auf eine Vergabebekanntmachung ausnahmsweise verzichten (§ 5 Abs. 2 VOF) wird die Eignung der Bewerber zusammen mit den vorgelegten Angeboten geprüft.

1090

In einem Verhandlungsverfahren mit vorgeschalteten Teilnahmeverfahren ist es vor allem bei der Vergabe von freiberuflichen Leistungen üblich, die Unternehmen, die sich bereits bei ähnlichen Aufträgen bewährt haben, ohne erneute Eignungsprüfung an den Verhandlungen zu beteiligen (sog. »gesetzte Bewerber«). Die Privilegierung solcher Bewerber wird damit begründet, dass die Teilnahme am Bewerbungsverfahren eine unnötige Förmelei darstellen würde, wenn ein Unternehmen als geeignet gilt und deshalb ohnehin an den Verhandlungen beteiligt werden soll.[1556] Eine spezielle Rechtsgrundlage für diese Vorauswahl existiert nicht. Vielmehr gehört es zum Leitbild des § 10 Abs. 1 VOF, dass der Auftraggeber unter den Bewerbern, die auf die vorherige Vergabebekanntmachung hin die Teilnahme am Verhandlungsverfahren beantragt haben, die geeigneten Bewerber auszuwählen hat. Der Sinn und Zweck eines Teilnahmeverfahrens besteht darin, unter den am Auftrag interessierten Unternehmen einen größtmöglichen Wettbewerb herzustellen. Diesem Ziel läuft es prinzipiell zuwider,

1091

1554 EuGH, Urt. v. 18.03.2004, Rs. C-C-314/01.
1555 Zur entstehenden Regelung in der VOB/A und VOL/A siehe oben Rn. 478 bzw. 906.
1556 Müller-Wrede, VOF-Kommentar, § 9 Rn. 125.

wenn eine Vergabestelle frei entscheiden kann, ob und wie viele Unternehmen sie außerhalb des Teilnahmewettbewerbs zu Verhandlungen auffordert.

1092 Dennoch wird die Berücksichtigung von gesetzten Bewerbern allgemein für zulässig erachtet. Das OLG Rostock äußerte keine Bedenken, wenn die Vergabestelle einen solchen Bewerber neben einer im Losverfahren ermittelten Bewerbergruppe zu Verhandlungen auffordert.[1557] Welche Zulassungskriterien hierfür erfüllt sein müssen, lässt die Entscheidung offen. In der Literatur wird die Vorauswahl davon abhängig gemacht, ob der Auftraggeber sie bekannt gegeben und im Vergabevermerk sorgfältig begründet hat.[1558] Eine entsprechende Rubrik müsse in dem Bekanntmachungsformular ausgefüllt werden (vgl. Abschnitt IV 1.1 des Standardformulars in Anhang II der Verordnung (EG) Nr. 1564/2005). Außerdem sei es erforderlich, dass der gesetzte Bewerber die Kriterien der Bewerberauswahl erfüllt und in Hinblick auf den zu vergebenden Auftrag keinen Informationsvorsprung gegenüber den anderen Bewerbern besitzt.[1559]

1093 Auch wenn das Bekanntmachungsformular darauf hindeut, dass eine Vorauswahl geeigneter Bewerber vor Beginn des Teilnahmewettbewerbs stattfinden darf, erschöpft sich die Zulässigkeit nicht nur in der Beachtung der Publikationsvorschriften. Mit Blick auf den Wettbewerbsgrundsatz müssen weitere Voraussetzungen erfüllt sein. Damit der Wettbewerb durch die Vorauswahl nicht verengt wird, muss der Auftraggeber die Zahl derjenigen, die er im Vergabeverfahren als gesetzte Bewerber zu den Verhandlungen auffordern möchte, auf wenige Unternehmen beschränken. Die Mehrzahl der Bewerber muss über den vorgeschalteten Teilnahmewettbewerb ausgewählt werden. Auch muss es einen zwingenden Grund für die Vorauswahl geben. So reicht es beispielsweise nicht aus, wenn taktische Erwägungen oder das Interesse an einem verkürzten Teilnahmewettbewerb den Ausschlag dafür geben, ob ein Bewerber ohne Teilnahmeverfahren ausgewählt wird.

6.8 Der Ausschluss von Bewerbern

1094 § 11 VOF bestimmt die Kriterien, nach denen Bewerber von der Teilnahme am Vergabeverfahren auszuschließen sind. In ihrer bisherigen Fassung kannte die Vorschrift fünf Ausschlussgründe (Illiquidität, berufliche Unzuverlässigkeit, schwere Verfehlungen, steuerliches Fehlverhalten und Abgabe falscher Erklärungen). Zudem ergab sich für den Auftraggeber keine Rechtspflicht, vom Ausschluss Gebrauch zu machen. Mit Neufassung der VOF 2006 wurden der Vorschrift weitere Ausschlusstatbestände ergänzt, die eine zwingende Zurückweisung des Bewebers vorschreiben. Sie basieren auf Art. 45 Abs. 1 Vergabekoordinierungsrichtlinie und sind in den neu gefassten VOL/A und VOB/A ebenfalls enthalten.[1560] Nach § 11 Abs. 1 VOF sind Bewerber vom Verga-

---

1557 OLR Rostock, Beschl. v. 01.08.2003, 17 Verg 7/03. Vgl. auch VK Bremen, Beschl. v. 29.09.2001, VK 5/01.
1558 Müller-Wrede, VOF-Kommentar, § 9 Rn. 121 ff.
1559 Müller-Wrede, VOF-Kommentar, § 9 Rn. 122.
1560 Siehe § 8a Nr. 1 VOB/A und § 7a Nr. 2 VOL/A.

beverfahren wegen Unzuverlässigkeit zwingend auszuschließen, wenn sie oder die für sie verantwortlich handelnden Personen wegen bestimmter unternehmensbezogener Straftaten, wie etwa Beteiligung an einer kriminellen Vereinigung, Geldwäsche, Betrug etc., rechtskräftig verurteilt worden sind. Erhält der Auftraggeber Kenntnis von den Strafverstößen, haben die betreffenden Personen zu ihrer Entlastung entsprechende Urkunden, Beschleunigungen, ggf. eidesstattliche Erklärungen vorzulegen. Von einem Ausschluss kann andernfalls nur abgesehen werden, wenn zwingende Gründe des Allgemeininteresses vorliegen, § 11 Abs. 3 VOF. Dies wird nur in Ausnahmefällen anzunehmen sein, so dass eine relevante strafrechtliche Verurteilung bis zu ihrer Tilgung nach dem Bundeszentralregistergesetz wie eine Auftragssperre wirkt.[1561]

Wie bisher sind in § 11 Abs. 4 VOF die Ausschlussgründe enthalten, die eine Zurückweisung des Bewerbers in das Ermessen des Auftraggebers stellen. Ein Ausschluss droht danach Bewerbern, **1095**

a) die sich im Insolvenzverfahren oder in Liquidation befinden oder ihre Tätigkeit eingestellt haben oder sich aufgrund eines in den einzelstaatlichen Rechtsvorschriften vorgesehenen gleichartigen Verfahrens in einer entsprechenden Lage befinden;

b) die aufgrund eines rechtskräftigen Urteils aus Gründen bestraft worden sind, die ihre berufliche Zuverlässigkeit in Frage stellen;

c) die im Rahmen ihrer beruflichen Tätigkeit eine schwere Verfehlung begangen haben, die vom Auftraggeber nachweislich festgestellt wurde;

d) die ihre Verpflichtung zur Zahlung von Steuern und Abgaben nicht erfüllt haben;

e) die sich bei Erteilung von Auskünften die sich gem. den §§ 7, 10, 12 und 13 VOF eingeholt werden können, in erheblichen Maß falscher Erklärungen schuldig gemacht haben oder diese Auskünfte unberechtigterweise nicht erteilen.

Nach dem bisherigen Diskussionsstand über Ausschlussgründe bei festgestellten Preisabsprachen von Bewerbern im Rahmen anderer Vergabeverfahren wird davon auszugehen sein, dass auch nach § 11 VOF solche Bewerber ausgeschlossen werden können, die zwar noch nicht wegen wettbewerbsbeschränkender Absprachen verurteilt worden sind, denen aber durch Geständnis oder andere überzeugende Beweismittel derartiges Fehlverhalten nachgewiesen werden kann.[1562] Zu beachten ist ferner, dass ein Ausschlussgrund auch dann besteht, wenn die Bewerber ihre Tätigkeit eingestellt haben. Inaktive Firmen oder so genannte Vorrats-GmbHs können daher nicht als Bieter auftreten. **1096**

1561 Leinemann, Vergabenavigator, 2006/2 S. 16, 17 zur inhaltsgleichen Vorschrift des § 8 a Abs. 3 VOB/A.
1562 Vgl. insoweit Ingenstau/Korbion, VOB/Kommentar, 15. Aufl. 2004, Teil A, § 8 Rn. 104 ff., wonach das Vorliegen einer schweren Verfehlung lediglich »nachweislich« sein muss.

6.9 Die Auswahl der Bewerber

1097 Der Auftraggeber wählt aus den Bewerbern, die sich um die Teilnahme am Verhandlungsverfahren aufgrund der Bekanntmachung beworben haben und die nicht nach § 11 VOF auszuschließen sind, die geeigneten Bewerber aus. Nach § 10 Abs. 2 VOF darf die Zahl der zur Verhandlung aufgeforderten Bewerber bei hinreichender Anzahl geeigneter Bewerber nicht unter drei liegen, weil nach Auffassung des Verordnungsgebers bei einer geringeren Anzahl kaum noch ein Wettbewerb herzustellen ist. Voraussetzung ist stets, dass der Bewerber die wirtschaftlichen und technischen Mindestanforderungen der Vergabe erfüllt. Hinweise auf diese Mindestanforderungen müssen sich anhand der vorzulegenden Nachweise und Angaben zur Leistungsfähigkeit und fachlichen Eignung ergeben. Nach Auffassung des OLG Rostock ist die Durchführung eines Losverfahrens grundsätzlich zulässig, wenn der öffentliche Auftraggeber aus zahlreichen Bewerbungen eine rein objektive Auswahl nach qualitativen Kriterien unter gleich qualifizierten Bewerbern nicht mehr nachvollziehbar durchführen kann.[1563] Die Vergabestelle müsse aber bereits in ihrem Auswahlverfahren abklären, welcher der nicht ausgeschlossenen und geeigneten Bewerber prognostisch die geforderte Leistung am besten erbringen werde. Andernfalls wäre nicht ausgeschlossen, dass der potenziell bestgeeignete Bewerber im Rahmen der Auslosung ausscheidet.[1564] Die Vergabestelle sollte aus Transparenzgründen bereits in der Bekanntmachung auf die Möglichkeit des Losverfahrens hinweisen.

1098 Die VOF 2006 verpflichtet den Auftraggeber bestimmte Vorgaben sowohl bei der Auswahl der Bewerber als auch bei der Ausgestaltung des Verhandlungsprozesses zu beachten. § 16 Abs. 1 VOF ordnet an, dass die am Auftrag interessierten Unternehmen gleichzeitig und auf schriftlichem Weg aufzufordern sind, sich an den Verhandlungen zu beteiligen. Der Aufforderung müssen die Aufgabenbeschreibung und ein Hinweis auf die Vergabebekanntmachung beigefügt sein. Auch müssen den Bewerbern die die Zuschlagskriterien sowie deren Gewichtung spätestens mit dem Aufforderungsschreiben mitgeteilt werden. Kann eine Gewichtung aus nachvollziehbaren Gründen nicht bestimmt werden, müssen die Kriterien in der absteigenden Reihenfolge ihrer Bedeutung angegeben werden, § 16 Abs. 2 VOF. Mit dem Aufforderungsschreiben kann die Vergabestelle die Bewerber zugleich zur Abgabe eines ersten sog. indikativen Angebots auffordern.

1099 Aus ihrer Verpflichtung, mindestens drei geeignete Bewerber zu Verhandlungen aufzufordern, folgt nicht, dass eine Vergabestelle diese Zahl während der gesamten Verhandlungsphase beizubehalten hat. Vielmehr entspricht es dem Wesen und üblichen Verlauf des Verhandlungsverfahrens, wenn in mehreren Verhandlungsrunden die Zahl der Verhandlungsteilnehmer sukzessiv beschränkt wird. Dieses Ausleseprinzip ist seit längerem anerkannt und ist nunmehr in § 5 Abs. 1 S. 2 VOF normiert. Soll zu diesem Zweck das Verhandlungsverfahren in verschiedenen aufeinander folgenden Phasen abgewickelt werden, so ist hierauf in der Vergabebekanntmachung oder in den Vergabeunter-

---

1563 OLG Rostock, Beschl. v. 01.08.2003, 17 Verg 7/03, VergabeNews 2003, 83; a. A. Müller-Wrede-Kulartz, VOF-Kommentar, § 10 VOF, Rn. 4.
1564 OLG Rostock, Beschl. v. 01.08.2003, 17 Verg 7/03, VergabeNews 2003, 83.

lagen hinzuweisen. Fehlt ein solcher Hinweis, können Bewerber auch mit geringen Zuschlagschancen nicht vor Abschluss der Verhandlungsphase ausgeschlossen werden.[1565]

6.10 Die Bewertung der Angebote

Nach § 6 VOF kann der Auftraggeber in jedem Stadium des Vergabeverfahrens Sachverständige einschalten; diese können auf Anfrage auch von den Berufsvertretungen vorgeschlagen werden. Erlaubt ist auch die durchgängige Steuerung des Verfahrens durch einen beauftragten Sachverständigen, solange sichergestellt ist, dass die Vergabestelle selbst letztlich eine eigenverantwortliche Vergabeentscheidung trifft.[1566] Die Sachverständigen dürfen allerdings gem. § 6 Abs. 2 VOF weder unmittelbar noch mittelbar an der betreffenden Vergabe beteiligt sein und auch nicht beteiligt werden. Auch ist das Mitwirkungsverbot nach § 16 VgV zu beachten. 1100

Nach Abgabe der Angebote schließt der Auftraggeber nach § 16 Abs. 4 VOF den Vertrag mit demjenigen Bewerber, der aufgrund der ausgehandelten Auftragsbedingungen die bestmögliche Leistung erwarten lässt. Eine Frist, innerhalb derer der Auftraggeber die Vergabeentscheidung zu treffen hat, ist in der VOF nicht enthalten. 1101

Die Angebotswertung selbst findet unter Berücksichtigung der auf die erwartete fachliche Leistung bezogenen Kriterien statt, insbesondere Qualität, fachlicher oder technischer Wert, Ästhetik, Zweckmäßigkeit, Umwelteigenschaften, Kundendienst oder technische Hilfe, Leistungszeitpunkt, Ausführungszeitraum oder -frist und Preis/Honorar, § 16 Abs. 3 VOF. Zu berücksichtigen sind nur solche Kriterien, die den Bietern zur Angebotsbearbeitung bekannt gemacht wurden, § 16 Abs. 2 VOF. Ist allerdings die zu erbringende Leistung nach einer gesetzlichen Gebühren- oder Honorarordnung zu vergüten, so ist der Preis nur im dort vorgeschriebenen Rahmen zu berücksichtigen. Eine Unterschreitung der HOAI-Mindestsätze kann beispielsweise keine Berücksichtigung finden. Allerdings kommt ein Ausschluss des Bieters wegen Unterschreitung der Mindestsätze nur dann in Betracht, wenn sich auch in Nachverhandlungen keine Korrektur hin zu einem den Mindestanforderungen konformen Honorar erreichen lässt.[1567] Das gilt jedenfalls bei solchen Angeboten, die nur in unwesentlichen Angebotsteilen eine Mindestsatzunterschreitung aufweisen. Unzulässig wäre es auch, nach § 66 Abs. 3 HOAI zugunsten eines Bieters, der bereits einen vorlaufenden Bauabschnitt geplant hat, ein reduziertes Honorar für den Folgeabschnitt aufgrund des Wiederholungsfaktors zu gewähren, weil dies alle übrigen Bieter diskriminieren würde.[1568] Werden keine Wertungskriterien mitgeteilt, kann nicht etwa – wie im Verfahren nach VOB/A – allein anhand des niedrigsten Preises gewertet werden, wenn eine Honorarordnung wie die HOAI Anwendung findet. Vielmehr ist dann das Verhandlungsverfahren erneut, nach vorheriger Mitteilung der Kriterien durchzuführen.[1569] 1102

1565 Zur inhaltlichen Ausgestaltung des Verhandlungsverfahren siehe oben, Rn. 423 ff.
1566 OLG Dresden, VergabeR 2001, 311, 312.
1567 OLG Stuttgart, VergabeR 2003, 235, 238.
1568 BayObLG, VergabeR 2001, 438, 440.
1569 BayObLG, VergabeR 2003, 59, 62; OLG Düsseldorf, VergabeR 2003, 342, 344.

1103 Nach der VOL/A und VOB/A ist es einem Auftraggeber verwehrt, auf der Ebene der Angebotsauswertung die Eignungskriterien ein weiteres Mal zu berücksichtigen.[1570] So dürfen Unternehmen, die infolge ihrer Marktanteile als leistungsfähiger gelten, gegenüber kleineren Unternehmen nicht bevorzugt werden. Andernfalls wird gegen den Wettbewerbsgrundsatz und gegen den sich hieraus ableitenden Förderauftrag mittelständischer Interessen (§ 97 Abs. 3 GWB) verstoßen.[1571] Ein Bewerber, der die gestellten Eignungsanforderungen erfüllt, ist daher – unabhängig, ob leistungsfähigere Konkurrenten vorhanden sind – als geeignet zu betrachten.[1572]

1104 Auch bei der Vergabe von freiberuflichen Leistungen sind die Eignungskriterien Fachkunde, Zuverlässigkeit und Leistungsfähigkeit nach Durchschreiten der Eignungsprüfung für das abschließende Auswahlverfahren verbraucht.[1573] Allerdings ist es bei der Vergabe von nicht abschließend beschreibbaren Dienstleistungen nicht immer möglich, eignungs- und angebotsbezogene Aspekte trennscharf voneinander abzugrenzen. Die Schwierigkeiten haben ihre Ursache darin, dass die Auftragsvergabe nach der VOF nicht auf einem konkreten Leistungsangebot, sondern auf einer Prognoseentscheidung beruht, die sich an den personellen Qualifikationen, Kapazitäten und Referenzen über früher erbrachte Leistungen der Bewerber orientiert.[1574] Aus diesem Grund hält es die Rechtsprechung für zulässig, wenn beispielsweise die Präsentation von Referenzobjekten sowohl zur Darlegung der fachlichen Eignung als auch später nochmals im Zusammenhang mit der Prüfung der Qualität der vom Bewerber konkret zu erwartenden Leistung herangezogen wird.[1575] In diesem Zusammenhang wird auch auf den Wortlaut aus § 16 Abs. 4 VOF verwiesen. Anders als bei den Bestimmungen in der VOL/A und VOB/A soll es nach dieser Vorschrift nicht um die Ermittlung des wirtschaftlich günstigsten Angebots gehen, sondern um die Auswahl des Bewerbers, der die »bestmögliche Leistung« erwarten lässt (§ 16 Abs. 4 VOF).[1576]

1105 Eine generelle Vermengung von Eigungs- und Zuschlagskriterien bei der Vergabe von freiberuflichen Leistungen ist nicht uneingeschränkt möglich. Auch im Rahmen von § 16 VOF erfolgt die Auswahl des Bewerbers auftragsbezogen. Ein »Mehr an Eignung« verstößt gegen das Gleichbehandlungs- und Transparenzprinzip, da die Gefahr besteht, dass am Ende nicht das beste Angebot bezuschlagt wird, sondern derjenige Bieter, der mehr Erfahrung oder wirtschaftlich leistungsfähiger ist. Da der Leistungsgegenstand im VOF-Vergabeverfahren durch Verhandlungen mit den Bewerber präzisiert wird, kann auch bei einer Prognoseentscheidung zwischen auftragsbezogenen Zuschlagskriterien und personenbezogenen Aspekten, wie etwa die Erfahrung mit vergleichbaren Projekten, differenziert werden.[1577] Nur wenn dies nicht möglich ist und

---

1570 EuGH, Urteil v. 19.06.2003, Rs. C-315/01, GAT, Slg. 2003, I-6351, Rn. 64 ff. BGH, NJW 1998, 3644.
1571 Vgl. allgemein zum Mittelstandsschutz *Dreher*, Die Berücksichtigung mittelständischer Interessen bei der Vergabe öffentlicher Aufträge, NZBau 2005, S. 427 ff.
1572 Franzius, Verhandlungen im Verfahren der Auftragsvergabe, S. 214.
1573 OLG Frankfurt, Beschl. v. 28.02.2006, 11 Verg 16/05.
1574 OLG Rostock, Beschl. v. 16.5.2001, VergabeR 2001, 315.
1575 OLG Stuttgart, Beschl. v. 28.11.2002, 2 Verg 10/02, VergabeR 2003, 226; OLG Rostock, Beschl. v. 16.5.2001, VergabeR 2001, 315.
1576 OLG Düsseldorf, Beschl. v. 23.07.2003, Verg 27/03.
1577 Müller-Wrede, VOF-Kommentar, § 16, Rn. 25.

6.10 Die Bewertung der Angebote

aufgrund der Erfahrungen des Bewerbers ein konkreter Bezug zum Leistungsgegenstand herzustellen ist, dürfen Eignungskriterien in die Angebotsauswertung mit einfließen.

Theoretisch müssten insbesondere Planungsangebote, deren Vergütung die HOAI zugrunde liegt, preislich identisch sein. Die Praxis ist jedoch anders, denn gerade Architekten- und Ingenieurleistungen werden häufig zu Honorarsätzen vergeben, die letztlich unterhalb der Mindestsätze der HOAI liegen, und zwar auch dann, wenn die Summe der anrechenbaren Kosten unterhalb des Schwellenwertes von 25,564 Mio. EUR liegt, ab dem ohnehin das Planungshonorar frei vereinbart werden kann.[1578] Aus der Formulierung des § 16 Abs. 3 Satz 2 VOF, wonach bei Existenz einer Honorarordnung »der Preis nur im dort vorgeschriebenen Rahmen zu berücksichtigen« ist, könnte geschlossen werden, dass eine Unterschreitung der HOAI nicht zulässig wäre.[1579] Dies ist grundsätzlich zutreffend. Allerdings bleibt zu berücksichtigen, dass die Parteien eines Architektenvertrages im Grundsatz nicht gehindert sind, ein Pauschalhonorar unterhalb der Mindestsätze der HOAI zu vereinbaren.[1580] Zulässig ist dies jedoch nur in bestimmten Ausnahmefällen, ansonsten ist eine Pauschalvereinbarung unterhalb der Mindestsätze unwirksam.[1581] Auch lässt § 4 Abs. 2 HOAI für bestimmte, eng begrenzte Ausnahmefälle eine Unterschreitung der Honorarsätze der HOAI zu, so bei besonders geringem Aufwand, engen Beziehungen rechtlicher, wirtschaftlicher, sozialer oder persönlicher Art. Sonstige, zur Unterschreitung berechtigende Umstände könnten beispielsweise auch darin liegen, dass die Planung mehrfach verwendet werden kann. Andererseits darf nach der Rechtsprechung die Funktion der Mindestsätze durch die Ausnahmeregelung nicht ausgehebelt werden und zu einem ruinösen Preiswettbewerb unter Architekten und Ingenieuren führen. Eine im Laufe der geschäftlichen Zusammenarbeit entstandene, freundschaftliche Umgangsform reicht nicht aus.[1582]

1106

In den wenigen, bisher zur VOF veröffentlichten Stimmen der juristischen Fachliteratur überwiegen diejenigen, die grundsätzlich auch in einem Vergabeverfahren nach VOF ein unterhalb der Mindestsätze der HOAI liegendes Honorarangebot für wirksam halten, wenn die oben zitierten Ausnahmetatbestände vorliegen.[1583] Meist wird in der Praxis jedoch nicht davon ausgegangen werden können, dass ein die Unterscheidung der Mindestsätze rechtfertigender Ausnahmetatbestand gegeben ist.

1107

Zu einer bedeutsamen Regelung für die Entscheidungsfindung im Vergabeverfahren nach der VOF zählt die Vorschrift in § 16 VgV, nach der bestimmte als befangen geltende Personen von der Angebotswertung ausgeschlossen werden (*hierzu s. im Einzelnen die Ausführungen im 1. Kapitel zum Grundsatz der Gleichbehandlung, 1.3.4, Rn. 21 ff.*). Diese Personen dürfen an der Entscheidungsfindung sowohl im Zulassungs- als auch im Auswahlverfahren nach der VOF nicht mitwirken.

1108

1578 Vgl. § 16 Abs. 3. HOAI (50 Mio. DM).
1579 So OLG Frankfurt, Beschl. v. 28.02.2006, Verg 16/05. Stemmer/Wierer, VergabeR 2006, 7, 20.
1580 BGH, ZfBR 1997, 250 = BGH, BauR 1997, 677.
1581 BGH, BauR 1998, 814.
1582 BGH, ZflR 1997, 654 = BGH, BauR 1997, 1062.
1583 Müller-Wrede, VOF-Kommentar, § 16, Rn. 65 ff.; Franke/Höfler, ZVgR 1997, 277, 283. Vgl. auch Hartmann, VOF Verdingungsordnung für freiberufliche Leistungen, Teil IV/3, §§ 16 Rn. 2, der lediglich dem Hinweis auf die HOAI eine »deklatorische Art« beimisst.

6.11 Der Vergabevermerk und Benachrichtigung der Bieter

1109 Anders als im Verfahren nach VOB/A sieht die VOF keinen »Zuschlag« vor. Vielmehr wird das Verfahren gem. § 16 Abs. 1 VOF durch den Abschluss eines Vertrages beendet. Für die Vergabe ist nach § 18 VOF ein Vermerk zu fertigen, der einzelne Stufen des Verfahrens, die Maßnahmen, die Feststellung sowie die Begründung der einzelnen Entscheidungen enthält. Nachdem ein Auftrag vergeben wurde, macht der Auftraggeber Mitteilung in Form einer Bekanntmachung gem. einem Muster in Anhang III zur Verordnung (EG) Nr. 1564/2005. Die Bekanntmachung ist spätestens 48 Tage nach Vergabe an das Amt für amtliche Veröffentlichungen der Europäischen Gemeinschaften zu übermitteln. Ebenso ist der Beschluss, auf der Vergabe eines dem EG-weiten Wettbewerb unterstellten Auftrags zu verzichten, dem Amt mitzuteilen.

1110 Die Europäische Kommission kann nach § 19 VOF verlangen, dass ihr eine Reihe von Angaben über das Vergabeverfahren übermittelt werden. Abgesehen davon hat der Vergabevermerk die Funktion zur eigenen Rechtfertigung der Entscheidungen sowie zum etwaigen Nachweis gegenüber Aufsichtsinstanzen, Rechnungsprüfungsstellen sowie gegenüber Behörden, die Zuwendungen leisten, beizutragen. Dies gilt auch im Hinblick auf eine spätere Kontrolle im Nachprüfungsverfahren.[1584]

1111 Nach § 13 VgV informiert der Auftraggeber die Bieter, deren Angebote nicht berücksichtigt werden sollen, über den Namen des Bieters, der den Zuschlag erhalten soll und über die Gründe der Nichtberücksichtigung. Diese Information ist spätestens 14 Kalendertage vor Vertragsschluss abzugeben. Wird vor Fristablauf oder gar ohne Vorabbenachrichtigung der übrigen Bieter ein Vertrag geschlossen, ist dieser nichtig. Dabei ist es ausreichend, aber auch erforderlich, dass die Benachrichtigung 14 Tage vor Zuschlagserteilung vom Auftraggeber abgesandt wird. Die Absendung ist im Vergabevermerk zu dokumentieren.[1585]

6.12 Wettbewerbe

1112 Die VOF gilt auch dann, wenn der Auftragsvergabe ein so genannter Wettbewerb vorgeschaltet wird. Wettbewerbe sind nach § 20 Abs. 1 VOF Auslobungsverfahren, die dazu dienen, dem Auftraggeber einen Plan oder eine Planung zu verschaffen, deren Auswahl durch ein Preisgericht aufgrund vergleichender Beurteilungen mit oder ohne Verteilung von Preisen erfolgt. Die VOF unterscheidet damit zwischen dem einfachen Wettbewerb und dem Planungswettbewerb, der in der Praxis allein relevant geworden und in § 25 VOF separat geregelt ist.[1586]

1113 Werden die in § 2 Abs. 2 VOF normierten Schwellenwerte erreicht oder überschritten, unterfallen Wettbewerbe den Vergaberegeln der VOF. Bei der Ermittlung des Schwellenwertes war es bislang möglich, entweder auf die Höhe des geschätzten Werts des

---

1584 Hartmann, VOF Verdingungsordnung für freiberufliche Leistungen, IV/3, § 18, Rn. 3.
1585 Nähere Erläuterungen zu § 13 VgV unter Rn. 75 ff.
1586 Maibaum, S. 86/87.

Dienstleistungsauftrages oder aber auf die Summe der Preisgelder und/oder Zahlungen an Teilnehmer abzustellen (vgl. § 20 Abs. 2 VOF a. F.). Mit Neufassung der VOF 2006 ist diese Regelung ersatzlos weggefallen. Bei einem Auslobungsverfahren müssen die Vorschriften der VOF beachtet werden, sobald der Wert des Dienstleistungsauftrages zuzüglich etwaiger Preisgelder und Zahlungen an Teilnehmer den Schwellenwert erreicht oder überschreitet. Nur wenn zum Zeitpunkt der Absendung der Vergabebekanntmachung feststeht, dass im Anschluss des Wettbewerbs kein Dienstleistungsauftrag vergeben werden soll, sind der Gesamtwert der Preisgelder und die Zahlungen an die Teilnehmer ausschlaggebend. Dies folgt aus der Vorschrift des Art. 67 Abs. 2 VKR, dessen Inhalt der Gesetzgeber nicht in der VgV oder VOF übernommen hat.

Bei Wettbewerben mit beschränkter Teilnehmerzahl muss der Auftraggeber eindeutige und nicht diskriminierende Auswahlkriterien festlegen und einen ausreichenden Teilnehmerkreis anfragen, § 20 Abs. 4 VOF. Die Zulassung zur Teilnahme darf nicht auf das Gebiet eines Mitgliedstaates oder einen Teil davon beschränkt werden. Auch ist es unzulässig, die Teilnahme von der Rechtsform des Bewerbers abhängig zu machen. Bei einem offenen Wettbewerb findet keine Vorauswahl statt. Die Teilnahme steht jedem offen, der die fachlichen und persönlichen Anforderungen erfüllt. 1114

Die Bewertung der eingereichten Arbeiten erfolgt nicht durch den Auslober, sondern durch ein von ihm bestellte Preisgericht. Dieses Gremium muss aus von den Teilnehmern vollständig unabhängigen Preisrichtern zusammengesetzt sein. Auch hier gelten die Ausschlusskriterien für als voreingenommen geltende Personen nach § 16 VgV. Das Preisgericht trifft seine Entscheidung aufgrund von Wettbewerbsarbeiten, die ihm anonym vorgelegt werden, § 20 Abs. 6 VOF. Es hat einen von den Preisrichtern zu unterzeichnenden Bericht zu erstellen, über die Rangfolge der ausgewählten Projekte und über die einzelnen Wettbewerbsarbeiten, § 20 Abs. 7 VOF. Auch ist wiederum im Amtsblatt der Europäischen Gemeinschaften spätestens 48 Tage nach Durchführung des Wettbewerbs dessen Ergebnis gem. Anhang XIII der Verordnung (EG) Nr. 1564/2005 bekannt zu geben. 1115

Darüber hinaus muss die Zahl der Bewerber, welche zur Teilnahme aufgefordert werden, ausreichen, um einen echten Wettbewerb zu gewährleisten. Hierbei ist in jedem Fall die Untergrenze des § 10 Abs. 2 VOF zu beachten.[1587] Ferner ist zu beachten, dass die Wettbewerbsregeln, soweit sie nicht bereits in der Bekanntmachung nach § 20 Abs. 8 VOF veröffentlicht wurden, allen Teilnahmeinteressierten zur Wahrung der Chancengleichheit mitgeteilt werden müssen. 1116

6.13 Besondere Vorschriften zur Vergabe von Architekten- und Ingenieurleistungen

Die VOF enthält im 2. Kapitel noch einige Sondervorschriften für Architekten- und Ingenieurleistungen, die zusätzlich zu den allgemeinen Vergaberegeln im 1. Kapitel zu beachten sind. Sie sind in § 22 Abs. 2 VOF definiert als Leistungen, die von der HOAI 1117

1587 Hartmann, VOF Verdingungsanordnung für freiberufliche Leistungen, Teil IV/3, § 20, Rn. 5.

erfasst werden sowie sonstige Leistungen, die für die berufliche Qualifikation des Architekten oder Ingenieurs erforderlich sind oder vom Auftraggeber gefordert werden. Nach § 23 Abs. 2 VOF ist jeder Bieter zuzulassen, der nach den Gesetzen der Mitgliedsländer der EU berechtigt ist, die Berufsbezeichnung »Beratender Ingenieur« oder »Ingenieur« zu tragen; entsprechendes gilt nach § 23 Abs. 1 für den Architekten. Juristische Personen sind als Auftragnehmer zuzulassen, wenn sie für die Durchführung der Aufgabe einen verantwortlichen Berufsangehörigen benennen, der die Qualifikation erfüllt.

1118 Gegenüber § 16 VOF findet sich in § 24 VOF für die Beauftragung von Architekten- oder Ingenieurleistungen die Besonderheit, dass der sachgerechten und qualitätsvollen Leistungserfüllung eine hervorgehobene Bedeutung zugemessen wird. Zum Nachweis der Leistungsfähigkeit sind nach § 24 Abs. 2 VOF auch Präsentationen von Referenzobjekten zugelassen. Daneben gelten auch die allgemeinen Regeln in § 16 VOF. So müssen auch bei der Vergabe von Architekten- und Ingenieurleistungen die Gewichtung der Auftragskriterien spätestens mit dem Aufforderungsschreiben bekannt gegeben werden.

1119 Nach § 26 VOF muss ein Auftragnehmer die Leistungen selbstständig mit seinem Büro erbringen. Die Einschaltung Dritter als Subunternehmer bedarf der gesonderten Zustimmung des Auftraggebers.

1120 Für die Durchführung von Planungswettbewerben finden sich in § 25 VOF noch differenziertere Regelungen. Planungswettbewerbe sind Architekten- oder Ingenieurwettbewerbe. Sie dienen gem. § 25 Abs. 1 VOF dem Ziel, alternative Vorschläge für Planungen auf dem Gebiet der Raumplanung, des Städtebaus und des Bauwesens zu erhalten. Sie können danach jederzeit vor, während oder ohne Verhandlungsverfahren ausgelobt werden. In Deutschland werden derartige Wettbewerbe grundsätzlich auf Basis der »Grundsätze und Richtlinien für Wettbewerbe auf den Gebieten der Raumplanung, des Städtebaus und des Bauwesens (GRW 1995)« durchgeführt.[1588] Im europaweiten Verfahren nach VOF muss allerdings die Anwendung der GRW bekannt gemacht werden, um zulässigerweise Eingang in das Verfahren finden zu können.[1589] Die VOF setzt hierzu ergänzende Rahmenbedingungen. Soweit nach den Wettbewerbsregeln nicht nur noch ein Wettbewerbsteilnehmer als Auftragnehmer in Betracht kommt, müssen unter Berücksichtigung des Wettbewerbsergebnisses alle Preisträger zur Teilnahme an Verhandlungsverfahren aufgefordert werden, ohne dass es einer weiteren Vergabebekanntmachung bedarf, § 5 Abs. 2 c VOF. Nach der Rechtsprechung des BGH[1590] gelten solche Wettbewerbsteilnehmer nicht als Preisträger, denen lediglich ein Ankauf zuerkannt wurde. Bei den aufgrund der GRW durchgeführten Architektenwettbewerbe handelt es sich im Rechtssinne um Preisausschreiben gem. §§ 657, 661 BGB.[1591]

1121 Nach § 25 Abs. 2 VOF hat der Auslobende die Chancengleichheit zu gewährleisten. Allen Teilnehmern sind Unterlagen, Termine, Ergebnisse von Kolloquien und die Ant-

---

1588 Vgl. hierzu Franzius/Ebert, VergabeNews 2006, S. 92 ff.
1589 Müller-Wrede-Locher, VOF-Kommentar, § 25, Rn. 7.
1590 BGHZ 88, 373; BGH, BauR 1984, 196.
1591 Vgl. OLG Düsseldorf, BauR 1976, 135.

worten auf Rückfragen jeweils zum gleichen Zeitpunkt bekannt zu geben. Mit der Auslobung sind ferner Preise und ggf. Ankäufe auszusetzen.

Von der Teilnahme am Planungswettbewerb sind Personen ausgeschlossen, die infolge ihrer Beteiligung an der Auslobung oder Durchführung des Wettbewerbs bevorzugt sind oder Einfluss auf die Entscheidung des Preisgerichts nehmen könnten, § 25 Abs. 4 VOF. Daneben gelten die unter *Abschnitt 6.8* genannten Ausschlusskriterien. In seinen Entscheidungen hat das Preisgericht die Kriterien des Auslobenden zu beachten. Nicht zugelassene oder über das erforderliche Maß hinausgehende Leistungen sollen von der Wertung ausgeschlossen werden, § 25 Abs. 6 VOF. Über den Verlauf der Preisgerichtssitzung ist eine Niederschrift zu fertigen, wodurch der Gang des Auswahlverfahrens nachvollzogen werden kann. Sodann ist jeder Teilnehmer über das Ergebnis des Wettbewerbes unter Versendung der Niederschrift der Preisgerichtssitzung unverzüglich zu unterrichten. Die Arbeiten sind spätestens einen Monat nach der Entscheidung des Preisgerichts unter Auslegung der Niederschrift auszustellen, § 25 Abs. 7 VOF.

1122

Nach § 25 Abs. 9 VOF sind einem oder mehreren der Preisträger weitere Planungsleistungen zu übertragen, wenn die Wettbewerbsaufgabe realisiert werden soll, sofern mindestens einer der Preisträger eine einwandfreie Ausführung der zu übertragenden Leistungen gewährleistet. Insoweit besteht bei Realisierung der Wettbewerbsaufgabe für den Auslobenden die Verpflichtung, einen der Preisträger mit der Bearbeitung der Wettbewerbsaufgabe zu beauftragen.[1592] Dabei steht dem Auslobenden ein Wahlrecht zu, welchen Preisträger er beauftragen will. Von einer Übertragung der Planungsleistungen kann nur dann abgesehen werden, wenn wichtige Gründe einer Beauftragung entgegenstehen, § 25 Abs. 9 VOF. Dies kann etwa der Fall sein, wenn wirtschaftliche Gründe, die zu Beginn der Auslobung nicht bekannt waren, es für den Auslobenden unzumutbar erscheinen lassen, den Preisträger zu beauftragen.[1593] Ansonsten sind nach § 25 Abs. 9 VOF »weitere Planungsleistungen nach Maßgabe der in Abs. 1 genannten Richtlinie zu übertragen«. In Ziff. 7.1 GRW 1995 heißt es hierzu, dass Planungsleistungen in der Regel bis zur vollständigen Ausführungsplanung beauftragt werden müssen. Sollte die vollständige Ausführungsplanung ausnahmsweise nicht erforderlich sein, verlangt die Vorschrift, dass durch eine angemessene weitere Beauftragung des Preisträgers sicherzustellen ist, dass die Qualität des Wettbewerbentwurfs realisiert wird.

1123

Kommen nach Abschluss des Realisierungswettbewerbs mehrere Preisträger als Auftragnehmer in Betracht, kann der Auftraggeber die Leistungen ohne vorherige Bekanntmachung im Verhandlungsverfahren vergeben, § 5 Abs. 2 lit. c VOF. Der Verzicht auf die Veröffentlichung einer Vergabebekanntmachung erklärt sich daraus, dass der Auftraggeber bereits über Angebote verfügt und ein erneutes Teilnahmeverfahren zu keinem anderen Ergebnis führen wird.[1594] Jedoch sollte zur Wahrung des Wettbewerbs- und Transparenzgrundsatzes bereits in der Bekanntmachung zum Auslobungsverfahren über die Absicht informiert werden, dass die Wettbewerbsaufgabe anschließend

1124

1592 BGH, BauR 1984, 196.
1593 BGH BauR 2004, 1326, BauR 1994, 220.
1594 Müller-Wrede, VOF-Kommentar, § 5 Rn. 66.

ohne erneute Vergabebekanntmachung im Verhandlungsverfahren vergeben werden soll.[1595]

6.14 Die Nachprüfung eines Vergabeverfahrens nach der VOF

1125   Ebenso wie die übrigen Verdingungsordnungen sind auch Vergabeverfahren nach der VOF einem Nachprüfungsverfahren unterworfen, das durch den vierten Teil des GWB geregelt wird. So unterliegt das Vergabeverfahren der Nachprüfung durch die zuständigen Vergabekammern gem. § 102 GWB. Nach § 21 VOF ist in der Bekanntmachung und der Aufgabenbeschreibung die Stelle anzugeben, an die sich der Bewerber zur Nachprüfung behaupteter Verstöße wenden kann. Das Vergabeverfahren ist gem. § 115 Abs. 1 GWB nach Zustellung eines Antrags auf Nachprüfung an den Auftraggeber grundsätzlich ausgesetzt. Diese Rechtsfolge ergibt sich ohne weitere Entscheidung unmittelbar aus dem Gesetz. Auch kann die Entscheidung eines Preisgerichts in einem Wettbewerb nach § 20 VOF oder § 25 VOF auf Einhaltung der Verfahrensregeln im Wege des Primärrechtsschutzes überprüft werden. Die Vorschriften über das vergaberechtliche Nachprüfungsverfahren sind unabhängig davon anzuwenden, ob die ausgelobten Leistungen nach Abschluss des Wettbewerbs auch tatsächlich beauftragt werden. Allerdings soll der Nachprüfungsantrag nach einer Entscheidung des OLG Düsseldorf unzulässig sein, sobald die Entscheidung durch das Preisgericht getroffen worden ist. Zur Begründung stellt das Gericht darauf ab, dass das Vergabeverfahren bereits durch die Preisgerichtsentscheidung, die eine dem Zuschlag entsprechende Wirkung zukomme, endgültig abgeschlossen sei.[1596] Dieser Auffassung ist nicht zuzustimmen. Sie verkennt, dass mit der Preisgerichtsentscheidung das Vergabeverfahren in der Regel noch nicht beendet ist. So findet bei einem Realisierungswettbewerb das Vergabeverfahren erst mit Erteilung des Dienstleistungsauftrags einen Abschluss.[1597] Auch wäre der Bewerber in seinem effektiven Rechtsschutz unzumutbar beschränkt, denn Auslober und Preisgericht haben nicht die Vorabmitteilungspflicht nach § 13 VgV zu beachten. Verfahrensverstöße, die erst nach der Preisgerichtsentscheidung zu Tage kommen, können daher nicht mehr erfolgreich angegriffen werden. Auch aus diesem Grund muss ein vergaberechtliches Nachprüfungsverfahren auch noch in der Phase zwischen Preisgerichtsentscheidung und Beauftragung möglich sein.

1126   Das Nachprüfungsverfahren wird in diesem Buch im Kapitel 2 ausführlich erläutert.

1595 Franzius, Verhandlungen im Verfahren der Auftragsvergabe S. 164.
1596 OLG Düsseldorf, Beschl. v. 31.03.2004, Verg 4/04.
1597 Hartmann, VOF Verdingungsanordnung für freiberufliche Leistungen, Teil IV/3, § 20, Rn. 6 a.

7 Vergabestrafrecht und Ordnungswidrigkeiten

7.1 Verstöße gegen den Wettbewerb

Der Wettbewerb der Bieter im Rahmen einer Ausschreibung, wo eine Vielzahl von Interessenten ein Angebot abgibt, für dessen Erfolgsaussichten in aller Regel der Preis maßgeblich ist, stellt wohl die härteste der möglichen Wettbewerbssituationen dar. Ein Verbraucher orientiert sich bei verschiedenen Groß- oder Einzelhändlern in seiner Nähe über die Preissituation und entscheidet sich dann zum Kauf oder zur Bestellung von Waren oder Dienstleistungen. Damit ist eine gewisse Markttransparenz für den Nachfrager geschaffen. In gleicher Weise gilt diese Transparenz auch für die Anbieter, denen es jederzeit möglich ist, die Abgabepreise ihrer Wettbewerber – wenigstens in Form der Listenpreise – nachzuvollziehen. Bei der Durchführung einer Ausschreibung und infolge der damit verbundenen Geheimhaltungspflichten entfällt die Transparenz auf der Bieterseite. Die Bieter erfahren erst nach Abgabe ihres Angebots, welche Preise der oder die Wettbewerber ihrem Angebot zugrunde legen. Der Ausschreibende hingegen ist in der vorteilhaften Lage, die Angebote aller in Betracht kommenden Bieter sichten und auswerten zu können, um sodann eine Vergabeentscheidung zugunsten des definitiv günstigsten Angebotes zu treffen. Während also der Ausschreibende stets sicher sein kann, auch das günstigste mögliche Angebot unterbreitet zu bekommen, entsteht auf der Bieterseite der Druck, in jedem Fall den niedrigstmöglichen Preis anzubieten, um überhaupt in die Reichweite einer aussichtsreichen Platzierung zu gelangen.

1127

Diese Situation hat bei Offenen Ausschreibungsverfahren oder ihren mehr oder weniger beschränkten Varianten gelegentlich dazu geführt, dass sich Bieter im Vorfeld der Angebotsabgabe untereinander verständigt und gewisse Abstimmungen über den Angebotspreis getroffen haben. Aus den hierzu veröffentlichten Fällen stechen solche hervor, in denen zwischen den Bietern vor der eigentlichen Angebotsabgabe so genannte »Vorsubmissionen« stattgefunden haben.[1598] In solchen Fällen fanden in gewissem Abstand zur Angebotsabgabe Treffen der beteiligten Bieter statt. Anlässlich dieser Termine legte jeder Bieter den von ihm beabsichtigten Angebotspreis offen. Meist wurde sodann unter Außerachtlassung des billigsten und des höchsten Preises ein arithmetischer Mittelpreis, der so genannte Nullpreis, gebildet. Je nach Fallgestaltung wurde dieser Nullpreis dann als Angebotspreis für den »herauszustellenden« Bieter festgesetzt, d. h., derjenige, der nach dem Willen der Kartellmitglieder den Auftrag erhalten sollte, bot zum Nullpreis an. In anderen Fällen wurde der Nullpreis lediglich als Basispreis gewählt, auf den dann noch weitere Zuschläge vom herausgestellten Bieter erfolgten. Teilweise wurde ein so erzielter Gewinn nach Abschluss des Vorhabens auf andere Bieter nach einem zuvor festgelegten Schlüssel verteilt.[1599] Als anfällig für solche Ver-

1128

1598 BGH, NJW 1992, 921 = BGH, BauR 1992, 383.
1599 Vgl. auch Otto, ZRP 1996, 300, 307; BGH, NJW 1992, 921 = BGH, BauR 1992, 383.

haltensweisen haben sich insbesondere Beschränkte bzw. Nichtoffene Ausschreibungsverfahren erwiesen, zumal dann, wenn es einem Bieter gelang, von einem Informanten aus dem Bereich der ausschreibenden Stelle Angaben über den Bieterkreis zu erhalten. Hier sind auch Fälle bekannt geworden, wo Mitarbeiter von Auftraggebern oder eingeschalteten Ingenieurbüros gegen Gewährung persönlicher Vorteile die Listen der zur Angebotsabgabe aufgeforderten Unternehmen bzw. derjenigen potenziellen Bieter, die ein Leistungsverzeichnis angefordert hatten, »verkauft« haben. In vielen Fällen folgte der Weitergabe solcher Informationen eine Preisabsprache auf Bieterseite.

1129 Allerdings sind noch vielfältige andere Varianten denkbar und auch aktenkundig geworden, die eine Beeinträchtigung des Wettbewerbs ermöglichen. So kann z. B. bei der Ausarbeitung der Angebotsunterlagen einer der Bieter vom Auftraggeber bereits einbezogen worden sein, und zwar entweder unmittelbar oder über eine Beteiligungs- oder Tochtergesellschaft. In solchen Fällen wird vergaberechtlich regelmäßig eine Teilnahme dieses Unternehmens an der späteren Ausschreibung unzulässig sein.[1600] Dennoch kommt es immer wieder vor, dass Aufträge an Bieter vergeben werden, die bereits im Stadium der Ausarbeitung der Angebotsunterlagen Zugang zu Informationen der Auftraggeberseite hatten. Auch Manipulationen an den Angebotsunterlagen nach dem Submissionstermin treten bisweilen auf. Hierzu bedarf es meist der Mithilfe von Mitarbeitern des Auftraggebers, die beispielsweise am Tag nach der Verlesung der eingegangenen Angebote noch Änderungen an einem oder mehreren Angeboten vornehmen, beispielsweise Zahlen verändern und/oder Seiten austauschen. Dem versuchen die strengen Verfahrensvorschriften der Verdingungsordnungen vorzubeugen, insbesondere durch die Kennzeichnungspflicht der Angebotsunterlagen. Auch eine unmittelbare Bestechung kommt als Fallvariante in Betracht, beispielsweise in der Form, dass nach Zahlung eines bestimmten Betrages der Auftrag an einen Bieter erteilt wird, der nach der Submission aufgrund der Höhe seines Preises den Zuschlag nicht erhalten hätte. Selbst derartig krasse Fälle sind in der Vergangenheit häufig unentdeckt geblieben, da die übrigen Bieter in aller Regel nach der Vergabe des Auftrages an einen anderen nur noch geringes Interesse an der Durchführung eines Schadensersatzprozesses wegen fehlerhafter Auftragsvergabe haben.

1130 Trotz all dieser abschreckenden Beispiele darf davon ausgegangen werden, dass die öffentliche Auftragsvergabe in Deutschland regelmäßig vorschriftsmäßig und fair durchgeführt wird. Das Aufdecken einer Reihe spektakulärer und langjährig wirkender Kartelle, insbesondere in München und Frankfurt am Main,[1601] wo eigens Sonderkommissionen der Staatsanwaltschaft zur Bekämpfung der Korruption eingerichtet worden sind, hat dem Thema jedoch in den vergangenen Jahren große Aufmerksamkeit beschert. Die Forderung nach einer Verschärfung der entsprechenden Straf- und Ordnungswidrigkeitsvorschriften war sogar Gegenstand des Deutschen Juristentages im Jahr 1996, der sich erwartungsgemäß für strengere Regulierungen aussprach.

1600 Hierzu VÜA Bund, WuW/E VergAB 79; sowie § 16 VgV.
1601 Einzelnachweis bei Otto, ZRP 1996, 300, Fn. 1–10; Claussen, Korruption im öffentlichen Dienst, 2. Aufl. Köln 2002, S. 6 f.

7.2 Eintragung ins Gewerbezentralregister

Rechtskräftige Bußgeldentscheidungen nach dem GWB sind gem. § 149 Abs. 2 Nr. 3 b GewO ins Gewerbezentralregister einzutragen, sofern die Geldbuße mehr als 200 EUR beträgt. Das Gewerbezentralregister ist ein beim Bundeszentralregister in Bonn eingerichtetes Register, in das neben bestimmten Bußgeldentscheidungen auch Verwaltungsentscheidungen aufgenommen werden, die mit der Gewerbeausübung in Zusammenhang stehen. Die Behörden und Gerichte teilen dem Register die einzutragenden Entscheidungen, Tatsachen und Feststellungen mit (§ 153 a GewO). Auf Antrag erteilt die Registerbehörde einer Person Auskunft über den sie betreffenden Inhalt des Registers (§ 150 GewO).

1131

Eingetragen werden gem. § 149 Abs. 2 Nr. 3 GewO insbesondere rechtskräftige Bußgeldentscheidungen wegen einer Ordnungswidrigkeit, die im Zusammenhang mit der Ausübung eines Gewerbes oder bei der Tätigkeit in einem Gewerbe oder einer sonstigen wirtschaftlichen Unternehmung von einem Vertreter, einem Beauftragten i. S. v. § 9 OWiG oder einer Person, die in einer Rechtsvorschrift ausdrücklich als Verantwortlicher bezeichnet ist, begangen wurden, wenn die Geldbuße mehr als 200 EUR beträgt. Eingetragen wird sowohl die Buße gegen die handelnde Person, wie auch eine gegen die Firma verhängte Geldbuße. Einzutragen ist die Buße gegen eine Person jedenfalls dann, wenn diese im Zusammenhang mit der Ausübung eines Gewerbes oder bei der Tätigkeit in einem Gewerbe verhängt wurde. Geldstrafen oder Haftstrafen aus Strafverfahren werden nicht in das Gewerberegister eingetragen, sondern nur Bußgelder aus Ordnungswidrigkeiten- und Verwaltungsverfahren. Eine Eintragung kann jedoch auch für das Unternehmen erfolgen, wenn neben der Strafe für die handelnden Personen gegen das Unternehmen noch eine Geldbuße wegen der zugehörigen Ordnungswidrigkeit (Verstoß gegen § 1 GWB) verhängt wird. Geldbußen bis 300 EUR bleiben 3 Jahre im Gewerbezentralregister gespeichert, Bußen darüber 5 Jahre lang.

1132

Eine ausschreibende Behörde kann zur Prüfung des Vorliegens eines Ausschlussgrundes nach § 21 SchwarzArbG vom 23. 07. 2004[1602] bei Bauaufträgen eine Auskunft des Bundeszentralregisters nach §§ 30 Abs. 5, 31 Bundeszentralregistergesetz und Auskünfte aus dem Gewerbezentralregister nach § 150 a GewO einholen oder die Vorlage von max. drei Monaten alten Auszügen durch die Bieter verlangen. Das Vergabehandbuch des Bundes (VHB) sieht die Vorlage durch den Bieter nach § 8 a Nr. 1.2.1 VOB/A des VHB als Regelfall vor.

1133

7.3 Die Strafbarkeit der Preisabsprache als Betrug

Bis Anfang der 90-er Jahre gingen Rechtsprechung und Rechtspraxis davon aus, dass Submissionsabsprachen nicht den strafrechtlichen Tatbestand des Betruges nach § 263 StGB erfüllen.[1603] Die Staatsanwaltschaften sahen daher regelmäßig von der Einleitung

1134

1602 BGBl. 2004, 1842.
1603 Die Auffassung geht zurück auf die Entscheidung BGHSt 16, 307.

von Ermittlungsverfahren unter dem Gesichtspunkt des Betruges ab.[1604] Es blieb daher bei der alleinigen Verfolgung durch die zuständigen Kartellbehörden als Ordnungswidrigkeit nach § 38 GWB.

1135 Erst die bereits zitierte Rheinausbauentscheidung des BGH,[1605] wo aufgrund einer Vorsubmission ein Bieter herausgestellt wurde, der später den von ihm erzielten Gewinn zu erheblichen Teilen an andere, schutzgewährende Kartellmitglieder auskehrte, läutete die Wende ein. Die Vorinstanz hatte eine Anwendbarkeit des Betrugstatbestandes des § 263 StGB noch verneint, weil der Gesamtpreis auch nach Überprüfung durch einen Sachverständigen sich als angemessen erwiesen habe und der Auftraggeber vor Abgabe des auf einer Kartellabsprache beruhenden Angebotes keine konkrete Aussicht gehabt hätte, einen günstigeren Preis als den beauftragten erhalten zu können.[1606] Dem hielt der BGH nun entgegen, dass auch hypothetische Wettbewerbspreise feststellbar seien und ein Schaden auch deshalb eingetreten sein könnte, weil die Entstehung des günstigsten Wettbewerbspreises durch die Absprache und die Vorspiegelung von Wettbewerb verhindert wurde. Wenn die Submission ohne die Preisabsprache theoretisch einen niedrigeren Vergabepreis erbracht hätte, ist nach dieser vom BGH entwickelten Ansicht ein Betrugsschaden zu bejahen. Im konkreten Fall lag diese Auffassung des BGH insbesondere deshalb nahe, weil der Nullpreis wegen der später an die weiteren Bieter zu leistenden Ausgleichszahlungen um etwa 30 % auf den Angebotspreis erhöht wurde.[1607]

1136 Diese Erwägungen sind allerdings mit Recht kritisiert worden.[1608] Bei Ausschreibungen öffentlicher Auftraggeber galt bis 2000 unter anderem die VO PR Nr. 1/72 über die Preise von Bauleistungen bei öffentlichen oder mit öffentlichen Mitteln finanzierten Aufträgen.[1609] Nach den §§ 5 Abs. 3, 7 und 9 der VO PR 1/72 bildet der sogenannte Selbstkostenfestpreis die zulässige Preisobergrenze. Demnach kann ein betrugsrelevanter Vermögensschaden nur dann vorliegen, wenn die tatsächlich gezahlte Vergütung den Selbstkostenfestpreis nach § 9 VO PR 1/72 übersteigt.[1610] Dagegen spricht auch nicht die häufig anzutreffende Praxis, dass Vertragsstrafen – regelmäßig in Höhe von 3 % der Auftragssumme – durch Allgemeine Geschäftsbedingungen des Auftraggebers für den Fall vereinbart werden, dass der Bieter aufgrund einer Preisabsprache den Auftrag erhalten hat.[1611] Der Umstand, dass der Auftragnehmer den Auftraggeber bei Erhalt der Schlusszahlung nicht darauf aufmerksam gemacht hat, dass er eine Preisabsprache getroffen hatte, und der Auftraggeber dadurch die Vertragsstrafe von der Schlussrechnung nicht in Abzug bringt, kann einen Betrugschaden kaum begründen. Diese Vertragsstrafe wäre lediglich eine nachträgliche Sanktion der Preisabsprache. Sie

---

1604 Vgl. Göhler, wistra 1996, 132.
1605 BGHSt 38, 186; BGH, NJW 1992, 921 = BGH, BauR 1992, 383.
1606 Vgl. die Darstellung der Erwägungen der Vorinstanz in BGH, NJW 1992, 921, 922.
1607 BGH, NJW 1992, 921, 923 = BGH, BauR 1992, 383.
1608 Cramer, S. 29.
1609 BGBl. 1972, Teil I, S. 293; inzwischen aufgehoben, so dass nur noch die VO PR 30/53 zur Anwendung kommt.
1610 Cramer, S. 28.
1611 Solche Klauseln sind – sofern sie den Nachweis eines niedrigeren Schadens offen lassen – wirksam, vgl. BGH, WM 1996, 642.

sagt nichts darüber aus, ob der tatsächlich erzielte Vertragspreis ohne die Absprache um 3 % (= Höhe der Vertragsstrafe) niedriger gewesen wäre. Richtigerweise kann daher allein darauf abgestellt werden, ob der tatsächliche Preis den Selbstkostenfestpreis überschritten hat.

Gleichwohl hat der BGH seine Rechtsprechung zum Betrugsschaden weiter verschärft. Auch bei freihändiger Vergabe durch öffentliche oder private Auftraggeber nach Verhandlung mit zwei oder drei Bietern soll danach ein Schaden vorliegen, wenn Ausgleichszahlungen des beauftragten Unternehmens an andere beteiligte Bieter geleistet werden.[1612] Auch bei freihändiger Vergabe nach Anfrage an mindestens zwei Bieter sei Raum für die Annahme, dass ein Angebot ohne vorherige Preisabsprache zustande gekommen sei.[1613] Der Betrugsschaden umfasst danach zumindest die absprachebedingten Preisaufschläge bzw. Schmiergeldbeträge und Ausgleichszahlungen.[1614] Dabei ist unbeachtlich, ob der vereinbarte Preis unter dem Selbstkostenpreis lag oder den Wertvorstellungen des Marktes entsprach. Nach einer zuvor ergangenen Entscheidung des BGH ist ein Schaden allenfalls dann zu verneinen, wenn der Auftraggeber bei zu niedrigen Angeboten den Zuschlag nicht hätte erteilen dürfen. Dazu müsste neben einem offensichtlichen Missverhältnis zwischen Preis und Leistung noch zu erwarten sein, dass der Auftragnehmer gerade wegen dieses Missverhältnisses auch in wirtschaftliche Schwierigkeiten gerät und den Auftrag deshalb nicht ordnungsgemäß ausführt.[1615] Im Ergebnis lässt der BGH demnach für die Schadensermittlung einen Indizienschluss ausreichen.[1616] Entsprechende Ungenauigkeiten müssen jedoch bei der Strafzumessung berücksichtigt werden.

1137

Nicht weniger bedeutend ist auch die Klarstellung des BGH zu den Anforderungen an die Täuschungshandlung: Obgleich die der Entscheidung zugrunde liegenden Angebote der Angeklagten keine ausdrückliche Versicherung enthielten, sich nicht an unlauteren Absprachen beteiligt zu haben, nahm der BGH eine konkludente Täuschung an. Die Angebotsabgabe enthielte nämlich regelmäßig die schlüssige Erklärung, dass das Angebot ohne vorherige Preisabsprache zwischen den Bietern zustande gekommen ist.[1617] Dabei unterliegt der Betroffene bereits dann einem Irrtum, wenn er trotz gewisser Zweifel die Möglichkeit der Unwahrheit für geringer hält.[1618]

1138

7.4 Strafbarkeit von Absprachen nach § 298 StGB

Am 20.08.1997 ist das »Gesetz zur Bekämpfung der Korruption« in Kraft getreten. Durch dieses Gesetz ist ein 26. Abschnitt mit dem Titel »Straftaten gegen den Wett-

1139

1612 BGH, NZBau 2001, 575, 576.
1613 So bereits OLG Hamm, NJW 1958, 1151, 1152.
1614 BGH, NZBau 2001, 575, 576; siehe zum Anspruch des Auftraggebers auf Schadensersatz wegen Submissionsabsprachen OLG Frankfurt, Urteil vom 07. 11. 2006, 11 U 53/03.
1615 BGH, wistra 2001, 103, 104.
1616 Vgl. die Anmerkungen zum Urteil von Rose, NStZ 2002, 41.
1617 BGH, NZBau 2001, 575, 576.
1618 BGH, wistra 1990, 305.

bewerb« in das Strafgesetzbuch eingeführt worden.[1619] Mit dieser Gesetzesnovelle war insbesondere beabsichtigt, die praktischen Probleme bei der Strafverfolgung und insbesondere die Probleme des Schadensnachweises bei Ermittlungen wegen Betruges in den Griff zu bekommen.

1140 Der die Submissionsabsprache erfassende § 298 StGB lautet wie folgt:

> (1) Wer bei einer Ausschreibung über Waren oder gewerbliche Leistungen ein Angebot abgibt, das auf einer rechtswidrigen Absprache beruht, die darauf abzielt, den Veranstalter zur Annahme eines bestimmten Angebots zu veranlassen, wird mit Freiheitsstrafe bis zu fünf Jahren oder mit Geldstrafe bestraft.
>
> (2) Der Ausschreibung im Sinne des Absatzes 1 steht die Freihändige Vergabe eines Auftrages nach vorausgegangenem Teilnahmewettbewerb gleich.
>
> (3) Nach Absatz 1, auch in Verbindung mit Absatz 2, wird nicht bestraft, wer freiwillig verhindert, dass der Veranstalter das Angebot annimmt oder dieser seine Leistung erbringt. Wird ohne Zutun des Täters das Angebot nicht angenommen oder die Leistung des Veranstalters nicht erbracht, so wird er straflos, wenn er sich freiwillig und ernsthaft bemüht, die Annahme des Angebots oder das Erbringen der Leistung zu verhindern.

1141 Durch diese Vorschrift wird der freie Wettbewerb unter strafrechtlichen Schutz gestellt. Der Betrugstatbestand des § 263 StGB bleibt prinzipiell weiter anwendbar.[1620]

1142 Im Rahmen des Tatbestandes erübrigt sich die Diskussion, ob durch die Absprache der Bieter ein Schaden entstanden ist. Die Tathandlung besteht lediglich darin, dass ein Angebot abgegeben wird, das auf einer rechtswidrigen Absprache beruht.[1621] Selbstverständlich ist als weitere Voraussetzung vorgesehen, dass eine Ausschreibung über Waren oder gewerblicher Leistungen den Rahmen der Absprache bildet. Erfasst sind solche Angebote, die innerhalb dieser geregelten Verfahren ergehen und deren formellen Anforderungen grundsätzlich entsprechen, nicht aber informelle Bemühungen um Auftragserlangung außerhalb oder neben dem Ausschreibungsverfahren. Die Strafbarkeit ist damit sehr weit vorgelagert, da die Absprache weder Erfolg haben noch beim Veranstalter ein Schaden entstehen muss. Beim Zusammenwirken von zwischen dem Anbieter und einem Mitarbeiter des Veranstalters, etwa durch Nachreichen zurückdatierter Angebote, ist die Tat jedoch erst vollendet, wenn das Angebot in den ordnungsgemäßen Geschäftsgang des Veranstalters gelangt.

1143 Im Rahmen des § 298 StGB versteht man unter dem Begriff der Absprache sowohl Verträge und Beschlüsse im Sinne von § 1 GWB als auch das »nur« abgestimmte Verhalten nach §§ 20, 21 GWB.[1622] Das bloße Fördern der Abgabe eines Angebots wird

---

1619 Dazu im Einzelnen: Kleinmann/Berg, BB 1998, 277 ff.; König, JR 1997, 397 ff.; Korte, NJW 1997, 2556; Achenbach, WuW 1997, 958.
1620 Achenbach, WuW 1997, 958, 959.
1621 Unerheblich ist dabei, ob es sich um ein bloßes Scheinangebot handelt oder ob das Angebot letztlich in die Wertung einbezogen wird. Allein die Ankündigung eines Angebotes, unverbindliche Erkundigungen oder Interessenbekundungen genügen jedoch nicht, vgl. Tröndle/Fischer, § 298, Rn. 9.
1622 Dazu mehr Kleinmann/Berg, BB 1998, 277, 279.

7.4 Strafbarkeit von Absprachen nach § 298 StGB

nicht unter Strafe gestellt. Eine Absprache liegt vor, wenn zwischen mehreren (mindestens zwei) Anbietern oder zwischen mindestens einem Anbieter und Personen auf der Seite des Veranstalters eine Vereinbarung darüber getroffen wird, dass ein oder mehrere bestimmte Angebote abgegeben werden sollen. Diese Vereinbarung muss sich auf ein konkretes Ausschreibungsverfahren beziehen; wie detailliert das betreffende Angebot abgesprochen sein muss, hängt von den Umständen des Einzelfalles ab. Bloße unverbindliche Erkundigungen oder Gespräche – etwa darüber, welche Mitbewerber Angebote abgegeben haben oder abgeben wollen, ob diese ernstgemeint sind usw. – reichen nicht aus.[1623] Erforderlich ist vielmehr eine von den Teilnehmern als verbindlich angesehene Vereinbarung; ein Vertrag im engeren Sinne ist nicht nötig.

Die allgemeinen strafgesetzlichen Regeln über Mittäterschaft und Beihilfe bleiben jedoch anwendbar, so dass auch derjenige nach § 298 StGB strafbar ist, der zunächst an der Absprache bzw. ihrem Zustandekommen beteiligt war, dann aber beispielsweise nach Vereinbarung von Ausgleichszahlungen von der Abgabe eines Angebots absieht.[1624] Die Bildung einer Bietergemeinschaft soll jedoch vom Strafgesetz ausdrücklich nicht erfasst sein, wie bereits in der Gesetzesbegründung hervorgehoben wird.[1625] Damit kann es auch nicht strafbar sein, wenn sich Bieter im Vorfeld einer Ausschreibung zum Zwecke der Bildung einer Bietergemeinschaft in Verbindung setzen, die dann aber später nicht zustande kommt. Auch der Zusammenschluss während eines Vergabeverfahrens ist nicht strafbar. Der § 298 StGB ist indes nicht anwendbar, wenn nur eine sog. vertikale Absprache zwischen einem Bieter und einer Person auf der Seite des Veranstalters stattfindet. Nach der Rechtsprechung des BGH ist die Vorschrift nur dann einschlägig, wenn es sich um eine kartellrechtswidrige Absprache zwischen miteinander im Wettbewerb stehenden Unternehmen handelt, sog. horizontale Absprache.[1626]

1144

Die vom Straftatbestand erfassten Ausschreibungen »über Waren oder gewerbliche Leistungen« erfassen alle nach VOB/A, VOL/A und VOF zu vergebenden Aufträge. Rechtswidrig sind all diejenigen Absprachen, die gegen §§ 1, 19, 21 GWB verstoßen.

1145

Die Absprache muss schließlich noch darauf abzielen, den Veranstalter zur Annahme eines bestimmten Angebots zu veranlassen. Zu der von den Kartellmitgliedern angestrebten Annahme des herausgestellten Angebotes muss es nicht kommen; ebenso wenig ist es erforderlich, dass die Absprache vor dem Veranstalter der Ausschreibung verheimlicht wurde, da ansonsten in das Kartell miteinbezogene Mitarbeiter des Ausschreibenden die Straflosigkeit der Absprache auslösen könnten.[1627] Zumindest konkludent muss jedoch zwischen den Beteiligten Übereinkunft bestehen, dass die Absprache innerhalb des konkreten Vergabeverfahrens die Auswahlentscheidung des Veranstalters in eine bestimmte Richtung lenken soll. Nicht erforderlich ist, dass die Absprache gerade das Angebot betrifft, auf dessen Annahme die Tat abzielt. Dem Tatbestand unterfallen daher auch auf Absprachen beruhende Angebote, die nach dem

1146

1623 BT-Drucks. 219/1/82, S. 7.
1624 Achenbach, WuW 1997, 958, 959; zu den gesetzgeberischen Erwägungen auch BT-Drucks. 13/5584, S. 14.
1625 BT-Drucks. 13/8079, S. 12, 14.
1626 BGH, NZBau 2004, 513, 514 f.
1627 BT-Drucks. 13/5584, S. 14; Kleinmann/Berg, BB 1998, 277, 280.

Willen der Beteiligten nicht angenommen werden sollen. Das Angebot muss lediglich auf der Absprache beruhen. Dies kann auch der Fall sein, wenn das tatbestandliche Angebot absprachewidrig erfolgt, wenn also etwa der Täter aus dem Submissionskartell aussteigt, seine Kenntnisse allerdings zum eigenen Vorteil bei der Angebotsabgabe nutzt. Der Tatbestand ist auch dann verwirklicht, wenn die Absprache auf die Festlegung eines bestimmten Angebotsinhalts beschränkt und es mehreren oder allen beteiligten Anbietern freigestellt ist, ein Angebot mit diesem abgesprochenen Inhalt zu machen. Nicht ausreichen dürfte aber eine Absprache, die sich auf die Festlegung einer Preisuntergrenze beschränkt.

1147 Der Anwendungsbereich der Norm ist nicht nur auf Vergabeverfahren der klassischen öffentlichen Auftraggeber und derjenigen Sektorenauftraggeber, die die Regeln der §§ 97 ff. GWB im Vergabeverfahren einzuhalten haben, beschränkt. Strafbar sind wettbewerbsbeschränkende Absprachen bei Ausschreibungen nach einer aktuellen Entscheidung des BGH jedenfalls auch dann, wenn ein Privater die Ausschreibung veranstaltet, sofern das Vergabeverfahren »in Anlehnung an die Bestimmungen der VOB/A ausgestaltet ist«.[1628] Zugleich ist damit nunmehr ausdrücklich klargestellt worden, dass auch Verhandlungsverfahren vom Schutzbereich des § 298 StGB umfasst sind.[1629] Demnach unterfallen nur außerhalb von Ausschreibungsverfahren vergebene Aufträge und freihändige Vergaben, denen auch kein Teilnahmewettbewerb vorausgeht, nicht dem Anwendungsbereich des § 298 StGB. Insoweit bleibt die Möglichkeit der Verhängung einer Geldbuße. Die Norm des § 298 Abs. 2 StGB stellt klar, dass alle übrigen Vergabeverfahren, einschließlich der freihändigen Vergabe nach vorausgegangenem Teilnahmewettbewerb, strafrechtlich geschützt sind.[1630] Unklarheiten zum Verfahren bestehen demnach allenfalls hinsichtlich der Frage, was der BGH im Einzelnen noch als Verfahren »in Anlehnung« an die VOB/A begreift. Zwar besteht weitgehend Einigkeit darüber, dass § 298 StGB nicht für solche Fälle gelten soll, in denen entgegen einer Ausschreibungspflicht überhaupt keine Ausschreibung erfolgt. Diskutiert wird demgegenüber noch, ob der Anwendungsbereich der Vorschrift auch in Fällen eröffnet ist, in denen schwerwiegende Verfahrensverstöße vorliegen.[1631] Das dürfte nicht der Fall sein, weil das fehlerhafte Vergabeverfahren nicht schutzbedürftig und nicht schutzwürdig ist.

7.5 Straflosigkeit bei tätiger Reue und Konkurrenzen

1148 Ungewöhnlich ist die Regel in § 298 Abs. 3 StGB, wonach Straflosigkeit für denjenigen eintritt, der freiwillig verhindert, dass der Veranstalter das (abgesprochene) Angebot annimmt oder seine Leistung erbringt. Die Straflosigkeit soll auch dann gelten, wenn das Angebot ohne Zutun des Täters nicht angenommen wird, solange sich der Täter nur freiwillig und ernsthaft bemüht hat, die Annahme des Angebots oder das Erbrin-

---

1628 BGH, Urteil vom 9.2.2006, VII ZR 228/04 = NZBau 2006, 312; BGH, wistra 2003, 146, 147 = BGH, IBR 2003, 284. Ablehnend Greeve, NStZ 2002, 505, 507.
1629 Vgl. bspw. § 3a Nr. 4 und 5 VOB/A.
1630 Siehe auch Greeve, NStZ 2002, 505, 506.
1631 Weiterführend hierzu bereits Greeve, NStZ 2002, 505, 507.

gen der Leistung zu verhindern. Der Grund dieser Regelung liegt darin, dass die Strafbarkeit zu einem sehr frühen Stadium eintritt, nämlich bereits mit der Abgabe des Angebots. Ein wirklicher Schaden ist zu diesem Zeitpunkt noch nicht eingetreten. Deshalb erschien dem Gesetzgeber die Straflosigkeit für denjenigen sinnvoll, der den Eintritt eines Schadens verhindert.

Das Konkurrenzverhältnis zwischen dem Submissionsbetrug gem. § 263 StGB und der neuen Regelung in § 298 StGB ist noch nicht gänzlich geklärt.[1632]   1149

Teilweise wird die Auffassung vertreten, dass die §§ 298 und 263 StGB in Tateinheit zueinander stehen (echte Konkurrenz).[1633] Begründet wird dies mit dem unterschiedlichen Schutzgut der beiden Vorschriften. § 298 StGB soll die Freiheit der Wirtschaftsordnung sicherstellen und ist ein abstraktes Gefährdungsdelikt.   1150

Demgegenüber schützt der Betrugstatbestand des § 263 StGB ausschließlich das Vermögen und nicht das »Recht auf Wahrheit« oder »Treu und Glauben«. Weiterhin erfasse der § 298 StGB keine Fälle der erfolgreichen vermögensschädigenden Absprachen. Demnach soll eine Spezialität des § 298 StGB zu § 263 StGB ausgeschlossen sein und Tateinheit mit der Folge gelten, dass beide Straftatbestände nebeneinander verwirklicht werden können (§ 52 StGB anwendbar).   1151

Die Gegenansicht bejaht eine Spezialität des § 298 StGB.[1634] Demzufolge wollte der Gesetzgeber in Kenntnis der bisherigen Rechtsprechung zu § 263 StGB eine neue Vorschrift schaffen, die in einem ähnlichen Verhältnis steht, wie der ebenfalls erst später geschaffene § 266b StGB zu § 263 StGB.[1635] Diese Ansicht erscheint zutreffend, denn die Rechtsprechung des BGH stand bezüglich des beim Betrug notwendigen Vermögensschadens auf wackligen Beinen, da ein konkreter Schaden meist kaum feststellbar ist. Dem wollte der Gesetzgeber u. a. auch mit dem Einfügen eines neuen Kapitels »Straftaten gegen den Wettbewerb«, und somit einer klareren Gesetzesvorgabe, begegnen. § 298 StGB verzichtet gerade auf das Erfordernis eines Vermögensschadens und einer besonderen Bereicherungsabsicht. Ansonsten wäre ein neuer gesetzlicher Tatbestand zum § 263 StGB auch gar nicht notwendig gewesen. Auch bezüglich des Strafmaßes ergibt sich keine Notwendigkeit zu einem anderen Ergebnis zu kommen, da beide Normen Freiheitsstrafe von bis zu 5 Jahren androhen.   1152

Folglich steht § 298 StGB in Spezialität zu § 263 StGB, so dass eine Strafbarkeit wegen Betrugs ausscheidet, wenn der Sondertatbestand des § 298 StGB vorliegt.   1153

1632 Lackner/Kühl, § 298 Rn. 9; König, JR 1997, 397, 402; Korte, NStZ 1997, 513, 516; Achenbach, WuW 1997, 958; Wolters, JuS 1998, 1101, 1102; Regge/Rose/Steffens, JuS 1999, 159, 162. Auch die jüngeren Entscheidungen des BGH, NZBau 2001, 575 und BGH wistra 2003, 146 lassen das Verhältnis offen.
1633 Lackner/Kühl, § 298 Rn. 9; König, JR 1997, 397, 402; Korte, NStZ 1997, 513, 516; Achenbach, WuW 1997, 958; Regge/Rose/Steffens, JuS 1999, 159, 162; Rose, NStZ 2002, 41.
1634 Vgl. Wolters, JuS 1998; 1101, 1102; Schroth, BT, S. 155.
1635 BGH, NStZ 1987, 120.

7.6 Strafwürdiges Verhalten auf Auftraggeberseite

1154 Durch die Vorschrift des § 299 StGB wurde der frühere § 12 UWG (»Angestelltenbestechung«) ersetzt. Aus Anlass erheblicher Diskussionen wurde mit Gesetz vom 22.08. 2002[1636] ein dritter Absatz hinzugefügt mit der Klarstellung, dass die Vorschrift auch für die Handlungen im ausländischen Wettbewerb gilt.[1637] Geschütztes Rechtsgut der Vorschrift ist der freie Wettbewerb. Geschützt sind auch die Mitbewerber sowie der Geschäftsherr. Die Tat ist ein abstraktes Gefährdungsdelikt; auf ein Täuschungselement zu Lasten Dritter sowie auf den Eintritt eines Vermögensvorteils in Folge der Bevorzugung kommt es nicht an.

7.6.1 Bestechlichkeit und Bestechung

1155 § 299 StGB lautet wie folgt:

(1) Wer als Angestellter oder Beauftragter eines geschäftlichen Betriebes im geschäftlichen Verkehr einen Vorteil für sich oder einen Dritten als Gegenleistung dafür fordert, sich versprechen lässt oder annimmt, dass er einen anderen bei dem Bezug von Waren oder gewerblichen Leistungen im Wettbewerb in unlauterer Weise bevorzuge, wird mit einer Freiheitsstrafe bis zu drei Jahren oder mit Geldstrafe bestraft.

(2) Ebenso wird bestraft, wer im geschäftlichen Verkehr zu Zwecken des Wettbewerbs einem Angestellten oder Beauftragten eines geschäftlichen Betriebes einen Vorteil für diesen oder einen Dritten als Gegenleistung dafür anbietet, verspricht oder gewährt, dass er ihn oder einen anderen bei dem Bezug von Waren oder gewerblichen Leistungen in unlauterer Weise bevorzuge.

(3) Die Absätze 1 und 2 gelten auch für Handlungen im ausländischen Wettbewerb.

1156 Auffällig ist zunächst, dass mit § 298 StGB auf der Bieterseite ein Strafrahmen von bis zu fünf Jahren besteht, auf der Seite des Ausschreibenden hingegen nach § 299 StGB nur maximal drei Jahre Haft drohen. Allerdings enthielt der aufgehobene § 12 UWG eine noch geringere Strafdrohung von bis zu einem Jahr. Darüber hinaus kam eine Strafverfolgung nur in Betracht, wenn der Verletzte einen Strafantrag stellte; das Einschreiten der Staatsanwaltschaft von Amts wegen war nicht vorgesehen. Auch diese Beschränkung ist durch den neuen § 299 StGB entfallen,[1638] vgl. § 301 StGB. Rechtsgut der Vorschrift ist der freie Wettbewerb. Geschützt sind aber auch die Mitbewerber sowie der Geschäftsherr.[1639]

1636 BGBl. I, S. 3387.
1637 Zum Anwendungsbereich des § 299 Abs. 2 StGB in Fällen mit Auslandsbezug vgl. Walter, wistra 2001, 321 ff.
1638 Vgl. dazu Möhrenschlager, JZ 1996, 822, 828.
1639 BGHSt 31, 211.

7.6.2 Erfasste Personen

Nach § 299 StGB sind nicht nur unmittelbare Mitarbeiter des Auftraggebers, sondern auch seine Beauftragten vom Tatbestand erfasst, d. h., etwa auch das die Ausschreibung erstellende oder begleitende Ingenieurbüro. Interessanterweise wird die Bestechung des Inhabers eines ausschreibenden Unternehmens nicht unter Strafe gestellt. Ebenso wenig können Einzelunternehmer, insbesondere Freiberufler, wegen Bestechlichkeit belangt werden. Dem liegt die Erwägung zugrunde, dass diese Personengruppe sich bei der Entscheidung über den Bezug von Leistungen auch von unsachlichen Motiven leiten lassen kann.[1640]

1157

Der § 299 Abs. 1 StGB ist ein Sonderdelikt für Angestellte oder Beauftragte eines geschäftlichen Betriebes. Dieser Begriff ist enger als der des geschäftlichen Verkehrs. Er umfasst jede auf gewisse Dauer betriebene Tätigkeit im Wirtschaftsleben, die sich durch Austausch von Leistungen und Gegenleistungen vollzieht.[1641] Gewinnerzielungsabsicht ist nicht erforderlich; daher kommt es auf Geldeinnahmen nicht an. Auch rein wohltätigen oder sozialen Zwecken dienende Betriebe sind erfasst. Erforderlich ist, dass die geschäftliche Tätigkeit auf Dauer angelegt ist; eine vereinzelte oder nur gelegentliche Beteiligung am Geschäftsverkehr reicht nicht aus. Kein geschäftlicher Betrieb ist die Tätigkeit öffentlicher Behörden, soweit sie als Hoheitsträger handeln. Geschäftlich ist aber jede Beteiligung von Behörden im Wirtschaftsverkehr, insbesondere also fiskalisches Handeln. Rein privates, wirtschaftliches Handeln, auch die nicht auf Dauer angelegte Verwertung privaten Vermögens, unterfällt nicht dem Tatbestand.

1158

Tathandlung ist die Bevorzugung eines anderen bei dem Bezug von Waren oder gewerblichen Dienstleistungen im Wettbewerb in unlauterer Weise. Eine Bevorzugung »in unlauterer Weise« liegt vor, wenn sie gerade wegen des versprochenen oder gewährten Vorteils und nicht aus sachlichen Erwägungen oder sonstigen sozialadäquaten Verhaltensweisen erfolgt. Demnach kann es gerechtfertigte Bevorzugungen geben, die – gerade bei privaten Auftraggebern – zwar einem objektivierten Vergabemaßstab nicht standhalten, aber aus sonstigen Erwägungen heraus gerechtfertigt sind, wie beispielsweise gesellschaftsrechtliche Verpflichtungen, Kompensation eines früheren Verlustauftrages und/oder sonstige unternehmenspolitische Zielsetzungen. Hier wird die Abgrenzung im Einzelfall fließend sein und im Zweifelsfalle zu einer Verneinung der Strafbarkeit führen müssen.[1642] Wird mit dem Entzug rechtmäßig bestehender Positionen oder Ansprüche gedroht, so liegt nicht § 299 StGB, sondern Nötigung nach § 240 StGB vor. Erfasst sind materielle und immaterielle Vorteile. Sie müssen nicht konkretisiert sein, so dass die Zusage von ihrer Art nach bestimmbaren »Erkenntlichkeiten« ausreicht.

1159

Der versprochene Vorteil muss dem Angestellten oder Beauftragten nicht selbst zugute kommen, sondern kann auch einem Dritten gewährt werden. Ein Erfolg der Forde-

1160

1640 Dölling, Gutachten zum 61. Deutschen Juristentag, S. C-87.
1641 BGHSt 2, 396; 10, 366.
1642 Zum Problem der rechtsformabhängigen Strafbarkeit von Unternehmern – bspw. dem Geschäftsführer einer Ein-Mann-GmbH oder dem Komplementär einer KG – siehe Bürger, wistra 2003, 130 f.

rung gehört nicht zum Tatbestand, wohl aber, dass sie dem anderen zugeht. Annehmen setzt über ein bloß tatsächliches Verhalten hinaus eine Einigung beider Teile über Gegenstand und Zweckrichtung der Zuwendung voraus. In allen Fällen sind ausdrückliche Erklärungen nicht erforderlich, schlüssiges Handeln genügt. Bleibt es zwischen den Beteiligten bewusst offen, ob eine Zuwendung sich auf eine vergangene oder zukünftige Bevorzugung bezieht (etwa beim kommentarlosen Zustecken von Geschenken im Rahmen dauerhafter Geschäftsbeziehungen), so wird hierin in der Regel eine Unrechtsvereinbarung liegen, wenn die zukünftige Bevorzugung für beide Teile hinreichend konkretisiert ist.

1161 Der Vorteil muss als Gegenleistung für eine künftige unlautere Bevorzugung gefordert, versprochen oder angenommen werden. Erforderlich ist daher ein auf Unrechtsvereinbarung gerichteter Wille des Täters.[1643] Ein konkretes Leistungs- und Gegenleistungsverhältnis ist nicht Voraussetzung, weil der Vorteil nicht bestimmt sein muss. Nicht ausreichend ist aber eine Zuwendung zur Herbeiführung allgemeinen »Wohlwollens« ohne Bezug zu einer bestimmten Bevorzugung. Eine Bevorzugung im Sinne der Vorschrift ist die Gewährung von Vorteilen im Wettbewerb gegenüber den Mitbewerbern. Sie muss sich auf den Bezug von Waren oder gewerblichen Leistungen beziehen. Dabei ist Bezug nicht nur der die Lieferung betreffende Vertragsschluss, sondern alles, was mit dem Erhalt und der Abwicklung der Lieferung zusammenhängt, insbesondere also die Bestellung, Abnahme, Prüfung und Bezahlung. Die Bevorzugung muss im Wettbewerb des Vorteilsgewährenden mit seinen Konkurrenten erfolgen. Unlauter ist die Bevorzugung, wenn sie geeignet ist, Mitbewerber durch Umgehung der offengelegten Regeln des Wettbewerbs und durch Ausschaltung der Konkurrenz zu schädigen. Das Merkmal der Unlauterkeit grenzt sachwidrige von sachgerechten Motiven der Bevorzugung ab; es beschreibt das Verhältnis von Leistung (Vorteil) und Gegenleistung (Bevorzugung) im Gefüge der Unrechtsvereinbarung und hat gegenüber diesen Merkmalen keine eigenständige Bedeutung.

1162 Eine Pflichtwidrigkeit gegenüber dem eigenen Dienstherrn muss der Täter nicht begehen; sie liegt z.B. dann nicht vor, wenn ein Angestellter eines abnehmenden Betriebs von Zulieferern Prämien oder sonstige Vorteile dafür erhält, dass er in besonderem Maße den Bezug von dessen Waren – zu marktgerechten Preisen – fördert.

1163 Nicht strafbar nach § 299 StGB ist auch eine Vorteilsnahme von einem Auftragnehmer oder Lieferanten, wenn nur mit ihm und nicht mit anderen Kontakt im Rahmen der Auftragsvergabe aufgenommen wurde. Wird beispielsweise eine bestimmte Leistung nur bei einem Auftragnehmer angefragt, von diesem aber zugleich eine Provision für den Fall der Auftragserteilung verlangt, dürfte eine Strafbarkeit nach § 299 StGB nicht gegeben sein.

1164 Nach § 299 Abs. 2 StGB besteht eine spiegelbildliche Strafbarkeit desjenigen, der einem Angestellten oder Beauftragten eines Unternehmens den Vorteil im Sinne von Abs. 1 anbietet, verspricht oder gewährt.[1644] Der Täterkreis der aktiven Bestechung in Abs. 2 ist nicht auf Angestellte oder Beauftragte beschränkt. An sie muss sich jedoch

---

[1643] BGHSt 15, 249.
[1644] Hierzu Bürger, wistra 2003, 130, 134 ff.

7.6 Strafwürdiges Verhalten auf Auftraggeberseite

das Angebot des Täters richten. Der Wettbewerb um private Kunden ist vom Tatbestand nicht erfasst. Tauglicher Täter ist jedermann, der im geschäftlichen Verkehr und zum Zweck des Wettbewerbs handelt.

Der Täter muss bei Abs. 1 und 2 mit Wissen um die Tatbestandsverwirklichung handeln und diese auch wollen. Im Fall des Abs. 1 muss es dem Täter darauf ankommen, dass der andere den geforderten Vorteil als Gegenleistung für eine Bevorzugung versteht. Im Fall des Abs. 2 muss der Täter in Wettbewerbsabsicht handeln. Sein Handeln muss darauf abzielen, den eigenen oder den Absatz eines Dritten zu fördern. Kennt der Täter die tatsächlichen Voraussetzungen der Unlauterkeit nicht, so bleibt er, weil fahrlässige Begehung nicht strafbar ist, nach § 16 Abs. 1 StGB straflos. 1165

Unabhängig von § 299 StGB bleibt es bei den »klassischen« Tatbeständen der Vorteilsannahme, Bestechlichkeit, Vorteilsgewährung und Bestechung, §§ 331–334 StGB. Diese Tatbestände sind in ihrer Anwendbarkeit auf Amtsträger oder für den öffentlichen Dienst besonders Verpflichtete beschränkt. Dabei können sich öffentliche Auftraggeber im Gegensatz zu privaten Geschäftsführern nicht auf eine verfassungsrechtlich garantierte Vertragsfreiheit berufen. Die Straftaten im Amt kommen regelmäßig in Betracht, wenn Mitarbeiter von öffentlichen Auftraggebern Vorteile für sich bzw. einen Dritten fordern oder annehmen.[1645] Dieses gilt auch für Bestechungen von Amtsträgern untereinander.[1646] Erforderlich – aber auch ausreichend – ist, dass der Amtsträger eine Zuwendung als »Gegenleistung« für sich oder einen Dritten dafür erhält, dass er irgendeine dienstliche Tätigkeit vorgenommen hat oder vornehmen werde.[1647] Erst allein aus der Diensthandlung erwachsende Vorteile genügen jedoch nicht.[1648] Der konkreten Zuordnung zu einer bestimmten Diensthandlung bedarf es nach der nunmehr geltenden Gesetzesfassung allerdings nicht mehr.[1649] 1166

Zudem kann in solchen Fällen, in denen Mitarbeiter im Rahmen der Bestechung Vermögen ihres Dienstherren veruntreuen, in Tatmehrheit zur Bestechlichkeit auch der Tatbestand der Untreue gem. § 266 StGB verwirklicht werden, da die pflichtwidrige Ausführung der Diensthandlung selbst nicht zum Tatbestand der Bestechlichkeit gehört.[1650] 1167

1645 Dieses gilt nach BGH wistra 2002, 426, 427 (m. w. N.) jedoch nicht für Vorteile, die ihren Grund in den Regeln des sozialen Verkehrs und der Höflichkeit haben. Auch Vergütungen für genehmigte oder genehmigungsfreie Nebentätigkeiten werden von § 331 StGB i. d. R. nicht erfasst, vgl. im Einzelnen Tröndle/Fischer, § 331, Rn. 25 a.
1646 BGH, NStZ 2002, 38 f.
1647 Hierüber muss nach OLG Hamm, NStZ 2002, 38, 39 wenigstens stillschweigende Übereinkunft bestehen.
1648 OLG Karlsruhe, NStZ 2001, 654.
1649 Tröndle/Fischer, § 331, Rn. 23.
1650 BGH wistra 2001, 295 296. Tateinheit zur Bestechung wurde vom BGH wistra 2001, 466 ff. jedoch dann angenommen, wenn ausnahmsweise die Verwirklichung beider Tatbestände in einer Ausführungshandlung zusammentrifft, bspw. mit der Absprache, einen zur Ausschreibung anstehenden Auftrag an ein bestimmtes Unternehmen zu vergeben und zu diesem Zweck das Preisabsprachesystem zu nutzen. Kritisch hierzu Bittmann, wistra 2002, 405 ff.

7.6.3 Besonders schwere Fälle

1168 Nach § 300 StGB können in besonders schweren Fällen des § 299 Freiheitsstrafen von 3 Monaten bis zu 5 Jahren verhängt werden. Besonders schwere Fälle liegen in der Regel vor, wenn

> ➤ die Tat sich auf einen Vorteil großen Ausmaßes bezieht oder
>
> ➤ der Täter gewerbsmäßig oder als Mitglied einer Bande handelt, die sich zur fortgesetzten Begehung solcher Taten verbunden hat.

1169 Ein Vorteil großen Ausmaßes liegt vor, wenn der Wert des erlangten oder erstrebten Vorteils den Durchschnittswert der erlangbaren Vorteile erheblich überschreitet. Ob ein Vorteil ein großes Ausmaß hat, bestimmt sich nach den Umständen des konkreten Einzelfalles im Rahmen der jeweiligen geschäftlichen Beziehung und Wettbewerbssituation. Insbesondere das letztere Merkmal dürfte kaum schon dann erfüllt sein, wenn von einer oder mehreren Personen der Tatbestand des § 299 mehrfach begangen wurde. Es dürfte kaum vorstellbar sein, dass und wie das Tatbestandsmerkmal »Mitglied einer Bande« erfüllt werden soll. Bei der anderen Begehungsalternative, nämlich der Erzielung eines Vorteils großen Ausmaßes, sind gleichfalls Zweifel hinsichtlich der Auslegung angebracht. Ob ein derartiger großer Vorteil bereits bei einer Summe von 50.000 EUR oder erst bei 5.000.000 EUR vorliegt, unterliegt sicherlich einem sehr weiten Auslegungsspielraum. Die Vorschrift des § 300 StGB dürfte daher insgesamt als missglückt zu bezeichnen sein.

1170 Die im Gesetz benannten besonders schweren Fälle sind in ihrer Aufzählung nicht abschließend. Es können auch im Gesetz nicht ausdrücklich genannte besonders schwere Fälle vorliegen, z. B. bei eingetretener objektiver Schädigung von Mitbewerbern, bei Untreuehandlungen gegenüber dem Geschäftsherrn, bei Bevorzugung mit sehr hohem Wert oder bei Vorteilen, die über ihren Charakter als Bestechungsleistungen hinaus anstößigen oder sittenwidrigen Inhalt haben.

7.6.4 Strafantrag und öffentliches Interesse

1171 Schließlich wird die Bestechlichkeit und Bestechung im geschäftlichen Verkehr nach § 299 gem. § 301 StGB nur auf Antrag verfolgt. Allerdings kann die Staatsanwaltschaft ein besonderes öffentliches Interesse an der Strafverfolgung bejahen und so die Ermittlungen auch ohne Vorliegen eines Strafantrages aufnehmen. Ein besonderes öffentliches Interesse an der Strafverfolgung kann zunächst in den besonders schweren Fällen nach § 300 StGB vorliegen, wenn die schulderhöhenden Umstände in besonderer Weise auch Allgemeininteressen betreffen. Auch in den Fällen des Grunddelikts der Bestechlichkeit und Bestechung wird aber eine Strafverfolgung nicht selten geboten sein, etwa wenn die Tat im Zusammenwirken mit Amtsträgern begangen wurde oder wenn ein Antragsberechtigter aus – häufig begründeter – Furcht vor wirtschaftlichen oder beruflichen Nachteilen keinen Strafantrag stellt.

1172 Anders als beim früheren § 12 UWG hat das Recht zur Stellung eines Strafantrages nicht nur der Verletzte, sondern jeder/jede der in § 8 Abs. 3 Nr. 1, 2 und 4 UWG bezeichneten Gewerbtreibenden, Verbände und Kammern. Es dürfte daher in Zukunft zu erwarten sein, dass bei Bekanntwerden eines Verstoßes gegen § 299 StGB ohne Rücksicht auf einen Strafantrag des Geschädigten selbst Ermittlungen der Staatsanwaltschaft aufgenommen werden.

7.6.5 Vermögensstrafe und Anordnung des Verfalls

In den Fällen der passiven Bestechung nach § 299 Abs. 1 StGB ist die Anwendung des Verfalls bei gewerbsmäßiger oder bandenmäßiger Tatbegehung vorgesehen. Obgleich damit der Bezug der Korruption zur organisierten Kriminalität deutlich gemacht wird, ist auf eine Anwendung von § 43 a StGB (Vermögensstrafe) bei passiver Bestechlichkeit verzichtet worden, da der Zweck der Vermögensstrafe, dem Täter die Mittel für den erneuten Aufbau einer verbrecherischen Organisation zu entziehen, nicht in gleicher Weise verfolgt werden könne wie beim aktiv Bestechenden. Der Abs. 2 erlaubt in den Fällen des § 299 Abs. 2 StGB bei bandenmäßiger Tatbegehung neben dem Verfall auch die Verhängung von Vermögensstrafe. Im Fall der Gewerbsmäßigkeit scheidet sie aus.

1173

Ist eine rechtswidrige Tat nach einem Gesetz begangen worden, das auf § 73 d StGB verweist, so kann das Gericht den Verfall von Gegenständen des Täters oder Teilnehmers anordnen, wobei es ausreicht, wenn die Umstände die Annahme rechtfertigen, dass diese Gegenstände für rechtswidrige Taten oder aus ihnen erlangt worden sind. Das bedeutet als Wirkung, dass bei Anordnung des Verfalls eines Gegenstandes das Eigentum an dieser Sache mit der Rechtskraft der Entscheidung auf den Staat übergeht, wenn es dem von der Anordnung Betroffenen zu dieser Zeit zusteht. Befindet sich die Sache aber z. B. zu dieser Zeit im Eigentum eines Dritten, so erhält dieser die Sache zurück. Der Täter geht damit der aus seinem Handeln erlangten Vorteile verlustig; Geldbeträge werden von der Staatsanwaltschaft vereinnahmt, andere Gegenstände werden veräußert, der Erlös bleibt in der Staatskasse.[1651] Zur Vermeidung einer doppelten Inanspruchnahme des Täters ist eine Verfallsanordnung jedoch in solchen Fällen unzulässig, in denen eine Identität zwischen Bestechungslohn und Untreueschaden besteht, der Bestechungslohn voll in die erhöhten Zahlungen des Geschädigten eingeflossen ist und dieser den so entstandenen Schaden zurückfordert.[1652]

1174

7.7 Die Verhängung von Geldbußen neben der Strafverfolgung

7.7.1 Die Geldbuße nach dem OWiG

Das abgestimmte Verhalten von Unternehmen zu dem Zweck, dass ein bestimmtes Unternehmen aus ihrem Kreis einen ausgeschriebenen Auftrag erhalten soll (sog. Submissionskartell), ist nach § 1 GWB unwirksam, da es lediglich dazu dient, die

1175

1651 Dazu im Einzelnen Schmid/Winter, NStZ 2002, 8 ff.
1652 BGH wistra 2001, 466, 469.

Marktverhältnisse für gewerbliche Leistung durch Beschränkung des Wettbewerbs zu beeinflussen. Durch die 6. GWB-Novelle[1653] sind seit 1. Januar 1999 die wettbewerbsbeschränkenden Vereinbarungen von Unternehmen bzw. Beschlüsse von Unternehmensvereinigungen ordnungswidrig nach § 81 Abs. 1 Nr. 1 i. V. m. § 1 GWB.

1176 Kann eine tatbestandliche Verwirklichung des § 298 StGB nicht angenommen werden, kommen Kartellordnungswidrigkeiten insbesondere vor dem Hintergrund in Betracht, als § 298 StGB nicht sämtliche Vergabeverfahren erfasst. Ein weiterer Anwendungsbereich des § 81 Abs. 1 Nr. 1 i. V. m. § 1 GWB bezieht sich auf solche Submissionsabsprachen, auf die eine Angebotsabgabe (noch) nicht erfolgt ist. Absprachen im Rahmen dieser Vergabeverfahren können dann nach dem GWB als Ordnungswidrigkeit sanktioniert werden.[1654] Bei vorgenommenen Submissionsabsprachen kommt als Tathandlung im Sinne des § 81 Abs. 1 Nr. 1 i. V. m. § 1 GWB die Vereinbarung von Unternehmen und Beschlüssen von Unternehmensvereinigungen in Frage.

1177 Als Vereinbarung ist im Wettbewerbsrecht bereits jede Verständigung über ein wettbewerbsbeschränkendes Verhalten anzusehen. Ein bloßes Bereitsein im Sinnes eines Angebotes zum Abschluss einer entsprechenden Vereinbarung von nur einer Seite wird mangels übereinstimmenden Bindungswillen nicht ausreichen können.

1178 In allen Fällen, wo §§ 298 bis 300 StGB nicht greifen, gleichwohl unter Verstoß gegen den Wettbewerb Absprachen getroffen wurden, gelten die Bußgeldvorschriften weiter. Sie sind mit Einfügung der §§ 298 ff. in das StGB weiter verschärft und auf die neuen Straftatbestände abgestimmt worden.

1179 Wichtig sind insbesondere die §§ 30 und 130 des Ordnungswidrigkeitengesetzes (OWiG). Sie lauten wie folgt:

§ 30 OWiG

Geldbuße gegen juristische Personen und Personenvereinigungen

(1) Hat jemand

1. als vertretungsberechtigtes Organ einer juristischen Person oder als Mitglied eines solchen Organs,

2. als Vorstand eines nicht rechtsfähigen Vereins oder als Mitglied eines solchen Vorstandes,

3. als vertretungsberechtigter Gesellschafter einer rechtsfähigen Personenhandelsgesellschaft,

4. als Generalbevollmächtigter oder in leitender Stellung als Prokurist oder Handlungsbevollmächtigter einer juristischen Person oder einer in Nummer 2 oder 3 genannten Personenvereinigung oder

---

1653 Geändert im Rahmen der 6. GWB-Novelle vom 26. 8. 1998, in Kraft getreten am 1. Januar 1999 (BGBl. I S. 2546).
1654 BT-Drucks. 13/5584, S. 14.

5. als sonstige Person, die für die Leitung des Betriebs oder Unternehmens einer juristischen Person oder einer in Nummer 2 oder 3 genannten Personenvereinigung verantwortlich handelt, wozu auch die Überwachung der Geschäftsführung oder die sonstige Ausübung von Kontrollbefugnissen in leitender Stellung gehört,

eine Straftat oder Ordnungswidrigkeit begangen, durch die Pflichten, welche die juristische Person oder die Personenvereinigung treffen, verletzt worden sind oder die juristische Person oder Personenvereinigung bereichert worden ist oder werden sollte, so kann gegen diese eine Geldbuße festgesetzt werden.

(2) Die Geldbuße beträgt

1. im Fall einer vorsätzlichen Straftat bis zu einer Million EUR,

2. im Fall einer fahrlässigen Straftat bis zu fünfhunderttausend EUR.

Im Fall einer Ordnungswidrigkeit bestimmt sich das Höchstmaß der Geldbuße nach dem für die Ordnungswidrigkeit angedrohten Höchstmaß der Geldbuße.

Satz 2 gilt auch im Fall einer Tat, die gleichzeitig Straftat und Ordnungswidrigkeit ist, wenn das für die Ordnungswidrigkeit angedrohte Höchstmaß der Geldbuße das Höchstmaß nach Satz 1 übersteigt.

(3) § 17 Abs. 4 und § 18 gelten entsprechend.

(4) Wird wegen der Straftat oder Ordnungswidrigkeit ein Straf- oder Bußgeldverfahren nicht eingeleitet oder wird es eingestellt oder wird von Strafe abgesehen, so kann die Geldbuße selbstständig festgesetzt werden. Durch Gesetz kann bestimmt werden, dass die Geldbuße auch in weiteren Fällen selbstständig festgesetzt werden kann. Die selbstständige Festsetzung einer Geldbuße gegen die juristische Person oder Personenvereinigung ist jedoch ausgeschlossen, wenn die Straftat oder Ordnungswidrigkeit aus rechtlichen Gründen nicht verfolgt werden kann; § 33 Abs. 1 Satz 2 bleibt unberührt.

(5) Die Festsetzung einer Geldbuße gegen die juristische Person oder Personenvereinigung schließt es aus, gegen sie wegen derselben Tat den Verfall nach den §§ 73 oder 73 a des Strafgesetzbuches oder nach § 29 a anzuordnen.

§ 130 OWiG

(1) Wer als Inhaber eines Betriebes oder Unternehmens vorsätzlich oder fahrlässig die Aufsichtsmaßnahmen unterlässt, die erforderlich sind, um in dem Betrieb oder Unternehmen Zuwiderhandlungen gegen Pflichten zu verhindern, die den Inhaber als solchen treffen und deren Verletzung mit Strafe oder Geldbuße bedroht ist, handelt ordnungswidrig, wenn eine solche Zuwiderhandlung begangen wird, die durch gehörige Aufsicht verhindert oder wesentlich erschwert worden wäre. Zu den erforderlichen Aufsichtsmaßnahmen gehören auch die Bestellung, sorgfältige Auswahl und Überwachung von Aufsichtspersonen.

(2) Betrieb oder Unternehmen im Sinne des Absatzes 1 ist auch das öffentliche Unternehmen.

(3) Die Ordnungswidrigkeit kann, wenn die Pflichtverletzung mit Strafe bedroht ist, mit einer Geldbuße bis zu einer Million EUR geahndet werden. Ist die Pflichtverletzung mit Geldbuße bedroht, so bestimmt sich das Höchstmaß der Geldbuße wegen der Aufsichtspflichtverletzung nach dem für die Pflichtverletzung angedrohten Höchstmaß der Geldbuße. Satz 2 gilt auch im Fall einer Pflichtverletzung, die gleichzeitig mit Strafe und Geldbuße bedroht ist, wenn das für die Pflichtverletzung angedrohte Höchstmaß der Geldbuße das Höchstmaß nach Satz 1 übersteigt.

7.7.2 Bußgelder gegen Personen und Unternehmen

1181 Geldbußen können gegen handelnde Personen gem. § 81 Abs. 4 GWB sowie gegen die beteiligten Unternehmen nach § 30 OWiG verhängt werden. Nach OLG Düsseldorf bleibt dann, wenn ein Unternehmen durch mehrere Organe vertreten wird, im Fall des Unterlassens einer ordnungsrechtlich gebotenen Pflicht die interne Zuständigkeit des vertretungsberechtigten Organs beachtlich.[1655] Insbesondere darf ein unzuständiges Organ grundsätzlich auf ein ordnungsgemäßes Handeln des jeweils zuständigen Organs vertrauen. Ohne besonderen Anlass bestehe demnach keine gegenseitige Überwachungspflicht im Übrigen gleichberechtigter Organe, da dieses dem Sinn einer Arbeitsteilung zuwiderlaufe. Durch § 30 OWiG soll allerdings ein Ausgleich dafür ermöglicht werden, dass juristischen Personen, die nur durch ihre Organe zu handeln imstande sind, zwar die Vorteile der in ihrem Interesse vorgenommenen Zuwiderhandlungen zufließen, sie jedoch nicht den Nachteilen einer Geldbuße ausgesetzt sind.

1182 Voraussetzung einer selbstständigen Haftung des Unternehmens ist, dass ein Organ oder eine Person mit beschränkt organähnlicher Befugnis (z.B. Prokurist oder Handlungsbevollmächtigter in leitender Stellung) eine Ordnungswidrigkeit oder Straftat begangen hat. Von entscheidender Bedeutung ist, dass es sich hierbei um eine vorwerfbare Handlung gehandelt hat. Die Identität des persönlich Handelnden muss allerdings nicht feststehen; es reicht aus, wenn sicher ist, dass z.B. einer von mehreren Geschäftsführern Täter ist.

1183 Das Bußgeldverfahren kann gegen das Unternehmen auch dann durchgeführt werden, wenn das Verfahren gegen das Organ selbst eingestellt wurde (§ 30 Abs. 4 OWiG). Kann nicht nachgewiesen werden, dass Organe oder organähnliche Personen Straftaten oder Ordnungswidrigkeiten begangen haben, so kommt eine Geldbuße gegen den Inhaber des Unternehmens aus dem Gesichtspunkt der Aufsichtspflichtverletzung gem. § 130 OWiG in Betracht. Voraussetzung hierfür ist, dass der Inhaber oder eine nach § 9 Abs. 2 OWiG gleichgestellte Person schuldhaft die gebotenen Aufsichtsmaßnahmen unterlassen, die erforderlich sind, um Zuwiderhandlungen gegen die Pflicht zu verhindern, die den Inhaber als solchen treffen und deren Verletzung mit Strafe oder Geldbuße bedroht ist.

1184 Wird wegen einer Straftat oder Ordnungswidrigkeit ein Straf- oder Bußgeldverfahren nicht eingeleitet oder wird es eingestellt oder wird von Strafe abgesehen, so kann nach

---

1655 OLG Düsseldorf, NStZ-RR 2002, 178, 179 unter Verweis auf BGH, NStZ 1990, 588.

§ 30 Abs. 4 OWiG die Geldbuße selbstständig festgesetzt werden. Dies gilt insbesondere nach § 82 GWB für die Kartellbehörden. Sinn der Regelung ist die Sicherstellung der besonderen Sachkunde und Erfahrung bei der Verfolgung kartellrechtlicher Verstöße bei Ausschreibungen. Die selbstständige Festsetzung einer Geldbuße gegen die juristische Person oder Personenvereinigung ist jedoch ausgeschlossen, wenn die Straftat oder Ordnungswidrigkeit aus rechtlichen Gründen nicht verfolgt werden kann.

Für die Sanktion aus § 130 OWiG kommt es nicht darauf an, ob im Fall der Aufsichtspflichtverletzung nicht ermittelt werden kann, welches Organ genau für die unterlassene Aufsichtsmaßnahme verantwortlich gewesen wäre, soweit die fehlende Ermittelbarkeit auf einem Organisationsverschulden innerhalb des Unternehmens beruht.[1656] Dann begründet bereits der Organisationsmangel die Verantwortlichkeit, was zur Geldbuße führt. Zugleich ist ein Betriebsinhaber zur Kontrolle seines Aufsichtspersonals bzw. zur Einrichtung eines innerbetrieblichen Kontrollsystems, welches er wiederum extern überwachen lässt, verpflichtet.[1657] Ein Unterlassen jeglicher Überwachung bedeutet deshalb ebenfalls einen Verstoß gegen § 130 Abs. 1 S. 2 OWiG. Ebenso reiche die einmal jährlich externe Überwachung durch Wirtschaftsprüfer nicht annähernd dem Ziel des § 130 Abs. 1 S. 1 OWiG der zumindest wesentlichen Erschwerung firmeninterner Verstöße.[1658]

1185

7.7.3 Die Verfolgung von Kartellordnungswidrigkeiten

§ 82 GWB verleiht den Kartellbehörden eine ausschließliche Zuständigkeit für Verfahren wegen der Festsetzung einer Unternehmensgeldbuße nach § 30 OWiG, und zwar auch in denjenigen Fällen, denen eine Straftat zugrunde liegt, die auch den Tatbestand des § 81 Nr. 1 GWB verwirklicht. Dieselbe Zuständigkeit gilt für eine Geldbuße gegenüber dem Unternehmen als Folge der Aufsichtspflichtverletzung einer leitenden Person nach § 130 OWiG. Für diese Regelung wollte man die spezifische Sachkunde der Kartellbehörden im Bereich der Unternehmensgeldbußen erhalten, obwohl eigentlich wegen der Verletzung eines Straftatbestandes die ausschließliche Zuständigkeit der Staatsanwaltschaften gegeben wäre.[1659] Die Kartellbehörde kann aber das Verfahren wegen § 30 OWiG an die Staatsanwaltschaft abgeben und verliert damit auch die Zuständigkeit.

1186

Künftig werden daher die einzelnen handelnden Individuen von der Staatsanwaltschaft verfolgt und vom Strafgericht bestraft, falls Verletzungen der §§ 298 ff. StGB vorliegen. Wird das Verfahren wegen der Straftat eingestellt, kann immer noch nach § 30 Abs. 4 OWiG eine Geldbuße gegen das Unternehmen verhängt werden, bei dem diejenigen Mitarbeiter, gegen die das strafrechtliche Verfahren eingestellt worden ist, beschäftigt waren. Aber auch wenn das Strafverfahren nicht eingestellt wurde, sondern durch Urteil oder Strafbefehl endete, kann die Kartellbehörde in paralleler Zuständigkeit hierzu eine Geldbuße in Höhe von bis zu 500.000 EUR, in Ausnahmefällen auch darüber

1187

1656 Göhler, OWiG, 11. Auflage 1995, § 30 OWiG Rn. 40.
1657 BayObLG, NStZ 2002, 588, 589.
1658 BayObLG, NStZ 2002, 588, 589.
1659 Dazu BT-Drucks. 13/5584, S. 9; BT-Drucks. 13/6424, S. 5 f., 12.

7 Vergabestrafrecht und Ordnungswidrigkeiten

hinaus, verhängen. Ob eine derartige Parallelität der Verfahren rechtspolitisch sinnvoll und praktikabel ist, darf bezweifelt werden.[1660]

1188 Die gespaltene Zuständigkeit führt auch zu einer gespaltenen Überprüfung der Entscheidungen. Nach § 83 GWB finden Verfahren über Beschwerden gegen Bußgeldbescheide vor dem Kartellsenat desjenigen Oberlandesgerichts statt, in dessen Bezirk die zuständige Kartellbehörde ihren Sitz hat (§§ 82, 83 GWB) – abweichend zu den sonstigen Ordnungswidrigkeiten, für die gem. § 68 Abs. 1 OWiG der Rechtsweg zum Strafrichter am Amtsgericht eröffnet ist.

7.7.4 Die Verjährungsfristen und Höhe der Geldbuße

1189 Während Ordnungswidrigkeiten nach dem GWB generell einer kürzeren Verjährungsfrist von drei Jahren nach § 31 Abs. 2 Nr. 1 OWiG unterliegen, ist mit dem Korruptionsbekämpfungsgesetz auch eine Verlängerung der Verjährungsfrist geschaffen worden. Die Verjährung der Verfolgung von Ordnungswidrigkeiten nach § 81 Abs. 1 bis 3 GWB richtet sich nach Vorschriften des Gesetzes über Ordnungswidrigkeiten auch dann, wenn die Tat durch Verbreiten von Druckschriften begangen wird. Die Verfolgung der Ordnungswidrigkeiten nach Abs. 1, Abs. 2 Nr. 1 und Abs. 3 verjährt in fünf Jahren, was sich aus § 81 Abs. 8 GWB ergibt. Für Kartellordnungswidrigkeiten gilt demnach eine Verjährungsfrist von fünf Jahren.

1190 Die Verjährungsfrist für Ordnungswidrigkeiten beginnt nach § 31 Abs. 3 OWiG, sobald die Handlung beendet ist. Die Zuwiderhandlung ist ggf. erst mit Erteilung der Schlussabrechnung beendet.[1661] Dies ist vom Kartellsenat des BGH bestätigt worden,[1662] der für den Beginn der Verjährung gleichsam entschieden hat, dass diese für alle an der Abrede Beteiligten erst dann eintritt, wenn der aufgrund der kartellrechtswidrigen Absprache erteilte Auftrag durchgeführt und die Schlussrechnung gelegt wurde.

1191 Die Ordnungswidrigkeit kann nach § 81 Abs. 4 GWB in den Fällen des Abs. 1, des Abs. 2 Nr. 1, 2 Buchstabe a und Nr. 5 und des Abs. 3 mit einer Geldbuße bis zu einer Million EUR geahndet werden. Wird in diesen Fällen eine Geldbuße gegen ein Unternehmen oder eine Unternehmensvereinigung verhängt, so darf die Geldbuße für jedes an der Zuwiderhandlung beteiligte Unternehmen oder jede beteiligte Unternehmensvereinigung über Satz 1 hinaus 10 vom Hundert seines bzw. ihres jeweiligen im vorausgegangenen Geschäftsjahr erzielten Gesamtumsatzes nicht übersteigen. In den übrigen Fällen kann die Ordnungswidrigkeit mit einer Geldbuße bis zu hunderttausend EUR geahndet werden. Bei der Festsetzung der Höhe der Geldbuße ist sowohl die Schwere der Zuwiderhandlung als auch deren Dauer zu berücksichtigen.

1660 So auch Achenbach, WuW 1997, 958, 962. Der Rechtsausschuss des Bundestages empfiehlt daher auch eine enge Zusammenarbeit zwischen Kartellbehörden und Staatsanwaltschaften, um unnötigen Ermittlungsaufwand und die Gefahr widersprüchlicher Entscheidungen zu vermeiden, BT-Drucks. 13/8079, S. 17.
1661 BGH wistra 1991, 309.
1662 Grundlegend BGHSt 32, 389 ff.

7.7 Die Verhängung von Geldbußen neben der Strafverfolgung

Eine Verschiebung des Bußgeldrahmens ergibt sich aus § 17 Abs. 4 OWiG, der eine Abschöpfung des durch die Tat erlangten (materiellen) Vorteils vorsieht. Die Frage, ob vorsätzlich oder fahrlässig gehandelt wurde, spielt bei der Berechnung ebenfalls eine Rolle: Da § 81 Abs. 2 GWB nicht zwischen fahrlässigem und vorsätzlichen Handeln unterscheidet, kann fahrlässiges Handeln gemäß § 17 Abs. 2 OWiG nur mit der Hälfte des angedrohten Höchstbetrages geahndet werden. **1192**

Hier ist insbesondere zu beachten, dass die Verjährung durch eine Vielzahl von Handlungen gem. § 33 Abs. 1 OWiG unterbrochen werden kann, wie beispielsweise die Bekanntgabe der Einleitung eines Ermittlungsverfahren, Vernehmungen, Beschlagnahme- und Durchsuchungsanordnungen und auch die Abgabe der Sache durch die Staatsanwaltschaft an die Verwaltungsbehörde. Von einer Reihe dieser Unterbrechungstatbestände muss dabei der Betroffene noch nicht einmal Kenntnis erhalten haben. Darüber hinaus ist zu beachten, dass die absolute Verfolgungsverjährung nach § 33 Abs. 3 Satz 2 OWiG eintritt, wenn seit dem Abschluss der ordnungswidrigen Handlung das doppelte der gesetzlichen Verjährungsfrist verstrichen ist. Das bedeutet, dass regelmäßig erst zehn Jahre nach Begehung einer der Straftaten nach §§ 298 ff. StGB von der Kartellordnungsbehörde kein Bußgeld mehr verhängt werden kann. **1193**

7.7.5 Die Kronzeugenregelung des Bundeskartellamtes

Mit der Bekanntmachung Nr. 9/2006 vom 07. März 2006 hat das Bundeskartellamt neue Richtlinien für den Erlaß und die Reduktion von Geldbußen und ergänzend dazu die Richtlinien für die die Festsetzung von Geldbußen nach § 81 GWB vom 15. September 2006.[1663] veröffentlicht. Daran wird sich künftig die Höhe von Geldbußen im Rahmen der Ausübung des dem Bundeskartellamt zustehenden Ermessens orientieren. Das Bundeskartellamt kann einen Aufklärungsbeitrag im Bußgeldverfahren zugunsten des Betreffenden berücksichtigen und die Geldbuße vermindern oder sogar erlassen. Die Richtlinien dienen als Grundsätze für die Behandlung von aufklärungsbereiten Kartellmitgliedern und führen zu einer Ermessensbindung, die sich das Bundeskartellamt selbst auferlegt. **1194**

Die Nichtfestsetzung einer Geldbuße im Fall des § 1 GWB in Verbindung mit § 81 Abs. 1 Nr. 1 GWB und § 130 OWiG setzt das kumulative Vorliegen folgender Bedingungen voraus: Der Täter muss dem Bundeskartellamt das Kartell als erster anzeigen, bevor ausreichende Beweismittel für einen Durchsuchungsbeschluss vorliegen, er die Informationen für die Erwirkung eines Durchsuchungsbeschlusses übermittelt, nicht alleiniger Anführer des Kartells ist und uneingeschränkt mit dem Bundeskartellamt zusammenarbeitet. **1195**

Eine erheblich niedrigere Festsetzung der Geldbuße kommt in Betracht, wenn der Täter nach Bekanntwerden der Einleitung eines Ermittlungsverfahrens freiwillig die sonstigen oben genannten Voraussetzungen erfüllt. In der Regel erfolgt dann eine um 50 % niedrigere Festsetzung der Geldbuße. Maßgeblich ist das Setzen des sog. Markers, d. h. der Information an die Sonderkommission Kartellbekämpfung oder den **1196**

1663 Abrufbar im Internet unter www.bundeskartellamt.de.

Leiter der zuständigen Beschlussabteilung, um die Bereitschaft zur Zusammenarbeit zu erklären. Danach wird eine Frist von maximal acht Wochen gesetzt, um alle erforderlichen Angeben zu unterbreiten.

8 Korruptionsbekämpfung und das Vergaberecht

8.1 Möglichkeiten der Korruptionsprävention

Die Vorschriften des Vergaberechts sind geprägt durch die vergaberechtlichen Prinzipien. § 97 GWB bringt in den Abs. 1 bis 5 die grundlegenden Elemente, nach denen eine Beschaffung öffentlicher Auftraggeber erfolgen muss, zum Ausdruck. Es handelt sich um das Wettbewerbsgebot (§ 97 Abs. 1), das Transparenzgebot (§ 97 Abs. 1), das Gleichbehandlungsgebot (§ 97 Abs. 2), das Gebot der Berücksichtigung mittelständischer Interessen (§ 97 Abs. 3), das Gebot der Vergabe aufgrund leistungsbezogener Eignungskriterien (§ 97 Abs. 4) und das Gebot der Vergabe auf das wirtschaftlichste Angebot (§ 97 Abs. 5).

Tatsächlich dienen die meisten Gebote und Prinzipien des Vergaberechts der Vermeidung von Korruption und wettbewerbswidriger Absprachen zwischen Auftraggeber und Auftragnehmer. Gerade das Wettbewerbsgebot, das Transparenzgebot und das Gleichbehandlungsgebot dienen der Vermeidung von korruptivem Verhalten.[1664]

8.1.1 Sensibilisierung und Verhaltenskodex

Ein transparenter und von allen Betroffenen gemeinsam erarbeiteter und persönlich unterzeichneter Verhaltenskodex (»Ethikregeln«) in der Verwaltung oder in Unternehmen wirkt entsprechend korruptionspräventiv. Eine wesentliche Ursache korrupten oder devianten Verhaltens liegt darin, dass gesellschaftliche Werte nicht ausreichend handlungsleitend sind. Soll Korruptionsbekämpfung erfolgreich sein, obliegt ihr auch die Aufgabe, den gemeinsamen Grundwerten den ihnen gebührenden Stellenwert zu verschaffen und auf diese Weise die Akzeptanz normgerechten Verhaltens zu erwirken. Es empfiehlt sich daher eine Ausarbeitung eines Verhaltenskodex gegen wettbewerbsbeschränkende Verhaltensweisen im Rahmen der Vergabe öffentlicher Aufträge (»Code of Conduct«), zu dessen Einhaltung die Auftragnehmer und die öffentlichen Auftraggeber auf freiwilliger Basis aufgerufen werden können.

8.1.2 Personalrotation

Als korruptionsanfällig erweisen sich eingefahrene Personalstrukturen, etwa die jahrelange ausschließliche Zuständigkeit eines einzelnen Mitarbeiters für die Vergabe öffentlicher Aufträge. Erst diese Strukturen schaffen ein korruptionsförderndes Näheverhältnis. Nähebeziehungen von Sachbearbeitern zu potentiellen Auftragnehmern oder gar Abhängigkeiten von diesen, wie z. B. in Form von Nebenbeschäftigungen, sind zu

---

1664 Bannenberg/Schaupensteiner, Korruption in Deutschland, S. 75.

unterbinden. Im Rahmen des fachlich geeigneten Personalbestandes sollten aufgrund eines abgestimmten Personalkonzepts durch gelegentliche Rotation neue Ansprechpartner und Zuständigkeiten gebildet werden.

8.1.3 Einhaltung des »Mehr-Augen-Prinzips«

1201 Die abschließende Bearbeitung wichtiger Vorgänge durch nur einen Mitarbeiter allein begünstigt das Entstehen von Abhängigkeiten. Entlastung kann das sog. »Mehr-Augen-Prinzip« schaffen, indem etwa bei allen mit der Vergabe öffentlicher Aufträge zusammenhängenden Verwaltungsabläufen mindestens zwei Personen beteiligt werden.

8.1.4 Sponsoring und Geschenkannahme

1202 Durch Anweisungen sollte unmissverständlich der Umgang mit Geschenken sowie Aufmerksamkeiten und sonstiges Sponsoring durch externe Dritte geregelt werden. Die Gefahr von Manipulationsversuchen besteht insbesondere bei Vorteilen, die einzelnen Personen gewährt werden, so z. B. bei der Kostenübernahme durch Unternehmen. Im Sinne wirksamer Prävention sollte ein generelles Verbot der Annahme von Geld sowie von persönlichen Geschenken erfolgen. Ein Mitarbeiter der öffentlichen Verwaltung muss bereits den Anschein vermeiden, im Rahmen seiner Amtsführung für die Annahme persönlicher Vorteile empfänglich zu sein.

8.1.5 Zentrale Vergabestelle und Kontrolle, Trennung der Organisationseinheiten

1203 Durch eine Zuständigkeitskonzentrierung bei einer zentralen Vergabestelle kann das operative vom strategischen Geschäft getrennt werden. Die Auftragsvergabe wird durch die Zentralisierung transparenter und durch die Konzentration auf wenige Mitarbeiter weniger korruptionsanfällig. Die Fachplanung und spätere Abwicklung vergebener Aufträge verbleibt in den Fachämtern, die zentrale Vergabestelle übernimmt die formelle Abwicklung der Öffentlichen und Beschränkten Ausschreibung. Dabei sollte auch hier das Mehr-Augen-Prinzip gewährleistet sein. Die Einrichtung zentraler Vergabestellen mit nur wenigen Mitarbeitern kann allerdings auch zu einer Problemverlagerung bei der Verwaltung führen. Ist eine ausreichende Kontrolle nicht auch innerhalb einer zentralen Vergabestelle gewährleistet, so verbleibt die Korruptionsgefahr. Aufgrund der finanziellen Engpässe in den Kommunen wird insbesondere die Einrichtung einer zentralen Vergabestelle regelmäßig nur ohne Schaffung zusätzlicher Stellen möglich sein.

Vorteile einer zentralen Vergabestelle sind:

- ➢ Kontroll- und Überwachungsfunktion
- ➢ Beratung und Hilfestellung bei Vergabeverfahren
- ➢ Bündelung von Fachkompetenz

- ➤ Kostenersparnis durch Sammelvergabe
- ➤ Zügige Verfahrensabwicklung
- ➤ einheitlicher Ansprechpartner

Als Nachteile einer zentralen Vergabestelle sind anzusehen:
- ➤ Personalaufwand
- ➤ Korruptionsanfälligkeit bei fehlendem »Mehr-Augen-Prinzip«

Als wesentliches Problem bei korruptem Verhalten hat sich die mangelnde oder unzureichende Wahrnehmung der Kontrollpflichten durch den öffentlichen Auftraggeber im Vergabeverfahren erwiesen. Dadurch wird die Aufdeckung von unzulässiger Einflussnahme und Missbrauch erschwert oder überhaupt unmöglich gemacht. Die – in der Regel – ohnedies vorhandenen internen Kontrolleinrichtungen sind verstärkt mit der Überprüfung von Vergaben zu befassen; ihre ausreichende qualitative und quantitative Ausstattung ist sicherzustellen. Die Prüfungen der Kontrolleinrichtungen müssen über rein formale Fragen hinausgehen und sollten in allen Stufen des Ausschreibungsprozesses erfolgen.   1204

8.1.6 Ausnutzen des Wettbewerbs und Bieterdatei

Die Kommunen sollten zur Kontrolle des Vergabewesens eine neuen Bewerbern und Bietern offen stehende Firmen- und Bieterdatei, in die Unternehmen, Handwerker, Lieferanten und Dienstleister aufgenommen werden, führen. Eine solche Kartei ermöglicht es, dass bei Beschränkten Ausschreibungen oder Freihändigen Vergaben insbesondere Unternehmen berücksichtigt werden können, die ihre Leistungen bereits zuverlässig angeboten und durchgeführt haben oder längere Zeit trotz entsprechender Qualifikation nicht mehr zur Abgabe eines Angebotes aufgefordert wurden. Je größer und je breiter regional gestreut die Zahl der Leistungsanbieter ist, desto geringer ist die Gefahr von Angebotsabsprachen im Vorfeld. Deshalb sollte unter den geeigneten Unternehmen auch bei Freihändiger Vergabe und Beschränkter Ausschreibung unbedingt zur Erzielung eines breiten Wettbewerbs gewechselt werden (vgl. § 8 Nr. 2 Abs. 3 VOB/A und § 7 Nr. 2 Abs. 4 VOL/A).   1205

8.1.7 »Anti-Korruptions-Beauftragter«

Als Vertrauensperson bei Vergabeverfahren kann ein bereits tätiger Mitarbeiter einer Verwaltung bzw. Unternehmens als »Anti-Korruptions-Beauftragter« eingesetzt werden. Dieser mit eigenen Kompetenzen verantwortlich ausgestatteter Mitarbeiter kann die Verwaltungs- und Geschäftsleitung bei der Korruptionsbekämpfung beraten. Ein »Anti-Korruptions-Beauftragter« sollte alle verwaltungsinternen Aktivitäten zur Korruptionsprävention steuern sowie beim Aufbau interner Kontrollmechanismen mitwirken. Er sollte als Ansprechpartner den Beschäftigten und auch den Bürgern zur Verfügung stehen. Er berät und klärt bei Fragen zur Korruptionsprävention auf. Eine derartige Aufgabenwahrnehmung sollte neben dem laufenden Geschäft ermöglicht wer-   1206 den. Eine neue Stelle muss hierfür nicht zwangsläufig geschaffen werden, es kann auch eine Zuordnung zu einem Fachamt erfolgen. Auch in den Unternehmen können »Anti-Korruptions-Beauftragte« eingesetzt werden.

8.1.8 Interessenkollision in der Verwaltung

1207 Sofern Mitarbeiter der öffentlichen Verwaltung Nebentätigkeiten ausüben, besteht die Gefahr von Interessenkollisionen und damit auch der Korruption, insbesondere wenn es sich um eine Tätigkeit bei tatsächlichen oder potentiellen Auftragnehmern eines Vergabeverfahrens handelt. Hierzu können etwa Berater- oder Gutachtertätigkeiten und Vortragstätigkeiten bei einem potentiellen Auftragnehmer gehören. Derartige Nebentätigkeiten können zu einer wirtschaftlichen Abhängigkeit von Bietern und Auftragnehmern führen, die diese möglicherweise auszunutzen versuchen.

8.1.9 Zuverlässigkeitserklärungen

1208 Es ist sinnvoll, als ersten Schritt der Zuverlässigkeitsprüfung von Bietern sog. Eigenerklärungen zu verlangen. Diese Eigenerklärungen können dann zum Zeitpunkt des Zuschlags – bei einem existierenden Korruptionsregister – durch die Vergabestelle hinterfragt werden. Darüber hinaus können ggf. Korruptionsklauseln (Integritätsklauseln) in die Zusätzlichen und Besonderen Vertragsbedingungen eingearbeitet werden. Diese können einen Maßnahmenkatalog mit Sanktionen für Bieter vorsehen, die nachweislich unzulässige Absprachen oder auch andere Korruptionsverfehlungen begangen haben. Beinhalten sollten solche Klauseln neben der Kündigungsmöglichkeit des Vertragsverhältnisses aus wichtigem Grund auch eine Vertragsstrafe für wettbewerbswidrige Verhaltensweisen.

8.1.10 Elektronische Vergabe und EDV-Kontrollwesen

1209 Ein sinnvoller Ansatz zur Korruptionsprävention kann in der Durchführung von elektronischen, standardisierten und verschlüsselten Vergabeverfahren liegen. Digitale Angebote müssen dabei verschlüsselt und mit einer qualifizierten elektronischen Signatur versehen werden. Über ein EDV-gestütztes Kontrollwesen können Auffälligkeiten bei der Vergabe, etwa das Splitting von Aufträgen, Ausnutzen von Zeichnungsbefugnissen, die Häufigkeit Freihändiger Vergaben oder die wiederholte Vergabe an bestimmte Auftragnehmer aufgedeckt werden. Zudem ermöglicht die Erstellung von Leistungsverzeichnissen mittels EDV problemlos eine konsequente Kontrolle des Anteils an Bedarfspositionen.

1210 Eine Grundvoraussetzung für die Durchführung von elektronischen Vergabeverfahren ist der Zugang zum jeweiligen System. Die VOB/A 2006 postuliert in § 16 Nr. 3 VOB/A, dass alle für die elektronische Übermittlung zu verwendenden Mittel und ihre technischen Merkmale keinen diskriminierenden Charakter haben dürfen und allgemein zugänglich sein müssen. Außerdem müssen sie mit den allgemein verbreiteten Erzeugnissen der Informations- und Kommunikationstechnologie kompatibel sein.

8.1 Möglichkeiten der Korruptionsprävention

Die VOB/A 2006 hat sich im Übrigen, was die elektronischen Vergaben angeht, für eine unterschiedliche Behandlung von Aufträgen über- und unterhalb der Schwellenwerte entschieden. Unterhalb der EU-Schwellenwerte hat zwar der Auftraggeber das Recht festzulegen, in welcher Form Angebote eingereicht werden müssen. Schriftliche Angebote sind aber immer zuzulassen, so ausdrücklich § 21 Nr. 1 Abs. 1 S. 2 VOB/A. Oberhalb der Schwellenwerte gilt diese letzte Einschränkung nicht, der Auftraggeber kann also schriftliche Angebote untersagen und nur elektronische Angebote zulassen. Dies ergibt sich aus den §§ 21 a, 21 b VOB/A, wonach die genannte Ausnahmeregelung für schriftliche Angebote in § 21 Nr. 1 Abs. 1 S. 2 VOB/A nicht gilt. Hintergrund dieser unterschiedlichen Behandlung ist, dass derzeit zumindest in Teilbereichen die Bieter noch nicht flächendeckend an elektronischen Vergabe teilnehmen können und daher Wettbewerbsverzerrungen nicht ausgeschlossen werden können. § 21 Nr. 1 Abs. 1 VOB/A regelt hinsichtlich elektronisch übermittelter Angebote, dass der Auftraggeber nach seiner freien Entscheidung entweder eine fortgeschrittene Signatur nach dem Signaturgesetz und den Anforderungen des Auftraggebers oder eine qualifizierte elektronische Signatur nach dem Signaturgesetz verlangen kann.

1211

8.1.11 Dokumentation im Vergabevermerk

Die Durchführung eines sauberen Vergabeverfahrens wird durch eine zeitnahe und am Vergabeablauf orientierte Fertigung eines Vergabevermerks gewährleistet. Dieser Vergabevermerk muss die einzelnen Stufen des Verfahrens sowie die Begründung der einzelnen Entscheidungen des Auftraggebers dokumentieren. Durch die Dritte Verordnung zur Änderung der Vergabeverordnung[1665] ist eine Anpassung der Verdingungsordnungen an die Vergabekoordinierungsrichtlinien 2004/17/EG und 2004/18/EG erfolgt. Für Vergaben oberhalb der Schwellenwerte enthalten § 30 a VOB/A und § 30 a VOL/A nunmehr Mindestanforderungen an den Vergabevermerk. Die Begründung der einzelnen Vergabestufen muss u. a. Art und Umfang der Leistung, Wert des Auftrags, Namen der berücksichtigten Bewerber oder Bieter und Gründe für ihre Auswahl, Gründe für die Ablehnung von ungewöhnlich niedrigen Angeboten und gegebenenfalls die Gründe, aus denen der öffentliche Auftraggeber auf die Vergabe eines Auftrags verzichtet hat, umfassen. Wichtig ist, dass alle wesentlichen Verfahrensschritte mit ihrem entscheidungserheblichen Inhalt dargestellt werden. Hinsichtlich der Form kommt in erster Linie eine schriftliche Dokumentation in Betracht. Aber auch andere Formen wie etwa bei elektronisch durchgeführten Vergabeverfahren sind möglich. Hier bestimmt § 30 a S. 3 VOB/A, dass der Auftraggeber geeignete Maßnahmen zu treffen hat, um eine ordnungsgemäße Dokumentation sicherzustellen.[1666]

1212

1665 BR-Drucks. 476/06.
1666 Leinemann/Maibaum, Die VOB 2006, 5. Auflage 2006, S. 223.

8.2 Ausschluss von öffentlichen Aufträgen

8.2.1 Ausschluss wegen schwerer Verfehlung

1213 Nach § 8 Nr. 5 Abs. 1 c VOB/A[1667] (und nach dem insofern inhaltsgleichen § 7 Nr. 5 c VOL/A) kann ein Bieter ausgeschlossen werden, der nachweislich eine schwere Verfehlung begangen hat, die seine Zuverlässigkeit als Bewerber in Frage stellt. In § 8 Nr. 5 Abs. 1 c VOB/A sind bestimmte Sachverhalte beschrieben, die zum Ausschluss eines Unternehmers von der Teilnahme am Wettbewerb führen können, weil deren Vorliegen im Allgemeinen annehmen lässt, dass der betreffende Bewerber nicht die erforderliche Fachkunde, Leistungsfähigkeit und Zuverlässigkeit besitzt, um das beabsichtigte (Bau-)Vorhaben sachgerecht und ordnungsgemäß auszuführen. Die Norm ist eine so genannte Kann-Vorschrift, die es der Entschließung des Auftraggebers – beim öffentlichen Auftraggeber der pflichtgemäßen, sachgerechten Überprüfung und Entscheidung – überlässt, ob er den betreffenden Bewerber ausschließen will oder nicht.[1668] Die Regelung eröffnet dem Ausschreibenden nur eine in seinem Ermessen stehende Möglichkeit, ungetreue Bieter auszuschließen, nicht aber eine entsprechende zwingende rechtliche Verpflichtung. Ermessen heißt, dass der Ausschreibende eine auf sachlichen Erwägungen beruhende Entscheidung über die weitere Teilnahme der einzelnen Bieter zu treffen hat. An den Nachweis der Unzuverlässigkeit im Rahmen der Ermessensausübung durch den Auftraggeber sind sehr hohe Anforderungen zu stellen.[1669] Der Anspruch der übrigen Teilnehmer an der Ausschreibung geht nicht weiter. Diese können vom Auftraggeber nur eine ermessensfehlerfreie Entscheidung verlangen.

1214 Die Entscheidung für einen Ausschluss muss sich an der allein maßgebenden Frage und deren Beantwortung orientieren, ob der Bewerber bei der gebotenen objektiven Betrachtung unter den gegebenen Umständen voraussichtlich in der Lage sein wird, die ins Auge gefasste Leistung im Rahmen seiner Sachkunde, Leistungsfähigkeit und Zuverlässigkeit zu erbringen oder nicht. Grundsätzlich gilt hierbei, dass Bietergemeinschaften wie Einzelbieter zu behandeln sind (vgl. § 25 Nr. 6 VOB/A). Hinsichtlich der Zuverlässigkeit müssen die geforderten Voraussetzungen bei jedem Mitglied der Bietergemeinschaft vorliegen.[1670]

8.2.2 Vorliegen einer schweren Verfehlung

1215 Grundlage eines Ausschlusses ist der Nachweis einer schweren Verfehlung. Verfehlungen nach § 8 Nr. 5 Abs. 1 c VOB/A sind z. B. vollendete oder versuchte Beamtenbestechung, Vorteilsgewährung sowie schwerwiegende Straftaten, die im Geschäftsverkehr begangen worden sind, insbesondere Diebstahl, Unterschlagung, Untreue und Urkun-

---

[1667] Entsprechendes gilt für die VOF.
[1668] OLG Frankfurt, Beschl. v. 24.06.2004, 11 Verg 6/04; Saarländisches OLG, Beschl. v. 18.12.2003, 1 Verg 4/03; VK Lüneburg, Beschl. v. 18.10.2005, VgK-47/2005; VK Bund, Beschl. v. 17.08.2005, VK 2-81/05.
[1669] Vgl. OLG Saarbrücken, Beschl. v. 29.12.2003, 1 Verg 4/03; ZfBR 2004, 490.
[1670] Vgl. OLG Düsseldorf, VergabeR 2005, 107 ff.

denfälschung. Hierzu zählen auch Verstöße gegen das Gesetz gegen Wettbewerbsbeschränkungen (GWB), unter anderem die Beteiligung an Absprachen über Preise oder Preisbestandteile, verbotene Preisempfehlungen, die Beteiligung an Empfehlungen oder Absprachen über die Abgabe oder Nichtabgabe von Angeboten. Nach dem Gesetz zur Bekämpfung der Korruption vom 13. August 1997 gelten wettbewerbsbeschränkende Preisabsprachen bei Ausschreibungen als Straftatbestand. Die strafrechtliche Regelung hierzu findet sich in § 298 StGB. Nach der Rechtsprechung des BGH können Preisabsprachen auch den Straftatbestand des Betrugs erfüllen.[1671] Abzustellen ist bei der Ermittlung solcher Straftaten auf die verantwortlichen Personen und nicht auf das Unternehmen.[1672]

Mit einer nachweislich schweren Verfehlung, die die Zuverlässigkeit als Bewerber in Frage stellt, ist ein Handeln im Rahmen der beruflichen Tätigkeit gemeint. Zu den in Betracht kommenden Verfehlungen zählen folglich insbesondere Korruptionsdelikte und wettbewerbswidrige Absprachen. Zivilrechtliche Streitigkeiten zwischen dem Auftraggeber und dem betreffenden Bewerber über Vergütungsansprüche wie insbesondere Nachtragsforderungen oder Mängelansprüche reichen dagegen in der Regel nicht aus, um eine schwere Verfehlung anzunehmen. 1216

8.2.3 Nachweis der schweren Verfehlung

Der ins Ermessen des Auftraggebers gestellte Ausschlussgrund ist jedoch erst eröffnet, wenn die schwere Verfehlung »nachweislich« begangen worden ist. 1217

Der Ausschlussgrund setzt nicht eine bereits erfolgte gerichtliche Verurteilung oder einen rechtskräftigen Bußgeldbescheid des betreffenden Bewerbers oder Bieters voraus. Wurde gegen einen Unternehmer oder eine andere in seinem Unternehmen verantwortliche Person wegen eines dringenden Tatverdachts hinsichtlich eines das Merkmal einer schweren Verfehlung erfüllenden Straftatbestandes Untersuchungshaft angeordnet, so soll dem Auftraggeber nach aktuellen Gerichtsentscheidungen nicht zuzumuten sein, einem solchen Unternehmer vor Klärung der Vorwürfe einen Auftrag zu erteilen.[1673] Selbst die Einstellung eines Ermittlungsverfahrens oder ein Freispruch muss noch nicht zwangsläufig bedeuten, dass eine schwere Verfehlung nicht gegeben ist. 1218

Dem Auftraggeber bleibt es in der Einzelfallprüfung unbenommen, den Nachweis der schweren Verfehlung ohne behördliche oder gerichtliche Unterstützung selbst zu führen. Allerdings muss das Vorliegen einer schweren Verfehlung bei objektiver Beurteilung der ermittelten Tatsachengrundlage zweifelsfrei und eindeutig sein. Der Auftraggeber ist für das Vorliegen der genannten Ausschlussgründe darlegungs- und beweispflichtig. Im Falle einer schweren Verfehlung müssen zumindest konkrete Anhaltspunkte gegeben sein, reine Verdachtsmomente reichen nicht aus.[1674] Die vom Auftraggeber in jedem Einzelfall zu klärende Frage ist stets, ob sich im Raum stehende 1219

1671 Vgl. BGH NJW 1992, 921; NJW 1995, 737.
1672 Vgl. OLG Celle, BauR 1999, 389.
1673 Vgl. LG Berlin, Urteil vom 22.03.2006, 23 O 118/04; OLG Frankfurt, Beschl. v. 24.06.2004, 11 Verg 6/04; VK Lüneburg, Beschl. v. 18.10.2005, VgK-47/2005.
1674 Vgl. Rusam in: Heiermann/Riedel/Rusam, VOB, 10. Auflage, A § 8, Rn. 56.

Vorwürfe und Tatbestände derartig konkretisiert haben, dass von einem Nachweis auszugehen ist. Das Vorliegen einer Anklageschrift oder eines Eröffnungsbeschlusses muss nicht abgewartet werden. Zu beachten ist immer, dass letztlich Entscheidungsgrundlage sein muss, ob bei der konkreten Auftragsvergabe der Unternehmer die Eignungskriterien, vorliegend in Rede stehend insbesondere die Anforderungen an die Zuverlässigkeit, erfüllt. Diese können grundsätzlich nicht aufgrund der in der Vergangenheit begangenen Verfehlungen auch für die Zukunft allgemein und pauschal in Abrede gestellt werden, sondern müssen bei jedem einzelnen Vergabeverfahren von neuem geprüft werden.

8.2.4 Überprüfung der Auswahlentscheidung durch die Vergabekammer

1220 Die Entscheidung des Auftraggebers, eine schwere Verfehlung zu bejahen, ist durch die Vergabekammer grundsätzlich nur eingeschränkt überprüfbar. Bei den Begriffen der Fachkunde, Leistungsfähigkeit und Zuverlässigkeit handelt es sich um unbestimmte Rechtsbegriffe.[1675] Da die Prüfung der Eignung eines Unternehmens ein wertender Vorgang ist, in den zahlreiche Einzelumstände einfließen, ist davon auszugehen, dass diese Begriffe den Auftraggebern einen Beurteilungsspielraum einräumen, der nur einer eingeschränkten Kontrolle durch die Nachprüfungsinstanzen zugänglich ist. Die Vergabekammer kann im Rahmen des Nachprüfungsverfahrens die Entscheidung der Vergabestelle über die Eignung eines Unternehmens nur darauf überprüfen, ob die rechtlichen Grenzen des Beurteilungsspielraums überschritten sind.[1676] Eine Überschreitung des Beurteilungsspielraums ist anzunehmen, wenn das vorgeschriebene Vergabeverfahren nicht eingehalten wird, wenn nicht von einem zutreffend und vollständig ermittelten Sachverhalt ausgegangen wird, wenn sachwidrige Erwägungen in die Wertung einbezogen werden oder wenn der sich im Rahmen der Beurteilungsermächtigung haltende Beurteilungsmaßstab nicht zutreffend angewendet wird.[1677] Ein Beurteilungsfehler liegt insbesondere auch dann vor, wenn der Auftraggeber von dem ihm eingeräumten Beurteilungsspielraum gar keinen Gebrauch macht, weil er diesen nicht mit einer eigenen Abwägungsentscheidung ausfüllt.[1678]

1221 Sofern der Auftraggeber ausreichende Informationen sammelt, z. B. Nachfragen bei der Staatsanwaltschaft zum Stand des Verfahrens einholt, seine Entscheidungen im Vergabevermerk nachvollziehbar dokumentiert und nicht einseitig seinen Beurteilungsspielraum ausschöpft, ist eine Ausschlussentscheidung nur eingeschränkt überprüfbar. Betroffenen Bewerbern ist zu empfehlen, den Auftraggeber über mögliche Ausschlussgründe aufzuklären. Dadurch wird verhindert, dass ein z. B. später ausgeschlossener Bieter bei Bejahung der Eignung argumentieren könnte, der Auftraggeber ist bei der Eignungsprüfung von einem falschen Sachverhalt ausgegangen.

1675 Vgl. Bayerisches OLG, Beschl. v. 03.07.2002, Verg 13/02.
1676 VK Lüneburg, Beschl. v. 18.10.2005, VgK-47/2005.
1677 Vgl. OLG Celle, Beschl. v. 11.03.2004, Verg 3/04; OLG Düsseldorf, Beschl. v. 04.09.2002, Verg 37/02.
1678 Vgl. VK Brandenburg, Beschl. v. 25.08.2002, VK 45/02.

8.2.5 Die Geltung der Unschuldsvermutung im Vergaberecht

Die Unschuldsvermutung als Ausprägung des Rechtsanspruchs auf ein faires Verfahren (Artikel 6 Abs. 2 EMRK) soll sicherstellen, dass niemand als schuldig behandelt wird, ohne dass ihm in einem gesetzlich geregelten Verfahren eine Schuld nachgewiesen ist. Daraus folgt, dass Maßnahmen, die den vollen Nachweis der Schuld erfordern, nicht getroffen werden dürfen, bevor jener erbracht ist. Schwere, die Zuverlässigkeit in Frage stellende Verfehlungen im Sinne von § 8 Nr. 5 Abs. 1 c VOB/A müssen indes nicht unbedingt strafbare Handlungen sein. Ihre Annahme setzt nicht den Nachweis strafrechtlicher Schuld voraus, auch wenn ein kriminelles Verhalten im Raume steht.

1222

Die Unschuldsvermutung besagt nicht, dass einem Tatverdächtigen bis zur rechtskräftigen Verurteilung als Folge der Straftaten, deren er verdächtig ist, überhaupt keine Nachteile entstehen dürfen. Sie steht einem auf staatsanwaltliche Ermittlungsverfahren gestützten Angebotsausschluss wegen Unzuverlässigkeit nicht entgegen.[1679] Die Unschuldsvermutung schließt geschäftliche Nachteile als Folge eines durch den dringenden Tatverdacht provozierten Vertrauensverlustes nicht aus.

1223

Nach Ansicht des OLG Saarbrücken hält sich der Auftraggeber auch dann noch im Rahmen des ihm eingeräumten vergaberechtlichen Ermessens, wenn er einem Bieterunternehmen die Zuverlässigkeit abspricht, obwohl noch keine Anklageerhebung und die Eröffnung des Hauptverfahrens erfolgt sind. In Fällen, bei denen die zum Ausschluss führenden Verfehlungen ein strafrechtlich relevantes Verhalten zum Gegenstand haben, könne man nicht verlangen, dass eine Anklageerhebung oder gar eine rechtskräftige Verurteilung erfolgt sein müsse. Dem öffentlichen Auftraggeber könne bei dringenden Verdachtsmomenten nicht zugemutet werden, mit dem betreffenden Bewerber dessen ungeachtet weiter ohne Einschränkungen in Geschäftsverkehr zu treten, denn dies setze gegenseitiges Vertrauen voraus.

1224

Aus der Entscheidung des OLG Saarbrücken lässt sich andererseits nicht ableiten, dass staatsanwaltliche Ermittlungen und ein Tatverdacht ohne weiteres dazu führen, dass das dem Auftraggeber durch § 8 Nr. 5 Abs. 1 c VOB/A eingeräumte Ermessen hinsichtlich der Frage, ob überhaupt eine schwere Verfehlung nachgewiesen ist und ob – gesetzt den Fall, ein entsprechender Nachweis ist erbracht – das Angebot ausgeschlossen werden soll, auf Null reduziert wird. Insbesondere bleibt die von dem Auftraggeber herangezogene Unschuldsvermutung als Ausprägung des Rechtsanspruchs auf ein faires Verfahren ein sachlicher Grund, den der öffentliche Auftraggeber bei der Beurteilung der Zuverlässigkeit eines Bieters zumindest mit hohem Gewicht berücksichtigen darf. Der BGH hat betont, dass auch eine nachgewiesene schwere Verfehlung nicht automatisch zum Angebotsausschluss führen müsse.[1680] Die persönliche Zuverlässigkeit stelle nur eines der Merkmale dar, auf die bei der Prüfung der Frage, wem der Zuschlag erteilt werden soll, abgestellt werden muss. Das Fehlen der persönlichen Zuverlässigkeit stelle vielmehr regelmäßig einen hinreichenden Grund dar, ein Angebot zurückzuweisen.

1225

1679 OLG Saarbrücken, Beschl. v. 29.12.2003, 1 Verg 4/03.
1680 BGH, VergabeR 2002, 36 ff.

8.2.6 Zwingender Ausschluss nach § 8 a Nr. 1 VOB/A

1226 Mit Beschluss vom 22. September 2006 hat der Bundesrat beschlossen, den Änderungen der Vergabeverordnung durch die Umsetzung der Richtlinien 2004/17 EG und 2004/18 EG zustimmen. Danach ist oberhalb der Schwellenwerte § 8 a VOB/A anzuwenden. Während es bei § 8 Nr. 5 Abs. 1 VOB/A im Ermessen des Auftraggebers liegt, ob er ein Unternehmen bei Vorliegen einer schweren Verfehlung vom Wettbewerb ausschließt, ordnet § 8 a Nr. 1 VOB/A für den Fall einer rechtskräftigen Verurteilung einer für das Unternehmen für die Führung der Geschäfte verantwortlich handelnden Person wegen einer in § 8 a Nr. 1 Abs. 1 VOB/A im Einzelnen und abschließend aufgezählten Straftaten an, dass dieses Unternehmen wegen Unzuverlässigkeit grundsätzlich zwingend vom Wettbewerb auszuschließen ist.

1227 Mit der Aufnahme dieses Ausschlusstatbestandes sollen, wie anhand der in § 8 a Nr. 1 Abs. 1 c, d und g VOB/A genannten Straftaten des Betruges, des Subventionsbetrugs und der Steuerhinterziehung deutlich wird, insbesondere die öffentlichen Mittel der EU geschützt werden. Die weiteren Strafbestimmungen der §§ 129 ff. StGB, § 261 StGB und die genannten Bestechungsdelikte dienen der Bekämpfung des Terrorismus und der Geldwäsche sowie allgemein der Eindämmung der grenzüberschreitenden Korruption.

1228 Hervorzuheben ist, dass im Gegensatz zu § 8 Nr. 5 Abs. 1 VOB/A die Nachweislichkeit als solche alleine nicht ausreicht, sondern dass eine rechtskräftige Verurteilung vorliegend muss, die dem Unternehmen zuzurechnen ist. Unter welchen Voraussetzungen dies der Fall ist, regelt § 8 a Nr. 1 Abs. 1 S. 3 VOB/A. Eine Zurechnung erfolgt, wenn entweder eine für die Führung der Geschäfte dieses Unternehmens verantwortlich handelnde Person selbst verurteilt wurde oder dieser Person gegenüber einer anderen verurteilten Person ein Aufsichts- oder Organisationsverschulden gemäß § 130 OWiG vorzuwerfen ist. Für die Feststellung des Ausschlusstatbestandes reicht grundsätzlich die Kenntnis des Auftraggebers aus. Voraussetzung ist aber, dass die Kenntnis auf seriösen und grundsätzlich einer Überprüfung zugänglichen Quellen beruht.

1229 Sofern die Kenntniserlangung selbst nicht zu beanstanden ist, ist das betroffene Unternehmen mit dem Beweis belastet, dass die beim Auftraggeber bekannten Tatsachen unrichtig sind, d. h., dass eine solche Verurteilung entweder nicht vorliegt oder dass sich das Unternehmen die Verurteilung nicht nach § 8 a Nr. 1 Abs. 1 S. 3 VOB/A zurechnen lassen muss. Hinsichtlich der Nachweisführung bestimmt § 8 a Nr. 1 Abs. 2 VOB/A, dass der Auftraggeber Urkunden und Bescheinigungen zu akzeptieren hat, die ggf. durch eidesstattliche oder andere förmliche Erklärungen ersetzt werden können. Fraglich ist, ob ein Unternehmen auch dann noch zwingend auszuschließen ist, wenn zwar eine Verurteilung vorliegt, aber die straffällig gewordene Person oder ggf. die verantwortlich handelnde Person, der ein Aufsichts- oder Organisationsverschulden zur Last liegt, entlassen und jegliche Verbindungen zu dieser Person bzw. zu diesen Personen abgebrochen worden sind. Das dürfte nicht der Fall sein, wenn das Unternehmen unverzüglich gehandelt und geeignete Massnahmen ergriffen hat, die eine Wiederholung solcher Handlungen weitgehend ausschliessen (sog. Selbstreinigungsmaßnahmen).

1230 Zu beachten ist, dass die in § 8 a Nr. 1 Abs. 1 VOB/A genannten Straftaten gleichzeitig eine schwere Verfehlung im Sinne des § 8 Nr. 5 Abs. 1 VOB/A darstellen und in besonders krassen Ausnahmefällen sogar die Verhängung einer Auftragssperre von mehr als einem Jahr Dauer zur Folge haben können.

8.2.7 Ausnahmetatbestände des § 8 a Nr. 1 Abs. 3 VOB/A

In § 8 a Nr. 1 Abs. 3 VOB/A sind zwei Ausnahmetatbestände geregelt, in denen der Auftraggeber von einem Ausschluss nach Abs. 1 absehen kann. Der eine Fall ist gegeben, wenn zwingende Gründe des Allgemeininteresses vorliegen und andere Unternehmen die Leistung nicht oder nicht angemessen erbringen können. Der andere Fall liegt vor, wenn aufgrund besonderer Umstände des Einzelfalles der Verstoß die Zuverlässigkeit nicht in Frage stellt. So könnte etwa die Zuverlässigkeit eines Bieters trotz Erfüllung des Tatbestandes von § 8 a Nr. 1 Abs. 1 VOB/A gleichwohl zu bejahen sein, wenn effektive Selbstreinigungsmaßnahmen nachweislich durchgeführt wurden und belastete Personen nicht mehr für das Unternehmen handeln.

1231

8.2.8 Vergabesperre

Eine Vergabesperre liegt vor, wenn ein Bieter nicht nur bei einem konkreten, laufenden Vergabeverfahren von diesem Verfahren wegen Unzuverlässigkeit ausgeschlossen wird, sondern auch an weiteren (künftigen) Verfahren nicht teilnehmen darf. Bei der Verhängung von Auftragssperren unterliegt die öffentliche Hand grundrechtlichen und rechtsstaatlichen Bindungen, die in der Einhaltung bestimmter Verfahrensstandards sowie der Beachtung des Verhältnismäßigkeitsgrundsatzes ihren Ausdruck finden.[1681] Grundsätzlich sind Auftragssperren nicht zuletzt wegen der damit verbundenen, schwerwiegenden Eingriffe in grundrechtlich geschützte Rechtsgüter problematisch und kommen nur als äußerstes Mittel in Betracht. Das Begehen einer berufsbezogenen Straftat, wie zum Beispiel Bestechung oder Vorteilsgewährung, gehört zu den eine Vergabesperre ggf. rechtfertigenden Verfehlungen. Dabei bedarf es zum Nachweis nicht zwingend einer gerichtlichen Verurteilung, wenn bei objektiver Beurteilung der zur Verfügung stehenden Beweismittel und Tatsachen keine begründeten Zweifel an der Verfehlung bestehen.[1682] Ein genereller Ausschluss für die Teilnahme an Vergabeverfahren in Form einer Vergabesperre für eine befristete Zeit wird mittlerweile von einigen Gerichten unter bestimmten Voraussetzungen für zulässig erachtet.[1683] Welche Sperrdauer gerechtfertigt ist, lässt sich nur unter Würdigung der Umstände des Einzelfalles beurteilen.[1684] In der Regel wird eine Auftragssperre mit einigen Monaten anzusetzen sein. Dabei ist zu berücksichtigen, dass gerade bei einer grossen Bedeutung des sperrenden Auftraggebers für das gesperrte Unternehmen eine längere Zeitdauer existenzbedrohend wirken kann, was die Auftragssperre unverhältnismäßig machen würde.

1232

Vergabesperren stellen kein strafrechtliches Instrument dar. Deshalb greift hier auch nicht das Verbot der Doppelbestrafung. Auch wenn Mitarbeiter eines Unternehmens

1233

1681 Greeve, Korruptionsdelikte in der Praxis, 2005, Rn. 631.
1682 BGH, NJW 2000, 661
1683 Vgl. LG Frankfurt am Main, Urteil vom 26.11.2003, 2-06 O 345/03.
1684 Vgl. Landgericht Berlin, Urteil vom 22.3.2006, 23 O 118/04.

strafrechtlich belangt wurden, schliesst das für sich genommen eine Vergabesperre nicht zwingend aus. Selbstreinigende Maßnahmen der Unternehmen (zum Beispiel das Entfernen der Personen, die strafbar gehandelt haben) sind jedoch zu berücksichtigen. Solche Maßnahmen sind von großer Bedeutung.[1685]

1234 Wenn der Unternehmer von einer unbestimmten Vielzahl von Auftragsvergaben mehrerer Auftraggeber oder eines Auftraggebers für ein gesamtes Gebiet, wie z. B. ein Bundesland dauerhaft ausgeschlossen wird, liegt eine so genannte koordinierte Auftragssperre vor. Auch bei einer koordinierten Auftragssperre ist der Grundsatz der Verhältnismäßigkeit zu beachten. Dies erfordert in gleicher Weise wie bei den »normalen« Auftragssperren, den betroffenen Unternehmern die Möglichkeit zu geben, sich zu rehabilitieren und sie ggf. zum Wettbewerb wieder zuzulassen. In § 8 Nr. 5 Abs. 1 c VOB/A wird der Unternehmer und nicht das Unternehmen als solches angesprochen. Sofern also im Einzelfall keine Gründe gegen die Zuverlässigkeit des sich bewerbenden Unternehmers bestehen, darf nicht ohne weiteres von vergangenen Verfehlungen auf die Unzuverlässigkeit geschlossen werden. Der Auftraggeber ist in diesen Fällen jedoch berechtigt, sich vom Unternehmer die Zuverlässigkeit über die normalen Anforderungen hinaus dadurch nachweisen zu lassen, welche konkreten Konsequenzen seitens des Unternehmers aus den früher vorgefallenen Verfehlungen gezogen wurden.

1235 Ein wesentlicher Zweck der Auftragssperre – in Anlehnung an strafrechtliche Sanktionen – liegt in ihrer generalpräventiven Wirkung, die Begehung schwerer Verfehlungen zu verhindern und insbesondere auch allen anderen Marktteilnehmern vor Augen zu führen, dass sich ein solches Verhalten im Ergebnis nicht »lohnt«. Daher ist es in Abhängigkeit von Dauer und Schwere der begangenen Verfehlungen durchaus als zulässig zu erachten, wenn das betreffende Unternehmen erst nach einer gewissen Zeitspanne wieder zum Wettbewerb zugelassen wird. Auch kann die Unzuverlässigkeit eines Unternehmers selbst bei einer schon mehrere Jahre zurückliegenden schweren Verfehlung noch angenommen werden, wenn diese von verantwortlichen Personen begangen wurden, der Unternehmer davon Kenntnis hatte und – ohne Sanktionen gegen diese Personen zu verhängen – darauf vertraute, dass diese Machenschaften nicht bekannt werden.

1236 Das Landgericht Berlin entschied vor kurzem,[1686] dass die Verhängung einer Vergabesperre im Grundsatz sowohl mit deutschem als auch mit europäischem Recht vereinbar sei. Dort ging es um die entsprechenden Richtlinien der Deutschen Bahn AG, deren Rechtmäßigkeit z. B. durch ein beachtenswertes Gutachten von Mestmäcker bezweifelt werden.[1687] Die bisherigen Erfahrungen mit Auftragssperren haben gezeigt, dass dieses Instrumentarium wenig praxistauglich ist. Immer wieder werden zudem gewichtige Argumente gegen die Zulässigkeit derart drastischer Massnahmen geäußert, so dass hier äußerste Zurückhaltung angeraten erscheint.

1685 OLG Düsseldorf, Beschl. v. 09.04.2003, Verg 43/02.
1686 LG Berlin, Urt. v. 22.03.2006, 23 O 118/04.
1687 Mestmäcker, Ernst-Joachim, Rechtsgutachten für den Hauptverband der Deutschen Bauindustrie e. V. zur Beurteilung der Konzernrichtlinie der Deutschen Bahn AG über die Sperrung von Auftragnehmern und Lieferanten vom März 2005.

8.2 Ausschluss von öffentlichen Aufträgen

8.2.9 Durchführung der Selbstreinigung

Die einmal festgestellte fehlende Zuverlässigkeit kann für das betroffene Unternehmen mittels einer Selbstreinigung wiederhergestellt werden. Sollte der Auftraggeber einen Ausschluss eines Bewerbers erwägen, so hat er zuvor dem Bewerber Gelegenheit zur Stellungnahme zu geben und zu berücksichtigen, ob das betroffene Unternehmen erfolgversprechende Maßnahmen ergriffen hat, um die Rechtsverletzung für die Zukunft auszuschließen.[1688] Es ist zu prüfen, ob sich das Unternehmen ernsthaft und konsequent um eine Selbstreinigung bemüht und hierdurch rehabilitiert hat.[1689]

1237

Eine Selbstreinigung besteht in einer umfassenden Aufklärung der Vorgänge rund um den angeblichen oder bereits feststehenden Korruptionsvorwurf. Zu der Aufklärung und Zusammenarbeit mit den Behörden gehört eine interne Revision, personelle und arbeitsrechtliche Maßnahmen. Trennt sich ein Unternehmen nicht unverzüglich und vollständig von der Person, die die schwere Verfehlung begangen hat, und verwehrt jeden Einfluss auf die Geschäftsführung, muss sich das Unternehmen die schwere Verfehlung weiterhin zurechnen lassen. Die Selbstreinigung kann nur als erfolgt angesehen werden, wenn zum Beispiel die Trennung von den Verantwortlichen auch faktisch erfolgt.[1690] Selbst bei Fehlen eines unmittelbaren Weisungsrechts kann der ehemalige Geschäftsführer verantwortlich bleiben. Eine maßgebliche Änderung der Entscheidungsstrukturen liegt in einem solchen Fall nicht vor. Künftige, präventiv wirkende Selbstreinigungsmaßnahmen bestehen in der Einrichtung von Mechanismen, die korruptionsfördernde Verhaltensweisen verhindern bzw. erschweren. Dazu gehört etwa die Einrichtung einer dauerhaften Abteilung »interne Revision«, die weisungsunabhängig Geschäftsvorgänge überprüfen kann, sowie evtl. weitergehend ein spezielles »fraud prevention program«, mittels dessen gezielt anfällige Bereiche untersucht und umstrukturiert werden. Alle Mitarbeiter sind zudem entsprechend zu unterrichten und immer wieder zu schulen.

1238

Die Ermessensentscheidung des Auftraggebers im Rahmen des § 8 Nr. 5 Abs. 1 c VOB/A kann folglich dahingehend positiv geleitet werden, dass für die Zukunft eine Rechtsverletzung der Bietergemeinschaft ausgeschlossen ist und deswegen ein Ausschluss nicht in Frage kommt. Hierzu bedarf es der Trennung von den Personen, die die mangelnde Eignung begründet bzw. die schwere Verfehlung begangen haben. Eine bruchstückhafte und erst auf Nachfrage sukzessive Offenlegung der Verhältnisse würde ein neues Fehlverhalten darstellen, das die Zuverlässigkeit in Frage stellt.

1239

8.2.10 Integritätsklausel

Auftraggeber können von Bietern bereits im Vergabeverfahren im Rahmen der Zuverlässigkeitsprüfung so genannte Eigenerklärungen verlangen. Der Bieter erklärt darin, keine wettbewerbswidrigen oder strafbaren Handlungen im Zusammenhang mit der Ausschreibung begangen oder daran mitgewirkt zu haben, was auch mit einem Kata-

1240

1688 OLG Frankfurt, Beschl. v. 20.07.2004, 11 Verg 6/04; BauR 2004, 1839.
1689 OLG Düsseldorf, Beschl. v. 09.04.2003, Verg 43/02.
1690 OLG Düsseldorf, Beschl. v. 28.07.2005, Verg 42/05.

8 Korruptionsbekämpfung und das Vergaberecht

log von sanktionierten Handlungen unterlegt werden kann. Derartige Eigenerklärungen können bei Angebotsabgabe oder vor dem Zuschlag gefordert werden. Sie dürfen auch Vertragsstraferegelungen für den Zuwiderhandlungsfall enthalten, wobei auch in vorfomulierten Bedingungen eine Vertragsstrafe von 3 % der Auftragssumme wirksam vereinbart werden kann.[1691] Die Deutsche Bahn AG hat etwa für ihre Vergabeverfahren eine solche Integritätsklausel[1692] eingeführt. Die Berliner Flughafengesellschaft lässt im Rahmen des Neubaus des Großflughafens BBI einen Intergritätsvertrag von allen Bietern unterzeichnen.

8.3 Landesrechtliche Regelungen

1241 Mehrere Bundesländer haben Korruptionsregister durch einen Erlass eingeführt oder ähnliche vergaberechtliche Regelungen auf Landesebene geschaffen. Diese Regelungen weisen alle eine ähnliche Grundstruktur auf, bestehend aus Verfehlungskatalog, Definition der Nachweisgrenze und verfahrenstechnischen Regelungen der Eintragung in das und Austragung aus dem Register.[1693] In wenigen Bundesländern sind gesetzliche Grundlagen geschaffen worden. Hervorzuheben ist das Korruptionsbekämpfungsgesetz in Nordrhein-Westfalen. Den Anstoß zur Schaffung des Gesetzes zur Verbesserung der Korruptionsbekämpfung und zur Einrichtung und Führung eines Vergaberegisters in Nordrhein-Westfalen ([1694]) gab der Müllskandal in Köln, der zur Schaffung des Untersuchungsstabes Antikorruption (USA) führte. Das Gesetz hat als Schwerpunkte das Vergaberegister und die Transparenzregeln für Mandatsträger. Daneben erhofft sich der Gesetzgeber durch die Anzeigepflicht strafbaren Verhaltens gegenüber dem Landeskriminalamt durch die Dienststellenleiter eine effektivere Erkenntnis der Strafverfolgung über komplexe Korruptionssachverhalte.

1242 Das Gesetz findet Anwendung für den gesamten öffentlichen Bereich des Landes, auch für Gemeinden sowie juristische Personen oder Personenvereinigungen, die mehrheitlich der öffentlichen Hand gehören oder deren Finanzierung überwiegend durch die öffentliche Hand erfolgt (§ 1 KorruptionsbG). Ein Eintrag in das Register erfolgt bei Unternehmen und Personen, die hinsichtlich der im Gesetz aufgeführten Delikte (u. a. Bestechung, Betrug, Straftaten im Amt, illegale Absprachen bei Ausschreibungen) auffällig geworden sind, u. a. dann, wenn die Anklage zugelassen ist, bei Erlass eines Strafbefehls oder bereits für die Dauer der Durchführung eines Straf- oder Bußgeldverfahrens, wenn angesichts der Beweislage kein vernünftiger Zweifel an einer schwerwiegenden Verfehlung besteht (§ 5 KorruptionsbG). Das in der Informationsstelle geführte Korruptionsregister soll dem verwaltungsinternen Austausch von Erkenntnissen dienen. Die Informationsstelle ist keine Behörde mit eigenen Entschei-

---

1691 LG Berlin, BauR 1996, 245
1692 Teil der Bewerbungsbedingungen Bauleistungen der Deutschen Bahn AG, Ausgabe Juni 2005, dort Ziff. 1.
1693 Siehe hierzu die Nachweise bei Bartsch/Paltzow/Trautner Kap. 4, Ziffer 4.4, S. 36 ff. und die Nachweise der Landesregelungen im Anhang dieses Buchs.
1694 KorruptionsbG vom 15. Dezember 2004, GVBl. NRW 2005, S. 8, in Kraft getreten am 1. März 2005.

dungskompetenzen. Sie schließt nicht von Vergaben aus, sie trifft keine Entscheidungen über die Verkürzung der gespeicherten Ausschlusszeiten. Sie soll praktisch die Rolle einer Datenbank spielen, auf die die Vergabestellen Zugriff haben, um Daten abzurufen und einzustellen und sich so zu einem unbürokratischen und vor allem schnellen Instrument entwickeln. Eine weitere Effektivierung des Registers soll dadurch erreicht werden, dass sich die Verpflichtung zur Meldung nicht nur auf Vergabestellen erstreckt, sondern auf alle Stellen im Land Nordrhein-Westfalen, die in § 1 des Gesetzes näher bestimmt sind, also insbesondere die Behörden, Einrichtungen, Landesbetriebe und Sondervermögen des Landes, die Gemeinden, Gemeindeverbände und die sonstigen der Aufsicht des Landes unterstellten Körperschaften, Anstalten und Stiftungen des öffentlichen Rechts sowie die juristischen Personen und Personenvereinigungen, bei denen die absolute Mehrheit der Anteile oder die absolute Mehrheit der Stimmen den öffentlichen Stellen zusteht oder deren Finanzierung zum überwiegenden Teil durch Zuwendungen solcher Stellen erfolgt (§ 1 Abs. 1 Nr. 1, 2 und 7 KorruptionsbG). Das Register enthält neben Informationen zu Vergabeausschlüssen auch Hinweise auf Verfehlungen, die nicht zu Vergabeausschlüssen geführt haben (§ 4 Abs. 1 KorruptionsbG). Damit wird die Meldung auch anderer Verfehlungen erfasst, die für die Beurteilung der Zuverlässigkeit wichtig sind, z. B. im Zusammenhang mit Genehmigungsverfahren.

Neben den Regelungen zur Einrichtung und Führung eines Vergaberegisters sieht das Gesetz aus Nordrhein-Westfalen auch Anzeige- und Transparenzregelungen vor. Die Anzeigeverpflichtung beim Verdacht eines strafbaren korruptiven Handelns trifft die Behördenleiter ebenso wie die jeweiligen Prüfeinrichtungen. Die Verpflichtung ersetzt bei den Behördenleitern das bisher eingeräumte Ermessen. Soweit der Behördenleiter selbst als befangen gilt, ist für eventuell erforderliche Aussagegenehmigungen die oberste Aufsichtsbehörde zuständig. Die Anzeigeverpflichtung besteht gegenüber dem Landeskriminalamt oder der Staatsanwaltschaft; das führt zu einer größeren Bewertungssicherheit von Sachverhalten als wenn die jeweilige örtliche Polizeidienststelle zuständig wäre. In weiteren Vorschriften (§§ 13, 14 KorruptionsbG) ist für die Prüfeinrichtungen eine Beratungspflicht über Aufdeckungsmöglichkeiten und Verhinderungen von einschlägigen Verfehlungen (nach § 5 Abs. 1 KorruptionsbG) sowie das Einsichtsrecht in Personalakten festgeschrieben.

Übersicht Anhang

9 Anhang 411

9.1 GWB – Gesetz gegen Wettbewerbsbeschränkungen 413

9.2 VgV – Verordnung über die Vergabe öffentlicher Aufträge
(Vergabeverordnung) 421

9.3 Gebührentabelle 430

9.4 VOB/A – Allgemeine Bestimmungen für die Vergabe von
Bauleistungen – Teil A 431

9.5 VOB/B – Allgemeine Vertragsbedingungen für die Ausführung von
Bauleistungen 474

9.6 VOL/A – Allgemeine Bestimmungen für die Vergabe von Leistungen 486

9.7 VOF – Verdingungsordnung für freiberufliche Leistungen 539

9.8 Übersicht über die geltenden Landesvergabegesetze 555

9 Anhang

9.1 Gesetz gegen Wettbewerbsbeschränkungen (GWB)

i. d. F. vom 15. 7. 2005 (BGBl I S. 2114), zuletzt geändert durch Gesetz vom 1. 9. 2005 (BGBl I S. 2676)

Vierter Teil   Vergabe öffentlicher Aufträge

Erster Abschnitt   Vergabeverfahren

§ 97 Allgemeine Grundsätze

(1) Öffentliche Auftraggeber beschaffen Waren, Bau- und Dienstleistungen nach Maßgabe der folgenden Vorschriften im Wettbewerb und im Wege transparenter Vergabeverfahren.

(2) Die Teilnehmer an einem Vergabeverfahren sind gleich zu behandeln, es sei denn, eine Benachteiligung ist auf Grund dieses Gesetzes ausdrücklich geboten oder gestattet.

(3) Mittelständische Interessen sind vornehmlich durch Teilung der Aufträge in Fach- und Teillose angemessen zu berücksichtigen.

(4) Aufträge werden an fachkundige, leistungsfähige und zuverlässige Unternehmen vergeben; andere oder weitergehende Anforderungen dürfen an Auftragnehmer nur gestellt werden, wenn dies durch Bundes- oder Landesgesetz vorgesehen ist.

(5) Der Zuschlag wird auf das wirtschaftlichste Angebot erteilt.

(6) Die Bundesregierung wird ermächtigt, durch Rechtsverordnung mit Zustimmung des Bundesrates nähere Bestimmungen über das bei der Vergabe einzuhaltende Verfahren zu treffen, insbesondere über die Bekanntmachung, den Ablauf und die Arten der Vergabe, über die Auswahl und Prüfung der Unternehmen und Angebote, über den Abschluss des Vertrages und sonstige Fragen des Vergabeverfahrens.

(7) Die Unternehmen haben Anspruch darauf, dass der Auftraggeber die Bestimmungen über das Vergabeverfahren einhält.

§ 98 Auftraggeber

Öffentliche Auftraggeber im Sinne dieses Teils sind:
1. Gebietskörperschaften sowie deren Sondervermögen,
2. andere juristische Personen des öffentlichen und des privaten Rechts, die zu dem besonderen Zweck gegründet wurden, im Allgemeininteresse liegende Aufgaben nichtgewerblicher Art zu erfüllen, wenn Stellen, die unter Nummer 1 oder 3 fallen, sie einzeln oder gemeinsam durch Beteiligung oder auf sonstige Weise überwiegend finanzieren oder über ihre Leitung die Aufsicht ausüben oder mehr als die Hälfte der Mitglieder eines ihrer zur Geschäftsführung oder zur Aufsicht berufenen Organe bestimmt haben. Das Gleiche gilt dann, wenn die Stelle, die einzeln oder gemeinsam mit anderen die überwiegende Finanzierung gewährt oder die Mehrheit der Mitglieder eines zur Geschäftsführung oder Aufsicht berufenen Organs bestimmt hat, unter Satz 1 fällt,
3. Verbände, deren Mitglieder unter Nummer 1 oder 2 fallen,
4. natürliche oder juristische Personen des privaten Rechts, die auf dem Gebiet der Trinkwasser- oder Energieversorgung oder des Verkehrs oder der Telekommunikation tätig sind, wenn diese Tätigkeiten auf der Grundlage von besonderen oder ausschließlichen Rechten ausgeübt werden, die von einer zuständigen Behörde gewährt wurden, oder wenn Auftraggeber, die unter Nummern 1 bis 3 fallen, auf diese Personen einzeln oder gemeinsam einen beherrschenden Einfluss ausüben können,
5. natürliche oder juristische Personen des privaten Rechts in den Fällen, in denen sie für Tiefbaumaßnahmen, für die Errichtung von Krankenhäusern, Sport-, Erholungs- oder Freizeiteinrichtungen, Schul-, Hochschul- oder Verwaltungsgebäuden oder für damit in Verbindung stehende Dienstleistungen und Auslobungsverfahren von Stellen, die unter Nummern 1 bis 3 fallen, Mittel erhalten, mit denen diese Vorhaben zu mehr als 50 vom Hundert finanziert werden,
6. natürliche oder juristische Personen des privaten Rechts, die mit Stellen, die unter Nummern 1 bis 3 fallen, einen Vertrag über die Erbringung von Bauleistungen abgeschlossen haben, bei dem die Gegenleistung für die Bauarbeiten statt in einer Vergütung in dem Recht auf Nutzung der baulichen Anlage, ggf. zuzüglich der Zahlung eines Preises besteht, hinsichtlich der Aufträge an Dritte (Baukonzession).

§ 99 Öffentliche Aufträge

(1) Öffentliche Aufträge sind entgeltliche Verträge zwischen öffentlichen Auftraggebern und Unternehmen, die Liefer-, Bau- oder Dienstleistungen zum Gegenstand haben, und Auslobungs-

verfahren, die zu Dienstleistungsaufträgen führen sollen.

(2) Lieferaufträge sind Verträge zur Beschaffung von Waren, die insbesondere Kauf oder Ratenkauf oder Leasing, Miet- oder Pachtverhältnisse mit oder ohne Kaufoption betreffen. Die Verträge können auch Nebenleistungen umfassen.

(3) Bauaufträge sind Verträge entweder über die Ausführung oder die gleichzeitige Planung und Ausführung eines Bauvorhabens oder eines Bauwerks, das Ergebnis von Tief- oder Hochbauarbeiten ist und eine wirtschaftliche oder technische Funktion erfüllen soll, oder einer Bauleistung durch Dritte gemäß den vom Auftraggeber genannten Erfordernissen.

(4) Als Dienstleistungsaufträge gelten die Verträge über Leistungen, die nicht unter Absatz 2 oder 3 fallen und keine Auslobungsverfahren sind.

(5) Auslobungsverfahren im Sinne dieses Teils sind nur solche Auslobungsverfahren, die dem Auftraggeber auf Grund vergleichender Beurteilung durch ein Preisgericht mit oder ohne Verteilung von Preisen zu einem Plan verhelfen sollen.

(6) Ein öffentlicher Auftrag, der sowohl den Einkauf von Waren als auch die Beschaffung von Dienstleistungen zum Gegenstand hat, gilt als Dienstleistungsauftrag, wenn der Wert der Dienstleistungen den Wert der Waren übersteigt. Ein öffentlicher Auftrag, der neben Dienstleistungen Bauleistungen umfasst, die im Verhältnis zum Hauptgegenstand Nebenarbeiten sind, gilt als Dienstleistungsauftrag.

§ 100 Anwendungsbereich

(1) Dieser Teil gilt nur für Aufträge, welche die Auftragswerte erreichen oder überschreiten, die durch Rechtsverordnung nach § 127 festgelegt sind (Schwellenwerte).

(2) Dieser Teil gilt nicht für Arbeitsverträge und für Aufträge,
a) die auf Grund eines internationalen Abkommens im Zusammenhang mit der Stationierung von Truppen vergeben werden und für die besondere Verfahrensregeln gelten;
b) die auf Grund eines internationalen Abkommens zwischen der Bundesrepublik Deutschland und einem oder mehreren Staaten, die nicht Vertragsparteien des Übereinkommens über den Europäischen Wirtschaftsraum sind, für ein von den Unterzeichnerstaaten gemeinsam zu verwirklichendes und zu tragendes Projekt, für das andere Verfahrensregeln gelten, vergeben werden;
c) die auf Grund des besonderen Verfahrens einer internationalen Organisation vergeben werden;
d) die in Übereinstimmung mit den Rechts- und Verwaltungsvorschriften in der Bundesrepublik Deutschland für geheim erklärt werden oder deren Ausführung nach diesen Vorschriften besondere Sicherheitsmaßnahmen erfordert oder wenn der Schutz wesentlicher Interessen der Sicherheit des Staates es gebietet;
e) die dem Anwendungsbereich des Artikels 296 Abs. 1 Buchst. b des Vertrages zur Gründung der Europäischen Gemeinschaft unterliegen;
f) die von Auftraggebern, die auf dem Gebiet der Trinkwasser- oder Energieversorgung oder des Verkehrs oder der Telekommunikation tätig sind, nach Maßgabe näherer Bestimmung durch Rechtsverordnung nach § 127 auf dem Gebiet vergeben werden, auf dem sie selbst tätig sind;
g) die an eine Person vergeben werden, die ihrerseits Auftraggeber nach § 98 Nr. 1, 2 oder 3 ist und ein auf Gesetz oder Verordnung beruhendes ausschließliches Recht zur Erbringung der Leistung hat;
h) über Erwerb oder Mietverhältnisse über oder Rechte an Grundstücken oder vorhandenen Gebäuden oder anderem unbeweglichen Vermögen ungeachtet ihrer Finanzierung;
i) über Dienstleistungen von verbundenen Unternehmen, die durch Rechtsverordnung nach § 127 näher bestimmt werden, für Auftraggeber, die auf dem Gebiet der Trinkwasser- oder Energieversorgung oder des Verkehrs oder der Telekommunikation tätig sind;
j) über die Ausstrahlung von Sendungen;
k) über Fernsprechdienstleistungen, Telexdienst, den beweglichen Telefondienst, Funkrufdienst und die Satellitenkommunikation;
l) über Schiedsgerichts- und Schlichtungsleistungen;
m) über finanzielle Dienstleistungen im Zusammenhang mit Ausgabe, Verkauf, Ankauf oder Übertragung von Wertpapieren oder anderen Finanzinstrumenten sowie Dienstleistungen der Zentralbanken;
n) über Forschungs- und Entwicklungsdienstleistungen, es sei denn, ihre Ergebnisse werden ausschließlich Eigentum des Auftraggebers für seinen Gebrauch bei der Ausübung seiner eigenen Tätigkeit und die Dienstleistung wird vollständig durch den Auftraggeber vergütet.

§ 101 Arten der Vergabe

(1) Die Vergabe von öffentlichen Liefer-, Bau- und Dienstleistungsaufträgen erfolgt in offenen Verfahren, in nicht offenen Verfahren, in Verhandlungsverfahren oder im wettbewerblichen Dialog.

(2) Offene Verfahren sind Verfahren, in denen eine unbeschränkte Anzahl von Unternehmen öffentlich zur Abgabe von Angeboten aufgefordert wird.

(3) Bei nicht offenen Verfahren wird öffentlich zur Teilnahme, aus dem Bewerberkreis sodann eine beschränkte Anzahl von Unternehmen zur Angebotsabgabe aufgefordert.

(4) Verhandlungsverfahren sind Verfahren, bei denen sich der Auftraggeber mit oder ohne vorherige öffentliche Aufforderung zur Teilnahme an ausgewählte Unternehmen wendet, um mit einem oder mehreren über die Auftragsbedingungen zu verhandeln.

(5) Ein wettbewerblicher Dialog ist ein Verfahren zur Vergabe besonders komplexer Aufträge durch staatliche Auftraggeber. In diesem Verfahren erfolgen eine Aufforderung zur Teilnahme und anschließend Verhandlungen mit ausgewählten Unternehmen über alle Einzelheiten des Auftrags.

(6) Öffentliche Auftraggeber haben das offene Verfahren anzuwenden, es sei denn, auf Grund dieses Gesetzes ist etwas anderes gestattet. Auftraggebern, die nur unter § 98 Nr. 4 fallen, stehen das offene Verfahren, das nicht offene Verfahren und das Verhandlungsverfahren nach ihrer Wahl zur Verfügung.

Zweiter Abschnitt Nachprüfungsverfahren

I. Nachprüfungsbehörden

§ 102 Grundsatz

Unbeschadet der Prüfungsmöglichkeiten von Aufsichtsbehörden und Vergabeprüfstellen unterliegt die Vergabe öffentlicher Aufträge der Nachprüfung durch die Vergabekammern.

§ 103 Vergabeprüfstellen

(1) Der Bund und die Länder können Vergabeprüfstellen einrichten, denen die Überprüfung der Einhaltung der von Auftraggebern im Sinne des § 98 Nr. 1 bis 3 anzuwendenden Vergabebestimmungen obliegt. Sie können auch bei den Fach- und Rechtsaufsichtsbehörden angesiedelt werden.

(2) Die Vergabeprüfstelle prüft auf Antrag oder von Amts wegen die Einhaltung der von den Auftraggebern im Sinne des § 98 Nr. 1 bis 3 anzuwendenden Vergabevorschriften. Sie kann die das Vergabeverfahren durchführende Stelle verpflichten, rechtswidrige Maßnahmen aufzuheben und rechtmäßige Maßnahmen zu treffen, diese Stellen und Unternehmen bei der Anwendung der Vergabevorschriften beraten und streitschlichtend tätig werden.

(3) Gegen eine Entscheidung der Vergabeprüfstelle kann zur Wahrung von Rechten aus § 97 Abs. 7 nur die Vergabekammer angerufen werden. Die Prüfung durch die Vergabeprüfstelle ist nicht Voraussetzung für die Anrufung der Vergabekammer.

§ 104 Vergabekammern

(1) Die Nachprüfung der Vergabe öffentlicher Aufträge nehmen die Vergabekammern des Bundes für die dem Bund zuzurechnenden Aufträge, die Vergabekammern der Länder für die diesen zuzurechnenden Aufträge wahr.

(2) Rechte aus § 97 Abs. 7 sowie sonstige Ansprüche gegen öffentliche Auftraggeber, die auf die Vornahme oder das Unterlassen einer Handlung in einem Vergabeverfahren gerichtet sind, können außer vor den Vergabeprüfstellen nur vor den Vergabekammern und dem Beschwerdegericht geltend gemacht werden. Die Zuständigkeit der ordentlichen Gerichte für die Geltendmachung von Schadensersatzansprüchen und die Befugnisse der Kartellbehörden bleiben unberührt.

§ 105 Besetzung, Unabhängigkeit

(1) Die Vergabekammern üben ihre Tätigkeit im Rahmen der Gesetze unabhängig und in eigener Verantwortung aus.

(2) Die Vergabekammern entscheiden in der Besetzung mit einem Vorsitzenden und 2 Beisitzern, von denen einer ein ehrenamtlicher Beisitzer ist. Der Vorsitzende und der hauptamtliche Beisitzer müssen Beamte auf Lebenszeit mit der Befähigung zum höheren Verwaltungsdienst oder vergleichbar fachkundige Angestellte sein. Der Vorsitzende oder der hauptamtliche Beisitzer müssen die Befähigung zum Richteramt haben; in der Regel soll dies der Vorsitzende sein. Die Beisitzer sollen über gründliche Kenntnisse des Vergabewesens, die ehrenamtlichen Beisitzer auch über mehrjährige praktische Erfahrungen auf dem Gebiet des Vergabewesens verfügen.

(3) Die Kammer kann das Verfahren dem Vorsitzenden oder dem hauptamtlichen Beisitzer ohne mündliche Verhandlung durch unanfechtbaren Beschluss zur alleinigen Entscheidung übertragen.

Diese Übertragung ist nur möglich, sofern die Sache keine wesentlichen Schwierigkeiten in tatsächlicher oder rechtlicher Hinsicht aufweist und die Entscheidung nicht von grundsätzlicher Bedeutung sein wird.

(4) Die Mitglieder der Kammer werden für eine Amtszeit von 5 Jahren bestellt. Sie entscheiden unabhängig und sind nur dem Gesetz unterworfen.

§ 106 Einrichtung, Organisation

(1) Der Bund richtet die erforderliche Anzahl von Vergabekammern beim Bundeskartellamt ein. Einrichtung und Besetzung der Vergabekammern sowie die Geschäftsverteilung bestimmt der Präsident des Bundeskartellamts. Ehrenamtliche Beisitzer und deren Stellvertreter ernennt er auf Vorschlag der Spitzenorganisationen der öffentlichrechtlichen Kammern. Der Präsident des Bundeskartellamts erlässt nach Genehmigung durch das Bundesministerium für Wirtschaft und Technologie eine Geschäftsordnung und veröffentlicht diese im Bundesanzeiger.

(2) Die Einrichtung, Organisation und Besetzung der in diesem Abschnitt genannten Stellen (Nachprüfungsbehörden) der Länder bestimmen die nach Landesrecht zuständigen Stellen, mangels einer solchen Bestimmung die Landesregierung, die die Ermächtigung weiter übertragen kann. Bei der Besetzung der Vergabekammern muss gewährleistet sein, dass mindestens ein Mitglied die Befähigung zum Richteramt besitzt und die Möglichkeit gründliche Kenntnisse des Vergabewesens vorhanden sind. Die Länder können gemeinsame Nachprüfungsbehörden einrichten.

II. Verfahren vor der Vergabekammer

§ 107 Einleitung, Antrag

(1) Die Vergabekammer leitet ein Nachprüfungsverfahren nur auf Antrag ein.

(2) Antragsbefugt ist jedes Unternehmen, das ein Interesse am Auftrag hat und eine Verletzung in seinen Rechten nach § 97 Abs. 7 durch Nichtbeachtung von Vergabevorschriften geltend macht. Dabei ist darzulegen, dass dem Unternehmen durch die behauptete Verletzung der Vergabevorschriften ein Schaden entstanden ist oder zu entstehen droht.

(3) Der Antrag ist unzulässig, soweit der Antragsteller den gerügten Verstoß gegen Vergabevorschriften bereits im Vergabeverfahren erkannt und gegenüber dem Auftraggeber nicht unverzüglich gerügt hat. Der Antrag ist außerdem unzulässig, soweit Verstöße gegen Vergabevorschriften, die auf Grund der Bekanntmachung erkennbar sind, nicht spätestens bis zum Ablauf der in der Bekanntmachung benannten Frist zur Angebotsabgabe oder zur Bewerbung gegenüber dem Auftraggeber gerügt werden.

§ 108 Form

(1) Der Antrag ist schriftlich bei der Vergabekammer einzureichen und unverzüglich zu begründen. Er soll ein bestimmtes Begehren enthalten. Ein Antragsteller ohne Wohnsitz oder gewöhnlichen Aufenthalt, Sitz oder Geschäftsleitung im Geltungsbereich dieses Gesetzes hat einen Empfangsbevollmächtigten im Geltungsbereich dieses Gesetzes zu benennen.

(2) Die Begründung muss die Bezeichnung des Antragsgegners, eine Beschreibung der behaupteten Rechtsverletzung mit Sachverhaltsdarstellung und die Bezeichnung der verfügbaren Beweismittel enthalten sowie darlegen, dass die Rüge gegenüber dem Auftraggeber erfolgt ist; sie soll, soweit bekannt, die sonstigen Beteiligten benennen.

§ 109 Verfahrensbeteiligte, Beiladung

Verfahrensbeteiligte sind der Antragsteller, der Auftraggeber und die Unternehmen, deren Interessen durch die Entscheidung schwerwiegend berührt werden und die deswegen von der Vergabekammer beigeladen worden sind. Die Entscheidung über die Beiladung ist unanfechtbar.

§ 110 Untersuchungsgrundsatz

(1) Die Vergabekammer erforscht den Sachverhalt von Amts wegen. Sie achtet bei ihrer gesamten Tätigkeit darauf, den Ablauf des Vergabeverfahrens nicht unangemessen zu beeinträchtigen.

(2) Sofern er nicht offensichtlich unzulässig oder unbegründet ist, stellt die Vergabekammer den Antrag nach Eingang dem Auftraggeber zu und fordert bei ihm die Akten an, die das Vergabeverfahren dokumentieren (Vergabeakten). Sofern eine Vergabeprüfstelle eingerichtet ist, übermittelt die Vergabekammer der Vergabeprüfstelle eine Kopie des Antrags. Der Auftraggeber stellt die Vergabeakten der Kammer sofort zur Verfügung. Die §§ 57 bis 59 Abs. 1 bis 5 sowie § 61 gelten entsprechend.

§ 111 Akteneinsicht

(1) Die Beteiligten können die Akten bei der Vergabekammer einsehen und sich durch die Geschäftsstelle auf ihre Kosten Ausfertigungen, Auszüge oder Abschriften erteilen lassen.

(2) Die Vergabekammer hat die Einsicht in die Unterlagen zu versagen, soweit dies aus wichtigen Gründen, insbesondere des Geheimschutzes oder zur Wahrung von Betriebs- oder Geschäftsgeheimnissen geboten ist.

(3) Jeder Beteiligte hat mit Übersendung seiner Akten oder Stellungnahmen auf die in Absatz 2 genannten Geheimnisse hinzuweisen und diese in den Unterlagen entsprechend kenntlich zu machen. Erfolgt dies nicht, kann die Vergabekammer von seiner Zustimmung auf Einsicht ausgehen.

(4) Die Versagung der Akteneinsicht kann nur im Zusammenhang mit der sofortigen Beschwerde in der Hauptsache angegriffen werden.

§ 112 Mündliche Verhandlung

(1) Die Vergabekammer entscheidet auf Grund einer mündlichen Verhandlung, die sich auf einen Termin beschränken soll. Alle Beteiligten haben Gelegenheit zur Stellungnahme. Mit Zustimmung der Beteiligten oder bei Unzulässigkeit oder bei offensichtlicher Unbegründetheit des Antrags kann nach Lage der Akten entschieden werden.

(2) Auch wenn die Beteiligten in dem Verhandlungstermin nicht erschienen oder nicht ordnungsgemäß vertreten sind, kann in der Sache verhandelt und entschieden werden.

§ 113 Beschleunigung

(1) Die Vergabekammer trifft und begründet ihre Entscheidung schriftlich innerhalb einer Frist von 5 Wochen ab Eingang des Antrags. Bei besonderen tatsächlichen oder rechtlichen Schwierigkeiten kann der Vorsitzende im Ausnahmefall die Frist durch Mitteilung an die Beteiligten um den erforderlichen Zeitraum verlängern. ³Er begründet diese Verfügung schriftlich.

(2) Die Beteiligten haben an der Aufklärung des Sachverhalts mitzuwirken, wie es einem auf Förderung und raschen Abschluss des Verfahrens bedachten Vorgehen entspricht. Den Beteiligten können Fristen gesetzt werden, nach deren Ablauf weiterer Vortrag unbeachtet bleiben kann.

§ 114 Entscheidung der Vergabekammer

(1) Die Vergabekammer entscheidet, ob der Antragsteller in seinen Rechten verletzt ist und trifft die geeigneten Maßnahmen, um eine Rechtsverletzung zu beseitigen und eine Schädigung der betroffenen Interessen zu verhindern. Sie ist an die Anträge nicht gebunden und kann auch unabhängig davon auf die Rechtmäßigkeit des Vergabeverfahrens einwirken.

(2) Ein bereits erteilter Zuschlag kann nicht aufgehoben werden. Hat sich das Nachprüfungsverfahren durch Erteilung des Zuschlags, durch Aufhebung oder durch Einstellung des Vergabeverfahrens oder in sonstiger Weise erledigt, stellt die Vergabekammer auf Antrag eines Beteiligten fest, ob eine Rechtsverletzung vorgelegen hat. § 113 Abs. 1 gilt in diesem Fall nicht.

(3) Die Entscheidung der Vergabekammer ergeht durch Verwaltungsakt. Die Vollstreckung richtet sich, auch gegen einen Hoheitsträger, nach den Verwaltungsvollstreckungsgesetzen des Bundes und der Länder. § 61 gilt entsprechend.

§ 115 Aussetzung des Vergabeverfahrens

(1) Nach Zustellung eines Antrags auf Nachprüfung an den Auftraggeber darf dieser vor einer Entscheidung der Vergabekammer und dem Ablauf der Beschwerdefrist nach § 117 Abs. 1 den Zuschlag nicht erteilen.

(2) Die Vergabekammer kann dem Auftraggeber auf seinen Antrag gestatten, den Zuschlag nach Ablauf von 2 Wochen seit Bekanntgabe dieser Entscheidung zu erteilen, wenn unter Berücksichtigung aller möglicherweise geschädigten Interessen sowie des Interesses der Allgemeinheit an einem raschen Abschluss des Vergabeverfahrens die nachteiligen Folgen einer Verzögerung der Vergabe bis zum Abschluss der Nachprüfung die damit verbundenen Vorteile überwiegen. Das Beschwerdegericht kann auf Antrag das Verbot des Zuschlags nach Absatz 1 wiederherstellen; § 114 Abs. 2 Satz 1 bleibt unberührt. Wenn die Vergabekammer den Zuschlag nicht gestattet, kann das Beschwerdegericht auf Antrag des Auftraggebers unter den Voraussetzungen des Satzes 1 den sofortigen Zuschlag gestatten. Für das Verfahren vor dem Beschwerdegericht gilt § 121 Abs. 2 Satz 1 und 2 entsprechend. Eine sofortige Beschwerde nach § 116 Abs. 1 ist gegen Entscheidungen der Vergabekammer nach diesem Absatz nicht zulässig.

(3) Sind Rechte des Antragstellers aus § 97 Abs. 7 im Vergabeverfahren auf andere Weise als durch den drohenden Zuschlag gefährdet, kann die Kammer auf besonderen Antrag mit weiteren vorläufigen Maßnahmen in das Vergabeverfahren eingreifen. Sie legt dabei den Beurteilungsmaßstab des Absatzes 2 Satz 1 zugrunde. Diese Entscheidung ist nicht selbständig anfechtbar.

III. Sofortige Beschwerde

§ 116 Zulässigkeit, Zuständigkeit

(1) Gegen Entscheidungen der Vergabekammer ist die sofortige Beschwerde zulässig. Sie steht den am Verfahren vor der Vergabekammer Beteiligten zu.

(2) Die sofortige Beschwerde ist auch zulässig, wenn die Vergabekammer über einen Antrag auf Nachprüfung nicht innerhalb der Frist des § 113 Abs. 1 entschieden hat; in diesem Fall gilt der Antrag als abgelehnt.

(3) Über die sofortige Beschwerde entscheidet ausschließlich das für den Sitz der Vergabekammer zuständige Oberlandesgericht. Bei den Oberlandesgerichten wird ein Vergabesenat gebildet.

(4) Rechtssachen nach den Absätzen 1 und 2 können von den Landesregierungen durch Rechtsverordnung anderen Oberlandesgerichten oder dem Obersten Landesgericht zugewiesen werden. Die Landesregierungen können die Ermächtigung auf die Landesjustizverwaltungen übertragen.

§ 117 Frist, Form

(1) Die sofortige Beschwerde ist binnen einer Notfrist von 2 Wochen, die mit der Zustellung der Entscheidung, im Fall des § 116 Abs. 2 mit dem Ablauf der Frist beginnt, schriftlich bei dem Beschwerdegericht einzulegen.

(2) Die sofortige Beschwerde ist zugleich mit ihrer Einlegung zu begründen. Die Beschwerdebegründung muss enthalten:
1. die Erklärung, inwieweit die Entscheidung der Vergabekammer angefochten und eine abweichende Entscheidung beantragt wird,
2. die Angabe der Tatsachen und Beweismittel, auf die sich die Beschwerde stützt.

(3) Die Beschwerdeschrift muss durch einen bei einem deutschen Gericht zugelassenen Rechtsanwalt unterzeichnet sein. Dies gilt nicht für Beschwerden von juristischen Personen des öffentlichen Rechts.

(4) Mit der Einlegung der Beschwerde sind die anderen Beteiligten des Verfahrens vor der Vergabekammer vom Beschwerdeführer durch Übermittlung einer Ausfertigung der Beschwerdeschrift zu unterrichten.

§ 118 Wirkung

(1) Die sofortige Beschwerde hat aufschiebende Wirkung gegenüber der Entscheidung der Vergabekammer. Die aufschiebende Wirkung entfällt 2 Wochen nach Ablauf der Beschwerdefrist. Hat die Vergabekammer den Antrag auf Nachprüfung abgelehnt, so kann das Beschwerdegericht auf Antrag des Beschwerdeführers die aufschiebende Wirkung bis zur Entscheidung über die Beschwerde verlängern.

(2) Bei seiner Entscheidung über den Antrag nach Absatz 1 Satz 3 berücksichtigt das Gericht die Erfolgsaussichten der Beschwerde. Es lehnt den Antrag ab, wenn unter Berücksichtigung aller möglicherweise geschädigten Interessen sowie des Interesses der Allgemeinheit an einem raschen Abschluss des Vergabeverfahrens die nachteiligen Folgen einer Verzögerung der Vergabe bis zur Entscheidung über die Beschwerde die damit verbundenen Vorteile überwiegen.

(3) Hat die Vergabekammer dem Antrag auf Nachprüfung durch Untersagung des Zuschlags stattgegeben, so unterbleibt dieser, solange nicht das Beschwerdegericht die Entscheidung der Vergabekammer nach § 121 oder § 123 aufhebt.

§ 119 Beteiligte am Beschwerdeverfahren

An dem Verfahren vor dem Beschwerdegericht beteiligt sind die an dem Verfahren vor der Vergabekammer Beteiligten.

§ 120 Verfahrensvorschriften

(1) Vor dem Beschwerdegericht müssen sich die Beteiligten durch einen bei einem deutschen Gericht zugelassenen Rechtsanwalt als Bevollmächtigten vertreten lassen. Juristische Personen des öffentlichen Rechts können sich durch Beamte und Angestellte mit Befähigung zum Richteramt vertreten lassen.

(2) Die §§ 69, 70 Abs. 1 bis 3, § 71 Abs. 1 und 6, §§ 72, 73 mit Ausnahme der Verweisung auf § 227 Abs. 3 ZPO, die §§ 111 und 113 Abs. 2 Satz 1 finden entsprechende Anwendung.

§ 121 Vorabentscheidung über den Zuschlag

(1) Auf Antrag des Auftraggebers kann das Gericht unter Berücksichtigung der Erfolgsaussichten der sofortigen Beschwerde den weiteren Fortgang des Vergabeverfahrens und den Zuschlag gestatten. Das Gericht kann den Zuschlag auch gestatten, wenn unter Berücksichtigung aller möglicherweise geschädigten Interessen sowie des Interesses der Allgemeinheit an einem raschen Abschluss des Vergabeverfahrens die nachteiligen Folgen einer Verzögerung der Vergabe bis zur Entscheidung über die Beschwerde die damit verbundenen Vorteile überwiegen.

(2) Der Antrag ist schriftlich zu stellen und gleichzeitig zu begründen. Die zur Begründung des Antrags vorzutragenden Tatsachen sowie der Grund

für die Eilbedürftigkeit sind glaubhaft zu machen. Bis zur Entscheidung über den Antrag kann das Verfahren über die Beschwerde ausgesetzt werden.

(3) Die Entscheidung ist unverzüglich längstens innerhalb von 5 Wochen nach Eingang des Antrags zu treffen und zu begründen; bei besonderen tatsächlichen oder rechtlichen Schwierigkeiten kann der Vorsitzende im Ausnahmefall die Frist durch begründete Mitteilung an die Beteiligten um den erforderlichen Zeitraum verlängern. Die Entscheidung kann ohne mündliche Verhandlung ergehen. Ihre Begründung erläutert Rechtmäßigkeit oder Rechtswidrigkeit des Vergabeverfahrens. § 120 findet Anwendung.

(4) Gegen eine Entscheidung nach dieser Vorschrift ist ein Rechtsmittel nicht zulässig.

§ 122 Ende des Vergabeverfahrens nach Entscheidung des Beschwerdegerichts

Ist der Auftraggeber mit einem Antrag nach § 121 vor dem Beschwerdegericht unterlegen, gilt das Vergabeverfahren nach Ablauf von 10 Tagen nach Zustellung der Entscheidung als beendet, wenn der Auftraggeber nicht die Maßnahmen zur Herstellung der Rechtmäßigkeit des Verfahrens ergreift, die sich aus der Entscheidung ergeben; das Verfahren darf nicht fortgeführt werden.

§ 123 Beschwerdeentscheidung

Hält das Gericht die Beschwerde für begründet, so hebt es die Entscheidung der Vergabekammer auf. In diesem Fall entscheidet das Gericht in der Sache selbst oder spricht die Verpflichtung der Vergabekammer aus, unter Berücksichtigung der Rechtsauffassung des Gerichts über die Sache erneut zu entscheiden. Auf Antrag stellt es fest, ob das Unternehmen, das die Nachprüfung beantragt hat, durch den Auftraggeber in seinen Rechten verletzt ist. § 114 Abs. 2 gilt entsprechend.

§ 124 Bindungswirkung und Vorlagepflicht

(1) Wird wegen eines Verstoßes gegen Vergabevorschriften Schadensersatz begehrt und hat ein Verfahren vor der Vergabekammer stattgefunden, ist das ordentliche Gericht an die bestandskräftige Entscheidung der Vergabekammer und die Entscheidung des Oberlandesgerichts sowie ggf. des nach Absatz 2 angerufenen BGH über die Beschwerde gebunden.

(2) Will ein Oberlandesgericht von einer Entscheidung eines anderen Oberlandesgerichts oder des BGH abweichen, so legt es die Sache dem BGH vor. Der BGH entscheidet anstelle des Oberlandesgerichts. Die Vorlagepflicht gilt nicht im Verfahren nach § 118 Abs. 1 Satz 3 und nach § 121.

Dritter Abschnitt   Sonstige Regelungen

§ 125 Schadensersatz bei Rechtsmissbrauch

(1) Erweist sich der Antrag nach § 107 oder die sofortige Beschwerde nach § 116 als von Anfang an ungerechtfertigt, ist der Antragsteller oder der Beschwerdeführer verpflichtet, dem Gegner und den Beteiligten den Schaden zu ersetzen, der ihnen durch den Missbrauch des Antrags- oder Beschwerderechts entstanden ist.

(2) Ein Missbrauch ist es insbesondere,
1. die Aussetzung oder die weitere Aussetzung des Vergabeverfahrens durch vorsätzlich oder grob fahrlässig vorgetragene falsche Angaben zu erwirken;
2. die Überprüfung mit dem Ziel zu beantragen, das Vergabeverfahren zu behindern oder Konkurrenten zu schädigen;
3. einen Antrag in der Absicht zu stellen, ihn später gegen Geld oder andere Vorteile zurückzunehmen.

(3) Erweisen sich die von der Vergabekammer entsprechend einem besonderen Antrag nach § 115 Abs. 3 getroffenen vorläufigen Maßnahmen als von Anfang an ungerechtfertigt, hat der Antragsteller dem Auftraggeber den aus der Vollziehung der angeordneten Maßnahme entstandenen Schaden zu ersetzen.

§ 126 Anspruch auf Ersatz des Vertrauensschadens

Hat der Auftraggeber gegen eine den Schutz von Unternehmen bezweckende Vorschrift verstoßen und hätte das Unternehmen ohne diesen Verstoß bei der Wertung der Angebote eine echte Chance gehabt, den Zuschlag zu erhalten, die aber durch den Rechtsverstoß beeinträchtigt wurde, so kann das Unternehmen Schadensersatz für die Kosten der Vorbereitung des Angebots oder der Teilnahme an einem Vergabeverfahren verlangen. Weiterreichende Ansprüche auf Schadensersatz bleiben unberührt.

§ 127 Ermächtigungen

Die Bundesregierung kann durch Rechtsverordnung mit Zustimmung des Bundesrates Regelungen erlassen
1. zur Umsetzung der Schwellenwerte der Richtlinien der EG über die Koordinierung der Verfahren zur Vergabe öffentlicher Aufträge in das deutsche Recht;

2. zur näheren Bestimmung der Tätigkeiten auf dem Gebiete der Trinkwasser- und der Energieversorgung, des Verkehrs und der Telekommunikation, soweit dies zur Erfüllung von Verpflichtungen aus Richtlinien der EG erforderlich ist;
3. zur näheren Bestimmung der verbundenen Unternehmen, auf deren Dienstleistungen gegenüber Auftraggebern, die auf dem Gebiete der Trinkwasser- oder der Energieversorgung, des Verkehrs oder der Telekommunikation tätig sind, nach den Richtlinien der EG dieser Teil nicht anzuwenden ist;
4. zur näheren Bestimmung der Aufträge von Unternehmen der Trinkwasser- oder der Energieversorgung, des Verkehrs oder der Telekommunikation, auf die nach den Richtlinien der EG dieser Teil nicht anzuwenden ist;
5. über die genaue Abgrenzung der Zuständigkeiten der Vergabekammern von Bund und Ländern sowie der Vergabekammern der Länder voneinander;
6. über ein Verfahren, nach dem öffentliche Auftraggeber durch unabhängige Prüfer eine Bescheinigung erhalten können, dass ihr Vergabeverhalten mit den Regeln dieses Gesetzes und den auf Grund dieses Gesetzes erlassenen Vorschriften übereinstimmt;
7. über den Korrekturmechanismus gemäß Kapitel 3 und ein freiwilliges Streitschlichtungsverfahren der Europäischen Kommission gemäß Kapitel 4 der Richtlinie 92/13/EWG des Rates der EG vom 25.2.1992 (ABl EG Nr. L 76 S. 14);
8. über die Informationen, die von den Auftraggebern, den Vergabekammern und den Beschwerdegerichten dem Bundesministerium für Wirtschaft und Arbeit zu übermitteln sind, um Verpflichtungen aus Richtlinien des Rates der EG zu erfüllen.

§ 128 Kosten des Verfahrens vor der Vergabekammer

(1) Für Amtshandlungen der Vergabekammern werden Kosten (Gebühren und Auslagen) zur Deckung des Verwaltungsaufwandes erhoben. Das Verwaltungskostengesetz findet Anwendung.

(2) Die Höhe der Gebühren bestimmt sich nach dem personellen und sachlichen Aufwand der Vergabekammer unter Berücksichtigung der wirtschaftlichen Bedeutung des Gegenstands des Nachprüfungsverfahrens. Die Gebühr beträgt mindestens 2500 EUR; dieser Betrag kann aus Gründen der Billigkeit bis auf $1/10$ ermäßigt werden. Die Gebühr soll den Betrag von 25 000 EUR nicht überschreiten, kann aber im Einzelfall, wenn der Aufwand oder die wirtschaftliche Bedeutung außergewöhnlich hoch sind, bis zu einem Betrag von 50 000 EUR erhöht werden.

(3) Soweit ein Beteiligter im Verfahren unterliegt, hat er die Kosten zu tragen. Mehrere Kostenschuldner haften als Gesamtschuldner. Hat sich der Antrag vor Entscheidung der Vergabekammer durch Rücknahme oder anderweitig erledigt, ist die Hälfte der Gebühr zu entrichten. Aus Gründen der Billigkeit kann von der Erhebung von Gebühren ganz oder teilweise abgesehen werden.

(4) Soweit die Anrufung der Vergabekammer erfolgreich ist, oder dem Antrag durch die Vergabeprüfstelle abgeholfen wird, findet eine Erstattung der zur zweckentsprechenden Rechtsverfolgung notwendigen Aufwendungen statt. Soweit ein Beteiligter im Verfahren unterliegt, hat er die zur zweckentsprechenden Rechtsverfolgung oder Rechtsverteidigung notwendigen Auslagen des Antragsgegners zu tragen. § 80 VwVfG und die entsprechenden Vorschriften der Verwaltungsverfahrensgesetze der Länder gelten entsprechend.

§ 129 Kosten der Vergabeprüfstelle

Für Amtshandlungen der Vergabeprüfstellen des Bundes, die über die im § 103 Abs. 2 Satz 1 genannte Prüftätigkeit und die damit verbundenen Maßnahmen der Vergabeprüfstellen hinausgehen, werden Kosten zur Deckung des Verwaltungsaufwandes erhoben. § 128 gilt entsprechend. [3]Die Gebühr beträgt 20 v. H. der Mindestgebühr nach § 128 Abs. 2; ist der Aufwand oder die wirtschaftliche Bedeutung im Einzelfall außergewöhnlich hoch, kann die Gebühr bis zur Höhe der vollen Mindestgebühr angehoben werden.

9.2 Verordnung über die Vergabe öffentlicher Aufträge (Vergabeverordnung – VgV)

i. d. F. der Bekanntmachung vom 11. 2. 2003 (BGBl I S. 169), zuletzt geändert durch Verordnung vom 23. 10. 2006 (BGBl I S. 2334)

Abschnitt 1 Vergabebestimmungen

§ 1 Zweck der Verordnung

Die Verordnung trifft nähere Bestimmungen über das bei der Vergabe öffentlicher Aufträge einzuhaltende Verfahren sowie über die Zuständigkeit und das Verfahren bei der Durchführung von Nachprüfungsverfahren für öffentliche Aufträge, deren geschätzte Auftragswerte die in § 2 geregelten Beträge ohne Umsatzsteuer erreichen oder übersteigen (Schwellenwerte).

§ 2 Schwellenwerte

Der Schwellenwert beträgt:
1. für Liefer- und Dienstleistungsaufträge im Bereich der Trinkwasser- oder Energieversorgung oder im Verkehrsbereich: 422 000 EUR,
2. für Liefer- und Dienstleistungen der obersten oder oberen Bundesbehörden sowie vergleichbarer Bundeseinrichtungen mit Ausnahme von
   a) Dienstleistungen des Anhangs II Teil A Kategorie 5 der Richtlinie 2004/18/EG des Europäischen Parlaments und des Rates vom 31. 3. 2004 über die Koordinierung der Verfahren zur Vergabe öffentlicher Bauaufträge, Lieferaufträge und Dienstleistungsaufträge (ABl EU Nr. L 134 S. 114, Nr. L 351 S. 44), die zuletzt durch die Verordnung (EG) Nr. 2083/2005 der Kommission vom 19. 12. 2005 (ABl EU Nr. L 333 S. 28) geändert worden ist, deren Code nach der Verordnung (EG) Nr. 2195/2002 des Europäischen Parlaments und des Rates vom 5. 11. 2002 über das Gemeinsame Vokabular für öffentliche Aufträge (CPV) (ABl EG Nr. L 340 S. 1), geändert durch die Verordnung (EG) Nr. 2151/2003 der Kommission vom 16. 12. 2003 (ABl EU Nr. L 329 S. 1), CPV Code den CPC-Referenznummern 7524, 7525 und 7526 entspricht, sowie des Anhangs II Teil A Kategorie 8 der Richtlinie 2004/18/EG oder
   b) Dienstleistungen des Anhangs II Teil B der Richtlinie 2004/18/EG:
   137 000 EUR; im Verteidigungsbereich gilt dies bei Lieferaufträgen nur für Waren, die im Anhang V der Richtlinie 2004/18/EG aufgeführt sind,
3. für alle anderen Liefer- und Dienstleistungsaufträge: 211 000 EUR,
4. für Bauaufträge: 5 278 000 EUR,
5. für Auslobungsverfahren, die zu einem Dienstleistungsauftrag führen sollen, dessen Schwellenwert,
6. für die übrigen Auslobungsverfahren der Wert, der bei Dienstleistungsaufträgen gilt,
7. für Lose von Bauaufträgen nach Nummer 4: 1 Mio. EUR oder bei Losen unterhalb von 1 Mio. EUR deren addierter Wert ab 20 v. H. des Gesamtwertes aller Lose und
8. für Lose von Dienstleistungsaufträgen nach Nummer 2 oder 3: 80 000 EUR oder bei Losen unterhalb von 80 000 EUR deren addierter Wert ab 20 v. H. des Gesamtwertes aller Lose; dies gilt nicht im Sektorenbereich.

§ 3 Schätzung der Auftragswerte

(1) Bei der Schätzung des Auftragswertes ist von der geschätzten Gesamtvergütung für die vorgesehene Leistung einschließlich etwaiger Prämien oder Zahlungen an Bewerber oder Bieter auszugehen.

(2) Der Wert eines beabsichtigten Auftrages darf nicht in der Absicht geschätzt oder aufgeteilt werden, ihn der Anwendung dieser Bestimmungen zu entziehen.

(3) Bei zeitlich begrenzten Lieferaufträgen mit einer Laufzeit bis zu 12 Monaten sowie bei Dienstleistungsaufträgen bis zu 48 Monaten Laufzeit, für die kein Gesamtpreis angegeben wird, ist bei der Schätzung des Auftragswertes der Gesamtwert für die Laufzeit des Vertrages zugrunde zu legen. Bei Lieferaufträgen mit einer Laufzeit von mehr als 12 Monaten ist der Gesamtwert einschließlich des geschätzten Restwertes zugrunde zu legen. Bei unbefristeten Verträgen oder bei nicht absehbarer Vertragsdauer folgt der Vertragswert aus der monatlichen Zahlung multipliziert mit 48.

(4) Bei regelmäßigen Aufträgen oder Daueraufträgen über Lieferungen oder Dienstleistungen ist bei der Schätzung des Auftragswertes entweder der tatsächliche Gesamtauftragswert entsprechender Aufträge für ähnliche Arten von Lieferungen oder Dienstleistungen aus den vorangegangenen 12 Monaten oder dem vorangegangenen Haushaltsjahr, unter Anpassung an voraussichtliche Änderungen bei Mengen oder Kosten während der auf die erste Lieferung oder Dienstleistung folgenden 12 Monate oder der geschätzte Gesamtwert während der auf die erste Lieferung oder Dienstleistung

folgenden 12 Monate oder während der Laufzeit des Vertrages, soweit diese länger als 12 Monate ist, zugrunde zu legen.

(5) Bestehen die zu vergebenden Aufträge aus mehreren Losen, für die jeweils ein gesonderter Auftrag vergeben wird, müssen bei der Schätzung alle Lose berücksichtigt werden. Bei Lieferaufträgen gilt dies nur für Lose über gleichartige Lieferungen.

(6) Sieht der beabsichtigte Auftrag über Lieferungen oder Dienstleistungen Optionsrechte oder Vertragsverlängerungen vor, so ist der voraussichtliche Vertragswert auf Grund des größtmöglichen Auftragswertes unter Einbeziehung der Optionsrechte oder Vertragsverlängerungen zu schätzen.

(7) Bei der Schätzung des Auftragswertes von Bauleistungen ist außer dem Auftragswert der Bauaufträge der geschätzte Wert der Lieferungen zu berücksichtigen, die für die Ausführung der Bauleistungen erforderlich sind und vom Auftraggeber zur Verfügung gestellt werden.

(8) Der Wert einer Rahmenvereinbarung wird auf der Grundlage des geschätzten Höchstwertes aller für diesen Zeitraum geplanten Aufträge berechnet. Eine Rahmenvereinbarung ist eine Vereinbarung mit einem oder mehreren Unternehmen, in der die Bedingungen für Einzelaufträge festgelegt werden, die im Laufe eines bestimmten Zeitraumes vergeben werden sollen, insbesondere über die in Aussicht genommenen Preis und ggf. die in Aussicht genommene Menge.

(9) Bei Auslobungsverfahren, die zu einem Dienstleistungsauftrag führen sollen, ist dessen Auftragswert einschließlich Preisgelder und Zahlungen an Teilnehmer zu schätzen, bei allen übrigen Auslobungsverfahren die Summe der Preisgelder und Zahlungen an Teilnehmer einschließlich des geschätzten Auftragswertes eines Dienstleistungsauftrages, der später vergeben werden könnte, soweit der Auftraggeber dies in der Bekanntmachung des Wettbewerbs nicht ausschließt.

(10) Maßgeblicher Zeitpunkt für die Schätzung des Auftragswertes ist der Tag der Absendung der Bekanntmachung der beabsichtigten Auftragsvergabe oder die sonstige Einleitung des Vergabeverfahrens.

§ 4 Vergabe von Liefer- und Dienstleistungsaufträgen

(1) Auftraggeber nach § 98 Nr. 1 bis 3 GWB haben bei der Vergabe von Liefer- und Dienstleistungsaufträgen sowie bei der Durchführung von Auslobungsverfahren, die zu Dienstleistungen führen sollen, die Bestimmungen des 2. Abschnitts des Teiles A VOL/A i.d.F. der Bek. vom 6.4.2006 (BAnz Nr. 100a vom 30.5.2006, BAnz S. 4368) anzuwenden, wenn in den §§ 5 und 6 nichts anderes bestimmt ist. Satz 1 findet auf Aufträge im Sektorenbereich keine Anwendung.

(2) Für Auftraggeber nach § 98 Nr. 5 GWB gilt Absatz 1 hinsichtlich der Vergabe von Dienstleistungsaufträgen und für Auslobungsverfahren, die zu Dienstleistungen führen sollen.

(3) Bei Aufträgen, deren Gegenstand Personennahverkehrsleistungen der Kategorie Eisenbahnen sind, gilt Absatz 1 mit folgenden Maßgaben:
1. Bei Verträgen über einzelne Linien mit einer Laufzeit von bis zu 3 Jahren ist einmalig auch eine freihändige Vergabe ohne sonstige Voraussetzungen zulässig.
2. Bei längerfristigen Verträgen ist eine freihändige Vergabe ohne sonstige Voraussetzungen im Rahmen des § 15 Abs. 2 AEG zulässig, wenn ein wesentlicher Teil der durch den Vertrag bestellten Leistungen während der Vertragslaufzeit ausläuft und anschließend im Wettbewerb vergeben wird. Die Laufzeit des Vertrages soll 12 Jahre nicht überschreiten. Der Umfang und die vorgesehenen Modalitäten des Auslaufens des Vertrages sind nach Abschluss des Vertrages in geeigneter Weise öffentlich bekannt zu machen.

(4) Bei der Anwendung des Absatzes 1 ist § 7 Nr. 2 Abs. 1 des Abschnittes 2 des Teiles A der VOL/A mit der Maßgabe anzuwenden, dass der Auftragnehmer sich bei der Erfüllung der Leistung der Fähigkeiten anderer Unternehmen bedienen kann.

(5) Hat ein Bieter oder Bewerber vor Einleitung des Vergabeverfahrens den Auftraggeber beraten oder sonst unterstützt, so hat der Auftraggeber sicherzustellen, dass der Wettbewerb durch die Teilnahme des Bieters oder Bewerbers nicht verfälscht wird.

§ 5 Vergabe freiberuflicher Dienstleistungen

Auftraggeber nach § 98 Nr. 1 bis 3 und 5 GWB haben bei der Vergabe von Dienstleistungen, die im Rahmen einer freiberuflichen Tätigkeit erbracht oder im Wettbewerb mit freiberuflich Tätigen angeboten werden, sowie bei Auslobungsverfahren, die zu solchen Dienstleistungen führen sollen, die VOF i.d.F. der Bek. vom 16.3.2006 (BAnz Nr. 91a vom 13.5.2006) anzuwenden. Dies gilt nicht für Dienstleistungen, deren Gegenstand eine Aufgabe ist, deren Lösung vorab eindeutig und erschöpfend beschrieben werden kann. Satz 1 findet auf Aufträge im Sektorenbereich keine Anwendung.

§ 6 Vergabe von Bauleistungen

(1) Auftraggeber nach § 98 Nr. 1 bis 3, 5 und 6 GWB haben bei der Vergabe von Bauaufträgen und Baukonzessionen die Bestimmungen des 2. Abschnittes des Teiles A VOB/A i.d.F. der Bek. vom 20. 3. 2006 (BAnz Nr. 94 a vom 18. 5. 2006) anzuwenden; für die in § 98 Nr. 6 GWB genannten Auftraggeber gilt dies nur hinsichtlich der Bestimmungen, die auf diese Auftraggeber Bezug nehmen. Baukonzessionen sind Bauaufträge, bei denen die Gegenleistung für die Bauarbeiten statt in einer Vergütung in dem Recht auf Nutzung der baulichen Anlage, ggf. zuzüglich der Zahlung eines Preises besteht. Satz 1 findet auf Aufträge im Sektorenbereich keine Anwendung.

(2) Bei der Anwendung des Absatzes 1 gelten die Bestimmungen des Abschnittes 2 des Teiles A der VOB/A mit folgenden Maßgaben:
1. § 2 Nr. 1 und § 25 Nr. 2 VOB/A gelten bei einer Auftragsvergabe an mehrere Unternehmen mit der Maßgabe, dass der Auftraggeber nur für den Fall der Auftragsvergabe verlangen kann, dass eine Bietergemeinschaft eine bestimmte Rechtsform annehmen muss, sofern dies für die ordnungsgemäße Durchführung des Auftrages notwendig ist.
2. § 8 Nr. 2 Abs. 1 und § 25 Nr. 6 VOB/A finden mit der Maßgabe Anwendung, dass der Auftragnehmer sich bei der Erfüllung der Leistung der Fähigkeiten anderer Unternehmen bedienen kann.
3. § 10 Nr. 5 Abs. 3 VOB/A gilt mit der Maßgabe, dass der Auftragnehmer bei der Weitervergabe von Bauleistungen nur die Bestimmungen des Teiles B der VOB/B zugrunde zu legen hat.

(3) § 4 Abs. 5 gilt entsprechend.

§ 6a Wettbewerblicher Dialog

(1) Die staatlichen Auftraggeber können für die Vergabe eines Liefer-, Dienstleistungs- oder Bauauftrags oberhalb der Schwellenwerte einen wettbewerblichen Dialog durchführen, sofern sie objektiv nicht in der Lage sind,
1. die technischen Mittel anzugeben, mit denen ihre Bedürfnisse und Ziele erfüllt werden können oder
2. die rechtlichen oder finanziellen Bedingungen des Vorhabens anzugeben.

(2) Die staatlichen Auftraggeber haben ihre Bedürfnisse und Anforderungen europaweit bekannt zu machen; die Erläuterung dieser Anforderungen erfolgt in der Bekanntmachung oder in einer Beschreibung.

(3) Mit den im Anschluss an die Bekanntmachung nach Absatz 2 ausgewählten Unternehmen ist ein Dialog zu eröffnen, in dem die staatlichen Auftraggeber ermitteln und festlegen, wie ihre Bedürfnisse am besten erfüllt werden können. Bei diesem Dialog können sie mit den ausgewählten Unternehmen alle Einzelheiten des Auftrages erörtern. Die staatlichen Auftraggeber haben dafür zu sorgen, dass alle Unternehmen bei dem Dialog gleich behandelt werden. Insbesondere dürfen sie nicht Informationen so weitergeben, dass bestimmte Unternehmen begünstigt werden könnten. Die staatlichen Auftraggeber dürfen Lösungsvorschläge oder vertrauliche Informationen eines Unternehmens nicht ohne dessen Zustimmung an die anderen Unternehmen weitergeben und diese nur im Rahmen des Vergabeverfahrens verwenden.

(4) Die staatlichen Auftraggeber können vorsehen, dass der Dialog in verschiedenen aufeinander folgenden Phasen abgewickelt wird, um die Zahl der in der Dialogphase zu erörternden Lösungen anhand der in der Bekanntmachung oder in der Beschreibung angegebenen Zuschlagskriterien zu verringern. Im Fall des Satzes 1 ist dies in der Bekanntmachung oder in einer Beschreibung anzugeben. Die staatlichen Auftraggeber haben die Unternehmen, deren Lösungen nicht für die nächstfolgende Dialogphase vorgesehen sind, darüber zu informieren.

(5) Die staatlichen Auftraggeber haben den Dialog für abgeschlossen zu erklären, wenn
1. eine Lösung gefunden worden ist, die ihre Bedürfnisse erfüllt oder
2. erkennbar ist, dass keine Lösung gefunden werden kann;

sie haben die Unternehmen darüber zu informieren. Im Fall des Satzes 1 Nr. 1 haben sie die Unternehmen aufzufordern, auf der Grundlage der eingereichten und in der Dialogphase näher ausgeführten Lösungen ihr endgültiges Angebot vorzulegen. Die Angebote müssen alle zur Ausführung des Projekts erforderlichen Einzelheiten enthalten. Der staatliche Auftraggeber kann verlangen, dass Präzisierungen, Klarstellungen und Ergänzungen zu diesen Angeboten gemacht werden. Diese Präzisierungen, Klarstellungen oder Ergänzungen dürfen jedoch keine Änderung der grundlegenden Elemente des Angebotes oder der Ausschreibung zur Folge haben, die den Wettbewerb verfälschen oder diskriminierend wirken könnte.

(6) Die staatlichen Auftraggeber haben die Angebote auf Grund der in der Bekanntmachung oder in der Beschreibung festgelegten Zuschlagskriterien

zu bewerten und das wirtschaftlichste Angebot auszuwählen. Die staatlichen Auftraggeber dürfen das Unternehmen, dessen Angebot als das wirtschaftlichste ermittelt wurde, auffordern, bestimmte Einzelheiten des Angebotes näher zu erläutern oder im Angebot enthaltene Zusagen zu bestätigen. Dies darf nicht dazu führen, dass wesentliche Aspekte des Angebotes oder der Ausschreibung geändert werden, und dass der Wettbewerb verzerrt wird oder andere am Verfahren beteiligte Unternehmen diskriminiert werden.

(7) Verlangen die staatlichen Auftraggeber, dass die am wettbewerblichen Dialog teilnehmenden Unternehmen Entwürfe, Pläne, Zeichnungen, Berechnungen oder andere Unterlagen ausarbeiten, müssen sie einheitlich für alle Unternehmen, die die geforderte Unterlage rechtzeitig vorgelegt haben, eine angemessene Kostenerstattung hierfür gewähren.

§ 7 Aufträge im Sektorenbereich

(1) Die in § 98 Nr. 1 bis 3 GWB genannten Auftraggeber, die eine Tätigkeit nach § 8 Nr. 1, Nr. 4 Buchst. b oder Nr. 4 Buchst. c ausüben, haben bei der Vergabe von Aufträgen die folgenden Bestimmungen anzuwenden:
1. ¹ im Fall von Liefer- und Dienstleistungsaufträgen sowie Auslobungsverfahren, die zu Dienstleistungen führen sollen, die Bestimmungen des 3. Abschnittes des Teiles A VOL/A. ² Dies gilt nicht für Aufträge im Sinne des § 5;
2. im Fall von Bauaufträgen die Bestimmungen des 3. Abschnittes des Teiles A VOB/A.

(2) Die in § 98 Nr. 1 bis 3 GWB genannten Auftraggeber, die eine Tätigkeit nach § 8 Nr. 2, 3 oder Nr. 4 Buchst. a ausüben, und die in § 98 Nr. 4 GWB genannten Auftraggeber haben bei der Vergabe von Aufträgen die folgenden Bestimmungen anzuwenden:
1. im Fall von Liefer- und Dienstleistungsaufträgen sowie Auslobungsverfahren, die zu Dienstleistungen führen sollen, die Bestimmungen des 4. Abschnittes des Teiles A VOL/A. Dies gilt nicht für Aufträge im Sinne des § 5;
2. im Fall von Bauaufträgen die Bestimmungen des 4. Abschnittes des Teiles A VOB/A.

§ 8 Tätigkeit im Sektorenbereich

Tätigkeiten auf dem Gebiet der Trinkwasser- oder Energieversorgung oder im Verkehrsbereich (Sektorenbereich) sind die im Folgenden genannten Tätigkeiten:
1. Trinkwasserversorgung:
die Bereitstellung und das Betreiben fester Netze zur Versorgung der Öffentlichkeit im Zusammenhang mit der Gewinnung, dem Transport oder der Verteilung von Trinkwasser sowie die Versorgung dieser Netze mit Trinkwasser; dies gilt auch, wenn diese Tätigkeit mit der Ableitung und Klärung von Abwässern oder mit Wasserbauvorhaben sowie Vorhaben auf dem Gebiet der Bewässerung und der Entwässerung im Zusammenhang steht, sofern die zur Trinkwasserversorgung bestimmte Wassermenge mehr als 20 v. H. der mit dem Vorhaben oder Bewässerungs- oder Entwässerungsanlagen zur Verfügung gestellten Gesamtwassermenge ausmacht;
2. Elektrizitäts- und Gasversorgung:
die Bereitstellung und das Betreiben fester Netze zur Versorgung der Öffentlichkeit im Zusammenhang mit der Erzeugung, dem Transport oder der Verteilung von Strom oder der Gewinnung von Gas sowie die Versorgung dieser Netze mit Strom oder Gas durch Unternehmen im Sinne des § 3 Nr. 18 des Energiewirtschaftsgesetzes;
3. Wärmeversorgung:
die Bereitstellung und das Betreiben fester Netze zur Versorgung der Öffentlichkeit im Zusammenhang mit der Erzeugung, dem Transport oder der Verteilung von Wärme sowie die Versorgung dieser Netze mit Wärme;
4. Verkehrsbereich:
a) die Nutzung eines geographisch abgegrenzten Gebietes zum Zwecke der Versorgung von Beförderungsunternehmen im Luftverkehr mit Flughäfen durch Flughafenunternehmer, die eine Genehmigung nach § 38 Abs. 2 Nr. 1 LuftVZO i.d.F. der Bek. vom 27. 3. 1999 (BGBl I S. 610) erhalten haben oder einer solchen bedürfen;
b) die Nutzung eines geographisch abgegrenzten Gebietes zum Zwecke der Versorgung von Beförderungsunternehmen im See- oder Binnenschiffverkehr mit Häfen oder anderen Verkehrsendeinrichtungen;
c) das Betreiben von Netzen zur Versorgung der Öffentlichkeit im Eisenbahn-, Straßenbahn- oder sonstigen Schienenverkehr, im öffentlichen Personenverkehr auch mit Kraftomnibussen und Oberleitungsbussen, mit Seilbahnen sowie mit automatischen Systemen. Im Verkehrsbereich ist ein Netz auch vorhanden, wenn die Verkehrsleistungen auf Grund einer behördlichen Auflage erbracht werden; dazu gehören die Festlegung der Strecken, Transportkapazitäten oder Fahrpläne.

§ 9 Ausnahmen im Sektorenbereich

(1) Die Tätigkeit des Auftraggebers nach § 98 Nr. 4 GWB gilt nicht als eine Tätigkeit
1. im Sinne des § 8 Nr. 1, sofern die Gewinnung von Trinkwasser für die Ausübung einer anderen Tätigkeit als der Trinkwasserversorgung der Öffentlichkeit erforderlich ist, die Lieferung an das öffentliche Netz nur von seinem Eigenverbrauch abhängt und unter Zugrundelegung des Mittels der letzten 3 Jahre einschließlich des laufenden Jahres nicht mehr als 30 v. H. seiner gesamten Trinkwassergewinnung ausmacht;
2. im Sinne des § 8 Nr. 2, sofern die Erzeugung von Strom für die Ausübung einer anderen Tätigkeit als der Versorgung der Öffentlichkeit erforderlich ist, die Lieferung von Strom an das öffentliche Netz nur von seinem Eigenverbrauch abhängt und unter Zugrundelegung des Mittels der letzten 3 Jahre einschließlich des laufenden Jahres nicht mehr als 30 v. H. seiner gesamten Energieerzeugung ausmacht;
3. im Sinne des § 8 Nr. 2, sofern die Erzeugung von Gas sich zwangsläufig aus der Ausübung einer anderen Tätigkeit ergibt, die Lieferung an das öffentliche Netz nur darauf abzielt, diese Erzeugung wirtschaftlich zu nutzen und unter Zugrundelegung des Mittels der letzten 3 Jahre einschließlich des laufenden Jahres nicht mehr als 20 v. H. des Umsatzes des betreffenden Auftraggebers ausgemacht hat;
4. im Sinne des § 8 Nr. 3, sofern die Erzeugung von Wärme sich zwangsläufig aus der Ausübung einer anderen Tätigkeit ergibt, die Lieferung an das öffentliche Netz nur darauf abzielt, diese Erzeugung wirtschaftlich zu nutzen und unter Zugrundelegung des Mittels der letzten 3 Jahre einschließlich des laufenden Jahres nicht mehr als 20 v. H. des Umsatzes des Auftraggebers ausgemacht hat.

(2) § 7 gilt nicht für Aufträge, die anderen Zwecken als der Durchführung der in § 8 genannten Tätigkeiten dienen.

(3) § 7 gilt nicht für Aufträge, die zur Durchführung der in § 8 genannten Tätigkeiten außerhalb des Gebietes, in dem der Vertrag zur Gründung der EG gilt, vergeben werden, wenn sie nicht mit der tatsächlichen Nutzung eines Netzes oder einer Anlage innerhalb dieses Gebietes verbunden sind. Die betreffenden Auftraggeber teilen der Kommission der EG auf deren Anfrage alle Tätigkeiten mit, die nach ihrer Auffassung unter Satz 1 fallen. Eine Kopie des Schreibens an die Kommission übersenden sie unaufgefordert dem Bundesministerium für Wirtschaft und Technologie.

(4) § 7 gilt nicht für Aufträge, die zum Zwecke der Weiterveräußerung oder Weitervermietung an Dritte vergeben werden, vorausgesetzt, dass der Auftraggeber kein besonderes oder ausschließliches Recht zum Verkauf oder zur Vermietung des Auftragsgegenstandes besitzt und dass andere Unternehmen die Möglichkeit haben, diese Waren unter gleichen Bedingungen wie der betreffende Auftraggeber zu verkaufen oder zu vermieten. Die betreffenden Auftraggeber teilen der Kommission der EG auf deren Anfrage alle Arten von Erzeugnissen mit, die nach ihrer Auffassung unter Satz 1 fallen. Eine Kopie des Schreibens an die Kommission übersenden sie unaufgefordert dem Bundesministerium für Wirtschaft und Arbeit.

(5) § 7 gilt nicht für Aufträge, die
1. bei Tätigkeiten nach § 8 Nr. 1 die Beschaffung von Wasser oder
2. bei Tätigkeiten nach § 8 Nr. 2 und 3 die Beschaffung von Energie oder von Brennstoffen zum Zwecke der Energieerzeugung
zum Gegenstand haben.

§ 10 Freistellung verbundener Unternehmen

(1) § 7 gilt nicht für Dienstleistungsaufträge,
1. die ein Auftraggeber an ein mit ihm verbundenes Unternehmen vergibt,
2. die ein gemeinsames Unternehmen, das mehrere Auftraggeber zur Durchführung von Tätigkeiten im Sinne des § 8 gebildet haben, an einen dieser Auftraggeber oder an ein Unternehmen vergibt, das mit einem dieser Auftraggeber verbunden ist,

sofern mindestens 80 v. H. des von diesem Unternehmen während der letzten 3 Jahre in der EG erzielten durchschnittlichen Umsatzes im Dienstleistungssektor aus der Erbringung dieser Dienstleistungen für die mit ihm verbundenen Unternehmen stammen. Satz 1 gilt auch, sofern das Unternehmen noch keine 3 Jahre besteht, wenn zu erwarten ist, dass in den ersten 3 Jahren seines Bestehens mindestens 80 v. H. erreicht werden. Werden die gleichen oder gleichartigen Dienstleistungen von mehr als einem mit dem Auftraggeber verbundenen Unternehmen erbracht, ist der Gesamtumsatz in der EG zu berücksichtigen, der sich für diese Unternehmen aus der Erbringung von Dienstleistungen ergibt. Die Auftraggeber teilen der Kommission der EG auf deren Verlangen den Namen der Unternehmen, die Art und den Wert des jeweiligen Dienstleistungsauftrages und alle Angaben mit, welche die Kommission der EG zur Prüfung für erforderlich hält.

(2) Ein verbundenes Unternehmen im Sinne des Absatzes 1 ist ein Unternehmen, das als Mutter- oder Tochterunternehmen im Sinne des § 290 Abs. 1 HGB gilt, ohne dass es auf die Rechtsform und den Sitz ankommt. Im Fall von Auftraggebern, auf die § 290 Abs. 1 HGB nicht zutrifft, sind verbundene Unternehmen diejenigen, auf die der Auftraggeber unmittelbar oder mittelbar einen beherrschenden Einfluss ausüben kann, insbesondere auf Grund der Eigentumsverhältnisse, der finanziellen Beteiligung oder der für das Unternehmen geltenden Vorschriften. Es wird vermutet, dass ein beherrschender Einfluss ausgeübt wird, wenn der Auftraggeber
1. die Mehrheit des gezeichneten Kapitals des Unternehmens besitzt oder
2. über die Mehrheit der mit den Anteilen des Unternehmens verbundenen Stimmrechte verfügt oder
3. mehr als die Hälfte der Mitglieder des Verwaltungs-, Leitungs- oder Aufsichtsorgans des Unternehmens bestellen kann.

Verbundene Unternehmen sind auch diejenigen, die einen beherrschenden Einfluss im Sinne des Satzes 3 auf den Auftraggeber ausüben können oder die ebenso wie der Auftraggeber einem beherrschenden Einfluss eines anderen Unternehmens unterliegen.

§ 11 Auftraggeber nach dem BBergG

(1) Die in § 98 Nr. 1 bis 4 GWB genannten Auftraggeber, die nach dem BBergG eine Berechtigung zur Aufsuchung oder Gewinnung von Erdöl, Gas, Kohle oder anderen Festbrennstoffen erhalten haben, haben bei der Vergabe von Aufträgen zum Zwecke der Durchführung der zuvor bezeichneten Tätigkeiten den Grundsatz der Nichtdiskriminierung und der wettbewerbsorientierten Auftragsvergabe zu beachten. Insbesondere haben sie Unternehmen, die ein Interesse an einem solchen Auftrag haben können, ausreichende Informationen zur Verfügung zu stellen und bei der Auftragsvergabe objektive Kriterien zugrunde zu legen. Auf Aufträge, die die Beschaffung von Energie oder Brennstoffen zur Energieerzeugung zum Gegenstand haben, sind die Sätze 1 und 2 nicht anzuwenden.

(2) Die in Absatz 1 genannten Auftraggeber erteilen der Kommission der EG unter den von dieser festgelegten Bedingungen Auskunft über die Vergabe der unter diese Vorschrift fallenden Aufträge.

§ 12 Drittlandsklausel

Auftraggeber, die eine der in § 8 genannten Tätigkeiten ausüben, können bei Lieferaufträgen Angebote zurückweisen, bei denen der Warenanteil zu mehr als 50 v. H. des Gesamtwertes aus Ländern stammt, die nicht Vertragsparteien des Abkommens über den Europäischen Wirtschaftsraum sind und mit denen auch keine sonstigen Vereinbarungen über gegenseitigen Marktzugang bestehen. Das Bundesministerium für Wirtschaft und Arbeit gibt im BAnz bekannt, mit welchen Ländern und auf welchen Sektoren solche Vereinbarungen bestehen. Sind 2 oder mehrere Warenangebote nach den Zuschlagskriterien des § 25 b Nr. 1 Abs. 1 oder § 11 SKR Nr. 1 Abs. 1 VOL/A gleichwertig, so ist das Angebot zu bevorzugen, das nicht nach Satz 1 zurückgewiesen werden kann. Die Preise sind als gleichwertig anzusehen, wenn sie um nicht mehr als 3 v. H. voneinander abweichen. Die Bevorzugung unterbleibt, sofern sie den Auftraggeber zum Erwerb von Ausrüstungen zwingen würde, die andere technische Merkmale als bereits genutzte Ausrüstungen haben und dadurch zu Inkompatibilität oder technischen Schwierigkeiten bei Betrieb und Wartung oder zu unverhältnismäßigen Kosten führen würden. Software, die in der Ausstattung für Telekommunikationsnetze verwendet wird, gilt als Ware im Sinne dieses Absatzes.

§ 13 Informationspflicht

Der Auftraggeber informiert die Bieter, deren Angebote nicht berücksichtigt werden sollen, über den Namen des Bieters, dessen Angebot angenommen werden soll und über den Grund der vorgesehenen Nichtberücksichtigung ihres Angebotes. Er sendet diese Information in Textform spätestens 14 Kalendertage vor dem Vertragsabschluss an die Bieter ab. Die Frist beginnt am Tag nach der Absendung der Information durch den Auftraggeber. Auf den Tag des Zugangs der Information beim Bieter kommt es nicht an. Ein Vertrag darf vor Ablauf der Frist oder ohne dass die Information erteilt worden und die Frist abgelaufen ist, nicht geschlossen werden. Ein dennoch abgeschlossener Vertrag ist nichtig.

§ 14 Bekanntmachungen

Bei Bekanntmachungen im ABl der EG nach diesen Bestimmungen haben die Auftraggeber die Bezeichnungen des Gemeinsamen Vokabulars für das öffentliche Auftragswesen (Common Procurement Vocabulary – CPV) zur Beschreibung des Auftragsgegenstandes zu verwenden. Das Bundesministerium für Wirtschaft und Technologie gibt das CPV im BAnz bekannt.

§ 15 (weggefallen ab 1.11.2006)

§ 16 Ausgeschlossene Personen

(1) Als Organmitglied oder Mitarbeiter eines Auftraggebers oder als Beauftragter oder als Mitarbeiter eines Beauftragten eines Auftraggebers dürfen bei Entscheidungen in einem Vergabeverfahren für einen Auftraggeber als voreingenommen geltende natürliche Personen nicht mitwirken, soweit sie in diesem Verfahren
1. Bieter oder Bewerber sind,
2. einen Bieter oder Bewerber beraten oder sonst unterstützen oder als gesetzlicher Vertreter oder nur in dem Vergabeverfahren vertreten,
3. a) bei einem Bieter oder Bewerber gegen Entgelt beschäftigt oder bei ihm als Mitglied des Vorstandes, Aufsichtsrates oder gleichartigen Organs tätig sind oder
   b) für ein in das Vergabeverfahren eingeschaltetes Unternehmen tätig sind, wenn dieses Unternehmen zugleich geschäftliche Beziehungen zum Auftraggeber und zum Bieter oder Bewerber hat,
   es sei denn, dass dadurch für die Personen kein Interessenkonflikt besteht oder sich die Tätigkeiten nicht auf die Entscheidungen in dem Vergabeverfahren auswirken.

(2) Als voreingenommen gelten auch die Personen, deren Angehörige die Voraussetzungen nach Absatz 1 Nr. 1 bis 3 erfüllen. Angehörige sind der Verlobte, der Ehegatte, Lebenspartner, Verwandte und Verschwägerte gerader Linie, Geschwister, Kinder der Geschwister, Ehegatten und Lebenspartner der Geschwister und Geschwister der Ehegatten und Lebenspartner, Geschwister der Eltern sowie Pflegeeltern und Pflegekinder.

Abschnitt 2 Nachprüfungsbestimmungen

§ 17 Angabe der Vergabekammer

Die Auftraggeber geben in der Vergabebekanntmachung und den Vergabeunterlagen die Anschrift der Vergabekammer an, der die Nachprüfung obliegt. Soweit eine Vergabeprüfstelle gemäß § 103 GWB besteht, kann diese zusätzlich genannt werden.

§ 18 Zuständigkeit der Vergabekammern

(1) Die Vergabekammer des Bundes ist zuständig für die Nachprüfung der Vergabeverfahren des Bundes und von Auftraggebern im Sinne des § 98 Nr. 2 GWB, sofern der Bund die Beteiligung verwaltet oder die sonstige Finanzierung überwiegend gewährt hat oder der Bund über die Leitung überwiegend die Aufsicht ausübt oder die Mitglieder des zur Geschäftsführung oder zur Aufsicht berufenen Organs überwiegend bestimmt hat. Erfolgt die Beteiligung, sonstige Finanzierung oder Aufsicht über die Leitung oder Bestimmung der Mitglieder der Geschäftsführung oder des zur Aufsicht berufenen Organs durch mehrere Stellen und davon überwiegend durch den Bund, so ist die Vergabekammer des Bundes die zuständige Vergabekammer, es sei denn, die Beteiligten haben sich auf die Zuständigkeit einer anderen Vergabekammer geeinigt.

(2) Übt der Bund auf Auftraggeber im Sinne des § 98 Nr. 4 GWB einzeln einen beherrschenden Einfluss aus, ist die Vergabekammer des Bundes zuständig. Wird der beherrschende Einfluss gemeinsam mit einem anderen Auftraggeber nach § 98 Nr. 1 bis 3 GWB ausgeübt, ist die Vergabekammer des Bundes zuständig, sofern der Anteil des Bundes überwiegt. Ein beherrschender Einfluss wird angenommen, wenn die Stelle unmittelbar oder mittelbar die Mehrheit des gezeichneten Kapitals des Auftraggebers besitzt oder über die Mehrheit der mit den Anteilen des Auftraggebers verbundenen Stimmrechte verfügt oder mehr als die Hälfte der Mitglieder des Verwaltungs-, Leitungs- oder Aufsichtsorgans des Auftraggebers bestellen kann.

(3) Die Vergabekammer des Bundes ist zuständig für die Nachprüfung von Vergabeverfahren von Auftraggebern im Sinne des § 98 Nr. 5 GWB, sofern der Bund die Mittel allein oder überwiegend bewilligt hat.

(4) Ist bei Auftraggebern nach § 98 Nr. 6 GWB die Stelle, die unter § 98 Nr. 1 bis 3 GWB fällt, nach den Absätzen 1 bis 3 dem Bund zuzuordnen, ist die Vergabekammer des Bundes zuständig.

(5) Werden die Vergabeverfahren im Rahmen einer Organleihe für den Bund durchgeführt, ist die Vergabekammer des Bundes zuständig.

(6) Werden die Vergabeverfahren im Rahmen einer Auftragsverwaltung für den Bund durchgeführt, ist die Vergabekammer des jeweiligen Landes zuständig.

(7) Ist in entsprechender Anwendung der Absätze 1 bis 5 ein Auftraggeber einem Land zuzuordnen, ist die Vergabekammer des jeweiligen Landes zuständig.

(8) In allen anderen Fällen wird die Zuständigkeit der Vergabekammern nach dem Sitz des Auftraggebers bestimmt.

9 Anhang

§ 19 Bescheinigungsverfahren

(1) Auftraggeber im Sinne von § 98 GWB, die im Sektorenbereich tätig sind, können ihre Vergabeverfahren und Vergabepraktiken regelmäßig von einem Prüfer untersuchen lassen, um eine Bescheinigung darüber zu erhalten, dass diese Verfahren und Praktiken mit den §§ 97 bis 101 GWB und den nach §§ 7 bis 16 anzuwendenden Vergabebestimmungen übereinstimmen.

(2) Für das Bescheinigungsverfahren gilt die Europäische Norm EN 45503.

(3) Akkreditierungsstelle für die Prüfer ist das Bundesamt für Wirtschaft und Ausfuhrkontrolle.

(4) Die Prüfer sind unabhängig und müssen die Voraussetzungen der Europäischen Norm EN 45503 erfüllen.

(5) Die Prüfer berichten den Auftraggebern schriftlich über die Ergebnisse ihrer nach der Europäischen Norm durchgeführten Prüfung.

(6) Auftraggeber, die eine Bescheinigung erhalten haben, können im Rahmen ihrer zu veröffentlichenden Bekanntmachung im ABl der EG folgende Erklärung abgeben: »Der Auftraggeber hat gemäß der Richtlinie 92/13/EWG des Rates vom 25. 2. 1992 zur Koordinierung der Rechts- und Verwaltungsvorschriften für die Anwendung der Gemeinschaftsvorschriften über die Auftragsvergabe durch Auftraggeber im Bereich der Wasser-, Energie- und Verkehrsversorgung sowie im Telekommunikationssektor (ABl EG Nr. L 76 S. 14) eine Bescheinigung darüber erhalten, dass seine Vergabeverfahren und -praktiken am ... mit dem Gemeinschaftsrecht über die Auftragsvergabe und den einzelstaatlichen Vorschriften zur Umsetzung des Gemeinschaftsrechts übereinstimmen.«

(7) Auftraggeber können auch das von einem anderen Staat eingerichtete Bescheinigungssystem, das der Europäischen Norm EN 45503 entspricht, nutzen.

§ 20 Schlichtungsverfahren

(1) Jeder Beteiligte an einem Vergabeverfahren von Auftraggebern im Sinne von § 98 GWB, die im Sektorenbereich tätig sind, oder jeder, dem im Zusammenhang mit einem solchen Vergabeverfahren durch einen Rechtsverstoß ein Schaden entstanden ist oder zu entstehen droht, kann ein nach den Absätzen 2 bis 7 geregeltes Schlichtungsverfahren in Anspruch nehmen.

(2) Der Antrag auf ein Schlichtungsverfahren ist an das Bundesministerium für Wirtschaft und Technologie zu richten, das den Antrag unverzüglich an die Kommission der EG weiterleitet.

(3) Betrifft nach Auffassung der Kommission die Streitigkeit die korrekte Anwendung des Gemeinschaftsrechtes, informiert sie den Auftraggeber und bittet ihn, an dem Schlichtungsverfahren teilzunehmen. Das Schlichtungsverfahren wird nicht durchgeführt, falls der Auftraggeber dem Schlichtungsverfahren nicht beitritt. Der Antragsteller wird darüber informiert.

(4) Tritt der Auftraggeber dem Schlichtungsverfahren bei, schlägt die Kommission einen unabhängigen Schlichter vor. Jede Partei des Schlichtungsverfahrens erklärt, ob sie den Schlichter akzeptiert, und benennt einen weiteren Schlichter. Die Schlichter können bis zu 2 Personen als Sachverständige zu ihrer Beratung hinzuziehen. Die am Schlichtungsverfahren Beteiligten können die vorgesehenen Sachverständigen ablehnen.

(5) Jeder am Schlichtungsverfahren Beteiligte erhält die Möglichkeit, sich mündlich oder schriftlich zu äußern. Die Schlichter bemühen sich, möglichst rasch eine Einigung zwischen den Beteiligten herbeizuführen.

(6) Der Antragsteller und der Auftraggeber können jederzeit das Schlichtungsverfahren beenden. Beide kommen für ihre eigenen Kosten auf; die Kosten des Verfahrens sind hälftig zu tragen.

(7) Wird ein Antrag auf Nachprüfung nach § 107 GWB gestellt und hat bereits ein Beteiligter am Vergabeverfahren ein Schlichtungsverfahren eingeleitet, so hat der Auftraggeber die am Schlichtungsverfahren beteiligten Schlichter unverzüglich darüber zu informieren. Die Schlichter bieten dem Betroffenen an, dem Schlichtungsverfahren beizutreten. Die Schlichter können, falls sie es für angemessen erachten, entscheiden, das Schlichtungsverfahren zu beenden.

§ 21 Korrekturmechanismus der Kommission

(1) Erhält die Bundesregierung im Laufe eines Vergabeverfahrens vor Abschluss des Vertrages eine Mitteilung der Kommission der EG, dass sie der Auffassung ist, dass ein klarer und eindeutiger Verstoß gegen das Gemeinschaftsrecht im Bereich der öffentlichen Aufträge vorliegt, der zu beseitigen ist, teilt das Bundesministerium für Wirtschaft und Technologie dies dem Auftraggeber mit.

(2) Der Auftraggeber ist verpflichtet, innerhalb von 14 Kalendertagen nach Eingang dieser Mitteilung dem Bundesministerium für Wirtschaft und Technologie zur Weitergabe an die Kommis-

sion eine Stellungnahme zu übermitteln, die insbesondere folgende Angaben enthält:
1. die Bestätigung, dass der Verstoß beseitigt wurde, oder
2. eine Begründung, warum der Verstoß nicht beseitigt wurde, ggf. dass das Vergabeverfahren bereits Gegenstand von Nachprüfungsverfahren nach dem 4. Teil des GWB ist, oder
3. Angabe, dass das Vergabeverfahren ausgesetzt wurde.

(3) Ist das Vergabeverfahren Gegenstand eines Nachprüfungsverfahrens nach dem 4. Teil des GWB oder wurde es ausgesetzt, so ist der Auftraggeber verpflichtet, das Bundesministerium für Wirtschaft und Technologie zur Weiterleitung an die Kommission unverzüglich über den Ausgang des Verfahrens zu informieren.

§ 22 Statistik

Die Vergabekammern und die Oberlandesgerichte informieren das Bundesministerium für Wirtschaft und Technologie unaufgefordert bis zum 31. 1. eines jeden Jahres, erstmals bis 31. 1. 2001, über die Anzahl der Nachprüfungsverfahren des Vorjahres und deren Ergebnisse.

Abschnitt 3 Übergangs- und Schlussbestimmungen

§ 23 Übergangsbestimmungen

Bereits begonnene Vergabeverfahren werden nach dem Recht, das zum Zeitpunkt des Beginns des Verfahrens galt, beendet.

§ 24 (Inkrafttreten, Außerkrafttreten)

9.3 Gebührentabelle der Vergabekammern des Bundes

Gültig ab dem 1. Januar 2003

Auftragswert €	Basisgebühr €
< 80 000	2 500,00
80 000	2 500,00
200 000	2 550,00
300 000	2 575,00
400 000	2 600,00
500 000	2 650,00
600 000	2 675,00
700 000	2 700,00
800 000	2 750,00
900 000	2 775,00
1 000 000	2 800,00
1 500 000	2 950,00
2 000 000	3 100,00
2 500 000	3 275,00
3 000 000	3 450,00
3 500 000	3 600,00
4 000 000	3 750,00
4 500 000	3 900,00
5 000 000	4 100,00
5 500 000	4 250,00
6 000 000	4 400,00
6 500 000	4 550,00
7 000 000	4 700,00
7 500 000	4 875,00
8 000 000	5 050,00
8 500 000	5 200,00
9 000 000	5 350,00
9 500 000	5 500,00
10 000 000	5 700,00
10 500 000	5 850,00
11 000 000	6 000,00
11 500 000	6 100,00
12 000 000	6 300,00
12 500 000	6 475,00
13 000 000	6 650,00
13 500 000	6 800,00

Auftragswert €	Basisgebühr €
14 000 000	6 950,00
14 500 000	7 100,00
15 000 000	7 300,00
15 500 000	7 450,00
16 000 000	7 600,00
16 500 000	7 750,00
17 000 000	7 900,00
17 500 000	8 075,00
18 000 000	8 250,00
18 500 000	8 400,00
19 000 000	8 550,00
19 500 000	8 700,00
20 000 000	8 900,00
21 000 000	9 200,00
22 000 000	9 500,00
23 000 000	9 850,00
24 000 000	10 150,00
25 000 000	10 500,00
26 000 000	10 800,00
27 000 000	11 100,00
28 000 000	11 450,00
29 000 000	11 750,00
30 000 000	12 100,00
31 000 000	12 300,00
32 000 000	12 700,00
33 000 000	13 050,00
34 000 000	13 550,00
35 000 000	13 700,00
36 000 000	14 000,00
37 000 000	14 300,00
38 000 000	14 950,00
39 000 000	15 050,00
40 000 000	15 300,00
45 000 000	16 900,00
50 000 000	18 500,00
55 000 000	20 100,00
60 000 000	21 700,00
65 000 000	23 300,00
70 000 000	25 000,00
> 70 000 000	25 000,00

9.4 VOB/A – Allgemeine Bestimmungen für die Vergabe von Bauleistungen – Teil A

i.d.F. vom 20.03.2006 (BAnz. Nr. 94a)

9.4.1 Abschnitte 1 bis 4

§ 1 Bauleistungen

Bauleistungen sind Arbeiten jeder Art, durch die eine bauliche Anlage hergestellt, instand gehalten, geändert oder beseitigt wird.

§ 1a Verpflichtung zur Anwendung der a-Paragraphen

1. (1) Die Bestimmungen der a-Paragraphen sind zusätzlich zu den Basisparagraphen von Auftraggebern im Sinne von § 98 Nr. 1 bis 3, 5 und 6 des Gesetzes gegen Wettbewerbsbeschränkungen für Bauaufträge anzuwenden, bei denen der geschätzte Gesamtauftragswert der Baumaßnahme bzw. des Bauwerks (alle Bauaufträge für eine bauliche Anlage) mindestens dem in § 2 Nr. 4 der Vergabeverordnung (VgV) genannten Schwellenwert ohne Umsatzsteuer entspricht. Der Gesamtauftragswert umfasst auch den geschätzten Wert der vom Auftraggeber beigestellten Stoffe, Bauteile und Leistungen. Als Bauaufträge gelten Verträge entweder über die Ausführung oder die gleichzeitige Planung und Ausführung eines Bauvorhabens oder eines Bauwerks, das Ergebnis von Tief- oder Hochbauarbeiten ist und eine wirtschaftliche und technische Funktion erfüllen soll, oder einer Bauleistung durch Dritte gemäß den vom Auftraggeber genannten Erfordernissen (z.B. Bauträgervertrag, Mietkauf- oder Leasing-Vertrag).
(2) Werden die Bauaufträge im Sinne von Absatz 1 für eine bauliche Anlage in Losen vergeben, sind die Bestimmungen der a-Paragraphen anzuwenden
   – bei jedem Los mit einem geschätzten Auftragswert von 1 Million Euro und mehr,
   – unabhängig davon für alle Bauaufträge, bis mindestens 80 v.H. des geschätzten Gesamtauftragswertes aller Bauaufträge für die bauliche Anlage erreicht sind.
2. Die Bestimmungen der a-Paragraphen sind auch anzuwenden,
   – von den im Anhang IV der Richtlinie 2004/18/EG genannten Beschaffungsstellen[1], wenn eine Baumaßnahme aus nur einem Bauauftrag mit mindestens einem Auftragswert nach § 2 Nr. 2 VgV ohne Umsatzsteuer besteht,
   – von allen übrigen Auftraggebern, wenn eine Baumaßnahme aus nur einem Bauauftrag mit mindestens einem Auftragswert nach § 2 Nr. 3 VgV ohne Umsatzsteuer besteht,
   und bei dem die Lieferung so überwiegt, dass das Verlegen und Anbringen lediglich eine Nebenarbeit darstellt.
3. Maßgebender Zeitpunkt für die Schätzung des Gesamtauftragswerts ist die Einleitung des ersten Vergabeverfahrens für die bauliche Anlage.
4. Eine bauliche Anlage darf für die Schwellenwertermittlung nicht in der Absicht aufgeteilt werden, sie der Anwendung der a-Paragraphen zu entziehen.

§ 1b Verpflichtung zur Anwendung der b-Paragraphen

1. (1) Die Bestimmungen der b-Paragraphen sind zusätzlich zu den Basisparagraphen von Sektorenauftraggebern für Bauaufträge anzuwenden, bei denen der geschätzte Gesamtauftragswert der Baumaßnahme bzw. des Bauwerks (alle Bauaufträge für eine bauliche Anlage) mindestens dem in § 2 Nr. 4 Vergabeverordnung (VgV) genannten Schwellenwert ohne Umsatzsteuer entspricht. Der Gesamtauftragswert umfasst auch den geschätzten Wert der vom Auftraggeber beigestellten Stoffe, Bauteile und Leistungen.
(2) Werden die Bauaufträge im Sinne von Absatz 1 für eine bauliche Anlage in Losen vergeben, sind die Bestimmungen der b-Paragraphen anzuwenden
   – bei jedem Los mit einem geschätzten Auftragswert von 1 Million Euro und mehr,
   – unabhängig davon für alle Bauaufträge, bis mindestens 80 v.H. des geschätzten Gesamtauftragswertes aller Bauaufträge für die bauliche Anlage erreicht sind.
2. Eine bauliche Anlage darf für die Schwellenwertermittlung nicht in der Absicht aufgeteilt werden, sie der Anwendung der b-Paragraphen zu entziehen.
3. Lieferungen, die nicht zur Ausführung der baulichen Anlage erforderlich sind, dürfen dann nicht mit einem Bauauftrag vergeben werden, wenn dadurch für sie die Anwendung der für

---

[1] AA, BMAS, BMBF, BMELV, BMF, BMFSFJ, BMG, BMI, BMJ, BMU, BMVg, BMVBS, BMWi, BMZ.

Lieferleistungen geltenden EG-Vergabebestimmungen umgangen wird.
4. Der Wert einer Rahmenvereinbarung (§ 5 b) wird auf der Grundlage des geschätzten Höchstwertes aller für den Zeitraum ihrer Geltung geplanten Aufträge berechnet.
5. Maßgebender Zeitpunkt für die Schätzung des Gesamtauftragswertes ist die Einleitung des ersten Vergabeverfahrens für die bauliche Anlage.

§ 2 Grundsätze der Vergabe

1. Bauleistungen sind an fachkundige, leistungsfähige und zuverlässige Unternehmer zu angemessenen Preisen zu vergeben. Der Wettbewerb soll die Regel sein. Ungesunde Begleiterscheinungen, wie z. B. wettbewerbsbeschränkende Verhaltensweisen, sind zu bekämpfen.
2. Bei der Vergabe von Bauleistungen darf kein Unternehmer diskriminiert werden.
3. Es ist anzustreben, die Aufträge so zu erteilen, dass die ganzjährige Bautätigkeit gefördert wird.

§ 2 b Schutz der Vertraulichkeit

1. Die Übermittlung technischer Spezifikationen für interessierte Unternehmen, die Prüfung und Auswahl von Unternehmern und die Auftragsvergabe können die Auftraggeber mit Auflagen zum Schutz der Vertraulichkeit verbinden.
2. Das Recht der Unternehmer, von einem Auftraggeber in Übereinstimmung mit innerstaatlichen Rechtsvorschriften die Vertraulichkeit der von ihnen zur Verfügung gestellten Informationen zu verlangen, wird nicht eingeschränkt.

§ 3 Arten der Vergabe

1. (1) Bei Öffentlicher Ausschreibung werden Bauleistungen im vorgeschriebenen Verfahren nach öffentlicher Aufforderung einer unbeschränkten Zahl von Unternehmern zur Einreichung von Angeboten vergeben.
(2) Bei Beschränkter Ausschreibung werden Bauleistungen im vorgeschriebenen Verfahren nach Aufforderung einer beschränkten Zahl von Unternehmern zur Einreichung von Angeboten vergeben, gegebenenfalls nach öffentlicher Aufforderung, Teilnahmeanträge zu stellen (Beschränkte Ausschreibung nach Öffentlichem Teilnahmewettbewerb).
(3) Bei Freihändiger Vergabe werden Bauleistungen ohne ein förmliches Verfahren vergeben.
2. Öffentliche Ausschreibung muss stattfinden, wenn nicht die Eigenart der Leistung oder besondere Umstände eine Abweichung rechtfertigen.

3. (1) Beschränkte Ausschreibung ist zulässig,
a) wenn die Öffentliche Ausschreibung für den Auftraggeber oder die Bewerber einen Aufwand verursachen würde, der zu dem erreichbaren Vorteil oder dem Wert der Leistung im Missverhältnis stehen würde,
b) wenn eine Öffentliche Ausschreibung kein annehmbares Ergebnis gehabt hat,
c) wenn die Öffentliche Ausschreibung aus anderen Gründen (z.B. Dringlichkeit, Geheimhaltung) unzweckmäßig ist.
(2) Beschränkte Ausschreibung nach Öffentlichem Teilnahmewettbewerb ist zulässig,
a) wenn die Leistung nach ihrer Eigenart nur von einem beschränkten Kreis von Unternehmern in geeigneter Weise ausgeführt werden kann, besonders wenn außergewöhnliche Zuverlässigkeit oder Leistungsfähigkeit (z.B. Erfahrung, technische Einrichtungen oder fachkundige Arbeitskräfte) erforderlich ist,
b) wenn die Bearbeitung des Angebots wegen der Eigenart der Leistung einen außergewöhnlich hohen Aufwand erfordert.
4. Freihändige Vergabe ist zulässig, wenn die Öffentliche Ausschreibung oder Beschränkte Ausschreibung unzweckmäßig ist, besonders
a) weil für die Leistung aus besonderen Gründen (z.B. Patentschutz, besondere Erfahrung oder Geräte) nur ein bestimmter Unternehmer in Betracht kommt,
b) weil die Leistung nach Art und Umfang vor der Vergabe nicht eindeutig und erschöpfend festgelegt werden kann,
c) weil sich eine kleine Leistung von einer vergebenen größeren Leistung nicht ohne Nachteil trennen lässt,
d) weil die Leistung besonders dringlich ist,
e) weil nach Aufhebung einer Öffentlichen Ausschreibung oder Beschränkten Ausschreibung eine erneute Ausschreibung kein annehmbares Ergebnis verspricht,
f) weil die auszuführende Leistung Geheimhaltungsvorschriften unterworfen ist.

§ 3 a Arten der Vergabe

1. Bauaufträge im Sinne von § 1 a werden vergeben:
a) im Offenen Verfahren, das der Öffentlichen Ausschreibung (§ 3 Nr. 1 Abs. 1) entspricht,
b) im Nichtoffenen Verfahren, das der Beschränkten Ausschreibung nach Öffentlichem Teilnahmewettbewerb (§ 3 Nr. 1 Abs. 2) entspricht,

c) im Wettbewerblichen Dialog; ein Wettbewerblicher Dialog ist ein Verfahren zur Vergabe besonders komplexer Aufträge. In diesem Verfahren erfolgen eine Aufforderung zur Teilnahme und anschließend Verhandlungen mit ausgewählten Unternehmen über alle Einzelheiten des Auftrags,
d) im Verhandlungsverfahren, das an die Stelle der Freihändigen Vergabe (§ 3 Nr. 1 Abs. 3) tritt. Beim Verhandlungsverfahren wendet sich der Auftraggeber an ausgewählte Unternehmer und verhandelt mit einem oder mehreren dieser Unternehmer über den Auftragsinhalt, gegebenenfalls nach Öffentlicher Vergabebekanntmachung.

2. Das Offene Verfahren muss angewendet werden, wenn die Voraussetzungen des § 3 Nr. 2 vorliegen.
3. Das Nichtoffene Verfahren ist zulässig, wenn die Voraussetzungen des § 3 Nr. 3 vorliegen sowie nach Aufhebung eines Offenen Verfahrens oder Nichtoffenen Verfahrens, sofern nicht das Verhandlungsverfahren zulässig ist.
4. (1) Der Wettbewerbliche Dialog ist zulässig, wenn der Auftraggeber objektiv nicht in der Lage ist,
    a) die technischen Mittel anzugeben, mit denen seine Bedürfnisse und Ziele erfüllt werden können oder
    b) die rechtlichen oder finanziellen Bedingungen des Vorhabens anzugeben.
(2) Der Auftraggeber hat seine Bedürfnisse und Anforderungen bekannt zu machen; die Erläuterung dieser Anforderungen erfolgt in der Bekanntmachung oder in einer Beschreibung.
(3) Mit den im Anschluss an die Bekanntmachung nach Absatz 2 ausgewählten Unternehmen ist ein Dialog zu eröffnen, in dem der Auftraggeber ermittelt und festlegt, wie seine Bedürfnisse am besten erfüllt werden können. Bei diesem Dialog kann er mit den ausgewählten Unternehmen alle Einzelheiten des Auftrags erörtern. Der Auftraggeber hat dafür zu sorgen, dass alle Unternehmen bei dem Dialog gleich behandelt werden. Insbesondere darf er nicht Informationen so weitergeben, dass bestimmte Unternehmen begünstigt werden könnten. Der Auftraggeber darf Lösungsvorschläge oder vertrauliche Informationen eines Unternehmens nicht ohne dessen Zustimmung an die anderen Unternehmen weitergeben und diese nur im Rahmen des Vergabeverfahrens verwenden.
(4) Der Auftraggeber kann vorsehen, dass der Dialog in verschiedenen aufeinander folgenden Phasen abgewickelt wird, um die Zahl der in der Dialogphase zu erörternden Lösungen anhand der in der Bekanntmachung oder in den Vergabeunterlagen angegebenen Zuschlagskriterien zu verringern. Der Auftraggeber hat die Unternehmen, deren Lösungen nicht für die nächstfolgende Dialogphase vorgesehen sind, darüber zu informieren. In der Schlussphase müssen noch so viele Angebote vorliegen, dass ein echter Wettbewerb gewährleistet ist.
(5) Der Auftraggeber hat den Dialog für abgeschlossen zu erklären, wenn
    a) eine Lösung gefunden worden ist, die seine Bedürfnisse erfüllt oder
    b) erkennbar ist, dass keine Lösung gefunden werden kann;
er hat die Unternehmen darüber zu informieren. Im Fall von Buchstabe a hat er die Unternehmen aufzufordern, auf der Grundlage der eingereichten und in der Dialogphase näher ausgeführten Lösungen ihr endgültiges Angebot vorzulegen. Die Angebote müssen alle zur Ausführung des Projekts erforderlichen Einzelheiten enthalten. Der Auftraggeber kann verlangen, dass Präzisierungen, Klarstellungen und Ergänzungen zu diesen Angeboten gemacht werden. Diese Präzisierungen, Klarstellungen oder Ergänzungen dürfen jedoch keine Änderung der grundlegenden Elemente des Angebots oder der Ausschreibung zur Folge haben, die den Wettbewerb verfälschen oder diskriminierend wirken könnte.
(6) Der Auftraggeber hat die Angebote aufgrund der in der Bekanntmachung oder in der Beschreibung festgelegten Zuschlagskriterien zu bewerten und das wirtschaftlichste Angebot auszuwählen. Der Auftraggeber darf das Unternehmen, dessen Angebot als das wirtschaftlichste ermittelt wurde, auffordern, bestimmte Einzelheiten des Angebots näher zu erläutern oder im Angebot enthaltene Zusagen zu bestätigen. Dies darf nicht dazu führen, dass wesentliche Aspekte des Angebots oder der Ausschreibung geändert werden, und dass der Wettbewerb verzerrt wird oder am Verfahren beteiligte Unternehmen diskriminiert werden.
(7) Verlangt der Auftraggeber, dass die am Wettbewerblichen Dialog teilnehmenden Unternehmen Entwürfe, Pläne, Zeichnungen, Berechnungen oder andere Unterlagen ausarbeiten, muss er einheitlich für alle Unternehmen, die die geforderte Unterlage rechtzeitig vorgelegt haben, eine angemessene Kostenerstattung hierfür gewähren.

5. Das Verhandlungsverfahren ist zulässig nach Öffentlicher Vergabebekanntmachung,
   a) wenn bei einem Offenen Verfahren oder Nichtoffenen Verfahren keine annehmbaren Angebote abgegeben worden sind, sofern die ursprünglichen Verdingungsunterlagen nicht grundlegend geändert werden,
   b) wenn die betroffenen Bauvorhaben nur zu Forschungs-, Versuchs- oder Entwicklungszwecken und nicht mit dem Ziel der Rentabilität oder der Deckung der Entwicklungskosten durchgeführt werden,
   c) wenn im Ausnahmefall die Leistung nach Art und Umfang oder wegen der damit verbundenen Wagnisse nicht eindeutig und so erschöpfend beschrieben werden kann, dass eine einwandfreie Preisermittlung zwecks Vereinbarung einer festen Vergütung möglich ist.
6. Das Verhandlungsverfahren ist zulässig ohne Öffentliche Vergabebekanntmachung,
   a) wenn bei einem Offenen Verfahren oder Nichtoffenen Verfahren keine annehmbaren Angebote abgegeben worden sind, sofern die ursprünglichen Verdingungsunterlagen nicht grundlegend geändert werden und in das Verhandlungsverfahren alle Bieter aus dem vorausgegangenen Verfahren einbezogen werden, die fachkundig, zuverlässig und leistungsfähig sind,
   b) wenn bei einem Offenen Verfahren oder Nichtoffenen Verfahren keine oder nur nach § 25 Nr. 1 auszuschließende Angebote abgegeben worden sind, sofern die ursprünglichen Verdingungsunterlagen nicht grundlegend geändert werden (wegen der Berichtspflicht siehe § 33 a),
   c) wenn die Arbeiten aus technischen oder künstlerischen Gründen oder aufgrund des Schutzes von Ausschließlichkeitsrechten nur von einem bestimmten Unternehmer ausgeführt werden können,
   d) weil wegen der Dringlichkeit der Leistung aus zwingenden Gründen infolge von Ereignissen, die der Auftraggeber nicht verursacht hat und nicht voraussehen konnte, die in § 18 a Nr. 1, 2 und 3 vorgeschriebenen Fristen nicht eingehalten werden können,
   e) wenn an einen Auftragnehmer zusätzliche Leistungen vergeben werden sollen, die weder in seinem Vertrag noch in dem ihm zugrunde liegenden Entwurf enthalten sind, jedoch wegen eines unvorhergesehenen Ereignisses zur Ausführung der im Hauptauftrag beschriebenen Leistung erforderlich sind, sofern diese Leistungen
   – sich entweder aus technischen oder wirtschaftlichen Gründen nicht ohne wesentliche Nachteile für den Auftraggeber vom Hauptauftrag trennen lassen oder
   – für die Vollendung der im Hauptauftrag beschriebenen Leistung unbedingt erforderlich sind, auch wenn sie getrennt vergeben werden könnten,
   vorausgesetzt, dass die geschätzte Vergütung für alle solche zusätzlichen Leistungen die Hälfte der Vergütung der Leistung nach dem Hauptauftrag nicht überschreitet,
   f) wenn gleichartige Bauleistungen wiederholt werden, die durch denselben Auftraggeber an den Auftragnehmer vergeben werden, der den ersten Auftrag erhalten hat, sofern sie einem Grundentwurf entsprechen und dieser Entwurf Gegenstand des ersten Auftrags war, der nach den in § 3 a genannten Verfahren vergeben wurde. Die Möglichkeit der Anwendung dieses Verfahrens muss bereits bei der Ausschreibung des ersten Bauabschnitts angegeben werden; der für die Fortsetzung der Bauarbeiten in Aussicht genommene Gesamtauftragswert wird vom öffentlichen Auftraggeber bei der Anwendung von § 1 a berücksichtigt. Dieses Verfahren darf jedoch nur binnen drei Jahren nach Abschluss des ersten Auftrags angewandt werden.
   g) bei zusätzlichen Leistungen des ursprünglichen Auftragnehmers, die zur teilweisen Erneuerung von gelieferten Waren oder Einrichtungen zur laufenden Benutzung oder zur Erweiterung von Lieferungen oder bestehenden Einrichtungen bestimmt sind, wenn ein Wechsel des Unternehmers dazu führen würde, dass der Auftraggeber Waren mit unterschiedlichen technischen Merkmalen kaufen müsste und dies eine technische Unvereinbarkeit oder unverhältnismäßige technische Schwierigkeiten bei Gebrauch, Betrieb oder Wartung mit sich bringen würde. Die Laufzeit dieser Aufträge darf in der Regel drei Jahre nicht überschreiten.

Die Fälle der Buchstaben e und f finden nur Anwendung bei der Vergabe von Aufträgen mit einem Schwellenwert nach § 1 a Nr. 1 Abs. 2. Der Fall des Buchstaben g findet nur Anwendung bei der Vergabe von Aufträgen mit einem Schwellenwert nach § 1 a Nr. 2.

7. (1) Der Auftraggeber enthält sich beim Verhandlungsverfahren jeder diskriminierenden Weitergabe von Informationen, durch die bestimmte Bieter gegenüber anderen begünstigt werden können.
(2) Der Auftraggeber kann vorsehen, dass das Verhandlungsverfahren in verschiedenen aufeinander folgenden Phasen abgewickelt wird, um so die Zahl der Angebote, über die verhandelt wird, anhand in der Bekanntmachung oder in den Verdingungsunterlagen angegebenen Zuschlagskriterien zu verringern. In der Schlussphase müssen noch so viele Angebote vorliegen, dass ein echter Wettbewerb gewährleistet ist.

§ 3 b Arten der Vergabe

1. Bauaufträge im Sinne von § 1 b werden vergeben:
   a) im Offenen Verfahren, das der Öffentlichen Ausschreibung (§ 3 Nr. 1 Abs. 1) entspricht,
   b) im Nichtoffenen Verfahren, das der Beschränkten Ausschreibung nach Öffentlichem Teilnahmewettbewerb (§ 3 Nr. 1 Abs. 2) oder einem anderen Aufruf zum Wettbewerb (§ 17 b Nr. 1 Abs. 1 Buchstabe b und c) entspricht,
   c) im Verhandlungsverfahren, das an die Stelle der Freihändigen Vergabe (§ 3 Nr. 1 Abs. 3) tritt. Beim Verhandlungsverfahren wendet sich der Auftraggeber an ausgewählte Unternehmer und verhandelt mit einem oder mehreren dieser Unternehmer über den Auftragsinhalt, gegebenenfalls nach Aufruf zum Wettbewerb (§ 17 b Nr. 1 Abs. 1).
2. Ein Verfahren ohne vorherigen Aufruf zum Wettbewerb kann durchgeführt werden,
   a) wenn im Rahmen eines Verfahrens mit vorherigem Aufruf zum Wettbewerb keine oder keine geeigneten Angebote oder keine Bewerbungen abgegeben worden sind, sofern die ursprünglichen Bedingungen des Auftrags nicht grundlegend geändert werden,
   b) wenn ein Auftrag nur zum Zweck von Forschungen, Versuchen, Untersuchungen oder Entwicklungen und nicht mit dem Ziel der Gewinnerzielung oder der Deckung der Forschungs- und Entwicklungskosten vergeben wird, sofern die Vergabe eines derartigen Auftrages einer wettbewerblichen Vergabe von Folgeaufträgen, die insbesondere diese Ziele verfolgen, nicht vorgreift,
   c) wenn der Auftrag wegen seiner technischen oder künstlerischen Besonderheiten oder aufgrund des Schutzes von Ausschließlichkeitsrechten nur von einem bestimmten Unternehmer durchgeführt werden kann,
   d) wenn dringliche Gründe im Zusammenhang mit Ereignissen, die der Auftraggeber nicht voraussehen konnte, es nicht zulassen, die in den Offenen Verfahren, Nichtoffenen Verfahren oder Verhandlungsverfahren vorgesehenen Fristen einzuhalten,
   e) bei zusätzlichen Bauarbeiten, die weder in dem der Vergabe zugrunde liegenden Entwurf noch im zuerst vergebenen Auftrag vorgesehen sind, die aber wegen eines unvorhergesehenen Ereignisses zur Ausführung dieses Auftrags erforderlich sind, sofern der Auftrag an den Unternehmer vergeben wird, der den ersten Auftrag ausführt,
   – wenn sich diese zusätzlichen Arbeiten in technischer oder wirtschaftlicher Hinsicht nicht ohne wesentlichen Nachteil für den Auftraggeber vom Hauptauftrag trennen lassen oder
   – wenn diese zusätzlichen Arbeiten zwar von der Ausführung des ersten Auftrags getrennt werden können, aber für dessen weitere Ausführungsstufen unbedingt erforderlich sind,
   f) bei neuen Bauarbeiten, die in der Wiederholung gleichartiger Arbeiten bestehen, die vom selben Auftraggeber an den Unternehmer vergeben werden, der den ersten Auftrag erhalten hat, sofern sie einem Grundentwurf entsprechen und dieser Entwurf Gegenstand eines ersten Auftrags war, der nach einem Aufruf zum Wettbewerb vergeben wurde. Die Möglichkeit der Anwendung dieses Verfahrens muss bereits bei der Bekanntmachung des ersten Bauauftrags des ersten Bauabschnitts angegeben werden; der für die Fortsetzung der Bauarbeiten in Aussicht genommene Gesamtauftragswert wird vom Auftraggeber für die Anwendung von § 1 b berücksichtigt,
   g) bei Aufträgen, die aufgrund einer Rahmenvereinbarung vergeben werden sollen, sofern die in § 5 b Nr. 2 genannte Bedingung erfüllt ist.

§ 4 Einheitliche Vergabe, Vergabe nach Losen

1. Bauleistungen sollen so vergeben werden, dass eine einheitliche Ausführung und zweifelsfreie umfassende Haftung für Mängelansprüche erreicht wird; sie sollen daher in der Regel mit den zur Leistung gehörigen Lieferungen vergeben werden.

2. Umfangreiche Bauleistungen sollen möglichst in Lose geteilt und nach Losen vergeben werden (Teillose).
3. Bauleistungen verschiedener Handwerks- oder Gewerbezweige sind in der Regel nach Fachgebieten oder Gewerbezweigen getrennt zu vergeben (Fachlose). Aus wirtschaftlichen oder technischen Gründen dürfen mehrere Fachlose zusammen vergeben werden.

§ 5 Leistungsvertrag, Stundenlohnvertrag, Selbstkostenerstattungsvertrag

1. Bauleistungen sollen so vergeben werden, dass die Vergütung nach Leistung bemessen wird (Leistungsvertrag), und zwar:
   a) in der Regel zu Einheitspreisen für technisch und wirtschaftlich einheitliche Teilleistungen, deren Menge nach Maß, Gewicht oder Stückzahl vom Auftraggeber in den Verdingungsunterlagen anzugeben ist (Einheitspreisvertrag),
   b) in geeigneten Fällen für eine Pauschalsumme, wenn die Leistung nach Ausführungsart und Umfang genau bestimmt ist und mit einer Änderung bei der Ausführung nicht zu rechnen ist (Pauschalvertrag).
2. Bauleistungen geringeren Umfangs, die überwiegend Lohnkosten verursachen, dürfen im Stundenlohn vergeben werden (Stundenlohnvertrag).
3. (1) Bauleistungen größeren Umfangs dürfen ausnahmsweise nach Selbstkosten vergeben werden, wenn sie vor der Vergabe nicht eindeutig und so erschöpfend bestimmt werden können, dass eine einwandfreie Preisermittlung möglich ist (Selbstkostenerstattungsvertrag).
   (2) Bei der Vergabe ist festzulegen, wie Löhne, Stoffe, Gerätevorhaltung und andere Kosten einschließlich der Gemeinkosten zu vergüten sind und der Gewinn zu bemessen ist.
   (3) Wird während der Bauausführung eine einwandfreie Preisermittlung möglich, so soll ein Leistungsvertrag abgeschlossen werden. Wird das bereits Geleistete nicht in den Leistungsvertrag einbezogen, so ist auf klare Leistungsabgrenzung zu achten.

§ 5 b Rahmenvereinbarung

1. Eine Rahmenvereinbarung ist eine Vereinbarung mit einem oder mehreren Unternehmern, in der die Bedingungen für die Aufträge festgelegt werden, die im Laufe eines bestimmten Zeitraums vergeben werden sollen, insbesondere über den in Aussicht genommenen Preis und gegebenenfalls die in Aussicht genommene Menge.
2. (1) Rahmenvereinbarungen können als Auftrag im Sinne dieser Vergabebestimmungen angesehen werden und aufgrund eines Verfahrens nach § 3 b Nr. 1 abgeschlossen werden.
   (2) Ist eine Rahmenvereinbarung in einem Verfahren nach § 3 b Nr. 1 abgeschlossen worden, so kann ein Einzelauftrag aufgrund dieser Rahmenvereinbarung nach § 3 b Nr. 2 Buchstabe g ohne vorherigen Aufruf zum Wettbewerb vergeben werden.
   (3) Ist eine Rahmenvereinbarung nicht in einem Verfahren nach § 3 b Nr. 1 abgeschlossen worden, so muss der Vergabe des Einzelauftrags ein Aufruf zum Wettbewerb vorausgehen.
3. Rahmenvereinbarungen dürfen nicht dazu missbraucht werden, den Wettbewerb zu verhindern, einzuschränken oder zu verfälschen.

§ 6 Angebotsverfahren

1. Das Angebotsverfahren ist darauf abzustellen, dass der Bewerber die Preise, die er für seine Leistungen fordert, in die Leistungsbeschreibung einzusetzen oder in anderer Weise im Angebot anzugeben hat.
2. Das Auf- und Abgebotsverfahren, bei dem vom Auftraggeber angegebene Preise dem Auf- und Abgebot der Bieter unterstellt, soll nur ausnahmsweise bei regelmäßig wiederkehrenden Unterhaltungsarbeiten, deren Umfang möglichst zu umgrenzen ist, angewandt werden.

§ 7 Mitwirkung von Sachverständigen

1. Ist die Mitwirkung von besonderen Sachverständigen zweckmäßig, um
   a) die Vergabe, insbesondere die Verdingungsunterlagen, vorzubereiten oder
   b) die geforderten Preise einschließlich der Vergütungen für Stundenlohnarbeiten (Stundenlohnzuschläge, Verrechnungssätze) zu beurteilen oder
   c) die vertragsgemäße Ausführung der Leistung zu begutachten,
   so sollen die Sachverständigen von den Berufsvertretungen vorgeschlagen werden; diese Sachverständigen dürfen weder unmittelbar noch mittelbar an der betreffenden Vergabe beteiligt sein.
2. Sachverständige im Sinne von Nummer 1 sollen in geeigneten Fällen auf Antrag der Berufsvertretungen gehört werden, wenn dem Auftraggeber dadurch keine Kosten entstehen.

§ 8 Teilnehmer am Wettbewerb

1. Alle Bewerber oder Bieter sind gleich zu behandeln. Der Wettbewerb darf insbesondere nicht auf Bewerber beschränkt werden, die in bestimmten Regionen oder Orten ansässig sind.
2. (1) Bei Öffentlicher Ausschreibung sind die Unterlagen an alle Bewerber abzugeben, die sich gewerbsmäßig mit der Ausführung von Leistungen der ausgeschriebenen Art befassen.
   (2) Bei Beschränkter Ausschreibung sollen im Allgemeinen nur 3 bis 8 geeignete Bewerber aufgefordert werden. Werden von den Bewerbern umfangreiche Vorarbeiten verlangt, die einen besonderen Aufwand erfordern, so soll die Zahl der Bewerber möglichst eingeschränkt werden.
   (3) Bei Beschränkter Ausschreibung und Freihändiger Vergabe soll unter den Bewerbern möglichst gewechselt werden.
3. (1) Von den Bewerbern oder Bietern dürfen zum Nachweis ihrer Eignung (Fachkunde, Leistungsfähigkeit und Zuverlässigkeit) Angaben verlangt werden über
   a) den Umsatz des Unternehmers in den letzten drei abgeschlossenen Geschäftsjahren, soweit er Bauleistungen und andere Leistungen betrifft, die mit der zu vergebenden Leistung vergleichbar sind, unter Einschluss des Anteils bei gemeinsam mit anderen Unternehmern ausgeführten Aufträgen,
   b) die Ausführung von Leistungen in den letzten drei abgeschlossenen Geschäftsjahren, die mit der zu vergebenden Leistung vergleichbar sind,
   c) die Zahl der in den letzten drei abgeschlossenen Geschäftsjahren jahresdurchschnittlich beschäftigten Arbeitskräfte, gegliedert nach Berufsgruppen,
   d) die dem Unternehmer für die Ausführung der zu vergebenden Leistung zur Verfügung stehende technische Ausrüstung,
   e) das für die Leitung und Aufsicht vorgesehene technische Personal,
   f) die Eintragung in das Berufsregister ihres Sitzes oder Wohnsitzes,
   g) andere, insbesondere für die Prüfung der Fachkunde geeignete Nachweise.
   Als Nachweise nach den Buchstaben a, c und f sind auch von der zuständigen Stelle ausgestellte Bescheinigungen zulässig, aus denen hervorgeht, dass der Unternehmer in einer amtlichen Liste in einer Gruppe geführt wird, die den genannten Leistungsmerkmalen entspricht.
   (2) Als Nachweis der Eignung (Fachkunde, Leistungsfähigkeit und Zuverlässigkeit) ist insbesondere auch die vom Auftraggeber direkt abrufbare Eintragung in die allgemein zugängliche Liste des Vereins für die Präqualifikation von Bauunternehmen e. V. (Präqualifikationsverzeichnis) zulässig. Auf den konkreten Auftrag bezogene zusätzliche Nachweise können verlangt werden.
   (3) Der Auftraggeber wird andere ihm geeignet erscheinende Nachweise der wirtschaftlichen und finanziellen Leistungsfähigkeit zulassen, wenn er feststellt, dass stichhaltige Gründe dafür bestehen.
   (4) Bei Öffentlicher Ausschreibung sind in der Aufforderung zur Angebotsabgabe die Nachweise zu bezeichnen, deren Vorlage mit dem Angebot verlangt oder deren spätere Anforderung vorbehalten wird. Bei Beschränkter Ausschreibung nach Öffentlichem Teilnahmewettbewerb ist zu verlangen, dass die Nachweise bereits mit dem Teilnahmeantrag vorgelegt werden.
4. Bei Beschränkter Ausschreibung und Freihändiger Vergabe ist vor der Aufforderung zur Angebotsabgabe die Eignung der Bewerber zu prüfen. Dabei sind die Bewerber auszuwählen, deren Eignung die für die Erfüllung der vertraglichen Verpflichtungen notwendige Sicherheit bietet; dies bedeutet, dass sie die erforderliche Fachkunde, Leistungsfähigkeit und Zuverlässigkeit besitzen und über ausreichende technische und wirtschaftliche Mittel verfügen.
5. (1) Von der Teilnahme am Wettbewerb dürfen Unternehmer ausgeschlossen werden,
   a) über deren Vermögen das Insolvenzverfahren oder ein vergleichbares gesetzlich geregeltes Verfahren eröffnet oder die Eröffnung beantragt worden ist oder der Antrag mangels Masse abgelehnt wurde,
   b) deren Unternehmen sich in Liquidation befinden,
   c) die nachweislich eine schwere Verfehlung begangen haben, die ihre Zuverlässigkeit als Bewerber in Frage stellt,
   d) die ihre Verpflichtung zur Zahlung von Steuern und Abgaben sowie der Beiträge zur gesetzlichen Sozialversicherung nicht ordnungsgemäß erfüllt haben,
   e) die im Vergabeverfahren vorsätzlich unzutreffende Erklärungen in Bezug auf ihre Fachkunde, Leistungsfähigkeit und Zuverlässigkeit abgegeben haben,
   f) die sich nicht bei der Berufsgenossenschaft angemeldet haben.

9 Anhang

(2) Der Auftraggeber darf von den Bewerbern oder Bietern entsprechende Bescheinigungen der zuständigen Stelle oder Erklärungen verlangen.
(3) Der Nachweis, dass Ausschlussgründe im Sinne von Absatz 1 nicht vorliegen, kann auch durch eine Bescheinigung nach Nummer 3 Abs. 2 geführt werden, es sei denn, dass dies widerlegt wird.
6. Justizvollzugsanstalten, Einrichtungen der Jugendhilfe, Aus- und Fortbildungsstätten und ähnliche Einrichtungen sowie Betriebe der öffentlichen Hand und Verwaltungen sind zum Wettbewerb mit gewerblichen Unternehmern nicht zuzulassen.

§ 8a Teilnehmer am Wettbewerb

1. (1) Ein Unternehmen ist von der Teilnahme an einem Vergabeverfahren wegen Unzuverlässigkeit auszuschließen, wenn der Auftraggeber Kenntnis davon hat, dass eine Person, deren Verhalten dem Unternehmen zuzurechnen ist, rechtskräftig wegen Verstoßes gegen eine der folgenden Vorschriften verurteilt worden ist:
   a) § 129 des Strafgesetzbuches (Bildung krimineller Vereinigungen), § 129a des Strafgesetzbuches (Bildung terroristischer Vereinigungen), § 129b des Strafgesetzbuches (kriminelle und terroristische Vereinigungen im Ausland),
   b) § 261 des Strafgesetzbuches (Geldwäsche, Verschleierung unrechtmäßig erlangter Vermögenswerte),
   c) § 263 des Strafgesetzbuches (Betrug), soweit sich die Straftat gegen den Haushalt der EG oder gegen Haushalte richtet, die von der EG oder in ihrem Auftrag verwaltet werden,
   d) § 264 des Strafgesetzbuches (Subventionsbetrug), soweit sich die Straftat gegen den Haushalt der EG oder gegen Haushalte richtet, die von der EG oder in ihrem Auftrag verwaltet werden,
   e) § 334 des Strafgesetzbuches (Bestechung), auch in Verbindung mit Artikel 2 des EU-Bestechungsgesetzes, Artikel 2 § 1 des Gesetzes zur Bekämpfung internationaler Bestechung, Artikel 7 Abs. 2 Nr. 10 des Vierten Strafrechtsänderungsgesetzes und § 2 des Gesetzes über das Ruhen der Verfolgungsverjährung und die Gleichstellung der Richter und Bediensteten des Internationalen Strafgerichtshofes,
   f) Artikel 2 § 2 des Gesetzes zur Bekämpfung internationaler Bestechung (Bestechung ausländischer Abgeordneter im Zusammenhang mit internationalem Geschäftsverkehr),
   g) § 370 der Abgabenordnung, auch in Verbindung mit § 12 des Gesetzes zur Durchführung der gemeinsamen Marktorganisationen und der Direktzahlungen (MOG), soweit sich die Straftat gegen den Haushalt der EG oder gegen Haushalte richtet, die von der EG oder in ihrem Auftrag verwaltet werden.

Einem Verstoß gegen diese Vorschriften gleichgesetzt sind Verstöße gegen entsprechende Strafnormen anderer Staaten. Ein Verhalten ist einem Unternehmen zuzurechnen, wenn eine für dieses Unternehmen für die Führung der Geschäfte verantwortlich handelnde Person selbst gehandelt hat oder ein Aufsichts- oder Organisationsverschulden gemäß § 130 des Gesetzes über Ordnungswidrigkeiten (OWiG) dieser Person im Hinblick auf das Verhalten einer anderen für den Bewerber handelnden Person vorliegt.
(2) Als Nachweis, dass die Kenntnis nach Absatz 1 unrichtig ist, akzeptiert der Auftraggeber eine Urkunde einer zuständigen Gerichts- oder Verwaltungsbehörde des Herkunftslands. Wenn eine Urkunde oder Bescheinigung vom Herkunftsland nicht ausgestellt ist oder nicht vollständig alle vorgesehenen Fälle erwähnt, kann dies durch eine eidesstattliche Erklärung oder eine förmliche Erklärung vor einer zuständigen Gerichts- oder Verwaltungsbehörde, einem Notar oder einer dafür qualifizierten Berufsorganisation des Herkunftslands ersetzt werden.
(3) Von einem Ausschluss nach Absatz 1 kann nur abgesehen werden, wenn zwingende Gründe des Allgemeininteresses vorliegen und andere die Leistung nicht angemessen erbringen können oder wenn aufgrund besonderer Umstände des Einzelfalls der Verstoß die Zuverlässigkeit des Unternehmens nicht in Frage stellt.
2. Beim Offenen Verfahren gilt § 8 Nr. 2 Abs. 1.
3. Beim Nichtoffenen Verfahren müssen mindestens 5 geeignete Bewerber aufgefordert werden. § 8 Nr. 2 Abs. 2 Satz 1 gilt nicht. Auf jeden Fall muss die Zahl der aufgeforderten Bewerber einen echten Wettbewerb sicherstellen. Die Eignung ist anhand der mit dem Teilnahmeantrag vorgelegten Nachweise zu prüfen.
4. Beim Verhandlungsverfahren mit Vergabebekanntmachung und beim Wettbewerblichen Dialog darf bei einer hinreichenden Anzahl geeigneter Bewerber die Zahl der zu Verhandlungen aufzufordernden Bewerber nicht unter drei liegen. Es

sind jedoch so viele Bewerber zu berücksichtigen, dass ein Wettbewerb gewährleistet ist.
5. Beim Verhandlungsverfahren gilt § 8 Nr. 3 bis 5.
6. Will der Auftraggeber im Nichtoffenen Verfahren, im Wettbewerblichen Dialog oder im Verhandlungsverfahren die Zahl der Teilnehmer begrenzen, so gibt er in der Bekanntmachung die von ihm vorgesehenen objektiven und nicht diskriminierenden, auftragsbezogenen Kriterien, die vorgesehene Mindestzahl und gegebenenfalls auch die Höchstzahl an einzuladenden Bewerbern an.
7. Kann ein Unternehmer aus einem berechtigten Grund die geforderten Nachweise nicht beibringen, so kann er den Nachweis seiner Eignung durch Vorlage jedes anderen vom Auftraggeber als geeignet erachteten Belegs erbringen.
8. Der Auftraggeber kann von Bietergemeinschaften die Annahme einer bestimmten Rechtsform nur für den Fall der Auftragserteilung verlangen und sofern dies für die ordnungsgemäße Durchführung des Auftrages notwendig ist.
9. Hat ein Bieter oder Bewerber vor Einleitung des Vergabeverfahrens den Auftraggeber beraten oder sonst unterstützt, so hat der Auftraggeber sicherzustellen, dass der Wettbewerb durch die Teilnahme des Bieters oder Bewerbers nicht verfälscht wird.
10. Ein Bieter kann sich, ggf. auch als Mitglied einer Bietergemeinschaft, bei der Erfüllung eines Auftrags der Fähigkeiten anderer Unternehmen bedienen, ungeachtet des rechtlichen Charakters der zwischen ihm und diesen Unternehmen bestehenden Verbindungen. Er muss in diesem Fall dem Auftraggeber gegenüber nachweisen, dass ihm die erforderlichen Mittel zur Verfügung stehen, indem er beispielsweise eine entsprechende Verpflichtungserklärung dieser Unternehmen vorlegt.
11. (1) Auftraggeber können zusätzlich Angaben über Umweltmanagementverfahren verlangen, die der Bewerber oder Bieter bei der Ausführung des Auftrags gegebenenfalls anwenden will. In diesen Fällen kann der Auftraggeber zum Nachweis dafür, dass der Bewerber oder Bieter bestimmte Normen für das Umweltmanagement erfüllt, die Vorlage von Bescheinigungen unabhängiger Stellen verlangen. In diesen Fällen nehmen sie auf das Gemeinschaftssystem für das Umweltmanagement und die Umweltbetriebsprüfung (EMAS) oder auf Normen für das Umweltmanagement Bezug, die auf den einschlägigen europäischen oder internationalen Normen beruhen und von entsprechenden Stellen zertifiziert sind, die dem Gemeinschaftsrecht oder einschlägigen europäischen oder internationalen Zertifizierungsnormen entsprechen. Gleichwertige Bescheinigungen von Stellen in anderen Mitgliedstaaten sind anzuerkennen. Die Auftraggeber erkennen auch andere Nachweise für gleichwertige Umweltmanagement-Maßnahmen an, die von Bewerbern oder Bietern vorgelegt werden.

(2) Auftraggeber können zum Nachweis dafür, dass der Bewerber oder Bieter bestimmte Qualitätssicherungsnormen erfüllt, die Vorlage von Bescheinigungen unabhängiger Stellen verlangen. In diesen Fällen nehmen sie auf Qualitätssicherungsverfahren Bezug, die den einschlägigen europäischen Normen genügen und von entsprechenden Stellen zertifiziert sind, die den europäischen Zertifizierungsnormen entsprechen. Gleichwertige Bescheinigungen von Stellen aus anderen Mitgliedstaaten sind anzuerkennen. Die Auftraggeber erkennen auch andere gleichwertige Nachweise für Qualitätssicherungsmaßnahmen an.

§ 8 b Teilnehmer am Wettbewerb

1. (1) Ein Unternehmen ist von der Teilnahme an einem Vergabeverfahren wegen Unzuverlässigkeit auszuschließen, wenn der Auftraggeber Kenntnis davon hat, dass eine Person, deren Verhalten dem Unternehmen zuzurechnen ist, rechtskräftig wegen Verstoßes gegen eine der folgenden Vorschriften verurteilt worden ist:
a) § 129 des Strafgesetzbuches (Bildung krimineller Vereinigungen), § 129 a des Strafgesetzbuches (Bildung terroristischer Vereinigungen), § 129 b des Strafgesetzbuches (kriminelle und terroristische Vereinigungen im Ausland),
b) § 261 des Strafgesetzbuches (Geldwäsche, Verschleierung unrechtmäßig erlangter Vermögenswerte),
c) § 263 des Strafgesetzbuches (Betrug), soweit sich die Straftat gegen den Haushalt der EG oder gegen Haushalte richtet, die von der EG oder in ihrem Auftrag verwaltet werden,
d) § 264 des Strafgesetzbuches (Subventionsbetrug), soweit sich die Straftat gegen den Haushalt der EG oder gegen Haushalte richtet, die von der EG oder in ihrem Auftrag verwaltet werden,
e) § 334 des Strafgesetzbuches (Bestechung), auch in Verbindung mit Artikel 2 des EU-Be-

stechungsgesetzes, Artikel 2 § 1 des Gesetzes zur Bekämpfung internationaler Bestechung, Artikel 7 Abs. 2 Nr. 10 des Vierten Strafrechtsänderungsgesetzes und § 2 des Gesetzes über das Ruhen der Verfolgungsverjährung und die Gleichstellung der Richter und Bediensteten des Internationalen Strafgerichtshofes,

f) Artikel 2 § 2 des Gesetzes zur Bekämpfung internationaler Bestechung (Bestechung ausländischer Abgeordneter im Zusammenhang mit internationalem Geschäftsverkehr),

g) § 370 der Abgabenordnung, auch in Verbindung mit § 12 des Gesetzes zur Durchführung der gemeinsamen Marktorganisationen und der Direktzahlungen (MOG), soweit sich die Straftat gegen den Haushalt der EG oder gegen Haushalte richtet, die von der EG oder in ihrem Auftrag verwaltet werden.

Einem Verstoß gegen diese Vorschriften gleichgesetzt sind Verstöße gegen entsprechende Strafnormen anderer Staaten. Ein Verhalten ist einem Unternehmen zuzurechnen, wenn eine für dieses Unternehmen für die Führung der Geschäfte verantwortlich handelnde Person selbst gehandelt hat oder ein Aufsichts- oder Organisationsverschulden gemäß § 130 des Gesetzes über Ordnungswidrigkeiten (OWiG) dieser Person im Hinblick auf das Verhalten einer anderen für den Bewerber handelnden Person vorliegt.

(2) Als Nachweis, dass die Kenntnis nach Absatz 1 unrichtig ist, akzeptiert der Auftraggeber eine Urkunde einer zuständigen Gerichts- oder Verwaltungsbehörde des Herkunftslands. Wenn eine Urkunde oder Bescheinigung vom Herkunftsland nicht ausgestellt ist oder nicht vollständig alle vorgesehenen Fälle erwähnt, kann dies durch eine eidesstattliche Erklärung oder eine förmliche Erklärung vor einer zuständigen Gerichts- oder Verwaltungsbehörde, einem Notar oder einer dafür qualifizierten Berufsorganisation des Herkunftslands ersetzt werden.

(3) Von einem Ausschluss nach Absatz 1 kann nur abgesehen werden, wenn zwingende Gründe des Allgemeininteresses vorliegen und andere die Leistung nicht angemessen erbringen können oder wenn aufgrund besonderer Umstände des Einzelfalls der Verstoß die Zuverlässigkeit des Bewerbers nicht in Frage stellt.

2. (1) Auftraggeber, die Bewerber für die Teilnahme an einem Nichtoffenen Verfahren oder an einem Verhandlungsverfahren auswählen, richten sich dabei nach objektiven Regeln und Kriterien.

Diese Regeln und Kriterien legen sie schriftlich fest und stellen sie interessierten Unternehmern zur Verfügung.

(2) Kriterien im Sinne des Absatzes 1 sind insbesondere Fachkunde, Leistungsfähigkeit und Zuverlässigkeit. Zu deren Nachweis können z.B. Angaben nach § 8 Nr. 3 verlangt werden.

3. Kriterien nach Nummer 1 können auch Ausschließungsgründe nach § 8 Nr. 5 Abs. 1 sein.

4. Ein Kriterium kann auch die objektive Notwendigkeit sein, die Zahl der Bewerber so weit zu verringern, dass ein angemessenes Verhältnis zwischen den besonderen Merkmalen des Vergabeverfahrens und dem zur Durchführung notwendigen Aufwand sichergestellt ist. Es sind jedoch so viele Bewerber zu berücksichtigen, dass ein Wettbewerb gewährleistet ist.

5. Von Bietergemeinschaften kann nicht verlangt werden, dass sie zwecks Einreichung eines Angebots oder für das Verhandlungsverfahren eine bestimmte Rechtsform annehmen; von der den Zuschlag erhaltenden Gemeinschaft kann dies jedoch verlangt werden, sofern es für die ordnungsgemäße Durchführung des Auftrags notwendig ist.

6. Bei der Auswahl der Teilnehmer an einem Nichtoffenen Verfahren oder Verhandlungsverfahren sowie bei der Entscheidung über die Qualifikation sowie bei der Überarbeitung der Prüfungskriterien und -regeln dürfen die Auftraggeber nicht
  – bestimmten Unternehmern administrative, technische oder finanzielle Verpflichtungen auferlegen, die sie anderen Unternehmern nicht auferlegt hätten,
  – Prüfungen und Nachweise verlangen, die sich mit bereits vorliegenden objektiven Nachweisen überschneiden.

7. Ein Bieter kann sich, gegebenenfalls auch als Mitglied einer Bietergemeinschaft, bei der Erfüllung eines Auftrags der Fähigkeiten anderer Unternehmen bedienen, ungeachtet des rechtlichen Charakters der zwischen ihm und diesem Unternehmen bestehenden Verbindung. Er muss in diesem Fall dem Auftraggeber gegenüber nachweisen, dass ihm die erforderlichen Mittel zur Verfügung stehen, indem er beispielsweise eine entsprechende Verpflichtungserklärung dieser Unternehmen vorlegt.

8. (1) Auftraggeber können zusätzlich Angaben über Umweltmanagementverfahren verlangen, die der Bewerber oder Bieter bei der Ausführung des Auftrags gegebenenfalls anwenden will.

In diesen Fällen kann der Auftraggeber zum Nachweis dafür, dass der Bewerber oder Bieter bestimmte Normen für das Umweltmanagement erfüllt, die Vorlage von Bescheinigungen unabhängiger Stellen verlangen. In diesen Fällen nehmen sie auf das Gemeinschaftssystem für das Umweltmanagement und die Umweltbetriebsprüfung (EMAS) oder auf Normen für das Umweltmanagement Bezug, die auf den einschlägigen europäischen oder internationalen Normen beruhen und von entsprechenden Stellen zertifiziert sind, die dem Gemeinschaftsrecht oder einschlägigen europäischen oder internationalen Zertifizierungsnormen entsprechen. Gleichwertige Bescheinigungen von Stellen in anderen Mitgliedstaaten sind anzuerkennen. Die Auftraggeber erkennen auch andere Nachweise für gleichwertige Umweltmanagement-Maßnahmen an, die von Bewerbern oder Bietern vorgelegt werden.

(2) Auftraggeber können zum Nachweis dafür, dass der Bewerber oder Bieter bestimmte Qualitätssicherungsnormen erfüllt, die Vorlage von Bescheinigungen unabhängiger Stellen verlangen. In diesen Fällen nehmen sie auf Qualitätssicherungsverfahren Bezug, die den einschlägigen europäischen Normen genügen und von entsprechenden Stellen zertifiziert sind, die den europäischen Zertifizierungsnormen entsprechen. Gleichwertige Bescheinigungen von Stellen aus anderen Mitgliedstaaten sind anzuerkennen. Die Auftraggeber erkennen auch andere gleichwertige Nachweise für Qualitätssicherungsmaßnahmen an.

9. (1) Auftraggeber können ein System zur Prüfung von Unternehmern (Präqualifikationsverfahren) einrichten und anwenden. Sie sorgen dann dafür, dass sich Unternehmen jederzeit einer Prüfung unterziehen können.

(2) Das System kann mehrere Qualifikationsstufen umfassen. Es wird auf der Grundlage der vom Auftraggeber aufgestellten objektiven Regeln und Kriterien gehandhabt. Der Auftraggeber nimmt dabei auf geeignete europäische Normen über die Qualifizierung von Unternehmern Bezug. Diese Kriterien und Regeln können erforderlichenfalls auf den neuesten Stand gebracht werden.

(3) Auf Verlangen werden diese Qualifizierungsregeln und -kriterien sowie deren Fortschreibung interessierten Unternehmern übermittelt. Bezieht sich der Auftraggeber auf das Qualifizierungssystem einer anderen Einrichtung, so teilt er deren Namen mit.

(4) Enthalten die Qualifizierungsregeln Anforderungen an die wirtschaftlichen und finanziellen sowie technischen und/oder beruflichen Fähigkeiten des Unternehmens, kann sich dieses gegebenenfalls auf die Fähigkeit anderer Unternehmen stützen, unabhängig von dem Rechtsverhältnis, in dem es zu diesen Unternehmen steht. In diesem Fall muss es dem Auftraggeber nachweisen, dass es während der gesamten Gültigkeit des Prüfsystems über diese Ressourcen verfügt, beispielsweise durch eine entsprechende Verpflichtungserklärung dieser Unternehmen.

10. Die Auftraggeber unterrichten die Antragsteller innerhalb von 6 Monaten über die Entscheidung zu deren Qualifikation. Kann diese Entscheidung nicht innerhalb von 4 Monaten nach Eingang des Prüfungsantrags getroffen werden, hat der Auftraggeber dem Antragsteller spätestens zwei Monate nach Eingang des Antrags die Gründe für eine längere Bearbeitungszeit mitzuteilen und anzugeben, wann über die Annahme oder die Ablehnung seines Antrags entschieden wird.

11. Negative Entscheidungen über die Qualifikation werden unverzüglich, spätestens jedoch innerhalb von 15 Kalendertagen nach der Entscheidung den Antragstellern unter Angabe der Gründe mitgeteilt. Die Gründe müssen sich auf die in Nummer 9 erwähnten Prüfungskriterien beziehen.

12. Die als qualifiziert anerkannten Unternehmer sind in ein Verzeichnis aufzunehmen. Dabei ist eine Untergliederung nach Fachgebieten möglich.

13. Die Auftraggeber können einem Unternehmer die Qualifikation nur aus Gründen aberkennen, die auf den in Nummer 9 erwähnten Kriterien beruhen. Die beabsichtigte Aberkennung muss dem betroffenen Unternehmer mindestens 15 Kalendertage vor dem für die Aberkennung vorgesehenen Termin schriftlich unter Angabe der Gründe mitgeteilt werden.

§ 9 Beschreibung der Leistung

Allgemeines

1. Die Leistung ist eindeutig und so erschöpfend zu beschreiben, dass alle Bewerber die Beschreibung im gleichen Sinne verstehen müssen und ihre Preise sicher und ohne umfangreiche Vorarbeiten berechnen können. Bedarfspositionen (Eventualpositionen) dürfen nur ausnahmsweise

9 Anhang

in die Leistungsbeschreibung aufgenommen werden. Angehängte Stundenlohnarbeiten dürfen nur in dem unbedingt erforderlichen Umfang in die Leistungsbeschreibung aufgenommen werden.

2. Dem Auftragnehmer darf kein ungewöhnliches Wagnis aufgebürdet werden für Umstände und Ereignisse, auf die er keinen Einfluss hat und deren Einwirkung auf die Preise und Fristen er nicht im Voraus schätzen kann.

3. (1) Um eine einwandfreie Preisermittlung zu ermöglichen, sind alle sie beeinflussenden Umstände festzustellen und in den Verdingungsunterlagen anzugeben.
(2) Erforderlichenfalls sind auch der Zweck und die vorgesehene Beanspruchung der fertigen Leistung anzugeben.
(3) Die für die Ausführung der Leistung wesentlichen Verhältnisse der Baustelle, z.B. Boden- und Wasserverhältnisse, sind so zu beschreiben, dass der Bewerber ihre Auswirkungen auf die bauliche Anlage und die Bauausführung hinreichend beurteilen kann.
(4) Die »Hinweise für das Aufstellen der Leistungsbeschreibung« in Abschnitt 0 der Allgemeinen Technischen Vertragsbedingungen für Bauleistungen, DIN 18299 ff., sind zu beachten.

4. Bei der Beschreibung der Leistung sind die verkehrsüblichen Bezeichnungen zu beachten.

Technische Spezifikationen

5. Die technischen Anforderungen (Spezifikationen – siehe Anhang TS Nr. 1) an den Auftragsgegenstand müssen allen Bietern gleichermaßen zugänglich sein und dürfen den Wettbewerb nicht in unzulässiger Weise behindern.

6. Die technischen Spezifikationen sind in den Verdingungsunterlagen zu formulieren:
(1) entweder unter Bezugnahme auf die in Anhang TS definierten technischen Spezifikationen in der Rangfolge
 a) nationale Normen, mit denen europäische Normen umgesetzt werden,
 b) europäische technische Zulassungen,
 c) gemeinsame technische Spezifikationen,
 d) internationale Normen und andere technische Bezugsysteme, die von den europäischen Normungsgremien erarbeitet wurden oder,
 e) falls solche Normen und Spezifikationen fehlen, nationale Normen, nationale technische Zulassungen oder nationale technische Spezifikationen für die Planung, Berechnung und Ausführung von Bauwerken und den Einsatz von Produkten.

Jede Bezugnahme ist mit dem Zusatz »oder gleichwertig« zu versehen;
(2) oder in Form von Leistungs- oder Funktionsanforderungen, die so genau zu fassen sind, dass sie den Unternehmen ein klares Bild vom Auftragsgegenstand vermitteln und dem Auftraggeber die Erteilung des Zuschlags ermöglichen;
(3) oder in Kombination von Absatz 1 und Absatz 2, d. h.
 a) in Form von Leistungs- oder Funktionsanforderungen unter Bezugnahme auf die Spezifikationen gemäß Absatz 1 als Mittel zur Vermutung der Konformität mit diesen Leistungs- oder Funktionsanforderungen;
 b) oder mit Bezugnahme auf die Spezifikationen gemäß Absatz 1 hinsichtlich bestimmter Merkmale und mit Bezugnahme auf die Leistungs- oder Funktionsanforderungen gemäß Nummer 2 hinsichtlich anderer Merkmale.

7. Verweist der Auftraggeber in der Leistungsbeschreibung auf die in Nummer 6 Abs. 1 Buchstabe a genannten Spezifikationen, so darf er ein Angebot nicht mit der Begründung ablehnen, die angebotene Leistung entspräche nicht den herangezogenen Spezifikationen, sofern der Bieter in seinem Angebot dem Auftraggeber nachweist, dass die von ihm vorgeschlagenen Lösungen den Anforderungen der technischen Spezifikation, auf die Bezug genommen wurde, gleichermaßen entsprechen. Als geeignetes Mittel kann eine technische Beschreibung des Herstellers oder ein Prüfbericht einer anerkannten Stelle gelten.

8. Legt der Auftraggeber die technischen Spezifikationen in Form von Leistungs- oder Funktionsanforderungen fest, so darf er ein Angebot, das einer nationalen Norm entspricht, mit der eine europäische Norm umgesetzt wird, oder einer europäischen technischen Zulassung, einer gemeinsamen technischen Spezifikation, einer internationalen Norm oder einem technischen Bezugssystem, das von den europäischen Normungsgremien erarbeitet wurde, entspricht, nicht zurückweisen, wenn diese Spezifikationen die geforderten Leistungs- oder Funktionsanforderungen betreffen. Der Bieter muss in seinem Angebot mit geeigneten Mitteln dem Auftraggeber nachweisen, dass die der Norm entsprechende jeweilige Leistung den Leistungs- oder Funktionsanforderungen des Auftraggebers entspricht. Als geeignetes Mittel kann eine techni-

sche Beschreibung des Herstellers oder ein Prüfbericht einer anerkannten Stelle gelten.
9. Schreibt der Auftraggeber Umwelteigenschaften in Form von Leistungs- oder Funktionsanforderungen vor, so kann er die Spezifikationen verwenden, die in europäischen, multinationalen oder anderen Umweltgütezeichen definiert sind, wenn
   a) sie sich zur Definition der Merkmale des Auftragsgegenstands eignen,
   b) die Anforderungen des Umweltgütezeichens auf Grundlage von wissenschaftlich abgesicherten Informationen ausgearbeitet werden;
   c) die Umweltgütezeichen im Rahmen eines Verfahrens erlassen werden, an dem interessierte Kreise – wie z. B. staatliche Stellen, Verbraucher, Hersteller, Händler und Umweltorganisationen – teilnehmen können, und
   d) wenn das Umweltgütezeichen für alle Betroffenen zugänglich und verfügbar ist.
   Der Auftraggeber kann in den Vergabeunterlagen angeben, dass bei Leistungen, die mit einem Umweltgütezeichen ausgestattet sind, vermutet wird, dass sie den in der Leistungsbeschreibung festlegten technischen Spezifikationen genügen. Der Auftraggeber muss jedoch auch jedes andere geeignete Beweismittel, wie technische Unterlagen des Herstellers oder Prüfberichte anerkannter Stellen, akzeptieren. Anerkannte Stellen sind die Prüf- und Eichlaboratorien sowie die Inspektions- und Zertifizierungsstellen, die mit den anwendbaren europäischen Normen übereinstimmen. Der Auftraggeber erkennt Bescheinigungen von in anderen Mitgliedstaaten ansässigen anerkannten Stellen an.
10. Soweit es nicht durch den Auftragsgegenstand gerechtfertigt ist, darf in technischen Spezifikationen nicht auf eine bestimmte Produktion oder Herkunft oder ein besonderes Verfahren oder auf Marken, Patente, Typen eines bestimmten Ursprungs oder einer bestimmten Produktion verwiesen werden, wenn dadurch bestimmte Unternehmen oder bestimmte Produkte begünstigt oder ausgeschlossen werden. Solche Verweise sind jedoch ausnahmsweise zulässig, wenn der Auftragsgegenstand nicht hinreichend genau und allgemein verständlich beschrieben werden kann; solche Verweise sind mit dem Zusatz »oder gleichwertig« zu versehen.

Leistungsbeschreibung mit Leistungsverzeichnis

11. Die Leistung soll in der Regel durch eine allgemeine Darstellung der Bauaufgabe (Baubeschreibung) und ein in Teilleistungen gegliedertes Leistungsverzeichnis beschrieben werden.
12. Erforderlichenfalls ist die Leistung auch zeichnerisch oder durch Probestücke darzustellen oder anders zu erklären, z.B. durch Hinweise auf ähnliche Leistungen, durch Mengen- oder statische Berechnungen. Zeichnungen und Proben, die für die Ausführung maßgebend sein sollen, sind eindeutig zu bezeichnen.
13. Leistungen, die nach den Vertragsbedingungen, den Technischen Vertragsbedingungen oder der gewerblichen Verkehrssitte zu der geforderten Leistung gehören (§ 2 Nr. 1 VOB/B), brauchen nicht besonders aufgeführt zu werden.
14. Im Leistungsverzeichnis ist die Leistung derart aufzugliedern, dass unter einer Ordnungszahl (Position) nur solche Leistungen aufgenommen werden, die nach ihrer technischen Beschaffenheit und für die Preisbildung als in sich gleichartig anzusehen sind. Ungleichartige Leistungen sollen unter einer Ordnungszahl (Sammelposition) nur zusammengefasst werden, wenn eine Teilleistung gegenüber einer anderen für die Bildung eines Durchschnittspreises ohne nennenswerten Einfluss ist.

Leistungsbeschreibung mit Leistungsprogramm

15. Wenn es nach Abwägen aller Umstände zweckmäßig ist, abweichend von Nummer 11 zusammen mit der Bauausführung auch den Entwurf für die Leistung dem Wettbewerb zu unterstellen, um die technisch, wirtschaftlich und gestalterisch beste sowie funktionsgerechte Lösung der Bauaufgabe zu ermitteln, kann die Leistung durch ein Leistungsprogramm dargestellt werden.
16. (1) Das Leistungsprogramm umfasst eine Beschreibung der Bauaufgabe, aus der die Bewerber alle für die Entwurfsbearbeitung und ihr Angebot maßgebenden Bedingungen und Umstände erkennen können und in der sowohl der Zweck der fertigen Leistung als auch die an sie gestellten technischen, wirtschaftlichen, gestalterischen und funktionsbedingten Anforderungen angegeben sind, sowie gegebenenfalls ein Musterleistungsverzeichnis, in dem die Mengenangaben ganz oder teilweise offen gelassen sind.
    (2) Die Nummern 12 bis 14 gelten sinngemäß.
17. Von dem Bieter ist ein Angebot zu verlangen, das außer der Ausführung der Leistung den

Entwurf nebst eingehender Erläuterung und eine Darstellung der Bauausführung sowie eine eingehende und zweckmäßig gegliederte Beschreibung der Leistung – gegebenenfalls mit Mengen- und Preisangaben für Teile der Leistung – umfasst. Bei Beschreibung der Leistung mit Mengen- und Preisangaben ist vom Bieter zu verlangen, dass er

a) die Vollständigkeit seiner Angaben, insbesondere die von ihm selbst ermittelten Mengen, entweder ohne Einschränkung oder im Rahmen einer in den Verdingungsunterlagen anzugebenden Mengentoleranz vertritt und, dass er

b) etwaige Annahmen, zu denen er in besonderen Fällen gezwungen ist, weil zum Zeitpunkt der Angebotsabgabe einzelne Teilleistungen nach Art und Menge noch nicht bestimmt werden können (z.B. Aushub-, Abbruch- oder Wasserhaltungsarbeiten) – erforderlichenfalls anhand von Plänen und Mengenermittlungen – begründet.

§ 9 a (weggefallen)

§ 9 b Beschreibung der Leistung

Die Auftraggeber teilen dem an einem Auftrag interessierten Unternehmer auf Anfrage die technischen Spezifikationen mit, die regelmäßig in ihren Bauaufträgen genannt werden oder die sie bei Beschaffungen im Zusammenhang mit regelmäßigen nichtverbindlichen Bekanntmachungen gemäß § 17 b Nr. 2 benutzen. Soweit sich solche technischen Spezifikationen aus Unterlagen ergeben, die interessierten Unternehmern zur Verfügung stehen, genügt eine Bezugnahme auf diese Unterlagen.

§ 10 Vergabeunterlagen

1. (1) Die Vergabeunterlagen bestehen aus
   a) dem Anschreiben (Aufforderung zur Angebotsabgabe), gegebenenfalls Bewerbungsbedingungen (§ 10 Nr. 5) und
   b) den Verdingungsunterlagen (§§ 9 und 10 Nr. 1 Abs. 2 und Nr. 2 bis 4).
   (2) In den Verdingungsunterlagen ist vorzuschreiben, dass die Allgemeinen Vertragsbedingungen für die Ausführung von Bauleistungen (VOB/B) und die Allgemeinen Technischen Vertragsbedingungen für Bauleistungen (VOB/C) Bestandteile des Vertrags werden. Das gilt auch für etwaige Zusätzliche Vertragsbedingungen und etwaige Zusätzliche Technische Vertragsbedingungen, soweit sie Bestandteile des Vertrags werden sollen.

2. (1) Die Allgemeinen Vertragsbedingungen bleiben grundsätzlich unverändert. Sie dürfen von Auftraggebern, die ständig Bauleistungen vergeben, für die bei ihnen allgemein gegebenen Verhältnisse durch Zusätzliche Vertragsbedingungen ergänzt werden. Diese dürfen den Allgemeinen Vertragsbedingungen nicht widersprechen.
   (2) Für die Erfordernisse des Einzelfalles sind die Allgemeinen Vertragsbedingungen und etwaige Zusätzliche Vertragsbedingungen durch Besondere Vertragsbedingungen zu ergänzen. In diesen sollen sich Abweichungen von den Allgemeinen Vertragsbedingungen auf die Fälle beschränken, in denen dort besondere Vereinbarungen ausdrücklich vorgesehen sind und auch nur soweit es die Eigenart der Leistung und ihre Ausführung erfordern.

3. Die Allgemeinen Technischen Vertragsbedingungen bleiben grundsätzlich unverändert. Sie dürfen von Auftraggebern, die ständig Bauleistungen vergeben, für die bei ihnen allgemein gegebenen Verhältnisse durch Zusätzliche Technische Vertragsbedingungen ergänzt werden. Für die Erfordernisse des Einzelfalles sind Ergänzungen und Änderungen in der Leistungsbeschreibung festzulegen.

4. (1) In den Zusätzlichen Vertragsbedingungen oder in den Besonderen Vertragsbedingungen sollen, soweit erforderlich, folgende Punkte geregelt werden:
   a) Unterlagen (§ 20 Nr. 3, § 3 Nr. 5 und 6 VOB/B),
   b) Benutzung von Lager- und Arbeitsplätzen, Zufahrtswegen, Anschlussgleisen, Wasser- und Energieanschlüssen (§ 4 Nr. 4 VOB/B),
   c) Weitervergabe an Nachunternehmer (§ 4 Nr. 8 VOB/B),
   d) Ausführungsfristen (§ 11, § 5 VOB/B),
   e) Haftung (§ 10 Nr. 2 VOB/B),
   f) Vertragsstrafen und Beschleunigungsvergütungen (§ 12, § 11 VOB/B),
   g) Abnahme (§ 12 VOB/B),
   h) Vertragsart (§ 5), Abrechnung (§ 14 VOB/B),
   i) Stundenlohnarbeiten (§ 15 VOB/B),
   j) Zahlungen, Vorauszahlungen (§ 16 VOB/B),
   k) Sicherheitsleistung (§ 14, § 17 VOB/B),
   l) Gerichtsstand (§ 18 Nr. 1 VOB/B),
   m) Lohn- und Gehaltsnebenkosten,
   n) Änderung der Vertragspreise (§ 15).
   (2) Im Einzelfall erforderliche besondere Vereinbarungen über die Mängelansprüche sowie deren Verjährung (§ 13, § 13 Nr. 1, 4 und 7 VOB/B) und über die Verteilung der Gefahr bei

Schäden, die durch Hochwasser, Sturmfluten, Grundwasser, Wind, Schnee, Eis und dergleichen entstehen können (§ 7 VOB/B), sind in den Besonderen Vertragsbedingungen zu treffen. Sind für bestimmte Bauleistungen gleichgelagerte Voraussetzungen im Sinne von § 13 gegeben, so dürfen die besonderen Vereinbarungen auch in Zusätzlichen Technischen Vertragsbedingungen vorgesehen werden.

5. (1) Für die Versendung der Verdingungsunterlagen (§ 17 Nr. 3) ist ein Anschreiben (Aufforderung zur Angebotsabgabe) zu verfassen, das alle Angaben enthält, die außer den Verdingungsunterlagen für den Entschluss zur Abgabe eines Angebots notwendig sind.

(2) In dem Anschreiben sind insbesondere anzugeben:
a) Art und Umfang der Leistung sowie der Ausführungsort,
b) etwaige Bestimmungen über die Ausführungszeit,
c) Bezeichnung (Anschrift) der zur Angebotsabgabe auffordernden Stelle und der den Zuschlag erteilenden Stelle,
d) Name und Anschrift der Stelle, bei der zusätzliche Unterlagen angefordert und eingesehen werden können,
e) gegebenenfalls Höhe und Einzelheiten der Zahlung des Entgelts für die Übersendung dieser Unterlagen,
f) Art der Vergabe (§ 3),
g) etwaige Ortsbesichtigungen,
h) gegebenenfalls Zulassung von digitalen Angeboten und Verfahren zu ihrer Ver- und Entschlüsselung,
i) genaue Aufschrift der schriftlichen Angebote oder Bezeichnung der digitalen Angebote,
j) gegebenenfalls auch Anschrift, an die digitale Angebote zu richten sind,
k) Ort und Zeit des Eröffnungstermins (Ablauf der Angebotsfrist, § 18 Nr. 2) sowie Angabe, welche Personen zum Eröffnungstermin zugelassen sind (§ 22 Nr. 1 Satz 1),
l) etwa vom Auftraggeber zur Vorlage für die Beurteilung der Eignung des Bieters verlangte Unterlagen (§ 8 Nr. 3 und 4),
m) die Höhe etwa geforderter Sicherheitsleistungen,
n) Nebenangebote (vgl. Absatz 4),
o) etwaige Vorbehalte wegen der Teilung in Lose und Vergabe der Lose an verschiedene Bieter,
p) Zuschlags- und Bindefrist (§ 19),
q) sonstige Erfordernisse, die die Bewerber bei der Bearbeitung ihrer Angebote beachten müssen,
r) die wesentlichen Zahlungsbedingungen oder Angabe der Unterlagen, in denen sie enthalten sind (z. B. § 16 VOB/B),
s) die Stelle, an die sich der Bewerber oder Bieter zur Nachprüfung behaupteter Verstöße gegen die Vergabebestimmungen wenden kann.

(3) Der Auftraggeber kann die Bieter auffordern, in ihrem Angebot die Leistungen anzugeben, die sie an Nachunternehmer zu vergeben beabsichtigen.

(4) Wenn der Auftraggeber Nebenangebote wünscht oder nicht zulassen will, so ist dies anzugeben; ebenso ist anzugeben, wenn Nebenangebote ohne gleichzeitige Abgabe eines Hauptangebots ausnahmsweise ausgeschlossen werden. Von Bietern, die eine Leistung anbieten, deren Ausführung nicht in Allgemeinen Technischen Vertragsbedingungen oder in den Verdingungsunterlagen geregelt ist, sind im Angebot entsprechende Angaben über Ausführung und Beschaffenheit dieser Leistung zu verlangen.

(5) Auftraggeber, die ständig Bauleistungen vergeben, sollen die Erfordernisse, die die Bewerber bei der Bearbeitung ihrer Angebote beachten müssen, in den Bewerbungsbedingungen zusammenfassen und dem Anschreiben beifügen.

6. Sollen Streitigkeiten aus dem Vertrag unter Ausschluss des ordentlichen Rechtswegs im schiedsrichterlichen Verfahren ausgetragen werden, so ist es in besonderer, nur das Schiedsverfahren betreffender Urkunde zu vereinbaren, soweit nicht § 1031 Abs. 2 der Zivilprozessordnung auch eine andere Form der Vereinbarung zulässt.

§ 10 a Vergabeunterlagen

Bei Bauaufträgen im Sinne von § 1 a muss das Anschreiben (Aufforderung zur Angebotsabgabe) außer den Angaben nach § 10 Nr. 5 Abs. 2 folgendes enthalten:

a) Die maßgebenden Wertungskriterien im Sinne von § 25 Nr. 3, sofern nicht in der Bekanntmachung angegeben (§ 17 a Nr. 2 bis 4). Dabei ist die Gewichtung der einzelnen Kriterien anzugeben. Kann die Gewichtung aus nachvollziehbaren Gründen nicht angegeben werden, sind in der Aufforderung zur Angebotsabgabe die Kriterien in der absteigenden Reihenfolge ihrer Bedeutung zu nennen.

b) Die Angabe, dass die Angebote in deutscher Sprache abzufassen sind.

c) Einen Hinweis auf die Bekanntmachung nach § 17 a Nr. 3 beim Nichtoffenen Verfahren und beim Verhandlungsverfahren.
d) Die Angabe, ob beabsichtigt ist, ein Verhandlungsverfahren oder einen Wettbewerblichen Dialog in verschiedenen, aufeinander folgenden Phasen abzuwickeln, um hierbei die Zahl der Angebote zu begrenzen.
e) Bei Nichtoffenen Verfahren, bei Verhandlungsverfahren mit vorheriger europaweiter Bekanntmachung und beim Wettbewerblichen Dialog die gleichzeitige Aufforderung in Textform an die ausgewählten Bewerber, ihre Angebote einzureichen, zu verhandeln oder am Wettbewerblichen Dialog teilzunehmen. Die Aufforderung enthält entweder die Verdingungsunterlagen bzw. Beschreibung und zusätzliche Unterlagen oder die Angabe des Zugriffs auf die Verdingungsunterlagen, wenn diese auf elektronischem Wege unmittelbar zugänglich gemacht werden.
f) Die Nennung von Mindestanforderungen für Nebenangebote, sofern diese nicht ausgeschlossen sind,
g) Beim Wettbewerblichen Dialog die Nennung von Termin und Ort des Beginns der Konsultationsphase.

§ 10 b Vergabeunterlagen

1. Bei Bauaufträgen im Sinne von § 1 b muss das Anschreiben (Aufforderung zur Angebotsabgabe) außer den Angaben nach § 10 Nr. 5 Abs. 2 Folgendes enthalten:
   a) sofern nicht in der Bekanntmachung, der Aufforderung zur Interessenbestätigung (§ 17 b Nr. 2 Abs. 4 c), der Aufforderung zur Verhandlung oder den Verdingungsunterlagen angegeben (§ 17 b Nr. 1 Abs. 1 Buchstabe a), die maßgebenden Wertungskriterien im Sinne von § 25 Nr. 3. Dabei ist die Gewichtung der einzelnen Kriterien anzugeben. Kann die Gewichtung aus nachvollziehbaren Gründen nicht angegeben werden, sind die Kriterien in der absteigenden Reihenfolge ihrer Bedeutung zu nennen.
   b) die Angabe, dass die Angebote in deutscher Sprache abzufassen sind,
   c) der Hinweis auf die Veröffentlichung der Bekanntmachung,
   d) gegebenenfalls der Tag, bis zu dem die zusätzlichen Unterlagen angefordert werden können,
   e) die Angabe der Unterlagen, die gegebenenfalls beizufügen sind.

2. Der Auftraggeber benennt die Mindestanforderungen für Nebenangebote, sofern er diese nicht ausgeschlossen hat.

§ 11 Ausführungsfristen

1. (1) Die Ausführungsfristen sind ausreichend zu bemessen; Jahreszeit, Arbeitsbedingungen und etwaige besondere Schwierigkeiten sind zu berücksichtigen. Für die Bauvorbereitung ist dem Auftragnehmer genügend Zeit zu gewähren.
(2) Außergewöhnlich kurze Fristen sind nur bei besonderer Dringlichkeit vorzusehen.
(3) Soll vereinbart werden, dass mit der Ausführung erst nach Aufforderung zu beginnen ist (§ 5 Nr. 2 VOB/B), so muss die Frist, innerhalb derer die Aufforderung ausgesprochen werden kann, unter billiger Berücksichtigung der für die Ausführung maßgebenden Verhältnisse zumutbar sein; sie ist in den Verdingungsunterlagen festzulegen.
2. (1) Wenn es ein erhebliches Interesse des Auftraggebers erfordert, sind Einzelfristen für in sich abgeschlossene Teile der Leistung zu bestimmen.
(2) Wird ein Bauzeitenplan aufgestellt, damit die Leistungen aller Unternehmer sicher ineinander greifen, so sollen nur die für den Fortgang der Gesamtarbeit besonders wichtigen Einzelfristen als vertraglich verbindliche Fristen (Vertragsfristen) bezeichnet werden.
3. Ist für die Einhaltung von Ausführungsfristen die Übergabe von Zeichnungen oder anderen Unterlagen wichtig, so soll hierfür ebenfalls eine Frist festgelegt werden.
4. Der Auftraggeber darf in den Verdingungsunterlagen eine Pauschalierung des Verzugsschadens (§ 5 Nr. 4 VOB/B) vorsehen; sie soll 5 v. H. der Auftragssumme nicht überschreiten. Der Nachweis eines geringeren Schadens ist zuzulassen.

§ 12 Vertragsstrafen und Beschleunigungsvergütungen

1. Vertragsstrafen für die Überschreitung von Vertragsfristen sind nur auszubedingen, wenn die Überschreitung erhebliche Nachteile verursachen kann. Die Strafe ist in angemessenen Grenzen zu halten.
2. Beschleunigungsvergütungen (Prämien) sind nur vorzusehen, wenn die Fertigstellung vor Ablauf der Vertragsfristen erhebliche Vorteile bringt.

§ 13 Verjährung der Mängelansprüche

Andere Verjährungsfristen als nach § 13 Nr. 4 VOB/B sollen nur vorgesehen werden, wenn dies wegen der

Eigenart der Leistung erforderlich ist. In solchen Fällen sind alle Umstände gegeneinander abzuwägen, insbesondere, wann etwaige Mängel wahrscheinlich erkennbar werden und wieweit die Mängelursachen noch nachgewiesen werden können, aber auch die Wirkung auf die Preise und die Notwendigkeit einer billigen Bemessung der Verjährungsfristen für Mängelansprüche.

§ 14 Sicherheitsleistung

1. Auf Sicherheitsleistung soll ganz oder teilweise verzichtet werden, wenn Mängel der Leistung voraussichtlich nicht eintreten oder wenn der Auftragnehmer hinreichend bekannt ist und genügende Gewähr für die vertragsgemäße Leistung und die Beseitigung etwa auftretender Mängel bietet. Bei Beschränkter Ausschreibung sowie bei Freihändiger Vergabe sollen Sicherheitsleistungen in der Regel nicht verlangt werden.
2. Die Sicherheit soll nicht höher bemessen und ihre Rückgabe nicht für einen späteren Zeitpunkt vorgesehen werden, als nötig ist, um den Auftraggeber vor Schaden zu bewahren. Die Sicherheit für die Erfüllung sämtlicher Verpflichtungen aus dem Vertrag soll 5 v. H. der Auftragssumme nicht überschreiten. Die Sicherheit für Mängelansprüche soll 3 v. H. der Abrechnungssumme nicht überschreiten.

§ 15 Änderung der Vergütung

Sind wesentliche Änderungen der Preisermittlungsgrundlagen zu erwarten, deren Eintritt oder Ausmaß ungewiss ist, so kann eine angemessene Änderung der Vergütung in den Verdingungsunterlagen vorgesehen werden.
Die Einzelheiten der Preisänderungen sind festzulegen.

§ 16 Grundsätze der Ausschreibung und der Informationsübermittlung

1. Der Auftraggeber soll erst dann ausschreiben, wenn alle Verdingungsunterlagen fertig gestellt sind und wenn innerhalb der angegebenen Fristen mit der Ausführung begonnen werden kann.
2. Ausschreibungen für vergabefremde Zwecke (z. B. Ertragsberechnungen) sind unzulässig.
3. (1) Die Auftraggeber geben in der Bekanntmachung oder den Verdingungsunterlagen an, ob Informationen per Post, Telefax, direkt, elektronisch oder durch eine Kombination dieser Kommunikationsmittel übermittelt werden.
(2) Das für die elektronische Übermittlung gewählte Netz muss allgemein verfügbar sein und darf den Zugang der Bewerber und Bieter zu den Vergabeverfahren nicht beschränken. Die dafür zu verwendenden Programme und ihre technischen Merkmale müssen nichtdiskriminierend, allgemein zugänglich und kompatibel mit allgemein verbreiteten Erzeugnissen der Informations- und Kommunikationstechnologie sein.
(3) Die Auftraggeber haben dafür Sorge zu tragen, dass den interessierten Unternehmen die Informationen über die Spezifikationen der Geräte, die für die elektronische Übermittlung der Anträge auf Teilnahme und der Angebote erforderlich sind, einschließlich Verschlüsselung zugänglich sind. Außerdem muss gewährleistet sein, dass die in Anhang I genannten Anforderungen erfüllt sind.
4. Der Auftraggeber kann im Internet ein Beschafferprofil einrichten, in dem allgemeine Informationen wie Kontaktstelle, Telefon- und Faxnummer, Postanschrift und E-Mail-Adresse sowie Angaben über Ausschreibungen, geplante und vergebene Aufträge oder aufgehobene Verfahren veröffentlicht werden können.

§ 16a Anforderungen an Teilnahmeanträge

1. Die Auftraggeber haben die Integrität der Daten und die Vertraulichkeit der übermittelten Anträge auf Teilnahme am Vergabeverfahren auf geeignete Weise zu gewährleisten. Per Post oder direkt übermittelte Anträge auf Teilnahme am Vergabeverfahren sind in einem verschlossenen Umschlag einzureichen, als solche zu kennzeichnen und bis zum Ablauf der für ihre Einreichung vorgesehenen Frist unter Verschluss zu halten. Bei elektronisch übermittelten Teilnahmeanträgen ist dies durch entsprechende organisatorische und technische Lösungen nach den Anforderungen des Auftraggebers und durch Verschlüsselung sicherzustellen. Die Verschlüsselung muss bis zum Ablauf der für ihre Einreichung vorgesehenen Frist aufrecht erhalten bleiben.
2. Anträge auf Teilnahme am Vergabeverfahren können auch per Telefax oder telefonisch gestellt werden. Werden Anträge auf Teilnahme telefonisch oder per Telefax gestellt, sind diese vom Bewerber bis zum Ablauf der Frist für die Abgabe der Teilnahmeanträge durch Übermittlung per Post, direkt oder elektronisch zu bestätigen.

§ 16b Anforderungen an Teilnahmeanträge

1. Die Auftraggeber haben die Integrität der Daten und die Vertraulichkeit der übermittelten Anträ-

ge auf Teilnahme am Vergabeverfahren auf geeignete Weise zu gewährleisten. Per Post oder direkt übermittelte Anträge auf Teilnahme am Vergabeverfahren sind in einem verschlossenen Umschlag einzureichen, als solche zu kennzeichnen und bis zum Ablauf der für ihre Einreichung vorgesehenen Frist unter Verschluss zu halten. Bei elektronisch übermittelten Teilnahmeanträgen ist dies durch entsprechende organisatorische und technische Lösungen nach den Anforderungen des Auftraggebers und durch Verschlüsselung sicherzustellen. Die Verschlüsselung muss bis zum Ablauf der für ihre Einreichung vorgesehenen Frist aufrecht erhalten bleiben.

2. Anträge auf Teilnahme am Vergabeverfahren können auch per Telefax oder telefonisch gestellt werden. Werden Anträge auf Teilnahme telefonisch oder per Telefax gestellt, sind diese vom Bewerber bis zum Ablauf der Frist für die Abgabe der Teilnahmeanträge durch Übermittlung per Post, direkt oder elektronisch zu bestätigen.

§ 17 Bekanntmachung, Versand der Vergabeunterlagen

1. (1) Öffentliche Ausschreibungen sind bekannt zu machen, z.B. in Tageszeitungen, amtlichen Veröffentlichungsblättern oder auf Internetportalen.
(2) Diese Bekanntmachungen sollen folgende Angaben enthalten:
a) Name, Anschrift, Telefon-, Telefaxnummer sowie E-Mailadresse des Auftraggebers (Vergabestelle),
b) gewähltes Vergabeverfahren,
c) Art des Auftrags, der Gegenstand der Ausschreibung ist,
d) Ort der Ausführung,
e) Art und Umfang der Leistung, allgemeine Merkmale der baulichen Anlage,
f) falls die bauliche Anlage oder der Auftrag in mehrere Lose aufgeteilt ist, Art und Umfang der einzelnen Lose und Möglichkeit, Angebote für eines, mehrere oder alle Lose einzureichen,
g) Angaben über den Zweck der baulichen Anlage oder des Auftrags, wenn auch Planungsleistungen gefordert werden,
h) etwaige Frist für die Ausführung,
i) Name und Anschrift der Stelle, bei der die Verdingungsunterlagen und zusätzlichen Unterlagen angefordert und eingesehen werden können, falls die Unterlagen auch digital eingesehen und angefordert werden können, ist dies anzugeben,
j) gegebenenfalls Höhe und Einzelheiten der Zahlung des Entgelts für die Übersendung dieser Unterlagen,
k) Ablauf der Frist für die Einreichung der Angebote,
l) Anschrift, an die die Angebote schriftlich auf direktem Weg oder per Post zu richten sind, gegebenenfalls auch Anschrift, an die Angebote digital zu richten sind,
m) Sprache, in der die Angebote abgefasst sein müssen,
n) Personen, die bei der Eröffnung der Angebote anwesend sein dürfen,
o) Datum, Uhrzeit und Ort der Eröffnung der Angebote,
p) gegebenenfalls geforderte Sicherheiten,
q) wesentliche Zahlungsbedingungen und/oder Verweisung auf die Vorschriften, in denen sie enthalten sind,
r) gegebenenfalls Rechtsform, die die Bietergemeinschaft, an die der Auftrag vergeben wird, haben muss,
s) verlangte Nachweise für die Beurteilung der Eignung des Bieters,
t) Ablauf der Zuschlags- und Bindefrist,
u) gegebenenfalls Nichtzulassung von Nebenangeboten,
v) sonstige Angaben, insbesondere die Stelle, an die sich der Bewerber oder Bieter zur Nachprüfung behaupteter Verstöße gegen Vergabebestimmungen wenden kann.

2. (1) Bei Beschränkten Ausschreibungen nach Öffentlichem Teilnahmewettbewerb sind die Unternehmer durch Bekanntmachungen, z.B. in Tageszeitungen, amtlichen Veröffentlichungsblättern oder auf Internetportalen, aufzufordern, ihre Teilnahme am Wettbewerb zu beantragen.
(2) Diese Bekanntmachungen sollen folgende Angaben enthalten:
a) Name, Anschrift, Telefon-, Telefaxnummer sowie E-Mailadresse des Auftraggebers (Vergabestelle),
b) gewähltes Vergabeverfahren,
c) Art des Auftrags, der Gegenstand der Ausschreibung ist,
d) Ort der Ausführung,
e) Art und Umfang der Leistung, allgemeine Merkmale der baulichen Anlage,
f) falls die bauliche Anlage oder der Auftrag in mehrere Lose aufgeteilt ist, Art und Umfang

der einzelnen Lose und Möglichkeit, Angebote für eines, mehrere oder alle Lose einzureichen,
g) Angaben über den Zweck der baulichen Anlage oder des Auftrags, wenn auch Planungsleistungen gefordert werden,
h) etwaige Frist für die Ausführung,
i) gegebenenfalls Rechtsform, die die Bietergemeinschaft, an die der Auftrag vergeben wird, haben muss,
j) Ablauf der Einsendefrist für die Anträge auf Teilnahme,
k) Anschrift, an die diese Anträge zu richten sind,
l) Sprache, in der diese Anträge abgefasst sein müssen,
m) Tag, an dem die Aufforderungen zur Angebotsabgabe spätestens abgesandt werden,
n) gegebenenfalls geforderte Sicherheiten,
o) wesentliche Zahlungsbedingungen und/oder Verweis auf die Vorschriften, in denen sie enthalten sind,
p) mit dem Teilnahmeantrag verlangte Nachweise für die Beurteilung der Eignung (Fachkunde, Leistungsfähigkeit, Zuverlässigkeit) des Bewerbers,
q) gegebenenfalls Nichtzulassung von Nebenangeboten,
r) sonstige Angaben, insbesondere die Stelle, an die sich der Bewerber oder Bieter zur Nachprüfung behaupteter Verstöße gegen Vergabebestimmungen wenden kann.
3. Anträge auf Teilnahme sind auch dann zu berücksichtigen, wenn sie durch Telefon, Telefax oder in sonstiger Weise elektronisch übermittelt werden, sofern die sonstigen Teilnahmebedingungen erfüllt sind.
4. (1) Die Vergabeunterlagen sind den Bewerbern in kürzestmöglicher Frist und in geeigneter Weise zu übermitteln.
(2) Die Vergabeunterlagen sind bei Beschränkter Ausschreibung nach Öffentlichem Teilnahmewettbewerb an alle ausgewählten Bewerber am selben Tag abzusenden.
5. Jeder Bewerber soll die Leistungsbeschreibung doppelt und alle anderen für die Preisermittlung wesentlichen Unterlagen einfach erhalten. Wenn von den Unterlagen (außer der Leistungsbeschreibung) keine Vervielfältigungen abgegeben werden können, sind sie in ausreichender Weise zur Einsicht auszulegen, wenn nötig, nicht nur am Geschäftssitz des Auftraggebers, sondern auch am Ausführungsort oder an einem Nachbarort.
6. Die Namen der Bewerber, die Vergabeunterlagen erhalten oder eingesehen haben, sind geheim zu halten.
7. (1) Erbitten Bewerber zusätzliche sachdienliche Auskünfte über die Vergabeunterlagen, so sind die Auskünfte unverzüglich zu erteilen.
(2) Werden einem Bewerber wichtige Aufklärungen über die geforderte Leistung oder die Grundlagen der Preisermittlung gegeben, so sind sie auch den anderen Bewerbern unverzüglich mitzuteilen, soweit diese bekannt sind.

§ 17 a Vorinformation, Bekanntmachung, Versand der Vergabeunterlagen

1. (1) Die wesentlichen Merkmale für
– eine beabsichtigte bauliche Anlage mit mindestens einem geschätzten Gesamtauftragswert nach § 2 Nr. 4 VgV ohne Umsatzsteuer,
– einen beabsichtigten Bauauftrag, bei dem der Wert der zu liefernden Stoffe und Bauteile weit überwiegt, mit einem geschätzten Auftragswert von mindestens 750 000 Euro,
sind als Vorinformation bekannt zu machen.
(2) Die Vorinformation ist nur dann zwingend vorgeschrieben, wenn die Auftraggeber die Möglichkeit wahrnehmen, die Frist für den Eingang der Angebote gemäß § 18 a Nr. 1 Abs. 2 zu verkürzen.
(3) Die Vorinformation ist nach dem in Anhang I der Verordnung (EG) Nr. 1564/2005 enthaltenen Muster zu erstellen.
(4) Sie sind sobald wie möglich nach Genehmigung der Planung dem Amt für amtliche Veröffentlichungen der Europäischen Gemeinschaften[2] zu übermitteln oder im Beschafferprofil nach § 16 Nr. 4 zu veröffentlichen; in diesem Fall ist dem Amt für amtliche Veröffentlichungen zuvor auf elektronischem Wege die Veröffentlichung mit dem in Anhang VIII der Verordnung (EG) Nr. 1564/2005 enthaltenem Muster zu melden. Die Vorinformation kann außerdem in Tageszeitungen, amtlichen Veröffentlichungsblättern oder Internetportalen veröffentlicht werden.
2. (1) Werden Bauaufträge im Sinne von § 1 a im Wege eines Offenen Verfahrens, eines Nichtoffenen Verfahrens, eines Wettbewerblichen Dialogs oder eines Verhandlungsverfahrens mit Vergabebekanntmachung vergeben, sind die Unterneh-

---

[2] Amt für amtliche Veröffentlichungen der Europäischen Gemeinschaften, 2, rue mercier, L-2985 Luxemburg 1.

mer durch Bekanntmachungen aufzufordern, ihre Teilnahme am Wettbewerb zu beantragen.
(2) Die Bekanntmachungen müssen die in Anhang II der Verordnung (EG) Nr. 1564/2005 geforderten Informationen enthalten und sind im Amtsblatt der Europäischen Gemeinschaften zu veröffentlichen. Sie sind dem Amt für amtliche Veröffentlichungen der Europäischen Gemeinschaften unverzüglich, in Fällen des beschleunigten Verfahrens per Telefax oder elektronisch[3] zu übermitteln. Die Bekanntmachung soll sich auf ca. 650 Wörter beschränken.
(3) Der Tag der Absendung an das Amt für amtliche Veröffentlichungen der Europäischen Gemeinschaften muss nachgewiesen werden können.
(4) Die Bekanntmachung wird unentgeltlich, spätestens 12 Tage nach der Absendung im Supplement zum Amtsblatt der Europäischen Gemeinschaften in der Originalsprache veröffentlicht. Eine Zusammenfassung der wichtigsten Angaben wird in den übrigen Amtssprachen der Gemeinschaften veröffentlicht; der Wortlaut in der Originalsprache ist verbindlich.
(5) Die Bekanntmachungen können auch inländisch veröffentlicht werden, z. B. in Tageszeitungen, amtlichen Veröffentlichungsblättern oder Internetportalen. Sie dürfen nur die dem Amt für amtliche Veröffentlichungen der Europäischen Gemeinschaften übermittelten Angaben enthalten und dürfen nicht vor Absendung an dieses Amt veröffentlicht werden.
(6) Bekanntmachungen, die über das Internetportal des Amtes für amtliche Veröffentlichungen der Europäischen Gemeinschaften[4] auf elektronischem Wege erstellt und übermittelt wurden (elektronische Bekanntmachung), werden abweichend von Abs. 4 spätestens 5 Kalendertage nach ihrer Absendung veröffentlicht.
3. (1) Die Bekanntmachung eines Offenen Verfahrens oder Nichtoffenen Verfahrens muss außer den Angaben nach § 17 Nr. 1 Abs. 2 bzw. § 17 Nr. 2 Abs. 2 folgende Angaben enthalten:
 – gegebenenfalls Hinweis auf beschleunigtes Verfahren wegen Dringlichkeit,
 – Kriterien und deren Gewichtung für die Auftragserteilung, wenn diese nicht im Anschreiben (Aufforderung zur Angebotsabgabe) genannt werden (siehe § 10 a),

 – Tag der Veröffentlichung der Vorinformation im Amtsblatt der Europäischen Gemeinschaften oder Hinweis auf ihre Nichtveröffentlichung,
 – Tag der Absendung der Bekanntmachung.
(2) Die Bekanntmachung eines Verhandlungsverfahrens und eines Wettbewerblichen Dialogs muss die in Anhang II der Verordnung (EG) Nr. 1564/2005 geforderten Angaben enthalten.
4. (1) Die Bekanntmachung ist beim Offenen Verfahren, Nichtoffenen Verfahren, Verhandlungsverfahren und Wettbewerblichen Dialog nach dem im Anhang II der Verordnung (EG) Nr. 1564/2005 enthaltenen Muster zu erstellen.
(2) Dabei sind zu allen Nummern Angaben zu machen; die Texte des Musters sind nicht zu wiederholen.
5. Sind bei Offenen Verfahren die Vergabeunterlagen nicht auf elektronischem Weg frei, direkt und vollständig verfügbar, werden die Vergabeunterlagen dem Bewerbern binnen 6 Kalendertagen nach Eingang des Antrags zugesandt, sofern dieser Antrag rechtzeitig vor dem Schlusstermin für den Eingang der Angebote eingegangen ist.
6. Rechtzeitig beantragte Auskünfte über die Vergabeunterlagen sind spätestens 6 Kalendertage vor Ablauf der Angebotsfrist zu erteilen. Bei Nichtoffenen Verfahren und beschleunigten Verhandlungsverfahren nach § 18 a Nr. 2 Abs. 4 a beträgt diese Frist 4 Kalendertage.

§ 17 b Aufruf zum Wettbewerb

1. (1) Ein Aufruf zum Wettbewerb kann erfolgen
 a) durch Veröffentlichung einer Bekanntmachung nach Anhang V der Verordnung (EG) Nr. 1564/2005,
 b) durch Veröffentlichung einer regelmäßigen nichtverbindlichen Bekanntmachung nach Nummer 2,
 c) durch Veröffentlichung einer Bekanntmachung über das Bestehen eines Prüfsystems nach § 8 b Nr. 9.
(2) Die Kosten der Veröffentlichung der Bekanntmachungen im Amtsblatt der Europäischen Gemeinschaften werden von den Gemeinschaften getragen.
2. (1) Die wesentlichen Merkmale für eine beabsichtigte bauliche Anlage mit einem geschätzten Gesamtauftragswert nach § 1 b Nr. 1 Abs. 1 sind als regelmäßige nichtverbindliche Bekanntmachung mindestens einmal jährlich nach Anhang IV der Verordnung (EG) Nr. 1564/2005 zu veröffentlichen, wenn die regelmäßige nichtver-

---

[3] http://simap.eu.int
[4] http://simap.eu.int

bindliche Bekanntmachung nicht als Aufruf zum Wettbewerb verwendet wird.

(2) Die Bekanntmachung ist nur dann zwingend vorgeschrieben, wenn die Auftraggeber die Möglichkeit wahrnehmen, die Frist für den Eingang der Angebote gemäß § 18 b Nr. 1 Abs. 2 zu verkürzen.

(3) Die Bekanntmachungen als Aufruf zum Wettbewerb sind unverzüglich nach der Entscheidung, mit der die beabsichtigte bauliche Anlage oder die ihr zugrunde liegende Planung genehmigt wird, nach dem in Anhang V der Verordnung (EG) Nr. 1564/2005 enthaltenen Muster zu erstellen und dem Amt für amtliche Veröffentlichung der Europäischen Gemeinschaften zu übermitteln[5].

(4) Hat der Auftraggeber im Internet ein Beschafferprofil eingerichtet, so kann er regelmäßige nichtverbindliche Bekanntmachungen auch dort veröffentlichen. In diesem Fall meldet er der EU-Kommission auf elektronischem Wege die Veröffentlichung mit dem in Anhang VIII der Verordnung (EG) Nr. 1564/2005 enthaltenen Muster.

(5) Erfolgt der Aufruf zum Wettbewerb durch Veröffentlichungen einer regelmäßigen nichtverbindlichen Bekanntmachung, so

a) müssen in der Bekanntmachung Bauarbeiten, die Gegenstand des zu vergebenden Auftrags sein werden, nach Art und Umfang genannt sein und die in Anhang V der Verordnung (EG) Nr. 1564/2005 geforderten Angaben enthalten,

b) muss die Bekanntmachung den Hinweis, dass dieser Auftrag im Nichtoffenen Verfahren oder Verhandlungsverfahren ohne spätere Veröffentlichung eines Aufrufs zur Angebotsabgabe vergeben wird, sowie die Aufforderung an die interessierten Unternehmer enthalten, ihr Interesse schriftlich mitzuteilen,

c) müssen die Auftraggeber später alle Bewerber mindestens auf der Grundlage der nachfolgend aufgelisteten Angaben über den Auftrag auffordern, ihr Interesse zu bestätigen, bevor mit der Auswahl der Bieter oder der Teilnehmer an einer Verhandlung begonnen wird:

I   Art und Menge, einschließlich etwaiger Optionen auf zusätzliche Aufträge, und möglichenfalls veranschlagte Frist für die Inanspruchnahme dieser Optionen; bei wiederkehrenden Aufträgen Art und Menge und möglichenfalls veranschlagte Frist für die Veröffentlichung der Bekanntmachungen späterer Ausschreibungen für die Bauarbeiten, die Gegenstand des Auftrags sein sollen;

II   Art des Verfahrens; Nichtoffenes Verfahren oder Verhandlungsverfahren;

III   gegebenenfalls Zeitpunkt, zu dem die Leistungen beginnen bzw. abgeschlossen werden;

IV   Anschrift und letzter Tag für die Vorlage des Antrags auf Aufforderung zur Angebotsabgabe sowie die Sprache oder Sprachen, in denen die Angebote abzugeben sind;

V   Anschrift der Stelle, die den Zuschlag erteilt und die Auskünfte gibt, die für den Erhalt der Spezifikationen und anderer Dokumente notwendig sind;

VI   alle wirtschaftlichen und technischen Anforderungen, finanziellen Garantien und Angaben, die von Auftragnehmern verlangt werden;

VII   Höhe der für die Vergabeunterlagen zu entrichtenden Beträge und Zahlungsbedingungen;

VIII   Art des Auftrags, der Gegenstand des Vergabeverfahrens ist;

IX   die Zuschlagskriterien sowie deren Gewichtung oder gegebenenfalls die nach ihrer Bedeutung eingestufte Reihenfolge der Kriterien, wenn diese Angaben nicht in der Bekanntmachung, der Aufforderung zur Interessenbestätigung, der Aufforderung zur Verhandlung oder den Verdingungsunterlagen enthalten sind.

d) dürfen zwischen deren Veröffentlichung und dem Zeitpunkt der Zusendung der Aufforderung an die Bewerber gemäß Nummer 2 Abs. 3, Buchstabe c höchstens 12 Monate vergangen sein. Im Übrigen gilt § 18 b Nr. 2.

3. Entscheidet sich der Auftraggeber für die Einführung eines Prüfsystems, so ist dies Gegenstand einer Bekanntmachung nach Anhang VII der Verordnung (EG) Nr. 1564/2005, die über den Zweck des Prüfsystems und darüber informiert, wie die Qualifizierungsregeln angefordert werden können. Beträgt die Laufzeit des Systems mehr als drei Jahre, so ist die Bekanntma-

---

[5] Amt für amtliche Veröffentlichungen der Europäischen Gemeinschaften, 2, rue mercier, L-2985 Luxemburg 1.

chung jährlich zu veröffentlichen. Bei kürzerer Laufzeit genügt eine Bekanntmachung zu Beginn des Verfahrens.
4. Erfolgt ein Aufruf zum Wettbewerb durch Veröffentlichung einer Bekanntmachung über das Bestehen eines Prüfsystems, so werden die Bieter in einem Nichtoffenen Verfahren oder die Teilnehmer an einem Verhandlungsverfahren unter den Bewerbern ausgewählt, die sich im Rahmen eines solchen Systems qualifiziert haben.
5. (1) Der Tag der Absendung der Bekanntmachung muss nachgewiesen werden können. Vor dem Tag der Absendung darf die Bekanntmachung nicht veröffentlicht werden.
(2) Alle Veröffentlichungen dürfen nur die dem Amt für amtliche Veröffentlichungen der Europäischen Gemeinschaften übermittelten Angaben enthalten.
(3) Die Bekanntmachung wird unentgeltlich, spätestens 12 Kalendertage nach der Absendung im Supplement zum Amtsblatt der Europäischen Gemeinschaften in der Originalsprache veröffentlicht. Eine Zusammenfassung der wichtigsten Angaben wird in den übrigen Amtssprachen der Gemeinschaften veröffentlicht; der Wortlaut in der Originalsprache ist verbindlich. Bekanntmachungen, die über das Internetportal des Amtes für amtliche Veröffentlichungen der Europäischen Gemeinschaften[6] auf elektronischem Wege erstellt und übermittelt wurden (elektronische Bekanntmachung), werden abweichend von Satz 1 spätestens 5 Kalendertage nach ihrer Absendung veröffentlicht.
6. Sind bei offenen Verfahren die Vergabeunterlagen nicht auf elektronischem Weg frei, direkt und vollständig verfügbar, werden die Vergabeunterlagen den Bewerbern binnen 6 Kalendertagen nach Eingang des Antrags zugesandt, sofern dieser Antrag rechtzeitig vor dem Schlusstermin für den Eingang der Angebote eingegangen ist.
7. Rechtzeitig beantragte Auskünfte über die Vergabeunterlagen sind spätestens 6 Kalendertage vor Ablauf der Angebotsfrist zu erteilen.
8. Die Vergabeunterlagen sind beim Nichtoffenen Verfahren und beim Verhandlungsverfahren mit vorherigem Aufruf zum Wettbewerb an alle ausgewählten Bewerber am selben Tag abzusenden.

§ 18 Angebotsfrist, Bewerbungsfrist

1. Für die Bearbeitung und Einreichung der Angebote ist eine ausreichende Angebotsfrist vorzusehen, auch bei Dringlichkeit nicht unter 10 Kalendertagen. Dabei ist insbesondere der zusätzliche Aufwand für die Besichtigung von Baustellen oder die Beschaffung von Unterlagen für die Angebotsbearbeitung zu berücksichtigen.
2. Die Angebotsfrist läuft ab, sobald im Eröffnungstermin der Verhandlungsleiter mit der Öffnung der Angebote beginnt.
3. Bis zum Ablauf der Angebotsfrist können Angebote in Textform zurückgezogen werden.
4. Für die Einreichung von Teilnahmeanträgen bei Beschränkter Ausschreibung nach Öffentlichem Teilnahmewettbewerb ist eine ausreichende Bewerbungsfrist vorzusehen.

§ 18 a Angebotsfrist, Bewerbungsfrist

1. (1) Beim Offenen Verfahren beträgt die Frist für den Eingang der Angebote (Angebotsfrist) mindestens 52 Kalendertage, gerechnet vom Tag nach Absendung der Bekanntmachung.
(2) Die Frist für den Eingang der Angebote kann verkürzt werden, wenn eine Vorinformation gemäß § 17 a Nr. 1 nach dem vorgeschriebenen Muster (Anhang I der Verordnung (EG) Nr. 1564/2005) mindestens 52 Kalendertage, höchstens aber 12 Monate vor dem Zeitpunkt der Absendung der Bekanntmachung des Auftrags im Offenen Verfahren nach § 17 a Nr. 2 an das Amtsblatt der Europäischen Gemeinschaften abgesandt wurde. Diese Vorinformation muss mindestens die im Muster einer Bekanntmachung (Anhang II der Verordnung (EG) Nr. 1564/ 2005) für das Offene Verfahren geforderten Angaben enthalten, soweit diese Informationen zum Zeitpunkt der Absendung der Vorinformation vorlagen.
Die verkürzte Frist muss für die Interessenten ausreichen, um ordnungsgemäße Angebote einreichen zu können. Sie sollte generell mindestens 36 Kalendertage vom Zeitpunkt der Absendung der Bekanntmachung des Auftrags an betragen; sie darf 22 Kalendertage nicht unterschreiten.
(3) Können die Verdingungsunterlagen, die zusätzlichen Unterlagen oder die geforderten Auskünfte wegen ihres großen Umfangs nicht innerhalb der in § 17 a Nr. 5 und 6 genannten Fristen zugesandt bzw. erteilt werden, sind die in den Absätzen 1 und 2 vorgesehenen Fristen angemessen zu verlängern.

---

[6] http://simap.eu.int

(4) Bei Bekanntmachungen, die über das Internetportal des Amtes für amtliche Veröffentlichungen der Europäischen Gemeinschaften[7] auf elektronischem Wege erstellt und übermittelt werden (elektronische Bekanntmachung), können die in Absatz 1 und 2 genannten Angebotsfristen um 7 Kalendertage verkürzt werden.

(5) Die Angebotsfrist kann um weitere 5 Kalendertage verkürzt werden, wenn ab der Veröffentlichung der Bekanntmachung die Verdingungsunterlagen und alle zusätzlichen Unterlagen auf elektronischem Wege frei, direkt und vollständig verfügbar gemacht werden; in der Bekanntmachung ist die Internetadresse anzugeben, unter der diese Unterlagen abrufbar sind.

(6) Im Offenen Verfahren darf die Kumulierung der Verkürzungen keinesfalls zu einer Angebotsfrist führen, die kürzer ist als 15 Kalendertage, gerechnet vom Tag nach Absendung der Bekanntmachung.

2. (1) Beim Nichtoffenen Verfahren beträgt die Frist für den Eingang der Anträge auf Teilnahme (Bewerbungsfrist) mindestens 37 Kalendertage, gerechnet vom Tag nach Absendung der Bekanntmachung. Aus Gründen der Dringlichkeit kann die Bewerbungsfrist auf 15 Kalendertage verkürzt werden.

(2) Die Bewerbungsfrist kann bei elektronischen Bekanntmachungen gemäß Nummer 1 Abs. 4 um 7 Kalendertage verkürzt werden.

(3) Beim Nichtoffenen Verfahren beträgt die Angebotsfrist mindestens 40 Kalendertage, gerechnet vom Tag nach Absendung der Aufforderung zur Angebotsabgabe. Die Frist für den Eingang der Angebote kann auf 26 Kalendertage verkürzt werden, wenn eine Vorinformation gemäß § 17 a Nr. 1 nach dem vorgeschriebenen Muster (Anhang I der Verordnung (EG) Nr. 1564/2005) mindestens 52 Kalendertage, höchstens aber 12 Monate vor dem Zeitpunkt der Absendung der Bekanntmachung des Auftrags im Nichtoffenen Verfahren nach § 17 a Nr. 2 an das Amtsblatt der Europäischen Gemeinschaften abgesandt wurde. Diese Vorinformation muss mindestens die im Muster einer Bekanntmachung (Anhang II der Verordnung (EG) Nr. 1564/2005) für das Nichtoffene Verfahren oder gegebenenfalls die im Muster einer Bekanntmachung (Anhang II der Verordnung (EG) Nr. 1564/2005) für das Verhandlungsverfahren geforderten Angaben enthalten, soweit diese Informationen zum Zeitpunkt der Absendung der Vorinformation vorlagen.

(4) Aus Gründen der Dringlichkeit können diese Fristen wie folgt verkürzt werden:
a) auf mindestens 15 Kalendertage für den Eingang der Anträge auf Teilnahme bzw. mindestens 10 Kalendertage bei elektronischer Bekanntmachung gemäß Nummer 1 Abs. 4,
b) bei Nichtoffenen Verfahren auf mindestens 10 Kalendertage für den Eingang der Angebote.

(5) Die Angebotsfrist kann um weitere 5 Kalendertage verkürzt werden, wenn ab der Veröffentlichung der Bekanntmachung die Verdingungsunterlagen und alle zusätzlichen Unterlagen auf elektronischem Wege frei, direkt und vollständig verfügbar gemacht werden; in der Bekanntmachung ist die Internetadresse anzugeben, unter der diese Unterlagen abrufbar sind.

3. Beim Wettbewerblichen Dialog ist entsprechend Nummer 2 Abs. 1 Satz 1 und Abs. 2 und beim Verhandlungsverfahren mit Vergabebekanntmachung ist entsprechend Nummer 2 Abs. 1 und 2 zu verfahren.

4. Können die Angebote nur nach einer Ortsbesichtigung oder Einsichtnahme in nicht übersandte Unterlagen erstellt werden und können die Fristen der Nummern 1 und 2 deswegen nicht eingehalten werden, so sind sie angemessen zu verlängern.

§ 18 b Angebotsfrist, Bewerbungsfrist

1. (1) Beim Offenen Verfahren beträgt die Frist für den Eingang der Angebote (Angebotsfrist) mindestens 52 Kalendertage, gerechnet vom Tag nach Absendung der Bekanntmachung.

(2) Hat der Auftraggeber eine regelmäßige nichtverbindliche Bekanntmachung gemäß § 17 b Nr. 2 Abs. 2 nach dem vorgeschriebenen Muster (Anhang IV der Verordnung (EG) Nr. 1564/2005) mindestens 52 Kalendertage, höchstens aber 12 Monate vor dem Zeitpunkt der Absendung der Bekanntmachung des Auftrags nach § 17 b Nr. 1 Abs. 1 Buchstabe a an das Amtsblatt der Europäischen Gemeinschaften abgesandt, so beträgt die Frist für den Eingang der Angebote im Offenen Verfahren grundsätzlich mindestens 36 Kalendertage, keinesfalls jedoch weniger als 22 Kalendertage, gerechnet ab dem Tag der Absendung der regelmäßigen nichtverbindlichen Bekanntmachung nach § 17 b Nr. 2 Abs. 2.

---

[7] http://simap.eu.int

(3) Bei Bekanntmachungen, die über das Internetportal des Amtes für amtliche Veröffentlichungen der Europäischen Gemeinschaften[8] auf elektronischem Wege erstellt und übermittelt werden (elektronische Bekanntmachung), können die in Abs. 1 und 2 genannten Angebotsfristen um 7 Kalendertage verkürzt werden.
(4) Die Angebotsfrist kann um weitere 5 Kalendertage verkürzt werden, wenn ab der Veröffentlichung der Bekanntmachung die Verdingungsunterlagen und alle zusätzlichen Unterlagen auf elektronischem Wege frei, direkt und vollständig verfügbar gemacht werden; in der Bekanntmachung ist die Internetadresse anzugeben, unter der diese Unterlagen abrufbar sind.
(5) Im Offenen Verfahren darf die Kumulierung der Verkürzungen keinesfalls zu einer Angebotsfrist führen, die kürzer ist als 15 Kalendertage, gerechnet vom Tag nach Absendung der Bekanntmachung.
2. Beim Nichtoffenen Verfahren und Verhandlungsverfahren mit vorherigem Aufruf zum Wettbewerb gilt:
   a) Die Frist für den Eingang von Teilnahmeanträgen (Bewerbungsfrist) aufgrund einer Bekanntmachung nach § 17 b Nr. 1 Abs. 1 Buchstabe a oder der Aufforderung nach § 17 b Nr. 2 Abs. 5 Buchstabe c beträgt in der Regel mindestens 37 Kalendertage, gerechnet vom Tag nach Absendung der Bekanntmachung oder Aufforderung an. Sie darf auf keinen Fall kürzer sein als 22 Kalendertage, bei elektronischer Übermittlung der Bekanntmachung nicht kürzer als 15 Kalendertage.
   b) Die Bewerbungsfrist kann bei elektronischen Bekanntmachungen gemäß Nummer 1 Absatz 3 um 7 Kalendertage verkürzt werden.
   c) Die Angebotsfrist kann zwischen dem Auftraggeber und den ausgewählten Bewerbern einvernehmlich festgelegt werden, vorausgesetzt, dass allen Bewerbern dieselbe Frist für die Erstellung und Einreichung von Angeboten eingeräumt wird.
   d) Falls eine einvernehmliche Festlegung der Angebotsfrist nicht möglich ist, setzt der Auftraggeber im Regelfall eine Frist von mindestens 24 Kalendertagen fest. Sie darf jedoch keinesfalls kürzer als 10 Kalendertage, gerechnet vom Tag nach Absendung der Aufforderung zur Angebotsabgabe, sein. Bei der Festlegung der Frist werden nur die in Nummer 3 genannten Faktoren berücksichtigt.
3. Können die Angebote nur nach Prüfung von umfangreichen Unterlagen, z.B. ausführlichen technischen Spezifikationen, oder nur nach einer Ortsbesichtigung oder Einsichtnahme in ergänzende Unterlagen zu den Vergabeunterlagen erstellt werden und können die Fristen der Nummern 1 und 2 deswegen nicht eingehalten werden, so sind sie angemessen zu verlängern.

§ 19 Zuschlags- und Bindefrist

1. Die Zuschlagsfrist beginnt mit dem Eröffnungstermin.
2. Die Zuschlagsfrist soll so kurz wie möglich und nicht länger bemessen werden, als der Auftraggeber für eine zügige Prüfung und Wertung der Angebote (§§ 23 bis 25) benötigt. Sie soll nicht mehr als 30 Kalendertage betragen; eine längere Zuschlagsfrist soll nur in begründeten Fällen festgelegt werden. Das Ende der Zuschlagsfrist ist durch Angabe des Kalendertages zu bezeichnen.
3. Es ist vorzusehen, dass der Bieter bis zum Ablauf der Zuschlagsfrist an sein Angebot gebunden ist (Bindefrist).
4. Die Nummern 1 bis 3 gelten bei Freihändiger Vergabe entsprechend.

§ 20 Kosten

1. (1) Bei Öffentlicher Ausschreibung darf für die Leistungsbeschreibung und die anderen Unterlagen ein Entgelt gefordert werden. Dieses Entgelt darf nicht höher sein als die Selbstkosten des Auftraggebers für die Vervielfältigung der Leistungsbeschreibung und der anderen Unterlagen sowie der Kosten der postalischen Versendung an die betreffenden Bieter; dies gilt auch bei digitaler Übermittlung. In der Bekanntmachung (§ 17 Nr. 1) ist anzugeben, wie hoch es ist und dass es nicht erstattet wird.
(2) Bei Beschränkter Ausschreibung und Freihändiger Vergabe sind alle Unterlagen unentgeltlich abzugeben.
2. (1) Für die Bearbeitung des Angebots wird keine Entschädigung gewährt. Verlangt jedoch der Auftraggeber, dass der Bewerber Entwürfe, Pläne, Zeichnungen, statische Berechnungen, Mengenberechnungen oder andere Unterlagen ausarbeitet, insbesondere in den Fällen des § 9 Nr. 15 bis 17, so ist einheitlich für alle Bieter in der Ausschreibung eine angemessene Entschädigung festzusetzen. Ist eine Entschädigung fest-

---

[8] http://simap.eu.int

gesetzt, so steht sie jedem Bieter zu, der ein der Ausschreibung entsprechendes Angebot mit den geforderten Unterlagen rechtzeitig eingereicht hat.
(2) Diese Grundsätze gelten für die Freihändige Vergabe entsprechend.
3. Der Auftraggeber darf Angebotsunterlagen und die in den Angeboten enthaltenen eigenen Vorschläge eines Bieters nur für die Prüfung und Wertung der Angebote (§ § 23 und 25) verwenden. Eine darüber hinausgehende Verwendung bedarf der vorherigen schriftlichen Vereinbarung.

§ 21 Form und Inhalt der Angebote

1. (1) Der Auftraggeber legt fest, in welcher Form die Angebote einzureichen sind. Schriftlich eingereichte Angebote sind immer zuzulassen. Sie müssen unterzeichnet sein. Elektronisch übermittelte Angebote sind nach Wahl des Auftraggebers mit einer fortgeschrittenen elektronischen Signatur nach dem Signaturgesetz und den Anforderungen des Auftraggebers oder mit einer qualifizierten elektronischen Signatur nach dem Signaturgesetz zu versehen.
(2) Die Auftraggeber haben die Integrität der Daten und die Vertraulichkeit der Angebote auf geeignete Weise zu gewährleisten. Per Post oder direkt übermittelte Angebote sind in einem verschlossenen Umschlag einzureichen, als solche zu kennzeichnen und bis zum Ablauf der für die Einreichung vorgesehenen Frist unter Verschluss zu halten. Bei elektronisch übermittelten Angeboten ist dies durch entsprechende technische Lösungen nach den Anforderungen des Auftraggebers und durch Verschlüsselung sicherzustellen. Die Verschlüsselung muss bis zum Ablauf der Frist zur Einreichung der Angebote aufrecht erhalten bleiben. Die Angebote sollen nur die Preise und die geforderten Erklärungen enthalten. Änderungen des Bieters an seinen Eintragungen müssen zweifelsfrei sein.
(3) Änderungen an den Verdingungsunterlagen sind unzulässig.
(4) Der Auftraggeber soll allgemein oder im Einzelfall zulassen, dass Bieter für die Angebotsabgabe eine selbstgefertigte Abschrift oder stattdessen eine selbstgefertigte Kurzfassung des Leistungsverzeichnisses benutzen, wenn sie den vom Auftraggeber verfassten Wortlaut der Urschrift des Leistungsverzeichnisses als allein verbindlich schriftlich anerkennen; Kurzfassungen müssen jedoch die Ordnungszahlen (Positionen) vollzählig, in der gleichen Reihenfolge und mit den gleichen Nummern wie in der Urschrift, wiedergeben.
(5) Muster und Proben der Bieter müssen als zum Angebot gehörig gekennzeichnet sein.
2. Eine Leistung, die von den vorgesehenen technischen Spezifikationen abweicht, darf angeboten werden, wenn sie mit dem geforderten Schutzniveau in Bezug auf Sicherheit, Gesundheit und Gebrauchstauglichkeit gleichwertig ist. Die Abweichung muss im Angebot eindeutig bezeichnet sein. Die Gleichwertigkeit ist mit dem Angebot nachzuweisen.
3. Die Anzahl von Nebenangeboten ist an einer vom Auftraggeber in den Verdingungsunterlagen bezeichneten Stelle aufzuführen. Etwaige Nebenangebote müssen auf besonderer Anlage gemacht und als solche deutlich gekennzeichnet werden.
4. Soweit Preisnachlässe ohne Bedingungen gewährt werden, sind diese an einer vom Auftraggeber in den Verdingungsunterlagen bezeichneten Stelle aufzuführen.
5. (1) Bietergemeinschaften haben eines ihrer Mitglieder als bevollmächtigten Vertreter für den Abschluss und die Durchführung des Vertrags zu bezeichnen.
(2) Fehlt die Bezeichnung im Angebot, so ist sie vor der Zuschlagserteilung beizubringen.
6. Der Auftraggeber hat die Anforderungen an den Inhalt der Angebote nach den Nummern 1 bis 5 in die Vergabeunterlagen aufzunehmen.

§ 21 a Form der Angebote

§ 21 Nr. 1 Abs. 1 Satz 2 gilt nicht.

§ 21 b Form der Angebote

§ 21 Nr. 1 Abs. 1 Satz 2 gilt nicht.

§ 22 Eröffnungstermin

1. Bei Ausschreibungen ist für die Öffnung und Verlesung (Eröffnung) der Angebote ein Eröffnungstermin abzuhalten, in dem nur die Bieter und ihre Bevollmächtigten zugegen sein dürfen. Bis zu diesem Termin sind die auf direktem Weg oder per Post schriftlich zugegangenen Angebote, die beim Eingang auf dem ungeöffneten Umschlag zu kennzeichnen sind, unter Verschluss zu halten; entsprechend sind digitale Angebote zu kennzeichnen und verschlüsselt aufzubewahren.
2. Zur Eröffnung zuzulassen sind nur Angebote, die dem Verhandlungsleiter bei Öffnung des ersten Angebots vorliegen.

3. (1) Der Verhandlungsleiter stellt fest, ob der Verschluss der schriftlichen Angebote unversehrt ist und die digitalen Angebote verschlüsselt sind.
(2) Die Angebote werden geöffnet und in allen wesentlichen Teilen im Eröffnungstermin gekennzeichnet. Name und Wohnort der Bieter und die Endbeträge der Angebote oder ihrer einzelnen Abschnitte, ferner andere den Preis betreffende Angaben werden verlesen. Es wird bekannt gegeben, ob und von wem Nebenangebote eingereicht sind. Weiteres aus dem Inhalt der Angebote soll nicht mitgeteilt werden.
(3) Muster und Proben der Bieter müssen im Termin zur Stelle sein.
4. (1) Über den Eröffnungstermin ist eine Niederschrift zu fertigen. Sie ist zu verlesen; in ihr ist zu vermerken, dass sie verlesen und als richtig anerkannt worden ist oder welche Einwendungen erhoben worden sind.
(2) Sie ist vom Verhandlungsleiter zu unterschreiben; die anwesenden Bieter und Bevollmächtigten sind berechtigt, mit zu unterzeichnen.
5. Angebote, die bei der Öffnung des ersten Angebots nicht vorgelegen haben (Nummer 2), sind in der Niederschrift oder in einem Nachtrag besonders aufzuführen. Die Eingangszeiten und die etwa bekannten Gründe, aus denen die Angebote nicht vorgelegen haben, sind zu vermerken. Der Umschlag und andere Beweismittel sind aufzubewahren.
6. (1) Ein Angebot, das nachweislich vor Ablauf der Angebotsfrist dem Auftraggeber zugegangen war, aber bei Öffnung des ersten Angebots aus vom Bieter nicht zu vertretenden Gründen dem Verhandlungsleiter nicht vorgelegen hat, ist wie ein rechtzeitig vorliegendes Angebot zu behandeln.
(2) Den Bietern ist dieser Sachverhalt unverzüglich schriftlich mitzuteilen. In die Mitteilung sind die Feststellung, dass der Verschluss unversehrt war und die Angaben nach Nummer 3 Abs. 2 aufzunehmen.
(3) Dieses Angebot ist mit allen Angaben in die Niederschrift oder in einen Nachtrag aufzunehmen. Im Übrigen gilt Nummer 5 Satz 2 und 3.
7. Den Bietern und ihren Bevollmächtigten ist die Einsicht in die Niederschrift und ihre Nachträge (Nummern 5 und 6 sowie § 23 Nr. 4) zu gestatten; den Bietern können die Namen der Bieter sowie die verlesenen und die nachgerechneten Endbeträge der Angebote sowie die Zahl ihrer Nebenangebote nach der rechnerischen Prüfung mitgeteilt werden. Nach Antragstellung hat dies unverzüglich zu erfolgen. Die Niederschrift darf nicht veröffentlicht werden.
8. Die Angebote und ihre Anlagen sind sorgfältig zu verwahren und geheim zu halten; dies gilt auch bei Freihändiger Vergabe.

§ 23 Prüfung der Angebote

1. Angebote, die im Eröffnungstermin dem Verhandlungsleiter bei Öffnung des ersten Angebots nicht vorgelegen haben, und Angebote, die den Bestimmungen des § 21 Nr. 1 Abs. 1 bis 3 nicht entsprechen, brauchen nicht geprüft zu werden.
2. Die übrigen Angebote sind rechnerisch, technisch und wirtschaftlich zu prüfen, gegebenenfalls mit Hilfe von Sachverständigen (§ 7).
3. (1) Entspricht der Gesamtbetrag einer Ordnungszahl (Position) nicht dem Ergebnis der Multiplikation von Mengenansatz und Einheitspreis, so ist der Einheitspreis maßgebend. Ist der Einheitspreis in Ziffern und in Worten angegeben und stimmen diese Angaben nicht überein, so gilt der dem Gesamtbetrag der Ordnungszahl entsprechende Einheitspreis. Entspricht weder der in Worten noch der in Ziffern angegebene Einheitspreis dem Gesamtbetrag der Ordnungszahl, so gilt der in Worten angegebene Einheitspreis.
(2) Bei Vergabe für eine Pauschalsumme gilt diese ohne Rücksicht auf etwa angegebene Einzelpreise.
(3) Absätze 1 und 2 gelten auch bei Freihändiger Vergabe.
4. Die aufgrund der Prüfung festgestellten Angebotsendsummen sind in der Niederschrift über den Eröffnungstermin zu vermerken.

§ 24 Aufklärung des Angebotsinhalts

1. (1) Bei Ausschreibungen darf der Auftraggeber nach Öffnung der Angebote bis zur Zuschlagserteilung mit einem Bieter nur verhandeln, um sich über seine Eignung, insbesondere seine technische und wirtschaftliche Leistungsfähigkeit, das Angebot selbst, etwaige Nebenangebote, die geplante Art der Durchführung, etwaige Ursprungsorte oder Bezugsquellen von Stoffen oder Bauteilen und über die Angemessenheit der Preise, wenn nötig durch Einsicht in die vorzulegenden Preisermittlungen (Kalkulationen), zu unterrichten.
(2) Die Ergebnisse solcher Verhandlungen sind geheim zu halten. Sie sollen schriftlich niedergelegt werden.

2. Verweigert ein Bieter die geforderten Aufklärungen und Angaben, so kann sein Angebot unberücksichtigt bleiben.
3. Andere Verhandlungen, besonders über Änderung der Angebote oder Preise, sind unstatthaft, außer wenn sie bei Nebenangeboten oder Angeboten aufgrund eines Leistungsprogramms nötig sind, um unumgängliche technische Änderungen geringen Umfangs und daraus sich ergebende Änderungen der Preise zu vereinbaren.

§ 25 Wertung der Angebote

1. (1) Ausgeschlossen werden:
   a) Angebote, die im Eröffnungstermin dem Verhandlungsleiter bei Öffnung des ersten Angebots nicht vorgelegen haben, ausgenommen Angebote nach § 22 Nr. 6,
   b) Angebote, die dem § 21 Nr. 1 Abs. 1 bis 3 nicht entsprechen,
   c) Angebote von Bietern, die in Bezug auf die Ausschreibung eine Abrede getroffen haben, die eine unzulässige Wettbewerbsbeschränkung darstellt,
   d) Nebenangebote, wenn der Auftraggeber in der Bekanntmachung oder in den Vergabeunterlagen erklärt hat, dass er diese nicht zulässt.
   (2) Außerdem können Angebote von Bietern nach § 8 Nr. 5 sowie Angebote, die dem § 21 Nr. 3 Satz 2 nicht entsprechen, ausgeschlossen werden.
2. (1) Bei Öffentlicher Ausschreibung ist zunächst die Eignung der Bieter zu prüfen. Dabei sind anhand der vorgelegten Nachweise die Angebote der Bieter auszuwählen, deren Eignung die für die Erfüllung der vertraglichen Verpflichtungen notwendigen Sicherheiten bietet; dies bedeutet, dass sie die erforderliche Fachkunde, Leistungsfähigkeit und Zuverlässigkeit besitzen und über ausreichende technische und wirtschaftliche Mittel verfügen.
   (2) Bei Beschränkter Ausschreibung und Freihändiger Vergabe sind nur Umstände zu berücksichtigen, die nach Aufforderung zur Angebotsabgabe Zweifel an der Eignung des Bieters begründen (vgl. § 8 Nr. 4).
3. (1) Auf ein Angebot mit einem unangemessen hohen oder niedrigen Preis darf der Zuschlag nicht erteilt werden.
   (2) Erscheint ein Angebotspreis unangemessen niedrig und ist anhand vorliegender Unterlagen über die Preisermittlung die Angemessenheit nicht zu beurteilen, ist in Textform vom Bieter Aufklärung über die Ermittlung der Preise für die Gesamtleistung oder für Teilleistungen zu verlangen, gegebenenfalls unter Festlegung einer zumutbaren Antwortfrist. Bei der Beurteilung der Angemessenheit sind die Wirtschaftlichkeit des Bauverfahrens, die gewählten technischen Lösungen oder sonstige günstige Ausführungsbedingungen zu berücksichtigen.
   (3) In die engere Wahl kommen nur solche Angebote, die unter Berücksichtigung rationellen Baubetriebs und sparsamer Wirtschaftsführung eine einwandfreie Ausführung einschließlich Haftung für Mängelansprüche erwarten lassen. Unter diesen Angeboten soll der Zuschlag auf das Angebot erteilt werden, das unter Berücksichtigung aller Gesichtspunkte, wie z.B. Qualität, Preis, technischer Wert, Ästhetik, Zweckmäßigkeit, Umwelteigenschaften, Betriebs- und Folgekosten, Rentabilität, Kundendienst und technische Hilfe oder Ausführungsfrist als das wirtschaftlichste erscheint. Der niedrigste Angebotspreis allein ist nicht entscheidend.
4. Ein Angebot nach § 21 Nr. 2 ist wie ein Hauptangebot zu werten.
5. Nebenangebote sind zu werten, es sei denn, der Auftraggeber hat sie in der Bekanntmachung oder in den Vergabeunterlagen nicht zugelassen. Preisnachlässe ohne Bedingung sind nicht zu werten, wenn sie nicht an der vom Auftraggeber nach § 21 Nr. 4 bezeichneten Stelle aufgeführt sind.
6. Bietergemeinschaften sind Einzelbietern gleichzusetzen, wenn sie die Arbeiten im eigenen Betrieb oder in den Betrieben der Mitglieder ausführen.
7. Die Bestimmungen der Nummern 2 und 3 gelten auch bei Freihändiger Vergabe. Die Nummern 1, 4, 5 und 6 sind entsprechend auch bei Freihändiger Vergabe anzuwenden.

§ 25a Wertung der Angebote

1. Bei der Wertung der Angebote dürfen nur Kriterien berücksichtigt werden, die in der Bekanntmachung oder in den Vergabeunterlagen genannt sind.
2. Angebote, die aufgrund einer staatlichen Beihilfe ungewöhnlich niedrig sind, können allein aus diesem Grund nur dann zurückgewiesen werden, wenn der Bieter nach Aufforderung innerhalb einer vom Auftraggeber festzulegenden ausreichenden Frist nicht nachweisen kann, dass die betreffende Beihilfe rechtmäßig gewährt wurde. Auftraggeber, die unter diesen Umstän-

den ein Angebot zurückweisen, müssen die Kommission der Europäischen Gemeinschaften darüber unterrichten.
3. Der Auftraggeber berücksichtigt nur Nebenangebote, die die von ihm verlangten Mindestanforderungen erfüllen.

§ 25 b Wertung der Angebote

1. Bei der Wertung der Angebote dürfen nur Kriterien berücksichtigt werden, die in der Bekanntmachung oder in den Vergabeunterlagen genannt sind.
2. Angebote, die aufgrund einer staatlichen Beihilfe ungewöhnlich niedrig sind, dürfen von den Auftraggebern nur zurückgewiesen werden, wenn diese den Bieter darauf hingewiesen haben und dieser innerhalb einer vom Auftraggeber festzulegenden angemessenen Frist nicht den Nachweis liefern konnte, dass die Beihilfe der Kommission der Europäischen Gemeinschaften gemeldet oder von ihr genehmigt wurde. Auftraggeber, die unter Umständen ein Angebot zurückweisen, müssen die Kommission der Europäischen Gemeinschaften darüber unterrichten.
3. Der Auftraggeber berücksichtigt nur Nebenangebote, die die von ihm verlangten Mindestanforderungen erfüllen.

§ 26 Aufhebung der Ausschreibung

1. Die Ausschreibung kann aufgehoben werden:
   a) wenn kein Angebot eingegangen ist, das den Ausschreibungsbedingungen entspricht,
   b) wenn die Verdingungsunterlagen grundlegend geändert werden müssen,
   c) wenn andere schwer wiegende Gründe bestehen.
2. Die Bewerber und Bieter sind von der Aufhebung der Ausschreibung unter Angabe der Gründe, gegebenenfalls über die Absicht, ein neues Vergabeverfahren einzuleiten, unverzüglich zu unterrichten. Die Unterrichtung erfolgt auf Antrag der Bewerber oder Bieter schriftlich.

§ 26 a Mitteilung über den Verzicht auf die Vergabe

Den Bewerbern oder Bietern teilt der Auftraggeber unverzüglich die Gründe für seine Entscheidung mit, auf die Vergabe eines im Amtsblatt der Europäischen Gemeinschaften bekannt gemachten Auftrages zu verzichten oder das Verfahren erneut einzuleiten. Auf Antrag teilt er ihnen dies auch in Textform mit. Der Auftraggeber kann bestimmte Informationen nach Satz 1 zurückhalten, wenn die Weitergabe den Gesetzesvollzug vereiteln würde oder sonst nicht im öffentlichen Interesse läge, oder die berechtigten Geschäftsinteressen von Unternehmen oder den fairen Wettbewerb beeinträchtigen würde.

§ 27 Nicht berücksichtigte Bewerbungen und Angebote

1. Bieter, deren Angebote ausgeschlossen worden sind (§ 25 Nr. 1), und solche, deren Angebote nicht in die engere Wahl kommen, sollen so bald wie möglich verständigt werden. Die übrigen Bieter sind zu verständigen, sobald der Zuschlag erteilt worden ist.
2. Auf Verlangen sind den nicht berücksichtigten Bewerbern oder Bietern innerhalb einer Frist von 15 Kalendertagen nach Eingang ihres schriftlichen Antrags die Gründe für die Nichtberücksichtigung ihrer Bewerbung oder ihres Angebots schriftlich mitzuteilen, den Bietern auch der Name des Auftragnehmers.
3. Nicht berücksichtigte Angebote und Ausarbeitungen der Bieter dürfen nicht für eine neue Vergabe oder für andere Zwecke benutzt werden.
4. Entwürfe, Ausarbeitungen, Muster und Proben zu nicht berücksichtigten Angeboten sind zurückzugeben, wenn dies im Angebot oder innerhalb von 30 Kalendertagen nach Ablehnung des Angebots verlangt wird.

§ 27 a Nicht berücksichtigte Bewerbungen

1. Auf Verlangen sind den nicht berücksichtigten Bewerbern oder Bietern unverzüglich, spätestens jedoch innerhalb einer Frist von 15 Kalendertagen nach Eingang ihres schriftlichen Antrags die Entscheidung über den Vertragsabschluss sowie die Gründe für die Nichtberücksichtigung ihrer Bewerbung oder ihres Angebots schriftlich mitzuteilen. Den Bietern, die ein ordnungsgemäßes Angebot eingereicht haben, sind auch die Merkmale und Vorteile des Angebots des erfolgreichen Bieters sowie dessen Name schriftlich mitzuteilen. § 26 a Satz 3 gilt entsprechend.
2. Bei einem Verhandlungsverfahren mit Vergabebekanntmachung und beim Wettbewerblichen Dialog ist § 27 Nr. 2 entsprechend anzuwenden.

§ 27 b Mitteilungspflichten

1. Sektorenauftraggeber teilen den teilnehmenden Unternehmen unverzüglich, spätestens jedoch innerhalb einer Frist von 15 Kalendertagen und

auf Antrag in Textform ihre Entscheidungen über die Auftragsvergabe mit.
2. (1) Auftraggeber gemäß Absatz 1 teilen innerhalb kürzester Frist nach Eingang eines entsprechenden schriftlichen Antrags Folgendes mit:
– den ausgeschlossenen Bewerbern oder Bietern die Gründe für die Ablehnung ihrer Bewerbung oder ihres Angebots,
– die Entscheidung einschließlich der Gründe, auf die Vergabe eines Auftrages zu verzichten oder das Verfahren erneut einzuleiten,
– den Bietern, die ein ordnungsgemäßes Angebot eingereicht haben, die Merkmale und relativen Vorteile des erfolgreichen Angebots und den Namen des erfolgreichen Bieters.
(2) Der Auftraggeber kann jedoch beschließen, bestimmte Auskünfte über den Zuschlag nicht zu erteilen, wenn eine derartige Bekanntgabe den Gesetzesvollzug behindern, dem öffentlichen Interesse zuwiderlaufen oder die legitimen Geschäftsinteressen von öffentlichen oder privaten Unternehmen einschließlich derjenigen des Unternehmens, das den Zuschlag erhalten hat, beeinträchtigen würde oder den lauteren Wettbewerb beeinträchtigen könnte.

§ 28 Zuschlag

1. Der Zuschlag ist möglichst bald, mindestens aber so rechtzeitig zu erteilen, dass dem Bieter die Erklärung noch vor Ablauf der Zuschlagsfrist (§ 19) zugeht.
2. (1) Wird auf ein Angebot rechtzeitig und ohne Abänderungen der Zuschlag erteilt, so ist damit nach allgemeinen Rechtsgrundsätzen der Vertrag abgeschlossen, auch wenn spätere urkundliche Festlegung vorgesehen ist.
(2) Werden dagegen Erweiterungen, Einschränkungen oder Änderungen vorgenommen oder wird der Zuschlag verspätet erteilt, so ist der Bieter bei Erteilung des Zuschlags aufzufordern, sich unverzüglich über die Annahme zu erklären.

§ 28 a Bekanntmachung der Auftragserteilung

1. (1) In den Fällen, in denen eine Bekanntmachung nach § 17 a Nr. 2 veröffentlicht wurde, ist die Erteilung des Auftrags bekannt zu machen.
(2) Die Bekanntmachung ist nach dem in Anhang III der Verordnung (EG) Nr. 1564/2005 enthaltenen Muster zu erstellen.
(3) Angaben, deren Veröffentlichung
– den Gesetzesvollzug behindern,
– dem öffentlichen Interesse zuwiderlaufen,
– die berechtigten geschäftlichen Interessen öffentlicher oder privater Unternehmer berühren oder
– den fairen Wettbewerb zwischen Unternehmern beeinträchtigen würden,
sind nicht in die Bekanntmachung aufzunehmen.
2. Die Bekanntmachung ist dem Amt für amtliche Veröffentlichungen der Europäischen Gemeinschaften in kürzester Frist – spätestens 48 Kalendertage nach Auftragserteilung – zu übermitteln.

§ 28 b Bekanntmachung der Auftragserteilung

1. Der Kommission der Europäischen Gemeinschaften sind für jeden vergebenen Auftrag binnen zwei Monaten nach der Vergabe dieses Auftrags die Ergebnisse des Vergabeverfahrens durch eine nach Anhang VI der Verordnung (EG) Nr. 1564/2005 abgefasste Bekanntmachung mitzuteilen. Dies gilt nicht für jeden Einzelauftrag innerhalb einer Rahmenvereinbarung.
2. Die Angaben in Anhang VI der Verordnung (EG) Nr. 1564/2005 werden im Amtsblatt der Europäischen Gemeinschaften veröffentlicht. Dabei trägt die Kommission der Europäischen Gemeinschaften der Tatsache Rechnung, dass es sich bei den Angaben im Falle von Anhang VI der Verordnung (EG) Nr. 1564/2005 Nr. V.1.3, V.1.5, V.2.1, V.2.4, V.2.6, um in geschäftlicher Hinsicht empfindliche Angaben handelt, wenn der Auftraggeber dies bei der Übermittlung der Angaben über die Anzahl der eingegangenen Angebote, die Identität der Unternehmen und die Preise geltend macht.
3. Die Angaben in Anhang VI der Verordnung (EG) Nr. 1564/2005 Nr. V.2, die als nicht für die Veröffentlichung bestimmt gekennzeichnet sind, werden nicht oder nur in vereinfachter Form zu statistischen Zwecken veröffentlicht.

§ 29 Vertragsurkunde

1. Eine besondere Urkunde braucht über den Vertrag nur dann gefertigt zu werden, wenn der Vertragsinhalt nicht schon durch das Angebot mit den zugehörigen Unterlagen, das Zuschlagsschreiben und andere Schriftstücke eindeutig und erschöpfend festgelegt ist.
2. Die Urkunde ist doppelt auszufertigen und von den beiden Vertragsparteien zu unterzeichnen. Die Beglaubigung einer Unterschrift kann in besonderen Fällen verlangt werden.

9 Anhang

§ 30 Vergabevermerk

1. Über die Vergabe ist ein Vermerk zu fertigen, der die einzelnen Stufen des Verfahrens, die maßgebenden Feststellungen sowie die Begründung der einzelnen Entscheidungen enthält.
2. Wird auf die Vorlage zusätzlich zum Angebot verlangter Unterlagen und Nachweise verzichtet, ist dies im Vergabevermerk zu begründen.

§ 30 a Vergabevermerk

Über die Vergabe ist zeitnah ein Vermerk zu fertigen, der die einzelnen Stufen des Verfahrens, die maßgebenden Feststellungen sowie die Begründung der einzelnen Entscheidungen enthält. Dieser muss mindestens enthalten:
a) Name und Anschrift des Auftraggebers,
b) Art und Umfang der Leistung,
c) Wert des Auftrags,
d) Namen der berücksichtigten Bewerber oder Bieter und die Gründe für ihre Auswahl,
e) Namen der nicht berücksichtigten Bewerber oder Bieter und die Gründe für die Ablehnung,
f) Gründe für die Ablehnung von ungewöhnlich niedrigen Angeboten,
g) Name des Auftragnehmers und die Gründe für die Erteilung des Zuschlags auf sein Angebot,
h) Anteil der beabsichtigten Unteraufträge an Dritte, soweit bekannt,
i) beim Nichtoffenen Verfahren, Verhandlungsverfahren oder Wettbewerblichen Dialog die Gründe für die Wahl des jeweiligen Verfahrens,
j) gegebenenfalls die Gründe, aus denen der öffentliche Auftraggeber auf die Vergabe eines Auftrags verzichtet hat.

Der Auftraggeber trifft geeignete Maßnahmen, um den Ablauf der mit elektronischen Mitteln durchgeführten Vergabeverfahren zu dokumentieren.

§ 31 Nachprüfungsstellen

In der Bekanntmachung und den Vergabeunterlagen sind die Nachprüfungsstellen mit Anschrift anzugeben, an die sich der Bewerber oder Bieter zur Nachprüfung behaupteter Verstöße gegen die Vergabebestimmungen wenden kann.

§ 31 a Nachprüfungsbehörden

In der Vergabebekanntmachung und den Vergabeunterlagen sind die Nachprüfungsbehörden mit Anschrift anzugeben, an die sich der Bewerber oder Bieter zur Nachprüfung behaupteter Verstöße gegen die Vergabebestimmungen wenden kann.

§ 31 b Nachprüfungsbehörden

In der Vergabebekanntmachung und den Vergabeunterlagen sind die Nachprüfungsbehörden mit Anschrift anzugeben, an die sich der Bewerber oder Bieter zur Nachprüfung behaupteter Verstöße gegen die Vergabebestimmungen wenden kann.

§ 32 Baukonzessionen

1. Baukonzessionen sind Bauaufträge zwischen einem Auftraggeber und einem Unternehmer (Baukonzessionär), bei denen die Gegenleistung für die Bauarbeiten statt in einer Vergütung in dem Recht auf Nutzung der baulichen Anlage, gegebenenfalls zuzüglich der Zahlung eines Preises, besteht.
2. Für die Vergabe von Baukonzessionen sind die §§ 1 bis 31 sinngemäß anzuwenden.

§ 32 a Baukonzessionen

1. (1) Für die Vergabe von Baukonzessionen mit mindestens einem geschätzten Gesamtauftragswert nach § 2 Nr. 4 VgV ohne Umsatzsteuer sind die a-Paragraphen nicht anzuwenden, ausgenommen die Regelungen nach den Absätzen 2 bis 4.
(2) Die Absicht eines öffentlichen Auftraggebers, eine Baukonzession zu vergeben, ist bekannt zu machen. Die Bekanntmachung hat nach Anhang X der Verordnung (EG) Nr. 1564/2005 zu erfolgen. Sie ist im Amtsblatt für amtliche Veröffentlichungen der Europäischen Gemeinschaften unverzüglich zu veröffentlichen.
(3) § 17 a Nr. 2 gilt entsprechend.
(4) Die Frist für den Eingang von Bewerbungen für die Konzession beträgt mindestens 52 Kalendertage, gerechnet vom Tag nach Absendung der Bekanntmachung.
2. (1) Die Absicht eines Baukonzessionärs, Bauaufträge an Dritte zu vergeben, ist bekannt zu machen. Die Bekanntmachung hat nach Anhang XI der Verordnung (EG) Nr. 1564/2005 zu erfolgen. Sie ist im Amtsblatt der Europäischen Gemeinschaften unverzüglich zu veröffentlichen.
(2) § 17 a Nr. 2 gilt entsprechend.
(3) Die Frist für den Eingang der Anträge auf Teilnahme beträgt mindestens 37 Kalendertage, gerechnet vom Tag nach Absendung der Bekanntmachung. Die Frist für den Eingang der Angebote beträgt mindestens 40 Kalendertage, gerechnet vom Tag der Absendung der Aufforderung zur Angebotsabgabe.

3. Baukonzessionäre, die öffentliche Auftraggeber sind, müssen bei der Vergabe von Bauaufträgen an Dritte mit mindestens einem geschätzten Gesamtauftragswert nach § 2 Nr. 4 VgV ohne Umsatzsteuer die Basisparagraphen mit a-Paragraphen anwenden.

§ 32 b Baukonzessionen

§ 32 gilt nicht für Baukonzessionen, die von Sektorenauftraggebern vergeben werden.

§ 33 a Melde- und Berichtspflichten

1. Auf Verlangen der Kommission der Europäischen Gemeinschaften ist der Vergabevermerk zu übermitteln.
2. Für die jährlich fällige EG-Statistik ist der zuständigen Stelle eine Meldung vorzulegen, die mindestens folgende Angaben enthält:
    a) bei den Ministerien des Bundes[9]
        1. für jeden einzelnen öffentlichen Auftraggeber den geschätzten Gesamtwert der Aufträge unterhalb der Schwellenwerte;
        2. für jeden einzelnen öffentlichen Auftraggeber Anzahl und Wert der Aufträge über den Schwellenwerten, so weit wie möglich aufgeschlüsselt nach Verfahren, Kategorien von Bauarbeiten entsprechend der geltenden EG-Nomenklatur und Nationalität des Unternehmens, das den Zuschlag erhalten hat, bei Verhandlungsverfahren aufgeschlüsselt nach § 3 a Nr. 4 und 5, mit Angaben über Anzahl und Wert der Aufträge, die in die einzelnen Mitgliedstaaten und in Drittländer vergeben wurden;
    b) bei den anderen öffentlichen Auftraggebern im Sinne des § 98 des Gesetzes gegen Wettbewerbsbeschränkungen Angaben für jede Kategorie von Auftraggebern über Anzahl und Wert der Aufträge über den Schwellenwerten, so weit wie möglich aufgeschlüsselt nach Verfahren, Kategorien von Bauarbeiten entsprechend der geltenden EG-Nomenklatur und Nationalität des Unternehmens, das den Zuschlag erhalten hat, bei Verhandlungsverfahren aufgeschlüsselt nach § 3 a Nr. 4 und 5 mit Angaben über Anzahl und Wert der Aufträge, die in die einzelnen Mitgliedstaaten und in Drittländer vergeben wurden;
    c) bei den vorstehend unter Buchstabe a aufgeführten öffentlichen Auftraggebern Angaben für jeden Auftraggeber über Anzahl und Gesamtwert der Aufträge, die aufgrund von Ausnahmeregelungen zum Beschaffungsübereinkommen vergeben wurden; bei den anderen öffentlichen Auftraggebern im Sinne des § 98 des Gesetzes gegen Wettbewerbsbeschränkungen Angaben für jede Kategorie von Auftraggebern über den Gesamtwert der Aufträge, die aufgrund von Ausnahmeregelungen zum Beschaffungsübereinkommen vergeben wurden.

§ 33 b Aufbewahrungs- und Berichtspflichten

1. (1) Sachdienliche Unterlagen über jede Auftragsvergabe sind aufzubewahren, die es zu einem späteren Zeitpunkt ermöglichen, die Entscheidungen zu begründen über
    a) die Prüfung und Auswahl der Unternehmer und die Auftragsvergabe,
    b) den Rückgriff auf Verfahren ohne vorherigen Aufruf zum Wettbewerb gemäß § 3 b Nr. 2,
    c) die Inanspruchnahme vorgesehener Abweichungsmöglichkeiten von der Anwendungsverpflichtung.

    Der Auftraggeber trifft geeignete Maßnahmen, um den Ablauf der mit elektronischen Mitteln durchgeführten Vergabeverfahren zu dokumentieren.

    (2) Die Unterlagen müssen mindestens vier Jahre lang ab der Auftragsvergabe aufbewahrt werden, damit der Auftraggeber der Kommission der Europäischen Gemeinschaften in dieser Zeit auf Anfrage die erforderlichen Auskünfte erteilen kann.
2. Die Sektorenauftraggeber übermitteln der Bundesregierung entsprechend deren Vorgaben jährlich eine statistische Aufstellung über den Gesamtwert der vergebenen Aufträge, die unterhalb der Schwellenwerte liegen und die jedoch ohne eine Schwellenwertbegrenzung diesen Regelungen unterliegen würden.
3. Die Auftraggeber in den Bereichen der Trinkwasser- und Elektrizitätsversorgung, des Stadtbahn-, Straßenbahn-, O-Bus- oder Omnibusverkehrs, der Flughafeneinrichtungen und des See- oder Binnenhafenverkehrs oder anderer Verkehrsendpunkte teilen der Bundesregierung entsprechend deren Vorgaben jährlich den Gesamtwert der Aufträge mit, die im Vorjahr vergeben worden sind. Diese Meldepflicht gilt nicht, wenn der Auftraggeber im Berichtszeitraum kei-

---

[9] AA, BMAS, BMBF, BMELV, BMF, BMFSFJ, BMG, BMI, BMJ, BMU, BMVg, BMVBS, BMWi, BMZ.

nen Auftrag über dem in § 1 b Nr. 1 genannten Schwellenwert zu vergeben hatte.
4. Die Auftraggeber übermitteln die Angaben nach den Nummern 2 und 3 spätestens bis zum 31. August jeden Jahres für das Vorjahr an das Bundesministerium für Wirtschaft und Technologie.

Abschnitt 4 Vergabebestimmungen nach der Richtlinie 2004/17/EG[10] (VOB/A-SKR)

§ 1 SKR Bauleistungen, Geltungsbereich

1. Bauleistungen sind Arbeiten jeder Art, durch die eine bauliche Anlage hergestellt, instand gehalten, geändert oder beseitigt wird.
2. (1) Die Bestimmungen sind von Sektorenauftraggebern für Bauaufträge anzuwenden, bei denen der geschätzte Gesamtauftragswert der Baumaßnahme bzw. des Bauwerks (alle Bauaufträge für eine bauliche Anlage) mindestens dem in § 2 Nr. 4 Vergabeverordnung (VgV) genannten Schwellenwert ohne Umsatzsteuer entspricht. Der Gesamtauftragswert umfasst auch den geschätzten Wert der vom Auftraggeber beigestellten Stoffe, Bauteile und Leistungen.
(2) Werden die Bauaufträge im Sinne von Absatz 1 für eine bauliche Anlage in Losen vergeben, sind die Bestimmungen anzuwenden
– bei jedem Los mit einem geschätzten Auftragswert von 1 Million Euro und mehr,
– unabhängig davon für alle Bauaufträge, bis mindestens 80 v. H. des geschätzten Gesamtauftragswertes aller Bauaufträge für die bauliche Anlage erreicht sind.
3. Eine bauliche Anlage darf für die Schwellenwertermittlung nicht in der Absicht aufgeteilt werden, sie der Anwendung der Bestimmungen zu entziehen.
4. Lieferungen, die nicht zur Ausführung der baulichen Anlage erforderlich sind, dürfen dann nicht mit einem Bauauftrag vergeben werden, wenn dadurch für sie die Anwendung der für Lieferleistungen geltenden EG-Vergabebestimmungen umgangen wird.

---

[10] Richtlinie 2004/17/EG des Europäischen Parlaments und des Rates vom 31. März 2004 zur Koordinierung der Zuschlagserteilung durch Auftraggeber im Bereich der Wasser-, Energie- und Verkehrsversorgung sowie Postdienste, ABl. EU Nr. L 134 vom 30. April 2004.

5. Der Wert einer Rahmenvereinbarung (§ 4 SKR) wird auf der Grundlage des geschätzten Höchstwertes aller für den Zeitraum ihrer Geltung geplanten Aufträge berechnet.
6. Maßgebender Zeitpunkt für die Schätzung des Gesamtauftragswertes ist die Einleitung des ersten Vergabeverfahrens für die bauliche Anlage.

§ 2 SKR Diskriminierungsverbot, Schutz der Vertraulichkeit

1. Bei der Vergabe von Bauleistungen darf kein Unternehmer diskriminiert werden.
2. Die Übermittlung technischer Spezifikationen für interessierte Unternehmer, die Prüfung und die Auswahl von Unternehmern und die Auftragsvergabe können die Auftraggeber mit Auflagen zum Schutz der Vertraulichkeit verbinden.
3. Das Recht der Unternehmer, von einem Auftraggeber in Übereinstimmung mit innerstaatlichen Rechtsvorschriften die Vertraulichkeit der von ihnen zur Verfügung gestellten Informationen zu verlangen, wird nicht eingeschränkt.

§ 3 SKR Arten der Vergabe

1. Die Auftraggeber können jedes der in Nummer 2 bezeichneten Verfahren wählen, vorausgesetzt, dass – vorbehaltlich der Nummer 3 – ein Aufruf zum Wettbewerb gemäß § 9 SKR Nr. 1 durchgeführt wird.
2. Bauaufträge im Sinne von § 1 SKR werden in folgenden Verfahren vergeben:
   a) Offenes Verfahren
      Im Offenen Verfahren werden Bauleistungen vergeben im vorgeschriebenen Verfahren nach öffentlicher Aufforderung einer unbeschränkten Zahl von Unternehmern zur Einreichung von Angeboten.
   b) Nichtoffenes Verfahren
      Im Nichtoffenen Verfahren werden Bauleistungen vergeben im vorgeschriebenen Verfahren nach öffentlicher Aufforderung einer beschränkten Zahl von Unternehmern zur Einreichung von Angeboten, gegebenenfalls nach Aufruf zum Wettbewerb.
   c) Verhandlungsverfahren
      Beim Verhandlungsverfahren wendet sich der Auftraggeber an ausgewählte Unternehmer und verhandelt mit einem oder mehreren dieser Unternehmer über den Auftragsinhalt, gegebenenfalls nach Aufruf zum Wettbewerb.
3. Ein Verfahren ohne vorherigen Aufruf zum Wettbewerb kann durchgeführt werden,

a) wenn im Rahmen eines Verfahrens mit vorherigem Aufruf zum Wettbewerb keine oder keine geeigneten Angebote oder keine Bewerbungen abgegeben worden sind, sofern die ursprünglichen Bedingungen des Auftrags nicht grundlegend geändert werden,
b) wenn ein Auftrag nur zum Zweck von Forschungen, Versuchen, Untersuchungen oder Entwicklungen und nicht mit dem Ziel der Gewinnerzielung oder der Deckung der Forschungs- und Entwicklungskosten vergeben wird und sofern die Vergabe eines derartigen Auftrages einer Wettbewerblichen Vergabe von Folgeaufträgen, die insbesondere diese Ziele verfolgen, nicht vorgreift,
c) wenn der Auftrag wegen seiner technischen oder künstlerischen Besonderheiten oder aufgrund des Schutzes von Ausschließlichkeitsrechten nur von einem bestimmten Unternehmer durchgeführt werden kann,
d) wenn dringliche Gründe im Zusammenhang mit Ereignissen, die der Auftraggeber nicht voraussehen konnte, es nicht zulassen, die in den Offenen Verfahren, Nichtoffenen Verfahren oder Verhandlungsverfahren vorgesehenen Fristen einzuhalten,
e) bei zusätzlichen Bauarbeiten, die weder in dem der Vergabe zugrunde liegenden Entwurf noch im zuerst vergebenen Auftrag vorgesehen sind, die aber wegen eines unvorhergesehenen Ereignisses zur Ausführung dieses Auftrags erforderlich sind, sofern der Auftrag an den Unternehmer vergeben wird, der den ersten Auftrag ausführt,
  – wenn sich diese zusätzlichen Arbeiten in technischer oder wirtschaftlicher Hinsicht nicht ohne wesentlichen Nachteil für den Auftraggeber vom Hauptauftrag trennen lassen oder
  – wenn diese zusätzlichen Arbeiten zwar von der Ausführung des ersten Auftrags getrennt werden können, aber für dessen weitere Ausführungsstufen unbedingt erforderlich sind,
f) bei neuen Bauarbeiten, die in der Wiederholung gleichartiger Arbeiten bestehen, die vom selben Auftraggeber an den Unternehmer vergeben werden, der den ersten Auftrag erhalten hat, sofern sie einem Grundentwurf entsprechen und dieser Entwurf Gegenstand eines ersten Auftrags war, der nach einem Aufruf zum Wettbewerb vergeben wurde. Die Möglichkeit der Anwendung dieses Verfahrens muss bereits bei der Bekanntmachung für den ersten Bauauftrag des ersten Bauabschnitts angegeben werden; der für die Fortsetzung der Bauarbeiten in Aussicht genommene Gesamtauftragswert wird vom Auftraggeber für die Anwendung von § 1 SKR berücksichtigt,
g) bei Aufträgen, die aufgrund einer Rahmenvereinbarung vergeben werden sollen, sofern die in § 4 SKR Nr. 2 genannte Bedingung erfüllt ist.

§ 4 SKR Rahmenvereinbarung

1. Eine Rahmenvereinbarung ist eine Vereinbarung mit einem oder mehreren Unternehmern, in der die Bedingungen für Einzelaufträge festgelegt werden, die im Laufe eines bestimmten Zeitraums vergeben werden sollen, insbesondere über den in Aussicht genommenen Preis und gegebenenfalls die in Aussicht genommene Menge.
2. (1) Rahmenvereinbarungen können als Auftrag im Sinne dieser Vergabebestimmungen angesehen werden und aufgrund eines Verfahrens nach § 3 SKR Nr. 2 abgeschlossen werden.
(2) Ist eine Rahmenvereinbarung in einem Verfahren nach § 3 SKR Nr. 2 abgeschlossen worden, so kann ein Einzelauftrag aufgrund dieser Rahmenvereinbarung nach § 3 SKR Nr. 3 Buchstabe g ohne vorherigen Aufruf zum Wettbewerb vergeben werden.
(3) Ist eine Rahmenvereinbarung nicht in einem Verfahren nach § 3 SKR Nr. 2 abgeschlossen worden, so muss der Vergabe des Einzelauftrags ein Aufruf zum Wettbewerb vorausgehen.
3. Rahmenvereinbarungen dürfen nicht dazu missbraucht werden, den Wettbewerb zu verhindern, einzuschränken oder zu verfälschen.

§ 5 SKR Teilnehmer am Wettbewerb

1. (1) Auftraggeber, die Bewerber oder Bieter auswählen, richten sich dabei nach objektiven, nicht diskriminierenden Regeln und Kriterien. Diese Regeln und Kriterien legen sie in Textform fest und stellen sie interessierten Unternehmern zur Verfügung.
(2) Kriterien im Sinne von Absatz 1 sind insbesondere Fachkunde, Leistungsfähigkeit und Zuverlässigkeit. Zu deren Nachweis können Angaben verlangt werden, z. B. über:
a) den Umsatz des Unternehmers in den letzten drei abgeschlossenen Geschäftsjahren, soweit er Bauleistungen und andere Leistungen betrifft, die mit der zu vergebenden Leistung

vergleichbar sind, unter Einschluss des Anteils bei gemeinsam mit anderen Unternehmern ausgeführten Aufträgen,
b) die Ausführung von Leistungen in den letzten drei abgeschlossenen Geschäftsjahren, die mit der zu vergebenden Leistung vergleichbar sind,
c) die Zahl der in den letzten drei abgeschlossenen Geschäftsjahren jahresdurchschnittlich beschäftigten Arbeitskräfte, gegliedert nach Berufsgruppen,
d) die dem Unternehmer für die Ausführung der zu vergebenden Leistung zur Verfügung stehende technische Ausrüstung,
e) das für die Leitung und Aufsicht vorgesehene technische Personal,
f) die Eintragung in das Berufsregister des Sitzes oder Wohnsitzes des Unternehmers,
g) andere, insbesondere für die Prüfung der Fachkunde geeignete Nachweise.

2. (1) Ein Unternehmen ist von der Teilnahme an einem Vergabeverfahren wegen Unzuverlässigkeit auszuschließen, wenn der Auftraggeber Kenntnis davon hat, dass eine Person, deren Verhalten dem Unternehmen zuzurechnen ist, rechtskräftig wegen Verstoßes gegen eine der folgenden Vorschriften verurteilt worden ist:
a) § 129 des Strafgesetzbuches (Bildung krimineller Vereinigungen), § 129 a des Strafgesetzbuches (Bildung terroristischer Vereinigungen), § 129 b des Strafgesetzbuches (kriminelle und terroristische Vereinigungen im Ausland),
b) § 261 des Strafgesetzbuches (Geldwäsche, Verschleierung unrechtmäßig erlangter Vermögenswerte),
c) § 263 des Strafgesetzbuches (Betrug), soweit sich die Straftat gegen den Haushalt der EG oder gegen Haushalte richtet, die von der EG oder in ihrem Auftrag verwaltet werden,
d) § 264 des Strafgesetzbuches (Subventionsbetrug), soweit sich die Straftat gegen den Haushalt der EG oder gegen Haushalte richtet, die von der EG oder in ihrem Auftrag verwaltet werden,
e) § 334 des Strafgesetzbuches (Bestechung), auch in Verbindung mit Artikel 2 des EU-Bestechungsgesetzes, Artikel 2 § 1 des Gesetzes zur Bekämpfung internationaler Bestechung, Artikel 7 Abs. 2 Nr. 10 des Vierten Strafrechtsänderungsgesetzes und § 2 des Gesetzes über das Ruhen der Verfolgungsverjährung und die Gleichstellung der Richter und Bediensteten des Internationalen Strafgerichtshofes,
f) Artikel 2 § 2 des Gesetzes zur Bekämpfung internationaler Bestechung (Bestechung ausländischer Abgeordneter im Zusammenhang mit internationalem Geschäftsverkehr),
g) § 370 der Abgabenordnung, auch in Verbindung mit § 12 des Gesetzes zur Durchführung der gemeinsamen Marktorganisationen und der Direktzahlungen (MOG), soweit sich die Straftat gegen den Haushalt der EG oder gegen Haushalte richtet, die von der EG oder in ihrem Auftrag verwaltet werden.

Einem Verstoß gegen diese Vorschriften gleichgesetzt sind Verstöße gegen entsprechende Strafnormen anderer Staaten. Ein Verhalten ist einem Unternehmen zuzurechnen, wenn eine für dieses Unternehmen für die Führung der Geschäfte verantwortlich handelnde Person selbst gehandelt hat oder ein Aufsichts- oder Organisationsverschulden gemäß § 130 des Gesetzes über Ordnungswidrigkeiten (OWiG) dieser Person im Hinblick auf das Verhalten einer anderen für den Bewerber handelnden Person vorliegt.

(2) Als Nachweis, dass die Kenntnis nach Absatz 1 unrichtig ist, akzeptiert der Auftraggeber eine Urkunde einer zuständigen Gerichts- oder Verwaltungsbehörde des Herkunftslands. Wenn eine Urkunde oder Bescheinigung vom Herkunftsland nicht ausgestellt ist oder nicht vollständig alle vorgesehenen Fälle erwähnt, kann dies durch eine eidesstattliche Erklärung oder eine förmliche Erklärung vor einer zuständigen Gerichts- oder Verwaltungsbehörde, einem Notar oder einer dafür qualifizierten Berufsorganisation des Herkunftslands ersetzt werden.

(3) Von einem Ausschluss nach Absatz 1 kann nur abgesehen werden, wenn zwingende Gründe des Allgemeininteresses vorliegen und andere die Leistung nicht angemessen erbringen können oder wenn aufgrund besonderer Umstände des Einzelfalls der Verstoß die Zuverlässigkeit des Bewerbers nicht in Frage stellt.

3. Kriterien nach Nummer 1 können auch folgende Ausschließungsgründe sein:
a) Eröffnung oder beantragte Eröffnung des Insolvenzverfahrens oder eines vergleichbaren gesetzlich geregelten Verfahrens über das Vermögen des Unternehmers oder Ablehnung dieses Antrages mangels Masse,
b) eingeleitete Liquidation des Unternehmens,

c) nachweislich begangene schwere Verfehlung des Unternehmers, die seine Zuverlässigkeit als Bewerber in Frage stellt,
d) nicht ordnungsgemäße Erfüllung der Verpflichtung zur Zahlung von Steuern und Abgaben sowie der Beiträge zur gesetzlichen Sozialversicherung,
e) vorsätzliche Abgabe von unzutreffenden Erklärungen in Bezug auf Fachkunde, Leistungsfähigkeit und Zuverlässigkeit im Vergabeverfahren,
f) fehlende Anmeldung bei der Berufsgenossenschaft oder zuständigen Organisation.

4. Ein Kriterium kann auch die objektive Notwendigkeit sein, die Zahl der Bewerber so weit zu verringern, dass ein angemessenes Verhältnis zwischen den besonderen Merkmalen des Vergabeverfahrens und dem für Durchführung notwendigen Aufwand sichergestellt ist. Es sind jedoch so viele Bewerber zu berücksichtigen, dass ein Wettbewerb gewährleistet ist.

5. Bietergemeinschaften sind Einzelbietern gleichzusetzen, wenn sie die Arbeiten im eigenen Betrieb oder in den Betrieben der Mitglieder ausführen. Von solchen Gemeinschaften kann nicht verlangt werden, dass sie zwecks Einreichung eines Angebots oder für das Verhandlungsverfahren eine bestimmte Rechtsform annehmen; von der den Zuschlag erhaltenden Gemeinschaft kann dies jedoch verlangt werden, sofern es für die ordnungsgemäße Durchführung des Auftrags notwendig ist.

6. Bei der Auswahl der Teilnehmer an einem Nichtoffenen Verfahren oder Verhandlungsverfahren sowie bei der Entscheidung über die Qualifikation sowie bei der Überarbeitung der Prüfungskriterien und -regeln dürfen die Auftraggeber nicht
– bestimmten Unternehmern administrative, technische oder finanzielle Verpflichtungen auferlegen, die sie anderen Unternehmern nicht auferlegt hätten,
– Prüfungen und Nachweise verlangen, die sich mit bereits vorliegenden objektiven Nachweisen überschneiden.

7. Ein Bieter kann sich, gegebenenfalls auch als Mitglied einer Bietergemeinschaft, bei der Erfüllung eines Auftrags der Fähigkeiten anderer Unternehmen bedienen, ungeachtet des rechtlichen Charakters der zwischen ihm und diesem Unternehmen bestehenden Verbindung. Er muss in diesem Fall dem Auftraggeber gegenüber nachweisen, dass ihm die erforderlichen Mittel zur Verfügung stehen, indem er beispielsweise eine entsprechende Verpflichtungserklärung dieser Unternehmen vorlegt.

8. (1) Auftraggeber können zusätzlich Angaben über Umweltmanagementverfahren verlangen, die der Bewerber oder Bieter bei der Ausführung des Auftrags gegebenenfalls anwenden will. In diesen Fällen kann der Auftraggeber zum Nachweis dafür, dass der Bewerber oder Bieter bestimmte Normen für das Umweltmanagement erfüllt, die Vorlage von Bescheinigungen unabhängiger Stellen verlangen. In diesen Fällen nehmen sie auf das Gemeinschaftssystem für das Umweltmanagement und die Umweltbetriebsprüfung (EMAS) oder auf Normen für das Umweltmanagement Bezug, die auf den einschlägigen europäischen oder internationalen Normen beruhen und von entsprechenden Stellen zertifiziert sind, die dem Gemeinschaftsrecht oder einschlägigen europäischen oder internationalen Zertifizierungsnormen entsprechen. Gleichwertige Bescheinigungen von Stellen in anderen Mitgliedstaaten sind anzuerkennen. Die Auftraggeber erkennen auch andere Nachweise für gleichwertige Umweltmanagement-Maßnahmen an, die von Bewerbern oder Bietern vorgelegt werden.

(2) Auftraggeber können zum Nachweis dafür, dass der Bewerber oder Bieter bestimmte Qualitätssicherungsnormen erfüllt, die Vorlage von Bescheinigungen unabhängiger Stellen verlangen. In diesen Fällen nehmen sie auf Qualitätssicherungsverfahren Bezug, die den einschlägigen europäischen Normen genügen und von entsprechenden Stellen zertifiziert sind, die den europäischen Zertifizierungsnormen entsprechen. Gleichwertige Bescheinigungen von Stellen aus anderen Mitgliedstaaten sind anzuerkennen. Die Auftraggeber erkennen auch andere gleichwertige Nachweise für Qualitätssicherungsmaßnahmen an.

9. (1) Auftraggeber können ein System zur Prüfung von Unternehmen (Präqualifikationsverfahren) einrichten und anwenden. Sie sorgen dann dafür, dass sich Unternehmen jederzeit einer Prüfung unterziehen können.

(2) Das System kann mehrere Qualifikationsstufen umfassen. Es wird auf der Grundlage der vom Auftraggeber aufgestellten objektiven Regeln und Kriterien gehandhabt. Der Auftraggeber nimmt dabei auf geeignete europäische Normen über die Qualifizierung von Unternehmen Bezug. Diese Kriterien und Regeln können er-

forderlichenfalls auf den neuesten Stand gebracht werden.
(3) Auf Verlangen werden diese Qualifizierungsregeln und -kriterien sowie deren Fortschreibung interessierten Unternehmern übermittelt. Bezieht sich der Auftraggeber auf das Qualifizierungssystem einer anderen Einrichtung, so teilt er deren Namen mit.
(4) Enthalten die Qualifizierungsregeln Anforderungen an die wirtschaftlichen und finanziellen sowie technischen und/oder beruflichen Fähigkeiten des Unternehmens, kann sich dieses gegebenenfalls auf die Fähigkeit anderer Unternehmen stützen, unabhängig von dem Rechtsverhältnis, indem es zu diesen Unternehmen steht. In diesem Fall muss es dem Auftraggeber nachweisen, dass es während der gesamten Gültigkeit des Prüfsystems über diese Ressourcen verfügt, beispielsweise durch eine entsprechende Verpflichtungserklärung dieser Unternehmen.
10. Die Auftraggeber unterrichten die Antragsteller innerhalb von 6 Monaten über die Entscheidung zu deren Qualifikation. Kann diese Entscheidung nicht innerhalb von 4 Monaten nach Eingang des Prüfungsantrags getroffen werden, hat der Auftraggeber dem Antragsteller spätestens zwei Monate nach Eingang des Antrags die Gründe für eine längere Bearbeitungszeit mitzuteilen und anzugeben, wann über die Annahme oder die Ablehnung seines Antrags entschieden wird.
11. Negative Entscheidungen über die Qualifikation werden unverzüglich, spätestens jedoch innerhalb von 15 Kalendertagen nach der Entscheidung den Antragstellern unter Angabe der Gründe mitgeteilt. Die Gründe müssen sich auf die in Nummer 9 erwähnten Prüfungskriterien beziehen.
12. Die als qualifiziert anerkannten Unternehmer sind in ein Verzeichnis aufzunehmen. Dabei ist eine Untergliederung nach Fachgebieten möglich.
13. Die Auftraggeber können einem Unternehmer die Qualifikation nur aus Gründen aberkennen, die auf den in Nummer 9 erwähnten Kriterien beruhen. Die beabsichtigte Aberkennung muss dem betroffenen Unternehmer mindestens 15 Kalendertage vor dem für die Aberkennung vorgesehenen Termin schriftlich unter Angabe der Gründe mitgeteilt werden.

§ 6 SKR Beschreibung der Leistung
1. Die technischen Anforderungen (Spezifikationen – siehe Anhang TS Nr. 1) an den Auftragsgegenstand müssen allen Bietern gleichermaßen zugänglich sein und dürfen den Wettbewerb nicht in unzulässiger Weise behindern.
2. Die technischen Spezifikationen sind in den Verdingungsunterlagen zu formulieren:
   (1) entweder unter Bezugnahme auf die in Anhang TS definierten technischen Spezifikationen in der Rangfolge
   a) nationale Normen, mit denen europäische Normen umgesetzt werden,
   b) europäische technische Zulassungen,
   c) gemeinsame technische Spezifikationen,
   d) internationale Normen und andere technische Bezugsysteme, die von den europäischen Normungsgremien erarbeitet wurden oder,
   e) falls solche Normen und Spezifikationen fehlen, nationale Normen, nationale technische Zulassungen oder nationale technische Spezifikationen für die Planung, Berechnung und Ausführung von Bauwerken und den Einsatz von Produkten.
   Jede Bezugnahme ist mit dem Zusatz »oder gleichwertig« zu versehen;
   (2) oder in Form von Leistungs- oder Funktionsanforderungen, die so genau zu fassen sind, dass sie den Unternehmen ein klares Bild vom Auftragsgegenstand vermitteln und dem Auftraggeber die Erteilung des Zuschlags ermöglichen;
   (3) oder in Kombination von Absatz 1 und Absatz 2, d.h.
   a) in Form von Leistungs- oder Funktionsanforderungen unter Bezugnahme auf die Spezifikationen gemäß Absatz 1 als Mittel zur Vermutung der Konformität mit diesen Leistungs- oder Funktionsanforderungen;
   b) oder mit Bezugnahme auf die Spezifikationen gemäß Absatz 1 hinsichtlich bestimmter Merkmale und mit Bezugnahme auf die Leistungs- oder Funktionsanforderungen gemäß Absatz 2 hinsichtlich anderer Merkmale.
3. Verweist der Auftraggeber in der Leistungsbeschreibung auf die in Nummer 2 Absatz 1 Buchstabe a genannten Spezifikationen, so darf er ein Angebot nicht mit der Begründung ablehnen, die angebotene Leistung entspräche nicht den herangezogenen Spezifikationen, sofern der Bieter in seinem Angebot dem Auftraggeber

nachweist, dass die von ihm vorgeschlagenen Lösungen den Anforderungen der technischen Spezifikation, auf die Bezug genommen wurde, gleichermaßen entsprechen. Als geeignetes Mittel kann eine technische Beschreibung des Herstellers oder ein Prüfbericht einer anerkannten Stelle gelten.

4. Legt der Auftraggeber die technischen Spezifikationen in Form von Leistungs- oder Funktionsanforderungen fest, so darf ein Angebot, das einer nationalen Norm entspricht, mit der eine europäische Norm umgesetzt wird, oder einer europäischen technischen Zulassung, einer gemeinsamen technischen Spezifikation, einer internationalen Norm oder einem technischen Bezugssystem, das von den europäischen Normungsgremien erarbeitet wurde, entspricht, nicht zurückweisen, wenn diese Spezifikationen die geforderten Leistungs- oder Funktionsanforderungen betreffen. Der Bieter muss in seinem Angebot mit geeigneten Mitteln dem Auftraggeber nachweisen, dass die der Norm entsprechende jeweilige Leistung den Leistungs- oder Funktionsanforderungen des Auftraggebers entspricht. Als geeignetes Mittel kann eine technische Beschreibung des Herstellers oder ein Prüfbericht einer anerkannten Stelle gelten.

5. Schreibt der Auftraggeber Umwelteigenschaften, in Form von Leistungs- oder Funktionsanforderungen vor, so kann er die Spezifikationen verwenden, die in europäischen, multinationalen oder anderen Umweltgütezeichen definiert sind, wenn

   a) sie sich zur Definition der Merkmale des Auftragsgegenstands eignen,
   b) die Anforderungen des Umweltgütezeichens auf Grundlage von wissenschaftlich abgesicherten Informationen ausgearbeitet werden;
   c) die Umweltgütezeichen im Rahmen eines Verfahrens erlassen werden, an dem interessierte Kreise – wie z.B. staatliche Stellen, Verbraucher, Hersteller, Händler und Umweltorganisationen – teilnehmen können und
   d) wenn das Umweltgütezeichen für alle Betroffenen zugänglich und verfügbar ist.

   Der Auftraggeber kann in den Vergabeunterlagen angeben, dass bei Leistungen, die mit einem Umweltgütezeichen ausgestattet sind, vermutet wird, dass sie den in der Leistungsbeschreibung festgelegten technischen Spezifikationen genügen. Der Auftraggeber muss jedoch auch jedes andere geeignete Beweismittel, wie technische Unterlagen des Herstellers oder Prüfberichte an-

erkannter Stellen, akzeptieren. Anerkannte Stellen sind die Prüf- und Eichlaboratorien sowie die Inspektions- und Zertifizierungsstellen, die mit den anwendbaren europäischen Normen übereinstimmen. Der Auftraggeber erkennt Bescheinigungen von in anderen Mitgliedstaaten ansässigen anerkannten Stellen an.

6. (1) Der Auftraggeber teilt dem an einem Auftrag interessierten Unternehmer auf Anfrage die technischen Spezifikationen mit, die regelmäßig in seinen Bauaufträgen genannt werden oder die er bei Beschaffungen im Zusammenhang mit regelmäßigen nichtverbindlichen Bekanntmachungen gemäß § 9 SKR Nr. 2 benutzt.
(2) Soweit sich solche technischen Spezifikationen aus Unterlagen ergeben, die interessierten Unternehmern zur Verfügung stehen, genügt eine Bezugnahme auf diese Unterlagen.

7. Soweit es nicht durch den Auftragsgegenstand gerechtfertigt ist, darf in technischen Spezifikationen nicht auf eine bestimmte Produktion oder Herkunft oder ein besonderes Verfahren oder auf Marken, Patente, Typen eines bestimmten Ursprungs oder einer bestimmten Produktion verwiesen werden, wenn dadurch bestimmte Unternehmen oder bestimmte Produkte begünstigt oder ausgeschlossen werden. Solche Verweise sind jedoch ausnahmsweise zulässig, wenn der Auftragsgegenstand nicht hinreichend genau und allgemein verständlich beschrieben werden kann; solche Verweise sind mit dem Zusatz »oder gleichwertig« zu versehen.

§ 7 SKR Vergabeunterlagen

1. Die Vergabeunterlagen bestehen aus dem Anschreiben (Aufforderung zur Angebotsabgabe) und den Verdingungsunterlagen.
2. (1) Für die Versendung der Verdingungsunterlagen (§ 9 SKR Nr. 6 bis 8) ist ein Anschreiben (Aufforderung zur Angebotsabgabe) zu verfassen, das alle Angaben enthält, die außer den Verdingungsunterlagen für den Entschluss zur Abgabe eines Angebots notwendig sind.
(2) In dem Anschreiben sind insbesondere anzugeben:

   a) Anschrift der Stelle, bei der zusätzliche Unterlagen angefordert werden können,
   b) Tag, bis zu dem zusätzliche Unterlagen angefordert werden können,
   c) gegebenenfalls Betrag und Zahlungsbedingungen für zusätzliche Unterlagen,
   d) Anschrift der Stelle, bei der die Angebote einzureichen sind,

e) Angabe, dass die Angebote in deutscher Sprache abzufassen sind,
f) Tag, bis zu dem die Angebote eingehen müssen,
g) Hinweis auf die Veröffentlichung der Bekanntmachung,
h) Angabe der Unterlagen, die gegebenenfalls dem Angebot beizufügen sind,
i) sofern nicht in der Bekanntmachung, der Aufforderung zur Interessenbekundung, der Aufforderung zur Verhandlung oder den Verdingungsunterlagen angegeben (§ 9 SKR Nr. 1), die maßgebenden Wertungskriterien im Sinne von § 11 SKR Nr. 1. Dabei ist die Gewichtung der einzelnen Kriterien anzugeben. Kann die Gewichtung aus nachvollziehbaren Gründen nicht angegeben werden, sind die Kriterien in der absteigenden Reihenfolge ihrer Bedeutung zu nennen.

(3) Wenn der Auftraggeber Nebenangebote nicht oder nur in Verbindung mit einem Hauptangebot zulassen will, so ist dies anzugeben. Ebenso sind gegebenenfalls die Mindestanforderungen an Nebenangebote anzugeben und auf welche Weise sie einzureichen sind.

3. Angebote werden schriftlich auf direktem Wege oder mit der Post übermittelt. Der Auftraggeber kann zulassen, dass die Angebote auf andere Weise übermittelt werden, sofern gewährleistet ist, dass
– jedes Angebot alle für seine Bewertung erforderlichen Angaben enthält,
– die Vertraulichkeit der Angebote bis zu ihrer Bewertung gewahrt bleibt,
– die Angebote umgehend schriftlich oder durch Übermittlung einer beglaubigten Abschrift bestätigt werden, soweit dies aus Gründen des rechtlichen Nachweises erforderlich ist und
– die Öffnung der Angebote nach Ablauf der für ihre Einreichung festgelegten Frist erfolgt.
Wenn der Auftraggeber es zulässt, Angebote in anderer Weise zu übermitteln, hat er dies im Aufruf zum Wettbewerb und in den Verdingungsunterlagen anzugeben.

4. Der Auftraggeber kann die Bieter auffordern, in ihrem Angebot die Leistungen anzugeben, die sie an Nachunternehmer zu vergeben beabsichtigen.

§ 8 SKR Informationsübermittlung, Vertraulichkeit der Teilnahmeanträge und Angebote

1. Die Auftraggeber geben in der Bekanntmachung oder den Verdingungsunterlagen an, ob Informationen per Post, Telefax, direkt elektronisch oder durch eine Kombination dieser Kommunikationsmittel übermittelt werden.

2. Das für die elektronische Übermittlung gewählte Netz muss allgemein verfügbar sein und darf den Zugang der Bewerber und Bieter zu den Vergabeverfahren nicht beschränken. Die dafür zu verwendenden Programme und ihre technischen Merkmale müssen nichtdiskriminierend, allgemein zugänglich und kompatibel mit allgemein verbreiteten Erzeugnissen der Informations- und Kommunikationstechnologie sein.

3. Die Auftraggeber haben die Integrität der Daten und die Vertraulichkeit der übermittelten Anträge auf Teilnahme am Vergabeverfahren und der Angebote auf geeignete Weise zu gewährleisten. Per Post oder direkt übermittelte Anträge auf Teilnahme am Vergabeverfahren und Angebote sind in einem verschlossenen Umschlag einzureichen, als solche zu kennzeichnen und bis zum Ablauf der für ihre Einreichung vorgesehenen Frist unter Verschluss zu halten. Bei elektronisch übermittelten Angeboten ist dies durch entsprechende organisatorische und technische Lösungen nach den Anforderungen des Auftraggebers und durch Verschlüsselung sicherzustellen. Die Verschlüsselung muss bis zum Ablauf der für ihre Einreichung vorgesehenen Frist aufrecht erhalten bleiben.

4. (1) Der Auftraggeber legt fest, in welcher Form die Angebote einzureichen sind. Schriftlich eingereichte Angebote müssen unterzeichnet sein. Elektronisch übermittelte Angebote sind nach Wahl des Auftraggebers mit einer fortgeschrittenen elektronischen Signatur nach dem Signaturgesetz und den Anforderungen des Auftraggebers oder einer qualifizierten elektronischen Signatur nach dem Signaturgesetz zu versehen.

(2) Anträge auf Teilnahme am Vergabeverfahren können auch per Telefax oder telefonisch gestellt werden. Werden Anträge auf Teilnahme telefonisch oder per Telefax gestellt, sind diese vom Bewerber bis zum Ablauf der Frist für die Abgabe der Teilnahmeanträge durch Übermittlung per Post, direkt oder elektronisch zu bestätigen.

5. Die Auftraggeber haben dafür Sorge zu tragen, dass den interessierten Unternehmen die Informationen über die Spezifikationen der Geräte, die für die elektronische Übermittlung der Anträge auf Teilnahme und der Angebote erforderlich sind, einschließlich Verschlüsselung zugänglich sind. Außerdem muss gewährleistet

sein, dass die in Anhang I genannten Anforderungen erfüllt sind.

§ 9 SKR Aufruf zum Wettbewerb

1. (1) Ein Aufruf zum Wettbewerb kann erfolgen
   a) durch Veröffentlichung einer Bekanntmachung nach Anhang V der Verordnung (EG) Nr. 1564/2005,
   b) durch Veröffentlichung einer regelmäßigen nichtverbindlichen Bekanntmachung nach Nummer 2,
   c) durch Veröffentlichung einer Bekanntmachung über das Bestehen eines Prüfsystems nach § 5 SKR Nr. 9.

   (2) Die Kosten der Veröffentlichung der Bekanntmachungen im Amtsblatt der Europäischen Gemeinschaften werden von den Gemeinschaften getragen.

2. (1) Die wesentlichen Merkmale für eine beabsichtigte bauliche Anlage mit einem geschätzten Gesamtauftragswert nach § 1 SKR Nr. 2 sind als regelmäßige nichtverbindliche Bekanntmachung mindestens einmal jährlich nach Anhang IV der Verordnung (EG) Nr. 1564/2005 bekannt zu machen, wenn sie nicht als Aufruf zum Wettbewerb verwendet wird.

   (2) Die Bekanntmachung ist nur dann zwingend vorgeschrieben, wenn die Auftraggeber die Möglichkeit wahrnehmen, die Frist für den Eingang der Angebote gem. § 10 SKR Nr. 1 Abs. 2 zu verkürzen.

   (3) Die Bekanntmachungen als Aufruf zum Wettbewerb sind unverzüglich nach der Entscheidung, mit der die beabsichtigte bauliche Anlage oder die ihr zugrunde liegende Planung genehmigt wird, nach dem in Anhang V der Verordnung (EG) Nr. 1564/2005 enthaltenen Muster zu erstellen und dem Amt für amtliche Veröffentlichungen der Europäischen Gemeinschaften zu übermitteln[11].

   (4) Der Auftraggeber kann im Internet ein Beschafferprofil einrichten, in dem neben allgemeinen Informationen wie Kontaktstelle, Telefon- und Telefaxnummer, Postanschrift und E-Mail-Adresse auch die regelmäßigen nichtverbindlichen Bekanntmachungen sowie Angaben über Ausschreibungen, geplante und vergebene Aufträge oder aufgehobene Verfahren veröffentlicht werden können.

---

[11] Amt für amtliche Veröffentlichungen der Europäischen Gemeinschaften, 2, rue mercier, L-2985 Luxemburg 1.

(5) Erfolgt der Aufruf zum Wettbewerb durch Veröffentlichung einer regelmäßigen nichtverbindlichen Bekanntmachung, so
a) müssen in der Bekanntmachung Bauarbeiten, die Gegenstand des zu vergebenden Auftrags sein werden, nach Art und Umfang genannt sein und die in Anhang V der Verordnung (EG) Nr. 1564/2005 geforderten Angaben enthalten,
b) muss die Bekanntmachung den Hinweis, dass dieser Auftrag im Nichtoffenen Verfahren oder Verhandlungsverfahren ohne spätere Veröffentlichung eines Aufrufs zur Angebotsabgabe vergeben wird, sowie die Aufforderung an die interessierten Unternehmer enthalten, ihr Interesse schriftlich mitzuteilen,
c) müssen die Auftraggeber später alle Bewerber mindestens auf der Grundlage der nachfolgend aufgelisteten Angaben über den Auftrag auffordern, ihr Interesse zu bestätigen, bevor mit der Auswahl der Bieter oder der Teilnehmer an einer Verhandlung begonnen wird:

I Art und Menge, einschließlich etwaiger Optionen auf zusätzliche Aufträge, und möglichenfalls veranschlagte Frist für die Inanspruchnahme dieser Optionen; bei wiederkehrenden Aufträgen Art und Menge und möglichenfalls veranschlagte Frist für die Veröffentlichung der Bekanntmachungen späterer Ausschreibungen für die Bauarbeiten, Lieferungen oder Dienstleistungen, die Gegenstand des Auftrags sein sollen;

II Art des Verfahrens; Nichtoffenes Verfahren oder Verhandlungsverfahren;

III gegebenenfalls Zeitpunkt, zu dem die Leistungen beginnen bzw. abgeschlossen werden;

IV Anschrift und letzter Tag für die Vorlage des Antrags auf Aufforderung zur Angebotsabgabe sowie die Sprache oder Sprachen, in denen die Angebote abzugeben sind;

V Anschrift der Stelle, die den Zuschlag erteilt und die Auskünfte gibt, die für den Erhalt der Spezifikationen und anderer Dokumente notwendig sind;

VI alle wirtschaftlichen und technischen Anforderungen, finanziellen Garantien und Angaben, die von Auftragnehmern verlangt werden;

VII Höhe der für die Vergabeunterlagen zu entrichtenden Beträge und Zahlungsbedingungen;
VIII Art des Auftrags, der Gegenstand des Vergabeverfahrens ist;
IX die Zuschlagskriterien sowie deren Gewichtung oder gegebenenfalls die nach ihrer Bedeutung eingestufte Reihenfolge der Kriterien, wenn diese Angaben nicht in der Bekanntmachung, der Aufforderung zur Interessenbestätigung, der Aufforderung zur Verhandlung oder den Verdingungsunterlagen enthalten sind.
d) dürfen zwischen deren Veröffentlichung und dem Zeitpunkt der Zusendung der Aufforderung an die Bewerber gemäß Nummer 2 Abs. 3 Buchstabe c höchstens 12 Monate vergangen sein. Im Übrigen gilt § 10 SKR Nr. 2.
3. Entscheidet sich der Auftraggeber für die Einführung eines Prüfsystems, so ist dies Gegenstand einer Bekanntmachung nach Anhang VII der Verordnung (EG) Nr. 1564/2005, die über den Zweck des Prüfsystems und darüber informiert, wie die Qualifizierungsregeln angefordert werden können. Beträgt die Laufzeit des Systems mehr als drei Jahre, so ist die Bekanntmachung jährlich zu veröffentlichen. Bei kürzerer Laufzeit genügt eine Bekanntmachung zu Beginn des Verfahrens.
4. Erfolgt ein Aufruf zum Wettbewerb durch Veröffentlichung einer Bekanntmachung über das Bestehen eines Prüfsystems, so werden die Bieter in einem Nichtoffenen Verfahren oder die Teilnehmer an einem Verhandlungsverfahren unter den Bewerbern ausgewählt, die sich im Rahmen eines solchen Systems qualifiziert haben.
5. (1) Der Tag der Absendung der Bekanntmachung muss nachgewiesen werden können. Vor dem Tag der Absendung darf die Bekanntmachung nicht veröffentlicht werden.
(2) Alle Veröffentlichungen dürfen nur die dem Amt für amtliche Veröffentlichungen der Europäischen Gemeinschaften übermittelten Angaben enthalten.
(3) Die Bekanntmachung wird unentgeltlich, spätestens 12 Kalendertage nach der Absendung im Supplement zum Amtsblatt der Europäischen Gemeinschaften in der Originalsprache veröffentlicht. Eine Zusammenfassung der wichtigsten Angaben wird in den übrigen Amtssprachen der Gemeinschaften veröffentlicht; der Wortlaut in der Originalsprache ist verbindlich. Bekanntmachungen, die über das Internetportal des Amtes für amtliche Veröffentlichungen der Europäischen Gemeinschaften[12] auf elektronischem Wege erstellt und übermittelt wurden (elektronische Bekanntmachung), werden abweichend von Satz 1 spätestens 5 Kalendertage nach ihrer Absendung veröffentlicht.
6. Rechtzeitig beantragte Auskünfte über die Vergabeunterlagen sind spätestens sechs Kalendertage vor Ablauf der Angebotsfrist zu erteilen.
7. Sind bei offenen Verfahren die Verdingungsunterlagen und alle zusätzlichen Unterlagen nicht auf elektronischem Weg frei, direkt und vollständig verfügbar, werden die Verdingungsunterlagen und zusätzlichen Unterlagen den Bewerbern binnen 6 Kalendertagen nach Eingang des Antrags zugesandt, sofern dieser Antrag rechtzeitig vor dem Schlusstermin für den Eingang der Angebote eingegangen ist.
8. Die Vergabeunterlagen sind den Bewerbern in kürzest möglicher Frist und in geeigneter Weise zu übermitteln.
9. Die Vergabeunterlagen sind beim Nichtoffenen Verfahren und beim Verhandlungsverfahren mit vorherigem Aufruf zum Wettbewerb an alle ausgewählten Bewerber am selben Tag abzusenden.

§ 10 SKR Angebotsfrist, Bewerbungsfrist
1. (1) Beim Offenen Verfahren beträgt die Frist für den Eingang der Angebote (Angebotsfrist) mindestens 52 Kalendertage, gerechnet vom Tag nach Absendung der Bekanntmachung.
(2) Hat der Auftraggeber eine regelmäßige nichtverbindliche Bekanntmachung gemäß § 9 SKR Nr. 2 nach dem vorgeschriebenen Muster (Anhang IV der Verordnung (EG) Nr. 1564/2005) mindestens 52 Kalendertage, höchstens aber 12 Monate vor dem Zeitpunkt der Absendung der Bekanntmachung des Auftrags nach § 9 SKR Nr. 1 Abs. 1 Buchstabe a an das Amtsblatt der Europäischen Gemeinschaften abgesandt, so beträgt die Frist für den Eingang der Angebote im Offenen Verfahren grundsätzlich mindestens 36 Kalendertage, keinesfalls jedoch weniger als 22 Kalendertage, gerechnet ab dem Tag der Absendung der regelmäßigen nichtverbindlichen Bekanntmachung nach § 9 SKR Nr. 2.
(3) Bei Bekanntmachungen, die über das Internetportal des Amtes für amtliche Veröffentlichungen der Europäischen Gemeinschaften[13]

---

12 http://simap.eu.int
13 http://simap.eu.int

auf elektronischem Wege erstellt und übermittelt wurden (elektronische Bekanntmachung), können die in Abs. 1 und 2 genannten Angebotsfristen um 7 Kalendertage verkürzt werden.

(4) Die Angebotsfrist kann um weitere 5 Kalendertage verkürzt werden, wenn ab der Veröffentlichung der Bekanntmachung die Verdingungsunterlagen und alle zusätzlichen Unterlagen auf elektronischem Wege frei, direkt und vollständig verfügbar gemacht werden; in der Bekanntmachung ist die Internetadresse anzugeben, unter der diese Unterlagen abrufbar sind.

(5) Im Offenen Verfahren darf die Kumulierung der Verkürzungen keinesfalls zu einer Angebotsfrist führen, die kürzer ist als 15 Kalendertage, gerechnet vom Tag nach Absendung der Bekanntmachung.

2. Bei Nichtoffenen Verfahren und Verhandlungsverfahren mit vorherigem Aufruf zum Wettbewerb gilt:

a) Die Frist für den Eingang von Teilnahmeanträgen (Bewerbungsfrist) aufgrund der Bekanntmachung nach § 9 SKR Nr. 1 Abs. 1 Buchstabe a oder der Aufforderung nach § 9 SKR Nr. 2 Abs. 3 Buchstabe c beträgt mindestens 37 Kalendertage, gerechnet vom Tag nach Absendung der Bekanntmachung oder der Aufforderung an. Sie darf auf keinen Fall kürzer sein als 22 Kalendertage, bei elektronischer Übermittlung der Bekanntmachung nicht kürzer als 15 Kalendertage.

b) Die Bewerbungsfrist kann bei elektronischer Bekanntmachung gemäß Nummer 1 Abs. 3 um 7 Kalendertage verkürzt werden.

c) Die Angebotsfrist kann zwischen dem Auftraggeber und den ausgewählten Bewerbern einvernehmlich festgelegt werden, vorausgesetzt, dass allen Bewerbern dieselbe Frist für die Erstellung und Einreichung von Angeboten eingeräumt wird.

d) Falls eine einvernehmliche Festlegung der Angebotsfrist nicht möglich ist, setzt der Auftraggeber im Regelfall eine Frist von mindestens 24 Kalendertagen fest. Sie darf jedoch keinesfalls kürzer als 10 Kalendertage, gerechnet vom Tag nach Absendung der Aufforderung zur Angebotsabgabe, sein. Bei der Festlegung der Frist werden nur die in Nummer 3 genannten Faktoren berücksichtigt.

3. Können die Angebote nur nach Prüfung von umfangreichen Unterlagen, z.B. ausführlichen technischen Spezifikationen, oder nur nach einer Ortsbesichtigung oder Einsichtnahme in ergänzende Unterlagen zu den Vergabeunterlagen erstellt werden und können die Fristen der Nummern 1 und 2 deswegen nicht eingehalten werden, so sind sie angemessen zu verlängern.

§ 11 SKR Wertung der Angebote

1. (1) Der Auftrag ist auf das annehmbarste, wirtschaftlich günstigste Angebot unter Berücksichtigung der auftragsbezogenen Kriterien, wie etwa: Lieferfrist, Ausführungsdauer, Betriebskosten, Rentabilität, Qualität, Ästhetik und Zweckmäßigkeit, technischer Wert, Kundendienst und technische Hilfe, Verpflichtungen hinsichtlich der Ersatzteile, Versorgungssicherheit, Preis, zu erteilen.

(2) Bei der Wertung der Angebote dürfen nur Kriterien berücksichtigt werden, die in der Bekanntmachung oder in den Vergabeunterlagen genannt sind.

2. (1) Erscheinen im Falle eines bestimmten Auftrags Angebote im Verhältnis zur Leistung als ungewöhnlich niedrig, so muss der Auftraggeber vor deren Ablehnung schriftlich Aufklärung über die Einzelposten der Angebote verlangen, wo er dies für angezeigt hält; die anschließende Prüfung erfolgt unter Berücksichtigung der eingegangenen Begründungen. Er kann eine zumutbare Frist für die Antwort festlegen.

(2) Der Auftraggeber kann Begründungen berücksichtigen, die objektiv gerechtfertigt sind durch die Wirtschaftlichkeit des Bauverfahrens oder der Herstellungsmethode, die gewählten technischen Lösungen, außergewöhnlich günstige Bedingungen für den Bieter bei der Durchführung des Auftrags oder die Originalität der vom Bieter vorgeschlagenen Erzeugnisse oder Bauleistungen.

(3) Angebote, die aufgrund einer staatlichen Beihilfe ungewöhnlich niedrig sind, dürfen von den Auftraggebern nur zurückgewiesen werden, wenn diese den Bieter darauf hingewiesen haben und dieser nicht den Nachweis liefern konnte, dass die Beihilfe der Kommission der Europäischen Gemeinschaften gemeldet oder von ihr genehmigt wurde. Auftraggeber, die unter diesen Umständen ein Angebot zurückweisen, müssen die Kommission der Europäischen Gemeinschaften darüber unterrichten.

3. Ein Angebot nach § 6 SKR Nr. 3 und 4 ist wie ein Hauptangebot zu werten.

4. (1) Nebenangebote sind zu werten, es sei denn, der Auftraggeber hat sie in der Bekanntmachung oder in den Vergabeunterlagen nicht zugelassen.

(2) Der Auftraggeber berücksichtigt nur Nebenangebote, die die von ihm verlangten Mindestanforderungen erfüllen.

§ 12 SKR Mitteilungspflichten

1. Sektorenauftraggeber teilen den teilnehmenden Unternehmen unverzüglich, spätestens jedoch innerhalb einer Frist von 15 Kalendertagen, und auf Antrag in Textform, ihre Entscheidungen über die Auftragsvergabe mit.
2. Auftraggeber gemäß Absatz 1 teilen innerhalb kürzester Frist nach Eingang eines entsprechenden schriftlichen Antrags
   – den ausgeschlossenen Bewerbern oder Bietern die Gründe für die Ablehnung ihrer Bewerbung oder ihres Angebots,
   – die Entscheidung einschließlich der Gründe, auf die Vergabe eines Auftrages zu verzichten oder das Verfahren erneut einzuleiten,
   – den Bietern, die ein ordnungsgemäßes Angebot eingereicht haben, die Merkmale und relativen Vorteile des erfolgreichen Angebots und den Namen des erfolgreichen Bieters mit.

Der Auftraggeber kann jedoch beschließen, bestimmte Auskünfte über den Zuschlag nicht zu erteilen, wenn eine derartige Bekanntgabe den Gesetzesvollzug behindern, dem öffentlichen Interesse zuwiderlaufen oder die legitimen Geschäftsinteressen von öffentlichen oder privaten Unternehmen einschließlich derjenigen des Unternehmens, das den Zuschlag erhalten hat, beeinträchtigen würde oder den lauteren Wettbewerb beeinträchtigen könnte.

§ 13 SKR Bekanntmachung der Auftragserteilung

1. Der Kommission der Europäischen Gemeinschaften sind für jeden vergebenen Auftrag binnen zwei Monaten nach der Vergabe dieses Auftrags die Ergebnisse des Vergabeverfahrens durch eine gemäß Anhang VI der Verordnung (EG) Nr. 1564/2005 abgefasste Bekanntmachung mitzuteilen. Dies gilt nicht für jeden Einzelauftrag innerhalb einer Rahmenvereinbarung.
2. Die Angaben in Anhang VI der Verordnung (EG) Nr. 1564/2005 werden im Amtsblatt der Europäischen Gemeinschaften veröffentlicht. Dabei trägt die Kommission der Europäischen Gemeinschaften der Tatsache Rechnung, dass es sich bei den Angaben im Falle von Anhang VI der Verordnung (EG) Nr. 1564/2005 Nr. V.1.3, V.1.5, V.2.1, V.2.4, V.2.6, um in geschäftlicher Hinsicht empfindliche Angaben handelt, wenn der Auftraggeber dies bei der Übermittlung der Angaben über die Anzahl der eingegangenen Angebote, die Identität der Unternehmen und die Preise geltend macht.
3. Die Angaben in Anhang VI der Verordnung (EG) Nr. 1564/2005 Nr. V.2 werden nicht oder nur in vereinfachter Form zu statistischen Zwecken veröffentlicht.

§ 14 SKR Aufbewahrungs- und Berichtspflichten

1. (1) Sachdienliche Unterlagen über jede Auftragsvergabe sind aufzubewahren, die es zu einem späteren Zeitpunkt ermöglichen, die Entscheidungen zu begründen über:
   a) die Prüfung und Auswahl der Unternehmer und die Auftragsvergabe,
   b) den Rückgriff auf Verfahren ohne vorherigen Aufruf zum Wettbewerb gemäß § 3 SKR Nr. 3,
   c) die Inanspruchnahme vorgesehener Abweichungsmöglichkeiten von der Anwendungsverpflichtung.

Der Auftraggeber trifft geeignete Maßnahmen, um den Ablauf der mit elektronischen Mitteln durchgeführten Vergabeverfahren zu dokumentieren.

(2) Die Unterlagen müssen mindestens vier Jahre lang ab der Auftragsvergabe aufbewahrt werden, damit der Auftraggeber der Kommission der Europäischen Gemeinschaften in dieser Zeit auf Anfrage die erforderlichen Auskünfte erteilen kann.

2. Die Sektorenauftraggeber übermitteln der Bundesregierung entsprechend deren Vorgaben jährlich eine statistische Aufstellung über den Gesamtwert der vergebenen Aufträge, die unterhalb der Schwellenwerte liegen und die jedoch ohne eine Schwellenwertbegrenzung diesen Regelungen unterliegen würden.
3. Die Auftraggeber in den Bereichen der Trinkwasser- und Elektrizitätsversorgung, des Stadtbahn-, Straßenbahn-, O-Bus- oder Omnibusverkehrs, der Flughafeneinrichtungen und des See- oder Binnenhafenverkehrs oder anderer Verkehrsendpunkte teilen der Bundesregierung entsprechend deren Vorgaben jährlich den Gesamtwert der Aufträge mit, die im Vorjahr vergeben worden sind. Diese Meldepflicht gilt nicht, wenn der Auftraggeber im Berichtszeitraum keinen Auftrag über dem in § 1 SKR Nr. 2 genannten Schwellenwert zu vergeben hatte.
4. Die Auftraggeber übermitteln die Angaben nach Nummer 2 und 3 spätestens bis zum 31. August

jeden Jahres für das Vorjahr an das Bundesministerium für Wirtschaft und Technologie.

§ 15 SKR Vergabekammer

In der Vergabebekanntmachung und den Vergabeunterlagen ist die Vergabekammer mit Anschrift anzugeben, an die sich der Bewerber oder Bieter zur Nachprüfung behaupteter Verstöße gegen die Vergabebestimmungen wenden kann.

Anhang I[14] Anforderungen an die Geräte, die für den elektronischen Empfang der Anträge auf Teilnahme und der Angebote verwendet werden

Die Geräte müssen gewährleisten, dass
a) für die Angebote eine elektronische Signatur verwendet werden kann,
b) Tag und Uhrzeit des Eingangs der Teilnahmeanträge oder Angebote genau bestimmbar sind,
c) ein Zugang zu den Daten nicht vor Ablauf des hierfür festgesetzten Termins erfolgt,
d) bei einem Verstoß gegen das Zugangsverbot der Verstoß sicher festgestellt werden kann,
e) ausschließlich die hierfür bestimmten Personen den Zeitpunkt der Öffnung der Daten festlegen oder ändern können,
f) der Zugang zu den übermittelten Daten nur möglich ist, wenn die hierfür bestimmten Personen gleichzeitig und erst nach dem festgesetzten Zeitpunkt tätig werden und
g) die übermittelten Daten ausschließlich den zur Kenntnisnahme bestimmten Personen zugänglich bleiben.

Anhang TS[15] Technische Spezifikationen

Begriffsbestimmungen

1. »Technische Spezifikationen« sind sämtliche, insbesondere die in den Verdingungsunterlagen enthaltenen technischen Anforderungen an eine Bauleistung, ein Material, ein Erzeugnis oder eine Lieferung, mit deren Hilfe die Bauleistung, das Material, das Erzeugnis oder die Lieferung so bezeichnet werden können, dass sie ihren durch den Auftraggeber festgelegten Verwendungszweck erfüllen. Zu diesen technischen Anforderungen gehören Qualitätsstufen, Umweltleistungsstufen, die Konzeption für alle Verwendungsarten (»Design for all«) (einschließlich des Zugangs von Behinderten) sowie Konformitätsbewertung, die Gebrauchstauglichkeit, Sicherheit oder Abmessungen, einschließlich Konformitätsbewertungsverfahren, Terminologie, Symbole, Versuchs- und Prüfmethoden, Verpackung, Kennzeichnung und Beschriftung sowie Produktionsprozesse und -methoden. Außerdem gehören dazu auch die Vorschriften für die Planung und die Berechnung von Bauwerken, die Bedingungen für die Prüfung, Inspektion und Abnahme von Bauwerken, die Konstruktionsmethoden oder -verfahren und alle anderen technischen Anforderungen, die der Auftraggeber für fertige Bauwerke oder dazu notwendige Materialien oder Teile durch allgemeine und spezielle Vorschriften anzugeben in der Lage ist.
2. »Norm« ist eine technische Spezifikation, die von einem anerkannten Normungsgremium zur wiederholten oder ständigen Anwendung angenommen wurde, deren Einhaltung jedoch nicht zwingend vorgeschrieben ist und die unter eine der nachstehenden Kategorien fällt:
   – internationale Norm: Norm, die von einem internationalen Normungsgremium angenommen wird und der Öffentlichkeit zugänglich ist;
   – europäische Norm: Norm, die von einem europäischen Normungsgremium angenommen wird und der Öffentlichkeit zugänglich ist;
   – nationale Norm: Norm, die von einem nationalen Normungsgremium angenommen wird und der Öffentlichkeit zugänglich ist.
3. »Europäische technische Zulassung« ist eine positive technische Beurteilung der Brauchbarkeit eines Produkts hinsichtlich der Erfüllung der wesentlichen Anforderung an bauliche Anlagen; sie erfolgt aufgrund der spezifischen Merkmale des Produkts und der festgelegten Anwendungs- und Verwendungsbedingungen. Die europäische technische Zulassung wird von einem zu diesem Zweck in einem Mitgliedstaat zugelassenen Gremium ausgestellt.
4. »Gemeinsame technische Spezifikationen« sind technische Spezifikationen, die nach einem von den Mitgliedstaaten anerkannten Verfahren erarbeitet und die im Amtsblatt der Europäischen Gemeinschaften veröffentlicht wurden.
5. »Technische Bezugsgröße« ist jeder Bezugsrahmen, der keine offizielle Norm ist und der von den europäischen Normungsgremien nach den an die Bedürfnisse des Marktes angepassten Verfahren erarbeitet wurde.

---

14 Zu Abschnitten 1 bis 4.
15 Zu Abschnitten 1 bis 4.

9.5 Allgemeine Vertragsbedingungen für die Ausführung von Bauleistungen (VOB/B)

i.d.F. vom 04.09.2006 (BAnz. Nr. 196)

§ 1 Art und Umfang der Leistung

1. Die auszuführende Leistung wird nach Art und Umfang durch den Vertrag bestimmt. Als Bestandteil des Vertrags gelten auch die Allgemeinen Technischen Vertragsbedingungen für Bauleistungen (VOB/C).
2. Bei Widersprüchen im Vertrag gelten nacheinander:
   a) die Leistungsbeschreibung,
   b) die Besonderen Vertragsbedingungen,
   c) etwaige Zusätzliche Vertragsbedingungen,
   d) etwaige Zusätzliche Technische Vertragsbedingungen,
   e) die Allgemeinen Technischen Vertragsbedingungen für Bauleistungen,
   f) die Allgemeinen Vertragsbedingungen für die Ausführung von Bauleistungen.
3. Änderungen des Bauentwurfs anzuordnen, bleibt dem Auftraggeber vorbehalten.
4. Nicht vereinbarte Leistungen, die zur Ausführung der vertraglichen Leistung erforderlich werden, hat der Auftragnehmer auf Verlangen des Auftraggebers mit auszuführen, außer wenn sein Betrieb auf derartige Leistungen nicht eingerichtet ist. Andere Leistungen können dem Auftragnehmer nur mit seiner Zustimmung übertragen werden.

§ 2 Vergütung

1. Durch die vereinbarten Preise werden alle Leistungen abgegolten, die nach der Leistungsbeschreibung, den Besonderen Vertragsbedingungen, den Zusätzlichen Vertragsbedingungen, den Zusätzlichen Technischen Vertragsbedingungen, den Allgemeinen Technischen Vertragsbedingungen für Bauleistungen und der gewerblichen Verkehrssitte zur vertraglichen Leistung gehören.
2. Die Vergütung wird nach den vertraglichen Einheitspreisen und den tatsächlich ausgeführten Leistungen berechnet, wenn keine andere Berechnungsart (z.B. durch Pauschalsumme, nach Stundenlohnsätzen, nach Selbstkosten) vereinbart ist.
3. (1) Weicht die ausgeführte Menge der unter einem Einheitspreis erfassten Leistung oder Teilleistung um nicht mehr als 10 v.H. von dem im Vertrag vorgesehenen Umfang ab, so gilt der vertragliche Einheitspreis.

(2) Für die über 10 v.H. hinausgehende Überschreitung des Mengenansatzes ist auf Verlangen ein neuer Preis unter Berücksichtigung der Mehr- oder Minderkosten zu vereinbaren.

(3) Bei einer über 10 v.H. hinausgehenden Unterschreitung des Mengenansatzes ist auf Verlangen der Einheitspreis für die tatsächlich ausgeführte Menge der Leistung oder Teilleistung zu erhöhen, soweit der Auftragnehmer nicht durch Erhöhung der Mengen bei anderen Ordnungszahlen (Positionen) oder in anderer Weise einen Ausgleich erhält. Die Erhöhung des Einheitspreises soll im Wesentlichen dem Mehrbetrag entsprechen, der sich durch Verteilung der Baustelleneinrichtungs- und Baustellengemeinkosten und der Allgemeinen Geschäftskosten auf die verringerte Menge ergibt. Die Umsatzsteuer wird entsprechend dem neuen Preis vergütet.

(4) Sind von der unter einem Einheitspreis erfassten Leistung oder Teilleistung andere Leistungen abhängig, für die eine Pauschalsumme vereinbart ist, so kann mit der Änderung des Einheitspreises auch eine angemessene Änderung der Pauschalsumme gefordert werden.

4. Werden im Vertrag ausbedungene Leistungen des Auftragnehmers vom Auftraggeber selbst übernommen (z.B. Lieferung von Bau-, Bauhilfs- und Betriebsstoffen), so gilt, wenn nichts anderes vereinbart wird, § 8 Nr. 1 Abs. 2 entsprechend.
5. Werden durch Änderung des Bauentwurfs oder andere Anordnungen des Auftraggebers die Grundlagen des Preises für eine im Vertrag vorgesehene Leistung geändert, so ist ein neuer Preis unter Berücksichtigung der Mehr- oder Minderkosten zu vereinbaren. Die Vereinbarung soll vor der Ausführung getroffen werden.
6. (1) Wird eine im Vertrag nicht vorgesehene Leistung gefordert, so hat der Auftragnehmer Anspruch auf besondere Vergütung. Er muss jedoch den Anspruch dem Auftraggeber ankündigen, bevor er mit der Ausführung der Leistung beginnt.

(2) Die Vergütung bestimmt sich nach den Grundlagen der Preisermittlung für die vertragliche Leistung und den besonderen Kosten der geforderten Leistung. Sie ist möglichst vor Beginn der Ausführung zu vereinbaren.

7. (1) Ist als Vergütung der Leistung eine Pauschalsumme vereinbart, so bleibt die Vergütung unverändert. Weicht jedoch die ausgeführte Leistung von der vertraglich vorgesehenen Leistung so erheblich ab, dass ein Festhalten an der Pauschalsumme nicht zumutbar ist (§ 313 BGB), so

ist auf Verlangen ein Ausgleich unter Berücksichtigung der Mehr- oder Minderkosten zu gewähren. Für die Bemessung des Ausgleichs ist von den Grundlagen der Preisermittlung auszugehen.
(2) Die Regelungen der Nr. 4, 5 und 6 gelten auch bei Vereinbarung einer Pauschalsumme.
(3) Wenn nichts anderes vereinbart ist, gelten die Absätze 1 und 2 auch für Pauschalsummen, die für Teile der Leistung vereinbart sind; Nummer 3 Abs. 4 bleibt unberührt.
8. (1) Leistungen, die der Auftragnehmer ohne Auftrag oder unter eigenmächtiger Abweichung vom Auftrag ausführt, werden nicht vergütet. Der Auftragnehmer hat sie auf Verlangen innerhalb einer angemessenen Frist zu beseitigen; sonst kann es auf seine Kosten geschehen. Er haftet außerdem für andere Schäden, die dem Auftraggeber hieraus entstehen.
(2) Eine Vergütung steht dem Auftragnehmer jedoch zu, wenn der Auftraggeber solche Leistungen nachträglich anerkennt. Eine Vergütung steht ihm auch zu, wenn die Leistungen für die Erfüllung des Vertrags notwendig waren, dem mutmaßlichen Willen des Auftraggebers entsprachen und ihm unverzüglich angezeigt wurden. Soweit dem Auftragnehmer eine Vergütung zusteht, gelten die Berechnungsgrundlagen für geänderte oder zusätzliche Leistungen der Nummer 5 oder 6 entsprechend.
(3) Die Vorschriften des BGB über die Geschäftsführung ohne Auftrag (§§ 677 ff. BGB) bleiben unberührt.
9. (1) Verlangt der Auftraggeber Zeichnungen, Berechnungen oder andere Unterlagen, die der Auftragnehmer nach dem Vertrag, besonders den Technischen Vertragsbedingungen oder der gewerblichen Verkehrssitte, nicht zu beschaffen hat, so hat er sie zu vergüten.
(2) Lässt er vom Auftragnehmer nicht aufgestellte technische Berechnungen durch den Auftragnehmer nachprüfen, so hat er die Kosten zu tragen.
10. Stundenlohnarbeiten werden nur vergütet, wenn sie als solche vor ihrem Beginn ausdrücklich vereinbart worden sind (§ 15).

§ 3 Ausführungsunterlagen

1. Die für die Ausführung nötigen Unterlagen sind dem Auftragnehmer unentgeltlich und rechtzeitig zu übergeben.
2. Das Abstecken der Hauptachsen der baulichen Anlagen, ebenso der Grenzen des Geländes, das dem Auftragnehmer zur Verfügung gestellt wird, und das Schaffen der notwendigen Höhenfestpunkte in unmittelbarer Nähe der baulichen Anlagen sind Sache des Auftraggebers.
3. Die vom Auftraggeber zur Verfügung gestellten Geländeaufnahmen und Absteckungen und die übrigen für die Ausführung übergebenen Unterlagen sind für den Auftragnehmer maßgebend. Jedoch hat er sie, soweit es zur ordnungsgemäßen Vertragserfüllung gehört, auf etwaige Unstimmigkeiten zu überprüfen und den Auftraggeber auf entdeckte oder vermutete Mängel hinzuweisen.
4. Vor Beginn der Arbeiten ist, soweit notwendig, der Zustand der Straßen und Geländeoberfläche, der Vorfluter und Vorflutleitungen, ferner der baulichen Anlagen im Baubereich in einer Niederschrift festzuhalten, die vom Auftraggeber und Auftragnehmer anzuerkennen ist.
5. Zeichnungen, Berechnungen, Nachprüfungen von Berechnungen oder andere Unterlagen, die der Auftragnehmer nach dem Vertrag, besonders den Technischen Vertragsbedingungen, oder der gewerblichen Verkehrssitte oder auf besonderes Verlangen des Auftraggebers (§ 2 Nr. 9) zu beschaffen hat, sind dem Auftraggeber nach Aufforderung rechtzeitig vorzulegen.
6. (1) Die in Nummer 5 genannten Unterlagen dürfen ohne Genehmigung ihres Urhebers nicht veröffentlicht, vervielfältigt, geändert oder für einen anderen als den vereinbarten Zweck benutzt werden.
(2) An DV-Programmen hat der Auftraggeber das Recht zur Nutzung mit den vereinbarten Leistungsmerkmalen in unveränderter Form auf den festgelegten Geräten. Der Auftraggeber darf zum Zwecke der Datensicherung zwei Kopien herstellen. Diese müssen alle Identifikationsmerkmale enthalten. Der Verbleib der Kopien ist auf Verlangen nachzuweisen.
(3) Der Auftragnehmer bleibt unbeschadet des Nutzungsrechts des Auftraggebers zur Nutzung der Unterlagen und der DV-Programme berechtigt.

§ 4 Ausführung

1. (1) Der Auftraggeber hat für die Aufrechterhaltung der allgemeinen Ordnung auf der Baustelle zu sorgen und das Zusammenwirken der verschiedenen Unternehmer zu regeln. Er hat die erforderlichen öffentlich-rechtlichen Genehmigungen und Erlaubnisse – z.B. nach dem Baurecht, dem Straßenverkehrsrecht, dem Wasserrecht, dem Gewerberecht – herbeizuführen.

(2) Der Auftraggeber hat das Recht, die vertragsgemäße Ausführung der Leistung zu überwachen. Hierzu hat er Zutritt zu den Arbeitsplätzen, Werkstätten und Lagerräumen, wo die vertragliche Leistung oder Teile von ihr hergestellt oder die hierfür bestimmten Stoffe und Bauteile gelagert werden. Auf Verlangen sind ihm die Werkzeichnungen oder andere Ausführungsunterlagen sowie die Ergebnisse von Güteprüfungen zur Einsicht vorzulegen und die erforderlichen Auskünfte zu erteilen, wenn hierdurch keine Geschäftsgeheimnisse preisgegeben werden. Als Geschäftsgeheimnis bezeichnete Auskünfte und Unterlagen hat er vertraulich zu behandeln.

(3) Der Auftraggeber ist befugt, unter Wahrung der dem Auftragnehmer zustehenden Leitung (Nummer 2) Anordnungen zu treffen, die zur vertragsgemäßen Ausführung der Leistung notwendig sind. Die Anordnungen sind grundsätzlich nur dem Auftragnehmer oder seinem für die Leitung der Ausführung bestellten Vertreter zu erteilen, außer wenn Gefahr im Verzug ist. Dem Auftraggeber ist mitzuteilen, wer jeweils als Vertreter des Auftragnehmers für die Leitung der Ausführung bestellt ist.

(4) Hält der Auftragnehmer die Anordnungen des Auftraggebers für unberechtigt oder unzweckmäßig, so hat er seine Bedenken geltend zu machen, die Anordnungen jedoch auf Verlangen auszuführen, wenn nicht gesetzliche oder behördliche Bestimmungen entgegenstehen. Wenn dadurch eine ungerechtfertigte Erschwerung verursacht wird, hat der Auftraggeber die Mehrkosten zu tragen.

2. (1) Der Auftragnehmer hat die Leistung unter eigener Verantwortung nach dem Vertrag auszuführen. Dabei hat er die anerkannten Regeln der Technik und die gesetzlichen und behördlichen Bestimmungen zu beachten. Es ist seine Sache, die Ausführung seiner vertraglichen Leistung zu leiten und für Ordnung auf seiner Arbeitsstelle zu sorgen.

(2) Er ist für die Erfüllung der gesetzlichen, behördlichen und berufsgenossenschaftlichen Verpflichtungen gegenüber seinen Arbeitnehmern allein verantwortlich. Es ist ausschließlich seine Aufgabe, die Vereinbarungen und Maßnahmen zu treffen, die sein Verhältnis zu den Arbeitnehmern regeln.

3. Hat der Auftragnehmer Bedenken gegen die vorgesehene Art der Ausführung (auch wegen der Sicherung gegen Unfallgefahren), gegen die Güte der vom Auftraggeber gelieferten Stoffe oder Bauteile oder gegen die Leistungen anderer Unternehmer, so hat er sie dem Auftraggeber unverzüglich – möglichst schon vor Beginn der Arbeiten – schriftlich mitzuteilen; der Auftraggeber bleibt jedoch für seine Angaben, Anordnungen oder Lieferungen verantwortlich.

4. Der Auftraggeber hat, wenn nichts anderes vereinbart ist, dem Auftragnehmer unentgeltlich zur Benutzung oder Mitbenutzung zu überlassen:
   a) die notwendigen Lager- und Arbeitsplätze auf der Baustelle,
   b) vorhandene Zufahrtswege und Anschlussgleise,
   c) vorhandene Anschlüsse für Wasser und Energie. Die Kosten für den Verbrauch und den Messer oder Zähler trägt der Auftragnehmer, mehrere Auftragnehmer tragen sie anteilig.

5. Der Auftragnehmer hat die von ihm ausgeführten Leistungen und die ihm für die Ausführung übergebenen Gegenstände bis zur Abnahme vor Beschädigung und Diebstahl zu schützen. Auf Verlangen des Auftraggebers hat er sie vor Winterschäden und Grundwasser zu schützen, ferner Schnee und Eis zu beseitigen. Obliegt ihm die Verpflichtung nach Satz 2 nicht schon nach dem Vertrag, so regelt sich die Vergütung nach § 2 Nr. 6.

6. Stoffe oder Bauteile, die dem Vertrag oder den Proben nicht entsprechen, sind auf Anordnung des Auftraggebers innerhalb einer von ihm bestimmten Frist von der Baustelle zu entfernen. Geschieht es nicht, so können sie auf Kosten des Auftragnehmers entfernt oder für seine Rechnung veräußert werden.

7. Leistungen, die schon während der Ausführung als mangelhaft oder vertragswidrig erkannt werden, hat der Auftragnehmer auf eigene Kosten durch mangelfreie zu ersetzen. Hat der Auftragnehmer den Mangel oder die Vertragswidrigkeit zu vertreten, so hat er auch den daraus entstehenden Schaden zu ersetzen. Kommt der Auftragnehmer der Pflicht zur Beseitigung des Mangels nicht nach, so kann ihm der Auftraggeber eine angemessene Frist zur Beseitigung des Mangels setzen und erklären, dass er ihm nach fruchtlosem Ablauf der Frist den Auftrag entziehe (§ 8 Nr. 3).

8. (1) Der Auftragnehmer hat die Leistung im eigenen Betrieb auszuführen. Mit schriftlicher Zustimmung des Auftraggebers darf er sie an Nachunternehmer übertragen. Die Zustimmung

ist nicht notwendig bei Leistungen, auf die der Betrieb des Auftragnehmers nicht eingerichtet ist. Erbringt der Auftragnehmer ohne schriftliche Zustimmung des Auftraggebers Leistungen nicht im eigenen Betrieb, obwohl sein Betrieb darauf eingerichtet ist, kann der Auftraggeber ihm eine angemessene Frist zur Aufnahme der Leistung im eigenen Betrieb setzen und erklären, dass er ihm nach fruchtlosem Ablauf der Frist den Auftrag entziehe (§ 8 Nr. 3).

(2) Der Auftragnehmer hat bei der Weitervergabe von Bauleistungen an Nachunternehmer die Vergabe- und Vertragsordnung für Bauleistungen Teile B und C zugrunde zu legen.

(3) Der Auftragnehmer hat die Nachunternehmer dem Auftraggeber auf Verlangen bekannt zu geben.

9. Werden bei Ausführung der Leistung auf einem Grundstück Gegenstände von Altertums-, Kunst- oder wissenschaftlichem Wert entdeckt, so hat der Auftragnehmer vor jedem weiteren Aufdecken oder Ändern dem Auftraggeber den Fund anzuzeigen und ihm die Gegenstände nach näherer Weisung abzuliefern. Die Vergütung etwaiger Mehrkosten regelt sich nach § 2 Nr. 6. Die Rechte des Entdeckers (§ 984 BGB) hat der Auftraggeber.

10. Der Zustand von Teilen der Leistung ist auf Verlangen gemeinsam von Auftraggeber und Auftragnehmer festzustellen, wenn diese Teile der Leistung durch die weitere Ausführung der Prüfung und Feststellung entzogen werden. Das Ergebnis ist schriftlich niederzulegen.

§ 5 Ausführungsfristen

1. Die Ausführung ist nach den verbindlichen Fristen (Vertragsfristen) zu beginnen, angemessen zu fördern und zu vollenden. In einem Bauzeitenplan enthaltene Einzelfristen gelten nur dann als Vertragsfristen, wenn dies im Vertrag ausdrücklich vereinbart ist.

2. Ist für den Beginn der Ausführung keine Frist vereinbart, so hat der Auftraggeber dem Auftragnehmer auf Verlangen Auskunft über den voraussichtlichen Beginn zu erteilen. Der Auftragnehmer hat innerhalb von 12 Werktagen nach Aufforderung zu beginnen. Der Beginn der Ausführung ist dem Auftraggeber anzuzeigen.

3. Wenn Arbeitskräfte, Geräte, Gerüste, Stoffe oder Bauteile so unzureichend sind, dass die Ausführungsfristen offenbar nicht eingehalten werden können, muss der Auftragnehmer auf Verlangen unverzüglich Abhilfe schaffen.

4. Verzögert der Auftragnehmer den Beginn der Ausführung, gerät er mit der Vollendung in Verzug oder kommt er der in Nummer 3 erwähnten Verpflichtung nicht nach, so kann der Auftraggeber bei Aufrechterhaltung des Vertrages Schadensersatz nach § 6 Nr. 6 verlangen oder dem Auftragnehmer eine angemessene Frist zur Vertragserfüllung setzen und erklären, dass er ihm nach fruchtlosem Ablauf der Frist den Auftrag entziehe (§ 8 Nr. 3).

§ 6 Behinderung und Unterbrechung der Ausführung

1. Glaubt sich der Auftragnehmer in der ordnungsgemäßen Ausführung der Leistung behindert, so hat er es dem Auftraggeber unverzüglich schriftlich anzuzeigen. Unterlässt er die Anzeige, so hat er nur dann Anspruch auf Berücksichtigung der hindernden Umstände, wenn dem Auftraggeber offenkundig die Tatsache und deren hindernde Wirkung bekannt waren.

2. (1) Ausführungsfristen werden verlängert, soweit die Behinderung verursacht ist:
   a) durch einen Umstand aus dem Risikobereich des Auftraggebers,
   b) durch Streik oder eine von der Berufsvertretung der Arbeitgeber angeordnete Aussperrung im Betrieb des Auftragnehmers oder in einem unmittelbar für ihn arbeitenden Betrieb,
   c) durch höhere Gewalt oder andere für den Auftragnehmer unabwendbare Umstände.

   (2) Witterungseinflüsse während der Ausführungszeit, mit denen bei Abgabe des Angebots normalerweise gerechnet werden musste, gelten nicht als Behinderung.

3. Der Auftragnehmer hat alles zu tun, was ihm billigerweise zugemutet werden kann, um die Weiterführung der Arbeiten zu ermöglichen. Sobald die hindernden Umstände wegfallen, hat er ohne weiteres und unverzüglich die Arbeiten wieder aufzunehmen und den Auftraggeber davon zu benachrichtigen.

4. Die Fristverlängerung wird berechnet nach der Dauer der Behinderung mit einem Zuschlag für die Wiederaufnahme der Arbeiten und die etwaige Verschiebung in eine ungünstigere Jahreszeit.

5. Wird die Ausführung für voraussichtlich längere Dauer unterbrochen, ohne dass die Leistung dauernd unmöglich wird, so sind die ausgeführten Leistungen nach den Vertragspreisen abzu-

rechnen und außerdem die Kosten zu vergüten, die dem Auftragnehmer bereits entstanden und in den Vertragspreisen des nicht ausgeführten Teils der Leistung enthalten sind.

6. Sind die hindernden Umstände von einem Vertragsteil zu vertreten, so hat der andere Teil Anspruch auf Ersatz des nachweislich entstandenen Schadens, des entgangenen Gewinns aber nur bei Vorsatz oder grober Fahrlässigkeit. Im Übrigen bleibt der Anspruch des Auftragnehmers auf angemessene Entschädigung nach § 642 BGB unberührt, sofern die Anzeige nach Nr. 1 Satz 1 erfolgt oder wenn Offenkundigkeit nach Nr. 1 Satz 2 gegeben ist.

7. Dauert eine Unterbrechung länger als 3 Monate, so kann jeder Teil nach Ablauf dieser Zeit den Vertrag schriftlich kündigen. Die Abrechnung regelt sich nach den Nummern 5 und 6; wenn der Auftragnehmer die Unterbrechung nicht zu vertreten hat, sind auch die Kosten für die Baustellenräumung zu vergüten, soweit sie nicht in der Vergütung für die bereits ausgeführten Leistungen enthalten sind.

§ 7 Verteilung der Gefahr

1. Wird die ganz oder teilweise ausgeführte Leistung vor der Abnahme durch höhere Gewalt, Krieg, Aufruhr oder andere objektiv unabwendbare vom Auftragnehmer nicht zu vertretende Umstände beschädigt oder zerstört, so hat dieser für die ausgeführten Teile der Leistung die Ansprüche nach § 6 Nr. 5; für andere Schäden besteht keine gegenseitige Ersatzpflicht.
2. Zu der ganz oder teilweise ausgeführten Leistung gehören alle mit der baulichen Anlage unmittelbar verbundenen, in ihre Substanz eingegangenen Leistungen, unabhängig von deren Fertigstellungsgrad.
3. Zu der ganz oder teilweise ausgeführten Leistung gehören nicht die noch nicht eingebauten Stoffe und Bauteile sowie die Baustelleneinrichtung und Absteckungen. Zu der ganz oder teilweise ausgeführten Leistung gehören ebenfalls nicht Baubehelfe, z. B. Gerüste, auch wenn diese als Besondere Leistung oder selbständig vergeben sind.

§ 8 Kündigung durch den Auftraggeber

1. (1) Der Auftraggeber kann bis zur Vollendung der Leistung jederzeit den Vertrag kündigen.
(2) Dem Auftragnehmer steht die vereinbarte Vergütung zu. Er muss sich jedoch anrechnen lassen, was er infolge der Aufhebung des Vertrags an Kosten erspart oder durch anderweitige Verwendung seiner Arbeitskraft und seines Betriebs erwirbt oder zu erwerben böswillig unterlässt (§ 649 BGB).

2. (1) Der Auftraggeber kann den Vertrag kündigen, wenn der Auftragnehmer seine Zahlungen einstellt, von ihm oder zulässigerweise vom Auftraggeber oder einem anderen Gläubiger das Insolvenzverfahren (§§ 14 und 15 InsO) beziehungsweise ein vergleichbares gesetzliches Verfahren beantragt ist, ein solches Verfahren eröffnet wird oder dessen Eröffnung mangels Masse abgelehnt wird.
(2) Die ausgeführten Leistungen sind nach § 6 Nr. 5 abzurechnen. Der Auftraggeber kann Schadensersatz wegen Nichterfüllung des Restes verlangen.

3. (1) Der Auftraggeber kann den Vertrag kündigen, wenn in den Fällen des § 4 Nr. 7 und 8 Abs. 1 und des § 5 Nr. 4 die gesetzte Frist fruchtlos abgelaufen ist (Entziehung des Auftrags). Die Entziehung des Auftrags kann auf einen in sich abgeschlossenen Teil der vertraglichen Leistung beschränkt werden.
(2) Nach der Entziehung des Auftrags ist der Auftraggeber berechtigt, den noch nicht vollendeten Teil der Leistung zu Lasten des Auftragnehmers durch einen Dritten ausführen zu lassen, doch bleiben seine Ansprüche auf Ersatz des etwa entstehenden weiteren Schadens bestehen. Er ist auch berechtigt, auf die weitere Ausführung zu verzichten und Schadenersatz wegen Nichterfüllung zu verlangen, wenn die Ausführung aus den Gründen, die zur Entziehung des Auftrags geführt haben, für ihn kein Interesse mehr hat.
(3) Für die Weiterführung der Arbeiten kann der Auftraggeber Geräte, Gerüste, auf der Baustelle vorhandene andere Einrichtungen und angelieferte Stoffe und Bauteile gegen angemessene Vergütung in Anspruch nehmen.
(4) Der Auftraggeber hat dem Auftragnehmer eine Aufstellung über die entstandenen Mehrkosten und über seine anderen Ansprüche spätestens binnen 12 Werktagen nach Abrechnung mit dem Dritten zuzusenden.

4. Der Auftraggeber kann den Auftrag entziehen, wenn der Auftragnehmer aus Anlass der Vergabe eine Abrede getroffen hatte, die eine unzulässige Wettbewerbsbeschränkung darstellt. Die Kündigung ist innerhalb von 12 Werktagen nach Bekanntwerden des Kündigungsgrundes auszusprechen. Nummer 3 gilt entsprechend.

5. Die Kündigung ist schriftlich zu erklären.
6. Der Auftragnehmer kann Aufmaß und Abnahme der von ihm ausgeführten Leistungen alsbald nach der Kündigung verlangen; er hat unverzüglich eine prüfbare Rechnung über die ausgeführten Leistungen vorzulegen.
7. Eine wegen Verzugs verwirkte, nach Zeit bemessene Vertragsstrafe kann nur für die Zeit bis zum Tag der Kündigung des Vertrags gefordert werden.

§ 9 Kündigung durch den Auftragnehmer

1. Der Auftragnehmer kann den Vertrag kündigen:
   a) wenn der Auftraggeber eine ihm obliegende Handlung unterlässt und dadurch den Auftragnehmer außerstande setzt, die Leistung auszuführen (Annahmeverzug nach §§ 293 ff. BGB),
   b) wenn der Auftraggeber eine fällige Zahlung nicht leistet oder sonst in Schuldnerverzug gerät.
2. Die Kündigung ist schriftlich zu erklären. Sie ist erst zulässig, wenn der Auftragnehmer dem Auftraggeber ohne Erfolg eine angemessene Frist zur Vertragserfüllung gesetzt und erklärt hat, dass er nach fruchtlosem Ablauf der Frist den Vertrag kündigen werde.
3. Die bisherigen Leistungen sind nach den Vertragspreisen abzurechnen. Außerdem hat der Auftragnehmer Anspruch auf angemessene Entschädigung nach § 642 BGB; etwaige weitergehende Ansprüche des Auftragnehmers bleiben unberührt.

§ 10 Haftung der Vertragsparteien

1. Die Vertragsparteien haften einander für eigenes Verschulden sowie für das Verschulden ihrer gesetzlichen Vertreter und der Personen, deren sie sich zur Erfüllung ihrer Verbindlichkeiten bedienen (§§ 276, 278 BGB).
2. (1) Entsteht einem Dritten im Zusammenhang mit der Leistung ein Schaden, für den auf Grund gesetzlicher Haftpflichtbestimmungen beide Vertragsparteien haften, so gelten für den Ausgleich zwischen den Vertragsparteien die allgemeinen gesetzlichen Bestimmungen, soweit im Einzelfall nichts anderes vereinbart ist. Soweit der Schaden des Dritten nur die Folge einer Maßnahme ist, die der Auftraggeber in dieser Form angeordnet hat, trägt er den Schaden allein, wenn ihn der Auftragnehmer auf die mit der angeordneten Ausführung verbundene Gefahr nach § 4 Nr. 3 hingewiesen hat.

(2) Der Auftragnehmer trägt den Schaden allein, soweit er ihn durch Versicherung seiner gesetzlichen Haftpflicht gedeckt hat oder durch eine solche zu tarifmäßigen, nicht auf außergewöhnliche Verhältnisse abgestellten Prämien und Prämienzuschlägen bei einem im Inland zum Geschäftsbetrieb zugelassenen Versicherer hätte decken können.
3. Ist der Auftragnehmer einem Dritten nach den §§ 823 ff. BGB zu Schadenersatz verpflichtet wegen unbefugten Betretens oder Beschädigung angrenzender Grundstücke, wegen Entnahme oder Auflagerung von Boden oder anderen Gegenständen außerhalb der vom Auftraggeber dazu angewiesenen Flächen oder wegen der Folgen eigenmächtiger Versperrung von Wegen oder Wasserläufen, so trägt er im Verhältnis zum Auftraggeber den Schaden allein.
4. Für die Verletzung gewerblicher Schutzrechte haftet im Verhältnis der Vertragsparteien zueinander der Auftragnehmer allein, wenn er selbst das geschützte Verfahren oder die Verwendung geschützter Gegenstände angeboten oder wenn der Auftraggeber die Verwendung vorgeschrieben und auf das Schutzrecht hingewiesen hat.
5. Ist eine Vertragspartei gegenüber der anderen nach den Nummern 2, 3 oder 4 von der Ausgleichspflicht befreit, so gilt diese Befreiung auch zugunsten ihrer gesetzlichen Vertreter und Erfüllungsgehilfen, wenn sie nicht vorsätzlich oder grob fahrlässig gehandelt haben.
6. Soweit eine Vertragspartei von dem Dritten für einen Schaden in Anspruch genommen wird, den nach den Nummern 2, 3 oder 4 die andere Vertragspartei zu tragen hat, kann sie verlangen, dass ihre Vertragspartei sie von der Verbindlichkeit gegenüber dem Dritten befreit. Sie darf den Anspruch des Dritten nicht anerkennen oder befriedigen, ohne der anderen Vertragspartei vorher Gelegenheit zur Äußerung gegeben zu haben.

§ 11 Vertragsstrafe

1. Wenn Vertragsstrafen vereinbart sind, gelten die §§ 339 bis 345 BGB.
2. Ist die Vertragsstrafe für den Fall vereinbart, dass der Auftragnehmer nicht in der vorgesehenen Frist erfüllt, so wird sie fällig, wenn der Auftragnehmer in Verzug gerät.
3. Ist die Vertragsstrafe nach Tagen bemessen, so zählen nur Werktage; ist sie nach Wochen bemessen, so wird jeder Werktag angefangener Wochen als 1/6 Woche gerechnet.

4. Hat der Auftraggeber die Leistung abgenommen, so kann er die Strafe nur verlangen, wenn er dies bei der Abnahme vorbehalten hat.

§ 12 Abnahme

1. Verlangt der Auftragnehmer nach der Fertigstellung – gegebenenfalls auch vor Ablauf der vereinbarten Ausführungsfrist – die Abnahme der Leistung, so hat sie der Auftraggeber binnen 12 Werktagen durchzuführen; eine andere Frist kann vereinbart werden.
2. Auf Verlangen sind in sich abgeschlossene Teile der Leistung besonders abzunehmen.
3. Wegen wesentlicher Mängel kann die Abnahme bis zur Beseitigung verweigert werden.
4. (1) Eine förmliche Abnahme hat stattzufinden, wenn eine Vertragspartei es verlangt. Jede Partei kann auf ihre Kosten einen Sachverständigen zuziehen. Der Befund ist in gemeinsamer Verhandlung schriftlich niederzulegen. In die Niederschrift sind etwaige Vorbehalte wegen bekannter Mängel und wegen Vertragsstrafen aufzunehmen, ebenso etwaige Einwendungen des Auftragnehmers. Jede Partei erhält eine Ausfertigung.
(2) Die förmliche Abnahme kann in Abwesenheit des Auftragnehmers stattfinden, wenn der Termin vereinbart war oder der Auftraggeber mit genügender Frist dazu eingeladen hatte. Das Ergebnis der Abnahme ist dem Auftragnehmer alsbald mitzuteilen.
5. (1) Wird keine Abnahme verlangt, so gilt die Leistung als abgenommen mit Ablauf von 12 Werktagen nach schriftlicher Mitteilung über die Fertigstellung der Leistung.
(2) Wird keine Abnahme verlangt und hat der Auftraggeber die Leistung oder einen Teil der Leistung in Benutzung genommen, so gilt die Abnahme nach Ablauf von 6 Werktagen nach Beginn der Benutzung als erfolgt, wenn nichts anderes vereinbart ist. Die Benutzung von Teilen einer baulichen Anlage zur Weiterführung der Arbeiten gilt nicht als Abnahme.
(3) Vorbehalte wegen bekannter Mängel oder wegen Vertragsstrafen hat der Auftraggeber spätestens zu den in den Absätzen 1 und 2 bezeichneten Zeitpunkten geltend zu machen.
6. Mit der Abnahme geht die Gefahr auf den Auftraggeber über, soweit er sie nicht schon nach § 7 trägt.

§ 13 Mängelansprüche

1. Der Auftragnehmer hat dem Auftraggeber seine Leistung zum Zeitpunkt der Abnahme frei von Sachmängeln zu verschaffen. Die Leistung ist zur Zeit der Abnahme frei von Sachmängeln, wenn sie die vereinbarte Beschaffenheit hat und den anerkannten Regeln der Technik entspricht. Ist die Beschaffenheit nicht vereinbart, so ist die Leistung zur Zeit der Abnahme frei von Sachmängeln,
a) wenn sie sich für die nach dem Vertrag vorausgesetzte Verwendung eignet, sonst
b) für die gewöhnliche Verwendung eignet und eine Beschaffenheit aufweist, die bei Werken der gleichen Art üblich ist und die der Auftraggeber nach der Art der Leistung erwarten kann.
2. Bei Leistungen nach Probe gelten die Eigenschaften der Probe als vereinbarte Beschaffenheit, soweit nicht Abweichungen nach der Verkehrssitte als bedeutungslos anzusehen sind. Dies gilt auch für Proben, die erst nach Vertragsabschluss als solche anerkannt sind.
3. Ist ein Mangel zurückzuführen auf die Leistungsbeschreibung oder auf Anordnungen des Auftraggebers, auf die von diesem gelieferten oder vorgeschriebenen Stoffe oder Bauteile oder die Beschaffenheit der Vorleistung eines anderen Unternehmers, haftet der Auftragnehmer, es sei denn, er hat die ihm nach § 4 Nr. 3 obliegende Mitteilung gemacht.
4. (1) Ist für Mängelansprüche keine Verjährungsfrist im Vertrag vereinbart, so beträgt sie für Bauwerke 4 Jahre, für andere Werke, deren Erfolg in der Herstellung, Wartung oder Veränderung einer Sache besteht und für die vom Feuer berührten Teile von Feuerungsanlagen 2 Jahre. Abweichend von Satz 1 beträgt die Verjährungsfrist für feuerberührte und abgasdämmende Teile von industriellen Feuerungsanlagen 1 Jahr.
(2) Ist für Teile von maschinellen und elektrotechnischen/elektronischen Anlagen, bei denen die Wartung Einfluss auf die Sicherheit und Funktionsfähigkeit hat, nichts anderes vereinbart, beträgt für diese Anlagenteile die Verjährungsfrist für Mängelansprüche abweichend von Absatz 1 2 Jahre, wenn der Auftraggeber sich dafür entschieden hat, dem Auftragnehmer die Wartung für die Dauer der Verjährungsfrist nicht zu übertragen; dies gilt auch, wenn für weitere Leistungen eine andere Verjährungsfrist vereinbart ist.
(3) Die Frist beginnt mit der Abnahme der gesamten Leistung; nur für in sich abgeschlossene Teile der Leistung beginnt sie mit der Teilabnahme (§ 12 Nr. 2).

5. (1) Der Auftragnehmer ist verpflichtet, alle während der Verjährungsfrist hervortretenden Mängel, die auf vertragswidrige Leistung zurückzuführen sind, auf seine Kosten zu beseitigen, wenn es der Auftraggeber vor Ablauf der Frist schriftlich verlangt. Der Anspruch auf Beseitigung der gerügten Mängel verjährt in 2 Jahren, gerechnet vom Zugang des schriftlichen Verlangens an, jedoch nicht vor Ablauf der Regelfristen nach Nummer 4 oder der an ihrer Stelle vereinbarten Frist. Nach Abnahme der Mängelbeseitigungsleistung beginnt für diese Leistung eine Verjährungsfrist von 2 Jahren neu, die jedoch nicht vor Ablauf der Regelfristen nach Nummer 4 oder der an ihrer Stelle vereinbarten Frist endet.
(2) Kommt der Auftragnehmer der Aufforderung zur Mängelbeseitigung in einer vom Auftraggeber gesetzten angemessenen Frist nicht nach, so kann der Auftraggeber die Mängel auf Kosten des Auftragnehmers beseitigen lassen.

6. Ist die Beseitigung des Mangels für den Auftraggeber unzumutbar oder ist sie unmöglich oder würde sie einen unverhältnismäßig hohen Aufwand erfordern und wird sie deshalb vom Auftragnehmer verweigert, so kann der Auftraggeber durch Erklärung gegenüber dem Auftragnehmer die Vergütung mindern (§ 638 BGB).

7. (1) Der Auftragnehmer haftet bei schuldhaft verursachten Mängeln für Schäden aus der Verletzung des Lebens, des Körpers oder der Gesundheit.
(2) Bei vorsätzlich oder grob fahrlässig verursachten Mängeln haftet er für alle Schäden.
(3) Im Übrigen ist dem Auftraggeber der Schaden an der baulichen Anlage zu ersetzen, zu deren Herstellung, Instandhaltung oder Änderung die Leistung dient, wenn ein wesentlicher Mangel vorliegt, der die Gebrauchsfähigkeit erheblich beeinträchtigt und auf ein Verschulden des Auftragnehmers zurückzuführen ist. Einen darüber hinausgehenden Schaden hat der Auftragnehmer nur dann zu ersetzen,
a) wenn der Mangel auf einem Verstoß gegen die anerkannten Regeln der Technik beruht,
b) wenn der Mangel in dem Fehlen einer vertraglich vereinbarten Beschaffenheit besteht oder
c) soweit der Auftragnehmer den Schaden durch Versicherung seiner gesetzlichen Haftpflicht gedeckt hat oder durch eine solche zu tarifmäßigen, nicht auf außergewöhnliche Verhältnisse abgestellten Prämien und Prämienzuschlägen bei einem im Inland zum Geschäftsbetrieb zugelassenen Versicherer hätte decken können.
(4) Abweichend von Nummer 4 gelten die gesetzlichen Verjährungsfristen, soweit sich der Auftragnehmer nach Absatz 3 durch Versicherung geschützt hat oder hätte schützen können oder soweit ein besonderer Versicherungsschutz vereinbart ist.
(5) Eine Einschränkung oder Erweiterung der Haftung kann in begründeten Sonderfällen vereinbart werden.

§ 14 Abrechnung

1. Der Auftragnehmer hat seine Leistungen prüfbar abzurechnen. Er hat die Rechnungen übersichtlich aufzustellen und dabei die Reihenfolge der Posten einzuhalten und die in den Vertragsbestandteilen enthaltenen Bezeichnungen zu verwenden. Die zum Nachweis von Art und Umfang der Leistung erforderlichen Mengenberechnungen, Zeichnungen und andere Belege sind beizufügen. Änderungen und Ergänzungen des Vertrags sind in der Rechnung besonders kenntlich zu machen; sie sind auf Verlangen getrennt abzurechnen.

2. Die für die Abrechnung notwendigen Feststellungen sind dem Fortgang der Leistung entsprechend möglichst gemeinsam vorzunehmen. Die Abrechnungsbestimmungen in den Technischen Vertragsbedingungen und den anderen Vertragsunterlagen sind zu beachten. Für Leistungen, die bei Weiterführung der Arbeiten nur schwer feststellbar sind, hat der Auftragnehmer rechtzeitig gemeinsame Feststellungen zu beantragen.

3. Die Schlussrechnung muss bei Leistungen mit einer vertraglichen Ausführungsfrist von höchstens 3 Monaten spätestens 12 Werktage nach Fertigstellung eingereicht werden, wenn nichts anderes vereinbart ist; diese Frist wird um je 6 Werktage für je weitere 3 Monate Ausführungsfrist verlängert.

4. Reicht der Auftragnehmer eine prüfbare Rechnung nicht ein, obwohl ihm der Auftraggeber dafür eine angemessene Frist gesetzt hat, so kann sie der Auftraggeber selbst auf Kosten des Auftragnehmers aufstellen.

§ 15 Stundenlohnarbeiten

1. (1) Stundenlohnarbeiten werden nach den vertraglichen Vereinbarungen abgerechnet.
(2) Soweit für die Vergütung keine Vereinbarungen getroffen worden sind, gilt die ortsübliche

Vergütung. Ist diese nicht zu ermitteln, so werden die Aufwendungen des Auftragnehmers für Lohn- und Gehaltskosten der Baustelle, Lohn- und Gehaltsnebenkosten der Baustelle, Stoffkosten der Baustelle, Kosten der Einrichtungen, Geräte, Maschinen und maschinellen Anlagen der Baustelle, Fracht-, Fuhr- und Ladekosten, Sozialkassenbeiträge und Sonderkosten, die bei wirtschaftlicher Betriebsführung entstehen, mit angemessenen Zuschlägen für Gemeinkosten und Gewinn (einschließlich allgemeinem Unternehmerwagnis) zuzüglich Umsatzsteuer vergütet.
2. Verlangt der Auftraggeber, dass die Stundenlohnarbeiten durch einen Polier oder eine andere Aufsichtsperson beaufsichtigt werden, oder ist die Aufsicht nach den einschlägigen Unfallverhütungsvorschriften notwendig, so gilt Nummer 1 entsprechend.
3. Dem Auftraggeber ist die Ausführung von Stundenlohnarbeiten vor Beginn anzuzeigen. Über die geleisteten Arbeitsstunden und den dabei erforderlichen, besonders zu vergütenden Aufwand für den Verbrauch von Stoffen, für Vorhaltung von Einrichtungen, Geräten, Maschinen und maschinellen Anlagen, für Frachten, Fuhr- und Ladeleistungen sowie etwaige Sonderkosten sind, wenn nichts anderes vereinbart ist, je nach der Verkehrssitte werktäglich oder wöchentlich Listen (Stundenlohnzettel) einzureichen. Der Auftraggeber hat die von ihm bescheinigten Stundenlohnzettel unverzüglich, spätestens jedoch innerhalb von 6 Werktagen nach Zugang, zurückzugeben. Dabei kann er Einwendungen auf den Stundenlohnzetteln oder gesondert schriftlich erheben. Nicht fristgemäß zurückgegebene Stundenlohnzettel gelten als anerkannt.
4. Stundenlohnrechnungen sind alsbald nach Abschluss der Stundenlohnarbeiten, längstens jedoch in Abständen von 4 Wochen, einzureichen. Für die Zahlung gilt § 16.
5. Wenn Stundenlohnarbeiten zwar vereinbart waren, über den Umfang der Stundenlohnleistungen aber mangels rechtzeitiger Vorlage der Stundenlohnzettel Zweifel bestehen, so kann der Auftraggeber verlangen, dass für die nachweisbar ausgeführten Leistungen eine Vergütung vereinbart wird, die nach Maßgabe von Nummer 1 Abs. 2 für einen wirtschaftlich vertretbaren Aufwand an Arbeitszeit und Verbrauch von Stoffen, für Vorhaltung von Einrichtungen, Geräten, Maschinen und maschinellen Anlagen, für Frachten, Fuhr- und Ladeleistungen sowie etwaige Sonderkosten ermittelt wird.

§ 16 Zahlung

1. (1) Abschlagszahlungen sind auf Antrag in möglichst kurzen Zeitabständen oder zu den vereinbarten Zeitpunkten zu gewähren, und zwar in Höhe des Wertes der jeweils nachgewiesenen vertragsgemäßen Leistungen einschließlich des ausgewiesenen, darauf entfallenden Umsatzsteuerbetrags. Die Leistungen sind durch eine prüfbare Aufstellung nachzuweisen, die eine rasche und sichere Beurteilung der Leistungen ermöglichen muss. Als Leistungen gelten hierbei auch die für die geforderte Leistung eigens angefertigten und bereitgestellten Bauteile sowie die auf der Baustelle angelieferten Stoffe und Bauteile, wenn dem Auftraggeber nach seiner Wahl das Eigentum an ihnen übertragen ist oder entsprechende Sicherheit gegeben wird.
(2) Gegenforderungen können einbehalten werden. Andere Einbehalte sind nur in den im Vertrag und in den gesetzlichen Bestimmungen vorgesehenen Fällen zulässig.
(3) Ansprüche auf Abschlagszahlungen werden binnen 18 Werktagen nach Zugang der Aufstellung fällig.
(4) Die Abschlagszahlungen sind ohne Einfluss auf die Haftung des Auftragnehmers; sie gelten nicht als Abnahme von Teilen der Leistung.
2. (1) Vorauszahlungen können auch nach Vertragsabschluss vereinbart werden; hierfür ist auf Verlangen des Auftraggebers ausreichende Sicherheit zu leisten. Diese Vorauszahlungen sind, sofern nichts anderes vereinbart wird, mit 3 v. H. über dem Basiszinssatz des § 247 BGB zu verzinsen.
(2) Vorauszahlungen sind auf die nächstfälligen Zahlungen anzurechnen, soweit damit Leistungen abzugelten sind, für welche die Vorauszahlungen gewährt worden sind.
3. (1) Der Anspruch auf die Schlusszahlung wird alsbald nach Prüfung und Feststellung der vom Auftragnehmer vorgelegten Schlussrechnung fällig, spätestens innerhalb von 2 Monaten nach Zugang. Werden Einwendungen gegen die Prüfbarkeit unter Angabe der Gründe hierfür nicht spätestens innerhalb von 2 Monaten nach Zugang der Schlussrechnung erhoben, so kann der Auftraggeber sich nicht mehr auf die fehlende Prüfbarkeit berufen. Die Prüfung der Schlussrechnung ist nach Möglichkeit zu beschleunigen. Verzögert sie sich, so ist das unbestrittene Guthaben als Abschlagszahlung sofort zu zahlen.
(2) Die vorbehaltlose Annahme der Schlusszahlung schließt Nachforderungen aus, wenn der

Auftragnehmer über die Schlusszahlung schriftlich unterrichtet und auf die Ausschlusswirkung hingewiesen wurde.

(3) Einer Schlusszahlung steht es gleich, wenn der Auftraggeber unter Hinweis auf geleistete Zahlungen weitere Zahlungen endgültig und schriftlich ablehnt.

(4) Auch früher gestellte, aber unerledigte Forderungen werden ausgeschlossen, wenn sie nicht nochmals vorbehalten werden.

(5) Ein Vorbehalt ist innerhalb von 24 Werktagen nach Zugang der Mitteilung nach den Absätzen 2 und 3 über die Schlusszahlung zu erklären. Er wird hinfällig, wenn nicht innerhalb von weiteren 24 Werktagen – beginnend am Tag nach Ablauf der in Satz 1 genannten 24 Werktage – eine prüfbare Rechnung über die vorbehaltenen Forderungen eingereicht oder, wenn das nicht möglich ist, der Vorbehalt eingehend begründet wird.

(6) Die Ausschlussfristen gelten nicht für ein Verlangen nach Richtigstellung der Schlussrechnung und -zahlung wegen Aufmaß-, Rechen- und Übertragungsfehlern.

4. In sich abgeschlossene Teile der Leistung können nach Teilabnahme ohne Rücksicht auf die Vollendung der übrigen Leistungen endgültig festgestellt und bezahlt werden.

5. (1) Alle Zahlungen sind aufs äußerste zu beschleunigen.

(2) Nicht vereinbarte Skontoabzüge sind unzulässig.

(3) Zahlt der Auftraggeber bei Fälligkeit nicht, so kann ihm der Auftragnehmer eine angemessene Nachfrist setzen. Zahlt er auch innerhalb der Nachfrist nicht, so hat der Auftragnehmer vom Ende der Nachfrist an Anspruch auf Zinsen in Höhe der in § 288 BGB angegebenen Zinssätze, wenn er nicht einen höheren Verzugsschaden nachweist.

(4) Zahlt der Auftraggeber das fällige unbestrittene Guthaben nicht innerhalb von 2 Monaten nach Zugang der Schlussrechnung, so hat der Auftragnehmer für dieses Guthaben abweichend von Absatz 3 (ohne Nachfristsetzung) ab diesem Zeitpunkt Anspruch auf Zinsen in Höhe der in § 288 BGB angegebenen Zinssätze, wenn er nicht einen höheren Verzugsschaden nachweist.

(5) Der Auftragnehmer darf in den Fällen der Absätze 3 und 4 die Arbeiten bis zur Zahlung einstellen, sofern die dem Auftraggeber zuvor gesetzte angemessene Nachfrist erfolglos verstrichen ist.

6. Der Auftraggeber ist berechtigt, zur Erfüllung seiner Verpflichtungen aus den Nummern 1 bis 5 Zahlungen an Gläubiger des Auftragnehmers zu leisten, soweit sie an der Ausführung der vertraglichen Leistung des Auftragnehmers aufgrund eines mit diesem abgeschlossenen Dienst- oder Werkvertrags beteiligt sind, wegen Zahlungsverzugs des Auftragnehmers die Fortsetzung ihrer Leistung zu Recht verweigern und die Direktzahlung die Fortsetzung der Leistung sicherstellen soll. Der Auftragnehmer ist verpflichtet, sich auf Verlangen des Auftraggebers innerhalb einer von diesem gesetzten Frist darüber zu erklären, ob und inwieweit er die Forderungen seiner Gläubiger anerkennt; wird diese Erklärung nicht rechtzeitig abgegeben, so gelten die Voraussetzungen für die Direktzahlung als anerkannt.

§ 17 Sicherheitsleistung

1. (1) Wenn Sicherheitsleistung vereinbart ist, gelten die §§ 232 bis 240 BGB, soweit sich aus den nachstehenden Bestimmungen nichts anderes ergibt.

(2) Die Sicherheit dient dazu, die vertragsgemäße Ausführung der Leistung und die Mängelansprüche sicherzustellen.

2. Wenn im Vertrag nichts anderes vereinbart ist, kann Sicherheit durch Einbehalt oder Hinterlegung von Geld oder durch Bürgschaft eines Kreditinstituts oder Kreditversicherers geleistet werden, sofern das Kreditinstitut oder der Kreditversicherer
– in der Europäischen Gemeinschaft oder
– in einem Staat der Vertragsparteien des Abkommens über den Europäischen Wirtschaftsraum oder
– in einem Staat der Vertragsparteien des WTO-Übereinkommens über das öffentliche Beschaffungswesen zugelassen ist.

3. Der Auftragnehmer hat die Wahl unter den verschiedenen Arten der Sicherheit; er kann eine Sicherheit durch eine andere ersetzen.

4. Bei Sicherheitsleistung durch Bürgschaft ist Voraussetzung, dass der Auftraggeber den Bürgen als tauglich anerkannt hat. Die Bürgschaftserklärung ist schriftlich unter Verzicht auf die Einrede der Vorausklage abzugeben (§ 771 BGB); sie darf nicht auf bestimmte Zeit begrenzt und muss nach Vorschrift des Auftraggebers ausgestellt sein. Der Auftraggeber kann als Sicherheit keine Bürgschaft fordern, die den Bürgen zur Zahlung auf erstes Anfordern verpflichtet.

5. Wird Sicherheit durch Hinterlegung von Geld geleistet, so hat der Auftragnehmer den Betrag bei einem zu vereinbarenden Geldinstitut auf ein Sperrkonto einzuzahlen, über das beide Parteien nur gemeinsam verfügen können (»Und-Konto«). Etwaige Zinsen stehen dem Auftragnehmer zu.
6. (1) Soll der Auftraggeber vereinbarungsgemäß die Sicherheit in Teilbeträgen von seinen Zahlungen einbehalten, so darf er jeweils die Zahlung um höchstens 10 v. H. kürzen, bis die vereinbarte Sicherheitssumme erreicht ist. Sofern Rechnungen ohne Umsatzsteuer gemäß § 13 b UstG gestellt werden, bleibt die Umsatzsteuer bei der Berechnung des Sicherheitseinbehalts unberücksichtigt. Den jeweils einbehaltenen Betrag hat er dem Auftragnehmer mitzuteilen und binnen 18 Werktagen nach dieser Mitteilung auf ein Sperrkonto bei dem vereinbarten Geldinstitut einzuzahlen. Gleichzeitig muss er veranlassen, dass dieses Geldinstitut den Auftragnehmer von der Einzahlung des Sicherheitsbetrags benachrichtigt. Nummer 5 gilt entsprechend.
(2) Bei kleineren oder kurzfristigen Aufträgen ist es zulässig, dass der Auftraggeber den einbehaltenen Sicherheitsbetrag erst bei der Schlusszahlung auf ein Sperrkonto einzahlt.
(3) Zahlt der Auftraggeber den einbehaltenen Betrag nicht rechtzeitig ein, so kann ihm der Auftragnehmer hierfür eine angemessene Nachfrist setzen. Lässt der Auftraggeber auch diese verstreichen, so kann der Auftragnehmer die sofortige Auszahlung des einbehaltenen Betrags verlangen und braucht dann keine Sicherheit mehr zu leisten.
(4) Öffentliche Auftraggeber sind berechtigt, den als Sicherheit einbehaltenen Betrag auf eigenes Verwahrgeldkonto zu nehmen; der Betrag wird nicht verzinst.
7. Der Auftragnehmer hat die Sicherheit binnen 18 Werktagen nach Vertragsabschluss zu leisten, wenn nichts anderes vereinbart ist. Soweit er diese Verpflichtung nicht erfüllt hat, ist der Auftraggeber berechtigt, vom Guthaben des Auftragnehmers einen Betrag in Höhe der vereinbarten Sicherheit einzubehalten. Im Übrigen gelten die Nummern 5 und 6 außer Abs. 1 Satz 1 entsprechend.
8. (1) Der Auftraggeber hat eine nicht verwertete Sicherheit für die Vertragserfüllung zum vereinbarten Zeitpunkt, spätestens nach Abnahme und Stellung der Sicherheit für Mängelansprüche zurückzugeben, es sei denn, dass Ansprüche des Auftraggebers, die nicht von der gestellten Sicherheit für Mängelansprüche umfasst sind, noch nicht erfüllt sind. Dann darf er für diese Vertragserfüllungsansprüche einen entsprechenden Teil der Sicherheit zurückhalten.
(2) Der Auftraggeber hat eine nicht verwertete Sicherheit für Mängelansprüche nach Ablauf von 2 Jahren zurückzugeben, sofern kein anderer Rückgabezeitpunkt vereinbart worden ist. Soweit jedoch zu dieser Zeit seine geltend gemachten Ansprüche noch nicht erfüllt sind, darf er einen entsprechenden Teil der Sicherheit zurückhalten.

§ 18 Streitigkeiten

1. Liegen die Voraussetzungen für eine Gerichtsstandvereinbarung nach § 38 Zivilprozessordnung vor, richtet sich der Gerichtsstand für Streitigkeiten aus dem Vertrag nach dem Sitz der für die Prozessvertretung des Auftraggebers zuständigen Stelle, wenn nichts anderes vereinbart ist. Sie ist dem Auftragnehmer auf Verlangen mitzuteilen.
2. (1) Entstehen bei Verträgen mit Behörden Meinungsverschiedenheiten, so soll der Auftragnehmer zunächst die der auftraggebenden Stelle unmittelbar vorgesetzte Stelle anrufen. Diese soll dem Auftragnehmer Gelegenheit zur mündlichen Aussprache geben und ihn möglichst innerhalb von 2 Monaten nach der Anrufung schriftlich bescheiden und dabei auf die Rechtsfolgen des Satzes 3 hinweisen. Die Entscheidung gilt als anerkannt, wenn der Auftragnehmer nicht innerhalb von 3 Monaten nach Eingang des Bescheides schriftlich Einspruch beim Auftraggeber erhebt und dieser ihn auf die Ausschlussfrist hingewiesen hat.
(2) Mit dem Eingang des schriftlichen Antrages auf Durchführung eines Verfahrens nach Nr. 2 Abs. 1 wird die Verjährung des in diesem Antrag geltend gemachten Anspruchs gehemmt. Wollen Auftraggeber oder Auftragnehmer das Verfahren nicht weiter betreiben, teilen sie dies dem jeweils anderen Teil schriftlich mit. Die Hemmung endet 3 Monate nach Zugang des schriftlichen Bescheides oder der Mitteilung nach Satz 2.
3. Daneben kann ein Verfahren zur Streitbeilegung vereinbart werden. Die Vereinbarung sollte mit Vertragsabschluss erfolgen.
4. Bei Meinungsverschiedenheiten über die Eigenschaft von Stoffen und Bauteilen, für die allgemein gültige Prüfungsverfahren bestehen, und über die Zulässigkeit oder Zuverlässigkeit der

bei der Prüfung verwendeten Maschinen oder angewendeten Prüfungsverfahren kann jede Vertragspartei nach vorheriger Benachrichtigung der anderen Vertragspartei die materialtechnische Untersuchung durch eine staatliche oder staatlich anerkannte Materialprüfungsstelle vornehmen lassen; deren Feststellungen sind verbindlich. Die Kosten trägt der unterliegende Teil.

5. Streitfälle berechtigen den Auftragnehmer nicht, die Arbeiten einzustellen.

9.6 Allgemeine Bestimmungen für die Vergabe von Leistungen (VOL/A)

i.d.F. vom 6. 4. 2006 (Beilage zum BAnz Nr. 100, BAnz Nr. 109)

9.6.1 Abschnitte 1 bis 4

§ 1 Leistungen

Leistungen im Sinne der VOL sind alle Lieferungen und Leistungen, ausgenommen
- Leistungen, die unter die Vergabe- und Vertragsordnung für Bauleistungen – VOB – fallen (VOB/A § 1),
- Leistungen, die im Rahmen einer freiberuflichen Tätigkeit[1] erbracht oder im Wettbewerb mit freiberuflich Tätigen angeboten werden, soweit deren Auftragswerte die in der Vergabeverordnung festgelegten Schwellenwerte nicht erreichen; die Bestimmungen der Haushaltsordnungen bleiben unberührt,
- Leistungen ab der in der Vergabeverordnung festgelegten Schwellenwerte, die im Rahmen einer freiberuflichen Tätigkeit erbracht oder im Wettbewerb mit freiberuflich Tätigen angeboten werden und deren Gegenstand eine Aufgabe ist, deren Lösung nicht vorab eindeutig und erschöpfend beschrieben werden kann; diese Leistungen fallen unter die Verdingungsordnung für freiberufliche Leistungen – VOF –.

§ 1a Verpflichtung zur Anwendung der a-Paragraphen

1. (1) Bei der Vergabe von Liefer- und Dienstleistungsaufträgen gelten die Bestimmungen der a-Paragraphen zusätzlich zu den Basisparagraphen.
(2) Aufträge, deren Gegenstand Lieferungen und Dienstleistungen sind, werden nach den Regelungen über diejenigen Aufträge vergeben, deren Wert überwiegt.
(3) Soweit keine ausdrückliche Unterscheidung zwischen Liefer- und Dienstleistungsaufträgen erfolgt, gelten die Regelungen sowohl für Liefer- als auch für Dienstleistungsaufträge.
2. (1) Aufträge, deren Gegenstand Dienstleistungen nach Anhang I A sind, werden nach den Bestimmungen dieses Abschnittes vergeben.
(2) Aufträge, deren Gegenstand Dienstleistungen nach Anhang I B sind, werden nach den Bestimmungen der Basisparagraphen dieses Abschnittes und der §§ 8a und 28a vergeben.
(3) Aufträge, deren Gegenstand Dienstleistungen des Anhangs I A und des Anhangs I B sind, werden nach den Regelungen für diejenigen Dienstleistungen vergeben, deren Wert überwiegt.

§ 1b Verpflichtung zur Anwendung der b-Paragraphen

1. (1) Bei der Vergabe von Liefer- und Dienstleistungsaufträgen gelten die Bestimmungen der b-Paragraphen zusätzlich zu den Basisparagraphen. Soweit die Bestimmungen der b-Paragraphen nicht entgegenstehen, bleiben die Basisparagraphen unberührt.
(2) Aufträge, deren Gegenstand Lieferungen und Dienstleistungen sind, werden nach den Regelungen über diejenigen Aufträge vergeben, deren Wert überwiegt.
(3) Soweit keine ausdrückliche Unterscheidung zwischen Liefer- und Dienstleistungsaufträgen erfolgt, gelten die Regelungen sowohl für Liefer- als auch Dienstleistungsaufträge.
2. (1) Aufträge, deren Gegenstand Dienstleistungen nach Anhang I A sind, werden nach den Bestimmungen dieses Abschnittes vergeben.
(2) Aufträge, deren Gegenstand Dienstleistungen nach Anhang I B sind, werden nach den Bestimmungen der Basisparagraphen dieses Abschnittes und der §§ 8b und 28b vergeben.
(3) Aufträge, deren Gegenstand Dienstleistungen des Anhangs I A und des Anhangs I B sind, werden nach den Regelungen für diejenigen Dienstleistungen vergeben, deren Wert überwiegt.

§ 2 Grundsätze der Vergabe

1. (1) Leistungen sind in der Regel im Wettbewerb zu vergeben.
(2) Wettbewerbsbeschränkende und unlautere Verhaltensweisen sind zu bekämpfen.
2. Bei der Vergabe von Leistungen darf kein Unternehmen diskriminiert werden.
3. Leistungen sind unter ausschließlicher Verantwortung der Vergabestellen an fachkundige, leistungsfähige und zuverlässige Bewerber zu angemessenen Preisen zu vergeben.
4. Für die Berücksichtigung von Bewerbern, bei denen Umstände besonderer Art vorliegen, sind die jeweils hierüber erlassenen Rechts- und Verwaltungsvorschriften des Bundes und der Länder maßgebend.

---

[1] Vgl. § 18 Abs. 1 Nr. 1 EStG.

9.6 Allgemeine Bestimmungen für die Vergabe von Leistungen (VOL/A)

§ 2 b Schutz der Vertraulichkeit

1. Die Übermittlung technischer Spezifikationen für interessierte Unternehmen, die Prüfung und die Auswahl von Unternehmen und die Auftragsvergabe können die Auftraggeber mit Auflagen zum Schutz der Vertraulichkeit verbinden.
2. Das Recht der Unternehmen, von einem Auftraggeber in Übereinstimmung mit innerstaatlichen Rechtsvorschriften die Vertraulichkeit der von ihnen zur Verfügung gestellten Informationen zu verlangen, wird nicht eingeschränkt.

§ 3 Arten der Vergabe

1. (1) Bei Öffentlicher Ausschreibung werden Leistungen im vorgeschriebenen Verfahren nach öffentlicher Aufforderung einer unbeschränkten Zahl von Unternehmen zur Einreichung von Angeboten vergeben.
   (2) Bei Beschränkter Ausschreibung werden Leistungen im vorgeschriebenen Verfahren nach Aufforderung einer beschränkten Zahl von Unternehmen zur Einreichung von Angeboten vergeben.
   (3) Bei Freihändiger Vergabe werden Leistungen ohne ein förmliches Verfahren vergeben.
   (4) Soweit es zweckmäßig ist, soll der Beschränkten Ausschreibung und der Freihändigen Vergabe eine öffentliche Aufforderung vorangehen, sich um Teilnahme zu bewerben (Beschränkte Ausschreibung mit Öffentlichem Teilnahmewettbewerb bzw. Freihändige Vergabe mit Öffentlichem Teilnahmewettbewerb).
2. Öffentliche Ausschreibung muss stattfinden, soweit nicht die Natur des Geschäfts oder besondere Umstände eine Ausnahme rechtfertigen.
3. Beschränkte Ausschreibung soll nur stattfinden,
   a) wenn die Leistung nach ihrer Eigenart nur von einem beschränkten Kreis von Unternehmen in geeigneter Weise ausgeführt werden kann, besonders wenn außergewöhnliche Fachkunde oder Leistungsfähigkeit oder Zuverlässigkeit erforderlich ist,
   b) wenn die Öffentliche Ausschreibung für den Auftraggeber oder die Bewerber einen Aufwand verursachen würde, der zu dem erreichbaren Vorteil oder dem Wert der Leistung im Missverhältnis stehen würde,
   c) wenn die Öffentliche Ausschreibung kein wirtschaftliches Ergebnis gehabt hat,
   d) wenn eine Öffentliche Ausschreibung aus anderen Gründen (z.B. Dringlichkeit, Geheimhaltung) unzweckmäßig ist.
4. Freihändige Vergabe soll nur stattfinden,
   a) wenn für die Leistung aus besonderen Gründen (z.B. besondere Erfahrungen, Zuverlässigkeit oder Einrichtungen, bestimmte Ausführungsarten) nur ein Unternehmen in Betracht kommt,
   b) wenn im Anschluss an Entwicklungsleistungen Aufträge in angemessenem Umfang und für angemessene Zeit an Unternehmen, die an der Entwicklung beteiligt waren, vergeben werden müssen, es sei denn, dass dadurch die Wettbewerbsbedingungen verschlechtert werden,
   c) wenn für die Leistungen gewerbliche Schutzrechte zugunsten eines bestimmten Unternehmens bestehen, es sei denn, der Auftraggeber oder andere Unternehmen sind zur Nutzung dieser Rechte befugt,
   d) wenn bei geringfügigen Nachbestellungen im Anschluss an einen bestehenden Vertrag kein höherer Preis als für die ursprüngliche Leistung gefordert wird und von einer Ausschreibung kein wirtschaftlicheres Ergebnis zu erwarten ist. Die Nachbestellungen sollen insgesamt 20 v. H. des Wertes der ursprünglichen Leistung nicht überschreiten,
   e) wenn Ersatzteile oder Zubehörstücke zu Maschinen, Geräten usw. vom Lieferanten der ursprünglichen Leistung beschafft werden sollen und diese Stücke in brauchbarer Ausführung von anderen Unternehmen nicht oder nicht unter wirtschaftlichen Bedingungen bezogen werden können,
   f) wenn die Leistung besonders dringlich ist,
   g) wenn es aus Gründen der Geheimhaltung erforderlich ist,
   h) wenn die Leistung nach Art und Umfang vor der Vergabe nicht so eindeutig und erschöpfend beschrieben werden kann, dass hinreichend vergleichbare Angebote erwartet werden können,
   i) wenn es sich um Leistungen handelt, die besondere schöpferische Fähigkeiten verlangen,
   k) wenn die Leistungen von Bewerbern angeboten werden, die zugelassenen, mit Preisabreden oder gemeinsamen Vertriebseinrichtungen verbundenen Kartellen angehören und keine kartellfremden Bewerber vorhanden sind,
   l) wenn es sich um Börsenwaren handelt,
   m) wenn es sich um eine vorteilhafte Gelegenheit handelt,
   n) wenn nach Aufhebung einer Öffentlichen oder Beschränkten Ausschreibung eine er-

neute Ausschreibung kein wirtschaftliches Ergebnis verspricht,
o) wenn die Vergabe von Leistungen an Justizvollzugsanstalten, Einrichtungen der Jugendhilfe, Aus- und Fortbildungsstätten oder ähnliche Einrichtungen beabsichtigt ist,
p) wenn sie durch Ausführungsbestimmungen von einem Bundesminister – ggf. Landesminister – bis zu einem bestimmten Höchstwert zugelassen ist.
5. Es ist aktenkundig zu machen, weshalb von einer Öffentlichen oder Beschränkten Ausschreibung abgesehen worden ist.

§ 3 a Arten der Vergabe, Rahmenvereinbarungen

1. (1) Aufträge im Sinne des § 1 a werden grds. im Wege des Offenen Verfahrens, das der Öffentlichen Ausschreibung gemäß § 3 Nr. 2 entspricht, in begründeten Fällen im Wege des Nichtoffenen Verfahrens, das der Beschränkten Ausschreibung mit Öffentlichem Teilnahmewettbewerb gemäß § 3 Nr. 1 Abs. 4 und Nr. 3 entspricht, vergeben. Unter den in Nummer 1 Abs. 5 und Nummer 2 genannten Voraussetzungen können sie auch im Verhandlungsverfahren mit oder ohne vorheriger Öffentlicher Vergabebekanntmachung vergeben werden; dabei wendet sich der Auftraggeber an Unternehmen seiner Wahl und verhandelt mit mehreren oder einem einzigen dieser Unternehmen über die Auftragsvergabe. Unter den in § 6 a VgV genannten Voraussetzungen können Aufträge auch im Wettbewerblichen Dialog vergeben werden.
(2) Vergeben die Auftraggeber einen Auftrag im Nichtoffenen Verfahren, im Verhandlungsverfahren mit vorheriger Bekanntmachung oder im Wettbewerblichen Dialog, so können sie eine Höchstzahl von Unternehmen bestimmen, die zur Angebotsabgabe oder zur Teilnahme am Dialog aufgefordert werden. Diese Zahl ist in der Bekanntmachung nach Absatz 3 anzugeben. Sie darf im Nichtoffenen Verfahren nicht unter 5, im Verhandlungsverfahren mit vorheriger Bekanntmachung und im Wettbewerblichen Dialog nicht unter 3 liegen.
(3) Die Auftraggeber können vorsehen, dass das Verhandlungsverfahren oder der Wettbewerbliche Dialog in verschiedenen aufeinander folgenden Phasen abgewickelt werden, um so die Zahl der Angebote, über die verhandelt wird, oder die zu erörternden Lösungen anhand der vorgegebenen Zuschlagskriterien zu verringern.

Wenn die Auftraggeber dies vorsehen, geben sie dies in der Bekanntmachung oder in den Vergabeunterlagen an. In der Schlussphase des Verfahrens müssen so viele Angebote vorliegen, dass ein echter Wettbewerb gewährleistet ist.
(4) Auftraggeber, die einen Auftrag im Sinne des § 1 a vergeben wollen, erklären ihre Absicht durch eine Bekanntmachung gemäß § 17 a im Supplement zum ABl EG. Die Bekanntmachung enthält entweder die Aufforderung zur Abgabe von Angeboten (Offenes Verfahren) oder die Aufforderung, Teilnahmeanträge zu stellen (Nichtoffenes Verfahren, Verhandlungsverfahren mit Teilnahmewettbewerb, Wettbewerblicher Dialog).
(5) Die Auftraggeber können Aufträge im Verhandlungsverfahren vergeben, vorausgesetzt, dass sie eine Vergabebekanntmachung veröffentlicht haben:
a) wenn in einem Offenen oder einem Nichtoffenen Verfahren oder einem Wettbewerblichen Dialog nur Angebote im Sinne der §§ 23 Nr. 1 oder 25 Nr. 1 abgegeben worden sind, sofern die ursprünglichen Bedingungen des Auftrags nicht grundlegend geändert werden.

Die Auftraggeber können in diesen Fällen von einer Vergabebekanntmachung absehen, wenn sie in das Verhandlungsverfahren alle Unternehmen einbeziehen, welche die Voraussetzungen des § 25 Nr. 2 Abs. 1 erfüllen und in dem Offenen oder Nichtoffenen Verfahren oder Wettbewerblichen Dialog Angebote abgegeben haben, die nicht bereits aus formalen Gründen (§ 23 Nr. 1) nicht geprüft zu werden brauchen.

Bei einer erneuten Bekanntmachung gemäß § 17 a können sich auch Unternehmen beteiligen, die sich bei einer ersten Bekanntmachung nach Nummer 1 Abs. 3 nicht beteiligt hatten,
b) in Ausnahmefällen, wenn es sich um Liefer- oder Dienstleistungsaufträge handelt, die ihrer Natur nach oder wegen der damit verbundenen Risiken eine vorherige Festlegung eines Gesamtpreises nicht zulassen,
c) wenn die zu erbringenden Dienstleistungsaufträge, insbesondere geistig-schöpferische Dienstleistungen und Dienstleistungen der Kategorie 6 des Anhangs I A, dergestalt sind, dass vertragliche Spezifikationen nicht hinreichend genau festgelegt werden können, um den Auftrag durch die Wahl des besten Ange-

bots in Übereinstimmung mit den Vorschriften über Offene und Nichtoffene Verfahren vergeben zu können.
2. Die Auftraggeber können in folgenden Fällen Aufträge im Verhandlungsverfahren ohne vorherige Öffentliche Vergabebekanntmachung vergeben:
a) wenn in einem Offenen oder einem Nichtoffenen Verfahren keine oder keine wirtschaftlichen Angebote abgegeben worden sind, sofern die ursprünglichen Bedingungen des Auftrags nicht grundlegend geändert werden; der Kommission der EG ist auf ihren Wunsch ein Bericht vorzulegen.
b) wenn es sich um die Lieferung von Waren handelt, die nur zum Zwecke von Forschungen, Versuchen, Untersuchungen, Entwicklungen oder Verbesserungen hergestellt werden, wobei unter diese Bestimmung nicht eine Serienfertigung zum Nachweis der Marktfähigkeit des Produktes oder zur Deckung der Forschungs- und Entwicklungskosten fällt;
c) wenn der Auftrag wegen seiner technischen oder künstlerischen Besonderheiten oder auf Grund des Schutzes eines Ausschließlichkeitsrechts (z. B. Patent-, Urheberrecht) nur von einem bestimmten Unternehmen durchgeführt werden kann;
d) soweit dies unbedingt erforderlich ist, wenn aus dringlichen zwingenden Gründen, die der Auftraggeber nicht voraussehen konnte, die Fristen gemäß § 18 a nicht eingehalten werden können. Die Umstände, die die zwingende Dringlichkeit begründen, dürfen auf keinen Fall dem Verhalten des Auftraggebers zuzuschreiben sein;
e) bei zusätzlichen Lieferungen des ursprünglichen Auftragnehmers, die entweder zur teilweisen Erneuerung von gelieferten Waren oder Einrichtungen zur laufenden Benutzung oder zur Erweiterung von Lieferungen oder bestehenden Einrichtungen bestimmt sind, wenn ein Wechsel des Unternehmens dazu führen würde, dass der Auftraggeber Waren mit unterschiedlichen technischen Merkmalen kaufen müsste und dies eine technische Unvereinbarkeit oder unverhältnismäßige technische Schwierigkeiten bei Gebrauch, Betrieb oder Wartung mit sich bringen würde. Die Laufzeit dieser Aufträge sowie die der Daueraufträge darf in der Regel 3 Jahre nicht überschreiten;

f) für zusätzliche Dienstleistungen, die weder in dem der Vergabe zugrunde liegenden Entwurf noch im zuerst geschlossenen Vertrag vorgesehen sind, die aber wegen eines unvorhergesehenen Ereignisses zur Ausführung der darin beschriebenen Dienstleistungen erforderlich sind, sofern der Auftrag an das Unternehmen vergeben wird, das diese Dienstleistung erbringt, wenn sich die zusätzlichen Dienstleistungen in technischer und wirtschaftlicher Hinsicht nicht ohne wesentlichen Nachteil für den Auftraggeber vom Hauptauftrag trennen lassen oder wenn diese Dienstleistungen zwar von der Ausführung des ursprünglichen Auftrags getrennt werden können, aber für dessen Vollendung unbedingt erforderlich sind.
Der Gesamtwert der Aufträge für die zusätzlichen Dienstleistungen darf jedoch 50 v. H. des Wertes des Hauptauftrags nicht überschreiten.
g) bei neuen Dienstleistungen, die in der Wiederholung gleichartiger Leistungen bestehen, die durch den gleichen Auftraggeber an das Unternehmen vergeben werden, das den ersten Auftrag erhalten hat, sofern sie einem Grundentwurf entsprechen und dieser Entwurf Gegenstand des ersten Auftrags war, der entweder im Offenen oder Nichtoffenen Verfahren vergeben wurde. Die Möglichkeit der Anwendung des Verhandlungsverfahrens muss bereits in der Ausschreibung des ersten Vorhabens angegeben werden; der für die nachfolgenden Dienstleistungen in Aussicht genommene Gesamtauftragswert wird vom Auftraggeber bei der Berechnung des Auftragswertes berücksichtigt. Das Verhandlungsverfahren darf jedoch nur innerhalb von 3 Jahren nach Abschluss des ersten Auftrags angewandt werden;
h) wenn im Anschluss an einen Wettbewerb im Sinne des § 31 a Nr. 1 Abs. 1 der Auftrag nach den Bedingungen dieses Wettbewerbs an den Gewinner oder an einen der Preisträger vergeben werden muss. Im letzteren Fall müssen alle Preisträger des Wettbewerbs zur Teilnahme an den Verhandlungen aufgefordert werden;
i) bei auf einer Warenbörse notierten und gekauften Ware;
j) wenn Waren zu besonders günstigen Bedingungen bei Lieferanten, die ihre Geschäftstätigkeit endgültig einstellen, oder bei Insol-

venzverwaltern oder Liquidatoren im Rahmen eines Insolvenz-, Vergleichs- oder Ausgleichsverfahrens oder eines in den Vorschriften eines anderen Mitgliedstaates vorgesehenen gleichartigen Verfahrens erworben werden.
3. Es ist aktenkundig zu machen, weshalb von einem Offenen oder Nichtoffenen Verfahren abgewichen worden ist (vgl. §§ 30, 30 a).
4. (1) Rahmenvereinbarungen sind öffentliche Aufträge, die die Auftraggeber an ein oder mehrere Unternehmen vergeben können, um die Bedingungen für Einzelaufträge, die während eines bestimmten Zeitraumes vergeben werden sollen, festzulegen, insbesondere über den in Aussicht genommenen Preis. Das in Aussicht genommene Auftragsvolumen ist so genau wie möglich zu ermitteln und zu beschreiben, braucht aber nicht abschließend festgelegt zu werden. Die Auftraggeber dürfen für dieselbe Leistung nicht mehrere Rahmenvereinbarungen vergeben.
(2) Die Auftraggeber dürfen Rahmenvereinbarungen nicht missbräuchlich oder in einer Weise anwenden, die den Wettbewerb behindert, einschränkt oder verfälscht.
(3) Für den Abschluss einer Rahmenvereinbarung befolgen die Auftraggeber die Verfahrensvorschriften dieses Abschnittes in allen Phasen bis zur Zuschlagserteilung der Einzelaufträge, die auf diese Rahmenvereinbarung gestützt sind. Solche Einzelaufträge sind nur zwischen den von Anbeginn an der Rahmenvereinbarung beteiligten Auftraggebern und Unternehmen zulässig. Bei der Vergabe der auf einer Rahmenvereinbarung beruhenden Einzelaufträge dürfen keine grundlegenden Änderungen an den Bedingungen dieser Rahmenvereinbarung vorgenommen werden.
(4) Wird eine Rahmenvereinbarung mit einem Unternehmen geschlossen, so werden die auf dieser Rahmenvereinbarung beruhenden Einzelaufträge entsprechend den Bedingungen der Rahmenvereinbarung vergeben. Vor der Vergabe der Einzelaufträge kann die Vergabestelle das an der Rahmenvereinbarung beteiligte Unternehmen in Textform konsultieren und dabei auffordern, sein Angebot erforderlichenfalls zu vervollständigen.
(5) Wird eine Rahmenvereinbarung mit mehreren Unternehmen geschlossen, so müssen mindestens 3 Unternehmen beteiligt sein, sofern eine ausreichend große Zahl von Unternehmen die Eignungskriterien und eine ausreichend große Zahl von zulässigen Angeboten die Zuschlagskriterien erfüllt.

(6) Die Vergabe von Einzelaufträgen, die auf einer mit mehreren Unternehmen geschlossenen Rahmenvereinbarung beruhen, erfolgt
a) sofern alle Bedingungen festgelegt sind, nach den Bedingungen der Rahmenvereinbarung ohne erneuten Aufruf zum Wettbewerb oder
b) sofern nicht alle Bedingungen in der Rahmenvereinbarung festgelegt sind, nach erneutem Aufruf der Parteien zum Wettbewerb zu denselben Bedingungen, die erforderlichenfalls zu präzisieren sind, oder nach anderen, in den Verdingungsunterlagen der Rahmenvereinbarung genannten Bedingungen.
(7) Im Fall von Absatz 6 Buchst. b ist folgendes Verfahren einzuhalten:
a) Vor Vergabe jedes Einzelauftrags konsultieren die Vergabestellen in Textform die Unternehmen, ob sie in der Lage sind, den Einzelauftrag auszuführen.
b) Die Vergabestellen setzen eine angemessene Frist für die Abgabe der Angebote für jeden Einzelauftrag; dabei berücksichtigen sie insbesondere die Komplexität des Auftragsgegenstands und die für die Übermittlung der Angebote erforderliche Zeit.
c) Die Vergabestellen geben an, in welcher Form die Angebote einzureichen sind, der Inhalt der Angebote ist bis zum Ablauf der Angebotsfrist geheim zu halten.
d) Die Vergabestellen vergeben die einzelnen Aufträge an das Unternehmen, das auf der Grundlage der in den Verdingungsunterlagen der Rahmenvereinbarung aufgestellten Zuschlagskriterien das wirtschaftlichste Angebot vorgelegt hat.
(8) Die Laufzeit einer Rahmenvereinbarung darf 4 Jahre nicht überschreiten, es sei denn der Auftragsgegenstand oder andere besondere Umstände rechtfertigen eine Ausnahme.

§ 3 b Arten der Vergabe

1. Aufträge im Sinne von § 1 b werden in folgenden Verfahren vergeben:
a) im Offenen Verfahren, das der Öffentlichen Ausschreibung (§ 3 Nr. 1 Abs. 1) entspricht,
b) im Nichtoffenen Verfahren, das der Beschränkten Ausschreibung nach Öffentlichem Teilnahmewettbewerb (§ 3 Nr. 1 Abs. 3) oder einem anderen Aufruf zum Wettbewerb (§ 17 b Nr. 1 Abs. 1) entspricht,
c) im Verhandlungsverfahren, das an die Stelle der Freihändigen Vergabe (§ 3 Nr. 1 Abs. 3) tritt.

9.6 Allgemeine Bestimmungen für die Vergabe von Leistungen (VOL/A)

Beim Verhandlungsverfahren wendet sich der Auftraggeber an ausgewählte Unternehmen und verhandelt mit einem oder mehreren dieser Unternehmen über den Auftragsinhalt, ggf. nach Aufruf zum Wettbewerb (§ 17 b Nr. 1).

2. Die Auftraggeber können in folgenden Fällen ein Verfahren ohne vorherigen Aufruf zum Wettbewerb durchführen,
   a) wenn im Rahmen eines Verfahrens mit vorherigem Aufruf zum Wettbewerb keine oder keine geeigneten Angebote oder keine Bewerbungen abgegeben worden sind, sofern die ursprünglichen Bedingungen des Auftrages nicht grundlegend geändert werden;
   b) wenn ein Auftrag nur zum Zweck von Forschungen, Versuchen, Untersuchungen oder Entwicklungen und nicht mit dem Ziel der Gewinnerzielung oder der Deckung der Forschungs- und Entwicklungskosten beim Auftragnehmer vergeben wird und die Vergabe des Auftrags einem Aufruf zum Wettbewerb für Folgeaufträge, die insbesondere diese Ziele verfolgen, nicht vorgreift;
   c) wenn der Auftrag wegen seiner technischen oder künstlerischen Besonderheiten oder auf Grund des Schutzes von Ausschließlichkeitsrechten nur von einem bestimmten Unternehmen durchgeführt werden kann;
   d) soweit zwingend erforderlich und wenn bei äußerster Dringlichkeit im Zusammenhang mit Ereignissen, die der Auftraggeber nicht voraussehen konnte, es nicht möglich ist, die in den Offenen Verfahren, Nichtoffenen Verfahren oder Verhandlungsverfahren vorgesehenen Fristen für die Bekanntmachung einzuhalten;
   e) bei Aufträgen, die auf Grund einer Rahmenvereinbarung vergeben werden sollen, sofern die in § 5 b Nr. 2 Abs. 2 genannte Bedingung erfüllt ist;
   f) im Falle von Lieferaufträgen bei zusätzlichen, vom ursprünglichen Unternehmen durchzuführende Leistungen, die entweder zur teilweisen Erneuerung von gängigen Waren oder Einrichtungen oder zur Erweiterung von Lieferungen oder bestehenden Einrichtungen bestimmt sind, wenn ein Wechsel des Unternehmens dazu führen würde, dass der Auftraggeber Material unterschiedlicher technischer Merkmale kaufen müsste und dies eine technische Unvereinbarkeit oder unverhältnismäßige technische Schwierigkeiten bei Gebrauch und Wartung mit sich bringen würde;
   g) bei zusätzlichen Dienstleistungen, die weder in dem der Vergabe zugrunde liegenden Entwurf noch im zuerst vergebenen Auftrag vorgesehen sind, die aber wegen eines unvorhergesehenen Ereignisses zur Ausführung dieses Auftrages erforderlich sind, sofern der Auftrag an das Unternehmen vergeben wird, das den ersten Auftrag ausführt,
   – wenn sich diese zusätzlichen Dienstleistungen in technischer oder wirtschaftlicher Hinsicht nicht ohne wesentlichen Nachteil für den Auftraggeber vom Hauptauftrag trennen lassen,
   – oder wenn diese zusätzlichen Dienstleistungen zwar von der Ausführung des ersten Auftrags getrennt werden können, aber für dessen weitere Ausführungsstufen unbedingt erforderlich sind;
   h) wenn es sich um Waren handelt, die an Rohstoffbörsen notiert und gekauft werden;
   i) bei Gelegenheitskäufen, wenn Waren auf Grund einer besonders günstigen Gelegenheit, die sich für einen sehr kurzen Zeitraum ergeben hat, zu einem Preis gekauft werden können, der erheblich unter den normalerweise marktüblichen Preisen liegt;
   k) bei dem zu besonders günstigen Bedingungen erfolgenden Kauf von Waren entweder bei einem Unternehmen, das seine gewerbliche Tätigkeit endgültig einstellt, oder bei den Verwaltern im Rahmen eines Konkurses, eines Vergleichsverfahrens oder eines in den einzelstaatlichen Rechtsvorschriften vorgesehenen gleichartigen Verfahrens;
   l) wenn der betreffende Dienstleistungsauftrag im Anschluss an einen durchgeführten Wettbewerb gemäß den einschlägigen Bestimmungen an den Gewinner oder einen der Gewinner vergeben werden muss. Im letzteren Fall sind alle Gewinner des Wettbewerbs zur Teilnahme an Verhandlungen einzuladen.

§ 4 Erkundung des Bewerberkreises

1. Vor einer Beschränkten Ausschreibung und vor einer Freihändigen Vergabe hat der Auftraggeber den in Betracht kommenden Bewerberkreis zu erkunden, sofern er keine ausreichende Marktübersicht hat.
2. (1) Hierzu kann er öffentlich auffordern, sich um Teilnahme zu bewerben (Teilnahmewettbewerb im Sinne von § 3 Nr. 1 Abs. 4).
   (2) Bei Auftragswerten über 5000 EUR kann er sich ferner von der Auftragsberatungsstelle des

Bundeslandes, in dem der Auftraggeber seinen Sitz hat, unter Beachtung von § 7 Nr. 1 geeignete Bewerber benennen lassen. Dabei ist der Auftragsberatungsstelle die zu vergebende Leistung hinreichend zu beschreiben. Der Auftraggeber kann der Auftragsberatungsstelle vorgeben, wie viele Unternehmen er benannt haben will; er kann ferner auf besondere Erfordernisse hinweisen, die von den Unternehmen zu erfüllen sind. Die Auftragsberatungsstelle soll in ihrer Mitteilung angeben, ob sie in der Lage ist, noch weitere Bewerber zu benennen. In der Regel hat der Auftraggeber die ihm benannten Unternehmen zur Angebotsabgabe aufzufordern.
3. Weitergehende Vereinbarungen, welche die Zusammenarbeit zwischen Auftraggebern, dem BMWi und den Bundesländern bei der Vergabe von Aufträgen regeln, werden davon nicht berührt.

§ 5 Vergabe nach Losen

1. Der Auftraggeber hat in jedem Falle, in dem dies nach Art und Umfang der Leistung zweckmäßig ist, diese – z.B. nach Menge, Art – in Lose zu zerlegen, damit sich auch kleine und mittlere Unternehmen um Lose bewerben können. Die einzelnen Lose müssen so bemessen sein, dass eine unwirtschaftliche Zersplitterung vermieden wird.
2. Etwaige Vorbehalte wegen der Teilung in Lose, Umfang der Lose und mögliche Vergabe der Lose an verschiedene Bieter sind bereits in der Bekanntmachung (§ 17 Nr. 1 und 2) und bei der Aufforderung zur Angebotsabgabe (§ 17 Nr. 3) zu machen.

§ 5 b Rahmenvereinbarung

1. Eine Rahmenvereinbarung ist eine Vereinbarung mit einem oder mehreren Unternehmen, in der die Bedingungen für Einzelaufträge festgelegt werden, die im Laufe eines bestimmten Zeitraums vergeben werden sollen, insbesondere über den in Aussicht genommenen Preis und ggf. die in Aussicht genommene Menge.
2. (1) Rahmenvereinbarungen können als Auftrag im Sinne dieser Vergabebestimmungen angesehen werden und auf Grund eines Verfahrens nach § 3 b Nr. 1 abgeschlossen werden.
(2) Ist eine Rahmenvereinbarung in einem Verfahren nach § 3 b Nr. 1 abgeschlossen worden, so kann ein Einzelauftrag auf Grund dieser Rahmenvereinbarung nach § 3 b Nr. 2 Buchst. e und ohne vorherigen Aufruf zum Wettbewerb vergeben werden.
(3) Ist eine Rahmenvereinbarung nicht in einem Verfahren nach § 3 b Nr. 1 abgeschlossen worden, so muss der Vergabe des Einzelauftrages ein Aufruf zum Wettbewerb vorausgehen.
3. Rahmenvereinbarungen dürfen nicht dazu missbraucht werden, den Wettbewerb zu verhindern, einzuschränken oder zu verfälschen.

§ 6 Mitwirkung von Sachverständigen

1. Hält der Auftraggeber die Mitwirkung von Sachverständigen zur Klärung rein fachlicher Fragen für zweckmäßig, so sollen die Sachverständigen in der Regel von den Berufsvertretungen vorgeschlagen werden.
2. Sachverständige sollen in geeigneten Fällen auf Antrag der Berufsvertretungen gehört werden, wenn dem Auftraggeber dadurch keine Kosten entstehen und eine unzumutbare Verzögerung der Vergabe nicht eintritt.
3. Die Sachverständigen dürfen weder unmittelbar noch mittelbar an der betreffenden Vergabe beteiligt sein und beteiligt werden. Soweit die Klärung fachlicher Fragen die Erörterung von Preisen erfordert, hat sich die Beteiligung auf die Beurteilung im Sinne von § 23 Nr. 2 zu beschränken.

§ 7 Teilnehmer am Wettbewerb

1. (1) Inländische und ausländische Bewerber sind gleich zu behandeln. Der Wettbewerb darf insbesondere nicht auf Bewerber, die in bestimmten Bezirken ansässig sind, beschränkt werden.
(2) Arbeitsgemeinschaften und andere gemeinschaftliche Bewerber sind Einzelbewerbern gleichzusetzen.
2. (1) Bei Öffentlicher Ausschreibung sind die Unterlagen an alle Bewerber abzugeben, die sich gewerbsmäßig mit der Ausführung von Leistungen der ausgeschriebenen Art befassen.
(2) Bei Beschränkter Ausschreibung sollen mehrere – im Allgemeinen mindestens 3 – Bewerber zur Angebotsabgabe aufgefordert werden.
(3) Bei Freihändiger Vergabe sollen möglichst Angebote im Wettbewerb eingeholt werden.
(4) Bei Beschränkter Ausschreibung und Freihändiger Vergabe soll unter den Bewerbern möglichst gewechselt werden.
3. Bei Beschränkter Ausschreibung und Freihändiger Vergabe sind regelmäßig auch kleine und mittlere Unternehmen in angemessenem Umfang zur Angebotsabgabe aufzufordern.
4. Von den Bewerbern können zum Nachweis ihrer Fachkunde, Leistungsfähigkeit und Zuverlässig-

keit entsprechende Angaben gefordert werden, soweit es durch den Gegenstand des Auftrags gerechtfertigt ist; dabei muss der Auftraggeber die berechtigten Interessen des Unternehmens am Schutz seiner Betriebsgeheimnisse berücksichtigen.
5. Von der Teilnahme am Wettbewerb können Bewerber ausgeschlossen werden,
   a) über deren Vermögen das Insolvenzverfahren oder ein vergleichbares gesetzliches Verfahren eröffnet oder die Eröffnung beantragt oder dieser Antrag mangels Masse abgelehnt worden ist,
   b) die sich in Liquidation befinden,
   c) die nachweislich eine schwere Verfehlung begangen haben, die ihre Zuverlässigkeit als Bewerber in Frage stellt,
   d) die ihre Verpflichtung zur Zahlung von Steuern und Abgaben sowie der Beiträge zur gesetzlichen Sozialversicherung nicht ordnungsgemäß erfüllt haben,
   e) die im Vergabeverfahren vorsätzlich unzutreffende Erklärungen in Bezug auf ihre Fachkunde, Leistungsfähigkeit und Zuverlässigkeit abgegeben haben.
6. Justizvollzugsanstalten, Einrichtungen der Jugendhilfe, Aus- und Fortbildungsstätten oder ähnliche Einrichtungen sind zum Wettbewerb mit gewerblichen Unternehmen nicht zuzulassen.

§ 7 a Teilnehmer am Wettbewerb

1. Bewerber oder Bieter, die gemäß den Rechtsvorschriften des Staates, in dem sie ansässig sind (Herkunftsland), zur Erbringung der betreffenden Leistung berechtigt sind, dürfen nicht allein deshalb zurückgewiesen werden, weil sie gemäß den einschlägigen deutschen Rechtsvorschriften entweder eine natürliche oder juristische Person sein müssten.
2. (1) Ein Unternehmen ist von der Teilnahme an einem Vergabeverfahren wegen Unzuverlässigkeit auszuschließen, wenn der Auftraggeber Kenntnis davon hat, dass eine Person, deren Verhalten dem Unternehmen zuzurechnen ist, rechtskräftig verurteilt ist wegen:
   a) § 129 StGB (Bildung krimineller Vereinigungen), § 129 a StGB (Bildung terroristischer Vereinigungen), § 129 b StGB (kriminelle und terroristische Vereinigungen im Ausland),
   b) § 261 StGB (Geldwäsche, Verschleierung unrechtmäßig erlangter Vermögenswerte),
   c) § 263 StGB (Betrug), soweit sich die Straftat gegen den Haushalt der EG oder gegen Haushalte richtet, die von den EG oder in deren Auftrag verwaltet werden,
   d) § 264 StGB (Subventionsbetrug), soweit sich die Straftat gegen den Haushalt der EG oder gegen Haushalte richtet, die von den EG oder in deren Auftrag verwaltet werden,
   e) § 334 StGB (Bestechung), auch in Verb. mit Artikel 2 des EU-Bestechungsgesetzes, Artikel 2 § 1 des Gesetzes zur Bekämpfung internationaler Bestechung, Artikel 7 Abs. 2 Nr. 10 des Vierten Strafrechtsänderungsgesetzes und § 2 des Gesetzes über das Ruhen der Verfolgungsverjährung und die Gleichstellung der Richter und Bediensteten des Internationalen Strafgerichtshofes,
   f) Artikel 2 § 2 des Gesetzes zur Bekämpfung internationaler Bestechung (Bestechung ausländischer Abgeordneter im Zusammenhang mit internationalem Geschäftsverkehr) oder
   g) § 370 AO, auch in Verb. mit § 12 MOG, soweit sich die Straftat gegen den Haushalt der EG oder gegen Haushalte richtet, die von den EG oder in deren Auftrag verwaltet werden.

Einem Verstoß gegen diese Vorschriften gleichgesetzt sind Verstöße gegen entsprechende Strafnormen anderer Staaten. Ein Verhalten einer rechtskräftig verurteilten Person ist einem Unternehmen zuzurechnen, wenn sie für dieses Unternehmen bei der Führung der Geschäfte selbst verantwortlich gehandelt hat oder ein Aufsichts- oder Organisationsverschulden gemäß § 130 OWiG einer Person im Hinblick auf das Verhalten einer anderen für das Unternehmen handelnden, rechtskräftig verurteilten Person vorliegt.

(2) Als Nachweis, dass die Kenntnis gemäß Absatz 1 unrichtig ist und die in Absatz 1 genannten Fälle nicht vorliegen, akzeptiert der Auftraggeber einen Auszug aus dem Bundeszentralregister oder eine gleichwertige Urkunde einer zuständigen Gerichts- oder Verwaltungsbehörde des Herkunftslands. Wenn eine Urkunde oder Bescheinigung vom Herkunftsland nicht ausgestellt oder nicht vollständig alle vorgesehenen Fälle erwähnt, kann dies durch eine eidesstattliche Erklärung oder eine förmliche Erklärung vor einer zuständigen Gerichts- oder Verwaltungsbehörde, einem Notar oder einer dafür qualifizierten Berufsorganisation des Herkunftslands ersetzt werden.

(3) Von einem Ausschluss nach Absatz 1 kann nur abgesehen werden, wenn zwingende Gründe

des Allgemeininteresses vorliegen und andere Unternehmen die Leistung nicht angemessen erbringen können oder wenn auf Grund besonderer Umstände des Einzelfalls der Verstoß die Zuverlässigkeit des Unternehmens nicht in Frage stellt.

3. (1) In finanzieller und wirtschaftlicher Hinsicht kann von dem Unternehmen zum Nachweis seiner Leistungsfähigkeit in der Regel Folgendes verlangt werden:
a) bei Lieferaufträgen Vorlage entsprechender Bankauskünfte,
b) bei Dienstleistungsaufträgen entweder entsprechende Bankerklärungen oder den Nachweis entsprechender Berufshaftpflichtversicherungsdeckung,
c) Vorlage von Bilanzen oder Bilanzauszügen des Unternehmens, falls deren Veröffentlichung nach dem Gesellschaftsrecht des Staates, in dem das Unternehmen ansässig ist, vorgeschrieben ist,
d) Erklärung über den Gesamtumsatz des Unternehmens sowie den Umsatz bezüglich der besonderen Leistungsart, die Gegenstand der Vergabe ist, jeweils bezogen auf die letzten 3 Geschäftsjahre.

(2) In fachlicher und technischer Hinsicht kann das Unternehmen je nach Art, Menge und Verwendungszweck der zu erbringenden Leistung seine Leistungsfähigkeit folgendermaßen nachweisen:
a) durch eine Liste der wesentlichen in den letzten 3 Jahren erbrachten Leistungen mit Angabe des Rechnungswertes, der Leistungszeit sowie der öffentlichen oder privaten Auftraggeber;
  – bei Leistungen an öffentliche Auftraggeber durch eine von der zuständigen Behörde ausgestellte oder beglaubigte Bescheinigung,
  – bei Leistungen an private Auftraggeber durch eine von diesen ausgestellte Bescheinigung; ist eine derartige Bescheinigung nicht erhältlich, so ist eine einfache Erklärung des Unternehmens zulässig,
b) durch die Beschreibung der technischen Ausrüstung, der Maßnahmen des Unternehmens zur Gewährleistung der Qualität sowie der Untersuchungs- und Forschungsmöglichkeiten des Unternehmens,
c) durch Angaben über die technische Leitung oder die technischen Stellen, unabhängig davon, ob sie dem Unternehmen angeschlossen sind oder nicht, und zwar insbesondere über diejenigen, die mit der Qualitätskontrolle beauftragt sind,
d) bei Lieferaufträgen durch Muster, Beschreibungen und/oder Photographien der zu erbringenden Leistung, deren Echtheit auf Verlangen des Auftraggebers nachgewiesen werden muss,
e) bei Lieferaufträgen durch Bescheinigungen der zuständigen amtlichen Qualitätskontrollinstitute oder -dienststellen, mit denen bestätigt wird, dass die durch entsprechende Bezugnahmen genau gekennzeichneten Leistungen bestimmten Spezifikationen oder Normen entsprechen,
f) sind die zu erbringenden Leistungen komplexer Art oder sollen sie ausnahmsweise einem besonderen Zweck dienen, durch eine Kontrolle, die von den Behörden des Auftraggebers oder in deren Namen von einer anderen damit einverstandenen zuständigen amtlichen Stelle aus dem Land durchgeführt wird, in dem das Unternehmen ansässig ist; diese Kontrolle betrifft die Produktionskapazitäten und erforderlichenfalls die Untersuchungs- und Forschungsmöglichkeiten des Unternehmens sowie die von diesem zur Gewährleistung der Qualität getroffenen Vorkehrungen,
g) durch Studiennachweise und Bescheinigungen über die berufliche Befähigung, insbesondere der für die Leistungen verantwortlichen Personen.

(3) Der Auftraggeber gibt bereits in der Bekanntmachung (§§ 17 und 17 a) an, welche Nachweise vorzulegen sind. Kann ein Unternehmen aus einem stichhaltigen Grund die vom Auftraggeber geforderten Nachweise nicht beibringen, so kann es seine Leistungsfähigkeit durch Vorlage anderer, vom Auftraggeber für geeignet erachteter Belege nachweisen.

(4) Der Auftraggeber kann von dem Bewerber oder Bieter entsprechende Bescheinigungen der zuständigen Stellen oder Erklärungen darüber verlangen, dass die in § 7 Nr. 5 genannten Ausschlussgründe auf ihn nicht zutreffen. Als ausreichender Nachweis für das Nichtvorliegen der in § 7 Nr. 5 genannten Tatbestände sind zu akzeptieren:
– bei den Buchstaben a und b ein Auszug aus dem Strafregister, eine Erklärung der Stelle, die das Insolvenzregister führt, oder – in Ermangelung solcher – eine gleichwertige Be-

scheinigung einer Gerichts- oder Verwaltungsbehörde des Ursprungs- oder Herkunftslandes des Unternehmens, aus der hervorgeht, dass sich das Unternehmen nicht in einer solchen Lage befindet,
– bei dem Buchstaben d eine von der zuständigen Behörde des betreffenden Mitgliedstaates ausgestellte Bescheinigung.

Wird eine solche Bescheinigung in dem betreffenden Land nicht ausgestellt oder werden darin nicht alle in § 7 Nr. 5 a bis c vorgesehenen Fälle erwähnt, so kann sie durch eine eidesstattliche Erklärung ersetzt werden, die das betreffende Unternehmen vor einer Gerichts- oder Verwaltungsbehörde, einem Notar oder jeder anderen befugten Behörde des betreffenden Staates abgibt.

In den Staaten, in denen es einen derartigen Eid nicht gibt, kann dieser durch eine feierliche Erklärung ersetzt werden. Die zuständige Behörde oder der Notar stellen eine Bescheinigung über die Echtheit der eidesstattlichen oder der feierlichen Erklärung aus.

(5) Unternehmen können aufgefordert werden, den Nachweis darüber zu erbringen, dass sie im Berufs- oder Handelsregister nach Maßgabe der Rechtsvorschriften des Landes der Gemeinschaft oder des Vertragsstaates des EWR-Abkommens eingetragen sind, in dem sie ansässig sind.²

(6) Ein Unternehmen kann sich, auch als Mitglied einer Bietergemeinschaft, zum Nachweis der Leistungsfähigkeit und Fachkunde der Fähigkeiten anderer Unternehmen bedienen, ungeachtet des rechtlichen Charakters der zwischen ihm und diesen Unternehmen bestehenden Verbindungen. Er muss in diesem Fall dem Auftraggeber nachweisen, dass ihm die erforderlichen Mittel bei der Erfüllung des Auftrags zur Verfügung stehen, indem er beispielsweise eine entsprechende Verpflichtungserklärung dieser Unternehmen vorlegt.

(7) Nur für den Fall der Auftragserteilung kann der Auftraggeber verlangen, dass eine Bietergemeinschaft eine bestimmte Rechtsform annehmen muss, sofern dies für die ordnungsgemäße Durchführung des Auftrages notwendig ist.

4. Ist ein Teilnahmewettbewerb durchgeführt worden, so wählt der Auftraggeber anhand der gemäß Nummer 2 Abs. 2 und Nummer 3 geforderten, mit dem Teilnahmeantrag vorgelegten Unterlagen unter den Bewerbern, die den Anforderungen an Fachkunde, Leistungsfähigkeit und Zuverlässigkeit entsprechen, diejenigen aus, die er gleichzeitig und unter Beifügen der Verdingungsunterlagen in Textform auffordert, in einem Nichtoffenen Verfahren oder einem Verhandlungsverfahren ein Angebot einzureichen oder in einem Wettbewerblichen Dialog den Dialog zu eröffnen.

5. (1) Verlangt der Auftraggeber zum Nachweis dafür, dass das Unternehmen bestimmte Qualitätsanforderungen erfüllt, die Vorlage von Bescheinigungen von unabhängigen Qualitätsstellen, so

---

2 Diese Berufs- oder Handelsregister sind: für die Bundesrepublik Deutschland das »Handelsregister«, die »Handwerksrolle« und das »Vereinsregister«; für Belgien das »Registre du commerce« oder das »Handelsregister« und die »Ordres professionnels« oder »Beroepsorden«; für Dänemark das »Aktieselskabs-Registret«, das »Forenings-Registret« oder das »Handelsregistret« oder das »Erhvervs-og Selskabsstyrelsen«; für Frankreich das »Registre du commerce« und das »Rpertoire des mtiers«; für Italien das »Registro della Camera di Commercio, Industria, Agricoltura e Artigianato« oder das »Registro delle Commissioni provinciali per l'artigianato« oder der »Consiglio nazionale degli ordini professionali«; für Luxemburg das »Registre aux firmes« und die »Rle de la Chambre des mtiers«; für die Niederlande das »Handelsregister«; für Portugal das »Registo Nacional das Pessoas Colectivas«. Im Vereinigten Königreich und in Irland kann der Unternehmer zur Vorlage einer Bescheinigung des »Registrar of Companies« oder des »Registrar of Friendly Societies« aufgefordert werden, aus der hervorgeht, dass die Lieferfirma »incorporated« oder »registered« ist, oder, wenn dies nicht der Fall ist, zur Vorlage einer Bescheinigung, wonach der betreffende Unternehmer eidesstattlich erklärt hat, dass er den betreffenden Beruf in dem Lande, in dem er ansässig ist, an einem bestimmten Ort und unter einem bestimmten Firmennamen ausübt; für Österreich das »Firmenbuch«, das »Gewerberegister«, die »Mitgliederverzeichnisse der Landeskammern«, für Finnland das »Kaupparekisteri« – »Handelsregistret«, für Island die »Firmaskra«, die »Hlutafelagaskra«, für Liechtenstein das »Gewerberegister«, für Norwegen das »Foretaksregisteret«, für Schweden das »Aktiebolagsregistret«, das »Handelsregistret« und das »Föreningsregistret«.

nehmen diese auf Qualitätsnachweisverfahren auf der Grundlage der einschlägigen Normen und auf Bescheinigungen Bezug, die durch Stellen zertifiziert sind, die den europäischen Zertifizierungsnormen entsprechen. Gleichwertige Bescheinigungen von Stellen aus anderen Mitgliedstaaten sind anzuerkennen. Die Auftraggeber erkennen auch andere gleichwertige Nachweise für Qualitätssicherungsmaßnahmen an.

(2) Verlangen bei der Vergabe von Dienstleistungsaufträgen die Auftraggeber als Nachweis der technischen Leistungsfähigkeit, dass die Unternehmen bestimmte Normen für das Umweltmanagement erfüllen, die Vorlage von Bescheinigungen unabhängiger Stellen, so nehmen sie auf das Gemeinschaftssystem für das Umweltmanagement und die Umweltbetriebsprüfung (EMAS) oder auf Normen für das Umweltmanagement Bezug, die auf den einschlägigen europäischen oder internationalen Normen beruhen und von entsprechenden Stellen zertifiziert sind, die dem europäischen Gemeinschaftsrecht oder europäischen oder internationalen Zertifizierungsnormen entsprechen. Gleichwertige Bescheinigungen von Stellen in anderen Mitgliedstaaten sind anzuerkennen. Die Auftraggeber erkennen auch andere Nachweise für gleichwertige Umweltmanagementmaßnahmen an, die von den Unternehmen vorgelegt werden.

Der Auftraggeber kann Unternehmen auffordern, die vorgelegten Bescheinigungen zu vervollständigen oder zu erläutern.

§ 7 b Teilnehmer am Wettbewerb

1. (1) Auftraggeber, die Bewerber für die Teilnahme an einem Nichtoffenen Verfahren oder an einem Verhandlungsverfahren auswählen, richten sich dabei nach objektiven Regeln und Kriterien. Diese Regeln und Kriterien legen sie fest und stellen sie Unternehmen, die ihr Interesse bekundet haben, zur Verfügung.

(2) Kriterien im Sinne des Abs. 1 sind insbesondere Fachkunde, Leistungsfähigkeit und Zuverlässigkeit. Zu deren Nachweis können entsprechende Angaben gefordert werden, soweit es durch den Gegenstand des Auftrags gerechtfertigt ist; dabei muss der Auftraggeber die berechtigten Interessen des Unternehmens am Schutz seiner Betriebsgeheimnisse berücksichtigen.

(3) Ein Unternehmen ist von der Teilnahme an einem Vergabeverfahren wegen Unzuverlässigkeit auszuschließen, wenn der Auftraggeber Kenntnis davon hat, dass eine Person, deren Verhalten dem Unternehmen zuzurechnen ist, rechtskräftig verurteilt ist wegen:

a) § 129 StGB (Bildung krimineller Vereinigungen), § 129 a StGB (Bildung terroristischer Vereinigungen), § 129 b StGB (kriminelle und terroristische Vereinigungen im Ausland),

b) § 261 StGB (Geldwäsche, Verschleierung unrechtmäßig erlangter Vermögenswerte),

c) § 263 StGB (Betrug), soweit sich die Straftat gegen den Haushalt der EG oder gegen Haushalte richtet, die von den EG oder in deren Auftrag verwaltet werden,

d) § 264 StGB (Subventionsbetrug), soweit sich die Straftat gegen den Haushalt der EG oder gegen Haushalte richtet, die von den EG oder in deren Auftrag verwaltet werden,

e) § 334 StGB (Bestechung), auch in Verb. mit Artikel 2 § 1 des EU-Bestechungsgesetzes, Artikel 2 § 1 des Gesetzes zur Bekämpfung internationaler Bestechung, Artikel 7 Abs. 2 Nr. 10 des Vierten Strafrechtsänderungsgesetzes und § 2 des Gesetzes über das Ruhen der Verfolgungsverjährung und die Gleichstellung der Richter und Bediensteten des Internationalen Strafgerichtshofes,

f) Artikel 2 § 2 des Gesetzes zur Bekämpfung internationaler Bestechung (Bestechung ausländischer Abgeordneter im Zusammenhang mit internationalem Geschäftsverkehr),

g) § 370 AO, auch in Verb. § 12 MOG, sich die Straftat gegen den Haushalt der EG oder gegen Haushalte richtet, die von den EG oder in deren Auftrag verwaltet werden.

Einem Verstoß gegen diese Vorschriften gleichgesetzt sind Verstöße gegen entsprechende Strafnormen anderer Staaten. Ein Verhalten einer rechtskräftig verurteilten Person ist einem Unternehmen zuzurechnen, wenn sie für dieses Unternehmen für die Führung der Geschäfte selbst verantwortlich gehandelt hat oder ein Aufsichts- oder Organisationsverschulden gemäß § 130 OWiG einer Person im Hinblick auf das Verhalten einer anderen für das Unternehmen handelnden, rechtskräftig verurteilten Person vorliegt.

(4) Als Nachweis, dass die Kenntnis nach Absatz 3 unrichtig ist und die in Absatz 3 genannten Fälle nicht vorliegen, akzeptieren die Auftraggeber einen Auszug aus einem Bundeszentralregister oder eine gleichwertige Urkunde einer zuständigen Gerichts- oder Verwaltungsbehörde des Herkunftslands. Wenn eine Urkunde oder Bescheinigung vom Herkunftsland nicht ausgestellt oder nicht vollständig alle vorgesehenen

9.6 Allgemeine Bestimmungen für die Vergabe von Leistungen (VOL/A)

Fälle erwähnt, kann dies durch eine eidesstattliche Erklärung oder eine förmliche Erklärung vor einer zuständigen Gerichts- oder Verwaltungsbehörde, einem Notar oder einer dafür qualifizierten Berufsorganisation des Herkunftslands ersetzt werden.

(5) Von einem Ausschluss nach Absatz 3 kann nur abgesehen werden, wenn zwingende Gründe des Allgemeininteresses vorliegen und andere Unternehmen die Leistung nicht angemessen erbringen können oder wenn auf Grund besonderer Umstände des Einzelfalls der Verstoß die Zuverlässigkeit des Unternehmens nicht in Frage stellt.

(6) In finanzieller und wirtschaftlicher Hinsicht kann der Auftraggeber vom Unternehmen zum Nachweis der Leistungsfähigkeit in der Regel Folgendes verlangen:
a) Vorlage entsprechender Bankauskünfte,
b) Vorlage von Bilanzen oder Bilanzauszügen des Unternehmens,
c) Erklärung über den Gesamtumsatz des Unternehmens sowie den Umsatz bezüglich der besonderen Leistungsart, die Gegenstand der Vergabe ist, jeweils bezogen auf die letzten 3 Geschäftsjahre.

Kann ein Unternehmen aus stichhaltigen Gründen die vom Auftraggeber geforderten Nachweise nicht erbringen, so können andere, vom Auftraggeber für geeignet erachtete Belege verlangt werden.

(7) In technischer Hinsicht kann der Auftraggeber vom Unternehmen je nach Art, Menge und Verwendungszweck der zu erbringenden Leistung zum Nachweis der Leistungsfähigkeit in der Regel Folgendes verlangen:
a) eine Liste der wesentlichen in den letzten 3 Jahren erbrachten Leistungen mit Angabe des Rechnungswertes, der Leistungszeit sowie der öffentlichen oder privaten Auftraggeber:
  – bei Leistungen an öffentliche Auftraggeber durch eine von der zuständigen Behörde ausgestellte oder beglaubigte Bescheinigung,
  – bei Leistungen an private Auftraggeber durch eine von diesen ausgestellte Bescheinigung; ist eine derartige Bescheinigung nicht erhältlich, so ist eine einfache Erklärung des Unternehmens zulässig,
b) die Beschreibung der technischen Ausrüstung, der Maßnahmen des Unternehmens zur Gewährleistung der Qualität sowie die Untersuchungs- und Forschungsmöglichkeiten des Unternehmens,
c) Angaben über die technische Leitung oder die technischen Stellen, unabhängig davon, ob sie dem Unternehmen angeschlossen sind oder nicht, und zwar insbesondere über diejenigen, die mit der Qualitätskontrolle beauftragt sind,
d) bei Lieferaufträgen Muster, Beschreibungen und/oder Photographien der zu erbringenden Leistung, deren Echtheit auf Verlangen des Auftraggebers nachgewiesen werden muss,
e) bei Lieferaufträgen Bescheinigungen der zuständigen amtlichen Qualitätskontrollinstitute oder -dienststellen, mit denen bestätigt wird, dass die durch entsprechende Bezugnahmen genau gekennzeichneten Leistungen bestimmten Spezifikationen oder Normen entsprechen,
f) sind die zu erbringenden Leistungen komplexer Art oder sollen sie ausnahmsweise einem besonderen Zweck dienen, eine Prüfung, die von dem Auftraggeber oder in dessen Namen von einer anderen damit einverstandenen Stelle durchgeführt wird; diese Prüfung betrifft die Produktionskapazitäten und erforderlichenfalls die Untersuchungs- und Forschungsmöglichkeiten des Unternehmens sowie die von diesem zur Gewährleistung der Qualität getroffenen Vorkehrungen.

2. Kriterien nach Nummer 1 können auch Ausschließungsgründe nach § 7 Nr. 5 sein.

3. Ein Kriterium kann auch die objektive Notwendigkeit sein, die Zahl der Bewerber soweit zu verringern, dass ein angemessenes Verhältnis zwischen den besonderen Merkmalen des Vergabeverfahrens und dem zur Durchführung notwendigen Aufwand sichergestellt ist. Es sind jedoch so viele Bewerber zu berücksichtigen, dass ein Wettbewerb gewährleistet ist.

4. Bietergemeinschaften sind Einzelbietern gleichzusetzen, wenn sie die Arbeiten im eigenen Betrieb oder in den Betrieben der Mitglieder ausführen. Von solchen Gemeinschaften kann nicht verlangt werden, dass sie zwecks Einreichung eines Angebots oder für das Verhandlungsverfahren eine bestimmte Rechtsform annehmen; von der den Zuschlag erhaltenden Gemeinschaft kann dies jedoch verlangt werden, sofern es für die ordnungsgemäße Durchführung des Auftrags notwendig ist.

5. Ein Unternehmen kann sich, auch als Mitglied einer Bietergemeinschaft, zum Nachweis der

Leistungsfähigkeit und Fachkunde der Fähigkeiten anderer Unternehmen bedienen, ungeachtet des rechtlichen Charakters der zwischen ihm und diesen Unternehmen bestehenden Verbindungen. Er muss in diesem Fall dem Auftraggeber nachweisen, dass ihm die erforderlichen Mittel bei der Erfüllung des Auftrags zur Verfügung stehen, indem er beispielsweise eine entsprechende Verpflichtungserklärung dieser Unternehmen vorlegt.

6. (1) Auftraggeber können ein System zur Prüfung von Unternehmen (Präqualifikationsverfahren) einrichten und anwenden. Sie sorgen dann dafür, dass sich Unternehmen jederzeit einer Prüfung unterziehen können.
(2) Das System kann mehrere Qualifikationsstufen umfassen. Es wird auf der Grundlage der vom Auftraggeber aufgestellten objektiven Regeln und Kriterien gehandhabt. Der Auftraggeber kann dabei auf geeignete europäische Normen über die Qualifizierung von Unternehmen Bezug nehmen. Diese Kriterien und Regeln können erforderlichenfalls auf den neuesten Stand gebracht werden.
(3) Auf Verlangen werden diese Qualifizierungsregeln und -kriterien sowie deren Fortschreibung Unternehmen, die ihr Interesse bekundet haben, übermittelt. Bezieht sich der Auftraggeber auf das Qualifizierungssystem einer anderen Einrichtung, so teilt er deren Namen mit.

7. In ihrer Entscheidung über die Qualifikation sowie bei der Überarbeitung der Prüfungskriterien und -regeln dürfen die Auftraggeber nicht
– bestimmten Unternehmen administrative, technische oder finanzielle Verpflichtungen auferlegen, die sie anderen Unternehmen nicht auferlegt hätten,
– Prüfungen und Nachweise verlangen, die sich mit bereits vorliegenden objektiven Nachweisen überschneiden.

8. Die Auftraggeber unterrichten die Antragsteller innerhalb von 6 Monaten über die Entscheidung zu deren Qualifikation. Kann diese Entscheidung nicht innerhalb von 4 Monaten nach Eingang des Prüfungsantrags getroffen werden, hat der Auftraggeber dem Antragsteller spätestens 2 Monate nach Eingang des Antrags die Gründe für eine längere Bearbeitungszeit mitzuteilen und anzugeben, wann über die Annahme oder die Ablehnung seines Antrags entschieden wird.

9. Negative Entscheidungen über die Qualifikation werden den Antragstellern unverzüglich, spätestens jedoch innerhalb von 15 Tagen nach der Entscheidung unter Angabe der Gründe mitgeteilt. Die Gründe müssen sich auf die in Nummer 6 erwähnten Prüfungskriterien beziehen.

10. Die als qualifiziert anerkannten Unternehmen sind in ein Verzeichnis aufzunehmen. Dabei ist eine Untergliederung nach Produktgruppen und Leistungsarten möglich.

11. Die Auftraggeber können einem Unternehmen die Qualifikation nur aus Gründen aberkennen, die auf den in Nummer 6 erwähnten Kriterien beruhen. Die beabsichtigte Aberkennung muss dem betroffenen Unternehmen mindestens 15 Tage vor dem für die Aberkennung vorgesehenen Termin in Textform unter Angabe der Gründe mitgeteilt werden.

12. (1) Das Prüfsystem ist nach dem im Anhang VII der Verordnung (EG) Nr. 1564/2005[3] enthaltenen Muster im ABl EG[4] bekanntzumachen.
(2) Wenn das System mehr als 3 Jahre gilt, ist die Bekanntmachung jährlich zu veröffentlichen. Bei kürzerer Dauer genügt eine Bekanntmachung zu Beginn des Verfahrens.

13. (1) Verlangt der Auftraggeber zum Nachweis dafür, dass die Unternehmen bestimmte Qualitätssicherungsnormen erfüllen, die Vorlage von Bescheinigungen von unabhängigen Stellen, so nehmen diese auf Qualitätssicherungsverfahren Bezug, die den einschlägigen europäischen Normen genügen und von entsprechenden Stellen gemäß den europäischen Zertifizierungsnormen zertifiziert sind.
(2) Gleichwertige Bescheinigungen von Stellen aus anderen EG-Mitgliedstaaten sind anzuerkennen. Die Auftraggeber erkennen auch andere gleichwertige Nachweise für Qualitätssicherungsmaßnahmen an.
(3) Verlangen bei der Vergabe von Dienstleistungsaufträgen die Auftraggeber als Nachweis der technischen Leistungsfähigkeit, dass die Unternehmen bestimmte Normen für das Umweltmanagement erfüllen, die Vorlage von Bescheinigungen unabhängiger Stellen, so nehmen sie auf das Gemeinschaftssystem für das Umweltmanagement und die Umweltbetriebsprüfung (EMAS) oder auf Normen für das Umweltmanagement Bezug, die auf den einschlägigen

---

3 ABl EU Nr. L 257 S. 1
4 Amt für amtliche Veröffentlichungen der EG, 2, rue Mercier, L-2985 Luxemburg Telefon: 00352/2929-1, Telefax: 00352/2929 42 670 http://ted.eur-op.eu.int E-Mail: mp-ojs@opoce.cec.eu.int

europäischen oder internationalen Normen beruhen und von entsprechenden Stellen zertifiziert sind, die dem europäischen Gemeinschaftsrecht oder europäischen oder internationalen Zertifizierungsnormen entsprechen. Gleichwertige Bescheinigungen von Stellen in anderen Mitgliedstaaten sind anzuerkennen. Die Auftraggeber erkennen auch andere Nachweise für gleichwertige Umweltmanagementmaßnahmen an, die von den Unternehmen vorgelegt werden.

§ 8 Leistungsbeschreibung

1. (1) Die Leistung ist eindeutig und so erschöpfend zu beschreiben, dass alle Bewerber die Beschreibung im gleichen Sinne verstehen müssen und die Angebote miteinander verglichen werden können.
(2) Um eine einwandfreie Preisermittlung zu ermöglichen, sind alle sie beeinflussenden Umstände festzustellen und in den Verdingungsunterlagen anzugeben.
(3) Dem Auftragnehmer soll kein ungewöhnliches Wagnis aufgebürdet werden für Umstände und Ereignisse, auf die er keinen Einfluss hat und deren Einwirkung auf die Preise und Fristen er nicht im Voraus schätzen kann.
2. (1) Soweit die Leistung oder Teile derselben durch verkehrsübliche Bezeichnungen nach Art, Beschaffenheit und Umfang nicht hinreichend beschreibbar sind, können sie
a) sowohl durch eine Darstellung ihres Zweckes, ihrer Funktion sowie der an sie gestellten sonstigen Anforderungen
b) als auch in ihren wesentlichen Merkmalen und konstruktiven Einzelheiten,
ggf. durch Verbindung der Beschreibungsarten, beschrieben werden.
(2) Erforderlichenfalls ist die Leistung auch zeichnerisch oder durch Probestücke darzustellen oder anders zu erklären, z.B. durch Hinweise auf ähnliche Leistungen.
3. (1) An die Beschaffenheit der Leistung sind ungewöhnliche Anforderungen nur so weit zu stellen, wie es unbedingt notwendig ist.
(2) Bei der Beschreibung der Leistung sind die verkehrsüblichen Bezeichnungen anzuwenden; auf einschlägige Normen kann Bezug genommen werden.
(3) Bestimmte Erzeugnisse oder Verfahren sowie bestimmte Ursprungsorte und Bezugsquellen dürfen nur dann ausdrücklich vorgeschrieben werden, wenn dies durch die Art der zu vergebenden Leistung gerechtfertigt ist.

(4) Die Beschreibung technischer Merkmale darf nicht die Wirkung haben, dass bestimmte Unternehmen oder Erzeugnisse bevorzugt oder ausgeschlossen werden, es sei denn, dass eine solche Beschreibung durch die zu vergebende Leistung gerechtfertigt ist.
(5) Bezeichnungen für bestimmte Erzeugnisse oder Verfahren (z.B. Markennamen) dürfen ausnahmsweise, jedoch nur mit dem Zusatz »oder gleichwertiger Art«, verwendet werden, wenn eine Beschreibung durch hinreichend genaue, allgemeinverständliche Bezeichnungen nicht möglich ist.
4. Wenn für die Beurteilung der Güte von Stoffen, Teilen oder Erzeugnissen die Herkunft oder die Angabe des Herstellers unentbehrlich ist, sind die entsprechenden Angaben von den Bewerbern zu fordern, soweit nötig auch Proben und Muster. Die Angaben sind vertraulich zu behandeln.

§ 8a Technische Anforderungen

1. Die technischen Anforderungen sind zu formulieren:
1. entweder unter Bezugnahme auf die im Anhang TS definierten technischen Spezifikationen in der Rangfolge:
a) nationale Normen, mit denen europäische Normen umgesetzt werden,
b) europäische technische Zulassungen,
c) gemeinsame technische Spezifikationen,
d) internationale Normen und andere technische Bezugssysteme, die von den europäischen Normungsgremien erarbeitet wurden oder,
e) falls solche Normen und Spezifikationen fehlen, nationale Normen, nationale technische Zulassungen oder nationale technische Spezifikationen für die Planung, Berechnung und Ausführung von Bauwerken und den Einsatz von Produkten.
Jede Bezugnahme ist mit dem Zusatz »oder gleichwertig« zu versehen;
2. oder in Form von Leistungs- oder Funktionsanforderungen, die genau so zu fassen sind, dass sie den Bewerbern oder Bietern ein klares Bild vom Auftragsgegenstand vermitteln und dem Auftraggeber die Erteilung des Zuschlags ermöglichen;
3. oder als Kombination von Ziffer 1 und 2, d.h.
a) in Form von Leistungsanforderungen unter Bezugnahme auf die Spezifikationen gemäß Ziffer 1 als Mittel zur Vermutung

der Konformität mit diesen Leistungs- und Funktionsanforderungen;
b) oder mit Bezugnahme auf die Spezifikationen gemäß Ziffer 1 hinsichtlich bestimmter Merkmale und mit Bezugnahme auf die Leistungs- und Funktionsanforderungen gemäß Ziffer 2 hinsichtlich anderer Merkmale.

2. (1) Verweist der Auftraggeber in der Leistungs- oder Aufgabenbeschreibung auf die in Nummer 1 Ziff. 1 Buchst. a genannten technischen Anforderungen, so darf er ein Angebot nicht mit der Begründung ablehnen, die angebotenen Waren und Dienstleistungen entsprächen nicht den von ihnen herangezogenen Spezifikationen, wenn das Unternehmen in seinem Angebot dem Auftraggeber mit geeigneten Mitteln nachweist, dass die von ihm vorgeschlagenen Lösungen den Anforderungen der technischen Spezifikation, auf die Bezug genommen wurde, gleichermaßen entsprechen. Als geeignete Mittel gelten insbesondere eine technische Beschreibung des Herstellers oder ein Prüfbericht einer anerkannten Stelle.

(2) Legt der Auftraggeber die technischen Anforderungen in Form von Leistungs- oder Funktionsanforderungen fest, so darf er ein Angebot, das einer nationalen Norm, mit der eine europäische Norm umgesetzt wird oder einer europäischen technischen Zulassung, einer gemeinsamen technischen Spezifikation, einer internationalen Norm oder einem technischen Bezugssystem, das von den europäischen Normungsgremien erarbeitet wurde, entspricht, nicht zurückweisen, wenn diese Spezifikationen die von ihm geforderten Leistungs- oder Funktionsanforderungen betreffen. Der Bieter muss in seinem Angebot mit geeigneten Mitteln nachweisen, dass die der Norm entsprechende jeweilige Ware oder Dienstleistung den Leistungs- oder Funktionsanforderungen des Auftraggebers entspricht. Als geeignete Mittel gelten insbesondere eine technische Beschreibung des Herstellers oder ein Prüfbericht einer anerkannten Stelle.

3. Schreibt der Auftraggeber Umwelteigenschaften in Form von Leistungs- oder Funktionsanforderungen vor, so kann er die Spezifikationen verwenden, die in europäischen, multinationalen oder anderen Umweltzeichen definiert sind, wenn
a) sie sich zur Definition der Merkmale des Auftragsgegenstandes eignen,
b) die Anforderungen des Umweltzeichens auf der Grundlage von wissenschaftlich abgesicherten Informationen ausgearbeitet werden,
c) die Umweltzeichen im Rahmen eines Verfahrens erlassen werden, an dem interessierte Kreise wie staatliche Stellen, Verbraucher, Hersteller, Händler und Umweltorganisationen teilnehmen können und
d) das Umweltzeichen für alle Betroffenen zugänglich und verfügbar ist.

Der Auftraggeber kann in den Vergabeunterlagen angeben, dass bei Waren oder Dienstleistungen, die mit einem Umweltzeichen ausgestattet sind, vermutet wird, dass sie den in der Leistungs- oder Aufgabenbeschreibung festgelegten technischen Anforderungen genügen. Der Auftraggeber muss jedes andere geeignete Beweismittel, wie technische Unterlagen des Herstellers oder Prüfberichte anerkannter Stellen, akzeptieren.

4. Anerkannte Stellen sind die Prüf- und Eichlaboratorien im Sinne des Eichgesetzes sowie die Inspektions- und Zertifizierungsstellen, die mit den anwendbaren europäischen Normen übereinstimmen. Der Auftraggeber erkennt Bescheinigungen von in anderen Mitgliedstaaten ansässigen anerkannten Stellen an.

5. Soweit es nicht durch den Auftragsgegenstand gerechtfertigt ist, darf in den technischen Spezifikationen nicht auf eine bestimmte Produktion oder Herkunft oder ein besonderes Verfahren oder auf Marken, Patente, Typen, einen bestimmten Ursprung oder eine bestimmte Produktion verwiesen werden, wenn dadurch bestimmte Unternehmen oder bestimmte Produkte begünstigt oder ausgeschlossen werden. Solche Verweise sind jedoch ausnahmsweise zulässig, wenn der Auftragsgegenstand nicht hinreichend genau und allgemein verständlich beschrieben werden kann; solche Verweise sind mit dem Zusatz »oder gleichwertig« zu versehen.

§ 8b Technische Anforderungen

1. Die technischen Anforderungen sind zu formulieren:
   1. entweder unter Bezugnahme auf die im Anhang TS definierten technischen Spezifikationen in der Rangfolge:
      a) in nationale Normen, mit denen europäische Normen umgesetzt werden,
      b) europäische technische Zulassungen,
      c) gemeinsame technische Spezifikationen,
      d) internationale Normen und andere technische Bezugssysteme, die von den europäi-

schen Normungsgremien erarbeitet wurden oder,
e) falls solche Normen und Spezifikationen fehlen, nationale Normen, nationale technische Zulassungen oder nationale technische Spezifikationen für die Planung, Berechnung und Ausführung von Bauwerken und den Einsatz von Produkten.

Jede Bezugnahme ist mit dem Zusatz »oder gleichwertig« zu versehen.

2. oder in Form von Leistungs- oder Funktionsanforderungen, die so genau zu fassen sind, dass sie den Unternehmen ein klares Bild vom Auftragsgegenstand vermitteln und dem Auftraggeber die Erteilung des Zuschlags ermöglichen;
3. oder als Kombination von Ziffer 1 und 2, d.h.
   a) in Form von Leistungsanforderungen unter Bezugnahme auf die Spezifikationen gemäß Ziffer 1 als Mittel zur Vermutung der Konformität mit diesen Leistungs- und Funktionsanforderungen;
   b) oder mit Bezugnahme auf die Spezifikationen gemäß Ziffer 1 hinsichtlich bestimmter Merkmale und mit Bezugnahme auf die Leistungs- und Funktionsanforderungen gemäß Ziffer 2 hinsichtlich anderer Merkmale.

2. (1) Verweist der Auftraggeber in der Leistungs- oder Aufgabenbeschreibung auf die in Nummer 1 Ziff. 1 Buchst. a genannten technischen Anforderungen, so darf er ein Angebot nicht mit der Begründung ablehnen, die angebotenen Waren und Dienstleistungen entsprächen nicht den Spezifikationen, sofern das Unternehmen in seinem Angebot dem Auftraggeber mit geeigneten Mitteln nachweist, dass die von ihm vorgeschlagenen Lösungen den Anforderungen der technischen Spezifikation, auf die Bezug genommen wurde, entsprechen. Als geeignete Mittel gelten insbesondere eine technische Beschreibung des Herstellers oder ein Prüfbericht einer anerkannten Stelle.

(2) Legt der Auftraggeber die technischen Anforderungen in Form von Leistungs- oder Funktionsanforderungen fest, so darf er ein Angebot, das einer nationalen Norm, mit der eine europäische Norm umgesetzt wird, oder einer europäischen technischen Zulassung, einer gemeinsamen technischen Spezifikation, einer internationalen Norm oder einem technischen Bezugssystem, das von den europäischen Normungsgremien erarbeitet wurde, entspricht, nicht zurückweisen, wenn diese Spezifikationen die von ihnen geforderten Leistungs- oder Funktionsanforderungen betreffen. Das Unternehmen muss in seinem Angebot mit geeigneten Mitteln nachweisen, dass die der Norm entsprechende jeweilige Ware oder Dienstleistung den Leistungs- oder Funktionsanforderungen des Auftraggebers entspricht. Als geeignete Mittel gelten eine technische Beschreibung des Herstellers oder ein Prüfbericht einer anerkannten Stelle.

3. Schreibt der Auftraggeber Umwelteigenschaften in Form von Leistungs- oder Funktionsanforderungen vor, so können sie die Spezifikationen verwenden, die in europäischen, multinationalen oder anderen Umweltzeichen definiert sind, wenn
   a) sie sich zur Definition der Merkmale der Waren oder Dienstleistungen eignen, die Gegenstand des Auftrags sind,
   b) die Anforderungen des Umweltzeichens auf der Grundlage von wissenschaftlich abgesicherten Informationen ausgearbeitet werden,
   c) die Umweltzeichen im Rahmen eines Verfahrens erlassen werden, an dem interessierte Kreise wie staatliche Stellen, Verbraucher, Hersteller, Händler und Umweltorganisationen teilnehmen können und
   d) das Umweltzeichen für alle Betroffenen zugänglich und verfügbar ist.

Der Auftraggeber kann in den Vergabeunterlagen angeben, dass bei Waren oder Dienstleistungen, die mit einem Umweltzeichen ausgestattet sind, vermutet wird, dass sie den in der Leistungs- oder Aufgabenbeschreibung festgelegten technischen Anforderungen genügen. Der Auftraggeber muss jedes andere geeignete Beweismittel, wie technische Unterlagen des Herstellers oder Prüfberichte anerkannter Stellen, akzeptieren.

4. Anerkannte Stellen sind die Prüf- und Eichlaboratorien im Sinne des Eichgesetzes sowie die Inspektions- und Zertifizierungsstellen, die mit den anwendbaren europäischen Normen übereinstimmen. Die Auftraggeber erkennen Bescheinigungen von in anderen Mitgliedstaaten ansässigen anerkannten Stellen an.
5. Soweit es nicht durch den Auftragsgegenstand gerechtfertigt ist, darf in den technischen Spezifikationen nicht auf eine bestimmte Produktion oder Herkunft oder ein besonderes Verfahren oder auf Marken, Patente, Typen, einen bestimmten Ursprung oder eine bestimmte Produktion verwiesen werden, wenn dadurch be-

stimmte Unternehmen oder bestimmte Produkte begünstigt oder ausgeschlossen werden. Solche Verweise sind jedoch ausnahmsweise zulässig, wenn der Auftragsgegenstand nicht hinreichend genau und allgemein verständlich beschrieben werden kann; solche Verweise sind mit dem Zusatz »oder gleichwertig« zu versehen.

§ 9 Vergabeunterlagen, Vertragsbedingungen

1. Die Vergabeunterlagen bestehen aus dem Anschreiben (Aufforderung zur Angebotsabgabe) und den Verdingungsunterlagen.
2. In den Verdingungsunterlagen ist vorzuschreiben, dass die VOL/B Bestandteil des Vertrages werden. Das gilt auch für etwaige Zusätzliche, Ergänzende sowie Besondere Vertragsbedingungen und, soweit erforderlich, für etwaige Technische Vertragsbedingungen.
3. (1) Die Allgemeinen Vertragsbedingungen bleiben grds. unverändert. Sie können von Auftraggebern, die ständig Leistungen vergeben, für die bei ihnen allgemein gegebenen Verhältnisse durch Zusätzliche Vertragsbedingungen ergänzt werden. Diese dürfen den Allgemeinen Vertragsbedingungen nicht widersprechen.
(2) Für die Erfordernisse einer Gruppe gleich gelagerter Einzelfälle können die Allgemeinen Vertragsbedingungen und etwaige Zusätzliche Vertragsbedingungen durch Ergänzende Vertragsbedingungen ergänzt werden. Die Erfordernisse des Einzelfalles sind durch Besondere Vertragsbedingungen zu berücksichtigen. In den Ergänzenden und Besonderen Vertragsbedingungen sollen sich Abweichungen von den Allgemeinen Vertragsbedingungen auf die Fälle beschränken, für die in den Allgemeinen Vertragsbedingungen besondere Vereinbarungen ausdrücklich vorgesehen sind; sie sollen nicht weiter gehen, als es die Eigenart der Leistung und ihre Ausführung erfordern.
4. In den Zusätzlichen, Ergänzenden und Besonderen Vertragsbedingungen sollen, soweit erforderlich, insbesondere folgende Punkte geregelt werden:
   a) Unterlagen (VOL/A § 22 Nr. 6 Abs. 3, VOL/B § 3, § 4 Nr. 2),
   b) Umfang der Leistungen, u. U. Hundertsatz der Mehr- oder Minderleistungen (VOL/B §§ 1 und 2),
   c) Benutzung von Lager- und Arbeitsplätzen, Zufahrtswegen, Anschlussgleisen, Wasser- und Energieanschlüssen,
   d) Weitervergabe an Unterauftragnehmer (VOL/B § 4 Nr. 4),
   e) Ausführungsfristen (VOL/A § 11, VOL/B § 5 Nr. 2),
   f) Anlieferungs- oder Annahmestelle, falls notwendig auch Ort, Gebäude, Raum,
   g) Kosten der Versendung zur Anlieferungs- oder Annahmestelle,
   h) Art der Verpackung, Rückgabe der Packstoffe,
   i) Übergang der Gefahr (VOL/B § 13 Nr. 1),
   k) Haftung (VOL/B §§ 7 bis 10, 13 und 14),
   l) Gefahrtragung bei höherer Gewalt (VOL/B § 5 Nr. 2),
   m) Vertragsstrafen (VOL/A § 12, VOL/B § 11),
   n) Prüfung der Beschaffenheit der Leistungen – Güteprüfung – (VOL/A § 8 Nr. 4, VOL/B § 12),
   o) Abnahme (VOL/B § 13 Nr. 2),
   p) Abrechnung (VOL/B §§ 15, 16 Nr. 2 und 3),
   q) Leistungen nach Stundenverrechnungssätzen (VOL/B § 16),
   r) Zahlung (VOL/B § 17),
   s) Sicherheitsleistung (VOL/A § 14, VOL/B § 18),
   t) Gerichtsstand (VOL/B § 19 Nr. 2),
   u) Änderung der Vertragspreise (VOL/A § 15),
   v) Besondere Vereinbarungen über die Mängelansprüche.
5. Sollen Streitigkeiten aus dem Vertrag unter Ausschluss des ordentlichen Rechtsweges im schiedsrichterlichen Verfahren ausgetragen werden, so ist es in besonderer, nur das Schiedsverfahren betreffender Urkunde zu vereinbaren, soweit nicht § 1031 Abs. 2 ZPO auch eine andere Form der Vereinbarung zulässt.

§ 9a Vergabeunterlagen

1. Die Aufforderung zur Angebotsabgabe enthält mindestens Folgendes:
   a) Hinweis auf die veröffentlichte Bekanntmachung,
   b) beim Wettbewerblichen Dialog den Termin und den Ort des Beginns der Dialogphase,
   c) alle vorgesehenen Zuschlagskriterien, einschließlich deren Gewichtung oder, soweit nach § 25a Nr. 1 Abs. 1 zulässig, der absteigenden Reihenfolge der ihnen zuerkannten Bedeutung,
   d) ob beabsichtigt ist, ein Verhandlungsverfahren oder einen Wettbewerblichen Dialog in verschiedenen Phasen abzuwickeln, um die Zahl der Angebote zu verringern.

Die Angaben der Buchstaben c und d können stattdessen auch in der Vergabebekanntmachung oder den Verdingungsunterlagen erfolgen.
2. Sofern Nebenangebote zugelassen sind, enthalten die Verdingungsunterlagen auch die Mindestanforderungen für Nebenangebote.

§ 9 b Vergabeunterlagen

1. Bei Aufträgen im Sinne von § 1 b muss das Anschreiben außer den Angaben nach § 17 Nr. 3 Abs. 2 Folgendes enthalten:
    a) Anschrift der Stelle, bei der zusätzliche Unterlagen angefordert werden können,
    b) Tag, bis zu dem zusätzliche Unterlagen angefordert werden können,
    c) ggf. Betrag und Zahlungsbedingungen für zusätzliche Unterlagen,
    d) Angabe, dass die Angebote in deutscher Sprache abzufassen sind,
    e) Hinweis auf die Veröffentlichung der Bekanntmachung,
    f) sofern nicht in der Bekanntmachung angegeben (§ 17 b Nr. 1), die maßgebenden Wertungskriterien im Sinne von § 25 b Nr. 1 Abs. 1 wie etwa Lieferzeit, Ausführungsdauer, Betriebskosten, Rentabilität, Qualität, Ästhetik und Zweckmäßigkeit, Umwelteigenschaften, technischer Wert, Kundendienst und technische Hilfe, Verpflichtungen hinsichtlich der Ersatzteile, Versorgungssicherheit, Preis; dabei ist die Gewichtung der Kriterien anzugeben oder soweit nach § 25 b Nr. 1 Abs. 1 zulässig, die absteigende Reihenfolge ihrer Bedeutung.
2. Wenn der Auftraggeber Nebenangebote nicht oder nur in Verbindung mit einem Hauptangebot zulassen will, so ist dies anzugeben. Lässt der Auftraggeber Nebenangebote zu, sind auch die Mindestanforderungen anzugeben, die Nebenangebote erfüllen müssen und auf welche Weise sie einzureichen sind.
3. Der Auftraggeber kann die Bieter auffordern, in ihrem Angebot die Leistungen anzugeben, die sie an Nachunternehmer zu vergeben beabsichtigen.

§ 10 Unteraufträge

1. In den Verdingungsunterlagen ist festzulegen, dass der Auftragnehmer
    a) bei der Übertragung von Teilen der Leistung (Unterauftrag) nach wettbewerblichen Gesichtspunkten verfährt,
    b) dem Unterauftragnehmer auf Verlangen den Auftraggeber benennt,
    c) dem Unterauftragnehmer insgesamt keine ungünstigeren Bedingungen – insbesondere hinsichtlich der Zahlungsweise und Sicherheitsleistungen – stellt, als zwischen ihm und dem Auftraggeber vereinbart sind.
2. (1) In den Verdingungsunterlagen ist festzulegen, dass der Auftragnehmer bei der Einholung von Angeboten für Unteraufträge regelmäßig kleine und mittlere Unternehmen angemessen beteiligt.
(2) Bei Großaufträgen ist in den Verdingungsunterlagen weiter festzulegen, dass sich der Auftragnehmer bemüht, Unteraufträge an kleine und mittlere Unternehmen in dem Umfang zu erteilen, wie er es mit der vertragsgemäßen Ausführung der Leistung vereinbaren kann.

§ 11 Ausführungsfristen

1. Die Ausführungsfristen sind ausreichend zu bemessen. Außergewöhnlich kurze Fristen sind nur bei besonderer Dringlichkeit vorzusehen.
2. Wenn es ein erhebliches Interesse des Auftraggebers erfordert, sind Einzelfristen für in sich abgeschlossene Teile der Leistung zu bestimmen.
3. Ist für die Einhaltung von Ausführungsfristen die Übergabe von Zeichnungen oder anderen Unterlagen wichtig, so soll hierfür ebenfalls eine Frist festgelegt werden.

§ 12 Vertragsstrafen

Vertragsstrafen sollen nur für die Überschreitung von Ausführungsfristen ausbedungen werden und auch nur dann, wenn die Überschreitung erhebliche Nachteile verursachen kann. Die Strafe ist in angemessenen Grenzen zu halten.

§ 13 Verjährung der Mängelansprüche

1. Für die Verjährung der Mängelansprüche sollen die gesetzlichen Fristen ausbedungen werden.
2. Andere Regelungen für die Verjährung sollen vorgesehen werden, wenn dies wegen der Eigenart der Leistung erforderlich ist. In solchen Fällen sind alle Umstände gegeneinander abzuwägen; hierbei können die in dem Wirtschaftszweig üblichen Regelungen in Betracht gezogen werden.

§ 14 Sicherheitsleistungen

1. Sicherheitsleistungen sind nur zu fordern, wenn sie ausnahmsweise für die sach- und fristgemäße Durchführung der verlangten Leistung notwendig erscheinen.
2. Die Sicherheit soll nicht höher bemessen und ihre Rückgabe nicht für einen späteren Zeitpunkt

vorgesehen werden als nötig ist, um den Auftraggeber vor Schaden zu bewahren. Sie soll 5 v. H. der Auftragssumme nicht überschreiten.
3. Soweit nach diesen Grundsätzen eine teilweise Rückgabe von Sicherheiten möglich ist, hat dies unverzüglich zu geschehen.

§ 15 Preise

1. (1) Leistungen sollen zu festen Preisen vergeben werden.
   (2) Bei der Vergabe sind die Vorschriften über die Preise bei öffentlichen Aufträgen zu beachten.[5]
2. Sind bei längerfristigen Verträgen wesentliche Änderungen der Preisermittlungsgrundlagen zu erwarten, deren Eintritt oder Ausmaß ungewiss ist, so kann eine angemessene Änderung der Vergütung in den Verdingungsunterlagen vorgesehen werden.[6] Die Einzelheiten der Preisänderungen sind festzulegen.

§ 16 Grundsätze der Ausschreibung und der Informationsübermittlung

1. Der Auftraggeber soll erst dann ausschreiben, wenn alle Verdingungsunterlagen fertig gestellt sind und die Leistung aus der Sicht des Auftraggebers innerhalb der angegebenen Frist ausgeführt werden kann.
2. Ausschreibungen für vergabefremde Zwecke (z. B. Ertragsberechnungen, Vergleichsanschläge, Markterkundung) sind unzulässig.
3. Die Nummern 1 und 2 gelten für die Freihändige Vergabe entsprechend.
4. Die Auftraggeber geben in der Bekanntmachung oder den Vergabeunterlagen an, ob Informationen per Post, Telefax, direkt, elektronisch oder durch eine Kombination dieser Kommunikationsmittel übermittelt werden.
5. Das für die elektronische Übermittlung gewählte Netz muss allgemein verfügbar sein und darf den Zugang der Bewerber und Bieter zu den Vergabeverfahren nicht beschränken. Die dafür zu verwendenden Programme und ihre technischen Merkmale müssen
   - nicht diskriminierend,
   - allgemein zugänglich und
   - kompatibel mit allgemein verbreiteten Erzeugnissen der Informations- und Kommunikationstechnologie

   sein.
6. Die Auftraggeber haben dafür Sorge zu tragen, dass den interessierten Unternehmen die Informationen über die Spezifikationen der Geräte, die für die elektronische Übermittlung der Anträge auf Teilnahme und der Angebote erforderlich sind, einschließlich Verschlüsselung zugänglich sind. Außerdem muss gewährleistet sein, dass die in Anhang II genannten Anforderungen erfüllt sind.

§ 16 a Anforderungen an Teilnahmeanträge

1. Die Auftraggeber haben die Integrität der Daten und die Vertraulichkeit der übermittelten Teilnahmeanträge auf geeignete Weise zu gewährleisten. Per Post oder direkt übermittelte Teilnahmeanträge sind in einem verschlossenen Umschlag einzureichen, als solche zu kennzeichnen und bis zum Ablauf der für ihre Einreichung vorgesehenen Frist unter Verschluss zu halten. Bei elektronisch übermittelten Teilnahmeanträgen ist dies durch entsprechende organisatorische und technische Lösungen nach den Anforderungen des Auftraggebers und durch Verschlüsselung sicherzustellen. Die Verschlüsselung muss bis zum Ablauf der für ihre Einreichung vorgesehenen Frist aufrecht erhalten bleiben.
2. Teilnahmeanträge können auch per Telefax oder telefonisch gestellt werden. Werden Anträge auf Teilnahme telefonisch oder per Telefax gestellt, sind diese vom Bewerber bis zum Ablauf der Frist für die Abgabe der Teilnahmeanträge durch Übermittlung per Post, direkt oder elektronisch zu bestätigen.

§ 16 b Anforderungen an Teilnahmeanträge

1. Die Auftraggeber haben die Integrität der Daten und die Vertraulichkeit der übermittelten Teilnahmeanträge auf geeignete Weise zu gewährleisten. Per Post oder direkt übermittelte Teilnahmeanträge sind in einem verschlossenen Umschlag einzureichen, als solche zu kennzeichnen und bis zum Ablauf der für ihre Einreichung vorgesehenen Frist unter Verschluss zu halten. Bei elektronisch übermittelten Teilnah-

---

[5] Verordnung PR Nr. 30/53 über die Preise bei öffentlichen Aufträgen vom 21. 11. 1953 (BAnz Nr. 244 vom 18. 12. 1953), zuletzt geändert durch Verordnung PR Nr. 1/86 vom 15. 4. 1986 (BGBl I S. 435 und BAnz S. 5046) und Verordnung PR Nr. 1/89 vom 13. 6. 1989 (BGBl I S. 1094 und BAnz S. 3042).

[6] Grundsätze zur Anwendung von Preisvorbehalten bei öffentlichen Aufträgen: GMBl, herausgegeben vom BMI, 1972 Nr. 22 Seite 384 ff.; 1974 Nr. 5, Seite 75.

meanträgen ist dies durch entsprechende organisatorische und technische Lösungen nach den Anforderungen des Auftraggebers und durch Verschlüsselung sicherzustellen. Die Verschlüsselung muss bis zum Ablauf der für ihre Einreichung vorgesehenen Frist aufrechterhalten bleiben.

2. Teilnahmeanträge können auch per Telefax oder telefonisch gestellt werden. Werden Anträge auf Teilnahme telefonisch oder per Telefax gestellt, sind diese vom Bewerber bis zum Ablauf der Frist für die Abgabe der Teilnahmeanträge durch Übermittlung per Post, direkt oder elektronisch zu bestätigen.

§ 17 Bekanntmachung, Aufforderung zur Angebotsabgabe

1. (1) Öffentliche Ausschreibungen sind durch Tageszeitungen, amtliche Veröffentlichungsblätter, Fachzeitschriften oder Internetportale bekannt zu machen.

(2) Diese Bekanntmachung soll mindestens folgende Angaben enthalten:
a) Bezeichnung (Anschrift) der zur Angebotsabgabe auffordernden Stelle, der den Zuschlag erteilenden Stelle sowie der Stelle, bei der die Angebote einzureichen sind,
b) Art der Vergabe (§ 3),
c) Art und Umfang der Leistung sowie den Ort der Leistung (z. B. Empfangs- oder Montagestelle),
d) etwaige Vorbehalte wegen der Teilung in Lose, Umfang der Lose und mögliche Vergabe der Lose an verschiedene Bieter,
e) etwaige Bestimmungen über die Ausführungsfrist,
f) Bezeichnung (Anschrift) der Stelle, die die Verdingungsunterlagen und das Anschreiben (Nummer 3) abgibt, sowie des Tages, bis zu dem sie bei ihr spätestens angefordert werden können,
g) Bezeichnung (Anschrift) der Stelle, bei der die Verdingungsunterlagen und das Anschreiben eingesehen werden können,
h) die Höhe etwaiger Vervielfältigungskosten und die Zahlungsweise (§ 20),
i) Ablauf der Angebotsfrist (§ 18),
k) die Höhe etwa geforderter Sicherheitsleistungen (§ 14),
l) die wesentlichen Zahlungsbedingungen oder Angabe der Unterlagen, in denen sie enthalten sind,
m) die mit dem Angebot vorzulegenden Unterlagen (§ 7 Nr. 4), die ggf. vom Auftraggeber für die Beurteilung der Eignung des Bewerbers (§ 2) verlangt werden,
n) Zuschlags- und Bindefrist (§ 19),
o) den besonderen Hinweis, dass der Bewerber mit der Abgabe seines Angebots auch den Bestimmungen über nicht berücksichtigte Angebote (§ 27) unterliegt.

2. (1) Bei Beschränkter Ausschreibung und Freihändiger Vergabe mit Öffentlichem Teilnahmewettbewerb sind die Unternehmen durch Bekanntmachung in Tageszeitungen, amtlichen Veröffentlichungsblättern, Fachzeitschriften oder Internetportalen aufzufordern, sich um Teilnahme zu bewerben.

(2) Diese Bekanntmachung soll mindestens folgende Angaben enthalten:
a) Bezeichnung (Anschrift) der zur Angebotsabgabe auffordernden Stelle und der den Zuschlag erteilenden Stelle,
b) Art der Vergabe (§ 3),
c) Art und Umfang der Leistung sowie den Ort der Leistung (z. B. Empfangs- oder Montagestelle),
d) etwaige Vorbehalte wegen der Teilung in Lose, Umfang der Lose und mögliche Vergabe der Lose an verschiedene Bieter,
e) etwaige Bestimmungen über die Ausführungsfrist,
f) Tag, bis zu dem der Teilnahmeantrag bei der unter Buchstabe g näher bezeichneten Stelle eingegangen sein muss,
g) Bezeichnung (Anschrift) der Stelle, bei der der Teilnahmeantrag zu stellen ist,
h) Tag, an dem die Aufforderung zur Angebotsabgabe spätestens abgesandt wird,
i) die mit dem Teilnahmeantrag vorzulegenden Unterlagen (§ 7 Nr. 4), die ggf. vom Auftraggeber für die Beurteilung der Eignung des Bewerbers (§ 2) verlangt werden,
k) den besonderen Hinweis, dass der Bewerber mit der Abgabe seines Angebots auch den Bestimmungen über nicht berücksichtigte Angebote (§ 27) unterliegt.

3. (1) Bei Öffentlicher und Beschränkter Ausschreibung sind die Verdingungsunterlagen den Bewerbern mit einem Anschreiben (Aufforderung zur Angebotsabgabe) zu übergeben, das alle Angaben enthält, die außer den Verdingungsunterlagen für den Entschluss zur Abgabe eines Angebots notwendig sind. Dies gilt auch für Beschränkte Ausschreibungen nach Öffentlichem Teilnahmewettbewerb.

(2) Das Anschreiben soll insbesondere folgende Angaben enthalten:
a) Bezeichnung (Anschrift) der zur Angebotsabgabe auffordernden Stelle und der den Zuschlag erteilenden Stelle,
b) Art der Vergabe (§ 3),
c) Art und Umfang der Leistung sowie den Ort der Leistung (z. B. Empfangs- oder Montagestelle),
d) etwaige Vorbehalte wegen der Teilung in Lose, Umfang der Lose und mögliche Vergabe der Lose an verschiedene Bieter,
e) etwaige Bestimmungen über die Ausführungsfrist,
f) Bezeichnung (Anschrift) der Stelle, bei der die Verdingungsunterlagen eingesehen werden können, die nicht abgegeben werden,
g) genaue Aufschrift und Form der Angebote (§ 18 Nr. 2),
h) ob und unter welchen Bedingungen die Entschädigung für die Verdingungsunterlagen erstattet wird (§ 20),
i) Ablauf der Angebotsfrist (§ 18),
k) Sprache, in der Angebote abgefasst sein müssen,
l) die mit dem Angebot vorzulegenden Unterlagen (§ 7 Nr. 4), die ggf. vom Auftraggeber für die Beurteilung der Eignung des Bieters (§ 2) verlangt werden,
m) die Höhe etwa geforderter Sicherheitsleistungen (§ 14),
n) sonstige Erfordernisse, die die Bewerber bei der Bearbeitung ihrer Angebote beachten müssen (§ 18 Nr. 3, § 9 Nr. 1, § 21),
o) Zuschlags- und Bindefrist (§ 19),
p) Nebenangebote (Absatz 5),
q) den besonderen Hinweis, dass der Bewerber mit der Abgabe seines Angebots auch den Bestimmungen über nicht berücksichtigte Angebote (§ 27) unterliegt.

(3) Bei Freihändiger Vergabe sind Absatz 1 und 2 – soweit zweckmäßig – anzuwenden. Dies gilt auch für Freihändige Vergabe nach Öffentlichem Teilnahmewettbewerb.

(4) Auftraggeber, die ständig Leistungen vergeben, sollen die Erfordernisse, die die Bewerber bei der Bearbeitung ihrer Angebote beachten müssen, in Bewerbungsbedingungen zusammenfassen und dem Anschreiben beifügen (§§ 18, 19, 21).

(5) Wenn der Auftraggeber Nebenangebote wünscht, ausdrücklich zulassen oder ausschließen will, so ist dies anzugeben; ebenso ist anzugeben, wenn Nebenangebote ohne gleichzeitige Abgabe eines Hauptangebotes ausnahmsweise ausgeschlossen werden. Soweit der Bieter eine Leistung anbietet, die in den Verdingungsunterlagen nicht vorgesehen ist, sind von ihm im Angebot entsprechende Angaben über Ausführung und Beschaffenheit dieser Leistung zu verlangen.

(6) Die Aufforderung zur Angebotsabgabe ist bei Beschränkter Ausschreibung sowie bei Freihändiger Vergabe nach Öffentlichem Teilnahmewettbewerb an alle ausgewählten Bewerber am gleichen Tag abzusenden.

4. Jeder Bewerber soll die Leistungsbeschreibung sowie die anderen Teile der Verdingungsunterlagen, die mit dem Angebot dem Auftraggeber einzureichen sind, doppelt und alle anderen für seine Preisermittlung wesentlichen Unterlagen einfach erhalten. Wenn von den Unterlagen (z. B. Muster, Proben) – außer der Leistungsbeschreibung – keine Vervielfältigungen abgegeben werden können, sind sie in ausreichender Weise zur Einsicht auszulegen.

5. Die Namen der Bewerber, die Teilnahmeanträge gestellt haben, die Verdingungsunterlagen erhalten oder eingesehen haben, sind vertraulich zu behandeln.

6. (1) Erbitten Bewerber zusätzliche sachdienliche Auskünfte über die Verdingungsunterlagen und das Anschreiben, so sind die Auskünfte unverzüglich zu erteilen.
(2) Werden einem Bewerber wichtige Aufklärungen über die geforderte Leistung oder die Grundlagen seiner Preisermittlung gegeben, so sind sie auch den anderen Bewerbern gleichzeitig mitzuteilen.

§ 17a Bekanntmachung, Aufforderung zur Angebotsabgabe, Beschafferprofil, Vorinformation

1. (1) Die Bekanntmachung im Sinne des § 3a Nr. 1 Abs. 4 wird nach dem in Anhang II der Verordnung (EG) Nr. 1564/2005[7] enthaltenen Muster erstellt.
(2) Die Bekanntmachung ist auf elektronischem[8] oder auf anderem Wege unverzüglich dem Amt für amtliche Veröffentlichungen der

---

7 ABl EU Nr. L 257 S. 1.
8 Das Muster und die Modalitäten für die elektronische Übermittlung der Bekanntmachungen sind unter der Internetadresse http://simap.eu.int abrufbar.

9.6 Allgemeine Bestimmungen für die Vergabe von Leistungen (VOL/A)

EG[9] zu übermitteln. Soweit keine elektronische Übermittlung der Bekanntmachung erfolgt, darf der Inhalt der Bekanntmachung rund 650 Worte nicht überschreiten. In Fällen besonderer Dringlichkeit muss die Bekanntmachung mittels Telefax oder auf elektronischem Weg übermittelt werden. Der Auftraggeber muss den Tag der Absendung nachweisen können.

(3) Elektronisch erstellte und übersandte Bekanntmachungen werden spätestens 5 Tage nach ihrer Absendung an das Amt für amtliche Veröffentlichungen der EG veröffentlicht. Nicht elektronisch erstellte und übersandte Bekanntmachungen werden spätestens 12 Tage nach der Absendung veröffentlicht. Die Bekanntmachungen werden unentgeltlich ungekürzt im Supplement zum ABl EG in der jeweiligen Originalsprache und eine Zusammenfassung der wichtigsten Bestandteile davon in den anderen Amtssprachen der Gemeinschaft veröffentlicht; hierbei ist nur der Wortlaut in der Originalsprache verbindlich.

(4) Die Bekanntmachung darf in der Bundesrepublik Deutschland nicht vor dem Tag der Absendung an das Amt für amtliche Veröffentlichungen der EG veröffentlicht werden. Diese Veröffentlichung darf nur die dem Amt für amtliche Veröffentlichungen der EG übermittelten oder in einem Beschafferprofil nach Nummer 2 veröffentlichten Angaben enthalten. Auf das Datum der Absendung der europaweiten Bekanntmachung an das Amt für amtliche Veröffentlichungen der EG ist in der nationalen Bekanntmachung hinzuweisen.

2. Die Auftraggeber können im Internet ein Beschafferprofil einrichten. Es enthält Angaben über geplante und laufende Vergabeverfahren, über vergebene Aufträge sowie alle sonstigen für die Auftragsvergabe relevanten Informationen wie z. B. Kontaktstelle, Telefon- und Telefaxnummer, Anschrift, E-Mail-Adresse des Auftraggebers.

3. (1) Die Auftraggeber veröffentlichen sobald wie möglich nach Beginn des jeweiligen Haushaltsjahres nicht verbindliche Bekanntmachungen, die Angaben enthalten über alle für die nächsten 12 Monate beabsichtigten Aufträge, deren nach der Vergabeverordnung geschätzter Wert jeweils mindestens 750 000 EUR beträgt. Die Lieferaufträge sind nach Warenbereichen unter Bezugnahme auf die Verordnung über das gemeinsame Vokabular für öffentliche Aufträge – CPV (Verordnung (EG) Nr. 2195/2002[10] i. d. F der Verordnung (EG) Nr. 2151/2003[11]) aufzuschlüsseln, die Dienstleistungsaufträge nach den im Anhang I A genannten Kategorien.

(2) Die Vorinformation wird sobald als möglich nach Beginn des Kalenderjahres an das Amt für amtliche Veröffentlichungen der EG gesandt oder im Beschafferprofil veröffentlicht. Veröffentlicht der Auftraggeber eine Vorinformation im Beschafferprofil, meldet er dies dem Amt für amtliche Veröffentlichungen der EG zuvor auf elektronischem Wege nach dem im Anhang VIII der Verordnung (EG) Nr. 1564/2005 enthaltenen Muster. Die Bekanntmachung ist nur dann zwingend vorgeschrieben, wenn die Auftraggeber die Möglichkeit wahrnehmen, die Frist für den Eingang der Angebote gemäß § 18 a Nr. 1 Abs. 2 zu verkürzen.

(3) Die Bekanntmachung über die Vorinformation ist nach dem im Anhang I der Verordnung (EG) Nr. 1564/2005 enthaltenen Muster zu erstellen und an das Amt für amtliche Veröffentlichungen der EG zu übermitteln.

4. Die Auftraggeber können Bekanntmachungen über öffentliche Liefer- oder Dienstleistungsaufträge an das Amt für amtliche Veröffentlichungen der EG übermitteln, die nicht der Bekanntmachungspflicht nach den Vorschriften dieses Abschnittes unterliegen.

§ 17 b Bekanntmachung, Aufruf zum Wettbewerb, Beschafferprofil

1. (1) Die Auftraggeber veröffentlichen mindestens einmal jährlich in regelmäßigen unverbindlichen Bekanntmachungen über die für die nächsten 12 Monate beabsichtigten Aufträge, deren nach der Vergabeverordnung geschätzter Wert jeweils mindestens 750 000 EUR beträgt. Die Lieferaufträge sind nach Warenbereichen unter Bezugnahme auf die Positionen der Verordnung über das gemeinsame Vokabular für öffentliche Aufträge – CPV (Verordnung (EG) Nr. 2195/2002[12]

---

9 Amt für amtliche Veröffentlichungen der EG, 2, rue Mercier, L-2985 Luxemburg Telefon: 00352/2929-1, Telefax: 00352/292942670 http://ted.eur-op.eu.int E-Mail: mp-ojs@opoce.cec.eu.int

10 ABl EG Nr. L 340 S. 1
11 ABl EG Nr. L 329 S. 1
12 ABl EG Nr. L 340 S. 1

i.d.F. der Verordnung (EG) Nr. 2151/2003[13]) aufzuschlüsseln, die Dienstleistungsaufträge nach den im Anhang I A genannten Kategorien. Die Bekanntmachung ist nur dann zwingend vorgeschrieben, sofern der Auftraggeber die Frist für den Eingang der Angebote gemäß § 18 b Nr. 1 Abs. 2 Buchst. b verkürzen will.

(2) Die Bekanntmachungen sind nach dem im Anhang V der Verordnung (EG) Nr. 1564/2005 enthaltenen Muster zu erstellen und dem Amt für amtliche Veröffentlichungen der EG zu übermitteln.

(3) Veröffentlichen Auftraggeber eine regelmäßige unverbindliche Bekanntmachung in ihrem Beschafferprofil, so melden sie dies dem Amt für amtliche Veröffentlichungen der EG auf elektronischem Wege nach dem im Anhang VIII der Verordnung (EG) Nr. 1564/2005 enthaltenen Muster.

2. (1) Ein Aufruf zum Wettbewerb kann erfolgen,
 a) durch Veröffentlichung einer Bekanntmachung nach Anhang V der Verordnung (EG) Nr. 1564/2005 oder
 b) durch Veröffentlichung einer regelmäßigen unverbindlichen Bekanntmachung nach Nummer 1 oder
 c) durch Veröffentlichung einer Bekanntmachung über das Bestehen eines Prüfsystems nach § 7 b Nr. 5 (Anhang VII der Verordnung [EG] Nr. 1564/2005).

(2) Die Kosten der Veröffentlichung der Bekanntmachungen im ABl EG werden von den Gemeinschaften getragen.

3. Erfolgt der Aufruf zum Wettbewerb durch Veröffentlichung einer regelmäßigen unverbindlichen Bekanntmachung, so
 a) muss in der Bekanntmachung der Inhalt des zu vergebenden Auftrags nach Art und Umfang genannt sein,
 b) muss die Bekanntmachung den Hinweis enthalten, dass dieser Auftrag im Nichtoffenen Verfahren oder Verhandlungsverfahren ohne spätere Veröffentlichung eines Aufrufs zur Angebotsabgabe vergeben wird, sowie die Aufforderung an die interessierten Unternehmen, ihr Interesse schriftlich mitzuteilen,
 c) müssen die Auftraggeber später alle Bewerber auf der Grundlage von genaueren Angaben über den Auftrag auffordern, ihr Interesse zu bestätigen, bevor mit der Auswahl der Bieter

oder der Teilnehmer an einer Verhandlung begonnen wird. Die Angaben müssen mindestens Folgendes umfassen:
 aa) Art und Menge, einschließlich etwaiger Optionen auf zusätzliche Aufträge und möglichenfalls veranschlagte Frist für die Inanspruchnahme dieser Optionen; bei wiederkehrenden Aufträgen Art und Menge und möglichenfalls veranschlagte Frist für die Veröffentlichung der Bekanntmachungen späterer Ausschreibungen für die Lieferungen und Dienstleistungen, die Gegenstand des Auftrages sein sollen;
 bb) Art des Verfahrens: nicht offenes Verfahren oder Verhandlungsverfahren;
 cc) ggf. Zeitpunkt des Beginns oder Abschlusses der Leistungen;
 dd) Anschrift und letzter Tag für die Vorlage des Antrags auf Aufforderung zur Angebotsabgabe sowie die Sprache oder Sprachen, in denen die Angebote abzugeben sind;
 ee) die Anschrift der Stelle, die den Zuschlag erteilt und die Auskünfte gibt, die für den Erhalt der Spezifikationen und anderer Dokumente notwendig sind;
 ff) alle wirtschaftlichen und technischen Anforderungen, finanziellen Garantien und Angaben, die von den Lieferanten oder Dienstleistungserbringern verlangt werden;
 gg) Höhe der für die Vergabeunterlagen zu entrichtenden Beträge und Zahlungsbedingungen;
 hh) Art des Auftrages, der Gegenstand des Vergabeverfahrens ist (Kauf, Leasing, Miete oder Mietkauf oder mehrere Arten von Aufträgen);
 ii) Zuschlagskriterien sowie deren Gewichtung oder ggf. die nach ihrer Bedeutung abgestufte Reihenfolge,
 d) dürfen zwischen deren Veröffentlichung und dem Zeitpunkt der Zusendung der Aufforderung an die Bewerber gemäß Buchstabe c höchstens 12 Monate vergangen sein. Im Übrigen gilt § 18 b Nr. 2.

4. Erfolgt ein Aufruf zum Wettbewerb durch Veröffentlichung einer Bekanntmachung über das Bestehen eines Prüfsystems, so werden die Bieter in einem Nichtoffenen Verfahren oder die Teilnehmer an einem Verhandlungsverfahren unter den Bewerbern ausgewählt, die sich im

---

13 ABl EG Nr. L 329 S. 1

Rahmen eines solchen Systems qualifiziert haben.

5. (1) Die Bekanntmachung ist auf elektronischem[14] oder auf anderem Wege unverzüglich dem Amt für amtliche Veröffentlichungen der EG zu übermitteln. Der Auftraggeber muss den Tag der Absendung nachweisen können.
(2) Elektronisch erstellte und übersandte Bekanntmachungen werden spätestens 5 Tage nach ihrer Absendung an das Amt für amtliche Veröffentlichungen der EG veröffentlicht. Nicht elektronisch erstellte und übersandte Bekanntmachungen werden spätestens 12 Tage nach der Absendung veröffentlicht. Die Bekanntmachungen werden unentgeltlich ungekürzt im Supplement zum ABl EG in der jeweiligen Originalsprache und eine Zusammenfassung der wichtigsten Bestandteile davon in den anderen Amtssprachen der Gemeinschaft veröffentlicht; hierbei ist nur der Wortlaut in der Originalsprache verbindlich.
(3) Die europaweit vorgesehene Bekanntmachung darf in der Bundesrepublik Deutschland nicht vor dem in der Veröffentlichung zu nennenden Tag der Absendung an das Amt für amtliche Veröffentlichungen der EG veröffentlicht werden. Diese Veröffentlichung darf nur die dem Amt für amtliche Veröffentlichungen der EG übermittelten oder in einem Beschafferprofil nach Absatz 4 veröffentlichten Angaben enthalten. Sie müssen zusätzlich auf das Datum der Absendung der europaweiten Bekanntmachung an das Amt für amtliche Veröffentlichungen hinweisen.
(4) Die Auftraggeber können im Internet ein Beschafferprofil einrichten. Es enthält Angaben über geplante und laufende Vergabeverfahren, über vergebene Aufträge sowie alle sonstigen für die Auftragsvergabe relevanten Informationen wie z. B. Kontaktstelle, Telefon- und Telefaxnummer, Anschrift, E-Mail-Adresse des Auftraggebers.

6. Sind im Offenen Verfahren die Vergabeunterlagen und zusätzlichen Unterlagen rechtzeitig angefordert worden, sind sie den Bewerbern in der Regel innerhalb von 6 Tagen nach Eingang des Antrags zuzusenden.

7. Rechtzeitig beantragte Auskünfte über die Vergabeunterlagen sind spätestens 6 Tage vor Ablauf der Angebotsfrist zu erteilen.

8. Die Vergabeunterlagen sind beim Nichtoffenen Verfahren und beim Verhandlungsverfahren mit vorherigem Aufruf zum Wettbewerb an alle ausgewählten Bewerber am selben Tag abzusenden.

9. Die Vergabeunterlagen sind den Bewerbern in kürzestmöglicher Frist und in geeigneter Weise zu übermitteln.

§ 18 Form und Frist der Angebote

1. (1) Für die Bearbeitung und Abgabe der Angebote sind ausreichende Fristen vorzusehen. Dabei ist insbesondere der zusätzliche Aufwand für die Beschaffung von Unterlagen für die Angebotsbearbeitung, Erprobungen oder Besichtigungen zu berücksichtigen.
(2) Bei Freihändiger Vergabe kann von der Festlegung einer Angebotsfrist abgesehen werden. Dies gilt auch für Freihändige Vergabe nach Öffentlichem Teilnahmewettbewerb.

2. (1) Bei Ausschreibungen ist in der Aufforderung zur Angebotsabgabe vorzuschreiben, dass schriftliche Angebote als solche zu kennzeichnen und ebenso wie etwaige Änderungen und Berichtigungen in einem verschlossenen Umschlag zuzustellen sind. Bei elektronischen Angeboten ist sicherzustellen, dass der Inhalt der Angebote erst mit Ablauf der für ihre Einreichung festgelegten Frist zugänglich wird.
(2) Bei Freihändiger Vergabe kann Absatz 1 entsprechend angewendet werden.

3. Bis zum Ablauf der Angebotsfrist können Angebote in den in Nummer 2 genannten Formen zurückgezogen werden.

§ 18 a Formen und Fristen

1. (1) Beim Offenen Verfahren beträgt die Angebotsfrist mindestens 52 Tage,[15] gerechnet vom Tage der Absendung der Bekanntmachung an.
(2) Die Frist für den Eingang der Angebote kann durch eine kürzere Frist ersetzt werden, wenn die nachstehenden Voraussetzungen erfüllt sind:

---

14 Das Muster und die Modalitäten für die elektronische Übermittlung der Bekanntmachungen sind unter der Internetadresse http://simap.eu.int abrufbar.

15 Die Berechnung der Fristen erfolgt nach der Verordnung (EWG/-Euratom) Nr. 1182/71 des Rates vom 3.6. 1971 zur Festlegung der Regeln für die Fristen, Daten und Termine, ABl EG Nr. L 124 vom 8.6. 1971, S. 1 (vgl. Anhang III). So gelten z. B. als Tage alle Tage einschl. Feiertage, Sonntage und Sonnabende.

9 Anhang

a) Der öffentliche Auftraggeber muss eine Vorinformation gemäß § 17 a Nr. 3 nach dem vorgeschriebenen Muster (Anhang I der Verordnung (EG) Nr. 1564/2005) mindestens 52 Tage, höchstens aber 12 Monate vor dem Zeitpunkt der Absendung der Bekanntmachung des Auftrags im Offenen Verfahren nach § 17 a Nr. 1 im ABl EG oder in seinem Beschafferprofil nach § 17 a Nr. 2 veröffentlicht haben. Diese Vorinformation oder das Beschafferprofil muss mindestens ebenso viele Informationen wie das Muster einer Bekanntmachung für das Offene Verfahren (Anhang II der Verordnung (EG) Nr. 1564/2005) enthalten, soweit diese Informationen zum Zeitpunkt der Veröffentlichung der Bekanntmachung für die Vorinformation vorlagen.

b) Die verkürzte Frist muss für die Interessenten ausreichen, um ordnungsgemäße Angebote einreichen zu können. Sie sollte in der Regel nicht weniger als 36 Tage vom Zeitpunkt der Absendung der Bekanntmachung des Auftrags an betragen; sie muss auf jeden Fall mindestens 22 Tage betragen.

(3) Können die Angebote nur nach einer Ortsbesichtigung oder Einsichtnahme in nicht übersandte Verdingungsunterlagen erstellt werden, oder konnten die Fristen nach Absatz 5 und 6 nicht eingehalten werden, so sind die Angebotsfristen entsprechend zu verlängern.

(4) Bei elektronisch erstellten und übermittelten Bekanntmachungen können die Fristen nach Nummer 1 Abs. 1 und 2 um 7 Tage verkürzt werden. Macht der Auftraggeber die Verdingungsunterlagen und alle zusätzliche Unterlagen elektronisch frei, direkt und vollständig verfügbar, kann er die Frist für den Eingang der Angebote nach Nummer 1 Abs. 1 um weitere 5 Tage verkürzen.

(5) Macht der Auftraggeber die Verdingungsunterlagen und alle zusätzlichen Unterlagen nicht auf elektronischem Weg frei, direkt und vollständig verfügbar und sind die Verdingungsunterlagen und die zusätzlichen Unterlagen rechtzeitig angefordert worden, so muss der Auftraggeber die genannten Unterlagen innerhalb von 6 Tagen nach Eingang des Antrags an die Unternehmen absenden.

(6) Der Auftraggeber muss rechtzeitig angeforderte zusätzliche Auskünfte über die Verdingungsunterlagen und das Anschreiben spätestens 6 Tage vor Ablauf der Angebotsfrist erteilen.

2. (1) Beim Nichtoffenen Verfahren, Wettbewerblichen Dialog und im Verhandlungsverfahren in den Fällen des § 3 a Nr. 1 Abs. 5 beträgt die vom Auftraggeber festzusetzende Frist für den Antrag auf Teilnahme mindestens 37 Tage ab dem Tag der Absendung der Bekanntmachung. In Fällen besonderer Dringlichkeit (beschleunigtes Verfahren) beim Nichtoffenen Verfahren und Verhandlungsverfahren in den Fällen des § 3 a Nr. 1 Abs. 5 beträgt diese Frist mindestens 15 Tage oder mindestens 10 Tage bei elektronischer Übermittlung, jeweils gerechnet vom Tag der Absendung der Bekanntmachung an.

(2) Die vom Auftraggeber festzusetzende Angebotsfrist beim Nichtoffenen Verfahren beträgt mindestens 40 Tage, gerechnet vom Tag der Absendung der Aufforderung zur Angebotsabgabe an. In Fällen besonderer Dringlichkeit beträgt die Frist mindestens 10 Tage, gerechnet vom Tage der Absendung der Aufforderung zur Angebotsabgabe an. Hat der Auftraggeber eine Vorinformation veröffentlicht, kann er die Frist für den Eingang der Angebote im Allgemeinen auf 36 Tage ab dem Tag der Absendung der Aufforderung zur Angebotsabgabe, jedoch keinesfalls weniger als 22 Tage festsetzen. Nummer 1 Abs. 2 Buchst. a gilt entsprechend.

(3) Bei elektronisch erstellten und übermittelten Bekanntmachungen kann die Frist für den Eingang der Teilnahmeanträge gemäß Absatz 1 Satz 1 um 7 Tage verkürzt werden. Macht der Auftraggeber die Verdingungsunterlagen und alle zusätzlichen Unterlagen elektronisch frei, direkt und vollständig verfügbar, kann er die Frist gemäß Absatz 2 Satz 1 um weitere 5 Tage verkürzen.

(4) Können die Angebote nur nach einer Ortsbesichtigung oder Einsichtnahme in nicht übersandte Verdingungsunterlagen erstellt werden oder konnten die Fristen nach Absatz 5 nicht eingehalten werden, so sind die Angebotsfristen entsprechend zu verlängern.

(5) Der Auftraggeber muss rechtzeitig angeforderte zusätzliche Auskünfte über die Verdingungsunterlagen und das Anschreiben spätestens 6 Tage, beim Nichtoffenen Verfahren oder beschleunigten Verhandlungsverfahren spätestens 4 Tage vor Ablauf der Angebotsfrist erteilen.

§ 18 b Angebotsfrist, Bewerbungsfrist

1. (1) Beim Offenen Verfahren beträgt die Frist für den Eingang der Angebote (Angebotsfrist) min-

9.6 Allgemeine Bestimmungen für die Vergabe von Leistungen (VOL/A)

destens 52 Tage,[16] gerechnet vom Tag der Absendung der Bekanntmachung an.

(2) Die Frist für den Eingang der Angebote kann durch eine kürzere Frist ersetzt werden, wenn die nachstehenden Voraussetzungen erfüllt sind:

a) Der öffentliche Auftraggeber muss eine regelmäßige unverbindliche Bekanntmachung gemäß § 17b Nr. 1 nach dem vorgeschriebenen Muster (Anhang IV der Verordnung [EG] Nr. 1564/2005) oder ein Beschafferprofil nach § 17b Nr. 5 Abs. 4 mindestens 52 Tage, höchstens aber 12 Monate, vor dem Zeitpunkt der Absendung der Bekanntmachung des Auftrages im Offenen Verfahren nach § 17b Nr. 2 Buchst. a an das ABl EG abgesandt haben. Diese regelmäßige unverbindliche Bekanntmachung muss mindestens ebenso viele Informationen wie das Muster einer Bekanntmachung für das Offene Verfahren (Anhang A/SKR) enthalten, soweit diese Informationen zum Zeitpunkt der Veröffentlichung der Bekanntmachung der regelmäßigen unverbindlichen Bekanntmachung vorlagen.

b) Die verkürzte Frist muss für die Interessenten ausreichen, um ordnungsgemäße Angebote einreichen zu können. Sie sollte in der Regel nicht weniger als 36 Tage vom Zeitpunkt der Absendung der Bekanntmachung des Auftrages an betragen; sie muss auf jeden Fall mindestens 22 Tage betragen.

2. Bei Nichtoffenen Verfahren und Verhandlungsverfahren mit vorherigem Aufruf zum Wettbewerb gilt:

a) Die Frist für den Eingang von Teilnahmeanträgen (Bewerbungsfrist) auf Grund der Bekanntmachung nach § 17b Nr. 2 Abs. 1 Buchst. a oder der Aufforderung nach § 17b Nr. 3 Buchst. c beträgt grds. mindestens 37 Tage vom Tag der Absendung an. Sie darf auf keinen Fall kürzer sein als 22 Tage, wenn die Bekanntmachung nicht auf elektronischem Wege oder per Telefax zur Veröffentlichung übermittelt wurde, bzw. nicht kürzer als 15 Tage, wenn sie auf solchem Wege übermittelt wurde.

b) Die Angebotsfrist kann zwischen dem Auftraggeber und den ausgewählten Bewerbern einvernehmlich festgelegt werden, vorausgesetzt, dass allen Bewerbern dieselbe Frist für die Erstellung und Einreichung von Angeboten eingeräumt wird.

c) Falls eine einvernehmliche Festlegung der Angebotsfrist nicht möglich ist, setzt der Auftraggeber im Regelfall eine Frist von mindestens 24 Tagen fest. Sie darf jedoch keinesfalls kürzer als 10 Tage sein, gerechnet vom Tag der Absendung der Aufforderung zur Angebotsabgabe. Bei der Festlegung der Frist werden insbesondere die in Nummer 3 genannten Faktoren berücksichtigt.

3. Können die Angebote nur nach Prüfung von umfangreichen Unterlagen, z.B. ausführlichen technischen Spezifikationen, oder nur nach einer Ortsbesichtigung oder Einsichtnahme in ergänzende Unterlagen zu den Vergabeunterlagen erstellt werden oder konnten die Fristen nach § 17b Nr. 6 und 7 nicht eingehalten werden, so muss dies beim Festsetzen angemessener Angebotsfristen berücksichtigt werden.

4. (1) Bei elektronisch erstellten und übermittelten Bekanntmachungen können die Fristen für den Eingang der Anträge auf Teilnahme im Nichtoffenen Verfahren und Verhandlungsverfahren und die Fristen für den Eingang der Angebote im Offenen Verfahren um 7 Tage verkürzt werden. Macht der Auftraggeber die Verdingungsunterlagen und alle zusätzlichen Unterlagen ab dem Tag der Veröffentlichung der Bekanntmachung frei, direkt und vollständig elektronisch verfügbar, kann er die Frist für den Eingang der Angebote um weitere 5 Tage verkürzen, es sei denn, es handelt sich um eine nach Nummer 2 Buchst. b im gegenseitigen Einvernehmen festgelegte Frist. In der Bekanntmachung ist die Internet-Adresse anzugeben, unter der diese Unterlagen abrufbar sind.

(2) Wurde im offenen Verfahren die Bekanntmachung per Telefax oder elektronisch übermittelt, darf die Kumulierung der Verkürzung der Fristen nicht zu einer Frist für den Eingang der Angebote führen, die gerechnet ab dem Tag der Absendung der Bekanntmachung weniger als 15 Tage beträgt. Wurde die Bekanntmachung nicht per Telefax oder elektronisch übermittelt, darf diese Kumulierung nicht zu einer Frist für

---

[16] Die Berechnung der Fristen erfolgt nach der Verordnung (EWG/Euratom) Nr. 1182/71 des Rates vom 3.6.1971 zur Festlegung der Regeln für die Fristen, Daten und Termine, ABl Nr. 124 vom 8.6.1971, S. 1 (vgl. Anhang III). So gelten z.B. als Tage alle Tage einschließlich Feiertage, Sonntage und Sonnabende.

den Eingang der Angebote führen, die weniger als 22 Tage beträgt.
(3) Im nicht offenen Verfahren und Verhandlungsverfahren darf die Kumulierung der Verkürzung der Fristen nicht zu einer Frist für den Eingang der Angebote führen, die weniger als 10 Tage beträgt, es sei denn es handelt sich um eine im gegenseitigen Einvernehmen festgelegte Frist.
(4) Eine Kumulierung der Verkürzung der Fristen für den Eingang der Teilnahmeanträge darf bei einer elektronisch übermittelten Bekanntmachung nicht zu einer Frist führen, die weniger als 15 Tage ab dem Tag der Absendung der Bekanntmachung führt.

§ 19 Zuschlags- und Bindefrist

1. Die Zuschlagsfrist beginnt mit dem Ablauf der Angebotsfrist (§ 18).
2. Die Zuschlagsfrist ist so kurz wie möglich und nicht länger zu bemessen, als der Auftraggeber für eine zügige Prüfung und Wertung der Angebote benötigt. Das Ende der Zuschlagsfrist soll durch Angabe des Kalendertages bezeichnet werden.
3. Es ist vorzusehen, dass der Bieter bis zum Ablauf der Zuschlagsfrist an sein Angebot gebunden ist (Bindefrist).
4. Die Nummern 1 bis 3 gelten bei Freihändiger Vergabe entsprechend.

§ 20 Kosten

1. (1) Bei Öffentlicher Ausschreibung dürfen für die Verdingungsunterlagen die Vervielfältigungskosten gefordert werden. In der Bekanntmachung (§ 17) ist anzugeben, wie hoch sie sind. Sie werden nicht erstattet.
(2) Bei Beschränkter Ausschreibung und Freihändiger Vergabe sind die Unterlagen unentgeltlich abzugeben. Eine Entschädigung (Absatz 1 Satz 1) darf nur ausnahmsweise gefordert werden, wenn die Selbstkosten der Vervielfältigung unverhältnismäßig hoch sind.
2. (1) Für die Bearbeitung des Angebots werden keine Kosten erstattet. Verlangt jedoch der Auftraggeber, dass der Bieter Entwürfe, Pläne, Zeichnungen, Berechnungen oder andere Unterlagen ausarbeitet, insbesondere in den Fällen des § 8 Nr. 2 Abs. 1 Buchst. a, so ist einheitlich für alle Bieter in der Ausschreibung eine angemessene Kostenerstattung festzusetzen. Ist eine Kostenerstattung festgesetzt, so steht sie jedem Bieter zu, der ein der Ausschreibung entsprechendes Angebot mit den geforderten Unterlagen rechtzeitig eingereicht hat.
(2) Absatz 1 gilt für Freihändige Vergabe entsprechend.

§ 21 Inhalt der Angebote

1. (1) Die Angebote müssen die Preise sowie die geforderten Angaben und Erklärungen enthalten. Soweit Erläuterungen zur Beurteilung des Angebots erforderlich erscheinen, kann der Bieter sie auf besonderer Anlage seinem Angebot beifügen.
(2) Die Auftraggeber haben die Integrität der Daten und die Vertraulichkeit der übermittelten Angebote auf geeignete Weise zu gewährleisten. Per Post oder direkt übermittelte Angebote sind in einem verschlossenen Umschlag einzureichen, als solche zu kennzeichnen und bis zum Ablauf der für die Einreichung vorgesehenen Frist unter Verschluss zu halten. Bei elektronisch übermittelten Angeboten ist dies durch entsprechende organisatorische und technische Lösungen nach den Anforderungen des Auftraggebers und durch Verschlüsselung sicherzustellen. Die Verschlüsselung muss bis zum Ablauf der Frist zur Einreichung der Angebote aufrecht erhalten bleiben. Die Angebote müssen unterschrieben sein, elektronisch übermittelte Angebote sind mit einer fortgeschrittenen elektronischen Signatur nach dem SigG und den Anforderungen des Auftraggebers oder mit einer qualifizierten elektronischen Signatur nach dem SigG zu versehen.
(3) Änderungen des Bieters an seinen Eintragungen im Angebot müssen zweifelsfrei sein.
(4) Änderungen und Ergänzungen an den Verdingungsunterlagen sind unzulässig.
(5) Muster und Proben des Bieters müssen als zum Angebot gehörig gekennzeichnet sein.
2. Etwaige Nebenangebote müssen auf besonderer Anlage gemacht und als solche deutlich gekennzeichnet werden.
3. (1) Der Bieter hat auf Verlangen im Angebot anzugeben, ob für den Gegenstand des Angebots gewerbliche Schutzrechte bestehen oder von dem Bieter oder anderen beantragt sind.
(2) Der Bieter hat stets anzugeben, wenn er erwägt, Angaben aus seinem Angebot für die Anmeldung eines gewerblichen Schutzrechtes zu verwerten.
4. Arbeitsgemeinschaften und andere gemeinschaftliche Bieter haben in den Angeboten jeweils die Mitglieder zu benennen sowie eines ihrer Mitglieder als bevollmächtigten Vertreter für den

Abschluss und die Durchführung des Vertrages zu bezeichnen. Fehlt eine dieser Bezeichnungen im Angebot, so ist sie vor der Zuschlagserteilung beizubringen.

5. Der Bieter kann schon im Angebot die Rückgabe von Entwürfen, Ausarbeitungen, Mustern und Proben verlangen, falls das Angebot nicht berücksichtigt wird (§ 27 Nr. 7).

§ 22 Öffnung der Angebote bei Ausschreibungen; Vertraulichkeit

1. Schriftliche Angebote sind auf dem ungeöffneten Umschlag mit Eingangsvermerk zu versehen und bis zum Zeitpunkt der Öffnung unter Verschluss zu halten. Den Eingangsvermerk soll ein an der Vergabe nicht Beteiligter anbringen. Elektronische Angebote sind entsprechend zu kennzeichnen und unter Verschluss zu halten.

2. (1) Die Verhandlung zur Öffnung der Angebote soll unverzüglich nach Ablauf der Angebotsfrist stattfinden.
(2) In der Verhandlung zur Öffnung der Angebote muss neben dem Verhandlungsleiter ein weiterer Vertreter des Auftraggebers anwesend sein.
(3) Bieter sind nicht zuzulassen.

3. Der Verhandlungsleiter stellt fest, ob die Angebote
   a) ordnungsgemäß verschlossen und äußerlich gekennzeichnet bzw. verschlüsselt,
   b) bis zum Ablauf der Angebotsfrist bei der für den Eingang als zuständig bezeichneten Stelle eingegangen sind. Die Angebote werden geöffnet und in allen wesentlichen Teilen einschließlich der Anlagen gekennzeichnet.

4. (1) Über die Verhandlung zur Öffnung der Angebote ist eine Niederschrift zu fertigen. In die Niederschrift sind folgende Angaben aufzunehmen:
   a) Name und Wohnort der Bieter und die Endbeträge der Angebote, ferner andere den Preis betreffende Angaben,
   b) ob und von wem Nebenangebote eingereicht worden sind.
(2) Angebote, die nicht den Voraussetzungen der Nummer 3 Satz 1 entsprechen, müssen in der Niederschrift oder, soweit sie nach Schluss der Eröffnungsverhandlung eingegangen sind, in einem Nachtrag zur Niederschrift besonders aufgeführt werden; die Eingangszeit und etwa bekannte Gründe, aus denen die Voraussetzungen der Nummer 3 Satz 1 nicht erfüllt sind, sind zu vermerken.

(3) Die Niederschrift ist von dem Verhandlungsleiter und dem weiteren Vertreter des Auftraggebers zu unterschreiben.

5. Die Niederschrift darf weder den Bietern noch der Öffentlichkeit zugänglich gemacht werden.

6. (1) Die Angebote und ihre Anlagen sind sorgfältig zu verwahren und vertraulich zu behandeln. Von den nicht ordnungsgemäß oder verspätet eingegangenen Angeboten sind auch der Umschlag und andere Beweismittel aufzubewahren.
(2) Im Falle des § 21 Nr. 3 Abs. 2 ist sicherzustellen, dass die Kenntnis des Angebots auf die mit der Sache Befassten beschränkt bleibt.
(3) Der Auftraggeber darf Angebotsunterlagen und die in den Angeboten enthaltenen eigenen Vorschläge eines Bieters nur für die Prüfung und Wertung der Angebote (§§ 23 und 25) verwenden. Eine darüber hinausgehende Verwendung bedarf der vorherigen schriftlichen Vereinbarung, in der auch die Entschädigung zu regeln ist.
(4) Die Absätze 1 bis 3 gelten bei Freihändiger Vergabe entsprechend.

§ 23 Prüfung der Angebote

1. Nicht geprüft zu werden brauchen Angebote,
   a) die nicht ordnungsgemäß oder verspätet eingegangen sind, es sei denn, dass der nicht ordnungsgemäße oder verspätete Eingang durch Umstände verursacht worden ist, die nicht vom Bieter zu vertreten sind,
   b) die nicht unterschrieben oder nicht mit der erforderlichen elektronischen Signatur und Verschlüsselung versehen sind (§ 21 Nr. 1 Abs. 2 Satz 5),
   c) bei denen Änderungen des Bieters an seinen Eintragungen nicht zweifelsfrei sind (§ 21 Nr. 1 Abs. 3),
   d) bei denen Änderungen oder Ergänzungen an den Verdingungsunterlagen vorgenommen worden sind (§ 21 Nr. 1 Abs. 4).

2. Die übrigen Angebote sind einzeln auf Vollständigkeit sowie auf rechnerische und fachliche Richtigkeit zu prüfen; ferner sind die für die Beurteilung der Wirtschaftlichkeit der einzelnen Angebote maßgebenden Gesichtspunkte festzuhalten. Ggf. sind Sachverständige (§ 6) hinzuziehen.

3. Das Ergebnis der Prüfung ist aktenkundig zu machen.

§ 24 Verhandlungen mit Bietern bei Ausschreibungen

1. (1) Nach Öffnung der Angebote bis zur Zuschlagserteilung darf mit den Bietern über ihre Angebote nur verhandelt werden, um Zweifel über die Angebote oder die Bieter zu beheben.
   (2) Verweigert ein Bieter die geforderten Aufklärungen und Angaben, so kann sein Angebot unberücksichtigt bleiben.
2. (1) Andere Verhandlungen, besonders über Änderungen der Angebote oder Preise, sind unstatthaft.
   (2) Ausnahmsweise darf bei einem Nebenangebot (§ 17 Nr. 3 Abs. 5) oder bei einem Angebot auf Grund funktionaler Leistungsbeschreibung (§ 8 Nr. 2 Abs. 1 Buchst. a) mit dem Bieter, dessen Angebot als das wirtschaftlichste gewertet wurde (§ 25 Nr. 3), im Rahmen der geforderten Leistung über notwendige technische Änderungen geringen Umfangs verhandelt werden. Hierbei kann auch der Preis entsprechend angepasst werden. Mit weiteren Bietern darf nicht verhandelt werden.
3. Grund und Ergebnis der Verhandlungen sind vertraulich zu behandeln und schriftlich niederzulegen.

§ 25 Wertung der Angebote

1. (1) Ausgeschlossen werden:
   a) Angebote, für deren Wertung wesentliche Preisangaben fehlen (§ 21 Nr. 1 Abs. 1 Satz 1),
   b) Angebote, die nicht unterschrieben sind (§ 21 Nr. 1 Abs. 2 Satz 5),
   c) Angebote, in denen Änderungen des Bieters an seinen Eintragungen nicht zweifelsfrei sind (§ 21 Nr. 1 Abs. 3),
   d) Angebote, bei denen Änderungen oder Ergänzungen an den Verdingungsunterlagen vorgenommen worden sind (§ 21 Nr. 1 Abs. 4),
   e) Angebote, die verspätet eingegangen sind, es sei denn, dass der verspätete Eingang durch Umstände verursacht worden ist, die nicht vom Bieter zu vertreten sind,
   f) Angebote von Bietern, die in Bezug auf die Vergabe eine unzulässige, wettbewerbsbeschränkende Abrede getroffen haben,
   g) Nebenangebote, soweit der Auftraggeber diese nach § 17 Nr. 3 Abs. 5 ausgeschlossen hat.
   (2) Außerdem können ausgeschlossen werden:
   a) Angebote, die nicht die geforderten Angaben und Erklärungen enthalten (§ 21 Nr. 1 Abs. 1 Satz 1),
   b) Angebote von Bietern, die von der Teilnahme am Wettbewerb ausgeschlossen werden können (§ 7 Nr. 5),
   c) Nebenangebote, die nicht auf besonderer Anlage gemacht worden oder als solche nicht deutlich gekennzeichnet sind (§ 21 Nr. 2).
2. (1) Bei der Auswahl der Angebote, die für den Zuschlag in Betracht kommen, sind nur Bieter zu berücksichtigen, die für die Erfüllung der vertraglichen Verpflichtungen die erforderliche Fachkunde, Leistungsfähigkeit und Zuverlässigkeit besitzen.
   (2) Erscheinen Angebote im Verhältnis zu der zu erbringenden Leistung ungewöhnlich niedrig, so überprüft der Auftraggeber vor der Vergabe des Auftrags die Einzelposten dieser Angebote. Zu diesem Zweck verlangt er in Textform vom Bieter die erforderlichen Belege. Der Auftraggeber berücksichtigt bei der Vergabe das Ergebnis dieser Überprüfung.
   (3) Auf Angebote, deren Preise in offenbarem Missverhältnis zur Leistung stehen, darf der Zuschlag nicht erteilt werden.
3. Der Zuschlag ist auf das unter Berücksichtigung aller Umstände wirtschaftlichste Angebot zu erteilen. Der niedrigste Angebotspreis allein ist nicht entscheidend.
4. Nebenangebote, die der Auftraggeber bei der Ausschreibung gewünscht oder ausdrücklich zugelassen hat, sind ebenso zu werten wie die Hauptangebote. Sonstige Nebenangebote können berücksichtigt werden.
5. Die Gründe für die Zuschlagserteilung sind in den Akten zu vermerken.

§ 25 a Zuschlagskriterien, staatliche Beihilfe

1. (1) Der Auftraggeber berücksichtigt bei der Entscheidung über den Zuschlag verschiedene durch den Auftragsgegenstand gerechtfertigte Kriterien, beispielsweise Qualität, Preis, technischer Wert, Ästhetik, Zweckmäßigkeit, Umwelteigenschaften, Betriebskosten, Rentabilität, Kundendienst und technische Hilfe, Lieferzeitpunkt und Lieferungs- oder Ausführungsfrist. Er hat die Kriterien zu gewichten. Die Gewichtung kann mit einer angemessenen Marge erfolgen. Kann nach Ansicht des Auftraggebers die Gewichtung aus nachvollziehbaren Gründen nicht angegeben werden, so legt der Auftraggeber die Kriterien in absteigender Reihenfolge ihrer Bedeutung fest.
   (2) Bei der Wertung der Angebote darf der Auftraggeber nur die Kriterien berücksichtigen, die

9.6 Allgemeine Bestimmungen für die Vergabe von Leistungen (VOL/A)

in der Bekanntmachung oder den Vergabeunterlagen genannt sind.
2. Angebote, die auf Grund einer staatlichen Beihilfe ungewöhnlich niedrig sind, können allein aus diesem Grund nur dann zurückgewiesen werden, wenn das Unternehmen nach Aufforderung innerhalb einer vom Auftraggeber festzulegenden ausreichenden Frist nicht nachweisen kann, dass die betreffende Beihilfe rechtmäßig gewährt wurde. Auftraggeber, die unter diesen Umständen ein Angebot zurückweisen, müssen die Kommission der EG darüber unterrichten.
3. Der Auftraggeber berücksichtigt nur Nebenangebote, die die von ihm verlangten Mindestanforderungen erfüllen.

§ 25 b Wertung der Angebote

1. (1) Der Auftrag ist auf das wirtschaftlich günstigste Angebot unter Berücksichtigung der auftragsbezogenen Kriterien wie etwa Lieferfrist, Ausführungsdauer, Betriebskosten, Rentabilität, Qualität, Ästhetik und Zweckmäßigkeit, Umwelteigenschaften, technischer Wert, Kundendienst und technische Hilfe, Verpflichtungen hinsichtlich der Ersatzteile, Versorgungssicherheit, Preis zu erteilen. Der Auftraggeber hat die Kriterien zu gewichten. Die Gewichtung kann mit einer angemessenen Marge erfolgen. Kann nach Ansicht des Auftraggebers die Gewichtung aus nachvollziehbaren Gründen nicht angegeben werden, so legt er die Kriterien in absteigender Reihenfolge ihrer Bedeutung fest.
(2) Bei der Wertung der Angebote dürfen nur Kriterien berücksichtigt werden, die in der Bekanntmachung oder in den Vergabeunterlagen genannt sind.
2. (1) Erscheinen im Falle eines bestimmten Auftrags Angebote im Verhältnis zur Leistung als ungewöhnlich niedrig, so muss der Auftraggeber vor deren Ablehnung schriftlich Aufklärung über die Einzelposten der Angebote verlangen, wo er dies für angezeigt hält; die anschließende Prüfung erfolgt unter Berücksichtigung der eingegangenen Begründungen. Er kann eine zumutbare Frist für die Antwort festlegen.
(2) Der Auftraggeber kann Begründungen berücksichtigen, die objektiv gerechtfertigt sind durch die Wirtschaftlichkeit der Herstellungsmethode, die gewählten technischen Lösungen, außergewöhnlich günstige Bedingungen für den Bieter bei der Durchführung des Auftrags oder die Originalität der vom Bieter vorgeschlagenen Erzeugnisse.

(3) Angebote, die auf Grund einer staatlichen Beihilfe ungewöhnlich niedrig sind, dürfen von den Auftraggebern nur zurückgewiesen werden, wenn diese den Bieter darauf hingewiesen haben und dieser innerhalb einer vom Auftraggeber festzulegenden angemessenen Frist nicht den Nachweis liefern konnte, dass die Beihilfe der Kommission der EG gemeldet oder von ihr genehmigt wurde. Auftraggeber, die unter diesen Umständen ein Angebot zurückweisen, müssen die Kommission der EG darüber unterrichten.
3. Ein Angebot nach § 8 b Nr. 2 Abs. 1 oder 2 ist wie ein Hauptangebot zu werten.
4. (1) Nebenangebote sind zu werten, es sei denn, der Auftraggeber hat sie in der Bekanntmachung oder in den Vergabeunterlagen nicht zugelassen.
(2) Der Zuschlag darf nur auf solche Angebote erteilt werden, die den verlangten Mindestanforderungen entsprechen.

§ 26 Aufhebung der Ausschreibung

1. Die Ausschreibung kann aufgehoben werden, wenn
   a) kein Angebot eingegangen ist, das den Ausschreibungsbedingungen entspricht,
   b) sich die Grundlagen der Ausschreibung wesentlich geändert haben,
   c) sie kein wirtschaftliches Ergebnis gehabt hat,
   d) andere schwerwiegende Gründe bestehen.
2. Die Ausschreibung kann unter der Voraussetzung, dass Angebote in Losen vorgesehen oder Nebenangebote nicht ausgeschlossen sind, teilweise aufgehoben werden, wenn
   a) das wirtschaftlichste Angebot den ausgeschriebenen Bedarf nicht voll deckt,
   b) schwerwiegende Gründe der Vergabe der gesamten Leistung an einen Bieter entgegenstehen.
3. Die Gründe für die Aufhebung der Ausschreibung sind in den Akten zu vermerken.
4. Die Bieter sind von der Aufhebung der Ausschreibung unter Bekanntgabe der Gründe (Nummer 1 Buchst. a bis d, Nummer 2 Buchst. a und b) unverzüglich zu benachrichtigen.
5. Eine neue Ausschreibung oder eine Freihändige Vergabe ist nur zulässig, wenn die vorhergehende Ausschreibung über denselben Gegenstand ganz oder teilweise aufgehoben ist.

§ 26 a Mitteilung über den Verzicht auf die Vergabe

Die Entscheidung, auf die Vergabe eines dem EG-weiten Wettbewerb unterstellten Auftrages zu

515

verzichten, teilt der Auftraggeber dem Amt für amtliche Veröffentlichungen der EG[17] mit. Den Bewerbern oder Bietern teilt der Auftraggeber unverzüglich die Gründe für seine Entscheidung mit, auf die Vergabe eines im ABl EG bekannt gemachten Auftrages zu verzichten oder das Verfahren erneut einzuleiten. Auf Antrag teilt er ihnen dies auch in Textform mit.

§ 27 Nicht berücksichtigte Angebote

1. Ein Angebot gilt als nicht berücksichtigt, wenn bis zum Ablauf der Zuschlagsfrist kein Auftrag erteilt wurde.

Die Vergabestelle teilt jedem erfolglosen Bieter nach Zuschlagserteilung auf dessen schriftlichen Antrag hin unverzüglich die Ablehnung seines Angebots schriftlich mit.

Dem Antrag ist ein adressierter Freiumschlag beizufügen. Der Antrag kann bereits bei der Abgabe des Angebotes gestellt werden.

Weiterhin muss in den Verdingungsunterlagen bereits darauf hingewiesen werden, dass das Angebot nicht berücksichtigt worden ist, wenn bis zum Ablauf der Zuschlagsfrist kein Auftrag erteilt wurde.

2. In der Mitteilung gemäß Nummer 1 Satz 2 sind zusätzlich bekannt zu geben:
   a) Die Gründe für die Ablehnung (z.B. preisliche, technische, funktionsbedingte, gestalterische, ästhetische) seines Angebots. Bei der Mitteilung ist darauf zu achten, dass die Auskunft mit Rücksicht auf die Verpflichtung der Vergabestelle, die Angebote vertraulich zu behandeln (§ 22 Nr. 6 Abs. 1 Satz 1), keine Angaben aus Angeboten anderer Bieter enthält.
   b) Die Anzahl der eingegangenen Angebote.
   c) Der niedrigste und höchste Angebotsendpreis der nach § 23 geprüften Angebote.
3. Die zusätzliche Bekanntgabe nach Nummer 2 entfällt, wenn
   a) der Zuschlagspreis unter 5 000 EUR liegt oder
   b) weniger als 8 Angebote eingegangen sind oder
   c) der Aufforderung zur Angebotsabgabe eine funktionale Leistungsbeschreibung (§ 8 Nr. 2 Abs. 2 Buchst. a) zugrunde gelegen hat oder

d) das Angebot nach § 25 Nr. 1 ausgeschlossen worden ist oder nach § 25 Nr. 2 Abs. 1 nicht berücksichtigt werden konnte.

4. Ist auf Grund der Aufforderung zur Angebotsabgabe Vergabe in Losen vorgesehen, so sind zusätzlich in der Bekanntgabe nach Nummer 2 Buchst. c Preise zu Losangeboten dann mitzuteilen, wenn eine Vergleichbarkeit der Losangebote (z.B. gleiche Losgröße und Anzahl der Lose) gegeben ist.

5. Sind Nebenangebote eingegangen, so sind diese bei den Angaben gemäß Nummer 2 außer Betracht zu lassen; im Rahmen der Bekanntgabe nach Nummer 2 ist jedoch anzugeben, dass Nebenangebote eingegangen sind.

6. Die Mitteilungen nach Nummer 1 und 2 sind abschließend.

7. Entwürfe, Ausarbeitungen, Muster und Proben zu nicht berücksichtigten Angeboten sind zurückzugeben, wenn dies im Angebot oder innerhalb von 24 Werktagen nach Ablehnung des Angebots verlangt wird.

8. Nicht berücksichtigte Angebote und Ausarbeitungen der Bieter dürfen nur mit ihrer Zustimmung für eine neue Vergabe oder für andere Zwecke benutzt werden.

§ 27 a Nicht berücksichtigte Bewerbungen und Angebote

1. Der Auftraggeber teilt unverzüglich, spätestens innerhalb von 15 Tagen, nach Eingang eines entsprechenden Antrags den nicht berücksichtigten Bewerbern oder Bietern die Gründe für die Ablehnung ihrer Bewerbung oder ihres Angebotes und den Bietern, die ein ordnungsgemäßes Angebot eingereicht haben, auch die Merkmale und Vorteile des erfolgreichen Angebots und den Namen des erfolgreichen Bieters mit.

2. Der Auftraggeber kann in Nummer 1 genannte Informationen zurückhalten, wenn die Weitergabe den Gesetzesvollzug vereiteln würde oder sonst nicht im öffentlichen Interesse läge, oder die berechtigten Geschäftsinteressen von Unternehmen oder den fairen Wettbewerb beeinträchtigen würde.

§ 27 b Mitteilungspflichten

1. Die Auftraggeber teilen den Bewerbern und Bietern unverzüglich, spätestens innerhalb von 15 Tagen nach Eingang der Anfrage und auf Antrag auch in Textform, Folgendes mit:
   – Entscheidung einschließlich der Gründe, auf die Vergabe eines Auftrages zu verzichten oder das Verfahren erneut einzuleiten,

---

17 Amt für amtliche Veröffentlichungen der EG, 2, rue Mercier, L-2985 Luxemburg Telefon: 003 52/ 29 29-1, Telefax: 003 52/2 92 94 26 70 http://ted.eur-op.eu.int E-Mail: mp-ojs@opoce.cec.eu.int

- den ausgeschlossenen Bewerbern oder Bietern die Gründe für die Ablehnung ihrer Bewerbung oder ihres Angebotes,
- den Bietern, die ein ordnungsgemäßes Angebot eingereicht haben, die Merkmale und Vorteile des erfolgreichen Angebotes und den Namen des erfolgreichen Bieters.

2. Der Auftraggeber kann in Nummer 1 genannte Informationen zurückhalten, wenn die Weitergabe den Gesetzesvollzug vereiteln würde oder sonst nicht im öffentlichen Interesse läge, oder die berechtigten Geschäftsinteressen von Unternehmen oder den fairen Wettbewerb beeinträchtigen würde.

§ 28 Zuschlag

1. (1) Der Zuschlag (§ 25 Nr. 3) auf ein Angebot soll schriftlich und so rechtzeitig erteilt werden, dass ihn der Bieter noch vor Ablauf der Zuschlagsfrist erhält. Wird ausnahmsweise der Zuschlag nicht schriftlich erteilt, so ist er umgehend schriftlich zu bestätigen.
(2) Dies gilt nicht für die Fälle, in denen durch Ausführungsbestimmungen auf die Schriftform verzichtet worden ist.

2. (1) Wird auf ein Angebot rechtzeitig und ohne Abänderungen der Zuschlag erteilt, so ist damit nach allgemeinen Rechtsgrundsätzen der Vertrag abgeschlossen, auch wenn eine spätere urkundliche Festlegung vorgesehen ist.
(2) Verzögert sich der Zuschlag, so kann die Zuschlagsfrist nur im Einvernehmen mit den in Frage kommenden Bietern verlängert werden.

§ 28 a Bekanntmachung über die Auftragserteilung

1. (1) Die Auftraggeber machen über jeden vergebenen Auftrag Mitteilung nach dem im Anhang III der Verordnung (EG) Nr. 1564/2005 enthaltenen Muster innerhalb von 48 Tagen nach Vergabe des Auftrags an das Amt für amtliche Veröffentlichungen der EG.[18]
(2) Bei der Mitteilung von vergebenen Aufträgen über Dienstleistungen nach Anhang I B geben die Auftraggeber an, ob sie mit der Veröffentlichung einverstanden sind.

---

[18] Amt für amtliche Veröffentlichungen der EG, 2, rue Mercier, L-2985 Luxemburg Telefon: 00352/2929-1, Telefax: 00352/292942670 http://ted.eur-op.eu.int E-Mail: mp-ojs@opoce.cec.eu.int

(3) Bei Rahmenvereinbarungen umfasst die Bekanntmachung den Abschluss der Rahmenvereinbarung, aber nicht die Einzelaufträge, die auf Grund der Rahmenvereinbarung vergeben wurden.

2. Die Auftraggeber brauchen bestimmte Angaben über die Auftragsvergabe jedoch nicht mitzuteilen, wenn dies dem öffentlichen Interesse zuwiderläuft, die legitimen geschäftlichen Interessen einzelner öffentlicher oder privater Unternehmen berührt oder den fairen Wettbewerb zwischen den Unternehmen beeinträchtigen würde.

§ 28 b Bekanntmachung der Auftragserteilung

1. Der Kommission der EG sind für jeden vergebenen Auftrag binnen 2 Monaten nach der Vergabe dieses Auftrags die Ergebnisse des Vergabeverfahrens durch eine gemäß Anhang VI der Verordnung (EG) Nr. 1564/2005 abgefasste Bekanntmachung mitzuteilen, dies gilt nicht für die Vergabe von Einzelaufträgen innerhalb einer Rahmenvereinbarung.

2. Die Angaben in Anhang VI der Verordnung (EG) Nr. 1564/2005 werden im ABl EG veröffentlicht. Dabei berücksichtigt die Kommission der EG alle in geschäftlicher Hinsicht sensiblen Angaben, wenn der Auftraggeber dies bei der Übermittlung der Angaben über die Anzahl der eingegangen Angebote, die Identität der Unternehmen und die Preise geltend macht.

3. (1) Auftraggeber, die Dienstleistungsaufträge der Kategorie 8 des Anhangs I A vergeben, auf die § 3 b Nr. 2 Buchst. b anwendbar ist, können bezüglich Anhang VI der Verordnung (EG) Nr. 1564/2005 die zu liefernden Angaben auf die Angabe »Forschungs- und Entwicklungsdienstleistungen« beschränken. Ist auf die Vergabe von Dienstleistungsaufträgen der Kategorie 8 des Anhangs I A § 3 b Nr. 2 Buchst. b nicht anwendbar, können die Auftraggeber die Angaben über Art und Umfang der Dienstleistungen aus Gründen der Vertraulichkeit beschränken.
Die veröffentlichten Angaben sind ebenso detailliert zu fassen wie die Angaben in ihrer Bekanntmachung eines Aufrufs zum Wettbewerb nach § 17 b Nr. 1 Abs. 1 im Falle eines Prüfsystems, zumindest ebenso detailliert wie in § 7 b Nr. 9.
(2) Bei der Vergabe von Dienstleistungsaufträgen des Anhangs I B geben die Auftraggeber an, ob sie mit der Veröffentlichung einverstanden sind.

4. Die Angaben in Anhang VI der Verordnung (EG) Nr. 1564/2005, die als nicht für die Veröf-

fentlichung bestimmt gekennzeichnet sind, werden nur in vereinfachter Form zu statistischen Zwecken veröffentlicht.

§ 29 Vertragsurkunde

Eine besondere Urkunde kann über den Vertrag dann gefertigt werden, wenn die Vertragspartner dies für notwendig halten.

§ 30 Vergabevermerk

1. Über die Vergabe ist ein Vermerk zu fertigen, der die einzelnen Stufen des Verfahrens, die Maßnahmen, die Feststellung sowie die Begründung der einzelnen Entscheidungen enthält.
2. Wird auf die Vorlage zusätzlich zum Angebot verlangter Unterlagen und Nachweise verzichtet, ist dies im Vergabevermerk zu begründen.

§ 30 a Melde- und Berichtspflichten

1. Auf Verlangen der Kommission der EG sind aus dem Vergabevermerk mindestens folgende Angaben zu übermitteln:
   a) Name und Anschrift des Auftraggebers,
   b) Art und Umfang der Leistung,
   c) Wert des Auftrages,
   d) Name der berücksichtigten Bewerber oder Bieter und Gründe für ihre Auswahl,
   e) Name der ausgeschlossenen Bewerber oder Bieter und die Gründe für die Ablehnung,
   f) Name des erfolgreichen Bieters und die Gründe für die Auswahl seines Angebotes sowie – falls bekannt – den Anteil, den der erfolgreiche Bieter an Dritte weiterzugeben beabsichtigt,
   g) bei Verhandlungsverfahren Gründe für die Wahl dieses Verfahrens (§ 3 a Nr. 1 Abs. 4 und Nr. 2),
   h) beim Wettbewerblichen Dialog Gründe für die Wahl dieses Verfahrens (§ 6 a Abs. 1 VgV),
   i) Gründe, aus denen auf die Vergabe eines Auftrages verzichtet wurde (§ 26).
   Werden Vergabeverfahren elektronisch durchgeführt, ist für eine entsprechende Dokumentation des Verfahrensablaufes zu sorgen.
2. Die Auftraggeber übermitteln an die zuständige Stelle eine jährliche statistische Aufstellung über die vergebenen Aufträge. Die Aufstellung nach Satz 1 enthält mindestens Angaben über die Anzahl und den Wert der vergebenen Aufträge ab den Schwellenwerten, aufgeschlüsselt nach den in § 3 a vorgesehenen Verfahren, Warenbereichen entsprechend der Nomenklatur CPV, Dienstleistungskategorien entsprechend der Nomenklatur in den Anhängen I A und I B und Nationalität des Unternehmens, das den Zuschlag erhalten hat, bei Verhandlungsverfahren aufgeschlüsselt nach § 3 a, mit Angaben über Anzahl und Wert der Aufträge, die in die einzelnen EG-Mitgliedstaaten und in Drittländer vergeben wurden. Die statistischen Aufstellungen für oberste und obere Bundesbehörden und vergleichbare Bundeseinrichtungen enthalten auch den geschätzten Gesamtwert der Aufträge unterhalb der Schwellenwerte sowie nach Anzahl und Gesamtwert der Aufträge, die auf Grund von Ausnahmeregelungen zum Beschaffungsübereinkommen vergeben wurden. Sie enthalten keine Angaben über Dienstleistungen der Kategorie 8 des Anhangs I A und über Fernmeldedienstleistungen der Kategorie 5, deren CPC-Referenznummern 7524, 7525 und 7526 lauten, sowie über Dienstleistungen des Anhangs I B, sofern der geschätzte Wert ohne Umsatzsteuer unter 200 000 EUR liegt.

§ 30 b Aufbewahrungs- und Berichtspflichten

1. (1) Sachdienliche Unterlagen über jede Auftragsvergabe sind aufzubewahren, die es zu einem späteren Zeitpunkt ermöglichen, die Entscheidungen zu begründen über:
   a) die Prüfung und Auswahl der Unternehmen und die Auftragsvergabe,
   b) den Rückgriff auf Verfahren ohne vorherigen Aufruf zum Wettbewerb gemäß § 3 b Nr. 2,
   c) die Inanspruchnahme vorgesehener Abweichungsmöglichkeiten von der Anwendungsverpflichtung.
   Die Auftraggeber treffen geeignete Maßnahmen, um den Ablauf der mit elektronischen Mitteln durchgeführten Vergabeverfahren zu dokumentieren.
   (2) Die Unterlagen müssen mindestens 4 Jahre lang ab der Auftragsvergabe aufbewahrt werden, damit der Auftraggeber der Kommission der EG in dieser Zeit auf Anfrage die erforderlichen Auskünfte erteilen kann.
2. Die Auftraggeber übermitteln der Bundesregierung jährlich eine statistische Aufstellung über den Gesamtwert der vergebenen Aufträge, die unterhalb der Schwellenwerte liegen und die jedoch ohne Schwellenwertvorgabe diesen Regelungen unterliegen würden.
3. Auftraggeber, die eine Tätigkeit im Bereich der Trinkwasser- oder Elektrizitätsversorgung oder im Verkehrsbereich – ausgenommen Eisenbahnfern- und -regionalverkehr – ausüben, teilen der

9.6 Allgemeine Bestimmungen für die Vergabe von Leistungen (VOL/A)

Bundesregierung entsprechend deren Vorgaben jährlich den Gesamtwert der Aufträge mit, die im Vorjahr vergeben worden sind.

Diese Meldepflicht gilt nicht, wenn der Auftraggeber im Berichtszeitraum keinen Auftrag ab den in der Vergabeverordnung festgelegten Schwellenwerten zu vergeben hatte.

4. Die Auftraggeber übermitteln die Angaben nach Nummer 2 und 3 spätestens bis 31. 8. jeden Jahres für das Vorjahr an das BMWi

§ 31 a Wettbewerbe

1. (1) Wettbewerbe sind Auslobungsverfahren, die zu einem Dienstleistungsauftrag führen sollen.

   (2) Für Wettbewerbe über freiberufliche Leistungen insbesondere auf dem Gebiet der Raumplanung, Stadtplanung, der Architektur und des Bauwesens gelten die Bestimmungen der VOF.

2. (1) Die auf die Durchführung des Wettbewerbs anwendbaren Regeln sind den an der Teilnahme am Wettbewerb Interessierten mitzuteilen.

   (2) Die Zulassung zur Teilnahme an einem Wettbewerb darf nicht beschränkt werden:
   – auf das Gebiet eines Mitgliedstaates oder einen Teil davon,
   – auf natürliche oder juristische Personen

   (3) Bei Wettbewerben mit beschränkter Teilnehmerzahl haben die Auftraggeber eindeutige und nicht diskriminierende Auswahlkriterien festzulegen. Die Zahl der Bewerber muss ausreichen, um einen echten Wettbewerb zu gewährleisten.

   (4) Das Preisgericht darf nur aus Preisrichtern bestehen, die von den Teilnehmern des Wettbewerbs unabhängig sind. Wird von den Wettbewerbsteilnehmern eine bestimmte berufliche Qualifikation verlangt, muss mindestens $1/3$ der Preisrichter über dieselbe oder eine gleichwertige Qualifikation verfügen.

   (5) Das Preisgericht ist in seinen Entscheidungen und Stellungnahmen unabhängig. Es trifft diese auf Grund von Wettbewerbsarbeiten, die anonym vorgelegt werden, und nur auf Grund von Kriterien, die in der Bekanntmachung nach Nummer 3 genannt sind.

   (6) Das Preisgericht hat einen von den Preisrichtern zu unterzeichnenden Bericht zu erstellen über die Rangfolge der von ihm ausgewählten Projekte und über die einzelnen Wettbewerbsarbeiten.

3. (1) Auftraggeber, die einen Wettbewerb durchführen wollen, teilen ihre Absicht durch Bekanntmachung nach dem im Anhang XII der Verordnung (EG) Nr. 1564/2005 enthaltenen Muster mit. Die Bekanntmachung ist dem Amt für amtliche Veröffentlichungen der EG[19] unverzüglich mitzuteilen.

   (2) § 17 a Nr. 1 gilt entsprechend.

   (3) Auftraggeber, die einen Wettbewerb durchgeführt haben, geben spätestens 48 Tage nach Durchführung eine Bekanntmachung nach dem im Anhang XIII der Verordnung (EG) Nr. 1564/2005 enthaltenen Muster an das Amt für amtliche Veröffentlichungen der EG. § 27 a gilt entsprechend.

§ 31 b Wettbewerbe

1. Wettbewerbe sind die Auslobungsverfahren, die zu einem Dienstleistungsauftrag führen sollen.

2. (1) Die auf die Durchführung des Wettbewerbs anwendbaren Regeln sind den an der Teilnahme am Wettbewerb Interessierten mitzuteilen.

   (2) Die Zulassung zur Teilnahme an einem Wettbewerb darf nicht beschränkt werden
   – auf das Gebiet eines Mitgliedstaates oder einen Teil davon,
   – auf natürliche oder juristische Personen.

   (3) Bei Wettbewerben mit beschränkter Teilnehmerzahl haben die Auftraggeber eindeutige und nicht diskriminierende Auswahlkriterien festzulegen. Die Zahl der Bewerber, die zur Teilnahme aufgefordert werden, muss ausreichen, um einen echten Wettbewerb zu gewährleisten.

   (4) Das Preisgericht darf nur aus Preisrichtern bestehen, die von den Teilnehmern des Wettbewerbs unabhängig sind. Wird von den Wettbewerbsteilnehmern eine bestimmte berufliche Qualifikation verlangt, muss mindestens ein Drittel der Preisrichter über dieselbe oder eine gleichwertige Qualifikation verfügen.

   (5) Das Preisgericht ist in seinen Entscheidungen und Stellungnahmen unabhängig. Es trifft diese auf Grund von Wettbewerbsarbeiten, die anonym vorgelegt werden, und nur auf Grund von Kriterien, die in der Bekanntmachung nach Nummer 3 genannt sind.

   (6) Das Preisgericht hat einen von den Preisrichtern zu unterzeichnenden Bericht zu erstellen über die Rangfolge der von ihm ausgewählten Projekte und über die einzelnen Wettbewerbsarbeiten.

---

[19] Amt für amtliche Veröffentlichungen der EG, 2, rue Mercier, L-2985 Luxemburg Telefon: 00352/2929-1, Telefax: 00352/292942670 http://ted.eur-op.eu.int E-Mail: mp-ojs@opoce.cec.eu.int

3. (1) Auftraggeber, die einen Wettbewerb durchführen wollen, teilen ihre Absicht durch Bekanntmachung nach dem im Anhang XII der Verordnung (EG) Nr. 1564/2005 enthaltenen Muster mit. Die Bekanntmachung ist dem Amt für amtliche Veröffentlichungen der EG[20] unverzüglich mitzuteilen.
(2) § 17 b Nr. 4 gilt entsprechend.
(3) Auftraggeber, die einen Wettbewerb durchgeführt haben, geben spätestens 2 Monate nach Durchführung eine Bekanntmachung nach dem im Anhang XIII der Verordnung (EG) Nr. 1564/2005 enthaltenen Muster an das Amt für amtliche Veröffentlichungen der EG. § 28 b gilt entsprechend.

§ 32 a Nachprüfungsbehörden
In der Vergabebekanntmachung und den Vergabeunterlagen ist die Stelle anzugeben, an die sich der Bewerber oder Bieter zur Nachprüfung behaupteter Verstöße gegen Vergabebestimmungen wenden kann.

§ 32 b Nachprüfungsbehörden
In der Bekanntmachung und den Vergabeunterlagen ist die Stelle anzugeben, an die sich der Bewerber oder Bieter zur Nachprüfung behaupteter Verstöße gegen die Vergabebestimmungen wenden kann.

Abschnitt 4 Vergabebestimmungen nach der EG-Sektorenrichtlinie[21] (VOL/A-SKR)

§ 1 SKR Geltungsbereich
(1) Bei der Vergabe von Liefer- und Dienstleistungsaufträgen gelten die nachfolgenden Bestimmungen.

(2) Aufträge, deren Gegenstand Dienstleistungen nach Anhang I A sind, werden nach den Bestimmungen dieses Abschnitts vergeben.
(3) Aufträge, deren Gegenstand Dienstleistungen nach Anhang I B sind, werden nach den Bestimmungen der §§ 6 SKR und 12 SKR vergeben.
(4) Aufträge, deren Gegenstand Dienstleistungen des Anhangs I A und des Anhangs I B sind, werden nach den Regelungen für diejenigen Dienstleistungen vergeben, deren Wert überwiegt.

§ 2 SKR Diskriminierungsverbot, Schutz der Vertraulichkeit
1. Bei der Vergabe von Aufträgen darf kein Unternehmen diskriminiert werden.
2. Die Übermittlung technischer Spezifikationen für interessierte Unternehmen, die Prüfung und die Auswahl von Unternehmen und die Auftragsvergabe können die Auftraggeber mit Auflagen zum Schutz der Vertraulichkeit verbinden.
3. Das Recht der Unternehmen, von einem Auftraggeber in Übereinstimmung mit innerstaatlichen Rechtsvorschriften die Vertraulichkeit der von ihnen zur Verfügung gestellten Informationen zu verlangen, wird nicht eingeschränkt.

§ 3 SKR Arten der Vergabe
1. Die Auftraggeber können jedes der in Nummer 2 bezeichneten Verfahren wählen, vorausgesetzt, dass – vorbehaltlich Nummer 3 – ein Aufruf zum Wettbewerb gemäß § 9 SKR Nr. 1 Abs. 1 durchgeführt wird.
2. Aufträge im Sinne von § 1 SKR werden in folgenden Verfahren vergeben:
    a) Offenes Verfahren
       Im Offenen Verfahren werden Aufträge nach öffentlicher Aufforderung einer unbeschränkten Zahl von Unternehmen zur Einreichung von Angeboten vergeben.
    b) Nichtoffenes Verfahren
       Im Nichtoffenen Verfahren werden Aufträge nach Aufforderung einer beschränkten Zahl von Unternehmen zur Einreichung von Angeboten nach einem Aufruf zum Wettbewerb vergeben.
    c) Verhandlungsverfahren
       Beim Verhandlungsverfahren wendet sich der Auftraggeber an ausgewählte Unternehmen und verhandelt mit einem oder mehreren dieser Unternehmen über den Auftragsinhalt, ggf. nach Aufruf zum Wettbewerb.

---

20 Amt für amtliche Veröffentlichungen der EG, 2, rue Mercier, L-2985 Luxemburg Telefon: 00352/2929-1, Telefax: 00352/292942670 http://ted.eur-op.eu.int E-Mail: mp-ojs@opoce.cec.eu.int
21 Richtlinie 2004/17/EG des Europäischen Parlaments und des Rates vom 31. 3. 2004 zur Koordinierung der Zuschlagserteilung durch Auftraggeber im Bereich der Wasser-, Energie- und Verkehrsversorgung sowie der Postdienste (ABl EU Nr. L 134 S. 1) i.d.F. der Richtlinie 2005/51/EG der Kommission vom 7. 9. 2005 (ABl EU Nr. L 257 S. 127) und der Verordnung (EG) Nr. 2083/2005 der Kommission vom 19. 12. 2005 (ABl EU Nr. L 333 S. 28)

9.6 Allgemeine Bestimmungen für die Vergabe von Leistungen (VOL/A)

3. Die Auftraggeber können in folgenden Fällen ein Verfahren ohne vorherigen Aufruf zum Wettbewerb durchführen:
   a) Wenn im Rahmen eines Verfahrens mit vorherigem Aufruf zum Wettbewerb keine oder keine geeigneten Angebote oder Bewerbungen abgegeben worden sind, sofern die ursprünglichen Bedingungen des Auftrags nicht grundlegend geändert werden;
   b) wenn ein Auftrag nur zum Zweck von Forschungen, Versuchen, Untersuchungen oder Entwicklungen und nicht mit dem Ziel der Gewinnerzielung oder der Deckung der Forschungs- und Entwicklungskosten beim Auftragnehmer vergeben wird und die Vergabe des Auftrages einem Aufruf zum Wettbewerb für Folgeaufträge, die insbesondere diese Ziele verfolgen, nicht vorgreift;
   c) wenn der Auftrag wegen seiner technischen oder künstlerischen Besonderheiten oder auf Grund des Schutzes von Ausschließlichkeitsrechten nur von einem bestimmten Unternehmen durchgeführt werden kann;
   d) soweit zwingend erforderlich und wenn bei äußerster Dringlichkeit im Zusammenhang mit Ereignissen, die der Auftraggeber nicht voraussehen konnte, es nicht möglich ist, die in den Offenen Verfahren, Nichtoffenen Verfahren oder Verhandlungsverfahren vorgesehenen Fristen für die Bekanntmachung einzuhalten;
   e) bei Aufträgen, die auf Grund einer Rahmenvereinbarung vergeben werden sollen, sofern die in § 4 SKR Nr. 2 Abs. 2 genannte Bedingung erfüllt ist;
   f) im Falle von Lieferaufträgen bei zusätzlichen, vom ursprünglichen Unternehmen durchzuführenden Leistungen, die entweder zur teilweisen Erneuerung von gängigen Waren oder Einrichtungen oder zur Erweiterung von Lieferungen oder bestehenden Einrichtungen bestimmt sind, wenn ein Wechsel des Unternehmens dazu führen würde, dass der Auftraggeber Material unterschiedlicher technischer Merkmale kaufen müsste und dies eine technische Unvereinbarkeit oder unverhältnismäßige technische Schwierigkeiten bei Gebrauch und Wartung mit sich bringen würde;
   g) bei zusätzlichen Dienstleistungen, die weder in dem der Vergabe zugrunde liegenden Entwurf noch im zuerst vergebenen Auftrag vorgesehen sind, die aber wegen eines unvorhergesehenen Ereignisses zur Ausführung dieses Auftrags erforderlich sind, sofern der Auftrag an das Unternehmen vergeben wird, das den ersten Auftrag ausführt,
   – wenn sich diese zusätzlichen Dienstleistungen in technischer oder wirtschaftlicher Hinsicht nicht ohne wesentlichen Nachteil für den Auftraggeber vom Hauptauftrag trennen lassen,
   – oder wenn diese zusätzlichen Dienstleistungen zwar von der Ausführung des ersten Auftrags getrennt werden können, aber für dessen weitere Ausführungsstufen unbedingt erforderlich sind;
   h) wenn es sich um Waren handelt, die an Rohstoffbörsen notiert und gekauft werden;
   i) bei Gelegenheitskäufen, wenn Waren auf Grund einer besonders günstigen Gelegenheit, die sich für einen sehr kurzen Zeitraum ergeben hat, zu einem Preis gekauft werden können, der erheblich unter den normalerweise marktüblichen Preisen liegt;
   k) bei dem zu besonders günstigen Bedingungen erfolgenden Kauf von Waren entweder bei einem Unternehmen, das seine gewerbliche Tätigkeit endgültig einstellt, oder bei den Verwaltern im Rahmen eines Konkurses, eines Vergleichsverfahrens oder eines in den einzelstaatlichen Rechtsvorschriften vorgesehenen gleichartigen Verfahrens;
   l) wenn der betreffende Dienstleistungsauftrag im Anschluss an einen durchgeführten Wettbewerb gemäß den einschlägigen Bestimmungen an den Gewinner oder einen der Gewinner vergeben werden muss. Im letzteren Fall sind alle Gewinner des Wettbewerbs zur Teilnahme an Verhandlungen einzuladen.

§ 4 SKR Rahmenvereinbarung

1. Eine Rahmenvereinbarung ist eine Vereinbarung mit einem oder mehreren Unternehmen, in der die Bedingungen für Einzelaufträge festgelegt werden, die im Laufe eines bestimmten Zeitraums vergeben werden sollen, insbesondere über den in Aussicht genommenen Preis und ggf. die in Aussicht genommene Menge.
2. (1) Rahmenvereinbarungen können als Auftrag im Sinne dieser Vergabebestimmungen angesehen werden und auf Grund eines Verfahrens nach § 3 SKR Nr. 2 abgeschlossen werden.
   (2) Ist eine Rahmenvereinbarung in einem Verfahren nach § 3 SKR Nr. 2 abgeschlossen worden, so kann ein Einzelauftrag auf Grund die-

ser Rahmenvereinbarung nach § 3 SKR Nr. 3 Buchst. e ohne vorherigen Aufruf zum Wettbewerb vergeben werden.
(3) Ist eine Rahmenvereinbarung nicht in einem Verfahren nach § 3 SKR Nr. 2 abgeschlossen worden, so muss der Vergabe des Einzelauftrages ein Aufruf zum Wettbewerb vorausgehen.
3. Rahmenvereinbarungen dürfen nicht dazu missbraucht werden, den Wettbewerb zu verhindern, einzuschränken oder zu verfälschen.

§ 5 SKR Teilnehmer am Wettbewerb

1. (1) Auftraggeber, die Bewerber für die Teilnahme an einem Nichtoffenen Verfahren oder an einem Verhandlungsverfahren auswählen, richten sich dabei nach objektiven Regeln und Kriterien. Diese Regeln und Kriterien legen sie fest und stellen sie Unternehmen, die ihr Interesse bekundet haben, zur Verfügung.
(2) Kriterien im Sinne des Abs. 1 sind insbesondere Fachkunde, Leistungsfähigkeit und Zuverlässigkeit. Zu deren Nachweis können entsprechende Angaben gefordert werden, soweit es durch den Gegenstand des Auftrags gerechtfertigt ist; dabei muss der Auftraggeber die berechtigten Interessen des Unternehmens am Schutz seiner Betriebsgeheimnisse berücksichtigen.
(3) Ein Unternehmen ist von der Teilnahme an einem Vergabeverfahren wegen Unzuverlässigkeit auszuschließen, wenn der Auftraggeber Kenntnis davon hat, dass eine Person, deren Verhalten dem Unternehmen zuzurechnen ist, rechtskräftig verurteilt ist wegen:
a) § 129 StGB (Bildung krimineller Vereinigungen), § 129 a StGB (Bildung terroristischer Vereinigungen), § 129 b StGB (kriminelle und terroristische Vereinigungen im Ausland),
b) § 261 StGB (Geldwäsche, Verschleierung unrechtmäßig erlangter Vermögenswerte),
c) § 263 StGB (Betrug), soweit sich die Straftat gegen den Haushalt der EG oder gegen Haushalte richtet, die von den EG oder in deren Auftrag verwaltet werden,
d) § 264 StGB (Subventionsbetrug), soweit sich die Straftat gegen den Haushalt der EG oder gegen Haushalte richtet, die von den EG oder in deren Auftrag verwaltet werden,
e) § 334 StGB (Bestechung), auch in Verb. mit Artikel 2 § 1 des EU-Bestechungsgesetzes, Artikel 2 § 1 des Gesetzes zur Bekämpfung internationaler Bestechung, Artikel 7 Abs. 2 Nr. 10 des 4. Strafrechtsänderungsgesetzes und § 2 des Gesetzes über das Ruhen der Verfolgungsverjährung und die Gleichstellung der Richter und Bediensteten des Internationalen Strafgerichtshofes,
f) Artikel 2 § 2 des Gesetzes zur Bekämpfung internationaler Bestechung (Bestechung ausländischer Abgeordneter im Zusammenhang mit internationalem Geschäftsverkehr) oder
g) § 370 AO, auch in Verb. mit § 12 MOG, soweit sich die Straftat gegen den Haushalt der EG oder gegen Haushalte richtet, die von den EG oder in deren Auftrag verwaltet werden.

Einem Verstoß gegen diese Vorschriften gleichgesetzt sind Verstöße gegen entsprechende Strafnormen anderer Staaten. Ein Verhalten einer rechtskräftig verurteilten Person ist einem Unternehmen zuzurechnen, wenn sie für dieses Unternehmen bei der Führung der Geschäfte selbst verantwortlich gehandelt hat oder ein Aufsichts- oder Organisationsverschulden gemäß § 130 OWiG einer Person im Hinblick auf das Verhalten einer anderen für das Unternehmen handelnden, rechtskräftig verurteilten Person vorliegt.
(4) Als Nachweis, dass die Kenntnis nach Absatz 3 unrichtig ist und die in Absatz 3 genannten Fälle nicht vorliegen, akzeptieren die Auftraggeber einen Auszug aus einem Bundeszentralregister oder eine gleichwertige Urkunde einer zuständigen Gerichts- oder Verwaltungsbehörde des Herkunftslands. Wenn eine Urkunde oder Bescheinigung vom Herkunftsland nicht ausgestellt wurde oder nicht vollständig alle vorgesehenen Fälle erwähnt, kann dies durch eine eidesstattliche Erklärung oder eine förmliche Erklärung vor einer zuständigen Gerichts- oder Verwaltungsbehörde, einem Notar oder einer dafür qualifizierten Berufsorganisation des Herkunftslands ersetzt werden.
(5) Von einem Ausschluss nach Absatz 3 kann nur abgesehen werden, wenn zwingende Gründe des Allgemeininteresses vorliegen und andere Unternehmen die Leistung nicht angemessen erbringen können oder wenn auf Grund besonderer Umstände des Einzelfalls der Verstoß die Zuverlässigkeit des Unternehmens nicht in Frage stellt.
(6) In finanzieller und wirtschaftlicher Hinsicht kann der Auftraggeber vom Unternehmen zum Nachweis der Leistungsfähigkeit in der Regel Folgendes verlangen:
a) Vorlage entsprechender Bankauskünfte,
b) Vorlage von Bilanzen oder Bilanzauszügen des Unternehmens,

9.6 Allgemeine Bestimmungen für die Vergabe von Leistungen (VOL/A)

c) Erklärung über den Gesamtumsatz des Unternehmens sowie den Umsatz bezüglich der besonderen Leistungsart, die Gegenstand der Vergabe ist, jeweils bezogen auf die letzten 3 Geschäftsjahre.

Kann ein Unternehmen aus stichhaltigen Gründen die vom Auftraggeber geforderten Nachweise nicht erbringen, so können andere, vom Auftraggeber für geeignet erachtete Belege verlangt werden.

(7) In technischer Hinsicht kann der Auftraggeber vom Unternehmen je nach Art, Menge und Verwendungszweck der zu erbringenden Leistung zum Nachweis der Leistungsfähigkeit in der Regel Folgendes verlangen:

a) eine Liste der wesentlichen in den letzten 3 Jahren erbrachten Leistungen mit Angabe des Rechnungswertes, der Leistungszeit sowie der öffentlichen oder privaten Auftraggeber:
   - bei Leistungen an öffentliche Auftraggeber durch eine von der zuständigen Behörde ausgestellte oder beglaubigte Bescheinigung,
   - bei Leistungen an private Auftraggeber durch eine von diesen ausgestellte Bescheinigung; ist eine derartige Bescheinigung nicht erhältlich, so ist eine einfache Erklärung des Unternehmens zulässig,

b) die Beschreibung der technischen Ausrüstung, der Maßnahmen des Unternehmens zur Gewährleistung der Qualität sowie die Untersuchungs- und Forschungsmöglichkeiten des Unternehmens,

c) Angaben über die technische Leitung oder die technischen Stellen, unabhängig davon, ob sie dem Unternehmen angeschlossen sind oder nicht, und zwar insbesondere über diejenigen, die mit der Qualitätskontrolle beauftragt sind,

d) bei Lieferaufträgen Muster, Beschreibungen und/oder Photographien der zu erbringenden Leistung, deren Echtheit auf Verlangen des Auftraggebers nachgewiesen werden muss,

e) bei Lieferaufträgen Bescheinigungen der zuständigen amtlichen Qualitätskontrollinstitute oder Dienststellen, mit denen bestätigt wird, dass die durch entsprechende Bezugnahmen genau gekennzeichneten Leistungen bestimmten Spezifikationen oder Normen entsprechen,

f) sind die zu erbringenden Leistungen komplexer Art oder sollen sie ausnahmsweise einem besonderen Zweck dienen, eine Prüfung, die von dem Auftraggeber oder in dessen Namen von einer anderen damit einverstandenen Stelle durchgeführt wird; diese Prüfung betrifft die Produktionskapazitäten und erforderlichenfalls die Untersuchungs- und Forschungsmöglichkeiten des Unternehmens sowie die von diesem zur Gewährleistung der Qualität getroffenen Vorkehrungen.

2. Kriterien nach Nummer 1 können auch folgende Ausschließungsgründe sein:
   a) Eröffnung oder beantragte Eröffnung des Insolvenzverfahrens oder eines vergleichbaren gesetzlich geregelten Verfahrens über das Vermögen des Unternehmens oder Ablehnung dieses Antrages mangels Masse,
   b) eingeleitete Liquidation des Unternehmens,
   c) nachweislich begangene schwere Verfehlung des Unternehmens, die seine Zuverlässigkeit als Bewerber in Frage stellt,
   d) nicht ordnungsgemäße Erfüllung der Verpflichtung zur Zahlung von Steuern und Abgaben sowie der Beiträge zur gesetzlichen Sozialversicherung,
   e) vorsätzliche Abgabe von unzutreffenden Erklärungen in Bezug auf Fachkunde, Leistungsfähigkeit und Zuverlässigkeit im Vergabeverfahren.

3. Ein Kriterium kann auch die objektive Notwendigkeit sein, die Zahl der Bewerber so weit zu verringern, dass ein angemessenes Verhältnis zwischen den besonderen Merkmalen des Vergabeverfahrens und dem zur Durchführung notwendigen Aufwand sichergestellt ist. Es sind jedoch so viele Bewerber zu berücksichtigen, dass ein Wettbewerb gewährleistet ist.

4. Bietergemeinschaften sind Einzelbietern gleichzusetzen, wenn sie die Arbeiten im eigenen Betrieb oder in den Betrieben der Mitglieder ausführen. Von solchen Gemeinschaften kann nicht verlangt werden, dass sie zwecks Einreichung eines Angebots oder für das Verhandlungsverfahren eine bestimmte Rechtsform annehmen; von der den Zuschlag erhaltenden Gemeinschaft kann dies jedoch verlangt werden, sofern es für die ordnungsgemäße Durchführung des Auftrags notwendig ist.

5. Ein Unternehmen kann sich, auch als Mitglied einer Bietergemeinschaft, zum Nachweis der Leistungsfähigkeit und Fachkunde der Fähigkeiten anderer Unternehmen bedienen, ungeachtet des rechtlichen Charakters der zwischen ihm und diesen Unternehmen bestehenden Verbin-

9 Anhang

dungen. Er muss in diesem Fall dem Auftraggeber nachweisen, dass ihm die erforderlichen Mittel bei der Erfüllung des Auftrags zur Verfügung stehen, indem er beispielsweise die entsprechenden Verpflichtungserklärungen dieser Unternehmen vorlegt.

6. (1) Auftraggeber können ein System zur Prüfung von Unternehmen (Präqualifikationsverfahren) einrichten und anwenden. Sie sorgen dafür, dass sich Unternehmen jederzeit einer Prüfung unterziehen können.
(2) Das System kann mehrere Qualifikationsstufen umfassen. Es wird auf der Grundlage der vom Auftraggeber aufgestellten objektiven Regeln und Kriterien gehandhabt. Der Auftraggeber kann dabei auf geeignete europäische Normen über die Qualifizierung von Unternehmen Bezug nehmen. Diese Kriterien und Regeln können erforderlichenfalls auf den neuesten Stand gebracht werden.
(3) Auf Verlangen werden diese Qualifizierungsregeln und -kriterien sowie deren Fortschreibung Unternehmen, die ihr Interesse bekundet haben, übermittelt. Bezieht sich der Auftraggeber auf das Qualifizierungssystem einer anderen Einrichtung, so teilt er deren Namen mit.

7. In ihrer Entscheidung über die Qualifikation sowie bei der Überarbeitung der Prüfungskriterien und -regeln dürfen die Auftraggeber nicht
   – bestimmten Unternehmen administrative, technische oder finanzielle Verpflichtungen auferlegen, die sie anderen Unternehmen nicht auferlegt hätten,
   – Prüfungen und Nachweise verlangen, die sich mit bereits vorliegenden objektiven Nachweisen überschneiden.

8. Die Auftraggeber unterrichten die Antragsteller innerhalb von 6 Monaten über die Entscheidung zu deren Qualifikation. Kann diese Entscheidung nicht innerhalb von 6 Monaten nach Eingang des Prüfungsantrags getroffen werden, hat der Auftraggeber dem Antragsteller spätestens 2 Monate nach Eingang des Antrags die Gründe für eine längere Bearbeitungszeit mitzuteilen und anzugeben, wann über die Annahme oder die Ablehnung seines Antrags entschieden wird.

9. Negative Entscheidungen über die Qualifikation werden den Antragstellern unverzüglich, spätestens jedoch innerhalb von 15 Tagen nach Entscheidung unter Angabe der Gründe mitgeteilt. Die Gründe müssen sich auf die in Nummer 6 erwähnten Prüfungskriterien beziehen.

10. Die als qualifiziert anerkannten Unternehmen sind in ein Verzeichnis aufzunehmen. Dabei ist eine Untergliederung nach Produktgruppen und Leistungsarten möglich.

11. Die Auftraggeber können einem Unternehmen die Qualifikation nur aus Gründen aberkennen, die auf den in Nummer 6 erwähnten Kriterien beruhen. Die beabsichtigte Aberkennung muss dem betroffenen Unternehmen mindestens 15 Tage vor dem für die Aberkennung vorgesehenen Termin in Textform unter Angabe der Gründe mitgeteilt werden.

12. (1) Das Prüfsystem ist nach dem im Anhang VII der Verordnung (EG) Nr. 1564/2005 enthaltenen Muster im ABl EG[22] bekannt zu machen.
(2) Wenn das System mehr als 3 Jahre gilt, ist die Bekanntmachung jährlich zu veröffentlichen. Bei kürzerer Dauer genügt eine Bekanntmachung zu Beginn des Verfahrens.

13. (1) Verlangt der Auftraggeber zum Nachweis dafür, dass die Unternehmen bestimmte Qualitätssicherungsnormen erfüllen, die Vorlage von Bescheinigungen von unabhängigen Stellen, so nehmen diese auf Qualitätssicherungsverfahren Bezug, die den einschlägigen europäischen Normen genügen und von entsprechenden Stellen gemäß den europäischen Zertifizierungsnormen zertifiziert sind.
(2) Gleichwertige Bescheinigungen von Stellen aus anderen EG-Mitgliedstaaten oder Vertragsstaaten des EWR-Abkommens sind anzuerkennen. Die Auftraggeber erkennen auch andere gleichwertige Nachweise für Qualitätssicherungsmaßnahmen an.
(3) Verlangen bei der Vergabe von Dienstleistungsaufträgen die Auftraggeber als Nachweis der technischen Leistungsfähigkeit, dass die Unternehmen bestimmte Normen für das Umweltmanagement erfüllen, die Vorlage von Bescheinigungen unabhängiger Stellen, so nehmen sie auf das Gemeinschaftssystem für das Umweltmanagement und die Umweltbetriebsprüfung (EMAS) oder auf Normen für das Umweltmanagement Bezug, die auf den einschlägigen europäischen oder internationalen Normen beruhen und von entsprechenden Stellen zertifiziert sind, die dem europäischen Gemeinschafts-

---

22 Amt für amtliche Veröffentlichungen der EG, 2, rue Mercier, L-2985 Luxemburg Telefon: 00352/2929-1, Telefax: 00352/292942670 http://ted.eur-op.eu.int E-Mail: mp-ojs@opoce.cec.eu.int

recht oder europäischen oder internationalen Zertifizierungsnormen entsprechen. Gleichwertige Bescheinigungen von Stellen in anderen Mitgliedstaaten sind anzuerkennen. Die Auftraggeber erkennen auch andere Nachweise für gleichwertige Umweltmanagementmaßnahmen an, die von den Unternehmen vorgelegt werden.

§ 6 SKR Technische Anforderungen

1. Die technischen Anforderungen sind zu formulieren:
   1. entweder unter Bezugnahme auf die im Anhang TS definierten technischen Spezifikationen in der Rangfolge:
      a) nationale Normen, mit denen europäische Normen umgesetzt werden,
      b) europäische technische Zulassungen,
      c) gemeinsame technische Spezifikationen,
      d) internationale Normen und andere technische Bezugssysteme, die von den europäischen Normungsgremien erarbeitet wurden oder,
      e) falls solche Normen und Spezifikationen fehlen, nationale Normen, nationale technische Zulassungen oder nationale technische Spezifikationen für die Planung, Berechnung und Ausführung von Bauwerken und den Einsatz von Produkten.

      Jede Bezugnahme ist mit dem Zusatz »oder gleichwertig« zu versehen.
   2. oder in Form von Leistungs- oder Funktionsanforderungen, die so genau zu fassen sind, dass sie den Unternehmen ein klares Bild vom Auftragsgegenstand vermitteln und dem Auftraggeber die Erteilung des Zuschlags ermöglichen;
   3. oder als Kombination von Ziffer 1 und 2, d.h.
      a) in Form von Leistungsanforderungen unter Bezugnahme auf die Spezifikationen gemäß Ziffer 1 als Mittel zur Vermutung der Konformität mit diesen Leistungs- und Funktionsanforderungen;
      b) oder mit Bezugnahme auf die Spezifikationen gemäß Ziffer 1 hinsichtlich bestimmter Merkmale und mit Bezugnahme auf die Leistungs- und Funktionsanforderungen gemäß Ziffer 2 hinsichtlich anderer Merkmale.
2. (1) Verweist der Auftraggeber in der Leistungs- oder Aufgabenbeschreibung auf die in Nummer 1 Ziff. 1 Buchst. a genannten technischen Anforderungen, so darf er ein Angebot nicht mit der Begründung ablehnen, die angebotenen Waren und Dienstleistungen entsprächen nicht den Spezifikationen, sofern das Unternehmen in seinem Angebot dem Auftraggeber mit geeigneten Mitteln nachweist, dass die von ihm vorgeschlagenen Lösungen den Anforderungen der technischen Spezifikation, auf die Bezug genommen wurde, entsprechen. Als geeignete Mittel gelten insbesondere eine technische Beschreibung des Herstellers oder ein Prüfbericht einer anerkannten Stelle.

(2) Legt der Auftraggeber die technischen Anforderungen in Form von Leistungs- oder Funktionsanforderungen fest, so darf er ein Angebot, das einer nationalen Norm, mit der eine europäische Norm umgesetzt wird, oder einer europäischen technischen Zulassung, einer gemeinsamen technischen Spezifikation, einer internationalen Norm oder einem technischen Bezugssystem, das von den europäischen Normungsgremien erarbeitet wurde, entspricht, nicht zurückweisen, wenn diese Spezifikationen die von ihnen geforderten Leistungs- oder Funktionsanforderungen betreffen. Das Unternehmen muss in seinem Angebot mit geeigneten Mitteln nachweisen, dass die der Norm entsprechende jeweilige Ware oder Dienstleistung den Leistungs- oder Funktionsanforderungen des Auftraggebers entspricht. Als geeignete Mittel gelten eine technische Beschreibung des Herstellers oder ein Prüfbericht einer anerkannten Stelle.

(3) Schreibt der Auftraggeber Umwelteigenschaften in Form von Leistungs- oder Funktionsanforderungen vor, so können sie die Spezifikationen verwenden, die in europäischen, multinationalen oder anderen Umweltzeichen definiert sind, wenn
a) sie sich zur Definition der Merkmale der Waren oder Dienstleistungen eignen, die Gegenstand des Auftrags sind,
b) die Anforderungen des Umweltzeichens auf der Grundlage von wissenschaftlich abgesicherten Informationen ausgearbeitet werden,
c) die Umweltzeichen im Rahmen eines Verfahrens erlassen werden, an dem interessierte Kreise wie staatliche Stellen, Verbraucher, Hersteller, Händler und Umweltorganisationen teilnehmen können und
d) das Umweltzeichen für alle Betroffenen zugänglich und verfügbar ist.

Der Auftraggeber kann in den Vergabeunterlagen angeben, dass bei Waren oder Dienstleistungen, die mit einem Umweltzeichen ausgestattet sind, vermutet wird, dass sie den in der Leistungs- oder Aufgabenbeschreibung festgelegten technischen Anforderungen genügen. Der Auftraggeber muss jedes andere geeignete Beweismittel, wie technische Unterlagen des Herstellers oder Prüfberichte anerkannter Stellen, akzeptieren.

(4) Anerkannte Stellen sind die Prüf- und Eichlaboratorien im Sinne des Eichgesetzes sowie die Inspektions- und Zertifizierungsstellen, die mit den anwendbaren europäischen Normen übereinstimmen. Die Auftraggeber erkennen Bescheinigungen von in anderen Mitgliedstaaten ansässigen anerkannten Stellen an.

(5) Soweit es nicht durch den Auftragsgegenstand gerechtfertigt ist, darf in den technischen Spezifikationen nicht auf eine bestimmte Produktion oder Herkunft oder ein besonderes Verfahren oder auf Marken, Patente, Typen, einen bestimmten Ursprung oder eine bestimmte Produktion verwiesen werden, wenn dadurch bestimmte Unternehmen oder bestimmte Produkte begünstigt oder ausgeschlossen werden. Solche Verweise sind jedoch ausnahmsweise zulässig, wenn der Auftragsgegenstand nicht hinreichend genau und allgemein verständlich beschrieben werden kann; solche Verweise sind mit dem Zusatz »oder gleichwertig« zu versehen.

§ 7 SKR Vergabeunterlagen

1. Die Vergabeunterlagen bestehen aus dem Anschreiben (Aufforderung zur Angebotsabgabe) und den Verdingungsunterlagen.
2. (1) Für die Versendung der Verdingungsunterlagen (§ 9 SKR Nr. 8) ist ein Anschreiben (Aufforderung zur Angebotsabgabe) zu verfassen, das alle Angaben enthält, die außer den Verdingungsunterlagen für den Entschluss zur Abgabe eines Angebots notwendig sind.
(2) In dem Anschreiben sind insbesondere anzugeben:
   a) Anschrift der Stelle, bei der zusätzliche Unterlagen angefordert werden können,
   b) Tag, bis zu dem zusätzliche Unterlagen angefordert werden können,
   c) ggf. Betrag und Zahlungsbedingungen für zusätzliche Unterlagen,
   d) Anschrift der Stelle, bei der die Angebote einzureichen sind,
   e) Angabe, dass die Angebote in deutscher Sprache abzufassen sind,
   f) Tag, bis zu dem die Angebote eingehen müssen,
   g) Hinweis auf die Veröffentlichung der Bekanntmachung,
   h) Angabe der Unterlagen, die ggf. dem Angebot beizufügen sind,
   i) sofern nicht in der Bekanntmachung angegeben (§ 9 SKR Nr. 1), die maßgebenden Wertungskriterien im Sinne von § 11 SKR Nr. 1, wie etwa Lieferzeit, Ausführungsdauer, Betriebskosten, Rentabilität, Qualität, Ästhetik und Zweckmäßigkeit, Umwelteigenschaften, technischer Wert, Kundendienst und technische Hilfe, Verpflichtungen hinsichtlich der Ersatzteile, Versorgungssicherheit, Preis; dabei ist die Gewichtung der Kriterien anzugeben oder soweit nach § 11 SKR Nr. 1 Abs. 1 zulässig die absteigende Reihenfolge ihrer Bedeutung.
(3) Wenn der Auftraggeber Nebenangebote nicht oder nur in Verbindung mit einem Hauptangebot zulassen will, so ist dies anzugeben. Lässt der Auftraggeber Nebenangebote zu, sind auch die Mindestanforderungen anzugeben, die die Nebenangebote erfüllen müssen und auf welche Weise sie einzureichen sind.
3. Der Auftraggeber kann die Bieter auffordern, in ihrem Angebot die Leistungen anzugeben, die sie an Nachunternehmer zu vergeben beabsichtigen.

§ 8 SKR Informationsübermittlung, Vertraulichkeit der Teilnahmeanträge und Angebote

1. Die Auftraggeber geben in der Bekanntmachung oder den Verdingungsunterlagen an, ob Informationen per Post, Telefax, direkt, elektronisch oder durch eine Kombination der Kommunikationsmittel übermittelt werden.
2. Das für die elektronische Übermittlung gewählte Netz muss allgemein verfügbar sein und darf den Zugang der Bewerber und Bieter zu den Vergabeverfahren nicht beschränken. Die dafür zu verwendenden Programme und ihre technischen Merkmale müssen
   – nicht diskriminierend,
   – allgemein zugänglich und
   – kompatibel mit allgemein verbreiteten Erzeugnissen der Informations- und Kommunikationstechnologie

   sein.
3. Die Auftraggeber haben die Integrität der Daten und die Vertraulichkeit der übermittelten Anträge auf Teilnahme am Vergabeverfahren und der Angebote auf geeignete Weise zu gewährleisten. Per Post oder direkt übermittelte Teilnahmeanträge und Angebote sind in einem ver-

9.6 Allgemeine Bestimmungen für die Vergabe von Leistungen (VOL/A)

schlossenen Umschlag einzureichen, als solche zu kennzeichnen und bis zum Ablauf der für ihre Einreichung vorgesehenen Frist unter Verschluss zu halten. Bei elektronisch übermittelten Teilnahmeanträgen und Angeboten ist dies durch entsprechende organisatorische und technische Lösungen nach den Anforderungen des Auftraggebers und durch Verschlüsselung sicherzustellen. Die Verschlüsselung muss bis zum Ablauf der für ihre Einreichung vorgesehenen Frist aufrechterhalten bleiben.

4. (1) Angebote müssen unterschrieben sein, elektronisch übermittelte Angebote sind mit einer fortgeschrittenen elektronischen Signatur nach dem SigG und den Anforderungen des Auftraggebers oder einer qualifizierten elektronischen Signatur nach dem SigG zu versehen.
   (2) Teilnahmeanträge können auch per Telefax oder telefonisch gestellt werden. Werden Anträge auf Teilnahme telefonisch oder per Telefax gestellt, sind diese vom Bewerber bis zum Ablauf der Frist für die Abgabe der Teilnahmeanträge durch Übermittlung per Post, direkt oder elektronisch zu bestätigen.
5. Die Auftraggeber haben dafür Sorge zu tragen, dass den interessierten Unternehmen die Informationen über die Spezifikationen der Geräte, die für die elektronische Übermittlung der Anträge auf Teilnahme und der Angebote erforderlich sind, einschließlich Verschlüsselung zugänglich sind. Außerdem muss gewährleistet werden, dass die in Anhang II genannten Anforderungen erfüllt sind.

§ 9 SKR Bekanntmachung, Aufruf zum Wettbewerb, Beschafferprofil

1. (1) Die Auftraggeber veröffentlichen mindestens einmal jährlich in regelmäßigen unverbindlichen Bekanntmachungen über die für die nächsten 12 Monate beabsichtigten Aufträge, deren nach der Vergabeverordnung geschätzter Wert jeweils mindestens 750 000 EUR beträgt. Die Lieferaufträge sind nach Warenbereichen unter Bezugnahme auf die Verordnung über das gemeinsame Vokabular für öffentliche Aufträge – CPV (Verordnung [EG] Nr. 2195/2002[23] i.d.F. der Verordnung [EG] Nr. 2151/2003[24]) aufzuschlüsseln, die Dienstleistungsaufträge nach den im Anhang I A genannten Kategorien. Die Bekanntmachung ist nur dann zwingend vorgeschrieben, sofern der Auftraggeber die Frist für den Eingang der Angebote gemäß § 10 SKR Nr. 1 Abs. 2 Buchst. b verkürzen will.
   (2) Die Bekanntmachungen sind nach dem in Anhang V der Verordnung (EG) Nr. 1564/2005 enthaltenen Muster zu erstellen und dem Amt für amtliche Veröffentlichungen der EG zu übermitteln.[25]
   (3) Veröffentlichen Auftraggeber eine regelmäßige unverbindliche Bekanntmachung in ihrem Beschafferprofil, so melden sie dies dem Amt für amtliche Veröffentlichungen der EG auf elektronischem Wege nach dem im Anhang VIII der Verordnung (EG) Nr. 1564/2005 veröffentlichten Muster.
2. (1) Ein Aufruf zum Wettbewerb kann erfolgen,
   a) durch Veröffentlichung einer Bekanntmachung nach Anhang V der Verordnung (EG) Nr. 1564/2005 oder
   b) durch Veröffentlichung einer regelmäßigen unverbindlichen Bekanntmachung nach Nummer 1 oder
   c) durch Veröffentlichung einer Bekanntmachung über das Bestehen eines Prüfsystems nach § 5 SKR Nr. 5.
   (2) Die Kosten der Veröffentlichung der Bekanntmachungen im ABl EG werden von den Gemeinschaften getragen.
3. Erfolgt der Aufruf zum Wettbewerb durch Veröffentlichung einer regelmäßigen unverbindlichen Bekanntmachung, so
   a) muss in der Bekanntmachung der Inhalt des zu vergebenden Auftrags nach Art und Umfang genannt sein,
   b) muss die Bekanntmachung den Hinweis enthalten, dass dieser Auftrag im Nichtoffenen Verfahren oder Verhandlungsverfahren ohne spätere Veröffentlichung eines Aufrufs zur Angebotsabgabe vergeben wird, sowie die Aufforderung an die interessierten Unternehmen, ihr Interesse schriftlich mitzuteilen,

---

23 ABl EG Nr. L 340 S. 1
24 ABl EG Nr. L 329 S. 1

25 Amt für amtliche Veröffentlichungen der EG, 2, rue Mercier, L-2985 Luxemburg Telefon: 00352/2929–1, Telefax: 00352/2929426 70 http://ted.eur-op.eu.int E-Mail: mp-ojs@opoce.cec.eu.int Das Muster und die Modalitäten für die elektronische Übermittlung der Bekanntmachungen sind unter der Internetadresse http://simap.eu.int abrufbar.

c) müssen die Auftraggeber später alle Bewerber auf der Grundlage von genaueren Angaben über den Auftrag auffordern, ihr Interesse zu bestätigen, bevor mit der Auswahl der Bieter oder der Teilnehmer an einer Verhandlung begonnen wird. Die Angaben müssen mindestens Folgendes umfassen:
aa) Art und Menge, einschließlich etwaiger Optionen auf zusätzliche Aufträge und möglichenfalls veranschlagte Frist für die Inanspruchnahme dieser Optionen; bei wiederkehrenden Aufträgen Art und Menge und möglichenfalls veranschlagte Frist für die Veröffentlichung der Bekanntmachungen späterer Ausschreibungen für die Lieferungen und Dienstleistungen, die Gegenstand des Auftrages sein sollen;
bb) Art des Verfahrens: Nichtoffenes Verfahren oder Verhandlungsverfahren;
cc) Zeitpunkt des Beginns oder Abschlusses der Leistungen;
dd) Anschrift und letzter Tag für die Vorlage des Antrags auf Aufforderung zur Angebotsabgabe sowie die Sprache oder Sprachen, in denen die Angebote abzugeben sind;
ee) die Anschrift der Stelle, die den Zuschlag erteilt und die Auskünfte gibt, die für den Erhalt der Spezifikationen und anderer Dokumente notwendig sind;
ff) alle wirtschaftlichen und technischen Anforderungen, finanziellen Garantien und Angaben, die von den Lieferanten oder Dienstleistungserbringern verlangt werden;
gg) Höhe der für die Vergabeunterlagen zu entrichtenden Beträge und Zahlungsbedingungen;
hh) Art des Auftrages, der Gegenstand des Vergabeverfahrens ist (Kauf, Leasing, Miete oder Mietkauf oder mehrere dieser Arten von Aufträgen);
ii) Zuschlagskriterien sowie deren Gewichtung oder absteigende Reihenfolge, soweit nach § 11 SKR Nr. 1 Abs. 1 zulässig;
d) dürfen zwischen deren Veröffentlichung und dem Zeitpunkt der Zusendung der Aufforderung an die Bewerber gemäß Buchstabe c höchstens 12 Monate vergangen sein. Im Übrigen gilt § 10 SKR Nr. 2.
4. Erfolgt ein Aufruf zum Wettbewerb durch Veröffentlichung einer Bekanntmachung über das Bestehen eines Prüfsystems, so werden die Bieter in einem Nichtoffenen Verfahren oder die Teilnehmer an einem Verhandlungsverfahren unter den Bewerbern ausgewählt, die sich im Rahmen eines solchen Systems qualifiziert haben.
5. (1) Die Bekanntmachung ist auf elektronischem oder auf anderem Wege unverzüglich dem Amt für amtliche Veröffentlichungen der EG zu übermitteln. Der Auftraggeber muss den Tag der Absendung nachweisen können.
(2) Elektronisch erstellte und übersandte Bekanntmachungen werden spätestens 5 Tage nach ihrer Absendung an das Amt für amtliche Veröffentlichungen der EG veröffentlicht. Nicht elektronisch erstellte und übersandte Bekanntmachungen werden spätestens 12 Tage nach der Absendung veröffentlicht. Die Bekanntmachungen werden unentgeltlich ungekürzt im Supplement zum ABl EG in der jeweiligen Originalsprache und eine Zusammenfassung der wichtigsten Bestandteile davon in den anderen Amtssprachen der Gemeinschaft veröffentlicht; hierbei ist nur der Wortlaut in der Originalsprache verbindlich.
(3) Die europaweit vorgesehene Bekanntmachung darf in der Bundesrepublik Deutschland nicht vor dem in der Veröffentlichung zu nennenden Tag der Absendung an das Amt für amtliche Veröffentlichungen veröffentlicht werden. Diese Veröffentlichung darf nur die dem Amt für amtliche Veröffentlichungen der EG übermittelten oder in einem Beschafferprofil nach Absatz 4 veröffentlichten Angaben enthalten. Sie müssen zusätzlich auf das Datum der Absendung der europaweiten Bekanntmachung an das Amt für amtliche Veröffentlichungen der EG hinweisen.
(4) Die Auftraggeber können im Internet ein Beschafferprofil einrichten. Es enthält Angaben über geplante und laufende Vergabeverfahren, über vergebene Aufträge sowie alle sonstigen für die Auftragsvergabe relevanten Informationen wie z. B. Kontaktstelle, Telefon- und Telefaxnummer, Anschrift, E-Mail-Adresse des Auftraggebers.
6. Sind im Offenen Verfahren die Vergabeunterlagen und zusätzlichen Unterlagen rechtzeitig angefordert worden, sind sie den Bewerbern in der Regel innerhalb von 6 Tagen nach Eingang des Antrags zuzusenden.
7. Rechtzeitig beantragte Auskünfte über die Vergabeunterlagen sind spätestens 6 Tage vor Ablauf der Angebotsfrist zu erteilen.

8. Die Vergabeunterlagen sind beim Nichtoffenen Verfahren und beim Verhandlungsverfahren mit vorherigem Aufruf zum Wettbewerb an alle ausgewählten Bewerber am selben Tag abzusenden.
9. Die Vergabeunterlagen sind den Bewerbern in kürzestmöglicher Frist und in geeigneter Weise zu übermitteln.

§ 10 SKR Angebotsfrist, Bewerbungsfrist

1. (1) Beim Offenen Verfahren beträgt die Frist für den Eingang der Angebote (Angebotsfrist) mindestens 52 Tage,[26] gerechnet vom Tag der Absendung der Bekanntmachung an.

   (2) Die Frist für den Eingang der Angebote kann durch eine kürzere Frist ersetzt werden, wenn die nachstehenden Voraussetzungen erfüllt sind:
   Der Auftraggeber muss eine regelmäßige unverbindliche Bekanntmachung gemäß § 8 SKR Nr. 1 nach dem vorgeschriebenen Muster des Anhangs IV der Verordnung (EG) Nr. 1564/2005 oder ein Beschafferprofil nach § 9 SKR Nr. 4 Abs. 4 mindestens 52 Tage höchstens aber 12 Monate vor dem Zeitpunkt der Absendung der Bekanntmachung des Auftrages im Offenen Verfahren nach § 9 SKR Nr. 1 Buchst. a an das ABl EG abgesandt haben. Diese regelmäßige unverbindliche Bekanntmachung muss mindestens ebenso viele Informationen wie das Muster einer Bekanntmachung für das Offene Verfahren (Anhang V der Verordnung [EG] Nr. 1564/2005) enthalten, soweit diese Informationen zum Zeitpunkt der Absendung der Bekanntmachung für die regelmäßige unverbindliche Bekanntmachung vorlagen. Die verkürzte Frist muss für die Interessenten ausreichen, um ordnungsgemäße Angebote einreichen zu können. Sie sollte generell mindestens 36 Tage vom Zeitpunkt der Absendung der Bekanntmachung des Auftrages an betragen; sie muss auf jeden Fall mindestens 22 Tage betragen.
2. Bei Nichtoffenen Verfahren und Verhandlungsverfahren mit vorherigem Aufruf zum Wettbewerb gilt:

   a) Die Frist für den Eingang von Teilnahmeanträgen (Bewerbungsfrist) auf Grund der Bekanntmachung nach § 9 SKR Nr. 2 Abs. 1 Buchst. a oder der Aufforderung nach § 9 SKR Nr. 3 Buchst. c beträgt grds. mindestens 37 Tage vom Tag der Absendung an. Sie darf auf keinen Fall kürzer sein als 22 Tage, wenn die Bekanntmachung nicht auf elektronischem Wege oder per Telefax zur Veröffentlichung übermittelt wurde, bzw. nicht kürzer als 15 Tage, wenn sie auf solchem Wege übermittelt wurde.

   b) Die Angebotsfrist kann zwischen dem Auftraggeber und den ausgewählten Bewerbern einvernehmlich festgelegt werden, vorausgesetzt, dass allen Bewerbern dieselbe Frist für die Erstellung und Einreichung von Angeboten eingeräumt wird.

   c) Falls eine einvernehmliche Festlegung der Angebotsfrist nicht möglich ist, setzt der Auftraggeber im Regelfall eine Frist von mindestens 24 Tagen fest. Sie darf jedoch keinesfalls kürzer als 10 Tage sein, gerechnet vom Tag der Absendung der Aufforderung zur Angebotsabgabe. Bei der Festlegung der Frist werden insbesondere die in Nummer 3 genannten Faktoren berücksichtigt.

3. Können die Angebote nur nach Prüfung von umfangreichen Unterlagen, z.B. ausführlichen technischen Spezifikationen oder nur nach einer Ortsbesichtigung oder Einsichtnahme in ergänzende Unterlagen zu den Vergabeunterlagen erstellt werden oder konnten die Fristen nach § 9 SKR Nr. 5 und 6 nicht eingehalten werden, so muss dies beim Festsetzen angemessener Angebotsfristen berücksichtigt werden.

4. (1) Bei elektronisch erstellten und übermittelten Bekanntmachungen können die Fristen für den Eingang der Anträge auf Teilnahme im Nichtoffenen Verfahren und Verhandlungsverfahren und die Fristen für den Eingang der Angebote im Offenen Verfahren um 7 Tage verkürzt werden. Macht der Auftraggeber die Verdingungsunterlagen und alle zusätzlichen Unterlagen ab dem Tag der Veröffentlichung der Bekanntmachung frei, direkt und vollständig elektronisch verfügbar, kann er die Frist für den Eingang der Angebote um weitere 5 Tage verkürzen, es sei denn, es handelt sich um eine nach Nummer 2 Buchst. b im gegenseitigen Einvernehmen festgelegte Frist. In der Bekanntmachung ist die Internet-Adresse anzugeben, unter der diese Unterlagen abrufbar sind.

---

[26] Die Berechnung der Fristen erfolgt nach der Verordnung (EWG/Euratom) Nr. 1182/71 des Rates vom 3.6.1971 zur Festlegung der Regeln für die Fristen, Daten und Termine, ABl Nr. 124 vom 8.6.1971, S. 1 (vgl. Anhang III). So gelten z.B. als Tage alle Tage einschließlich Feiertage, Sonntage und Sonnabende.

(2) Wurde im Offenen Verfahren die Bekanntmachung per Telefax oder elektronisch übermittelt, darf die Kumulierung der Verkürzung der Fristen nicht zu einer Frist für den Eingang der Angebote führen, die gerechnet ab dem Tag der Absendung der Bekanntmachung weniger als 15 Tage beträgt. Wurde die Bekanntmachung nicht per Telefax oder elektronisch übermittelt, darf diese Kumulierung nicht zu einer Frist für den Eingang der Angebote führen, die weniger als 22 Tage beträgt.
(3) Im Nichtoffenen Verfahren und Verhandlungsverfahren darf die Kumulierung der Verkürzung der Fristen nicht zu einer Frist für den Eingang der Angebote führen, die weniger als 10 Tage beträgt, es sei denn, es handelt sich um eine im gegenseitigen Einvernehmen festgelegte Frist.
(4) Eine Kumulierung der Verkürzung der Fristen für den Eingang der Teilnahmeanträge darf bei einer elektronisch übermittelten Bekanntmachung nicht zu einer Frist führen, die weniger als 15 Tage ab dem Tag der Absendung der Bekanntmachung führt.

§ 11 SKR Wertung der Angebote
1. (1) Der Auftrag ist auf das wirtschaftlich günstigste Angebot unter Berücksichtigung der auftragsbezogenen Kriterien, wie etwa: Lieferfrist, Ausführungsdauer, Betriebskosten, Rentabilität, Qualität, Ästhetik und Zweckmäßigkeit, technischer Wert, Umwelteigenschaften, Kundendienst und technische Hilfe, Verpflichtungen hinsichtlich der Ersatzteile, Versorgungssicherheit, Preis zu erteilen. Der Auftraggeber hat die Kriterien zu gewichten. Die Gewichtung kann mit einer angemessenen Marge erfolgen. Kann nach Ansicht des Auftraggebers die Gewichtung aus nachvollziehbaren Gründen nicht angegeben werden, so legt er die Kriterien in absteigender Reihenfolge ihrer Bedeutung fest.
(2) Bei der Wertung der Angebote dürfen nur Kriterien berücksichtigt werden, die in der Bekanntmachung oder in den Vergabeunterlagen genannt sind.
2. (1) Erscheinen im Falle eines bestimmten Auftrags Angebote im Verhältnis zur Leistung als ungewöhnlich niedrig, so muss der Auftraggeber vor deren Ablehnung schriftlich Aufklärung über die Einzelposten der Angebote verlangen, wo er dies für angezeigt hält; die anschließende Prüfung erfolgt unter Berücksichtigung der eingegangenen Begründungen. Er kann eine zumutbare Frist für die Antwort festlegen.

(2) Der Auftraggeber kann Begründungen berücksichtigen, die objektiv gerechtfertigt sind durch die Wirtschaftlichkeit der Herstellungsmethode, die gewählten technischen Lösungen, außergewöhnlich günstige Bedingungen für den Bieter bei der Durchführung des Auftrags oder die Originalität der vom Bieter vorgeschlagenen Erzeugnisse.
(3) Angebote, die auf Grund einer staatlichen Beihilfe ungewöhnlich niedrig sind, dürfen von den Auftraggebern nur zurückgewiesen werden, wenn diese den Bieter darauf hingewiesen haben und dieser innerhalb einer vom Auftraggeber festzulegenden angemessenen Frist nicht den Nachweis liefern konnte, dass die Beihilfe der Kommission der EG gemeldet oder von ihr genehmigt wurde. Auftraggeber, die unter diesen Umständen ein Angebot zurückweisen, müssen die Kommission der EG darüber unterrichten.
3. Ein Angebot nach § 6 SKR Nr. 2 Abs. 1 oder 2 ist wie ein Hauptangebot zu werten.
4. Nebenangebote sind zu werten, es sei denn, der Auftraggeber hat sie in der Bekanntmachung oder in den Vergabeunterlagen nicht zugelassen. Der Zuschlag darf nur auf solche Angebote erteilt werden, die den verlangten Mindestanforderungen entsprechen.

§ 12 SKR Mitteilungspflichten
1. Auftraggeber teilen den Bewerbern und Bietern unverzüglich, spätestens innerhalb von 15 Tagen ab Eingang der Anfrage und auf Antrag auch in Textform Folgendes mit:
– Entscheidung einschließlich der Gründe, auf die Vergabe eines Auftrages zu verzichten oder das Verfahren erneut einzuleiten,
– den ausgeschlossenen Bewerbern oder Bietern die Gründe für die Ablehnung ihrer Bewerbung oder ihres Angebotes,
– den Bietern, die ein ordnungsgemäßes Angebot eingereicht haben, die Merkmale und relativen Vorteile des erfolgreichen Angebotes und den Namen des erfolgreichen Bieters.
2. Der Auftraggeber kann in Nummer 1 genannte Informationen zurückhalten, wenn die Weitergabe den Gesetzesvollzug vereiteln würde oder sonst nicht im öffentlichen Interesse läge oder die berechtigten Geschäftsinteressen von Unternehmen oder den fairen Wettbewerb beeinträchtigen würde.

§ 13 SKR Bekanntmachung der Auftragserteilung

1. Der Kommission der EG sind für jeden vergebenen Auftrag binnen 2 Monaten nach der Vergabe dieses Auftrags die Ergebnisse des Vergabeverfahrens durch eine gemäß Anhang VI der Verordnung (EG) Nr. 1564/2005 abgefasste Bekanntmachung mitzuteilen; dies gilt nicht für die Vergabe von Einzelaufträgen innerhalb einer Rahmenvereinbarung.
2. Die Angaben in Anhang VI der Verordnung (EG) Nr. 1564/2005 werden im ABl EG veröffentlicht. Dabei berücksichtigt die Kommission der EG alle in geschäftlicher Hinsicht sensiblen Angaben, wenn der Auftraggeber dies bei der Übermittlung der Angaben über die Anzahl der eingegangenen Angebote, die Identität der Unternehmen und die Preise geltend macht.
3. (1) Auftraggeber, die Dienstleistungsaufträge der Kategorie 8 des Anhangs I A vergeben, auf die § 3 SKR Nr. 3 Buchst. b anwendbar ist, können bezüglich Anhang VI der Verordnung (EG) Nr. 1564/2005 die zu liefernden Angaben auf die Angabe »Forschungs- und Entwicklungsdienstleistungen« beschränken. Ist auf die Vergabe von Dienstleistungsaufträgen der Kategorie 8 des Anhangs I A § 3 SKR Nr. 3 Buchst. b nicht anwendbar, können die Auftraggeber die Angaben über Art und Umfang der Dienstleistungen aus Gründen der Vertraulichkeit beschränken.
Die veröffentlichten Angaben sind ebenso detailliert zu fassen wie die Angaben in der Bekanntmachung eines Aufrufs zum Wettbewerb nach § 9 SKR Nr. 1 Abs. 1, im Falle eines Prüfsystems, zumindest ebenso detailliert wie in § 5 SKR Nr. 10.
(2) Bei der Vergabe von Dienstleistungsaufträgen des Anhangs I B geben die Auftraggeber in ihrer Bekanntmachung an, ob sie mit der Veröffentlichung einverstanden sind.
4. Die Angaben in Anhang VI der Verordnung (EG) Nr. 1564/2005, die als nicht für die Veröffentlichung bestimmt gekennzeichnet sind, werden nicht oder nur in vereinfachter Form zu statistischen Zwecken veröffentlicht.

§ 14 SKR Aufbewahrungs- und Berichtspflichten

1. (1) Sachdienliche Unterlagen über jede Auftragsvergabe sind aufzubewahren, die es zu einem späteren Zeitpunkt ermöglichen, die Entscheidungen zu begründen über:
   a) die Prüfung und Auswahl der Unternehmen und die Auftragsvergabe,
   b) den Rückgriff auf Verfahren ohne vorherigen Aufruf zum Wettbewerb gemäß § 3 SKR Nr. 3,
   c) die Inanspruchnahme vorgesehener Abweichungsmöglichkeiten von der Anwendungsverpflichtung.
Die Auftraggeber treffen geeignete Maßnahmen, um den Ablauf der mit elektronischen Mitteln durchgeführten Vergabeverfahren zu dokumentieren.
(2) Die Unterlagen müssen mindestens 4 Jahre lang ab der Auftragsvergabe aufbewahrt werden, damit der Auftraggeber der Kommission der EG in dieser Zeit auf Anfrage die erforderlichen Auskünfte erteilen kann.
2. Auftraggeber übermitteln der Bundesregierung jährlich eine statistische Aufstellung über den Gesamtwert der vergebenen Aufträge, die unterhalb der Schwellenwerte liegen und die jedoch ohne eine Schwellenwertbegrenzung diesen Regelungen unterliegen würden.
3. Auftraggeber, die eine Tätigkeit im Bereich der Trinkwasser- oder Elektrizitätsversorgung oder im Verkehrsbereich – ausgenommen Eisenbahnfern- und -regionalverkehr – ausüben, teilen der Bundesregierung entsprechend deren Vorgaben jährlich den Gesamtwert der Aufträge mit, die im Vorjahr vergeben worden sind. Diese Meldepflicht gilt nicht, wenn der Auftraggeber im Berichtszeitraum keinen Auftrag ab den in der Vergabeverordnung festgelegten Schwellenwerten zu vergeben hatte.
4. Die Auftraggeber übermitteln die Angaben nach Nummer 2 und 3 spätestens bis 31. 8. jeden Jahres für das Vorjahr an das BMWi.

§ 15 SKR Wettbewerbe

1. (1) Wettbewerbe sind die Auslobungsverfahren, die zu einem Dienstleistungsauftrag führen sollen.
2. (1) Die auf die Durchführung des Wettbewerbs anwendbaren Regeln sind den an der Teilnahme am Wettbewerb Interessierten mitzuteilen.
(2) Die Zulassung zur Teilnahme an einem Wettbewerb darf nicht beschränkt werden
   – auf das Gebiet eines Mitgliedstaates oder einen Teil davon,
   – auf natürliche oder juristische Personen.
(3) Bei Wettbewerben mit beschränkter Teilnehmerzahl haben die Auftraggeber eindeutige und nicht diskriminierende Auswahlkriterien festzulegen. Die Zahl der Bewerber, die zur Teilnahme aufgefordert werden, muss ausreichen, um einen echten Wettbewerb zu gewährleisten.

(4) Das Preisgericht darf nur aus Preisrichtern bestehen, die von den Teilnehmern des Wettbewerbs unabhängig sind. Wird von den Wettbewerbsteilnehmern eine bestimmte berufliche Qualifikation verlangt, muss mindestens $^{1}/_{3}$ der Preisrichter über dieselbe oder eine gleichwertige Qualifikation verfügen.

(5) Das Preisgericht ist in seinen Entscheidungen und Stellungnahmen unabhängig. Es trifft diese auf Grund von Wettbewerbsarbeiten, die anonym vorgelegt werden und nur auf Grund von Kriterien, die in der Bekanntmachung nach Nummer 3 genannt sind.

(6) Das Preisgericht hat einen von den Preisrichtern zu unterzeichnenden Bericht zu erstellen, über die Rangfolge der von ihm ausgewählten Projekte und über die einzelnen Wettbewerbsarbeiten.

3. (1) Auftraggeber, die einen Wettbewerb durchführen wollen, teilen ihre Absicht durch Bekanntmachung nach dem im Anhang XII der Verordnung (EG) Nr. 1564/2005 enthaltenen Muster mit. Die Bekanntmachung ist dem Amt für amtliche Veröffentlichungen der EG 1 unverzüglich mitzuteilen.

(2) § 9 SKR Nr. 4 gilt entsprechend.

(3) Auftraggeber, die einen Wettbewerb durchgeführt haben, geben spätestens 2 Monate nach Durchführung eine Bekanntmachung nach dem im Anhang XIII der Verordnung (EG) Nr. 1564/2005 enthaltenen Muster an das Amt für amtliche Veröffentlichungen der EG. § 13 SKR gilt entsprechend.

Amt für amtliche Veröffentlichungen der EG, 2, rue Mercier, L-2985 Luxemburg Telefon: 00352/2929-1, Telefax: 00352/2492942670 http://ted.eur-op.eu.int E-Mail: mp-ojs@opoce.cec.eu.int

§ 16 SKR Vergabekammer

In der Bekanntmachung und den Vergabeunterlagen ist die Vergabekammer mit Anschrift anzugeben, an die sich der Bewerber oder Bieter zur Nachprüfung behaupteter Verstöße gegen die Vergabebestimmungen wenden kann.

9.6 Allgemeine Bestimmungen für die Vergabe von Leistungen (VOL/A)

Anhang I

Teil A[27]

Kategorie	Bezeichnung	CPC-Referenznummern[28]	CPV-Referenznummern
1	Instandhaltung und Reparatur	6112, 6122, 633, 886	Von 50100000 bis 50982000 (außer 50310000 bis 50324200 und 50116510-9, 50190000-3, 50229000-6, 50243000-0)
2	Landverkehr, einschließlich Geldtransport und Kurierdienste, ohne Postverkehr	712 (außer 71235) 7512, 87304	Von 60112000-6 bis 60129300-1 (außer 60121000 bis 60121600, 60122200-1, 60122230-0) und von 64120000-3 bis 64121200-2
3	Fracht- und Personenbeförderung im Flugverkehr, ohne Postverkehr	73 (außer 7321)	Von 62100000-3 bis 62300000-5 (außer 62121000-6, 62221000-7)
4	Postbeförderung im Landverkehr[3] sowie Luftpostbeförderung	71235, 7321	60122200-1, 60122230-0, 62121000-6, 62221000-7
5	Fernmeldewesen	752	Von 64200000-8 bis 64228200-2, 72318000-7 und von 72530000-9 bis 72532000-3
6	Finanzielle Dienstleistungen: a) Versicherungsdienstleistungen b) Bankdienstleistungen und Wertpapiergeschäfte[30]	ex 81, 812, 814	Von 66100000-1 bis 66430000-3 und von 67110000-1 bis 67262000-1 (4)
7	Datenverarbeitung und verbundene Tätigkeiten	84	Von 50300000-8 bis 50324200-4, von 72100000-6 bis 72591000-4 (außer 72318000-7 und von 72530000-9 bis 72532000-3)
8	Forschung und Entwicklung[31]	85	Von 73000000-2 bis 73300000-5 (außer 73200000-4, 73210000-7, 7322000-0)
9	Buchführung, -haltung und -prüfung	862	Von 74121000-3 bis 74121250-0

---

27 Bei unterschiedlichen Auslegungen zwischen CPV und CPC gilt die CPC-Nomenklatur.
28 CPC-Nomenklatur (vorläufige Fassung), die zur Festlegung des Anwendungsbereichs der Richtlinie 92/50/EWG verwendet wird.
29 Ohne Eisenbahnverkehr der Kategorie 18.

9 Anhang

Kategorie	Bezeichnung	CPC-Referenznummern	CPV-Referenznummern
10	Markt- und Meinungsforschung	864	Von 74130000-9 bis 74133000-0 und 74423100-1, 74423110-4
11	Unternehmensberatung[32] und verbundene Tätigkeiten	865, 866	Von 73200000-4 bis 73220000-0, von 74140000-2 bis 74150000-5 (außer 74142200-8) und 74420000-9, 74421000-6, 74423000-0, 74423200-2, 74423210-5, 74871000-5, 93620000-0
12	Architektur, technische Beratung und Planung, integrierte technische Leistungen, Stadt- und Landschaftsplanung, zugehörige wissenschaftliche und technische Beratung, technische Versuche und Analysen	867	Von 74200000-1 bis 74276400-8 und von 74310000-5 bis 74323100-0 und 74874000-6
13	Werbung	871	Von 74400000-3 bis 74422000-3 (außer 74420000-9 und 74421000-6)
14	Gebäudereinigung und Hausverwaltung	874, 82201 bis 82206	Von 70300000-4 bis 70340000-6 und von 74710000-9 bis 74760000-4
15	Verlegen und Drucken gegen Vergütung oder auf vertraglicher Grundlage	88442	Von 78000000-7 bis 78400000-1
16	Abfall- und Abwasserbeseitigung, sanitäre und ähnliche Dienstleistungen	94	Von 90100000-8 bis 90320000-6, und 50190000-3, 50229000-6, 50243000-0

---

30 Ohne Finanzdienstleistungen im Zusammenhang mit Ausgabe, Verkauf, Ankauf oder Übertragung von Wertpapieren oder anderen Finanzinstrumenten und mit Zentralbankdiensten. Ausgenommen sind ferner Dienstleistungen zum Erwerb oder zur Anmietung – ganz gleich, nach welchen Finanzmodalitäten – von Grundstücken, bestehenden Gebäuden oder anderem unbeweglichen Eigentum oder betreffend Rechte daran; Finanzdienstleistungen, die bei dem Vertrag über den Erwerb oder die Anmietung mit ihm gleichlaufend, ihm vorangehend oder im Anschluss an ihn gleich in welcher Form erbracht werden, fallen jedoch darunter.

31 Ohne Finanzdienstleistungen im Zusammenhang Ohne Aufträge über Forschungs- und Entwicklungsdienstleistungen anderer Art als diejenigen, deren Ergebnisse ausschließlich Eigentum des Auftraggebers für seinen Gebrauch bei der Ausübung seiner eigenen Tätigkeit sind, sofern die Dienstleistung vollständig durch den Auftraggeber vergütet wird.

32 Ohne Schiedsgerichts- und Schlichtungsleistungen.

9.6 Allgemeine Bestimmungen für die Vergabe von Leistungen (VOL/A)

Teil B

Kategorie	Bezeichnung	CPC-Referenznummern	CPV-Referenznummern
17	Gaststätten und Beherbergungsgewerbe	64	Von 55000000-0 bis 55524000-9 und von 93400000-2 bis 93411000-2
18	Eisenbahnen	711	60111000-9 und von 60121000-2 bis 60121600-8
19	Schifffahrt	72	Von 61000000-5 bis 61530000-9 und von 63370000-3 bis 63372000-7
20	Neben- und Hilfstätigkeiten des Verkehrs	74	62400000-6, 62440000-8, 62441000-5, 62450000-1, von 63000000-9 bis 63600000-5 (außer 63370000-3, 63371000-0, 63372000-7), 74322000-2 und 93610000-7
21	Rechtsberatung	861	Von 74110000-3 bis 74114000-1
22	Arbeits- und Arbeitskräftevermittlung[33]	872	Von 74500000-4 bis 74540000-6 (außer 74511000-4) und von 95000000-2 bis 95140000-5
23	Auskunfts- und Schutzdienste, ohne Geldtransport	873 (außer 87304)	Von 74600000-5 bis 74620000-1
24	Unterrichtswesen und Berufsausbildung	92	Von 80100000-5 bis 80430000-7
25	Gesundheits-, Veterinär- und Sozialwesen	93	74511000-4 und von 85000000-9 bis 85323000-9 (außer 85321000-5 und 85322000-2)
26	Erholung, Kultur und Sport[34]	96	Von 74875000-3 bis 74875200-5 und von 92000000-1 bis 92622000-7 (außer 92230000-2)
27	Sonstige Dienstleistungen		

---

[33] Mit Ausnahme von Arbeitsverträgen.
[34] Mit Ausnahme von Aufträgen über Erwerb, Entwicklung, Produktion oder Koproduktion von Programmen durch Sendeunternehmen und Verträgen über Sendezeit.

Anhang II Anforderungen an die Geräte, die für den elektronischen Empfang der Anträge auf Teilnahme und der Angebote verwendet werden

Die Geräte müssen gewährleisten, dass
a) für die Angebote eine elektronische Signatur verwendet werden kann,
b) Tag und Uhrzeit des Eingangs der Teilnahmeanträge oder Angebote genau bestimmbar sind,
c) ein Zugang zu den Daten nicht vor Ablauf des hierfür festgesetzten Termins erfolgt,
d) bei einem Verstoß gegen das Zugangsverbot der Verstoß sicher festgestellt werden kann,
e) ausschließlich die hierfür bestimmten Personen den Zeitpunkt der Öffnung der Daten festlegen oder ändern können,
f) der Zugang zu den übermittelten Daten nur möglich ist, wenn die hierfür bestimmten Personen gleichzeitig und erst nach dem festgesetzten Zeitpunkt tätig werden, und
g) die übermittelten Daten ausschließlich den zur Kenntnisnahme bestimmten Personen zugänglich bleiben.

9.6 Allgemeine Bestimmungen für die Vergabe von Leistungen (VOL/A)

Anhang TS Technische Spezifikationen

Begriffsbestimmungen

1. »Technische Spezifikationen« sind sämtliche, insbesondere in den Verdingungsunterlagen enthaltenen, technischen Anforderungen an ein Material, ein Erzeugnis oder eine Lieferung, mit deren Hilfe das Material, das Erzeugnis oder die Lieferung so bezeichnet werden können, dass sie ihren durch den Auftraggeber festgelegten Verwendungszweck erfüllen. Zu diesen technischen Anforderungen gehören Qualitätsstufen, Umweltleistungsstufen, die Konzeption für alle Verwendungsarten (»Design for all«) einschließlich des Zugangs für Menschen mit Behinderungen, sowie Konformitätsbewertung, Vorgaben für Gebrauchstauglichkeit, Verwendung, Sicherheit und Abmessungen, einschließlich Vorschriften über Verkaufsbezeichnung, Terminologie, Bildzeichen, Prüfungen und Prüfverfahren, Verpackung, Kennzeichnung und Beschriftung sowie Produktionsprozesse und -methoden sowie über Konformitätsbewertungsverfahren. Außerdem gehören dazu auch die Vorschriften für die Planung und Berechnung von Bauwerken; die Bedingungen für die Prüfung, Inspektion und Abnahme von Bauwerken, die Konstruktionsmethoden oder -verfahren und alle anderen technischen Anforderungen, die der Auftraggeber bezüglich fertiger Bauwerke oder der dazu notwendigen Materialien oder Teile durch allgemeine oder spezielle Vorschriften anzugeben in der Lage ist.
2. »Norm« ist eine technische Spezifikation, die von einer anerkannten Normenorganisation zur wiederholten oder ständigen Anwendung angenommen wurde, deren Einhaltung grds. nicht zwingend vorgeschrieben ist.
3. »Internationale Norm« ist eine Norm, die von einem internationalen Normungsgremium angenommen wird und der Öffentlichkeit zugänglich ist.
4. »Europäische Norm« ist eine Norm, die von einem europäischen Normungsgremium angenommen wird und der Öffentlichkeit zugänglich ist.
5. »Nationale Norm« ist eine Norm, die von einem nationalen Normungsgremium angenommen wird und der Öffentlichkeit zugänglich ist.
6. »Europäische technische Zulassung« ist eine positive technische Beurteilung der Brauchbarkeit des Produktes hinsichtlich der Erfüllung der wesentlichen Anforderung an bauliche Anlagen; sie erfolgt auf Grund der spezifischen Merkmale des Produkts und der festgelegten Anwendungs- und Verwertungsbedingungen. Die europäische technische Zulassung wird von einem zu diesem Zweck vom Mitgliedstaat zugelassenen Gremium ausgestellt.
7. »Gemeinsame technische Spezifikation« ist eine technische Spezifikation, die nach einem von den Mitgliedstaaten anerkannten Verfahren erarbeitet und im ABl EG veröffentlicht wurde.
8. »Technische Bezugsgröße« ist jeder Bezugsrahmen, der keine offizielle Norm ist und von den europäischen Normungsgremien nach an die Bedürfnisse des Marktes angepassten Verfahren erarbeitet wurde.

Anhang III Verordnung (EWG, Euratom) Nr. 1182/71 des Rates vom 3. 6. 1971 zur Festlegung der Regeln für die Fristen, Daten und Termine

Der Rat der EG –

gestützt auf den Vertrag zur Gründung der Europäischen Wirtschaftsgemeinschaft, insbesondere auf Artikel 235,
gestützt auf den Vertrag zur Gründung der Europäischen Atomgemeinschaft, insbesondere auf Artikel 203,
auf Vorschlag der Kommission,
nach Stellungnahme des Europäischen Parlaments,[35]
in Erwägung nachstehender Gründe:
Zahlreiche Rechtsakte des Rates und der Kommission setzen Fristen, Daten oder Termine fest und verwenden die Begriffe des Arbeitstags oder des Feiertags.
Für diesen Bereich sind einheitliche allgemeine Regeln festzulegen.
In Ausnahmefällen kann es notwendig sein, dass bestimmte Rechtsakte des Rates oder der Kommission von diesen allgemeinen Regeln abweichen.
Für die Verwirklichung der Ziele der Gemeinschaften müssen die einheitliche Anwendung des Gemeinschaftsrechts gewährleistet und infolgedessen die allgemeinen Regeln für die Fristen, Daten und Termine festgelegt werden.
In den Verträgen sind keine Befugnisse zur Festlegung solcher Regeln vorgesehen –

hat folgende Verordnung erlassen:

---

35 ABl EG Nr. C 51 vom 29. 4. 1970, S. 25.

9.7 Verdingungsordnung für freiberufliche Leistungen – VOF –

i. d. F. vom 16. 3. 2006 (Beilage zum BAnz Nr. 91)

Kapitel 1 Allgemeine Vorschriften

§ 1 Freiberufliche Leistungen

Die VOF findet Anwendung auf die Vergabe von Leistungen, die im Rahmen einer freiberuflichen Tätigkeit erbracht oder im Wettbewerb mit freiberuflich Tätigen angeboten werden.

§ 2 Anwendungsbereich

(1) Die Bestimmungen der VOF sind auf die Vergabe von Leistungen im Sinne des § 1 anzuwenden, soweit sie im Anhang I A und im Anhang I B genannt sind. Für die Vergabe der in Anhang I B genannten Leistungen gelten nur § 8 Abs. 2 bis 7 und § 17.

(2) Die Bestimmungen der VOF sind anzuwenden, sofern der Auftragswert die Werte für Dienstleistungen oder Wettbewerbe ohne Umsatzsteuer nach § 2 VgV erreicht oder übersteigt und soweit sich nicht aus § 5 VgV anderes ergibt. Eindeutig und erschöpfend beschreibbare freiberufliche Leistungen sind nach der VOL zu vergeben.

(3) Die Vergabe folgender Aufträge ist von den Bestimmungen ausgenommen:
a) Aufträge über Schiedsgerichts- und Schlichtungsleistungen,
b) Aufträge über Forschungs- und Entwicklungsdienstleistungen anderer Art als derjenigen, deren Ergebnisse ausschließlich Eigentum des Auftraggebers für seinen Gebrauch bei der Ausübung seiner eigenen Tätigkeit sind, sofern die Dienstleistung vollständig durch den Auftraggeber vergütet wird.

(4) Aufträge, deren Gegenstand Dienstleistungen sowohl des Anhangs I A als auch des Anhangs I B sind, werden nach den Regelungen für diejenigen Dienstleistungen vergeben, deren Wert anteilsmäßig überwiegt.

§ 3 Berechnung des Auftragswertes

(1) Bei der Berechnung des geschätzten Auftragswertes ist von der geschätzten Gesamtvergütung für die vorgesehene Auftragsleistung auszugehen. Die Gesamtvergütung bestimmt sich im Falle des Vorliegens gesetzlicher Gebühren- oder Honorarordnungen nach der jeweils anzuwendenden Gebühren- oder Honorarordnung, in anderen Fällen nach der üblichen Vergütung. Ist eine derartige Vergütung nicht feststellbar, ist der Auftragswert unter Berücksichtigung des voraussichtlichen Zeitaufwands, Schwierigkeitsgrads und Haftungsrisikos zu schätzen.

(2) Die Berechnung des Auftragswertes oder eine Teilung des Auftrages darf nicht in der Absicht erfolgen, ihn der Anwendung dieser Bestimmungen zu entziehen.

(3) Soweit die zu vergebende Leistung in mehrere Teilaufträge derselben freiberuflichen Leistungen aufgeteilt wird, muss ihr Wert bei der Berechnung des geschätzten Gesamtwertes addiert werden. Teile eines Auftrags, deren geschätzte Vergütung unter 80 000 EUR liegt, können ohne Anwendung der VOF bis zu einem Anteil von 20 v. H. der geschätzten Gesamtvergütung der Summe aller Auftragsanteile vergeben werden.

(4) Bei regelmäßig wiederkehrenden Aufträgen oder Daueraufträgen ist der voraussichtliche Auftragswert
– entweder nach dem tatsächlichen Gesamtwert entsprechender Aufträge für ähnliche Arten von Leistungen aus dem vorangegangenen Haushaltsjahr oder den vorangegangenen 12 Monaten zu berechnen; dabei sind voraussichtliche Änderungen bei Mengen oder Kosten während der auf die erste Leistung folgenden 12 Monate zu schätzen
– oder der geschätzte Gesamtwert, der sich für die auf die erste Leistung folgenden 12 Monate bzw. für die gesamte Laufzeit des Vertrages ergibt.

(5) Bei Verträgen, für die kein Gesamtpreis angegeben wird, ist bei einer Laufzeit von bis zu 48 Monaten der Auftragswert der geschätzte Gesamtwert für die Laufzeit des Vertrages, bei anderen Verträgen der mit 48 multiplizierte Wert der monatlichen Vergütung.

(6) Sieht der beabsichtigte Auftrag über die Vergabe einer freiberuflichen Leistung Optionsrechte vor, so ist der Auftragswert auf Grund des größtmöglichen Gesamtwertes unter Einbeziehung der Optionsrechte zu berechnen.

§ 4 Grundsätze der Vergabe, Informationsübermittlung und Vertraulichkeit der Anträge

(1) Aufträge sind unter ausschließlicher Verantwortung des Auftraggebers im leistungsbezogenen Wettbewerb an fachkundige, leistungsfähige und zuverlässige – und soweit erforderlich befugte – Bewerber zu vergeben.

(2) Alle Bewerber sind gleich zu behandeln.

(3) Unlautere und wettbewerbsbeschränkende Verhaltensweisen sind unzulässig.

(4) Die Durchführung freiberuflicher Leistungen soll unabhängig von Ausführungs- und Lieferinteressen erfolgen.

(5) Kleinere Büroorganisationen und Berufsanfänger sollen angemessen beteiligt werden.

(6) Die Auftraggeber geben in der Bekanntmachung oder den Vergabeunterlagen an, ob Informationen per Post, Telefax, direkt oder elektronisch oder in Kombination mit diesen Kommunikationsmittel übermittelt werden.

(7) Das für die elektronische Übermittlung gewählte Netz muss allgemein verfügbar sein und darf den Zugang der Bewerber und Bieter zu den Vergabeverfahren nicht beschränken. Die dafür zu verwendenden Programme und ihre technischen Merkmale müssen
- nicht diskriminierend,
- allgemein zugänglich und
- kompatibel mit allgemein verbreiteten Erzeugnissen der Informations- und Kommunikationstechnologie

sein.

(8) Die Auftraggeber haben die Integrität der Daten und die Vertraulichkeit der übermittelten Anträge auf Teilnahme am Vergabeverfahren und der Angebote auf geeignete Weise zu gewährleisten. Per Post oder direkt übermittelte Anträge auf Teilnahme am Vergabeverfahren und Angebote sind in einem verschlossenen Umschlag einzureichen, als solche zu kennzeichnen und bis zum Ablauf der für ihre Einreichung vorgesehenen Frist unter Verschluss zu halten. Bei elektronisch übermittelten Angeboten ist dies durch entsprechende technische Lösungen nach den Anforderungen des Auftraggebers und durch Verschlüsselung sicherzustellen. Die Verschlüsselung muss bis zum Ablauf der für ihre Einreichung vorgesehenen Frist aufrecht erhalten bleiben.

(9) Angebote müssen unterschrieben sein, elektronisch übermittelte Angebote sind mit einer fortgeschrittenen elektronischen Signatur nach dem Signaturgesetz (SigG) und den Anforderungen des Auftraggebers oder mit einer qualifizierten elektronischen Signatur nach dem SigG zu versehen.

(10) Anträge auf Teilnahme am Vergabeverfahren können auch per Telefax oder telefonisch gestellt werden. Werden Anträge auf Teilnahme telefonisch oder per Telefax gestellt, sind diese vom Bewerber bis zum Ablauf der Frist für die Abgabe der Teilnahmeanträge durch Übermittlung per Post, direkt oder elektronisch zu bestätigen.

(11) Die Auftraggeber haben dafür Sorge zu tragen, dass den interessierten Unternehmen die Informationen über die Spezifikationen der Geräte, die für die elektronische Übermittlung der Anträge auf Teilnahme und der Angebote erforderlich sind, einschließlich Verschlüsselung zugänglich sind. Außerdem muss gewährleistet sein, dass die in Anhang II genannten Anforderungen erfüllt sind.

§ 5 Vergabeverfahren

(1) Aufträge über freiberufliche Leistungen sind im Verhandlungsverfahren mit vorheriger Vergabebekanntmachung zu vergeben. Verhandlungsverfahren sind Verfahren, bei denen der Auftraggeber ausgewählte Personen anspricht, um über die Auftragsbedingungen zu verhandeln. Der Auftraggeber kann vorsehen, dass das Verhandlungsverfahren in verschiedenen aufeinander folgenden Phasen abgewickelt wird, um so die Zahl der Angebote, über die verhandelt wird, anhand der in der Bekanntmachung oder in den Vergabeunterlagen angegebenen Zuschlagskriterien zu verringern. In der Bekanntmachung oder in den Vergabeunterlagen ist anzugeben, ob diese Möglichkeit in Anspruch genommen wird.

(2) Die Auftraggeber können in folgenden Fällen Aufträge im Verhandlungsverfahren ohne vorherige Vergabebekanntmachung vergeben:
a) sofern der Gegenstand des Auftrags eine besondere Geheimhaltung erfordert,
b) wenn die Dienstleistungen aus technischen oder künstlerischen Gründen oder auf Grund des Schutzes von Ausschließlichkeitsrechten nur von einer bestimmten Person ausgeführt werden können,
c) wenn im Anschluss an einen Wettbewerb im Sinne der §§ 20 und 25 der Auftrag gemäß den einschlägigen Bestimmungen an den Gewinner oder an einen Preisträger des Wettbewerbes vergeben werden muss. Im letzteren Fall müssen alle Preisträger des Wettbewerbes zur Teilnahme an den Verhandlungen aufgefordert werden.
d) soweit dies unbedingt erforderlich ist, wenn dringliche, zwingende Gründe im Zusammenhang mit Ereignissen, die der betreffende Auftraggeber nicht voraussehen konnte, es nicht zulassen, die vorgeschriebenen Fristen gemäß § 14 einzuhalten. Die Umstände zur Begründung der zwingenden Dringlichkeit dürfen auf keinen Fall dem Auftraggeber zuzuschreiben sein.
e) für zusätzliche Dienstleistungen, die weder in dem der Vergabe zugrunde liegenden Entwurf noch im zuerst geschlossenen Vertrag vorgesehen sind, die aber wegen eines unvorhergesehenen Ereignisses zur Ausführung der darin be-

schriebenen Dienstleistungen erforderlich sind, sofern der Auftrag an eine Person vergeben wird, die diese Dienstleistungen erbringt,
- wenn sich die zusätzlichen Dienstleistungen in technischer und wirtschaftlicher Hinsicht nicht ohne wesentlichen Nachteil für den Auftraggeber vom Hauptauftrag trennen lassen oder
- wenn diese Dienstleistungen zwar von der Ausführung des ursprünglichen Auftrags getrennt werden können, aber für dessen Vollendung unbedingt erforderlich sind.

Der Gesamtwert der Aufträge für die zusätzlichen Dienstleistungen darf jedoch 50 v. H. des Wertes des Hauptauftrages nicht überschreiten.

f) bei neuen Dienstleistungen, die in der Wiederholung gleichartiger Leistungen bestehen, die durch den gleichen Auftraggeber an die Person vergeben werden, die den ersten Auftrag erhalten hat, sofern sie einem Grundentwurf entsprechen und dieser Entwurf Gegenstand des ersten Auftrags war. Die Möglichkeit der Anwendung dieses Verfahrens muss bereits in der Bekanntmachung des ersten Vorhabens angegeben werden. § 3 bleibt unberührt. Dieses Verfahren darf jedoch nur binnen 3 Jahren nach Abschluss des ersten Auftrags angewandt werden.

§ 6 Mitwirkung von Sachverständigen

(1) Der Auftraggeber kann in jedem Stadium des Vergabeverfahrens, insbesondere bei der Beschreibung der Aufgabenstellung, bei der Prüfung der Eignung von Bewerbern, bei der Bewertung der Bewerbungen sowie bei Honorarfragen Sachverständige einschalten; diese können auf Anfrage auch von den Berufsvertretungen vorgeschlagen werden.

(2) Die Sachverständigen dürfen weder unmittelbar noch mittelbar an der betreffenden Vergabe beteiligt sein und auch nicht beteiligt werden.

§ 7 Teilnehmer am Vergabeverfahren

(1) Bewerber können einzelne oder mehrere natürliche oder juristische Personen sein, die freiberufliche Leistungen anbieten.

(2) Bewerber sind zu verpflichten, Auskünfte darüber zu geben,
- ob und auf welche Art sie wirtschaftlich mit Unternehmen verknüpft sind oder
- ob und auf welche Art sie auf den Auftrag bezogen in relevanter Weise mit Anderen zusammenarbeiten,

sofern dem nicht berufsrechtliche Vorschriften entgegenstehen.

(3) Bewerber sind zu verpflichten, die Namen und die berufliche Qualifikation der Personen anzugeben, die die Leistung tatsächlich erbringen.

(4) Soll der Auftrag an mehrere Bewerber gemeinsam vergeben werden, kann der Auftraggeber verlangen, dass diese im Falle der Auftragserteilung eine bestimmte Rechtsform annehmen, sofern dies für die ordnungsgemäße Durchführung des Auftrages notwendig ist.

§ 8 Aufgabenbeschreibung

(1) Die Aufgabenstellung ist so zu beschreiben, dass alle Bewerber die Beschreibung im gleichen Sinne verstehen können.

(2) Bei der Beschreibung der Aufgabenstellung sind technische Anforderungen zu formulieren:
1. entweder unter Bezugnahme auf die im Anhang TS definierten technischen Spezifikationen in der Rangfolge:
    a) nationale Normen, mit denen europäische Normen umgesetzt werden,
    b) europäische technische Zulassungen,
    c) gemeinsame technische Spezifikationen,
    d) internationale Normen und andere technische Bezugssysteme, die von den europäischen Normungsgremien erarbeitet wurden oder,
    e) falls solche Normen und Spezifikationen fehlen, nationale Normen, nationale technische Zulassungen oder nationale technische Spezifikationen für die Planung, Berechnung und Ausführung von Bauwerken und den Einsatz von Produkten.

Jede Bezugnahme ist mit dem Zusatz »oder gleichwertig« zu versehen;

2. oder in Form von Leistungs- oder Funktionsanforderungen, die so genau zu fassen sind, dass sie den Bewerbern oder Bietern ein klares Bild vom Auftragsgegenstand vermitteln und dem Auftraggeber die Erteilung des Zuschlags ermöglichen;

3. oder als Kombination von Nummer 1 und 2, das heißt
    a) in Form von Leistungsanforderungen unter Bezugnahme auf die Spezifikationen gemäß Nummer 1 als Mittel zur Vermutung der Konformität mit diesen Leistungs- oder Funktionsanforderungen;
    b) oder mit Bezugnahme auf die Spezifikationen gemäß Nummer 1 hinsichtlich bestimmter Merkmale und mit Bezugnahme auf die Leistungs- und Funktionsanforderungen gemäß Nummer 2 hinsichtlich anderer Merkmale.

(3) Verweist der Auftraggeber in der Aufgabenbeschreibung auf die in Absatz 2 Nr. 1 Buchst. a ge-

nannten technischen Anforderungen, so darf er ein Angebot nicht mit der Begründung ablehnen, die angebotene Dienstleistung entspräche nicht den Spezifikationen, sofern der Bieter in seinem Angebot dem Auftraggeber mit geeigneten Mitteln nachweist, dass die von ihm vorgeschlagenen Lösungen den Anforderungen der technischen Spezifikation, auf die Bezug genommen wurde, gleichermaßen entsprechen. Als geeignetes Mittel gelten insbesondere eine technische Beschreibung des Herstellers oder ein Prüfbericht einer anerkannten Stelle.

(4) Legt der Auftraggeber die technischen Anforderungen in Form von Leistungs- oder Funktionsanforderungen fest, so darf er ein Angebot, das einer nationalen Norm, mit der eine europäische Norm umgesetzt wird, oder einer europäischen technischen Zulassung, einer gemeinsamen technischen Spezifikation, einer internationalen Norm oder einem technischen Bezugssystem, das von den europäischen Normungsgremien erarbeitet wurde, entspricht, nicht zurückweisen, wenn diese Spezifikationen die geforderten Leistungs- oder Funktionsanforderungen betreffen. Der Bieter muss in seinem Angebot mit geeigneten Mitteln dem Auftraggeber nachweisen, dass die der Norm entsprechende jeweilige Dienstleistung den Leistungs- oder Funktionsanforderungen des Auftraggebers entspricht. Als geeignete Mittel gelten eine technische Beschreibung des Herstellers oder ein Prüfbericht einer anerkannten Stelle.

(5) Schreibt der Auftraggeber Umwelteigenschaften in Form von Leistungs- oder Funktionsanforderungen vor, so kann er die Spezifikationen verwenden, die in europäischen, multinationalen oder anderen Umweltzeichen definiert sind, wenn
a) sie sich zur Definition der Merkmale des Auftragsgegenstands eignen,
b) die Anforderungen des Umweltzeichens auf der Grundlage von wissenschaftlich abgesicherten Informationen ausgearbeitet werden,
c) die Umweltzeichen im Rahmen eines Verfahrens erlassen werden, an dem interessierte Kreise wie z.B. staatliche Stellen, Verbraucher, Hersteller, Händler und Umweltorganisationen teilnehmen können und
d) wenn das Umweltzeichen für alle Betroffenen zugänglich und verfügbar ist.

Der Auftraggeber kann in den Vergabeunterlagen angeben, dass bei Dienstleistungen, die mit einem Umweltzeichen ausgestattet sind, vermutet wird, dass sie den in der Leistungs- oder Aufgabenbeschreibung festgelegten technischen Anforderungen genügen. Der Auftraggeber muss jedes andere geeignete Beweismittel, wie technische Unterlagen des Herstellers oder Prüfberichte anerkannter Stellen, akzeptieren.

(6) Anerkannte Stellen sind die Prüf- und Eichlaboratorien im Sinne des EichG sowie die Inspektions- und Zertifizierungsstellen, die mit den anwendbaren europäischen Normen übereinstimmen. Der Auftraggeber erkennt Bescheinigungen von in anderen Mitgliedstaaten ansässigen anerkannten Stellen an.

(7) Soweit es nicht durch den Auftragsgegenstand gerechtfertigt ist, darf in den technischen Spezifikationen nicht auf eine bestimmte Produktion oder Herkunft oder ein besonderes Verfahren oder auf Marken, Patente, Typen, eines bestimmten Ursprungs oder einer bestimmten Produktion verwiesen werden, wenn dadurch bestimmte Unternehmen oder bestimmte Produkte begünstigt oder ausgeschlossen werden. Solche Verweise sind jedoch ausnahmsweise zulässig, wenn der Auftragsgegenstand nicht hinreichend genau und allgemein verständlich beschrieben werden kann; solche Verweise sind mit dem Zusatz »oder gleichwertig« zu versehen.

(8) Alle die Erfüllung der Aufgabenstellung beeinflussenden Umstände sind anzugeben, insbesondere solche, die dem Auftragnehmer ein ungewöhnliches Wagnis aufbürden oder auf die er keinen Einfluss hat und deren Einwirkung auf die Honorare oder Preise und Fristen er nicht im Voraus abschätzen kann. § 16 Abs. 2 ist zu berücksichtigen.

§ 9 Bekanntmachungen

(1) Die Auftraggeber veröffentlichen sobald wie möglich nach Beginn des jeweiligen Haushaltsjahres eine unverbindliche Bekanntmachung unter Verwendung des Musters nach Anhang I der Verordnung (EG) Nr. 1564/2005[1] im ABl EG oder in ihren Beschafferprofilen nach Absatz 5 über den vorgesehenen Gesamtwert der Aufträge für freiberufliche Leistungen nach Anhang I A, die in den folgenden 12 Monaten vergeben werden sollen, sofern der nach § 3 geschätzte Wert mindestens 750 000 EUR beträgt. Veröffentlicht der Auftraggeber eine Vorinformation im Beschafferprofil, meldet er dies dem Amt für amtliche Veröffentlichungen der Europäischen Gemeinschaften[2].

---

[1] ABl EG Nr. L 257 S. 1
[2] Amt für amtliche Veröffentlichungen der Europäischen Gemeinschaften, 2 rue Mercier, L-2985 Luxemburg, Telefon: 00352/2929-1, Telefax: 00352/292942670, E-Mail: mp-ojs@opoce.cec.eu.int

(2) Die Auftraggeber, die einen Auftrag für eine freiberufliche Leistung nach § 5 Abs. 1 vergeben wollen, teilen ihre Absicht durch Bekanntmachung entsprechend den Mustern des Anhangs II der Verordnung (EG) Nr. 1564/2005 mit.

(3) Bekanntmachungen sind auf elektronischem[3] oder anderem Wege unverzüglich dem Amt für amtliche Veröffentlichungen der Europäischen Gemeinschaften zu übermitteln. Soweit keine elektronische Übermittlung der Bekanntmachung erfolgt, darf der Inhalt der Bekanntmachung rund 650 Wörter nicht überschreiten. In Fällen besonderer Dringlichkeit muss die Bekanntmachung mittels Telefax oder auf elektronischem Weg übermittelt werden. Der Auftraggeber muss den Tag der Absendung der Bekanntmachung nachweisen können.

(4) Elektronisch erstellte und übermittelte Bekanntmachungen werden spätestens 5 Tage nach ihrer Absendung an das Amt für amtliche Veröffentlichungen veröffentlicht. Nicht elektronisch erstellte und übermittelte Bekanntmachungen werden spätestens 12 Tage nach der Absendung veröffentlicht. Die Bekanntmachungen werden ungekürzt im ABl EG in ihren Originalsprachen veröffentlicht. In den Amtsblättern oder der Presse des Landes des Auftraggebers darf die Bekanntmachung nicht vor dem Tag der Absendung an das Amt für die amtlichen Veröffentlichungen der Europäischen Gemeinschaften veröffentlicht werden. Bei der Veröffentlichung ist dieser Zeitpunkt anzugeben. Die Veröffentlichung darf nur die im ABl EG oder in einem Beschafferprofil nach Absatz 5 veröffentlichten Angaben enthalten.

(5) Die Auftraggeber können im Internet ein Beschafferprofil einrichten. Es enthält Angaben über geplante und laufende Vergabeverfahren, über vergebene Aufträge sowie alle sonstigen für die Auftragsvergabe relevanten Informationen wie z.B. Kontaktstelle, Telefon- und Telefaxnummer, Anschrift, E-Mail-Adresse des Auftraggebers.

§ 10 Auswahl der Bewerber

(1) Der Auftraggeber wählt anhand der erteilten Auskünfte über die Eignung der Bewerber sowie anhand der Auskünfte und Formalitäten, die zur Beurteilung der von diesen zu erfüllenden wirtschaftlichen und technischen Mindestanforderungen erforderlich sind, unter den Bewerbern, die nicht auf Grund des § 11 ausgeschlossen wurden und die in den §§ 12 und 13 genannten Anforderungen erfüllen, diejenigen aus, die er zur Verhandlung auffordert.

(2) Die Zahl der zur Verhandlung aufgeforderten Bewerber darf bei hinreichender Anzahl geeigneter Bewerber nicht unter 3 liegen.

(3) Der Auftraggeber hat in der Bekanntmachung anzugeben, welche Nachweise über die finanzielle, wirtschaftliche oder fachliche Eignung oder welche anderen Nachweise vom Bewerber zu erbringen sind. Verlangt der Auftraggeber zum Nachweis dafür, dass die Bewerber bestimmte Qualitätssicherungsnormen erfüllen, die Vorlage von Bescheinigungen von unabhängigen Qualitätsstellen, so nehmen sie auf Qualitätssicherungsnachweisverfahren Bezug, die den einschlägigen europäischen Normen entsprechen und von entsprechenden Stellen gemäß den europäischen Zertifizierungsnormen zertifiziert sind. Gleichwertige Bescheinigungen von Stellen aus anderen EG-Mitgliedstaaten sind anzuerkennen. Die Auftraggeber erkennen auch andere gleichwertige Nachweise für Qualitätssicherungsmaßnahmen an.

(4) Die in Absatz 3 vorgesehenen Nachweise dürfen nur insoweit gefordert werden, wie es durch den Gegenstand des Auftrags gerechtfertigt ist. Dabei muss der Auftraggeber die berechtigten Interessen der Bewerber am Schutz ihrer technischen, fachlichen oder handelsbezogenen Betriebsgeheimnisse berücksichtigen; die Verpflichtung zur beruflichen Verschwiegenheit bleibt unberührt.

§ 11 Ausschlusskriterien

(1) Ein Bewerber ist von der Teilnahme an einem Vergabeverfahren wegen Unzuverlässigkeit auszuschließen, wenn der Auftraggeber Kenntnis davon hat, dass eine Person, deren Verhalten dem Unternehmen zuzurechnen ist, rechtskräftig verurteilt worden ist:

a) § 129 StGB (Bildung krimineller Vereinigungen), § 129a StGB (Bildung terroristischer Vereinigungen), § 129b StGB (kriminelle und terroristische Vereinigungen im Ausland),

b) § 261 StGB (Geldwäsche, Verschleierung unrechtmäßig erlangter Vermögenswerte),

c) § 263 StGB (Betrug), soweit sich die Straftat gegen den Haushalt der EG oder gegen Haushalte richtet, die von der EG oder in ihrem Auftrag verwaltet werden,

d) § 264 StGB (Subventionsbetrug), soweit sich die Straftat gegen den Haushalt der EG oder gegen

---

[3] Das Muster und die Modalitäten für die elektronische Übermittlung der Bekanntmachungen sind unter der Internetadresse http://simap.eu.int abrufbar.

Haushalte richtet, die von der EG oder in ihrem Auftrag verwaltet werden,
e) § 334 StGB (Bestechung), auch in Verb. mit Artikel 2 des EU-Bestechungsgesetzes, Artikel 2 § 1 des Gesetzes zur Bekämpfung internationaler Bestechung, Artikel 7 Abs. 2 Nr. 10 des 4. Strafrechtsänderungsgesetzes und § 2 des Gesetzes über das Ruhen der Verfolgungsverjährung und die Gleichstellung der Richter und Bediensteten des Internationalen Strafgerichtshofes,
f) Artikel 2 § 2 des Gesetzes zur Bekämpfung internationaler Bestechung (Bestechung ausländischer Abgeordneter im Zusammenhang mit internationalem Geschäftsverkehr),
g) § 370 Abgabenordnung (AO), auch in Verb. mit § 12 des Gesetzes zur Durchführung der gemeinsamen Marktorganisationen und Direktzahlungen (MOG), soweit sich die Straftat gegen den Haushalt der EG oder gegen Haushalte richtet, die von der EG oder in ihrem Auftrag verwaltet werden.

Einem Verstoß gegen diese Vorschriften gleichgesetzt sind Verstöße gegen entsprechende Strafnormen anderer Staaten. Ein Verhalten einer rechtskräftig verurteilten Person ist einem Bewerber zuzurechnen, wenn sie für diesen Bewerber bei der Führung der Geschäfte selbst verantwortlich gehandelt hat oder ein Aufsichts- oder Organisationsverschulden gemäß § 130 des Gesetzes über Ordnungswidrigkeiten (OWiG) dieser Person im Hinblick auf das Verhalten einer anderen für den Bewerber handelnden, rechtskräftig verurteilten Person vorliegt.

(2) Als Nachweis, dass die Kenntnis nach Absatz 1 unrichtig ist und die in Absatz 1 genannten Fälle nicht vorliegen, akzeptiert der Auftraggeber einen Auszug aus dem Bundeszentralregister oder eine gleichwertige Urkunde einer zuständigen Gerichts- oder Verwaltungsbehörde des Herkunftslands. Wenn eine Urkunde oder Bescheinigung vom Herkunftsland nicht ausgestellt oder nicht vollständig alle vorgesehenen Fälle erwähnt, kann dies durch eine eidesstattliche Erklärung oder eine förmliche Erklärung vor einer zuständigen Gerichts- oder Verwaltungsbehörde, einem Notar oder einer dafür qualifizierten Berufsorganisation des Herkunftslands ersetzt werden.

(3) Von einem Ausschluss nach Absatz 1 kann nur abgesehen werden, wenn zwingende Gründe des Allgemeininteresses vorliegen und andere die Leistung nicht angemessen erbringen können oder wenn auf Grund besonderer Umstände des Einzelfalls der Verstoß die Zuverlässigkeit des Bewerbers nicht in Frage stellt.

(4) Von der Teilnahme am Vergabeverfahren können Bewerber ausgeschlossen werden,
a) die sich im Insolvenzverfahren oder in Liquidation befinden oder ihre Tätigkeit eingestellt haben oder sich auf Grund eines in den einzelstaatlichen Rechtsvorschriften vorgesehenen gleichartigen Verfahrens in einer entsprechenden Lage befinden,
b) die auf Grund eines rechtskräftigen Urteils aus Gründen bestraft worden sind, die ihre berufliche Zuverlässigkeit in Frage stellen,
c) die im Rahmen ihrer beruflichen Tätigkeit eine schwere Verfehlung begangen haben, die vom Auftraggeber nachweislich festgestellt wurde,
d) die ihre Verpflichtung zur Zahlung der Steuern und Abgaben nach den Rechtsvorschriften des Mitgliedstaates des Auftraggebers nicht erfüllt haben,
e) die sich bei der Erteilung von Auskünften, die gemäß den §§ 7, 10, 12 und 13 eingeholt werden können, in erheblichem Maß falscher Erklärungen schuldig gemacht haben oder diese Auskünfte unberechtigterweise nicht erteilen.

§ 12 Nachweis der finanziellen und wirtschaftlichen Leistungsfähigkeit

(1) Die finanzielle und wirtschaftliche Leistungsfähigkeit des Bewerbers kann insbesondere durch einen der nachstehenden Nachweise erbracht werden:
a) entsprechende Bankerklärung oder den Nachweis entsprechender Berufshaftpflichtversicherungsdeckung,
b) Vorlage von Bilanzen oder Bilanzauszügen, falls deren Veröffentlichung nach dem Gesellschaftsrecht des Mitgliedsstaates, in dem der Bewerber ansässig ist, vorgeschrieben ist,
c) Erklärung über den Gesamtumsatz des Bewerbers und seinen Umsatz für entsprechende Dienstleistungen in den letzten 3 Geschäftsjahren.

(2) Kann ein Bewerber aus einem wichtigen Grund die vom Auftraggeber geforderten Nachweise nicht beibringen, so kann er seine finanzielle und wirtschaftliche Leistungsfähigkeit durch Vorlage anderer, vom Auftraggeber für geeignet erachteter Belege nachweisen.

(3) Ein Bewerber kann sich, auch als Mitglied einer Bietergemeinschaft, bei der Erfüllung eines Auftrags der Kapazitäten anderer Unternehmen bedienen, ungeachtet des rechtlichen Charakters der

zwischen ihm und diesen Unternehmen bestehenden Verbindungen. Er muss in diesem Fall dem Auftraggeber gegenüber nachweisen, dass ihm die erforderlichen Mittel zur Verfügung stehen, in dem er beispielsweise eine entsprechende Verpflichtungserklärung dieser Unternehmen vorlegt.

(4) Verlangen die Auftraggeber als Merkmal der technischen Leistungsfähigkeit den Nachweis dafür, dass die Bewerber bestimmte Normen für das Umweltmanagement erfüllen, die Vorlage von Bescheinigungen unabhängiger Stellen, so nehmen sie auf das Gemeinschaftssystem für das Umweltmanagement und die Umweltbetriebsprüfung (EMAS) oder auf Normen für das Umweltmanagement Bezug, die auf den einschlägigen europäischen oder internationalen Normen beruhen und von entsprechenden Stellen zertifiziert sind, die dem europäischen Gemeinschaftsrecht oder europäischen oder internationalen Zertifizierungsnormen entsprechen. Gleichwertige Bescheinigungen von Stellen in anderen Mitgliedstaaten sind anzuerkennen. Die Auftraggeber erkennen auch andere Nachweise für gleichwertige Umweltmanagementmaßnahmen an, die von den Bewerbern vorgelegt werden.

§ 13 Fachliche Eignung

(1) Die fachliche Eignung von Bewerbern für die Durchführung von Dienstleistungen kann insbesondere auf Grund ihrer Fachkunde, Leistungsfähigkeit, Erfahrung und Zuverlässigkeit beurteilt werden.

(2) Der Nachweis der Eignung kann je nach Art, Umfang und Verwendungszweck der betreffenden Dienstleistungen folgendermaßen erbracht werden:
a) soweit nicht bereits durch Nachweis der Berufszulassung erbracht, durch Studiennachweise und Bescheinigungen über die berufliche Befähigung des Bewerbers und/oder der Führungskräfte des Unternehmens, insbesondere der für die Dienstleistungen verantwortlichen Person oder Personen,
b) durch eine Liste der wesentlichen in den letzten 3 Jahren erbrachten Leistungen mit Angabe des Rechnungswertes, der Leistungszeit sowie der öffentlichen oder privaten Auftraggeber der erbrachten Dienstleistungen,
   – bei Leistungen für öffentliche Auftraggeber durch eine von der zuständigen Behörde ausgestellte oder beglaubigte Bescheinigung,
   – bei Leistungen für private Auftraggeber durch eine vom Auftraggeber ausgestellte Bescheinigung; ist eine derartige Bescheinigung nicht erhältlich, so ist eine einfache Erklärung des Bewerbers zulässig,
c) durch Angabe über die technische Leitung,
d) durch eine Erklärung, aus der das jährliche Mittel der vom Bewerber in den letzten 3 Jahren Beschäftigten und die Anzahl seiner Führungskräfte in den letzten 3 Jahren ersichtlich ist,
e) durch eine Erklärung, aus der hervorgeht, über welche Ausstattung, welche Geräte und welche technische Ausrüstung der Bewerber für die Dienstleistungen verfügen wird,
f) durch eine Beschreibung der Maßnahmen des Bewerbers zur Gewährleistung der Qualität und seiner Untersuchungs- und Forschungsmöglichkeiten,
g) sind die zu erbringenden Leistungen komplexer Art oder sollten sie ausnahmsweise einem besonderen Zweck dienen, durch eine Kontrolle, die vom Auftraggeber oder in dessen Namen von einer anderen damit einverstandenen zuständigen amtlichen Stelle aus dem Land durchgeführt wird, in dem der Bewerber ansässig ist; diese Kontrolle betrifft die Leistungsfähigkeit und erforderlichenfalls die Untersuchungs- und Forschungsmöglichkeiten des Bewerbers sowie die zur Gewährleistung der Qualität getroffenen Vorkehrungen,
h) durch Angabe des Auftragsanteils, für den der Bewerber möglicherweise einen Unterauftrag zu erteilen beabsichtigt.

(3) § 12 Abs. 3 gilt entsprechend.

§ 14 Fristen[4]

(1) Die vom Auftraggeber festgesetzte Frist für den Antrag auf Teilnahme beträgt mindestens 37 Tage, gerechnet vom Tage der Absendung der Bekanntmachung an. Bei elektronisch erstellten und übermittelten Bekanntmachungen kann diese Frist um 7 Tage verkürzt werden.

(2) In den Fällen, in denen wegen der besonderen Dringlichkeit die Einhaltung der Mindestfrist nach Absatz 1 unmöglich ist, beträgt die Frist für den Antrag auf Teilnahme mindestens 15 Tage, gerechnet vom Tag der Absendung der Bekanntmachung an. Bei elektronisch erstellten und übermittelten Bekanntmachungen beträgt diese Frist mindestens 10 Tage.

---

[4] Die Berechnung der Fristen erfolgt nach der Verordnung (EWG/Euratom) Nr. 1182/71 des Rates vom 3. 6. 1971 zur Festlegung der Regeln für die Fristen, Daten und Termine (ABl EG Nr. L 124 S. 1).

(3) Der Auftraggeber muss rechtzeitig angeforderte zusätzliche Auskünfte über die Aufgabenstellung spätestens 6 Tage vor Ablauf der Frist für den Eingang der Bewerbungen, in Fällen besonderer Dringlichkeit spätestens 4 Tage vor Ablauf der Bewerbungsfrist, erteilen.

(4) Können die Bewerbungen nur nach einer Ortsbesichtigung oder Einsichtnahme in Unterlagen an Ort und Stelle erstellt werden oder kann der Auftraggeber die Auskünfte nicht rechtzeitig erteilen, so sind die Angebotsfristen entsprechend zu verlängern.

§ 15 Kosten

(1) Für die Ausarbeitung der Bewerbungsunterlagen werden Kosten nicht erstattet.

(2) Verlangt der Auftraggeber darüber hinaus, dass Bewerber Entwürfe, Pläne, Zeichnungen, Berechnungen oder andere Unterlagen ausarbeiten, so ist einheitlich für alle Bewerber eine angemessene Vergütung festzusetzen. Gesetzliche Gebühren- oder Honorarordnungen und der Urheberrechtsschutz bleiben unberührt.

§ 16 Aufforderung zur Verhandlung, Auftragserteilung

(1) Der Auftraggeber fordert die ausgewählten Bewerber gleichzeitig in Textform zur Verhandlung auf. Die Aufforderung zur Verhandlung enthält mindestens Folgendes:
a) die Aufgabenbeschreibung oder die Angabe, wie sie elektronisch abrufbar ist und
b) einen Hinweis auf die veröffentlichte Bekanntmachung.

(2) Die Auftraggeber haben in der Aufgabenbeschreibung oder der Vergabebekanntmachung oder der Aufforderung zur Teilnahme an der Verhandlung alle Auftragskriterien anzugeben, deren Anwendung vorgesehen ist. Sie haben auch anzugeben, wie die einzelnen Kriterien gewichtet werden. Die Gewichtung kann mittels einer Marge angegeben werden. Kann nach Ansicht des Auftraggebers die Gewichtung aus nachvollziehbaren Gründen nicht angegeben werden, so gibt der Auftraggeber die Kriterien in der absteigenden Reihenfolge ihrer Bedeutung an.

(3) Bei der Entscheidung über die Auftragserteilung berücksichtigt er auf die erwartete fachliche Leistung bezogene Kriterien, insbesondere Qualität, fachlicher oder technischer Wert, Ästhetik, Zweckmäßigkeit, Umwelteigenschaften, Kundendienst und technische Hilfe, Leistungszeitpunkt, Ausführungszeitraum oder -frist und Preis/Honorar. Ist die zu erbringende Leistung nach einer gesetzlichen Gebühren- oder Honorarordnung zu vergüten, ist der Preis nur im dort vorgeschriebenen Rahmen zu berücksichtigen.

(4) Der Auftraggeber schließt den Vertrag mit dem Bewerber, der auf Grund der ausgehandelten Auftragsbedingungen im Rahmen der vorgegebenen Auftragskriterien die bestmögliche Leistung erwarten lässt.

§ 17 Vergebene Aufträge

(1) Die Auftraggeber machen über jeden vergebenen Auftrag Mitteilung anhand einer Bekanntmachung. Sie wird nach dem im Anhang III der Verordnung (EG) Nr. 1564/2005 enthaltenen Muster erstellt und ist spätestens 48 Tage nach Vergabe des Auftrags auf dem geeignetsten Weg an das Amt für amtliche Veröffentlichungen der Europäischen Gemeinschaften zu übermitteln.

(2) Bei der Bekanntmachung von Dienstleistungsaufträgen des Anhangs I B geben die Auftraggeber in ihrer Bekanntmachung an, ob sie mit der Veröffentlichung einverstanden sind.

(3) Bestimmte Angaben über die Auftragsvergabe brauchen jedoch bei bestimmten Einzelaufträgen nicht veröffentlicht zu werden, wenn ihre Bekanntgabe den Gesetzesvollzug behindern, dem öffentlichen Interesse in anderer Weise zuwiderlaufen, die legitimen geschäftlichen Interessen einzelner Personen berühren oder den fairen Wettbewerb beeinträchtigen würde.

(4) Der Auftraggeber teilt den nicht berücksichtigten Bewerbern, die dies schriftlich beantragen, unverzüglich, spätestens innerhalb von 15 Tagen nach Eingang ihres Antrages die Gründe für die Ablehnung ihrer Bewerbung um Teilnahme am Verhandlungsverfahren mit. Der Auftraggeber kann in Satz 1 genannte Informationen über die Auftragsvergabe zurückhalten, wenn die Weitergabe den Gesetzesvollzug vereiteln würde oder sonst nicht im öffentlichen Interesse läge oder den berechtigten Geschäftsinteressen von Bewerbern oder dem fairen Wettbewerb schaden würde.

(5) Einen Beschluss, auf die Vergabe eines dem EG-weiten Wettbewerb unterstellten Auftrages zu verzichten, teilt der Auftraggeber dem Amt für amtliche Veröffentlichungen der Europäischen Gemeinschaften mit. Den Bewerbern teilt der Auftraggeber unverzüglich die Gründe mit, aus denen beschlossen wurde, auf die Vergabe eines bekannt gemachten Auftrages zu verzichten oder das Verfahren erneut einzuleiten. Auf Antrag teilt er dies in Textform mit.

§ 18 Vergabevermerk

Über die Vergabe ist ein Vermerk zu fertigen, der die einzelnen Stufen des Verfahrens, die Maßnahmen, die Feststellung sowie die Begründung der einzelnen Entscheidungen enthält. Die Auftraggeber treffen geeignete Maßnahmen, um den Ablauf der mit elektronischen Mitteln durchgeführten Vergabeverfahren zu dokumentieren.

§ 19 Melde- und Berichtspflichten

(1) Auf Verlangen der Europäischen Kommission sind aus dem Vergabevermerk folgende Angaben zu übermitteln:
a) Name und Anschrift des Auftraggebers,
b) Art und Umfang der Leistung,
c) Wert des Auftrages,
d) Namen der berücksichtigten Bewerber und Gründe für ihre Auswahl,
e) Namen der ausgeschlossenen Bewerber und die Gründe für die Ablehnung,
f) Name des erfolgreichen Bewerbers und die Gründe für die Auftragserteilung sowie – falls bekannt – der Anteil, den der erfolgreiche Bewerber an Dritte weiterzugeben beabsichtigt,
g) Gründe für die Wahl des Verhandlungsverfahrens,
h) Gründe, aus denen auf die Auftragsvergabe verzichtet wurde.

(2) Die Auftraggeber übermitteln an die zuständige Stelle jährlich eine statistische Aufstellung über die vergebenen Aufträge. Diese Aufstellung enthält mindestens Angaben über die Anzahl und den Wert der vergebenen Aufträge, aufgeschlüsselt nach den in § 5 vorgesehenen Verfahren, nach der Kategorie der Dienstleistung und nach der Nationalität des Auftragnehmers sowie Anzahl und Wert der Aufträge, die in die einzelnen EG-Mitgliedstaaten oder Drittstaaten vergeben worden sind, sowie den Gesamtwert der Aufträge, die auf Grund von Ausnahmeregelungen zum Beschaffungsübereinkommen der Welthandelsorganisation WTO[5] vergeben wurden, und sonstige statistische Angaben, die von der zuständigen Stelle im Einklang mit diesem Beschaffungsübereinkommen verlangt werden.

(3) Auftraggeber nach § 2 Nr. 2 VgV geben über die in Absatz 2 vorgesehenen Angaben hinaus den geschätzten Gesamtwert der Aufträge unterhalb der Schwellenwerte und neben dem Gesamtwert auch die Anzahl der Aufträge unterhalb der Schwellenwerte und neben dem Gesamtwert auch die Anzahl der Aufträge, die auf Grund von Ausnahmeregelungen zum Beschaffungsübereinkommen der Welthandelsorganisation WTO vergeben wurden, an.

(4) Von den statistischen Angaben nach den Absätzen 2 und 3 sind Dienstleistungen der Kategorie 8 des Anhangs I A und Dienstleistungen des Anhangs I B ausgenommen, sofern sie einen Auftragswert nach § 2 Nr. 3 VgV ohne Umsatzsteuer nicht erreichen.

§ 20 Wettbewerbe

(1) Wettbewerbe sind Auslobungsverfahren, die dazu dienen, dem Auftraggeber einen Plan oder eine Planung zu verschaffen, deren Auswahl durch ein Preisgericht auf Grund vergleichender Beurteilungen mit oder ohne Verteilung von Preisen erfolgt.

(2) Die auf die Durchführung von Wettbewerben anwendbaren Regeln sind den an der Teilnahme am Wettbewerb Interessierten mitzuteilen.

(3) Die Zulassung zur Teilnahme an einem Wettbewerb darf nicht beschränkt werden
– auf das Gebiet eines Mitgliedstaates oder einen Teil davon,
– auf natürliche oder juristische Personen.

(4) Bei Wettbewerben mit beschränkter Teilnehmerzahl haben die Auftraggeber eindeutige und nicht diskriminierende Auswahlkriterien festzulegen. Die Zahl der Teilnehmer muss ausreichen, um einen echten Wettbewerb zu gewährleisten.

(5) Das Preisgericht darf nur aus Preisrichtern bestehen, die von den Teilnehmern des Wettbewerbes unabhängig sind. Wird von diesen Teilnehmern eine bestimmte berufliche Qualifikation verlangt, muss mindestens ein Drittel der Preisrichter über dieselbe oder eine gleichwertige Qualifikation verfügen.

(6) Das Preisgericht ist in seinen Entscheidungen und Stellungnahmen unabhängig. Es trifft diese auf Grund von Wettbewerbsarbeiten, die anonym vorgelegt werden, und nur auf Grund von Kriterien, die in der Bekanntmachung nach Absatz 9 genannt sind.

(7) Das Preisgericht hat einen von den Preisrichtern zu unterzeichnenden Bericht zu erstellen, über die Rangfolge der von ihm ausgewählten Projekte und die einzelnen Wettbewerbsarbeiten.

(8) Auftraggeber, die einen Wettbewerb durchführen wollen, teilen ihre Absicht durch Bekanntmachung nach dem in Anhang XII der Verordnung

---

[5] In den Anwendungsbereich des Beschaffungsübereinkommens der Welthandelsorganisation WTO (ABl EG Nr. C 256 vom 3. 9. 1996, S. 1) fallen nicht: Dienstleistungen des Anhangs I B, Dienstleistungen der Kategorie 8 des Anhangs I A.

(EG) Nr. 1564/2005 enthaltenen Muster mit. Die Bekanntmachung ist dem Amt für amtliche Veröffentlichungen der Europäischen Gemeinschaften unverzüglich mitzuteilen.

(9) § 9 Abs. 3 und 4 gilt entsprechend.

(10) Auftraggeber, die einen Wettbewerb durchgeführt haben, geben spätestens 48 Tage nach Durchführung eine Bekanntmachung nach Anhang XIII der Verordnung (EG) Nr. 1564/2005 an das ABl EG. § 17 gilt entsprechend.

§ 21 Nachprüfungsbehörden

In der Bekanntmachung und der Aufgabenbeschreibung ist die Stelle anzugeben, an die sich der Bewerber zur Nachprüfung behaupteter Verstöße gegen die Bestimmungen über die Vergabe- und Wettbewerbsverfahren wenden kann.

Kapitel 2 Besondere Vorschriften zur Vergabe von Architekten- und Ingenieurleistungen

§ 22 Anwendungsbereich

(1) Die Bestimmungen dieses Kapitels gelten zusätzlich für die Vergabe von Architekten- und Ingenieurleistungen.

(2) Architekten- und Ingenieurleistungen sind
– Leistungen, die von der Honorarordnung für Architekten und Ingeniere (HOAI) erfasst werden sowie
– sonstige Leistungen, für die die berufliche Qualifikation des Architekten oder Ingenieurs erforderlich ist oder vom Auftraggeber gefordert wird.

§ 23 Qualifikation des Auftragnehmers

(1) Wird als Berufsqualifikation der Beruf des Architekten oder der einer seiner Fachrichtungen gefordert, so ist jeder zuzulassen, der nach den Architektengesetzen der Länder berechtigt ist, die Berufsbezeichnung Architekt zu tragen oder nach den EG-Richtlinien, insbesondere der Richtlinie für die gegenseitige Anerkennung der Diplome auf dem Gebiete der Architektur,[6] berechtigt ist, in der Bundesrepublik Deutschland als Architekt tätig zu werden.

(2) Wird als Berufsqualifikation der Beruf des »Beratenden Ingenieurs« oder »Ingenieurs« gefordert, so ist jeder zuzulassen, der nach den Gesetzen der Länder berechtigt ist, die Berufsbezeichnung »Beratender Ingenieur« oder »Ingenieur« zu tragen oder nach der EG-Richtlinie über eine allgemeine Regelung zur Anerkennung der Hochschuldiplome[7] in der Bundesrepublik Deutschland als »Beratender Ingenieur« oder »Ingenieur« tätig zu werden.

(3) Juristische Personen sind als Auftragnehmer zuzulassen, wenn sie für die Durchführung der Aufgabe einen verantwortlichen Berufsangehörigen gemäß Absatz 1 und 2 benennen.

§ 24 Auftragserteilung

(1) Die Auftragsverhandlungen mit den nach § 10 Abs. 1 ausgewählten Bewerbern dienen der Ermittlung des Bewerbers, der im Hinblick auf die gestellte Aufgabe am ehesten die Gewähr für eine sachgerechte und qualitätsvolle Leistungserfüllung bietet. Der Auftraggeber führt zu diesem Zweck Auftragsgespräche mit den ausgewählten Bewerbern durch und entscheidet über die Auftragsvergabe nach Abschluss dieser Gespräche.

(2) Die Präsentation von Referenzobjekten, die der Bewerber zum Nachweis seiner Leistungsfähigkeit vorlegt, ist zugelassen. Die Ausarbeitung von Lösungsvorschlägen der gestellten Planungsaufgabe kann vom Auftraggeber nur im Rahmen eines Verfahrens nach Absatz 3 oder eines Planungswettbewerbes gemäß § 25 verlangt werden. Die Auswahl eines Bewerbers darf nicht dadurch beeinflusst werden, dass von Bewerbern zusätzlich unaufgefordert Lösungsvorschläge eingereicht wurden.

(3) Verlangt der Auftraggeber außerhalb eines Planungswettbewerbes Lösungsvorschläge für die Planungsaufgabe, so sind die Lösungsvorschläge der Bewerber nach den Honorarbestimmungen der HOAI zu vergüten.

---

6 Richtlinie des Rates 85/384/EWG vom 10.6.1985 für die gegenseitige Anerkennung der Diplome, Prüfungszeugnisse und sonstigen Befähigungsnachweise auf dem Gebiet der Architektur und für Maßnahmen zur Erleichterung der tatsächlichen Ausübung des Niederlassungsrechts und des Rechtes auf freien Dienstleistungsverkehr (ABl EG Nr. L 223)

7 Richtlinie des Rates 89/48/EWG vom 21.12.1988 über eine allgemeine Regelung zur Anerkennung der Hochschuldiplome, die eine mindestens 3-jährige Berufsausbildung abschließen (ABl EG Nr. L 19)

§ 25 Planungswettbewerbe

(1) Wettbewerbe im Sinne von § 20, die dem Ziel dienen, alternative Vorschläge für Planungen auf dem Gebiet der Raumplanung, des Städtebaus und des Bauwesens auf der Grundlage veröffentlichter einheitlicher Richtlinien zu erhalten (Planungswettbewerbe), können jederzeit vor, während oder ohne Verhandlungsverfahren ausgelobt werden. In den einheitlichen Richtlinien wird auch die Mitwirkung von Architekten- und Ingenieurkammern an der Vorbereitung und Durchführung der Wettbewerbe geregelt.

(2) Der Auslober eines Planungswettbewerbes hat zu gewährleisten, dass jedem Teilnehmer die gleiche Chance eingeräumt wird. Er hat dazu mit der Bekanntmachung des Planungswettbewerbes die Verfahrensart festzulegen. Allen Teilnehmern sind Wettbewerbsunterlagen, Termine, Ergebnisse von Kolloquien und die Antworten auf Rückfragen jeweils zum gleichen Zeitpunkt bekannt zu geben.

(3) Mit der Auslobung sind Preise und ggf. Ankäufe auszusetzen, die der Bedeutung und Schwierigkeit der Bauaufgabe sowie dem Leistungsumfang nach dem Maßstab der HOAI angemessen sind.

(4) Ausgeschlossen von der Teilnahme an Planungswettbewerben sind Personen, die infolge ihrer Beteiligung an der Auslobung oder Durchführung des Wettbewerbes bevorzugt sein oder Einfluss auf die Entscheidung des Preisgerichts nehmen können. Das Gleiche gilt für Personen, die sich durch Angehörige oder ihnen wirtschaftlich verbundene Personen einen entsprechenden Vorteil oder Einfluss verschaffen können.

(5) Das Preisgericht muss sich in der Mehrzahl aus Preisrichtern zusammensetzen, die auf Grund ihrer beruflichen Qualifikation die fachlichen Anforderungen in hervorragendem Maße erfüllen, die nach Maßgabe der einheitlichen Grundsätze und Richtlinien im Sinne von Absatz 1 zur Teilnahme am Wettbewerb berechtigen. Die Preisrichter haben ihr Amt persönlich und unabhängig allein nach fachlichen Gesichtspunkten auszuüben.

(6) Das Preisgericht hat in seinen Entscheidungen die in der Auslobung als bindend bezeichneten Vorgaben des Auslobers und die dort genannten Entscheidungskriterien zu beachten. Nicht zugelassene oder über das geforderte Maß hinausgehende Leistungen sollen von der Wertung ausgeschlossen werden. Das Preisgericht hat die für eine Preisverleihung in Betracht zu ziehenden Arbeiten in ausreichender Zahl schriftlich zu bewerten und eine Rangfolge unter ihnen festzulegen. Das Preisgericht kann nach Festlegung der Rangfolge einstimmig eine Wettbewerbsarbeit, die besonders bemerkenswerte Lösungen enthält, aber gegen Vorgaben des Auslobers verstößt, mit einem Sonderpreis bedenken. Über den Verlauf der Preisgerichtssitzung ist eine Niederschrift zu fertigen, durch die der Gang des Auswahlverfahrens nachvollzogen werden kann.

(7) Jeder Teilnehmer ist über das Ergebnis des Wettbewerbes unter Versendung der Niederschrift der Preisgerichtssitzung unverzüglich zu unterrichten. Spätestens einen Monat nach der Entscheidung des Preisgerichts sind die Wettbewerbsarbeiten mit Namensangaben der Verfasser unter Auslegung der Niederschrift auszustellen.

(8) Soweit ein Preisträger wegen Verstoßes gegen Wettbewerbsregeln nicht berücksichtigt werden kann, rücken die übrigen Preisträger sowie sonstige Teilnehmer in der Rangfolge des Preisgerichts nach, soweit das Preisgericht ausweislich seiner Niederschrift nichts anderes bestimmt hat.

(9) Soweit und sobald die Wettbewerbsaufgabe realisiert werden soll, sind einem oder mehreren der Preisträger weitere Planungsleistungen nach Maßgabe der in Absatz 1 genannten einheitlichen Richtlinien zu übertragen, sofern mindestens einer der Preisträger eine einwandfreie Ausführung der zu übertragenden Leistungen gewährleistet und sonstige wichtige Gründe der Beauftragung nicht entgegenstehen.

(10) Urheberrechtlich und wettbewerbsrechtlich geschützte Teillösungen von Wettbewerbsteilnehmern, die bei der Auftragserteilung nicht berücksichtigt worden sind, dürften nur gegen eine angemessene Vergütung genutzt werden.

§ 26 Unteraufträge

Der Auftragnehmer hat die Auftragsleistung selbständig mit seinem Büro zu erbringen. Dem Auftragnehmer kann mit Zustimmung des Auftraggebers gestattet werden, Auftragsleistungen im Wege von Unteraufträgen an Dritte mit entsprechender Qualifikation zu vergeben.

9 Anhang

Anhang I

Teil A[8]

Kategorie	Bezeichnung	CPC-Referenznummern[9]	CPV-Referenznummern
1	Instandhaltung und Reparatur	6112, 6122, 633, 886	Von 50100000 bis 50982000 (außer 50310000 bis 50324200 und 50116510-9, 50190000-3, 50229000-6, 50243000-0)
2	Landverkehr,[10] einschließlich Geldtransport und Kurierdienste, ohne Postverkehr	712 (außer 71235) 7512, 87304	Von 60112000-6 bis 60129300-1 (außer 60121000 bis 60121600, 60122200-1, 60122230-0) und von 64120000-3 bis 64121200-2
3	Fracht- und Personenbeförderung im Flugverkehr, ohne Postverkehr	73 (außer 7321)	Von 62100000-3 bis 62300000-5 (außer 62121000-6, 62221000-7)
4	Postbeförderung im Landverkehr[3] sowie Luftpostbeförderung	71235, 7321	60122200-1, 60122230-0 62121000-6, 62221000-7
5	Fernmeldewesen	752	Von 64200000-8 bis 64228200-2, 72318000-7 und von 72530000-9 bis 72532000-3
6	Finanzielle Dienstleistungen: a) Versicherungsdienstleistungen b) Bankdienstleistungen und Wertpapiergeschäfte[11]	ex 81, 812, 814	Von 66100000-1 bis 66430000-3 und von 67110000-1 bis 67262000-1 (4)
7	Datenverarbeitung und verbundene Tätigkeiten	84	Von 50300000-8 bis 50324200-4, von 72100000-6 bis 72591000-4 (außer 72318000-7 und von 72530000-9 bis 72532000-3)
8	Forschung und Entwicklung[12]	85	Von 73000000-2 bis 73300000-5 (außer 73200000-4, 73210000-7, 7322000-0)
9	Buchführung, -haltung und -prüfung	862	Von 74121000-3 bis 74121250-0

---

8 Bei unterschiedlichen Auslegungen zwischen CPV und CPC gilt die CPC-Nomenklatur.
9 CPC-Nomenklatur (vorläufige Fassung), die zur Festlegung des Anwendungsbereichs der Richtlinie 92/50/EWG verwendet wird.
10 Ohne Eisenbahnverkehr der Kategorie 18.

9.7 Verdingungsordnung für freiberufliche Leistungen – VOF –

Kategorie	Bezeichnung	CPC-Referenznummern	CPV-Referenznummern
10	Markt- und Meinungsforschung	864	Von 74130000-9 bis 74133000-0 und 74423100-1, 74423110-4
11	Unternehmensberatung[13] und verbundene Tätigkeiten	865, 866	Von 73200000-4 bis 73220000-0, von 74140000-2 bis 74150000-5 (außer 74142200-8) und 74420000-9, 74421000-6, 74423000-0, 74423200-2, 74423210-5, 74871000-5, 93620000-0
12	Architektur, technische Beratung und Planung, integrierte technische Leistungen, Stadt und Landschaftsplanung, zugehörige wissenschaftliche und technische Beratung, technische Versuche und Analysen	867	Von 74200000-1 bis 74276400-8 und von 74310000-5 bis 74323100-0 und 74874000-6
13	Werbung	871	Von 74400000-3 bis 74422000-3 (außer 74420000-9 und 74421000-6)
14	Gebäudereinigung und Hausverwaltung	874, 82201 bis 82206	Von 70300000-4 bis 70340000-6 und von 74710000-9 bis 74760000-4
15	Verlegen und Drucken gegen Vergütung oder auf vertraglicher Grundlage	88442	Von 78000000-7 bis 78400000-1
16	Abfall- und Abwasserbeseitigung, sanitäre und ähnliche Dienstleistungen	94	Von 90100000-8 bis 90320000-6, und 50190000-3, 50229000-6, 50243000-0

11 Ohne Finanzdienstleistungen im Zusammenhang mit Ausgabe, Verkauf, Ankauf oder Übertragung von Wertpapieren oder anderen Finanzinstrumenten und mit Zentralbankdiensten. Ausgenommen sind ferner Dienstleistungen zum Erwerb oder zur Anmietung – ganz gleich, nach welchen Finanzmodalitäten – von Grundstücken, bestehenden Gebäuden oder anderem unbeweglichen Eigentum oder betreffend Rechte daran; Finanzdienstleistungen, die bei dem Vertrag über den Erwerb oder die Anmietung mit ihm gleichlaufend, ihm vorangehend oder im Anschluss an ihn gleich in welcher Form erbracht werden, fallen jedoch darunter.
12 Ohne Aufträge über Forschungs- und Entwicklungsdienstleistungen anderer Art als diejenigen, deren Ergebnisse ausschließlich Eigentum des Auftraggebers für seinen Gebrauch bei der Ausübung seiner eigenen Tätigkeit sind, sofern die Dienstleistung vollständig durch den Auftraggeber vergütet wird.
13 Ohne Schiedsgerichts- und Schlichtungsleistungen.

9 Anhang

Teil B

Kategorie	Bezeichnung	CPC-Referenznummern[14]	CPV-Referenznummern
17	Gaststätten und Beherbergungsgewerbe	64	Von 55000000-0 bis 55524000-9 und von 93400000-2 bis 93411000-2
18	Eisenbahnen	711	60111000-9 und von 60121000-2 bis 60121600-8
19	Schifffahrt	72	Von 61000000-5 bis 61530000-9 und von 63370000-3 bis 63372000-7
20	Neben- und Hilfstätigkeiten des Verkehrs	74	62400000-6, 62440000-8, 62441000-5, 62450000-1, von 63000000-9 bis 63600000-5 (außer 63370000-3, 63371000-0, 63372000-7) und 74322000-2, 93610000-7
21	Rechtsberatung	861	Von 74110000-3 bis 74114000-1
22	Arbeits- und Arbeitskräftevermittlung[15]	872	Von 74500000-4 bis 74540000-6 (außer 74511000-4) und von 95000000-2 bis 95140000-5
23	Auskunfts- und Schutzdienste, ohne Geldtransport	873 (außer 87304)	Von 74600000-5 bis 74620000-1
24	Unterrichtswesen und Berufsausbildung	92	Von 80100000-5 bis 80430000-7
25	Gesundheits-, Veterinär- und Sozialwesen	93	74511000-4 und von 85000000-9 bis 85323000-9 (außer 85321000-5 und 85322000-2)
26	Erholung, Kultur und Sport[2]	96	Von 74875000-3 bis 74875200-5 und von 92000000-1 bis 92622000-7 (außer 92230000-2)
27	Sonstige Dienstleistungen[1, 2]		

---

14 Mit Ausnahme von Aufträgen über Erwerb, Entwicklung, Produktion oder Koproduktion von Programmen durch Sendeunternehmen und Verträgen über Sendezeit.
15 Mit Ausnahme von Arbeitsverträgen.

Anhang II Anforderungen an die Geräte, die für den elektronischen Empfang der Anträge auf Teilnahme und der Angebote verwendet werden

Die Geräte müssen gewährleisten, dass
a) für die Angebote eine elektronische Signatur verwendet werden kann,
b) Tag und Uhrzeit des Eingangs der Teilnahmeanträge oder Angebote genau bestimmbar sind,
c) ein Zugang zu den Daten nicht vor Ablauf des hierfür festgesetzten Termins erfolgt,
d) bei einem Verstoß gegen das Zugangsverbot der Verstoß sicher festgestellt werden kann,
e) ausschließlich die hierfür bestimmten Personen den Zeitpunkt der Öffnung der Daten festlegen oder ändern können,
f) der Zugang zu den übermittelten Daten nur möglich ist, wenn die hierfür bestimmten Personen gleichzeitig und erst nach dem festgesetzten Zeitpunkt tätig werden und
g) die übermittelten Daten ausschließlich den zur Kenntnisnahme bestimmten Personen zugänglich bleiben.

9 Anhang

Anhang TS Technische Spezifikationen Begriffsbestimmungen

1. »Technische Spezifikationen« sind sämtliche, insbesondere in den Vergabeunterlagen enthaltenen, technischen Anforderungen an ein Material, ein Erzeugnis oder eine Lieferung, mit deren Hilfe das Material, das Erzeugnis oder die Lieferung so bezeichnet werden können, dass sie ihren durch den Auftraggeber festgelegten Verwendungszweck erfüllen. Zu diesen technischen Anforderungen gehören Qualitätsstufen, Umweltleistungsstufen, die Konzeption für alle Verwendungsarten (»Design for all«) einschließlich des Zugangs für Menschen mit Behinderungen sowie Konformitätsbewertung, Vorgaben für Gebrauchstauglichkeit, Verwendung, Sicherheit und Abmessungen, einschließlich Vorschriften für Verkaufsbezeichnung, Terminologie, Bildzeichen, Prüfungen und Prüfverfahren, Verpackung, Kennzeichnung und Beschriftung sowie Produktionsprozesse und -methoden sowie über Konformitätsbewertungsverfahren. Außerdem gehören dazu auch die Vorschriften für die Planung und Berechnung von Bauwerken, die Bedingungen für die Prüfung, Inspektion und Abnahme von Bauwerken, die Konstruktionsmethoden oder -verfahren und alle anderen technischen Anforderungen, die der Auftraggeber bezüglich fertiger Bauwerke oder der dazu notwendigen Materialien oder Teile durch allgemeine oder spezielle Vorschriften anzugeben in der Lage ist.
2. »Norm« ist eine technische Spezifikation, die von einer anerkannten Normenorganisation zur wiederholten oder ständigen Anwendung angenommen wurde, deren Einhaltung grds. nicht zwingend vorgeschrieben ist.
3. »Internationale Norm« – Norm, die von einem internationalen Normungsgremium angenommen wird und der Öffentlichkeit zugänglich ist.
4. »Europäische Norm« – Norm, die von einem europäischen Normungsgremium angenommen wird und der Öffentlichkeit zugänglich ist.
5. »Nationale Norm« – Norm, die von einem nationalen Normungsgremium angenommen wird und der Öffentlichkeit zugänglich ist.
6. »Europäische technische Zulassung« ist eine positive technische Beurteilung der Brauchbarkeit eines Produkts hinsichtlich der Erfüllung der wesentlichen Anforderungen an bauliche Anlagen; sie erfolgt auf Grund der spezifischen Merkmale des Produkts und der festgelegten Anwendungs- und Verwendungsbedingungen. Die europäische technische Zulassung wird von einer zu diesem Zweck vom Mitgliedstaat zugelassenen Organisation ausgestellt.
7. »Gemeinsame technische Spezifikation« ist eine technische Spezifikation, die nach einem von den Mitgliedstaaten anerkannten Verfahren erarbeitet und die im ABl EG veröffentlicht wurde.
8. »Technische Bezugsgröße« ist jeder Bezugsrahmen, der keine offizielle Norm ist und von den europäischen Normungsgremien nach an die Bedürfnisse des Marktes angepassten Verfahren erarbeitet wurde.

9.8 Übersicht über wichtige Landesregelungen zum Vergaberecht (Stand 01.01.2007)

Bundesland	Vorschriften
Bayern	**Bauaufträge-Vergabegesetz** v. 28.06.2000 (GVBl. S. 364): Verpflichtung zur Tariftreue bei Bauaufträgen.
Berlin	**Landesvergabegesetz** v. 09.07.1999 (GVBl. S. 369) betreffend Tariftreue und Ausbildungsförderung; Frauenförderung gem. § 13 **Landesgleichstellungsgesetz** v. 06.09.2002 (GVBl. S. 280) i.V.m. **Frauenförderungsverordnung** v. 23.08.1999 (GVBl. S. 498), geändert durch Verordnung vom 29.05.2001 (GVBl. S. 165); **Korruptionsgesetz** Gesetz zur Einrichtung und Führung eines Registers über korruptionsanfällige Unternehmen in Berlin vom 19.04.2006 (GVBl. Nr. 16, S: 358f.). In Kraft seit 01.06.2006 bis 31.12.2010.
Brandenburg	Frauenförderung gem. § 14 **Landesgleichstellungsgesetz** v. 04.07.1994 (GVBl. S. 254) i.V.m. **Frauenförderungsverordnung** v. 25.04.1996 (GVBl. S. 354), geändert durch Verordnung vom 18.02.2002 (GVBl. II S. 139).
Bremen	**Vergabegesetz für das Land Bremen** v. 17.12.2002 (GVBl. S. 594): Tariftreue bei öffentlichen Bau- und ÖPNV-Aufträgen; Regelung bei unangemessen niedrigen Angeboten; NU-Einsatz, Vertragsstrafe, Korruptionsregister. In Kraft getreten am 01.03.2003: **Verordnung zur Durchführung des Vergabegesetzes für das Land Bremen (VergV)** v. 21.09.2004 (GVBl. S. 475).
Hamburg	**Hamburgisches Vergabegesetz** v. 13.02.2006 (HmbGVBl. S. 57): Tariftreue bei öffentlichen Bauaufträgen; NU-Erfordernisse, Wertungsvorgaben, Vertragsstrafe. In Kraft getreten am 01.03.2006 bis 31.12.2008.
Niedersachsen	**Niedersächsisches Landesvergabegesetz** v. 09.12.2005 (GVBl. S. 395): Tariftreue bei öffentlichen Bauaufträgen; NU-Erfordernisse, Wertungsvorgaben, Vertragsstraferegelung; entsprechende Anwendung der §§ 97 I–V, 98–101 GWB und der VgV bei Unterschwellenvergaben. In Kraft getreten am 01.01.2003 bis zum 31.12.2008; **Verordnung zur Durchführung des Landesvergabegesetzes** v. 11.12.2006 (GVBl. S. 584).
Nordrhein-Westfalen	**Gesetz zur Verbesserung der Korruptionsbekämpfung und zur Errichtung und Führung eines Vergaberegisters in Nordrhein-Westfalen – KorruptionsbG)** v. 16.12.2004 (GVBl. 2004, S. 8). In Kraft seit 01.03.2005 bis 28.02.2009. Das TarifTrG NRW wurde zum 21.11.2006 aufgehoben.
Saarland	**Saarländisches Bauaufträge-Vergabegesetz** v. 23.08.2000 (ABl. S. 1846). Inhalt: Landesgesetzliche Tariftreue bei Bauaufträgen (zum Inhalt vgl. Bayern).
Sachsen	**Gesetz über die Vergabe öffentlicher Aufträge im Freistaat Sachsen (Sächsisches Vergabegesetz)** v. 08.07.2002 (GVBl. S. 218): Beanstandungsverfahren bei Unterschwellenvergaben; Mittelstandsförderung (Inkrafttreten: 01.01.2003); **Verordnung der Sächsischen Staatsregierung zur Durchführung des Sächsischen Vergabegesetzes (Sächsische Vergabedurchführungsverordnung – SächsVergabeDVO)** v. 17.12.2002 (GVBl. S 378).
Schleswig-Holstein	**Gesetz zur tariflichen Entlohnung bei öffentlichen Aufträgen (Tariftreuegesetz)** v. 07.03.2003 (GVOBl. S. 136): Tariftreue bei Bau-, SPNV- und Abfallentsorgungsaufträgen ab 10.000, Wertungsvorgaben, Vertragsstrafe; **Gesetz zur Förderung des Mittelstandes (Mittelstandsförderungs- und Vergabegesetz)** v. 17.09.2003 (GVOBl. S. 432): NU-Erfordernisse, Bieterbenachrichtigung, Angebotskopie; **Landesverordnung über die Vergabe öffentlicher Aufträge**

Bundesland	Vorschriften
	(Schleswig-Holsteinische Vergabeverordnung – SHVgVO) v. 03.11.2005 (GVOBl. S.524).
Thüringen	**Thüringer Vergabe-Mittelstandsrichtlinie** vom 22.06.2004 (ThStAnz 2004 S.1739): alle Vergaben; GU-Einsatz, Mittelstandsforderung, Wertung, Schwarzarbeit, in Kraft seit 01.07.2004 bis 30.06.2009. **Richtlinie zur Vergabe öffentlicher Aufträge** vom 22.06.2004 (ThStAnz S.1737): Unterschwellenvergaben, VOB/VOL-Beschwerdestelle, in Kraft seit 01.07.2004 bis 30.06.2009.

Abkürzungen

AblEG	Amtsblatt der Europäischen Gemeinschaften
AEG	Allgemeines Eisenbahngesetz
BAnz	Bundesanzeiger
BauR	Baurecht – Zeitschrift für das gesamte öffentliche und zivile Baurecht
BayObLG	Bayerisches Oberstes Landesgericht
BB	Betriebs-Berater
BGB	Bürgerliches Gesetzbuch
BGBl I	Bundesgesetzblatt Teil I
BGH	Bundesgerichtshof
BGHZ	Entscheidungen des Bundesgerichtshofs in Zivilsachen
BKartA	Bundeskartellamt
BRAGO	Bundesgebührenordnung für Rechtsanwälte
BR-Drucks.	Bundesrats-Drucksache
BT-Drucks.	Bundestags-Drucksache
DB	Der Betrieb
EuGH	Europäischer Gerichtshof
EuZW	Europäische Zeitschrift für Wirtschaftsrecht
GKG	Gerichtskostengesetz
GWB	Gesetz gegen Wettbewerbsbeschränkungen (Kartellgesetz)
HGrG	Haushaltsgrundsätzegesetz
IBR	Immobilien- und Baurecht
JR	Juristische Rundschau
JZ	Juristenzeitung
KG	Kammergericht Berlin
MDR	Monatsschrift für deutsches Recht
NJW	Neue Juristische Wochenschrift
NJW-RR	NJW-Rechtsprechungsreport Zivilrecht
NStZ	Neue Zeitschrift für Strafrecht
NVwZ	Neue Zeitschrift für Verwaltungsrecht
NZBau	Neue Zeitschrift für Baurecht und Vergaberecht
OLG	Oberlandesgericht
ÖPP	Öffentliche Private Partnerschaft
PPP	Public Private Partnership
Slg	Sammlung der Rechtsprechung des Europäischen Gerichtshofs
SPNV	Schienenpersonennahverkehr

Abkürzungen

USt	Umsatzsteuer
UWG	Gesetz gegen den unlauteren Wettbewerb
VergabeR	Zeitschrift für das gesamte Vergaberecht
VergRÄG	Vergaberechtsänderungsgesetz
VgV	Vergabeverordnung
VK	Vergabekammer
VOB/A	Vergabe- und Vertragsordnung für Bauleistungen
VOB/B	Allgemeine Vertragsbedingungen für die Vergabe von Bauleistungen
VOF	Verdingungsordnung für freiberufliche Leistungen
VOL/A	Verdingungsordnung für Leistungen, Teil A
VÜA	Vergabeüberwachungsausschuss
wistra	Zeitschrift für Wirtschaft, Steuer, Strafrecht
WuW	Wirtschaft und Wettbewerb
ZfBR	Zeitschrift für deutsches und internationales Baurecht
ZPO	Zivilprozessordnung
ZRP	Zeitschrift für Rechtspolitik
ZVgR	Zeitschrift für deutsches und internationales Vergaberecht

Literatur

Achenbach, Hans	Pönalisierung von Ausschreibungsabsprachen und Verselbständigung der Unternehmensgeldbuße durch das Korruptionsbekämpfungsgesetz 1997, in: WuW (1997), S. 958
Bechtold, Rainer	Kartellgesetz, Gesetz gegen Wettbewerbsbeschränkungen, Kommentar, 4. Aufl., München, 2006
Beck'scher VOB-Kommentar	s. Motzke/Pietzcker/Prieß
Berger, Henning	Die Ausschreibungspflicht bei der Veräußerung von Unternehmensanteilen durch kommunale Körperschaften, in: ZfBR 2002, S. 134
Biebelheimer, Marc / Wazlawik, Thomas	Der GMP-Vertrag – Der Versuch einer rechtlichen Einordnung, in: BauR 2001, S. 1639
Bittermann, Folker	Zum Konkurrenzverhältnis von Bestechlichkeit und Untreue, BGH wistra 2002, S. 405
Boesen, Arnold	Vergaberecht: Kommentar zum 4. Teil des GWB, 1. Aufl., Köln, 2000
Bremer, Brigitte G.	Public Private Partnership, Ein Praxislexikon, Köln, Berlin, München, 2005
Bürger, Sebastian	§ 299 StGB – eine Straftat gegen den Wettbewerb? BGH wistra 2003, S. 130
Byok, Jan / Jaeger, Wolfgang	Kommentar zum Vergaberecht, 2. Aufl., Heidelberg, 2005
Clausen, Hans Rudolf / Ostendorf, Heribert	Korruption im öffentlichen Dienst, 2. Aufl., Köln, Berlin, Bonn, München, 2002
Cramer, Peter	Zur Strafbarkeit von Preisabsprachen in der Bauwirtschaft. Der Submissionsbetrug. Heidelberg, 1995
Danckwerts, Rolf Nikolas	Widerlegbarkeit der Befangenheitsvermutung: Hat der Bundesrat bei der letzten Änderung des § 16 VgV die Lehren aus der »Flughafen Berlin-Schönefeld«-Entscheidung des OLG Brandenburg schon wieder vergessen?, in: NZBau 2001, S. 242
Daub, Walter / Eberstein, Hans Hermann	Kommentar zur VOL/A, 5. Aufl., Düsseldorf, 2000
Daub, Walter / Piel, Rudolf / Soergel, Carl	Kommentar zur VOB Teil A (Band 1), Köln-Braunsfeld, 1981
Diehr, Uwe	Die Ansprüche des Werkunternehmers gegen den öffentlichen Auftraggeber wegen verzögerten Zuschlags infolge eines von einem Konkurrenten eingeleiteten Vergabe-Nachprüfungsverfahrens, in: ZfBR 2002, S. 316
Dietlein, Johannes	Anteils- und Grundstücksveräußerungen als Herausforderung für das Vergaberecht, in: NZBau 2004, S. 472
Dippel, Norbert / Herborn-Lauf, Monika	Verwendung der fortgeschrittenen elektronischen Signatur zulässig, in: VergabeNavigator 3/2006, S. 29

Literatur

Dreher, Meinrad	Public Private Partnerships und Kartellvergaberecht, in: NZBau 2002, S. 245
ders.	Die Berücksichtigung mittelständischer Interessen bei der Vergabe öffentlicher Aufträge, in: NZBau 2005, S. 427
Dölling, Dieter	Gutachten zum 61. Deutschen Juristentag; Kurzfassung in NJW 1996, Heft 23, Beilage
Ebert, Eva-Dorothee	Möglichkeiten und Grenzen im Verhandlungsverfahren, Köln, 2005
Ebert, Eva-Dorothee / Leinemann, Ralf	Kosten des Nachprüfungsverfahrens, in: VergabeNews 2004, S. 62
Ebert, Eva-Dorothee / Hoffmann, Nicole	Ist die In-House-Vergabe tot?, in: VergabeNews 2005, S. 22
Endler, Jan	Privatisierung und Vergaberecht, in: NZBau 2002, 125
Erdl, Cornelia	Rechtsschutz für öffentliche Auftraggeber: Die Schutzschrift im Vergaberecht?, in: VergabeR 2001, S. 270 ff.
Eschenbruch, Klaus / Röwekamp, Hendrik / Windhorst Heiko / Vogt, Henrik	Bauen und Finanzieren aus einer Hand, Köln, 2004
Franke, Horst / Kemper, Ralf / Zanner, Christian / Grünhagen, Matthias	VOB Kommentar, 2. Aufl., Düsseldorf, 2005
Franke, Horst / Höfler, Heiko	Anwendungsbereich und Kernvorschriften der VOF, in: ZVgR 1997, S. 277
Franzius, Ingo	Verhandlungsverfahren im Verfahren der Auftragsvergabe, Köln, 2007
ders.	Ist »privat« gleich »öffentlich«?, in: VergabeNavigator 4/2006, S. 17
v. Gamm, Otto-Friedrich	Kartellrecht, Kommentar zum Gesetz gegen Wettbewerbsbeschränkungen und zu Art. 85, 86 EWGV 2. Aufl., Berlin, Bonn, München, 1990
Greeve, Gina	Korruptionsdelikte in der Praxis, München, 2005
dies.	Ausgewählte Fragen zu § 298 StGB seit Einführung durch das Gesetz zur Bekämpfung der Korruption vom 13. 08. 1997, in: NStZ 2002, S. 505
Göhler, Erich	Zum Bußgeld und Strafverfahren wegen verbotswidrigen Kartellabsprachen, in: wistra 1996, S. 132
Göhler, Erich / König, Peter	Ordnungswidrigkeitengesetz, 14. Aufl., München, 2006
Goodarzi, Ramin	Vergaberechtlicher Wettbewerb bei SPNV-Leistungen. Eine Klarstellung, in: VergabeR 2002, S. 566
Griem, Niels	Das Recht zur Akteneinsicht nach § 111 GWB, in: WuW 1999, S. 1182
Gröning, Jochem	Das vergaberechtliche Akteneinsichtsrecht, in: NZBau 2000, S. 366
ders.	Rechtsschutz gegen die Nichtzustellung des Nachprüfungsverfahrens?, in: VergabeR 2002, S. 435
ders.	Die Gestattung des Zuschlags im Eilverfahren nach Interessenabwägung, in: VergabeR 2003, S. 290

ders.	Zur Frage der Rechtmäßigkeit der Verwerfung von Nachprüfungsanträgen auf Grund »von Amts wegen« ermittelter Vergaberechtsverstöße der Bieter, in: VergabeR 2003, S. 638
ders.	Spielräume für die Auftraggeber bei der Wertung von Angeboten, in: NZBau 2003, S. 86
ders.	Vergaberechtliche Bewältigung nachprüfungsbedingter Bauzeitverschiebung und dadurch verursachte Preiserhöhungen, in: BauR 2004, S. 199
ders.	Das Konzept der neuen Koordinierungsrichtlinie für die Beschaffung durch Rahmenvereinbarungen, in: VergabeR 2005, S. 156
Haak, Sandra / Degen, Stephan	»Rahmenvereinbarungen nach dem neuen Vergaberecht«, in: VergabeR 2005, S. 164
Hartmann, Rainer	VOF Verdingungsordnung für freiberufliche Leistungen (Loseblatt), Augsburg, 1997
Heiermann, Wolfgang	Rechtsgrundlagen der Ausschreibungspflichten der Deutschen Bahn AG, in: BauR 1996, S. 443 ff.; s.a. ZVgR 1999, S. 173
ders.	Der wettbewerbliche Dialog, in: ZfBR 2005, S. 766
Heiermann, Wolfgang / Riedl, Richard / Rusam, Martin	Handkommentar zur VOB, Teile A und B, 10. Aufl., Wiesbaden, Berlin, 2003
Hertel, Karl-August / Recktenwald, Claus	Die Privatisierung der öffentlichen Entsorgung durch eine gemischtwirtschaftliche Gesellschaft des Handelsrechts und das Vergaberecht, in: NZBau 2001, S. 538
Hertwig, Stefan	Praxis der öffentlichen Auftragsvergabe, 3. Aufl., München, 2005
Heuvels, Klaus / Kaiser, Christoph	Die Nichtigkeit des Zuschlags ohne Vergabeverfahren, in: NZBau 2001, S. 479
Hofmann, Gerhard	Vergaberechtliche und vertragsrechtliche Fragen bei Nebenangeboten im Bauwesen, in: ZfBR 1984, S. 259
Immenga, Ulrich / Mestmäcker, Ernst-Jochen	GWB Kommentar zum Kartellgesetz 3. Aufl., München 2001
Ingenstau, Heinz / Korbion, Hermann	VOB-Kommentar, Teile A und B, 16. Aufl., Düsseldorf, 2006
Jacob, Dieter / Winter, Christoph / Stuhr, Constanze	PPP bei Schulbauten. Parameter für einen Public Sector Comparator, 2004
Jaeger, Wolfgang	Public Private Partnership und Vergaberecht, in: NZBau 2001, S. 6
ders.	Die Rechtsprechung der OLG-Vergabesenate im Jahre 2000 – Teil 3: Einzelfragen zu materiell-rechtlichen Vergabevorschriften, in: NZBau 2001, S. 427
Jasper, Ute	Entwicklung des Vergaberechts, in: Der Betrieb 1997, S. 915
Kämper, Norbert / Heßhaus, Matthias	Möglichkeiten und Grenzen von Auftraggebergemeinschaft, in: NZBau 2003, S. 303
Kapellmann, Klaus	Zeitliche und geldliche Folgen eines nach Verlängerung der Bindefrist erteilten Zuschlags, in: NZBau 2003, S. 1

Literatur

Kapellmann, Klaus / Messerschmidt, Burckhard	Kommentar, VOB Teile A und B, Vergabe- und Vertragsordnung für Bauleistungen, 2. Aufl., München, 2007
Kapellmann, Klaus / Schiffers, Karl-Heinz	Vergütung, Nachträge und Behinderungsfolgen beim Bauvertrag, Band 1: Einheitspreisvertrag, 5. Aufl., Düsseldorf 2006
Kirch, Thomas	Die Schätzung der Auftragswerte, in: VergabeNews 2005, S. 112
ders.	Aufhebung der Aufhebung, in: VergabeNews 2006, S. 72
Kirch, Thomas / Ebert, Eva-Dorothee	Wahl und Bekantgabe der Wertungskriterien, in: VergabeNews 2006, S. 22
Kirch, Thomas / Ebert, Eva-Dorothee	Zwingender Projektantenausschluss nur im Einzelfall, in: VergabeNews 2005, S. 62
Kirch, Thomas / Ebert, Eva-Dorothee	Die Bieterinformation nach § 13 VgV, in: VergabeNews 2005, S. 102
Kirch, Thomas / Ebert, Eva-Dorothee	Antragsrecht des zu Recht ausgeschlossenen Bieters, in: VergabeNews 2006, S. 102
Kirch, Thomas / Franz, Birgit	Bindefristablauf: Das Aus im Vergabewettbewerb?, in: VergabeNews 2006, S. 112
Kirch, Thomas / Krüger-Illner, Thomas	Kostentragung bei Antragsrücknahme, in: VergabeNews 2006, S. 32
Kirch, Thomas / Leinemann, Ralf	Ausschreibung von SPNV-Leistungen, in: VergabeNews 2005, S. 72
Kleinmann, Werner / Berg, Werner	Änderungen des Kartellrechts durch das »Gesetz zur Bekämpfung der Korruption« vom 13. 8. 1997, in: BB 1998, S. 277
Knauff, Matthias	Neues europäisches Vergabeverfahrensrecht: Der wettbewerbliche Dialog, in: VergabeR 2004, S. 287
ders.	Im wettbewerblichen Dialog zur Public Private Partnership, in: NZBau 2005, S. 249
ders.	Neues europäisches Vergabeverfahrensrecht: Rahmenvereinbarung, in: VergabeR 2006, S. 24
Koman, Angelika	Das Gründbuch der Kommission über Public Private, in: ZfBR 2004, S. 763
König, Peter	Neues Strafrecht gegen die Korruption, in: Juristische Rundschau 1997, S. 397
Korbion, Hermann	Vergaberechtsänderungsgesetz, 1. Aufl., Düsseldorf, 1999
Korte, Matthias	Kampfansage an die Korruption, in: NJW 1997, S. 2556
Krämer, Martin	Gut organisiert, in: VergabeNavigator 1/2006, S. 4
Krutisch, Dominic	Materielle Privatisierung, in: NZBau 2003, S. 650
Kulartz, Hans-Peter / Niebuhr, Frank	Sachlicher Anwendungsbereich und wesentliche Grundsätze des materiellen GWB-Vergaberechts, in: NZBau 2000, S. 6
Kulle, Bernward	Kooperation zwischen öffentlicher Hand und privaten Unternehmen (Public Private Partnership) – Erfahrungen aus unternehmerischer Sicht –, in: ZfBR 2003, S. 129
Kus, Alexander	Akteneinsichtsrecht: Darlegungslasten der Beteiligten und Begründungszwänge der Nachprüfungsinstanzen, in: VergabeR 2003, S. 129

Kühnen, Jürgen	Die Behandlung europarechtswidriger Beihilfen im Vergabeverfahren, in: Jahrb. BauR 2003, S. 237
Lackner, Karl / Kühl, Kristian	Kurzkommentar zum Strafgesetzbuch, 25. Aufl., München, 2004
Lampe-Helbig, Gudrun / Wörmann, Klaus	Handbuch der Bauvergabe, 2. Aufl., München, 1995
Leinemann, Ralf	VOB/B-Kommentar, 2. Aufl., Köln, Berlin, Bonn, München, 2005
ders.	Die Bezahlung der Bauleistung, 3. Aufl., Köln, Berlin, Bonn, München, 2006
ders.	Nachunternehmererklärung; Bietergemeinschaftserklärung; Vollmacht, in: VergabeR 2003, S. 465
ders.	Anpassung der VOB/A an geänderten Rechtsrahmen, in: VergabeNavigator 2/2006, S. 16
Leinemann, Ralf / Ebert, Eva-Dorothee	Auftragsvergabe in so genannten Querschnittsbereichen, in: VergabeNews 2003, 41
Leinemann, Ralf / Franzius, Ingo	Auftragsvergabe ohne Vergabebekanntmachung, in: VergabeNavigator 4/2006, S. 29
Leinemann, Ralf / Kirch, Thomas	Der Angriff auf die Kalkulationsfreiheit, Die systematische Verdrehung der BGH-Entscheidung zur Mischkalkulation, in: VergabeR 2005, S. 563
Leinemann, Ralf / Kirch, Thomas	Neue Möglichkeiten bei der Partnerwahl, in: VergabeNavigator 1/2006, S. 25
Leinemann, Ralf / Kirch, Thomas	ÖPP-Projekte konzipieren, ausschreiben, vergeben, Köln, 2006
Leinemann, Ralf / Maibaum, Thomas	Die neue europäische einheitliche Vergabekoordinierungsrichtlinie für Lieferaufträge, Dienstleistungsaufträge und Bauaufträge – ein Optionsmodell, in: VergabeR 2004, 275
Leinemann, Ralf / Maibaum, Thomas	Die VOB 2002, neues BGB-Bauvertragsrecht und Vergaberecht, 3. Aufl. Köln, 2003
Leinemann, Ralf / Maibaum, Thomas	Die VOB 2006, neues BGB-Bauvertragsrecht und Vergaberecht, 5. Aufl. Köln, 2006
Mader, Oliver	Das neue EG-Vergaberecht, in: EuZW 2004 (14), S. 425
Maibaum, Thomas	VOF leicht gemacht, 2. Aufl., München, Berlin, 2003
Malmendier, Bertrand	Rechtliche Rahmenbedingungen der elektronischen Vergabe, in: VergabeR 2001, S. 178
Masing, Tobias	Die Beteiligung Privater an kommunalen Gesellschaften und das öffentliche Vergaberecht, in: ZfBR 2002, S. 450
Möhrenschläger, Manfred	Strafrechtliche Vorhaben zur Bekämpfung der Korruption auf nationaler und internationaler Ebene, in: JZ (Juristenzeitung) 1996, S. 822
Möschel, Wernhard	Privatisierung und öffentliches Vergaberecht, in: WuW 1997, S. 120
Motzke, Gerd / Pietzcker, Jost / Prieß, Hans-Joachim	Verdingungsordnung für Bauleistungen, Teil A, München, 2001

Literatur

Müller-Wrede, Malte	Verdingungsordnung für freiberufliche Leistungen (VOF), in: BauR 1998, S. 470
ders.	Verdingungsordnung für freiberufliche Leistungen (VOF), Kommentar zur Auftragsvergabe und zum Rechtsschutzverfahren, 2. Aufl., Düsseldorf, 2003
ders.	Verdingungsordnung für Leistungen, VOL/A Kommentar, 1. Aufl., Bundesanzeiger Verlag, Köln, 2001
ders.	Die Bedeutung der Mindestsatzregelung der HOAI für die Vergabe von Planungsleistungen im Rahmen der VOF, in: ZVgR 1998, S. 375
ders.	Primärrechtsschutz, Vorabinformation und die Rechtsfolgen einer De-facto-Vergabe, in: VergabeR 2002, S. 1
Münchener Kommentar	Bürgerliches Gesetzbuch, Band 5, Schuldrecht, Besonderer Teil III, 4. Aufl., München 2004
Neumann, Dieter / Müller, Hermann	Privat- und Benutzerfinanzierung der Bundesfernstraßen, in: NZBau 2003, S. 299
Nicklisch, Fritz	Rechtsprobleme bei der Gestaltung von Bauverträgen, in: BB 1974, Beil. 19, S. 1
Niebuhr, Frank / Kulartz, Hans-Peter / Kus, Alexander / Portz, Norbert	Kommentar zum Vergaberecht: 4. Teil des GWB, 1. Aufl., Neuwied, 2000
Noch, Rainer	Die Abgrenzung öffentlicher Bauaufträge von den Liefer- und Dienstleistungsaufträgen, in: BauR 1998, S. 941 , in: BauR 2000, S. 1397
Oberhauser, Iris	Der Bauvertrag mit GMP-Abrede – Struktur und Vertragsgestaltung, in: BauR 2000, S. 1397
Ollmann, Horst	Das neue Vergaberecht, in: VergabeR 2004, S. 669
ders.	Wettbewerblicher Dialog eingeführt, in: VergabeR 2005, S. 685
Ostendorf, Heribert	Bekämpfung der Korruption als rechtliches Problem oder zunächst moralisches Problem?, in: NJW 1999, S. 615
Otting, Olaf	Bau und Finanzierung öffentlicher Infrastruktur durch private Investoren, in: NZBau 2004, S. 469
ders.	Privatisierung und Vergaberecht, in: VergabeR 2002, S. 11
Otto, Harro	Submissionsbetrug und Vermögensschaden, in: ZRP 1996, S. 300
Palandt, Otto	Bürgerliches Gesetzbuch – Kommentar, 65. Aufl., München, 2006
Pietzcker, Jost	Die neue Gestalt des Vergaberechts, in: ZHR 1998, S. 427
ders.	Rechtsbindungen der Vergabe öffentlicher Aufträge, in: AöR 107 (1982, 61)
Portz, Norbert	Die Informationspflicht des § 13 VgV unter besonderer Berücksichtigung von VOF-Verfahren, in: VergabeR 2002, S. 211
Prieß, Hans-Joachim	Änderung der Verdingungsunterlagen; gesicherte Finanzierung; GÜ-Angebot, in: VergabeR 2001, S. 392
Prieß, Hans-Joachim / Pukall, Kirstin	Die Vergabe von SPNV-Leistungen nach § 4 Abs. 3 VgV, in: VergabeR 2003, S. 11

Pünder, Hermann / Franzius, Ingo	Auftragsvergabe im wettbewerblichen Dialog, in: ZfBR 2006, S. 20
Quack, Friedrich	Probleme beim Anwendungsbereich der VOF. Was heißt eindeutig und erschöpfend beschreibbar?, in: BauR 1997, S. 899
Quardt, Gabriele	Die Auftragssperre im Vergaberecht, in: BB 1997, S. 477
Regge, Jürgen / Rose, Gabriele / Steffens, Rainer	»Ein teures Rathaus«, in: JuS (Juristische Schulung) 1999, S. 159
Reidt, Olaf / Stickler, Thomas / Glahs, Heike	Vergaberecht, Kommentar, 2. Aufl., Köln, 2003
Riese, Christoph	Vergaberecht: Grundlagen – Verfahren – Rechtsschutz, Berlin, 1998
Rojahn, Dieter	Die Kosten des Nachprüfungsverfahrens nach dem Kostenrechtsmodernisierungsgesetz, in: VergabeR 2004, S. 454
Schabel, Thomas	VOL/A und VOF, in: Vergaberecht Nr. 4/1997, S. 40
Schabel, Thomas / Ley, Rudolf	Öffentliche Auftragsvergabe im Binnenmarkt (Loseblattsammlung), München, 1991
Schaffner, Klaus / Köhler, Karsten Edgar / Glowienka, Andreas	Die Vergabe von SPNV-Leistungen, Vergaberechtliche Grundlagen der Beschaffung von schienengebundenen Personennahverkehrsleistungen, in: VergabeR 2003, S. 281
Schäfer, Hans / Finnern, Richard / Hochstein, Reiner	Rechtsprechung zum privaten Baurecht (Loseblattsammlung), Düsseldorf, 1995
Schelle, Hans	Schadenersatz wegen rechtswidriger Aufhebung einer Ausschreibung, in: BauR 1999, S. 1233
Schlenke, Egon / Thomas, Peter	Verpflichtung formell privater Gesellschaften der öffentlichen Hand zur Anwendung des öffentlichen Vergaberechts, in: BauR 1997, S. 412
Schimanek, Peter	Die Ausschreibungspflicht von Privatisierungen, in: NZBau 2005, S. 304
Schmid, Wolfgang / Winter, Michael	Vermögensabschöpfung in Wirtschaftsstrafverfahren – Rechtsfragen und Praktische Erfahrungen –, in: NStZ 2002, S. 8
Schnorbus, York	Der Schadensersatzanspruch des Bieters bei der fehlerhaften Vergabe öffentlicher Aufträge, in: BauR 1999, S. 77
Schranner, Urban	Sachverständiger; Teilnahmeverbot; Wettbewerbsgrundsatz, in: VergabeR 2004, S. 236
Schroth, Ulrich	Strafrecht BT, 4. Aufl., Stuttgart u.a., 2006
Schütte, Peter	Verhandlungsverfahren im Vergabeverfahren, in: ZfBR 2004, S. 237
Sterner, Frank	Rechtsschutz gegen Auftragssperren, in: NZBau 2001, S. 423
Stolz, Bernhard	Die Behandlung von Niedrigpreisangeboten unter Berücksichtigung gemeinschaftsrechtlicher Vorgaben, in: VergabeR 2002, S. 219
Thierau, Thomas	Festschrift für Walter Jagenburg zum 65. Geburtstag, Hrsg. Brügmann, Klaus / Oppler, Peter Michael / Wenner, Christian, München, 2002, S. 895

Literatur

Trautner, Wolfgang E. / Dittmar, Ansgar F.	Vergaberechtlicher Wettbewerb bei SPNV-Leistungen – eine »bahnbrechende« Entscheidung der VK Düsseldorf zu Eisenbahnbetriebs-Aufträgen, in: VergabeR 2002, S. 342
Trautner, Wolfgang E. / Paltzow, Wolfgang / Bartsch, Jörg	Korruptionsbekämpfung, Köln, 2001
Tröndle, Herbert / Fischer, Thomas	Strafgesetzbuch und Nebengesetze, Kommentar, 54. Aufl, München, 2007
Uechtritz, Michael / Otting, Olaf	Das ÖPP-Beschleunigungsgesetz – Neuer Name, neuer Schwung für öffentlich-private Partnerschaften? in: NVwZ 2005, S. 1105
Völlink, Uwe-Carsten / Kehrberg, Jan	VOB Teil A Kommentar, 1. Aufl., München, 2004
Vygen, Klaus / Schubert, Eberhard / Lang, Andreas	Bauverzögerung und Leistungsänderung. Rechtliche und baubetriebliche Probleme und ihre Lösungen, 4. Aufl., Köln, 2002
Walter, Tonio	Angestelltenbestechung, internationales Strafrecht und Steuerstrafrecht BGH, in: wistra 2001, S. 321
Weber, Martin / Schäfer, Michael / Hausmann, Friedrich	Praxishandbuch Public Private Partnership. Rechtliche Rahmenbedingungen, Wirtschaftlichkeit, Finanzierung, München, 2006
Wellmann, Susanne Rachel	Nochmals: Anforderungen an die Ausschreibung von Privatisierungsgestaltungen in der öffentlichen Entsorgungswirtschaft, in: NZBau 2002, S. 431
Weyand, Rudolf	Praxiskommentar Vergaberecht, München 2004
Wolters, Gereon	Die Änderung des StGB durch das Gesetz zur Bekämpfung der Korruption, in: JuS (Juristische Schulung) 1998, S. 1101
Zirbes, Heinz-Peter	SPNV-Verträge und Vergaberecht: Hoflieferantentum und Wettbewerb?!, in: VergabeR 2004, S. 133

Sachregister

§ 13 VgV 75

Abbruch 677
Abbruchmasse 703
Abdichtung 528
ABG 1975 395
Abgabe 1095
- falscher Erklärungen 1094
- von Angeboten 408
Abkommen 1027
Ablehnung des Angebots 710
Ablehnungsentscheidung 262
Abpreisen 603
Abschaffung der VOL/A 2
abschließende Handlung 727
Absicht der Schädigung von Konkurrenten 325
Abspecken des Leistungsumfangs 629
Abstandszahlung 327
Abtretung 757
abwägen 729
Abwägungsentscheidung 719
Abwehrstrategie 178
Additionsfehler 613
Aktenauszüge 210
Aktenbestandteile 213
Akteneinsicht 176, 207, 209, 210, 211, 212, 215, 289, 291, 721
- Anfertigung von Ablichtungen 210
- Anforderungen zum Geheimnisschutz 211
- Angebote von Mitbietern 208
- Begriff der »Akten« 208
- behauptete Geheimhaltungsansprüche 212
- Beschränkungen der Akteneinsicht 292
- Betriebs- und Geschäftsgeheimnisse 214
- Betriebsgeheimnisse eines Dritten 212
- Effektivität des Rechtsschutzes 212
- Geheimnisse 212
- Kalkulation der Mitbieter 212
- pauschale Kennzeichnung 213, 216
- Rechtsmittel 215
- restriktive Gewährung 211
- Schriftsätze von Verfahrensbeteiligten 211
- Vergabeakten 208
- Verweigerung 210, 215
Akteneinsichtsrecht 207
allgemeine Geschäfts- und Sonderkosten 683

Allgemeine Geschäftsbedingungen 558, 1136
Allgemeine Geschäftskosten (AGK) 706
Allgemeine Technische Vertragsbedingungen für Bauleistungen (VOB/C) 486
Allgemeine Vertragsbedingungen für die Ausführung von Bauleistungen (VOB/B) 486
Allgemeines Eisenbahngesetz (AEG) 58
Allgemeininteresse 104, 111
- Aufgaben nicht gewerblicher Art 108
- Betrieb von Eisenbahnverkehr 116
- Deutsche Bahn AG 116
- Eisenbahn-Verkehrsinfrastruktur 116
- gemischt-wirtschaftliche Unternehmen 114
- kommunalwirtschaftsrechtlich 110, 115
- Messegesellschaft 117
- Religionsgemeinschaft 117
- wirtschaftliche Überlegungen 111
alliierte Streitkräfte 395
Altbestand 495
Alternative 517
Alternativpositionen 492, 517, 556, 624
Alternativverhalten 706
Altlasten 495
Altsubstanz 488
A-Modell 766, 767
Amt für amtliche Veröffentlichungen der EU 419, 546
Amt für amtliche Veröffentlichungen der Europäischen Gemeinschaften 539, 712, 724, 1001, 1062
Amtsblatt der Europäischen Gemeinschaften 539
Amtsentwurf 566
Amtsermittlung 198, 199, 200, 236
- Grundsatz 290
Änderung 432, 490, 676
- des Bieters 598
Änderungsanordnung 530
Änderungsvorschlag 562, 568, 611, 628, 629, 704
Anfechtung 589, 617, 709
Anforderung 643, 697
Angebot 88, 405, 426, 429, 430, 431, 432, 434, 436, 445, 454, 551, 553, 555, 577, 578, 589, 595 a, 596, 598, 641, 687, 710, 731, 934, 968, 1098
- Abgabe 88

567

Sachregister

- Alternativpositionen 556
- Anfechtung 589
- Angebotsabgabe 549
- Angebotsfrist 934, 992
- Angebotskalkulation 558
- auszuschließendes 436
- Bearbeitungszeiten 543
- Begleitschreiben 558
- digitale Angebote 88
- Eigenerbringung 676
- Eingang 990
- elektronische Angebotsabgabe 936
- Ergänzungen 558
- Eröffnungstermin 542, 552
- fehlende Preisangaben 493, 556
- Fehler 555
- Form und Inhalt 551
- Formulare 581
- Fristablauf 540
- geforderte Erklärung 554, 557
- Kennzeichnung 577
- Korrekturmöglichkeit 555
- Kostenerstattung 944
- Mischkalkulation 555, 605
- nicht berücksichtigt 717
- Niederschrift 951
- Öffnung 576, 950
- per Post 88
- rechtsverbindliche Unterschrift 552
- schriftlich 88
- Signaturgesetz 88
- Skonti 581
- Streichungen 558
- Unterschrift 552
- Unversehrtheit 578
- Unvollständigkeit 465, 554
- Vergabe von Bauleistungen 88
- Vergleichbarkeit 526
- Verschlüsselung 88
- Verspätungsgrund 542
- Vollständigkeit 554
- Wahlfreiheit 552
- Wertung 953
- widersprüchliche Anforderungen 465
- Zurückziehen 573

Angebots- und Bewerbungsfristen 439
Angebotsabgabe 411, 449, 606, 657, 898
- Zulassungsvoraussetzungen 872
Angebotsabsprachen 1205
Angebotsänderung 629
Angebotsannahme 708
Angebotsaufforderung 516
Angebotsaufklärung 684, 966

Angebotsbearbeitung 532, 706, 738, 739
- Kosten 246
Angebotsbindung 589, 593
Angebotsdoppel 561
Angebotsendsummen 624
Angebotseröffnung 574
Angebotsfehler 677
Angebotsfrist 426, 463, 539, 544, 547, 550, 573, 574, 587, 597, 951, 992, 1011
- Fristverkürzung 990, 1065
Angebotsinhalt 576, 627, 628
- Kenntnisnahme 577
Angebotskalkulation 558
Angebotsmängel 746
Angebotspreis 589, 610, 650, 681, 684, 966
Angebotsprüfung 554, 596, 599, 612, 954, 994
- Aufklärung 958
- Bewertung der Angebote 1100
- gesetzte Bewerber 1091
- nach VOF 1100
- rechnerische Überprüfung 957
Angebotssummen 361
Angebotstext 558
Angebotsunterlagen 478, 522, 942
Angebotswertung 472, 554, 568, 595 a
Angemessenheit 624
- des Preises 628, 630
Angestelltenbestechung 1154
Anhang TS 497
Anklageerhebung 1224
Anklageschrift 671
Anlagen 568
Annahme 707, 710
Annahmefrist 710
Anpassung der Ausführungsfristen 595
Anschlussbeschwerde 259
Anschreiben 475
Anschubfinanzierung 767, 768
Anspruch 481, 745
- auf Aufhebung 745
- auf Gleichbehandlung 744
- Höhe 336
- Voraussetzungen 706
Anstalten und Stiftungen 102
Anti-Korruptions-Beauftragter 1206
antizipierende Eignungsprüfung 1090
Antrag 153, 181, 240, 279, 299, 309, 708
- Amtsermittlungsgrundsatz 299
- Antrag nach § 121 GWB 284, 293
- Antragsbefugnis 159
- Antragsrecht 155
- auf Teilnahme 466

- Durchführung des Nachprüfungsverfahrens 181
- fünf Wochen Zeit 301
- Gestattung des Zuschlags 295
- Glaubhaftmachung 299
- Herstellung der Rechtmäßigkeit 305
- Kostentragung 312
- Missbrauch 320
- Rechtsmittel 307
- rechtzeitige Rüge 167
- Schadensersatzansprüche 310
- Scheitern des Vergabeverfahrens 307
- Verlängerung der aufschiebenden Wirkung 279, 281, 282
- Vorabentscheidung 299

Antragsbefugnis 154, 158, 159, 159 a
- Anforderungen 159

Antragsbegründung 182
Antragsfrist 180
Antragsgegner 157
Antragsrücknahme 302, 363, 372, 740
Antragsteller 158, 159 a
Anwaltsgebühren 380
Anwaltszwang 269, 272
- Auftraggeber 272
- Ausnahme 272
- Befähigung zum Richteramt 273
- juristische Personen des öffentlichen Rechts 273
- Kostenentscheidung des OLG 312
- Rechtsanwaltskosten 373
- Syndikusanwälte 271
- Verfahren vor dem Vergabesenat 269
- vor Oberlandesgerichten 269
- Zulassung eines Rechtsanwalts 270

Anwendungsbereich
- der VOF 62
- des Kartellvergaberechts 107

Anwendungsbereich VOL/A
- a-Paragrafen 812, 821
- Basisparagrafen 812, 815, 850, 897
- b-Paragrafen 812
- sachlicher Anwendungsbereich 816, 819
- VOL/A 897

Anwendungsbereich, VOF 1025
- Rechtsfolgen der Nichtbeachtung 1052
- sachlicher Anwendungsbereich 1029

Anzeigeverpflichtung 1243
a-Paragrafen 386, 390, 418, 783
Arbeitsaufwand 677
Arbeitskräfte 643, 651
Arbeitsverfahren 683
Arbeitsverträge 51

Architekt 1032, 1106
Architektenleistung 1040, 1044, 1046, 1117
Architektenpläne 491
Architektur- und Ingenieurleistungen 532
ARS 25/2004 605
Ärzte 1032
asset deal als Identitätsänderung des Bieters 661
Ästhetik 681, 690, 995, 1102
Aufforderung
- zur Angebotsabgabe 465, 475, 641, 648, 650
- zur Teilnahme 407

Aufgabenbeschreibung 1098, 1125
Aufgabenteilung 753
Aufgabenübertragung 788, 790
Aufgliederung wichtiger Einheitspreise 602, 606, 683
Aufhebung 154, 162, 243, 244, 245, 308, 309, 342, 344, 345, 345, 434, 457, 727, 728, 731, 731, 743
- Bieterbenachrichtigung 162
- der Aufhebung 244, 740, 797
- Verzicht auf die Vergabe 1000

Aufhebung der Ausschreibung 593, 601, 632, 727, 728, 734, 740, 742, 797, 975
- Anspruch 743
- bieterschützende Wirkung 979
- fehlerhafte Planung 730
- Fortführung des Vergabeverfahrens 727
- Gründe 729, 977
- Mangelhaftigkeit aller Angebote 731
- Nachprüfungsantrag 736
- sachlich-rechtfertigender Grund 727
- Schadensersatzanspruch 727, 737
- schadensersatzpflichtig 734
- schwerwiegende Gründe 733
- stilles Auslaufen 727
- Umgehung des Zuschlagsverbots 736
- unzulässig 736, 736
- Verfahren nach 741
- Vertragsautonomie der Vergabestelle 728
- Vertragsfreiheit 736
- zum Schein 736

Aufhebungsgrund 345, 730, 732, 737
Aufhebungstatbestand 727
Aufklärung 238, 429, 469, 628, 630
Aufklärung des Angebotsinhalts 627
- Abspecken der Leistung 629
- Änderungsvorschläge 628
- Angemessenheit der Preise 628
- Art der Durchführung 628
- Aufklärungsermessen 628
- Aufklärungsverhandlungen 634

569

Sachregister

- Eignung 637
- Eignung des Bieters 628
- keine Pflicht zur Aufklärung 628
- Nebenangebot 628
- Preisanpassung 629
- unzulässige Nachverhandlungen 631
- Ursprungsorte 628
- Verbot der Angebotsänderung 629
- Verbot von Verhandlungen 628
- zweite Wertungsstufe 637

Aufklärungsermessen 628
Aufklärungsgespräch 528, 570
Aufklärungsverhandlungen 528, 628, 634, 890
Aufklärungsverlangen 633
Auflösung der Bietergemeinschaft bei Insolvenz 658
Aufpreisen als Mischkalkulation 603
Aufruf zum Wettbewerb 436, 437, 448, 460, 464, 548, 793
- Bekanntmachung über das Bestehen eines Prüfsystems 986
- unverbindliche Bekanntmachung 986, 1007

aufschiebende Wirkung 273, 277, 281, 282
- Entfall 277
- Verlängerung 279
- Verlängerung der aufschiebenden Wirkung 281

Aufteilung in Lose 42, 908
- 20%-Kontingent 42
- Bauabschnitte 44
- EDV-Umrüstung 44
- eigene wirtschaftliche und technische Funktion 43
- Fachlose 910
- Gesamtleistungen 42
- Lieferaufträge 46
- mehr als zehn Lose 43
- Optionsrechte 47
- Schätzung 42
- Teillose 972
- zeitlicher Zusammenhang 44, 45

Auftrag 124, 385, 395, 400, 441, 451, 452, 690, 707, 1109
- Auslobungsverfahren 400
- Bauauftrag 125
- Dienstleistungsauftrag 125
- Grundsätze 130
- In-House-Geschäft 131
- Leasingverträge 125
- Lieferauftrag 125
- Mischverträge 399
- Risikoverteilung 400

- Schwerpunkt des Auftrags 399
- Vergaberecht 124
- Wahl der Verdingungsordnung 400

Auftraggeber 99, 388, 398, 424, 431, 435, 441, 442, 452, 455, 470, 473, 498, 596, 706
- Ausnahmen 395
- Bauherrenrisiko 494
- Eigenschaft 103
- finanzieller Aufwand 453
- geförderte Bauvorhaben 388
- In-House-Vergabe 129
- juristische Personen des privaten Rechts 393
- klassische öffentliche 393
- nach dem Bundesberggesetz 73
- persönlicher Geltungsbereich 388
- private Sektorenauftraggeber 393, 747, 750
- Sektorenauftraggeber 748
- Sektorenbereiche 391
- Sphärentheorie 495
- staatliche Sicherheitsinteressen 395
- Trinkwasser- oder Energieversorgung 390
- Trinkwasserversorgung 391
- Verkehrswesen 390, 391
- Verteidigungsbereich 395

Auftragnehmer 406
- an verbundene Unternehmen 72

Auftragsvolumen 516
Auftragswert 368, 441, 810
Auftragswert der Bauaufträge 48
- Bauabschnitte einer Entlastungsstraße 43
- bauseits beigestellte Leistungen 48
- Honorare der Planer 48
- Kaufpreis des Baugrundstücks 48
- Kosten der Bauüberwachung 48
- Lose 44
- Option 47
- voraussichtlicher Vertragswert 48
- Zeitpunkt für die Schätzung 50

Ausarbeitungen 718
Ausführung 534
- des Auftrags 440
- des Auftrags 675

Ausführungsarten 683
Ausführungsdetails 528
Ausführungsfrist 480, 595, 681, 921
Ausführungsmängel 647, 667
Ausführungsvarianten 566
Ausführungszeit 595
- Anpassung 708

Ausführungszeitraum oder –frist 1102
Ausgleichszahlungen 1137
Aushubmasse 703

auskömmlicher Preis 604
- Mischkalkulation 605
Auskünfte 468
Auskunftspflicht 206
ausländische Streitkräfte 52, 395
Auslegung der Verdingungsunterlagen 558
Auslegung von Leistungsverzeichnissen 505
Auslegungsspielräume 530
Auslobungsverfahren 126, 400, 1112
Auslosung 471
Ausnahmefälle 433
Ausnahmen nach § 100 GWB 51
- Arbeitsverträge 51
- Bauaufträge der alliierten Truppen 52
- Bundeswehr 51
- Eröffnung des Verwaltungsrechtsweges 53
- Interessen der Sicherheit 51
- Primärrechtsschutz 53
Ausnahmeregelung 424, 1211
Ausnahmevorschriften 395
Ausschließlichkeitsrechte 438
Ausschluss 429, 745, 963
Ausschluss des Angebots 477, 607
- von der Wertung 589
Ausschlussentscheidung 665, 1221
Ausschlussermessen 961
Ausschlussgrund 159, 641, 652, 659, 660, 669
Ausschlusstatbestand 599
Ausschreibung 403, 405, 408, 441, 445, 449, 457, 495, 522, 525, 532, 539, 558, 727, 729, 742
- Bedingungen 631
- Regelfall 406
- Verfremdung 732
- Vorgaben 570
- vorgeschriebenes Verfahren 405
- Vorrang 405
Ausschreibungsgrundsätze 534
- Ertragsberechnungen 535
- gesicherte Finanzierung 534
- Markterkundung 535
- Parallelausschreibung 535
- vergabefremde Zwecke 535
- Vertraulichkeit 537
Ausschreibungstext 516, 703
Ausschreibungsunterlagen 432, 481, 601
Ausschreibungsverfahren 566, 1147
Außengesellschaft 662
Aussichtslosigkeit des Rechtsmittels 321
Auswahl 473
- der Teilnehmer 470
- nach freiem Ermessen 473
Auswahlermessen 471, 745

Auswahlkriterien 423, 648
Auswahlverfahren 686
Authentizität des Angebots 561
Autobahnausbau 767
Bagatellklausel 1049

Bahnreform 116
Bankerklärung 1088
Barwert 779
Basisparagrafen 386
Bauablauf 703
Bauaufgabe 507
Bauauftrag 36, 40, 386, 400, 669, 675, 749, 780, 791
- 20%-Kontingent 36
- Ausschreibung eines unvollständigen Baukörpers 40
- Bauabschnitte 44
- Bauabschnitte einer Entlastungsstraße 43
- Baukonzessionen 63
- DB Netz AG 116
- einheitliches Vorhaben 45
- Ermittlung der Gesamtvergütung 40
- Kleinlose 36
- Monopolist 116
- Option 47
- Rahmenvereinbarung 49
- Schätzung 48
- Schwellenwerte für die Teillosvergabe 39
- sukzessive Ausschreibung 37
- Teillose unter 1 Mio. EUR 36
Bauausführung 522
Baubeginn 595, 705
Baubeschreibung 507, 508
Baubetrieb 681
Bauentwurf 517
Baugenehmigung 570
Baugrund 495, 732
Baugrundrisiko 495, 531
Bauherrenfunktion 780
Bauherrenrisiko 494
Baukasten-LV 520
Baukonzept 525
Baukonzession 783, 787
- nach § 98 Nr. 6 GWB 122
Baukonzessionär 63, 787
Bauleistung 388, 399, 400, 441, 476
- Abgrenzung 399
- bauliche Anlage 399
- Lieferungen 399
Baumaßnahme 387
Bauoberleitung 1042
Bausoll 530

Sachregister

Baustelle 494
Baustellengemeinkosten 605, 683
Baustoffbezugsquellen 683
Bausubstanz 495
Bautestate 757
Bauträgerverträge 780
Bauüberwachung 1042
Bauunternehmen, Präqualifikation 646
Bauvertrag
– Rechtswirksamkeit 711
Bauverwaltung 395
Bauvorhaben 43, 413, 437, 446, 456, 629
Bauwerk 387
Bauzeit 519, 595, 621, 647, 732
Bauzeitenplan 601
Bauzeitverkürzung 705
BBI 1240
Beanstandung des Vergabeverfahrens 171
Bearbeitungszeiten 543
Beaufsichtigung von Leistungen anderer Unternehmer 513
Bedarfsermittlung 752, 769, 796
Bedarfspositionen 492, 515, 519, 624, 683, 571
– gegen den Amtsetwurf 703
Bedeutung 400
Bedingung 220, 220, 221
– des Auftrags 436
– Zuschlag 221
Beendigung des Vergabeverfahrens 593
Begleitschreiben 569
– zum Angebot 558
Beherrschung 107
Beibringungsgrundsatz 740
Beigeladene 189, 286
– Beschwerde 256
Beihilfe 13, 14, 686, 998, 1018
– § 25 a Nr. 2 VOL/A 14
– Art. 87 Abs. 1 EG-Vertrag 13
– Nichterhebung von Abgaben 13
– Rückzahlung der rechtswidrig gewährten 686
Beihilfezahlungen 686
Beiladung 187
Beistellung von Baumaterial 703
Bekanntmachung 179, 385, 407, 411, 419, 459, 469, 539, 930, 985, 1006, 1071, 1109
– auf elektronischem Weg 1064
– Aufruf zum Wettbewerb 425
– Auswahlkriterien 423
– Bekanntmachungsmuster 539
– Beschränkung der Verhandlungsteilnehmer 1099
– der Auftragserteilung 724, 1020

– Fristablauf 540
– Inhalt 465
– lineare Strategien 428
– Muster 933
– öffentliche Ausschreibung 931
– öffentlicher Teilnahmewettbewerb 932
– parallele Strategien 428
– regelmäßige 463
– Rüge des Inhalts 469
– über das Bestehen eines Prüfsystems 1009
– über die Auftragserteilung 1004
– VOF 1063
– VOL/A 930
– Vorabbekanntmachung 1072
Bekanntmachungsformular 1092
Bekanntmachungsmuster 539, 1024
Belange 689
Beleihung 772
Bemusterungstermin 528
Benachrichtigung der Bieter 432, 715
Benchmark 796
beratender Ingenieur 1117
Berater 453
Berechnungsbasis 595 a
Bereicherung 327
Berichtspflichten des Auftraggebers 724
Berücksichtigung mittelständischer Unternehmen 471
Berufsgenossenschaft 653
Berufshaftpflichtversicherungsdeckung 1088
berufsständische Vereinigungen 102
Beschaffung 778, 796
– von Energie und Brennstoffen 69
– von Trinkwasser 69
Beschaffungsabsicht 736
Beschaffungsbedarf 453, 454, 457, 736, 795
Beschaffungsgegenstand 457
Beschaffungsmaßnahme 124
Beschaffungsprofil 985
Beschaffungsvariante 779, 796
Beschaffungsvariantenvergleich 752, 778, 796, 797
Beschaffungsvorgänge 754
Bescheinigungsverfahren nach § 19 VgV 91
Beschlagnahme von Beweismitteln 202
Beschluss 153, 248
Beschlusstenor 251
beschränkte Ausschreibung 408, 420, 460, 545, 609, 650, 850, 853
– Auslosung 471
– Auswahlermessen 471
– Diskriminierungsverbot 470
– Ermessen 470

- nach öffentlichem Teilnahmewettbewerb 409
- ohne Teilnahmewettbewerb 470
- Sachkriterien 471
beschränktes Verfahren 406
Beschreibung des Herstellers 497
Beschwerdebefugnis 256
Beschwerdebegründung 263
Beschwerdefrist 261
- beim OLG 282
Beschwerdeführer 266
Beschwerdegericht 283
Beschwerdeinstanz 286
- Beiladung 186
- Beschwerdegegenstand 290
- Beschwerdegericht 291
- Beschwerdeverfahren 290
- Entscheidung 308
- fehlerhafte Nichtbeiladung 286
- Gestattung des Zuschlags 295
- Interessensberührung 286
- Kostenentscheidung des OLG 312
- Kostenfestsetzungsverfahren 312
- Kostentragung 312
- missbräuchliche Inanspruchnahme 296
- mündliche Verhandlung 287
- Prüfungspflicht 290
- sofortige Beschwerde 256
- Untersuchungsgrundsatz 290
- Verfahren 287
- Verspätungsregeln 290
- Vorabentscheidung 293
- Vorlage 313
- Zuschlagsgestattung 295
besondere Leistungen 511, 513
besondere Rechte 785
besondere Umstände 406, 416, 418, 421
Bestbieter 428
Bestechlichkeit 1155
- Anordnung des Verfalls 1173
- ausländischer Wettbewerb 1155
- bandenmäßiger Tatbegehung 1173
- besonders schwere Fälle 1168
- Bevorzugung 1161
- Einzelunternehmer 1157
- fahrlässige Begehung 1165
- Gegenleistung 1161, 1166
- Geldstrafe 1155
- Gewerbsmäßig 1168
- Gewinnerzielungsabsicht 1158
- Mitbewerber 1156
- Mitglied einer Bande 1168
- öffentliches Interesse 1171

- passive Bestechung 1173
- Pflichtwidrigkeit 1162
- Provision 1163
- Rechtsgut 1156
- Sonderdelikt 1158
- Strafantrag 1171
- Strafrahmen 1156
- Tathandlung 1159
- tauglicher Täter 1164
- Vermögensstrafe 1173
- Vorteil 1160
- Wettbewerbsabsicht 1165
Bestechung 1155, 1232
Bestechungsdelikte 1227
bestimmte Erzeugnisse 502
bestimmtes Produkt 502
Bestimmtes Verfahren 501
Bestimmtheitserfordernis 518
Bestimmungen über das Vergabeverfahren 98
Beteiligte 286
Betreiber- und Finanzierungsrisiken 488
Betreibermodell 770
Betreiberverantwortung 762
Betriebs- und Folgekosten 445, 681
Betriebsführung 789
Betriebsgeheimnisse 212
Betriebskosten 624, 995
Betriebsrisiko 784
Betriebsverpflichtung 756
Betrug 1094, 1134, 1227
- Schaden 1136
- Täuschungshandlung 1138
Beurteilungsermächtigung 642, 1220
Beurteilungsmaßstab 695
Beurteilungsspielraum 316, 416, 433, 435, 502, 641, 695
Bevollmächtigter 578, 626
bevollmächtigter Vertreter 552
Bevollmächtigung bei Bietergemeinschaft 552
Beweisarten 204
Beweiserhebung 204
Beweislage 665, 669, 424, 439, 737, 792
Beweismittel 184, 185, 186, 205, 288, 500, 585, 714
Beweisprobleme 324
Beweiswirkung 723
Beweiszwecke 713
Bewerber 155, 402, 407, 419, 449, 459, 461, 466, 473, 543, 1067, 1083
- Auskunftspflicht 1067
- Ausschluss 1094
- Auswahl 1097
- Teilnahme am Verhandlungsverfahren 1097

573

Sachregister

- Verbot der Mitwirkung 1067
- Wettbewerbsbeschränkungen 1069

Bewerberkreis 408, 428
Bewerbungen 436
Bewerbungsbedingungen 475, 606, 650, 677
Bewerbungsfrist 472, 539, 545, 547, 548, 550, 1011, 1066
Bewerbungsgrundsatz 471
Bewertungsmatrix 481
- Auswahl 471

Bieterdatei 1205
Bietergemeinschaft 155, 552, 609, 654, 655, 656, 657, 663, 664, 899, 905, 956, 1144, 1214
- Austausch eines Mitgliedes 609, 956
- bevollmächtigter Vertreter 552
- Blankettträger 609
- Eignungsprüfung 654
- Federführer 552
- Fortbestand 660
- Gesellschafter 156
- Insolvenz eines Gesellschafters 657
- Mitglied 155, 661
- Rechtsform 905, 1070
- Vollmacht 155
- Vollmacht der Angehörigen 948
- Wettbewerbsbeschränkung 609

Bietergleichbehandlung 731
Bieterinformation 163, 716
Bieterinformationspflicht nach § 13 VgV 75
- Änderung der Vergabeverordnung 77
- Bieterstatus 81
- entsprechende Anwendung 81
- Fristberechnung 77
- Inhalt der Benachrichtigung 79
- Nichtigkeitsfolge 75, 83
- rechtswidrig unterbliebene Ausschreibung 81
- Rückabwicklung 82
- Rückdatieren 77
- Übermittlung durch Telefax 77
- unterbliebene Ausschreibung 81
- unzureichende Bieterinformation 83
- Vergabestelle 77
- Vergabeverfahren 81
- Wertungssumme 79
- Zuschlagserteilung 78

Bieterkreis 428
Bieterrechte 159 a, 487
Bieterreihenfolge 436, 519, 629
Bieterschutz 398
bieterschützend 487, 684
bieterschützende Normen 333
bieterschützende Regelungen 532

bieterschützende Wirkung 728
Bieterstellung 81
Bilanz 643, 1088
Bildberichterstatter 1032
Bindefrist 222, 223, 587, 589, 591, 592, 593, 595, 617, 632, 708, 727, 939, 994
- Festlegung 940
- Vergabeverfahrensrisiko 223, 594, 708
- Verlängerung 940

Bindefristverlängerung 223, 595
- Anpassung des Preises 223, 594
- Gelegenheit für den Bieter 222
- Verschiebung der Bauzeit 223
- Zuschlag 708

Bindungswirkung 246, 317, 318
Blankettträger 411, 472, 609
BLT 762
Bodengutachten 487
Bodenrisiko 495
Bodenverhältnisse 494
Bonus-/Malusregelung 756, 775
BOO 763
BOOT 761
b-Paragrafen 386, 418, 547
Brandschutz 527
Brücke 732
Brückenbauwerke 456
Brückenkonstruktionen 570, 704
Bruttoangebotssumme 367
Buchprüfer 1032
Budgetverpflichtung 697 a
Bundesbehörden 810
Bundesfernstraßenbau 605
Bundeshaushaltsordnung 388
Bundeskartellamt 151, 1194
Bundesministerien 1047
Bundesverfassungsgericht 159, 214
Bundeswehr 51
Bundeswirtschaftsminister 93
Bundeszentralregister 669, 1133
Bundeszentralregistergesetz 1094
Bürokosten 489
Bußgeld 669
Bußgeldbescheid 665, 1188
Bußgeldvorschriften 1178

CE-Kennzeichnung 493
Chancengleichheit 462
chinese walls 23
Common Procurement Vocabulary (CPV) 85
Computernetzwerke 456
CPV 85
CPV-Nomenklatur 86

Sachregister

CPV-Nummern 87
culpa in contrahendo 717, 980

Darlegungslast 737
Daseinsvorsorge 109
Datenverarbeitung 539
Daueraufträge über Lieferungen 41
DB Netz AG 68
DBFO 759
DBFO-Fähigkeit 772
De lege lata
– Bieterinformationspflicht nach § 13 VgV 84
De-facto-Vergabe 81
Deichbauwerke 456
Dentisten 1032
Deutsche Bahn AG 58, 116, 671, 1236
– Anwendbarkeit des 3. Abschnittes 67
– Bauaktivitäten 116
– Baumaßnahmen am Schienennetz 68
– Betrieb von Eisenbahnverkehr 116
– DB Netz AG 68, 116
– DB Station und Service AG 116
– gemeinwirtschaftliche Leistungen 60
– Monopolist 116
– öffentliche Auftraggeberin 68
– öffentliches Unternehmen 116
– Privilegierung 61
– Rechtskontrolle 61
– SPNV-Vergaben 61
– Überprüfung durch die EU-Kommission 61
– überwiegende öffentliche Finanzierung 68
Deutsche Telekom AG 845
Dialog, wettbewerblicher 449
Diensthandlung 1166
Dienstleistungen 400
– Anhang I A 824
– Anhang I B 824, 831, 844
– Auffangtatbestand 825
– geistig-schöpferische 1042
Dienstleistungsaufträge 38, 56, 400, 825, 859
– 20 %-Kontingent 37
– Dienstleistungsauftrag 125
– Dienstleistungsauftrag 127
– EDV-Umrüstung 44
– Ermittlung der Gesamtvergütung 40
– künstlich verkürzte Laufzeit 40
– Laufzeit 41
– Lieferaufträge 46
– Optionsrechte 47
– Privilegierung 72
– Rahmenvereinbarung 49
– Schwellenwerte für die Teillosvergabe 39
– Sektorenauftraggeber 71

– Sektorenbereich 38
– sukzessive Ausschreibung 37
– Teillose unterhalb von 80.000,– EUR 38
– verbundene Unternehmen 71
– Zahlungen an Bewerber 40
Dienstleistungsbegriff der VOL 825
Dienstleistungsfreiheit 649
Dienstleistungskonzession 123, 785
Dienstleistungskoordinierungsrichtlinie 1024
digitale Angebote 88
digitale Signatur 88
DIN 621
DIN-Vorschriften 565
Direktvergabe 81, 246
Diskontierung 779
diskriminierend 557
Diskriminierungsgebot 461
Diskriminierungsverbot 10, 18, 21, 98, 470
– Abweichungen 28
– Änderungen der Angebotsunterlagen 11
– Angebotsfrist 11
– Angehörige 21
– Ausländer und Inländer 11
– Befugnis zur Verfahrensgestaltung 11
– Beihilfe 13
– Berücksichtigung mittelständischer Interessen 28
– Gleichbehandlung 10, 85
– Mindestanforderungen 12
– Mitwirkungsverbot der Sachverständigen 15
– Nichterhebung von Abgaben 13
– unzulässig erhaltene Beihilfe 14
– Verletzung der Chancengleichheit 17
Dokumentation 720, 971, 1212
– Akteneinsicht 721
– Mangel 723
– Nachvollziehbarkeit einer Vergabeentscheidung 722
– negative Beweiswirkung 723
– Niederschrift nach Angebotsprüfung 625
– Transparenz 721
– Wertung 693, 720
dokumentieren 424, 502
dokumentiert 641
Dolmetscher 1032
Doppelboden 527
Dringlichkeit 409, 439, 1063, 1064, 1065
Dritte 675
dritte Wertungsstufe 680
Drohung 589
DSD 124
Durchbruchsplanung 527
Durchführung 628

575

Sachregister

echte Chance 335
EDV-Kontrollwesen 1209
EFB-Preis 683
effektiver Rechtsschutz 98, 307
effektiver Vergaberechtsschutz 81
Effizienzvorteile 753
EG-Sektorenrichtlinie 386
eidesstattliche Erklärung 1094
Eigenart der Leistung 406, 416, 418, 421
Eigenerbringung 676
Eigenerklärungen 1240
Eigenfinanzierung 757
Eigengesellschaft 790
Eigenleistung 657, 676, 678, 679
Eigenleistungsanteil 654, 675, 906, 1083
Eigenschaftsbeschreibungen 496
Eigentum
– Übertragung 761
Eigentumsrechte 791
Eigentumsübertragung 781
Eignung 472, 473, 478, 596, 607, 637, 641, 647, 648, 650, 676, 677, 685, 686, 737, 1083
– Ausschluss wegen Unzuverlässigkeit 665
– bei der Einschaltung Dritter 674
– Bietergemeinschaft 654, 655, 656, 663
– des Bieters 445, 628, 953
– Dokumentation 665
– Eigenerbringung 676
– Eigenleistungsanteil 654, 675, 906
– Eignungsnachweise 646
– Fachkunde 642, 650
– Fähigkeiten anderer Unternehmen 675
– geforderte Eignungsnachweise 645
– Generalübernehmervergabe 674
– Gerät 639
– Gewerbezentralregister 669
– Gewerbezentralregisterauszug 645
– Insolvenzverfahren 652, 657
– Korruptionsregister 670
– Kriterien 1085, 1102
– Leistungsfähigkeit 642, 650
– Losverfahren 1097
– Marktzutritt 638
– Mehr an Eignung 970, 1105
– Mindestanforderungen 1097
– Nachweise 644, 650, 1083
– Newcomer 638, 684
– Personal 639
– Personal und Gerät 665
– Präqualifikation 646
– Präqualifikationsverfahren 907
– Qualitätsmanagement 1083
– Qualitätssicherungsnachweisverfahren 1084

– Referenzen 643, 645
– Referenzliste 1083
– Referenznachweise 638
– Rückgriff auf andere Unternehmen 676
– schwere Verfehlung 653, 672
– Selbstreinigung 672
– unbestimmte Rechtsbegriffe 642
– Veränderung der Zusammensetzung einer Bietergemeinschaft 657
– Verfehlung 641, 665
– Vergabesperren 667, 671
– vertragswidriges Verhalten 647
– Zugriff auf Personal und Gerät 661
– Zuverlässigkeit 642, 649, 650, 653, 665
– zwingender Ausschlussgrund 641
Eignungs- und Zuschlagskriterien 12
Eignungskriterium 473, 645, 692, 1197
Eignungsmerkmal 643, 655
Eignungsnachweis 436, 465, 472, 645, 646, 678, 678
Eignungsprüfung 467, 613, 650, 654, 655, 664, 961, 1221
Eignungstest 771
Eignungsvoraussetzungen 467
Eilanträge 416
Eilbedürftigkeit 299, 302
Eilentscheidung 319
Eilverfahren 307
Eingriff in die eingerichteten und ausgeübten Gewerbebetrieb 671
Einhaltung der Bestimmungen über das Vergabeverfahren 745
Einheitspreis 510, 514, 526, 570, 603, 604, 605, 614, 616, 630, 683, 685, 704
– Mischkalkulation 555, 603
Einheitspreisangebote 614
Einheitspreisvertrag 732
Einrichten und Räumen der Baustelle 513
einstweilige Verfügung 145, 717
Eintragungen 598
Einzelangebote 610
Einzelansätze 683
Einzelauftrag 443, 750
Einzelbieter 609, 654, 1214
Einzelgewerk 458
Einzelkosten, Untersuchung nach VHB 683
Einzellos 610, 732
Einzelpreis 555
Einzelvergabe 610
Eisenbahnstrecke 116
Eisenbahnverkehrsunternehmen 60
Elektrizitätsversorgung 748, 837
Elektroarbeiten 527

576

Sachregister

elektronische Angebotsabgabe 88, 936
elektronische Auftragsvergabe 920
elektronische Bekanntmachung 539
elektronische Dokumente 577
elektronische Kommunikations- und
    Informationsmittel 801
elektronische Kommunikationsmittel
– VOF 1061
elektronische Signatur 920, 1061
elektronische Vergabe 1209
elektronisches Angebot 577
E-Mail 536, 544
Endbeträge 580
Energieerzeugung 69
Energiesparcontracting 765
Energieversorger 837
Energieversorgung 1026
engere Wahl 596
Entgelt 784
entgeltlicher Vertrag 124, 400
Entgeltzahlungen 756
Entschädigung 532
Entscheidung 247, 249, 308
– Abweichen von einer Entscheidung 313
– Antrag auf Vorabgestattung des Zuschlags 308
– Aufhebung 308
– Bindungswirkung 317, 318
– Eilentscheidungen 319
– Entscheidung des BGH 313
– Rechtsmittel 253
– Reisekosten 375
– Vergabekammer 247
– Zurückverweisung 308
Entscheidungsfrist 260
Entscheidungszeitraum 592
Entwicklungskosten 446
Entwicklungszwecke 446
Entwurf 522, 528, 718
Entwurfsbearbeitung 523
Erarbeitung der Ausschreibungsunterlagen 22
– Angestellter des Bieters 22
– Anwendungsbereich des § 16 VgV 22
– Beratungsgesellschaft 24
– Berücksichtigung mittelständischer Interessen 28
– Beweislast 24
– *chinese walls* 23
– geschäftliche Beziehungen 23
– Interessenskollision 24
– Interessenskonflikt 23
– organisatorische Maßnahmen 23
– Rechtsanwälte 24

– Sachverständiger 26
– Steuerberater 24
– Vertraulichkeit von Informationen 24
– Wirtschaftsprüfer 24
Erbbaurecht 764
Ereignis 439
Erfahrung 643, 648
Erfolgsaussichten 226, 227, 280, 295, 305
Erfüllung öffentlicher Aufgaben 753
Ergänzungen 490, 558
Erhebung von Beweisen 201
Erkennbarkeit 169
– von Vergabeverstößen 178
Erklärung 554, 555, 557, 604
– über den Gesamtumsatz 1088
Erklärungsempfänger 505
Erklärungspflicht 678
Erkundung des Bewerberkreises 897
Erlass 564
Erledigung 225, 246
– Aufhebung 246
– Einstellung in sonstiger Weise 246
– Feststellungsinteresse 246
– zwischenzeitliche 246
Ermessen 218, 313, 410, 424, 472, 529, 530, 599, 642, 643, 652, 665, 692, 742, 745
Ermessensbindung 641
Ermessensprüfung 652, 657
Ermittlung
– des wirtschaftlichsten Angebots 648
– von Amts wegen 198
Eröffnungstermin 468, 542, 552, 568, 573, 574, 578, 583, 586, 587, 597, 625, 708, 750
– Formulare 581
– Lochstempel 579
– Manipulationsvorwürfe 579
– Niederschrift 578, 584
– Paginierung 579
– Skonti 581
– Verhandlungsleiter 580
Ersatz des immateriellen Schadens 717
Erschwernisse 520
Erstattungsanspruch 372
Ertragsberechnungen 535
Erwerbermodell 761
EuGH, Vorlagepflicht 316
Europäische Normungen 497
Europäische Spezifikationen 1056
EU-Vergaberichtlinien 382
Eventualpositionen 515

F-Modell 766
Fachausdrücke 630

577

Sachregister

Fachkreis 505
Fachkunde 411, 637, 642, 643, 648, 650, 653, 655, 692, 900
– Nachweise 900
fachkundig 650
fachlicher Wert 1102
Fachlosvergabe 527
Facility Management Leasing-Modell 762
Fähigkeiten anderer Unternehmen 478, 675
Fälschungen 579
Fassadengestaltung 528
Fassadenmaterial 492
Fassadenverkleidung 492
Federführer 552
Fehlerquelle 478, 677
Fehlkalkulation 617
Fernmeldewesen 1026
Fernstraßenbauprivatfinanzierungsgesetz 766
Fertigstellungstermin 595
Fertigungsverfahren 683
Feststellung der Rechtswidrigkeit 310
Feststellungsantrag 230, 246
Feststellungsinteresse 246, 310
Feuerwehren 102
Finanzierung 534, 737, 753, 757
– ungesicherte 737
Finanzierungsformen 756
Finanzierungskosten 331
Finanzierungsmittel 734
Finanzinstrument 782
Flughafenbetreiber 837
FM Leasingmodell 762
F-Modell 768
Folgekosten 331, 624
Förderung mittelständischer Interessen 29
Forfaitierungslösung 757
Form 171, 990
formaler Aspekt 600
Formalismus 600, 607
Formanforderungen 737
Formblätter 477, 607
– EFB-Preis 602
formelle Prüfung 597, 612
formelle Voraussetzungen 611
Formerfordernis 564, 568, 599
Formfehler 194
förmliches Verfahren 411, 414, 425, 448
Formular 581, 677, 719
Formularmuster 475
formulierte Vertragsbedingung 557
Formvorschriften 711
Forschung 437
Forschungs- und Entwicklungskosten 437

Forschungszwecke 446
Fortentwicklung des Rechtsschutzsystems 54
Fortführung des Vergabeverfahrens 727
Fortsetzungsklausel 657, 658
Frauenförderung 691
freiberufliche Leistungen 833, 1026, 1030, 1038
– Architektenleistungen 1036
– Definition 1031
– gemischte Leistungen 1056
– Honorarordnung für Architekten und Ingenieure (HOAI) 1042
– Ingenieurleistungen 1036
– nicht eindeutig und erschöpfend beschreibbare 1035
– Sektorenauftraggeber 1026
– vorrangige Dienstleistungen 1055
freiberufliche Tätigkeit 62
– Sektorenauftraggeber 62
– VOF 62
freihändige Vergabe 401, 403, 406, 414, 416, 433, 440, 575, 636, 650, 717, 727, 742, 850, 855, 898
– Aufhebung 415
– Ausnahmefälle 416
– Baukonzessionäre 858
– dringlich 415
– Dringlichkeit 416
– Geheimhaltung 415
– Patentschutz 415
– Sektorenauftraggeber 858
– staatlich subventionierte Auftraggeber 858
– Zulassungsgründe 855
Freiheitsstrafe 669, 1140, 1155, 1168
Fremdleistung 657, 679
Frist 180, 277, 288, 419, 462, 508, 514, 534, 588, 595, 708, 1101
– Ablauf der Bindefrist 593
– Ablauf der Zuschlagsfrist 708
– Angebotsfrist 547, 550, 574, 587, 597
– Ausführungsfristen 595
– Bauzeit 595
– Bewerbungsfrist 545, 547, 548, 550
– Bindefrist 587, 589, 591, 593, 595, 617
– Bindefristverlängerung 595
– der Angebote 990
– Fristenverlängerung 593
– Regelfristen 550
– Vergabeverfahrensrisiko 223, 595, 708
– verspätete Angebotsannahme 708
– VOF 1064
– zur Angebotsabgabe 469
– Zuschlagsfrist 574, 587, 591, 708

Sachregister

Fristablauf 540, 593
Fristberechnung nach § 13 S. 2 VgV 77
Fristenkontrolle 260
Fristverkürzungen 419
Fristverlängerung 237, 301, 593, 595
Fünf-Wochen-Frist 236, 237, 260, 262, 280
– fiktive Ablehnungsentscheidung 262
– Verlängerung 260
Funktionalbeschreibung 528
funktionale Anforderungen 525
funktionale Ausschreibung 480, 521, 522, 524, 525, 528, 530, 532, 792
– Abdichtung 528
– Angebotsbearbeitung 532
– Architektur- und Ingenieurleistungen 532
– Aufklärungsverhandlungen 528
– Ausführungsdetails 528
– Auslegungsspielräume 530
– Baugrundrisiko 531
– Baukonzept 525
– Bausoll 530
– bieterschützende Regelungen 532
– Entwurfsbearbeitung 523
– Fassadengestaltung 528
– funktionale Vorgaben 530
– funktionales Angebot 528
– Generalunternehmervergabe 527
– Innenausstattung 528
– Kosten der Angebotsbearbeitung 532
– Krankenhäuser 525
– Leistungsbestimmungsrecht 529, 530
– Leistungserfolg 526
– Leistungsprogramm 523, 528
– Mengenrisiko 526
– Pauschalpreis 526
– Planungsaufgaben 522
– Planungsaufwand 532
– Planungsverantwortung 529
– Schulen 525
– ungewöhnliche Wagnisse 531
– Verfahrensmangel 532
funktionale Leistungsbeschreibung 521, 792
funktionale Vorgaben 530
funktionales Angebot 528
Funktionsanforderungen 498
Funktionsbeschreibungen 496
Funktionsgerechtigkeit 525

Garantien 785
Gas- und Fernwärmeversorgungs-unternehmen 837
Gasgewinnung 845
Gaststättenkonzession 782

Gasversorgung 748
– Aufsichtsmaßnahmen 1179
– Bußgeldrahmen 1192
– Höchstmaß der Geldbuße 1179
– Höhe 1189
– Inhaber des Unternehmens 1183
– juristische Person 1179
– Organisationsmangel 1185
– parallele Zuständigkeit 1187
– Personenvereinigung 1179
– selbstständige Festsetzung 1179
– selbstständige Haftung 1182
– Unterlassen 1181
– Verfolgungsverjährung 1193
– Verjährungsfristen 1189
– Wirtschaftsprüfer 1185
– Zuständigkeit 1188
Geldstrafe 669
Geldwäsche 653, 1094
Gemeindehaushaltsverordnung 388
Gemeinkosten 683
gemeinsames Vokabular für das öffentliche Auftragswesen (Common Procurement Vocabulary-CPV) 464
gemeinwohlgebunden 785
gemischt-wirtschaftliche Gesellschaften 132
gemischt-wirtschaftliche Unternehmen 138, 131, 790
Genehmigung 782
Genehmigungsfähigkeit 531
Generalübernehmer 674, 678
Generalübernehmereinsatz 478
Generalübernehmervergabe 385, 674, 677
Generalunternehmer 458, 674
Generalunternehmervergabe 527, 677
Genossenschaften 102
Gerät 413, 621, 639, 661, 665, 666
Gerätelisten 678
Gerätemieten 477
Gerätevorhaltekosten 683
Gerichtsgebühren 370
Gerichtskosten 370
Gerichtskostengesetz (GKG) 366
Gesamtauftragswert 34, 389
Gesamtbauzeit 705
Gesamtbetrag 616
Gesamtmaßnahme 44
Gesamtplaner 527
Gesamtplanungsauftrag 1048
Gesamtpreis 434, 514, 555, 556, 704
Gesamtprojekt 42
Gesamtschuldner 372
Gesamtvergabe 702

Sachregister

Gesamtvergütung 1047
gesamtvertretungsberechtigte Geschäftsführer 552
Geschäftsgeheimnisse 211, 212, 214, 634
Geschäftsordnung der Vergabekammer 252
Geschenkannahme 1202
Gesellschaft bürgerlichen Rechts 662
Gesellschafter 661
Gesellschafterinsolvenz 659
Gesellschaftsanteile
– Veräußerung 788, 790
Gesetz zur Bekämpfung der Korruption 1215
Gesetz zur Bekämpfung der Schwarzarbeit und illegalen Beschäftigung 669
gesetzliches Verbot 218
gesetzte Bewerber 1091
Gestaltung 445
Geständnis als Unzuverlässigkeitsnachweis 665
Gesundheit 560, 570, 622, 703
Gesundheitswesen 102
Gewährleistung 681, 685
Gewerbeordnung 669
Gewerbezentralregister 669, 1131
Gewerbezentralregisterauszug 645
Gewerke 606
Gewichtung der Wertungskriterien 385, 480, 482, 697 a, 801, 919, 1098
Gewinn 337, 342, 345, 347, 351, 683
– entgangener 706, 727, 738
Glaubhaftmachung 299
Gleichbehandlung 45, 407, 424, 457, 563, 576, 599, 636, 744, 746, 1105
Gleichbehandlungsanspruch 745
Gleichbehandlungsgebot 436, 1197
Gleichbehandlungsgründe 566
Gleichbehandlungsgrundsatz 10, 468, 593, 688
gleichwertig 570
gleichwertige Leistung 563
Gleichwertigkeit 497, 503, 565, 571, 704
Gleis- und Streckenbauarbeiten 116
Gleisbau 668
Gleitklauseln 624
globale Preisnachlässe 581
GMP-Vertrag 504
Government Procurement Agreement (GPA) 799
Großbaumaßnahme 592
Großflughafen Berlin-Brandenburg 21, 1240
Gründe
– des allgemeinen Interesses 653
– Nichtberücksichtigung 982
– schwerwiegende 733, 734

Grundentwurf 441
Grundlagen der Preisermittlung 468
Grundposition 515, 517, 520
Grundsatz
– der öffentlichen Ausschreibung 421
– der sparsamen Haushaltsführung 815
Grundsätze 432
– der Vergabe 402, 849
– der Wertung 706
– des Gemeinschaftsrechts 689
– für Auftragsbauten 395
Grundsätze und Richtlinien für Wettbewerbe auf den Gebieten der Raumplanung des Städtebaus und des Bauwesens (GRW 1995) 1120
Grundstücksverkaufsgeschäfte 791
Gründung
– eines gemischt-wirtschaftlichen Unternehmens 788
– eines Zweckverbandes 137 a
Grundwasser 513
Gütezeichen 1078

Haftung 514
Handbuch für die Vergabe und Ausführung im Straßen- und Brückenbau (HVA B-StB) 478, 677
Handbuch für die Vergabe und Ausführung von Bauleistungen im Straßen- und Brückenbau (HVA B-StB) 385, 605
Handelschemiker 1032
Handelsregister 645
Handlung 738
Hauptangebot 558, 559, 564, 568, 700
Hauptauftrag 440
Hauptgegenstand 400
Hauptpositionen 517
Haushaltsfinanzierung 766
Haushaltskassen 753
Haushaltsmittel 487, 797
Haushaltsrecht 397
haushaltsrechtlich 796
haushaltsrechtliche Lösung 98, 398
Hausmeisterleistungen 789
Haustechnik 527
Heilpraktiker 1032
Herabsetzung 363
Herkunft 501
Herrentunnel 768
Hersteller 599
Hilfsfunktionen 477
hinterlegte Sachen 718
Hinzuziehung 378

HOAI 1042, 1047, 1102, 1106, 1117
Hochbauprojekte 760
Hochbauten 756
Hochschulbau 769
Hochschulen 102
Höchstgebühr 362
Höchstzahl 473
Hochwasser 513
hoheitliche Aufgaben 772
Hol- und Bringdienste 789
Holdinggesellschaft 675
Honorarordnung für Architekten und Ingenieure (HOAI) 1042
– Honorarsätze 1106
– Leistungsbilder 1042
– Mindestsätze 1106
– Pauschalhonorar 1106
– Unterscheidung der Mindestsätze 1107, 1102
Hörensagen 184, 323

illegale Beschäftigung 669
Illiquidität 1094
Immobilienleasing 762
Immobilienverkaufsgeschäfte 791
Individualrechtsschutz 746
Inflationsausgleich 756
Infrastruktur 753, 791
Ingenieur 1032, 1106, 1117
Ingenieurbüro 1157
Ingenieurleistung 1044, 1046, 1117
Inhabermodell 764
Inhalt von Mindestanforderungen 564
In-House-Geschäft 132, 135, 790
In-House-Vergabe 129
– Beteiligung eines privaten Unternehmens 132
– eigene Dienststellen 139
– Enkel- und Urenkelgesellschaften 140
– formale Privatisierung 133
– gemischt-wirtschaftliche Gesellschaft 134
– Kontrolle wie über eine eigene Dienststelle 131
– Minderheitsgesellschafter 131
– Rekommunalisierung 137
– Schadensersatzansprüche 138
– Tätigkeit im Wesentlichen für den öffentlichen Auftraggeber 130
– vergaberechtswidrig geschlossene Verträge 138
Inländer 694
Innenausstattung 528
innerbetriebliches Kontrollsystem 1185
innovative Vorschläge 566

insolvent 657
Insolvenz 652, 661, 665, 901
– bei Bietergemeinschaft 657 ff.
Insolvenzverfahren 652, 657, 659, 964, 1095
Insolvenzverwalter 652, 660
Inspektions- und Zertifizierungsstellen 1079
institutionalisierte/vertragliche ÖPP 755
Integrität 553
Integritätsklausel 1208, 1240
Integritätsvertrag 1240
Interesse
– Allgemeininteresse 108
– am Auftrag 154
– der Allgemeinheit 226, 281
– negatives 727, 739
– öffentliches 753, 785
– positives 727, 739, 797
Interessenbekundungsverfahren 769
Interessensabwägung 295
Interessenskollision 1060, 1207
Interessenskonflikt 21, 23
– Abweichungen 28
– Angehörige 21
– Anwendungsbereich des § 16 VgV 22
– Ausnahmeregelung 24
– Beauftragter 21
– Beratungsgesellschaft 24
– Beweislast 24
– *chinese walls* 23
– der Bekanntmachung vorausgehende Entscheidungen 22
– geschäftliche Beziehungen 23
– Gleichbehandlungsgebot 21
– organisatorische Maßnahmen 23
– Organmitglied 21
– Rechtsanwälte 24
– Rechtswidrigkeit des Vergabeverfahrens 25
– Sachverständiger 26
– Sanktion 26
– Steuerberater 24
– Unterhalb der Schwellenwerte 27
– Voreingenommen 21
– Wahrscheinlichkeit 24
– Wirtschaftsprüfer 24
Interessenten 410
Interessentenkreis 472
interkommunale Zusammenarbeit 137 a
interne Revision 1238
Internet 536
Internetportal 539, 546
Interventionsmöglichkeit der Europäischen Kommission 94
Investitionsvolumen 752

Sachregister

Investor 781
Investorenmodelle 780, 781
Irrtum 589

Journalisten 1032
juristische Person 100, 102
– des privaten Rechts 100
Justizgewährungsanspruch unterhalb Schwellenwerte 52 a

Kalkulation 520, 595, 605, 630
– unzulässige Mischkalkulation 603, 605
kalkulationserhebliche Unterlagen 432
Kalkulationsgeheimnisse 634
Kalkulationsirrtum 159 a, 589, 617, 631
kalkulationsrelevante Umstände 487
Kanalbau 668
Kanalbaumaßnahmen 732
Kapazität 570, 609, 655, 703
Kapazitätserweiterung 709
Kapazitätsnachweise 678
Kapitalbeschaffung 789
Kartellbehörden 1134, 1184
Kartellmitglieder 1128
Kartellordnungsbehörde 1193
Kartellordnungswidrigkeiten 1176, 1189
kartellrechtswidrige Absprache 1190
Kartellsenat 255, 1188
Kartellvergaberecht 383, 449, 782
Kaskade 383
Kaskadenprinzip 813
Kassenärztliche Vereinigungen 102
Kaufleute 475
Kausalität 586
Kennzeichnung 213, 577
Kohle 845
Kollision 146
Kombinationsmöglichkeiten 520
Kommission der Europäischen Gemeinschaften 92, 93, 94, 96
kommunale Wirtschaftsunternehmen 110
kommunale Zusammenschlüsse 137 a
Kommunalkredite 757
Kommunalordnung 98
Kommunikationsmittel 536
Kommunikationsplattform 539
komplexe Leistungen 481
Konditionen 426, 452, 455
Konstruktionszeichnung 491
Kontrolleinrichtungen 1204
Kontrollkompetenz 241
Kontrollmöglichkeiten 755
Konzern und Selbstausführung 679

Konzerngesellschaften 679
Konzernunternehmen 676, 679
Konzession 758, 782
– Vergabe 782
Konzessionsmodell 756, 768, 770
Kooperationsmodell 770, 876
Kooperationspflichten 595
Koppelungsangebot 702
Korrekturband bei Angebotskorrektur 561
Korrekturmöglichkeit 305, 555
Korruption 1198
Korruptionsanfälligkeit 1204
Korruptionsbekämpfung 1197
Korruptionsbekämpfungsgesetz 1241
Korruptionsgefahr 1203
Korruptionsklauseln 1208
Korruptionsprävention 1197
Korruptionsregister 670, 1241
Kosten 312, 360, 728
– Antragsrücknahme 363, 364, 372
– Anwaltshonorar 378, 380
– Beigeladene 372
– Bemessungsgrundsätze 361
– der Angebotsbearbeitung 532
– Erstattungsanspruch 372
– Fotokopierkosten 377
– Gebührenstaffel 362
– Gerichtsgebühren für das Oberlandesgericht 366
– Ingenieurbüros 376
– Kostenfreiheit 371
– Personalkosten 375
– Projektsteurer 376
– Rechtsanwaltskosten 373
– Reduzierung 363
– Schreibauslagen 377
– Streitwertermittlung 369
– Überschreitung 728
– Vergabekammern 360
– Vergabesenat 360
– Verwaltungskostengesetz 365
Kostenentscheidung 153, 256, 312
Kostenermittlung 434
Kostenerstattung 372, 944
Kostenerstattungsanspruch 369
Kostengruppen 683
Kostenrisiko 380, 595
Kostenschätzung 387, 734
Kostenüberschreitung 728
Kostenverzeichnisse 366
Kostenvorschuss 197
Krankengymnast 1032
Krankenhäuser 525

Kreuzchenliste 693
kriminelle Organisation 653
Kriterien 385, 689
– der Auswahl 473
Kronzeugenregelung 1194
– Beweismittel 1195
– Durchsuchungsbeschluss 1195
– Ermessen 1194
– Ermittlungsverfahren 1196
– Festsetzung der Geldbuße 1196
– Kartellbekämpfung 1196
– Nichtfestsetzung einer Geldbuße 1195
KrWG/AbfG 494
Kultur-, Wohlfahrts- und Hilfsstiftungen 102
Kundendienst 681, 1102
– und technische Hilfe 995
Kündigung 138, 416, 974
künstlerische Gründe 1063

Landesgesetz 670
Landeshaushaltsordnung 388
Landeskriminalamt 1243
Landesvergabegesetz 673
Langzeitarbeitslose 690
Lärmemission 690
Lastannahmen 570, 703
Laufzeit 41
Leasingmodell 762, 781
Leasingvertrag 780
Lebenszyklus 754
Lebenszyklusansatz 753
Legislativpaket 382, 383, 384, 449, 720, 800
Lehrlingsausbildung 691
Leistung 447, 966
– Aufhebung als ultima ratio 727
– einwandfreie Preisermittlung 447
– erschöpfend beschrieben 447
– Missverhältnis 684
– nicht eindeutig und erschöpfend beschreibbare 1035
Leistungsanforderungen 498
Leistungsausführung 676
Leistungsbeschreibung 445, 452, 454, 455, 456, 485, 487, 494, 516, 521, 524, 528, 530, 555, 599, 603, 622, 769, 792, 911, 1045, 4342
– Alternativpositionen 492, 493, 517
– Altlasten 495
– Altsubstanz 488
– Auslegung 505
– Baugrundrisiko 495
– Bausubstanz 495
– Bedarfspositionen 519
– Beschreibung der Aufgabenstellung 1074

– besondere Leistungen 513
– bestimmten Ursprungs 501
– bestimmtes Verfahren 501
– Betreiber- und Finanzierungsrisiken 488
– Bodengutachten 487
– Bodenrisiko 495
– Defizite 432
– eindeutige erschöpfende 911
– europäische Spezifikationen 917
– Fassadenverkleidung 492
– finanzielle Leistungsfähigkeit 1088
– funktionale 750, 913, 958
– funktionale Ausschreibung 521
– Honorarordnung für Architekten und Ingenieure (HOAI) 1042
– kalkulationsrelevante Umstände 487
– konstruktive 913
– Leistungs- und Funktionsanforderung 1077
– Leistungsverzeichnis 507
– Mängel 494
– Mengenansätze 487
– Mengenermittlung 518
– mit Leistungsprogramm 521, 524
– mit Leistungsverzeichnis 507
– mittels Leistungsprogramms 621
– Nachweis 1118
– Nebenleistungen 513
– nicht eindeutig und erschöpfend beschreibbare 1035
– Output-orientiert 498
– Planungsaufgaben 522
– Preisermittlung 492
– Pufferzeiten 488
– Schlechtwetter 488
– Schnittstellenrisiken 502
– Sonnenschutz 492
– technische Spezifikationen 496, 1076
– Umwelteigenschaften 500, 1078
– Ungenauigkeit 732
– ungewöhnliches Wagnis 488, 911
– urheberrechtlicher Schutz 491
– Wahlpositionen 492, 517
– Zurechnung von Kapazitäten anderer Unternehmen 1089
– Zusatz »oder gleichwertig« 497, 503
Leistungsbestimmungsrecht 529, 530
Leistungserbringung 647
Leistungserfolg 525, 526
leistungsfähig 650
Leistungsfähigkeit 411, 412, 452, 461, 642, 650, 652, 661, 675, 686, 900
– Bauauskünfte 903
– Bilanzen 903

583

Sachregister

- Gesamtumsatz 903
- Nachweise 900
Leistungsgegenstand 413, 426
Leistungsinhalt 428
Leistungsniveau 693
Leistungsprogramm 523, 528, 629
Leistungssoll 528
Leistungstext 514
Leistungsumfang 589
Leistungsverzeichnis 476, 506, 564, 607, 611, 730
Leistungszeitpunkt 1102
Leitfabrikat 505
Lieferanten 155
Lieferaufträge 41, 46, 400, 859
Lieferleistungen 400, 805
Lieferungs- oder Ausführungsfrist 995
Lieferverzögerungen 647
Lieferzeitpunkt 995
Liquidation 652, 1095
LKW-Maut 766
Lochstempel 579
Lohnabrechnungen 649
Lohnkosten 683
Lose 457, 580, 610, 631, 735
- unter 1 Mio. EUR 37
Loslimitierung 679
Lösungsmöglichkeiten 456
Lösungsvorschläge 453
Losvergabe 440
Lotsen 1032
Luftverkehr 829
Luftverkehrsbeförderung 837

Maler 677
Mandatsträger 1241
Mängel 436, 596, 647, 744
- der Leistungsbeschreibung 494
Mängelansprüche 926
Mangelhaftigkeit aller Angebote 745
Manipulationen 561, 613, 1129
Manipulationsvorwürfe 579
Markenvergabe im LV 501
marktbeherrschende Stellung 358
Markterkundung 457, 535
Marktinteresse 776
Marktneuling 684
Marktpreise 519
Markttransparenz 1127
Marktzutritt 638
Maschinen 621
Maßangabe 703
Maßnahmen 233, 244, 245, 305, 309

- drohender Zuschlag 233
- geeignete 244
- Schutzrechtsverletzungen 233
- vorläufige 233
Matrix 697 a
Maut 767
Mautgebühren 768
Maximalfrist 592
Maximierung der Rechtsschutzmöglichkeiten 52 a
Medien 407, 461, 464
- Amt für amtliche Veröffentlichungen der Europäischen Gemeinschaften 539
- amtliche Veröffentlichungsblätter 407, 461
- Amtsblatt der Europäischen Gemeinschaften 462, 464, 539
- Fachzeitschriften 407, 461
- Internetportal 546
- Supplement zum Amtsblatt der Europäischen Gemeinschaften 419
- Tageszeitungen 407, 461
- Webpage 546, 539
Mehr an Eignung 348, 473, 648, 692
Mehr-Augen-Prinzip 1201, 1203
Mehrvergütungsanspruch 595 a
Meinungsverschiedenheiten 665
Menge 631
- der Teilleistungen 514
Mengenänderungen 604, 685, 732
Mengenangaben 571
Mengenansatz 487, 570, 614, 704
Mengenermittlung 519, 732
Mengenrisiko 526, 571, 704
Messe Berlin GmbH 104
Miet-/Leasingvertrag 780
Mietkaufmodell 761
Mietkaufverträge 780
Mietmodell 763
Mietzahlungen 756, 786
Mindestanforderung 461, 473, 563, 564, 566, 570, 648, 696, 700, 703, 1212
Mindestangaben 461
Mindestbedingungen 566
Mindestgebühr 362
Mindestquote 654
Mindestzahl 473
Minimalprinzip 796
ministerielle Einführungserlasse 33
Mischkalkulation 555, 603, 605
- ARS 25/2004 605
- konnexe Preisverlagerung 605
Mischpositionen 510
Mischverträge 399

Missbrauch 320
– des Nachprüfungsverfahrens 178
missbräuchliche Inanspruchnahme des Vergaberechtsschutzes 320
– Anforderungen an die Substantiierung 330
– Aussichtslosigkeit eines Antrags 321
– Behinderung der Vergabe 324
– Missbrauchstatbestände 323
– Obstruktionspolitik 326
– Schaden des Auftraggebers 320
– Schadensersatzpflicht des Antragstellers 329
– Verzögerung der Auftragserteilung 331
– Zahlung eines Geldbetrages 326
Missbrauchskatalog 328
Missbrauchstatbestände 323
Missverhältnis 615, 966
Mitteilung an nicht berücksichtige Bieter 1002
Mitteilungspflichten 1019
Mittel, staatliche 104, 116
Mittellohn 683
Mittelstand 30
mittelständische Interessen 30
Mitwirkungsverbot 17, 1101
– § 16 VgV 26
– Abweichungen 28
– Angehörige 21
– Anwendungsbereich des § 16 VgV 22
– Ausnahmeregelung 24
– Beauftragter 21
– Beratungsgesellschaft 24
– Beweislast 24
– *chinese walls* 23
– Interessenskollision 21, 24
– Interessenskonflikt 23
– Mitarbeit des Auftraggebers 20
– Möglichkeit zum Nachweis 17
– organisatorische Maßnahmen 23
– Organmitglied 21
– Projektant 16
– Rechtsanwälte 24
– Rechtswidrigkeit des Vergabeverfahrens 25
– Rotationsprinzip 18
– Sachverständiger 26
– Sanktion 26
– Steuerberater 24
– unterhalb der Schwellenwerte 27
– Vereinbarungen 25
– vorbefasste Person 17
– voreingenommen 21
– Wirtschaftsprüfer 24
Modalität der Leistungserbringung 790

Mogendorfer-Modell 757
mündliche Verhandlung 149, 235, 287, 302, 313
Munitionsräumungen 487
Muster 486, 611, 718
Mustervereinbarungen 770
Muttergesellschaft 679

Nacherhandlungsverbot 958
Nachfrage 628
Nachlass 593, 702
Nachlassgewährung 631
Nachprüfung 143
Nachprüfungsantrag 174, 181, 190, 193, 728
– Antrag auf Verlängerung der aufschiebenden Wirkung 219
– Form 181
– Missbrauch 320
– missbräuchliche Inanspruchnahme 296
– Suspensiveffekt nach § 115 Abs. 1 GWB 218
– Verlängerung der Bindefrist 222
– Zuschlag blockiert 218
– Zuschlag unwirksam 218
– Zustellung eines Antrags 217
Nachprüfungsgegenstand 176
Nachprüfungsinstanzen 642, 643, 1220
Nachprüfungsverfahren 142, 153, 163, 172, 469, 473, 481, 516, 532, 593, 595, 693, 696, 697 b, 721, 728, 744, 797, 1052, 1220
– Anzahl 97
Nachträge 647
Nachtragsvereinbarungen 713
Nachunternehmer 478, 504, 607, 610, 650, 675, 906, 1087
– Eigenerbringung 676
– Eigenleistungsanteil 675
– Eignungsnachweise 678
– Fähigkeiten anderer Unternehmen 675
– Formblätter 607
– Gebot der Selbstausführung 679
– Generalübernehmereinsatz 478
– Gerätelisten 678
– Hilfsfunktionen 477
– Kapazitätsnachweise 678
– Mustererklärungen 478
– Nachunternehmererklärung 607
– Öffnung 576
– Referenzen 678
– Selbstausführungsquote 607
– Unschärfen in der Nachunternehmererklärung 607
– Verpflichtungserklärung 478, 906
– Wettbewerb bei der NU-Vergabe 478
Nachunternehmereinsatz 606, 677

Sachregister

Nachunternehmererklärung 477, 607, 653
Nachunternehmerleistungen 477, 607, 676
Nachunternehmerverzeichnis 606, 677
Nachverhandlung 631, 676
Nachverhandlungsverbot 570, 627, 631
Nachweis 465, 560, 637, 644, 645, 650
– der Eignung 646
Nachweiserfordernis 478, 643
Nachweispflichten 677
Nachweisverpflichtungen 667, 677
nationale Vergaben 386
NATO-Truppenstatut 52, 395
Nebenabreden 822
Nebenangebot 166 a, 188, 208, 212, 244, 350, 432, 559, 562, 563, 566, 571, 582, 592, 598, 611, 624, 628, 629, 631, 700, 701, 703, 703, 704, 704, 717, 919, 949, 951, 955, 958, 959, 960, 972, 973
– Amtsentwurf 566
– Anforderungen 563
– Ausführungsvarianten 566
– Einheitspreise 704
– Formerfordernis 564, 568
– Gleichbehandlung 563
– gleichwertige Leistung 563
– Gleichwertigkeit 497, 503, 565, 571, 700
– innovative Vorschläge 566
– Koppelungsangebot 702
– Leistungsverzeichnis 564
– Mengenangaben 571
– Mengenansätze 704
– Mengenrisiko 571
– Mindestanforderung 563, 564, 566, 570, 700, 703
– Mindestbedingungen 566
– Negativabgrenzung 566
– Pauschalierung 570
– Schattenleistungsverzeichnis 566
– Schutzniveau 570
– Unterschrift 569
– Wertung 700
– Wertungskriterien 566
Nebenangebotswertung 166 a
Nebenarbeit 400
Nebenleistungen 511, 513
Negativabgrenzung 566
negatives Interesse 351
Netzzugang 1061
Neuausschreibung 445, 736, 797
Neutralitätsgebot 18, 21
Newcomer 638, 684
Nichtberücksichtigung 982
Nichtgewerblichkeit 104, 111

– Abwassernetze 109
– Ausgleich etwaiger finanzieller Verluste 113
– Deutsche Bahn AG 116
– Eisenbahn-Verkehrsinfrastruktur 116
– entwickelter Wettbewerb 112
– im Allgemeininteresse liegende Aufgaben 108
– kommunales Wirtschaftsengagement 110
– Konkurrenzsituation 111
– öffentliche Aufgaben 109
– öffentlicher Personennahverkehr 109
– ÖPNV-Dienstleistungen 109
– Orientierung der Geschäftsführung 115
– Verwaltungstätigkeit 109
nichtiger Vertragsschluss 82
Nichtigkeit 81
– Bieterinformation 83
– des Vertrags 75
– In-House-Geschäft 130
– Primärrechtsschutz 83
– Rückabwicklung 82
– Umgehung des Vergaberechtsregimes 82
– unzureichende Bieterinformation 83
– vergaberechtswidrig geschlossene Verträge 138
– Zuschlag 81
Nichtoffenes Verfahren 385, 403, 413, 420, 434, 454, 460, 473, 484, 546, 575, 595 a, 609, 627, 648, 742, 792, 858, 862, 991, 993, 1012, 1013
– Angebotsabgabe 864
– Bekanntmachung 863
– beschleunigtes Verfahren 991
– Frist für den Antrag auf Teilnahme 991
– Höchstzahl von Unternehmen 864
– Zulässigkeit 866
– zweistufiges Verfahren 869
Niederschrift 584, 625
Nießbrauch 764
Notare 1032
notarielle Beurkundung 714
Notfrist 253, 256
nur auf Anordnung 516
Nutzerfinanzierung 766
Nutzung der baulichen Anlagen 783
Nutzungsdauer 480
Nutzungsinteresse 786

Oberlandesgericht 254, 290, 1188
objektbezogen 683
objektiver Empfängerhorizont 505
Objektüberwachung 1043
Obliegenheitsverletzung 730, 797

Sachregister

Obstruktionsgründe 324
oder gleichwertig 497, 503
Offenbarungspflicht 1086
Offenes Verfahren 385, 403, 418, 419, 421, 434, 454, 460, 465, 466, 546, 575, 595 a, 609, 627, 792, 858, 860
– Vorrangigkeit 405, 418, 861
Offensichtlichkeit 193
öffentliche Aufgaben 752
öffentliche Ausschreibung 401, 403, 408, 414, 418, 419, 460, 465, 466, 650, 850
öffentliche Dienstleistungsaufträge 124
öffentliche Einrichtung 902
öffentliche Hand 455
öffentliche Leistungen 752
öffentliche Unternehmen in privatrechtlicher Organisationsform 110
öffentliche Vergabebekanntmachung 438
öffentlicher Auftrag 124, 668, 782
– Bauauftrag 125
– Begriffsdefinition 124
– Dienstleistungsauftrag 125
– DSD 124
– Entgeltbegriff im Vergaberecht 124
– Grundsätze 130
– In-House-Geschäft 130
– Leasingvertrag 125
– Lieferauftrag 125
– Nachunternehmer 124
– öffentlich-rechtliche Verträge 124
– Stadtplanung 126
– Vergaberecht 124
öffentlicher Auftraggeber 7, 16, 99, 400, 452
– § 17 Aktiengesetz 107
– § 98 GWB 99
– Abwassernetze 109
– Allgemeininteresse 104
– Anhang I zur Baukoordinierungsrichtlinie 103
– Aufzählung 99
– Ausgleich etwaiger finanzieller Verluste 113
– Baukonzession 100
– Baukonzession nach § 98 Nr. 6 GWB 122
– beherrschender Einfluss staatlicher Stellen 106
– Beherrschung des Unternehmens 107
– Bieterwettbewerb 7
– DB Netz AG 116
– DB Station und Service AG 116
– Deutsche Bahn AG 116
– Deutsche Post AG 117
– Deutsche Telekom AG 117
– Dienstleistungskonzessionen 123
– echter Wettbewerb 9
– Eisenbahn-Verkehrsinfrastruktur 116
– entwickelter Wettbewerb 112
– Erfüllung klassischer staatlicher Aufgaben 102
– Europäische Vergaberichtlinien 9
– Finanzierung der juristischen Person 106
– Finanzierungsmittel 121
– funktionaler Auftraggeberbegriff 102
– Gemeinschaftsunternehmen 106
– gemischt-wirtschaftliches Unternehmen 134
– Gewinnerzielungsabsicht 104
– im Allgemeininteresse liegende Aufgaben 108
– im Sinne der Richtlinie 102
– Ingenieurbüros 15
– In-House-Geschäft 130
– juristische Personen des privaten Rechts 121
– kommunales Wirtschaftsengagement 110
– Konkurrenzsituation 111
– Messegesellschaft 104
– Nichtgewerblichkeit 108, 111
– öffentlicher Personennahverkehr 109
– öffentliches Unternehmen 116
– ÖPNV-Dienstleistungen 109
– Orientierung der Geschäftsführung 115
– Privatunternehmen 100
– Projektant 15
– Religionsgemeinschaften 105, 117
– Rundfunkanstalten 105, 107
– Sondervermögen 106
– Sparkassen 105
– Träger der gesetzlichen Unfallversicherung 117
– Transparenz 8
– Verband 118
– Vergabekoordinierungsrichtlinie 2004/18/EG 102
– Verwaltungstätigkeit 109
– Verwendung öffentlicher Gelder 8
– Wettbewerb 104
– Wettbewerbsprinzip 6
Öffentlichkeit 235
Öffentlich-private Partnerschaften (ÖPP) 383, 752, 795
– Baukonzessionäre 787
– Bedarfsermittlung 769
– Begriffsgrundlagen 753
– Beschaffungsvariantenvergleich 778
– Dienstleistungskonzession 785
– Finanzierungsformen 756
– Forfaitierungslösung 757

587

Sachregister

- institutionalisierte/vertragliche ÖPP 755
- Investorenmodelle 780
- konventionelle Beschaffungsvariante 796
- Konzession 758
- Mogendorfer-Modell 757
- ÖPP-Beschleunigungsgesetz 778
- ÖPP-Eignungstest 771
- *Private Finance Initiative* (PFI) 756
- Umgehung des Vergaberechts 790
- Veräußerung von Gesellschaftsanteilen 788
- Vergabe von Konzessionen 782
- Verhandlungsverfahren 792
- Vertragsmodelle 759
- Vorfinanzierung 756
- Wahl der richtigen Verfahrensart 792
- Wettbewerblicher Dialog 792
- Wirtschaftlichkeitsvergleich 796

öffentlich-rechtliche Verträge 124
Öffnung der Angebote 542
Ölgewinnung 845
ÖPP-Beschleunigungsgesetz 383, 449, 675, 752, 778, 801, 906
ÖPP-Eignungstest 752, 771, 796
ÖPP-Modell 796
- auf Vertragsbasis 755
ÖPP-Projekt 795
ÖPP-Vergabe 447
ÖPP-Vorhaben 385, 455, 481
Option 368, 432
Optionsrechte 47, 1050
Ordnungsvorschriften 98
Ordnungswidrigkeit 1127, 1132
Ordnungswidrigkeitstatbestände 669
Ordnungszahl (Position) 509, 614
Ordnungsziffer 477, 607
Organisationseinheiten 1203
Organisationsmaßnahme ohne Wettbewerbsrelevanz 139
Organisationsprivatisierung 133
Organisationsverschulden 1087
organisierte Kriminalität 1173
Originalvollmacht 172
ortsansässig 694
österreichischer Verfassungsgerichtshof 54
Output-orientiert 984

Paginierung 579
Parallelausschreibung 457, 535
- A/B/C-Modell 457
- bieterschützende Norm 457
- haushaltsrechtlich 457
- Markterkundung 457
- vergabefremde Zwecke 457

- Vergaberechtsverstoß 457
- Wahlmöglichkeit 457
- Wirtschaftlichkeitsberechnung 457

Parteivorbringen 198, 238
- Fristen 238
- Nichtberücksichtigung 238

Patentanwälte 1032
Patente 501
Pauschalierung 570, 704
Pauschalpreis 526
Pauschalpreisangebot 619
per Post 576, 577
Personal 639, 661, 665, 666
Personalrotation 1200
Personenverkehr 65
Pfingsten 543
Pflichtmitgliedschaften 1085
Pflichtverletzung 1180
Planfeststellungsbeschluss 570, 703
Planung 528, 730
- der Ausführung 400
Planungs- und Genehmigungsvorlaufzeiten 416
Planungsaufgaben 522
Planungsaufwand 532
Planungsbüros 532
Planungsverantwortung 529
Planungswettbewerb 1112, 1120
Planunterlagen 506
politische Motive 416
Positionsalternativen 519
positiv bekannt 694
positive Kenntnis 170
positives Interesse 337, 342
PPP – s. ÖPP
präkludiert 693
Präklusionsregel 238
Präklusionsregelung 166
Präklusionsvorschrift 165, 169
Präqualifikation 646
Präqualifikationsnachweis 646
Präqualifikationssystem 907
preferred bidder 427, 429
Preis 434, 436, 480, 487, 508, 554, 555, 580, 595, 595 a, 599, 603, 605, 624, 627, 680, 681, 682, 684, 693, 737, 965, 966
Preis/Honorar 1102
Preisabsprache 734, 1096, 1128, 1138
- wettbewerbsbeschränkende 630
Preisabstriche 581
Preisabweichungen 624
Preisangabe 493, 556, 582, 602, 631
Preisanpassung 595, 629

Sachregister

Preisausführungsfrist 445
Preisbildung 487, 608
Preisermittlung 447, 492, 508, 513, 605, 630
Preisgelder 1113
Preisgericht 1115, 1125
Preiskalkulation 595, 604
Preis-Leistungs-Verhältnis 697 a
Preisnachlässe 624, 698, 699, 701
– ohne Bedingungen 698
– von einer Bedingung abhängig 699
Preispolitik 753
Preisrisiko 685
Preisträger 1063
Preisverhandlungen 436
Preisverlagerung 605
Primärrechtsschutz 147, 736, 740
private Auftraggeber 1025
Private Finance Initiative (PFI) 756
private Sektorenauftraggeber 67
Proben 611, 718
Probestücke 511
Produktion 501
Produktionsvorrichtungen 683
Prognose 642
Projektanten 15
– Ausprägung des allgemeinen Wettbewerbsgrundsatzes 16
– Bieterseite 15
– Entlasten 15
– Erlangung von Wettbewerbsvorteilen 17
– Geltung von § 4 Abs. 5 VgV 16
– Informationsvorsprung 15
– Mitarbeit des Auftraggebers 20
– Mitwirkungsverbote 17
– Möglichkeit zum Nachweis 17
– ÖPP-Beschleunigungsgesetz 15
– Rotationsprinzip 18
– Sanktion 26
– unterhalb der Schwellenwerte 27
– Vereinbarungen 25
– Verletzung der Chancengleichheit 17
– vorbefasste Person 17
Projektbeziehung 753
Projektgesellschaft 755
Projektlebenszyklus 779
Projektvolumen 777
Prolongation 128
Prüf- und Eichlaboratorien 1079
Prüfbericht 496, 500
Prüfpflicht 677
Prüfung 588, 596, 624
– der Angebotspreise 680
– der Eignung 472

Public Private Partnership (PPP)
– siehe auch Öffentlich-private Partnerschaften 752
Public Sector Comparator (PSC) 778
Publikationsmedium 419, 462
Publizität 396
Publizitätsvorschriften 9
Pufferzeiten 488

Qualifikation 471
Qualität 681, 692, 697, 1102
qualitative Anforderungen 693

Rahmenvereinbarung 48
– Rahmenvereinbarung 443, 750, 884
– Abgabe eines Angebots 895
– Bestimmung des Leistungsgegenstands 886
– Einzelaufträge 889
– Laufzeit 885
– Legaldefinition 884
– Vergabe der Einzelaufträge 893
– Vergabebekanntmachung 892
– Verhandlungsverfahren 889
Rahmenvertrag 1050
Rangfolge 427
Realisierungsrisiken und -chancen 778
Rechen- und Übertragungsfehler 613
Rechenfehler 618, 653
rechnerische Überprüfung 613, 618
Recht zur Nutzung des Bauwerks 782
rechtliches Gehör 248
– rechtliches Gehör 289, 378
Rechtsanwalt 270, 374, 378, 1032
– Anwaltsgebühren 380
– Anwaltshonorar 378
– Gebühren 363
– Hinzuziehung 378
– Kosten 374
– Reisekosten 375
– Vergütung 380
Rechtsanwaltskosten 373
Rechtsberatungsgesetz 1059
Rechtsfähigkeit 662
– der BGB-Gesellschaft 664
Rechtskontrolle 241
Rechtskraft 250
rechtsmissbräuchlich 709
Rechtsmittel 249
Rechtsmittelbelehrung 249, 256
Rechtsmittelverfahren 228
Rechtsnormcharakter 398
Rechtsschutz 159 a
– vor den Verwaltungsgerichten 53

589

Sachregister

Rechtsschutzinteresse 294
Rechtsschutzmissbrauch 321
Rechtsschutzmöglichkeiten 165, 469
Rechtsstellung des Bieters 723
Rechtssubjektivität 662
Rechtsverletzung 246, 468
Rechtsweg 145
– bei Klagen gegen Vergabeentscheidungen 53
Rechtswegzersplitterung 54
Referenzen 643, 645, 678, 904
Referenznachweise 638
Referenzprojekt 778
Refinanzierung 756
Refinanzierungszins 369
Reformvorhaben 383
Regelfristen 550
regelmäßige Bekanntmachungen
– der Deutschen Bahn AG 671
Risiko 494, 513, 595, 634, 696, 753, 767, 780, 784, 785
Risiko der Vergabeverzögerung 223, 595, 708
Risikobereich 595
Risikosphäre des Auftraggebers 797
Risikostreuung 609
Risikotragung 753
Risikoübernahme 514, 785
Risikoverteilung 400, 488, 774, 782
– ÖPP-typische 757
Risikozuschläge 488
Rohbau 527
Rotationsprinzip 18
Rückabwicklung 82
Rüge 166, 166 a, 167, 171, 172, 173, 174, 175, 180, 241, 424
– anwaltliche Rüge 172
– aufgrund der Bekanntmachung 168, 469
– erkannte Vergabefehler 173
– erkennbare Verstöße 169
– Erkennbarkeit von Vergabeverstößen 178
– Erkennenkönnen 170
– Form 171
– im laufenden Nachprüfungsverfahren 175
– Konsequenzen 179
– Missbrauch des Nachprüfungsverfahrens 178
– Nebenangebotswertung 166 a
– Nichtangabe von Wertungskriterien 169
– pauschale Behauptungen 176
– Rechtsschutzinteresse 180
– Rüge einer Bietergemeinschaft 172 a
– Rüge eines Dritten 172
– Rüge eines Verbandes 172

– Unklarheiten 469
– unverzüglich 173
– Unverzüglichkeit 169, 179
– vor Antragstellung 174
– Vorsorgerügen 179
– Wertungskriterien 481
Rügeobliegenheit 175
Rügepflicht 166, 169, 170, 241
Rundfunkanstalten 105
Rundschreiben 468

Sach- und Fachkunde 501
Sachkriterien 471
Sachmängelgewährleistung 1086
Sachsen 55
– Vergabedurchführungsverordnung 55
– Vergabegesetz 55
Sachverhaltsaufklärung 740
Sachverständiger 15, 452, 530, 596, 612, 1100
– Ausprägung des allgemeinen Wettbewerbsgrundsatzes 16
– Bieterseite 15
– Entlasten 15
– Erlangung von Wettbewerbsvorteilen 17
– Geltung von § 4 Abs. 5 VgV 16
– Informationsvorsprung 15
– Mitarbeit des Auftraggebers 20
– Mitwirkungsverbote 17
– Möglichkeit zum Nachweis 17
– ÖPP-Beschleunigungsgesetz 15
– Rotationsprinzip 18
– unterhalb der Schwellenwerte 27
– Vereinbarungen 25
– Verletzung der Chancengleichheit 17
– vorbefasste Person 17, 26
Sachvortrag 238
Sale and lease back 761
Sammelposition 509
Sanierungsmaßnahmen 764
Sanktionen 668
Schaden 158, 343
Schadenseratzanspruch 475
– Bruch des Vertrauensverhältnisses 576
– Verschulden bei Vertragsschluss 487
Schadensersatzanspruch 145, 161, 246, 310, 317, 327, 332, 337, 357, 487, 534, 617, 634, 706, 727, 737, 740, 980, 1052, 1082
– Allgemeine Geschäftskosten (AGK) 706
– Angebotsbearbeitung 738
– Angebotsbearbeitungskosten 739
– entgangener Gewinn 706, 727, 738
– nach § 126 GWB 335
– negatives Interesse 727, 739

Sachregister

- positives Interesse 727, 739
- privater Auftraggeber 706
- Verschulden bei Vertragsschluss 706
- Verschulden bei Vertragsverhandlungen 727
- Verstoß gegen die guten Sitten 717
- Vertrauensschaden 738

Schadensersatzansprüche des Bieters 338
- Aufhebung 344
- Beschränkung des Vertrauensschutzes 338
- Beweiserleichterungen 353
- entgangener Gewinn 354
- Erteilung des Zuschlags 338
- formgültiges Angebot 343
- Geschäftskosten 354
- Kausalität zwischen Pflichtverletzung und Schaden 341
- positives Interesse 345
- rechtmäßiges Alternativverhalten 343
- Schadenshöhe 353
- schutzwürdiges Vertrauen 338
- Verletzung von Verfahrensvorschriften 338
- Verschulden 340
- Verschulden bei Vertragsschluss 338
- Vertrauen 338, 339

Schadensersatzklage 318
Schadensersatzpflicht 324, 329, 332, 717, 797
- des Bieters 320
Schadensersatzprozess 249
Schadensumfang 331
Schattenleistungsverzeichnis 566
Schätzung 369
Schätzung des Auftragswerts 48, 50
- einheitliches Vorhaben 45
- künstlich verkürzte Laufzeit 40
- Laufzeit 41
- mehrere Lose 42
- Optionsrechte 47
- Prämien 40
- Rahmenvereinbarung 49
- unbefristete Verträge 41
- Zahlungen an Bewerber 40
- zeitlicher Zusammenhang 44
- Zeitpunkt für die Schätzung 50
Scheinaufhebung 736
Scheinbestandteil 764
Schiebebeschluss 284
Schiedsgericht 479
Schiedsgerichtsordnung für das Bauwesen 479
Schiedsvereinbarung 479
Schienenpersonennahverkehr 57, 846
- § 15 Abs. 2 AEG 60
- Deutsche Bahn AG 61
- freihändige Vergabe 58
- längerfristige Verträge 58
- Privilegierung nach § 4 Abs. 3 VgV 60
- SPNV 60
Schienenverkehrsunternehmen 837
Schlechtleistungen 647
Schlechtwetter 488
Schlichtungsverfahren 92
- Antrag an das Bundesministerium für Wirtschaft 92
- Antrag an die Kommission 92
- Nachprüfungsverfahren 93
- Schlichter 92
Schlitzplanung 527
Schlussrechnung 1190
Schlusszahlung 701, 1136
Schmiergeldbeträge 1137
Schnittstellen 527
Schnittstellenrisiken 502
Schulen 525, 756
Schutzniveau 560, 570, 622, 703
Schutzschrift 193
Schutzzweck zugunsten der Bieter 98
Schwellenwert 33 ff., 386, 388, 398, 403, 469, 480, 537, 539, 552, 679, 693, 712, 749, 789, 808, 816
- 20%-Kontingent 36
- Ausschreibung eines unvollständigen Baukörpers 40
- Bauaufträge 33
- Bestimmung 1047
- Dauerauftrag 811
- Ermittlung der Gesamtvergütung 40
- Eröffnung des Verwaltungsrechtsweges 53
- für die Teillosvergabe 39
- Gesamtauftragswert 387
- Honorare der Planer 48
- Kaufpreis des Baugrundstücks 48
- Kleinlose 36
- Kosten der Bauüberwachung 48
- Kostenschätzung 387
- Liefer- und Dienstleistungsaufträge 33
- mehrere Lose 42
- Nachprüfungsverfahren 32
- Netto-Auftragssumme 34
- obere Bundesbehörden 33
- oberhalb 417, 819
- Optionen 1050
- Optionsrechte 47
- ordnungsgemäße Schätzung 34
- Rahmenvereinbarung 49
- Recht auf Gleichbehandlung 52 a
- Rechtsschutz 147
- Schätzung 34

591

Sachregister

- sukzessive Ausschreibung 37
- Teillose unter 1 Mio. EUR 36
- Umsatzsteuer 809
- unbefristete Verträge 41
- unterhalb 147, 388, 397, 679
- Unterschwellenverfahren 54
- Verfassungsbeschwerde 52 a
- Wettbewerb 1113
- Zeithonorar 1054
- zeitlicher Zusammenhang 44

Schwellenwerttabelle 35
schwere Verfehlung 672, 1213
- Angebotsausschluss 1223
- Anklageschrift 1219
- berufliche Tätigkeit 1216
- Beurteilungsfehler 1220
- Beurteilungsmaßstab 1220
- Beurteilungsspielraum 1221
- darlegungs- und beweispflichtig 1219
- Ermessen 1217
- Eröffnungsbeschluss 1219
- geschäftliche Nachteile 1223
- Korruptionsdelikte 1216
- Leistungsfähigkeit 1214
- Nachweis 1217
- persönliche Zuverlässigkeit 1225
- Rechtsanspruch 1225
- Sachkunde 1214
- Staatsanwaltschaft 1221
- Tatsachengrundlage 1219
- Tatverdacht 1225
- Überprüfung der Auswahlentscheidung 1220
- Unschuldsvermutung 1222
- wettbewerbliche Absprachen 1216
- zivilrechtliche Streitigkeiten 1216
- Zuverlässigkeit als Bewerber 1213

Schwerpunkt des Auftrags 399
Schwerpunkttheorie 822
Schwerpunktprinzip 1056
See- und Hafenbetreiber 837
Sektorenauftraggeber 66, 119 ff., 393, 725, 747 ff., 810, 835 ff., 992, 1005, 1021
Sektorenbereich
- Abschnitt 3 der VOB/A bzw. VOL/A 65
- Busunternehmen 65
- Drittlandsklausel 74
- Gaserzeuger 69
- Kohlebergbauunternehmen 73
- öffentliche Auftraggeber nach § 98 Nr. 4 GWB 120
- Öl- und Gasförderung 73
- Schienennetzbetreiber 65
- See- und Binnenhäfen 65
- Sortierung der Auftraggeber 64
- Strom 69
- Trinkwasser 69
- Trinkwasserversorgung 65
- VOF 64

Sektorenrichtlinie 66, 387, 392, 838
Selbstausführung 679
Selbstausführungsquote 607
Selbstbindung 688
Selbstkosten 605
Selbstkostenfestpreis 1136
Selbstreinigung 672, 1237
- interne Revision 1238
- Korruptionsvorwurf 1238
Selbstreinigungsmaßnahmen 653, 1229, 1238
Senat 287
Sensibilisierung 1199
short list 429
Sicherheit 560, 570, 622, 703
Sicherheitsinteressen 51, 395
Sicherheitsleistungen 927
Sicherungsmaßnahmen 513
Signatur 553
Signaturgesetz 88, 553, 920, 946, 1061, 1211
Skonti 581, 624
Skontoabzüge 699
sofortige Beschwerde 249, 253, 259
- Abweichen von einer Entscheidung 313
- Akteneinsicht 289, 291
- Amtsermittlungsgrundsatz 290
- Anrufung des BGH 314
- Anschlussbeschwerde 259
- Antrag auf Vorabgestattung 307
- Antrag nach § 118 Abs. 1 S. 3 GWB 278
- Antrag nach § 121 GWB 284, 293
- Anwaltshonorar 380
- Anwaltszwang 269
- aufschiebende Wirkung 267, 276, 279
- Begründung 263
- bei Untätigkeit 260
- beigeladene Parteien 256
- beschwerdebefugt 256
- Beschwerdeführer 265
- Beschwerdegericht 253, 283, 291, 304
- Beschwerdeschrift 266
- Eilverfahren über die Zuschlagserteilung 293
- einstweilige Entscheidung 284
- Entscheidung des BGH 313
- Erfolgsaussichten 281, 295
- Feststellung der Rechtswidrigkeit 310
- Feststellungsentscheidung der Vergabekammer 258

- fiktive Ablehnungsentscheidung 262
- Fristablauf 261
- Fristen 288
- Gemeinschaftsrecht 316
- gesetzliche Suspensivwirkung 283
- Gestattung des Zuschlags 281, 295
- Glaubhaftmachung 299
- Kartellsenate 255
- Kostenfestsetzungsverfahren 312
- Kostentragung 312
- missbräuchliche Inanspruchnahme 296
- mündliche Verhandlung 287
- Notfrist 256
- Oberlandesgericht 254
- per Telefax 267
- Priorität der Gewährung effektiven Rechtsschutzes 298
- Prüfungspflicht 290
- Rechtsanwalt 269
- Sachentscheidung 308
- Schadensersatzansprüche 310
- Scheitern des Vergabeverfahrens 307
- summarische Prüfung 280
- Suspensiveffekt 274, 277
- Syndikusanwälte 271
- Tatsachen und Beweismittel 264
- unselbständige 259
- Untätigkeitsbeschwerde 261
- Urlaubszeit 292
- Verfahrensgegenstand 290
- Verlängerung der aufschiebenden Wirkung 281, 284, 293
- Verspätungsregeln 290
- Verwerfen der Beschwerde 311
- Verzug der Vergabekammer 250
- Vorabentscheidung 293
- Vorlagepflicht 315
- Vorlagepflicht nach Art. 234 EG-Vertrag 316
- Vorwegnahme der Hauptsache 297
- vorzeitige Gestattung des Zuschlags 293
- Zuschlagsverbot 267, 294
- Zustellung an die Beteiligten 267
- Zustellverpflichtung 268
- Zwei-Wochen-Frist 261

Sofortpaket 383
Sonderfälle 424
Sonderrechtsbeziehung 745
Sondervermögen 100
Sondervorschläge 568, 704, 947
Sonn- und Feiertag 543
Sonnenschutz 492
Sozialversicherung 102, 653
Sparkassen 105

Sparsamkeit 796
Speditionsleistungen 477
Speiseversorgung 789
Spekulationen der Bieter 516
Spekulationsangebot 604
Spekulationspreise 605, 624
Spezialgeräte 609
Spezifikation 496, 500, 719, 801
Sphärentheorie 495
SPNV 60
SPNV-Vergaben der Bundesländer 61
Sponsoring 1202
Spruchkörper 142, 150
Staatsanwaltschaft 1243
Staatskasse 1174
Stadtwerke-Konzern 72
Standardvertragsmodelle 759
Statistik 97
Stellungnahmefristen 238
Steuerberater 1032
Steuerbevollmächtigter 1032
Steuerhinterziehung 1227
steuerliches Fehlverhalten 1094
Steuern 653
Stickoxydemissionen 690
stilles Auslaufen 727
Stoffkosten 683
Strafbefehl 665
Strafnormen 653
strafrechtliche Verurteilung 1094
Straftat 1179
Straftatbestände 653, 669
Strafverfahren 669
Strategie 429
Streichungen 558
Streitwert 367, 370
Stundenlohnarbeiten 492
subjektive Rechte 751
- der Bieter 98
subjektiver Anspruch 398
Submission 436, 459, 519, 1129, 1135
Submissionsabsprache 1140, 1176
- Absprache 1143
- Angebot 1146
- Bereicherungsabsicht 1152
- horizontale Absprache 1144
- Konkurrenzverhältnis 1149
- Schaden 1142
- Straflosigkeit 1148
- Strafmaß 1152
- Submissionskartell 1146
- tätige Reue 1148
- Vereinbarung 1143

593

Sachregister

- vertikale Absprache 1144
- Voraussetzung 1142
Submissionsbetrug 653
Submissionskartell 1175
Submissionstermin 168, 233, 561, 736
subsidiär 414
Subunternehmer 657
Subventionsbetrug 1227
Supplement zum Amtsblatt der Europäischen Gemeinschaften 419
Suspensiveffekt 217, 222, 229, 274, 278, 283

Tag der Absendung 419
Tariflohnsätze 649
Tariftreue 691
Tariftreueerklärungen 649
Tariftreueregelungen 649
Täterkreis 1164
Tatverdacht 671, 1218
Täuschung 589
Taxikonzession 782
technische Änderungen 629
technische Gründe 1063
technische Hilfe 681, 1102
technische Mindestanforderungen 493
technische Normen 565
technische Regelwerke 496
technische Spezifikationen 496
technische Überprüfung 621
technische Vertragsbedingungen 486
technischer Wert 445, 681, 1102
Technologien 456
Teilaufträge 1048
Teilleistung 510, 683, 822
Teillos 432, 629, 732
- einer Gesamtmaßnahme 44
Teillosvergabe 527, 735
Teilnahme 425
- am Wettbewerb 464, 901
Teilnahmeantrag 410, 465, 466, 472, 473, 537, 547, 553
- Auswahl 473
- Eignungskriterien 473
- Eignungsprüfung 467
- Eignungsvoraussetzungen 467
- Gleichbehandlungsgrundsatz 468
- Höchstzahl 473
- Kriterien der Auswahl 473
- Mehr an Eignung 473
- Mindestanforderungen 473
- Mindestzahl 473
- Prüfung der Eignung 472
- rügen 469

- Teilnahmebedingungen 467
- Teilnehmer 473
- Telefax 467
- Telefon 467
- Übersendung der Vergabeunterlagen 466
Teilnahmebedingungen 467
Teilnahmefrist 537
Teilnahmewettbewerb 410, 420, 433, 470, 472, 473, 641, 897, 961
- Anspruch auf Beteiligung 897
- Aufhebung 731
- Auswahl 473
- Auswahlkriterien 423
- Beschränkung des Teilnehmerkreises 385, 423
- Eignungskriterien 473
- Frist 945
- Höchstzahl 473
- Kriterien der Auswahl 473
- Mehr an Eignung 473
- Mindestanforderungen 473
- Mindestzahl 473
- Prüfung der Eignung 472
- Strukturierung 385
- Teilnehmer 473
Teilnehmer 408, 473
Teilnehmerkreis 423, 648
- Beschränkung 473
Telefax 191, 430, 467, 537, 544
Telefon 467
Telefongebühren 489
telefonisch 537
Telekommunikationssektor 828, 845
Teltowkanal-Fall 660
Terminbestimmung 237
Termindruck 226
Terminverlegung 236
Testate 757
Textform 573
Tiefbau 668
Tierärzte 1032
Tochtergesellschaft 675, 679
Tochterunternehmen 679
Transaktionskosten 777, 779
Transparenz 433, 482, 492, 563, 568, 576, 636, 721, 731, 745, 751, 971
Transparenzgebot 1197
Transparenzgründe 481, 566
Transparenzgrundsatz 431, 688
Transparenzprinzip 9, 1105
Transportvorgaben 703
Treu und Glauben 159 a, 177, 180, 595 a
Treuhandverträge 672

Trinkwasser- oder Energieversorgung 67
Trinkwasserversorgung 748, 829, 1026
Trockenbau 527
Türblatt 602
Typen 501, 599

Überprüfbarkeit 721
Überprüfung im Nachprüfungsverfahren 727
überraschende Regelungen 514
Übersendung der Vergabeunterlagen 466
Übersetzer 1032
Übertragungsfehler 159 a
Überwachungspflicht 1181
Umgehung
– des Vergaberechts 82, 781, 790
– des Zuschlagsverbots 736
Umgehungsgeschäft 790
Umgehungsverbot 1048
Umsatz des Unternehmers 643
Umsatzsteuer 1047
Umschlag 576
Umstände 689, 967
Umweltaspekte 689
Umwelteigenschaften 500, 681, 995, 1078, 1102
Umweltgütezeichen 500
Umweltmanagementstandards 906
Umweltschutzanforderungen 690
Umweltschutzkriterien 690
Umweltzeichen 1078
unangemessen 966
unangemessene Preise 445
– Mischkalkulation 603
– Spekulationspreise 605
unbestimmte Rechtsbegriffe 642
unerlaubte Handlung 357
ungeöffneter Umschlag 577
ungerechtfertigte Bereicherung 717
ungewöhnliche Wagnisse 531
Ungleichbehandlung 430
– unterhalb der Schwellenwerte 52 a
Unrechtsvereinbarung 1161
Unschuldsvermutung 1222
Untätigkeit 261
Unterbrechungstatbestände 1193
Unterkostenangebot 684
Unterkriterien 483
Unterlassung 717
Unternehmen 400, 405, 411, 423, 455, 566, 678, 679, 755, 899
Unternehmensgeldbuße 1186
Unternehmenskauf während Vergabeverfahren 660
Unternehmensvereinigung 1191

Unternehmer 440, 441
Unterschrift 552, 569, 598, 714, 1218
Untervergaben 606
unterzeichnet 552
Unterzeichnung 714
Untreue 1166
Untreuehandlungen 1170
Unverzüglichkeit 173
Unvollständigkeit 478, 554
Unwägbarkeiten 495
Unwirksamkeitsfolge 218
unzulässige Nachverhandlung 631
Unzulässigkeit 166, 167, 193
– der Mischkalkulation 603
– offensichtliche 193, 194
Unzuverlässigkeit 653, 665, 1094
urheberrechtlicher Schutz 491
Urkunde 713
urkundliche Festlegung 711
Urlaubszeiten 543
Ursprung 501
Ursprungsort 501, 628

Varianten 457
Veräußerung von Gesellschaftsanteilen 788, 790
Verbände 118
Verbandsrüge 172
Verbindlichkeiten 639
Verbot von Verhandlungen 628
Verbrauchskosten 489
verbundene Unternehmen 71
– Dienstleistungsauftrag ohne Ausschreibung 72
– Dienstleistungsaufträge 71
– In-House-Geschäft 130
Verbundklausel 679
Verdacht 671
Verdächtigungen 565
Verdachtsmomente 565, 1224
Verdachtsrügen 166
Verdingungsunterlagen 407
– Verdingungsunterlagen 445, 469, 475, 485 ff., 528, 534, 546, 570, 704, 732, 918, 963
– Änderungen 407, 558, 598, 729
– Einheitspreis 570
– Ergänzungen 558
– Mengenansätze 570
– Streichungen 558
– Unklarheiten 469
– Versendung 476
Vereidigung 204
Verein für die Präqualifikation von Bauunternehmen e.V. 646

595

Sachregister

Vereinfachung des Vergaberechts 2
Verfahren 403, 407, 418, 420, 502
Verfahrensart 792
Verfahrensbeteiligter 187, 286
Verfahrensdokumentation 720
Verfahrensfairness 159 a
Verfahrensgrundrechte 212
Verfahrensgrundsätze 159 a
Verfahrenskosten 197, 362, 363, 796
Verfahrensrüge 532
Verfahrensverkürzung 546
Verfahrensverstöße 1147
Verfahrensvorschriften 405, 1129
Verfahrungsmangel 532
Verfassungsbeschwerde 2, 52 a, 379
– Beschränkung des Primärrechtsschutzes 52 a
– Recht auf Gleichbehandlung 52 a
– Schwellenwerte 2, 54
Verfehlung 641, 653, 665, 1094, 1095
Verfolgungsbehörden 669
Verfügungsbefugnis 218
Verfügungsgewalt 679
Vergabe 397, 414, 434, 441, 459
– de-facto 81
– in Teillosen 36
– unterhalb der Schwellenwerte 54
– von Dienstleistungen 789
– von SPNV-Leistungen 60
Vergabe- und Vertragsausschuss für Bauleistungen (DVA) 382
Vergabe- und Vertragsordnung für Bauleistungen (VOB/A) 381
Vergabeakte 665, 212
Vergabearten 141, 404, 405, 460
Vergabebekanntmachung 433, 446, 460, 473, 548
Vergabebudget 434, 445, 629
Vergabeentscheidung 406, 687, 723
vergabefremde Aspekte 557, 689, 967
vergabefremde Zwecke 457, 535
Vergabegesetze 649
Vergabegrundsätze 642, 783
Vergabehandbuch 484, 486, 508, 522, 543, 584, 621, 650, 677, 681, 683, 1133
Vergabekammer 98, 142 ff., 152 ff., 240, 247, 727, 728, 736, 1052, 1125
– Amtszeit 149
– Angabe 89
– Antrag auf Vorabgestattung des Zuschlags 232
– Beisitzer 149
– Bekanntmachung 89
– Besetzung 149

– Bundeskartellamt 151
– Entscheidungen 247, 250
– Feststellung der Rechtswidrigkeit 145
– gerichtsähnlicher Charakter 248
– Geschäftsordnung 252
– Gestattung des Zuschlags 281
– Länder 151
– Mitglieder der Kammer 149
– Organisation 149
– sofortige Beschwerde 253
– unzuständig 89
– Vergabeunterlagen 89
– Verstoß des Auftraggebers gegen § 17 VgV 89
– Vollstreckung 247
– Vorabgestattung des Zuschlags 226
– Vorsitzender 149
– Zuständigkeit 145, 148, 152
Vergabekoordinierungsrichtlinie 102, 382, 449, 566, 802, 1024, 1041
Vergabenachprüfungsverfahren 148
Vergabeprüfstelle 142, 143, 146
Vergaberecht 385, 1197
Vergaberechtsänderungsgesetz 1
Vergaberechtsreform 383
Vergaberechtsregime 752, 781
Vergaberechtsverstoß 176, 457
– erkannte 176
vergaberechtswidrig geschlossene Verträge 138
– außerordentliches Kündigungsrecht 138
– Schadensersatzansprüche 138
vergabereif 453, 534, 769
Vergaberichtlinien 383
Vergabesenat 254, 287
Vergabesperre 667, 671, 672, 1232
– befristete Zeit 1232
– Beweismittel 1232
– Doppelbestrafung 1233
– generalpräventive Wirkung 1235
– Grundsatz der Verhältnismäßigkeit 1234
– Richtlinien der Deutschen Bahn AG 1236
– Sperrdauer 1232
– Unzuverlässigkeit 1234
– Verfahrensstandards 1232
Vergabestelle 157, 398, 431, 466, 481
Vergabestrafrecht 1127
Vergabeunterlagen 468, 474, 480
Vergabeverfahren 383, 385, 398, 449, 473, 537, 728, 731, 745
– Stufen 719
Vergabeverfahrensrisiko 223, 595, 708
Vergabevermerk 77, 719, 723, 1109, 1212
– Bieterinformation 77

Sachregister

– Sendeberichte 77
– Zugang beim Bieter 77
Vergabeverordnung (VgV) 31
– Vergabeverordnung 382, 384, 675, 802
– Mitwirkungsverbote 32
– Nachprüfungsverfahren 32
Vergabeverzögerung 595 a
Vergabewettbewerb 600
Vergleich unter Verfahrensbeteiligten 326
Vergleichbarkeit der Angebote 407
Vergütung 440, 447, 514, 519, 754, 783
– Stundung 756
Vergütungsansprüche 529
Vergütungsfolge 517
Verhältnismäßigkeit 245
Verhaltungskodex 1199
verhandeln 595 a
Verhandlung der Vergabekammer 235
– fiktive Ablehnungsentscheidung 237
– Frist von 5 Wochen 237
– Fristen 238
– Handlungsspielraum für die Vergabekammer 243
– korrekte Antragstellung 240
– Lage der Akten 236
– präkludiertes Vorbringen 241
– Teilnahmerecht als Zuhörer 235
– Verlängerungsverfügung 237
– Wertungsstufe wiederholen 244
Verhandlungen 429, 436, 595 a, 627, 635, 796
Verhandlungsergebnis 634, 635
Verhandlungsleiter 542, 580, 597
Verhandlungsprozess 427
Verhandlungsrunden 428
Verhandlungsstrategien 428
Verhandlungsverbot 595 a
Verhandlungsverfahren 403, 423 ff., 433 ff., 444 ff., 473, 575, 629, 636, 648, 752, 792, 795, 858, 870 ff., 991, 1013, 1038, 1147
– Ablaufschema 429
– Abschichten der Verhandlungsteilnehmer 428, 801
– Aufruf zum Wettbewerb 436, 440, 441
– Ausgestaltung des Verhandlungsprozesses 428, 1098
– Ausschließlichkeitsrechte 438
– Auswahlkriterien 423
– beschleunigtes Verfahren 991
– Beschränkung des Teilnehmerkreises 423, 1099
– Beweislast 424
– dringliche Gründe 439

– dynamischer Prozess 426
– Einschränkung des Wettbewerbs 424
– Folgeauftrag 441
– Frist für den Antrag auf Teilnahme 991
– geeigneter Bewerber 873
– geeigneter Bieter 878
– gesetzte Bewerber 1091
– Gleichbehandlung der Bieter 424, 879
– Gleichbehandlungs- und Wettbewerbsgebot 436
– kein annehmbares Angebot 445
– Leistungsgegenstand 426
– lineare Strategie 428, 429
– mit Vergabebekanntmachung 873
– nach Aufhebung 741, 855, 979
– nach Vergabebekanntmachung 425, 445
– ohne Vergabebekanntmachung 433, 440, 441, 742, 877
– parallele Strategie 428, 429
– Preisverhandlungen 436
– Transparenz 431
– ungewöhnliches Wagnis 488
– Unternehmen 423
– unzulässige Änderungen 432
– unzulässiges Angebot 432
– Verhandeln 426, 431
– Verhandlungsprozess 427
– Verhandlungsstrategien 428
– VOF 1062
– Wahl des 424
– wettbewerbsbeschränkende Abrede 436
– Wettbewerbsgrundsatz 431
Verkaufsgeschäft 788
Verkehr 829
Verkehrsbereich 748
Verkehrsdienstleistungsverträge 58
verkehrsübliche Bezeichnungen 496
Verkehrswert 763
Verkehrswesen 1026
Verlängerungsantrag 281, 282
Verletzung der Vorabinformationspflicht 81
Vermerk 625, 719
Vermessungsingenieur 1032
Vermögensnachteil 226
Vermögensschaden 1136
Veröffentlichung 419
Verpflichtung 397
Verpflichtungserklärung 478, 677, 1089
Verschluss 578
Verschlüsselung 88, 537
Verschulden bei Vertragsschluss 338, 341, 487, 634, 706, 717, 737
Versicherung der Leistung 513

597

Sachregister

Versorgung der Öffentlichkeit 748
Verspätung 528
Verspätungsgrund 542
Verstoß
- gegen die guten Sitten 717
- gegen Vergabevorschriften 469
Versuchszwecke 446
Verteidigungsbereich 395
Vertrag 243, 426, 440, 708
Vertragsangebot 707
Vertragsautonomie 728
Vertragsbedingungen 485, 508, 511
Vertragsdokument 714
Vertragsdurchführung 479
Vertragsfreiheit 736
Vertragsklauseln 538, 557
Vertragsmodelle 759
Vertragsschluss 218, 428, 530, 571, 593, 707, 709, 736
Vertragsstrafeklauseln 486, 557, 924
Vertragsstrukturen 455
Vertragstermine 595 a
Vertragsunterlagen 713
Vertragsurkunde 713
Vertragsverhandlungen 381, 428
vertragswidriges Verhalten 647
Vertrauensschaden 246, 351, 738
Vertrauenstatbestand 711
Vertrauensverhältnis 576
Vertraulichkeit 537, 553
Vertraulichkeitsbereiche 23
Vertretung 269, 552
Veruntreuung von Arbeitsentgelt 669
Verurteilung 671
Vervielfältigungskosten 943
Verwaltungsakt 247, 249
Verwaltungsgebäude 756
Verwaltungsgerichte 249
Verwaltungshandeln 721
Verwaltungskostengesetz 360
Verwaltungspraxis 651
Verwaltungsrechtsweg 673
Verwertungshandlung 782
Verzögerung 734
- der Auftragsvergabe 727
VHB siehe Vergabehandbuch
vierte Wertungsstufe 681, 687, 692, 697
VOB/A 381, 386
- Abschnitte 386
- a-Paragrafen 386, 389
- Basisparagrafen 386, 389
- b-Paragrafen 386
- privater Sektorenauftraggeber 747

- Rechtsnatur 396
- Rechtssatzqualität 396
- Sofortpaket 382
- VOB 2006 385
- Wahl der richtigen Verfahrensart 792
- Wahl der Verdingungsordnung 400
- zweiter Abschnitt der VOB/A 440
VOB/B 486
VOB/C 486
VOF 1052
- Anhang I Teil A 1055, 1056
- Anwendung 1025
- Grundsätze der Vergabe 1058
- Nachprüfung 1125
- Teilnahme am Verhandlungsverfahren 1097
- Vergabeverfahren 1062
- Vergabevermerk 1109
- Verhandlungsverfahren 1062
- Vertragsschluss 1109
VOL/A 815, 851
- Basisparagrafen 850
- beschränkte Ausschreibung 853
- freihändige Vergabe 855
- Nichtoffenes Verfahren 862
- öffentliche Ausschreibung 851
- Schwellenwert 808
Volks- und Betriebswirte 1032
Vollmacht 552
Vollständigkeit der Angebote 602, 700
Vollständigkeitskontrolle 600
Vollstreckung 247
Vorabbenachrichtigung 243
Vorabentscheidung über den Zuschlag 293, 297, 301, 649
- Allgemeininteresse 296
- Amtsermittlungsgrundsatz 299
- Antrag auf Vorabgestattung 299, 307
- Beschwerdegericht 304
- Eilverfahren 297
- Erfolgsaussichten 294
- fünf Wochen Zeit 301
- Glaubhaftmachung 299
- Herstellung der Rechtmäßigkeit 305
- Missbrauch 320
- mündliche Verhandlung 302
- Priorität der Gewährung effektiven Rechtsschutzes 298
- Rechtsmittel 307
- Rücknahme 372
- Scheitern des Vergabeverfahrens 307
- Verfahren 301
- Verfahrensbeendigung 304
- Vorwegnahme der Hauptsache 297

– Zuschlagserteilung 295
Vorabgestattung 224, 225
Vorabgestattungsverfahren 232, 287
Vorabinformationspflicht 75 ff.
Vorauswahl 1092, 1093
Vorbehalte 432
Vorbereitung des Vergabeverfahrens 17
Vordersätze 514, 516
Vorfinanzierung 756
vorformulierte Vertragsbedingungen 475, 486, 495
vorformuliertes Schreiben 79
Vorinformation 419, 459, 464, 985
Vorlage an den BGH 313
– Abweichen von einer Entscheidung 313
– Anrufung des BGH 314
– Divergenzvorlage 313
– Gemeinschaftsrecht 316
– Sachentscheidung 313
– Vergabenachprüfungsverfahren 313
– Vorlagepflicht 315
Vorrang
– des Leistungsverzeichnisses 505
– öffentliche Ausschreibung 409
Vorrats-GmbH 1096
Vorsubmissionen 1128
Vorteilsgewährung 1232
Vorteilsnahme 1163

Waffengleichheit 378
Wagnis 355, 488, 683, 785, 1081
Wahl 680
– der Verdingungsordnung 400
– des falschen Verfahrens 424
– des Vergabeverfahrens 401
– des Verhandlungsverfahrens 424
Wahlfreiheit 552
Wahlpositionen 492, 515, 517
Wahrnehmung originär öffentlicher Aufgaben 124
Wärmeversorgung 748, 837
Warnowtunnel 768
Wartung 624
Wasserverhältnisse 494
Wasserversorgungsunternehmen 837
Webpage 539, 546
Wegfall der Geschäftsgrundlage 223, 595
Weihnachten 543
Weiterverwendung 717
Werklieferungsvertrag 399
Werkvertragsleistungen 780
Wertansatz 400
Wertpapierhandelsgesetz 23

Wertung 427, 432, 696, 698, 700
Wertung der Angebote 588, 596, 637, 953, 995, 1014
– Additionsfehler 613
– Angebotsprüfung 612
– angemessene Preise 680
– Aufgliederung wichtiger Einheitspreise 606
– Ausschluss wegen Unzuverlässigkeit 665
– Ausschlusstatbestand 599
– Beihilfezahlungen 686
– Beurteilungsspielraum 695
– Bietergemeinschaften 654
– dritte Stufe 680
– Eignungsprüfung 613
– formale Angebotsprüfung 599
– Formalismus 607
– Formblätter 607
– formelle Prüfung 612
– formelle und sachliche Angebotsprüfung 596
– Formlätter EFB-Preis 602
– geforderte Erklärungen 599
– Marktneuling 684
– Mehr an Eignung 648
– Mengenänderungen 604
– Mischkalkulation 603, 605
– Nachunternehmereinsatz 606
– Nachunternehmererklärung 607
– Nachunternehmerverzeichnis 606
– Newcomer 684
– Preis 599
– Preisangabe 602
– Preiskalkulation 604
– Preisnachlässe 698
– rechnerische Überprüfung 613, 618
– Referenzen 643
– Referenznachweise 638
– Sachverständiger 612
– Selbstausführungsquote 607
– Spekulationspreise 605
– technische Überprüfung 621
– unangemessen hohe oder unangemessen niedrige Preise 684, 682
– Unschärfen in der Nachunternehmererklärung 607
– Verfehlungen 641
– vier Stufen 596
– vierte Wertungsstufe 687
– Vollständigkeit der Angebote 600
– Vollständigkeitskontrolle 600
– wirtschaftliche Überprüfung 624
– zwingender Ausschlussgrund 641
Wertungsentscheidung 482, 596, 719

Sachregister

Wertungsergebnis 492
Wertungskriterien 426, 480, 483, 522, 566, 688, 691, 696, 697, 750, 801, 874, 1102
- absteigende Reihenfolge 481, 919
- Ästhetik 690, 995
- Auftragsbekanntmachung 481
- Auftragsbezug 689, 1105
- Ausschreibungsunterlagen 481
- Bekanntmachung 385, 419, 801, 997
- beschaffungsfremde Kriterien 689, 996
- Betriebskosten 995
- Beurteilungsspielraum 695
- Bewertungsmatrix 481
- Ermessen 692
- Frauenförderung 691
- funktionale Ausschreibung 480
- Gewichtung 385, 419, 481, 697 a, 697 b, 919, 997
- Kundendienst und technische Hilfe 995
- Lehrlingsausbildung 691
- Lieferungs- oder Ausführungsfrist 995
- Lieferzeitpunkt 995
- Matrix 481
- Mehr an Eignung 692
- personenbezogene Aspekte 1105
- Preis 693
- Preis-Leistungs-Verhältnis 697 a
- Prognoseentscheidung 1104
- qualitative Anforderungen 693
- Regionalförderung 691
- Rentabilität 995
- Tariftreue 691
- Umwelteigenschaften 995
- Umweltschutzanforderungen 690
- Unterkriterien 483
- vergabefremde Kriterien 689, 996
- vierte Wertungsstufe 687
- Wertungssystem 481, 697 a
- Zusammenhang mit dem Auftrag 690
- Zweckmäßigkeit 995
Wertungsmaßstäbe 683
Wertungsprozess 697 a
Wertungsstufe 624, 637, 680, 681, 686, 692
- Vermischung 637
Wertungssystem 481, 697, 697 a
Wertungsverfahren
- Fortgang 715
Wertungsvorgang 244
Wertungswiederholung 244
Wettbewerb 407, 424, 427, 431, 433, 457, 496, 522, 1112, 1127
- Aufruf 438
- Ausschluss 1122

- Auswahlverfahren 1122
- Bekanntmachung 1116
- Chancengleichheit 1121
- mit beschränkter Teilnehmerzahl 1114
- Planungswettbewerb 1120
- Preise 1135
- Preisgericht 1115
- Preisgerichtsentscheidung 1125
- Realisierung der Wettbewerbsaufgabe 1123
- Realisierungswettbewerb 1124
- Wettbewerbsarbeiten 1115
Wettbewerblicher Dialog 383, 385, 449 ff., 473, 636, 752, 792, 795, 796, 801, 883
- Auftrag 452
- Computernetzwerke 456
- Frist für den Antrag auf Teilnahme 991
- inhaltsgenaue Leistungsbeschreibung 452, 455
- Innovationsbedarf 456
- integrierte Verkehrsinfrastrukturen 456
- kein Vorrang 794
- komplexe Aufträge 451
- Lösungsvorschläge 453
- ÖPP-Beschleunigungsgesetz 449
- ÖPP-Vorhaben 455, 792
- rechtliche oder finanzielle Konditionen 452
- technische Mittel zur Bedarfsbefriedigung 456
- Teilnahmewettbewerb 449
- Wahl der richtigen Verfahrensart 792
Wettbewerbs- und Transparenzprinzip 98
Wettbewerbsbedingungen 545
Wettbewerbsbeeinträchtigung 600
wettbewerbsbeschränkende Abrede 436, 610, 1147, 1198
Wettbewerbsbeschränkung 501, 609
Wettbewerbsgebot 436, 1197
Wettbewerbsgrundsatz 431, 1093, 1103
Wettbewerbsnachteil 558
Wettbewerbsprinzip 3 ff., 405
- Angehörige 21
- Berücksichtigung mittelständischer Interessen 28
- Beschränkung des Bieterkreises 7
- Dumpingangebote 7
- Europäische Vergaberichtlinien 9
- Geltung von § 4 Abs. 5 VgV 16
- haushaltsrechtliche Lösung 5
- Mitwirkungsverbote 17
- Nachprüfungsverordnung 5
- öffentliche Auftraggeber 4
- private Auftraggeber 4
- Projektanten 15

Sachregister

- Sachverständige 15
- Transparenz 8
- ungesundes Begleiterscheinungen 6
- unzulässig erhaltene Beihilfe 14
- Vergabekriterien 8
- Vergabevermerk 9
- Verhandlungsverfahren 7
- Verzicht auf Wettbewerb 7

Wettbewerbsstellung 432
Wettbewerbsverstöße 665
Wettbewerbsverzerrung 600, 750, 1211
Wettbewerbsvorteil 545, 571
Widerruf einer Ausschreibung 727
widersprüchliche Angaben 477
Wiedereinsetzung 430
Wirksamkeit eines Vertragsschlusses 80
wirtschaftliche Überprüfung 624
Wirtschaftlichkeit 524, 604, 796
Wirtschaftlichkeitsberechnung 457
Wirtschaftlichkeitsermittlung 535
Wirtschaftlichkeitspotential 774
Wirtschaftlichkeitsvergleich 453, 796, 797
Wirtschaftlichkeitsvorteil 778
Wirtschaftsförderungsgesellschaft 102
Wirtschaftsführung 681
Wirtschaftsprüfer 1032
Wirtschaftsvereinigungen 102
Witterungsschäden 513
Wortlaut 505

Zahlung 326
- von Steuern 653, 1095
Zahlungsmodalitäten 558
Zahnärzte 1032
Zarge 602
Zeitdruck 298
Zeitrisiko 595
zentrale Vergabestelle 1203
Zeugen 184, 204
Zeugenvernehmungen 204
Zielsetzungen 689
Zivilgericht 673, 740
Zufallsfunde 176
Zugang 597
Zugriffsmöglichkeiten 677
Zulagepositionen 520
Zulässigkeit 159
Zulassung 413
Zurückweisung 308
zusätzliche Leistungen 440, 513
zusätzliche Vergütung 513
Zuschlag 78, 160, 218, 243, 593, 595 a, 687, 707 ff., 713, 974

- Ablauf der Zuschlagsfrist 708
- Angebotsphase 167
- Beschwerdegericht 229
- Formvorschriften 711
- für Unvorhergesehenes 48
- Gestattung 225
- Heilung eines nichtigen Zuschlags 228
- nichtig 81
- notarielle Beurkundung 78
- öffentliche Interessen 226
- ohne Abänderung 709
- unter Änderungen 710
- unter Einschränkungen 710
- unter Erweiterungen 710
- Verbot 224
- Vergabeverfahrensrisiko 708
- verspätete Angebotsannahme 708
- Vertragsschluss 78, 707
- Vertragsurkunde 713
- Vorabgestattung 224, 226
- vorzeitige Gestattung 225
- wirksamer 160
- Wirksamkeit 221
- Zuschlagsfrist 708
- Zuschlagsschreiben 714

Zuschlagserteilung 160, 161, 244, 595, 657, 711, 712, 983
- Anweisung 244
Zuschlagsfrist 574, 587 ff., 591, 632, 708, 727, 939, 994
- elektronische Angebotsabgabe 1061
- Festlegung 940
- Verlängerung 594, 940
Zuschlagskriterien (siehe auch Wertungskriterien) 427, 436, 483, 687, 696, 697 a, 750, 801, 919, 995, 1016
Zuschlagsschreiben 218, 710, 713, 714
Zuschlagsuntersagung 283
Zuschlagsverbot 217, 219, 251, 284
Zuschnitt der Leistungsbeschreibung 22
Zuständigkeit 145, 153
Zustellung 190, 191, 218
Zustellverpflichtung 268
zuverlässig 650
Zuverlässigkeit 411, 412, 471, 637, 641, 642, 643, 649, 650, 653, 656, 665, 692, 900
Zuverlässigkeitserklärungen 1208
Zwangsgeld 247
Zwangsmittel gegen die Vergabekammer 260
Zweckmäßigkeit 681, 995, 1102
Zweckverband 137 a
zweite Wertungsstufe 637, 641, 692

601

Sachregister

Zwei-Wochen-Frist 282
zwingende Vorgaben 432
zwingender Ausschluss 597 ff., 1226
– Aufsichts- oder Organisationsverschulden 1229
– Ausnahmeetatbestände 1231
– Bescheinigungen 1229
– Gründe des Allgemeininteresses 1231
– Kenntnis 1228
– Urkunden 1229
– Zurechnung 1228
Zwischenentscheidung 294
Zwischenfeststellungsantrag 310
Zwischenverfahren 232